Reformpädagogik: Rezeption und Kritik in der Arbeiterbewegung

D1640301

STUDIEN ZUR BILDUNGSREFORM

Herausgegeben von Wolfgang Keim

Universität Paderborn

BAND 46

PETER LANG

Frankfurt am Main · Berlin · Bern · Bruxelles · New York · Oxford · Wien

Christa Uhlig

Reformpädagogik: Rezeption und Kritik in der Arbeiterbewegung

Quellenauswahl aus den Zeitschriften
Die Neue Zeit (1883 – 1918)
und *Sozialistische Monatshefte* (1895/97 – 1918)

PETER LANG
Europäischer Verlag der Wissenschaften

Bibliografische Information Der Deutschen Bibliothek
Die Deutsche Bibliothek verzeichnet diese Publikation in der
Deutschen Nationalbibliografie; detaillierte bibliografische
Daten sind im Internet über <http://dnb.ddb.de> abrufbar.

Gedruckt auf alterungsbeständigem,
säurefreiem Papier.

ISSN 0721-4154
ISBN 3-631-54798-6

© Peter Lang GmbH
Europäischer Verlag der Wissenschaften
Frankfurt am Main 2006
Alle Rechte vorbehalten.

Printed in Germany 1 2 4 5 6 7

www.peterlang.de

Vorwort des Herausgebers

Dass die erziehungswissenschaftliche Bearbeitung der deutschen Reformpädagogik in den zurückliegenden 20 Jahren keine Fortschritte gemacht hätte, kann man wahrlich nicht behaupten. Bis weit in die 80er Jahre herrschte bekanntlich in der alten Bundesrepublik das durch Herman Nohl geprägte, später von Wolfgang Scheibe und Hermann Röhrs verfestigte Bild von Reformpädagogik als eines „Ensembles von Bewegungen" (Oelkers) vor, die vermeintlich mit dem Beginn der NS-Herrschaft ein plötzliches Ende gefunden hatten, während im zweiten deutschen Staat spätestens seit Beginn der 50er Jahre Reformpädagogik als Relikt bürgerlicher Pädagogik jahrzehntelang weithin aus dem erziehungswissenschaftlichen Diskurs ausgeblendet blieb. Die kritische Auseinandersetzung mit dem westdeutschen Verständnis von Reformpädagogik begann bereits in den 70er Jahren, angestoßen etwa durch Arbeiten von Bruno Schonig und Hubertus Kunert; zu einer breiteren Auseinandersetzung kam es jedoch erst seit den 80er Jahren, vor allem durch Jürgen Oelkers 1989 erschienene Darstellung der Reformpädagogik als „kritischer Dogmengeschichte". Ebenfalls in den 80er Jahren, und zwar lange vor der Wende, begann in der DDR eine neue Diskussion über das Verhältnis zur Reformpädagogik; in der Wende- und Nach-Wendezeit bildete sie eines der zentralen pädagogischen Diskursthemen. In den 90er Jahren gewann die kritische Auseinandersetzung mit der Reformpädagogik im vereinigten Deutschland weitere Facetten; untersucht und diskutiert wurden u.a. das Verhältnis ihrer Repräsentanten und Repräsentantinnen zum Nationalsozialismus, ihre gesellschaftspolitischen Motive, ihre Rezeption nach 1945, nicht zuletzt ihr Charakter als epochenspezifisches oder als epochenübergreifendes Phänomen.

So vielfältig und komplex die erziehungswissenschaftliche Bearbeitung der Reformpädagogik inzwischen ist, weist sie vor allem zwei grundlegende Beschränkungen auf: zum einen verbleibt sie weithin auf der Ebene von Ideengeschichte, blendet also deren gesellschaftliche Bedingungen aus, zum anderen betrachtet sie Reformpädagogik durchgängig als im Bürgertum verankerte Theorie und Praxis, was die jahrzehntelange Distanzierung von der Reformpädagogik durch die Erziehungswissenschaft der DDR zu bestätigen schien. Es ist das Verdienst vorliegender, im Rahmen eines DFG-Forschungsprojektes entstandener Quellendokumentation und -analyse verbindender Untersuchung von Christa Uhlig, diese Sichtweise in Frage zu stellen, ja zu korrigieren, damit zugleich den Blick auf das sozialgeschichtliche Umfeld der Reformpädagogik wesentlich zu erweitern. Im Mittelpunkt stehen dabei die beiden renommierten, bildungshistorisch bislang wenig beachteten sozialistischen Zeitschriften „Die Neue Zeit" und „Sozialistische Monatshefte", anhand derer exemplarisch das Verhältnis der sozialistischen Arbeiterbewegung zur Reformpädagogik für die Zeit des Wilhelminischen Kaiserreiches überprüft wird. Als Hintergrund dafür dienen eine breit fundierte Rekonstruktion von Motiven, Konzepten und Entwicklungen des Nachdenkens über Erziehung und Bildung innerhalb der Arbeiterbewegung wie auch akribisch aus bislang in der Pädagogik kaum beachteten Archivbeständen recherchierte Porträts der an den damaligen Diskursen beteiligten Personen, wobei neben den namhaften vor allem eine Reihe wenig bekannter oder völlig vergessener Repräsentanten damaliger Auseinandersetzungen vorgestellt, somit für die deutsche Bildungsgeschichte erschlossen werden.

Ohne bereits auf Ergebnisse der Untersuchung im Einzelnen einzugehen, möchte ich an dieser Stelle auf einige Punkte verweisen, die mir sowohl unter bildungshistorischen als auch bildungspolitischen Gesichtspunkten von besonderem Interesse zu sein scheinen: Zunächst einmal ist es erstaunlich, wie breit in der sozialistischen Arbeiterbewegung des Wilhelminischen Kaiserreiches Fragen von Bildung und Erziehung diskutiert worden sind, zugleich welche Bedeutung ihnen beim Nachdenken über und Eintreten für eine gerechtere Gesellschaft zugemessen wurde. Dass dabei die zeitgenössischen Diskurse und Praxen etablierter und gesellschaftlich anerkannter Pädagogik und Erziehungswissenschaft rezipiert, diskutiert, verworfen, aber auch mit Zustimmung versehen wurden, liegt eigentlich auf der Hand. Dies gilt für die deutsche Reformpädagogik in besonderer Weise, weil sie – zumindest partiell – ebenfalls konträr zur herrschenden und anerkannten Pädagogik gestanden, ja diese zu Kritik, Ablehnung bis hin zum Verbot herausgefordert hat, mit gelegentlich weitreichenden Konsequenzen für ihre Träger, wie im Falle der Bremer Volksschullehrer im Streit um den Religionsunterricht. Ebenfalls leicht nachvollziehbar ist, dass die in der sozialistischen Arbeiterbewegung entwickelten Positionen zu reformpädagogisch relevanten Diskursen, Konzepten und Modellen auf Seiten der etablierten Pädagogik und Erziehungswissenschaft kaum großes Interesse fanden, es sei denn, man konnte auf diesem Wege unbequeme Neuerer als sozialistisch verdächtigen und damit inkriminieren – die Angst davor führte dazu, dass viele RezensentInnen zum Abdruck ihrer Besprechung in der „Neuen Zeit" oder den „Sozialistischen Monatsheften" nur unter der Bedingung, anonym bleiben zu können, bereit waren. Die damalige Ignoranz der etablierten Pädagogik gegenüber reformpädagogischen Diskurszusammenhängen innerhalb der sozialistischen Arbeiterbewegung hat vermutlich auch zu deren späteren Ausblendung in der bundesdeutschen Erziehungswissenschaft geführt. Daraus wiederum lassen sich Einseitigkeiten und Verzerrungen bis zum heutigen Tag erklären, beispielsweise die nahezu ausschließliche Identifizierung von „Arbeitsschule" mit Georg Kerschensteiner, umgekehrt die Degradierung von dessen damaligem Arbeitsschul-Widersacher, des in der Arbeiterbewegung populären und breit diskutierten Schweizer Sozialisten Robert Seidel zur bloßen Fußnote mit negativer Konnotation.

Vorliegende Quellendokumentation und -analyse belegt jedoch nicht nur Einseitigkeiten und Verzerrungen landläufiger Reformpädagogik-Wahrnehmung, vielmehr fordert sie auch zur Erweiterung unserer Vorstellung von Reformpädagogik generell, zur Ausdehnung des als spezifisch reformpädagogisch geltenden Themenspektrums, beispielsweise um Fragen von Sexualpädagogik oder moralischer Erziehung, nicht zuletzt zu komplexeren Sichtweisen damaliger Pädagogik insge-

samt heraus. So verdienen die vielfältigen Hinweise auf Vernetzungen nicht nur
personeller, sondern auch konzeptioneller und inhaltlicher Art besondere Beachtung, bis hin zu der ausgesprochen interessanten Frage, „ob letzten Endes sozialistisches Denken als eine Quelle für Reformpädagogik oder Reformpädagogik als
eine Quelle für sozialistische Pädagogik" anzusehen sei oder ob es sich dabei um
eine wechselseitige, quasi symbiotische Verbindung gehandelt habe, der zufolge
dann auch das von Heinrich Schulz entworfene Modell einer Einheits-
Arbeitsschule als spezifisch reformpädagogisches Konzept zu interpretieren sei.
Dessen Identifizierung als Variante von Reformpädagogik trägt nicht nur zur Erweiterung, sondern zugleich zur Demokratisierung unseres – zumindest für die Zeit
des Wilhelminischen Kaiserreiches – durch tendenziell elitäre Modelle wie die
Lietzschen Landerziehungsheime geprägten Reformpädagogik-Verständnisses bei.

Für eine Einbeziehung sozialistischer Pädagogik in die Reformpädagogik-
Rezeption bereits für die Zeit des Kaiserreiches sprechen weiterhin Kongruenzen
von Begrifflichkeit, Rhetorik und Symbolik zu denen der gemeinhin als reformpädagogisch geltenden Literatur, aber auch unreflektierte Fortschrittsannahmen bis
hin zu Elementen eugenischer und rassenhygienischer Art, die man in sozialistischen Organen so nicht erwartet hätte, die sich aber durchaus in unser heutiges,
Ambivalenzen nicht aussparendes Bild von der Reformpädagogik einfügen. Kaum
zu vermuten war etwa die breite, aus heutiger Sicht vielfach unkritische Rezeption
Ellen Keys, sowohl in der „Neuen Zeit" als auch in den „Sozialistischen Monatsheften", noch weniger die Würdigung des von Christa Berg zu Recht den „Ab-
gründen" reformpädagogischer Ratgeberliteratur zugeordneten, von Adele Schreiber herausgegebenen „Buches des Kindes" mit einem umfangreichen Beitrag des
als „Eugeniker der ersten Stunde" geltenden Wilhelm Schallmeyer als „prächtiges
und gediegenes Werk" in den „Sozialistischen Monatsheften" (Dok. 156), ebenso
wenig Zustimmung und Lob für ein Buch über „Sonderschulen für hervorragend
Befähigte", mit der Begründung „Begabte und Unbegabte" seien „eben bis zu
einem gewissen Grad inkommensurable Kategorien" (Dok. 178).

Zu Recht weist die Herausgeberin freilich auf die bei allen Gemeinsamkeiten
und Kongruenzen bestehende grundlegende Differenz eines Großteils der hier
abgedruckten Beiträge zu nicht-sozialistischer reformpädagogischer Literatur hin,
nämlich auf ihre gesellschaftskritische Perspektive, mit der etwa an reformpädagogischen Konzepten und Modellen ihr fehlender Anspruch auf Verallgemeinerung
für *alle* Kinder und Jugendliche, somit ihre Nähe zu bestehenden Herrschaftsver-
hältnissen bemängelt wird, ihre anti-emanzipatorischen Zielvorstellungen offen
gelegt werden, vor allem aber die tatsächliche, durch Armut, schlechte Wohnver-
hältnisse, unzureichende Ernährung und Hygiene gekennzeichnete Situation der
damaligen Mehrheit proletarischer Kinder Beachtung findet. Die daraus abgeleitete
Quintessenz, und auch sie macht die wesentliche Differenz zu den im Bürgertum
verbreiteten reformpädagogischen Diskursen aus, besteht vor allem darin, Bildungsreform nur im Zusammenhang mit Gesellschaftsreform zu analysieren, zu
antizipieren und zu propagieren. Angesichts der Aktualität längst für überwunden

gehaltener sozialer Probleme im vereinigten Deutschland bis hin zu Kinderarmut und offensichtlichem Ausschluss ganzer Bevölkerungsgruppen von weiterführender Bildung, ja selbst von beruflicher Qualifizierung mit weitreichenden Konsequenzen für die Betroffenen erscheint diese Perspektive heute ausgesprochen aktuell, so dass vorliegender Analyse und Dokumentation mehr als nur historischer Wert zukommt.

Paderborn, April 2005   Wolfgang Keim

9

Inhaltsverzeichnis

11

Quellenauswahl

14

15

18

20

22

24

25

Einleitung

Vorbemerkung

„*Die anderen Menschen* fand ich *in der entgegengesetzten Richtung,* indem ich nicht mehr in das gehaßte Gymnasium, sondern in die mich rettende Lehre ging, gegen alle Vernunft in der Frühe nicht mehr mit dem Sohn des Regierungsrats in die Mitte der Stadt [...], sondern mit dem Schlossergesellen aus dem Nachbarhaus an ihren Rand [...], nicht auf dem Weg durch die wilden Gärten und an den kunstvollen Villen vorbei in die Hohe Schule des Bürger- und des Kleinbürgertums, sondern an der Blinden- und an der Taubstummenanstalt vorbei und über die Eisenbahndämme und durch die Schrebergärten und an den Sportplatzplanken [...] vorbei in die Hohe Schule der Außenseiter und Armen, [...]."[1]

Die Erinnerung an Ideen und Bestrebungen der Arbeiterbewegung zur Gestaltung einer solidarischen, menschenwürdigen und sozialen Gesellschaft hat in der gegenwärtigen Phase globaler kapitalistischer Entwicklung und der damit einhergehenden Krise des sozialen und emanzipatorischen Denkens kaum eine Lobby. Auch in Pädagogik, Erziehungswissenschaft und Bildungspolitik bleibt das Interesse an alternativen Projektionen und Konzepten für Bildung, Erziehung und Schule, wie sie in der internationalen und deutschen Arbeiterbewegung seit dem ausgehenden 19. Jahrhundert zunehmend intensiv und substanziell erarbeitet worden sind, begrenzt.

Wer sich hingegen auf eine Gedankenwelt einzulassen bereit ist, die der bürgerlich etablierten Gesellschaft als Korrektiv, Fortentwicklung und Alternative immer deutlicher entgegenwuchs und nach gesellschaftlicher Veränderung drängte, wird dem geistigen Reichtum, mit dem in der Arbeiterbewegung um humane Gegenwarts- und Zukunftsgestaltung gerungen wurde, und dem Mut, Unerhörtes wider die herrschenden Verhältnisse und wider den herrschenden Geist vorzubringen, Respekt nicht versagen können. Mancher der damals geführten Diskurse erscheint von frappierender Aktualität und noch immer geeignet, die sozialen und pädagogischen Konfliktstrukturen eines von Konservatismus, bildungsbürgerlichem Besitzstandsdenken und Lobbyismus gezeichneten öffentlichen Bildungssystems und seiner stützenden Theorien bloßzulegen.

Es ist Anliegen der vorliegenden Publikation, dazu beizutragen, die bildungspolitischen und pädagogischen Auffassungen der Arbeiterbewegung wieder in das Bildungsdenken der Gesellschaft aufzunehmen und sie in historisch-systematischer Komplexität als eine Erkenntnisquelle humanistischer Pädagogik zu erschließen.

---

[1] Bernhard 2002, S. 7 (Hervorhebung im Original).

Eine anspruchsvolle allgemeine und allen Heranwachsenden gleichermaßen zugängliche Bildung wurde von der Arbeiterbewegung des 19. und 20. Jahrhunderts als ein Schlüssel für soziale, politische und geistige Emanzipation angesehen. Sie ist es noch immer.

Die hier zusammengefügte Quellensammlung aus den Zeitschriften *Die Neue Zeit* und *Sozialistische Monatshefte* vermag nur einen kleinen Ausschnitt des intellektuellen Diskurses über Bildungsfragen in der Arbeiterbewegung wiederzugeben. Zeitlich kommt das wilhelminische Deutschland mit seinen schroffen Bildungswidersprüchen in den Blick. Inhaltlich steht die Haltung der Arbeiterbewegung zu den pädagogischen Reformbewegungen jener Zeit im Zentrum, mit denen sie sympathisierte und deren Grenzen ihr nicht verborgen blieben. Damit folgt das Erkenntnisinteresse ausdrücklich nicht den in der erziehungshistorischen Forschung vorherrschenden „bürgerlichen" Perspektiven auf Reformpädagogik. Es gilt vielmehr der „anderen", eher gering wahrgenommenen und vielleicht auch noch immer gering geschätzten Richtung, die dennoch aus den Wirkungszusammenhängen des 20. Jahrhunderts nicht wegzudenken ist.

Die Arbeit entstand im Rahmen eines von der Deutschen Forschungsgemeinschaft an der Universität Paderborn geförderten Projektes zum Thema „Reformpädagogik und Arbeiterbewegung". Allen, die mit Anregung, Kritik und tatkräftiger Hilfe zu ihrem Gelingen beigetragen haben, gebührt mein herzlicher Dank. Bedanken möchte ich mich besonders für die in jeder Hinsicht großzügige Unterstützung und Beratung durch Wolfgang Keim. Besonderer Dank gilt unserer studentischen Mitarbeiterin Silvia Stockmaier, der nicht nur die Last des Schreibens der Quellentexte und der Anfertigung des Personenverzeichnisses auferlegt war, sondern auch jenes Unmaß an Kleinarbeit, ohne die ein Forschungsprojekt nicht auskommt. Ausdrücklich danke ich auch den Mitarbeiterinnen und Mitarbeitern aller benutzten Archive und Bibliotheken für ihre jederzeit freundliche Beratung und Hilfe. Und nicht zuletzt danke ich meinem Mann für seinen immerfort verlässlichen und geduldigen Beistand.

Berlin, August 2005   Christa Uhlig

1. Wider die „Bürgerlichkeit" der Wahrnehmung – der Forschungszusammenhang

1.1 Die Widersprüchlichkeit der Reformpädagogik

Die unter dem Begriff Reformpädagogik in die Erziehungswissenschaft eingegangenen pädagogischen Phänomene und Versuche sind gleichermaßen populär wie umstritten. Populär sind sie, weil sie noch immer Assoziationen von kindgemäßem, natürlichem, lustbetontem, lebensnahem, sozialem, ganzheitlichem Lernen ohne Schulstress, Leistungsdruck und schulische Gewaltszenarien zu erzeugen vermögen. Häufig gelten sie, nicht selten ohne Rücksicht auf ihre tatsächliche historische Gestalt, ihre begriffliche Ambivalenz und inhaltliche Widersprüchlichkeit, als Code für pädagogische Neuerungen und für eine „gute" Schule schlechthin. In diesem Sinn war und ist das Thema „Reformpädagogik" in den zyklisch auftretenden Bildungsreformdiskussionen präsent, füllt Hörsäle und pädagogische Diskurse und hinterlässt vor allem in der pädagogischen Praxis eine hohe Erwartungshaltung. Umstritten ist Reformpädagogik, weil ihr positives Image weitgehend auf Selbstzuschreibungen aus den Kreisen ehemaliger Akteure zurückgeht und sie in diesem Sinne in der Erziehungsgeschichte, ungeachtet begründeter kritischer Einwände und differenzierender Forschungsbefunde, ihren Platz behauptet. Die Kontinuität tradierter Denkmuster scheint trotz besseren Wissens ungebrochen, vor allem bei ihren Befürwortern, aber nicht minder bei ihren Gegnern. Wird Reformpädagogik von manchen als pädagogisches Allheilmittel betrachtet, schreiben andere ihr Defizite in pädagogischer Theorie und Praxis zu. Meinen die einen, sie habe die Schule als Ort des Lernens und der Bildung verdorben, behaupten die anderen, nur auf reformpädagogischer Basis würde Lernen erst möglich. Fokussieren die einen Reformpädagogik auf ihre antimodernen, utopistischen oder präfaschistischen Momente, erscheint sie wieder anderen in einer per se positiven Traditionslinie. Und auch dies fällt auf: Einerseits befindet sich jede/jeder mit Reformpädagogik Befasste in der eigentümlichen Zwangslage, erklären zu müssen, dass Reformpädagogik eigentlich nicht auf einen „Begriff" zu bringen ist. Andererseits scheinen Versuche alternativer oder auch nur präzisierender Begriffsbestimmung ebenso wenig erfolgreich wie eine sinnvolle Auflösung des Begriffs überhaupt.

Die hier angedeutete Situation hinterlässt Fragen nach den Ursachen für die Nachhaltigkeit dieses Phänomens, auch danach, ob aus bzw. an Reformpädagogik tatsächlich für Gegenwärtiges zu lernen und wie sie zu betrachten ist, damit aus ihr gelernt werden kann. Denn auch hier ist es wie überall. Nicht alles, was Reform heißt, verdient diesen Namen.

In ihrer historischen Gestalt entstand Reformpädagogik im Kontext und in den Widersprüchen der ökonomischen, politischen, sozialen, kulturellen und wissenschaftlichen Entwicklungen an der Wende vom 19. zum 20. Jahrhundert. Das Kind, seine Aufwachsbedingungen, seine Erziehung und sein Platz in der Gesellschaft wurden Gegenstand vielfältiger Reflexionen, deren gemeinsames und hervorstechendes Merkmal die Kritik traditioneller Lebens- und Kulturformen war: das Familie, Schule und Gesellschaft prägende autoritäre Generationenverhältnis, die als uneffektiv und praxisfern empfundenen Bildungsanforderungen der Schule, die obrigkeitshörige Erziehung, die Doppelmoral in Gesellschaft, Religion und Erziehung, das selektive, soziale Ungleichheit reproduzierende Schulsystem, die Diskriminierung der Mädchen, der Verlust von Ganzheitlichkeit und Naturbezogenheit, der Mangel an Emotionalität und Identität, an Kultur und Ästhetik, an Gemeinschaft und Gemeinsinn u.a.m. Ihren Ursprung hatte die Erziehungskritik nicht primär in der akademischen Erziehungswissenschaft, sondern in der pädagogischen Praxis sowie in außerpädagogischen Bereichen. Von hier aus entfaltete sich nach der Jahrhundertwende in Deutschland wie in anderen Ländern ein breites pädagogisches Reformspektrum, das partiell zur Anbahnung eines Paradigmenwechsels im pädagogischen Denken und zur Entwicklung einer neuen pädagogischen Kultur beitrug und auf drei Ebenen Bedeutung erlangte: erstens auf der Ebene der *inneren Gestaltung von Schule und Unterricht* (didaktisch-methodische Reformen, z.B. kooperative und offene Unterrichtsformen, Subjektorientiertheit der Wissensvermittlung, Methodenkompetenz, Eigenaktivität der Schüler), zweitens auf der Ebene der *strukturellen und inhaltlichen Umgestaltung der Institution Schule* (Einheits- und Ganztagsschulen, Schulgemeinden u.a.), drittens auf der Ebene *anthropologischer und gesellschaftstheoretischer Betrachtung von Erziehung und Menschenbildung* (Wandlung des Kind-Verständnisses, die Idee vom „neuen Menschen", gesellschaftsverändernde Funktion von Erziehung u.a.).

Dabei ist nicht zu übersehen, dass alle diese pädagogischen Reformströmungen trotz gemeinsamer Symbolik und Rhetorik eine sich auch in ihren Bildungs- und Erziehungsinteressen zunehmend differenzierende Gesellschaft spiegeln. Ihre Konzepte sind *nicht Varianten* einer homogenen pädagogischen Zielrichtung, sondern markieren gravierende *pädagogische* Differenzen im Spannungsfeld zwischen bürgerlicher Elitebildung und Förderung der Bildungspartizipation sozial benachteiligter Kinder, zwischen Ideologie und geistiger Autonomie, zwischen Religion und Weltlichkeit, zwischen Kollektivierung und Individualisierung, zwischen Bildungsanspruch und Bildungsfatalismus u.a. Manche ihrer kritischen wie ihrer konstruktiven Momente wurden von den sozialen Bewegungen seit dem ausgehenden 19. Jahrhundert mitgetragen, weil sie als Reflex auf kapitalistische Modernisierungs- und Krisenprozesse und als immer wiederkehrende Versuche gesehen wurden, mittels Erziehung aus dem Teufelskreis der Reproduktion von strukturellen Zwängen und ungeliebten Zuständen auszusteigen – ein Motiv, das u.a. auch ihre bis in die Gegenwart reichende zyklische Rezeption zu erklären vermag.

1.2 Reformpädagogik und Arbeiterbewegung – ein Forschungsdesiderat

Obgleich Reformpädagogik wie kaum ein anderes Phänomen der Erziehungsgeschichte zum Gegenstand von Forschung wurde, weist die Forschungslandschaft noch immer erstaunlich viele Desiderata auf. Rezeptionsprozesse und Wechselbeziehungen zwischen Reformpädagogik und Arbeiterbewegung gehören dazu. Die Herausbildung der Reformpädagogik fällt in jene Zeit, in der die Arbeiterbewegung als politische, soziale und kulturelle Emanzipationsbewegung bereits zu einem wesentlichen Faktor der gesellschaftlichen Entwicklung herangewachsen war und ihren Interessen nun auch auf pädagogischem Gebiet Geltung zu verschaffen suchte. Da sie ursprünglich als eine starke Bildungsbewegung begonnen und Bildung als eine ihrer maßgeblichen Emanzipationschancen begriffen hatte, war nahe liegend, dass die oft markante, pädagogisch wie politisch alternativ erscheinende Reformrhetorik der neuen pädagogischen Strömungen das Interesse der Arbeiterbewegung weckte. Schon aus diesem Grund kann von vielgestaltigen Verbindungen zwischen Arbeiterbewegung und Reformpädagogik ausgegangen werden. Primärquellen bestätigen diese Annahme, die bislang jedoch weder in Darstellungen zur Reformpädagogik noch zur proletarischen Pädagogik angemessen berücksichtigt worden ist.[2]

Spätestens seit der Jahrhundertwende waren Bildung und Erziehung in ein Feld politischer Auseinandersetzungen gestellt, auf dem Gruppierungen der Reformpädagogik, der Lehrerbewegung, der Jugendbewegung, der Arbeiterbewegung und auch der Frauenbewegung mit ähnlichen Intentionen agierten. Reformpädagogik und Arbeiterbewegung trafen sich besonders in der Schulkritik, aber gleichermaßen in pädagogischen Auffassungen. Weltlichkeit, Einheitlichkeit und Arbeitsschule, die zentralen Themen proletarischer Schulpolitik, finden sich in Variationen auch in der Reformpädagogik. Demokratisierung des schulischen Lebens, kollegiales Miteinander, moderne Lernmethoden, Selbsttätigkeit, Selbstverwaltung, Eltern- und Schülermitsprache, Schulhygiene, Freizeitgestaltung u.a. waren nicht Erfindungen der Reformpädagogik, sondern ebenso Forderungen proletarischer Pädagogen. Mancherorts, wie in Bremen, Hamburg, Berlin oder Sachsen, gewann die Sozialdemokratie in der reformorientierten Lehrerschaft eine beachtliche Anhängerschaft. Persönliche Bekanntschaften und Beziehungen förderten wechselseitige Wahrnehmung und Kommunikation zusätzlich. Ungeachtet mannigfaltiger Auseinandersetzungsprozesse, die um so radikaler erscheinen, je mehr Richtungs- und Profilierungskämpfe die Arbeiterbewegung spalteten, behielten nahezu alle mit Bildungsfragen befassten Sozialdemokraten wie auch die aus der Sozialdemokratie hervorgegangenen Kommunisten pädagogische Wurzeln selbst dann noch in der Reformpädagogik, als sie sich politisch schon von ihr abgewandt hatten und Rezeptionsprozesse offiziell abgebrochen wurden bzw. in Polemik erstarrten. Bedeutung erhalten diese Zusammenhänge nicht zuletzt auch deswegen, weil die Sozialisation mindestens zweier Pädagogengenerationen des vergangenen Jahrhunderts unter gesellschaftlichen, politischen und pädagogischen Auseinandersetzungspro-

---

[2] Auf dieses Problem machte Hohendorf (1989) mit seiner Schrift *Reformpädagogik und Arbeiterbewegung* aufmerksam. Schmitt (1993) sieht dieses Forschungsdesiderat ebenfalls und plädiert vor allem für die Erschließung neuer Quellen. Auch Helmchen (2000) verweist auf Defizite in der Betrachtung und Beachtung sozialistisch intendierter Reformpädagogik.

32

zessen stattfand, die nicht unwesentlich von der Existenz einer starken Arbeiterbewegung und einer populären Reformpädagogik beeinflusst waren.

1.3 Reformpädagogik und Arbeiterbewegung als Forschungsgegen-
stände in der DDR und in der BRD

Diese unbefriedigende Forschungssituation hat verschiedene Ursachen. Beide
Gegenstandsbereiche waren in die politischen, ideologischen und auch pädagogischen Auseinandersetzungen im zurückliegenden Jahrhundert involviert und unterlagen besonders in der geteilten deutschen Nachkriegsgeschichte mancherlei In-
strumentalisierung. Speziell der Umgang mit Reformpädagogik hatte in der deutschen Nachkriegspädagogik eine wechselvolle Geschichte, war maßgeblich von
den deutsch-deutschen Abgrenzungsinteressen während des Kalten Krieges geprägt und nicht selten in hohem Maße emotionalisiert.[3] Auseinandersetzungen um
und mit Reformpädagogik trugen dabei häufig Stellvertretercharakter und über-
deckten tiefer liegende pädagogische und bildungspolitische Differenzen. Je nachdem konnte das Argument „Reformpädagogik" dabei für pädagogische Erneuerung
ebenso herangezogen werden wie für ihre Blockade.

In der *Sowjetischen Besatzungszone* wurde 1946 eine antifaschistisch-
demokratische Bildungsreform unter starken Rückgriffen auf reformpädagogische
Traditionen konzipiert und in den ersten Jahren auch realisiert. Zahlreiche Pädagogen und Pädagoginnen, die nunmehr zu den bildungspolitischen Entscheidungsträ-
gern zählten, kamen aus der reformpädagogischen, meist sozialdemokratisch geprägten Praxis der Weimarer Republik. Mit der Zuspitzung des Ost-West-
Konfliktes allerdings und der Gründung der beiden deutschen Staaten brach die
Tradierung reformpädagogischen Gedankengutes weitgehend ab. Reformpädagogik wurde fortan im offiziellen bildungspolitischen und pädagogischen Diskurs in
einen Gegensatz zur sozialistischen Entwicklung der Schule gestellt und je nachdem mit Etiketten wie „spätbürgerlich", „anarchistisch" oder „reformistisch" versehen. Hintergründe für diesen Kurswechsel sind zum einen in der Abgrenzung der
Bildungspolitik der DDR von sozialdemokratischen Traditionen zu sehen, zum
anderen in der damit einhergehenden stärkeren Rezeption der sowjetischen Pädagogik, die ihrerseits nach einer bemerkenswerten reformpädagogischen Anfangs-
phase in den zwanziger Jahren mit dieser Tradition gebrochen hatte und dies nun
auf die DDR übertrug. Aber auch ganz praktische Schwierigkeiten sowie ökonomische Zwänge standen der Fortführung reformpädagogischer Experimente entgegen.
Ungeachtet ihrer offiziellen Diskreditierung jedoch blieb Reformpädagogik auch in
der DDR populär und stets ein brisanter Gegenstand von pädagogischen Auseinan-

---

[3] Das zeigt sich auch in der unterschiedlichen Bewertung gesamtdeutscher Schulreforminitiativen,
die, wie der Schwelmer Kreis, an demokratische reformpädagogische Konzepte der Weimarer Zeit
anzuknüpfen versuchten und weder in West noch in Ost eine reale Chance hatten. Vgl. Dietz 2003.

dersetzungen.[4] Nicht wenige reformpädagogische Elemente fanden im Schulsystem Gestalt und Realisierung, so im einheitlichen, integrativen Schulaufbau, im Konzept der polytechnischen Bildung, in der Kooperation von Schule und Familie, in der Trennung von Schule und Kirche, aber auch in erziehungstheoretischen und didaktisch-methodischen Grundsätzen, wie z.B. in der Erziehung zu und in der Gemeinschaft oder in tätigkeitsorientierten Unterrichtstheorien.[5]

In den achtziger Jahren begann nicht zuletzt unter dem Einfluss von „Perestroika" und „Glasnost" in der Sowjetunion eine neue Phase der Beschäftigung mit Reformpädagogik, bis sie auf dem letzten Pädagogischen Kongress im Juni 1989 wiederum in das Blickfeld der Kritik von oben geriet. Wie stark reformpädagogische Intentionen in der DDR latent vorhanden waren, zeigte sich auch in der Dimension basisdemokratischer Initiativen zur Reform des Bildungswesens im Jahr der so genannten Wende 1989/90, die dann aber durch den überstürzten Anschluss der DDR an die BRD nicht mehr zum Tragen kamen.[6]

Im Unterschied zur Reformpädagogik zählte das pädagogische Denken der Arbeiterbewegung seit den fünfziger Jahren neben der klassischen bürgerlichen Pädagogik und der sowjetischen Pädagogik zu den wichtigsten traditions- und identitätsstiftenden Quellen für die Entwicklung einer eigenständigen Erziehungswissenschaft in der DDR. Umfangreiche Forschungsprojekte und zahlreiche Quelleneditionen trugen zur Erschließung der Bildungspolitik und Pädagogik der Arbeiterbewegung bei.[7] Dennoch blieben die Perspektiven auf die Arbeiterbewegung in mancherlei Hinsicht selektiv. Forschungsinteresse wurde primär nur jenen Denkrichtungen und Personen entgegengebracht, die das Verständnis von Erbe und Tradition in der DDR – gedacht als aufsteigende Fortschrittslinie vom bürgerlichen Humanismus über den revolutionären Teil der Arbeiterbewegung zum Sozialismus in der DDR – zu stützen vermochten.[8] Andere Richtungen, Personen und Auffassungen blieben häufig ausgeklammert oder wurden als Objekte von Kritik und Abgrenzung betrachtet. Vor diesem Hintergrund wurden Beziehungen der Arbeiterbewegung zur Reformpädagogik mit Vorliebe polemisch beschrieben – als reformistische oder revisionistische, „linke" oder „rechte" Abweichungen von einer „richtigen" Linie, wobei meist die Sozialpädagogik als „reformistische" und die Individualpädagogik als „anarchistische" Gefahr galten. Als Maßstab für die Bewertung reformpädagogischer Konzepte wiederum galt ihre Nähe zu den *politischen* Auffassungen der Arbeiterbewegung. Die tatsächliche Nähe vieler Pädago-

---

4   Die Ambivalenz des Umgangs mit Reformpädagogik zeigte sich besonders Mitte der fünfziger Jahre in Diskussionen um die Revision des pädagogischen Kurses der DDR. Vgl. hierzu vor allem Alt 1975; Geißler 2000; zum Einfluss der sowjetischen Pädagogik Lost 2000.

5   Neue Quellen hierzu in Benner/Eichler [u.a.] 2004; vgl. auch Benner/Kemper 2005.

6   Zur Rezeption der Reformpädagogik in der DDR exemplarisch Günther/Uhlig 1988; Pehnke 1992, 1994; Uhlig 1994; Lost 2002.

7   Vgl. Auswahlbibliographien zur Geschichte der Erziehung. Berlin 1981, 1982, 1989; Gesamtinhaltsverzeichnis des Jahrbuches für Erziehungs- und Schulgeschichte. Berlin 1961-1990.

8   Vgl. Rang 1982; exemplarisch hierzu Geschichte der Erziehung 1987.

34

ginnen und Pädagogen der Arbeiterbewegung zu reformpädagogischen Ideen blieb dabei oft ebenso unberücksichtigt wie gemeinsame Praxisfelder und Reforminitiativen im Interesse der Kinder. Die DDR-Pädagogik schloss damit an Deutungen an, wie sie sich vor allem im parteikommunistischen Spektrum der Weimarer Republik und in der sowjetischen Pädagogik der dreißiger Jahre herausgebildet hatten – also an späte Segmente eines Rezeptionsprozesses, der sich keineswegs von Anbeginn an als Abgrenzung darstellt. Ein solches Erbeverständnis galt zwar in den achtziger Jahren als wissenschaftlich überholt, seine Nachhaltigkeit machte jedoch eine Revision historisch-pädagogischer Forschung schwierig. Neuansätze, wie die Hinwendung zu einem „erweiterten Erbe- und Traditionsverständnis"[9], das nicht nur eine Perspektiverweiterung auf die Arbeiterbewegung gestattete, sondern auch reformpädagogische Traditionen aufzunehmen suchte, gingen in den Wirren der Nachwendezeit und im Prozess der Umstrukturierung ostdeutscher Erziehungswissenschaft verloren.[10]

Auch in den *westlichen Besatzungszonen* war die Entwicklung des Schulwesens und der Pädagogik nach der Befreiung vom Faschismus von reformpädagogischen Intentionen begleitet. Und auch hier kamen die Fürsprecher einer bildungspolitischen Demokratisierung vor allem aus dem reformpädagogischen Spektrum der Weimarer Zeit. Versuche einer breitenwirksamen Reaktivierung demokratischer Reformpädagogik waren jedoch nicht von Dauer. Die Bildungspolitik schloss weitgehend an die Tradition eines hierarchisch gegliederten, konfessionellen Schulsystems an, wie es sich im 19. Jahrhundert in Deutschland herausgebildet und in der Weimarer Republik im Wesentlichen behauptet hatte. Begünstigt durch das Recht auf Privatschulen etablierten sich aus dem weiten Spektrum reformpädagogischer Praxis vor allem Richtungen mit einer starken Lobby: Waldorfschulen, Landerziehungsheime und Montessori-Einrichtungen. Erst mit der 68er Studentenbewegung ging ein pädagogischer Perspektivwechsel einher. Erziehungswissenschaft, auch Reformpädagogik, wurde nach ihren nationalsozialistischen Verstrickungen befragt, demokratische und sozialistische reformpädagogische Richtungen gerieten stärker in den Blick.[11] Reformpädagogisches Denken intendierte vor allem eine *innere Reform der Schule*, beeinflusste aber gleichermaßen die Debatte um schulstrukturelle Modernisierung und Demokratisierung, wie an der Einrichtung von Gesamtschulen Ende der sechziger und Anfang der siebziger Jahre zu sehen

[9] Zusammengefasst bei Meier/Schmidt 1988.
[10] Hierzu besonders Hohendorf 1989. An keinem der einstigen Forschungszentren zur Bildungspolitik und Pädagogik der Arbeiterbewegung (Pädagogische Hochschulen Potsdam, Dresden, Zwickau und Erfurt, Technische Universität Magdeburg sowie Humboldt-Universität zu Berlin) konnte diese Thematik systematisch fortgeführt werden. Auch hier gibt es Ausnahmen, so die Einrichtung eines Otto-Rühle-Archivs an der Technischen Universität Dresden (1999-2001), auch Lesanovsky 1996, 2000, 2003.
[11] Erste Perspektivwechsel z.B. bei Radde 1973; Böhm 1973; Schonig 1973; Giesecke 1977; vgl. auch Keim 1986, 1989, 1992, 1993, 1995.

ist.[12] Seit dieser Zeit gehört die Rezeption der Reformpädagogik zu den bevorzugten Gegenständen erziehungswissenschaftlicher Forschung. Hinsichtlich erziehungshistorischer Forschungen zur Arbeiterbewegung lässt sich ähnliches Interesse nicht konstatieren. Aufgrund unterschiedlich konstruierter Traditionsverständnisse in Ost und West galt der pädagogischen Hinterlassenschaft der Arbeiterbewegung in der bundesdeutschen Erziehungswissenschaft seit jeher nur marginale Aufmerksamkeit. Bildungsgeschichte wurde primär aus bürgerlicher Perspektive betrachtet, die Bildungsverhältnisse und -bedürfnisse der proletarischen Mehrheiten spielten dabei keine zentrale Rolle. Abgesehen von einigen Arbeiten in den siebziger Jahren[13] fanden proletarische pädagogische Theorien und ihre Repräsentantinnen und Repräsentanten in bildungshistorischen Zusammenhängen kein dauerhaftes Forschungsinteresse. Das spiegelt sich auch in der bildungshistorischen Standardliteratur:

> Beispielsweise werden im Personenverzeichnis des Handbuches der deutschen Bildungsgeschichte, Band IV (1991) lediglich Wilhelm und Karl Liebknecht (4x bzw. 2x), Heinrich Schulz (2x) und Ferdinand Lassalle (1x) genannt, nicht aber August Bebel, Rosa Luxemburg, Clara Zetkin, Käte Duncker, Paul Singer u.a. Im Band V (1989) werden dann auch Rosa Luxemburg (2x), Edwin Hoernle (2x) und Otto Rühle (1x) erwähnt. Clara Zetkin taucht hier ebenso wenig auf wie Theodor Neubauer o.a.

Nach dem Zerfall der europäischen sozialistischen Staaten erscheinen Forschungen zu bildungspolitischen und pädagogischen Konzepten und Ideen der Arbeiterbewegung erst recht obsolet. Im Unterschied zu anderen Wissenschaftsdisziplinen bleibt eine neuerliche, heutigem Forschungsinteresse folgende Thematisierung eher bescheiden und randständig.[14] Diese Forschungssituation musste sich zwangsläufig auch auf den Umgang mit Reformpädagogik auswirken. Die in der Literatur vielfach beklagte Fokussierung von Reformpädagogik auf eine seit den zwanziger Jahren tradierte und gegen Kritik – wie es scheint – resistente Rezeptionsfigur schloss die soziale, politische und geistige Beziehungsvielfalt zwischen Arbeiterbewegung und Reformpädagogik aus und behauptete sich letztendlich auf Kosten historischer Komplexität.[15]

---

[12] Vgl. Keim 1993.

[13] Als Beispiele: Feidel-Mertz 1972; Hierdeis 1973; von Werder 1974, 1975; Schmied-Kowarzik 1974, 1988; Wendorff 1978; Groth 1978. Geblieben sind entsprechende Abschnitte in einigen Nachschlagewerken, z.B. Schmied-Kowarzik 1995.

[14] Skiera (2003) erwähnt immerhin die sozialistische Arbeitsschule, allerdings nur am Beispiel P. P. Blonskis. Kleinau (1996) widmet Bildungskonzepten der Arbeiterinnenbewegung einen Abschnitt (S. 230-247). Das Jahrbuch für Historische Bildungsforschung (2004) greift die Thematik auf.

[15] Das zeigt Dietrich (1998) an der Rezeption der Freinet-Pädagogik. Sie sieht mit der Reduzierung der Auffassungen des Sozialisten und Kommunisten Freinets auf seine unterrichtsmethodischen Theorien „eine inhaltliche Verarmung und ein[en] Verlust an Profil verbunden". „Gereicht doch dieses Profil dem Begründer der Freinet-Pädagogik im historischen Rückblick eher zur Ehre als zur Schande, denn Freinet blieb seinen Positionen auch unter politischem und existenziellem Druck treu – was man von seinem Korrespondenzpartner in Deutschland, Peter Petersen, nicht behaupten kann." „Es wäre zu wünschen", schreibt sie, „dass mit dem wachsenden historischen Abstand und der veränder-

36

1.4 Notwendigkeit einer Sozialgeschichte der Reformpädagogik

Trotz einer Vielzahl neuer inhaltlicher und methodischer Zugänge überwiegen in der kaum noch überschaubaren Literatur nach wie vor ideengeschichtliche Interpretationen der Reformpädagogik. Sowohl affirmative als auch kritische Darstellungen folgen mehr oder weniger einem überlieferten, im bürgerlichen pädagogischen Denken angesiedelten Modell von Reformpädagogik bzw. arbeiten sich an ihm ab. Neue Quellen werden kaum erschlossen.[16] Grenzüberschreitungen hin zu proletarischen Denkmilieus kommen so gut wie nicht, Fragen nach gesellschaftspolitischen und sozialen Zusammenhängen reformpädagogischen Denkens eher selten vor. Zugleich wird der Mangel an sozialgeschichtlichen Forschungen, gar einer Sozialgeschichte der Reformpädagogik, zunehmend als Defizit empfunden. Eine nach dem formalen Fortfall der politischen Systemauseinandersetzung nun leichter zu bewerkstelligende Revision überkommener Interpretationsmuster scheint an neuen (und alten) Vorbehalten zu scheitern, vor allem an einem historisch tradierten Desinteresse an Themen, die außerhalb bürgerlicher Bildungstraditionen angesiedelt sind. Hier trifft möglicherweise zu, was Robert Seidel, ein proletarischer Vordenker der Arbeits- und Sozialpädagogik, in einem Aufsatz aus Anlass des 100. Todestages Johann Heinrich Pestalozzis im Jahre 1927 über die späte Entdeckung des „Sozialpädagogen Pestalozzi" gegenüber dem „Didaktiker Pestalozzi" schrieb:

„Erst musste die soziale Idee durch die soziale Bewegung in das soziale, politische und pädagogische Leben eindringen und die Köpfe und Herzen erobern, ehe Pestalozzi, der Unbekannte, erkannt und gewertet werden konnte."[17]

Analoges ließe sich für die Rezeptionsgeschichte der Reformpädagogik sagen. Um sie in ihren sozialen Dimensionen zu erfassen, bedarf es eines sozialen Erkenntnisinteresses. Dass Reformpädagogik eine soziale Tatsache ist, lässt sich kaum bezweifeln: Ihre Protagonisten wie ihre Gegner kamen aus bestimmten sozialen, politischen und kulturellen Milieus, verfügten über Erfahrungshintergründe, verfolgten Interessen, verhielten sich zu den sozialen und politischen Gegebenheiten ihrer Zeit. Reformpädagogik entstand nicht im Reich ungebundener Ideen, sondern in einem historisch-konkreten gesellschaftlichen Raum, unter konkreten sozialen, politischen und pädagogischen Bedingungen und mit unterscheidbaren Absichten. Es macht sehr wohl einen Unterschied, ob Reformvorschläge der Abwendung von

---

ten Situation nach der deutschen Einigung auch die Berührungsängste und Verleugnungsstrategien gegenüber dem politischen Ursprung der Freinet-Pädagogik abnehmen werden" (S. 451f.). Schon Marxen (1984) hatte an Paul Natorp, Wilhelm Rein, Friedrich Wilhelm Foerster, Georg Kerschensteiner und Eduard Spranger nachgewiesen, dass der Bezug von Politik und Pädagogik „bereits für die Formulierung pädagogischer Konzeptionen ausschlaggebend ist" (S. 1).

[16] Was Quellenerweiterungen zu Tage bringen können, führt Helene Leenders (2001) am „Fall Montessori" vor.

[17] Robert Seidel: Der unbekannte Pestalozzi, der Sozialpolitiker und Sozialpädagoge. *Freie Schulzeitung.* Hrsg. vom Deutschen Lehrerbunde im tschechoslowakischen Staate 7(1927) Nr. 6, S. 85.

Frust, Langeweile, Überbürdung, Eintönigkeit, Einsamkeit, Repression, Uneffektivität in bürgerlichen Lebenswelten gelten oder ob die soziale Emanzipation benachteiligter Kinder mittels Bildung und Aufklärung im Zentrum des Interesses steht. Der Kampf gegen Kinderausbeutung beispielsweise berührte viele, aber keineswegs alle Reformpädagogen, für manche war dies überhaupt kein Thema, weil sie eine ganz andere Klientel im Auge hatten. Es ist ein Unterschied und keineswegs ein historisch erledigtes Problem, ob reformpädagogisches Engagement der Gründung von teuer zu bezahlenden Eliteschulen gilt oder dem allgemeinen öffentlichen Schulwesen. Und es ist auch ein Unterschied, ob sich die pädagogischen Akteure in den Dienst des politischen Konservatismus und Nationalismus stellten oder mit sozialen und demokratischen Bewegungen oder linken politischen Parteien sympathisierten.

Ob und inwieweit Reformpädagogik selbst als soziale Bewegung in Erscheinung trat bzw. eine solche Charakterisierung in Anspruch nehmen kann, bedarf weiterer differenzierender Untersuchungen. Wenn davon ausgegangen wird, dass es sich bei einer sozialen Bewegung um „einen organisatorisch nicht kontrollierten Prozess der kollektiven Abwendung von gesellschaftlich dominanten Werten, Normen oder Zwecksetzungen" handelt, „dessen Träger bzw. Akteure [grundlegende] Veränderungen der bestehenden Gesellschaft anstreben"[18], so trifft das auf Teile, aber eben nur auf Teile(!), der pädagogischen Reformbewegung zu. Das wird noch deutlicher, wenn darüber hinaus die in der Literatur hierzu angeführten Kriterien in Betracht gezogen werden,

> „1) eine geringe organisatorische Strukturierung, 2) die prozessuale Unkalkulierbarkeit der gesellschaftlichen Oppositionsfunktion, 3) die abgestufte Reichweite oppositioneller Handlungsorientierungen und 4) das voluntaristische Handlungsmodell".[19]

Insofern kann die Berücksichtigung sozialer Aspekte durchaus zu einer sinnvollen Differenzierung des ambivalenten Reformpädagogik-Begriffs beitragen. Andere Perspektiven ergeben sich aber auch schon, wenn der übliche Rahmen, in dem Reformpädagogik meist beschrieben ist, verlassen bzw. erweitert wird.

1.5 Versuch eines Perspektivwechsels

Mit der vorliegenden Quellendokumentation wird ein Perspektivwechsel auf Reformpädagogik *und* auf das pädagogische Denken der Arbeiterbewegung versucht. Am Beispiel zweier theoretischer Zeitschriften – *Die Neue Zeit* und *Sozialistische Monatshefte* – wird gezeigt, wie sich Reformpädagogik aus der Perspektive der Arbeiterbewegung darstellte, welche Impulse von ihr ausgingen, wie sie die Herausbildung eigenständiger bildungspolitischer und pädagogischer Vorstellungen beeinflusste, wodurch Kritik und Differenz provoziert wurden, wie dennoch reformpädagogische Begrifflichkeit in den pädagogischen Diskurs der Arbeiterbe-

---

[18] Nohlen 1998, S. 680.
[19] Ebd.

38

wegung aufgenommen wurde und auf welchen Gebieten schließlich reformpädagogische und proletarische Ideen zu einer konstruktiven Synthese zusammenge-
flossen sind. Eine solche Perspektive rückt Reformpädagogik nicht nur dichter in
den Kontext der politischen und sozialen Bewegungen ihrer Zeit, sie eröffnet gleichermaßen Einblicke in jene gesellschaftlichen Beziehungsgeflechte, die auch die
Herausbildung pädagogischer Auffassungen beeinflussten.

Erfasst wird die Zeit von der Zeitschriftengründung bis zum Ende des Ersten
Weltkrieges. Es ist jene Zeitspanne, in der sich Reformpädagogik als Zeitströmung
etablierte und ausdifferenzierte und in der die Arbeiterbewegung zur stärksten
sozialen und politischen Oppositionskraft der Gesellschaft heranwuchs, zunehmend selbstbewusst eigene Bildungsbedürfnisse artikulierte und hierbei eine hohe
Empfänglichkeit für Reformideen unterschiedlichster Provenienz entwickelte.

Obgleich beide Zeitschriften als repräsentativ für die politische und theoretische
Gedankenwelt der Arbeiterbewegung in dieser Zeit gelten können, spiegeln sie nur
einen begrenzten Ausschnitt eines Rezeptionsprozesses, der weit mehr Facetten
enthält. Vieles muss unberücksichtigt bleiben, so eine Vielzahl weiterer für das
Thema relevanter Zeitschriften und Publikationen aus der Feder der Arbeiterbewegung, Beispiele von Annäherungen und Gemeinsamkeiten in der pädagogischen
Praxis oder in der parlamentarischen Arbeit, die spezifischen Beziehungen einzelner Repräsentanten und Repräsentantinnen der Arbeiterbewegung zur Reformpädagogik, reformpädagogische Implikationen in der Arbeiterjugendbewegung und
in der Arbeiterbildung, regionale Phänomene u.a.m.

Für die Auswahl gerade dieser beiden Zeitschriften indessen sprechen mehrere
Gründe. Sowohl *Die Neue Zeit* als zentrale Theoriezeitschrift der Sozialdemokratie
als auch die *Sozialistischen Monatshefte* als Sprachrohr ihres revisionistischen
Flügels sind repräsentativ für die Entwicklung der theoretischen Positionen in der
Arbeiterbewegung vor dem Ersten Weltkrieg. Sie präsentieren ein breiteres allgemeines Diskursspektrum als beispielsweise die Frauenzeitschrift *Gleichheit* mit
ihrer spezifischen Klientel. Stärker als monographische Schriften spiegeln sie Ent-
wicklungstrends. Weniger als Zeitungen sind sie in tagespolitische Auseinandersetzungen eingebunden. Und in geringerem Maße als parteipolitische Verlautbarungen sind sie von parteitaktischen Rücksichten geprägt. Vor allem lassen sie
erkennen, dass von einer homogenen Haltung zur Reformpädagogik nicht die Rede
sein kann. Im Widerstreit unterschiedlicher, oft konträrer Auffassungen blieb die
Erkenntnisentwicklung in ständiger Bewegung, nicht zuletzt deshalb, weil in beiden Zeitschriften ein nach Provenienz und Interessenlage zutiefst heterogener Personenkreis das Wort nahm.

1.6 Begriffliche Fragen

Ohne an dieser Stelle methodische Erörterungen vertiefen zu wollen, sei lediglich
auf zwei Probleme verwiesen. Als schwierig erwies sich eine begrifflich exakte
Grenzziehung zwischen Reformpädagogik und Arbeiterbewegung. Sowohl zur
Reformpädagogik als auch zur Arbeiterbewegung sind Begriffsdiskussionen im

39

Fluss. Dabei zeigt sich einmal mehr, dass Abgrenzungen bzw. Zuordnungen wohl eher ein Problem der Historiographie als des realen historischen Prozesses sind. Geschichtswissenschaftliche Diskurse tendieren dahin, den ohnehin unscharfen, heterogene politische und soziale Milieus spiegelnden Begriff *Arbeiterbewegung* gänzlich unter den noch schwerer abgrenzbaren Begriff der *sozialen Bewegungen* zu subsumieren.[20] Konsequenzen für die Pädagogik und ihre Begrifflichkeit, z.B. für die Verwendung der Begriffe „sozialistische", „proletarische", „marxistische" Pädagogik, oder die Zuordnung von Personen, sind noch nicht hinreichend diskutiert.[21] Die vorliegende Untersuchung geht daher von einem Begriff Arbeiterbewegung aus, der zunächst ihre öffentlich-institutionelle Gestalt berücksichtigt, d.h. ihre Publikationen, ihre Presse, ihre Personen. Als Reformpädagogik tritt dann in Erscheinung, was aus der Perspektive der Arbeiterbewegung als solche wahrgenommen wurde. Dabei muss zunächst die Frage unberücksichtigt bleiben, inwieweit pädagogische Auffassungen der Arbeiterbewegung selbst als reformpädagogisch charakterisierbar sind.

Nicht minder schwierig erwies sich die Frage, woran und wie sich die Rezeption von Reformpädagogik über die quantitative Erfassung rezipierter Texte hinaus qualitativ feststellen lässt. Rezeptionsprozesse sind komplexe, direkt und indirekt stattfindende Vorgänge, von einer Vielzahl objektiver wie subjektiver Faktoren und Interessen verursacht und gelenkt und nur bedingt rekonstruierbar.[22] Oft zeigen sich erst im Laufe einer Rezeptionsgeschichte bestimmte Muster, die sich allmählich zu einer Figur zusammenfügen und erst dann zu erkennen geben, welche Interessen, Vorlieben, Aversionen, Impulse, Konstellationen, Quellen, Einflüsse u.a. für die Herausbildung dieser oder jener Ideenkonstrukte maßgebend waren. Für die vorliegende Untersuchung musste deshalb nach Indikatoren bzw. Kriterien gesucht werden, mit deren Hilfe die Rezeption der Reformpädagogik erfasst und systematisiert werden konnte.[23] Das waren insbesondere:

---

[20] Z.B. findet die seit 1965 bestehende Internationale Tagung der Historikerinnen und Historiker der Arbeiterinnen- und Arbeiterbewegung (ITH) in Linz, eine nichtregierungsabhängige Organisation (NGO) mit Mitgliedsinstitutionen aus ca. 30 Ländern, neuerdings unter der Bezeichnung „Internationale Tagung der HistorikerInnen der Arbeiter- und anderer sozialer Bewegungen" statt.

[21] Die Verwendung des Begriffes *sozialistisch* in Verbindung mit *Pädagogik* oder/und *Erziehung* war seit jeher ambivalent. In der DDR wurde sozialistische Pädagogik per se gleichgesetzt mit den pädagogischen Ansichten der *revolutionären* Arbeiterbewegung. Gamm spricht von *materialistischer Pädagogik*, erfasst damit aber mehr als das aus der Arbeiterbewegung Hervorgegangene (Gamm 1983). Schmied-Kowarzik (1995) verwendet den Begriff *materialistische Erziehungstheorie* und stellt als deren Wesen die „radikale Kritik der bürgerlichen Erziehung" heraus.

[22] Vgl. Grimm 1977; Wiater 1997.

[23] Als Anregung dienten u.a. die „Grundsätze neuer Erziehung", entwickelt auf dem ersten „Internationalen Kongreß für die neue Erziehung" (1921 in Calais), veröffentlicht in: Klaßen/Skiera 1993, S. 10f.; außerdem Keim 1986; Oelkers 1989/96; Schmitt 1993; Seddon 1995; Seyfarth-Stubenrauch/Skiera 1996; Rülcker/Oelkers 1998; Helmchen 1999; Tenorth 2000b, Kap. V; Benner/Kemper 2001, 2005; Hansen-Schaberg/Schonig 2002; Retter 2004 u.a.

- Bezugnahmen auf *Repräsentanten, Konzepte* und *Literatur* der Reformpädagogik,
- der Anschluss an reformpädagogische *Inhalte* und *Forderungen,* bezogen auf Veränderung *der pädagogischen Praxis* (z.B. Methodenreform, künstlerische Erziehung, Gemeinschafts- und Arbeitserziehung), *der sozialen und politischen Praxis* (z.B. Selbstverwaltung, Einheitsschule, Koedukation, Internationalität, Demokratie, Chancengleichheit), der *allgemeinen Lebenspraxis* (z.B. Lebensreform, Gesundheitserziehung, Sexualerziehung), *pädagogischer Paradigmen* (z.B. Aufnahme neuer sozialer, anthropologischer und psychologischer Theorien, Tätigkeitsorientierung, Natur- und Kindbezogenheit),
- die Verbindung reformpädagogischer Schlüsselbegriffe mit fortschritts- und zukunftsorientierenden *Codes (*„neue Generation", „neue Jugend", „neue Menschen", „werdende Gesellschaft" u.ä.) und *Symbolen* (die Sonne, das Kind, der jugendliche Körper u.a.).

1.7 Zur Auswahl und Präsentation der Quellen

Der ursprünglichen Absicht, die Rezeption der Reformpädagogik in der Arbeiterbewegung als Teil eines weiten und intensiven theoretischen Entwicklungs- und Kommunikationsprozesses zu begreifen und dies durch die Aufnahme eines breiten Quellenspektrums zu spiegeln, stand eine unerwartet dichte Materialfülle entgegen, die zu einer strengen Auswahl der Quellen zwang. Ausgewählt wurden danach Texte (Aufsätze, Rezensionen, Literaturberichte, Annotationen) mit direkten oder indirekten Reflexionen zu Personen, Publikationen oder Praxisphänomenen aus dem Spektrum der deutschen und internationalen Reformpädagogik. Da die Objekte der Reflexionen und Besprechungen hier keine primäre Berücksichtigung finden konnten, setzt diese Quellenkategorie einige Werkkenntnisse voraus, offenbart jedoch auch unabhängig davon idealtypische Rezeptions- und Bewertungsmuster. Aufgenommen wurden darüber hinaus ausgewählte Texte zur spezifisch proletarischen Schul- und Erziehungskritik sowie Beiträge, an denen die Bedeutung der Auseinandersetzung mit der bürgerlichen Pädagogik für die konstruktive Suche nach eigenständigen Bildungs- und Erziehungskonzepten gesehen werden kann.

Auf viele nicht minder informative und speziell die Bildungspolitik und Pädagogik der Arbeiterbewegung erhellende und ergänzende Themenbereiche musste weitgehend verzichtet werden, so u.a. auf Quellen zur Arbeiterbildung und zur Bildungsarbeit der Sozialdemokratie, zur regionalen und kommunalen bildungspolitischen Programmatik, zur proletarischen Frauenbewegung, zur Ethik-Debatte, zu lebensreformerischen Intentionen, zu spezifischen Unterrichtsfächern (z.B. zum Geschichtsunterricht), zu pädagogisch relevanten Diskursen in anderen Wissenschaftsbereichen (z.B. der Philosophie, Anthropologie, Psychologie, Geschichte,

41

Soziologie, Literatur und Kunst, Naturwissenschaften und Evolutionstheorie).[24]
Auch im engeren pädagogischen Themenspektrum musste manches weggelassen
werden, so u.a. die materialreichen Beiträge Otto Rühles zur Lage der Volksschule
und der Volksschullehrer, die zu den ersten soziologischen Untersuchungen auf
diesem Gebiet gerechnet werden können, die Arbeiten von Heinrich Schulz zur
Geschichte des Volksschulwesens, biographische Beiträge zu Klassikern der Pädagogik, Erörterungen zum Lehrerberuf, zum Fortbildungsschulwesen, zur Volks-
hochschulentwicklung. Andere Fragen, wie die Haltung zur Kinderarbeit, Diskurse
über die Stellung der Arbeiterbewegung zum höheren Schulwesen, zur Herausbildung der proletarischen Jugendbewegung, Debatten über Sexualerziehung oder
über Religion, konnten jeweils nur exemplarisch wiedergegeben werden. Insofern
kann die vorliegende Quellendokumentation auch als Anregung für weiterführende
Forschungen verstanden werden.

Die Quellenauswahl enthält im ersten Teil Texte aus der *Neuen Zeit*, im zweiten
Teil Texte aus den *Sozialistischen Monatsheften* jeweils chronologisch geordnet.
Dieses Prinzip wurde einer Ordnung nach Sachgruppen deshalb vorgezogen, weil
es leichter ermöglicht, den Prozesscharakter der Rezeption der Reformpädagogik
zu beobachten, und weil es überdies die Texte in ihren konkreten inhaltlichen und
historischen Kontexten belässt.

Ein Personen- sowie ein Sachwortverzeichnis sollen den Umgang mit den Quellen erleichtern. Zu den in der Quellenauswahl erfassten Autorinnen und Autoren
der beiden Zeitschriften werden jeweils in Fußnoten knappe biographische Informationen gegeben, soweit dieser Personenkreis nicht bereits in der Einleitung Erwähnung fand und Biographien dort zugeordnet wurden. Nicht in allen Fällen
waren biographische Recherchen erfolgreich. Zu manchen Personen konnten nur
knappe, zu einigen wenigen gar keine Lebensdaten gefunden werden.[25] Alle Hinweise, die zur Vervollkommnung des biographischen Datenbestandes beitragen
können, werden deshalb mit Dankbarkeit aufgenommen.

---

[24] Weiteres Quellenmaterial für den Zeitraum von 1870 bis 1900 ist bei Lesanovsky 2003 zu finden.
Um den Kontext des hier darzustellenden Themas zu wahren, ließ sich nicht vermeiden, einige bereits dort veröffentlichte Texte auch in die vorliegende Quellenauswahl aufzunehmen (Dok. 1, 5, 9,
10, 18, 19, 20, 25, 28, 34).
[25] Für die biographischen Recherchen wurde, neben Archiven und zahlreichen Einzelschriften, vor
allem folgende Literatur benutzt: Deutscher Literatur-Kalender (Kürschner); Kalender für das höhere Schulwesen (Kunze); Osterroth 1960; Biographisches Handbuch der Reichstage 1965; Biographisches Lexikon. Geschichte der deutschen Arbeiterbewegung 1970; Biographisches Handbuch der
deutschsprachigen Emigration 1980-1983; Lexikon der Pseudonyme 1989; Lexikon sozialistischer
Literatur 1994; Schröder 1995; Kleinau 1996; Eymers Pseudonymen-Lexikon 1997; Lexikon freireligiöser Personen 1997; Lehrerverzeichnisse verschiedener Städte; die Datenbanken World Bi-
ographical Information Systems (WBIS online) und Frauen in Bewegung (www.ariadne.de). Allen,
die mir mit Rat und Tat geholfen haben, sei hier ausdrücklich gedankt.

42

2. Bildungspolitik und Pädagogik in der Arbeiterbewegung

Am 1. Mai 1889 forderte Wilhelm II., deutscher Kaiser und König von Preußen, in einer Kabinettsordre, „die Schule [...] nutzbar zu machen, um der Ausbreitung sozialistischer und kommunistischer Ideen entgegenzuwirken". Durch die „Pflege von Gottesfurcht" und „Liebe zum Vaterland" habe sie die „Grundlage für eine gesunde Auffassung auch der staatlichen und gesellschaftlichen Verhältnisse zu legen". Sie müsse

> „bestrebt sein, schon der Jugend die Überzeugung zu verschaffen, daß die Lehren der Sozialdemokratie nicht nur den göttlichen Geboten und der christlichen Sittenlehre widersprechen, sondern in Wirklichkeit unausführbar und in ihren Konsequenzen dem Einzelnen und dem Ganzen gleich verderblich sind".[26]

Verursacher dieser kaiserlichen Besorgnis war die Sozialdemokratie, die trotz der staatlichen Repressionspolitik durch das Sozialistengesetz (1878-1890) ihre Anhänger- und Wählerschaft stetig erweitern konnte. Noch wusste der Kaiser nicht, dass genau ein Jahr später die bis dahin größte Protestmanifestation der internationalen Arbeiterbewegung stattfinden und daraus eine Tradition mit hoher Symbolkraft entstehen würde. Der 1. Mai als Aktionstag der arbeitenden Menschen in aller Welt wurde zwei Monate nach dem Kaisererlass auf dem Gründungskongress der II. Internationale im Juli 1889 in Paris beschlossen. Nach dem Scheitern der 1864 ins Leben gerufenen Internationalen Arbeiterassoziation (I. Internationale) schien nunmehr die populäre Losung des *Kommunistischen Manifestes* „Proletarier aller Länder, vereinigt euch!" erneut im Aufwind. In vielen Ländern waren die Arbeiterparteien zu einer ernst zu nehmenden politischen Kraft herangewachsen.

Angesichts der von dieser Bewegung ausgehenden „zentrifugalen Tendenzen" sah sich der deutsche Kaiser wiederum zum Eingreifen veranlasst. Auf einer 1890 eigens dafür einberufenen Schulkonferenz mahnte er nunmehr speziell die höheren Schulen an ihre Pflicht zur patriotischen Erziehung.[27] Im gleichen Jahr lehnte der Deutsche Reichstag mit 169 gegen 98 Stimmen eine Verlängerung des Sozialistengesetzes ab, sein Urheber, Reichskanzler von Bismarck, musste die politische Bühne verlassen. Die Sozialdemokratie indessen erreichte einen grandiosen Wahlerfolg. Mit 35 Abgeordneten zog sie in den deutschen Reichstag ein. 1,4 Millionen Menschen hatten sie gewählt.[28]

Was auf den ersten Blick als ein spezifischer politischer Konflikt des deutschen Kaiserreichs in Erscheinung trat, erwies sich als Symptom einer tief gehenden Krise des politischen Systems.[29] Davon war auch das Bildungswesen nicht ausgenommen. Die im 19. Jahrhundert etablierte hierarchische Struktur und inhaltliche

---

[26] Zitiert nach Michael/Schepp 1993, S. 184.
[27] Vgl. ebd., S. 187.
[28] Chronik. Geschichte der Arbeiterbewegung 1965, S. 149.
[29] Siehe hierzu Wehler 1994.

Beschaffenheit öffentlicher Bildung geriet von verschiedenen Seiten her unter Kritik: Industrialisierung und gesellschaftliche Modernisierung forderten von Schule und Erziehung Revision und Anpassung, der kirchliche Einfluss auf Bildung und Erziehung wurde ebenso in Frage gestellt wie die obrigkeitsstaatlichen und nationalistischen Erziehungsintentionen des Staates; die Lehrerschaft, insbesondere die Volksschullehrerschaft, hatte sich ein professionelles Selbstbewusstsein zugelegt, das in der Bildungspolitik und Pädagogik zunehmend Geltung erheischte; außerpädagogische Interessengruppierungen und vor allem die Frauenbewegung mischten sich in den Gang der Pädagogik ein; die Jugend selbst drängte nach einem Ende schulmeisterlicher Bevormundung und nach Eigenständigkeit. Angst vor Machtverlust und vor dem Einfluss emanzipatorischer Ideen unter der jungen Generation ging um in Deutschland. Schule und Erziehung wurden in wachsendem Maße zu Austragungsorten des „Kampfes" um die Jugend. „Wer die Jugend hat, hat die Zukunft" – so glaubten alle politischen und weltanschaulichen Richtungen.

Auch die Arbeiterbewegung ließ sich in den bildungspolitischen Auseinandersetzungen nicht mehr länger übersehen. Die parlamentarischen Auftritte Wilhelm Liebknechts[30] im Reichstag und im Sächsischen Landtag oder Paul Singers[31] im Berliner Abgeordnetenhaus erregten schon bald Aufsehen. Zunehmend selbstbewusst und mit allen ihr verfügbaren öffentlichen und parlamentarischen Mitteln kritisierte die Sozialdemokratie die bestehenden Bildungsverhältnisse, artikulierte die Bildungsbedürfnisse der arbeitenden und unterprivilegierten Bevölkerungsschichten und stellte sie mit wachsendem öffentlichen Beifall den Erziehungsintentionen des Staates entgegen.[32]

2.1 Gegen Kinderausbeutung – für eine menschenwürdige Kindheit

Wie schon bei den utopischen Sozialisten[33] war Bildungsdenken auch in der Arbeiterbewegung aus der Not der Praxis entstanden. Ausgangspunkt der proletarischen

---

[30] Wilhelm Liebknecht (1826-1900) war ab 1871 Mitglied des Deutschen Reichstages und von 1879-1885 sowie 1889-1892 Landtagsabgeordneter in Sachsen.

[31] Paul Singer (1844-1911), Sohn einer mittellosen jüdischen Berliner Familie, lernte den Beruf eines Kaufmannes, gründete mit seinem Bruder einen Konfektionsbetrieb, der ihm erlaubte, nicht nur demokratische und sozialistische Bestrebungen zu unterstützen, sondern auch caritative Einrichtungen in Berlin. 1862 schloss er sich der Deutschen Fortschrittspartei an und trat 1869 der Sozialdemokratischen Arbeiterpartei bei. Als Mitglied des Berliner Abgeordnetenhauses und ab 1884 des Reichstages zählte er zu den bedeutendsten Parlamentariern der Sozialdemokratie. 1886 wurde er als „gefährliche Person" aus Berlin ausgewiesen und lebte bis 1890 in Dresden. Von 1890 bis 1911 war er stets einer der Vorsitzenden der SPD und ab 1900 ihr Vertreter im Internationalen Sozialistischen Büro. Mehrfach wurde er Opfer antisemitischer Hetzkampagnen. So wurde 1898 auch seine Wahl in die Berliner Schuldeputation verhindert.

[32] Vgl. zur Schulpolitik der Sozialdemokratie u.a. Bendele 1979; Schwarte 1980; Dokumente zur Bildungspolitik und Pädagogik 1982; Geschichte der Erziehung 1987; Lesanovsky 2003; Braune 2004.

[33] Vgl. Saage 2000.

44

Bildungsforderungen waren einerseits die sozialen Lebensverhältnisse der Kinder aus proletarischen Schichten, ihr Ausschluss aus Bildung, Kultur und einer menschenwürdigen Kindheit, andererseits das Bewusstsein von der Macht der Bildung im Streben nach sozialer und geistiger Emanzipation. Fast zwei Jahre hatte Friedrich Engels die Lebens- und Arbeitssituation des englischen Proletariats „in der Nähe aus persönlicher Anschauung und persönlichem Verkehr" in „seine[n] Bestrebungen, seine[n] Leiden und Freuden" erlebt und studiert, bevor er 1845 seinen erschütternden Bericht über die *Lage der arbeitenden Klasse in England* verfasste und sich darin besonders der Not der Kinder zuwandte. Sie aus sozialem Elend zu befreien, den Teufelskreis von Unterprivilegierung und Armut zu durchbrechen, in dem die Kinder die am meisten Leidenden und Betroffenen waren (und es heute noch immer sind), war eines der treibenden Motive der Arbeiterbewegung. Wie Engels' Bericht trugen auch andere inzwischen populär gewordene Schriften zur Sensibilisierung der Arbeiterschaft für die Situation ihrer Kinder bei: Marx' Analyse der Kinderarbeit und seine Schlussfolgerung für ein Konzept polytechnischer Bildung, die er für den Kongress der I. Internationale in Genf 1866, bekannt als *Genfer Instruktion*[34], ausgearbeitet hatte, Wilhelm Liebknechts Kritik der deutschen Schulverhältnisse und die Bloßstellung der herrschaftssichernden Funktion von Bildung in seiner Rede *Wissen ist Macht – Macht ist Wissen* 1872 vor dem Dresdener Bildungsverein, August Bebels provokantes, auflagenstarkes Buch über Frauenemanzipation *Die Frau und der Sozialismus* (1879).

Sie alle hatten sehr wohl erkannt, dass sich Kinder in einer doppelten sozialen Abhängigkeit befinden, zum einen in der Abhängigkeit von der subjektiven Bereitschaft ihrer Erzeuger, etwas für ihre Kinder zu tun, nicht minder aber in der Abhängigkeit von der objektiven Lage ihrer Eltern und davon, was die Verhältnisse ihnen gestatten oder auferlegen zu tun. Weil Kinder ohne eine politische Lobby in weit größerem Umfang als die Erwachsenen den Verhältnissen ausgeliefert sind, sah sich die Arbeiterbewegung von Anfang an als Interessenvertreterin der Kinder, denn:

„Der einzelne Arbeiter ist nicht frei in seinen Handlungen. In zu vielen Fällen ist er sogar zu unwissend, die wahren Interessen seines Kindes oder die normalen Bedingungen der menschlichen Entwicklung zu verstehen. Der aufgeklärtere Teil der Arbeiterklasse begreift jedoch sehr gut, daß die Zukunft seiner Klasse und damit die Zukunft der Menschheit völlig von der Erziehung der heranwachsenden Arbeitergeneration abhängt. Er weiß, daß vor allem anderen die Kinder und jugendlichen Arbeiter vor den verderblichen Folgen des gegenwärtigen Systems bewahrt werden müssen."[35]

Konsens bestand insbesondere in dem dringenden Wunsch, die massenhafte brutale Ausnutzung der Kinderarbeit einzudämmen, zumindest in erträgliche Bahnen zu lenken und für die Kinder der Arbeiter eine bessere Bildung zu erstreiten. Scham-

---

[34] Der eigentliche Titel der Schrift lautet: Instruktionen für die Delegierten des Provisorischen Zentralrates zu den einzelnen Fragen (MEW, Bd. 16, S. 193ff.), fortan *Genfer Instruktion.*
[35] Genfer Instruktion. MEW, Bd. 16, S. 194.

lose Gewinnsucht hatte dazu geführt, dass sich Kinderarbeit als eine typische Erscheinung des sich entwickelnden Kapitalismus seit Ende des 18. Jahrhunderts
auch in Deutschland ausbreiten und im 19. Jahrhundert einen traurigen Rekord und
„grauenvollste Zustände" erreichen konnte. Durch ihre geringe Entlohnung ließen
sich mit Kindern höchste Profite erzielen und überdies die Löhne der Erwachsenen
drücken. Die Zerstörung von Gesundheit, Entwicklung und Lebensfreude wurde
dabei billigend in Kauf genommen. Die ersten Kinderschutzregelungen waren
nicht mehr als „bedrucktes Papier".[36]

Erst als ökonomische Zwänge die Ablösung der extensiven durch intensive Arbeit und damit einhergehend einen Bildungsschub und eine ernsthaftere Durchsetzung der allgemeinen Schulpflicht erforderten, reduzierte sich das Ausmaß der
Kinderausbeutung in der industriellen Produktion. In der Heimindustrie, der
Landwirtschaft, im Handel oder in der Hauswirtschaft existierte sie indessen noch
lange fort. Gegen Ende des 19. Jahrhunderts waren mehr als 500.000 Kinder nach
offizieller und zwei Millionen nach inoffizieller Schätzung (von insgesamt acht
Millionen schulpflichtigen Kindern) erwerbstätig. Nicht selten arbeiteten Kinder
bis zu 13 Stunden täglich.[37] Dieses Leid der Kinder war es, das Rosa Luxemburg
1902 zu der bitteren Äußerung veranlasste:

> „Wenn einmal die Akten der Geschichte über die kapitalistische Gesellschaftsordnung
> geschlossen, alle ihre Verbrechen offen vor aller Augen liegen und des endgültigen
> Urteils einer späteren Menschheit harren werden, wir glauben, am schwersten wird
> unter diesen Verbrechen vor dem Antlitz der Urteilsfinderin Geschichte die Mißhand-
> lung der proletarischen Kinder wiegen. Die Aussaugung der Lebenssäfte aus diesen
> wehrlosesten Geschöpfen, die Vernichtung der Lebensfreude gleich an der Schwelle
> des Lebens, die Verzehrung der Saat der Menschheit schon auf den Halmen – das ist
> mehr als alles, was die furchtbare Herrschaft des Kapitals an der Gegenwart sündigt,
> das sind auch noch Eingriffe mit mörderischer Hand in die Zukunft."[38]

Aus allen diesen Gründen war Kinderausbeutung eines der zentralen Themen der
internationalen Arbeiterbewegung und beschäftigte nahezu alle Kongresse der I.
und II. Internationale. Zahlreiche Resolutionen wurden verfasst, Regierungen wegen verschleppter, vernachlässigter oder mangelhaft kontrollierter Kinderschutzge-
setzgebungen angeprangert, Pressekampagnen initiiert, Kinderschutzkommissionen
über Parteien- und Ländergrenzen hinweg organisiert und unterstützt. Die Sozialdemokratie drängte, gegen Ende des 19. Jahrhunderts zunehmend unterstützt durch
die Frauenbewegung, durch Volksschullehrervereine und sensibilisierte Kreise der
politischen Öffentlichkeit, auf wirksame gesetzliche Regelungen auch in Deutsch-

---

[36] Karl Kautsky/Bruno Schoenlank: Grundsätze und Ziele der Sozialdemokratie. Erläuterungen zum
Erfurter Programm. Berlin 1892, S. 60; Stark-von der Haar/von der Haar 1980, S. 17. Eindrucksvoll
ist Kinderarbeit bei Otto Rühle beschrieben: Illustrierte Kultur- und Sittengeschichte des Proletariats. 1. Bd., Berlin 1930, S. 128-165. Vgl. auch Alt 1958; Kuczynski 1958; Dauks 2003.
[37] Geschichte der Erziehung 1987, S. 460.
[38] Zitiert nach Käte Duncker: Die Kinderarbeit und ihre Bekämpfung. Hrsg. von der Redaktion der
Gleichheit, Zeitschrift für die Interessen der Arbeiterinnen. Stuttgart 1906, S. 6.

land. 1903 endlich wurde ein Kinderschutzgesetz erarbeitet, das 1904 in Kraft trat und dem Kampf gegen Kinderarbeit eine juristische Basis gab. Kinderschutzkommissionen, ab 1905 von sozialdemokratischen Frauen gemeinsam mit den Gewerkschaften ins Leben gerufen, bemühten sich um die Kontrolle des Gesetzes.[39] 1913 forderte die sozialdemokratische Reichstagsfraktion eine Novellierung des Gesetzes, aber wegen des Ersten Weltkrieges kam es nicht mehr dazu. Kinderarbeit blieb, wenngleich nicht mehr in den Auswüchsen des 19. Jahrhunderts, trotz einer forcierten Arbeits-, Frauen- und Kinderschutzgesetzgebung bis in die Weimarer Republik ein Problem.[40]

War die Arbeiterbewegung einerseits im Kampf gegen die Kinderarbeit die treibende Kraft, ging andererseits gerade von ihr – angeregt durch Karl Marx – jene konstruktive Wende in der Betrachtung des Problems aus, die letztendlich ein neues pädagogisches Paradigma begründete. Marx hielt die Forderung nach einem generellen Verbot der Kinderarbeit wegen der realen Lebens- und Arbeitsverhältnisse des Proletariats für wenig realistisch. Von Beispielen einer gelungenen Verbindung von Kinderarbeit, Unterricht und angemessenem Arbeits- und Gesundheitsschutz in England ausgehend[41] – also gleichsam aus der Not eine Tugend machend –, wollte er Kinderarbeit in ihrer ausbeuterischen Form strikt bekämpft, in ihrer erzieherischen und persönlichkeitsbildenden Funktion jedoch akzeptiert sehen. Zum Schutz der Kinder vor Ausbeutung dürfe es, so argumentiert er in der bereits erwähnten, im Auftrag der Gründungskommission der Internationalen Arbeiterassoziation erarbeiteten *Genfer Instruktion*, „weder Eltern noch Unternehmern gestattet werden [...], die Arbeit von jungen Personen anzuwenden, es sei denn, sie ist mit Erziehung verbunden". Da Marx in der Arbeit ein „allgemeines Naturgesetz" und einen entscheidenden Faktor für die Entwicklung des Menschen sowohl als Gattungswesen als auch als Individuum sah, sollte sie in das Bildungsdenken der Arbeiterbewegung aufgenommen werden:

„Wir betrachten die Tendenz der modernen Industrie, Kinder und junge Personen beider Geschlechter zur Mitwirkung an dem Werke der gesellschaftlichen Produktion heranzuziehen, als eine fortschrittliche, gesunde und berechtigte Tendenz, obgleich die Art und Weise, auf welche diese Tendenz unter der Kapitalherrschaft verwirklicht wird, eine abscheuliche ist."[42]

Die Vereinigung von „geistiger Erziehung", „körperlicher Erziehung" und einer „polytechnischen Ausbildung, die die allgemeinen Prinzipien aller Produktionsprozesse vermittelt und gleichzeitig das Kind und die junge Person einweiht in den

---

[39] Vgl. ebd.; außerdem Luise Zietz: Kinderarbeit, Kinderschutz und die Kinderschutzkommissionen. Hrsg. vom Parteivorstand der sozialdemokratischen Partei Deutschlands. Berlin 1914.

[40] Auch im 20. Jahrhundert wurde Kinderarbeit (und sie wird es noch immer) als Option ökonomischer Interessen auch in den Industriestaaten verfügbar gehalten. Für den übergroßen Teil der Weltbevölkerung ist die Ausbeutung von Kindern noch immer Realität. Vgl. hierzu Liebel 2001.

[41] Marx hatte hier vor allem das Projekt von Robert Owen in New Lanark (Schottland) vor Augen. Zu Owen vgl. Uhlig 2003a.

[42] Genfer Instruktion. MEW, Bd. 16, S. 194.

praktischen Gebrauch und in die Handhabung der elementaren Instrumente aller Arbeitszweige"[43], war für Marx nicht nur ein ökonomischer Modernisierungsfaktor, sondern gleichermaßen ein Weg aus der durch Arbeitsteilung entstandenen Entfremdung des Menschen.

„Aus dem Fabriksystem, wie man im Detail bei Robert Owen verfolgen kann, entsproß der Keim der Erziehung der Zukunft, welche für alle Kinder über einem gewissen Alter produktive Arbeit mit Unterricht und Gymnastik verbinden wird, nicht nur als eine Methode zur Steigerung der gesellschaftlichen Produktion, sondern als die einzige Methode zur Produktion vollseitig entwickelter Menschen."[44]

Auf dem Genfer Kongress der I. Internationale fanden die Marxschen Gedanken zunächst wenig Resonanz. Obgleich der Verbindung von Lernen und produktiver Arbeit theoretisches Interesse durchaus entgegengebracht wurde, neigten die meisten der Delegierten angesichts der realen Zustände, unter denen Kinder zur Arbeit genötigt waren, doch eher zum völligen Verbot der Kinderarbeit.[45] In Deutschland zeigte sich diese Tendenz noch im *Erfurter Programm* der Sozialdemokratie, das auf dem Erfurter Parteitag 1891 verabschiedet worden war. „Das Kind gehört in die Schule und auf den Spielplatz, es freue sich seiner Jugend, stähle seinen Körper, bilde seinen Geist", begründete Karl Kautsky die darin erhobene Forderung nach Verbot der Erwerbsarbeit für Kinder unter 14 Jahren.

„Man kehre sich nicht an das verlogene Gezeter von der Heilsamkeit der Arbeit für die Kinder – der Arbeiter. So sicher die zukünftige Gesellschaft den Gedanken R. Owens von der Verbindung der Arbeit mit Leibesübungen und Unterricht verwirklichen wird, so gewiß ist die heutige Kinderarbeit, die der blinden Gewinnsucht, nicht erziehlichen Zwecken dient, zu verwerfen. Sie versehrt die Volksmassen an der Lebenswurzel."[46]

2.2 Der schwierige Weg zu einem Bildungsprogramm

Es ist nachvollziehbar, dass das Thema Kinderausbeutung die Arbeiterbewegung am meisten bewegte. Aber auch andere Bildungs- und Erziehungsfragen, vor allem die Haltung zum öffentlichen Schulwesen und zu den Erziehungsintentionen von Staat und Kirche, gewannen in dem Maße an Bedeutung, in dem die Arbeiterbewegung ihren politischen Einfluss geltend zu machen vermochte und dabei auch ihre Bildungsinteressen artikulieren konnte. Allerdings mündeten Bildungsdebatten, wie sie beispielsweise auf den Kongressen der I. und II. Internationale regelmäßig geführt wurden, nur selten in einhellige Positionen. Vielmehr spiegeln sie

---

[43] Ebd.
[44] Karl Marx: Das Kapital. MEW, Bd. 23, S. 507f.
[45] Vgl. Die „Internationale" und die Schule, *NZ* 1893/94 (Dok. 20). Für die I. Internationale stellte sogar die Frauenarbeit noch ein Problem dar. Lange Zeit wurde sie mit der Begründung der Sittenwidrigkeit und der Schädlichkeit für die Gesundheit der Frau mehrheitlich abgelehnt. Vgl. hierzu auch Schrupp 1999.
[46] Kautsky/Schoenlank 1892, S. 60.

48

die Heterogenität der frühen Arbeiterbewegung, unterschiedliche ethnische, soziale und kulturelle Voraussetzungen sowie vage Vorstellungen von proletarischer Bildungspolitik.[47] Kontrovers wurden vor allem solche Fragen diskutiert[48]:

Wie sollte sich die Arbeiterbewegung zum Staat als Träger öffentlicher Bildung stellen? Sollte sie ein staatlich gesichertes und durch Schulpflicht erzwungenes obligatorisches Bildungssystem dem freien Erziehungsrecht der Eltern vorziehen? Welches Recht der Einflussnahme sollte dem Staat zugestanden und wie antiemanzipatorische Beeinflussung der Arbeiterkinder verhindert werden? Sollten die Arbeiter die Erziehung ihres Nachwuchses gar selbst in die Hand nehmen?

Was heißt gleiches Recht auf Bildung? Welchen Umfang und Inhalt sollte schulische Bildung haben? Sollte nur die Volksschule in den Blick genommen werden, und wie sollte sich die Arbeiterbewegung zur höheren Schulbildung verhalten?

Braucht die Arbeiterbewegung ein eigenes Bildungskonzept, oder soll sie auf bürgerliche Bildungserfahrungen zurückgreifen?

Welchen Sinn macht die Forderung nach Unentgeltlichkeit der Schulbildung? Ist sie Illusion, weil der Staat das Geld durch Steuern zurückholt, konsequent demokratisch oder eine ungewollte Entlastung der wohlhabenden sozialen Schichten? Und wie sollte ein solidarisches Finanzierungsmodell aufgebaut sein?

Wie sollte sich die Arbeiterbewegung zur Religion verhalten und was an ihre Stelle setzen? Braucht die Arbeiterklasse eine eigene Ethik und Morallehre[49]?

Sollte dem Marxschen Ansatz der Verbindung von produktiver Arbeit und Unterricht gefolgt und Kinderarbeit in begrenztem Umfang und unter strengen Auflagen zugelassen werden?

Welcher Arbeitsbegriff sollte dem Bildungsverständnis zugrunde gelegt werden? Sollte sich Arbeit, nach Marx, an der Industrie orientieren oder an Handwerk und Genossenschaft, wie von den Proudhonisten verlangt, die in der „ganze[n] industrielle[n] Revolution [...] ein höchst widerwärtiges Ereignis"[50] sahen?

In welchem Verhältnis sollten familiale und öffentliche gemeinschaftliche Erziehung stehen?

Diese und andere Fragen prägten die Diskurse über Bildung und Schule in Publikationen und Presse, in parlamentarischen und parteipolitischen Debatten, in kom-

---

[47] Vgl. Uhlig 2004.

[48] Vgl. hierzu auch die Kritik von Karl Marx am Gothaer Programm 1875. MEW, Bd. 19, S. 30f.; außerdem Borchardt, *SM* 1903 (Dok. 130).

[49] In Vorschlag kam dabei immer wieder auch die Ausarbeitung eines „sozialdemokratischen Katechismus" bzw. eines allgemeingültigen „Lehrbuchs der Moral", um diejenigen sozialen Schriften zu ersetzen, welche „Irrthümer aller Art und viele der Moral, Wahrheit und Gerechtigkeit widersprechende, gefährliche Verhaltungsmaßregeln enthalten" (*Vorbote* 1868, Nr. 4, S. 55). Nur knapp scheiterte 1871 ein in den Führungsgremien der Sozialdemokratie diskutierter Antrag, als Erziehungshilfe einen „kleinen sozialdemokratischen Katechismus" herauszugeben (vgl. Groschopp 1985, S. 161). Dass diese Idee in der Arbeiterbewegung noch lange präsent war, zeigt eine grundsätzliche Kritik Karl Kautskys an einem ähnlichen Vorhaben des Parteiverlages *Münchener Post* in den 1890er Jahren. Vgl. Karl Kautsky: Ein sozialdemokratischer Katechismus. *NZ* 1893/94, Nr. 12, S. 361-369.

[50] Friedrich Engels: Zur Wohnungsfrage. MEW, Bd. 18, S. 220.

munalen Auseinandersetzungen und in Bildungsvereinen. Und obwohl die Emanzipation der Arbeiter nicht nur als eine soziale und politische Aufgabe, sondern
gleichermaßen als ein Prozess permanenter Aufklärung und Erziehung verstanden
und in diesem Sinne breit diskutiert wurde, kamen eigenständige bildungspolitische Programme lange Zeit nicht zustande. Bestenfalls wurden Bildungsforderungen zu integrierten Bestandteilen allgemeiner Programmatik erhoben. Sie beschränkten sich im Kern auf den obligatorischen und unentgeltlichen Besuch der
öffentlichen Volksschule, auf Trennung von Schule und Kirche sowie auf das Verbot der Kinderarbeit. Nicht selten bewirkten sie wegen begrifflicher Unschärfen
und vager Formulierungen Irritationen und Widersprüchlichkeiten, ein Umstand,
der Karl Marx u.a. zu seiner *Kritik des Gothaer Programms* 1875 veranlasst hatte.[51]
Für die anfänglichen Unsicherheiten auf schulpolitischem Gebiet lassen sich
verschiedene Ursachen anführen: die Ablehnung des öffentlichen staatlichen Bildungssystems als etwas den eigenen Interessen Entgegenstehendes, Bildungs-
fremdheit eines großen Teils der Arbeiterschaft, eine vordergründige Fokussierung
auf Erwachsenenbildung u.a.m. Vor allem aber wird sich der Mangel an „Bil-
dungsexperten" ausgewirkt haben. Bildungsfragen nahmen zwar im Denken der
ersten Generation führender Repräsentanten der Arbeiterbewegung – Ferdinand
Lassalle, Karl Marx, Friedrich Engels, August Bebel, Wilhelm Liebknecht, Franz
Mehring, Eduard Bernstein, Karl Kautsky u.a. – einen maßgeblichen, aber keineswegs einen zentralen Platz ein. Ihr praktisches politisches Engagement und ihre
gesellschaftstheoretische Arbeit wurden von übergreifenden Interessen und Aufgaben geleitet und absorbiert. Äußerungen zu Bildung und Erziehung betrafen dementsprechend überwiegend theoretische Grundfragen im Kontext von Gesell-
schaftskritik und -theorie, wie die gesellschaftliche Funktion von Bildung und
Erziehung, die persönlichkeitsbildende Bedeutung der Arbeit, das Verhältnis von
Individuum und Gesellschaft. Gelegentliche Äußerungen zu bildungspolitischen
und pädagogischen Erscheinungen ihrer Zeit waren häufig von den eigenen, meist
bildungsbürgerlichen Erfahrungen geprägt.[52] Die Erfahrung der Volksschule war

---

[51] Das Programm wurde auf dem Vereinigungsparteitag in Gotha 1875 verabschiedet, auf dem sich die
Sozialdemokratische Arbeiterpartei (SDAP) und der Allgemeine Deutsche Arbeiterverein (ADAV)
zur Sozialistischen Arbeiterpartei Deutschlands zusammenschlossen. Marx hielt es in vielen Passagen für uneindeutig. Vgl. MEW, Bd. 19, S. 11-32.

[52] Von den oben Genannten hatte die Mehrzahl ein humanistisches Gymnasium besucht und anschlie-
ßend geisteswissenschaftliche, philologische, historische und/oder rechtswissenschaftliche Studien
aufgenommen. Karl Marx (1818-1883) studierte Philosophie und Rechtswissenschaft, Friedrich Engels (1820-1895) Philosophie ebenso wie Ferdinand Lassalle (1825-1864); Wilhelm Liebknecht
(1826-1900) studierte Philosophie, Theologie und Philologie, war zudem 1847 Lehrer an der Fröbelschen Musterschule in Zürich; Franz Mehring (1846-1919) studierte klassische Philologie, Karl
Kautsky (1854-1938) Geschichte, Philosophie, Nationalökonomie und Rechtswissenschaft. August
Bebel (1840-1913) absolvierte nach Armen- und Bürgerschule eine Drechslerlehre und bildete sich
in Arbeiterbildungsvereinen weiter; Eduard Bernstein (1850-1932) nahm nach dem Besuch des
Gymnasiums eine kaufmännische Lehre auf. – In der nächsten Generation der Arbeiterbewegung

50

den meisten von ihnen ebenso fern wie der Masse der Arbeiter das humanistische Gymnasium. Sie wussten um den Wert allgemeiner Bildung und propagierten sie, differenzierte und konkrete bildungsprogrammatische Vorarbeiten indessen waren aus diesen Kreisen kaum zu erwarten.

2.2.1 Das Erfurter Programm 1891

Diskrepanzen zwischen Bildungsanspruch und programmatischer Umsetzung spiegeln sich auch noch im *Erfurter Programm* der Sozialdemokratie von 1891, das immerhin bis 1921 Gültigkeit behielt und das Selbstverständnis der Arbeiterbewegung wie auch ihre Wahrnehmung in Gesellschaft und Politik maßgeblich prägte.[53] Das aus zwei Teilen bestehende *Erfurter Programm* gilt als das erste Programm der Sozialdemokratie, in dem theoretische Vorstellungen des Marxismus ihren Niederschlag fanden. Der von Karl Kautsky ausgearbeitete Programmteil stellt „zum ersten Mal eine kausale Verknüpfung von Analyse und Prognose der Gesellschaftsentwicklung mit der sozialistischen Zielsetzung und mit den Mitteln der Naturgesetzlichkeit"[54] dar, der von Eduard Bernstein formulierte praktische Teil umreißt die Nahforderungen der SPD. Gemessen an der dem *Erfurter Programm* in der Geschichte der Sozialdemokratie zugeschriebenen Bedeutung nehmen sich die im zweiten Teil enthaltenen bildungspolitischen Programmpunkte eher bescheiden aus. Gefordert wurden:

> „Weltlichkeit der Schule. Obligatorischer Besuch der öffentlichen Volksschulen. Unentgeltlichkeit des Unterrichts, der Lehrmittel und der Verpflegung in den öffentlichen Volksschulen sowie in den höheren Bildungsanstalten für diejenigen Schüler und Schülerinnen, die kraft ihrer Fähigkeiten zur weiteren Ausbildung geeignet erachtet werden" sowie – im Abschnitt Arbeiterschutz – das „Verbot der Erwerbsarbeit für Kinder unter vierzehn Jahren".[55]

Diese bildungspolitischen Programmpunkte gehen vor allem auf Wilhelm Liebknecht und August Bebel zurück. Ein Entwurf von Karl Kautsky, der auch die Unterstützung Friedrich Engels' gefunden und die Formulierung „Reorganisation des Unterrichtswesens auf der Grundlage der Einheitsschule" sowie „obligatorischen Schulbesuch bis zum 14. Lebensjahr" favorisiert hatte, wurde nicht aufgegriffen. Desgleichen hielten Engels und Kautsky die „alte demokratische Forde-

---

differenziert sich der Bildungshintergrund bereits deutlicher. Vgl. dazu die kollektivbiographische Analyse der sozialdemokratischen Parlamentarier bei Schröder 1995, S. 62ff.
[53] Dowe/Klotzbach 1990, S. 24f.
[54] Nach Dowe/Klotzbach 1990 (S. 24f.) handelt es sich hier um eine Paraphrasierung des 7. Abschnitts aus dem 24. Kapitel des Marxschen *Kapital*, dabei habe Kautsky die „Bewegungsprinzipien des Kapitalismus" unter dem Einfluss von Engels wie auch des Darwinismus zu „allgemeingültigen Quasi-Naturgesetzen" erklärt. Der Zusammenbruch des Kapitalismus sei danach naturgesetzlich, auch ohne revolutionäre Aktion des Proletariats, das sich jedoch auf dieses Ereignis vorbereiten müsse: „Unsere Aufgabe ist es nicht, die Revolution zu organisieren, sondern uns für die Revolution zu organisieren."
[55] Zitiert nach ebd., S. 188f.

rung" nach Trennung von Kirche und Staat, die die Trennung von Schule und Kirche impliziert, für ausreichend und dem Recht auf individuelle Glaubensfreiheit besser entsprechend als die Forderung nach „Weltlichkeit".[56] Auch für die bildungspolitische Passage trifft zu, was Engels am gesamten zweiten Teil des *Erfurter Programms* kritisierte: „Das, was eigentlich gesagt werden sollte, steht nicht drin."[57] Aber auch einiges von dem, was drin steht, war entweder ungenau oder überholt, wie der zu dieser Zeit längst auf den Weg gebrachte „obligatorische Besuch der öffentlichen Volksschule". Ähnlich sah es Käte Duncker in einem Rückblick auf die Programmdiskussion in der Sozialdemokratie. Sie vermisst „einige wichtige Punkte", vor allem den Marxschen Gedanken des Arbeitsunterrichts, findet „die übrigen [...] in nicht besonders glücklicher Fassung" und spricht generell von einer Unterschätzung der Schul- und Erziehungsfragen.[58] Toleranter urteilt Heinrich Schulz aus der Perspektive von 1920:

> „In diesen zwanzig bis dreißig Jahren hat die deutsche Sozialdemokratie nicht viel Zeit gehabt, sich theoretisch oder praktisch mit Bildungs- und Kulturfragen zu beschäftigen." Dennoch sei es geschehen, „wie Mommsens ehrenvolles Wort während der Kämpfe um die Lex Heinze beweist, daß Kunst und Wissenschaft sich unter die Fittiche der Sozialdemokratie geflüchtet hätten. Aber das Hemd war ihr doch näher als der Rock, der Kampf um die nackte Existenz der Partei stand im Vordergrunde des Interesses."[59]

2.2.2 „Genau prüfen und von allem nur das Beste"[60] – die Phase des Suchens

Die wirklichen Probleme der Kinder aus unterprivilegierten Schichten waren mit den einschlägigen Programmpunkten des *Erfurter Programms* nur unzureichend umrissen und vielerorts wurde das in der parlamentarischen Arbeit und in der öffentlichen Propaganda auch erkannt.[61]

> „Einige Landes- und Gemeindeprogramme haben seither diese Forderungen noch erweitert; aber sie begnügen sich meist mit kleineren oder größeren Einflickungen in das bestehende Schulsystem, indem sie bald diese, bald jene Frage mehr in den Vordergrund rücken; und es fehlt dabei nicht an schiefen und unklaren Ausdrücken."[62]

[56] Wendorff 1978, S. 234f.; Kautsky/Schoenlank 1892; Friedrich Engels: Zur Kritik des sozialdemokratischen Programmentwurfes 1891. *NZ* 1901/02, Nr. 1, S. 12.
[57] Zitiert nach Fricke 1962, S. 17.
[58] Duncker, *NZ* 1911 (Dok. 90, S. 485).
[59] Heinrich Schulz: Der Weg zum Reichsschulgesetz. Leipzig 1920, S. 35; vgl. zur Programmdiskussion auch Borchardt, *SM* 1903 (Dok. 130). Die „Lex Heinze" war eine umstrittene Gesetzesnovelle aus dem Jahr 1900, mit der die öffentliche Darstellung „unsittlicher" Handlungen in Literatur, Kunst und Theater unter Zensur und Strafe gestellt wurde. Nach zahlreichen öffentlichen Protesten unter starker Beteiligung der Sozialdemokratie wurde der entsprechende Paragraph des Strafgesetzbuches abgeschwächt. Vgl. dazu u.a. Friedrich Wilhelm Foerster: Noch eine Betrachtung zur Lex Heinze. *Ethische Kultur* 8(1900)21, S. 161-163.
[60] Heinrich Schulz: Die Schulreform der Sozialdemokratie. Berlin 1911, S. 169.
[61] Die Vielfalt regionaler Aktivitäten zeigt auch Lesanovsky 2000, 2003.
[62] Duncker, *NZ* 1911 (Dok. 90, S. 485).

Ungeachtet dessen gewann die bildungspolitische Arbeit nach dem Erfurter Parteitag allmählich Konturen. Die Kritik der öffentlichen Schul- und Erziehungspolitik wurde zunehmend mit konstruktiven Forderungen verknüpft: Durchsetzung einer einheitlichen Schule, gleiche Bildung für Jungen und Mädchen, Modernisierung der Bildungsinhalte und Unterrichtsmethoden, Verbesserung des Landschulwesens, Abschaffung der Prügelstrafe, Fortbildungsschulpflicht, soziale und professionelle Aufwertung der Volksschullehrer, Zurückdrängung des kirchlichen Einflusses auf Schule und familiale Erziehung sowie Akzeptanz des Dissidententums u.a.m.

Zur Finanzierung der Reform des Bildungssystems wurde regelmäßig die Reduzierung der Militärausgaben vorgeschlagen und damit ein bis in die Gegenwart reichendes Argumentationsmuster „linker" Politik begründet. Gleichermaßen setzte sich die Erkenntnis durch, dass zwischen formaler und realer Bildungsgerechtigkeit kein Automatismus besteht, vielmehr das Recht auf Bildung für Kinder aus unterprivilegierten Schichten nur in der Koppelung mit sozialpolitischen Forderungen, wie Achtstundentag, Verkürzung der Frauenarbeitszeit, Lösung der Wohnungsfrage, Schwangeren- und Mütterschutz, Familienförderung u.a.m., eine Realisierungschance hat. Ungleiche soziale und kulturelle Lebensbedingungen sollten durch zusätzliche Maßnahmen im schulischen Umfeld kompensiert werden, vor allem durch öffentliche, unentgeltliche Erziehungs- und Bildungsförderung (Unentgeltlichkeit des Unterrichts, der Lehrmittel und der Verpflegung in den öffentlichen Schulen, Erziehungsbeihilfen des Staates, Errichtung von Kindergärten, Schulheimen, Ganztagsschulen), durch kulturelle Angebote (Ferienbetreuung, Volksbibliotheken, Lesehallen, Volkskonzerte u.a.m.), durch prophylaktische Gesundheitsfürsorge (Schulärzte, Sanatorien, Einrichtung von Bädern, Schwimmhallen und Speisehallen an den Schulen). Anforderungen wurden auch an die Arbeitereltern gestellt. Aufklärung und Pädagogisierung familialer Erziehung sollten helfen, auch in der Familie die Aufwachsbedingungen für die Kinder günstiger zu gestalten.

Aber „[j]e mehr Genossen im Laufe der letzten Jahre in den Landes- und Gemeindevertretungen mitzuarbeiten berufen wurden, desto stärker mußte auch der Mangel einer allgemein gültigen Richtschnur in Schulfragen sich fühlbar machen", konstatierte Käte Duncker noch im Jahr 1911.

„Es fehlt denn auch nicht an allerlei Mißverständnissen und Unklarheiten auf dem Gebiet der Schulpolitik. Fast überall wird zum Beispiel das Unentgeltlichkeitsprinzip viel zu sehr in den Vordergrund unseres Kampfes gerückt und damit der Zielpunkt der praktischen Schulpolitik, der doch in der Änderung des gesamten Systems der heutigen Volksbildung besteht, völlig verschoben. Eine prinzipielle und systematische Untersuchung unserer Stellung zum Schulwesen mit seinen hunderterlei Einzelfragen ist daher je länger desto mehr zu einem dringenden Bedürfnis geworden."[63]

Es sollte indessen nach Erfurt noch fünfzehn Jahre dauern, ehe auf dem Mannheimer Parteitag 1906 ein systematisch erarbeitetes Bildungsprogramm zur Diskussi-

---

[63] Ebd., S. 486.

53

on gestellt wurde. War die Zeit vor dem *Erfurter Programm* eher von sporadischen Thematisierungen der Bildungsfrage geprägt, gestaltete sich die Zeit danach als eine Zeit der Suche nach einem spezifisch sozialistischen pädagogischen Profil bei der Beantwortung der „hunderterlei Einzelfragen", um das Vakuum, das die Bildungs- und Schulpolitik noch immer darstellte, auszufüllen. Vor allem ging es darum, Vorstellungen über die Entwicklung und Erziehung des Menschen zu erweitern, das Wesen schulischer Bildung und außerschulischer Sozialisation tiefer zu erfassen und eine sozialistische Alternative zum bestehenden Bildungs- und Erziehungssystem zu entwerfen.

Diese Phase des Suchens fällt in jenen historischen Abschnitt industriekapitalistischer Entwicklung, gesellschaftspolitischer Modernisierung und wissenschaftlich-technischer Innovationen, der eine Vielzahl an Reform- und Gegenbewegungen hervorbrachte: Lebensreform, Rückzug in Natur und Heimat, genossenschaftliche und kollektive Arbeits- und Lebensformen, Sexualreform, religiöse Erneuerungsbewegungen, Sozialreform, ethische Bewegung, Freidenkertum, Avantgardismus in Kultur und Kunst, Jugendbewegung und eben auch die Reformpädagogik.[64] Alle diese Phänomene waren ambivalente Reaktionen auf scheinbar unüberschaubare Auswirkungen und Widersprüche des modernen Kapitalismus, auf seine Zumutungen und Bedrohungen, aber auch auf neue Freiheiten, Perspektiven und Lebensgefühle.

Viele dieser Bewegungen hatten die Arbeiterschaft als eine offene Adressaten- und Trägergruppe für ihre Theorien und Projekte erkannt und drängten in die Arbeitermilieus – eine Entwicklung, der die meisten Führungspersönlichkeiten der Arbeiterbewegung mit Skepsis begegneten. Sie sorgten sich um Verzettelung „in Kleinkram"[65], Zersplitterung und „doktrinäre Experimente", die, so Karl Marx in seiner Schrift *Der achtzehnte Brumaire des Louis Bonaparte* (1852), das Proletariat

„in eine Bewegung" werfen, „worin es darauf verzichtet, die alte Welt mit ihren eigenen Gesamtmitteln umzuwälzen, vielmehr hinter dem Rücken der Gesellschaft, auf Privatweise, innerhalb seiner beschränkten Existenzbedingungen, seine Erlösung zu vollbringen sucht, also notwendig scheitert".[66]

Dessen ungeachtet erlangte vieles aus den neuen Reformbewegungen auch unter der Arbeiterschaft Sympathie und Resonanz und drückte sich nicht nur in der Mitgliedschaft von Arbeitern in bürgerlichen Organisationen aus, sondern auch in einer zunehmend spezifizierten eigenständig proletarischen Vereinstätigkeit.[67] In den proletarischen Zeitschriften finden sich um die Jahrhundertwende breite Diskurse über gesunde Lebensweise, Sexualaufklärung und Sexualhygiene, Naturheil-

---

[64] Vgl. Kerbs/Reulecke 1998; Die Lebensreform 2001.

[65] August Bebel in: Protokoll über die Verhandlung des Parteitages der Sozialdemokratischen Partei Deutschlands 1899. Berlin 1899, S. 289.

[66] MEW, Bd. 8, S. 122.

[67] Vgl. Groschopp 1985; Rüden/Koszyk 1979.

kunde, alternative Ernährung u.a.m. Und manche skurrile Blüten trieben auch hier. Beispielsweise war bereits 1893 eine *Monatsschrift für Gesellschaftsreform und Selbstreform. Naturheilkunde auf sozialer Grundlage* unter dem Titel *Vegetarischer Vorwärts*[68] erschienen, die den Anspruch einer grundlegenden „Erziehungs- und Heilreform" verkündete und mit 5000 Exemplaren unter Vegetariern die am weitesten verbreitete Zeitschrift war. Eine andere starke Richtung, der zeitweise auch Heinrich Schulz und Clara Zetkin angehörten[69], warb unter der Arbeiterschaft für vollständiges Abstinenzlertum[70], weil „der Alkohol vom Standpunkt der Sozialdemokratie nur als ein durchaus reaktionäres Prinzip betrachtet werden" könne.[71] Einer ausufernden Debatte um die „Alkoholfrage" und um die Notwendigkeit eines „sozialistischen Antialkoholismus" versuchte Karl Kautsky in der *Neuen Zeit* mit einer prinzipiellen Erklärung – allerdings erfolglos – ein Ende zu setzen:

> „Die Zustände, die die Abstinenzler schildern, sind zum großen Theil richtig. Freilich, es bedurfte dieser Herren nicht, um nachzuweisen, daß ‚Laster und Elend' in unserer Gesellschaft zunehmen. Die Erklärung dieser Zustände durch den Alkohol ist jedoch falsch und durch gar nichts begründet. Der Bourgeoisie freilich kann diese Erklärung recht sein: nicht ihre Ausbeutung, nicht ihre Abrackerung und Aushungerung der Volksmassen, nicht ihre Vergiftung der Lebensmittel, nicht die wachsende Unsicherheit der Existenz, nicht die Krisen, nicht die ständige Revolutionierung der Produktionsmethoden ist an den zahllosen Mißständen unserer Zeit Schuld, sondern die Unmäßigkeit der Menschen, das heißt, natürlich, der Proletarier, denn diese sind es, bei denen die Folgen der Unmäßigkeit am meisten hervortreten. So verwandeln sich unter den Händen der Abstinenzler unversehens die Opfer der Mißstände der modernen Produktionsweise in die Hauptschuldigen daran, und der Kampf gegen diese Mißstände ändert seine Richtung und wendet sich, statt gegen die Ausbeuter, gegen die Ausgebeuteten. Wir sprechen hier natürlich nicht von dem, was die Abstinenzler mit ihren Agitationen beabsichtigen, sondern von dem was sie thatsächlich bewirken. Ersteres ist für die soziale Entwicklung höchst gleichgültig."[72]

Für die Sozialdemokratie war dieses Abdriften der Interessen in „Vereinsmeierei" immer wieder Anlass zur grundsätzlichen Auseinandersetzung über Ziele, Inhalte und Werte des proletarischen Kulturverständnisses. „Geselligkeit, Ausfüllung von Lücken im Kulturleben der Gesellschaft und Unterhaltung" – auch als „Kampfmittel" gegen den Alkoholmissbrauch – schlug der Reichstagsabgeordnete Emanuel Wurm auf dem Parteitag in Mainz 1900 als Säulen proletarischer Kulturarbeit vor.[73] Die Diskussion dieser Fragen war damit jedoch noch längst nicht abgeschlossen.

---

[68] Herausgegeben von Paul Heidemann, Berlin, 1. Jg. 1893.

[69] Nach Groschopp 1985, S. 195.

[70] Vor allem vertreten durch den deutschen Arbeiter-Abstinentenbund, der ab 1903 eine eigene Zeitschrift unter dem Titel *Der abstinente Arbeiter* herausgab.

[71] Ferdinand Simon: Zur Alkoholfrage. *NZ* 1890/91, Nr. 15, S. 489.

[72] Karl Kautsky: Der Alkoholismus und seine Bekämpfung. *NZ* 1890/91, Nr. 28, S. 54f.; auch Simon Katzenstein: Die deutsche Sozialdemokratie und die Alkoholfrage. *SM*, Nr. 9, S. 760-761.

[73] Groschopp 1985, S. 182f.; vgl. auch Wunderer 1980.

Hintergrund der hier nur exemplarisch angedeuteten Erscheinungen und Kontroversen war auch die im Raum stehende und permanent diskutierte Frage, wie sich die Arbeiterbewegung zu bürgerlichen Reformen zu stellen habe, ob bzw. auf welchen Gebieten sie eigene Entwicklungen brauche und was dann deren Wesen sei. „Wohl erinnere ich mich einer Zeit", schreibt Ignaz Zadek in den *Sozialistischen Monatsheften* 1898,

> „wo in der Sozialdemokratie die Neigung bestand, sich für alle Anti-Bewegungen ins Zeug zu legen, für Anti-Vivisektion und Anti-Alkoholismus, für Anti-Impfzwang-Bewegung u.a.m. [...] Aber diese aus der Zeit der Sektenbildung uns anhängenden Verirrungen haben wir längst abgestreift und überlassen [sie] jedem Parteiangehörigen als seine Privatsache [...]. Wohl mag es noch heute Fanatiker der ‚naturgemäßen Lebensweise' geben, Wasseranbeter und Barfußläufer, die sich und Anderen von der ‚Rückkehr zur Natur' die Lösung der sozialen Frage versprechen, aber solche Schwärmer nimmt doch Niemand ernst".[74]

Ganz anders sieht es Hope Bridges Adams Lehmann dreizehn Jahre später:

> „Es hat eine Zeit gegeben, in der Sozialisten nichts von Bewegungen wissen wollten, die anderweitig herkamen. Jetzt sind wir, Gott sei Dank, erfahrener und verständiger geworden. [...] Ist der Sozialismus der Heerstrom unserer Zeit, so müssen alle Nebenströme in ihn hineinfließen und dürfen von ihm darum freudig und kameradschaftlich begrüßt werden."[75]

Auch hinsichtlich der Pädagogik standen Affinitäten zu „bürgerlichen" Auffassungen deutliche Aversionen und Abgrenzungen gegenüber. Das hinderte indessen nicht, die Entwicklung der bürgerlichen Pädagogik mit Aufmerksamkeit zu verfolgen und die Tauglichkeit ihrer Neuerungen für die eigenen Zwecke zu prüfen. Dem entsprach besonders das literarisch-journalistische Genre der Rezension, von dem in der proletarischen Presse zunehmend Gebrauch gemacht wurde. Die Rezeption der bürgerlichen Pädagogik, insbesondere in ihren schulkritischen und reformorientierten Varianten, erlebte in dieser Zeit eine erste intensive Phase.

2.3 Personale Konstellationen im Umfeld der Sozialdemokratie und ihre Bedeutung für die Rezeption der Reformpädagogik

Waren es auf der einen Seite objektive Bedingungen, die Arbeiterbewegung und Reformpädagogik im wilhelminischen Deutschland zusammenbrachten, spielten auf der anderen Seite subjektive Faktoren und vor allem personale Beziehungen eine nicht mindere Rolle. Weder in der Arbeiterbewegung noch in bürgerlichen Reformbewegungen waren die Kreise ihrer politischen, kulturellen und intellektuellen Träger so groß und so voneinander abgeschottet, dass sie nicht zu überschauen gewesen wären. Viele kannten sich und standen ungeachtet verschiedener „Zugehörigkeiten" miteinander in Verbindung. „Grenzgängertum" zwischen politi-

---

[74] Zadek, *SM* 1898 (Dok. 121, S. 577).
[75] Hope Bridges Adams Lehmann: Mutterschutz. *SM* 1911, Nr. 18-20, S. 1242.

schen Lagern, kulturellen Szenen und Reformbewegungen erwuchs aus einer noch weitgehenden und für die Zeit um die Jahrhundertwende charakteristischen Offenheit in der Ziel- und Wegsuche. Auf diese Weise entstanden jenseits der parteioffiziellen Strukturen und Kommunikationsformen multiple kommunikative Netzwerke, die Zweckbündnisse ebenso einschlossen wie lebensweltliche Erfahrungen, individuelle Interessen, Vorlieben und Aversionen, Bekanntschaften und Feindschaften und die in vielerlei Hinsicht meinungsbildend, richtungbestimmend und letztendlich konstitutiv wirken konnten.[76]

Im Gesamtkontext bildungspolitischer und pädagogischer Diskurse lassen sich nach Professionalität, Bildungshintergrund und Intentionen vor allem drei Gruppierungen unterscheiden, die auf jeweils spezifische Weise und mehr oder weniger direkt auch an der Rezeption und Kritik der Reformpädagogik beteiligt waren.

2.3.1 Repräsentanten der ersten Generation der Arbeiterbewegung und die Verteidigung allgemeiner humanistischer Bildung

Dass von den politischen und theoretischen Repräsentanten der ersten Generation der Arbeiterbewegung maßgebliche Impulse für die Entwicklung des proletarischen Bildungsdenkens ausgingen, wurde bereits angedeutet. Vor dem Hintergrund eigener humanistischer Bildungserfahrungen, sozialtheoretischen Wissens und gesellschaftspolitischer Ambitionen entwickelte dieser Personenkreis ein offenes und differenziertes, aber insgesamt doch eher distanziertes Verhältnis zu reformpädagogischen Zeiterscheinungen dort, wo Bildungsansprüche reduziert, soziale Widersprüche verbrämt oder illusionäre Erziehungserwartungen gepflegt wurden. Das zeigt sich in August Bebels Beurteilung Paul Natorps, in Karl Kautskys oder Eduard Bernsteins Kritik an Adaptionen bürgerlicher Arbeitsschulauffassungen und besonders an Franz Mehrings Intervention in den permanent geführten Auseinandersetzungen um Sinn und Bedeutung der klassischen humanistischen Bildung.[77] Besonders Letzteres ist ein charakteristisches Beispiel dafür, welchen Einfluss persönliche Bildungserfahrungen auf die Ausformung pädagogischer Vorstellungen und bildungspolitischer Standpunkte haben konnten.

Ob es Aufgabe der Sozialdemokratie sei, sich um die höheren Schulen zu kümmern, welche Haltung sie im Streit um das humanistische Gymnasium einzunehmen habe und welche Bedeutung dem klassischen humanistischen Bildungsideal generell zugemessen werden müsse, waren Fragen, die in den sozialdemokratischen Bildungsprogrammen so gut wie keine Beachtung gefunden hatten, aber in den konkreten bildungspolitischen Auseinandersetzungen sehr wohl eine Rolle spielten und eine Positionierung der Sozialdemokratie erforderten. Regelmäßig fanden in der *Neuen Zeit* und in den *Sozialistischen Monatsheften* Debatten über diese Fragen statt, in denen unterschiedliche, die Konstituierung des proletarischen

---

[76] Vgl. Grunewald 2002.
[77] Vgl. besonders Dok. 10, 19, 28, 93.

57

Bildungsverständnisses nachhaltige prägende Auffassungsunterschiede zum Ausdruck kamen, die sich auch im Verhältnis zur Reformpädagogik zeigten.[78]
Auf der Seite der Verteidiger allgemeiner humanistischer Bildung, die sich in der Konkurrenz zu den „Realien" spätestens seit dem ausgehenden 19. Jahrhundert in einer tiefen Legitimationskrise befand, standen nahezu alle führenden Persönlichkeiten der Arbeiterbewegung, explizite vor allem Friedrich Engels, Karl Kautsky und Franz Mehring, Letzterer wiederholt in Konfrontation mit Heinrich Schulz, der, wie auch manche Reformpädagogen und Lehrervereine, die Situation der Volksschule vor Augen hatte und einem Diskurs über das humanistische Gymnasium keinen Sinn für Arbeiterkinder abgewinnen konnte. Als Exempel hierfür kann eine Kontroverse in der *Neuen Zeit* über den Wert der „antiken Bildung" angesehen werden, die Heinrich Schulz unter der Frage „Was kümmert uns das humanistische Gymnasium?" im Jahr 1911 provoziert hatte.[79] Schulz bezog sich in seiner Argumentation gegen das humanistische Gymnasium ausdrücklich auf den Schulkritiker und Reformpädagogen Ludwig Gurlitt, rühmt das „frische Draufgängertum", mit dem dieser „alten Götzen zu Leibe" rückt und lehnte mit ihm, dabei die deutschnationalen Implikationen der Gurlittschen[80] Gesinnung geflissentlich übersehend, „die ‚autoritativ aufgepflanzte Hochachtung vorm Altertum'" ab.[81] Mehring reagierte prompt und entschieden: Es gehe nicht darum, „die Sünden des humanistischen Gymnasiums" zu beschönigen, es könne aber auch nicht sein, „das Kind mit dem Bade zu verschütten und den Lesern der Arbeiterpresse die antike Bildung überhaupt zu verleiden".[82] Klassische Bildung stellt für ihn einen Teil der menschlichen Kultur dar, ihre Reduktion betrachtet er als Kulturverlust. Erst recht vermochte ihn der Schulz'sche Bezug auf Gurlitt nicht zu überzeugen. Er lässt ihn als Legitimation für die Schulz'schen Argumente nicht gelten, sieht sich vielmehr durch „die Proben" aus Gurlitts Werk „wirksam abgeschreckt".[83] Mit der Verfügbarkeit humanistischer Bildung und der Kenntnis alter Sprachen verbanden die meisten der Repräsentanten der ersten Generation der Arbeiterbewegung, wie hier Mehring aus eigener Bildungserfahrung schöpfend, vor allem geistige Horizonterweiterung. Die Kenntnis der „todten Sprachen" sei schon deshalb hoch zu halten, so argumentierte Friedrich Engels 1876/78 in der Kritik an Eugen Dührings Schulplan, weil sie „über den beschränkten nationalen Standpunkt" erhebe und „wenigstens den klassisch gebildeten Leuten aller Völker einen gemeinsamen erweiterten Horizont eröffnet".[84] Ablehnung galt vor allem einem pragmatisch verkürzten

---

[78] Vgl. besonders Dok. 17, 42, 67, 69.
[79] Schulz, *NZ* 1910/11 (Dok. 92).
[80] Vgl. speziell dazu Akademikus (d.i. Karl Vorländer), *NZ* 1908/09 (Dok. 78).
[81] Schulz, *NZ* 1910/11 (Dok. 92, S. 499).
[82] Mehring, *NZ* 1911/12 (Dok. 93, S. 502).
[83] Ebd.
[84] Friedrich Engels: Herrn Eugen Dührings Umwälzung der Wissenschaft („Anti-Dühring"). MEW, Bd. 20, S. 298. Darauf bezieht sich Karl Vorländer in seiner Verteidigung des humanistischen Gymnasiums. Vgl. Akademikus, *NZ* 1901/02 (Dok. 47, S. 371).

Bildungsbegriff. Der Sinn von Bildung dürfe nicht aus den Augen verloren werden, hatte Karl Kautsky schon in seinem Kommentar zum *Erfurter Programm* 1891 angemahnt. Bei den meisten Gegnern der humanistischen Bildung sah er „weniger pädagogische Gründe als das Streben", „die Jungen ja nur lernen zu lassen, was sie einmal ,brauchen', das heißt in Geld umsetzen können".[85] Ähnlich argumentierte Bruno Borchardt und warnte vor einer „Gleichheit in der Unbildung". Gerade höhere Bildung stelle einen bedeutenden Kulturwert dar, an dessen „Früchten" schließlich „das gesamte Volk" teilhabe. Nicht Abbau von höherer Bildung sei der Weg, sondern „die höheren Schulen weiteren Kreisen leichter zugänglich" zu machen.[86] Aus der Perspektive der Arbeiter schreibt Simon Katzenstein der Bildung eine dreifache Aufgabe zu:

Sie soll *erstens* „dem Bedrängten helfen, unter den gegebenen Verhältnissen sein Leben in socialer und gesundheitlicher Hinsicht etwas erträglicher einzurichten." Sie soll *zweitens* „eine Kampfeswaffe und ein Arbeitswerkzeug werden für die Kämpfe und Mühen, die mit der socialen Umgestaltungsarbeit untrennbar verbunden sind". Und sie soll *drittens* „gleichzeitig", „soweit das unter den schwierigen Bedingungen der Gegenwart und neben ihren übrigen Aufgaben noch möglich ist, ein Stück von der Bildung gewähren, die wir um ihrer selbst willen erstreben, die das schönste Ziel und, soweit wir sie besitzen, das wertvollste Besitztum unseres Lebens darstellt".

„Der Wert der Bildung für die Arbeiterclasse und ihre Bewegung" sei, so Katzenstein, längst unbestritten. „Aber welcher Bildung? Was ist Bildung? Was bedeutet sie für uns? Wie können wir sie fördern?" Zunächst an die Arbeiterbildung denkend, hält er „die rein auf die sociale Arbeit gerichtete Geistestätigkeit" ebenso wenig ausreichend, „um alles für die Entfaltung des Geisteslebens der Arbeiterschaft notwendige Material von Kräften zu gewinnen", wie „eine eigensinnige Beschränkung auf das bloss Politische". Hätte man „hier brauchbare aber einseitige Praktiker", dann wären dort „blosse Banausen mit engstem und flachstem Gesichtskreise". Bildung, so versucht er schließlich den Begriff zu bestimmen, bedeute

„nicht allein Kenntnisse, noch weniger bloss äussere Lebensformen. Ich bezeichne als Bildung im höchsten Sinne diejenige Entfaltung der angeborenen körperlichen und geistigen Kräfte des Menschen, die sie unter der Leitung des Willens zur möglichst umfassenden Kraft, Gesundheit und Schönheit gestaltet. Und Bildungsarbeit ist alles, was diesem Ideale zustrebt: gleichermaassen gerichtet auf die Ausbildung der körperlichen und der geistigen, der ästhetischen und der gemütlichen Anlagen, auf die praktische Betätigung und die innere Abgeschlossenheit, auf eine selbständig und eigenartig gewachsene Persönlichkeit wie auf die freiwillige und sachgemässe Einordnung in die Gemeinschaft und deren Erfordernisse. So betrachtet, kann der wichtigste und beste Teil der Bildungsarbeit nur von dem einzelnen selbst geleistet, nicht von aussen her von anderen besorgt werden. Wohl aber kann man diese Innenarbeit anregen und

[85] Kautsky/Schoenlank 1892, S. 172.
[86] Borchardt, *SM* 1903 (Dok. 130, S. 602f.).

durch planvolle Wegeleitung fördern, und das stoffliche Material, dessen sie bedarf, der Inhalt des geistigen Anschauungskreises kann nur von aussen her, von der positiven Wissenschaft und Kunst geboten werden."[87] Bedeutung kommt diesen hier nur angedeuteten Überlegungen auch deshalb zu, weil sie als Indiz dafür gelten können, in welchem Maße die in der deutschen Bildungstradition gewachsenen alternativen Bildungsauffassungen – allgemeine Menschenbildung versus Verwertungs- und Nützlichkeitsdenken – auch in der Arbeiterbewegung Gegenstand von Auseinandersetzung waren und durch den Einfluss von Reformpädagogen – wie hier am Beispiel Ludwig Gurlitts zu sehen – zusätzlichen Stoff erhielten.

2.3.2 Die ersten proletarischen Pädagoginnen und Pädagogen: Clara Zetkin, Heinrich Schulz, Käte Duncker, Otto Rühle, Robert Seidel

Erst etwa um die Jahrhundertwende profilierten sich vor allem mit Clara Zetkin, Heinrich Schulz, Käte Duncker und Otto Rühle in den Reihen der Arbeiterbewegung „professionelle" Pädagoginnen und Pädagogen, die in bildungspolitischen und pädagogischen Auseinandersetzungen zunehmend das Wort und allmählich auch die Initiative ergriffen. Sie alle hatten Lehrerinnen- bzw. Lehrerseminare besucht, waren demnach vor allem mit der Volksschulpädagogik vertraut und betrachteten die Reformpädagogik vornehmlich aus dieser Perspektive. Volksschullehrer galten ihnen als potentielle Verbündete, schon deswegen nahmen sie viele der von der Volksschullehrerschaft getragenen Reformideen auf.

Als nicht unumstrittene Galionsfiguren der proletarischen Pädagogik traten Clara Zetkin und Heinrich Schulz in Erscheinung. Beide gehörten bis zum Ersten Weltkrieg dem linken Spektrum der Arbeiterbewegung an.

Die vor allem als Repräsentantin der proletarischen Frauenbewegung bekannte *Clara Zetkin* wurde am 5. Juli 1857 in Wiederau (Sachsen) als Tochter eines Dorfschullehrers geboren. Von 1874-1878 besuchte sie das von der Frauenrechtlerin Auguste Schmidt geführte Lehrerinnenseminar in Leipzig. 1878, zu Beginn des Sozialistengesetzes, schloss sie sich, Missbilligung durch ihre Familie und berufliche Einschränkung hinnehmend, der Sozialdemokratie an. Nach mehreren Anstellungen als Privaterzieherin, die sie wegen ihrer sozialistischen Gesinnung jeweils nach kurzer Zeit wieder aufgeben musste, folgte sie 1882 ihrem aus Deutschland ausgewiesenen Lebengefährten Ossip Zetkin, einem russischen Emigranten, nach Paris, wo auch ihre beiden Söhne Maxim und Kostja geboren wurden. Mit Übersetzungsarbeiten und Sprachunterricht hielt sie ihre Familie über Wasser. 1889 starb ihr Mann. Zu dieser Zeit hatte sie sich in der Sozialdemokratie schon einen Namen gemacht, war an der Gründung der II. Internationale beteiligt und blieb fortan in die Führungskreise der internationalen sozialistischen Bewegung integriert, deren Richtung sie energisch mitbestimmte. In der männerdominierten Sozialdemokratie fand sie die ihr wichtigen Themen weitgehend unterbesetzt: Emanzipation der proletarischen Frauen, Kinderschutz, Demokratisierung der Erziehungsverhältnisse in Schule und Familie, Bildungsgerechtigkeit. Nach

---

[87] Katzenstein, *SM* 1903 (Dok. 132, S. 611f.).

Aufhebung des Sozialistengesetzes kehrte Clara Zetkin nach Deutschland zurück, ließ sich in Stuttgart nieder und gründete hier 1892 die sozialistische Frauenzeitschrift *Gleichheit*, die sie bis zu ihrem Bruch mit der SPD 1917 leitete. Bis 1917 war sie auch Mitglied des 1906 gegründeten Bildungsausschusses der SPD. Sie gehörte zu den entschiedenen Gegnern des Reformismus in der Sozialdemokratie und focht für ein eigenständiges Profil der proletarischen Frauenbewegung. Die Frauenfrage sah sie als Teil der Klassenfrage, soziale Gleichberechtigung als Basis für Emanzipation und Selbstbestimmung. Gebildet, sprachbegabt, streitbar und gefühlsbetont, mitunter pathetisch und autoritär, pflegte sie im Politischen wie im Privaten reiche persönliche Beziehungen zu Menschen aus den unterschiedlichsten politischen und kulturellen Gruppierungen. 1896 traf sie ihren zweiten Mann, den achtzehn Jahre jüngeren Maler Friedrich Zundel, und heiratete ihn gegen die Konventionen der patriarchalisch gesinnten Führungsriege der Sozialdemokratie. 1910 schlug sie der II. Internationalen Konferenz sozialistischer Frauen in Kopenhagen die Einrichtung eines Internationalen Kampftages für die Rechte der Frau vor. Bis heute wird er am 8. März jeden Jahres begangen. Als die Kriegsgefahr in Europa wuchs, suchte sie Kriegsgegner vor allem die Frauen und Mütter zu mobilisieren. Auf dem Baseler Internationalen Sozialistenkongress 1912 rief sie zur weltweiten Friedenserziehung auf. Wegen ihrer Antikriegsaktivitäten wurde sie 1915 für ein halbes Jahr inhaftiert. 1917 schloss sie sich der Spartakusgruppe und dann der oppositionellen USPD[88] an, worauf ihr vom Vorstand der SPD die Redaktion der *Gleichheit* entzogen wurde. Bis 1919 redigierte sie die Frauenbeilage der *Leipziger Volkszeitung*. Im März 1919 trat sie der KPD bei. Auch in dieser Partei gehörte sie den entscheidenden Führungsgremien an, ebenso in der von Moskau geführten Kommunistischen Internationale, obgleich sie den hier wie da herrschenden sektiererischen Tendenzen mit Skepsis begegnete. Auch in diesen Funktionen galt ihr Engagement vor allem frauen- und bildungspolitischen Fragen. Die Weimarer Republik sah sie als Chance, kritisierte vor allem deswegen die Kompromissbereitschaft der regierenden SPD besonders auf schulpolitischem Gebiet und schlug eine Teilnahme an der Reichsschulkonferenz 1920 aus. Stattdessen blieb sie bei ihren Grundforderungen nach Trennung von Schule und Kirche und nach Einheitlichkeit des gesamten Schulwesens. Ab 1920 vertrat sie die KPD im Reichstag. Ihre erste Rede warb um Solidarität und Kooperation mit Sowjetrußland. Tiefe Sympathie verband sie mit diesem Land, das sie bei mehrmaligen Reisen kennen gelernt hatte. Sie war mit W. I. Lenin, Alexandra Kollontai, Anatoli Lunatscharski und anderen Repräsentanten der Oktoberrevolution bekannt. Mit Nadeshda Konstantinowna Krupskaja fühlte sie sich als Reformpädagogin und vermutlich nicht minder durch ihre Aversion gegen Stalin verbunden. Moskau wurde zunehmend einer ihrer Lebensmittelpunkte. Seit 1925 leitete sie die Internationale Rote Hilfe, eine der bedeutendsten proletarischen Solidaritätsorganisationen jener Zeit. Schon früh erkannte sie die faschistische Gefahr über Deutschland heraufziehen und warb für eine Einheitsfrontpolitik gegen den Faschismus. Als ihr, als der ältesten Abgeordneten des Reichstags, am 30. April 1932 die Eröffnung der neuen Legislaturperiode zukam, nutzte sie diese Gelegenheit für eine Rede, in der sie, unter Beschimpfungen und Bedrohungen durch die Nazi-Abgeordneten, zum Kampf gegen den Faschismus über alle politischen und weltanschaulichen Differenzen hinweg aufrief. Dass sie in ihrer Reichstagsrede die Sowjetunion als Beispiel für einen anderen Weg gesellschaftlicher Entwicklung darstellte, mag damaligen Visionen und Illusionen geschuldet sein, die sie mit vielen Intellektuellen teilte. Eine

---

[88] Im April 1917 in Gotha als Unabhängige Sozialdemokratische Partei Deutschlands (USPD) gegründet.

Verkleinerung ihrer Lebensleistung als Frauenrechtlerin, Kriegsgegnerin, Sozialistin, Publizistin und Pädagogin, wie in jüngster deutscher Geschichte immer wieder versucht, ist durch diesen Umstand indessen nicht zu rechtfertigen. Clara Zetkin starb wenige Wochen nach ihrer Rückkehr in die Sowjetunion am 20. Juni 1933 in Archangelskoje bei Moskau.[89]

Wie Clara Zetkin stammt auch *Heinrich Schulz* aus eher kleinbürgerlichen Verhältnissen. Als drittes von vier Kindern wurde er am 12. September 1872 in Bremen geboren. Als Werkmeister hatte sein Vater die Möglichkeit, für eine gediegene Ausbildung seiner Kinder zu sorgen. Nach privater Vorschule und Realschule besuchte Heinrich Schulz 1889 das durch seinen liberalen Geist bekannte Lehrerseminar in Bremen, an dem bekannte Schulreformer ihre Ausbildung absolviert hatten, u.a. Wilhelm Holzmeier, Hans Lüdeking, Heinrich Eildermann, Johann Knief. Vor allem zwei Lehrer prägten seinen Bildungsgang: Ludwig Bräutigam, ein Anhänger der Kunsterziehungsbewegung mit sozialreformerischen Ambitionen, sowie Heinrich Klebahn, ein Naturwissenschaftler, der bei Ernst Haeckel und Rudolf Eucken in Jena studiert hatte. 1892 trat Schulz, nachdem er seine erste Anstellung an einer Privatschule wegen des dort herrschenden konservativen Geistes wieder aufgegeben, einen noch ausstehenden Militärdienst absolviert und einige Monate Staatswissenschaft und neuere Sprachen an der Leipziger Universität studiert hatte, der Sozialdemokratie bei. Er arbeitete zunächst für die *Bremer Bürgerzeitung* und im Bremer Arbeiterbildungsverein, bevor er 1894 als „freier Schriftsteller" nach Berlin zog, wo er durch die Vermittlung von Wilhelm Liebknecht an der Arbeiterbildungsschule tätig werden und 1895 deren Vorsitz übernehmen konnte. 1897 ging Heinrich Schulz mit Gertrud Stahl, der Tochter des Berliner Bildhauers und Mitbegründers der „Freien Volksbühne", Franz Stahl, eine Ehe ein, aus der ein Sohn hervorging. Von 1897 bis 1906 arbeitete Schulz als Redakteur an verschiedenen sozialdemokratischen Bezirkszeitungen (*Tribüne* Erfurt, 1897-1901; *Volksstimme* Magdeburg, 1901-1902; *Bürgerzeitung* Bremen, 1902-1906). Mehrmals wurde er, meist wegen Majestätsbeleidigung, inhaftiert. Schon während dieser Zeit beschäftigte er sich mit Kultur- und Bildungsfragen. Kunst und Kultur allen zugänglich zu machen, war eines seiner Motive für politisches Engagement. Seine Kritik richtete sich insbesondere gegen das überkommene Bildungssystem, das der ganzheitlichen Entfaltung der Heranwachsenden keinen Raum bot und besonders die Arbeiterkinder grob vernachlässigte. In diesen Jahren veröffentlichte er in der *Neuen Zeit* kritische Abhandlungen über die Geschichte der Volksschule in Deutschland (1901/02), setzte sich mit der preußischen Bildungspolitik auseinander, bemühte sich um den Ausbau des Arbeiterbildungssystems und arbeitete an einer sozialdemokratischen Schulreform. In der *Neuen Zeit* bestimmte er den bildungspolitischen Kurs schon bald führend mit. Im Dezember 1906 wurde er Geschäftsführer des Zentralen Bildungsausschusses und zugleich Lehrer an der Zentralen Parteischule der SPD in Berlin, eine Funktion, bei der ihm sein pädagogisches wie sein organisatorisches Geschick gleichermaßen zugute kamen und in der er bis zur Auflösung der Parteischule 1914 blieb. 1912 wurde er in den Reichstag gewählt. Nachdem Schulz lange Zeit der marxistischen Linken in der SPD zugehört hatte, wandelte sich seine Haltung im Vorfeld des Ersten Weltkrieges. Er bekannte sich zur regierungsloyalen Mehrheit der Sozialdemokratie und begründete seine kriegszustimmende Anpassung in mehreren Aufsätzen. 1917 übernahm er nach der Entlassung Clara Zetkins deren Platz in der Redaktion der *Gleichheit*. Mit der Weimarer Republik begann für Heinrich Schulz eine zweite, nunmehr staatstragende kultur- und bildungspolitische Karriere. Er

---

[89] Die Angaben beziehen sich vor allem auf Dornemann 1974; Zetkin 1983; Badia 1994.

wurde zunächst persönlicher Referent von Friedrich Ebert, mit dem er schon in den Jahren vorher gut zusammengearbeitet hatte, dann von Februar bis Juni 1919 Vizepräsident der Deutschen Nationalversammlung. Ab Juni 1919 war er als Unterstaatssekretär, ab 1920 als Staatssekretär für Schule und Bildung im Reichsinnenministerium tätig. In dieser Funktion, die er bis März 1927 innehatte, organisierte er die Reichsschulkonferenz 1920. Als führender sozialdemokratischer Bildungspolitiker trug er nicht zuletzt die Verantwortung für Kompromissentscheidungen, wie sie hinsichtlich der Trennung von Schule und Kirche mit dem Schulkompromiss 1919 oder hinsichtlich eines einheitlichen Schulaufbaus mit dem Grundschulgesetz 1920 getroffen worden waren. Sein bildungspolitisches Ziel, die Verabschiedung eines Reichsschulgesetzes, mit dem er die Realisierung sozialdemokratischer Reforminhalte erhoffte, vermochte er nicht durchzusetzen. Auch innerhalb der SPD übte er Funktionen aus. Von 1919 bis 1932 gehörte er dem Parteivorstand an, nahezu lückenlos saß er bis 1930 für die SPD im Reichstag. 1919 trat er die Nachfolge Friedrich Eberts als Vorsitzender der Zentralstelle für die arbeitende Jugend (ab 1921 Verband der Arbeiterjugendvereine Deutschlands) an, deren Mitglied er seit 1908 war. Die Arbeitsgemeinschaft sozialdemokratischer Lehrer wählte ihn 1919 zu ihrem Vorsitzenden, er blieb es bis 1924. Von 1919 bis zu seinem Tod am 4. September 1932 war er darüber hinaus Vorsitzender des Reichsausschusses für sozialistische Bildungsarbeit, ab 1926 zugleich Vorsitzender des sozialistischen Kulturbundes und Geschäftsführer der Deutschen Kunstgemeinschaft. 1927 zog er sich aus der Regierungsarbeit zurück und widmete sich, oft unter seinem Pseudonym Ernst Almsloh, ganz der Publizistik und Kulturarbeit.[90]

Sowohl Clara Zetkin als auch Heinrich Schulz gelten in der pädagogischen Historiographie zu Recht als die Repräsentanten sozialistischer Pädagogik im wilhelminischen Deutschland, vor allem deshalb, weil sie es waren, die eine sozialistische Bildungsprogrammatik auf den Weg brachten und mit zahlreichen Veröffentlichungen und Aktivitäten die Sozialdemokratie in den bildungspolitischen Auseinandersetzungen und pädagogischen Diskursen positionierten. Sie konnten dies, weil beide zu den Führungskreisen der Sozialdemokratie gehörten und über entsprechenden politischen Einfluss verfügten. Dass Heinrich Schulz später der Ruf des Reformisten anhing, hat eher mit seiner Entscheidung für den Mehrheitskurs der Sozialdemokratie im Ersten Weltkrieg und in der Nachkriegspolitik zu tun als mit seinen vorherigen pädagogischen Positionen. Und auch Clara Zetkin, häufig als Idealtypus kommunistischer Pädagogik und „weibliche Symbolfigur der Kommunisten"[91] charakterisiert, erwarb sich dieses Image eher in den bildungspolitischen und pädagogischen Auseinandersetzungen in der Weimarer Republik als in den Jahrzehnten zuvor. Dort erwiesen sich beide als exzellente Kritiker der herrschenden Bildungspolitik und Pädagogik und gleichermaßen als kritische, mitunter aber auch als blauäugige Rezipienten reformpädagogischer Alternativen.

Zeitlebens im Schatten von Clara Zetkin stand die um etliche Jahre jüngere *Käte Duncker*. Ihr Anteil an den pädagogischen Diskussionen in der Arbeiterbewegung

---

[90] Zu den biographischen Angaben vgl. Biographisches Handbuch der Reichstage 1965, S. 459; Wulff 1962; Neumann 1979; Braune 2004.
[91] Koszyk 1988.

bleibt in erziehungshistorischen Darstellungen häufig unterbewertet, sehr zu Unrecht, denn viele ihrer Äußerungen zeugen nicht nur von wachem Blick auf die Erziehungsverhältnisse ihrer Zeit, sondern gleichermaßen von einem autonomen, demokratischen Erziehungsverständnis.

Am 23. Mai 1871 in Lörrach (Baden) in der Kaufmannsfamilie Doell geboren, verlor sie schon mit fünf Jahren ihren Vater und zog mit der Mutter, die sich mit einer kleinen Pension eine neue Existenz aufzubauen gedachte, in den thüringischen Luftkurort Friedrichroda. Nach Volksschule, höherer Töchterschule und Hauswirtschaftsschule besuchte sie gegen den anfänglichen Widerstand der Mutter und des Vormunds von 1888 bis 1890 das Lehrerinnenseminar in Eisenach. Ihre erste Anstellung fand sie in Friedrichroda, aber bald zog es sie, angeregt von Erzählungen einer ihrer Lehrerinnen über die Frauenbewegung, nach Leipzig. Von 1893 bis 1896 war sie als Lehrerin an dem durch Auguste Schmidt bekannt gewordenen Lehrerinnenseminar in Leipzig tätig, an dem auch Clara Zetkin, die zu dieser Zeit schon keine Unbekannte mehr war, ihre pädagogische Ausbildung erhalten hatte. In Leipzig lernte sie ihren späteren Mann kennen, Hermann Duncker, damals Student am Leipziger Konservatorium, der bald schon zu einem der bedeutendsten Theoretiker der deutschen Arbeiterbewegung avancierte. Neben ihrer Tätigkeit als Lehrerin hielt Käte Duncker im Arbeiterbildungsverein Vorträge über Literatur und Pädagogik, schrieb für die sozialistische Presse und engagierte sich in der *Gesellschaft für ethische Kultur*. Als dies bekannt wurde, musste sie die Schule verlassen. Trotzig bekannte sie sich zum Sozialismus, wissend, dass sie nun eine „bürgerliche Stelle" in Deutschland nicht mehr finden würde. 1896 erhielt sie eine Anstellung an einer privaten Mädchenschule in Hamburg, aber der Spagat zwischen dem Lehrerinnensein an einer Schule, an der sie vorwiegend Kinder der Wohlhabenden zu unterrichten hatte, und ihrem Mitgefühl mit den „Armen da draußen" [92] zerriss die junge Frau. Der Hamburger Hafenarbeiterstreik 1896/97 sowie die Bekanntschaft mit Clara Zetkin waren schließlich Anlass, den Lehrerinnendienst aufzugeben. Sie wurde Mitglied der Sozialdemokratie, befasste sich mit Frauen-, Schul- und Arbeiterbildungsfragen. Ihre ersten Schriften galten der Analyse der Kinderarbeit in Deutschland. Soziale und pädagogische Hilfe für die proletarischen Familien wurde eines ihrer wichtigsten Anliegen. Aus eigener Erfahrung als berufstätige Mutter dreier Kinder wusste sie um die Schwierigkeit, Beruf und Familie zu vereinbaren, erst recht, als sie 1906 von Clara Zetkin in die Redaktion der *Gleichheit* nach Stuttgart geholt wurde und die Sorge um die Kinder den Großmüttern übertragen musste. Bis 1908 arbeitete Käte Duncker für die *Gleichheit*, u.a. auch für die Kinder- und Mütterbeilage. Dann überschatteten Auseinandersetzungen mit Clara Zetkin diese Arbeit. Käte Duncker fühlte sich in ihrer Kreativität eingeengt, empfand Clara Zetkins Rolle als zu dominant.[93] Sie verließ die Redaktion und war in den folgenden Jahren vor allem publizistisch und lehrend tätig. Wie Clara Zetkin setzte sie sich schon vor 1914 mit der drohenden Kriegsgefahr auseinander. 1916 schloss sie sich der Spartakusgruppe an,

---

[92] Kirsch 1982, S. 26.

[93] „Nachdem Sie mir in Ihrem letzten Brief mitgeteilt haben, welche Grenzen meiner Arbeit an der Gl. Beilage ein für allemal gezogen sein sollen, habe ich, wie Sie wahrscheinlich gar nicht anders erwartet haben, beim Parteivorstand meine Kündigung zum 1. Okt. eingereicht." Sie sei „eine sehr selbständige Natur", „nur gewohnt, selbständig zu arbeiten" und brauche das „Bewußtsein freien Schaffens absolut", schrieb Käte Duncker 1908 an Clara Zetkin. Nachlass Duncker. SAPMO-BArch, NY 4445, 262, Bl. 115-117.

64

erhielt in Deutschland Rede- und Schreibverbot. 1918 wurde sie als Verantwortliche für Frauen- und Jugendagitation gemeinsam mit ihrem Mann kurzzeitig in die Zentrale der KPD berufen. Während der Januarkämpfe 1919 geriet sie in Haft, kehrte dann nach Thüringen zurück, wo bei den Landtagswahlen im Mai 1920 die Arbeiterparteien eine Mehrheit errungen und unter dem Volksbildungsminister Max Greil umfassende Reformen eingeleitet hatten.[94] 1922/23 wurde sie hier in den Landtag gewählt, musste aber schon 1923, nach der Zerschlagung der Arbeiterregierung in Thüringen, ihre Arbeit wieder aufgeben. Nach Berlin zurückgekehrt, nahm sie ihre publizistische Tätigkeit wieder auf, half ihrem Mann, der mit der Herausgabe marxistischer Klassikerschriften betraut war und in der MASCH, der 1926 gegründeten Marxistischen Arbeiterschule, lehrte, unterstützte den Aufbau von Mütter- und Kinderheimen in der Sowjetunion und lernte dabei das dortige Schulwesen kennen. In der Reichstagsbrandnacht am 27. Februar 1933 wurde ihr Mann verhaftet und ihre Wohnung verwüstet. Ihrer mutigen Intervention war zu danken, dass Hermann Duncker im November 1933 gegen Auflagen entlassen wurde. 1936 emigrierte er, hielt sich in Dänemark, England, Frankreich und Marokko auf. Käte Duncker ging zurück nach Friedrichroda, führte die Pension ihrer verstorbenen Mutter weiter, unterstützte Regimegegner und folgte schließlich 1939 ihrem Sohn Karl in die USA. Der hatte in Berlin Psychologie studiert, war zunächst nach England, dann in die USA emigriert. Als angesehenem Vertreter der Berliner Schule der Gestaltpsychologie war ihm an der Stanford-Universität in Kalifornien eine Professur angeboten worden. Aber er zerbrach am Exil. Von Depressionen erschüttert, ging er 1940 in den Freitod. Ihr Sohn Wolfgang war als Journalist mit seiner Frau in die Sowjetunion emigriert. Anfang der vierziger Jahre kam er in einem der Stalinschen Lager ums Leben. 1941 gelang Hermann Duncker die Einreise in die USA. Vom Verlust ihrer Söhne tief betroffen und oft in existentieller Not, unterstützt durch Emigrantenfreunde wie Hans Mayer, die Familie Mann, Kostja Zetkin, F. C. Weiskopf u.a., arbeiteten beide intensiv an Entwürfen für ein demokratisches Nachkriegsdeutschland. Die Reform des Bildungswesens spielte dabei eine gewichtige Rolle.[95] 1947 kam das Ehepaar nach Deutschland zurück. Hermann Duncker wurde Dekan der Philosophischen Fakultät der Universität Rostock, ab 1949 leitete er die neu gegründete Gewerkschaftsschule in Bernau bei Berlin. Seine nunmehr achtundsiebzigjährige Frau unterstützte ihn. Noch immer galt ihr Interesse der Schule. Sie verfolgte den Aufbau eines neuen Schulsystems in der DDR mit Genugtuung und gleichermaßen mit Skepsis. Mit Genugtuung deshalb, weil sie ein einheitliches Schulsystem mit einem hohen Bildungsanspruch entstehen sah, skeptisch, weil sie auch die Verwerfungen zu ahnen schien. Am 2. Mai 1953 starb Käte Duncker, die vier verschiedene politische Systeme durchlebt hatte, in Bernau.[96]

Obgleich nicht unmittelbar an der Ausarbeitung der offiziellen Bildungsprogrammatik der Sozialdemokratie beteiligt, hatte *Otto Rühle* bereits zu Lebzeiten als proletarischer Pädagoge Popularität und Ansehen erlangt. Er war nicht nur einer der originellsten Denker sozialistischer Pädagogik, sondern auch einer der schärfsten Kritiker bürgerlicher Reformpädagogik.

---

[94] Siehe hierzu Geschichte der Erziehung 1987, S. 576ff.; ähnlich in Sachsen, dazu Poste 1993.

[95] Diese im Nachlass des Ehepaares Duncker enthaltenen Entwürfe für ein demokratisches Bildungssystem haben in bisherigen Darstellungen noch keine Würdigung erfahren.

[96] Die biographischen Angaben stützen sich auf Kirsch 1982; Biographisches Lexikon 1970; Nachlass Käte Duncker. SAPMO-BArch, NY 4445. Zu Karl Duncker vgl. Wendelborn 2003.

Als Sohn eines Eisenbahnbeamten am 23. Oktober 1874 in Groß-Voigtsberg in Sachsen geboren, besuchte Otto Rühle nach der Volksschule von 1889 bis 1895 das von „schauderhaften Zuständen"[97] gezeichnete Lehrerseminar in Oschatz. In Borna fand er seine erste Anstellung als Privatlehrer, 1896 wurde er Hilfslehrer in Oederan. Wegen seiner scharfen Kritik an den dortigen Schulverhältnissen musste er sich schon bald wegen einer „Beleidigungsklage" vor Gericht verantworten. 1896 trat er der Sozialdemokratie bei und engagierte sich für die Freidenkerbewegung. Mit dieser Entscheidung hatte er eine Karriere als Lehrer im öffentlichen Schulwesen verwirkt. In den folgenden Jahren verdiente er seinen Lebensunterhalt als Redakteur verschiedener sozialdemokratischer Zeitungen, so bei der *Chemnitzer Volksstimme*, dem *Harburger Volksblatt*, der *Breslauer Volkswacht*. Von Oktober 1899 bis März 1900 war er Lokalredakteur der bürgerlichen *Hamburger Zeitung*. 1901 ging er mit Johanna Zacharias seine erste Ehe ein, in der 1903 seine Tochter Margaretha geboren wurde. In dieser Zeit intensivierte er seine kritische Auseinandersetzung mit dem bestehenden Schulwesen. 1904 erschienen seine Streitschriften *Das sächsische Volksschulwesen*, *Die Volksschule wie sie ist* und *Die Volksschule wie sie sein sollte* sowie eine kritische Studie zum Thema *Arbeit und Erziehung*. Seine 1906 (*Kinder-Elend*) und 1911 (*Das proletarische Kind*) vorgelegten Analysen proletarischer Kindheit zählen zu den ersten wichtigen soziologischen Untersuchungen auf diesem Gebiet. Auch in der Arbeiterbildungsbewegung hatte sich Otto Rühle schon bald einen Namen gemacht. Von 1907 bis 1913 war er im Auftrag des Zentralen Bildungsausschusses der SPD als Wanderlehrer tätig und referierte zu Erziehungsfragen, zu Geschichte und Grundlagen der Arbeiterbewegung sowie zur Marxschen Theorie. Im Unterschied zu Heinrich Schulz, der zu dieser Zeit noch Arbeiterbildung vor allem dem Klassenkampf zu- und unterordnete, plädierte Rühle für eine eigenständige Arbeiterkultur und eine Arbeiterbildung, die darauf zielen sollte, „Mängel und Lücken der Volksbildung aus eigenen Kräften auszufüllen".[98] 1903 und von 1911 bis 1913 nahm Rühle an den Parteitagen der SPD teil. Auf dem für die Bildungspolitik der Sozialdemokratie wichtigen Mannheimer Parteitag indessen trat er nicht auf. 1912 erschien seine Schrift *Grundfragen der Erziehung*, die seine kritische Distanz zur Reformpädagogik ebenso offenbart wie seine Sympathie mit den individualpsychologischen Theorien Alfred Adlers. Im gleichen Jahr wurde Otto Rühle in den Reichstag gewählt. 1915 stimmte er mit Karl Liebknecht gegen die Bewilligung der Kriegskredite, trat aus der sozialdemokratischen Fraktion aus und schloss sich 1916 der Spartakusgruppe an, deren Antikriegskurs er teilte. Ansonsten aber neigte er eher zu anarcho-syndikalistischen Auffassungen. Im April 1916 sprach er auf der Reichskonferenz der oppositionellen Arbeiterjugend in Jena, kurz darauf wurde er zum Kriegsdienst eingezogen. Während der Novemberrevolution 1918 führte er kurzzeitig den Revolutionären Arbeiter- und Soldatenrat Dresden, zog sich jedoch wegen politischer Meinungsverschiedenheiten rasch zurück. Auf dem Gründungsparteitag der KPD zum Jahreswechsel 1918/19 sprach er sich gegen eine Teilnahme der Kommunisten an der Wahl zur Nationalversammlung aus und stellte sich an die Spitze einer anarcho-syndikalistischen Gruppierung, die eine Mitarbeit in bürgerlichen Parlamenten ablehnte und für eine politisch-gewerkschaftliche Einheitsorganisation eintrat. 1920 wurde er wegen anarchistischer Tendenzen aus der KPD ausgeschlossen. Auf der Suche nach politischer Identität gehörte er zeitweilig verschiedenen kommunistischen Splittergruppen an, bevor er sich schließlich vom Parteiensystem, in dem er eine zunehmende Verbürgerlichung der Arbeiterbewegung er-

[97] Otto Rühle: Wie in Oschatz Zensuren gemacht werden. Leipzig 1896, S. 29.
[98] Otto Rühle: Ein neuer Vorschlag zur Volksbildung. *NZ* 1903/04, Nr. 29, S. 92f.

blickte, gänzlich löste. Er konzentrierte sich fortan auf praktische pädagogische Arbeit, die er 1917 gemeinsam mit seiner Frau in Mulda bei Freiberg/Sachsen mit der Einrichtung eines Kindererholungsheimes begonnen hatte. Nach dem Tod seiner Frau setzte er diese Arbeit mit der zwanzig Jahre jüngeren, 1894 in Prag geborenen Pädagogin Alice Gerstel[99] fort, die wie er eine auf Stärkung der Individualität gerichtete Pädagogik vertrat und mit der er 1920 eine zweite Ehe einging. Mit ihr gründete er 1922/23 in Dresden den Verlag *Am anderen Ufer* und gab zahlreiche pädagogische Publikationen heraus.[100] Rühles pädagogisches Profil basierte auf einer Synthese von Marxismus und Individualpsychologie. 1925 gründete er in Dresden eine „Marxistisch-individualpsychologische Arbeitsgemeinschaft". 1930 veröffentlichte er sein wohl bekanntestes Werk – die *Illustrierte Kultur- und Sittengeschichte des Proletariats* –, in dem gesellschafts-, kultur- und erziehungstheoretische Auffassungen zu einer Vision von einer neuen Arbeiterkultur und einer Gemeinschaft „neuer Menschen" als Pendant zur bürgerlichen Kultur und Lebensweise verdichtet wurden.[101] Angesichts des immer offener auftretenden Faschismus kehrten Alice und Otto Rühle von einer Pragreise im Oktober 1932 nicht nach Deutschland zurück. Nach der Machtergreifung durch die Nazis 1933 wurde Rühles Dresdner Bibliothek konfisziert, seine Bücher fielen den Bücherverbrennungen zum Opfer. 1935 emigrierte er nach Mexiko, seine Frau folgte ihm 1936 nach. Von 1936 bis 1939 wirkte er hier als Berater des mexikanischen Unterrichtsministeriums. Nach dem Ende dieser Tätigkeit musste er bis zu seinem Tod am 24. Juni 1943 in Mexico-City seinen Lebensunterhalt unter dem Pseudonym Carlos Timoneros mit verschiedenen Gelegenheitsjobs verdienen. Seine Frau Alice nahm sich das Leben.[102]

Alle hier vorgestellten Vertreterinnen und Vertreter einer proletarischen Pädagogik hatten zwar eine pädagogische Ausbildung absolviert, aber nur kurze Zeit in ihrem Beruf gearbeitet. Pädagogische Erfahrungen hatten sie vor allem in der Arbeiterbildung, pädagogisches Urteilsvermögen und Wissen auf autodidaktischem Weg erworben. Erziehungswissenschaftler im akademischen Sinn gab es in der Arbeiterbewegung vor dem Ersten Weltkrieg nur als seltene Ausnahme, nicht zuletzt deshalb, weil eine offene Sympathie für die Sozialdemokratie oder gar eine Mitgliedschaft in dieser Partei mit akademischen Karrieren unvereinbar war.[103] Wollten sie ihre berufliche Stellung nicht riskieren, blieb ihnen meist nur die Anonymität, wie auch an verschiedenen Autoren der *Neuen Zeit* zu sehen ist. Prominentes Beispiel hierfür ist der Solinger Gymnasialprofessor und Kantforscher Karl Vorländer, der unter dem Pseudonym Akademikus publizierte.[104]

---

[99] Vgl. Ruf 1998, S. 150ff.

[100] *Am anderen Ufer. Blätter für sozialistische Erziehung.* 1924, Nr. 1-5; *Das proletarische Kind. Monatsblätter für proletarische Erziehung.* 1925/26, Nr. 1-12, 1926, Nr. 1-6; *Schwer erziehbare Kinder. Schriftenreihe.* 1926/27, Bde. 1-20.

[101] Zur Kritik der Kulturtheorie Rühles vgl. Groschopp 1991; auch Neuhäuser 2000.

[102] Die biographischen Daten stützen sich vor allem auf Angaben des Otto-Rühle-Archivs Dresden; Biographisches Lexikon 1970, S. 387-388; Würzer-Schoch 1995; Stecklina/Schille 2003.

[103] Vgl. hierzu die „Lex Arons" (1900), mit der die Entlassung des Physikers Leo Arons aus der Berliner Universität wegen Mitgliedschaft in der Sozialdemokratie veranlasst worden war. Vgl. Fricke 1960. – Arons hatte sich u.a. auch mit Bildungsfragen befasst: Die preußische Volksschule, die bürgerlichen Parteien und die Sozialdemokratie. *SM* 1904, Nr. 10, S. 791-801.

[104] Vgl. auch Kap. 3.2.

Eine Ausnahme ist **Robert Seidel**, dem ein Aufstieg vom Textilarbeiter in Sachsen zum Honorarprofessor für Erziehungswissenschaften gelang, allerdings nicht in Deutschland, sondern in der vergleichsweise liberalen Schweiz, und der dann auch maßgeblichen Einfluss auf die pädagogische Gedankenwelt der Arbeiterbewegung gewinnen und als Vermittler zwischen Arbeiterbewegung und Reformpädagogik eine besondere Rolle einnehmen konnte.

Robert Seidel wurde am 23. November 1850 als jüngstes von sieben Kindern in ärmsten Verhältnissen im sächsischen Kirchberg geboren. Wie schon sein Vater, den er früh verlor, erlernte er den Beruf eines Tuchmachers. 1867 fand er eine Anstellung in der sächsischen Textilstadt Crimmitschau, wo er sich als Siebzehnjähriger dem Arbeiterbildungsverein anschloss und gemeinsam mit Julius Motteler und anderen die Zeitung *Crimmitschauer Bürger- und Bauernfreund* gründete. 1869 nahm er am Gründungskongress der Sozialdemokratischen Arbeiterpartei (SDAP) in Eisenach teil, 1870 am 1. Kongress der Internationalen Manufaktur-, Fabrik- und Handarbeitergewerkschaft, auf dem er als Zwanzigjähriger bereits referierte. Um der Einberufung zum Militär zu entgehen, flüchtete er 1870 in die Schweiz. Dort absolvierte er nach verschiedenen Arbeiten in der Textilindustrie eine kaufmännische Ausbildung, war zunächst als kaufmännischer Angestellter in verschiedenen Züricher Unternehmen und von 1876 bis 1879 als Geschäftsführer der Buchdruckerei und Buchhandlung des Grütlivereins tätig. 1878 heiratete er die aus Esslingen stammende Elise Mathilde Schwarz. Zwei Söhne gingen aus dieser Ehe hervor. 1880 erhielt er die Schweizer Staatsbürgerschaft. Ehrgeizig und intelligent verfolgte der nunmehr Dreißigjährige sein Ziel Lehrer zu werden. In nur einem Jahr erwarb er am Lehrerseminar in Küsnacht das Primarlehrerpatent, arbeitete von 1880 bis 1882 als Lehrer in Dietikon und setzte daraufhin das Studium an der Universität Zürich fort. 1883 war er zunächst in verschiedenen Züricher Gemeinden als Sekundarlehrer tätig, erhielt 1884 in Mollis/Glarus eine Anstellung und wechselte 1899 nach Zürich. Auch in der Schweiz machte er sich in der Gewerkschafts- und Arbeiterbewegung bald einen Namen. Er trat der Sozialdemokratischen Partei der Schweiz (SPS) bei, führte in den 1880er Jahren den Grütliverein[105] im Kanton Glarus, nahm an Internationalen Sozialistenkongressen der I. und II. Internationale teil, schrieb und betätigte sich als Redakteur für die schweizerische Arbeiterpresse, übernahm Funktionen auf kommunaler wie auf kantonaler Ebene. Von 1893 bis 1896, 1899 bis 1917 und 1920 bis 1922/23 war er Mitglied des Kantonsrates, von 1898 bis 1916 des Großen Stadtrates von Zürich und von 1911 bis 1917 des Nationalrats. Mehrfach bewarb er sich um den Posten des Vorsitzenden der schweizerischen Sozialdemokratie und trat als Gegner des ebenfalls aus Deutschland stammenden Hermann Greulich an. Seine anfangs eher links stehenden politischen Positionen aufgebend, neigte er sich ab 1904 zunehmend dem rechten Parteiflügel zu. Als sich auch die schweizerische Arbeiterbewegung in der Auseinandersetzung um den Ersten Weltkrieg spaltete, blieb Seidel, „auf dem Boden der Landesverteidigung" beim Grütliverein[106], schloss sich später der Sozialdemokratischen Volkspartei an und kehrte schließlich

---

[105] Der Grütliverein war eine 1838 gegründete Arbeiterorganisation, die 1901 der Sozialdemokratischen Partei der Schweiz (SPS) beitrat, sich jedoch 1916 auf die Seite der Kriegsbefürworter stellte und sich deshalb wieder von der SPS trennte.

[106] Ein Freiheitskämpfer und Künder der Menschliebe. Zu Robert Seidels hundertstem Geburtstag. *Volksrecht*. Nr. 276 vom 23. Nov. 1950 (Nachlass Robert Seidels im Schweizerischen Sozialarchiv Zürich).

1925 zur SPS zurück. Neben seiner Arbeit als Sekundarlehrer und seiner politischen Betätigung, die dem „Feuerkopf" mit „sprühendem Temperament"[107] häufig Unbill einbrachte
und seiner beruflichen Karriere nicht günstig war, bemühte sich Robert Seidel beharrlich um
wissenschaftliches Weiterkommen. Bereits 1885 hatte er sein Buch *Der Arbeitsunterricht,
eine pädagogische und soziale Notwendigkeit, zugleich eine Kritik der gegen ihn erhobenen
Einwände* veröffentlicht.[108] Zahlreiche weitere pädagogische und moraltheoretische Schriften, teils unter dem Pseudonym A.B.C., folgten. 1905 habilitierte er an der Eidgenössischen
Technischen Hochschule (ETH), erwarb 1908 auch an der Universität Zürich eine Lehrbefä-
higung. Seine Antrittsvorlesung galt Pestalozzi.[109] An beiden Einrichtungen lehrte er bis
1929 als Privatdozent für Erziehungswissenschaft, ohne je die erhoffte wissenschaftliche
Anerkennung zu erhalten. 1912 ließ er sich aus dem Schuldienst beurlauben, um sich ganz
der wissenschaftlichen Arbeit zu widmen. Zwar wurde ihm 1923 durch den Bundesrat eine
Titularprofessur verliehen, auf den Ruf auf einen ordentlichen Lehrstuhl wartete er indessen
vergebens. Jahrelang stritt er mit den universitären Gremien um wissenschaftliche Reputati-
on, um Lehrfreiheit und angemessene Bezahlung seiner Lehrtätigkeit, zumal er sich in Forschung und Lehre ehrgeizige Ziele gesetzt hatte: „Die Geschichte der Erziehung steht auf
dem Kopfe, ich will sie auf die Füße stellen; die Geschichte des Unterrichts ist auf Sand
gebaut, ich will sie auf Fels bauen; die Geschichte der Pädagogik ist errichtet auf der
schwankenden Atmosphäre der bloßen Begriffe von ‚Vorsehung und Weltvernunft, Geist
und Idee', ich will sie errichten auf dem festen Boden der Tatsachen der Arbeits- und Wirt-
schaftsgemeinschaft, der Gesellschaft und des Staates."[110] Legendär ist sein Kampf mit und
gegen Georg Kerschensteiner um die geistige „Vaterschaft" der Arbeitsschule. Nur schwer
konnte er verkraften, dass dieser sein Arbeitsschulkonzept nicht nur mehr als zwanzig Jahre
später, sondern ausgerechnet auf einer Pestalozzi-Feier 1908 in Zürich, zu der Seidel nicht
geladen war, präsentiert hatte und ungeachtet einer Gegenschrift[111] letztendlich als Urheber
der Arbeitsschule in die Rezeptionsgeschichte eingegangen ist. Zahlreiche Vortragsreisen
führten Seidel nach Deutschland, machten ihn hier vor allem als Arbeitsschul- und Sozialpädagogen sowie als Pestalozzi-Forscher bekannt. Von Heinrich Schulz wurde er neben
Paul Natorp und Johannes Kühnel als einer der Referenten zum Thema Arbeitsunterricht zur
Reichsschulkonferenz 1920 eingeladen. Wie in seinen politischen Auffassungen vollzog
Seidel auch in seinen pädagogischen Ansichten, insbesondere seinen ethisch und staatsbür-
gerlich intendierten Arbeitserziehungstheorien, eine Wende von gesellschaftsverändernden
zu gesellschaftsharmonisierenden Vorstellungen, die ihn zunehmend in die Nähe seines
Kontrahenten Georg Kerschensteiner rückten. 1924 starb Seidels Frau, er selbst verstarb am

---

[107] Ebd.
[108] Vgl. *NZ* 1886 (Dok. 7).
[109] Vgl. NZ 1908/09 (Dok. 80).
[110] Robert Seidel: Demokratie, Wissenschaft und Volksbildung. Ihr Verhältnis und ihr Zusammenhang.
Zur Weihe der neuen Universität in Zürich. Zürich 1914, S. 9.
[111] Robert Seidel: Die Schule der Zukunft eine Arbeitsschule. Kritik und Ergänzung des Vortrags von
Stadtschulrat Dr. Kerschensteiner aus München. Zürich 1908. Dass dieses Problem Seidel nicht los
ließ, zeigt eine Schrift unter dem Titel: Die Vaterschaft der Arbeitsschule – der Schule der Zukunft.
Seidel, Kerschensteiner, Dewey? Materialien und Tatsachen zur Beantwortung dieser Frage. Zürich
1921.

69

19. Juli 1933 in Zürich.[112] In der zeitgenössischen Arbeiterbewegung wurde er nicht nur wegen seiner politischen und pädagogischen Aktivitäten bekannt, sondern auch als Arbeiterdichter. Seine im Stil von Kampf- und Erbauungslyrik verfassten Gedichte fanden im In- und Ausland Verbreitung.[113]

Seidels unmittelbare bildungspolitische Aktivitäten konzentrierten sich auf die Schweiz. In Deutschland wirkten sie eher indirekt. Hier wurde Seidel sowohl von der Führungsriege der Sozialdemokratie als auch von den führenden Pädagoginnen und Pädagogen vor allem in seiner Rolle als sozialdemokratischer Erziehungswissenschaftler und somit, wenngleich nicht unkritisch, als ein Garant des wissenschaftlichen Anspruchs proletarischer Pädagogik wahrgenommen. In der zweiten Hälfte des 20. Jahrhunderts allerdings gingen seine Popularität und seine Bedeutung auch im Umfeld sozialistischer Pädagogik deutlich zurück.

2.3.3 Erziehung und Pädagogik im Diskurs sozialdemokratischer Intellektueller

Neben den bekannten proletarischen Pädagoginnen und Pädagogen traten in den Diskursen über Bildung, Erziehung und Schule im Umfeld der Sozialdemokratie weitere, in historisch-pädagogischen Zusammenhängen weniger bekannte, aber gerade für die Transformation reformpädagogischer Ideen nicht unbedeutende Personenkreise hervor. Es waren vor allem an Erziehung interessierte Intellektuelle unterschiedlicher Provenienz, die mit Ideen des Sozialismus sympathisierten, mit der Sozialdemokratie mehr oder weniger eng verbunden waren, in der proletarischen Presse publizierten oder in sozialistischen Kreisen verkehrten. Sozialismus wurde in diesen Kreisen häufig als eine Bildungs- und Kulturaufgabe aufgefasst, Verbesserung der Gesellschaft an bessere Erziehung und wissenschaftliche Aufklärung geknüpft und die eigene gesellschaftliche Verantwortung vor diesem Hintergrund definiert. Deswegen befassten sich oft auch Nichtpädagogen mit Erziehungs- und Bildungsfragen, wie auch an den Autorenkreisen der *Neuen Zeit* und der *Sozialistischen Monatshefte* zu sehen ist. Neben Volksschullehrern, meist aus den reformpädagogischen Zentren Hamburg oder Bremen kommend, oder dem Neukantianismus nahe stehenden Gymnasiallehrern sind hier Mitarbeiter der sozialdemokratischen Presse und sozialdemokratische Abgeordnete der Länderparlamente und des Reichstages ebenso zu finden wie Persönlichkeiten aus Wissenschaft, Kultur und Literatur – so der Philosoph und Jurist Simon Katzenstein, der bereits erwähnte Karl Vorländer (Akademikus), der Kunsthistoriker Wilhelm Hausenstein, der Schriftsteller und Publizist Heinrich Ströbel, der Anthropologe Ludwig Woltmann, der von der Theologe zur Sozialdemokratie übergewechselte und durch zahlreiche Schilderungen des Arbeitermilieus bekannte Sozialethiker Paul Göhre,

---

[112] Die biographischen Angaben stützen sich auf Spillmann-Jenny 1980 sowie den Nachlass von Robert Seidel in der Zentralbibliothek Zürich sowie im Schweizerischen Sozialarchiv Zürich.
[113] Vgl. Lexikon sozialistischer Literatur 1994, S. 434f.

der Schriftsteller und Naturphilosoph Wilhelm Bölsche, der Darmstädter Gymnasialprofessor Franz Staudinger, der Chemiker Emanuel Wurm, der an der Organisierung der Thüringer Lehrerschaft beteiligte Gothaer Lehrer Hugo Jacobi, der Theologe Max Maurenbrecher, der Berliner Lehrer Fritz Kunert, der Hamburger Schulreformer und Herausgeber der Zeitschrift *Die pädagogische Reform* Rudolf Roß, die Psychologen Otto Lipmann und Otto Bobertag u.a.m.[114]

Immer häufiger traten um die Jahrhundertwende in den bildungspolitischen und pädagogischen Diskussionen Frauen in Erscheinung. Die Sozialdemokratie hatte nicht zuletzt wegen ihres Eintretens für die Gleichberechtigung der Geschlechter und wegen ihres auf Chancengleichheit gerichteten Bildungsprogramms gerade für Frauen große Anziehungskraft. Sie vor allem trugen zu einer Erweiterung des pädagogischen Blicks und zur Aufnahme neuer Themen bei: Frauen- und Mädchenbildung, Familienerziehung, die Geschlechterfrage, sexuelle Aufklärung und Erziehung, Sozialpädagogik, vorschulische Erziehung u.a.m. Im vorliegenden Zusammenhang waren es vor allem die Wiener sozialdemokratische Publizistin und Frauenrechtlerin Therese Schlesinger und ihre Schwester Emma Eckstein, die Journalistin Oda Olberg, die Münchner Ärztin Hope Bridges Adams Lehmann, die Frankfurter Sozialreformerin und Sozialpädagogin Henriette Fürth, die Erzieherin Ida Häny-Lux, die Frauenrechtlerin Wally Zepler, die holländische Sozialdemokratin und Schriftstellerin Sjoukje Troelstra oder die für den Kinderschutz engagierte Luise Zietz. Zu vielen dieser Frauen ist bis heute – zumindest aus erziehungshistorischen Perspektiven – wenig bekannt. Mit ihren Beiträgen in der proletarischen Presse, aber auch mit selbständigen Schriften forcierten sie den Prozess der Konturierung pädagogischer Auffassungen in der Arbeiterbewegung und brachten dabei verschiedenste Einflüsse ein. Kinder- und Erziehungsfragen bildeten in diesen Kreisen häufig einen gemeinsamen Bezugspunkt und fungierten über politische und weltanschauliche Differenzen hinweg als Scharnier zwischen verschiedenen Reformlagern. Gerade an Frauenpersönlichkeiten lässt sich belegen, wie stark bürgerliche und sozialistische Frauenbewegung, unterschiedliche soziale, politische, lebensreformerische und auch reformpädagogische Interessen miteinander korrespondierten. Zumindest gilt dies für die Zeit vor dem Ersten Weltkrieg. Wenn für die Geschichte der Frauenbewegung „auf eine Konstellation der Vielfalt aufmerksam" gemacht und eine stärkere Beachtung dieser Tatsache gefordert wird[115], so trifft das auf die Erziehungsgeschichte gleichermaßen zu.

Drei Frauen sollen – stellvertretend auch für andere – im Folgenden vorgestellt werden.

Die Wiener Sozialdemokratin *Therese Schlesinger* verkörpert nicht nur die enge Verbindung der deutschen mit der österreichischen Arbeiterbewegung in der Zeit vor dem Ersten Weltkrieg. Mit ihren pädagogischen Vorstellungen antizipierte

---

[114] Biographische Informationen befinden sich im Quellenteil jeweils dort, wo die hier erwähnten Personen als Autoren bzw. Rezensenten in Erscheinung treten.

[115] Wobbe 2000, S. 149f.

sie zentrale Gedanken der Sozial- und Schulreform im „roten" Wien der zwanziger Jahre und bereicherte damit auch das pädagogische Denken in der deutschen Arbeiterbewegung.

Die am 6. Juni 1863 in Wien in der wohlhabenden, freisinnigen jüdischen Familie Eckstein als eines von acht Kindern geborene Therese Schlesinger kam bereits als Kind in der Pergament-Fabrik ihres Vaters mit sozialen Fragen in Berührung. Aus sozialem Gerechtigkeitsgefühl heraus hatte er im Sinne Robert Owens eine Reihe sozialer Maßnahmen eingeführt, die ihre Mutter nach seinem frühen Tod fortsetzte. Sie gründete darüber hinaus eine der ersten Schulküchen Wiens, in der Kinder aus ärmeren Verhältnissen kostenlos gespeist wurden. Obgleich Therese im Unterschied zu ihren beiden Brüdern, die beide später im politischen und geistigen Leben Deutschlands und Österreichs von sich reden machten[116], nur die Volks- und Bürgerschule besuchte und nicht studieren konnte, erhielten sie und ihre Schwestern im Elternhaus nachhaltige Impulse für lebenslange Selbstbildung und sozialen Sinn. Bildung als „Waffe des Geistes" wurde zu einer Lebensmaxime. Thereses Schwester Emma wurde später eine bekannte Feministin. Nach der Heirat mit dem Bankkaufmann Victor Schlesinger, der Geburt einer Tochter, bei der sie sich eine lebenslange Krankheit zugezogen hatte, und dem frühen Tod ihres Mannes traf sie, nach einem neuen Lebenssinn suchend, 1894 auf die radikale bürgerliche Frauenbewegung um Auguste Fickert[117] und begann sich politisch zu engagieren. 1896 trat sie der *Ethischen Gesellschaft* bei, beteiligte sich an einer Enquete über die Lage der Wiener Arbeiterinnen und lernte dabei Adelheid Popp[118], Anna Boschek[119] und vor allem Victor Adler[120] kennen, mit dem sie zeitlebens freundschaftlich verbunden blieb. 1897 wurde sie Mitglied der Sozialdemokratie und trat schon bald – ihr Talent im Umgang mit dem Wort entdeckend – mit eigenen Publikationen und Dichtungen in Erscheinung. Der Deutsche Presse Verband e.V. erwähnt sie später unter den „Meisterwerken des modernen Journalismus" neben Egon Erwin Kisch, Karl Kraus, Joseph Roth u.a.[121] Ihre Themen galten der Frauenemanzipation im Alltag, in Politik, Beruf und Bildung, dem Mutter- und Kinderschutz, der sexuellen Aufklärung, der Reform von Schule und Erziehung. Während des Ersten Weltkrieges gehörte sie zu den Kriegsgegnern um Friedrich Adler, den linksradikalen Sohn Victor Adlers, der 1916 mit einem Attentat auf den österreichischen Ministerpräsidenten ein Zeichen gegen den Krieg setzen wollte, zum Tode verurteilt und später begnadigt wurde. Nach Kriegsende, dem Sturz der österreichischen Monarchie und den Wahlerfolgen der Sozialdemokratie wurde Therese Schlesinger in

---

[116] Friedrich Eckstein (1861-1939) gehörte als Gelehrter zur führenden Wiener Geisteswelt. Gustav Eckstein (1875-1916), der früh an Tuberkulose starb, zählte zu den theoretischen Köpfen der Sozialdemokratie um Karl Kautsky.

[117] Auguste Fickert (1855-1910), Lehrerin und Sozialreformerin, gründete 1893 den Allgemeinen österreichischen Frauenverein.

[118] Adelheit Popp (1869-1939), Fabrikarbeiterin, gehört zu den Begründerinnen der proletarischen Frauenbewegung in Österreich. Mit 24 Jahren übernahm sie die Redaktion der *Arbeiterinnen-Zeitung*.

[119] Anna Boschek (1874-1957), Textilarbeiterin, gehörte wie Adelheit Popp zu den ersten proletarischen Frauenrechtlerinnen Österreichs. Sie wurde als erste Frau in den Vorstand der SPÖ gewählt.

[120] Victor Adler (1852-1918), Mediziner („Armenarzt"), zählt zu den führenden Persönlichkeiten der österreichischen Sozialdemokratie, war Mitbegründer der II. Internationale und des Austromarxismus, 1918 Mitglied der österreichischen Nationalversammlung und Staatssekretär des Äußeren.

[121] Vgl. Langenbucher 1992.

72

den Vorstand der Sozialistischen Partei Österreichs (SPÖ) gewählt und gehörte zu den Abgeordneten der konstituierenden Nationalversammlung. Von 1920 bis 1930 war sie Mitglied des Bundesrates. Ihre Denkweise prägte vor allem die frauenpolitischen Positionen der SPÖ.[122] Trotz ihres parteipolitischen Engagements blieb Therese Schlesinger zeit ihres Lebens nonkonformistische Kritikerin sozialdemokratischer Politik. Nach 1933 zog sie sich zurück, der Anschluss Österreichs an das faschistische Deutschland zwang die nunmehr siebzigjährige Jüdin und Sozialistin in die Emigration. 1939 fand sie Aufnahme bei Freunden in Frankreich, wo sie am 5. Juni 1940 in Blois starb. Sechs Tage später marschierten die Nazis in Paris ein. Freunde überlieferten 1946 ihr „politisches Glaubensbekenntnis", „mit zitternder Hand" auf eine Postkarte geschrieben: „Der Sieg der Alliierten könnte mich heilen, er könnte die Welt heilen."[123]

In *Henriette Fürths* Erziehungsansichten verbinden sich geradezu idealtypisch Einflüsse sowohl der proletarischen als auch der bürgerlichen Frauenbewegung mit jüdischer Identität. „Ich selbst bin Sozialdemokratin", bekannte sie, „ich wurde es an der Hand von Marx und Engels [...]; aber ich nehme das Gute, wo ich es finde und verdamme nicht jede Überzeugung einfach darum, weil sie keine proletarische ist."[124] Mit dieser, gerade für viele sozialdemokratische Frauen typischen Haltung geriet sie nicht selten in Konflikte, namentlich mit der befreundeten Clara Zetkin.[125] Während Clara Zetkin die Menschen stärker durch ihre Klassenzugehörigkeit als durch ihre Geschlechtszugehörigkeit bestimmt sah, die Frauenfrage demnach als Klassenfrage auffasste und die Differenz zwischen bürgerlicher und proletarischer Frauenbewegung in den Vordergrund stellte, galt Henriette Fürths Präferenz sozialreformerischen und geschlechtsspezifischen Konzepten der Frauenemanzipation und vor diesem Hintergrund der Zusammenarbeit der Frauenbewegungen. Sie war davon überzeugt, dass es vor allem der soziale und kulturelle Einfluss der Frauen sei, der auf eine Besserung der Gesellschaft hinwirken könne. Von diesen Prämissen waren auch ihre Erziehungsvorstellungen geprägt.

Henriette Fürth wurde am 15. August 1861 als zweitältestes von fünf Kindern in der bürgerlichen jüdischen Familie Katzenstein in Gießen geboren. Ihr Vater, Besitzer einer Möbelfabrik, gehörte der Fortschrittspartei an, ihre Mutter entstammte dem orthodoxen jüdischen Bürgertum. Ihre politische und soziale Motivation erhielt sie maßgeblich von ihrem sieben Jahre jüngerer Bruder Simon, der schon früh der Sozialdemokratie beigetreten war. Nach der Volksschule besuchte sie ein Lehrerinnenseminar, brach jedoch die Ausbildung vorzeitig ab, heiratete den Kaufmann Wilhelm Fürth und bekam mit ihm sechs Mädchen und zwei Jungen. Ein Konkurs ihres Mannes zwang sie, zum Unterhalt der Familie beizutragen. Hatte

---

[122] Vgl. Therese Schlesinger: Die Frau im sozialdemokratischen Parteiprogramm. Wien 1928.
[123] Gabriele Proft/Marianne Pollak: Therese Schlesinger. *Die Frau* vom 28.1.1946 (Verein für Geschichte der Arbeiterbewegung Wien, Katalog-Nr. Sch 1, Lade 23, Mappe 53). Die biographischen Angaben beziehen sich besonders auf Klein-Löw 1964; Tichy 1989, 1997; Jaindl 1994. Vgl. auch Ruf 1998, S. 149-153.
[124] Zitiert nach Epple 1996, S. 49.
[125] Ausführlich, wenngleich mitunter einseitig auf die Perspektive Fürths fokussiert, bei Epple 1996. Vgl. zu Clara Zetkins Position vor allem Badia 1994. Vgl. zur Kontroverse Zetkin – Fürth auch Wobbe 2000, S. 162-166.

sie schon vordem soziale Projekte der bürgerlichen und jüdischen Frauenbewegung in ihrem Wohnort Frankfurt a.m. unterstützt, intensivierte sie in den 1890er Jahren ihr soziales Engagement, hielt Vorträge und schrieb für verschiedene Zeitschriften[126], vor allem für die *Sozialistischen Monatshefte*, für die sie von 1901 bis 1908 auch die Rundschau-Rubrik *Frauenbewegung* betreute.[127] Zu ihren bevorzugten Themen gehörten Beruf und Mutterschaft, Geschlechtlichkeit und Moral, bürgerliche und proletarische Frauenbewegung, soziale Ethik und Sozialreform, Sexualethik und Sexualerziehung, wobei sie zu einer teilweise rigiden Sexualmoral und, nicht zuletzt unter dem Einfluss Ellen Keys, zu sozial begründeten eugenischen Auffassungen neigte.[128] Sie unterstützte die Einführung des Handarbeitsunterrichts in der Schule, plädierte für ein einheitlich aufgebautes Schulsystem, zeigte sich reformpädagogischen Aktivitäten gegenüber offen[129], und setzte sich besonders für die Akzeptanz jüdischer Identität in Gesellschaft und Schule ein. Als das preußische Kultusministeriums im April 1898 jüdischen Lehrerinnen an Berliner öffentlichen Schulen das Ordinariat für Klassen aufkündigen wollte, die von weniger als neun jüdischen Schülern besucht wurden, gehörte sie zu den wenigen, die diesen Skandal öffentlich kritisierten und als „Rechtsbruch unerhörter Art"[130] entlarvten. Als Fachfrau auf sozialpolitischem Gebiet hatte sie sowohl in Kreisen der bürgerlichen und jüdischen Frauenbewegung als auch in der Sozialdemokratie, für die sie tätig war, ohne selbst Mitglied zu sein, einen Namen.[131] Erst 1916, in einer Zeit, als sich viele andere Frauen von der SPD abwandten[132], trat sie dieser Partei bei. Neben ihrer publizistischen Tätigkeit engagierte sie sich u.a. in der *Deutschen Gesellschaft zur Bekämpfung der Geschlechtskrankheiten*[133] und von 1905 bis 1911 im *Bund für Mutterschutz*.[134] 1914 stand sie auf der Seite der kriegsbefürwortenden Mehrheit, unterstützte den

---

[126] Epple nennt als ihre erste Veröffentlichung: Was wir fordern! (unter dem Pseudonym G. Stein). *Im deutschen Reich. Zeitschrift des Centralvereins deutscher Staatsbürger jüdischen Glaubens* 1(1885) Nr. 2, S. 43-45.

[127] 1908 übernahm Wally Zepler diese Aufgabe.

[128] Vgl. Kap. 5.1; neben der dort erwähnten Literatur außerdem u.a.: Neue Ethik? *SM* 1908, Nr. 25, S. 1612-1615; Die soziologische Seite des Geschlechtsproblems. *SM* 1911, Nr. 23, S. 1473-1478; Der Neomalthusianismus und die Soziologie. *SM* 1911, Nr. 26, S. 1665-1672; Die Bekämpfung der Geschlechtskrankheiten als bevölkerungspolitisches, soziales, ethisches und gesetzgeberisches Problem. Frankfurt a.M. 1920; Die Regelung der Nachkommenschaft als eugenisches Problem. Stuttgart 1929.

[129] Z.B. wurde sie von der Zeitschrift *Kind und Kunst* zur Zusammenarbeit eingeladen. Vgl. Brief der Redaktion an Henriette Fürth vom 12. Mai 1906. Vgl. IISG Amsterdam, Henriette Fürth-Archiv, Nr. 22.

[130] Henriette Fürth: Die konfessionelle Unabhängigkeit der Schule. *Ethische Kultur* 7(1899)43, S. 341f.; Schulverwaltung, Kirchentum und Volksmoral. Ebd. 6(1898)38, S. 300-303; vgl. auch Kapitel 4.3.4.

[131] Der Nachlass Henriette Fürths, der im Internationalen Institut für Sozialgeschichte Amsterdam aufbewahrt wird, verweist auf Briefwechsel mit zahlreichen Personen der Sozialdemokratie, so mit Wilhelm Liebknecht und Clara Zetkin (IISG, Henriette Fürth-Archiv, Nr. 26 und 45).

[132] Vgl. hierzu Hering 1990.

[133] Die *Deutsche Gesellschaft zur Bekämpfung der Geschlechtskrankheiten* (DGBG) wurde 1902 auf Initiative des Arztes Alfred Blaschko mit dem Ziel gegründet, über Ursachen und Verhütung von Geschlechtskrankheiten als Angelegenheit beider Geschlechter aufzuklären. Blaschko war nicht Mitglied der SPD, agierte aber häufig in ihrem Umfeld und gehörte zu den ständigen Autoren in der *NZ* und den *SM*.

[134] Siehe Kap. 5.1.1.3.

Nationalen Frauendienst, half in Frankfurt a. M. bei der Einrichtung von Kriegsküchen und Hausfrauenberatungsstellen, verfasste Kriegskochbücher, die helfen sollten, „den inneren Sieg zu sichern"[135], und munterte die Frauen mit „Durchhalteparolen" auf: „Der 3. Kriegssommer geht ins Land. Er findet uns stark wie am ersten Tag. [...] Wir haben diesen, in seiner Tragweite gar nicht hoch genug anzuschlagenden Sieg unserer organisatorischen Kraft, nicht minder aber auch der Opferwilligkeit unseres Volkes, seiner Fähigkeit der Ein- und Unterordnung zu danken. Dem ‚Kartoffelbrotgeist', wie man es draußen im feindlichen Ausland höhnend zuerst, dann aber bewundernd und neidend genannt hat."[136] Wenig später wurden ihre Söhne schwer verwundet. Dies sowie diskriminierende Erfahrungen „als Frau, [...] als Jüdin und Sozialistin" trugen zur Desillusionierung bei.[137] In ihrer Autobiographie schreibt sie rückblickend: „Wir alle aber, wir dummen politischen Kinder, glaubten an die Mär des uns aufgezwungenen ‚Existenzkrieges' und an all die andern Lügen."[138] „Und wenn es jetzt wieder von Kriegsgeschrei und Kriegsgelüsten hallt, so sollten sie aufstehen, alle, alle!"[139] Den Weg in die Weimarer Republik ging sie mit der SPD. Frankfurt a.M. blieb der hauptsächliche Ort ihres politischen Wirkens. Als eine der ersten Frauen vertrat sie von 1919 bis 1924 die SPD im Frankfurter Stadtparlament, arbeitete u.a. im Finanzausschuss und im Ausschuss für höheres Schulwesen und gehörte als Stadtverordnete dem Großen Rat der Frankfurter Universität an. 1931 erhielt sie die Ehrenplakette der Stadt Frankfurt. Zwei Jahre später, 1933, erteilte ihr die gleiche Stadt Berufsverbot. In der streng religiösen Familie ihrer jüngsten, mit einem Rabbiner verheirateten Tochter fand sie in Bad Ems Unterschlupf, wo sie zurückgezogen bis zu ihrem Tod am 1. Juni 1938 lebte.[140] Eine ihrer Töchter, eine wegen beruflicher Schwierigkeiten in Deutschland nach Holland ausgewanderte Lehrerin, wurde von dort nach Auschwitz verschleppt und ermordet.[141]

Das Wirken der Ärztin *Hope Bridges Adams Lehmann* ist nicht nur Zeugnis einer charismatischen Persönlichkeit, sondern zugleich ein Beispiel für die personale und kommunikative Vernetzung unterschiedlicher politischer und weltanschaulicher Richtungen in der Zeit vor dem Ersten Weltkrieg. Nach überlieferten Berichten und Erzählungen war die Wohnung des Ehepaares Lehmann in München geistiger Mittelpunkt eines großen Bekannten- und Freundeskreises,

„eine Herberge der Gerechtigkeit, wo die Freiheit des Zutritts und die Zwanglosigkeit der Aufnahmen unbegrenzt schien". „Politiker, wie Bebel, Vollmar, Clara Zetkin, Victor Adler und dessen [...] Sohn Fritz, Schriftsteller wie Hartleben, Richard Dehmel, Ellen Key, führende Mediziner wie Fr. Müller und Blaschko traten ihrem Hause

---

[135] Henriette Fürth: Kriegsküche für Jedermann. Frankfurt a.M. 1916, vermehrte und verbesserte Ausgabe des Kleinen Kriegskochbuches, hrsg. im Auftrag der Lebensmittelkommission der Stadt Frankfurt a.M.
[136] Ebd., S. 3.
[137] Zitiert nach Epple 1996, S. 108.
[138] Zitiert nach ebd., S. 39.
[139] Zitiert nach ebd., S. 109.
[140] Nach Epple (S. 30) gab es nur in der jüdischen Presse Nachrufe. Erst anlässlich ihres 100. Geburtstages habe sich die Stadt Frankfurt a.M. ihrer engagierten Mitbürgerin erinnert.
[141] Die biographischen Angaben stützen sich vor allem auf Epple 1996; vgl. zur Kritik der Arbeit von Epple die Rezension von Klausmann 2000; auch Schröder 2001a.

nah und beugten sich vor dem Zauber der in ihrer Arbeit, ihren Plänen und ihrer Menschenliebe aufgehenden Hausherrin."[142]

In der Literatur sind weitere Prominentennamen zu lesen, darunter Karl und Luise Kautsky, Rosa Luxemburg, Paul und Margarethe Kampffmeyer, der Landtagsabgeordnete Adolf Müller, russische Emigranten, u.a. auch W. I. Lenin und Alexander Helphand (Parvus), Anita Augspurg und Lida Gustava Heymann, die Ärzte Mieczyslaw Epstein und Georg Hohmann und vermutlich auch der Schulreformer Georg Kerschensteiner.[143] Allein diese multipolitische Gästeschar spricht für eine liberale politische und kulturelle, Kommunikation fördernde Atmosphäre, die durch eine vergleichsweise offene gesellschaftliche Situation im München der Jahrhundertwendezeit – „um gut zwanzig Jahre früher" „als in den meisten anderen Städten des Deutschen Reiches"[144] – zusätzlich begünstigt wurde.

Hope Bridges Adams wurde am 17. Dezember 1855 im englischen Hallifort geboren. Ihr Vater war Eisenbahningenieur, gehörte der reformoffenen religiösen Minderheit der Presbyterianer an und stand intellektuellen Reformkreisen nahe. Nach seinem Tod im Jahr 1872 siedelte sie mit der Mutter nach Dresden über. Gegen die universitären Gepflogenheiten in Deutschland begann sie 1876 in Leipzig ein Medizinstudium, legte als erste und bis zur Jahrhundertwende einzige Frau in Deutschland ein medizinisches Staatsexamen ab[145] und gehörte, nachdem sie in Bern promoviert hatte, zu den ersten praktizierenden Ärztinnen Deutschlands. Bereits während ihres Studiums pflegte sie Kontakte zu sozialdemokratischen Kreisen, lernte Persönlichkeiten der sozialistischen Bewegung kennen – Clara Zetkin, August Bebel, Georg von Vollmar, Friedrich Engels. Anfang der 1880er Jahre übersetzte sie August Bebels Die Frau und der Sozialismus ins Englische (1885 in London erschienen).[146] Gemeinsam mit ihrem Mann, dem Mediziner Otto Walther, praktizierte sie von 1881 bis 1886 in Frankfurt a.M., zog dann wegen einer Tuberkulose, an der sie nach der Geburt ihres zweiten Kindes erkrankt war, in den Schwarzwald und gründete dort in Brandeck eine Lungenheilanstalt, die während des Sozialistengesetzes manchem Verfolgten Unterschlupf bot. In dieser Zeit trat sie der Sozialdemokratie bei. Nach der Trennung von ihrem Mann siedelte sie 1893 nach München über und ging mit dem Mediziner und Kommunalpolitiker Karl Lehmann eine zweite Ehe ein. Neben der Tätigkeit in ihrer gut gehenden Praxis publizierte sie u.a. in der Neuen Zeit, in den Sozialistischen Monatsheften, in der von Victor Adler und Rudolf Pokorny herausgegebenen Arbeiterinnen-Zeitschrift und in Clara Zetkins Gleichheit, verfasste medizinische und gesundheitserzieherische Aufklärungsschriften und Gesundheitsratgeber.[147] Daneben arbeitete sie in zahlreichen sozialen Projekten, so in der Münchener „Kommission für Arbeiterhygiene und Statistik", und entwickelte selbst Pläne – ein Frau-

---

[142] Hans Diefenbach: Zum Gedächtnis an Hope Bridges Adams Lehmann. Manuskript. November 1916, verfasst in Frankreich (IISG Amsterdam, Diefenbach-Archiv, unpaginiert).

[143] Ausführliche Darstellung des politischen Freundeskreises bei Krauss 2002, S. 95ff.

[144] Ebd. S. 100; vgl. auch Pohl 1992; Krauss 1997.

[145] Vgl. zur Geschichte des Frauenstudiums u.a. Dickmann/Schöck-Quinteros 2000; Bleker/Schleiermacher 2000.

[146] Siehe hierzu auch einen Brief von Engels an Bebel vom 18. Oktober 1893. MEW, Bd. 39, S. 154.

[147] Das Frauenbuch. Ein ärztlicher Ratgeber für die Frau in der Familie und bei Frauenkrankheiten (1896); Die Gesundheit im Haus. Ein ärztliches Hausbuch für die Frau (1898).

enheim, in dem Frauen und werdende Mütter aus allen sozialen Schichten unter besten medizinischen und hygienischen Bedingungen betreut werden sollten, sowie eine bilinguale, koedukative *Versuchsschule.* Das Projekt des Frauenhauses stieß in München auf breite Resonanz und hatte gute Realisierungschancen – bis 1914 eine Verleumdungskampagne mit der Anschuldigung, Adams Lehmann habe Schwangerschaftsabbrüche ohne ausreichende medizinische Indikation durchgeführt, das Vorhaben blockierte.[148] Auf den Ausbruch des Ersten Weltkrieges reagierte sie mit einer mutigen Tat. Illegal reiste sie im Herbst 1914 nach England, um sich ein Bild von den dortigen Friedensbemühungen zu machen. Um zu zeigen, dass Frieden zwischen beiden Nationen möglich sei, veröffentlichte sie 1915 unter dem Titel *Kriegsgegner in England* eine Sammlung englischer Antikriegsliteratur, u.a. mit Texten von Sir Bertrand Arthur William Russel und Bernhard Shaw. Hope Bridges Adams Lehmann starb nach dem Tod ihres Mannes, der als Frontarzt an einer Blutvergiftung ums Leben gekommen war, am 10. Oktober 1916 in München. Mit einer Freundin, der Reformpädagogin Toni Pfülf[149], verbrachte sie, nachdem sie ihre Praxis aufgegeben hatte, ihre letzten Monate.[150]

Die hier vorgestellten Frauenpersönlichkeiten trugen mit ihrer politischen und weltanschaulichen Offenheit in nicht geringem Maße dazu bei, Vorurteile abzubauen. Als „Bürgerliche" mit sozialistischer Gesinnung reichten ihre Beziehungen in bürgerliche wie in proletarische Milieus[151], sie vereinbarten in sich scheinbar Unvereinbares, galten als Vertrauenspersonen nach beiden Seiten und konnten so zwischen Arbeiterbewegung und bürgerlichen Bewegungen – oft zugunsten sozialer Projekte und Ideen – vermitteln. Dass dies auch von der „radikaleren" Clara Zetkin, die ihrerseits Kontakte in diese Kreise pflegte, als ein Vorzug anerkannt wurde, lässt ein Brief an Henriette Fürth vom 10. Oktober 1901 erkennen:

> „Bürgerliche Elemente, die ihrer Überzeugung nach zu uns gehören, denen aber persönliche Verhältnisse oder Charaktereigentümlichkeiten verbieten, […] ‚die Schiffe hinter sich zu verbrennen' und alle Schlachten des Klassenkampfes in Reih und Glied des organisierten Proletariats mitzuschlagen, nützen uns am meisten, wenn sie mit ihrem Wirken nicht aus der bürgerlichen Welt heraustreten. […] Ihre Verhältnisse verbieten es Ihnen, ohne jede Reserve bedingungslos im proletarischen Lager zu fechten. Da haben Sie nicht bloß das Recht, sondern die Pflicht, als Element der Gärung und des Vorwärtstreibens so viel als möglich in der bürgerlichen Welt zu leisten. Jede Gelegenheit, die sich dazu bietet, haben Sie auszunutzen. Wenn auch der Form nach

---

[148] Vgl. Krauss 2002, S. 133ff.

[149] Antonie Pfülf (1877-1933), Volksschullehrerin in München, Sozialdemokratin, 1919 Mitglied der Nationalversammlung, 1920 des Reichstages, im Bund Entschiedener Schulreformer aktiv, schied 1933 freiwillig aus dem Leben.

[150] Die biographischen Aussagen stützen sich vor allem auf Diefenbach 1916 und Krauss 2002. Marita Krauss hat mit einer Ausstellung in München 2003 maßgeblich zur Wiederentdeckung Adams Lehmanns beigetragen.

[151] Wie ausgeprägt die personalen Beziehungsgeflechte waren, geht aus den umfangreichen und noch längst nicht vollständig ausgewerteten Briefbeständen hervor, die allein im IISG Amsterdam aufbewahrt werden. Zur Bedeutung politischer Netzwerke durch Briefkommunikation vgl. Herres/Neuhaus 2002; vgl. auch Herrmann 1997, hier wird Adams Lehmann mehrfach erwähnt.

77

milde, können und werden Sie doch dem Wesen nach unseren Standpunkt vertreten."[152]

2.4 Eine neue Qualität bildungspolitischer Programmatik – die Mannheimer Leitsätze 1906

Vor dem Hintergrund der heterogenen Bildungsinteressen und Bildungsvorstellun-
gen in der Arbeiterbewegung verdichtete sich die Überzeugung von der Notwendigkeit eines einheitlichen bildungsprogrammatischen Fundaments. Die kritische
Auseinandersetzung mit der bürgerlichen Pädagogik hatte zur Genüge Material
geliefert, an und mit dem die Ausarbeitung eines Programms in Angriff genommen
werden konnte. Nachdem bereits auf den Parteitagen in Bremen 1904 und Jena
1905 Bildungsfragen angesprochen worden waren und Clara Zetkin auf der dritten
sozialdemokratischen Frauenkonferenz in Bremen 1904 die *Schulfrage* zu einem
zentralen Thema gemacht hatte, nahm der Mannheimer Parteitag 1906 erstmals
einen Tagesordnungspunkt *Volkserziehung und Sozialdemokratie* auf.[153] Die Initiatoren und zugleich die Referenten hierzu waren Clara Zetkin und Heinrich Schulz,
die sich beide zu diesem Zeitpunkt bereits mit zahlreichen Schriften zu bildungspolitischen und pädagogischen Fragen einen Namen gemacht hatten. Aus Clara Zetkins Feder stammten zahlreiche Reden und Zeitschriftenbeiträge, vor allem in der
von ihr herausgegebenen Frauenzeitschrift *Gleichheit*. Heinrich Schulz war besonders mit seinen Untersuchungen zur Geschichte der Volksschule sowie als Bil-
dungskritiker in der *Neuen Zeit* bekannt geworden.

2.4.1 Charakter und Inhalt der Leitsätze

In sechs Leitsätzen[154] unterbreiteten Clara Zetkin und Heinrich Schulz den Delegierten des Parteitages ihre Vorstellungen von der Bildungsverantwortung der
Sozialdemokratie, von einer Bildungsreform mit dem Anspruch auf soziale Gerechtigkeit und von der Erziehung der Arbeiterkinder. In erläuternden Referaten
widmeten sich Schulz dem „Allgemeinen des Erziehungswesens" und Zetkin speziell der „häuslichen Erziehung".[155] Auch in ihren Mannheimer Vorträgen erwiesen sich beide als Kenner der Bildungsgeschichte wie der zeitgenössischen Päda-

[152] Zitiert nach Epple 1996, S. 68.
[153] Nach Heinrich Schulz geht die Thematisierung von Erziehungsfragen auf dem Mannheimer Parteitag auf Friedrich Ebert zurück, der für Inhalt und Organisation des Parteitags zuständig war. Vgl.
Heinrich Schulz: Politik und Bildung. Hundert Jahre Arbeiterbildung. Berlin 1931, S. 92.
[154] Das Programm ist unter der Bezeichnung *Mannheimer Leitsätze* in die Bildungsgeschichte eingegangen. Der Erstabdruck der Leitsätze erfolgte bereits vor dem Mannheimer Parteitag als Beilage im
Vorwärts 1906, Nr. 192. Vgl. Quellen 1980, S. 349-353; Michael/Schepp 1993, S. 215-219.
[155] Heinrich Schulz ließ sein Referat unter dem Titel *Sozialdemokratie und Schule* veröffentlichen
(Berlin 1907); Clara Zetkin kam offensichtlich aus Zeitgründen nicht dazu. Ihr Referat wurde im
Protokoll über die Verhandlungen des Parteitages der Sozialdemokratischen Partei Deutschlands
abgedruckt (Berlin 1906, S. 347-359). Vgl. auch Zetkin 1983, S. 181-196.

78

gogik, sie entwickelten ihre Positionen nicht *neben*, sondern in synkretistischer Weise *aus* dem Fundus der damaligen Pädagogik. Die Quellenbasis und der Referenzrahmen ihrer Ausführungen erstreckt sich bei Clara Zetkin von Robert Owen, Charles Fourier, Johann Heinrich Pestalozzi, Friedrich Fröbel, Wilhelm Rein, der modernen Psychologie bis hin zu Paul Natorp, zum Hamburger Jugendschriftenausschuss und zur Zeitschrift *Kunstwart*. Heinrich Schulz begründet den Klassencharakter des Bildungswesens und ein neues Erziehungsideal vorwiegend historisch, wobei er einen Bogen von Plato über Comenius, Rousseau, die Philanthropisten, Kant, Herbart, Rein und Ziller zu Natorp und Paulsen spannt, hinsichtlich des Arbeitsgedankens Ansätze bei Comenius, Locke, Rousseau, Pestalozzi, Fröbel, Goethe und auch bei den zeitgenössischen Arbeitsschulpädagogen Alwin Pabst und Heinrich Scherer anerkennt, alle diese Pädagogiken letztendlich doch verwirft und sich „an diejenigen" hält,

> „die wissen müssen, was der historische Materialismus, diese unübertroffene und wohl auch unübertreffliche Methode sowohl zur dialektischen Erforschung der Vergangenheit als auch zur praktischen Arbeit in der Gegenwart und zur klaren Erkenntnis der Zukunft, für die Zielbestimmung der Pädagogik" sagt.[156]

Stärker als Clara Zetkin bezieht er sich direkt auf Marx und Engels, namentlich auf die *Genfer Instruktion*, auch auf Karl Kautsky[157] und Josef Dietzgen[158], und lässt unter den zeitgenössischen Pädagogen nur Robert Seidel gelten. Vor diesem bildungstheoretischen Hintergrund entstanden die *Leitsätze*, in vielem noch unausgereift, widersprüchlich und im Einzelnen auch problematisch, in ihrer Intention jedoch eine Richtung weisend, die als Alternative zur bestehenden Bildungspraxis fortan Geltung beanspruchte.[159]

In einem **ersten Leitsatz** wird Erziehung als gesellschaftlich determinierter Vorgang erklärt. „Das Ziel der Erziehung" sei „nicht ein absoluter Begriff religiöser oder moralischer Art", sondern „in letzter Linie den ökonomischen Triebkräften der betreffenden Zeit unterworfen." Denn: „Während ein mannigfaltig gegliedertes und reich dotiertes höheres Bildungswesen der Jugend der herrschenden Klassen die Erwerbung einer auf wissenschaftlicher Basis beruhenden allgemeinen Bildung ermöglicht und den herrschenden Klassen dadurch ein geistiges Übergewicht über die arbeitenden Klassen verschafft, wird die Arbeiterjugend in den Volksschulen zum Glauben an ein künstlich zurechtgestutztes, gefälschtes Bild der Natur, der menschlichen Gesellschaft und der kulturellen Entwicklung gedrillt." „Geistige Demut" und „patriotische Unterwürfigkeit" seien die Ziele dieser Erziehung.[160]

---

[156] Schulz 1907, S. 15f.
[157] Schulz nennt besonders Kautskys Schriften *Die Agrarfrage* (Stuttgart 1899) sowie *Ethik und materialistische Geschichtsauffassung* (Stuttgart 1906, vorher als Aufsatzreihe in der NZ veröffentlicht).
[158] Ohne Nennung eines bestimmten Titels bezieht er sich auf Josef Dietzgens arbeitserzieherische Auffassungen. Siehe hierzu Geschichte der Erziehung 1987, S. 368-370.
[159] Im Folgenden zitiert nach Quellen 1980, S. 349-353.
[160] Ebd., S. 349.

Der **zweite Leitsatz** formuliert dann die Alternative. „Der Sozialismus sieht in dem Kinde nicht den zukünftigen Lohnsklaven und rechtlosen Proletarier, sondern er würdigt in ihm das werdende Glied der sozialen Gemeinschaft freier Arbeiter, bei dem in seinem eigenen und zugleich gesellschaftlichen Interesse alle geistigen und körperlichen Fähigkeiten zu möglichst hoher Vollendung zu entwickeln sind. Die öffentliche Erziehung wird dadurch zu einer der wichtigsten sozialen Aufgaben, für die die besten geistigen und materiellen Mittel der Gesellschaft nutzbar zu machen sind." Da die Arbeit „Ursprung" und „Grundlage" der „gesellschaftlichen Organisation" sei, würde „auch für die Erziehung in der sozialistischen Zukunft die ‚Arbeit' die Grundlage und zugleich das wertvollste, lebenserweckende und zur sozialen Gesinnung erziehende Element bilden". Anknüpfend an das kindliche Spiel, müssten Mädchen und Jungen gemeinsam und „in steter Anlehnung an den sozialen Arbeitsprozeß durch die Jahre körperlichen und geistigen Wachstums" geleitet werden, „bis sie als vollentwickelte Individuen und mit vollem Verantwortlichkeitsbewußtsein in die soziale Gemeinschaft eintreten, und zwar an die ihrer Individualität am besten entsprechende Stelle".[161]

Der **dritte Leitsatz** wendet sich wieder der Gegenwart zu und fordert zur „Hebung der öffentlichen Erziehung zunächst": ein Reichsschulgesetz „auf der Grundlage der Weltlichkeit und der Einheitlichkeit des gesamten Schulwesens", „Unentgeltlichkeit des Unterrichts, der Lehrmittel und der Verpflegung in den öffentlichen Schulen", „Beihilfe des Staates für die Weiterbildung befähigter, aber unbemittelter Schüler", „Gleichberechtigung der Geschlechter in den Lehrkörpern und der Schulverwaltung" sowie „Mitwirkung der Eltern und der Lehrerschaft", Kindergärten, Schulheime, Ferienkolonien sowie „Sanatorien für schwächliche und kränkliche Kinder", „Fach- und Fortbildungsschulen für die schulentlassene Jugend ohne Unterschied des Geschlechts", „Arbeitsunterricht in allen Schulen", „Lehrwerkstätten" und „Pflege der künstlerischen Bildung", „Organisation des inneren Schulbetriebes ausschließlich nach pädagogischen Grundsätzen", „Errichtung von besonderen Klassen und Schulen für abnorme Kinder (schwachbegabte, viersinnige, epileptische usw.)" sowie „Überwachung des Gesundheitszustandes der Kinder durch Schulärzte", „Bau- und Ausgestaltung von Schulgebäuden nach den Forderungen der Pädagogik, Schulhygiene und Kunst", „Errichtung von Bädern, Schwimm-, Wärme- und Speisehallen in den Schulen" sowie von „Volksbibliotheken, Lesehallen und Instituten für Volksbelehrung und -unterhaltung (Volkskonzerte, Volksvorstellungen usw.)".[162]

Der **vierte Leitsatz** behandelt – auf Initiative Clara Zetkins erstmals – Fragen der Familienerziehung. „Der geschichtlichen Entwicklung" eigene „nicht die Tendenz, die Erziehung im Heim auszuschalten, sondern sie zu vertiefen". „Sie soll nicht bloß Mutterwerk, sie muß gemeinsames Elternwerk sein." Den Sozialdemokraten und ihren Sympathisanten wird nahe gelegt, ihre Kinder „mit dem liebevol-

---

[161] Ebd., S. 350.
[162] Ebd., S. 350f.

len Ernst und der größten Gewissenhaftigkeit" zu erziehen, aber auch „im Geiste der sozialistischen Weltanschauung" sowie durch „das lebendige persönliche Beispiel" und „in strenger Selbstzucht an ihrer Charakterbildung [zu] arbeiten". Solange aber „die Volksschule als Werkzeug der Klassenherrschaft mißbraucht" würde, könne „sich die häusliche Erziehung nicht harmonisch an den Schulunterricht angliedern", müsse „vielmehr im großen Umfange bewußt und planmäßig den Tendenzen entgegenwirken, welche diesen verfälschen und vergiften". Das gelte „im besonderen Maße von dem Religions- und Geschichtsunterricht". „Erziehung im Geiste der sozialistischen Weltanschauung" erfolge indessen „nicht dadurch, daß man die unmündigen Kinder zum Auswendiglernen programmatischer Formeln" zwänge, sondern „daß man die Kinder in die Welt des natürlichen und sozialen Lebens und seiner Triebkräfte einführt", „sie zum Wollen und zum Gebrauch der Freiheit erzieht", „in ihnen die Gefühle der Brüderlichkeit, der Liebe zur Wahrheit, Freiheit, Gerechtigkeit und Schönheit erweckt und pflegt". Hierbei müsse die Sozialdemokratie den Eltern durch eine „gebührende Beachtung" pädagogischer Probleme in der Presse sowie durch „eine geeignete sozialistische Kinderliteratur" Unterstützung geben.[163]

Der **fünfte Leitsatz** gilt der Erwachsenenbildung und erklärt, weshalb es Aufgabe der Sozialdemokratie selbst sei, mit Arbeiterbildungsschulen und einem breiten kulturellen Angebot (Vortragskurse, Leseabende, Tagespresse, künstlerische Betätigung u.a.) für die allseitige Weiterbildung ihrer Mitglieder zu sorgen. Als „Träger einer in sich geschlossenen Weltanschauung, die zwar die konsequente Fortentwicklung der höchsten wissenschaftlichen und künstlerischen Ideale unserer Zeit ist, aber in scharfem Gegensatz zu der bürgerlichen Weltanschauung und damit auch zu der bürgerlichen Wissenschaft und Kunst unserer Tage steht", könne das Proletariat die „bürgerliche Geisteskultur nicht einfach übernehmen, es muß sie vielmehr seiner eigenen Weltanschauung gemäß umwerten". Selbst die „wohlmeinendsten und an sich verdienstvollen Bestrebungen bürgerlicher Kreise" zur „Hebung der Volksbildung" hätten deswegen nur „relative[n] Wert". Die Sozialdemokratie könne „daher an solchen Bestrebungen keinen Anteil haben".[164]

Der **sechste Leitsatz** schließlich befasst sich mit der Jugendarbeit und begründet eine „Pflicht" der Sozialdemokratie, „die aus der Schule entlassene proletarische Jugend mit der Weltanschauung des Sozialismus zu erfüllen und für die aktive, zielbewußte Anteilnahme am proletarischen Emanzipationskampfe vorzubereiten". Ein „eigenes periodisches Organ", eine Zeitschrift also, solle der „schulentwachsenen Jugend" einen „festen geistigen Mittelpunkt" bieten.[165]

Obgleich die Bildungsoffensive von Clara Zetkin und Heinrich Schulz durchaus Resonanz fand, wurde das Programm vom Mannheimer Parteitag formell nicht

---

[163] Ebd., S. 351f.
[164] Ebd., S. 352.
[165] Ebd., S. 352f.

angenommen. Angebliche Zeitknappheit[166] und zusätzlich ein Schwächeanfall Clara Zetkins[167], der sie zum vorzeitigen Abbruch ihres Vortrages zwang, verhinderten eine Debatte über Bildungsfragen. Immerhin wurde die bereits auf dem Jenaer Parteitag 1905 initiierte Konstituierung eines Zentralen Bildungsausschusses beschlossen, dem die weitere Verhandlung der Leitsätze übergeben wurde.[168]

2.4.2 Kontroversen über Notwendigkeit und Inhalt eines proletarischen Bildungsprogramms

Bereits vor dem Parteitag hatten sich Diskrepanzen in der Beurteilung der Leitsätze gezeigt, sie ließen sich auch danach nicht ausräumen, wobei Kritiker häufiger in den *Sozialistischen Monatsheften*, die Verteidiger eher in der *Neuen Zeit* das Wort nahmen. Es sei

„doch wirklich nicht die Aufgabe eines Parteitags, sich ausführliche Referate über Geschichte der Pädagogik, das zukünftige, sozialistische Erziehungsprogramm, wie es vielleicht in hundert Jahren einmal – und dann wohl auch nicht in der Weise, wie es sich Genosse Schulz vorstellt – zur Ausführung kommen wird, über die gegenwärtige und zukünftige Familie, über Kindertrockenlegen und Kinderwagenschieben [...] halten zu lassen. Und ebenso wenig ist unseres Erachtens der Parteitag der Ort, um dogmatische Glaubenssätze über die Umwertung der bürgerlichen Geisteskultur durch das Proletariat gemäss seiner eigenen geschlossenen Weltanschauung, die auch wieder nur von den beiden Referenten vorausgesetzt wird, zu prüfen und festzulegen",

heißt es in einem Bericht in den *Sozialistischen Monatsheften*.[169]

Edmund Fischer, ein Vertreter des reformistischen Kurses, machte seine Vorbehalte am Erziehungskonzept fest:

„Während der eine Teil die Erziehung der Jugend den Eltern und Pädagogen völlig überlassen wissen will – auch über die Schulzeit hinaus – und es geradezu für schäd-

---

[166] Im Mittelpunkt des Mannheimer Parteitages stand das heikle Thema des politischen Massenstreiks und damit das Verhältnis der SPD zur Gewerkschaft. Hinsichtlich des politischen Massenstreiks als Kampfmittel existierten erhebliche Differenzen und Kompetenzstreitigkeiten. Gegen den Willen einer Gruppe um Karl Kautsky, Rosa Luxemburg, Luise Zietz, Hermann Duncker u.a., die auf einem Führungsanspruch der SPD beharrten, wurde ein Kompromiss zur gleichberechtigten Aktion von Partei und Gewerkschaft beschlossen, der in der historischen Literatur als ein Sieg der Revisionisten gewertet wird.

[167] Vgl. Zetkin 1983, S. 195.

[168] Der Zentrale Bildungsausschuss begann am 13. Dezember 1906 mit der Arbeit. Ihm gehörten an: Eduard David (Mainz), Hugo Heimann (Berlin), Karl Korn (Kiel), Franz Mehring (Leipzig), Heinrich Schulz (Bremen), Georg von Vollmar (München) und Clara Zetkin (Stuttgart). Der Parteivorstand war durch August Bebel im Bildungsausschuss vertreten. Zum Vorsitzenden wurde Hugo Heimann gewählt. Geschäftsführer war Heinrich Schulz. Nach Schulz repräsentierten David und Vollmar die „Revisionisten", Mehring, Zetkin, Korn und Schulz die „Radikalen". Der Bildungsausschuss erlangte vor allem für die Organisation der Arbeiterbildung Bedeutung. Mit ca. 400 örtlichen Bildungsausschüssen entstand bis 1913 ein Netzwerk proletarischer Erwachsenenbildung. Vgl. Schulz 1931, S. 94.

[169] *SM* 1906, Nr. 10, S. 895.

lich erklärt, wenn eine parteipolitische Tendenz in der Erziehung der Jugend zur Geltung komme – eine Anschauung, der ich vollständig beipflichte –, hält es die andere Richtung für ein kulturelles Gebot, daß die Sozialdemokratie die Menschen von frühester Kindheit an im Geiste der sozialistischen Weltanschauung zu erziehen trachte und daher Maßnahmen treffe, die Jugend auch unter den jetzigen Verhältnissen in diesem Sinne zu beeinflussen."[170]

Karl Kautsky hingegen war von den „Erziehungsgrundsätzen, die uns Schulz und Zetkin entwickelten", angetan, sie hätten „dem historischen Materialismus geradezu ein ganz neues Gebiet erobert". Umso mehr bedauerte er, dass eine offene Diskussion der aus seiner Sicht wichtigsten Differenzpunkte nicht zustande gekommen sei.

„Mit Recht hatten die Referenten als das Ziel unserer Erziehungsarbeit wie unseres Klassenkampfes die Aufhebung des Gegensatzes zwischen Handarbeit und Kopfarbeit hervorgehoben. Dagegen wandte sich in verschiedenen Kundgebungen Genosse David, der vielmehr die Fortentwicklung der Arbeitsteilung zwischen Handarbeit und Kopfarbeit forderte: ‚Das ist's', meinte er, ‚wofür eine sozialistische Gesellschaft im Interesse rationellster Verwendung ihrer menschlichen Arbeitskräfte zur Erziehung höchster Kulturleistungen zu sorgen hätte.' Der Gegensatz, der hier zutage tritt, ist kein anderer als der zwischen proletarischer und bürgerlicher Gesellschaftsanschauung. Die Davidschen Auffassungen wären daher sicher energisch zurückgewiesen worden, hätte die Möglichkeit einer Diskussion darüber bestanden. Sie wäre interessant und bedeutend geworden. Aber sie fiel dem Zeitmangel und der Ermüdung des Parteitags zum Opfer. Leider mit ihr auch die vortrefflichen Leitsätze."[171]

Ebenfalls in der *Neuen Zeit* ging der spätere Redakteur der Zeitschrift *Die Arbeiter-Jugend*, Karl Korn, der Frage nach, ob es eine „spezifisch proletarische Bildung" überhaupt geben könne:

„Inzwischen haben sich auch einige Parteischriftsteller mit diesen Fragen beschäftigt, und sie sind zum Teil zu dem überraschenden Ergebnis gelangt, daß jene Leitsätze und das ganze Problem, das sie aufrollen, auf einer petitio principii, einer unbewiesenen prinzipiellen Voraussetzung, beruhten. Durch eine mehr oder minder gründliche Untersuchung über den Umfang und Inhalt des Begriffes der Bildung glaubten sie den Nachweis erbracht zu haben, daß es eine spezifisch proletarische Bildung überhaupt nicht gäbe. Mit dem Sein fällt natürlich auch das Soll der proletarischen Bildung; wird die Frage nach der Existenz der proletarischen Bildung sogar ihrer Möglichkeit nach verneint, so erübrigt sich erst recht alles Theoretisieren über die Aufgaben und Ziele einer solchen unmöglichen Bildung. Der Mannheimer Parteitag hätte dann dem Bildungsausschuß einen im wörtlichen Sinne gegenstandslosen Auftrag erteilt. Indessen, so verzweifelt liegt die Sache der proletarischen Bildung, wie mir scheint, denn doch noch nicht, und wenn wirklich bei der Erörterung dieser Frage prinzipielle Fehler begangen worden sind, so glaube ich, daß sie eher auf der Seite der Leugner jenes Beg-

[170] Fischer, *SM* 1906 (Dok. 145, S. 646).
[171] Karl Kautsky: Der Parteitag von Mannheim. *NZ* 1906/07, Nr. 1, S. 5. Zur Kritik Eduard Davids am Mannheimer Parteitag vgl. seinen Aufsatz: Die Bedeutung von Mannheim. *SM* 1906, Nr. 11, S. 907-914.

riffs liegen als bei jenen, die die Existenzberechtigung des Begriffs vorweggenommen und frischweg seinen Inhalt und seine Konsequenz für den Klassenkampf des Proletariats untersucht haben."[172]

Hintergrund der Querelen war neben der fortwirkenden Unterschätzung von Bildungsfragen nicht zuletzt der zu dieser Zeit bereits fortgeschrittene Richtungsstreit zwischen Reformern und Radikalen, der sich auch auf alle „Nebenschauplätze" übertrug.

Ungeachtet dieser Kontroversen, in denen allerdings eine Reihe wirklicher Widersprüche und Grundfragen des bildungspolitischen und bildungstheoretischen Selbstverständnisses der Arbeiterbewegung aufgegriffen wurden, erlangten die *Mannheimer Leitsätze*, die vor allem in ihren Ansichten zur Arbeitserziehung, zur Familienerziehung und auch zur Jugendfrage wiederum Impulse aus der zeitgenössischen Pädagogik verarbeitet hatten, nachhaltige Bedeutung. Die Sozialdemokratie Sachsens erhob die praktischen Schulforderungen des dritten Leitsatzes im September 1910 zu ihrem Schulprogramm.[173] Bis weit in die zwanziger Jahre gehörten sie zur Grundsubstanz sozialistischen Bildungsdenkens und prägten nachfolgende Bildungsprogramme. Vieles wurde zum Standard eines demokratischen Bildungsverständnisses und manches erscheint noch immer aktuell. Es waren aber gleichermaßen Auffassungen angelegt, die in den nachfolgenden Jahrzehnten Auseinandersetzungen im Bildungsdenken forcierten. Während sich vor allem im linken Spektrum der Arbeiterbewegung die Überzeugung festigte, dass Bildung und Kultur eine herrschaftssichernde Funktion zukommt, beides deswegen nicht aus dem Emanzipationskampf der arbeitenden Klasse herausgenommen werden dürfe und besonders die Auseinandersetzung um die Volksschule in erster Linie von Klasseninteressen bestimmt sei[174], plädierte der reformerische Flügel für die Heraushaltung von Kultur, Bildung und Schule aus dem Klassenkampf und hob ihre Bedeutung für den Ausgleich der Klassengegensätze und für die allgemeine Kulturisierung des Volkes hervor.[175]

Hatte der Mannheimer Parteitag 1906 aus der Perspektive ganz unterschiedlicher Interessen und Denkweisen manch Wünschenswerte offen gelassen, so war es ihm dennoch gelungen, Bildungs- und Erziehungsfragen nicht nur rhetorisch stärker in den Kontext von Gesellschaftspolitik und -theorie zu rücken. „Die Überwindung religiöser und anderer geistiger Abhängigkeit mittels Wissensvermittlung und Erziehung sowie die rechtliche Gleichstellung von Individuen, Klassen, Ethnien und Nationalitäten" wurde wie im Allgemeinen so auch speziell in der Erziehung der Kinder als „entscheidender Hebel"[176] sozialer und politischer Emanzipation angesehen. Die *Mannheimer Leitsätze* stellen in diesem Sinn das erste

---

[172] Korn, *NZ* 1906/07 (Dok. 71, S. 451f., Hervorhebung im Original).

[173] Heinrich Schulz: Die Schulreform der Sozialdemokratie. Dresden 1911, S. V.

[174] Vor allem vertreten u.a. von Franz Mehring, Rosa Luxemburg, Clara Zetkin, hier auch noch von Heinrich Schulz; vgl. insgesamt hierzu auch Alt 1978.

[175] Vor allem vertreten von der kultursozialistischen Richtung um Paul Kampffmeyer.

[176] Weiss 1997, S. 274.

Konzept proletarischer Erziehung dar. Sie spiegeln nicht nur den Stand der damaligen Bildungsdiskussion, sondern gaben ihr Ziel und Richtung. Hatten sie einerseits bewirkt, Bildungsfragen stärker in das Bewusstsein der Arbeiterbewegung zu rücken und das thematische Spektrum pädagogischer Diskussionen zu erweitern, konzentrierten sich konkrete pädagogische Anstrengungen andererseits zunehmend auf jene Bereiche praktischer pädagogischer Arbeit, in denen die Arbeiterbewegung relativ unabhängig agieren konnte. Dazu gehörte vor allem die Einflussnahme auf die Erziehung in den proletarischen Familien.[177]

2.5 Die Familie – Wunschort proletarischer Gegenerziehung

Nachdem im letzten Drittel des 19. Jahrhunderts der proletarischen Familie als Lebens- und Sozialisationsort der Kinder zunehmend Aufmerksamkeit entgegengebracht worden war und vor allem die Belastung durch die Frauen- und Kinderarbeit Anlass zur Beunruhigung gegeben hatte, wandelte sich nach der Jahrhundertwende die vordem vorherrschende Kritik an den sozialen Zuständen und ihren Auswirkungen auf die Familie zu einem konstruktiven Konzept proletarischer Familienerziehung. Ob sich die Arbeiterbewegung überhaupt auf dieses Gebiet begeben sollte, hatte namentlich Clara Zetkin von der Frage abhängig gemacht:

> „Welche Auffassung haben wir von der Entwicklung und dem Wesen der Familie? Sind wir der Ansicht, daß die geschichtliche Entwicklung zu einer Aufhebung der Familie überhaupt führt, oder sind wir der Auffassung, daß die geschichtliche Entwicklung nur auf eine Umwandlung der Form, aber zugleich auch auf eine Revolutionierung, auf eine Hebung des Inhalts und Wesens der Familie [...] hinzielt? Von der Antwort auf diese Frage hängt es ab, ob wir der Familie überhaupt Erziehungsaufgaben zuweisen können."[178]

2.5.1 Die proletarische Familie zwischen Wunsch und Realität

Ihren eigenen Standpunkt hatte Zetkin auf dem Mannheimer Parteitag unmissverständlich vorgetragen. Er korrespondierte weitgehend mit der Auffassung von Käte Duncker, Heinrich Schulz und Julian Borchardt[179], der sich aber nur sporadisch hierzu geäußert hatte. Der Familie wurde demnach die zentrale Bedeutung für die Erziehung der Kinder zugeschrieben, der Gesellschaft und dem Staat die Verantwortung für die soziale Sicherstellung der Familie. Zuerst müsse der Familie „die Möglichkeit der Kindererziehung zurückgegeben werden", und zwar durch

> „Verkürzung der Arbeitszeit für Mann und Frau, damit beide Eltern wieder Muße finden, sich ihren Kindern zu widmen, energische und umfassende Wohnungsreform, damit das Heim wieder den Raum und die harmonische Stimmung gewährt, die es erst zu einer Erziehungsstätte machen können, pädagogische Vorbildung beider Ge-

[177] Vgl. Zur Geschichte der Arbeitserziehung (2) 1971, S. 31; Hoffmann 1994, Lesanovsky 1996.
[178] Clara Zetkin auf dem Mannheimer Parteitag. Zetkin 1983, S. 183.
[179] Julian Borchardt (1868-1932), sozialdemokratischer Redakteur, Lehrer in der Arbeiterbildung, 1911-1913 Abgeordneter in Preußen, später freier Schriftsteller mit Neigung zum Anarchismus.

schlechter, die mit der Fortbildungsschule zu verknüpfen wäre und zu der für die heranwachsenden Mädchen sich noch praktische Übungen in der Kinderpflege zu gesellen hätten".[180]

Zugleich sei „notwendig, daß die Gesellschaft sich mehr als bisher der Verantwortlichkeit für die Aufzucht der neuen Generation bewußt wird", z.b. durch die Bereitstellung guter Kindergärten und Schulen für alle.[181] Dort, wo die einzelne Familie nicht über „Kräfte und Hilfsmittel" verfüge, müsse die Gesellschaft einspringen – nach Clara Zetkin als ein „harmonisch zusammengestimmtes Werk von Heim und gesellschaftlichen Einrichtungen, von Mutter und Vater". Familiale und öffentlich-gemeinschaftliche Erziehung wurden idealtypisch als ein dialektisches Wechselspiel verstanden: Gemeinsame öffentliche Erziehung sei wichtig, um das Wesen der Heranwachsenden zu „demokratisieren, sozialisieren", damit „die Individualität [...] nicht zur blonden Bestie des Herrenmenschen" entartet. Die Familie hingegen sei der geeignete Ort, um „der persönlichen Eigenart ihr Recht werden [zu] lassen, in liebevoller, vernünftiger Weise zu individualisieren, denn das gedankenlose, ergebene, mittrottende ‚Herdentier' ist nicht das Ideal der Entwicklung".[182] Freilich war diese Vorstellung von Harmonie in die Zukunft gedacht. Für die kapitalistische Gegenwart wurde primär die Differenz zwischen bürgerlicher und proletarischer Erziehung konstatiert, der Missbrauch der „Volksschule als Werkzeug der Klassenherrschaft", was eine harmonische Angliederung der familialen Erziehung an den Schulunterricht ausschließe, ihr vielmehr die Aufgabe zuweise, „bewußt und planmäßig den Tendenzen" öffentlicher schulischer Erziehung entgegenzuwirken, den Kindern die eigene proletarische Lebenswelt und die eigenen Wertvorstellungen vertraut zu machen und sie für die Wahrnehmung sozialen Unrechts zu sensibilisieren.[183]

Die Hinwendung zur Familienerziehung entsprang einem tiefen Misstrauen in die öffentlichen Erziehungseinrichtungen. Die Familie sollte kompensieren, was dort versäumt oder den Interessen der Arbeiter zuwiderlaufend gelehrt wurde. Ob dieser Anspruch aus dem Mut der Verzweiflung oder der Naivität des Idealismus erhoben wurde, mag hier nicht entschieden werden, denn zu übersehen waren die Widersprüche zwischen der Realität proletarischer Milieus und solch hochgesteckten Zielvorstellungen nicht. Otto Rühle hatte seine ersten erschütternden Studien über die Situation proletarischer Kinder bereits 1906 veröffentlicht und festgestellt, dass „das heutige Familienleben des Proletariats" „kein Familienleben mehr ist", sondern Nährboden für Kriminalität und Verwahrlosung. „Der Vater auf Arbeit, die Mutter auf Arbeit, das Kind auf Arbeit oder im Hause, im Hofe, auf der Straße sich selbst überlassen."[184]

---

[180] Käte Duncker: Sozialistische Erziehung im Hause. In: Zetkin/Duncker/Borchardt 1960, S. 61.
[181] Ebd.
[182] Clara Zetkin in Auseinandersetzung mit Eduard Fischer (1905). In: Zetkin 1983, S. 174.
[183] Mannheimer Leitsätze. Quellen 1980, S. 351f.
[184] Otto Rühle: Kinder-Elend. Proletarische Gegenwartsbilder. München 1906, S. 79.

Die ersten praktischen Schritte galten deshalb der Aufklärung der Eltern, vornehmlich der Mütter. Analog zur bürgerlichen Ratgeberliteratur, aber in deutlicher inhaltlicher Abgrenzung von dieser, entstanden etwa ab 1905 zunächst noch bescheidene, aber immerhin eigenständige Erziehungsratgeber für die proletarische Familie. Regelmäßig erschienen ab 1905 in der von Clara Zetkin redigierten Frauenzeitschrift *Die Gleichheit* unter der Rubrik *Die Mutter als Erzieherin* einprägsam gefasste Erziehungsregeln, die anhand von Beispielen anschaulich erläutert wurden und so elementare pädagogische Kompetenz zu vermitteln suchten.[185] Solche Regeln waren z.B.:

> Erziehe dein Kind zur Wahrheitsliebe! Gehe mit deinen Kindern spazieren! Lärme nicht über Lärm! Schütze Pflanze und Tier! Reinlichkeit und Regelmäßigkeit! Führe deine Kinder zur Selbsteinkehr! Lasse dein Kind mitarbeiten! Mache das Spielzeug der Kinder selbst! Werde deinen Kindern eine Freundin! Beobachte deine Kinder! Halte Disziplin! Rede mit deinen Kindern! Achte die Arbeit deiner Kinder! Kehre vor deiner Tür! Du sollst den Feiertag heiligen! Halte keine langen Predigten! Sei nicht rechthaberisch! Gewöhne deine Kinder, Hindernisse zu überwinden! Sei hilfsbereit! Meide den Alkohol! Halte auf gute Sitte! Rechte mit dir! Das Kind als Erzieher! Ehre die Vorkämpfer! Würdige alte Bräuche! Erziehe dein Kind zu selbständigem Nachdenken! Sieh das Schöne! Du bist nicht besser als dein Kind, nur älter! Mißbrauche in Konflikten nicht deine Macht! Leite den Sammeleifer! Gegen den Hurrapatriotismus![186]

Der hier gezeichnete, eher kleinbürgerliche Idealtypus proletarischer Familienerziehung, wie er beispielsweise auch von Henriette Fürth vertreten wurde, prägte weniger die soziale Wirklichkeit als das damalige sozialistische Erziehungsdenken.

Dass es indessen auch andere Vorstellungen gab, zeigt Therese Schlesinger. Auch sie hielt, wie Clara Zetkin, eine grundlegende Verbesserung der Aufwachsbedingungen für Kinder aus proletarischen Kreisen ohne Aufgeklärtheit der Frauen und Mütter für schwierig und forderte einen Zuwachs an qualifizierten Fürsorgeeinrichtungen für Kinder, um den Frauen und Familien die doppelte Last von Arbeit und Kinderbetreuung zu erleichtern. Ihr familienpädagogisches Denken indessen ging von anderen Prämissen aus. Sie registrierte zwischen der Rolle der Arbeiterschaft im Prozess der Modernisierung der industriellen Produktion und der Rückständigkeit des proletarischen Familienlebens einen Widerspruch. Während der Arbeiter durch die Industrie gezwungen sei, „ganz neue Gewohnheiten anzunehmen", habe sich seine häusliche Sphäre kaum geändert. Diesen Widerspruch

---

[185] Für die Erarbeitung der Erziehungsratgeber konnte Clara Zetkin Käte Duncker gewinnen, die allerdings wegen inhaltlicher Differenzen mit Clara Zetkin nur zwei Jahre in der Redaktion blieb. Heinrich Schulz arbeitete bis 1908 in diesem Projekt. 1907 veröffentlichte er die Erziehungsratschläge unter dem Titel *Die Mutter als Erzieherin* in Buchform und erreichte damit noch in den zwanziger Jahren hohe Auflagen. Zur Kritik der Erziehungsratgeber generell Berg 1991; Höffer-Mehlmer 2003.

[186] Das sind hier jeweils die Überschriften der ein- bis zweiseitigen Texte. Zitiert nach Schulz 1907.

zwischen dem Wandel des Charakters der Arbeit und der Beharrungskraft traditioneller Familienstrukturen spiegele auch die Sozialdemokratie.

„Bisher ist die sozialdemokratische Weltanschauung der Arbeiterschaft auf dem Gebiete der industriellen Produktion, aus der sie erwachsen ist, auch am meisten zur Geltung gelangt, wie es sich an dem Aufblühen der Gewerkschaften und den sozialpolitischen Forderungen der Arbeiter an die Gesetzgebung deutlich erkennen läßt. Das Gebiet des häuslichen Lebens dagegen ist verhältnismäßig noch wenig durch den Einfluß sozialistischer Anschauungen berührt worden, trotzdem die Entwicklung der Industrie es tief eingreifenden Veränderungen unterworfen hat."[187]

Therese Schlesinger schreibt es vor allem einer kleinbürgerlichen „Suggestion" („stumpfes Behagen", „beschränkte Wohlanständigkeit", „kleinbürgerliche Familienhierarchie") zu, dass „ein so überaus wichtiges Gebiet, wie es der Schauplatz des Familienlebens ist, von allem modernen Fortschritt, von der technischen Entwicklung und vom System der Arbeitsteilung fast unberührt bleiben konnte und darum in kultureller und pädagogischer Hinsicht immer mehr verfallen musste". Der unrationelle Einzelhaushalt („Zwergenhaushalt") sei ein Anachronismus, er vergeude weibliche Arbeitskraft und Ressourcen und stünde im „krassen Gegensatz" zum Wirtschaftssystem; seine strukturelle, technische und kulturelle Modernisierung sei ein Gebot der gesellschaftlichen Entwicklung und eine Vorbedingung für die E-manzipation der proletarischen Frauen.[188] Therese Schlesinger plädiert – an Beispiele und Erfahrungen aus Finnland anknüpfend – für Gemeinschaftseinrichtungen überall dort, wo sie die Frauen entlasten, der „Überfüllung" der Wohnung begegnen, der Gesundheit und Hygiene dienen und gegenüber der Einzelwirtschaft höhere Effektivität erzielen – Zubereitung der Hauptmahlzeiten, fachmännische Reinigung der Wäsche, des Geschirrs und der Wohnung, Erleichterung des Einkaufs u.a.m. – Arbeiten also, die in bürgerlichen Familien ganz selbstverständlich, wenngleich auch hier individualisiert, durch fachliches Dienstpersonal realisiert werden.

„Die Arbeiterin müßte vor allem anderen lernen, ihre eigenen Bedürfnisse zu erhöhen, bessere Nahrung, Wohnung, Kleidung und insbesondere mehr freie Zeit, Erholung und Bildung beanspruchen, wenn sie nicht durch ihre plötzlich so sehr erhöhte Teilnahme an der Warenproduktion die Arbeitslöhne in solcher Weise herabdrücken soll, daß der kulturelle Fortschritt des Proletariats um Jahrzehnte zurückgeworfen wird."[189]

Auch die Erziehungspraxis sah Therese Schlesinger als zurückgeblieben an. Habe in der vorindustriellen Zeit vor dem Hintergrund des oft lebenslangen Generationenzusammenhanges das „Vorbild" und die „Nachahmung" als pädagogisch aus-

---

[187] Therese Schlesinger: Krieg und Einzelhaushalt. Veröffentlicht in der Zeitschrift *Der Kampf* 1915, S. 404 (Verein für Geschichte der Arbeiterbewegung Wien, Katalog-Nr. Sch 1, Lade 23, Mappe 53).

[188] Vgl. hierzu auch Friedrich Engels: „Eine wirkliche Gleichberechtigung von Frau und Mann kann nach meiner Überzeugung erst eine Wahrheit werden, wenn die Ausbeutung beider durch das Kapital beseitigt und die private Hausarbeit in eine öffentliche Industrie verwandelt ist." Briefentwurf an Gertrud Guillaume-Schack in Beuthen (1885). MEW, Bd. 36, S. 341.

[189] Schlesinger 1915, S. S. 411.

88

reichend gegolten, so müsse Erziehung nunmehr, angesichts des Zerfalls der Familie durch außerhäusliche Frauen- und Kinderarbeit und durch die wachsende Diskontinuität des Erwerbslebens, „für alle Wechselfälle" ausrüsten. Das aber sei von den „gehetzten und abgeplagten Eltern" nicht mehr leistbar.

> „Die intelligenten und gewissenhaften unter den Arbeitereltern sind sich auch ihrer pädagogischen Unzulänglichkeit vollkommen bewußt. Die Forderung nach Ausbau der Schule zu einem Erziehungsfaktor von erhöhter Bedeutung, nach Errichtung von Jugendhorten für alle Altersstufen und nach sachkundiger Beeinflussung der heranwachsenden Knaben und Mädchen findet bei ihnen regstes Verständnis und kräftige Unterstützung. Wenn trotzdem die Mehrzahl noch an dem alten kleinbürgerlichen Familienideal hängt, so ist der Grund dafür einzig darin zu suchen, daß sie eben kein anderes kennt."[190]

Im Unterschied zu anderen proletarischen Erziehungskonzepten, die der Familienerziehung keine sinnvolle Zukunft einräumen, steht Therese Schlesinger eher für behutsame Veränderung familialer Erziehung. Familienerziehung sei nur ergänzbar, nicht aber ersetzbar.

> „Sie muß jedem einzelnen Kinde das geben, was ihm die noch so reich entfaltete öffentliche Fürsorge, was ihm die beste Schule nicht geben kann und dessen es doch für sein seelisches Wachstum so dringend bedarf: nämlich Zärtlichkeit."[191]

Sie weiß um die Bedeutung der Familie für die Ausprägung von Emotionalität, Empathie und für das Gefühl individueller Geborgenheit.

> „Die Begriffe Heim und Familie sind fast jedem Menschen teuer und jeder kann nur Bekanntes oder dem ihm Bekannten sehr Ähnliches lieben, trotz aller Mängel, die dem Gegenstand seiner Erinnerung, Gewöhnung oder Sehnsucht anhaften mögen und wenn er sich jener Mängel auch noch so klar bewußt ist."[192]

Um diese „Mängel" zu kompensieren und die proletarische Familie zu modernisieren, setzt sie auf den Ausbau außerfamilialer Betreuungs- und Bildungsangebote. Denn die beste Absicht stoße auf ihre Grenzen, wo „alle anderen Umstände einer guten Erziehung ungünstig sind". Mit Nachdruck sollen deshalb Arbeitereltern ihre Forderungen durchsetzen: „öffentliche Pflege- und Erziehungseinrichtungen", „Aufklärung und Belehrung der Mütter und Väter", Modernisierung des proletarischen Haushaltes und vor allem bessere Schulbildung mit einem Mindeststandard. Denn

> „je ärmer ein Mensch ist, desto mehr ist er auf diese angewiesen. Den reichen Leuten kann es gleichgültig sein, wie die *Spitäler*, Gebäranstalten und Irrenhäuser beschaffen sind und ob die Patienten dort gut oder schlecht behandelt, gepflegt und verköstigt werden, denn sie können ihre Kranken zu Hause oder in privaten Heilanstalten pflegen lassen. Es kann ihnen auch einerlei sein, wie es um die *Volksschulen* bestellt ist, ob die Klassen dort überfüllt oder schlecht gelüftet sind, die Lehrer überbürdet, aus-

[190] Therese Schlesinger: Wie will und wie soll das Proletariat seine Kinder erziehen? Wien 1921, S. 18.
[191] Ebd.
[192] Schlesinger 1915, S. 406.

gehungert und verbittert sind; sie brauchen ja ihre Kinder nicht hinzuschicken. Noch gleichgültiger ist es für die Wohlhabenden, wie die *öffentliche Armenpflege* aussieht und ob *Kleinkinderbewahranstalten, Kindergärten, Waisenhäuser, Greisenasyle* und *Siechenhäuser* in genügender Anzahl errichtet und gut geleitet werden, wenn man nur von ihnen keine erhöhten Steuerleistungen fordert. [...] *All dieser ernsten und unabweisbaren Pflichten gegen die arbeitende Bevölkerung sind sich aber diejenigen durchaus nicht bewußt, die heute im Staate herrschen.*"[193]

Nur in der Einheit von Modernisierung familialer Lebensweise, Aufklärung über Erziehung und öffentlichen Betreuungs- und Bildungseinrichtungen sah sie eine Perspektive für bessere Aufwachsbedingungen der Kinder, die weder von der Familie noch von der Schule allein geschaffen werden können. Denn selbst der beste Unterricht müsse

„zwecklos bleiben, wenn er darbenden, vernachlässigten, körperlich und seelisch leidenden Kindern erteilt wird. Solche Kinder sind nicht in den wenigen Stunden, die sie in der Schule verbringen, erziehlich zu beeinflussen, denn Hunger und Kälte, Schmerz und Angst wirken so stark auf die armen Geschöpfe ein, beherrschen sie so vollkommen, daß sie für die bestgemeinten Lehren in der Schule unzugänglich bleiben."[194]

Alles, was der Lernfähigkeit der Kinder „hindernd im Wege steht", muss weggeräumt werden, erst dann könne eine aufklärende Bildung die heranwachsenden Generationen in die Lage versetzen, einen generellen und dauerhaften Bruch mit den bedrückenden Lebensverhältnissen in proletarischen Milieus zu vollziehen. Therese Schlesingers Auffassungen sind nicht zuletzt deswegen interessant, weil sie vieles vorwegnahmen, was dann in den zwanziger Jahren in ihrer Geburtsstadt Wien Realität wurde: modern ausgestattete Arbeiterwohnsiedlungen mit Kindergärten, zentralen Hauswirtschaftseinrichtungen, Schwimmbädern, Sport- und Spielstätten[195] und schließlich auch „eine Umgestaltung des ganzen Erziehungswesens im fortschrittlichen Sinne [...], in welchem der Wille der Arbeiter in Österreich entscheidend war" und „die den Neid und die Bewunderung der pädagogischen Fachkräfte in viel reicheren und glücklicheren Ländern erregen."[196] – Gemeint ist die österreichische Schulreform unter Otto Glöckel, die in der Tat zu den imposantesten pädagogischen Projekten des 20. Jahrhunderts zählt.[197]

---

[193] Therese Schlesinger: Was wollen die Frauen in der Politik? Wien 1909, S. 6f. u. S. 9 (Hervorhebungen im Original).
[194] Schlesinger 1921, S. 10.
[195] Das „rote Wien" der zwanziger Jahre bleibt in der Geschichte beispielhaft für einen eigenständigen sozialistischen Weg mit exponierten sozialpolitischen Ambitionen und weit reichender sozialer Praxis. Noch immer kann man sich in Wien von der Idee modernisierter proletarischer Lebensweise ein Bild machen, so im populären Karl-Marx-Hof, aber auch in einem 1929/30 erbauten, nach Therese Schlesinger benannten Wohnkomplex.
[196] Schlesinger 1921, S. 13.
[197] Otto Glöckel: Die Entwicklung des Wiener Schulwesens seit dem Jahre 1919. Wien 1927; ders.: Drillschule, Lernschule, Arbeitsschule. Wien 1928. Eine ausführliche Darstellung hierzu gibt Keim 1984. Vgl. auch Matzenauer 1985; Oelkers 1996, S. 264ff.

2.5.2 Kritik an den Konzepten zur Familienerziehung

Wollten Clara Zetkin, Käte Duncker und Heinrich Schulz Erscheinungen von pädagogischem Fatalismus, der sich vor allem in der Annahme eines Ausgeliefertseins der Kinder an das Milieu äußerte, zunächst durch eine moralpädagogische Aufklärung der Eltern begegnen, und strebte Therese Schlesinger eine Reform der Familie durch deren umfassende Modernisierung an, zogen andere die Erziehungskompetenz der Familie generell in Zweifel. Die Heranwachsenden selbst zum Träger ihrer Emanzipation zu machen, war ein Gegenkonzept, das spätestens seit der Entstehung proletarischer Jugendbewegungen in anderen Ländern auch in Deutschland Befürworter fand. „Die deutsche sozialdemokratische Partei hätte nur dann vielleicht ein Recht", aus den anderen Ländern „nicht zu lernen", wird in der *Neuen Zeit* 1903 kritisiert,

> „wenn sie die Gewißheit hätte, daß die sozialistische Jugenderziehung in der proletarischen Familie durchgeführt wird. Diese Voraussetzung trifft aber nicht zu, wie ein Blick auf die niederen Mitgliedsziffern unserer proletarischen Frauenorganisationen zeigt. Wenn man dagegen berücksichtigt, wie viele Arbeiterinnen kirchlichen Vereinigungen angehören, wie viele Frauen und Mütter von Parteigenossen unter dem Einfluß des katholischen und sogar evangelischen Pfarrers stehen, so wird man zu dem Ergebnis kommen, daß in zahlreichen Fällen notwendig ist, ein Gegengewicht gegen den antiproletarischen Einfluß der proletarischen Familie zu schaffen. Es wird auf die Dauer unmöglich sein, daß die stärkste Partei Deutschlands die Arbeiterjugend gerade in den Jahren der Entwicklung und der größten Lernfähigkeit ohne Wegweiser läßt, während zahllose bürgerliche Kräfte bestrebt sind, sich an die jungen Arbeiter heranzuschmeicheln und sie abseits von der geraden Straße des proletarischen Klassenkampfes in die Irre zu führen".[198]

Vor diesem Hintergrund entwickelten sich nicht bloß jahrelange Kontroversen um die Gründung, die Funktion und die Gestaltung einer proletarischen Jugendorganisation, in deren Mittelpunkt besonders die Frage stand, welcher Grad an Autonomie den jugendlichen Akteuren zuzugestehen sei, um den gewünschten Erziehungseinfluss nicht zu gefährden. Auch die Vorstellungen zur Familienerziehung wurden stets aufs Neue problematisiert und kritisch hinterfragt.

Fundamentale Kritik an den ursprünglichen familienerzieherischen Konzepten wurde jedoch erst in den zwanziger Jahren exponiert durch Otto Rühle und Edwin Hoernle vorgetragen. Vor dem Kriege sei nur wenig geschehen, schreibt Hoernle in seinem 1929 erschienenen Buch *Grundfragen der proletarischen Erziehung*,

> „um eine grundsätzliche Klärung des Begriffes der proletarischen Erziehung herbeizuführen. Man beschäftigte sich so gut wie gar nicht mit der Frage einer organisierten Klassenerziehung, sondern fast ausschließlich mit der Reform der Hauserziehung". „Mit viel Fleiß und mitunter feinem Verständnis für die inneren und äußeren Nöte der proletarischen Eltern und Kinder" wurden „gute Ratschläge gesammelt und erläutert. Dadurch sollte eine sozialistische Familienerziehung ermöglicht werden. Dabei ver-

---

[198] Ludwig Frank: Sozialistische Jugendorganisation. *NZ* 1903, Nr. 49, S. 729f.

91

gaß man ganz zu untersuchen, ob überhaupt die gegebene Familienverfassung eine brauchbare Basis für sozialistische Erziehung abgeben kann, ob nicht grundsätzlich die sozialistische Erziehung aus der Familie losgelöst werden muß".[199]

Wie schon Rühle in seinen frühen Schriften sah auch Hoernle in der Familie eine mehr oder weniger „reaktionäre Kraft".[200] Erziehung verstanden beide vornehmlich als Prozess wachsender Vergesellschaftung und – unter neuen gesellschaftlichen Verhältnissen – am besten in außerfamilialen Einrichtungen realisiert.[201] „Von der Familie zur Kommune" ginge der geschichtliche Weg, so Otto Rühle, weil das Kind in einer zukünftigen idealen Gesellschaft „Eigentum der Gesellschaft" würde.[202] Wie Otto Rühle setzte auch Edwin Hoernle den vordergründig moralpädagogischen Erziehungskonzepten, die den Willen als „Faktor in der Gestaltung des Milieus" zu beeinflussen suchten, eine soziologische Perspektive entgegen.

„Wie wollen sie die Kinder erziehen, ohne sie satt machen zu können? Ohne gute Bücher, ohne Zeit, ohne genügend Raum? Auch die besten pädagogischen Absichten scheitern an den unerbittlichen Konsequenzen der materiellen und geistigen Armut des Proletariats, an seiner Abhängigkeit und Verknechtung. [...] Unter den Verhältnissen des hochentwickelten Kapitalismus [sei] die Erziehung überhaupt etwas viel Schwierigeres, Komplizierteres und Langwierigeres als in der Epoche der einfachen Warenproduktion. Die elterliche Erziehung mag noch so gut gemeint sein, sie ist unter den besten Voraussetzungen heute völlig unzureichend."[203]

Nach Hoernle, dessen Auffassungen sich im Kontext der politischen Auseinandersetzungen und Polarisierungen in der Weimarer Zeit letztendlich in der kommunistischen Bildungspolitik durchsetzten, sollte ergänzend zur Familie eine „klassenmäßige Erziehung" in außerfamiliären Erziehungsorganisationen schon im frühen Kindesalter beginnen und „in der Hand des ‚aufgeklärten Teiles der Arbeiterschaft', also der kommunistischen Partei liegen".[204]

Waren die hier angedeuteten unterschiedlichen Überlegungen zu einer alternativen Erziehung der proletarischen Kinder weitgehend von emanzipatorischen Ansprüchen geprägt, erlebten sie im Laufe der Geschichte immer wieder kontraproduktiv wirkende Einschränkungen und Verengungen. Auseinandersetzungen um die „richtige" Erziehung hielten in der sozialistischen pädagogischen Bewegung an, nahmen an Schärfe und Gegensätzlichkeit zu und polarisierten das proletarische Erziehungsdenken zusehends.

[199] Edwin Hoernle: Grundfragen der proletarischen Erziehung (1929). In: Hoernle 1983, S. 246.
[200] Ebd., S. 241.
[201] Beide Pädagogen gingen jedoch unterschiedliche Wege. Während Edwin Hoernle mit seinen Auffassungen die KPD stützte, löste Rühle parteipolitische Bindungen und galt in der sozialistisch-kommunistischen Bewegung dem anarchistischen Flügel zugehörig. Hoernles Hauptwerk (Grundfragen der proletarischen Erziehung) endet mit einer scharfen Polemik gegen Rühle.
[202] Otto Rühle: Das kommunistische Schulprogramm (1920). In: Hierdeis 1973, S. 36.
[203] Hoernle 1983, S. 245.
[204] Ebd., S. 246.

3. *Die Neue Zeit* und die *Sozialistischen Monatshefte* – zentrale Orte politischer und theoretischer Auseinandersetzungen in der Arbeiterbewegung

3.1 Entstehung und Etablierung der sozialistischen Presse im ausgehenden 19. Jahrhundert

Unter dem Bismarckschen Sozialistengesetz (1878-1890), das jede sozialdemokratische Betätigung unter Strafe gestellt hatte, blieb der sozialistischen Presse kaum eine Chance zur Verbreitung. Politisch und theoretisch bedeutungsvollste Zeitschrift in der Zeit der Repression war der 1879 gegründete, in Zürich, später in London erschienene und zuerst von Georg von Vollmar, ab 1881 von Eduard Bernstein herausgegebene *Sozialdemokrat*. Der Wirkungsradius dieser wie auch der wenigen anderen während des Sozialistengesetzes gegründeten bzw. nicht verbotenen Arbeiterzeitungen war jedoch notgedrungen klein.[205]

Das änderte sich nach dem Ende des Sozialistengesetzes. Anfänglichen Schwierigkeiten bei der Neuordnung der sozialdemokratischen Presselandschaft folgte eine deutliche Belebung und Aufwärtsentwicklung. 1890 erschienen in Deutschland ca. sechzig sozialdemokratische Zeitungen und Zeitschriften, davon neunzehn Tageszeitungen, mit insgesamt ca. 250.000 Abonnenten. Ab Januar 1891 erschien in Berlin unter der Leitung Wilhelm Liebknechts der *Vorwärts* als neues Zentralorgan der SPD. 1892 brachte Clara Zetkin in Stuttgart *Die Gleichheit* als erste proletarische Frauenzeitschrift mit einer schnell steigenden Auflagenhöhe[206] heraus.

Obwohl die Arbeiterbewegung damit über ein solides mediales Netzwerk und somit auch über öffentlichen Einfluss verfügen konnte, sah sie ihre propagandistische Arbeit und besonders ihre Presse neuen Widersprüchen ausgesetzt. Zwar sei sie nun von Fesseln und Selbstzensur befreit, schrieb Karl Kautsky anlässlich des Falls des Sozialistengesetzes in der *Neuen Zeit*, aber damit sei die Bekämpfung der Sozialdemokratie nicht beseitigt, sondern nur weniger plump als vordem.

> „Man betreibt sie nun in anderer Weise. Man stiehlt dem Sozialismus seine eigenen Waffen und sucht sie gegen ihn zu kehren. Man nimmt seine Schlagworte an, legt ihnen aber einen anderen Sinn unter; man akzeptiert manche seiner Forderungen, bringt sie aber in einen Zusammenhang, in dem sie Sinn und Bedeutung verlieren. Da gilt es noch mehr als ehedem, um der Fälschung des proletarischen, wissenschaftlichen Sozialismus durch die bürgerliche eklektische Sozialisterei entgegenzuwirken, an Stelle des Schlagwortes die Einsicht in die wirkliche Entwicklung zu verbreiten. [...] In den letzten zwei Jahrzehnten sind die alten überkommenen Verhältnisse völlig auf den Kopf gestellt worden; neue ökonomische und politische Interessen sind entstanden,

---

[205] Vgl. hierzu Fricke 1964, S. 210-240; Saerbeck 1986.

[206] *Die Gleichheit* ging aus der von Emma Ihrer 1891 gegründeten Zeitschrift *Arbeiterin* hervor. 1905 hatte sie bereits eine Auflagenhöhe von 28.700 Exemplaren, 1914 waren es schon 125.000 Exemplare. Vgl. Fricke 1962, S. 149.

die Ziele der alten Parteien haben sich verschoben. Diesen neuen Gestaltungen gegenüber reicht man mit den alten Forderungen und ihren Begründungen vielfach nicht aus; mehr als jede Partei hat die Sozialdemokratie die Aufgabe, der Revolution in den Dingen durch eine Revolution in den Köpfen zu folgen: auch da bedarf es der Einsicht, Einsicht und immer wieder Einsicht in die tatsächlichen Verhältnisse."[207]

Im Widerstreit von Anspruch, Möglichkeiten und Wirkungen wurde die sozialistische Presse zu einem Thema permanenter Kritik. Nahezu alle Parteitage der SPD spiegeln Auseinandersetzungen um Ziele, Inhalte, Gestaltung und Finanzierung der Zeitungen. Kritisiert wurden ihr Dogmatismus und Schematismus einerseits und ihr Opportunismus andererseits, ihre unzureichende journalistische Qualität, ihr Hang zum Theoretisieren und Dozieren, ihr Mangel an Unterhaltung und Tagesinformation, ihre finanzielle Uneffektivität. Streitpunkte ergaben sich gleichermaßen aus der Frage, ob sich die sozialistische Presse über Inserate finanzieren und wie heterogen die Autorenauswahl sein dürfe, ob Sozialdemokraten auch in bürgerlichen Zeitungen publizieren dürften, ob Parteijournalisten Mitglied bürgerlicher Journalistenvereinigungen sein sollten, wie die Bezahlung der Pressemitarbeiter erfolgen sollte u.a.m.[208]

Ungeachtet dieser Auseinandersetzungen präsentierte sich die sozialistische Presse selbstbewusst und mit erstaunlicher Vielfalt.[209] Sie spiegelt Anpassung an Zeitströmungen und politische, weltanschauliche und kulturelle „Moden" ebenso wie deren Kritik und die Konstituierung proletarischer Gegenbewegungen. Ihre Analysen und Reflexionen von Gesellschaft, Politik und Kultur trugen maßgeblich zur Entwicklung sozialistischer Gesellschaftstheorien bei, beeinflussten sozialdemokratische Politik, provozierten Auseinandersetzungen und beanspruchten Beachtung im sozialwissenschaftlichen Denken der Zeit. Das sei, meinte Wolfgang Abendroth in seinen Vorlesungen zur „Einführung in die Geschichte der Arbeiter-

---

[207] *NZ* 1890/91, Nr. 1, S. 2f.

[208] Vgl. Protokoll über die Verhandlungen des Parteitages der Sozialdemokratischen Partei Deutschlands, Dresden vom 13. bis 20. September 1903 (Berlin 1903), darin Antrag des Parteivorstandes: „1. kann es mit den Interessen der Partei für vereinbar erachtet werden, daß Parteigenossen als Redakteure und Mitarbeiter an bürgerlichen Preßunternehmungen tätig sind, in denen an der sozialdemokratischen Partei gehässige oder hämische Kritik geübt wird? – Antwort: Nein! 2. Kann ein Parteigenosse Redakteur oder Mitarbeiter eines bürgerlichen Blattes sein, auf welches obige Voraussetzung nicht zutrifft? – Diese Frage ist zu bejahen, soweit Stellungen in Betracht kommen, in denen der Parteigenosse nicht genötigt wird, gegen die sozialdemokratische Partei zu schreiben oder gegen dieselbe gerichtete Angriffe aufzunehmen. Im Interesse der Partei sowohl wie im Interesse der in solchen Stellungen befindlichen Parteigenossen liegt es jedoch, daß den letzteren keine Vertrauensstellungen übertragen werden, weil solche sie früher oder später in Konflikt mit sich und der Partei bringen müssen." (S. 117f.) Nach langer scharfer (z.T. diskriminierender) Debatte wurde der Antrag mit 283 gegen 24 Stimmen bei 4 Stimmenthaltungen angenommen. Angriffe richteten sich besonders gegen Franz Mehring, der noch während des Sozialistengesetzes mit einem Artikel in der *Gartenlaube* als „Sozialistentöter" aufgetreten sei und dies später verleugnet habe (S. 163ff., bes. S. 170, 205f.).

[209] Vgl. Grunewald 2002.

bewegung", in Wirklichkeit stärker von den Marxisten bestimmt worden als von der bürgerlichen Wissenschaft.

> „Man wußte auch, daß von den jungen Marxisten, wie sie jetzt in der Sozialdemokratie aufstiegen, viele mehr leisteten als die bürgerlichen Professoren. Man denke nur an einen Karl Kautsky und beispielsweise seine großen historischen Untersuchungen, die weit über dem Niveau der damaligen bürgerlichen Geschichtswissenschaft liegen, an einen Franz Mehring, der als Historiker noch erheblich über Kautskys Niveau stand; an eine Rosa Luxemburg, deren nationalökonomische, aber auch gesellschaftshistorische Publikationsarbeit in dieser Zeit einsetzte. [...] Und so sehr die Bürgerlichen auch Bebels ,Frau' als bloße Agitationsschrift schmähten, so wußten sie doch, daß es zur Frauenfrage eben kein besseres Buch mit Verwertung so großen empirischen Materials gab – und das hatte ein früherer Arbeiter geschrieben! Jedermann wußte, daß eine Clara Zetkin, die jetzt die sozialdemokratische Frauenzeitschrift ,Die Gleichheit' redigierte, zur Frauenfrage mehr zu sagen hatte als die ganze bürgerliche Wissenschaft."[210]

Ähnliches hatte Theodor Mommsen, ohne Sympathisant der Sozialdemokratie zu sein, schon 1902 konstatiert:

> „[...] es ist leider wahr, zur Zeit ist dies die einzige große Partei, die Anspruch hat auf politische Achtung. Von dem Talent ist es nicht nötig zu reden: jedermann in Deutschland weiß, daß mit einem Kopf wie Bebel ein Dutzend ostelbischer Junker so ausgestattet werden könnten, daß sie unter ihresgleichen glänzen würden."[211]

3.2 Die Neue Zeit (NZ)

Die Neue Zeit erschien als Monatszeitschrift erstmals im Januar 1883, nachdem der Plan für eine theoretische Zeitschrift in der Sozialdemokratie schon 1882 verhandelt worden war.[212] Für die Herausgabe einer theoretischen Zeitschrift der Arbeiterbewegung hatten sich vor allem August Bebel und Wilhelm Liebknecht eingesetzt. Friedrich Engels unterstützte das Vorhaben. Die unmittelbaren geistigen Väter der *Neuen Zeit* waren der Stuttgarter Verleger Johann Heinrich Dietz, der die Herausgabe der Zeitschrift übernahm, und Karl Kautsky, der als Redakteur ihr theoretisches Profil bis zu seiner Entlassung aus der Redaktion im Jahre 1917 maßgeblich prägte.

Karl Kautsky wurde am 16. Oktober 1854 als Sohn eines Theatermalers und der Schriftstellerin Minna Kautsky in Prag geboren. Nach einer geistig anregenden Kindheit, Privatunter-

---

[210] Abendroth 1997, S. 134.

[211] Theodor Mommsen: „Was uns noch retten kann". *Die Nation. Wochenzeitschrift für Politik, Volkswirtschaft und Literatur.* Hrsg. von Th. Barth, Nr. 11 (13.12.1902). Zitiert nach Fricke 1960, S. 1082.

[212] *Die Neue Zeit* erschien zunächst monatlich, ab Oktober 1890 wöchentlich, bis 1901 mit dem Untertitel *Revue des geistigen und öffentlichen Lebens,* danach als *Wochenschrift der deutschen Sozialdemokratie* im Verlag von J. H. W. Dietz, Stuttgart. Für die Jahre 1883-1902, 1903-1907, 1908-1912 liegen Generalregister vor. Vgl. zur NZ Fricke 1976, S. 423ff.; Knoch/Mende 1990; Seywald 1994, S. 257f.; Lexikon sozialistischer Literatur 1994, S. 358ff.; Schumacher 2002.

richt im Elternhaus, Gymnasialzeit in Wien sowie am Gymnasium des Benediktinerklosters in Melk studierte er Nationalökonomie, Philosophie und Rechtswissenschaft in Wien. Hier trat er 1875 der österreichischen Sozialdemokratie bei und zählte, beeinflusst durch die Bekanntschaft mit Karl Marx und Friedrich Engels, Eduard Bernstein, Wilhelm Liebknecht, August Bebel u.a., bald schon zu den führenden sozialistischen Intellektuellen der II. Internationale. Nach einer zweijährigen Assistenz bei dem sozialdemokratischen Verleger Karl Höchberg in Zürich begann der für ihn wichtigste Lebensabschnitt als Redakteur der *Neuen Zeit*, die er von 1883 bis 1917 leitete. Unterstützt von seiner jeweiligen Ehefrau[213] erledigte er alle notwendige redaktionelle Korrespondenz selbst. Bis 1.200 Korrespondenzen jährlich gehörten zu seinem Arbeitspensum. Während des Sozialistengesetzes lebte er von 1885 bis 1890 in London, später in Stuttgart und Berlin. Gemeinsam mit Eduard Bernstein war er maßgeblich an der Ausarbeitung und Kommentierung des 1891 von der Sozialdemokratie verabschiedeten Erfurter Programms beteiligt.[214] Aus Kautskys Feder stammen unzählige Schriften zur marxistischen Theorie.[215] Führend war er in die grundlegenden Auseinandersetzungs- und Spaltungsprozesse der Arbeiterbewegung involviert. Um die Jahrhundertwende gehörte er zu den maßgeblichen Kritikern der revisionistischen Auffassungen seines Freundes Eduard Bernstein, um 1910 setzte er sich im Streit um die Anwendung des politischen Massenstreiks mit den radikalen marxistischen Positionen Rosa Luxemburgs, Franz Mehrings u.a. auseinander und begründete in der Hoffnung auf den Zusammenhalt der SPD das marxistische Zentrum. In der Auseinandersetzung um die Bewilligung der Kriegskredite 1914 zunächst unsicher, dann aber mit einer deutlichen sozialpazifistischen Ablehnung des Krieges als Mittel der Politik, wandte er sich von den chauvinistischen Tendenzen der Sozialdemokratie ab und wurde Mitglied der USPD. Daraufhin entließ der Parteivorstand den sechzigjährigen Kautsky 1917 als Chefredakteur der *Neuen Zeit*. Nach der Oktoberrevolution in Russland 1917 und insbesondere nach einem Besuch Georgiens 1920 wurde er zu einem entschiedenen Kritiker antidemokratischer Vorstellungen bei W. I. Lenin und Leo

---

[213] Von 1883 bis 1889 war Kautsky mit Luise Strasser (1860-1950) verheiratet, die nach der Scheidung 1889 als Sekretärin von Friedrich Engels arbeitete. 1890 heiratete Kautsky Luise Ronsperger (1864-1944), ebenfalls eine österreichische Sozialdemokratin, die u.a. als Übersetzerin der Schriften von Marx und Engels tätig war. Mit ihr hatte Kautsky drei Kinder.

[214] Hierzu entzündete sich 1993/94 eine Historikerkontroverse um die These, mit dem Erfurter Programm sei die Parteiideologie zum Programm erhoben und eine konstruktive, den sich verändernden Bedingungen angepasste Politik verhindert worden (Schelz-Brandenburg 1992, 1993, 1994). Mit der 1891 festgeschriebenen Orientierung auf den Sozialismus und der Zugrundelegung der „Marxschen Grobanalyse und -prognose" des Kapitalismus sei, so die Gegenthese, die Sozialdemokratie „keineswegs unfähig" geworden, „in ihrer weiteren Entwicklung eine Politik zu betreiben, die von den sich fortwährend verändernden Bedingungen auszugehen hatte. – Es sei denn, man hält es für ausgemacht, daß das Festhalten der in der II. Internationale zusammenwirkenden Strömung der internationalen Arbeiterbewegung an einer sozialistischen Alternative überhaupt [...] bereits nicht mehr den gesellschaftlichen Gegebenheiten entsprach." (Kösling 1994, S. 68f.) In die Kontroverse um Kautsky griff auch dessen in den USA lebender Enkel John ein, der sich gegen eine Charakterisierung seines Großvaters als „Bösewicht" (Schelz-Brandenburg 1992) wandte (Eine Kontroverse 1993, S. 324f.). Die Auseinandersetzung verweist indessen auf „methodische Probleme grundsätzlicher Art". Sie zeigt „sowohl die Grenzen des Historikers auf, der aus den Quellen über Menschen, die nie gesehen hat, Aussagen formuliert, wie auch die Grenzen, die einem Wissenschaftler gesetzt sind, der natürliche bestehende Familienbande nicht leugnen kann und will" (ebd., S. 323).

[215] Vgl. hierzu Blumenberg 1960.

Trotzki. Während der Novemberrevolution in Deutschland war er beigeordneter Staatssekretär im Auswärtigen Amt und Vorsitzender der Sozialisierungskommission. Eine ihm angebotene Professur an der Berliner Universität lehnte er ab. Die Vereinigung von USPD und KPD nicht mit vollziehend, kehrte er 1922 zur SPD zurück, ohne jedoch den früheren politischen Einfluss wieder zu erlangen. Immerhin gehörte er mit Rudolf Hilferding zu den Verfassern des Heidelberger Programms der SPD (1925). Publizistisch noch immer aktiv, hatte er sich 1924 nach Wien zurückgezogen. Von dort musste er 1938 im Alter von 84 Jahren vor den Nationalsozialisten fliehen. Wenige Monate später, am 17. Oktober 1938, starb er in Amsterdam. Seine Frau Luise wurde nach Auschwitz deportiert und dort ermordet.[216]

Um die Repressionen des Sozialistengesetzes zu umgehen, vermied *Die Neue Zeit* zunächst tagespolitische Auseinandersetzungen und präsentierte mit dem Untertitel *Revue des geistigen und öffentlichen Lebens* eine wissenschaftliche, kultur- und sozialpolitische Orientierung. Auf diese Weise konnte sich das Journal zwischen 1883 und 1890 legal behaupten. Allerdings erschien eine große Zahl der Beiträge anonym bzw. unter Pseudonymen. Bei brisanten Themen wurde die Anonymität der Autoren auch später beibehalten, so auch bei bildungspolitischen Beiträgen – weniger ihrer Brisanz wegen, sondern eher wegen möglicher Repressionen gegenüber Lehrern, die sich in der sozialdemokratischen Bewegung betätigten oder sich für sie interessierten. So schrieb 1912 der Hamburger Schulreformer Karl Blume an die Redaktion der *Neuen Zeit*:

„Mein Beruf als Lehrer zwingt mich, mit meinem Namen unter dem Artikel zurückzuhalten. Sie werden sich wie bei früheren Gelegenheiten mit den Anfangsbuchstaben begnügen müssen."[217]

Auch der in der Weimarer Republik bekannt gewordene Fritz Ausländer bot an, für *Die Neue Zeit* zu schreiben, vorausgesetzt, er könne seine Anonymität wahren und entweder mit R. A. oder gar nicht unterzeichnen.[218]

Die Neue Zeit verstand sich als Sammelbecken für marxistisch orientierte Journalisten und Intellektuelle, wollte aber gleichermaßen den theoretisch interessierten Arbeiter erreichen.

„Die trennende Wand zwischen dem ‚Akademiker' und dem ‚Arbeiter' fiel. Der Kulturmensch im Intellektuellen wurde durch die ‚Neue Zeit' erfasst, die sich eine große Kulturmission gestellt hatte."[219]

Von Anfang an entfaltete sie ein weites politisches, wissenschaftliches und kulturelles Themenspektrum und öffnete sich vielfältigsten Auffassungen – für Engels, der darin einen Hang zum Opportunismus und Eklektizismus vermutete, schon ein

---

[216] Im *Internationalen Institut für Sozialgeschichte* Amsterdam befindet sich der umfangreiche Nachlass der Familie Kautsky. Vgl. zur Biographie besonders Gilcher-Holtey 1986; Häupel 1993.

[217] Brief von Karl Blume an die Redaktion der *NZ* vom 29.3.1912. IISG Amsterdam, Kautsky-Familien-Archiv, Nr. 150. Karl Blume publizierte unter dem Kürzel K.B. bzw. K.Bl.

[218] Brief von Fritz Ausländer an Karl Kautsky vom 13.4.1912. IISG Amsterdam, Kautsky-Familien-Archiv, Nr. 97.

[219] Paul Kampffmeyer: Die Gründung der „Neuen Zeit" und die Intellektuellen. Eine persönliche Erinnerung. *Die Gesellschaft*. Sonderheft 1932, S. 86-91, hier S. 91.

Jahr nach ihrer Gründung Anlass zur Kritik. Es zeige sich auch in der *Neuen Zeit*, dass durch das Sozialistengesetz

„in Deutschland ein Übergewicht ‚schriftstellernder Parteileute' geschaffen worden [sei], die zu den ‚Opportunisten und Leisetretern' gehörten und sich ‚literarisch ganz in der richtigen Atmosphäre' befanden, ‚sie können sich ganz ungehindert aussprechen, wir sind verhindert ihnen was aufs Dach zu geben. Daher erfordert schon die monatliche Füllung einer solchen Revue eine gewaltige Nachsicht und bringt mit sich ein allmähliches Überwuchern von Philanthropie, Humanismus, Sentimentalität und wie die antirevolutionären Untugenden der Freiwald, Quark, Schippel, Rosus usw. alle heißen'."[220]

Später revidierte Engels sein Urteil und unterstützte Kautsky. Kritik an der *Neuen Zeit* blieb aber auch in den folgenden Jahrzehnten auf der Tagesordnung. Ein marxistisches Profil auszuprägen, erwies sich offenbar als schwierig, zumal *Die Neue Zeit* zunehmend in den Richtungsstreit der Sozialdemokratie involviert war. Ab 1884/85 publizierten August Bebel, Josef Dietzgen und Paul Lafargue regelmäßig in der *Neuen Zeit,* als weitere ständige Autoren kamen Eduard Bernstein, Bruno Schoenlank, Heinrich Cunow, Paul Kampffmeyer, Eleanor Marx-Eveling, Josefine Braun, Clara Zetkin, Minna Kautsky, Rosa Luxemburg, Paul Axelrod, Hugo Lindemann, Karl Korn, Paul Ernst, Gustav Landauer u.v.a.m. hinzu. Von 1888 bis zu seinem Bruch mit Kautsky im Jahr 1913 schrieb Franz Mehring, der wohl bedeutendste marxistische Historiker und Literaturkritiker jener Zeit, für die Zeitschrift, ab 1908 war er als Redakteur des neuen monatlichen Feuilletons tätig.[221] Die erstarkende proletarische Frauenbewegung spiegelt sich in einer auffallend hohen Zahl an Frauen unter den Autoren. In den 1890er Jahren kamen zunehmend internationale Autorinnen und Autoren hinzu. Mehr und mehr gewann *Die Neue Zeit* Einfluss auf die sozialdemokratische Politik und erlangte internationale Bedeutung.

Nach dem Ende des Sozialistengesetzes entwickelte sich *Die Neue Zeit* immer deutlicher zum offiziellen theoretischen Organ der Sozialdemokratie in Deutschland, galt jedoch formell auch weiterhin als selbständige Zeitschrift des Dietz-Verlages. In dieser Zeit hatte sie ca. 2.500 Abonnenten.[222] Ab April 1901 ging *Die Neue Zeit* offiziell in Parteieigentum über und erschien nun mit dem Untertitel *Wochenschrift der deutschen Sozialdemokratie*. 1906 wurde sie mit 7.700 Abonnenten erstmals wirtschaftlich rentabel. 1914 erreichte sie eine Auflage von 10.600 Exemplaren.[223]

Während ihres gesamten Erscheinungszeitraumes wahrte *Die Neue Zeit* eine im Wesentlichen gleich bleibende Struktur: Abhandlungen zu Themen aus Gesellschaft, sozialistischer Bewegung, Wissenschaft, Kultur und Kunst; Literarische

---

[220] Zitiert nach Fricke 1962, S. 143.

[221] Mehring bescheinigte der *Neuen Zeit* „ernstes und folgerichtiges Streben", „wissenschaftliche[n] Gehalt", „Schärfe und Tiefe der Auffassung". Zitiert nach Saerbeck 1986, S. 169.

[222] Chronik 1965, S. 127.

[223] Fricke 1962, S. 146f.; vgl. auch Eisfeld/Koszyk 1980. Die Angaben schwanken bei den verschiedenen Autoren, stimmen aber in der Tendenz überein.

98

Rundschau (vor allem Rezensionen); Informationen und Notizen zur politischen und sozialen Praxis; feuilletonistische Beiträge (ab 1908 Feuilleton). Ab 1894/95 fand eine stärkere inhaltliche Strukturierung der Zeitschrift statt: I. Zeitgeschichte und soziale Zustände (Berichte aus verschiedenen Ländern, einschließlich Deutschland); II. Theorie und Geschichte des Sozialismus und der Ökonomie (Allgemeines, verschiedene themenabhängige Unterpunkte, wie Landfragen, Gewerkschaftsfragen, Frauenfragen, Jugend u.v.a.m.); III. Geschichte, Urgeschichte und Ethnologie; IV. Kunst; V. Naturwissenschaften und Technik (zeitweilig hier auch noch Hygiene); VI. Statistik und Vermischtes; VII. Novellen, Studien u. dergl. (Feuilleton). Bildungspolitisch und pädagogisch relevante Themen sind in allen Rubriken enthalten. Einige Jahrgangsinhaltsverzeichnisse weisen hierzu gesonderte Unterpunkte aus (Bildung, Schul- und Erziehungswesen).

Mit Beginn des Ersten Weltkrieges und den Auseinandersetzungen um die Stellung der Sozialdemokratie zum Krieg war die gesamte sozialdemokratische Presse massiven politischen Belastungen und Spannungen ausgesetzt. In diesen Auseinandersetzungen nahm *Die Neue Zeit* eine Position ein, die in etwa der Politik des so genannten marxistischen Zentrums um August Bebel und Karl Kautsky entsprach. Sie erkannten zwar,

> „daß die gegenseitige Aufrüstung der großen Mächte unvermeidlich zum Weltkrieg führen werde – wenn auch nicht so deutlich, wie das der linke Flügel der Partei sah, der sich um Rosa Luxemburg, Clara Zetkin, Franz Mehring und den jungen Abgeordneten Karl Liebknecht zu sammeln begann –, aber noch hoffte die Führungsgruppe der Partei um August Bebel, durch ihren Druck den Ausbruch eines Weltkrieges verhindern zu können".[224]

Im Falle der *Neuen Zeit* führten die Auseinandersetzungen zwischen der Mehrheitssozialdemokratie, die den Krieg als nationale Herausforderung unterstützte, und den Minderheiten, die eine Kriegsunterstützung als Verstoß gegen Sittlichkeit und Moral und den Interessen der internationalen Arbeiterbewegung zuwiderlaufend ansahen[225], Ende 1917 zur Entlassung Karl Kautskys aus der Redaktion, die nun von Heinrich Cunow, einem linientreuen Vertreter des offiziellen Kompromisskurses des Parteivorstandes, weitergeführt wurde.[226] *Die Neue Zeit* erlebte mit diesem Führungswechsel den wohl größten Bruch ihrer Geschichte. Aufgrund eines starken Rückgangs ihrer Auflagenhöhe, 1921 betrug sie nur noch 3.600 Exemplare, stellte sie am 25. August 1923 ihr Erscheinen ein.

---

[224] Abendroth 1997, S. 142.
[225] Erwähnenswert sind in diesem Zusammenhang Karl Kautskys Antikriegsaufsätze in der *NZ* 1914, Nr. 3, S. 65-76; Nr. 4, S. 97-109.
[226] Am 5. Oktober 1917 heißt es dazu: „Der Redaktionswechsel bedeutet keine Abwendung, sondern Rückkehr zu den alten Jugendtraditionen der Neuen Zeit. Die neue Redaktion ist ,marxistisch', das heißt sie steht auf dem theoretischen Boden der Marxschen Geschichts- und Gesellschaftsauffassung und erblickt in der aufsteigenden Arbeiterklasse den eigentlichen Träger der fortschreitenden Entwicklung zum Sozialismus; doch wird sie sich freizuhalten suchen von jener vulgärmarxistischen Scholastik, die den Buchstaben über den Geist [...] stellt." (*NZ* 1917, Nr. 1, S. 1)

99

Fortsetzung fand *Die Neue Zeit* in der von Rudolf Hilferding ab April 1924 herausgegebenen Zeitschrift *Die Gesellschaft. Internationale Revue für Sozialismus und Politik*, die in der Weimarer Zeit als theoretische Zeitschrift der Sozialdemokratie erneute Bedeutung erlangte.[227] Mit Autoren „von Rang", wie Gustav Radbruch, Paul Tillich, Herbert Marcuse, Walter Benjamin, Arthur Rosenberg, Ferdinand Tönnies, Friedrich Meinecke, Friedrich Baade, Karl Kautsky, Rudolf Hilferding, Alfred Braunthal, Pietro Nenni, Theodor Haubach, Carl Mierendorff, Julius Leber u.a. war sie maßgeblich an der geistig-kulturellen Demokratisierung der Weimarer Republik beteiligt.[228] Auch jugendpolitische, bildungspolitische und pädagogische Fragen behielten in diesem Kontext in der Zeitschrift ihren Platz. Paul Oestreich, Fritz Karsen, Siegfried Kawerau, Kurt Löwenstein u.v.a.m. sind hier die häufigsten Autoren.

Nach Wolfgang Abendroth war *Die Neue Zeit* unter der Redaktion von Karl Kautsky „die bedeutendste sozialwissenschaftliche Zeitschrift Deutschlands überhaupt". Es hätte „kein großes bürgerliches wissenschaftliches Institut" gegeben, „in dem nicht unter der Hand die ‚Neue Zeit' [...] gelesen und heimlich als eine Zeitschrift von höchstem Niveau anerkannt worden wäre."[229] Es mag einer anderen Untersuchung vorbehalten bleiben zu prüfen, inwieweit diese Aussage auch auf erziehungswissenschaftliche Institutionen zugetroffen haben könnte. Dass jedoch auch hier aus der Bekanntheit der Zeitschrift Nutzen zu schlagen versucht wurde, beweist eine Annonce der „Gesellschaft für deutsche Erziehungs- und Schulgeschichte", mit der sie um Mitarbeit an dem Projekt eines bibliographischen Verzeichnisses des „gesammten Erziehungs- und Unterrichtswesen in den Ländern deutscher Zunge" warb.[230]

Selbst wenn Abendroths Superlativ zu euphorisch erscheinen mag, beeindruckend ist die in der *Neuen Zeit* zur Geltung kommende theoretische Vielfalt noch immer. Die Zeitschrift trug nicht nur mit Erstveröffentlichungen von Schriften von Karl Marx und Friedrich Engels zur Verbreitung marxistischer Gedanken bei, ihre Diskurse zu Philosophie und Ethik, zu Ökonomie, Geschichte, Sozial- , Natur- und Technikwissenschaften, zu Medizin und Anthropologie, zu Literatur und Kunst und nicht zuletzt zu Psychologie und Pädagogik zeugen von der wissenschaftlichen Kommunikationsfähigkeit und vom theoretischen Vermögen ihrer Autoren und Autorinnen. Insofern gehört *Die Neue Zeit* zum geistigen und politischen Bestand der Arbeiterbewegung ebenso, wie sie die klassische Zeit der Sozialdemokratie in Deutschland prägte.[231]

---

[227] Vgl. Seywald 1994, S. 132. *Die Gesellschaft* erschien von April 1924 bis April 1933 monatlich ebenfalls bei Dietz in Stuttgart.
[228] Vgl. Inselmann 1964.
[229] Abendroth 1997, S. 121 u. 134.
[230] *NZ* 1895/96 (Dok. 26). Die gleiche Annonce wurde auch in der Beilage der *SM Der sozialistische Student* 1896, Nr. 7, S. 454f. veröffentlicht.
[231] Zu einer ähnlichen Bewertung kommt auch Joseph 1996, der eine Auswahl rechtswissenschaftlicher Texte aus der *Neuen Zeit* herausgegeben hat.

3.3 Sozialistische Monatshefte (SM)

1895 gab der damals vierundzwanzigjährige Joseph Bloch mit den Redakteuren Johannes Sassenbach, Berthold Heymann und Otto Holz zunächst unter dem Titel *Der sozialistische Akademiker. Organ der sozialistischen Studierenden und Studierten deutscher Zunge* als „publizistisches Gegengewicht zur bürgerlichen Sozialismuskritik"[232] und zur Weiterentwicklung von Sozialismustheorien eine weitere theoretische Zeitschrift heraus, die ab Januar 1897 unter dem Titel *Sozialistische Monatshefte* weitergeführt wurde.[233] 1897/98 erschien sie mit der Beilage *Der sozialistische Student*. Ihre anfängliche Abonnentenzahl lag bei 800, stieg im Jahr 1901 auf 2.900 und pegelte sich dann bei ca. 2.000 ein. Bloch, in dessen Verlag die Zeitschrift auch erschien, blieb bis 1933 Herausgeber.

Der im litauischen Vilkiviali in einer jüdischen Familie geborene, in Königsberg aufgewachsene *Joseph Bloch* (1871-1936), über den biographische Daten nur spärlich publiziert sind, studierte in Berlin Mathematik und arbeitete als Privatlehrer. Bereits während seiner Studentenzeit interessierte er sich auf unorthodoxe Weise für Ideen des Sozialismus. Er gehörte zum Vorstand der Freien Volksbühne und wurde einer der bedeutendsten Vertreter des Revisionismus in der deutschen Sozialdemokratie. 1933 musste er Deutschland verlassen. Er emigrierte nach Prag, wo er 1936 starb.

Unter Blochs Leitung entwickelten sich die *Sozialistischen Monatshefte* alsbald zu einem repräsentativen Organ der „Revisionisten" um Eduard Bernstein.[234] Bernstein, der 1895 zunächst vor einer separaten Akademikervereinigung in Deutschland gewarnt hatte und die Akademiker eher als einen Teil der Arbeiterbewegung verstanden wissen wollte[235], unterstützte die Zeitschrift, war aber zunächst redakti-

---

[232] Lexikon sozialistischer Literatur 1994, S. 443.

[233] Die *Sozialistischen Monatshefte* erschienen bis 1908 monatlich (dann zweimal im Monat) im Verlag der Sozialistischen Monatshefte Berlin. Die Jahrgänge 1897 bis 1912 wurden doppelt (1895 und 1897 beginnend) gezählt, ab Jahrgang 1913 wurde die Zählung des Vorgängers *Der sozialistische Akademiker* fortgeführt. Zu den ersten Redakteuren gehörten Ella Bormann, Berthold Heymann, Otto Holz, H. Warschawski, O. Richter. Vgl. Seywald 1994, S. 332; Lexikon sozialistischer Literatur 1994, S. 443ff.; Marmetschke 2002.

[234] Die *Sozialistischen Monatshefte* sind im Unterschied zum Parteiorgan *Die Neue Zeit* historiographisch wenig bearbeitet. Vgl. neuere Ansätze bei Marmetschke 2002; Lexikon sozialistischer Literatur 1994, S. 443ff. – Umfangreiche Archivmaterialien befinden sich im IISG Amsterdam, das die entsprechenden Bestände 1996 vom „Russischen Zentrum zur Aufbewahrung und Erforschung der Dokumente der neuesten Geschichte" in Moskau übernommen hat. Sie waren demnach lange Zeit nicht vollständig zugänglich. Das Material war zum Zeitpunkt der Recherche noch nicht in Findbüchern erschlossen und noch weitgehend ungeordnet.

[235] Anders sah er die Situation in Frankreich. Dort hätten die sozialistischen Akademiker eine größere Bedeutung, weil die Arbeiterbewegung theoretisch schwächer sei. In Deutschland erübrige sich ein spezieller Status der Akademiker, weil die Arbeiterbewegung theoretisch stark sei. International wurde die Zeitschriftengründung begrüßt, u.a. von der *Internationale sozialistischer Studenten und Studentinnen*, auch von Antonio Labriola, Professor für Ethik, Pädagogik und Geschichtsphilosophie in Rom.

101

onell nicht an ihr beteiligt.[236] 1899 schied er aus dem Autorenkreis der *Neuen Zeit* aus und publizierte bis 1914 in den *Sozialistischen Monatsheften*.

Mit den *Sozialistischen Monatsheften* war eine mit der *Neuen Zeit* um die Repräsentanz der Sozialdemokratie konkurrierende Zeitschrift geschaffen. Ihr theoretischer Anspruch konnte sich mit der *Neuen Zeit* durchaus messen. Ihre Bemühungen um Anerkennung als gleichberechtigtes theoretisches Parteiorgan und entsprechende Förderung konnten sich jedoch gegen *Die Neue Zeit* nicht durchsetzen. Ein entsprechender Vorstoß Eduard Bernsteins, Georg von Vollmars und Eduard Davids auf dem Münchener Parteitag 1902 wurde abgewiesen. Nachdem *Die Neue Zeit* offiziell in Parteieigentum übergegangen war, häuften sich wechselseitige Auseinandersetzungen. Besonders August Bebel griff die *Sozialistischen Monatshefte* scharf an. Die Zeitschrift habe mit der „deutschen Sozialdemokratie nichts zu tun" und stünde „außerhalb der Partei".[237] Sie selbst hatte sich in ihrem Untertitel als „freies Discussionsorgan für alle Anschauungen auf dem gemeinsamen Boden des Socialismus" definiert, sich aber zugleich zunehmend als „Gegenorgan zur ‚Mehring-Presse'" verstanden, weswegen Clara Zetkin, Wilhelm Liebknecht, Rosa Luxemburg u.a. ihre Mitarbeit in den *Sozialistischen Monatsheften* aufkündigten.[238] Dies und wohl auch W. I. Lenins Charakterisierung als „Musterzeitschrift der Opportunisten", die in ihrer Gefährlichkeit nicht zu unterschätzen sei, mögen vermutlich die historiographische Stigmatisierung der Zeitschrift als Sprachrohr des Revisionismus gestützt haben.[239]

Hintergrund dieser Auseinandersetzungen war eine seit den 1890er Jahren zugespitzte theoretische Kontroverse um Ziel und Weg der Sozialdemokratie. Entzündet hatte sie sich vor allem an unterschiedlichen Auffassungen zur Bedeutung des Erfurter Programms von 1891. Um Eduard Bernstein, den theoretischen Wortführer der Revisionisten, hatte sich ein Flügel gruppiert, der das Erfurter Programm in vielem für „antiquiert" hielt und ähnlich dem rechten Spektrum der Labour-Party, der Fabian Society in England, den Kapitalismus im Sinne der Arbeiterinteressen für reformierbar hielt.[240] Insbesondere die Krisenprognosen des Erfurter Programms wurden für unmodern und unrealistisch gehalten. Nicht die revolutionäre Gewinnung der politischen Macht, sondern eine kontinuierliche, langsame, die Demokratisierung der politischen Verhältnisse und die Verbesserung der Lebens- und Arbeitsumstände der Arbeiter einschließende, von Katastrophen freie Entwicklung zum Sozialismus sollte die Orientierung der Sozialdemokratie bestimmen. Bernsteins in einer Aufsatzserie in der *Neuen Zeit* zwischen 1896 und 1899 entwi-

---

[236] Zu den Geldgebern der *Sozialistischen Monatshefte* gehörte u.a. auch der Physiker Leo Arons. Vgl. zum Finanzierungsproblem Fricke 1976, S. 462ff.
[237] Chronik 1965, S. 207f.
[238] Lexikon der sozialistischen Literatur 1994, S. 444.
[239] Zitiert nach Fricke 1962, S. 164.
[240] Vgl. Paul Kampffmeyer: Die innere Entwicklung der Sozialdemokratie. *SM* 1930, S. 537-542.

ckelte These, dass die Bewegung alles, das Ziel nichts sei[241], wurde zum Charakteristikum der Revisionisten. Zunächst noch in der Minderheit und auf den sozialdemokratischen Parteitagen nach der Jahrhundertwende, so in Dresden 1903, vom radikalen Flügel der Sozialdemokratie um August Bebel, Paul Singer, Wilhelm Liebknecht und der jüngeren Generation um Clara Zetkin, Rosa Luxemburg, Franz Mehring heftig bekämpft, setzte sich der Reformismus sowohl in der Theorie als auch in der Praxis immer deutlicher durch. Streitfragen zwischen „Revisionisten" und „Revolutionären" waren insbesondere die Stellung zu spontanen Massenstreiks (ausgelöst durch den Bergarbeiterstreik im Ruhrgebiet 1889 bzw. 1905), die Funktion der Gewerkschaften, die Kolonialfrage und die Rüstungspolitik, vor allem die Flottenpolitik.[242] Durch die russische Revolution 1905 erhielt die Auseinandersetzung zusätzliche Sprengkraft.

Ihrem Selbstverständnis gemäß unterstützten die *Sozialistischen Monatshefte* den Reformkurs innerhalb der Sozialdemokratie. Sie traten für ihre parlamentarische Profilierung und für ihre Anerkennung als moderne, gestaltende und entwicklungsoffene gesellschaftliche Kraft ein, plädierten für politische Zusammenarbeit mit bürgerlichen Parteien und „die Einbindung der Sozialdemokratie in einen allgemeinen nationalen Konsens auf der Grundlage einer zivilisatorischen Mission der Europäer".[243] Auf kulturpolitischem Gebiet vertraten sie einen allgemeinmenschlichen Kultursozialismus. Die Arbeiterfrage wurde auf ihre ökonomischen Aspekte verkürzt. Vor diesem Hintergrund richteten sie sich an einen breiten Adressatenkreis vor allem aus der bildungs- und kulturinteressierten Arbeiterschaft und gleichermaßen aus akademischen und bildungsbürgerlichen Schichten. Entsprechend entwickelte sich ihr inhaltliches Profil, das jenseits politischer und ideologischer Differenzen der *Neuen Zeit* in vielem ähnlich ist. Neben theoretischen Abhandlungen zu Politik, Ökonomie, Kultur und Wissenschaft gehörte zur Struktur der Zeitschrift ab 1901 eine umfangreiche *Rundschau* mit teils regelmäßigen, teils wechselnden Rubriken, in denen über das akademische Leben, über publizistische Neuerscheinungen und über das Zeitgeschehen in Politik, Gesellschaft, Kultur und Wissenschaft informiert wurde. Bildungspolitische, pädagogische und psychologische Themen hatten in der Rubrik „geistige Bewegung" einen beständigen Platz. Zahlreiche Autorinnen und Autoren, die nicht unmittelbar der politischen Führungsebene der Sozialdemokratie zugehörten, publizierten hier wie da, häufig zu den gleichen Themen. Dissens zeigte sich auf vielen Gebieten in weit geringerem Maße, als aufgrund der parteioffiziellen Auseinandersetzungen und Fehden angenommen werden könnte. Die politischen Richtungsauseinandersetzungen, in die beide Zeitschriften involviert waren, sind in den Diskursen um bildungspolitische und noch mehr um pädagogische Fragen nicht in gleicher Schärfe nachvoll-

---

[241] Zusammengefasst in der Schrift: Die Voraussetzungen des Sozialismus und die Aufgabe der Sozialdemokratie. Berlin 1899.
[242] Vgl. Abendroth 1997, S. 142.
[243] Lexikon der sozialistischen Literatur 1994, S. 444.

ziehbar. Erst im Vorfeld des Ersten Weltkrieges hoben sich Differenzen deutlicher hervor. Blochs Intention, mit den bürgerlichen Parteien zusammenzuarbeiten, ließ ihn nicht nur die Kriegspolitik Deutschlands verteidigen. Stärker als *Die Neue Zeit* gerieten die *Sozialistischen Monatshefte* in den Sog nationalistischer Ideologie. Entsprechend widersprüchlich erscheinen sie in den Jahren des Krieges. In ihren kriegsbefürwortenden Positionen habe sie dem „Alldeutschen Verband" kaum nachgestanden.[244] Eduard Bernstein allerdings ging diesen Kurs nicht mit. Er lehnte, wie auch Karl Kautsky, die kriegsunterstützende Politik der Sozialdemokratie ab, betrachtete die Auseinandersetzung um diese Probleme jedoch als eine interne, nicht öffentlich auszutragende Angelegenheit.

Auch die *Sozialistischen Monatshefte* erholten sich nach diesem Tief sozialdemokratischer Politik nie mehr wirklich. Nach 1918 bekannte sich die Zeitschrift zur Tradition eines unorthodoxen Marxismus und präsentierte sich als „unabhängiges Organ für Theorie und Praxis des Sozialismus, eine Revue des öffentlichen, geistigen und kulturellen Lebens unserer Zeit"[245], dennoch verlor sie zunehmend an Einfluss. Ihr Autorenkreis hingegen blieb repräsentativ.[246] Neben angestammten Autorinnen und Autoren publizierten hier wie auch in der *Neuen Zeit* Gustav Radbruch, Carl Mierendorff, Karl Renner, Carl Severing, Rudolf Wissell, Adolf Reichwein, Max Schippel, Hugo Lindemann, Käthe Kollwitz u.a. Mit Anna Siemsen, Walter Koch, Georg Chaym, Siddy Wronsky oder Wally Zepler behielten auch Kultur- und Bildungsfragen Gewicht, allerdings traten Schulfragen zugunsten einer stärkeren Fokussierung auf Erwachsenenbildung zunehmend zurück. Pädagoginnen und Pädagogen aus dem Umkreis der 1918/19 gegründeten KPD sind fortan weder in der *Neuen Zeit* noch in den *Sozialistischen Monatsheften* unter den Autoren zu finden.

3.4 Literaturkritik und Rezensionen als bevorzugte Medien der Rezeption

In beiden Zeitschriften nehmen Rezensionen zeitgenössischer wissenschaftlicher Neuerscheinungen einen beachtlichen Raum ein. Im Sinne der seit der Aufklärung etablierten Literaturkritik stellen sie ein bevorzugtes Medium der Auseinandersetzung mit zeitgenössischer Kultur und Wissenschaft bzw. mit gesellschaftlichen Zeitströmungen dar. Mit Hilfe von Rezensionen war es möglich, gezielt Einfluss auf die Popularisierung bevorzugter Publikationen zu nehmen und Aufmerksamkeit auf sie zu lenken, Kritik zu lancieren, Denkmuster zu konstruieren oder zu destruieren, Wissensbestände zu kanonisieren oder auch zu selektieren.[247] In Zeiten der Repression waren Rezensionen eine der wenigen Möglichkeiten, sozialistische Gedanken öffentlich kundzutun und zu verbreiten. Später erlangten sie vor allem in

---

[244] Abendroth 1997, S. 142.
[245] Eigenwerbung 1919.
[246] Seywald 1994, S. 332; ausführlich bei Marmetschke 2002.
[247] Vgl. Keilson-Lauritz 1997, S. 171.

jenen Bereichen Bedeutung, die nicht unmittelbar zu den Kernbereichen sozialistischer Politik und Gesellschaftstheorie zählten und deshalb nicht im Zentrum der
sozialistischen Publizistik standen, aber dennoch Aufmerksamkeit oder Interesse
erheischten. Dazu gehörte auch die Pädagogik, respektive die zeitgenössische pädagogische Literatur, deren Rezeption mittels Rezensionen, Literaturberichten und
Annotationen einerseits einen hohen Informations- und Kommunikationsbedarf,
andererseits aber auch durchaus funktionalisierende Rezensionsstrategien erkennen
lässt. Wie die Literaturkritik der Zeitschriften generell, erfüllten auch die Rezensionen von pädagogischen Neuerscheinungen mehrere Funktionen. Sie dienten *erstens* der Prüfung von Übereinstimmungen mit sozialistischen Grundauffassungen.
Dabei wurde vor allem darauf geschaut, ob und wieweit pädagogische Sachverhal-
te in politische, ökonomische und soziale Kontexte gestellt wurden. Sie dienten
zweitens der direkten und indirekten Kritik an der offiziellen Bildungspolitik, die
als Symptom der Verfallsgeschichte des Kapitalismus gesehen wurde und der man
die Lösung der Bildungsfrage nicht mehr zutraute. Positiv wurde demzufolge –
zunächst unabhängig von Inhalten und Motiven – alle bildungskritische Literatur
aufgenommen. *Drittens* unterstützten Rezensionen ein Traditions- und Erbeverständnis, das die Arbeiterbewegung als legitime Erbin des progressiven pädagogischen Denkens in der Geschichte auszuweisen vermochte. Auf die Herausarbeitung
unabgegoltener sozialer und demokratischer Momente früherer Pädagogik wurde
daher besonderer Wert gelegt. *Viertens* schließlich fungierten die rezensierten
Texte als Impuls- und Stichwortgeber bzw. als Rankgitter für die eigene Ideenpro-
duktion und dienten somit *fünftens* zugleich als Sammlung eines verwertbaren
Wissensbestandes.

Bewertungskriterien für die zeitgenössische pädagogische Literatur wurden dabei nicht aus primär pädagogischen Fragestellungen bezogen, sondern aus vorwiegend außerpädagogischen, politischen und weltanschaulichen Vorstellungen über
den Menschen, seine Erziehung und seine gesellschaftliche Existenz. Gerade die
Rezensionstätigkeit der Zeitschriften zeigt aber auch, wie breit hierbei das Spektrum divergierender Richtungen und Positionen im Umfeld der Sozialdemokratie in
der Zeit des wilhelminischen Deutschlands war. Für die Analyse der Rezeption der
Reformpädagogik in der Arbeiterbewegung kommt der Rezensionsgeschichte der
Zeitschriften deswegen eine spezifische Bedeutung zu. Hier sind nicht nur die sich
entwickelnden Strukturen sozialistischen Bildungsdenkens zu erkennen, sondern
ebenso Zusammenhänge und Verknüpfungen mit bürgerlichen Denkrichtungen
und Zeitströmungen, Tendenzen der Selektion und Ignoranz und nicht zuletzt Prä-
ferenzen für bestimmte pädagogische Konzepte. Obgleich Rezeptionsprozesse in
hohem Maße subjektiv erscheinen, lässt gerade die Rezensionstätigkeit der Zeitschriften Rückschlüsse auf ursprüngliche Kommunikationszusammenhänge und
historische Kontexte des pädagogischen Denkens zu, die im Laufe der Geschichte
weitgehend aus dem Blick geraten sind. Mit der Spaltung der Arbeiterbewegung
und der ideologischen Polarisierung ihrer Richtungen gestalteten sich letztendlich
auch die Rezensionsteile der Zeitschriften immer mehr zu Austragungsorten wech-

selseitiger Abgrenzung. Es entstand eine Rezensionspolitik, die Gefahr lief, kritische Rezeption zunehmend in instrumentalisierte Kritik zu wandeln und somit Konstruktivität einzubüßen.

3.5 Diskurse über Bildungspolitik, Erziehung und Pädagogik

3.5.1 „Die Wissenschaft, Wissen unter das Volk bringen – das ist das Alpha und Omega unseres Programms"[248]

Gleich mit ihrem ersten Jahrgang 1883 setzte *Die Neue Zeit* bildungspolitische und pädagogische Akzente. Ihr von Wilhelm Liebknecht verfasster Eröffnungsartikel *An unsere Leser!* lässt keinen Zweifel an der aufklärerischen und erzieherischen Ambition der soeben gegründeten Zeitschrift.

> „Um das Volk auf die Höhe seiner Aufgaben zu erheben, muß ihm alles Wissenswerte auf allen Gebieten des Wissens zugänglich gemacht werden. Kein Monopol der Wissenschaft! Demokratisierung, Verallgemeinerung der Wissenschaft! Die breite Kluft, welche bisher zwischen der kleinen Gemeinde der Wissenden und der erschreckend großen Heerde der Nichtwissenden gähnte und noch gähnt, muß ausgefüllt oder überbrückt werden. Was nach dem heutigen Bildungsideal der Gebildete wissen muß, das soll nicht eine winzige Minderheit, das soll ein jeder wissen. Und dieses Bildungsideal reicht nicht einmal aus, da es gar lückenhaft und obendrein mit so manchem ausstaffirt ist, was die vorurteilslose Kritik verwerfen muß."[249]

Aufklärung über Gesellschaft, Staat und Politik, besonders über Sozialpolitik, Wissen über Naturwissenschaften und über den Menschen selbst, Erschließung von Kunst und Kultur – das waren die anvisierten Inhalte der Zeitschrift, „Erhöhung des Kulturniveaus, des Standard of humanity"[250], war ihr Ziel und „Wahrheit" sollte ihr Arbeitsgrundsatz sein.

In diesem allgemeinen aufklärerischen Kontext wurde Fragen der Bildung und Erziehung von Anfang an Bedeutung beigemessen. Allein im ersten Jahrgang der *Neuen Zeit* galten diesem Themenkomplex fünf Beiträge. Mit den Aufsätzen *Über den Ruhm der deutschen Volksschule*, *Stand der deutschen Volksbildung* und *Wie die Wahrheit über die Volksbildung verborgen blieb* trat Eduard Sack gleich dreimal in Erscheinung.[251] Den Ursachen und Folgen der *Überproduktion an Intelligenz in Deutschland* war ein mit B. (Bernstein?) unterzeichneter Beitrag gewidmet[252], der *Erziehung des weiblichen Geschlechts* galt eine Untersuchung von Juliane Engell-Günther[253]. Karl Kautsky befasste sich mit der *Sterblichkeit der*

---

[248] *NZ* 1883 (Dok. 1, S. 224).
[249] Ebd., S. 222.
[250] Ebd., S. 223.
[251] Vgl. hierzu auch *NZ* 1883 (Dok. 3, Fußnote).
[252] *NZ* 1883, S. 201-208.
[253] *NZ* 1883 (Dok. 2).

Kostkinder und diskutierte an diesem Beispiel Probleme der sozialen Ethik.[254] Von pädagogischer Relevanz war schließlich auch ein Aufsatz des schweizerischen Evolutionstheoretikers Arnold Dodel-Port über Charles Darwin und die Entwicklungslehre[255], mit dem *Die Neue Zeit* zugleich deutlich machte, dass sie den modernen naturwissenschaftlichen Diskursen jener Zeit einen gewichtigen Platz einzuräumen gedachte. Nicht minder bedeutsam erscheint in diesem Zusammenhang eine Rezension Kautskys, in der er den unmissverständlichen Standpunkt seiner Zeitschrift zum Malthusianismus darlegte:

> „Ich habe stets den Standpunkt vertreten, daß der praktische Malthusianismus, ob orthodoxer oder Neu-Malthusianismus, nicht imstande ist, die Klassenlage der Arbeiter zu heben."[256]

Dass gerade Eduard Sack[257] zu den ersten pädagogischen Autoren der *Neuen Zeit* zählt, mag mehrere Gründe haben und für die bildungspolitische Positionierung der Zeitschrift nicht ohne Hintersinn gewesen sein.

Eduard Sack wurde am 31. August 1831 in Klein Blandau (Ostpreußen) als Sohn eines Elementarschullehrers geboren. Früh schon verlor er seine Eltern. Nach dem Besuch des Lehrerseminars in Karalene, das er physisch wie geistig als „Gefängnis" empfunden hatte, fand er zunächst eine Anstellung als Hauslehrer, dann als Armenlehrer in Insterburg, zuletzt als Lehrer in Königsberg. In autodidaktischer Beschäftigung mit Rousseau, Pestalozzi, Fröbel, Diesterweg, Wander, Lessing, Kant, Fichte, Feuerbach und David Strauß entwickelte er eine Vorstellung von humanistischer Pädagogik, die ihn fortan leitete. 1861, in Zeiten tiefer geistiger Reaktion und politischer Repression, begründete Sack ein *Schulblatt für die Volksschullehrer der Provinz Preußen*, mit dem er die Volksschullehrer zu Selbstbewusstsein und Eigensinn ermutigen wollte, initiierte Selbsthilfeeinrichtungen, z.B. für mittellose Lehrerwitwen und -waisen, bemühte sich um den Zusammenschluss der ostpreußischen Lehrer in einem Provinzial-Lehrerverein. Dabei reifte Sacks Überzeugung, dass die Not der Lehrer Teil der sozialen Not in der Gesellschaft ist. In dem Maße, in dem er zum Kritiker dieser Zustände wurde, verschärften sich staatliche Repressionen gegen ihn. 1864 musste er den Schuldienst verlassen. Mehr als zwanzig Prozesse wegen Verstoßes gegen das Pressegesetz und wegen Beamtenbeleidigung wurden allein zwischen 1864 und 1866 gegen ihn angestrengt. Mehrfach wurden ihm Geld- und Gefängnisstrafen auferlegt, schließlich wurde ihm 1866 die Konzession zur Herausgabe des *Schulblattes* entzogen. 1868 ging er nach

---

[254] *NZ* 1883, S. 191-196.

[255] Prof. Dr. A. Dodel-Port: Charles Robert Darwin. Sein Leben, seine Werke und sein Erfolg. *NZ* 1883, S. 105-119.

[256] Rezension Karl Kautskys zu J. Stern: Unbeschränkte Volksvermehrung, oder: Sind viele Kinder ein Segen? Stuttgart 1883. *NZ* 1883, S. 386. Die Auseinandersetzung mit dem Malthusianismus, den Marx in seiner Schrift *Theorien über den Mehrwert* als eine „Grundgemeinheit der Gesinnung" (MEW, Bd. 26, S. 110) charakterisiert hatte, blieb bis zum Ersten Weltkrieg ein Diskursthema in den Zeitschriften der Arbeiterbewegung. Die Marxsche Schrift wurde von Karl Kautsky herausgegeben und in der *NZ* auszugsweise gedruckt (1904/05, Nr. 51, S. 817-820).

[257] Die Pädagogik Eduard Sacks gehört zu den Forschungsdesiderata der historischen Pädagogik. Seit der von Karl-Heinz Günther herausgegebenen Quellenauswahl (Sack 1961) gibt es keine neueren Darstellungen und nur selten Erwähnungen in der Literatur.

Berlin. 1869 gab er erneut eine Zeitschrift heraus, den *Wegweiser. Organ für die Volksbildung in Deutschland*, die aber schon 1870 wieder eingestellt werden musste. Von 1872 bis 1905 arbeitete er als Journalist in Frankfurt a.M. für die *Frankfurter Zeitung*. Aus dieser Zeit stammen die meisten seiner sozialkritischen Analysen des preußischen Volksschulwesens. 1878 und 1886 fasste er seine Aufsätze in den Sammelbänden *Die Schule im Dienste der Freiheit* und *Schlaglichter zur Volksbildung* zusammen. Am 21. Mai 1908 starb Eduard Sack in Frankfurt a.M.[258]

Als Karl Kautsky 1883 *Die Neue Zeit* gründete, arbeitete Eduard Sack in der Redaktion der von der Deutschen Volkspartei herausgegebenen *Frankfurter Zeitung*. Mit seinen hier und in anderen Zeitschriften verfassten gesellschafts- und bildungskritischen Texten, in denen er die „Legende von der Führungsstellung der preußischen Volksschule und von der volksbildnerischen Mission des preußisch-deutschen Staates" demontierte und die antidemokratische Funktion des preußisch-deutschen Schulwesens entlarvte[259], hatte er nicht nur den Zorn der preußischen Staatsbürokratie auf sich gezogen, sondern nicht minder die Aufmerksamkeit der aufstrebenden Arbeiterbewegung. Sack gehörte nicht der Sozialdemokratie an. Eher in der Tradition der Aufklärung und des Liberalismus stehend, teilte er die Auffassung von einer revolutionären Veränderung der gesellschaftlichen Verhältnisse nicht, sondern setzte auf die Kraft von Vernunft und Erziehung. Freiheit und Gleichheit in Gesellschaft und Schule, Abbau aller Standesprivilegien, Toleranz in Glaubensangelegenheiten und Überwindung des kirchlichen Einflusses auf die Schulen, Erhöhung der sozialen Anerkennung des Lehrerberufs, Freiheit der Wissenschaften, Frieden und Abschaffung stehender Heere waren Grundsätze, die er in einer republikanischen Gesellschaftsverfassung realisiert wissen wollte. Gleichwohl hatte ihn seine Schulkritik in die Nähe der Sozialdemokratie gebracht. August Bebel bezeichnete ihn als einen „alten Bekannten" „auf dem Gebiet der Literatur für das Volksschulwesen",

„der mit Muth und Unerschrockenheit seit Jahrzehnten die Ideale verfocht, die ein Comenius, ein Pestalozzi, ein Diesterweg für wahre Volksbildung aufgestellt und von denen wir, trotz aller gegentheiliger Phrasen, wie herrlich weit wir es angeblich auf dem Gebiete der Volksschule gebracht, in Deutschland noch sehr weit entfernt sind".[260]

Er sei bestrebt,

„das Schulwesen in seiner heutigen wahren Gestalt zu zeigen und nachzuweisen, wie dasselbe in gar keiner Weise den Anforderungen genügt, die vom Standpunkt einer freieren Auffassung und in Berücksichtigung des eminenten Werths, den eine gute Volkserziehung für das moderne Staats- und Kulturleben hat, gestellt werden müssen".[261]

[258] Die Angaben stützen sich auf Sack 1961.
[259] Ebd., S. 14.
[260] Eduard Sack: Schlaglichter zur Volksbildung. Rezension von August Bebel. *NZ* 1886, Nr. 4, S.187f.
[261] Ebd.

Sack hatte sehr wohl die Sozialdemokratie als kommende politische Kraft und als Fürsprecherin der unterprivilegierten Schichten erkannt. Dies mag *sein* Grund gewesen sein, seine Schriften der neu gegründeten Zeitschrift zur Verfügung zu stellen. Aus der Perspektive der Redaktion war Eduard Sack ein Glücksfall. Sie konnte mit ihm ein Gebiet besetzen, für das die Sozialdemokratie bis dahin so gut wie keine Fachleute zur Verfügung hatte, das aber in den politischen Auseinandersetzungen zunehmend Bedeutung gewann. Sie konnte darüber hinaus Öffnung für bürgerlich-liberale Auffassungen signalisieren, was sicherlich nicht nur ein taktischer Schachzug vor dem Hintergrund des Sozialistengesetzes war, sondern gleichermaßen einen politischen und theoretischen Anspruch der Redaktion markierte. Mit Eduard Sacks Aufsätzen war in der *Neuen Zeit* zugleich ein Ausgangsplateau für bildungs- und erziehungspolitische Erörterungen gegeben, das dem Umgang mit pädagogischen Reformbewegungen Maßstäbe setzte.

Obgleich in den Darstellungen bildungspolitischer und pädagogischer Probleme die Situation in Deutschland im Vordergrund stand, wurde bereits mit dem ersten Jahrgang der *Neuen Zeit* eine *internationale Perspektive* eröffnet, die zu einem Charakteristikum der proletarischen Presse werden sollte und sie deutlich von der deutschnationalen Zentriertheit der geistigen Elite und dem allgemein verbreiteten Nationalismus jener Zeit abhob. Länderstudien und Auslandsinformationen gehörten zu den ständigen Rubriken sowohl des Aufsatzteils der Zeitschrift als auch der *Rundschau*.[262] Oft waren es nur kurze Repliken auf Bildungsentwicklungen des Auslands, mit denen der Blick über den eigenen Horizont hinaus gelenkt und eine Internationalität demonstriert wurde, die in der Zeitschriftenlandschaft des wilhelminischen Deutschland ihresgleichen suchte.[263] Auch in den folgenden Jahrzehnten blieben die internationale Berichterstattung und als Pendant dazu die Kritik des Nationalismus ein Anliegen der Zeitschrift. Sie informierte nicht nur regelmäßig über nationalistische Entgleisungen in Deutschlands Geisteswelt, sondern gleichermaßen über internationale Verständigungsbemühungen, über Antikriegsliteratur, über Erfolge internationaler Kooperation. Die internationale Argumentation entsprach einerseits dem Selbstverständnis und der internationalen Vernetzung der Arbeiterbewegung[264], sie wurde andererseits zur Legitimierung der sozialdemokratischen Kritik an den deutschen Zuständen eingesetzt, so auch in der bildungspolitischen Debatte, um mit Hinweisen auf Liberalisierungs- und Demokratisierungserfolge anderer Länder den Konservatismus des deutschen Bildungswesens bloßzu-

---

[262] Schon im ersten Jahrgang 1883 nahm die *NZ* solche Informationen auf, so über das schweizerische Volksschulwesen und hier speziell über die Bedeutung Pestalozzis für eine reformierte freisinnige Volksschule. Berichte galten darüber hinaus dem Volksschulwesen in Algier sowie der sozialen Bedeutung von Schülergarküchen in Paris. In ihrem zweiten Jahrgang waren dann schon ausführliche Auslandsberichte zu lesen, z.B. J. Haschert (Dresden) über *Das neue französische Volksschulprogramm* (NZ 1883/84, S. 281-289, 351-360) sowie vom gleichen Autor Abhandlungen über die Schulprogramme der Französischen Revolution (NZ 1984/85, Nr. 1, S. 40-44).

[263] Vgl. hierzu auch Zymek 1975; Gonon 1998.

[264] Vgl. hierzu Uhlig 2004.

legen und anderweitige Entwicklungen, besonders in den USA, in Frankreich, in England, in Holland oder selbst in Finnland, als „beschämenden" Kontrast zu Deutschland hinzustellen.[265]

Mit ähnlichen Intentionen wie *Die Neue Zeit* trat 1897 auch die Zeitschrift *Sozialistische Monatshefte* in die Presselandschaft ein. Bereits ihr Vorgänger *Der Sozialistische Akademiker* hatte im ersten Jahrgang 1895 Erziehungsfragen zur Sprache gebracht. Dem Ansinnen dieser Zeitschrift entsprechend, Sammelstelle und Sprachrohr kapitalismuskritischer Akademiker sein zu wollen, standen hier vor allem theoretische Erörterungen zum Thema Erziehung im Vordergrund. Über das Wesen bürgerlicher Erziehung reflektierte der in Salamanca lehrende Philosoph Miguel de Unamuno.[266] Mit der Reproduktion sozialer Ungleichheit und geistiger Unterdrückung durch das Erziehungssystem befasste sich ein Aufsatz des Historikers Theodor Wollschack (Pseudonym T. W. Teifen).[267] Der aus Russland stammende Alexander Helphand (Pseudonym Parvus) sah in der „ökonomischen Ungleichheit" „alle sonstige soziale Ungleichheit, die politische Ungleichheit, die Ungleichheit der Erziehung, Bildung u.s.w." bedingt und in ihrer Beseitigung die Voraussetzung für ganzheitliche Menschenbildung und individuelle Entfaltung.[268]

Die Beilage der *Sozialistischen Monatshefte*, die im Jahrgang 1897/98 unter dem Titel *Der sozialistische Student* erschien, wartete speziell mit einer Kritik der deutschen Universitäten auf.

„Seht Ihr nicht um Euch alle Zeichen und Bekundungen der Korruption, der geistigen Ohnmacht und Gedankenöde? Heute herrschen auf den Hochschulen die Söhne des Kapitalisten- und Junkerthums, die Herren von Amts- und Geldsacksgnaden, und ihr Vorbild gedankenleerer Anmaßung, gemüthsarmer Genusssucht, armseligen Formendienstes beherrscht weite Kreise der Studierenden. Die wissenschaftliche Bildung ist ein Monopol der Besitzenden – oder sie muss auf Kosten darbender Angehöriger, durch entwürdigendes Stipendienwesen gewonnen werden. Die Laufbahn des wissenschaftlichen Lehramts ist eine Domäne reicher Herren von unbezweifelter Wohlgesinntheit, in die ein Unbemittelter, ein Mann von entschiedenem, unbequemen Freimuth kaum einzudringen vermag."[269]

Besonders der antidemokratische Korpsgeist der Professoren- und Studentenschaft wurde zur Zielscheibe der Kritik. Die offizielle akademische Wissenschaft sei „zum Sport einiger winziger Mandarinen herabgewürdigt worden", das „bürgerliche kapitalistische System" habe die Wissenschaft und die Erziehung „degradirt" und „den Protektionismus in sie eingeführt".[270] Wie dadurch eine demokratische Wissenschaftsentwicklung blockiert würde, wird an verschiedenen „Fällen" vorgeführt, so u.a. an der Verhinderung einer Professur für Georg Simmel an der Berli-

[265] Amedorf, *NZ* 1898/99 (Dok. 36, S. 338).
[266] Unamuno, *SM* 1895 (Dok. 117).
[267] Teifen, *SM* 1895 (Dok. 119).
[268] Parvus: Gleichheit. Der sozialistische Student 1897, Nr. 5, S. 66-68.
[269] *Der sozialistische Student* 1897, Nr. 1. S. 1.
[270] Ebd.

ner Universität.[271] Bereits 1895 war über eine Entlassung Paul Natorps aus der Prüfungskommission seiner Fakultät an der Marburger Universität berichtet worden. Als Grund wurde seine Aufforderung an die Studierenden, sich mit dem Sozialismus wissenschaftlich zu beschäftigen, angegeben. Natorp selbst widersprach allerdings dieser „politischen Deutung" des Vorfalls und stellte ihn als eine Normalität des akademischen Geschäfts dar.[272] Der wissenschaftskritische Auftritt dieser *Beilage* währte indessen nicht lange. Nach zwei Jahren wurde sie eingestellt bzw. inhaltlich in die *Sozialistischen Monatshefte* integriert.

Obgleich die anfänglich vorhandene Dichte an bildungspolitischen Beiträgen weder in der *Neuen Zeit* noch in den *Sozialistischen Monatsheften* beibehalten wurde – zu stark drängten andere Themen in den Vordergrund –, blieben ein grundlegendes Interesse an der Reform von Schule und Pädagogik und eine kontinuierliche Thematisierung von Bildungsfragen bestehen.[273] Der Anteil bildungspolitischer und pädagogisch relevanter Themen am Gesamtvolumen der Zeitschriften schwankt zwischen ca. sieben und zwanzig Prozent und zeigt sich in einer direkten Korrelation zur Entwicklung bildungspolitischer Aktivitäten und zur Herausbildung pädagogischen Denkens in der Arbeiterbewegung, spiegelt aber zumindest andeutungsweise auch Konjunkturen allgemeiner pädagogischer Diskurse (vgl. nachfolgende Übersicht).

---

[271] Hier ging es um die Nachfolge für den Ethiker Georg von Gizycki, für die Georg Simmel und der Psychologe Max Dessoir zur Diskussion standen. Letzterer sei durch Wilhelm Dilthey protegiert, Simmel, obwohl der Geeignetere und Modernere, dagegen „in der auffallendsten Weise" übergangen worden. Der Fall Dessoir. *Der sozialistische Student* 1897, Nr. 7, S. 100-106.

[272] *Der Sozialistische Akademiker* 1895, Nr. 13, S. 241; Nr. 14, S. 262.

[273] Das mag für die *NZ* auch Kautskys eigenem Interesse an Bildungsfragen zuzuschreiben sein. Neben seinen Aufsätzen und Rezensionen in der *NZ* publizierte er hierzu auch in anderen Zeitschriften, u.a.: Die Reaktion in der Schule. *Der Sozialist.* Wien 1879, Nr. 17-27; Die Pariser Volksschulen. *Züricher Post.* 1883, Nr. 86 - 14.IV; Die Volksschule und die Bauern. *Gleichheit.* Wien 1888, Nr. 11; Warum der Bauer so wenig von der Volksschule wissen will. *Der Sozialdemokrat.* Zürich 1888, Nr. 15; Freiheit [Antwort an A.B.C., d.i. Robert Seidel]. *Der Sozialdemokrat.* Zürich 1881, Nr. 37.

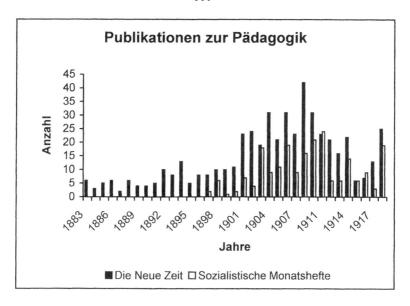

Publikationen zur Pädagogik

Die Neue Zeit □ Sozialistische Monatshefte

3.5.2 *Phasen der Rezeption reformpädagogischer Literatur*

Die Motive und Intentionen, die für die Beschäftigung mit Bildung, Erziehung und Pädagogik generell ausschlaggebend waren, bestimmten auch die Rezeption schulreformerischer und reformpädagogischer Entwicklungen, die seit dem letzten Jahrzehnt des 19. Jahrhunderts zunehmend in den pädagogischen Raum eindrangen. Es waren vor allem die Kritik am überkommenen Schulsystem und der Protest gegen die Reformunwilligkeit des pädagogischen und erziehungswissenschaftlichen Establishments, die in der Arbeiterbewegung das Interesse an diesen neuen pädagogischen Bewegungen weckten und veranlassten, sich auch inhaltlich mit ihnen auseinander zu setzen. Rezeptionsinteresse erregte nahezu alles, was das sozialpolitische und gesellschaftstheoretische Konzept der Arbeiterbewegung anzuregen, zu stützen und geeignet schien, erziehungstheoretische und erziehungspraktische Desiderata der bildungspolitischen und pädagogischen Programmatik aufarbeiten, ein eigenes pädagogisches Profil entwickeln und im zeitgenössischen pädagogischen Diskurs mithalten zu können. Da es über die bildungspolitischen Ziele und mehr noch über deren pädagogische Konkretisierung in der Arbeiterbewegung alles andere als Konsens gab, waren auch die Sichtweisen auf reformpädagogische Ideen und Konzepte ausgesprochen heterogen und in hohem Maße von subjektiven Vorstellungen geprägt. Und so findet sich in den beiden Zeitschriften vieles mehr oder weniger kritisch reflektiert, was seit dem ausgehenden 19. Jahrhundert an reformpädagogischer Literatur auf den Markt kam. In ihrer Haltung zur reformpä-

112

dagogischen Bewegung unterscheiden sich beide Zeitschriften nur unwesentlich. Auffällig ist eine stärkere Hinwendung der *Sozialistischen Monatshefte* zu Ellen Key, die hier auch als Autorin zu Wort kommt. Die Jugendschriftenfrage hingegen wird ab etwa 1900 in der *Neuen Zeit* stärker diskutiert, ebenso die Frage nach einer sozialistischen Jugendorganisation. Diskurse über Arbeitsschule, Moral- und Sozialpädagogik oder Sexualerziehung sind in beiden Zeitschriften zu finden. Eine strikte, aus den politischen Intentionen der Zeitschriften herzuleitende Zuordnung der Autorinnen und Autoren lässt sich, mit wenigen Ausnahmen, nicht generalisieren. Nach Beginn der Richtungsstreitigkeiten in der Sozialdemokratie und der Profilierung der *Sozialistischen Monatshefte* zum Organ des reformistisch-revisionistischen Flügels allerdings ließen sich führende Vertreter der „linken" Richtung auf Publikationen in dieser Zeitschrift nicht mehr ein.

In der Überschau über den Zeitraum zwischen der Gründung der Zeitschriften und dem Ende des Ersten Weltkrieges lassen sich idealtypisch vier Rezeptionsphasen unterscheiden:

1) In der Zeit von 1883 bis etwa zur Jahrhundertwende überwiegen sozialkritische Zustandsbeschreibungen – die sozialen Benachteiligungen der Kinder des Proletariats, die Unzulänglichkeiten des öffentlichen Schulwesens, besonders des Volksschulwesens, die missliche soziale Lage der Volksschullehrer – sowie historisch argumentierende Beiträge.[274] Zunächst vereinzelt, allmählich häufiger sind Reflexionen über zeitgenössische pädagogische Literatur zu finden. Die erste pädagogische Rezension galt 1884 einem *Handbuch der Pädagogik* von Anton Ph. Largiadèr – einem in Straßburg ansässigen Seminardirektor. Rezensent war Robert Seidel, dessen Schriften zur Arbeitsschule und zur Sozialpädagogik dann selbst Objekt von Rezensionen wurden. Eine der ersten fundamentalen Kritiken bürgerlicher Literatur und Literaturrezeption befasste sich mit Julius Langbehns 1890 erschienenem Buch *Rembrandt als Erzieher*. 1897 erschienen die ersten Sammelrezensionen zur Reformliteratur, von da an nahmen pädagogische Rezensionen einen festen Platz im Repertoire der rezensierten zeitgenössischen Literatur ein.

Weniger explizit, aber nicht minder relevant sind Bezüge zu Bildung, Erziehung und Pädagogik in den großen Diskursthemen in der Zeit um die Jahrhundertwende – in der Literatur- und Kunstdiskussion um Naturalismus, Individualismus und Ästhetizismus, in der Auseinandersetzung um die kulturkritische Bedeutung von Friedrich Nietzsche, in den Religions-, Moral- und Ethik-Debatten, in der Rezeption der Darwinschen Entwicklungslehre und der Diskussion des Verhältnisses von Darwinismus und Sozialismus, in der Erörterung der Frauen- und Geschlechterfrage. Alle diese noch längst nicht hinreichend aufgearbeiteten Diskurse sind als Suchprozesse des wissenschaftlichen und kulturellen Selbstverständnisses der sozialistischen Bewegung deutbar und zentrieren sich vor allem um Fragen des Menschenbildes. Sie spiegeln weltanschauliche und wissenschaftlich-theoretische

---

[274] Das gilt für die Aufsätze Eduard Sacks ebenso wie für zahlreiche Abhandlungen Karl Kautskys oder Erinnerungen an pädagogische Klassiker.

113

Heterogenität ebenso wie zeitgeistliche Verstrickungen, kommunikative Netzwerke und nicht zuletzt eine starke Tendenz, Sozialismus als eine allgemeinmenschliche Aufgabe von Erziehung, Versittlichung, Vergeistigung und Kulturalisierung der Menschen zu verstehen.

2) In dem Maße, in dem die Beschäftigung mit pädagogischen Fragen in der Arbeiterbewegung Eigendynamik erlangte, sich aus den allgemeinen politischen und theoretischen Diskursgebieten ablöste und als eigenständiger Gegenstand etablierte, stieg in beiden Zeitschriften die Zahl pädagogischer Publikationen an. Wachsender Informations- und Klärungsbedarf in den eigenen Reihen ließ zugleich die explizite Beschäftigung mit der zeitgenössischen bürgerlichen Pädagogik stetig ansteigen, wie auch an der Entwicklung der Rezensionsaktivitäten und der Zunahme thematischer Sammelrezensionen abzulesen ist. In der *Neuen Zeit* bestimmten vor allem Heinrich Schulz und in gewissem Maße auch Otto Rühle, der auch in den *Sozialistischen Monatsheften* publizierte, den bildungspolitischen Kurs. Schulz veröffentlichte hier nicht nur eine umfangreiche Aufsatzreihe zur Geschichte der Volksschule[275], sondern avancierte auch zum „Chefrezensenten" pädagogischer Literatur. Rühle publizierte hier seine kritischen Analysen zur Volksschule und zur Situation des Volksschullehrerstandes.[276] In den *Sozialistischen Monatsheften* fällt die Sichtung pädagogischer Neuerscheinungen vor allem in das Ressort „geistige Bewegung" der *Rundschau*, ab 1903 mit einer eigenen Rubrik zu Bildungs- und Erziehungsfragen[277], das u.a. von Franz Lindheimer, Franz Staudinger, Wilhelm Hausenstein, Leo Kullmann, Hermann Kranold und Wally Zepler bearbeitet wurde. Daneben profilierten sich schon bald Autorenkreise, von denen die pädagogischen Diskurse in beiden Zeitschriften profitierten. Viele der oft sehr jungen Beteiligten waren von Haus aus nicht Pädagogen, sondern als sozialdemokratische Journalisten, Parlamentarier oder einfach als Sympathisanten aus „bürgerlichen" Berufen mit Schul- und Bildungsfragen befasst.[278] Im Kern bewegten sich die pädagogischen Erörterungen zu Beginn des 20. Jahrhunderts um die Frage: Was ist, was kann, was soll Erziehung in sozialistischer Perspektive? Zu den bevorzugten Themen zählten vor allem solche, die in den zentralen und regionalen Programmdiskussionen der Sozialdemokratie eine Rolle spielten, im öffentlichen bildungspolitischen und pädagogischen Diskurs eine Positionierung der Arbeiterinteressen herausforderten bzw. für Entwürfe eines zukünftigen Bildungsideals von Bedeutung schienen, so u.a. das Verhältnis von Schule und

---

[275] Heinrich Schulz: Beiträge zur Geschichte der Volksschule. 1. Die Entstehung der Volksschule im Mittelalter. *NZ* 1901/02, Nr. 5, S. 133-140; Nr. 6, S. 165-173; Nr. 8, S. 228-237; 2. Die Volksschule in der Manufakturperiode. Nr. 32, S. 169-175; Nr. 33, S. 197-203; Nr. 34, S. 241-246.
[276] Otto Rühle: Universität und Volksschullehrer. *NZ* 1902/03, Nr. 11, S. 337-341; Der Lehrermangel. *NZ* 1902/03, Nr. 18, S. 564-568; Der Lehrermangel in den deutschen Volksschulen. *NZ* 1907/08, Nr. 31, S. 157-163.
[277] Simon Katzenstein schrieb speziell aus diesem Anlass einen Beitrag (Dok. 132).
[278] Vgl. die biographischen Angaben zu den Autorinnen und Autoren im Quellenteil, zu Herkunft und Bildungsgang der sozialdemokratischen Parlamentarier besonders Schröder 1995, S. 62ff.

Kirche, das im Bremer Religionsstreit eine besondere Zuspitzung erfahren hatte, Kinderschutz, Kinderarbeit und Arbeitserziehung, Erziehung und Gesellschaft und daraus abgeleitete sozialpädagogische Fragestellungen, Dauer, Struktur, Umfang und Inhalte schulischer Bildung, die Schaffung einer proletarischen Kinder- und Jugendlektüre, Frauenemanzipation, Familienerziehung und sexuelle Aufklärung. Ihren Höhepunkt erreichte diese Phase konstruktiver bildungspolitischer und pädagogischer Diskussionen im Vor- und Umfeld des Mannheimer Parteitages 1906.

3) Die Intensität des Diskurses flaute in dem Maße wieder ab, in dem sich die bildungspolitische Programmatik zu festigen und pädagogische Auffassungen zu konturieren begannen. Mit der beginnenden Institutionalisierung proletarischer Bildungsarbeit, der Gründung einer eigenständigen Bildungskommission, der Entwicklung der Arbeiterbildungsschulen, der Kinderschutzkommissionen, der Einrichtung pädagogischer Publikationsorgane in Gestalt von Erziehungsratgebern und Kinderbeilagen in der proletarischen Presse, hatten sich konkrete Praxisbereiche eröffnet, die einen Teil der pädagogischen Aktivitäten und Diskussionen fortan absorbierten. Zunehmend konkreter wurden Vorstellungen von der Gestalt eines Bildungssystems der Zukunft. Vor dem Hintergrund parteipolitischer Entwicklungen und Auseinandersetzungen traten auch im pädagogischen Diskurs jeweils spezifische Themen besonders hervor. Im Zusammenhang mit der Herausbildung einer eigenständigen proletarischen Jugendbewegung stand – häufig mit dem Blick auf die Erfahrungen der bürgerlichen Jugendbewegung – das Verhältnis von Autonomie und Führung der Jugend im Mittelpunkt kontroverser Diskussionen. Dem Fortbildungsschulwesen wurde nicht zuletzt im Kontext der Jugendfrage größeres Interesse entgegengebracht. Im Umfeld sozialreformerischer, sozialethischer und eugenischer Diskussionen blieb auch die Sexualerziehung, zugespitzt in der „Gebärstreikdebatte 1912/13", ein widersprüchliches Diskursthema.[279]

Mit aparten, scharfsichtigen literarischen Rezensionen ist ab 1910 der junge Edwin Hoernle in der *Neuen Zeit* vertreten. Nach einer kurzen Tätigkeit als Landvikar und einem engagierten Abstecher in die proletarische Abstinenzlerbewegung war er durch Vermittlung von Luise Kautsky zur SPD und als Autor zur *Neuen Zeit* gekommen. Noch lassen seine Texte den später führenden kommunistischen Pädagogen und radikalen Kritiker der Reformpädagogik nicht erkennen.

Insgesamt erscheinen die bildungspolitischen und pädagogischen Erörterungen in den Jahren vor dem Ersten Weltkrieg thematisch sporadisch, wenig stringent und eher diffus.

4) Erst im Krieg steigt die Zahl pädagogischer Beiträge in beiden Zeitschriften wieder an. Dabei fällt auf, dass, obgleich der Kriegsausbruch 1914/15 beherrschendes Thema war und die Haltung der Sozialdemokratie zum Krieg auch die Zeitschriften vor eine Zerreißprobe stellte, in den Jahrgängen von 1914 bis 1918 nur vergleichsweise wenige das Kriegsereignis pädagogisch reflektierende und noch weniger den Krieg kritisierende Beiträge zu finden sind. Der gesamte Jahr-

---

[279] Siehe Kap. 5.1.

gang 1914/15 der *Neuen Zeit* enthält nur einen einzigen Aufsatz, der sich mit der Kriegserziehung an den Schulen kritisch auseinandersetzt.[280] In einer Sammelrezension in den *Sozialistischen Monatsheften*, in der Hermann Kranold die Thematisierung des Krieges in der deutschen Erziehungswissenschaft einer kritischen Analyse unterzieht, muss er dann auch konstatieren, dass es die Sozialdemokratie nur „zu einer einzigen selbständigen Publikation von 22 Seiten" gebracht habe.[281] Er schließt daraus,

> „wie sehr wir unsere agitatorische Aufgabe bisher verkannt haben; wir wollten nicht bilden sondern nur werben. Das jedoch muß uns schließlich zu noch viel gefährlicheren Kämpfen führen als der gegenwärtigen Parteikrisis, die letzten Endes auch nur möglich wurde, weil bei uns zu wenig Gewicht auf Denkerziehung, zu viel auf Gesinnungsaufklärung gelegt wurde."[282]

Wie auch Erziehungsfragen in die Rechtfertigungsstrategie der Mehrheitssozialdemokratie einbezogen wurden, zeigt ein Aufsatz in den *Sozialistischen Monatsheften* aus dem Jahr 1916, der die Stellung der Sozialdemokratie zur „Wehrhaftmachung unserer Jugend" und speziell zur Organisation einer Jugendwehr erörtert:

> „Da muß für uns die Haltung bestimmend sein, die die Partei dem Weltkrieg selbst gegenüber einnimmt. Die sozialdemokratische Fraktion hat durch ihre Erklärungen im Reichstag gar keinen Zweifel darüber gelassen, daß sie die Verteidigung des Deutschen Reichs und der Selbständigkeit des deutschen Volkes auf allen Gebieten als eine unbedingte Notwendigkeit ansieht, und daß sie es als Pflicht der deutschen Arbeiter betrachtet ihren ganzen Willen für die Aufrechterhaltung der Existenz der Nation einzusetzen. So viele Mängel auch in unseren Augen unser Staatswesen haben mag, so viele Mißstände in ihm zu beklagen sein mögen, wir sind uns doch darüber klar, dass die bestehenden Institutionen die Grundlagen für eine weitere Entwicklung zum Wohl der Arbeiterschaft geben können, die nicht vorhanden sind, wenn Deutschland geschwächt wird, oder wenn gar deutsche Gebietsteile unter Fremdherrschaft fallen. Getreu diesen Anschauungen hat die sozialdemokratische Fraktion als Ganzes stets die Mittel für diesen Krieg bewilligt."[283]

Aus diesem Grund sei die Unterstützung der Jugendwehr „unbedingt geboten", die zudem nicht mehr mit ihren Vorläufern vergleichbar sei, „in denen soldatisches Wesen in spielerischer Weise nachgeäfft wurde", nun solle nicht mehr „Soldat gespielt, sondern ernsthaft gearbeitet werden".[284]

Die ambivalente pädagogische Sicht auf den Krieg geht einher mit einer eigentümlich unberührten und durch den Krieg scheinbar ungebrochenen Kontinuität des pädagogischen Diskurses vor allem auch hinsichtlich reformpädagogischer

---

[280] Vgl. Arnulf, *NZ* 1914/15 (Dok. 107).

[281] Gemeint war Anna Blos: Krieg und Schule. Berlin 1915.

[282] Kranold, *SM* 1916 (Dok. 193, S. 767f.).

[283] Eduard Adler: Die Wehrhaftmachung unserer Jugend. SM 1916, Nr. 1, S. 34-38, hier S. 36.

[284] Ebd., S. 34. In einer Fußnote wird angemerkt: „Die überberatene Minderheit der Fraktion, die das letzte Mal gegen die Kredite stimmte, hat gegen die Interessen der deutschen Arbeiter gehandelt und kann als Ausdruck des Willens der Arbeiterklasse nicht angesehen werden." (S. 36)

116

Vorstellungen. Gekoppelt an das Einheitsschul- und mehr noch an das Jugendthema gewinnen sie quantitativ in dem Maße wieder an Bedeutung, in dem der Zeithorizont nach dem Krieg in den Blick der Sozialdemokratie gerät und sie sich als zukünftige staatstragende und gestaltende politische Kraft sieht.

4. Rezeption und Kritik der Reformpädagogik – Exempel

Wie sich der Umgang mit Reformpädagogik auch immer explizit gestaltete, nach der Jahrhundertwende war sie längst in das pädagogische Denken der Arbeiterbewegung integriert und dafür auch ein Begründungsmuster gefunden, in dem die späteren Kontrahenten Schulz und Zetkin zunächst übereinstimmten: Vieles aus der Reformpädagogik trüge sozialistische Züge, nur befände es sich – gleichsam dysfunktional – im falschen System. Ihres bürgerlich-kapitalistischen Kontexts entledigt, wäre manches besser im sozialistischen Denken aufgehoben. So sei sicher, schrieb Schulz zu Berthold Ottos *Lehrgang der Zukunftsschule* (1901),

> „daß die Neugestaltung des Schulwesens nach der Beseitigung der ihr gegenüberstehenden sozialen Schwierigkeiten an den Ottoschen Anregungen nicht achtlos vorübergehen wird".[285]

Idealtypisch ist eine solche gedankliche Konstruktion auch an Clara Zetkins Haltung zu den Lietzschen Landerziehungsheimen zu sehen:

> „Die pädagogische Wertung der Selbstbetätigung und Selbstentscheidung als Mittel der Selbsterziehung findet ihren Ausdruck in der Praxis der Landerziehungsheime. Diese stellen meiner Ansicht nach die reifste, höchste Frucht der bürgerlichen Pädagogik dar, zugleich aber enthalten sie bedeutsame Keime zur sozialistischen Erziehung, Keime, die allerdings in der bürgerlichen Gesellschaft nicht Wachstum, Entfaltungsmöglichkeit für all die Kraft, Schönheit und schöpferische Fruchtbarkeit finden können, die in ihnen steckt. Die gut geleiteten Landerziehungsheime haben – um diesen Ausdruck zu gebrauchen – eine demokratische Verfassung, und den Zöglingen steht von frühem Alter an und in steigendem Maße das Recht der Mitberatung und der Mitbestimmung in allen Angelegenheiten zu, die sie angehen. Das ganze Leben der Landerziehungsheime untersteht mit in weitestem Umfange der Entscheidung der Zöglinge, wie auch der Unterricht vor allem auf Selbstbetätigung gestellt ist."[286]

Angesichts dieser reformpädagogischen Exempel und weil das „kämpfende Proletariat" „das stolze Wort auf seine Fahnen geschrieben [hat]: Die Wissenschaft und die Arbeit", dürfe es sich „bei Anerkennung und Anwendung der wichtigsten

[285] Schulz, *NZ* 1901/02 (Dok. 48, S. 373).
[286] Rede Clara Zetkins zur Begründung der Resolution zur Gründung einer sozialistischen Jugendorganisation auf der fünften sozialdemokratischen Frauenkonferenz in Nürnberg am 12. September 1908. Zitiert nach Zetkin 1983, S. 238.

Grundsätze wissenschaftlicher Pädagogik nicht übertreffen lassen von bürgerlichen Erziehungsinstitutionen [...]".[287]

Die Tendenz, reformpädagogische Konzepte ihres politischen und weltanschaulichen Hintergrunds zu entledigen und einzelne Elemente nach ihrer Verwertbarkeit für die eigenen pädagogischen Vorstellungen in den Vordergrund zu stellen, war auch in der Arbeiterbewegung verbreitet und führte nicht selten zu Widersprüchen. Es war indessen nicht die alleinige Tendenz. Und so gab es auch zu den Landerziehungsheimen dezidiert kritische Anmerkungen. In diesem Falle von Heinrich Schulz, der die Pädagogik der Landerziehungsheime ebenfalls schätzte, dann aber doch auch die Kehrseite hervorhob – ihren elitär-selektiven Charakter, die Ausgrenzung von Mädchen und ihre Anpassung an den „heutigen Klassenstaat" – und sie deswegen nur als „sehr nützliche empirische Vorarbeit" für die Zukunft verstanden wissen wollte[288], oder von Ludwig Woltmann, der den pädagogischen Erfolg vor allem dem Charisma der Person Hermann Lietz zuschrieb.[289]

Wie sich reformpädagogische Konzepte in die pädagogischen Vorstellungen der Arbeiterbewegung einfügten, wie sie aufgenommen bzw. kritisiert wurden und dabei Prozesse von Eigenprofilierung in Gang setzten, wird im Folgenden an vier thematischen Exempeln diskutiert, die in der Rezeption und Reflexion der zeitgenössischen Pädagogik eine zentrale Rolle spielten und nicht zuletzt auch die Rezeptionsgeschichte der Reformpädagogik nachhaltig beeinflussten: In den Auseinandersetzungen zur Arbeitsschulpädagogik, zur Kunsterziehungsbewegung und zur Sozialpädagogik lassen sich Übereinstimmungen und Gemeinsamkeiten feststellen, die zeitweilig die kritische Reflexion in der Arbeiterbewegung überlagerten und nachhaltig Positionen konstituierten, die dann – nicht widerspruchsfrei – in den Bestand sozialistischen pädagogischen Denkens eingegangen sind. Die Rezeption von Ellen Key lässt Rückschlüsse auf die Wirksamkeit und Bedeutung der personalen Komponente in Rezeptionsprozessen zu.

4.1 „Potemkinsche Täuschung" von fraglichem pädagogischen Wert – Arbeitsschule versus polytechnische Bildung

Mit dem Übergang zur Industriegesellschaft erlangte Arbeit eine Dimension, die auch das Bildungsdenken zunehmend beeinflusste und in der Arbeitsschulpädagogik eine besondere Reflexion fand. Auch im marxistischen Denken stellte Arbeit eine zentrale Kategorie dar, der durch Marx und Engels in Gestalt der polytechnischen Bildung und Erziehung eine spezifische pädagogische Bedeutung zugewiesen worden war. Wie im Kapitel 2.1 gezeigt, hatte sich das Konzept polytechnischer Bildung, wie es von Karl Marx in der Anbindung an die industrielle Produktion vorgegeben war, vor dem Hintergrund der real existierenden Kinderarbeit im

[287] Ebd.
[288] Schulz, *NZ* 1902/03 (Dok. 53, S. 393).
[289] Woltmann, *NZ* 1900/01 (Dok. 41).

19. Jahrhundert weder in der deutschen noch in der internationalen Arbeiterbewegung behaupten können. Im Vordergrund standen die Durchsetzung und Realisierung einer umfassenden Kinderschutzgesetzgebung, die das generelle Verbot von Kinderarbeit als optimales Ziel anstrebte. Fragen der Arbeitserziehung lagen lange Zeit nicht im Mittelpunkt des bildungspolitischen und pädagogischen Interesses. Obgleich der Sozialdemokratie mit der 1885 erschienenen Schrift Robert Seidels *Der Arbeitsunterricht, eine pädagogische und soziale Notwendigkeit, zugleich eine Kritik der gegen ihn erhobenen Einwände* eine erste systematische Erörterung des Problems aus sozialistischer Sicht zur Verfügung stand und diese Schrift durchaus auch bekannt war[290], war es erst die Etablierung der bürgerlichen Arbeitsschulbewegung im letzten Jahrzehnt des 19. Jahrhunderts, die die Arbeiterbewegung zur Stellungnahme herausforderte und die Auseinandersetzung über die pädagogische Bedeutung von Arbeit belebte. Die Arbeiterbewegung war gleichsam in eine Konkurrenzsituation geraten, die es unmöglich machte, sich nicht zur bürgerlichen Variante der Verbindung von Erziehung und Arbeit zu verhalten. Allerdings war und blieb die Haltung zur Arbeitsschulpädagogik ambivalent. Noch 1911 betonte Käte Duncker vor allem die Differenz:

„Auch bürgerliche Schulreformer verfechten die Einführung der Handarbeit in die Schule, das heißt sie möchten diesen Unterricht, der auf den lächerlichen Namen ‚Knabenhandfertigkeitsunterricht' getauft worden ist – für Mädchen genügt angeblich der übliche Handarbeitsunterricht, der im Strümpfestricken und in der Anfertigung eines Hemdes gipfelt –, als obligatorisches Lehrfach neben den bisher bestehenden in den Lehrplan aufgenommen sehen."[291]

So berechtigt die Dunckersche Kritik erscheinen mag, es bleibt zu fragen, ob die von ihr für die Arbeiterbewegung reklamierte Arbeitsschulidee von „bürgerlichen" Auffassungen tatsächlich so weit entfernt war und worin die Differenz zwischen beiden Richtungen gesehen wurde.

4.1.1 Gründe für die Hinwendung zur bürgerlichen Arbeitsschule

Bei genauerer Betrachtung zeigt sich nämlich, dass auf keinem anderen Gebiet der Pädagogik Arbeiterbewegung und Reformpädagogik so dicht zusammengerückt waren wie auf dem der Arbeitsschule, und auf keinem anderen Gebiet wurden Übereinstimmungen mit reformpädagogischen Auffassungen offensichtlicher.[292] Dafür lassen sich verschiedene Gründe anführen:

[290] Braun, *NZ* 1886 (Dok. 7).
[291] Duncker, *NZ* 1910/11 (Dok. 90, S. 491).
[292] Das spiegelt sich auch in bildungshistorischen Darstellungen zur Arbeiterbewegung. Die Auseinandersetzung mit der „bürgerlichen" Arbeitsschulpädagogik nimmt hier – im Unterschied zu anderen reformpädagogischen Feldern – einen vergleichsweise großen Raum ein. Eine zweibändige Geschichte der Arbeitserziehung widmet diesem Thema mehrere Kapitel. Vgl. Zur Geschichte der Arbeitserziehung 1970/71.

Die eingangs geschilderte Situation hatte gerade auf dem Gebiet der Arbeitserziehung ein Vakuum hinterlassen, das nun, vor allem auch im Zusammenhang mit Überlegungen für ein sozialistisches Bildungsprogramm, aufgefüllt werden musste. Dabei machte sich durchaus bemerkbar, dass der Marxsche Denkansatz in der zweiten Hälfte des 19. Jahrhunderts kaum noch bekannt war und so gut wie keine fortentwickelnde Diskussion und vor allem keine Konkretisierung erfahren hatte. Marx' und Engels' diesbezügliche Texte waren kaum verbreitet und nur wenigen in ihrem theoretischen Gesamtzusammenhang erschlossen. Erst 1894 wurde die *Genfer Instruktion* in der *Neuen Zeit* abgedruckt und damit einem breiteren Leserkreis überhaupt erst zugänglich gemacht.[293] Zwar blieb Marx der wichtigste rhetorische Bezugspunkt für die Herausbildung eines eigenen pädagogischen Verständnisses von Arbeit und Arbeitserziehung. Gleichwohl sah man sich einem Dilemma ausgesetzt.[294] Marx hatte sein Konzept der polytechnischen Bildung nur in groben Zügen skizziert, sein Gegenwartsbezug blieb vage, die erzieherische und bildende Bedeutung produktiver Arbeit war an einen idealen Arbeitsbegriff, an die von Ausbeutung freie industrielle, in der Tendenz quantitativ abnehmende und somit individuelle Zeit freisetzende Arbeit geknüpft. Zwischen der Idee von der persönlichkeitsbildenden und emanzipatorischen Funktion der Verbindung von Unterricht und Arbeit und der Realität persönlichkeitszerstörender Kinderarbeit ließ sich zudem nur schwer vermitteln, hier tat sich ein Widerspruch auf, der in der Praxis unlösbar schien. Zu übermächtig waren die sichtbaren Folgen der Kinderausbeutung und zu fern positive Erfahrungen mit der „großen Industrie". Die Marxsche Idee konnte deshalb nur als ein mehr oder weniger abstraktes Prinzip zukünftiger Bildungsplanung aufgefasst werden. Die Integration produktiver Arbeit in den Bildungs- und Erziehungsprozess ließ sich unter den Bedingungen kapitalistischer Produktion nicht bzw. nur partiell, wie es von Clara Zetkin, Käte Duncker, Heinrich Schulz u.a. als Rückzug in familiale Arbeitserziehung versucht wurde, in Gegenwartsforderungen übersetzen.

Im Unterschied dazu muteten die Angebote der Arbeitsschulpädagogik, „Kopf" und „Hand" zusammenzubringen und der erzieherischen Bedeutung der Arbeit auch in der Schule gerecht zu werden, konkret, realistisch und für die Kinder der Arbeiterklasse durchaus vorteilhaft an. Die Kritik an der Schule aus der Perspektive der Arbeitsschulpädagogen schien den vermeintlichen Interessen der Arbeiterschaft zu entsprechen. Hier wurde nicht nur an die Lebenswelt, die spezifischen Lebenserfahrungen und Kompetenzen der Arbeiterkinder angeknüpft, die Aufnahme der Handarbeit in den Schulunterricht schien ein Weg, ihre Interessen stärker zur Geltung zu bringen, ihr Selbstbewusstsein zu stärken, Respekt vor körperlicher Arbeit zu entwickeln und so zur sozialen und politischen Akzeptanz der arbeitenden Menschen beizutragen. Der Arbeitsunterricht wurde als ein Bildungsvorteil

---

[293] *NZ* 1893/94 (Dok. 20).

[294] Zur Ambivalenz des Arbeitsbegriffs und seiner pädagogischen Bedeutung in der damaligen Zeit vgl. auch Gonon 1999.

und als Chance zu besserer beruflicher Qualifikation gesehen, die sich letztendlich auch auf die Qualifizierung der Reproduktionsbedingungen der Arbeiterschaft als politische Klasse auswirken würde. Zudem war der Arbeitsschulgedanke vor allem in der Volksschulpädagogik populär, die der Arbeiterbewegung nicht nur deshalb am nächsten stand, weil die Volksschule vor allem von Arbeiterkindern besucht wurde. Für die Arbeiterbewegung waren die Volksschullehrer – als das „Proletariat" unter den Gebildeten – wichtige Adressaten und potentielle Verbündete ihrer Politik. Nicht selten wurden die Protagonisten der Arbeitsschule von ihren Gegnern des Sozialdemokratismus bezichtigt. Auch das war ein Grund, mit dieser Richtung zu sympathisieren und an die pädagogischen Vorstellungen und Forderungen der Volksschullehrerschaft anzuschließen.[295]

Alle diese Impulse wurden durch den I. Internationalen Lehrerkongress im französischen Le Havre vom 6. bis 10. September 1885 zusätzlich verstärkt, der erstmals die Einführung des Handfertigkeitsunterrichts in die elementare Volksschule zu einem Thema internationaler Pädagogik machte und über 2000 Lehrer und über 400 Lehrerinnen, vornehmlich aus Frankreich, darüber hinaus aus Italien, Belgien, Deutschland, Österreich, Schweden, Russland, England, Amerika, der Schweiz, aus Algier, Korsika und Martinique, zusammenbrachte.[296] Der Kongress offerierte den Handfertigkeitsunterricht als eine moderne internationale Tendenz pädagogischer Entwicklung, stellte ihn als Alternative zur einseitigen Buchschule und darüber hinaus als ethisch erzieherische Alternative zum Religionsunterricht dar. Mit diesen Positionen verfestigte sich der Eindruck, dass der Arbeitsunterricht im Interesse der Arbeiterschaft liegen würde. *Die Neue Zeit* berichtete nicht nur ausführlich über den Lehrerkongress in Le Havre, sondern veröffentlichte auch dessen Abschlussresolution.[297] Zu dieser positiven Aufnahme des Kongresses trug nicht unwesentlich Robert Seidel bei, der in einem ausführlichen Bericht über Le Havre zugleich seine eigenen Positionen präsentierte.[298] Kritische Bedenken, wie die von Karl Kautsky in einer Rezension des Seidelschen Berichts vorgetragenen, blieben in der Minderheit. Kautsky bezweifelte darin nicht nur die erzieherische Wirkung des Arbeitsunterrichts, sondern kritisierte vor allem seine klassenharmonisierende Funktion. Weder folge „aus der Vertrautheit mit der Arbeit" notwendig „ein Gefühl des Dankes gegen den Arbeiter" noch könne der Arbeitsunterricht in den Schulen „mit den Bedingungen bekannt machen, unter denen heute produzirt wird". Glaube Seidel wirklich,

> „daß etwa ein Kapitalistensöhnchen, das in der Schule täglich ein bis zwei Stunden mit der Ausübung verschiedener Handfertigkeiten spielt und daran Gefallen findet, nun auch weiß, wie die Arbeit in einer Fabrik schmeckt? Das Kapitalistensöhnchen

[295] Zur Geschichte der Arbeitserziehung (2) 1971, S. 41.
[296] Angaben nach Robert Seidel: Sozialpädagogische Streiflichter über Frankreich und Deutschland, zugleich Bericht über den I. Internationalen Lehrerkongress zu Havre. Hamburg 1887, S. 65ff.
[297] *NZ* 1886 (Dok. 6).
[298] Vgl. Seidel 1887.

dürfte höchstens finden, wenn es durch den Arbeitsunterricht überhaupt zum Nachdenken über die sozialen Fragen angeregt wird, daß die Handarbeit gar nicht so schlimm ist, als die Arbeiter behaupten, und daß diese rechte Tagdiebe sein müssen, wenn sie ihre Lage beklagen". Unmissverständlich sagt er, was er vom Arbeitsunterrichts unter den gegebenen Umständen hält: „Hat in der bürgerlichen Schule der Moralunterricht die Aufgabe, geduldige und folgsame Arbeiter heranzuziehen, so hat der Handfertigkeitsunterricht die Aufgabe, geschickte Arbeiter in Massen zu bilden, den Preis der Arbeitskraft des geschickten Arbeiters auf das Niveau herabzudrücken, auf dem heute der Preis der Arbeitskraft des ungeschickten Arbeiters steht." [299]

Zwar sei jeder „Schritt, den die Bourgeoisie unternimmt, um Staat und Gesellschaft von den Anhängseln vergangener Gesellschaftsformen zu befreien", zu begrüßen, aber nie dürfe dabei der „große Gegensatz vergessen [werden], in dem wir zur Bourgeoisie stehen [...]. Das gilt in der Pädagogik ebenso wie in der Oekonomie und Politik." Seidel habe „viel zu sehr die Illusionen der bürgerlich-radikalen Pädagogik angenommen und viel zu wenig die unerläßliche Kritik geübt". [300]

Kautskys Mahnung indessen hinterließ nur geringe Wirkung. Nicht die Differenz zwischen polytechnischer Bildung und bürgerlicher Arbeitsschule und nicht die Kritik der mit den Arbeitsschulkonzepten verfolgten Absichten standen im Vordergrund der etwa um die Jahrhundertwende einsetzenden Diskussion, sondern der Konsens und die konstruktive Rezeption. Dabei trat die Orientierung an der industriellen Arbeit, die gerade den innovativen, modernen Charakter des Marxschen Konzepts ausmachte, zugunsten eines vormodernen, handwerklich und künstlerisch orientierten Begriffs von Arbeit zunehmend zurück. Nicht die Öffnung der Schule zur industriellen Produktion hin wurde als das entscheidende bildungstheoretische Moment gesehen, sondern die Hereinnahme von Elementen der Arbeit in die Schule. Der Widerspruch zwischen dem Zukunftsprojekt „polytechnische Bildung" und den unter den damaligen Bedingungen realisierbar scheinenden Arbeitsschulkonzepten wurde zugunsten letzterer gelöst in der Annahme, damit einen Schritt in die richtige Richtung zu tun. Obgleich die Ansichten im Detail variierten, stimmte die Mehrheit der mit pädagogischen Fragen befassten Repräsentantinnen und Repräsentanten der Arbeiterbewegung mit den Arbeitsschulpädagogen in der erzieherischen, ethischen, ästhetischen und sozialen Wertschätzung der Arbeit überein und unterstützte deshalb ihre Einführung in die (Volks-)Schule, so auf der Bremer Frauenkonferenz 1904, auf dem Mannheimer Parteitag 1906 und dann in nahezu allen bildungspolitischen Verlautbarungen der Sozialdemokratie.

In ihrer Rede *Die Schulfrage* auf der dritten sozialdemokratischen Frauenkonferenz in Bremen am 18. September 1904, einem der ersten ausführlichen und grundlegenden programmatischen Texte zur Bildungsproblematik überhaupt, begründete

---

[299] Kautsky, *NZ* 1888 (Dok. 10, S. 249f.). Zu Karl Kautskys Auffassung zum Arbeitsunterricht, speziell auf dem Lande, siehe auch dessen Schrift: Die Agrarfrage. Stuttgart 1899, S. 353.
[300] Kautsky, *NZ* 1888 (Dok. 10, S. 250).

Clara Zetkin die Forderung nach „Einführung des Arbeitsunterrichts in den Schulplan" als Alternative zur „ausgebeuteten Kinderarbeit".[301]

„Wir sind überzeugt, daß die freie Arbeit von hohem sittlichem und pädagogischem Wert ist. Wir wollen die verhängnisvolle Spaltung zwischen Ausbeutern und Ausgebeuteten aufheben; wir wollen die Gesellschaft umwandeln in eine Ordnung von freien Arbeitern bei materiellem und geistigem Schaffen; wir wollen den Kindern alle Bildungsmöglichkeiten der Gesellschaft erschließen. Darum aber muß auch der Arbeitsunterricht im reformierten Schulplan den ihm zukommenden Platz erhalten. Er knüpft an den Anschauungsunterricht an, vollendet, verinnerlicht ihn, führt in die innere Natur der Gegenstände und Vorgänge ein, entwickelt und schärft die Sinne, erhöht die Handfertigkeit, stählt die Muskeln, macht körperlich gewandt, regt das selbständige Denken an, konzentriert den Willen auf eine Leistung und beflügelt den schöpferischen Trieb, der in jedem Kinde schlummert. Der Arbeitsunterricht wird dadurch spätere technische Erfindungen und Verbesserungen anregen und vorbereiten, die Kinder auf irgendeinem Gebiet zu denkenden, schöpferisch tätigen Menschen heranziehen. Von großem Einfluß wird er auch darauf sein, das künstlerische Empfinden und Gestaltungsvermögen zu heben, so daß auch die fabrikmäßige Produktion in dieser Beziehung eine höhere Stufe erreicht. So gibt der Arbeitsunterricht Freude an schöpferischer Arbeit, lehrt Ehre und Würde der Arbeit. Durch ihn wird ferner verhindert, daß die Kinder in die Stimmung von Staatspensionären hineinwachsen. Er erzieht sie zum Bewußtsein ihrer Verpflichtung gegenüber der Gesellschaft, das, was sie an Bildung und Kultur empfangen haben, als frei schaffende Menschen mit Zins und Zinseszins zurückzuerstatten."[302]

Clara Zetkin bedient hier nahezu alle Facetten der Arbeitsschulidee. In dieser Ambivalenz stellt sich dann auch der Diskurs über die pädagogische Bedeutung der Arbeit und die daraus abgeleiteten Schlussfolgerungen dar, der nach der Jahrhundertwende spürbaren Aufwind erfuhr und auch in den hier untersuchten Zeitschriften geführt wurde. Bis zum Ersten Weltkrieg blieb der Arbeitsschulgedanke ein wichtiges Thema. Seine Behandlung reichte von kritisch-distanzierenden Sichtweisen bis hin zu distanzlosen Adaptionen.

„Im allgemeinen solidarisierte man sich mehr oder weniger mit jeder Strömung, die eine wie auch immer geartete körperliche Arbeit in der Schule vornehmen ließ und diese in irgendeiner Weise mit dem Leben der Schule überhaupt oder mit der Wissensvermittlung in Beziehung setzen wollte. Man kritisierte diese Reformbewegungen wohl dahingehend, daß die Arbeit noch nicht den ihr zukommenden zentralen Platz im Schulgeschehen gefunden habe, oder man stellte zusätzliche Anforderungen an den Inhalt des Arbeitsunterrichts. Aber die bestehenden Praktiken [...] wurden als Keime, als Ansatzpunkte einer sozialistischen Arbeitserziehung angesehen."[303]

---

[301] Clara Zetkin: Die Schulfrage (1904), zitiert nach Zetkin 1983, S. 167. Auf Zetkins Rede berief sich auch Käte Duncker in ihrer Studie über Kinderarbeit (1906). Ähnlich argumentierte zehn Jahre später Luise Zietz in ihrer Schrift über Kinderarbeit, Kinderschutz und die Kinderschutzkommissionen (1914).

[302] Zetkin 1983, S. 167.

[303] Zur Geschichte der Arbeitserziehung (2) 1971, S. 40.

Im Mittelpunkt der Arbeitsschulrezeption standen besonders der Handfertigkeitsunterricht, die Verbindung von Lernen und Arbeiten in den Landerziehungsheimen, eine arbeitsunterrichtlich orientierte Kunsterziehung sowie sozial- und mo-
ralpädagogisch intendierte Auffassungen der Arbeitserziehung. Georg Kerschensteiner wurde erst relativ spät in den Rezeptionspool aufgenommen, dann
aber in oft kritikloser Anerkennung der „pädagogisch-organisatorischen Leistungen dieses Mannes, die [...] in einem erquicklichen Gegensatz zu den Leistungen
der leider zahlreichen unfreiwilligen Karikaturisten der Arbeitsschule" gesehen
wurden.[304] Projekte einer geistigen Arbeitsschule, wie sie etwa von Hugo Gaudig
in Leipzig entwickelt worden waren, erzeugten demgegenüber nur ein geringes
Rezeptionsinteresse. Wie stark der Arbeitsgedanke die Beurteilung der zeitgenössischen Reformpädagogik prägte, zeigt sich beispielsweise auch daran, dass Berthold
Otto ausschließlich deswegen kritisiert wurde, weil er den Arbeitsschulgedanken
ignoriert habe.[305]

4.1.2 Die sozial- und moralpädagogische Wendung des Arbeitsbegriffs unter dem Einfluss Robert Seidels

Eine maßgebliche Funktion bei der Transformation solcher arbeitspädagogischer
Auffassungen kam Robert Seidel zu.

Obgleich die Dialektik von Arbeit und Persönlichkeitsentwicklung im politischen und theoretischen Denken der Arbeiterbewegung auch nach Marx eine Rolle
spielte und in vielerlei Facetten diskutiert wurde, hatte sich bis zur Jahrhundertwende nur Seidel mit der pädagogischen Seite des Problems auseinandergesetzt.
Sein Konzept basiert auf einer sozialpädagogisch begründeten Arbeitsschultheorie,
die Arbeit als produktiv gestaltende, auf harmonische Persönlichkeitsentwicklung
orientierte und zugleich als sozialintegrative Tätigkeit auffasst. Auf diese Theorie
wurde nunmehr zunehmend zurückgegriffen. Seidel wurde zu einer der wichtigsten
pädagogischen Referenzfiguren in der Arbeiterbewegung vor dem Ersten Weltkrieg. „Zu einer Kritik an Seidels Auffassungen" sei „es in der damaligen Sozialdemokratie nirgends gekommen", seine Bedeutung „verständlich aus seinem gerade nicht marxistischen Ansatz", habe „es den sozialdemokratischen Autoren" wesentlich erleichtert, „sich in den Zielvorstellungen fast kritiklos mit der Reformpädagogik zu identifizieren."[306] Seidel selbst verstand sich indessen keineswegs im
Gegensatz zu Marx, sondern stellte sich ausdrücklich in dessen Tradition, eine
Position, die in der Sozialdemokratie weitgehend geteilt wurde.

> „Dadurch daß er gleichmäßig die Schule von Marx wie die der klassischen Pädagogen
> genoß, erwarb er sich über die modernen Schriftsteller seines Gegenstandes eine
> Überlegenheit, die ihm sowohl für die Kritik gegnerischer Auffassungen, wie die po-
> sitive Begründung seiner eigenen Ansichten sehr zu statten kam. In ganz richtiger

---

[304] Hausenstein, *SM* 1910 (Dok. 171, S. 718).
[305] Schulz, *NZ* 1901/02 (Dok. 48).
[306] Neumann 1979, S. 388.

124

Anwendung der Marx'schen Geschichtsphilosophie auf die Erziehung" habe er nachgewiesen, „daß mit der Herrschaft der Arbeiterklasse und dem damit nothwendig sich verbindenden Wegfall jedes Klassengegensatzes die harmonische Menschenbildung zur vollen Verwirklichung gelangen und die Arbeit eine ihrer Grundlagen bilden wird." „Mit Recht" lege „er allen Nachdruck auf den Satz, daß in der Handarbeit ein unentbehrliches und durch nichts Anderes zu ersetzendes Mittel der harmonischen Ausbildung des Menschen zu erblicken sei, und daß für die Vertreter dieser Auffassung die Einführung der Arbeit in die Schule vor allem diesem Erziehungszweck dienen solle; selbstverständlich erscheint dabei Bildung der Handgeschicklichkeit, Befriedigung materieller Bedürfnisse, Vorbereitung für das Leben nicht ausgeschlossen, aber gegenüber dem in erster Linie stehenden Zweck rücken jene in die zweite oder dritte Reihe."[307]

Es sei daher verkehrt, wurde mit Seidel argumentiert, „den Arbeitsunterricht darum zu bekämpfen, weil er vermeintlicher Weise [...] die Neubelebung des Handwerks zum Ziele habe", „nur ungehöriger Weise" ließe er sich „mit solchen reaktionären Bestrebungen" verquicken.[308]

Auch in der Vorstellung darüber, wie der Arbeitsunterricht organisiert sein müsse, wurde Seidel weitgehend gefolgt. Danach sollte er „Sache der Schule" sein, weil „eine harmonische Ausbildung [...] allein aus der Verbindung des Wissensunterrichts mit dem Arbeitsunterricht hervorgehen" könne, er sei es „auch allein, der die Nachtheile des heutigen Schullebens mit seiner einseitigen Anstrengung des Schülers durch den Wechsel zwischen geistiger und körperlicher Bethätigung und die Mannigfaltigkeit der Beschäftigung, wie sie der Arbeitsunterricht fordert, aufheben würde".[309] Eine Verlagerung der Arbeitserziehung in die proletarische Familie, wie Clara Zetkin, Käte Duncker und Heinrich Schulz aus Misstrauen gegen die Schule vorschlugen, hielt Seidel aufgrund der sozialen Bedingungen, unter denen viele Arbeiterfamilien leben mussten, im pädagogischen Sinne nicht für sonderlich hilfreich.

Während bürgerliche Arbeitsschulkonzepte häufig auf den Ausgleich schulischer Einseitigkeit fokussiert blieben oder, wie bei Georg Kerschensteiner, staatsbürgerlichen Erziehungsambitionen dienen sollten, erfassten Seidels frühe Auffassungen, wie hier zu sehen ist, Arbeit ausdrücklich als produktiv gestaltende, auf allseitige Persönlichkeitsentwicklung orientierte Tätigkeit. Dass seine Arbeitsschulvorstellungen zunehmend unter Konkurrenz- und Anpassungsdruck gerieten und er sich selbst im Widerstreit mit Kerschensteiner sah, schmälert Seidels Versuch, den Marxschen Ansatz auf seine Weise pädagogisch konkret weitergedacht zu haben, keineswegs. Ein „fanatischer Antimarxist", der „mit allen Gegnern intri-

---

[307] Braun, *NZ* 1886 (Dok. 7, S. 240f.).
[308] Ebd.
[309] Ebd., S. 242.

giert", wie Engels (in einem anderen Kontext) meinte[310], war Seidel in dieser Frage gewiss nicht. Das zeigt gerade die Auseinandersetzung mit Kerschensteiner, die, so stellte Wilhelm Hausenstein 1910 in den *Sozialistischen Monatsheften* fest, in der damaligen „sozialpädagogischen Bewegung [...] wohl das interessanteste Kapitel" gewesen sei.[311]

Allerdings trug gerade auch der Einfluss Seidels dazu bei, in der Arbeiterbewegung eine Denklinie zu etablieren, in der Arbeitserziehung als Teil von Sozialpädagogik und diese als „concrete Fassung der Erziehungsaufgabe überhaupt"[312] verstanden wurde. Die Verbindung von Sozialpädagogik und Arbeitserziehung wurde zu einer Leitidee proletarischer Pädagogik vor dem Ersten Weltkrieg. „Körperliche Arbeit als Grundlage der Erziehung, auch der geistigen und sittlichen", als das „eigentliche charakteristische Kennzeichen der sozialistischen Erziehung", so Heinrich Schulz auf dem Mannheimer Parteitag 1906, unterscheide „die sozialistische Erziehung grundsätzlich von der bürgerlichen, die den Begriff der Arbeit nicht kennt und darum auch nicht aus der Arbeit, sondern aus der Spekulation ihre Moralbegriffe herleitet".[313] Weil die Arbeiterbewegung „die Ursachen der gesellschaftsbildenden und -entwickelnden Vorgänge nicht in der Philosophie, sondern in der Ökonomie" suchen würde, lasse man „konsequenterweise" „die Moral Privatsache sein, unsere Gesellschaftssache ist und bleibt die Arbeit, und wir ersetzen den fortfallenden Religionsunterricht durch den Arbeitsunterricht, das ist: die Erziehung zur Arbeit durch die Arbeit".[314]

Die sozial- und moralpädagogische Wendung des Arbeitsbegriffes führte nicht nur zu mancherlei Begriffsverwirrung und zu einer Idealisierung von Arbeit an sich, wie es beispielsweise auch in proletarischen Erziehungsratgebern zum Ausdruck kommt[315], sondern hinsichtlich der ihr von Marx zugeschriebenen emanzipatorischen Bedeutung in eine Sackgasse.

In der zur Geschichte der Arbeitserziehung vorliegenden Forschungsliteratur wird die Entwicklung der proletarischen Auffassungen zur Verbindung von Unterricht und Arbeit – zumindest für die Zeit vor dem Ersten Weltkrieg – als ein Prozess der Anpassung der Marxschen Positionen zur polytechnischen Bildung an bürgerliche reformpädagogische Arbeitsschulkonzepte und als Phänomen des wachsenden Reformismus in der Arbeiterbewegung beschrieben.

---

[310] Friedrich Engels an Paul Lafargue (London, 29. Juni 1893). MEW, Bd. 39, S. 93. Hier ging es um Seidels Funktion als Sekretär des Vorbereitungskomitees für den III. Internationalen Sozialistischen Arbeiterkongreß in Zürich 1893.

[311] Hausenstein, *SM* 1910 (Dok. 171, S. 720).

[312] Ruben, *SM* 1904 (Dok. 137, S. 626); Fürth, *NZ* 1902/03 (Dok. 54).

[313] Schulz 1907, S. 39.

[314] Lindheimer, *SM* 1908 (Dok. 155, S. 687).

[315] Z.B. ist in einer Erziehungsbeilage der Frauenzeitschrift *Gleichheit* zu lesen: „Die Arbeit ist etwas Großes, Schönes. Sie ist Erhalterin der Gesellschaft. Sie für alle Menschen zur Freude zu gestalten, muß unser Ziel sein. Du kannst deinen Teil mit dazu beitragen, wenn du deinem Kinde Achtung vor der Arbeit beibringst." Zitiert nach Heinrich Schulz: Die Mutter als Erzieherin. 9. Aufl., Berlin 1926, S. 17.

126

„Die Erörterung über die Möglichkeiten und die Gestalt einer den Interessen der Arbeiterklasse entsprechenden Arbeitserziehung außerhalb der proletarischen Familie vermochten in jenen Jahren kein den objektiven Erfordernissen entsprechendes Resultat zu zeitigen. Da man bei allen Überlegungen nicht von einer Analyse der Entwicklungstendenzen der Produktivkräfte und aller damit zusammenhängenden Konsequenzen, dem anderen Charakter der Arbeit, der Eigenart einer neuen Arbeitsteilung, der erforderlichen ‚absolute(n) Disponibilität des Menschen für wechselnde Arbeitserfordernisse' u.ä. ausging, war man sich nicht über das System notwendiger, charakteristischer Bestandteile einer zukünftigen, sozialistischen Arbeitserziehung klar; so konnten auch keine präzis an diesem Ziel orientierte Gegenwartsforderungen aufgestellt werden."[316]

Der Mangel an Abgrenzung und das „unkritische Verhalten zu den mannigfaltigen Bestrebungen bürgerlicher Schulreformer, die das Wort ‚Arbeit' zum Motto ihrer Bemühungen um eine Veränderung der Schulverhältnisse gemacht hatten", sei „mit den immer stärker werdenden reformistischen Einflüssen in der Arbeiterbewegung" zusammengetroffen und habe dazu geführt,

„daß man schließlich diese Bestrebungen der bürgerlichen Reformpädagogik nicht nur als direkte Vorläufer sozialistischer Erziehung, sondern darüber hinaus als gangbaren Weg zu einer sozialistischen Schule ansah und begrüßte."[317]

4.1.3 Kritische Stimmen zum Arbeitsschulverständnis in der Arbeiterbewegung

Gleichwohl wurden die hier angesprochenen Tendenzen in den damaligen Auseinandersetzungen um Bedeutung und Inhalt der Arbeitsschule wahrgenommen und kritisiert. Allerdings waren es gerade so genannte „Reformisten" und „Abweichler" wie Eduard Bernstein, Karl Kautsky, Otto Rühle, Ludwig Woltmann, Paul Göhre u.a., die die Ambivalenz der Nähe zur bürgerlichen Arbeitsschulpädagogik sahen und mit ihren kritischen Einwänden wenigstens zum Teil eine theoretische Bestandssicherung der Marxschen Positionen versuchten. Auch sie erkannten in der handwerklich und sozialpädagogisch orientierten Arbeitsschule ein unterstützenswertes, nicht aber ein das sozialistisch emanzipatorische Ziel allseitiger Persönlichkeitsentwicklung anstrebendes Modell, weil erst in einer nichtkapitalistischen Zukunft die emanzipatorische Seite der Verbindung von Unterricht und Arbeit voll zur Geltung kommen könne.

Neben Karl Kautsky hatte auch Eduard Bernstein vor allzu großen Erwartungen an den Arbeitsunterricht in der Schule gewarnt. Er nahm den Züricher Kongress für Arbeiterschutz vom 6. bis 12. August 1893 und eine dort verabschiedete Resolution zum Verbot jeder Erwerbstätigkeit für Jugendliche unter fünfzehn Jahren zum Anlass, nicht nur die Frage der Kinderarbeit, sondern auch die Integration des

[316] Zur Geschichte der Arbeitserziehung (2) 1971, S. 32; vgl. auch (1) 1970, S. 264. Dabei bleibt allerdings unberücksichtigt, dass die einschlägigen Marx-Texte kaum bekannt waren.
[317] Zur Geschichte der Arbeitserziehung (2) 1971, S. 40.

Handarbeitsunterrichts in die Schule einer Erörterung zu unterziehen, die in vielem an Marx erinnert. Die Einführung des Handfertigkeitsunterrichts sei

> „unbedingt ein Schritt auf dem rechten Wege, und wo Sozialisten Einfluß auf die Ge-
> staltung des Schulwesens haben, ist es ihre Pflicht, auf die Verallgemeinerung und
> systematische Durchführung des Handarbeitsunterrichts hinzuwirken. Aber der Hand-
> arbeitsunterricht, den die Schule leisten kann, hat seine Grenzen. Soll er nicht zur
> Tändelei, zur höheren Kindergartenspielerei ausarten, so muß er von Anfang an fort-
> schreitend auf zweckmäßige Bearbeitung von Material, d.h. auf produktive Thätigkeit
> gerichtet sein. [...] Von einem gewissen Punkte an muß daher der Handarbeitsunter-
> richt zur gewerblichen Fachausbildung übergehen, oder er verliert für den Schüler
> seinen Zweck. Zur Fachausbildung ist aber die allgemeine Schule nicht da [...]. So
> kommt auch von dieser Seite her ein Moment, von wo ab die produktive Arbeit er-
> sprießlich nur außerhalb der Schule fortgesetzt werden kann."[318]

Bernstein setzt diesen Zeitpunkt etwa beim vierzehnten Lebensjahr an. Hier könne „bei Kindern, die keine Neigung zu theoretischem Lernen haben, ein Uebergang zu vorwiegender Handarbeit ohne Bedenken vorgenommen werden", vorausgesetzt, dass „das Gesetz sie vor Ueberarbeit schützt und ihnen Zeit und Gelegenheit zu geistiger Fortbildung sichert". Die Verbindung von „manueller und intellektueller Arbeit" müsse bleiben, nur „das Verhältniß beider wird [...] verändert".[319] Der Frage nachgehend, weshalb sich diese Erkenntnis nicht durchsetzen könne, weist er auf einen fundamentalen Widerspruch im proletarischen Arbeitsschuldenken: Ob-gleich man „die Fabrik als den größten Fortschritt gegenüber Handwerk und Haus-industrie" preise, habe man „sich so in den Gedanken von der unbedingten Scheuß-lichkeit der Fabrik hineingelebt, [...] daß man wirklich glaubt, man opfere die Ju-gend dem Moloch Kapital, wenn man ihr nicht die Thore der Fabrik verschließt". „Aber nirgends lassen sich der Ausbeutung so wirksame Grenzen ziehen als dort", so fährt er fort, „wo die Jugend in Frage kommt", „gerade die Anwesenheit der Jugend" sei „ein Faktor, der mächtiger als irgend ein anderer für die Sanirung der Verhältnisse in der Fabrik ins Gewicht fällt". Bernstein greift hier auf die Argu-mentation von John Bellers, Charles Fourier und Karl Marx zurück und verweist vor allem auf Robert Owen, der ein „Pionier des Kinderschutzes" und „zugleich ein Pionier der systematischen Heranziehung der Kinder zur produktiven Arbeit" gewesen sei. „Die Altersgrenze für die Zulassung der Jugend zu produktiver Arbeit ins Ungemessene hinaufzutreiben", sei oft nur „ein Agitatorenvorurtheil" und „we-der gute Pädagogik, noch gute Sozialpolitik". Es sei

> „noch nicht lange her, daß die Frauenarbeit in der Industrie von der großen Mehrheit
> der Sozialisten als dem Arbeiterinteresse schädlich prinzipiell verworfen wurde, ein
> Standpunkt, der jetzt als reaktionär gilt, trotzdem Frauenarbeit heute auch Ausbeutung
> der Frau heißt. So kann es sich auch bei der Frage der gewerblichen Arbeit jugendli-

---

[318] Bernstein, *NZ* 1897/98 (Dok. 28, S. 307).
[319] Ebd.

cher Personen ereignen, daß das scheinbar Radikalere sich bei näherer Besichtigung als das in Wirklichkeit Konservativere herausstellt."[320]

Marx sei weit davon entfernt gewesen, die Widersprüche der Fabrikarbeit von Jugendlichen und Kindern und die Mängel der Fabrikgesetzgebung zu ihrem Schutz nicht zu sehen. Er habe „nur den relativen Fortschritt gegen den vorherigen Zustand" anerkannt „und daß in ihnen ein richtiges Prinzip ausgedrückt ist. [...]"[321]

Kritisch bewertet Bernstein den „Wunderglauben" an eine möglichst ausgedehnte einheitliche „Schulerziehung", wohl wissend, „mit dieser Ansicht wahrscheinlich heute in der Sozialdemokratie ziemlich vereinzelt da[zu]stehen". „Der kontinuierliche Schulbesuch bis zur Hochschule" habe „nur für denjenigen Werth, der einen bestimmten Studiengang nach freier Wahl und Neigung durchzumachen wünscht, und nicht einmal für den immer". Es gäbe, so argumentiert er, „schon heute eine wachsende Zahl von Leuten, die nur eine sehr primitive Volksschule besucht haben und dann als Arbeiter ihr Brot verdienen mussten" und es dennoch „auf dem Gebiete geistiger Arbeit mit akademisch erzogenen Leuten ganz gut aufnehmen" könnten. Er

„verkenne nicht die Klippen des Autodidakthums, aber viele Autodidakten würden noch sehr viel Besseres geleistet haben, [...] wenn ihnen nicht der Zopf im Wege gestanden und ihnen viele Quellen des Wissens und der Belehrung verschlossen hätte. Dieser Zopf soll fallen, die Thüren zum Tempel der Wissenschaft sollen Jedem offen stehen, der Lust und das Zeug zum Studiren hat; die Volksschule soll verbessert, die Zeit und die Gelegenheit zur Weiterbelehrung für Alle vermehrt werden. Daß aber die Grundsätze der Gleichheit schmählich verletzt werden, wenn nicht alle Proletarierkinder von Staatswegen genöthigt werden, die Schulbänke so lange zu drücken, wie die Bourgeoiskinder es oft nur der Thorheit ihrer Eltern wegen thun müssen, daß der Sozialismus allgemeines und gleiches Brillentragen erheischt, das vermag ich nicht einzusehen."[322]

Bernstein hält hier im Sinne von Marx an einem modernen industriellen Arbeitsbegriff ebenso fest wie an einem unkonventionellen, Arbeit integrierenden universalen Bildungsbegriff.

Den Zusammenhang von Arbeitsunterricht und Sozialismus rückt Ludwig Woltmann in der *Neuen Zeit* in den Mittelpunkt seiner Kritik an den zeitgenössischen Praktiken des Arbeitsunterrichts. „Jede ökonomisch-gesellschaftliche Stufe" habe „auch ihre eigene Methode des Unterrichts und der Erziehung, wie sie den gesellschaftlichen Bedürfnissen und Zwecken entspricht".[323]

„Gegenständliche Anschauung, das war das Losungswort jener großen Pädagogen, die von der sensualistischen Erkenntnißtheorie der französischen und englischen Philosophie beeinflußt waren. Gegenständliche Thätigkeit, das ist das Zauberwort der Marxschen Philosophie, ein erkenntnißtheoretisches Prinzip, das uns nicht nur die Entwick-

---

[320] Ebd., S. 306.
[321] Ebd., S. 307.
[322] Ebd., S. 309.
[323] Woltmann, *NZ* 1900/01 (Dok. 41, S. 353).

lung der geistigen Menschheitsgeschichte erschließt, sondern uns auch einen praktischen Leitfaden an die Hand giebt, die Ausbildung des individuellen Menschengeistes in Unterricht und Erziehung naturgemäß zu lenken."[324]

„‚Eine Assoziation, worin die freie Entwicklung eines Jeden die Bedingung für die freie Entwicklung Aller ist'", brauche „eine Unterrichts- und Erziehungsmethode, die mit den Prinzipien der sozialistischen Wirtschaftsordnung in unmittelbarem Zusammenhang stehen muß". Da die gegebene Schulverfassung im Wesentlichen durch die Interessen des Kapitalismus bestimmt sei – „nicht etwa – um Menschen zu erziehen, sondern um für die Zwecke der kapitalistischen Entwicklung passende Arbeiter, Techniker, Beamte und Wissenschaftsforscher heranzubilden", sei auch der Arbeitsunterricht diesem Zweck untergeordnet.

„In der That kann der heutige Handfertigkeitsunterricht unter den elenden Umständen, in denen sich die Schulen befinden, nur mangelhafte Resultate hervorbringen, und er muß in mechanische Spielerei ausarten, da die gesellschaftlichen Bedingungen der Wirthschaftsorganisation fehlen, die einen vollständigen Arbeitsunterricht erst möglich machen."[325]

Auch Woltmann sieht zahlreiche Ansatzpunkte, die, „wie es immer zuerst zu geschehen pflegt, der persönlichen Initiative einzelner Menschen" zuzuschreiben sind, – namentlich verweist er auf die Verbindung von Arbeitsunterricht mit gesellschaftlich nützlicher Arbeit in den Lietzschen Landerziehungsheimen. Um jedoch allen Kindern die Vorzüge einer besseren Erziehung zu ermöglichen, bedürfe es einer „veränderten ökonomischen Situation".

„Solange Militarismus und Kapitalismus die organische Lebens- und Arbeitskraft des Volkes ruinieren, werden ähnliche Versuche, wie die beschriebenen, nur ein Tropfen Oel in den Fluten des sozialen Elends sein. [...] Die Zukunft wird und muß hierin Wandel schaffen."[326]

„Was für ein Erziehungsmittel ist denn heutzutage die Arbeit?" wird schließlich in einer Sammelrezension in den *Sozialistischen Monatsheften* gefragt.

„Hat der Mensch ihre Ehre, Schönheit und Nützlichkeit nicht längst erschlagen? Muss sich eine Erziehung durch Arbeit heute nicht sehr hüten, die mörderische Arbeitswirklichkeit den Schülern auch nur ahnungsweise aufgehen zu lassen? Wo deshalb die Arbeitserziehung nicht als ein Hinweis auf die kommende sozialistische Gesellschaft, die der Arbeit ihren natürlichen Wert wiedergibt, erfasst wird, da bleibt sie eine Potemkinsche Täuschung, deren pädagogischer Wert sehr fraglich ist."[327]

---

[324] Ebd., S. 354.
[325] Ebd.; Woltmann bezieht sich hier unmittelbar auf Karl Marx/Friedrich Engels: Das Kommunistische Manifest. MEW, Bd. 4, S. 482.
[326] Ebd., S. 357.
[327] Unterricht und Erziehung, *SM* 1906 (Dok. 140, S. 637).

130

Aus der Literatur zur Arbeitsschule böte einzig Otto Rühles Studie *Arbeit und Erziehung* eine andere Perspektive.[328] Auch er weise „auf das Empörende der bestehenden Unterrichtsmethode" hin, auf den „Formalismus", das „Papageientum" und die „totale Unfruchtbarkeit der Schularbeit".

> „Auch er eifert gegen das Sitzen wegen seiner traurigen Folgen für die Gesundheit, wobei er aber nicht zu betonen versäumt, dass an den schlechtgenährten Kindern des Volkes, deren ganzer Organismus ,nach Sonne, Luft, Bewegung, Kräftigung förmlich schreit', die Schule die doppelte Sünde begeht, Wirkungen schlechter gesundheitlicher Verhältnisse zu gravieren, welchen entgegenzuwirken gerade sie berufen ist."[329]

Umso mehr sei es aber unter den gegebenen Umständen notwendig,

> „daß ein Pädagoge, dem es Ernst ist mit dem Arbeitsunterricht, die geschichtlichen Formen des Arbeitsprozesses auf ihren Erziehungswert untersucht, und das Resultat dieser Untersuchung kann nichts anderes sein, als die Hoffnung auf die noch kommende Form. Denn ,der modernen Lohnarbeit fehlen alle ethischen und erzieherischen Momente', und erst ,wenn die Arbeit das geworden ist, was sie sein soll [...], der Inbegriff der natürlichen Bestimmung des Menschen und der schönste Ausdruck menschlicher Würde, erst dann wird sie wirklich geeignet sein, ihre erzieherische Mission zu erfüllen'. Die Arbeitsschule ist deshalb die Schule der sozialistischen Zukunft, und die Gegenwart kann nur dem Künftigen vorarbeiten."[330]

Wie der hier zitierte Otto Rühle plädierten auch andere für eine Unterscheidung zwischen Zukunftsvision und Gegenwartsaufgaben, zwischen Denkbarem und Machbarem.

> „Es erscheint in gleicher Weise wünschenswert und notwendig, dass wir sowohl ein deutliches, sicher gezeichnetes Gesamtbild von der mutmasslichen Gestaltung des Erziehungswesens in einer socialistischen Gesellschaft, als auch Klarheit und Übereinstimmung darüber schaffen, an welchem Puncte und mit welcher Taktik wir die heutigen unhaltbaren Schulzustände am erfolgreichsten bekämpfen können",

schreibt Paul Göhre im Hinblick auf die beginnende bildungspolitische Programmdiskussion in der Sozialdemokratie und erläutert seine Position an

> „der Methode der Arbeitserziehung, über die selbstverständlich nur erst noch wenige und unvollkommene praktische Erfahrungen vorliegen. Es wird also einfach erst eine Sache zukünftiger Praxis sein, wie diese Arbeitserziehung am besten zu betätigen ist, auf welchen Disciplinen vor allem, wie weit und wo sie etwa in Verbindung mit anderen, heute geltenden Methoden anzuwenden und mit diesen zu verschmelzen ist. Über das alles also, das ein geradezu grundlegendes Gebiet der Erziehung betrifft, lassen sich ausser der Skizzierung des Princips der neuen Arbeitserziehungsmethode nur Vermutungen, Wahrscheinlichkeiten und Wünsche äussern. Daraus kann man aber unmöglich ein ernsthaftes Programm schaffen."[331]

---

[328] Vgl. Otto Rühle: Arbeit und Erziehung. München 1904. Hierbei handelt es sich um eine Aufsatzserie, die 1904 zuerst im *Hamburger Echo* erschienen ist.
[329] Unterricht und Erziehung, *SM* 1906 (Dok. 140, S. 637).
[330] Ebd.
[331] Göhre, *SM* 1904 (Dok. 136, S. 620f.).

131

Die hier nur exemplarisch angedeuteten Diskurslinien spiegeln vor allem Uneinheitlichkeit in der Arbeitsschulfrage. Das darf allerdings angesichts der bildungspolitischen und bildungstheoretischen Sprengkraft, die dem polytechnischen Bildungskonzept von Anfang an innewohnte, nicht wundern. Soziale Integration oder soziale Emanzipation war letztendlich die entscheidende Frage, um die sich die Arbeitsschuldiskussion in der Arbeiterbewegung entfaltete. Nicht zuletzt unter dem Eindruck bürgerlicher reformpädagogischer Arbeitsschulauffassungen erlangte ein sozialerzieherisch intendiertes, sozialintegrierendes Arbeitsschulmodell nachhaltige Dominanz. Gleichwohl finden sich nicht wenige Indizien für Fortentwicklungen der polytechnischen Bildungsidee, wie sie dann später – zum Beispiel in der industriellen Arbeitsschule des Pawel Petrowitsch Blonski[332] oder der Produktionsschule des Bundes Entschiedener Schulreformer[333] – erneut aufgegriffen wurden.

4.2 „Die Kunst für alle"[334] – zur Rezeption der Kunsterziehungsbewegung

Das Interesse an zeitgenössischen Kunstdiskussionen ist in beiden Zeitschriften ausgeprägt und auf verschiedene Weise intendiert. Es ist Ausdruck der kulturellen Identität eines großen Teils der proletarischen Intelligenz. Es ist außerdem Bestandteil eines breiten Selbstverständigungsprozesses über die Bedeutung von Kunst und Literatur für die proletarische Emanzipationsbewegung. Und es ist schließlich im engeren pädagogischen Sinn Indiz für die Konstituierung eines Menschenbildes, das der künstlerisch-ästhetischen Erziehung einen gewichtigen Stellenwert für die Subjektwerdung des Menschen einräumt. Die Kunst aus der Privilegierung für eine bildungsbürgerliche Minderheit zu befreien, sie den breiten Massen des Volkes zugänglich zu machen, ihre Vergesellschaftung und Demokratisierung zu befördern und mit ihrer Hilfe zur Entwicklung einer Kulturgesellschaft beizutragen, entsprach den Kulturvorstellungen im Umfeld der Arbeiterbewegung. „Kulturmenschen" sollten die Menschen der Zukunft werden können, „harmonische Vollmenschen"[335], denen Kunst gleichermaßen ein ästhetisches wie ein Bildungsbedürfnis ist.[336] „Nicht länger: entsagen und verkümmern, sondern: genießen und gedeihen!"[337] Zahlreiche praktische Initiativen, die Unterstützung von Volksbibliotheken und Lesehallen, die Herausgabe von Volksausgaben literarischer

[332] Vgl. P. P. Blonski: Die Arbeits-Schule. Ins Deutsche übersetzt von Hans Ruoff, München. Hrsg. von Max Hermann Baege. Berlin-Fichtenau 1921; vgl. auch Blonskij 1973; Blonski 1986.
[333] Vgl. Paul Oestreich: Die Schule zur Volkskultur. München, Leipzig 1923; vgl. auch Oestreich 1978; Bernhard 1999.
[334] Amedorf, NZ 1898/99 (Dok. 36, S. 340)
[335] John Schikowski: Die neue Ethik und die neue Kunst. NZ 1920/21, Nr. 10, S. 229-234.
[336] Vgl. NZ 1883 (Dok. 1).
[337] Amedorf, NZ 1898/99 (Dok. 36, S. 340).

Werke, Zeitschriften und Kulturbeilagen und besonders der Verein „Freie Volksbühne"[338] stützten diesen Kulturanspruch.[339]

4.2.1 Kunstverständnis und Kunstdiskussion in der Arbeiterbewegung

Welcher Art allerdings der Kunstbegriff des Proletariats sein, auf welche Weise
Kunst angeeignet werden sollte und welche Bedeutung ihr im Gesamtkonzept
ethischer, ästhetischer und kognitiver Weltwahrnehmung zukommen müsse, er-
zeugte in der Geschichte der proletarischen Bewegung immer wieder Kontroversen
und Debatten, an denen sowohl *Die Neue Zeit,* deren kulturpolitisches Profil ab
1891 maßgeblich von Franz Mehring geprägt wurde, als auch die *Sozialistischen
Monatshefte* richtunggebend beteiligt waren. „Das Proletariat soll kein ästhetischer
Lesezirkel werden"[340], forderten die einen, Literatur und Kunst sei eine der „Lebensäußerungen der Gesellschaft", die „miteinander in organischem Zusammenhange" und „in einer nothwendigen und natürlichen Wechselwirksamkeit"[341] bestehen, meinten andere. In zahlreichen so genannten Debatten wurde vor allem das
Verhältnis zur zeitgenössischen Literatur und Kunst erörtert. Naturalismus und
Individualismus waren Gegenstand der Naturalismus-Debatte (1891 bis 1896).[342]
In der Schiller-Debatte[343] ging es um das Verhältnis der Arbeiterbewegung zum
kulturellen Erbe, in der Nietzsche-Debatte[344] artikulierten sich divergierende Auffassungen zur Bedeutung der kulturkritischen Ansichten Friedrich Nietzsches für
das proletarische Kultur- und Kunstverständnis. Ob Kunst primär eine Funktion als
Waffe im Klassenkampf, als Unterhaltung und Genuss, als sozialpolitische Aufklärung oder als ästhetische Veredlung der Arbeiter zu erfüllen habe, wurde ebenso
diskutiert wie die Frage nach einer spezifisch sozialistischen Ästhetik oder nach
dem Sinn von Kunst für das kämpfende Proletariat überhaupt. „Gefühlssozialis-
mus" versus „wissenschaftlicher Sozialismus" war Thema einer Debatte zwischen
der *Neuen Zeit* und dem *Vorwärts* in den Jahren 1904/05, in der Karl Kautsky dem
Vorwärts vorwarf, vom wissenschaftlichen Sozialismus der Anfangsjahre zu einem
ethisch-ästhetischen Sozialismus gewechselt zu haben, der Kultur und Kunst einseitig favorisiert, eine Debatte, die sich dann intervallartig und in verschiedenen
Konstellationen wiederholt.[345]

In diesen frühen Diskursen etablierten sich Bewertungsmuster, die das kunst-
theoretische und literarische Verständnis der Arbeiterbewegung auf lange Zeit
prägten. Das gilt insbesondere für das Klassikerverständnis:

---

[338] Vgl. Pforte 1990.

[339] Vgl. zur proletarischen Kultur generell Groschopp 1985; auch Wunderer 1980; Kramer 1987.

[340] Erich Schlaikjer: Die Befreiung der Kunst. *NZ* 1895/96, Nr. 3, S. 70.

[341] Edmund Wengraf: Literatur und Gesellschaft. *NZ* 1888/89, S. 241.

[342] Vgl. Lexikon sozialistischer Literatur 1994, S. 340ff.

[343] Ebd., S. 414ff.

[344] Vgl. Lamprecht 1988.

[345] K. Kautsky: Die Fortsetzung einer unmöglichen Diskussion. *NZ* 1904/05, Nr. 49, S. 717-727.

„Es gehörte zum sozialdemokratischen Selbstverständnis, dass der Sieg des Proletariats schließlich ein Sieg der Kultur, der von der Arbeiterklasse bewahrten, in ihr aufgehobenen kulturellen, ethischen, auch religiösen Werte und Traditionen der Menschheit sein werde, den nach Bebels Auffassung die Bourgeoisie an ein rein ‚materialistisches' Profitdenken verraten habe. Entsprechend wurde die deutsche Klassik als höchster künstlerischer Maßstab verstanden. Das ging einerseits parallel zum Klassikverständnis der deutschen Literaturwissenschaft, zielte andererseits auf die historisch-materialistische Neudeutung. Als Kunst der bürgerlichen Aufstiegsphase eigne der Klassik jener Optimismus, den das Bürgertum verloren habe, den nun die Arbeiterklasse vertrete, von der Mehring annahm und forderte, sie ziehe der bürgerlichen Moderne nicht die Produkte des Kunstkommerzes, sondern die Werke Goethes oder Schillers vor."[346]

Mit diesem Kunst- und Literaturverständnis blieb „der aus dem Sturm und Drang datierte Geniebegriff dominant", wurde „die grundsätzliche Ablehnung der deutschen Romantik" befestigt und die moderne bürgerliche deutsche Literatur „nach dem Naturalismus", wenn nicht ignoriert, so doch zumindest äußerst kritisch begleitet.[347]

„Von der jungen kräftigen Bewegung der achtziger Jahre ist nichts zurückgeblieben als jene ‚müden Seelen', die sich ihre so zahlreichen und vielfältigen Gefühle aus der Lektüre aneignen, in einer gemüthlichen Fensternische sitzend, das plumpe, niedrige Leben der Herdenthiere da draußen an sich vorbeiziehen lassen, ihren unwissenden, unfruchtbaren Müßiggang für schöpferisches künstlerisches Empfinden ausgeben. Diese Sippe von greisenhaften Kindern ist es, die Satiren und Komödien schreibt, und das ist selbst die beste Satire."[348]

Es gäbe nur kleines „Stricheln", „Kaffeehausliteratur"[349], eine „Mischung aus Nietzsche und Schwülstigkeit"[350], „des Übels Kern" sei die „Massenproduktion"[351] u.s.f. Die Kunst sei in der Krise, eine „neue große Blütezeit"[352] nicht zu erwarten. Mystizismus, Irrationalismus, Obskurantismus galten als Zeichen spätbürgerlicher Dekadenz, der Rationalismus der Aufklärung zunehmend überlagert. Die holländische sozialistische Literaturtheoretikerin Henriette Roland-Holst gelangte zu der zentralen These, dass der Mystizismus in der modernen Literatur kein Zufall, sondern

„der geistige Ausdruck der Furcht und Abkehr von jenen Kräften" sei, „die allein die Poesie von Schwächlichkeit befreien und aus dem Verfall retten können, d.i. das Proletariat", „ein Versuch, die Augen zu schließen vor der Welt, die da kommen will und

---

[346] Lexikon sozialistischer Literatur 1994, S. 360.

[347] Ebd., S. 360f.; vgl. Auch I. Axelrod: Die Psychologie der Neoromantik als soziale Erscheinung. *NZ* 1907/08, Nr. 6, S. 180-186.

[348] Otto Ernst: Jugend von heute (Rezension von D.B.). *NZ* 1899/1900, Nr. 21, S. 658.

[349] Ebd.

[350] Felix Holländer: Der Weg des Thomas Struck. Ein moderner Erziehungsroman (Rezension von Heinrich Ströbel). *NZ* 1901/02, Nr. 17, S. 524.

[351] Johannes Gaulke: Das Stiefkind der Kunst. *NZ* 1897/98, Nr. 15, S. 463.

[352] Gustav Landauer: Die Zukunft und die Kunst. *NZ* 1891/92, Nr. 17, S. 532.

vor den Veränderungen, die jetzt schon vor sich gehen. Ihr Evangelium der menschlichen Ohnmacht und Unwissenheit paßt für eine Klasse, die nicht begreifen will, weil es für sie nichts Anderes mehr zu begreifen gibt, als ihren eigenen Untergang, den zu verhüten doch nicht in ihrer Macht liegt."[353]

4.2.2 Faszination und Kritik der Kunsterziehungsbewegung

Im Kontext dieser Diskurse und Kontroversen ist auch die Rezeption der Kunsterziehungsbewegung zu betrachten. Die Kunsterziehungsbewegung mit ihrem weit über Schule und Pädagogik hinausreichenden Anspruch

„verstand sich als Teil einer Bewegung, die einen umfassenden kulturellen Neubeginn herbeiführen wollte und dabei auf Läuterung der Gesellschaft im Geiste der Kunst setzte. In Deutschland schien sich damit zugleich eine Alternative zu den Kulturvorstellungen im Umfeld der Sozialdemokratie zu eröffnen, was der Tendenz zu völkisch-nationalistischen Vorstellungen Vorschub leistete."[354]

Vor diesem Hintergrund konnte sich das Verhältnis der Arbeiterbewegung zur Kunsterziehungsbewegung nur ambivalent und widersprüchlich gestalten. Angezogen vom kulturellen Anspruch und mehr noch von der Kapitalismuskritik der Kunsterziehungsbewegung, abgestoßen vom ihren nationalistischen und elitären Implikationen, wurde in der Arbeiterbewegung – nachvollziehbar auch in ihren Zeitschriften – um Positionen gerungen. Ungeachtet ihres demokratischen Kultur- und Kunstverständnisses teilten nicht wenige der an diesen Diskursen Beteiligten die der Kunsterziehungsbewegung eigene Sinnsuche, ihr kulturelles Sendungsbewusstsein, ihre gesellschaftlichen Erneuerungs- und menschlichen Vervollkommnungsphantasien, ihre Kritik an Vermassung und Konsum, ihren Kulturpessimismus und damit zugleich ihre Widersprüche und Gefahren.

Wie die meisten Vertreter dieser Richtung sah die Arbeiterbewegung durch den allgemein diagnostizierten Kulturverfall vor allem die Jugend gefährdet. Sie unterstützte daher alle Bewegungen, die sich zu den vermeintlich ruinösen Tendenzen der Zeit kritisch verhielten. Das jedoch ist nur eine Seite. Die Kunsterziehung präsentierte sich vor allem als eine pädagogische Wende zur ganzheitlichen, die kreativen Kräfte des Menschen anregenden Erziehung. Dieser Ansatz entsprach dem in der Arbeiterbewegung vorherrschenden ästhetischen Konzept, wie es sich u.a. in der Schiller-Debatte manifestiert hatte. Für Schiller war der ästhetische Mensch Symbol für Freiheit und Harmonie, Zweck der ästhetischen Erziehung in erster Linie Menschenbildung. Ästhetische, ethische und kognitive Bildung wurden als Ganzes, sich wechselseitig Beeinflussendes und Bedingendes gesehen und ästhetische Kompetenz als eine Voraussetzung für kognitive Welterkenntnis.

Da das „Proletariat diejenige Klasse ist, welche durch ihre soziale Lage mehr als jede andere an der Entwicklung eines künstlerischen Empfindens und an künstlerischem Schaffen gehindert wird, während die Bourgeoisie in dieser Beziehung

---

[353] Henriette Roland-Holst: Der Mystizismus und die moderne Literatur. *NZ* 1901/02, Nr. 13, S. 389.
[354] Hein 1991, S. 12.

135

besonders begünstigt ist", sei es für die Proletarierkinder, „welche nach Licht und Poesie hungern"[355], besonders wichtig, Zugänge zur Kunst und Literatur eröffnet zu bekommen. Nicht die Kunst in der deutschnationalen Gesinnung von Julius Langbehns *Rembrandt als Erzieher* und nicht eine Kunst, der „in der Knechtgestalt" am wohlsten ist und die „am liebsten zu Hofe" geht[356], waren gemeint, wenn für die Proletarierkinder kulturelle Partizipation eingefordert wurde, sondern Kunst als Mittel emanzipatorischer Erziehung und Aufklärung. Als sich in Hamburg eine kleine Gruppe Lehrer zusammentat, um im Jahre 1896 eine „Vereinigung zur Pflege der künstlerischen Bildung" zu gründen, konnte sie deswegen von vornherein mit der Sympathie der Arbeiterbewegung rechnen. In der *Neuen Zeit* wurde diesem „Unternehmen", das gegen die „ganze Zunft der ortsüblichen pädagogischen Tagelöhner" „mit mutiger Entschlossenheit die Ideen des pädagogischen Fortschritts" vertritt[357], eine erfolgreiche Perspektive prognostiziert, die „Anregung, die Jugend und das Volk zum Kunstgenuß zu erziehen", würde „sich zu einer Macht auswachsen", „vor der die heutige schul- und volkspädagogische Theorie und Praxis kapituliren muß".[358] Auf der Deutschen Lehrerversammlung Pfingsten 1896 in Hamburg stellte die Lehrervereinigung ihr kunsterzieherisches Konzept erstmals einer breiteren pädagogischen Öffentlichkeit vor. Als Redner hatte sie u.a. den in der Arbeiterpresse populären, gleichwohl nicht unumstrittenen Volksschullehrer, Jugenddichter und Literaturkritiker Otto Ernst[359] gewonnen, dessen Begründung einer neuen Kunsterziehung in der Arbeiterbewegung auf Resonanz stieß und das Interesse an den Hamburger Initiativen zusätzlich motivierte[360]:

> „Aus Gründen der Pädagogik, der sozialen Ethik und der Nationalökonomie muß die Erziehung der Kinder zum Kunstgenuß gleichberechtigt neben der intellektuellen und moralischen Erziehung stehen. Deshalb sind besonders im Literatur-, Zeichen-, Gesangs-, Turn-, Handarbeits- und eventuellen Handfertigkeitsunterricht solche Stoffe,

---

[355] Erdmann, *NZ* 1893/94 (Dok. 18, S. 273).
[356] Der Kapitalismus und die Kunst, *NZ* 1890 (Dok. 12, S. 256).
[357] Pädagogische Reform, *NZ* 1903/04, (Dok. 56, S. 403).
[358] Amedorf, *NZ* 1898/99 (Dok. 36, S. 333).
[359] Otto Ernst, eigentlich Otto Schmidt (1862-1926), 1877-80 Präparandenanstalt, 1880-83 Lehrerseminar Hamburg, 1883-1900 Volksschullehrer in Hamburg, danach freier Schriftsteller, schrieb gesellschaftssatirische Theaterstücke, bildungskritische Texte, Bildungsromane, Kindergeschichten, u.a.: Jugend von heute (1899), Flachsmann als Erzieher (1901), Asmus Sempers Jugendland (1905), Semper, der Jüngling (1908), Semper, der Mann (1916). In der proletarischen Presse trat er vor allem als Literaturkritiker hervor. Hier wurden auch die meisten seiner Werke teils zustimmend, wegen ihrer künstlerischen Qualität und ihrer vordergründigen Tendenz häufig auch kritisch rezensiert. Auch wurde ihm ein Hang zum Anarchismus vorgeworfen, so in einer Rezension seines Buches Des Kindes Freiheit und Freude (1907). Es wäre besser gewesen, heißt es darin, „nicht bloß bei Kropotkin, sondern auch bei Pestalozzi, Fichte, Fröbel, Goethe, Owen, Marx und Seidel" nachzulesen. Schulz, *NZ* 1907/08 (Dok. 74, S. 461).
[360] Das führte u.a. dazu, dass das Publikationsorgan der Lehrervereinigung für die Pflege der künstlerischen Bildung, die wöchentlich erscheinende *Pädagogische Reform*, in der proletarischen Presse regelmäßig ausgewertet wurde. Vgl. Dok. 36, 56.

die einen künstlerisch und ästhetisch erziehenden Werth besitzen, zu bevorzugen und in reichlichem Maße zu behandeln."[361]

Vor allem der Zusammenschluss von ästhetischer, intellektueller und ethischer Erziehung mit künstlerischer Produktivität wurde als ein Versuch gesehen, „dem wichtigsten Problem der Erziehung der Zukunft, der Einführung der Arbeit als Basis der Erziehung, von der Seite der Kunst aus beizukommen".[362]

4.2.3 Anschluss oder Abgrenzung? – Diskurse über die Reform der Kinder- und Jugendliteratur

Obgleich in den Diskursen um die Jahrhundertwende ein solch weites Verständnis von Kunsterziehung eröffnet und in den folgenden Jahren beibehalten wurde, konzentrierte sich die pädagogische Diskussion in beiden Zeitschriften zunehmend auf das Gebiet der Kinder- und Jugendliteratur. Schon bevor Heinrich Wolgast 1894 mit seinem Buch *Das Elend unserer Jugendliteratur* für Schlagzeilen gesorgt hatte und bevor von den Volksschullehrervereinigungen in Hamburg und Berlin Verzeichnisse empfehlenswerter Kinder- und Jugendliteratur herausgegeben wurden, hatten sich in der Arbeiterbewegung Stimmen für eine eigene proletarische Kinder- und Jugendliteratur erhoben. Damit sollte zum einen ein Gegenpol zu der von „Mordspatriotismus, Byzantinismus und Muckerei" strotzenden zeitgenössischen Kinderliteratur geschaffen werden.[363] Zum anderen hatte man durchaus die Probleme erkannt, mit denen die Kinder der Arbeiter durch „bürgerliche" Kinderbücher konfrontiert waren. Sie bekamen darin eine ihnen fremde Lebenswelt vorgeführt, die „ihrem instinktiven Gefühl zuwiderlief" und in der sie selbst nur „eine klägliche Rolle" spielten, in der sie

> „und die Ihrigen [...] im Ganzen nur als Wesen auf[traten], die unter Voraussetzung eines anspruchslosen, respektvollen Benehmens gegen die ‚Gebildeten' ein wohlwollend geduldetes Appendix der allein in Betracht kommenden reicheren Klassen ausmachten, denen sie zur Bethätigung ihrer geistigen und moralischen Ueberlegenheit dienen mußten."[364]

Dem „ersten sozialistischen Bilderbuch"[365] wurde deshalb ungeachtet seines „künstlerischen Gehaltes" eine große Bedeutung beigemessen. Zum ersten Mal erschien das Proletariat hier als eine „selbständige Welt, die von den anderen Klassen keine Moral zu borgen braucht und des Daseins der Anderen absolut nicht benöthigt."[366] Nicht Entfremdung des eigenen Milieus, sondern Identität und

---

[361] Amedorf, *NZ* 1898/99 (Dok. 36, S. 333).

[362] Schulz, *NZ* 1903/04 (Dok. 56, S. 404).

[363] Erdmann, *NZ* 1893/94 (Dok. 18, S. 275).

[364] Ebd., S. 272.

[365] Gemeint war ein 1893 vom Dietz-Verlag herausgegebenes Bilderbuch für große und kleine Kinder. Vgl. dazu die Rezension von Else Erdmann (Dok. 18).

[366] Ebd., S. 272f.

Selbstbewusstsein sollten durch die Literatur und die literarische Bildung erzeugt werden.

Seit dem Erscheinen des ersten sozialistischen Bilderbuches riss die Diskussion nicht ab, sie kulminierte um die Jahre 1900/01, ausgelöst durch einen Artikel in der *Neuen Zeit*, in dem die holländische Kinderbuchautorin und Publizistin Sjoukje Troelstra die Schaffung einer internationalen sozialistischen Kinder- und Jugendliteratur forderte[367] und damit Widerspruch, u.a. von Heinrich Schulz, herausforderte[368], noch einmal 1903/04, nachdem auf dem Dresdener Parteitag 1903 von einer Gruppe Magdeburger Delegierter erneut eine stärkere Beachtung der Jugendschriftenproblematik beantragt wurde, und mündete, allerdings ohne inhaltlich abgeschlossen zu sein, in der Herausgabe erster eigener Kinderbeilagen in der proletarischen Frauenzeitschrift *Die Gleichheit* in den Jahren 1905/06.

In diesen Auseinandersetzungen erwies sich die Aufstellung allgemeiner Kriterien für gute Kinder- und Jugendbücher, auch hier in Anlehnung an den Hamburger Jugendschriftenausschuss, als konsensfähig. Sie sollten Wissensdrang, schöpferische Produktivität und Kunstgenuß fördern, „Natur und Wahrheit"[369] erschließen und Solidarität und Charakter entwickeln.[370] Hingegen existierten hinsichtlich der Frage, ob die Arbeiterbewegung eine spezifische eigene sozialistischen Kinder- und Jugendliteratur brauche und welche Funktion dieser bei der Erzeugung sozialistischen Bewusstsein zukomme, zwei unterschiedliche Tendenzen, hinter denen nicht zuletzt allgemeinere Überlegungen zur Bildung und Erziehung der Arbeiterkinder standen.[371]

In der Geschichte der Arbeiterbewegung tauchte immer wieder die Vorstellung auf, dass die Erziehung des eigenen Nachwuchses von der Arbeiterschaft selbst in die Hand genommen werden müsse, um den spezifischen Voraussetzungen und Bedürfnissen der Arbeiterkinder gerecht werden zu können.[372] Solche Auffassungen waren von tiefem Misstrauen in die bürgerlich intendierte Bildungspolitik und

---

[367] Troelstra, *NZ* 1900/01 (Dok. 43). – Sjoukje Troelstra (1860-1939) gehörte zu den bedeutendsten Persönlichkeiten der frühen holländischen Arbeiterbewegung (Pseudonyme: Nienke van Hichtum, Sietske, Sj.T., L. van Ankum).

[368] Schulz, *NZ* 1900/01 (Dok. 44).

[369] Troelstra, *NZ* 1900/01 (Dok. 43, S. 360); vgl. auch dies.: Noch einmal unsere Jugendliteratur. *NZ* 1903/04, Nr. 11, S. 326-334 sowie eine Entgegnung zu Troelstra. *NZ* 1903/04, Nr. 12, S. 383-384.

[370] Erdmann, *NZ* 1893/94 (Dok. 18).

[371] In der einschlägigen Literatur aus den 1970er Jahren werden die Jugendschriftendebatte in der Sozialdemokratie und insbesondere der Anschluss an die Jugendschriftenbewegung als Zeichen einer revisionistischen Haltung der damaligen Sozialdemokratie und als typische Erscheinung des Revisionismus gedeutet. Mit den Kinderbeilagen habe die Sozialdemokratie bewiesen, dass sie durchaus in der Lage gewesen sei, eine eigene Kinderliteratur zu schaffen. Vgl. Fülberth 1972; Richter 1973; Bendele 1979.

[372] Solche Auffassungen existierten bereits in der 1864 gegründeten I. Internationalen Arbeiterassoziation. Vorschläge gingen dahin, für Arbeiterkinder eigene, selbstverwaltete Schulen einzurichten. Im vorliegenden Zusammenhang wurde dieser Standpunkt besonders von Wally Zepler vertreten. Vgl. ihren Aufsatz Jugendorganisationen. *SM* 1906, Nr. 9, S. 765-769.

138

Erziehungspraxis und von einem bemerkenswerten Erziehungsoptimismus hinsichtlich der eigenen Möglichkeiten geprägt. So tendierte auch in der Jugendschriftenfrage eine Richtung nach dem Motto „Hilft dir niemand, so hilf dir selbst"[373] zur
Produktion eigener Kinder- und Jugendbücher, zumindest aber zur Erarbeitung
separater Literaturempfehlungen und Anleitungen für Arbeitereltern zur ästhetisch-
literarischen Erziehung ihrer Kinder. Die Vertreter dieser Richtung knüpften, wie
die erwähnte Sjoukje Troelstra oder der an den Folgen einer Gefängnishaft jung
verstorbene Redakteur der *Erfurter Tribüne*, Richard Levy[374], daran die Erwartung,
sozialistische Ideen rascher verbreiten zu können. Danach sollte Literatur die eigene soziale Welt der Kinder erschließen helfen, humanistische Werte vermitteln, in
einem weiten Sinne bildend wirken und verderbliche Einflüsse billiger und inhaltlich fragwürdiger Printerzeugnisse fernhalten. Eine zweite, mehrheitliche Richtung, vertreten u.a. durch Heinrich Schulz und gleichermaßen durch die Redaktion
der *Neuen Zeit*[375], identifizierte sich mit den Jugendschriftenverzeichnissen der
Lehrervereine, plädierte lediglich für Modifizierungen und lehnte kategorisch Ansichten ab, wonach proletarische Kunst und Literatur willkürlich geplant und
„treibhausmäßig" gezüchtet werden könne.[376]

> „Was für die Jugenderziehung im Allgemeinen gilt, gilt für die Jugendzeitschrift im
> Besonderen. Es darf nicht unser Ziel sein, eine spezifisch sozialistische Jugendlitera-
> tur zu schaffen. Wir würden damit in die Arena der tendenziösen Jugendschriftstelle-
> rei herabsteigen und uns grundsätzlich nicht von den ‚Machern' und Befürwortern der
> patriotischen und religiösen Tendenzjugendliteratur unterscheiden. [...] Wir Sozialis-
> ten kämen in Deutschland um einige Jahre zu spät, wenn wir jetzt erst feierlich mit
> der Schaffung einer ‚von Frömmelei und Rohheit freien' Jugendliteratur beginnen
> wollten. Seit langen Jahren existirt in der deutschen Lehrerschaft eine so zielbewußte
> und dabei im höchsten Grade energievolle Bewegung zu Gunsten einer in jeder Be-
> ziehung einwandfreien, nur von den Grundsätzen einer vernunftgemäßen Pädagogik
> geleiteten Jugendliteratur, daß die Arbeiterschaft nur nöthig hat, sich dieser Führung
> anzuschließen."[377]

Immer wiederkehrende Diskussionen über Tendenzliteratur und -kunst spiegelten
sich auch in den Diskursen über die Kinder- und Jugendliteratur. Zumindest in den
Jahren nach der Jahrhundertwende dominierte eine ablehnende Auffassung zur
politischen Beeinflussung der Kinder und Jugendlichen durch Literatur und Kunst.

> „Was unsere Jugendliteratur bieten soll, ist ja nichts Unerhörtes. Das, was unerhört in
> unserer Bewegung ist, unsere Grundsätze, unsere Ziele, das braucht in der Jugendlite-

---

[373] Richard Levy: Jugendliteratur und Sozialismus. *NZ* 1902/03, Nr. 50, S. 772-773; vgl. auch Max
Quarck: Volksbildung und Sozialdemokratie. *SM* 1906, Nr. 9, S. 754-760.
[374] Jugendliteratur und Sozialismus. Notiz über den Antrag 49 der Magdeburger Genossen zum Dresdner Parteitag, von Adam Bär. *NZ* 1903/04, Nr. 4, S. 127.
[375] Vgl. Schulz, *NZ* 1900/01 (Dok. 44).
[376] Nachwort der Redaktion zu Erdmann, *NZ* 1893/94 (Dok. 18); Ströbel, *NZ* 1901/02 (Dok. 49).
[377] Schulz, *NZ* 1900/01 (Dok. 44, S. 362); vgl. Bl[ume], *NZ* 1903/04 (Dok. 55).

ratur nicht abgehandelt zu werden. Sie soll nicht sozialistische Propaganda treiben, sondern Charaktere bilden."[378]

Auch der Antrag an den Dresdner Parteitag 1903 folgte dieser Tendenz:

> „Die wahre Volksliteratur – unvergängliche Kunstwerke aller Zeiten – kann dem Proletariat nur erschlossen werden durch Erziehung der Jugend zum künstlerischen, nachschaffenden Genuß echter Dichterwerke, durch die Erziehung zum Genuß von Kunstwerken überhaupt. Diese Jugenderziehung kommt dann späterhin auch der Propagierung unserer Ideen zugute, indem sie das heranwachsende Geschlecht zu denkenden, intelligenten, tatkräftigen Menschen reifen läßt!"[379]

Für die künstlerische Entwicklung sei es allemal „günstiger und natürlicher, wenn man dem Kind keine eigens fabrizierte Extrakunst vor die Nase hält".[380]

4.2.4 Anfänge einer proletarischen Kinder- und Jugendliteratur

Nachdem auf den Parteitagen der Sozialdemokratie die Jugendschriftenfrage wiederholt diskutiert worden war, zeigten sich erste Resultate.[381] Zahlreiche Parteiblätter richteten entsprechende Beilagen oder Seiten ein. Die Frauenzeitung *Gleichheit* gab ab Januar 1905 eine besondere Beilage *Für unsere Kinder* heraus.[382] Kinderbücher und Anthologien wurden verfasst, Ratgeber für Eltern entstanden. In zahlreichen Städten, so in Hamburg, Bremen, Leipzig, Berlin, Breslau und Dresden wurden – meist in der Vorweihnachtszeit – von pädagogischen Fachleuten begleitete und künstlerisch umrahmte Jugendschriftenausstellungen organisiert. Zu Weihnachten 1907 legte der Bildungsausschuss der Sozialdemokratischen Partei schließlich ein eigenes, 83 Titel umfassendes Verzeichnis[383] empfehlenswerter Jugendschriften vor, in dessen Präambel zugleich noch einmal das Verhältnis zur reformbewegten Lehrerschaft manifestiert wurde. Man habe an „das neueste Verzeichnis der vereinigten deutschen Prüfungsausschüsse der Lehrerschaft" ange-

---

[378] Nachwort der Redaktion zu Erdmann, *NZ* 1893/94 (Dok. 18, S. 275).

[379] Jugendliteratur und Sozialismus. *NZ* 1903/04, Nr. 4, S. 128.

[380] Stern, *SM* 1905 (Dok. 138, S. 632).

[381] „Während die einen über Jugendliteratur diskutieren, sind andere dabei, eine zu schaffen", bemerkte Kautsky angesichts eines 1905 erschienenen Kinderbuches, „wie wir es besser nicht wünschen können", es sei naturwissenschaftliche Aufklärung und soziale Satire in einem, ähnlich Andersen, aber ohne „süßlichen Pietismus". Gemeint war Karl Ewald: Ausgewählte Märchen. Leipzig 1903. *NZ* 1903/04, Nr. 12, S. S. 382; vgl. auch Altner 1981; Ewers/Mieles 1994, darin auch ein Literaturüberblick.

[382] Die Kinderbeilage wurde unter maßgeblicher Mitarbeit von Richard Woldt (1878-1952) besorgt. Woldt war Mechaniker, Verwaltungsarbeiter bei Siemens Schuckert, danach in der sozialdemokratischen Bildungsarbeit tätig und nach 1945 Dozent an der Technischen Hochschule Dresden.

[383] Das Verzeichnis der Lehrervereinigung enthielt 1907 bereits 665 Titel. Viele der in das Verzeichnis des Bildungsausschusses aufgenommenen Titel sind auch dort enthalten und wurden zunächst unbesehen übernommen, neu aufgenommene wurden von je drei Gutachtern bewertet. Vgl. Bildungs-Ausschuß der Sozialdemokratischen Partei Deutschlands. Verzeichnis empfehlenswerter Jugendschriften. Weihnachten 1907. SAPMO-BArch, RY 22/V S.u.F., 62, S. 1-11.

knüpft, das aber doch „nicht unbesehen von der Arbeiterschaft übernommen" werden könne, denn:

> „In vielen Punkten gehen die Meinungen der Lehrer und die Ansichten der aufgeklärten Arbeiterschaft auch in der Beurteilung von Jugendschriften weit auseinander. In dem Verzeichnis der Lehrerschaft sind deshalb viele Bücher enthalten, die wir ablehnen müssen, und umgekehrt werden wir Bücher gutheißen, denen die Lehrerschaft bei ihrer Unbekanntheit mit dem Wesen der proletarischen Weltanschauung ihre Zustimmung versagt."[384]

Nach einem Bericht von Heinrich Schulz, der am Zustandekommen des Jugendschriftenverzeichnisses maßgeblichen Anteil hatte, sei die Initiative von Tausenden Arbeitereltern angenommen worden. Trotz dieser Erfolge gab man sich über die Ausdehnung der Bewegung keiner Täuschung hin.

> „Im Verhältnis zu den Hunderttausenden organisierter Arbeiter und zu den Millionen von Büchern, die um die Weihnachtszeit von proletarischen Eltern erstanden werden, ist die Wirkung der modernen Jugendschriftenbewegung leider noch eine sehr winzige."[385]

Ähnlich war die Situation in den *Sozialistischen Monatsheften* schon zwei Jahre zuvor eingeschätzt worden:

> „Alles dies ist noch nicht sehr viel, aber es sind gute Anfänge, und die Erfahrungen, welche die deutsche Sozialdemokratie seit vierzig Jahren mit allen ihren Anfängen gemacht hat, berechtigen zu der sicheren Hoffnung, dass es trotz einiger pessimistischer Stimmen, die ja überhaupt nirgends fehlen, wenn es sich um Neues handelt, auch auf diesem Gebiete rüstig vorwärts gehen wird."[386]

In diesem „rüstigen" Vorwärtsgehen verlor sich allmählich der direkte Bezug zur Kunsterziehungsbewegung. Spätestens mit der Konstituierung der proletarischen Jugendbewegung bildeten sich neue Formen der Kinder- und Jugendliteratur heraus.[387] Mit der Entstehung einer eigenen proletarischen Kinder- und Jugendliteratur vollzog sich dann zugleich ein allmählicher Ablösungsprozess von den reformpädagogischen Vorbildern, wenngleich in Sprache, Symbolik und Rhetorik der reformpädagogische Geist noch lange nachwirkte. Eine beobachtende Rezeption pädagogischer Entwicklungen und Neuerscheinungen auf diesem Gebiet lässt sich indessen bis in den Krieg hinein ebenso feststellen[388] wie eine allmähliche Ernüch-

---

[384] Ebd. S. 2.
[385] Schulz, *NZ* 1906/07 (Dok. 68, S. 442f). Darin ist auch zu erfahren, dass in Bremen Otto Rühle während der gesamten Ausstellung als pädagogischer Berater zugegen war. Die Ausstellungen wurden von den lokalen sozialdemokratischen Parteiorganisationen gemeinsam mit der Gewerkschaft veranstaltet.
[386] Fendrich, *SM* 1905 (Dok. 139, S. 633).
[387] Kullmann, *SM* 1914 (Dok. 185, 187).
[388] Vgl. Oehme, *SM* 1914 (Dok. 188).

terung über das Leseverhalten der Arbeiter[389] und ihrer Kinder und die Möglichkeiten seiner Beeinflussung.

4.3 Sozialpädagogische Auffassungen – für den Sozialismus „naturgemäß" von „größtem Interesse"

Eine erste Stellungnahme zur Entstehung der Sozialpädagogik gab der für die Sozialdemokratie schreibende Gymnasiallehrer und Neukantianer Karl Vorländer unter dem Pseudonym Akademikus im Jahre 1902 in der *Neuen Zeit* ab.

„Das soziale Moment ist heute in alle Wissenschaften, zu denen überhaupt eine Beziehung möglich war, mehr oder weniger eingedrungen. Man redet von Sozialphilosophie, Sozialethik, Sozialpsychologie, Sozialpolitik, Sozialökonomie, sozialer Statik und Dynamik und anderem mehr. So neuerdings auch von einer Sozialpädagogik. Freilich verbinden sich mit diesen Beziehungen häufig recht vage und unbestimmte Begriffe [...]. Für unsren Zweck brauchen wir uns mit dieser Begriffshaarspalterei nicht aufzuhalten. Halten wir an dem einfachen Grundgedanken fest, daß die soziale Pädagogik im Gegensatz zur individuellen die Erziehung zur Gemeinschaft, Heranbildung zu wahrem Gemeinschaftsleben bezweckt, das voll entwickelt nur in einer sozialistischen Gesellschaft möglich ist. An einer solchen Pädagogik muß der Sozialismus naturgemäß das größte Interesse haben."[390]

Die Herausbildung der Sozialpädagogik war Ausdruck einer gegen Ende des 19. Jahrhunderts entstandenen breiten und vielfältig intendierten, aus unterschiedlichen sozialen, politischen und wissenschaftlichen Milieus herkommenden sozialreformerischen und sozialpolitischen Tendenz.[391] Bereits 1887 hatte Ferdinand Tönnies seine soziologische Schrift *Gemeinschaft und Gesellschaft* veröffentlicht. 1892 war im Kontext der internationalen Ethischen Bewegung die *Deutsche Gesellschaft für ethische Kultur* mit starken sozialerzieherischen Ambitionen gegründet worden. 1902 erschien Werner Sombarts Hauptwerk *Der moderne Kapitalismus*. Die Frauenbewegung griff das Thema auf und fand in der u.a. von Alice Salomon initiierten sozialen Arbeit eine ihrer wichtigsten Bestimmungen.[392] Im Grenzbereich zwischen proletarischer und bürgerlicher Frauenbewegung beförderte vor allem Henriette Fürth sozialpädagogisches Engagement.

Sozialreformerische Ideen und Konzepte mussten in der Arbeiterbewegung schon deshalb auf Interesse stoßen, weil sie als eine ernstzunehmende Konkurrenz bei der Antwortsuche auf die soziale Frage gesehen werden konnten. Aber auch in Intention und Inhalt stellten sich alsbald Gemeinsamkeiten heraus.

---

[389] Wie Veröffentlichungen in der *NZ* („Was liest der deutsche Arbeiter?") zu entnehmen ist, wurde das Leseverhalten der Arbeiter offensichtlich regelmäßig analysiert. Immer wurde es für kultivierungsbedürftig erachtet.

[390] Akademikus, *NZ* 1902/03 (Dok. 51, S. 377).

[391] Vgl. Henseler/Reyer 2000.

[392] Vgl. Alice Salomon: Soziale Frauenpflichten. Vorträge, gehalten in deutschen Frauenvereinen. Rezension von Henriette Fürth. *NZ* 1902/03, Nr. 28, S. 63-64.

142

4.3.1 Sozialpädagogik als Reaktion auf soziale Not

Wie sich die Beschäftigung mit sozialpädagogischen Fragen aus der Wahrnehmung der sozialen Problemlagen der unterprivilegierten Schichten konstituierte, zeigt beispielhaft das Wirken von Henriette Fürth. Ihre pädagogisch relevanten Ansichten leiten sich nicht primär aus originär pädagogischem, sondern, vor dem Hintergrund der eigenen Lebenserfahrungen, aus sozialreformerischem Interesse ab und sind am ehesten in sozialpädagogischen Zusammenhängen zu verorten. Ihre ersten Auseinandersetzungen mit sozialen Problemen galten dem Zusammenhang von schlechten Wohnungsbedingungen und Kindersterblichkeit[393], den schädigenden Folgen der Kinder- und Frauenarbeit[394] und dem „Ziehkinderwesen"[395]. Sie forderte soziale Schutz- und Stützmaßnahmen für Frauen, um so die Aufwachsbedingungen der Kinder verbessern zu helfen und wandte sich zugleich gegen jede Art von Theorien, die der Armut einen Anstrich von Normalität oder Selbstverschuldung zu geben oder gar einen linearen Zusammenhang von Armut und Kriminalität zu konstruieren versuchten. Fürth hatte das Armutsrisiko der industriegesellschaftlichen Entwicklung und die ihr innewohnende Tendenz zur sozialen Selektion erkannt und im Rahmen ihrer Möglichkeiten theoretisch wie auch praktisch, vor allem in ihrer Heimatstadt Frankfurt a.M., nach Lösungen gesucht, die, wenngleich aus der historischen Perspektive in vielem widersprüchlich, von dem Verlangen getragen waren, die Lebensverhältnisse der Ärmsten menschlich zu gestalten. Ihr Konzept ruht auf drei Säulen: der sozialen Fürsorgepflicht von Gesellschaft und Staat, der sittlichen Aufklärung und Erziehung sowie einer gediegenen allgemeinen Bildung. Die meisten ihrer pädagogischen Texte gelten in diesem Zusammenhang einer sozial orientierten sexualethischen Aufklärungs- und Erziehungsarbeit, wobei sie allerdings einseitig der Frau die maßgebliche ethische Verantwortung für Ehe, Familie und Erziehung der „kommenden Generationen" zuwies und ihre Erziehungsauffassungen ganz auf diese Aufgabe einstellte.[396]

Auch dort, wo sie sich auf schulische Belange einlässt, geschieht dies unter sozialpädagogischen Aspekten. Hier folgt sie ausdrücklich dem Konzept Robert Seidels und plädiert insbesondere für eine, den theoretischen Unterricht mit Handarbeit organisch verbindende Einheitsschule,

> „die auf der Unterstufe sämtliche Schüler vereinigt und sie etwa sechs Jahre gemeinsam unterrichtet. Dann müßte eine Gabelung der Unterrichtsanstalten und Methoden in der Weise eintreten, daß man Fachschulen für den Handwerker, den künftigen Landwirt und den Handelsbeflissenen, Realanstalten für den Naturwissenschaftler, Techniker, Juristen, Arzt ec. und endlich humanistische Gymnasien für die Lehrer, Philosophen und alle übrigen Vertreter der reinen Geisteswissenschaften schafft. Über

[393] Henriette Fürth: Wohnungsfrage und Sterblichkeit. *NZ* 1896/97, Nr. 48, S. 690-696.
[394] Henriette Fürth: Gewerbliche Kinderarbeit in Deutschland. *NZ* 1900/01, Nr. 17, S. 532-535; Die Fabrikarbeit verheirateter Frauen. Frankfurt a.M. 1902.
[395] Henriette Fürth: Das Ziehkinderwesen. *NZ* 1902/03, Nr. 17, S. 541-544.
[396] Vgl. hierzu auch Kap. 5.1.2 und 6.1.

die Zuteilung zu den einzelnen nicht über- und unter-, sondern nebeneinandergeordneten Unterrichtsanstalten entschiede dann nicht Stand und Besitz, sondern Befähigung
und Neigung, die sich sehr wohl entfalten können, wenn die unentgeltliche Einheitsschule allen Gelegenheit gibt, sich auf gleichem Tummelplatz zu erproben."[397]
Allerdings sieht sie auch, dass schulstrukturelle Reformen allein nicht genügen.
Ungleichheiten in den „Vorbedingungen" seien damit noch längst nicht behoben
und in der „heutigen Gesellschaft" auch nicht behebbar, wenn

> „der eine Schüler neben ausreichender Kleidung und Ernährung ein behagliches Heim
> hat, in dem liebevolle Achtsamkeit seinen Studiengang bewacht und fördert, indes der
> andere neben schlechter Kleidung und unzureichender Ernährung froh sein muß,
> wenn er in einem Winkel einer lärm- und dunsterfüllten engen Stube seine Aufgaben
> machen kann".[398]

Hier sozialen Ausgleich zu schaffen, war für sie auch eine unmittelbare pädagogische Aufgabe. Dass solche Vorstellungen in der Arbeiterbewegung zunehmend
Einfluss gewinnen konnten, geht nicht zuletzt auf Frauen wie Henriette Fürth zurück, die der theoretischen Auseinandersetzung mit sozialen Fragen praktische
sozialpädagogische Überlegungen folgen ließen. Auf diese Weise erzielte sie in der
Arbeiterbewegung ebenso Wirkung wie in der bürgerlichen Sozialarbeit und trug
maßgeblich zu einem Paradigmenwechsel im Verständnis sozialer pädagogischer
Arbeit „von der Repression zur Prophylaxe"[399] bei.

4.3.2 Sozialpädagogik versus Individualismus

In der zeitgenössischen Sozialpädagogik sah die Arbeiterbewegung nicht nur den
Marxschen gesellschaftstheoretischen Ansatz auf das Pädagogische übertragen,
sondern auch das Ziel der Erziehung am weitesten mit den eigenen Intentionen
übereinstimmend.

> „Sie wird es als ihre theoretische Aufgabe ansehen, dem systematischen Zusammen-
> hang zwischen dem wirtschaftlich-theoretischen Fundament der Gesellschaft und ih-
> rem intellektuell-ethischen Überbau bis ins Einzelne nachzugehen oder, mit Natorps
> Worten, die sozialen Bedingungen der Bildung in gleicher Weise wie die Bildungsbe-
> dingungen des sozialen Lebens zu erforschen; denn erst auf diesem Grunde kann eine
> wahrhaft wissenschaftliche Sozialpädagogik großen Stiles erstehen. Und ihre prakti-
> sche Aufgabe wird es sein, alle bereits in der heutigen Gesellschaft vorhandenen ge-
> meinschaftsbildenden und zur Gemeinschaft erziehenden Elemente – auch unter den
> Erwachsenen – zu pflegen und zu fördern: zur Vorbereitung und in Erwartung des
> Tages, da eine neue Gesellschaft herangereift sein wird, welche das Bildungsideal des
> Sozialismus: harmonische Entfaltung der physischen, geistigen und sittlichen Kräfte
> aller ihrer Glieder, ins Werk zu setzen berufen ist."[400]

---

[397] Fürth, *NZ* 1902/03 (Dok. 54, S. 398f.).
[398] Ebd., S. 399.
[399] Sachße/Tennstedt 1988, Bd. 2, S. 31.
[400] Akademikus, *NZ* 1902/03 (Dok. 51, S. 382).

Die Sozialpädagogik lieferte zudem Argumente gegen den in der Arbeiterbewegung seit jeher ungeliebten Individualismus, dem die Notwendigkeit eines Verständnisses „für die unschätzbare, unersetzliche Arbeit der Massen, der Namenlosen, der ‚Durchschnittsmenschen' an dem Aufbau der Kultur" gegenübergestellt wurde. Heftig und variantenreich entlud sich die Kritik am

> „Getue und Gehabe jener Einflieger und Heroenanbeter, die nicht achtungsvolle und gewissenhafte Pfleger der Persönlichkeit sind, sondern hohle Individualitätsprotzen, bornierte Götzendiener vor dem Genie und nicht das Genie Begreifende; Unterknirpse, die sich von den Träbern Nietzschescher Philosophie nähren und das Recht, sich als ‚Übermenschen' zu gebärden, einzig und allein aus ihrer souveränen, rohen Verachtung der ‚Herdentiere', der Massen ableiten."[401]

Vielmehr sei durch Volksbildung eine „Gemeinschaft der Bildung" zu erstreben, „die ebenso normativ auf die Anschauungen und Bestrebungen des Volkes einwirkt, wie Sitte, Sittlichkeit und Recht".[402]

4.3.3 „Nicht daß ich mit Natorp durch dick und dünn gehen könnte" – Rezeption und Kritik Paul Natorps

Im engeren pädagogischen Diskurs waren es vor allem die sozialpädagogischen Auffassungen Paul Natorps, die als Bezugs- und Reibungsmodelle Geltung erlangten. Natorp war bereits 1894, fünf Jahre bevor sein Hauptwerk *Sozialpädagogik* erschien, von August Bebel mit einer Rezension seiner Schrift *Pestalozzi's Ideen über Arbeiterbildung und soziale Frage* als Bezugsmodell für die Entwicklung sozialpädagogischer Ideen in der Arbeiterbewegung entdeckt und gleichsam „salonfähig" gemacht worden, weil er

> „zu den wenigen unter unseren offiziellen Gelehrten gehört, die für die Strömungen der Zeit sich ein offenes Auge bewahrten". Dafür habe er „von der Zunft, die ihre Hauptaufgabe in der Vertheidigung des Bestehenden erblickt, sattsam Angriffe erfahren, wie das Jedem geschieht, der wagt, sich auf die Seite der Neuerer zu stellen."[403]

Bebel imponierte an Natorps Schrift die Herausarbeitung des sozialen Pestalozzi, der „in seinen Untersuchungen über die Nothwendigkeit einer anderen Erziehung" zu der Erkenntnis vorgedrungen sei, dass die „eigentlichen Ursachen des Volkselends" „für ihn soziale sind." Er empfiehlt „das Natorp'sche Schriftchen" allen zur Anschaffung.[404] Dass August Bebel 1894 Natorp rezensierte, war gewiss nicht zufällig und vermutlich nicht nur auf den Inhalt der Schrift zurückzuführen, sondern möglicherweise auch auf die Absicht, den Wissenschaftler Natorp in die Nähe der Sozialdemokratie zu rücken. Bebels Popularität in der Arbeiterbewegung wiederum mag dazu beigetragen haben, dass Natorps Sozialpädagogik hier von breiteren Kreisen wahrgenommen und rezipiert wurde. Und so kam es, dass Natorp auch

---

[401] Klara Zetkin: Das Weib und der Intellektualismus. *NZ* 1902/03, Nr. 28, S. 59.

[402] Schitlowsky, *SM* 1902 (Dok. 129, S. 597); kritisch hierzu Steinhaus 1998.

[403] Bebel, *NZ* 1893/94 (Dok. 19, S. 277).

[404] Ebd., S. 277f.

in den folgenden Jahren Aufmerksamkeit zuteil wurde. „Nicht daß ich mit Natorp durch dick und dünn gehen könnte", schrieb Franz Staudinger in den *Sozialistischen Monatsheften* zu Natorps Buch *Die logischen Grundlagen der exakten Wissenschaften*[405], „aber es geht doch ein sehr weites Stück zusammen, fast in allem, was Natorp sonst positiv aufstellt".[406] Zu Natorps sozialpädagogischen Auffassungen mag eine solche Haltung nicht minder zutreffend gewesen sein. Die meisten seiner Schriften wurden in der Arbeiterpresse positiv-wohlwollend rezensiert. Hervorgehoben wurde besonders die sozialpädagogische Wertschätzung der Arbeit und generell das integrative Zusammendenken von Bildung, Gemeinschaft und Arbeit.[407] Vor allem aber war es der Gedanke der Gemeinschaftserziehung, der in der Arbeiterbewegung Resonanz fand. Von Anbeginn an im sozialistischen gesellschaftstheoretischen Denken angelegt, nahm die Gemeinschaftsidee unter dem Einfluss der Sozialpädagogik auch als pädagogische Kategorie Konturen an.

> „Wie ist heute der Stand des Problems? Erziehung ist mehr als Unterricht. Sie will nicht bloss das Gehirn des Zöglings anfüllen mit einem mehr oder weniger grossem Quantum Wissensstoffes. Sondern sie will von innen heraus den Willen des Zöglings bestimmen, seine geistigen Fähigkeiten einzustellen auf die freigewollte Mitarbeit an der Cultur der Menschheit. Sie geht aus von der Erkenntnis, dass alle Leistungen der Cultur Leistungen der Gemeinschaft sind, dass daher die Güter der Cultur Gemeinschaftsgüter darstellen [...]."[408]

Eine auf das Gemeinschaftliche gerichtete Erziehung schien dem Geist proletarischer Solidarität und Organsiation ebenso zu entsprechen wie dem Wunsch nach Partizipation an der Entwicklung von Kultur und „Menschengeist". Soziale Erziehung sei daher eine sittliche Pflicht, vor der „die modernen Schlagworte der Individualpädagogik zu Schattengebilden" „verflattern".

> „Aber auch der hergebrachten Pädagogik fehlt das Bewusstsein von der notwendigen Wechselbeziehung zwischen den Begriffen Bildung und Gemeinschaft. Sie betrachtet Socialpädagogik als einen speciellen Teil der Erziehungslehre, neben der Individualpädagogik. Sie hat noch nicht begriffen, dass Socialpädagogik die concrete Fassung der Erziehungsaufgabe überhaupt bedeutet."[409]

Nicht so empathisch äußerte sich Clara Zetkin. Sie hielt es für problematisch, das „höhere Ideal" der proletarischen Erziehung „an bürgerlichen Begriffen" zu messen und fragt nach der Differenz zwischen bürgerlicher und proletarischer Erziehung. Zwar sei es „ein gutes Zeichen der wachsenden Kraft und Reife des kämpfenden Proletariats", „der Erziehung seiner Nachfahren die nötige Aufmerksamkeit zuzuwenden".

---

[405] Staudinger, *SM* 1910 (Dok. 173, S. 723).
[406] Ebd.
[407] Vgl. Schulz, *NZ* 1903/04 (Dok. 56).
[408] Ruben, *SM* 1904 (Dok. 137, S. 625).
[409] Ebd., S. 625f.

„Allerdings nicht bloß der Erziehung im landläufigen Sinne des Wortes, ihm leuchtet ein höheres Ideal für den Werdegang seiner Jugend, als jene alltägliche persönliche Lebenstüchtigkeit, die an bürgerlichen Begriffen ihre Werke mißt. Es ist die Lebenstüchtigkeit der Klasse, als treibender subjektiver Kraft der geschichtlichen Entwicklung. Lebenstüchtigkeit gegen die kapitalistische Ordnung. Für diese Kampfestüchtigkeit der Klasse ist sicherlich die höchstmögliche Entwicklung ihrer einzelnen Glieder von größter Wichtigkeit und ein Ziel, aufs innigste zu wünschen. Allein ihre ganze Bedeutung gewinnt die persönliche Lebensentfaltung und Lebensbetätigung des einzelnen Proletariers erst im Zusammenhang mit dem geschichtlichen Leben der Klasse, im Klassenkampf für die sozialistische Gesellschaft. Damit erhält das Erziehungsideal des Proletariats einen Inhalt, der es scharf von dem Ziel bürgerlicher Pädagogik unterscheidet: es muß auch über das der Sozialpädagogen hinausreichen und ausgesprochen sozialistisch sein. Der Wert der umfassenden bürgerlichen pädagogischen Bestrebungen, welche die Ergebnisse der Theorie für die Praxis popularisieren, in breiten Schichten des Volkes die letztere der Höhe der ersteren annähern wollen, ist daher für das Proletariat ein bedingter. So trefflich, so anerkennenswert mancherlei Schriften und Einrichtungen sind, welche in dieser Absicht insbesondere unter dem Einfluß der sogenannten ‚sozialpädagogischen' Richtung entstanden sind: sie tragen ein Moment in sich, das sie von dem scheidet, dessen das Proletariat bedarf. Sie sind von bürgerlicher Weltanschauung durchdrungen und wollen die Jugend für eine bürgerliche Gesellschaftsordnung erziehen, wie weitgehend auch immer der eine oder andere Sozialpädagoge diese reformiert sehen möchte."[410]

Hinsichtlich der Sozialpädagogik und speziell der Auffassungen Paul Natorps vertrat Clara Zetkin eine Minderheitenposition. Mehrheitlich wurde in der Sozialpädagogik eine „zeitgemäße Fortentwicklung der Erziehung"[411] gesehen, die mit der sozialen Entwicklung korrespondiere und der sich die Arbeiterbewegung mit besonderer Nachdrücklichkeit anzuschließen habe, weil sie dem sozialistischen Ideal mit ihren Komponenten Erziehung zur Gemeinschaft, zur Arbeit und zur Selbsttätigkeit am nächsten komme.[412]

4.3.4 Trennung von Schule und Kirche aus sozialpädagogischer Perspektive

Vor diesem Hintergrund konnten selbst offen zutage tretende Differenzen dem Ansehen, das namentlich Natorp in der Arbeiterbewegung genoss, wenig anhaben. Solche Differenzen zeigten sich besonders im *Bremer Schulstreit* – einer breiten Debatte um Religion und Schule sowie um Sinn und Inhalt religiöser Erziehung –, die im Jahre 1905 von einer Bremer Lehrergruppe mit einer Denkschrift gegen den Religionsunterricht in der Schule[413] initiiert und von der Mehrheit der Bremer Volksschullehrer und -lehrerinnen mitgetragen worden war. An der Debatte betei-

---

[410] Zetkin, *NZ* 1907/08 (Dok. 72, S. 457f.).
[411] Meth, *NZ* 1915/16 (Dok. 108, S. 535).
[412] Akademikus, *NZ* 1902/03 (Dok. 51).
[413] Religionsunterricht oder nicht? Denkschrift der bremischen Lehrerschaft. Unterzeichnet von Chr. Maas, Fritz Gansberg, Wilhelm Holzmeier, Magda Böttner. Bremen 1905; vgl. Dok. 59; auch Koerrenz/Collmar 1994, S. 25-36; zur Bremer Schulreform Hagener 1983; Rülcker 2000.

ligten sich zahlreiche mehr oder weniger renommierte Persönlichkeiten, achtzig Gutachten wurden verfasst.[414] Auch Natorp beteiligte sich mit einem Gutachten an dieser Diskussion, in dem er einen völligen Ausschluss des Religionsunterrichts aus der Schule, wie ihn die Sozialdemokratie forderte[415], weder für realisierbar noch für sinnvoll hielt. Als Gegner des traditionellen Religionsunterrichts plädierte er vielmehr für

> „gemeinsame Belehrung über Religion, aber unter strengster Fernhaltung jedes dogmatischen Anspruchs, jeder Absicht, ein Bekenntnis irgendwelcher Art beim Schüler zu erzielen, dagegen bezweckend Kenntnis, und soweit möglich, inneres Verständnis des Religiösen in jeder für unsere heutige Kultur in Betracht kommenden Form".[416]

Natorps Stellungnahme zum Bremer Schulstreit wiederum forderte vor allem Heinrich Schulz heraus. Könne ihm die Sozialdemokratie, so Schulz, „fast bedenkenlos folgen", soweit er sich „kritisch gegen die Schulverschlechterungspläne wendet", müsse der von ihm vorgeschlagene Weg hingegen kritisch betrachtet werden.

> „Diesen schönen Zustand gesellschaftlicher Toleranz aber glaubt Natorp erreichen zu können, indem er nicht, wie wir es verlangen, den Religionsunterricht völlig aus dem Lehrplan der Volksschule beseitigen will – mit selbstverständlicher Ausnahme der der Kulturgeschichte zu überweisenden historischen Seite der Religion –, sondern in „psychologisch-historischer Form."[417]

Das aber ergäbe „eine Art idealisierten Religionsunterricht von heute", mit dem man „wieder am Ausgangspunkt" stünde. Gegen das Natorpsche Konzept führt Schulz vor allem zwei Argumente an: Er hält es für eine Illusion, weil „eine Gesellschaft, die sich bis zu solcher Toleranz und sittlichen Erhabenheit aufschwingt, wie sie die Verwirklichung des Natorpschen Planes voraussetzen muß [...], auf der Basis der kapitalistischen Wirtschaftsordnung undenkbar" ist. Die Religion sei „heute ein Herrschaftsmittel in der Hand der herrschenden Klasse" und deshalb „jedes Verhandeln schon ein Kapitulieren vor dem Feinde". Um der Religion ihren „beherrschende[n] Einfluß [...] auf das öffentliche Leben" zu nehmen, müsse „ihre bevorzugte Stellung in der Schule" überwunden werden. Da dies „aber eine politische Frage, eine Machtfrage" sei, müsse sie letztendlich „mit den Mitteln des politischen Kampfes ausgekämpft werden" und nicht durch „die schönen philosophisch-pädagogischen Utopien, wie sie Natorp über einen Religionsunterricht der Zukunft entwickelt". Erst wenn „die politische Entscheidung gefallen" sei und „an die Stelle der heutigen, zu politischen und geistigen Unterdrückungszwecken missbrauchten Lernschule die auf dem Prinzip der ‚Arbeit' errichtete Erziehungsschule

---

[414] Vgl. Fritz Gansberg: Religionsunterricht? Achtzig Gutachten; Ergebnis einer von der Vereinigung für Schulreform in Bremen veranstalteten allgemeinen deutschen Umfrage. Leipzig 1906. Der Bremer Schulstreit wurde sowohl in der *Neuen Zeit* als auch in den *Sozialistischen Monatsheften* sowie in der gesamten proletarischen Presse mit Spannung verfolgt und mehrfach kommentiert. Eine Zusammenfassung gibt Staudinger, *SM* 1907 (Dok. 152). Vgl. auch Dok. 58, 59, 143, 148.
[415] Vgl. Schulz, *NZ* 1904/05 (Dok. 58).
[416] Zitiert nach ebd., S. 408.
[417] Ebd.

148

tritt", „mögen die Natorpschen Anregungen daraufhin geprüft werden, ob und inwieweit sie für die kulturgeschichtliche Aufklärung der Jugend über die Religion und zur Gewinnung eines selbständigen Standpunktes des einzelnen zum Religiösen zu verwerten sind". Bis dahin bleibe die Sozialdemokratie bei der „einzig richtigen, klaren und unzweideutigen Parole": „Fort mit dem Religionsunterricht aus der Schule!"[418]

Mit sozialpädagogischen Argumenten begründete auch Henriette Fürth die Forderung nach Trennung von Schule und Kirche, wenngleich schon Jahre zuvor und aus einem ganz anderen Anlass. Sie sah Gemeinsinn und Toleranz, gleichsam als Eckpfeiler sozialer Erziehung, durch eine im April 1898 erlassene Verfügung des preußischen Kultusministeriums gefährdet, nach der

„jüdischen an Berliner öffentlichen Schulen angestellten Lehrerinnen das Ordinariat solcher Schulklassen genommen werden soll[t]e, die nicht mindestens 9 jüdische Schüler aufzuweisen hätten".[419]

Für Fürth war dies kein Berliner „Spezialfall". Sie wertete die Verfügung als einen „neuen Vorstoß gegen das letzte Bollwerk der Schulfreiheit, gegen die Simultanschule" und somit auch gegen sozialerzieherische Ziele und Inhalte der Schule gerichtet.[420]

„Es soll hier nicht davon die Rede sein, daß die jüdischen Lehrer nichts weiter verlangen, als gleichberechtigt und gleichverpflichtet [...] in den Lehrkörper aufgenommen und nach dem Grundsatz der Gleichheit in ihnen behandelt zu werden."[421]

Vielmehr sei nach den Wirkungen dieser Maßnahme „auf das ganze Unterrichtswesen"[422] zu fragen.

„Nun sind wir mit allen einsichtigen Pädagogen darin einig, daß die Schule nicht nur zu unterrichten, sondern auch zu erziehen habe, und zwar sind es vorzugsweise die Tugenden der Gerechtigkeit, der Wahrhaftigkeit und der Menschenliebe, die dem Zögling durch Lehre und Beispiel eingepflanzt werden sollen. Wo aber gäbe es einen besseren Wertmesser dieser Tugenden als den Prüfstein nicht der Toleranz, nein, der Anerkennung des anderen nach Denken, Empfinden, Glauben oder auch Unglauben? Darf die Schule auf irgend einem Weg oder Umweg der Ansicht Vorschub leisten, daß ein Mensch darum schlechter ist, weil er anders ist als die anderen? Wäre es nicht höchste Aufgabe der Schule, alles ‚Anderssein' zu rechtfertigen, wenn es nur vor dem Forum wahrer Sittlichkeit, d.h. eben vor dem Forum der Wahrhaftigkeit, Gerechtigkeit und Menschenliebe, bestehen kann? Darum muß der Kampf für die Freiheit, Unabhängigkeit und den sittlichen Hochstand der Schule über die paritätische Schule

---

[418] Ebd., S. 410. Dass Schulz Natorps Auffassungen dennoch in das geistige Reservoir einer sozialistischen Zukunftsschule aufzunehmen gewillt war, bekräftigte er sowohl in seiner Programmschrift *Die Schulreform der Sozialdemokratie* 1911 als auch in deren Neuauflage 1919.

[419] Vgl. Henriette Fürth: Die jüdischen Schulamtsaspiranten und die paritätische Schule. *Ethische Kultur* 10(1902)35, S. 276.

[420] Ebd.

[421] Ebd.

[422] Ebd.

hinaus zur Forderung der religionslosen Schule führen." Religionslosigkeit der Schule bedeute nicht Verzicht auf Sittlichkeit: „Man verzichte doch endlich einmal auf die Wahnidee, daß es ohne Glauben keine Sittlichkeit gäbe."[423]

Unter den führenden Pädagoginnen und Pädagogen in der Sozialdemokratie wurde die Frage, ob an Stelle des Religionsunterrichts ein Moralunterricht treten solle, durchaus unterschiedlich und bei weitem nicht von allen so entschieden wie von Heinrich Schulz oder hier von Henriette Fürth abschlägig beantwortet. Von Käte Duncker ist zu erfahren, dass Otto Rühle und Clara Zetkin beispielsweise diese Frage bejahten und auch für ihre Position sozialerzieherische Argumente vorbrachten. Duncker selbst stellt sich auf die Seite von Heinrich Schulz:

> „Moral sauber ‚auf Flaschen gezogen' als ‚Pflichten-, oder ‚Tugendlehre' [...], kann man sich etwas Läppischeres, den Gesetzen der Psychologie und Pädagogik mehr Hohnversprechendes denken?"[424]

4.3.5 Der Erste Weltkrieg – Herausforderung und Prüfstein sozialethischer Gesinnung

Erneut geriet Natorp während des Ersten Weltkrieges in Kritik. Hier waren es vor allem seine deutschnationalen Äußerungen, die auf Ablehnung stießen. „Selbst die Anschauungen einer so hochstehenden Persönlichkeit wie Paul Natorp" würden, so heißt es in einer von Wally Zepler in den *Sozialistischen Monatsheften* geführten Auseinandersetzung mit völkischen und nationalistischen Tendenzen in Wissenschaft und Kultur,

> „Verknüpfungen mit jener unseligen Selbstverblendung aufweisen oder doch zulassen, die, verallgemeinert, nur geeignet ist Deutschland in die Niederungen der Enge des Geistes und der verwerflichen Gesinnung zu führen".[425]

„Charakteristisch dafür, mit welch unwissenschaftlicher Methode selbst strenge Wissenschaftler an die Untersuchung nationaler Eigenart" herangehen würden, seien zwei aus Vorlesungen hervorgegangene Schriften Natorps – *Die Weltalter des Geistes* und *Die Seele des Deutschen*.[426] Spiegele der erste Text eine „willkürlich und europäisch-intellektuell verengte" Auffassung vom „Orient", offenbare der zweite eine „unglückselige Deutschtümelei". Zepler sieht die Kritik an Natorp im Zusammenhang mit dem Versagen der deutschen Wissenschaft angesichts des Krieges. „Die Professoren haben in diesem Kriege zur Evidenz gezeigt, daß man von ihnen in politischen Dingen nichts lernen kann." „Schwere Mitschuld" wirft sie besonders den „geistigen Führern" der Jugend vor:

---

[423] Ebd.; vgl. zu dieser Thematik auch ihre Aufsätze: Schulverwaltung, Kirchentum und Volksmoral. *Ethische Kultur* 6(1898)38, S. 300-303; Die konfessionelle Unabhängigkeit der Schule. Ebd. 7(1899)43, S. 341-343; Die paritätische Schule in Frankfurt a.M. Ebd. 10(1902)34, S. 269-270.
[424] Duncker, *NZ* 1911 (Dok. 90, S. 491).
[425] Wally Zepler: Völkergeist. *SM* 1918, S. 1140.
[426] Ebd.

„Statt die Jugend mit dem Glauben zu erfüllen, sie hätte schon durch ihr Deutschtum teil an den Geistestaten der Großen, und so einen ethisch verwerflichen und geistig minderwertigen Hochmut in ihr zu züchten, sollten sie das politische Verantwortungsbewusstsein in ihr wecken, das jeden zur Tatbereitschaft zwingt, ihn lehrt, in humanem Denken und gerechter Gesinnung gegen andere Nationen, für das eigene Volkstum einzustehen [...] und an der Vergeistigung und Veredelung des Volkes mitzuschaffen."[427]

Eine solche Haltung wurde bei dem Ethiker und Moralpädagogen Friedrich Wilhelm Foerster gesehen[428], der zur Minderheit jener Intellektuellen zählt, die sich während des Ersten Weltkrieges als Kriegsgegner und Friedensaktivisten zu erkennen gaben und deswegen Repressionen ausgesetzt waren.[429] Mehr als Natorp hatte sich Foerster in den Jahren vor dem Ersten Weltkrieg auf einen Dialog mit Vertretern der Arbeiterbewegung eingelassen, dabei aber mit seiner in „Aberglauben" umschlagenden „Begeisterung für das Ethische" und mit seiner Überschätzung der „Wirkungsmöglichkeiten abstrakt sittlicher Grundsätze im Rahmen der gesellschaftlich gegebenen Zusammenhänge"[430] immer wieder Kritik herausgefordert.[431] Vor allem die proletarischen Frauenrechtlerinnen und Sexualreformerinnen fühlten sich durch Foersters Moralvorstellungen provoziert.[432] Gleichwohl wurden seine „humanitären Anschauungen"[433] respektiert und wurde besonders sein mutiges, Repressionen nicht scheuendes Eintreten für einen „Verständigungsfrieden" während des Ersten Weltkrieges als Gesinnungs- und Handlungsalternative zur Mehrheit der deutschen Wissenschaftselite herausgestellt. Als Foerster wegen seiner kriegskritischen Haltung in „ein wohlvorbereitetes Trommelfeuer der bürgerlichen Parteien" und der konservativen Professorenschaft der Münchner Universität geriet, war es vor allem die proletarische Presse, die diese Vorfälle öffentlich machte und sich mit Foerster solidarisierte.[434]

---

[427] Ebd.

[428] Friedrich Wilhelm Foerster (1869-1966) war u.a. Mitherausgeber der Zeitschrift *Ethische Kultur* und Förderer der von seinem Vater Wilhelm Foerster gegründeten *Deutschen Gesellschaft für ethische Kultur*. Ab 1914 lehrte er an der Münchener Universität Pädagogik und Philosophie. Wegen seiner ethisch-pazifistischen Gesinnung war er immer wieder Repressionen ausgesetzt. 1920 legte er sein Amt nieder und ging in die Schweiz. 1933 wurde er offiziell aus Deutschland ausgebürgert. Von 1942 bis 1964 lebte er in den USA. Vgl. Pöggeler 1957; Hipler 1988; Rothermel 1994; Iven 1995; Weiß 1997; Max 1999.

[429] Kritisch hierzu Rothermel 1994, S. 38, der nachweist, dass sich Foerster – entgegen landläufig tradierter Auffassungen – durchaus „im Konsens mit jenen ideologischen Hauptströmungen befand, die [er] nach dem Ende des ersten Weltkrieges energisch befehdete".

[430] Schmidt, *SM* 1909 (Dok. 163, S. 703).

[431] Markant hierzu ein Diskurs zwischen Karl Kautsky und Friedrich Wilhelm Foerster zum Thema „Klassenkampf und Ethik" in der *NZ* 1900/01; vgl. auch Akademikus, *NZ* 1914/15 (Dok. 106).

[432] Vgl. Kap. 5.1.

[433] Schmidt, *SM* 1909 (Dok. 163, S. 702).

[434] Noch im letzten Kriegsjahr hatten Professoren der Münchener Universität die Versetzung Foersters in den Ruhestand gefordert, „am liebsten in einem anderen Land". Der bayrische Kultusminister habe die Forderung mit Bedauern abgewiesen, weil es im juristischen Sinn „zu einer Beanstandung

Während jedoch Foersters sozialethischen Theorien in den pädagogischen Diskursen der Sozialdemokratie eine nachhaltige Wirkung eher nicht beschieden schien, überdauerten Natorps sozialpädagogische Auffassungen indessen zunächst alle Kritik. In ihrer gewollten und ungewollten Nähe zur Arbeiterbewegung hingegen blieben beide Universitätsprofessoren in der akademischen Landschaft der Erziehungswissenschaft Exoten. Es sei bezeichnend für „den Charakter unserer bisherigen Universitätspädagogik", heißt es zu einer nach der Novemberrevolution erschienenen Neuauflage von Heinrich Schulz' *Die Schulreform der Sozialdemokratie* (1919), „daß er für das sozialistische Schulideal fast nur auf Paul Natorps [...] ,Sozialpädagogik' sich berufen kann."[435]

Allerdings galt dies, unter den Bedingungen einer politisch und auch zunehmend pädagogisch gespaltenen Arbeiterbewegung, nunmehr nur noch für deren sozialdemokratischen Teil und auch hier mit rückläufiger Tendenz. Im Fortgang der Geschichte beriefen sich weder die sozialistische noch die akademische Pädagogik Deutschland in nennenswerter Weise auf Paul Natorp.[436]

4.4 „Für die Psychologie der Frauenseele von unbedingtem Werth" – „völlig verfehlt in den Schlussfolgerungen" – Ellen Key zwischen Bewunderung und Ablehnung

Zu den auf den ersten Blick überraschenden Befunden der vorliegenden Untersuchung gehörte das große Interesse, das in beiden Zeitschriften der damals wie heute umstrittenen schwedischen Publizistin, Frauenrechtlerin und Laienpädagogin Ellen Key entgegengebracht wurde. Mit insgesamt dreizehn Rezensionen (neun in den *Sozialistischen Monatsheften*, vier in der *Neuen Zeit*) und etlichen Erwähnungen ist sie aus dem Spektrum der Reformpädagogik die am häufigsten rezensierte Autorin. In den *Sozialistischen Monatsheften* publizierte sie zwischen 1898 und 1910 auf Wunsch der Zeitschriftenredaktion auch selbst.[437] Bei genauerer Betrachtung verwundert die Präsens Ellen Keys in den sozialistischen Zeitschriften Deutschlands indessen weit weniger als die Tatsache, dass in der nicht geringen neueren erziehungswissenschaftlichen Forschungsliteratur zu Ellen Key diese Tatbestände so gut wie keine Rolle spielen.[438]

---

keinen Anlaß" gegeben hätte. An der Spitze der Kampagne gegen Foerster standen die Professoren Günther und von Amira. Vgl. Paul Kampffmeyer: Fall Foerster. *SM* 1918, S. 319-320.
[435] Karl Vorländer: Rezension zu Heinrich Schulz: Die Schulreform der Sozialdemokratie. *NZ* 1920, S. 374.
[436] Hierzu Niemeyer 2002; Ruhloff 2003.
[437] Vgl. u.a. Ellen Key: Sophia Kowalewskaja. *SM* 1898, Nr. 4, S. 161-169; dies: Die Jugend und die soziale Frage. *SM* 1900 (Dok. 123); dies: Die Frauen und das Wahlrecht. *SM* 1902, Nr. 7, S. 528-531.
[438] Das trifft nicht nur für die erziehungswissenschaftliche Literatur zu, sondern auch für andere Darstellungen, z.B. Mann 2004.

Mit zahlreichen Persönlichkeiten aus der Arbeiterbewegung war Ellen Key persönlich bekannt. Mit Julia von Vollmar, der aus Schweden stammenden, wohlhabenden Ehefrau des Reichstagsabgeordneten Georg von Vollmar, neben Eduard Bernstein einer der einflussreichsten Wortführer des reformistischen Flügels in der Sozialdemokratie und deren Vorsitzender in Bayern, stand sie in jahrzehntelanger Briefkorrespondenz[439], ebenso mit Henriette Fürth[440], vielleicht auch mit Hope Bridges Adams Lehmann[441] und Clara Zetkin.[442] Sie wurde gelesen, rezensiert und diskutiert und machte mit ihrem ambivalenten gesellschaftstheoretischen, frauenpolitischen und pädagogischen Profil und mit ihrer starken, in manchem zu sozialistischen Anschauungen neigenden Reformrhetorik durchaus Eindruck. Der suchenden Aufmerksamkeit der Arbeiterbewegung konnte sie so nur schwer entgehen, und es mag wohl an der ausgeprägteren marxistischen Orientierung der *Neuen Zeit* liegen, dass sie hier auf ein weniger kontinuierliches, wenngleich zeitweilig keineswegs geringeres Interesse stieß. In beiden Zeitschriften waren es fast ausnahmslos Frauen[443], die sich Ellen Key zuwandten, unter ihnen zum Teil führende sozialistische Publizistinnen, wie Therese Schlesinger, Oda Olberg oder Wally Zepler, und es waren vor allem frauen- und sozialpolitische Themen, bei denen mit oder gegen Key argumentiert wurde. Aber auch pädagogische Diskussionen blieben von den Auffassungen Ellen Keys nicht unberührt.

4.4.1 Kritik des Frauen- und Mutterbildes Ellen Keys

Im Mittelpunkt der Diskussionen über Ellen Key standen vor allem ihre Ansichten zur Frauenbewegung, ihr Frauenbild und ihre Schlussfolgerungen für die gesellschaftliche Funktion der Frauen – Unvereinbarkeit von Mutterschaft und Beruf, Kultivierung der Wesensunterschiede zwischen Mann (Geistigkeit) und Frau (Emotionalität), geschlechterspezifische Rollenzuweisungen, Reduktion der Frau auf Mutterschaft und Mütterlichkeit, Familialisierung der Kindererziehung. Alle diese Auffassungen konnten in der Arbeiterbewegung letztendlich nur Kritik herausfordern. Sie standen den Positionen der proletarischen Frauenbewegung diametral entgegen. Emanzipation der Frauen bedeutete im sozialistischen Verständnis gerade Vereinbarkeit von Berufstätigkeit und Muttersein, bedeutete Gleichheit und Gleichberechtigung von Mann und Frau trotz geschlechterspezifischer Unterschiede, bedeutete nicht Geschlechterkampf, sondern Klassenkampf um die politische und soziale Emanzipation als Voraussetzung für die Lösung der Geschlechterfrage

---

[439] Briefwechsel zwischen Ellen Key und Julia von Vollmar-Kjellberg. IISG Amsterdam, Archiv Vollmar, Nr. 2787a und Nr. 2575.

[440] Brief von Ellen Key an Henriette Fürth vom 19.8. [o.J.]. IISG Amsterdam, Henriette-Fürth-Archiv, Nr. 21.

[441] Diefenbach 1916.

[442] Vgl. Badia 1994, S. 68.

[443] Franz Staudingers empathische Besprechung des Buches von Ellen Key *Der Lebensglaube, Betrachtungen über Gott, Welt und Seele* (*SM* 1906, Dok. 143) ist eine der wenigen Ausnahmen.

und die harmonische Entfaltung von Mann und Frau in Gesellschaft, Beruf und Familie. Der „Grad der weiblichen Emanzipation" galt nach Charles Fourier „als das natürliche Maß der allgemeinen Emanzipation", ein Gedanke, der in Engels Schrift *Die Entwicklung des Sozialismus von der Utopie zur Wissenschaft* (1880) erneut aufgegriffen und in August Bebels *Die Frau und der Sozialismus* weiter ausgearbeitet wurde. Die Reduzierung der Frau auf ihre Mutterrolle wurde ebenso abgelehnt wie die Theorie von der natürlichen Mütterlichkeit des weiblichen Wesens. Vielmehr sollten Kindergärten, Schulen und öffentliche Freizeitangebote den Müttern Freiräume verschaffen und den Kindern Chancen einräumen, aus familialer Enge herauszutreten und bereits in der frühkindlichen Entwicklungsphase Unterstützung zu erfahren. Und erst recht stießen Theorien auf Kritik und Ablehnung, die, wie auch immer begründet, geistige Produktivität als eine Wesensart des Mannes annehmen und der Frau stattdessen Emotionalität und Seele zuschreiben.[444]

Alle diese Positionen wurden auch in der Auseinandersetzung mit Ellen Key vertreten. Und doch zeigen sich in der Bewertung Keys starke Differenzen. Sie sind nicht zuletzt ein Indiz dafür, wie verzahnt bürgerliche und proletarische Auffassungen in der damaligen Frauenbewegung waren. Beide Zeitschriften vermitteln keine homogenen oder gar monolithischen Positionen, sondern Heterogenität und Gegensätzlichkeiten, wie exemplarisch an Ellen Keys 1898 in Deutschland erschienener Essay-Sammlung *Mißbrauchte Frauenkraft*, die gleich dreimal rezensiert wurde, gesehen werden kann. Eine erste, von Anna Schapire verfasste Rezension in der *Neuen Zeit* bescheinigt Keys Schrift „alte Philistermoral mit neumodischem Anstrich". Mit bissigem Sarkasmus zeigt Schapire, dass „schon der Ausgangspunkt der Verfasserin, die Eintheilung der Kultur in eine männliche und eine weibliche, eine Kultur des Verstandes und in eine Kultur des Gefühls", „ein durchaus irriger" ist, weil er die ökonomischen und gesellschaftlichen Faktoren der Geschlechterentwicklung ausklammere. Nur die Entfaltung „nach beiden Seiten" würde zu „Harmonie" der Persönlichkeit führen.

> „Glücklich sein als Individuum in der Vereinigung mit einem Wesen des anderen Geschlechts und sich sozial bethätigen können als Glied der Gesellschaft, das ist die Forderung, die jeder Mensch, gleichviel ob Mann oder Weib, an die Gesellschaft stellt."[445]

Diese Kritik wurde von den beiden anderen Rezensentinnen nicht in gleicher Konsequenz geteilt. Es mag Zufall sein oder auch nicht, dass die ausschließlich männlich besetzte Redaktion der *Neuen Zeit* mit der Begründung, dass man unterschiedlichen Auffassungen das Wort geben wolle, eine zweite Rezension nachschob. Ria Claaßen, die Autorin, sieht in Keys Text eine „vorzügliche Analyse des weiblichen Wesens" und im „Zuge der Zeit [...] den Backfischzopf abstrakt-unpersönlicher

---

[444] Diskurse über die Wesensart des weiblichen Geschlechts durchziehen beide Zeitschriften über Jahre hinweg. Vgl. zur proletarischen Frauenbewegung u.a. Arendt 1970; Evans 1979; Hervé 1990; Nave-Herz 1997; Schröder 2001b.
[445] Schapire, *NZ* 1897/98 (Dok. 32, S. 321).

154

Gleichheits- und Gerechtigkeitsduselei beschneidend".[446] Zwar wünscht sich auch Claaßen eine stärkere Beachtung der „sich täglich mehr verändernden äußeren Verhältnisse" bei der Beurteilung von Berufstätigkeit und Mutterschaft, im Ganzen jedoch stimmt sie Keys Betonung der „weiblichen Eigenart" und ihrer „scharfen" Ablehnung „nivellierender Prinzipien" zu.

> „Sie meint, daß es jetzt an der Zeit sei, nicht mehr die Befreiung der Frau auf Grund ihrer menschlichen Gleichheit mit dem Manne, sondern auf Grund ihrer Ungleichheit von ihm zu erstreben. In dem starken Betonen der besonderen weiblichen Eigenart und ihrer Bedeutung für die Kultur liegt meiner Meinung nach nun der Werth des vorliegenden Buches."[447]

Die wohl differenzierteste dritte Besprechung legt Wally Zepler in den *Sozialistischen Monatsheften* vor. Auch sie geht davon aus, dass „wir ja wohl Alle" „über den Standpunkt der absoluten Gleichheit auf geistigem und seelischem Gebiet" hinaus sind. Das Buch von Ellen Key, „soweit es sich an rein psychologische Probleme hält", sei

> „fraglos aus dem wahren Empfinden und den Lebenserfahrungen einer bedeutenden Frau geschöpft; deshalb besitzt es für die Psychologie der Frauenseele unbedingten Werth, so völlig verfehlt uns auch seine Schlussfolgerungen erscheinen".[448]

Keys Theorie von der „Minderwerthigkeit der Intelligenz bei den Frauen" könne „doch höchstens den Werth einer rein persönlichen, dichterischen Spekulation, aber niemals den einer auch nur aufs Leiseste begründeten Geschichtsauffassung für sich in Anspruch nehmen".[449] Subjektivismus und unzureichendes historisches Verständnis sieht Zepler auch in Keys Auffassungen über Familie und Kindererziehung.

> „Aus ihrer Theorie heraus, dass alles geistige Leben bei den Frauen in Beziehung zum ‚Mütterlichen' in ihnen stehen müsse, baut die Verfasserin ein ganzes System in die Luft; d.h. sie entwickelt die Wirkungskreise, in denen die ihrer Ansicht nach durch verfehlte Arbeitswahl missbrauchte Frauenkraft zu eigenem und der Menschheit Nutz und Frommen verwandt werden sollte. Als solche ‚Aufgaben' für die geistig hochstehenden Frauen bezeichnet sie eine vernunftgemässe Jugenderziehung, die thatkräftige Mitarbeit an der Neugestaltung der sozialen Ordnung und – das Wirken für den Weltfrieden. In Bezug auf letztern legt sie – offenbar als Anhängerin der Friedensgesellschaften – sehr viel Gewicht auf die Ausmerzung der kriegerischen Gefühle, auf die sie die Frauen verweist. Aber dieses erste Thätigkeitsfeld fiele ja schon fort für den, der auch in dieser Beziehung an die hemmende Macht der Gefühle weniger als an die sozialer Tatsachen glaubt, und fast ebenso wenig ist es wirklich ernst zu nehmen, dass durchaus alle Frauen sich der Neugestaltung der Jugenderziehung und der sozialen Verhältnisse widmen sollten, gleichviel ob ihrer Natur vielleicht künstlerische oder wissenschaftliche Interessen bedeutend näher liegen. Denn mögen solche Interessen

---

[446] Claaßen, *NZ* 1897/98 (Dok. 33, S. 322).
[447] Ebd.
[448] Zepler, *SM* 1898 (Dok. 120, S. 572f.).
[449] Ebd., S. 574.

155

nun beim Weibe zu erstklassigen Leistungen führen oder nicht, schwerlich wird heute noch ein vernünftiger Mensch bestreiten, dass sie bei Tausenden vorhanden sind; und selbst wenn etwa mit mathematischer Schärfe erwiesen werden könnte, dass die Befriedigung solcher Neigungen für die Menschheit ewig nutzlos ist, die Einzelnen würden dennoch suchen sie zu befriedigen. Jeder, ob Mann, ob Frau, handelt einzig nach seinen persönlichen Impulsen und nicht nach Nützlichkeitserwägungen. Darum wird Ellen Key, wie alle Anderen, den Dingen ihren Lauf lassen müssen."[450]

Während Ellen Keys 1899 erschienenen *Essays* eher wohlwollend aufgenommen wurden[451], erregte ihr Buch *Über Liebe und Ehe* (1904), in dem sie den auch schon in früheren Schriften geäußerten Gedanken der „Veredlung" der kommenden Generationen durch eine in die Verantwortung der Frau gelegte Regulierung der Kinderzeugung vertieft, vehementen Widerspruch. Therese Schlesinger rückt in der *Neuen Zeit* Keys moralphilosophische Ansichten in die Nähe des Neomaltusianismus. Zwar sei Key eine gute Beobachterin der Probleme des sozialen und psychischen Lebens, mit den Lösungen jedoch mache sie es sich „allzu leicht" und ihre praktischen Vorschläge seien „nicht nur überhaupt sehr anfechtbar", sondern „oft in direktem Widerspruch mit ihren Theorien" und von „schulmeisterischer Pedanterie".[452] Gravierende Widersprüche sieht auch Ida Häny-Lux in den Keyschen Auffassungen, „die zuweilen zwar scheinbar gelöst werden, aber eben nur scheinbar".[453] Mit ihren Vorbehalten gegen das unehelich geborene Kind, der Vorstellung von der Begrenzung der „Freiheit der Kinderzeugung" und den Vorschlägen zur familialen Frauenrolle lande sie immer wieder „in der Spießbürgerlichkeit". Schöne Ideale habe sie aufgestellt,

„aber sie ist eben wieder von dem Puncte ausgegangen: Die Frau ist ... Und gerade das ist ja die Errungenschaft unserer Zeit, dass man die feste Formel für Mann und Weib zu durchbrechen sucht, dass nur der Menschenwert gelten soll."[454]

Häny-Lux hält den Keyschen Positionen Hedwig Dohms Buch *Die Mütter* (1903) entgegen, das „kühler und verstandesmässiger" „die Verhältnisse, wie sie tatsächlich sind, und nicht, wie sie sein sollen", schildere und besonders „der Ansicht, dass die Mutter von Natur aus die beste Erzieherin des Kindes sei, scharf zu Leibe" rückt. Im Unterschied zu Ellen Key wünsche Dohm, wie auch die proletarische Frauenbewegung, die „Erziehung der Kinder durch Kindergarten und Schule" als Lösung der Frage, ob die Frau Mutter- und Berufspflichten gleichzeitig und gut erfüllen könne.[455]

Weniger kritisch nahm offensichtlich Henriette Fürth Ellen Keys Buch auf. Fürth und Key stimmen in ihrem Frauenbild weitgehend überein, haben „dieselben Gedanken" und „dieselben Zwecke", so geht es zumindest aus einem Brief Ellen

[450] Ebd., S. 576.
[451] Vgl. Häny-Lux, *SM* 1899 (Dok. 122); Schlesinger-Eckstein, *NZ* 1898/99 (Dok. 37).
[452] Schlesinger-Eckstein, *NZ* 1903/04 (Dok. 57, S. 405f.).
[453] Häny-Lux, *SM* 1904 (Dok. 135, S. 617).
[454] Ebd., S. 618 (Auslassung so im Original).
[455] Ebd., S. 619.

Keys an Henriette Fürth hervor, in dem Key das Fürthsche Konzept der Vereinigung von „Heimpflege und Persönlichkeitsentwicklung" lobt und sich ihrerseits von Fürth verstanden fühlt:

> „Und wie froh bin ich, von eine Frau wie Sie, in mein letztes Buch verstanden zu sein! Wenige verstehen es, was ich über Liebe und Ehe schreibe. [...] Natürlich habe ich nie und nimmer gesagt oder gemeint daß nicht die verheiratete Frau <u>auch</u> geistig tätig sein kann, aber ich meine und sage: die <u>höchsten Höhen</u> wird Sie nur <u>sehr ausnahmsweise erreichen</u> wenn Sie <u>auch</u> Geliebte, Gattin, Hausfrau, Mutter im vollen Sinne sein will! <u>Persönlich</u> ausreifen kann Sie auch <u>so</u> – nur nicht schaffen, tüchtig sein im <u>großen</u> Sinn des Wortes! Erst später, wenn die Kinder nicht mehr die stets Pflege bedürfen, kann es gehen. Aber wie vortrefflich eine Frau und Mutter ihre eigenen Erfahrungen für das ganze verwerten kann, das zeigen Sie, liebe Frau Fürth in Ihre kleine Schriften welche so besonnen, ernst, feinfühlend und klug sind [...]."[456]

Inwieweit nun Ellen Key für die Arbeiterbewegung überhaupt von Bedeutung sei, erörtert Therese Schlesinger in einer Rezension der Essaysammlung *Die Wenigen und die Vielen* in den *Sozialistischen Monatsheften* 1901.[457] Sie gesteht Ellen Key ein im Vergleich zu früheren Schriften gewachsenes Verständnis der „wichtigsten socialen Fragen" zu, kommt aber insgesamt zu dem Schluß, dass es „zweifelhaft" erscheine, „ob sie freilich der Sache des Socialismus auch Kämpfer gewinnen wird." Ellen Key trete

> „als Verkünderin der socialistischen Lehre auf, und das Originelle ihres Auftretens besteht zum Teil auch darin, dass sie sich weder an sociologische Theoretiker noch an diejenigen, die an dieser Lehre in erster Linie interessiert sind, die Arbeiter, wendet, sondern einer ästhetisch verfeinerten und verwöhnten, literarischen, individualistisch-ethischen Schicht der bürgerlichen Intelligenz zu beweisen sucht, dass auch sie mit ihren aristokratischen Bedürfnissen durch die socialistische Ordnung nicht zu kurz kommen würde".[458]

Ellen Key sei

> „nicht ausgezogen, um zu kämpfen oder zum Kampf anzufeuern, sondern um zu versöhnen, und nach dieser Richtung hin wird ihr geistvolles und liebenswürdiges Buch [...] seinen Zweck nicht verfehlen".[459]

Obgleich sich alle hier genannten Rezensentinnen mehr oder weniger kritisch zu den Keyschen Theorien äußern, offenbaren die einschlägigen Texte zugleich eine emotionale Faszination, die sich in teils überschwänglichen Lobeshymnen auf die gute Absicht, die edle Gesinnung, die echte umfassende Bildung, das psychologische Feingefühl Keys zeigt und oft im Gegensatz zu der rational vorgebrachten Kritik erscheint. Keys Schriften wurden auch hier geradezu aufgesogen. Sie mussten einen Nerv der Zeit getroffen haben, wenn selbst „Rationalistinnen" der prole-

---

[456] Brief von Ellen Key an Henriette Fürth vom 19.8. [o.J.]. IISG Amsterdam, Henriette-Fürth-Archiv, Nr. 21 (so im Original).
[457] Schlesinger-Eckstein, *SM* 1901 (Dok. 125).
[458] Ebd., S. 585.
[459] Ebd., S. 586.

tarischen Frauenbewegung dem „Key-Rummel"[460] nicht widerstehen konnten. Ob der Grund hierfür dem Charisma der Person, der Unbekümmertheit und Unbedarftheit ihrer Ansichten, von denen Therese Schlesinger sagt, dass sie besser in „ein schlankes Bändchen köstlicher Aphorismen" umgewandelt werden sollten[461], oder trotz ausgesprochener Kritik auch unausgesprochener Gedankenübereinstimmung zuzuschreiben ist, kann nur spekulativ beantwortet werden. Möglicherweise kam hier zugleich eine Solidarität zwischen Frauen zum Tragen, die sich an den Problemen und Widersprüchen der patriarchalisch organisierten Gesellschaft rieben und von ihnen aufgerieben wurden. Denn selbst in der Arbeiterbewegung, die die Emanzipation der Frau zu einem ihrer Kampfziele gemacht hatte, blieb die Gleichstellung der Frauen ein Problem.[462]

4.4.2 Auseinandersetzung mit dem „Jahrhundert des Kindes"

Im Unterschied zu den frauenpolitischen Themen Ellen Keys wurden ihre Erziehungsgedanken mit deutlich geringerer Empathie aufgenommen. Zwar wurde *Das Jahrhundert des Kindes* (1900, deutsch 1902) gleichfalls in beiden Zeitschriften rezensiert, aber auch hier überwog das Interesse an jenen, die Frauenrolle beschreibenden Passagen. Das, was Ellen Key zur Erziehung zu sagen hatte, erschien offensichtlich nicht sonderlich attraktiv und innovativ und insbesondere den Zusammenhang von Erziehung und sozialer Frage zu wenig zu berücksichtigen, wie Oda Olberg, die Rezensentin des Keyschen Buches in der *Neuen Zeit*, ihrer Betrachtung vorausschickt.

> „Da die Erzieher in Bezug auf die materiellen, intellektuellen und moralischen Mittel, die ihnen für ihre Aufgabe zur Verfügung stehen, abhängig sind vom sozialen Milieu – Güterproduktion und Verteilung u.s.w. – sind einer durchgreifenden Reform der Erziehung gesellschaftliche Grenzen gesetzt, die ohne Umgestaltung des Milieus nicht verrückt werden können."[463]

---

[460] Dass sie hier nicht allein standen, zeigt ein Aufsatz in der Lehrerinnen-Zeitung *Die Lehrerin in Schule und Haus* 21(1904/05), in dem sich eine anonym bleiben wollende Frau mit dem von männlichen Key-Kritikern geprägtem Begriff auseinandersetzt: „Nun möchte ich aber darzulegen versuchen, warum ein sehr großer Prozentsatz gereifter Frauen Ellen Key ein Herz voll Dankbarkeit entgegenbringt: Aus gar so impulsiven, schwärmerisch-idealistischen Beweggründen, wie es unsere Kritiker anzunehmen scheinen, denn doch nicht. Für so urteilslos sollte man uns Frauen, die wir uns seit Jahren in die soziale Arbeit vertieft haben und immer mehr Verständnis für das historisch Gewordene erlangen, nicht halten. Wir kennen vielmehr die Schwächen Ellen Keys sehr genau, und längst ist uns die schmerzliche Gewißheit geworden, dass durch solch tiefe und feine Gedanken, wie sie Ellen Key denkt, oder aus den Werken von Elitegeistern herausliest, doch nur eine Empfindungswelle in verwandten Seelen erregt wird, [...] vielleicht den edlen, tiefen Empfindungsgehalt der Menschheit um ein paar Wellenschläge vermehrt. Die Welt ändern werden sie heute und in absehbarer Zeit noch nicht." (S. 1133)

[461] Schlesinger-Eckstein, *SM* 1901 (Dok. 57, S. 406).

[462] Vgl. hierzu exemplarisch Tichy 1997; Schrupp 1999.

[463] Olberg, *NZ* 1902/03 (Dok. 52, S. 383).

Dieser Zusammenhang sei bei Key nicht zu finden, gleichwohl sei legitim, die „Erziehungsfrage isoliert" zu behandeln und „von ihrer sozialen Verkettung" zu abstrahieren. Olberg sieht in Keys Buch keinen „Vorstoß" ins „Unbekannte", sondern eine gekonnte Zusammenfassung von Bekanntem. Jeder weiß es – keiner hält sich daran. Sie teilt die Auffassung, „daß eine Zeit, die nichts dringender braucht als Persönlichkeiten, Menschen mit starkem Willen, warmem Herzen, mit Mut zur Verantwortung und Glauben an sich selbst, alle Keime dazu im Menschen der Zukunft, im Kinde verkümmern läßt", und wendet sich gegen eine Erziehung

> „des beständigen Eindämmens, das alle Stufen von der rohen Repression bis zum beständigen Bemuttern durchläuft. [...] Man erzieht an allen Ecken und Enden, die Kinder werden so lange benörgelt und benagt, bis ihr Charakter alle Beulen und Unebenheiten verliert und auf dem Untergrund des Geschehens hin und her rollt, durch diesen, nicht durch seine Eigenart bestimmt."[464]

Dies bewusst zu machen, enthalte das Buch viele „Ratschläge und Winke, deren Feinheit und Tiefe zeigt, wie innig die Autorin mit dem Leben des Kindes vertraut ist". Gleichermaßen jedoch offenbare es einen „Kultus des Kindes".

> „Wenn man, wie das jetzt Sitte wird, sich überspannte Vorstellungen von der holden reinen Seele des Kindes macht, die erst die Berührung mit der Welt besudelt, wenn man so die Legende vom Sündenfall aus der Geschichte der Menschheit in die des Individuums verlegt, so gründet man noch einmal die Erziehung auf falscher Grundlage, was sich an beiden Teilen rächt."[465]

Eine richtige Erziehung, so schlussfolgert Oda Olberg, muss „der Eigenart des Kindes" Achtung entgegenbringen, ihm „Baumaterial zu ihrem Ausbau" liefern, „weil das Kind eben ein Mensch ist. Deshalb strebt man darnach, das Kind als seinesgleichen zu behandeln, nicht als Spielzeug, als Ton für den Gestaltungstrieb des Erziehers, nicht als ein wildes Tier, das gebändigt werden muß, aber ebenso wenig als ein höheres Wesen, als einen Halbgott und Erlöser".

> „Den gesunden Kräften Betätigungsmöglichkeit bieten, unsere Erfahrung für die Auseinandersetzung mit der Wirklichkeit leihen, wo sie verlangt wird, durch Selbstzucht Selbstzucht lehren, die Anpassung fördernde Außenwelt weder ängstlich fernhalten, noch übermächtig werden lassen – das ist Erziehung."[466]

Auch Wally Zepler, die *Das Jahrhundert des Kindes* für die *Sozialistischen Monatshefte* rezensierte, konstatiert zwischen den frauenpolitischen Schriften Keys und dem *Jahrhundert des Kindes* eine qualitative Differenz – letzteres stünde nicht „auf der gleichen Höhe".[467] Zwar fänden sich auch hier, „wie immer bei ihr", „eine Fülle geistreicher Anregungen und fein beobachteter Züge aus menschlichem Seelenleben – aber das Ganze" schließe sich „zu keinem einheitlichen Bild zusammen" und enthalte „viel Triviales" und vor allem Widersprüche, die allein schon

---

[464] Ebd., S. 384.
[465] Ebd., S. 387.
[466] Ebd.
[467] Zepler, *SM* 1903 (Dok. 131, S. 606).

der Titel des Buches offenbare.[468] Kritik gilt vor allem ihrem ethisch-eugenischen Konzept mit der zentralen Hypothese, „der Liebesinstinct künftiger Geschlechter werde sich mehr und mehr der Entwicklungsrichtung der Menschheit anpassen." Zepler sieht diese Vorstellung nicht nur im Gegensatz zur „fortschreitenden Individualisierung" und Persönlichkeitsentfaltung besonders der Frau, sondern als einen „Traum, der mit Natur und wirklichem Leben nur äusserst wenig gemein hat".[469]

Knapp fallen die Kommentare zu Schule und Erziehung aus. Was Ellen Key hier zu sagen habe, sei – „mindestens teilweise – heute Allgemeingut in der Überzeugung vorgeschrittener Menschen".[470] Das gelte hinsichtlich der Lehrpläne wie der Methoden, der Beachtung kindlicher Gefühle wie der Verwendung von Strafmitteln. Wie Schlesinger wendet sich auch Zepler gegen den Keyschen Mütterlichkeitsmythos der Frau – und ist somit wieder bei der Frauenfrage. Vor allem setzt sie sich mit der von Key funktionalisierten Forderung nach Entfaltung der Persönlichkeit der Frau auseinander. Persönlichkeitsentfaltung dürfe nicht Mittel zum Zweck, sondern nur Selbstzweck sein.

> „Entweder das eine oder das andere. Entweder glaubt man, es sollte auf der Welt am besten bleiben, wie es bisher war, die Frauen sollten im tiefsten Herzen Mütter bleiben, das heisst die Mutterschaft wie bisher zum Kern und Mass ihres Denkens werden lassen – dann spare man das tönende Geklingel der modernen Phrasen von eigener *Persönlichkeit* und geistiger *Selbständigkeit* des Weibes. [...] Oder aber, die Frauenbewegung ist in Wahrheit nur der Ausdruck tieferer wirtschaftlich-geistiger Strömungen, der Ausdruck einer beginnenden Erschütterung und Umwälzung des socialen Lebens, die bestimmt ist, auch auf die grundlegende sociale Einheit, die Familie, überzugreifen, dann fällt naturgemäss der ganze Ellen Keysche Idealbau in sich selbst zusammen."[471]

Wally Zepler konstatiert schließlich einen unendlichen „Widerspruch in diesem Verlangen nach Persönlichkeit und ausschliessender Mutterhingebung", der nur zu erklären sei

> „aus der Eigentümlichkeit dieser ethisierenden Betrachtungsweise, die im Grunde die wirkliche Welt nicht sieht und nicht erkennt, sondern nur Menschen und Dinge umformen möchte nach einem rein persönlich geltenden Ideal".[472]

Bald nach der Jahrhundertwende ging, von gelegentlichen Erwähnungen abgesehen, das Interesse an Ellen Key merklich zurück. Dennoch hat sie Wirkungen hinterlassen. Ihre Einflüsse finden sich in Frauenbildern der Sozialdemokratie ebenso wie in Auffassungen von Kindheit und Kind, von Familie und Erziehung. Noch 1908 fühlte sich mit Wilhelm Hausenstein in den *Sozialistischen Monatsheften* sogar ein Mann veranlasst, neben Ludwig Gurlitt auch Ellen Key gegen die Pole-

---

[468] Ebd.
[469] Ebd., S. 607.
[470] Ebd.
[471] Ebd., S. 608f.
[472] Ebd., S. 610.

miken Friedrich Paulsens zu verteidigen[473]. Niemand dürfe „gegenüber so hoch denkenden und feinen Persönlichkeiten" „die Forderungen des menschlichen Taktes vergessen." „Obgleich Paulsen „auch Gutes zu geben hatte", fehle ihm das „tiefere Verständnis" für die sich vollziehende kulturgeschichtliche Entwicklung. Der „Wunsch nach mehr Autorität, nach Rückkehr zur *education strenua*", sei „ganz schlimm".[474]

5. Konzepte und Projekte proletarischer Bildungsreform

Während im vorherigen Kapitel zu zeigen versucht wurde, wie im Prozess der Konstituierung pädagogischer Ideen in der Arbeiterbewegung auf reformpädagogische „Vorbilder", „Vordenker" oder Richtungen zurückgegriffen wurde, stehen nun aus diesem Prozess hervorgegangene originäre Konzepte und Projekte im Mittelpunkt. Am Beispiel der *Sexualreformdebatte* ist zu sehen, wie sich verschiedenste reformerische und theoretische Einflüsse zu Positionen zusammenfügten, die ihrerseits den Prozess einer Sexualreform beeinflusst, befördert und gestützt haben. Das Beispiel des *Versuchsschulprojektes* der Ärztin Hope Bridges Adams Lehmann ist sowohl Ausdruck linker intellektueller Kommunikation und politisch-kultureller Netzwerke als auch einer frühen sozialistischen Versuchsschulpraxis. Heinrich Schulz' Entwurf einer *Schulreform der Sozialdemokratie* lässt die Verbindung reformpädagogischer und sozialistischer Ideen und ihre kritisch-konstruktive Wendung zu einem pädagogischen Programm erkennen. Alle diese Exempel sind in ihrer historischen Komplexität und pädagogischen Qualität in erziehungshistorischen Retrospektiven mehr oder weniger aus dem Blick geraten.

5.1 Die Sexualreformdebatte in der Arbeiterbewegung – Ambivalenz zwischen Key und Foerster und ohne Freud

Lange bevor Sexualerziehung in den zwanziger Jahren auch von der vorherrschenden Pädagogik als Thema aufgegriffen wurde, hatte sich die Arbeiterbewegung dieser Problematik angenommen. Sie reagierte damit auf die Widersprüche autoritär-konservativer Moralverhältnisse im Kaiserreich, die in allen Bevölkerungsschichten Probleme bereiteten, in Arbeitermilieus angesichts der dort herrschenden sozialen Not – repressive Arbeitsverhältnisse, beengter Wohnraum, ungewollter Kinderreichtum, unzureichende Gesundheitsvorsorge, Mangel an Aufklärung und Bildung – jedoch besonders zugespitzt in Erscheinung traten. Als August Bebel 1879 mit seiner Schrift *Die Frau und der Sozialismus* sexuelle Fragen in den Kon-

---

[473] Gemeint ist die Schrift von Friedrich Paulsen: Moderne Erziehung und geschlechtliche Sittlichkeit. Einige pädagogische und moralische Betrachtungen für das Jahrhundert des Kindes. Berlin 1908. Darin befindet sich im Text „Väter und Söhne" (1907) eine Polemik zu Ellen Key.

[474] Hausenstein, *SM* 1908 (Dok. 161, S. 701, Hervorhebung im Original).

text der sozialen Emanzipation der Frau stellte, öffnete er gleichsam eine Schleuse. Es war der Druck der sozialen Praxis, der Fragen der Sexualität auf die historische Tagesordnung setzte und zu einem ständigen Diskursthema in der sozialdemokratischen Presse werden ließ.[475] In der Auseinandersetzung mit traditionellen Ethik- und Sexualvorstellungen hat sich die Sozialdemokratie schon frühzeitig für sexuelle Aufklärung stark gemacht, Rechte von sexuellen Minderheiten vertreten[476], sexuelle Selbstbestimmung der Frauen eingefordert und deswegen immer wieder Angriffe von bürgerlich-konservativer Seite hinnehmen müssen. Neben avantgardistischen Ideen spiegeln die Diskurse der damaligen Zeit aber auch mancherlei Widersprüchlichkeiten, „falsche" Einflüsse und einen zum Teil problematischen Pragmatismus. Probleme der Sexualerziehung stellten um die Jahrhundertwende ein Gebiet dar,

> „das heftiger als andere Fragen der Sexuallehre und der Erziehung die Gemüter beschäftigt und erregt hat. Hier waren die inneren und äußeren Widerstände besonders stark. [...] Der Widerstand beruht, wo er absolut ist, wesentlich auf dem altherkommenden Druck, den die religiös-christliche Ethik auf unser gesamtes Denken und Empfinden übt."[477]

Ging es in den 1890er Jahren vorrangig um Kritik an der sexuellen Heuchelei in Öffentlichkeit und Erziehung, um Entlarvung bürgerlicher Doppelmoral und um Enttabuisierung sexueller Belange im Umfeld der Frauenbewegung, wurden nach der Jahrhundertwende zunehmend pädagogische Konzepte zur Sexualerziehung entwickelt und diskutiert, die sich oft zugleich als Kritik der inzwischen zu einem Modethema avancierten zeitgenössischen Sexualdebatte verstanden. Als die *Deutsche Gesellschaft zur Bekämpfung der Geschlechtskrankheiten* 1907 in Mannheim einen eigens sexualpädagogischen Themen gewidmeten Kongress veranstaltete, löste dies in der Sozialdemokratie nicht nur Resonanz, sondern gleichermaßen Widerspruch aus: Von „berufenen und unberufenen Füssen" sei das Thema in den letzten Jahren „glatt und kahl und staubig" getreten worden.[478] Es fehle „gewiß nicht an Büchern und Schriften, die sich eingehend mit der Frage der sexuellen Aufklärung beschäftigen", es sei „aber Tatsache, daß die Qualität nur wenig der Quantität entspricht".[479]

---

[475] Mit mehr als 35 Beiträgen in der *NZ* und nahe 50 in den *SM* zählte die sexuelle Frage zu den meistdiskutierten Themen. Vgl. Auswahlbibliographie in Uhlig 2003b; zur Sexualdebatte in der Arbeiterbewegung vgl. Mühlberg 1992.

[476] Vor allem setzte sich die Sozialdemokratie, unterstützt durch ihre Presse, für die Aufhebung der Strafverfolgung Homosexueller ein. Schriften von Magnus Hirschfeld wurden regelmäßig rezensiert. Vgl. Herzer/Steakley 1986; Wolff 1993; Keilson-Lauritz 1997; Mildenberger 2002.

[477] Lindheimer, *SM* 1907 (Dok. 154, S. 682).

[478] Adams Lehmann, *SM* 1907 (Dok. 153, S. 671).

[479] Dürerbund. Am Lebensquell. Ein Hausbuch zur geschlechtlichen Erziehung (Rezension von Fritz Düvell). *NZ* 1908/09, Nr. 44, S. 617-619.

Im Vorfeld des Ersten Weltkrieges legte sich dann auch „wieder tiefes Schweigen" über das Thema Sexualerziehung – auch in der Sozialdemokratie.[480] Erst in der Weimarer Republik erlangte es eine Neubelebung, Weiterentwicklung und partielle Praxisrelevanz, um dann 1933 unter der Nazi-Diktatur einen gravierenden Abbruch mit nachhaltigen Folgen für die Nachkriegsentwicklung in beiden Teilen Deutschlands erfahren zu müssen.

5.1.1 Das Verständnis von Sexualität als Bezugsrahmen für sexualerzieherische Konzepte

Sexuelle Emanzipation wurde in der Arbeiterbewegung nicht nur als spezifischer Inhalt einer umfassenden Sexualreform gesehen, sondern gleichermaßen als Aufgabe einer allgemeinen Bildungs- und Erziehungsreform und vor allem als Resultat gesellschaftlicher Veränderung. Da die kapitalistische Gesellschaft „das Individuum nach allen Richtungen hin einengt", würde „ihm auch die Möglichkeit eines gesunden, menschenwürdigen sexuellen Lebens" geraubt.[481] Deshalb könne die sexuelle Frage nicht isoliert betrachtet werden, verlange Aufklärung über die sie verursachenden sozialen Widersprüche und lenke letztendlich auf den Sozialismus. Der Sozialismus bedeute „nicht nur die ökonomische Freiheit, sondern auch deren Zwillingsschwester, die individuelle", er befreie nicht nur von der „Knechtschaft des Geldes", sondern auch „von der Knechtschaft der Überlieferung in der Liebe."[482] Wie freilich ein „menschenwürdiges sexuelles Leben" verstanden und welchen Anteil dabei Aufklärung und Erziehung haben sollten, wurde unterschiedlich ausgelegt. Neben vielen emanzipatorischen Impulsen vermitteln die Diskurse über Sexualität auch einen Eindruck von der Schwierigkeit, die „Knechtschaft der Überlieferung" abzuschütteln. Sexualaufklärung und -erziehung folgten weitgehend einem Verständnis von Sexualität des Menschen, wie es sich in der sozialistischen Arbeiterbewegung nach der Jahrhundertwende unter dem Einfluss naturwissenschaftlich-medizinischer, anthropologischer, sozialethischer sowie reformpädagogischer Erkenntnisse und Zeitströmungen darstellte.

5.1.1.1 Sexualität als natürlicher Bestandteil des Menschseins und die „Geschlechtsspezifik der Frau"

Allen einschlägigen Beiträgen, von denen nur einige wenige exemplarisch in die vorliegende Quellenauswahl aufgenommen werden konnten, liegt ein Verständnis von Sexualität als natürliche Gegebenheit, als „Naturtatsache des menschlichen Organismus"[483] und als Naturrecht eines jeden Menschen zugrunde. Die Unterdrückung dieser Naturtatsache berge nicht nur individuelles, sondern auch sozial-

---

[480] Oehme, *SM* 1914 (Dok. 188, S. 754).

[481] Charles Albert: L'amour libre (Rezension von Therese Schlesinger). *SM* 1899, Nr. 10, S. 542.

[482] Hope Bridges Adams Lehmann: Mutterschutz. *SM* 1911, Nr. 18-20, S. 1242.

[483] Henriette Fürth: Der Aufklärungsunterricht. *SM* 1908, Nr. 4, S. 244.

kulturelles Konfliktpotential. Als Betroffene traditioneller sexueller Unterdrü-ckungsstrukturen wurden vor allem die Frauen und Mädchen gesehen: Ihre eigenen Bedürfnisse als Geschlechtswesen werden so gut wie nicht akzeptiert, sie sind abhängiges Sexualobjekt des Mannes, und sie werden aus der Gesellschaft ausge-stoßen, wenn sie (z.B. in der Prostitution, in „wilder Ehe", mit unehelichen Kin-dern) ihre Rollenvorschriften missachten.[484] Die sexuelle Frage wurde daher zuerst als eine Frage der Frauenemanzipation behandelt, die Frau wurde als Geschlechts-wesen mit individuellen sexuellen Bedürfnissen „entdeckt". Ansichten zur „freien Liebe", zur Prostitution, zur Geburtenregelung, zur Perspektive der Ehe, zum Um-gang mit nichtehelichen Kindern u.a.m. entwickelten sich zunächst vor diesem Hintergrund, Adressaten sexueller Aufklärung und Erziehung waren lange Zeit die Frauen und Mädchen. Der Ermunterung zu natürlichem Umgang mit Sexualität und zu sexueller Selbstbestimmung (vor allem durch Emma Eckstein, Hope Bridges Adams Lehmann, Therese Schlesinger, Hedwig Dohm u.a.) standen je-doch mehrheitlich Auffassungen gegenüber, die den Mädchen und Frauen die Hauptlast sexueller Verantwortlichkeit zuwiesen (besonders Oda Olberg, Henriette Fürth, Edmund Fischer, Paul Kampffmeyer u.a.). Obgleich Koedukation zu den Grundprinzipien proletarischer Erziehungsauffassungen gehörte, blieb sie hinsicht-lich der geschlechtlichen Erziehung von Jungen und Mädchen einseitig. Explizite Forderungen nach „frühzeitiger Aufklärung" der Knaben, weil die Gefahr ihrer „Verleitung zum Geschlechtsgenuß [...] unvergleichlich größer als für Mädchen" sei[485], blieben ebenso Ausnahme wie Vorschläge, „nicht nur die Frau, sondern auch den Mann für die Ehe" zu erziehen, „indem man beide Theile einander näher bringt in Fähigkeiten, Denkweise und Gewohnheiten, indem man ihnen gemeinsa-me Ziele, gemeinsame Arbeit, gemeinsame Freuden gibt."[486] Adams Lehmann z.B. hielt einen solchen Erziehungsansatz besonders für Deutschland wichtig, weil – nach ihrer Beobachtung – nirgends „die Frau so niedrig" stünde und „die Brutalität des Mannes noch so wenig bezähmt [sei], wie hier".[487]

Die Hervorhebung der Natürlichkeit der Sexualität hatte jedoch vor allem päda-gogische Konsequenzen. Das Schweigen, mit dem das pädagogische Establishment über sexuelle Fragen hinwegging, und die in der Praxis vorherrschende, auf Angst-erzeugung beruhende repressive Sexualerziehung gerieten zunehmend unter Kritik. „Das, was heute als Durchschnittssexualerziehung herumläuft", sei „nur eine neue Form sexueller Einschüchterung, eine neue gefährliche Form der Erziehung zur Angst."[488] Die aus der Arbeiterbewegung kommenden Vorschläge setzten dagegen auf Rationalität, Natur und Vernunft,

---

[484] Vgl. Schlesinger, *NZ* 1909/10 (Dok. 82).
[485] Eckstein, *NZ* 1899/1900 (Dok. 40, S. 351).
[486] Hope Bridges Adams Lehmann: Das Weib in seiner Geschlechtsindividualität. *NZ* 1896/97, Nr. 24, S. 744f.
[487] Ebd.
[488] Wilhelm Hausenstein: Literaturbericht zur sexuellen Erziehung. *SM* 1909, Nr. 4, S. 258f.

164

„ohne Sentimentalität und ohne den süßlichen Kinderkultus, der jetzt Mode ist, fest und ernst, wie man einem jüngeren Gefährten Beistand bietet, von dem man weiß, daß er seine schwersten Kämpfe allein auskämpfen muß".[489]

Gegen die konservative Pädagogik wurde vor allem im Umgang mit der „Woher-kommen-die Kinder-Frage" eine offene, wahrhaftige, an der Natur orientierte und auf naturwissenschaftlicher Bildung beruhende Vermittlungsstrategie propagiert. Als etwas der Natur Entsprechendes sollte sie frei von Angstphantasien und Storchenmärchen aus der Naturbeobachtung beantwortet werden – von der Pflanze zum Tier und zum Menschen.

5.1.1.2 Sexualität als Moment der sozialen Frage

Sexualität schon frühzeitig in sozial-kulturellen Zusammenhängen charakterisiert zu haben, gehört ohne Zweifel zu den Leistungen der Arbeiterbewegung. Mehr oder weniger allen einschlägigen Veröffentlichungen ist eine explizit sozialkritische Perspektive eigen, und die Unterschätzung der sozialen Determiniertheit des Sexualverhaltens ist einer der häufigsten Kritikpunkte an bürgerlichen Varianten der Sexualreform. Die Bedeutung „der Einwirkung sozialer und wirtschaftlicher Verhältnisse auf die sexuell-psychische Entwicklung" sei selbst Befürwortern einer Sexualreform und pädagogischer Sexualaufklärung „nicht ganz klar". Sie scheinen nicht zu wissen,

> „daß die größten Schwierigkeiten, die sich einer wirklich klugen Belehrung und Beratung der Jugend über das Sexualleben entgegenstellen, in den Widersprüchen ihre Wurzel haben, welche die Sexualethik des Bürgertums aufweist und leider auch noch die des Proletariats, das bisher aus seinen besonderen Lebensbedingungen heraus noch keine neue Ethik der Geschlechtsliebe hat und darum gerade nach dieser Richtung hin noch vielfach im Banne kleinbürgerlicher Denkgewohnheiten steht, obwohl seine Praxis sich täglich mehr von der des Bürgertums unterscheidet".[490]

Namentlich Therese Schlesinger kritisierte, dass in der bürgerlichen sexualreformerischen Literatur proletarische Milieus außer Acht bleiben bzw. nach bürgerlichen Maßstäben bewertet würden, was dann zu der Annahme führe, „bei der gebildeten Jugend beiderlei Geschlechts" sei eine „größere Varietät" sexuellen Fühlens anzutreffen „als bei der Jugend der tieferstehenden sozialen Schichten".[491] Es sei ein Ausdruck mangelnder sozialer Sensibilität, wenn, wie im Falle Friedrich Wilhelm Foersters, abstrakte Moralforderungen an die Arbeiterschaft herangetragen würden.[492] Bei allem warmherzigen Mitfühlen „für jeden notleidenden, seelisch

---

[489] Das unterscheide – nach Oda Olberg – z.B. Emma Ecksteins Buch: Die Sexualfrage in der Erziehung des Kindes (1905) von der bürgerlichen sexualpädagogischen Literatur. Vgl. Olberg, *NZ* 1905/06 (Dok. 60, S. 418).
[490] Schlesinger, *NZ* 1911/12 (Dok. 96, S. 506).
[491] Ebd. Dass diese These noch lange aktuell blieb, zeigt Kentler 1970, S. 86f.
[492] Gemeint ist das Buch von Friedrich Wilhelm Foerster: Sexualethik und Sexualpädagogik. München 1909.

bedürftigen und verirrten Menschen" würde die reale Situation des Proletariats verkannt, wenn Foerster den sexuellen wie den sozialen Problemen der Gegenwart durch eine allgemeine Moralerziehung beikommen zu können glaube. Seine Forderungen nach Einhaltung der Monogamie, nach Unantastbarkeit der Ehe, nach sexueller Selbstzucht, seine Ablehnung des Präventivverkehrs und die Verurteilung der unehelichen Mutterschaft hätten in der Realität keine Basis. Das Leben der Proletarier sei ohnedies „so überreich an Gelegenheiten zur Entsagung und Selbstüberwindung", und längst habe „die Familie in ihrer alten Bedeutung hier vielfach aufgehört zu bestehen". Gerade in proletarischen Milieus hätten unkonventionelle Lebensweisen, wie uneheliche Mutterschaft, schon aufgrund der Verhältnisse längst Akzeptanz. Diese „neuen Zustände" würden „nach neuen Formen verlangen", „nicht nach gewaltsamer Aufrechterhaltung der alten".[493] Hierfür ein Bewusstsein zu entwickeln, wurde als eine wichtige Aufgabe sexueller und zugleich sozialer Aufklärung über die Sexualität beeinflussenden Umstände verstanden.[494]

5.1.1.3 Versittlichung der Menschen und der Gesellschaft durch sexuelle Aufklärung und Erziehung

Aufklärung über Sexualität bedeutete im Verständnis der Arbeiterbewegung immer zugleich Aufruf zur Versittlichung des Umgangs mit Sexualität. Dem Recht auf sexuelle Selbstbestimmung wurde die Pflicht zu sittlicher Verantwortung gleichgestellt. Sexuelle Gewalt, Prostitution, Pornographie standen außerhalb der Vorstellungen von menschenwürdiger Sexualität. Bewusst gesteuerte sexuelle Triebbeherrschung galt demnach als sittliches Ziel. Diese auch von Clara Zetkin favorisierte Denkrichtung[495] bestimmte auch die Zeitschriftendiskurse. In einer Artikelserie in den *Sozialistischen Monatsheften* plädierte Henriette Fürth dafür, überkommene Moralvorstellungen, den „ganzen Ballast" von „Erbsünde" und „Abtötung des Fleisches" durch eine neue Moral zu ersetzen, die auf Sachwissen, das „weder moralisch noch unmoralisch" ist, gründet und ihrem Wesen nach die Erziehung des Willens und die Beherrschung der Naturtriebe erstrebt. Erst das Moralische versetze den Menschen in die Lage, sich über die Natur zu erheben, den „Erdgeruch" und das „Tierische" des Geschlechtlichen abzustreifen.

> „Wir empfinden uns als moralische, das heißt uns und unseresgleichen verantwortliche Wesen, und es kann nicht fehlen, dass dies immanente moralische Fluidum auch in der Geschlechtssphäre sich geltend macht und seine Einflüsse in die Erziehung hineinspielen läßt."[496]

---

[493] Schlesinger, *NZ* 1909/10 (Dok. 82, S. 472).

[494] Die Verknüpfung von sexueller und sozialer Aufklärung ist z.B. auch in Kurz- und Fortsetzungsgeschichten in der proletarischen Presse zu finden, und zwar häufig nach dem Muster: Mann aus der besitzenden Klasse verführt armes Proletariermädchen und lässt es mit Kind sitzen. Aus der Enttäuschung erwächst Klassenbewusstsein und Anschluss an die Arbeiterbewegung.

[495] Vgl. Walter 1959, S. 92.

[496] Henriette Fürth: Der Aufklärungsunterricht. *SM* 1908, Nr. 4, S. 244f.

Vor allem mit dem Blick auf die Zukunft wurde der sexualethischen Erziehung Bedeutung zugeschrieben.

„Nicht nur eine naturkundliche, auch eine ethische Seite hat die erzieliche Aufklärung über die Dinge des Geschlechtslebens, und diese will mit großer Behutsamkeit und Sorglichkeit behandelt sein. Denn hier wird die Entscheidungsschlacht darüber geschlagen, ob künftige Geschlechter in den Geschlechtervorgängen eine bloße Befriedigung tierischer Sinneslust oder aber ein feines Instrument zur fortpflanzenden Höherentwicklung der Art erblicken werden. Hier wird das Verantwortlichkeitsgefühl für kommende Geschlechter geboren oder unterdrückt, hier der Grund gelegt zu persönlicher Veredelung oder Herabwürdigung."[497]

Es waren auf der einen Seite Einflüsse der Neuen Ethik, wie sie insbesondere vom *Bund für Mutterschutz*[498] vertreten wurde (sexuelles Selbstbestimmungsrecht der Frau, Gleichberechtigung der Geschlechter, Ehereform u.a.), auf der anderen Seite der Moralphilosophie und Moralpädagogik Friedrich Wilhelm Foersters, unter denen sich proletarisches sexualethisches Selbstverständnis entwickelte. Während die Neue Ethik eine Sexualreform und mit dieser auch eine freiere Sexualerziehung ausdrücklich beförderte, lehnte Foerster als Vertreter der *Deutschen Gesellschaft für ethische Kultur* eine Liberalisierung der Sexualvorstellungen ab und setzte dem vermeintlichen Verfall der Moral ein Konzept der Charakter- und Willenserziehung – „Beherrschung der tierischen Natur durch Willen und Geist"[499] – entgegen. Was immer an Foersters Werk auszusetzen sei, heißt es in einer Rezension seiner Schrift *Lebensführung* in den *Sozialistischen Monatsheften*,

„es bleibt jedenfalls ein Verdienst, dass uns und der jungen Generation die Idee der Selbstdisziplinierung zugeworfen wurde. Disziplinierte Menschen tun uns not."[500]

Ungeachtet der Verschiedenheit und Widersprüchlichkeit der vorzugsweise rezipierten Ethik-Auffassungen[501] bleibt ein gemeinsamer Nenner. Ihnen lag die in einer langen historischen Tradition stehende aufklärerische Annahme zugrunde, mittels Erziehung Einfluss auf die Höherentwicklung der Menschen und über diese auf die Versittlichung der Gesellschaft nehmen zu können. In Variationen galt dieser Denkansatz auch in der Arbeiterbewegung, begründete ihr legendäres Bildungsstreben und beeinflusste nachhaltig das sozialistische Bildungsverständnis. Die Ambivalenz dieses Konzeptes kommt dort zum Ausdruck, wo die Idee vom Menschen den realen Menschen vergisst, und – bezogen auf den vorliegenden Gegenstand – wo Sittlichkeitsansprüche mit der Abwendung von Erscheinungen

---

[497] Fürth, *SM* 1908 (Dok. 158, S. 691).

[498] Der *Bund für Mutterschutz* wurde 1905 in Berlin auf Initiative von Helene Stöcker unter Beteiligung des radikalen Flügels der bürgerlichen Frauenbewegung sowie führender Sexualreformer gegründet (ab 1924 *Bund für Mutterschutz und Sexualreform*).

[499] Friedrich Wilhelm Foerster: Schule und Charakter. 11. Aufl., Zürich 1912, S. 21; zitiert nach Günther 1988, S. 324f.

[500] Hausenstein, *SM* 1909 (Dok. 165, S. 709).

[501] Ethik-Debatten wurden in beiden Zeitschriften regelmäßig initiiert. Vgl. auch Prondczynsky 2002.

und Personen, die dem Ideal nicht entsprechen, einhergehen.[502] Die Konsequenzen offenbarten sich u.a. in der damaligen Haltung zur Prostitution. Obwohl soziale Ursachen für Prostitution und die Doppelmoral staatlich-patriarchalischer Repressionen gegenüber Prostituierten gerade von der Arbeiterbewegung erkannt und bloßgelegt wurden[503], war dieses Engagement indes nicht frei von moralisierenden und biologistischen Vorurteilen. Paul Kampffmeyer schreibt unter dem Titel „Prostitution und Volkserziehung":

> „Gerade um die gefährdeten Elemente der weiblichen Jugend vor dem Strauchlen in den Prostitutionssumpf zu bewahren, müssen moralisch defekte, krankhaft geschlechtlich erregte, schamlose Mädchen aus der Schule entfernt und in öffentlichen Erziehungsanstalten erzogen werden."[504]

Freilich stellt er an die „öffentlichen Erziehungsanstalten" hohe Forderungen. In vollem Umfang staatlich finanziert, modern, „in humanem, sozialpädagogischem Geiste geleitet" sollen sie die „strauchelnden oder bereits verwahrlosten Mädchen [...] aus der Sphäre des Lasters und der Unsittlichkeit" entfernen und „in ganz neue gesunde Lebens- und Erziehungsverhältnisse" stellen.[505] Nicht in der Bekämpfung der Prostitution, sondern in der Unterstellung veranlagter sexueller Unmoral[506], in ihrer Zuschreibung an die Mädchen und der diesem Denken immanenten Tendenz zu sozialer Ausgrenzung liegt das Problem, das sich auch in dem von Henriette Fürth formulierten Ziel sexualethischer Erziehung andeutet:

> „Eines aber können und müssen die Kinder schon einsehen, daß es sich hier [in der Sexualität, ChU.] um etwas, obschon ihnen einstweilen Unverständliches, so doch Natürliches, Schönes und Reines handle, zu dem in rechter Weise nur an Leib und Seele gesunde Menschen berufen sind."[507]

5.1.2 Die Verknüpfung von Sexualität und Eugenik

In beiden Zeitschriften, stärker jedoch in den *Sozialistischen Monatsheften*, sind Tendenzen vorhanden, Sexualität, Sexualaufklärung und -erziehung in eugenischen und sozialhygienischen Zusammenhängen zu diskutieren. Theorien dieser Art gewannen nach der Jahrhundertwende internationale Popularität und Verbreitung und wurden auch in der Arbeiterbewegung rezipiert. Soziale Verelendungsprozesse vor Augen, beeindruckt vom Fortschritt naturwissenschaftlicher und medizinischer Erkenntnisse und im Banne der Evolutionstheorie, schien der Gedanke verlockend, nicht allein durch Aufklärung und Erziehung, sondern ebenso durch „gute Zeu-

---

[502] Schwartz 1994 diskutiert dieses Problem in tendenziöser Weise hinsichtlich des Verhältnisses der Sozialdemokratie zum so genannten „Lumpenproletariat". Zimmermann 1999 zieht Aussagen von Clara Zetkin heran, um Abgrenzungstendenzen zur „Gasse" nachzuweisen (S. 33).
[503] Vgl. Mühlberg 1992.
[504] Paul Kampffmeyer: Über Prostitution und Volkserziehung. *SM* 1906, Nr. 9, S. 775.
[505] Ebd., S. 776.
[506] Vgl. hierzu Edmund Fischer: Die sexuellen Probleme. *SM* 1909, Nr. 15, S. 959-966.
[507] Henriette Fürth: Der Aufklärungsunterricht. *SM* 1908, Nr. 4, S. 246.

gung"[508] regulierend Einfluss auf die Höherentwicklung der Menschen, vorzugsweise der Arbeiterschaft, und so auf gesellschaftliche Entwicklungsprozesse nehmen zu können. Der Traum vom sittlich reifen, aufgeklärten und emanzipierten, seine Sexualität im Zaum haltenden und auf verantwortungsbewusste Familiengründung bedachten „neuen Menschen" war vom „eugenisch-rassenhygienischen Traum vom genetisch perfekten Menschen"[509] nicht so weit entfernt, dass er eugenische Bevölkerungspolitik und Eingriffe in das sexuelle Selbstbestimmungsrecht des Menschen gedanklich ausgeschlossen hätte:

> „Zugeständnis des Rechtes auf Sexualverkehr unter Ausschließung des Rechts auf Fortpflanzung als ein soziales Sicherheitsventil von nicht zu unterschätzender Bedeutung."[510]

Der eugenischen Richtung sexueller Aufklärung neigten vor allem Oda Olberg[511], Henriette Fürth und Edmund Fischer zu. Sie alle waren beeindruckt von Ellen Key, die eugenische Auffassungen sowohl in die Frauenbewegung als auch in die reformpädagogische Bewegung hineingetragen hatte. Wie Eugenik in der Sexualerziehung zur Geltung kommen sollte, beschreibt Oda Olberg:

> „Spätestens bei eintretender Geschlechtsreife" sei jedem Kind beizubringen, „daß seine Gesundheit und die Integrität seines Körpers nicht sein absolutes Eigentum, mit Recht des Gebrauchs und Mißbrauchs ist, sondern daß es seiner Nachkommenschaft gegenüber eine große Verantwortung übernimmt. Man scheue sich nicht, die Mißgestalt oder Krankhaftigkeit, die Kinder um sich sehen, auf die Erzeuger zurückzuführen, soweit dies nach unserem Wissen gerechtfertigt ist. Dem moralischen Verdammungsurteil, mit dem ja die Jugend schnell zur Hand ist, kann man die Betreffenden entziehen, indem man darauf hinweist, daß ihnen die Folgen ihres Tuns nicht klar waren. Daß die heranwachsende Generation ein bewußtes Weitergeben von Gebrechen als verdammenswert ansieht, halte ich für durchaus wünschenswert. Das ‚alles begreifen – alles verzeihen' ist keine Erziehungsmaxime."[512]

Eine derart rigide eugenisch ausgerichtete Sexualerziehung wurde von den wenigsten Autorinnen und Autoren der *Neuen Zeit* und der *Sozialistischen Monatshefte* vertreten. Mehrheitlich wurden Fragen von Sexualität und Fortpflanzung, Geburtenregulierung und Sexualaufklärung vor dem Hintergrund der Emanzipation der Frauen, des Rechts auf selbstbestimmte Familienplanung, der Bedürfnisse der Kinder und des Rechts eines jeden Kindes auf glückliche und sozial sichere Auf-

---

[508] August Forel: Die sexuelle Frage (Rezension von Otto Jenssen). *NZ* 1913/14, Nr. 15, S. 559.

[509] Kühl 1997; vgl. auch Kappeler 2000; Mocek 2002.

[510] Henriette Fürth: Die soziologische Seite des Geschlechtsproblems. *SM* 1911, Nr. 23, S. 1478.

[511] Oda Olberg wird von Kappeler (2000, S. 291ff.) als „Theoretikerin des eugenischen Sozialismus" gesehen. Vgl. auch Schwartz 1995, S. 52ff. Sie selbst distanzierte sich nach 1933 von eugenischen Theorien. Hierzu, wie zu den eugenischen Auffassungen Oda Olbergs insgesamt, Mocek 2002, S. 261-301, besonders S. 295ff.

[512] Olberg, *NZ* 1905/06 (Dok. 60, S. 417).

wachsbedingungen diskutiert.[513] Für Adams Lehmann bleibt, gleich, welche Haltung in dieser Frage eingenommen wird, ein „gordischer Knoten": „Den Geschlechtstrieb unterdrücken oder das Kind preisgeben?" Ersteres hält sie für unnatürlich und deshalb nicht für wünschenswert, verantwortungsvolle Elternschaft jedoch für das Recht eines jeden Kindes.

„Wir mögen die Rechnung anstellen wie wir wollen, stets bleibt ein Rest, der nicht aufgehen will. Wir kommen nicht über die Tatsache hinweg, daß die Menschen früher zur Liebe reif sind als sie zur Elternschaft reif werden. Und dem gegenüber steht wie ein drohender Berg die Forderung des Kindes: Laßt mich nicht zur Welt kommen, wenn ihr mich nicht erziehen wollt."[514]

Die Diskussion um Sexualität und Sexualerziehung berührte gerade hier problematische humanitär-ethische Grenzbereiche, deren verhängnisvolle Implikationen auch in der Arbeiterbewegung kaum reflektiert und antizipiert wurden.[515]

5.1.3 Das Ignorieren der Freudschen Sexualtheorie und der Umgang mit kindlicher Sexualität

Zu den auffälligen Resultaten der Zeitschriftenanalyse gehört, dass in der Reflexion zeitgenössischer sexualtheoretischer Literatur die Sexuallehren Sigmund Freuds nahezu völlig fehlen. Dass einige der führenden Vertreterinnen und Vertreter der Arbeiterbewegung ein gespaltenes Verhältnis zu Freud hatten, ist nicht neu, dass aber selbst die gegenüber modernen Wissenschaftsentwicklungen ansonsten offenen Zeitschriften diese Distanz zeigen, verwundert dann doch – zumal Freud in sozialistischen Intellektuellenkreisen durchaus populär war.[516] Erst 1918 wurde das Thema in einer Rezension in den *Sozialistischen Monatsheften* aufgegriffen.[517] Die Zurückhaltung gegenüber der Psychoanalyse ist vermutlich aus den generellen Vorbehalten des traditionellen Marxismus gegenüber „Individualismus", „Psychologismus" und der „Tendenz zum ICH"[518] zu erklären, die idealtypisch auch in den Ansichten Karl Kautskys zum Ausdruck kommt und somit zumindest das Konzept der *Neuen Zeit* geprägt hat. Die Ambivalenz seiner Ansichten zeigt sich besonders in der Sicht auf Freud:

---

[513] In der Literatur wird eine solche Sichtweise als „positive Eugenik" beschrieben, im Unterschied zu „negativer Eugenik", die das Recht auf Fortpflanzung begrenzt. Vgl. Kaiser/Nowak/Schwartz 1992, S. XV, XVIII. Hier wird auch begründet, weshalb eine lineare Verbindungsziehung zwischen der Eugenik-Diskussion im frühen 20. Jahrhundert und den Euthanasie-Verbrechen des Nationalsozialismus der Ambivalenz dieses Problems nicht gerecht wird. Ebd., S. XXIVff.
[514] Adams Lehmann: Mutterschutz. *SM* 1911, Nr. 18-20, S. 1245.
[515] Vgl. hierzu Mocek 2002.
[516] Vgl. Appignanesi 1994; Bernhardt/Lockot 2000; Lockot 2001.
[517] Vgl. Chaym, *SM* 1918 (Dok. 197).
[518] Max Zetterbaum: Die Marx-Studien. *NZ* 1904/05, Nr. 7, S. 198-204 (Hervorhebung im Original).

„Ob die Freudsche Psychoanalyse in der ärztlichen Praxis mehr Unheil als heilende Wirkungen mit sich bringt, entzieht sich meiner Beurteilung. Für die Soziologie bedeutet sie gewiß keine Bereicherung unseres Wissens."[519]

Kautsky habe „die Theorien seines großen Wiener Zeitgenossen an keiner Stelle systematisch" diskutiert, schreibt sein Enkel John Kautsky hierzu. Er habe anerkannt, dass „die Psychoanalyse [...] insofern für den Marxismus wichtig ist, als sie sich gegen die Unterschätzung des Trieblebens im Menschen wendet"[520], sie aber zugleich angegriffen, weil sie von der Annahme ausgeht, „dass sich der Mensch seiner wahren Motive nicht bewusst sei."[521] Nach Kautsky ist der Mensch „von Natur aus friedlich und sozial, da er von pflanzenfressenden sozialen Tieren abstamme", während Freud den „Menschen als unsozial und aggressiv" deute.

„Der deutlichste Unterschied zwischen Freud und Kautsky besteht demnach nicht darin, ob der Mensch von seiner Vernunft oder von dem, was Kautsky Triebe nennt, geleitet wird, sondern in der Frage nach der Natur und Rolle dieser Triebe."[522]

Freuds Sexualtheorie geht von einer überragenden Bedeutung der Sexualität und des Sexualtriebs in der gesamten Entwicklung des Menschen aus, das Kind sah er von Geburt an mit Sexualität, mit sexuellen Gefühlen und Bedürfnissen ausgestattet. Diese Auffassung stand im Gegensatz zur Tradition, Sexualität primär von ihrer Reproduktionsfunktion aus zu bestimmen und somit auf das fortpflanzungsfähige Alter zu begrenzen. Obgleich die Erkenntnis von der natürlichen Sexualität des Menschen und „dem ungeheuren Schaden der Geschlechtsunterdrückung"[523] auch durch die Arbeiterbewegung Geltung erhielt, reichte sie nicht so weit, Sexualität als Wesenseigenschaft aller Altersstufen zu begreifen bzw. zu akzeptieren. Sexualität im Alter war ebenso wenig im Denken wie kindliche Sexualität.

„Ob aber das Liebesleben das Zentrale im Leben des einzelnen und der Gesellschaft sei, steht doch in Frage: der großen Bedeutung für die Fortpflanzung steht der Umstand gegenüber, daß es nur während einer relativ kurzen Spanne Zeit im Leben eine Rolle spielt. Von den beiden Kräften, die den Bau der Welt zusammenhalten, wirkt doch die andere, der Hunger, viel nachhaltiger und führt einen weit wuchtigeren Hammer als die Liebe."[524]

Die im Unterschied zu Freud begrenzten Vorstellungen von Sexualität korrespondierten mit den um die Jahrhundertwende vorherrschenden und sich zugleich wandelnden Bildern vom Kind und von Kindheit. Im akademischen pädagogischen Denken wie in der herrschenden Erziehungspolitik galt Kindheit im traditionellen Sinn als sozial und pädagogisch geplantes und kontrolliertes Übergangs- und Vorbereitungsstadium auf das Erwachsensein. In den sozialen und pädagogischen

---

[519] Kautsky 1988, S. 186.
[520] Ebd., S. 201f.
[521] Ebd., S. 40.
[522] Ebd., S. 41.
[523] Adams Lehmann, *SM* 1907 (Dok. 153, S. 673).
[524] Oda Olberg: Rezension zu Grete Meisel-Heß: Die sexuelle Krise. *NZ* 1909/10, Nr. 50, S. 885.

Reformbewegungen indessen entstand eine neue Perspektive. Kinder wurden als eigenständige, unbelastete, reine, unschuldige Subjekte gezeichnet und deshalb als „Träger der werdenden Gesellschaft", als Heilsbringer, als Zukunftsgaranten, als Projektion einer zukünftigen idealen Welt gesehen. Solche Bilder von Kindheit brachten einerseits den Kindern größere Beachtung und Zuwendung, andererseits wurde die Phase des Heranwachsens mit hohen ethischen Erwartungen belastet. Das Kind als Sexualwesen war weder in der einen noch in der anderen Konstruktion von Kindheit vorgesehen. In der Sexualreformbewegung, so auch in der Arbeiterbewegung, wurde ihm zwar ein Recht auf Aufklärung zugebilligt (und zunehmend auch errungen), nicht aber ein Recht auf Sexualität. Die Funktion sexueller Erziehung wurde mehrheitlich als Ablenkung von „verfrühter" Triebhaftigkeit und als Schutz vor den Verführungen der Erwachsenengesellschaft, nicht aber als Aufklärung über die eigenen Sexualbedürfnisse der Heranwachsenden verstanden:

> „Durch Erziehung will man auch das stärken, was gegen das Gegebene an will, soweit es in der Richtung liegt, in der der Erzieher den Fortschritt vermutet."[525]

An die Stelle des kritisierten „alten" (Mädchen)Ideals „keusch, rein, unschuldig – und dumm"[526] trat gleichsam als „neues" Ideal: keusch, rein, unschuldig – aber aufgeklärt. Die pädagogische Strategie des Ablenkens, Vertagens und Moralisierens äußerte sich in unzähligen triebregulierenden („die vorzeitigen Mahnungen des Geschlechts in Schranken" haltenden) pädagogischen Ratschlägen:

> „Hygiene", „kräftige Ernährung", „geregelte Lebensweise", „ein gesunder und freudiger Lebensinhalt". „Eine Beschäftigung, die den Geist in Anspruch nimmt, die zum Nachdenken und Handeln anreizt, die auf neue Wege leitet und neue Aussichten eröffnet, die im Augenblick erfreut und für die Zukunft Hoffnungen erweckt, das ist die wirksamste Gegenwehr. Der Tag ist voll, der Schlaf verdient, über den neuen Tag schon disponiert. Unter diesem Stern siegt mancher, der sonst nicht siegen würde."[527]

Ähnliche Auffassungen wurden auch in bürgerlichen Reformbewegungen (Landerziehungsheimen, Sozialpädagogik, Arbeitserziehung, Lebensreform, Nacktkörperkultur u.a.) vertreten und praktiziert. Gerade an diesen Beispielen zeigt sich einmal mehr die Verankerung vieler in der Arbeiterbewegung präsenter Ideen in den Reformströmungen des frühen 20. Jahrhunderts. Sie weisen aber gleichermaßen auf Unterschiede in der sozialen Problemwahrnehmung. Adams Lehmann jedenfalls holt ihre sexualpädagogischen Ratschläge sogleich auf den Boden der Realität zurück:

> „Aber wie viele erfahren je die Bedeutung eines freudigen Lebensinhaltes? Denken wir an den Sohn des Arbeiters, mit vierzehn Jahren ins Joch des Verdienens gezwungen; des Bauern, ohne geistige Anregung; des Gebildeten, in der unsäglich öden Tretmühle des Gymnasiums; an die Töchter sämtlicher Stände, teils mit monotonster Arbeit überlastet, teils mit Kleidern und wieder Kleidern und abermals Kleidern im

---

[525] Olberg, *NZ* 1905/06 (Dok. 60, S. 415).
[526] Adams Lehmann, *SM* 1907 (Dok. 153, S. 679).
[527] Ebd., S. 678.

172

Kopf! [...] So werden wir immer wieder auf die soziale Frage zurückgeführt, sehen immer deutlicher, wie unmittelbar wir vom Gesellschaftsbau in jeder unserer Bestrebungen abhängen. Wo sind die Eltern mit Mitteln, Bildung und Muße, genügend, um sich der Erziehung, die so innig mit der sexuellen Pädagogik verwachsen ist, zu widmen? Die wenigen müssen der Masse die Bahn langsam eröffnen, welche erst der Sozialismus für alle gangbar machen kann."[528]

Und sie ist sich der sozial-physisch-psychischen Komplexität sexueller Fragen durchaus bewusst, wenn sie einschränkt:

„Aber selbst bei höchster Gunst der Umstände, nachdem alles geschehen ist, was geschehen konnte, sind wir immer noch Stümper neben der Natur und dürfen uns nicht einbilden, mit ihr nun ein für allemal fertig geworden zu sein."[529]

Es brauchte noch Jahre, ehe die persönlichkeitsstärkende und kommunikative Bedeutung der Sexualität stärker Eingang in das Erziehungsdenken fand. Erst in der Weimarer Republik gestalteten sich die Verhältnisse hierfür günstiger. Der Arbeiterbewegung nahe stehende Sexualreformer und Reformpädagogen, wie Max Hodann, Wilhelm Reich, Gustav Wyneken, Anna Siemsen oder auch Mitglieder des Bundes Entschiedener Schulreformer, hatten daran – auch und vor allem mit der Rezeption Freuds – maßgeblichen Anteil. Eine „sexualpädagogische Fachtheorie"[530], die diesen Ansprüchen Rechnung trug, entwickelte sich im System der Erziehungswissenschaften jedoch erst lange nach dem Zweiten Weltkrieg.

Dennoch sind wesentliche Vorleistungen für eine moderne, emanzipatorische Sexualerziehung gerade durch die Arbeiterbewegung bereits vorher erbracht worden. Dazu gehören die hier angedeuteten Diskurse einschließlich ihrer Irrtümer und Unsicherheiten im Verständnis von Sexualität ebenso wie die allmähliche Herauskristallisierung maßgeblicher erziehungspolitischer Forderungen, so nach
- einer wissenschaftlich und ethisch aufklärenden Sexualpädagogik, wobei insbesondere der naturwissenschaftlichen Bildung Bedeutung beigemessen wurde;
- Befähigung des Lehrpersonals zu einem wissenschaftlich fundierten Umgang mit der sexuellen Frage;
- sexualpädagogischer Aufklärung auch an der vom Großteil der Kinder besuchten Volksschule;
- Verbesserung der Bedingungen für familiale Erziehungsarbeit;
- Zusammenarbeit von Elternhaus, Schule und Öffentlichkeit;
- unterstützender Arbeit der Schulbehörden und der Jugendfürsorge;
- sexualpädagogischer Literatur für Lehrer, Ratgeberliteratur für Eltern und Aufklärungslektüre für Kinder und Jugendliche;
- Gleichstellung nichtehelicher Kinder;
- Aufhebung des Zölibats generell und für Lehrerinnen besonders;

---

[528] Ebd.
[529] Ebd.
[530] Sielert 1999.

– pädagogischen Umgangsformen auf der Grundlage von Angstfreiheit, Offenheit, Vertrauen, Wahrheit, Konfliktfähigkeit und Verständnis;
– gemeinsamer und gleichberechtigter Erziehung der Geschlechter;
– gesundheitsfördernden Lebensbedingungen und sinngebender Freizeitgestaltung für alle Kinder.

Das Interesse der Arbeiterbewegung galt verständlicherweise vor allem ihren eigenen, vom öffentlichen Erziehungssystem in vielem benachteiligten Kindern. Der Wunsch, für ihre Erziehung etwas zu tun, sie auf einen richtigen Weg zu bringen, rückte Erziehungsfragen nach der Jahrhundertwende zunehmend in den Blick. Die mehr oder weniger theoretische, von einem vergleichsweise kleinen Kreis ausgehende Beschäftigung mit Fragen der sexuellen Aufklärung und Erziehung, wie sie in den Zeitschriftendiskursen zum Ausdruck kommt, war dabei die eine Seite. Auf der anderen Seite entstand, angeregt durch diese Diskurse, eine umfangreiche, vor allem an proletarische Familien gerichtete praktische Ratgeberliteratur[531], in der die sexuelle Erziehung einen gewichtigen Platz einnahm.

Wie der Einfluss der Arbeiterbewegung auf die Sexualdebatte und die Sexualreform bewertet wird, ist nicht zuletzt eine Frage der gewählten Perspektiven und Referenzkriterien.[532] Vor dem Hintergrund des gesellschaftlich herrschenden Umgangs mit Sexualität im wilhelminischen Deutschland – Tabuisierung, Kriminalisierung, Repression, Prüderie und Doppelmoral –, der auch und besonders Pädagogik und Erziehungspolitik dominierte, erscheinen viele Auffassungen der Arbeiterbewegung avantgardistisch und emanzipatorisch. Sie gewannen in dem Maße Gewicht, in dem der politische Einfluss der Sozialdemokratie in Deutschland wuchs. Das gilt umso mehr, als Impulse zur Reform der Sexualerziehung, im Unterschied beispielsweise zur Medizin, nicht etwa von der Mitte der Disziplin, sondern von pädagogischen Randgruppen und außerpädagogischen Reformbewegungen ausgingen, die allerdings in der Arbeiterbewegung eine maßgebliche Stütze finden konnten. Aus der Perspektive des heutigen sexualpädagogischen Wissens freilich sind die Verklammerungen mancher Vorstellungen und Vorschläge in Tradition, Zeitgeist und (natur)wissenschaftlichem Fortschrittsglauben nur unschwer zu übersehen. Das aber gilt mehr oder weniger für alle am Prozess sexueller Emanzipation beteiligten und interessierten Reformbewegungen.

---

[531] Neben den bereits erwähnten Beilagen zur *Gleichheit* z.B. auch Emma Eckstein: Die Sexualfrage in der Erziehung des Kindes. Leipzig 1904; Otto Rühle: Die Aufklärung der Kinder über geschlechtliche Dinge. München 1908.

[532] Mit unterschiedlichen Akzenten charakterisieren z.B. Schwartz 1994; Glück/Schliewert 1995; Kerbs/Reulecke 1998; Zimmermann 1999 u.a. die Auffassungen der Arbeiterbewegung eher als konservativ. Eine ausgewogene Übersichtsdarstellung zum Thema bietet Mühlberg 1992. Unter sozialkritisch erziehungshistorischer Perspektive vgl. vor allem Kentler 1970; Koch 1975; Gamm/Koch 1977; Koch 2000; kritisch zum Naturbegriff allgemein vgl. Tenorth 2000a.

174

5.2 Die „Schule der Zukunft" – Idee und Projekt einer Versuchsschule in München

Im Sommer des Jahres 1909 trat in München ein kleiner, heterogen zusammengesetzter Personenkreis in Erscheinung, der sich unter dem Ziel, „modernen pädagogischen Bestrebungen" mit der Einrichtung einer Versuchsschule auf den Weg helfen zu wollen, zusammengefunden und eigens für diesen Zweck einen *Verein Versuchsschule* gegründet hatte. Zu den Initiatoren des Projektes gehörten „mehrere Universitätsprofessoren und Ärzte (auch eine Ärztin), aber nur wenige Volksschullehrer".[533] Bemerkenswert ist dieses Schulreformprojekt in mehrfacher Hinsicht. Es entstand zwei Jahre vor den unter der Obhut des Münchner Stadtschulrates Georg Kerschensteiner bekannt gewordenen Schulversuchen und weist deutliche Differenzen zu dessen bildungstheoretischem Konzept auf. Während in zeitgenössischen Berichten über die Münchener Versuchsschulszene eher vage Angaben über die Urheberschaft der Versuchsschulidee gemacht wurden, verdichtet sich neuerdings die Annahme, dass die Anregung für einen solchen reformpädagogischen Versuch maßgeblich auf die in München tätige Ärztin Hope Bridges Adams Lehmann zurückgeht und spätere Schulversuche von diesem Projekt profitierten.[534] Wäre dies so, was zwar bislang in den einschlägigen Archivalien noch nicht zweifelsfrei nachzuweisen, aber aus Indizien durchaus herzuleiten ist, läge damit gleichsam ein erstes „sozialistisches" Versuchsschulprojekt vor, an dessen Zustandekommen – zieht man die kommunikativen Netzwerke um Adams Lehmann in Betracht – ein nicht unerheblicher Teil der damaligen sozialdemokratischen Elite gedanklich mitgewirkt haben könnte.

5.2.1 Voraussetzungen und Umfeld

Hope Bridges Adams Lehmann pflegte zu zahlreichen Repräsentantinnen und Repräsentanten der damaligen deutschen und internationalen Arbeiterbewegung Kontakt, und ihr Interesse an pädagogischen Fragen, das in allen ihren Schriften zum Ausdruck kommt, wird in der Konversation mit und in diesen Kreisen kaum ausgeklammert gewesen sein. Als Übersetzerin von August Bebels *Die Frau und der Sozialismus* war sie mit dessen Erziehungsauffassungen vertraut. Zu ihrem

---

[533] Ludwig Roll: Von der Münchener Versuchsschule. *Allgemeine deutsche Lehrerzeitung* 63(1911)44, S. 545. Roll beklagt u.a., dass die Ratschläge der beiden im Komitee des Vereins tätigen Vertreter des Münchener Lehrervereins nicht ausreichend Berücksichtigung gefunden hätten, so dass sie sich zum Rücktritt veranlasst sahen.

[534] Krauss (2002) leitet dies aus Archivfunden ab, auch Diefenbach (1916) verweist darauf. Die einschlägigen Archivalien indessen enthalten eine Reihe von Widersprüchen. Adams Lehmann ist zwar als Mitunterzeichnerin des Antrags des *Vereins Versuchsschule* aufgeführt, nicht aber als Initiatorin. Nach zeitgenössischen Presseberichten erläutert ein Kinderarzt Dr. Hecker das Versuchskonzept. Vgl. Hecker: Die Versuchsschule in München. *Der Klassenlehrer. Organ des deutschen Klassenlehrer-Vereins* 4(1910)39, S. 530f. Die Ablehnung des Antrags wiederum ist an Dr. Adams Lehmann gerichtet. Vgl. Stadtarchiv München, Schulamt 1297, Verz. Nr. 45 (1909).

engeren Freundeskreis gehörten die reforminteressierte, in der Weimarer Zeit dem Bund Entschiedener Schulreformer zugetane Lehrerin Toni Pfülf ebenso wie Clara Zetkin, Luise Kautsky, die sich besonders für die Einrichtung von Montessorihäusern einsetzte[535], auch Julia von Vollmar, eine enge Brieffreundin von Ellen Key. Und nicht zuletzt hatte sie sich selbst als Ärztin und Mutter „vielfach" „mit Bildung und Verbildung"[536] beschäftigen müssen. Dass es Adams Lehmann drängte, moderne Pädagogik nicht nur zu diskutieren, sondern in Praxis umzusetzen, ist einer Bemerkung zu entnehmen, wonach sie „einen Studiengang für eine kleine Gruppe von Kindern" ausgearbeitet, „ihn fünf Jahre lang praktisch" ausgeführt habe „und dabei durch die Kritik, den Rat und die Mitwirkung von tüchtigen Lehrern unterstützt" worden sei.[537] Krauss vermutet, „dass dieses Experiment in Nordrach stattfand" und neben ihren eigenen Kindern auch Maxim und Kostja Zetkin sowie möglicherweise weitere Kinder einbezogen habe.[538] Die dabei gesammelten Erfahrungen hätten sie, so Adams Lehmann, in der Überzeugung bestärkt, dass „es lediglich eine Frage von Organisation und Methode sei, um unser Bildungsresultat bei herabgesetzter Arbeitszeit um das Doppelte und Dreifache zu erhöhen".[539] Mehr als andere Großstädte war München, wo Adams Lehmann gemeinsam mit ihrem zweiten Mann ab 1896 lebte und arbeitete, geeignet, diesen pädagogischen Reformeifer zusätzlich zu steigern. Mit Georg Kerschensteiner als Stadtschulrat, der gleichfalls zu ihrem Bekanntenkreis gehörte, konnte sie pädagogische Reformen und Reformdiskussionen gleichsam vor der eigenen Haustür beobachten und an ihren eigenen Vorstellungen messen.[540]

Auch die Idee für eine Versuchsschule entsprang, wie auch das Projekt eines Frauenheimes, ihrem Bedürfnis, sich nicht nur theoretisch mit den großen sozialen und politischen Zeitphänomenen auseinanderzusetzen, sondern auf dem Weg der „kleinen" Schritte zu handeln: „Umarbeiten der Praxis heute schon", „Erträglichkeit der Gegenwart", „nicht müßig zusehen, bis uns der Sozialismus von allen unseren unsozialen Eigenschaften befreit".[541] Viele ihrer Gestaltungsvorschläge gingen weit über das damals Vorstellbare hinaus. Das gilt für ihr Frauenhausprojekt (offene Besuchszeiten, Entbindung in Einzelzimmern und die Möglichkeit der

---

[535] Vgl. Brief der Montessori-Schule Wien (Troststr. 98) an Luise Kautsky vom 30. Mai 1928. IISG Amsterdam, Kautsky-Familienarchiv, Nr. 1230.

[536] Adams Lehmann, *NZ* 1906/07 (Dok. 67, S. 431).

[537] Ebd., S. 439.

[538] Vgl. Krauss 2002, S. 136. Zu den „tüchtigen Lehrern" könnte neben Clara Zetkin auch Käte Duncker gezählt haben, die wie viele andere Personen aus sozialdemokratischen Kreisen im Nordracher Sanatorium zur medizinischen Betreuung bzw. zur Erholung weilte. Kirsch berichtet von einem Aufenthalt im Jahre 1902, bei dem Käte Duncker „mit einer Arbeit über die Erziehung im Kindes- und Jugendalter" begonnen habe (Kirsch 1982, S. 57). Zwar war Hope Bridges Adams zu dieser Zeit schon nicht mehr dort. Denkbar ist jedoch, dass solche Begegnungen bereits früher stattgefunden hatten.

[539] Adams Lehmann, *NZ* 1906/07 (Dok. 67, S. 439).

[540] Vgl. Kerschensteiner 1984.

[541] Hope Bridges Adams Lehmann: Das Weib und der Stier. *NZ* 1901, Nr. 19, S. 8.

Anwesenheit eines Angehörigen u.a.), das immerhin auch von Georg Kerschensteiner unterstützt wurde[542], und gleichermaßen für ihr Schulprojekt.
Um ihre Projekte zu realisieren, scheute Adams Lehmann keine Mühe. Mit Hilfe ihres Mannes, der u.a. als Landrat, als Gemeindebevollmächtigter und vor allem
im Alpenverein, dem zahlreiche prominente Mitglieder zugehörten, tätig war, warb
sie in der Münchener High Society um Unterstützung und brachte selbst Mittel auf.

> „Ihrer Klienten Schuldbuch zu tilgen, [...] kostete sie stets nur eine mühelose Hand-
> bewegung. Und wenn sie ihre ärztliche Leistung für München-W. gelegentlich einmal
> höher berechnete, so lächelte sie in dem Gedanken an einen Patienten, der nur glauben
> mochte, für sich und seine Gesundheit zu zahlen, während er in Wirklichkeit eher für
> einen ideellen Zweck blutete, dem er wissentlich vielleicht nie einen Pfennig geopfert
> hätte."[543]

Sie konnte so handeln, weil sie als Ärztin offensichtlich einen hohen Ruf genoss
und eine breit gefächerte Patientenschaft hatte.

> „Ob es ein Dienstmädchen sein mochte, oder eine adelige Dame, die nebeneinander
> Stunde um Stunde bis in die Nacht hinein geduldig im Warteraum saßen, bis das
> Sprechzimmer sich endlich für sie öffnete, – sie machte nicht den leisesten Unter-
> schied zwischen den beiden, sie gab sich jeder von ihnen ganz, denn sie nahm Anteil
> an ihnen und kargte nicht mit der Zeit, die sie ihnen opferte."[544]

Ihr Wesen sei „kristallklar, so einfach und leicht verständlich" gewesen, schrieb ihr
jugendlicher Freund Hans Diefenbach in einem Nachruf 1916,

> „daß es auf einen Arbeiter einen ebenso tiefen Eindruck machen konnte, wie auf ir-
> gend einen Professor oder Minister, den sie für ihre Lieblingspläne, für die Versuchs-
> schule oder das Frauenheim zu interessieren wußte."[545]

5.2.2 Allumfassende Bildung versus Verwertbarkeit

Wie sie sich die „Schule der Zukunft" vorstellte, hatte Adams Lehmann bereits
1907 in zwei Aufsätzen in der *Neuen Zeit* beschrieben.[546] Ob sie ihren Schulplan
dabei absichtsvoll in Kontrast zu den von Georg Kerschensteiner in München angestrebten bzw. realisierten Reformen rücken wollte, ist nur zu vermuten. Ohne
Zweifel angetan von den schulreformerischen Neuerungen Kerschensteiners in
München, verfolgte sie deutlich andere Ziele, wenn sie in Anspielung auf einen
Bildungspragmatismus, der auch seinen Bildungsintentionen zugrunde lag,
schreibt:

---

[542] Krauss 2002, S. 112.
[543] Diefenbach 1916.
[544] Ebd.
[545] Ebd.
[546] Adams Lehmann, *NZ* 1906/07 (Dok. 67). Wenn sie hier betont, dass es sich um den Entwurf für
gymnasiale Mädchenbildung handelt, so schränkt das ihr generelles Bildungsverständnis nicht ein.
Ihr Schulplan umfasst alle Bildungsstufen.

„Es besteht eine rationalistische Richtung, die in der Bildung nur das direkt in Geld und Aktualität Umsetzbare gelten lässt. Auf diesem Standpunkt stehe ich nicht. [...] Es gilt, einen Wissensdurst zu stillen, der keinen unmittelbaren Bezug zur Gegenwart hat. Sich eines Genusses zu befähigen, der seine Berechtigung in sich selbst trägt."[547]

Nicht ein maximal verwertbares „Minimum an Wissensstoff"[548] sollte die Schule vermitteln, sondern ein Maximum einer nicht primär Verwertungszwecken unterstellten Bildung des Menschen. Darin sah sie ein Charakteristikum des Menschseins und eine der wichtigsten Quellen menschlicher Emanzipation. Im Unterschied zu vielen zeitgenössischen reformpädagogischen Konzepten wollte sie pädagogische Reformen nicht nur auf methodische Neuerungen reduziert, sondern als umfassende allgemeine, für Mädchen und Jungen gleiche wissenschaftliche Bildung konzipiert wissen.

„Die Schule der Zukunft soll uns nicht nur bessere Methoden, sondern auch als Resultat dieser Methoden, ein weit tieferes und umfangreicheres Wissen bringen, als sich die heutige Schulweisheit träumen lässt."[549]

Eine Unterscheidung in „praktisch" und „geistig" Begabte, die sozial intendierte Zuweisung der „praktischen" Begabungsrichtungen an die „Masse"[550] und eine diesen Anschauungen folgende schulstrukturelle Gestaltung[551], wie sie von Kerschensteiner vertreten wurde, findet sich in Adams Lehmanns Schulprojekt ebenso wenig wie die von Kerschensteiner ausgehende staatsbürgerliche Gesinnungserziehung[552] und sein insgesamt auf den „brauchbaren Staatsbürger"[553] zugeschnittenes Bildungskonzept.

Wichtig war ihr vor allem die gleiche Bildung für beide Geschlechter. Ihre Vorstellung von Frauenemanzipation ging von einer gleichberechtigten Partnerschaft der Geschlechter in Beruf, Ehe, Familie und Erziehung als Voraussetzung für ein menschenwürdiges Leben von Mann und Frau aus. Die Frauenfrage war für sie gleichermaßen eine Männerfrage und Emanzipation eine zwar geschlechterspezifische, aber letztendlich allgemeinmenschliche Aufgabe. Davon ist auch ihre Bildungsvorstellung geprägt:

„Ich sage Bildung kurzweg und nicht etwa Frauen- und Mädchenbildung, denn es hat mir immer geschienen [...], dass die Bildung eins und unteilbar und von dem Geschlecht ihres Trägers ganz und gar unabhängig ist. Es gibt eine allgemeine und eine Fachbildung, aber eine männliche und eine weibliche Bildung gibt es nicht. Was für den Mann gut ist zu wissen und zu können, ist auch für die Frau gut [...]."[554]

---

[547] Ebd., S. 441.
[548] Vgl. Georg Kerschensteiner: Begriff der Arbeitsschule (1912), hier zitiert nach der 4. Aufl., Leipzig, Berlin 1920, S. 94.
[549] Adams Lehmann, NZ 1906/07 (Dok. 67, S. 431).
[550] Vgl. Kerschensteiner 1920, S. 26ff.
[551] Vgl. Georg Kerschensteiner: Grundfragen der Schulorganisation. Leipzig, Berlin 1907.
[552] Vgl. Georg Kerschensteiner: Der Begriff der staatsbürgerlichen Erziehung. Leipzig, Berlin 1910.
[553] Vgl. Kerschensteiner 1920, S. 17.
[554] Adams Lehmann, NZ 1906/07 (Dok. 67, S. 431).

In einem ganz offensichtlich nicht nur scherzhaft gemeinten Slogan brachte sie ihre Erziehungsvorstellungen auf den Punkt: „Kniehosen für alle!"[555] – eine Forderung, in der sich frauenemanzipatorische Symbolik (Hosen) mit lebensreformerischen Einflüssen (bequem) und dem Wunsch nach Gleichbehandlung der Geschlechter (alle) auf originelle und aparte Weise bündelt. Diesem Bildungsverständnis entsprechend konzipierte sie modellhaft Grundsätze, Bildungsinhalte und Arbeitsweisen einer „Schule der Zukunft", die so auch in das Projekt der Versuchsschule eingingen:

– gleiche Bildung für Jungen und Mädchen als geschlechter-unabhängige Menschenbildung;

– gemeinsamer bilingualer Kindergarten ab dem dritten Lebensjahr, multilinguale Grundschule;

– umfassende Allgemeinbildung: Sprachen, Kulturen der Vergangenheit und Gegenwart, Naturwissenschaften, Mathematik, Geographie, Grammatik, Stil, Literatur, Geschichte, Körperbildung und Gesundheitspflege, künstlerische und ästhetische Bildung;

– Grundzüge der Technik in Industrie, Ackerbau und Verkehrswesen, Handfertigkeiten;

– Grundzüge des Staats-, Gemeinde- und Völkerrechts, Grundzüge der sozialen Institutionen;

– soziale Kompetenz: Respekt, Rücksichtnahme, Solidarität;

– Selbstbetätigung als Methode und Pflege des Denkens.[556]

Adams Lehmanns Allgemeinbildungskonzept blieb auch innerhalb der Arbeiterbewegung nicht unwidersprochen: „Kann der einzelne, kann die Gesellschaft etwas dabei gewinnen, wenn die Menschen zu lebenden Enzyklopädien werden?", fragt Oda Olberg in einem ebenfalls in der *Neuen Zeit* veröffentlichten Gegenartikel.[557] Sie prophezeite eine allgemeine Überforderung der Heranwachsenden und warnte vor einer sich ausbreitenden Halbbildung.

Dessen ungeachtet jedoch gewinnt gerade vor dem Hintergrund des von Adams Lehmann hoch gesetzten Bildungsanspruches das Konzept der „Versuchsschule für moderne pädagogische Bestrebungen" ein besonderes Gewicht. Im Wissen um die Bedeutung frühkindlicher Erziehung, deren Defizite sie als Ärztin oft genug erleben musste, sollte die Schule Kinder im Alter von drei bis zehn Jahren aufnehmen, also jenes Alter umfassen, in dem wesentliche Grundlagen für die Aneignung einer umfassenden allgemeinen Bildung gelegt werden. Die Vorschulerziehung sollte deshalb auch nicht separiert, sondern in das schulische Bildungskonzept integriert werden. Um dem Lehrpersonal individuelles Eingehen auf jedes Kind zu ermöglichen, wollte sie die Klassenfrequenz in der ersten bis dritten Klasse auf fünfzehn

---

[555] Ebd. – Adams Lehmann entwarf tatsächlich Hosen für Frauen und kleidete sich selber in einem eher maskulinen Stil.

[556] Ebd., S. 439f.

[557] Olberg, *NZ* 1906/07 (Dok. 69).

179

Kinder, in den oberen Klassen auf zwanzig Kinder beschränken. An einen modernen Schulneubau war ebenso gedacht wie an eine große Wiese für „Freiluftaktivitäten". Die Finanzierung der Versuchsschule schließlich sollte über „Privatspenden, Schulgeld und städtische Zuschüsse" gesichert werden.[558]

Trotz zahlreicher Fürsprecher erhielt der *Verein Versuchsschule* für sein Projekt keine Konzession. Mit der Begründung, es fehle ihm eine „fachmännische Leitung", lehnten die Münchener Behörden auch einen Wiederholungsantrag, diesmal für die Einrichtung von Versuchsklassen, ab. Erst 1910/11 entstanden unter der Regie von Georg Kerschensteiner Versuchsklassen, die jedoch mit der ursprünglichen Idee nur noch wenig gemein hatten. „Dem Verein ‚Versuchsschule', der die Bildung der Versuchsklasse ... angeregt" habe, „wird eine unmittelbare Beeinflussung des Unterrichts nicht zugestanden", hieß es im „Bericht über die erste Versuchsklasse". Es bleibe „ihm aber unbenommen, Anregungen für die Ausgestaltung des Unterrichts an die Schulverwaltung zu geben".[559] Mit dieser bürokratischen Klausel konnte dem Verein, ohne das Risiko seiner vordergründigen Brüskierung einzugehen, die Initiative „aus der Hand genommen" und die ursprüngliche Intention der angedachten Versuchsschule in andere Bahnen gelenkt werden.[560]

5.2.3 Ein bilingualer Versuchskindergarten

Dennoch errang der *Verein Versuchsschule* zumindest einen Teilerfolg. 1909 gründete er einen bilingualen Versuchskindergarten mit 150 Plätzen, der mehr als sieben Jahre unter der Leitung der sozialdemokratischen Lehrerin Margarethe Kampffmeyer, Ehefrau des damaligen Redakteurs der *Münchener Post* Paul Kampffmeyer, erfolgreich arbeitete und ein noch immer hochinteressantes Modell für frühkindliche Erziehung darstellt.[561]

> „Der Versuchskindergarten nimmt unentgeltlich Kinder im Alter von 3-6 Jahren, ohne Rücksicht auf Konfession und Geschlecht auf. Er trachtet danach, den Kindern in Spiel und Unterricht mehr geistige Anregung zu geben als der gewöhnliche Kindergarten es tut. Um dieses Ziel zu erreichen, beginnt er schon bei dreijährigen Kindern mit Anschauungsunterricht, Lesen und Schreiben in spielender, leicht faßlicher Weise und führt sie ebenso in die Kenntnisse der englischen Sprache ein. Der Versuchskindergarten wendet weder beim Spielen noch im Unterricht eine bestimmte, einheitliche Methode an. Er sucht sich aus dem Fröbel-System, der Methode von Montessori und

---

[558] Vgl. Krauss 2002, S. 133.
[559] Bericht über die erste Versuchsklasse an der Schule an der Hohenzollernstraße. München 1911. Zitiert nach Krauss 2002, S. 133 (Auslassung so im Original); vgl. auch Hecker 1910.
[560] Ebd. Vermutlich über das Nachfolgeprojekt berichtet Hausenstein, *SM* 1910 (Dok. 174).
[561] Der Kindergarten befand sich in der Clemensstraße 105. Angaben nach Krauss 2002, S. 132ff. Im Bericht Hausensteins über die Münchener Versuchsschule wird Johanna Huber als Leiterin genannt. Nach einem Bericht in der *Allgemeinen Deutschen Lehrerzeitung* 63(1911)44, S. 546 war Johanna Huber von der Münchener Schulbehörde beurlaubt worden, um die neue Methode des Versuchskindergartens zu studieren und dann auf die Versuchsschularbeit zu übertragen. In der gleichen Zeitung wird beklagt, dass nicht eine „männliche Lehrkraft" diese Aufgabe übertragen bekam.

180

aus dem Prinzip der Arbeitsschule von Dr. Georg Kerschensteiner jene Einrichtungen heraus, die für seine Zwecke am geeignetsten erscheinen. Er ist von 9-12 Uhr und von 3-6 Uhr geöffnet."[562]

Gemeinsam mit Margarethe Kampffmeyer arbeiteten zwei Kindergärtnerinnen, drei englische Lehrkräfte[563] und eine Praktikantin in dem Projekt, das vor allem durch seinen Bildungsanspruch und mehr noch durch seine Bilingualität hervorsticht. Frühzeitiges Sprachenlernen wurde nicht nur deshalb für wichtig erachtet, weil es „spätere Schulzeit" entlastet und die muttersprachlichen Fähigkeiten unterstützt, sondern weil der Beherrschung fremder Sprachen als kommunikative „Werkzeuge" im „wachsenden Weltverkehr" generell eine zunehmende Bedeutung beigemessen wurde. „Vielfache praktische Versuche" sowie „Erfahrungen in allen Sprachgrenzgebieten" hätten gezeigt, dass Kinder mehrere Sprachen „nebeneinander spielend" „ohne Beeinträchtigung der Muttersprache" lernen, „sobald sie Gelegenheit haben, die Sprachen zu hören und zu sprechen".[564] Aus diesem Grund sollten englische und französische Muttersprachler herangezogen werden. Bereits aus dem Antrag der Versuchsschule geht hervor, dass Adams Lehmann keinen traditionellen Sprachunterricht im Sinn hatte. Die Lehrkräfte sollten sich vielmehr „am allgemeinen Unterricht in ihren eigenen Sprachen" beteiligen,

„d.h. die Kinder erhalten den nämlichen Unterricht an verschiedenen Tagen in verschiedenen Sprachen. Auf diese Weise erwerben sie einen Wortschatz, welcher mit ihrem Bildungsumfang wächst, und die Erlernung der fremden Sprachen geht nach demselben Prinzip wie die Erlernung der eigenen Muttersprache vor sich... Durch Kurse, Spielvereinigungen und eine fremdsprachige Bibliothek soll den Kindern auch später Gelegenheit gegeben werden, die erst durchs Gehör erlernten Sprachen lesen, schreiben und weiter sprechen zu können."[565]

Trotz des Scheiterns ihrer groß gedachten und groß konzipierten Projekte blieb Hope Bridges Adams Lehmann zuversichtlich, dass ihre Vorstellung von einer „Schule der Zukunft" eines Tages allgemeingültiger Bildungsstandard werden würde. Kurz vor ihrem Tod, mitten im Krieg, in einer Situation persönlicher Schicksalsschläge, schrieb sie einem Freund:

„Du siehst ein schlimmes Ende kommen? Ich nicht! Vor allem glaube ich ein Ende zu sehen, noch dieses Jahr. Und ein Ende in einem *europäischen Frieden*, der Bestand hat und zu einer solchen Einschränkung der Rüstungskosten führt, dass die Volkswohlfahrt aufleben kann, in noch ungeahnter Blüte. Was stehen da für Aufgaben be-

---

[562] Zitiert nach Krauss 2002, S. 134.
[563] Adams Lehmann hatte u.a. ihre spätere Schwiegertochter, die Engländerin Miriam Allison, für diesen Zweck gewonnen. Vgl. Krauss 2002, S. 135. Dem Bericht in der *Allgemeinen Deutschen Lehrerzeitung* zufolge geht der frühe Englischunterricht auf einen Professor Dr. Sieper, Mitglied des Komitees des *Vereins Versuchsschule*, zurück. Der Unterricht sei sehr erfolgreich gewesen, „die Aussprache [...] rein und ihre Aneignung mühelos. [...] Auf das Englisch legen alle Eltern besonderen Wert. Fast täglich mußten Neuanmeldungen abgewiesen werden".
[564] Zitiert nach Krauss 2002, S. 135.
[565] Zitiert nach ebd. (Auslassung so im Original).

vor: Gleiches Wahlrecht, Organisation der Volksernährung, Achtstundentag, Schule und Volksbildung, Ansiedlungen aufs Land. Es ist ein großes Glück, das im Voraus zu schauen. – Warum ich nicht mitarbeite? Weil ich zufällig ausgeschaltet bin, und ganz andere Leute da sind, um die Sache anzupacken. Überall sieht man keimen."[566]

5.3 „Alle Bildungsmöglichkeiten allen offen halten" – die Schulreform der Sozialdemokratie

Unter dem Titel *Die Schulreform der Sozialdemokratie* fasste Heinrich Schulz 1911 die bis dahin in der Sozialdemokratie erarbeiteten Grundlinien einer Schulreform in einer systematischen Abhandlung zusammen, die in ihrer Ausgewogenheit bei Radikalen und Reformern gleichermaßen Akzeptanz fand und auf idealtypische Weise den Stand sozialdemokratischer Bildungs- und Erziehungsauffassungen vor dem Ersten Weltkrieg präsentiert. Schulz entwirft darin einen „großen, weiten, freien Schulpalast der Zukunft"[567], konfrontiert seinen Entwurf mit der Realität des Schulwesens im wilhelminischen Deutschland und zeichnet dann, – „auf dem Boden der gegebenen Zustände"[568], aber ohne das Spannungsverhältnis zwischen Ideal und Wirklichkeit aus dem Bewusstsein zu verlieren –, ein Modell einer solidarischen und demokratischen Bildungsreform.

5.3.1 Ziele und Grundlagen der Schulreform

Ausgangspunkt der Schulz'schen Überlegungen ist eine an Marx anschließende Vorstellung vom Sozialismus als einer sich selbst organisierenden Gesellschaft, die ihre Voraussetzung in der Befähigung und Beteiligung aller ihrer Mitglieder hat.

> „Soll die Gesellschaft sich selbst regieren, will sie das komplizierte Räderwerk des gesellschaftlichen Produktionsprozesses nicht durch einige wenige Bevorzugte und Eingeweihte, sondern durch die öffentliche Kontrolle regulieren, will sie die mannigfachen sozialen und politischen Aufgaben, die auf dem gesunden Boden einer sozialistisch organisierten Arbeitsgemeinschaft für die Gemeinschaft und für den einzelnen erstehen, mit Verständnis erfüllen, so muß sie den größten Wert darauf legen, dass jedes einzelne Mitglied der Gesellschaft volles Verständnis für das Wesen der Gesellschaft, besonders für ihre ökonomische Basis, gewinnt."[569]

Bei einer „demokratischen Organisation der Gesellschaft" müsse jeder „einzelne immer nach Maßgabe seines Könnens und Wollens zur Geltung" kommen, niemand dürfe von der „Hungerpeitsche" angetrieben sein, niemand „das muskulöse aber dumme Lasttier", „das von dem intelligenten Führer vor die Arbeit gespannt" wird, „Kopf und Hand" müssten in eins arbeiten, „ohne Rangunterschied zwischen Kopf- und Handarbeit". Verschiedenartigkeit sei „nicht moralischer Natur, sondern lediglich technischer." Erst dann könne sich „jeder gern und freudig für diejenige

---

[566] Ebd.
[567] Schulz 1911, S. 4.
[568] Ebd., S. 3.
[569] Ebd., S. 8.

Arbeit zur Verfügung" stellen, „für die ihn seine vollentwickelten körperlichen und geistigen Eigenschaften am besten qualifizieren".[570]

Aufgeklärtheit, Mündigkeit, Mitverantwortung und Mitbestimmung aller Menschen waren demnach die Eckpunkte einer Gesellschaftsidee, von der aus auch die Schulreform ihre konkrete Bestimmung erhielt. Es sei eine

„notwendige Voraussetzung, daß jedem einzelnen die Möglichkeit gegeben wird, seine Fähigkeiten zu möglichster Vollkommenheit zu entwickeln, daß pädagogische Einrichtungen geschaffen werden, die jedem Kinde ermöglichen, alle guten Eigenschaften seines Körpers und Geistes zu pflegen und zur Blüte zu bringen".[571]

Schulz sieht diesen Anspruch mit der „heutigen Schule" nicht realisierbar. Während „ein kleines Häuflein der Kinder gewaltsam auf eine verhältnismäßig erhebliche Höhe rein geistiger Kultur emporgeschraubt wird", würde „das ungeheure Gros der Kinder mit erbärmlichen Brocken vom geistigen Tische der Reichen abgespeist", die weder auf die Arbeit noch auf sonstige Lebensaufgaben ausreichend vorbereiten.

Der „heutige Arbeiter [...] steckt gefesselt im Produktionsprozeß [...], er hat nichts zu bestimmen, das Kommando der Kapitalisten und seiner Handlanger verfügt über ihn und treibt ihn von dieser Arbeit an jene; stumpf und gleichgültig steht er dem Produkt seiner Arbeit gegenüber; nichts empfindet er von den erfrischenden Reizen schöpferischer und abwechslungsvoller Arbeit. [...] Die tausend Beziehungen der Arbeit zur Kultur kann er nicht erfassen; die Wege, die von der dunklen Enge seines Berufs bis auf die sonnigen Höhen des Lebens führen, kann er mit den primitiven Mitteln der Schulbildung nicht finden; für eine feste und befreiende Weltanschauung sind die brüchigen und morschen Bausteine der ‚religiös-sittlichen' Volksschulbildung nicht zu gebrauchen; die Ableitung seiner politischen und sonstigen öffentlichen Rechte und Pflichten aus seiner ökonomischen Tätigkeit wird dem einzelnen, besonders dem Arbeiter, durch die Schulbildung nicht nur nicht erleichtert, sondern nach Möglichkeit verschleiert."[572]

Schulz' Argumentation gibt die gesellschaftstheoretischen und pädagogischen Motive für die Forderung nach einer Einheitsschule wie auch nach Verbindung von Unterricht und produktiver Arbeit zu erkennen. Eine *mit produktiver Arbeit verknüpfte einheitliche Schule* entspräche nicht nur dem emanzipatorischen Bildungsanspruch der Arbeiterkinder, vielmehr könnten alle Kinder einer Gesellschaft profitieren, wenn sie in einer Schule gemeinsam lernen, arbeiten und leben.

„Je länger die Kinder in gemeinsamen Schulen und in gemeinsamer Arbeit beieinander bleiben, je mehr sie miteinander in das Räderwerk der gesellschaftlichen Produktion hineingeführt werden, um so besser werden sie ihre eigene Stellung im technischen Getriebe der Gesellschaft finden, und um so besser werden sie sich im späteren Leben auf ihren getrennten Posten gegenseitig achten."[573]

---

[570] Ebd., S. 8f.
[571] Ebd., S. 9.
[572] Ebd., S. 7f.
[573] Ebd., S. 187.

5.3.2 Das Modell einer Einheits-Arbeits-Schule

Kernforderung des sozialdemokratischen Schulprogramms ist daher ein einheitlicher Schulorganismus, „der alle Kinder vom frühen Lebensalter bis zur Reife der Erwachsenen umfängt, und in dem nichts anderes entscheidet als das Bestreben, jedes einzelne Kind zu größter persönlicher Vollkommenheit zu seinem eigenen Besten und zum möglichst großen Wohle der Gesamtheit zu erziehen." Kritischen Vorurteilen vorbeugend betont Schulz, dass sie

> „nicht ein Prokrustesbett [sei], in das alle Kinder hineingezwängt werden, ob das Lehrziel oder der Unterrichtsbetrieb für ihre körperliche oder geistige Veranlagung paßt oder nicht. Wohl ist die wirkliche Einheitsschule so umfassend, daß sie die gesamte bildungspflichtige Jugend eines Volkes ohne Unterschied des Geschlechts, des Alters, der Neigungen, der Fähigkeiten, der elterlichen Verhältnisse in sich einschließt. Aber sie ist zugleich so planmäßig gegliedert und so elastisch, daß sie jeder erzieherischen Besonderheit, jeder Abstufung im Können der Kinder, jeder Forderung der Gesellschaft an die körperliche, geistige und seelische Erziehung gerecht werden kann."[574]

Nach Struktur und Bildungsinhalt lässt sich das von Schulz konzipierte Schulmodell als Einheits-Arbeits-Schule charakterisieren:

Kindergärten im Fröbelschen Sinne sollen für alle Kinder ab dem vierten Lebensjahr zur Verfügung stehen und ihnen den Übergang zur Schule erleichtern. Sie werden nicht allein und nicht primär als soziale Einrichtungen für berufstätige Frauen verstanden, sondern in Anbetracht der pädagogischen Bedeutung frühkindlicher Entwicklung als maßgebliche Voraussetzung für spätere Lernerfolge. Abwechslungsreiche Gestaltung des kindlichen Spiels soll die harmonische Entwicklung von Geist und Körper unterstützen sowie zur Schärfung der Sinne, zur Sprachbildung, zur Entfaltung künstlerischer Fähigkeiten und Fertigkeiten und zur „Verbindung mit der Außenwelt" beitragen.[575]

Die *allgemeine Elementarschule* erfasst alle Kinder vom achten bis zum vierzehnten Lebensjahr, knüpft an die Methode des Kindergartens an, indem sie die „Beziehung zwischen körperlicher und geistiger Arbeit" pflegt und den Arbeitsunterricht als „wichtigsten Unterrichtsgegenstand" versteht, um den „sich die Elemente der geistigen Bildung: Lesen, Schreiben, Rechnen, Zeichnen, Raumlehre, Physik, Chemie, Geschichte und eine fremde Sprache gruppieren". Nachdrücklich weist Schulz darauf hin, dass die allgemeine Elementarschule nicht mit der „von den Lehrern erstrebte[n] allgemeine[n] Volksschule" verwechselt werden dürfe, die „nichts anderes bewirken soll als die Beseitigung der Vorschule". Damit

---

[574] Ebd., S. 47.
[575] Schulz (ebd., S. 53) verweist hier auf die Erfolge der amerikanischen Fröbelkindergärten, die entstanden sind, „als in Preußen von einer besonders blöden Schulreaktion die Fröbelschen Kindergärten als staatsgefährlich verboten wurden!" und schreibt: „Amerika hat es eben besser, dort stehen nicht alte schwerfällige Traditionen und tausend Vorurteile und Interessen politischer und wirtschaftlicher Art allen Fortschritten im Wege."

aber sei wenig gewonnen, weil auch dann noch „eine brutale Scheidung der Kinder nicht nach ihrer Veranlagung sondern nach dem Kapitalvermögen ihrer Väter eintritt!" Der eigentliche Gegensatz zwischen beiden Forderungen läge also in der „verschiedenen Zeitdauer". Vor allem sähen sich die „Kinder am Schlusse dieses Schulabschnittes besser als heute die Volksschüler oder höhere Schüler in der Lage", „sich für ihren späteren Lebensberuf zu entscheiden".[576]

Die *Mittelschule* ist für alle Jugendlichen vom fünfzehnten bis zum achtzehnten Lebensjahr vorgesehen. Sie besteht aus einem theoretischen und einem praktischen Zweig, ohne jeweils die wechselseitige „Fühlung" außer Acht zu lassen oder Entscheidungen für berufliche Perspektiven vorwegzunehmen. Alle Kinder bleiben „gemeinsam in denselben Schulen", beide Richtungen werden gleich „gewertet", Wechsel soll jederzeit möglich sein. Darin sieht Schulz auch den Unterschied zu Kerschensteiners Schulkonzept.[577]

Die *Hochschule* schließt an die Mittelschule an und ist über verschiedene Zugänge zu erreichen. Den Absolventen des theoretischen Zweiges steht der direkte Weg zur Universität offen, für die des praktischen Zweiges bieten sich mehrere Wege an. Sie treten (mit der Option eines späteren Hochschulbesuchs) entweder in einen „praktischen Beruf" ein oder spezialisieren sich in „technischen Hochschulen" für ein „besonderes Fach". Für künstlerisch veranlagte junge Leute aus beiden Abteilungen stehen Kunstakademien zur Verfügung.[578]

Eine solcherart aufgebaute Schule, so Heinrich Schulz, erreiche „alle Kinder, und sie gestattet jeder Individualität jeden berechtigten Spielraum; sie ist ferner so gegliedert, daß sie die höchstmögliche Entwicklung aller Individualitäten zum Wohle der Gesamtheit nicht nur zuläßt, sondern unmittelbar fördert".[579] „Selbstverständlich" sei, dass auch für die „anormalen Kinder", „diese Bedauernswerten", „in ausreichender und liebevoller Weise gesorgt werde".[580] Schulz plädiert für Sonderschulen, Sonderklassen, Waldschulen, spezielle Fürsorge und umfassende medizinische Betreuung. Integration in die allgemeine Schule allerdings ist bei ihm nicht angedacht.

Ausführlich erklärt er die grundlegenden Gestaltungsprinzipien der Einheits-Arbeits-Schule:

Arbeitsunterricht als Inhalt und Methode, und zwar in einer Art und Weise, die, weit über den Handfertigkeitsunterricht hinausgehend und Arbeit sowohl als geistige als auch als körperliche Arbeit fassend, „jeden einzelnen nach Maßgabe seiner völlig erschlossenen körperlichen und geistigen Kräfte und Neigungen zur vollen und tätigen Anteilnahme an der gesellschaftlichen Kultur seiner Zeit"[581] befähigt;

---

[576] Ebd., S. 54-59 (Hervorhebung im Original).
[577] Ebd., S. 59f.
[578] Ebd., S. 60f.
[579] Ebd., S. 61.
[580] Ebd.
[581] Ebd., S. 185.

gemeinsame und gleiche Erziehung von Jungen und Mädchen, von der die Beseitigung der durch jahrtausendelange Unterdrückung der Frau künstlich erzeugten
Unterschiede und ein natürliches und freieres Verhältnis der Geschlechter zueinander erwartet werden;[582]

Unentgeltlichkeit des Unterrichts, der Lehr- und Lernmittel und der Verpflegung
in allen Schulen und für alle Kinder sowie (als zeitbedingter Notbehelf) soziale
Beihilfen für Bedürftige;[583]

Weltlichkeit der Schule, was heißt: völlige und ersatzlose Abschaffung des Religionsunterrichts in der Schule.[584]

Ohne direkten programmatischen Anspruch, aber maßgebliche Standpunkte der
Sozialdemokratie spiegelnd, erörtert Schulz schließlich bildungstheoretische und
bildungspolitische Fragen im Umfeld der angestrebten Schulreform: Erziehung
„vor und nach der Schulzeit" – Familie, Kindergarten, Kinderhort, Jugendheim,
Fortbildungsschule, staatsbürgerliche Erziehung; Schulgesundheitspflege, hier
auch Sonderschulen und Kinderschutz; den inneren Schulbetrieb und hier besonders das Verhältnis von Theorie und Praxis, „Schulzucht", innere Differenzierung,
Lehrplan und Bildungsstoff; Schulverfassung und rechtliche Fragen des Schulwesens; Lehrer und Lehrerinnen.

Um der „Verworrenheit und Zerklüftung" des Schulwesens ein Ende zu machen, plädierte er für ein *Reichsschulgesetz,* das „vor allem die Dauer der Schulpflicht, die Schulaufsicht, die Klassenfrequenz, die Ferien, die Lehrpläne und die
Lehrerbildung einheitlich" regelt, nicht zuletzt wegen der „großen Fluktuation der
Arbeiterklasse", „die die wirtschaftliche Not bald hierhin, bald dorthin schleudert"
und die Kinder zwinge, sich „immer wieder in völlig neue Schulverhältnisse einleben" zu müssen, wodurch sie „auch noch der geringen Bildungsmöglichkeiten
verlustig" gehen, „die die heutige Volksschule zu bieten imstande ist".[585]

„Ob der Aufbau der Einheitsschule sich genau so oder in diesem oder jenem Punkte [...] etwas abweichend gestalten soll, das muß die Praxis lehren", schrieb Käte
Duncker in einer Rezension des Schulz'schen Buches in der *Neuen Zeit.*

> „Jedenfalls wird nach dieser eingehenden Behandlung der Frage niemand mehr auf
> den Gedanken kommen können, daß die Dorfschule, in der der Sohn des Pfarrers ne-
> ben dem des Nachtwächters sitzt, schon die Keimzelle der Einheitsschule sei."[586]

5.3.3 Die Sozialdemokratie als „Partei der Schulreform"?

Eine Analyse der bildungspolitischen Programme der bürgerlichen Parteien und
ihrer Haltung zu einer Schulreform lässt Schulz schließlich zu der Schlussfolgerung gelangen: „Die Sozialdemokratie ist die Partei der Schulreform". Eigentlich

---

[582] Ebd., S. 65-70.
[583] Ebd., S. 71-90.
[584] Ebd., S. 91-121.
[585] Ebd., S. 34ff.
[586] Duncker, *NZ* 1911 (Dok. 90, S. 490).

aber, so fügt er hinzu, ist ihr „Inhalt und ihr Wollen" durch den Namen Partei nicht „gedeckt". Im Unterschied zu allen übrigen Parteien verneine „die Sozialdemokratie die herrschende bürgerlich-kapitalistische Gesellschaftsordnung", stelle ihr die sozialistische gegenüber, in der „die Ausbeutung [...] aufgehoben, der Arbeit [...] der entwürdigende, ausbeuterische Charakter genommen" wird. Sie verkörpere somit „das Ringen und Hoffen der unterdrückten Menschheit". In diesen weiten Horizont stellt er auch das Streben nach einer *Einheitsschule,* und zwar als *Fernziel* „als die der sozialistischen Arbeits- und Gesellschaftsorganisation einzig angepaßte Schulart"[587], aber auch als *Nahziel,* weil die proletarische Schulreform „bei den Tatsachen des gegenwärtigen Schulwesens" ebenso anknüpfen müsse wie an schulreformerische und pädagogische Ideen aus den Reihen bürgerlicher Wissenschaftler und vor allem aus der Lehrerschaft.[588] Und so findet sich in der von Schulz angeführten Referenzlektüre dann auch ein breites Spektrum nationaler und internationaler reformpädagogischer Literatur. Nichtsdestotrotz kommt er zu dem Schluss, dass der „Kampf um die Schule nicht nur mit den Mitteln der Schulreform geführt werden" könne, sondern letztendlich „im wesentlichen ein politischer Kampf" sei.[589]

Heinrich Schulz' Buch besitzt aus mehrfachen Gründen Bedeutung. Es resümiert die bildungsprogrammatische Erkenntnisentwicklung in der Sozialdemokratie vor dem Ersten Weltkrieg und fasst Diskurse zu einem konsensfähigen Schulreformentwurf zusammen. Es spiegelt besonders hinsichtlich der Einheitsschule, des Religionsunterrichts und des Arbeitsunterrichts die Auseinandersetzung mit der zeitgenössischen pädagogischen Reformdiskussion und lässt Anschlussstellen, Differenzen und Weiterentwicklungen deutlich erkennen. Und es vergegenwärtigt einen Stand des bildungsreformerischen Denkens in der Arbeiterbewegung, der in der nachfolgenden Zeit kaum noch überboten wird.[590] Hatte Käte Duncker Heinrich Schulz' Buch 1911 als „eine gute wissenschaftliche Grundlage für unsere praktische Schulpolitik", „als Wegweiser" und „Orientierungspunkt" „unseres Schulideals"[591] empfohlen, gingen in den sich schon bald weiter zuspitzenden Richtungskämpfen in der Sozialdemokratie manche gute Ansätze verloren. Zwar wurde in der Weimarer Republik manches vordem Angedachte partiell aufgenommen und fortgeführt, durch die Spaltung der Arbeiterbewegung und damit einher-

---

[587] Schulz 1911, S. 254f.

[588] Ebd., S. 33ff. und S. 170ff.

[589] Ebd., S. 257.

[590] 1919 gab Schulz das Buch in unveränderter Fassung, wie er selber schreibt, erneut heraus. Zwei, offensichtlich als nicht mehr zeitgemäß empfundene Abschnitte wurden allerdings herausgenommen, und zwar „Bürgerliche und proletarische Reform" sowie „Die bürgerlichen Parteien und die Schulreform"; stattdessen kam ein Nachwort „Krieg, Revolution und Schulreform" neu hinzu. Vgl. Heinrich Schulz: Die Schulreform der Sozialdemokratie. Berlin 1919.

[591] Duncker, *NZ* 1911 (Dok. 90, S. 492). Hier sind auch die von ihr vorgebrachten Kritikpunkte nachzulesen. Sie wünscht eine inhaltliche Erweiterung des Fächerkanons und wendet sich insbesondere gegen eine Ersetzung des Religionsunterrichts durch einen Moralunterricht.

gehende Feindseligkeiten und Konfrontationen, nicht zuletzt durch die unterschied-lichen Wege der einstigen Protagonisten einer Schulreform, konnte die Komplexi-tät und Ganzheitlichkeit des einstigen Reformprojektes kaum noch zum Tragen kommen. Der ehemalige „Radikale" Heinrich Schulz blieb, wie auch viele der genannten Autorinnen und Autoren der beiden Zeitschriften, bei der Mehrheit der SPD und ging ihren Weg der Kriegskreditbewilligung im Sommer des Jahres 1914 mit. Seine langjährigen Gefährtinnen Clara Zetkin und Käte Duncker bekannten sich wie auch Otto Rühle zur Minderheit der Kriegsgegner, die ihre Haltung durch die Verweigerung der Kriegskredite[592] deutlich machte. Sie schlossen sich der linken Opposition um die 1916 gegründete Spartakusgruppe, dann der 1917 ge-gründeten USPD und schließlich 1918/19 der KPD an. Im Mai 1917 entließ der SPD-Vorstand Clara Zetkin deswegen als Redakteurin aus der von ihr einst ins Leben gerufenen Frauenzeitschrift *Gleichheit* und übergab die Redaktion ausge-rechnet Heinrich Schulz.[593] Einer fruchtbringenden gemeinsamen Fortführung des Strebens nach einer Bildungsreform in Deutschland war damit ein Ende gesetzt. Blockaden und Kompromisse in der Bildungspolitik der Weimarer Republik hatten letztendlich auch hier eine Ursache.

6. Arbeiterbewegung und Reformpädagogik – Gemeinsamkei-ten, Differenzen, Widersprüche und Nachwirkungen

6.1 Gemeinsamkeiten in Begrifflichkeit, Rhetorik und Symbolik

Liest man die bildungspolitischen und pädagogischen Texte der Arbeiterbewegung aus der Perspektive reformpädagogischer Begrifflichkeit, Rhetorik und Symbolik, trifft man auf deutlich mehr Gemeinsames als Trennendes. Das gilt nicht nur für weniger populäre Zeitschriftenbeiträge und Rezensionen, sondern gleichermaßen für repräsentative Texte aus der Feder von Clara Zetkin, Wilhelm Liebknecht, August Bebel, Eduard Bernstein, Franz Mehring, Karl Kautsky, Käte Duncker, Heinrich Schulz, Otto Rühle u.a., aber auch für programmatische Verlautbarungen, z.B. für das erste, auf dem Mannheimer Parteitag 1906 von Clara Zetkin und Hein-rich Schulz vorgestellte sozialdemokratische Bildungsprogramm, für die nach der

---

[592] Hatte es vor dem Krieg noch Massenproteste und Friedenskundgebungen gegeben, schlug die Stimmung mit Beginn des Krieges auch in der Sozialdemokratie um. Am 4. August 1914 stimmte die sozialdemokratische Reichstagsfraktion mehrheitlich Krediten für den Krieg zu. Auch der popu-läre Kriegsgegner Karl Liebknecht hatte sich dem Fraktionsdruck zunächst gefügt. Erst am 2. De-zember 1914 löste er sich aus dem Zwang der Parteidisziplin und stimmte gegen die Kriegskredite.

[593] Er übernahm diese Funktion gemeinsam mit Maria Juchacz (1879-1956), die wie Clara Zetkin der proletarischen Frauenbewegung angehörte, dann den reformistischen Kurs der Sozialdemokratie un-terstützte und in der Weimarer Republik als Mitbegründerin der Arbeiterwohlfahrt und Reichstags-mitglied zu den führenden Kreisen der Sozialdemokratie zählte. Die USPD gab in der *Leipziger Volkszeitung* eine Frauenbeilage heraus, die wiederum von Clara Zetkin redigiert wurde.

Jahrhundertwende herausgegebenen Erziehungsratgeber für proletarische Eltern oder das Schulprogramm der Sozialdemokratie von 1911. Auffällig ist nicht nur eine auf Kritik und Polarisierung abgestellte Rhetorik: „alt – neu", „Lernschule – Arbeitsschule", „Einseitigkeit – Ganzheitlichkeit", „Schule – Leben". Auch im Gebrauch und in der Auslegung zentraler pädagogischer Begriffe sind Kongruenzen auffindbar. Neben parallelen gab es gleichermaßen konkurrierende Entwicklungen, wie die Auseinandersetzung um die geistige Urheberschaft der Idee der Arbeitsschule zwischen Robert Seidel und Georg Kerschensteiner demonstriert. Begriffe wie Natur, Wahrheit, Schönheit, Entwicklung, Arbeit, Selbsttätigkeit, Aktivität, Gemeinschaft, Individualität u.a. fungierten auch in Texten der Arbeiterbewegung häufig als Sprachcodes, die für das Neue, das Zukünftige, das Anders- und Besserwerden standen und in diesem Sinne auch verstanden werden sollten. In der Verwendung von Symbolen – die strahlende Sonne, das Kind in der Messias-Pose, der jugendlich aufstrebende Körper – unterscheiden sich proletarische nicht von reformpädagogischen, lebensreformerischen oder jugendbewegten Kontexten. Naturwissenschaften, namentlich die Biologie, aber auch Soziologie und Psychologie wirkten hier wie da mehr oder weniger prägend auf Vorstellungen vom Menschen und seiner Entwicklung. Speziell die Evolutionstheorie, im 19. Jahrhundert zu einer Art „Leitwissenschaft" im System der sich herausbildenden modernen Wissenschaftsdisziplinen geworden und besonders im Marxismus rezipiert[594], nahm in sozialtheoretischen, anthropologischen und auch pädagogischen Diskursen eine maßgebliche Rolle ein.

Wie in der Reformpädagogik galt auch in der Arbeiterbewegung das Kind als Hoffnungsträger für eine andere, bessere Zukunft, und es ist gewiss kein Zufall, wenn Otto Rühle gleich Ellen Key seine Schilderungen kindlicher Not unter das Nietzsche-Zitat stellte „An Euren Kindern sollt Ihr gut machen, daß ihr Eurer Väter Kinder seid!"[595] und seine Monographie Das proletarische Kind „der neuen Generation"[596] widmete. Den proletarischen Eltern sei

> „immer und immer wieder mit lebendiger Eindringlichkeit die Mahnung ins Bewußtsein zu prägen: Seid eingedenk der ungeheuren Verantwortung, die ihr dem kommenden Geschlecht gegenüber habt! Versäumt nicht, in Euren Kindern schon den Zukunftsgedanken lebendig und fruchtbar zu machen!"[597]

Ohne auf alle Implikationen des Bezuges zu Nietzsche, der auch in der Arbeiterbewegung Popularität genoss[598], eingehen zu können, wird gerade an diesem Beispiel deutlich, wie stark die Herausbildung eines neuen Verständnisses von Kind-

---

[594] Vgl. Allen 1995; Mocek 2002; zu neueren erziehungswissenschaftlichen Diskursen Reyer 2003, kritisch dazu Tenorth 2004.

[595] Rühle 1906, S. 1. Das gleiche Zitat stellte Ellen Key, allerdings in anderer Schreibweise, ihrem Buch Das Jahrhundert des Kindes (3. Aufl. 1903) voran.

[596] Otto Rühle: Das proletarische Kind. München 1911, S. V.

[597] Rühle 1906, S. 1.

[598] Vgl. z.B. Lambrecht 1988.

heit und Kindsein auch hier von der Ideologie und den Spekulationen des Zeitgeistes geprägt wurde.

Mit reformpädagogischen und anderen lebensreformerischen Zeitströmungen teilt die Arbeiterbewegung nicht nur Rhetorik und Symbolik, sondern gleichermaßen Widersprüche, Ambivalenzen und Verwerfungen. Das gilt besonders hinsichtlich eugenischer und rassenhygienischer Theorien, zu denen häufig nur geringe kritische Distanz entwickelt wurde.[599] Der Traum vom „neuen Menschen" – „gesund, kräftig [...], mit klarem Kopf und klassenbewußtem Denken, mit starkem Gerechtigkeitsgefühl und sozialem Empfinden, mit festem Willen und solidarischem Handeln"[600] – wurde auch und gerade in der Arbeiterbewegung geträumt. Zukunftsvisionen – das Werden eines neuen Zeitalters, das Wachsen einer neuen Generation, die menschheitsbefreiende Mission der Sozialdemokratie – wurden in einen nahen, übersehbaren Zeithorizont gerückt. Der Glaube an Fortschritt und Entwicklung und vor allem die Gewissheit, das 20. Jahrhundert würde „erfüllen", was das 19. Jahrhundert an Hoffnungen hervorgebracht habe, schien unerschütterlich.[601]

In der Arbeiterbewegung erfüllten solcherart Zukunftsvisionen im pädagogischen Kontext häufig eine Doppelfunktion. Sie intendierten die Erziehung der heranwachsenden Generation als Träger einer „neuen" Kultur- und Gesellschaftsentwicklung in humanistischer Perspektive und verbanden damit zugleich die Absicht einer allmählichen „Veredelung" und „Versittlichung" der Arbeiterschaft als zukunftstragende politische und ökonomische Klasse. Individuum und Klasse wurden gleichermaßen als Erziehungsobjekte gesehen, Grenzen zunehmend verwischt.

Die Fokussierung auf Gemeinschaftssinn und Organisation der Klasse hatte in der Arbeiterbewegung schon früh zu einer Abwendung von Individualitätstheorien sowie zur Präferenz sozialethisch begründeter Gemeinschaftskonzepte geführt. Individualismuskritik war daher ein entscheidendes Moment ihrer Reformpädagogik-Rezeption und zugleich Ausdruck einer Widersprüchlichkeit, die sich in sozialistischen Persönlichkeits- und Bildungstheorien fortsetzte.

6.2 Sozialkritik als Charakteristikum des pädagogischen Denkens in der Arbeiterbewegung und als Differenz zur Reformpädagogik

Trotz konstatierter Gemeinsamkeiten zwischen beiden Richtungen überwiegen aus der Perspektive der Arbeiterbewegung die Differenzen. Die Kritik der Arbeiterbewegung galt insbesondere den romantischen, von der sozialen Realität abgehobenen Kindbildern in der Reformpädagogik und illusionären Konstruktionen von Kindheit, den Tendenzen zum Individualismus und Psychologismus, der Unter-

---

[599] Vgl. Mocek 2002.
[600] Zetkin/Duncker/Borchardt 1960, S. 67.
[601] Die Wende des Jahrhunderts, *NZ* 1899/1900 (Dok. 38).

190

schätzung allgemeiner Bildung und der Reduzierung des Bildungsbegriffs, der Vernachlässigung des Gleichheitsanspruches und der sozialen Frage sowie den weltanschaulichen und politischen Hintergründen und Wirkungen reformpädagogischer Konzepte. Reformpädagogik wurde als Ausdruck und Reflex eines widerspruchsvollen gesellschaftlichen Modernisierungs- und Differenzierungsprozesses mit unterscheidbaren, aber die „Basis des Bestehenden" nicht wirklich antastenden Absichten und Wirkungen wahrgenommen. Die bürgerliche Reform nähme „die gegenwärtige soziale Organisation als etwas Gegebenes hin, das zwar hier und da im einzelnen Mängel und Härten aufweist". Aber sie habe „kein bestimmtes und einheitliches Ziel, das aus der Enge der Gegenwart herausführt". Je nach „den persönlichen Bedürfnissen und Neigungen der einzelnen Reformer" halte „der eine dies, der andere das für die notwendigste Reform der Zeit".[602]

Obgleich sich beide Richtungen in der Kritik an Schule und Gesellschaft trafen und das Interesse der Arbeiterbewegung an der Reformpädagogik überhaupt erst durch deren schul-, erziehungs- und sozialkritischen Impetus geweckt wurde, unterschieden sie sich in der Konsequenz, mit der Bildungsfragen der sozialen Frage zugeordnet und daraus folgend an Politik gebunden wurden. Während die zentralen Themen der Reformpädagogik, wenn überhaupt, eher defensiv und diffus in sozialen und politischen Kontexten gesehen wurden, war und blieb in der Arbeiterbewegung die soziale Frage auch in der Beurteilung der Reformpädagogik zentral. Solche sozialkritischen Perspektiven auf Reformpädagogik waren Anfang des 20. Jahrhunderts selten. Sie kamen vorwiegend aus proletarisch-sozialistischen Kreisen und stellten einen spezifischen zeitgenössischen Kritikansatz dar, der in der vorherrschenden Rezeptionsgeschichte der Reformpädagogik dann aber nicht zur Bedeutung gelangte.

Im Unterschied zu den meisten reformpädagogischen Ideen und Projekten aus der Zeit vor der Weimarer Republik wurde in der Arbeiterbewegung nach der sozialen Konstitution von Kindheit gefragt und das Aufwachsen der Kinder und Jugendlichen als soziales Problem gewertet. Davon war auch die Kritik an der Reformpädagogik geleitet. Ihre romantischen Vorstellungen von Kind und Kindheit hielten der harten sozialen Realität, in der die Mehrzahl der proletarischen Kinder leben musste, nicht stand.

> „Was wißt Ihr denn von unserem Jugendlande! [...] Das Paradies der Kinder des Proletariats ist ein wüster, sonnenloser Garten, vom Vandalismus der kapitalistischen Entwicklung zerstampft und zerstört, das gepriesene Märchenland der Jugend enthüllt sich für den Nachwuchs der Armen und Enterbten als eine düstere Welt des Schmerzes und der Qual."[603]

---

[602] Schulz 1911, S. 3.
[603] Rühle 1906, S. 1.

191

„Verlogene Romantik", „Gaukelspiel", „schillernde Seifenblasenherrlichkeit" sei für den „Proletarier" das von manchen Reformpädagoginnen und -pädagogen besungene „Kinderparadies".[604]

> „Für den Arbeiter der kapitalistischen Produktion gibt es ein ‚Heim' in dem Sinne, so wie es sich bürgerliche Ideologie und Sentimentalität ausmalt, nicht mehr. Wie soll sich ein ‚Heim' gestalten, wenn der Vater tagsüber in der einen, die Mutter in der anderen und die Kinder schließlich in einer dritten Fabrik arbeiten? Vor der rauhen kapitalistischen Wirklichkeit zerbricht die rührselige Phrase von der bescheidenen, aber friedlichen Häuslichkeit des einfachen, aber zufriedenen Arbeiters wie ein Häuflein Asche vor einem Windstoß."[605]

Schönheit, Ästhetik, Kultur, künstlerischer Sinn seien in den „engen und öden Räume[n] des Arbeiters" nicht zu realisieren. „Wirkliche Heime" könnten deshalb „nur durch gemeinsame Tätigkeit in größeren Gemeinschaften" geschaffen werden – als Bibliotheken, Volkshäuser, Kindereinrichtungen. Insofern müsse „alle Arbeit auf diesem Gebiet [...] in der Zeit der kapitalistischen Ausbeutung immer nur bescheidenes Stückwerk bleiben, das im günstigsten Falle die Sehnsucht nach dem Schönen, nach allem, was dem Arbeiter heute vorenthalten wird", wach zu halten vermag.[606]

Die Kritik der Arbeiterbewegung an der Reformpädagogik schloss gleichermaßen den Zusammenhang von Bildung und Herrschaft und die Aufdeckung der sozialen Reproduktionsfunktion öffentlicher Bildung ein. Was Wilhelm Liebknecht in seiner auf dem Stiftungsfest des Dresdener Bildungsvereins 1872 gehaltenen Rede *Wissen ist Macht – Macht ist Wissen* vorgedacht hatte, durchzog die bildungspolitischen und pädagogischen Auseinandersetzungen bis weit in das 20. Jahrhundert. Das Wissen sei

> „unter dem Verschluß der Herrschenden, den Beherrschten unzugänglich, außer in der Zubereitung und Verfälschung, die den Herrschenden beliebt. [...] Es hat noch nie eine herrschende Kaste, einen herrschenden Stand, eine herrschende Klasse gegeben, die ihr Wissen und ihre Macht zur Aufklärung, Bildung, Erziehung der Beherrschten benutzt und nicht im Gegenteil systematisch ihnen die echte Bildung, die Bildung, welche frei macht, abgeschnitten hätte. Es liegt das im innersten Wesen der Herrschaft. Wer herrscht, will sich stark und den Beherrschten schwach machen. Und wer allgemeine Bildung will, muß deshalb gegen jede Herrschaft ankämpfen."[607]

Liebknecht rekurriert zum einen auf die den Bildungssystemen immanenten Herrschaftsstrukturen, zum anderen auf einen emanzipatorischen Bildungsbegriff, auf eine Bildung, die frei macht von Irrationalismus, Mystizismus und Obskurantismus, nicht „philisterhaft verflacht"[608], sondern aufklärerisch, wissenschaftlich und allumfassend. Wie an den Diskursen über Bildung gesehen werden konnte, etab-

---

604 Ebd.
605 Schulz, *NZ* 1909/10 (Dok. 84, S. 477).
606 Ebd., S. 478.
607 Zitiert nach Liebknecht 1968, S. 59.
608 Katzenstein, *SM* 1903 (Dok. 132, S. 611).

lierte sich in der Arbeiterbewegung eine hohe Wertschätzung umfassender allgemeiner, wissenschaftlicher Bildung, die allen Heranwachsenden beiderlei Geschlechts gleichermaßen zukommen sollte. Nicht nur „bessere Methoden" wurden von der Zukunftsschule erwartet, sondern vor allem „tieferes und umfangreicheres Wissen".[609] Dieses Bildungsverständnis unterscheidet sich nicht nur von den meisten reformpädagogischen Auffassungen, die eher durch eine Zurücknahme allgemeiner Bildung auffallen. Es richtet sich ebenso gegen eine Reduzierung von Bildung auf ihre ökonomische und politische Verwertungsfunktion[610], wie sie beispielsweise von Georg Kerschensteiner projektiert und von Pawel P. Blonski in seiner 1919 veröffentlichten Schrift *Die Arbeitsschule* karikiert wurde:

> „Ist das Ideal der Schule etwa die Erziehung zum qualifizierten Arbeiter und ‚bayerischen' Staatsbürger? [...] Ist nicht einmal in der Schule der Mensch die Hauptsache?"[611]

Allgemeine Bildung des Menschen, die Entfaltung des ganzen Reichtums seiner Persönlichkeit und seiner Souveränität standen im Bildungsdenken der Arbeiterbewegung – zumindest lässt sich das für die Zeit vor dem Ersten Weltkrieg sagen – vor dem Gedanken an Brauchbarkeit und Verwertung von Wissen. In diesem Sinne sollte auch Arbeit in den Bildungsprozess integriert sein, die zugleich eine Brücke zu reformpädagogischen Konzepten darstellte.

Die von Liebknecht aufgezeigte Problematik nimmt gleichsam voraus, was die Soziologie deutlicher als die Erziehungswissenschaft auch noch in den verfeinerten Strukturen gegenwärtiger Bildungssysteme erkennt, dass es nämlich schon einen Unterschied ausmacht, aus welcher sozialen Schicht oder Klasse jemand kommt[612] und dass gerade das Bildungssystem die Reproduktion von Macht und Privilegien zu verschleiern in der Lage ist.[613] Mit der formal-juristischen Fixierung von Chancengleichheit sind die Widersprüche offensichtlich nicht vollends aufgehoben, an denen sich die Arbeiterbewegung schon zu Beginn des Jahrhunderts rieb. Damit nicht „Tausende untergehen, die kraft ihrer Begabung in Kunst und Wissenschaft Vorzügliches geschaffen hätten"[614], wollten sich die Sozialdemokraten nicht mit partiellen Lösungen begnügen, wie sie die Reformpädagogik durchaus sinnvoll anbot. Sie beharrten auf grundlegenden *Bildungs- und Sozialreformen*. Gerade diese Koppelung, die Ausstattung aller Kinder mit dem sozialen und kulturellen Kapital, das Bildungsprozesse überhaupt erst ermöglicht, macht das spezifisch Innovative und Emanzipatorische proletarischen Bildungsdenkens aus.[615] Soziale

---

[609] Adams Lehmann, *NZ* 1906/07 (Dok. 67, S. 431).

[610] Vgl. Kap. 2.3.1. und 5.1.

[611] Zitiert nach Blonski 1986, S. 81f.

[612] Vgl. z.B. Haas 1999; Jahrbuch für Pädagogik 2000. Dieser Tatbestand ist nicht zuletzt durch die PISA-Studie auch aktuell belegt. Exemplarisch hierzu Sünker 2003.

[613] Das gilt vor allem für die Soziologie im Umkreis von Pierre Bourdieu. Vgl. Wehler 1998, S. 15-44.

[614] Kautsky/Schoenlank 1892, S. 45.

[615] Vgl. Schitlowsky, *SM* 1902 (Dok. 129).

Sicherheit wurde als Vorbedingung für die Entfaltung der Persönlichkeiten und für eine menschliche Perspektive der Gesellschaft geltend gemacht,

> „eine Erneuerung von innen heraus des ganzen individuellen und socialen Geistes- und Gemütslebens, die aus dem Schutt der Jahrtausende alten Not und Knechtschaft neue Persönlichkeiten, zum erstenmal Menschen schaffen soll. [...] Nicht aufhören soll damit das Streben und Aufwärtsringen der Menschheit. Es soll erst beginnen auf gesicherter Grundlage. Wie Luft und fliessendes Wasser wird die materielle Existenz den Menschen ein sicherer Besitz sein, eine Selbstverständlichkeit, um die keiner mehr kämpft. Und auf diesem Boden entfaltet sich erst das reiche innere Persönlich- keitsleben der Menschen und ihrer Verbände, geleitet von immer neuen Problemen, getrennt durch immer erneute Streitfragen, aber einig im Streben nach der in unendli- cher Ferne liegenden Wahrheit, in der Achtung vor der Meinungsfreiheit und dem ehrlichen Streben des andern."[616]

Zu keiner Zeit war, entgegen der in der Geschichte des Anti-Sozialismus tradierten Behauptung, an allgemeine Gleichmacherei gedacht, wenn von sozialer Gleichheit die Rede war.

> „Sicherlich ist in jeder Ordnung Gleichmacherei zu finden. Es fragt sich nur was für eine. Die Gleichmacherei des Sozialismus, als eines ökonomischen Prinzips, beruht darin, allen Menschen gleichwertige wirtschaftliche Existenzmöglichkeiten zu geben. Daraus folgt noch nicht einmal die Gleichheit der wirtschaftlichen Existenzen, und man sollte annehmen, dass niemand sich selbst als Individuum so herabsetzen kann, die Gleichheit der Geister daraus zu folgern. In Wahrheit folgt das Gegenteil daraus, denn die Menschen können sich nach eigener, individueller Besonderheit erst dann von einander unterscheiden und abheben, wenn die Existenz aller von gleichwertigen materiellen Bedingungen getragen wird."[617]

6.3 Wirkungsgeschichtliche Widersprüche und Perspektiven

Die wenigen einschlägigen Einlassungen und Anspielungen der erziehungshistori- schen Forschung interpretieren, wie im Kapitel 1 bereits angedeutet, die Rezeption der Reformpädagogik in der Arbeiterbewegung als einen aus verschiedenen Grün- den kritikwürdigen Prozess. Robert Alt, Nestor der Historischen Pädagogik in der DDR, betrachtete die Hinwendung der deutschen Arbeiterbewegung zur pädagogi- schen Reformbewegung, namentlich das „unkritische Verhalten zu den mannigfal- tigen Bestrebungen bürgerlicher Schulreformer, die das Wort ‚Arbeit' zum Motto ihrer Bemühungen um eine Veränderung der Schulverhältnisse gemacht hatten", als Zusammentreffen „mit den immer stärker werdenden reformistischen Einflüs- sen in der Arbeiterbewegung".[618] In argumentativer Anlehnung an W. I. Lenins 1898 erschienene Polemik „Perlen volkstümlicher Projektemacherei", die sich auch mit der russischen Versuchsschulpraxis auseinandersetzte, führt er dies auf

---

[616] Katzenstein, *SM* 1903 (Dok. 132, S. 610).

[617] Lindheimer, *SM* 1906 (Dok. 141, S. 639f.).

[618] Zur Geschichte der Arbeitserziehung (2) 1971, S. 40.

ein „Noch nicht Vorhandensein" bzw. „Noch nicht Verstandenwerden" marxistischer Theorie und Methode zurück und wertet Adaptionen aus der Reformpädagogik als Kompensation theoretischer Schwächen und somit als ein überwindbares
Entwicklungsproblem.

Ulrich Bendele stellt den Umgang mit Reformpädagogik in den Kontext einer
insgesamt defensiven, auf Integration und Partizipation und weniger auf Emanzipation und Eigenaktivität der Subjekte gerichteten Schulpolitik der Sozialdemokratie
im wilhelminischen Deutschland. Sie habe reagiert statt agiert:

> „[D]ie Kinderschutzbewegung als Kampf gegen die Kinderausbeutung; die sozialisti-
> sche Kindererziehung rekurrierte auf die sozialdemokratische Familie als Hort sozia-
> listischer Weltanschauung inmitten einer feindlichen Umwelt; die Sexualerziehung als
> Beitrag zur sozialpolitischen Bekämpfung der Geschlechtskrankheiten und als Kampf
> gegen vermeintliche und tatsächliche sittliche Gefährdung proletarischer Kinder; die
> literarisch-pädagogischen Bestrebungen standen unter der Prämisse Kampf der
> Schundliteratur."[619]

„Je mehr die Defensive im Vordergrund" gestanden habe, „umso rudimentärer" sei
„die sozialistische Perspektive" geblieben und „umso enger [...] die Anlehnung an
systemimmanente Lösungsvorschläge", schlussfolgert er und interpretiert wie
Robert Alt den Widerspruch zwischen der „Entfaltung" einer reformpädagogische
Konzepte einschließenden „integrativen Schulpolitik und einem stetigen Verlust
schulpädagogischer Dimensionen resp. deren Entpolitisierung und Objektivierung
zu einem vorwiegend materiell-technischen Problem, wie Lehrer-Schüler-Relation,
Unterrichtsdauer etc." als Ausdruck des Reformismus der Arbeiterbewegung.[620]

Als Tendenz der Versöhnung und Harmonisierung liest Frank Neumann die Rezeption der Reformpädagogik in der Arbeiterbewegung. Zwar konstatiert er, dass
„die Sozialdemokraten auch Kritik an der Reformpädagogik vorbrachten", betont
dann aber doch eher aus der Aufnahme reformpädagogischen Gedankengutes re-
sultierende „Abstriche am marxistischen Erziehungskonzept".

> „Wenn die sozialdemokratischen Autoren damals mit großer Einmütigkeit [...] Ideen
> der Reformpädagogik begrüßten und die ursprüngliche Marxsche Konzeption in die-
> sem Sinne revidierten, so wurde ihnen dies dadurch erleichtert, daß die Reformpäda-
> gogik innerhalb des wilhelminischen Reiches selbst eine Außenseiterposition innehat-
> te und von daher zunächst durchaus gezwungen war, sich auch als Opposition gegen
> die herrschenden Verhältnisse darzustellen."[621]

Zudem habe die „reformpädagogische Entgegensetzung von ‚Lernschule' und
‚Arbeitsschule' [...] einen Bruch mit dem ‚Klassenstaatsschulwesen' versprochen"
und somit durchaus „einen für Sozialdemokraten beachtenswerten Neuansatz"
geliefert. In der Sozialdemokratie habe sich so die Vorstellung verfestigt, als ent-

---

[619] Bendele 1979, S. 186.
[620] Ebd., S. 187.
[621] Neumann 1979, S. 390.

wickle sich aus der Pädagogik im Selbstlauf eine „sozialistische Erziehungsuto-
pie".[622]

Eine ganz andere Perspektive wählte im Jahre 1989 Gerd Hohendorf, einer der
maßgeblichen Initiatoren bildungshistorischer Forschungen zur Arbeiterbewegung
in Deutschland, wenn er fragt „ob nicht *eine der Wurzeln der Reformpädagogik in
der sozialistischen Pädagogik zu suchen*"[623] sei. Mit der Umkehrung der Fragerich-
tung revidiert er nicht nur seine „frühen Arbeiten zur Reformpädagogik", die, wie
er selbst schreibt, „von dem Streben bestimmt" waren, „die Trennungslinien zwischen bürgerlicher und sozialistischer Pädagogik deutlich nachzuzeichnen"[624],
sondern eröffnet einen interpretatorischen Neuansatz, der nicht zuletzt deshalb
interessant erscheint, weil er die wie immer gearteten traditionellen Kanonisierun-
gen der deutschen Reformpädagogik aufzuheben, sozialistisches Denken als eine
ihrer Quellen zu legitimieren und damit eine stärkere Differenzierung ihrer Geschichte zu begründen sucht. Hohendorf verweist hiermit zugleich auf ein Dilemma der deutschen Erziehungswissenschaft, das sich so in anderen Ländern nicht in
gleicher Weise stellt. Denn während sich in den Vereinigten Staaten, in England, in
Frankreich und selbst in Russland bzw. noch in der frühen Sowjetunion reformpädagogische Neuerungen zumindest im Selbstverständnis ihrer Träger mit demokratischen und sozialistischen Anschauungen verbanden, reichen die politischen Gesinnungen ihrer Träger in Deutschland von deutschnationalen, völkischen und
präfaschistischen Ideologien bis zu sozialistischen und kommunistischen Weltsich-
ten. Gerade aber das ganze Spektrum ihrer sozialistisch-kommunistischen Varianten fand, bis auf Ausnahmen, in der deutschen Erziehungswissenschaft keine wirkliche Rezeption. Hohendorf jedenfalls stellt sich die deutsche Reformpädagogik als
„ein vielgestaltiges, zerklüftetes Gebirge" vor, „das von einer Wasserscheide
durchzogen wird, deren eine Seite in den Strom der sozialistischen Pädagogik
einmündet und diesen ganz wesentlich bereichert hat".[625] Freilich hat auch er dabei
stärker die Differenzen der politischen Zielsetzungen als die pädagogischen Ansichten der Reformpädagogik im Blick.

Ob letzten Endes sozialistisches Denken als eine Quelle für Reformpädagogik
oder Reformpädagogik als eine Quelle für sozialistische Pädagogik angesehen
wird, scheint eine müßige Frage. Für die Zeit vor dem Ersten Weltkrieg nämlich
lässt sich auch eine Symbiose denken, in der die Arbeiterbewegung froh darüber
gewesen sein mochte, ihre Ideen durch „Bürgerliche" bestätigt zu sehen, und in der
„Bürgerliche" mangels eigener Courage eine radikalere Fortsetzung ihrer eigenen
Denkansätze nicht ungern in anderen Händen wussten. Eher ist wohl zu fragen,
welche Vorstellungen vom Menschen, von Erziehung und Schule sozialemanzipa-
torischen und demokratischen Ansprüchen gerecht werden konnten und darüber

---

[622] Ebd., S. 386.
[623] Hohendorf 1989, S. 7 (Hervorhebung im Original).
[624] Ebd., S. 6; vgl. vor allem Hohendorf 1954.
[625] Hohendorf 1989, S. 47.

196

hinaus, welche politischen, sozialen, kulturellen, personalen und pädagogischen Konstellationen pädagogische Reformen begünstigten bzw. verhinderten. Dass es leichter sei, „ein sozialistisches Buch zu schreiben, als eine soziale Reform durchzusetzen", wurde allerdings in der *Neuen Zeit* schon 1893 gewusst.[626] Die Verschiedenheit der Interpretationen eines in der Sache unbestrittenen Phänomens weist letztendlich auf Unterschiede des Erkenntnisinteresses und auf Kontexte der Fragestellungen. Letzterem soll und kann hier nicht nachgegangen werden, gleichwohl gerade für die Rezeptionsgeschichte der Reformpädagogik in der Erziehungswissenschaft der Standort der Podeste, von denen aus sie betrachtet wird, nicht unerheblich ist. Bedeutsam indessen erscheint das aus der vorliegenden Untersuchung zu ziehende Resümee. Denn auch aus der Analyse der hier zusammengestellten Quellen lässt sich ein Favorit im Kanon der Interpreten nicht benennen. Argumente finden sich für alle der hier geäußerten Meinungen. Will man dies als Resultat einer Untersuchung gelten lassen, schließen sich zumindest zwei Überlegungen an.

Erstens: Die Verflochtenheit von Arbeiterbewegung und Reformpädagogik in der Zeit des wilhelminischen Deutschlands lässt sich dann in ihrer Komplexität erfassen, wenn ihre Betrachtung auf ursprüngliche Zusammenhänge und Gegebenheiten fokussiert und von den ideologischen Mustern einer rückwärtigen Deutung, wie sie sich in der Arbeiterbewegung (und übrigens auch in der akademischen Pädagogik) nach dem Ersten Weltkrieg sehr rasch etabliert und in der nachfolgenden Rezeptionsgeschichte verfestigt haben, abgetrennt wird.

Spätestens seit dem letzten Drittel des 19. Jahrhunderts hatte sich in der Arbeiterbewegung ein klares Bewusstsein über die Bedeutung von Bildung, Erziehung und Pädagogik für die soziale, politische und geistige Emanzipation der Arbeiterschaft und aller anderen unterprivilegierten Schichten konstituiert. Dabei entstanden – inspiriert durch die Rezeption und kritische Reflexion klassischer pädagogischer Ideen wie auch maßgeblicher pädagogischer Zeitströmungen – originäre Ansätze pädagogischen Denkens, die ihrerseits auf die bürgerliche Schulreformbewegung zurückzuwirken in der Lage waren. Die Profilierung bildungspolitischer und pädagogischer Auffassungen in der Arbeiterbewegung vollzog sich nicht isoliert aus sich selbst heraus, sondern in lebendiger Wahrnehmung der bildungspolitischen und pädagogischen Entwicklungen und Auseinandersetzungen. Die Rezeption der zeitgenössischen Reformbewegungen erscheint dann als Moment eines Suchprozesses proletarisch-sozialistischer Identität, der Konstruktion proletarischer Gegenkulturen und der Entwicklung von eigenständigen, die Lebenswelt der Arbeiter aufgreifenden und stützenden Projekten. Nicht „gedankenlose Nachahmung kleinbürgerlicher Armseligkeit", sondern Selbstgestaltung der eigenen Lebensverhältnisse, dazu forderte Käte Duncker in einen Artikel mit dem bezeichnenden Titel *Die gute Stube* das Proletariat auf.

---

[626] Nachwort der Redaktion zu Erdmann, *NZ* 1893/94 (Dok. 18, S. 274).

„Dazu ist vor allem notwendig, daß es seine Lebensführung seinen besonderen Lebensverhältnissen und Lebensbedürfnissen anpaßt und nicht mehr die ausgetretenen Bahnen anderer Klassen wandelt."[627]

Zweitens: Im übertragenen Sinn galt das auch für proletarische Erziehungskonzepte. Reformpädagogik befand sich dabei vor allem in der Funktion einer „Stichwortgeberin" für die Produktion eigener pädagogischer Ideen, in der sich dann allerdings nicht wenige reformpädagogische Einflüsse wiederfinden. Es vollzog sich ein Prozess, der vielleicht am ehesten als eine *kritisch-konstruktive Synthese* angesehen werden kann. Der Entwicklung eines spezifisch pädagogischen Profils auf dieser Basis standen jedoch vor allem im radikaleren Spektrum der Arbeiterbewegung Überzeugungen entgegen, wonach gerade „unter den Fittichen der ‚Bildung' und der ‚allgemein menschlichen Kultur'" die Grenzen zwischen Sozialdemokratie und „bürgerlichen Milieus"[628] verwischt würden und es sich beim Kampf um die Volksbildung überhaupt zuerst nur „um ein sozialpolitisches, nicht um ein pädagogisches Problem"[629] handeln müsse. Hier kommen bereits Widersprüchlichkeiten zum Ausdruck, die sich mit der für Deutschland typischen und nachhaltigen Spaltung der sozialistischen Bewegung vertieften und dazu beitrugen, dass Ansätze einer solchen *konstruktiven Synthese zu einer sozialistischen Reformpädagogik* im Streit der Richtungen und Ideologien verloren gingen bzw. bestenfalls in pädagogischen Nischen zum Tragen kamen. Allerdings ist auch ein berechtigter Realismus im Umgang mit Schule und Pädagogik nicht zu übersehen, wenn davon ausgegangen wurde, dass „unter den Momenten, die das heranwachsende Geschlecht beeinflussen", „die Schule nur eins" sei, „und keineswegs das wichtigste." „Die guten Leute tun so", schrieb Franz Mehring 1904,

> „als seien sie selbst nie zur Schule gegangen, als hätten sie nie erfahren, wie begrenzt die Macht des Lehrers über die Köpfe seiner Schüler ist und wie schnell die Schulweisheit vergessen wird, wenn das Leben sie nicht befruchtet und fortentwickelt".[630]

Diese Zusammenhänge sind nicht nur für die Rezeptionsgeschichte der Reformpädagogik von Bedeutung, sondern nicht minder für die Konstituierungsgeschichte sozialistischer Pädagogik bzw. für die Frage, was deren spezifischer Gehalt denn eigentlich sei. Zumindest für den hier untersuchten Zeitraum waren es vor allem die gesellschafts- und sozialpolitischen Zielvorstellungen der Sozialdemokratie, die pädagogische Überlegungen lenkten und vorgefundene bzw. sich entwickelnde pädagogische Ideen und Handlungsmodelle zu eigenen Arrangements und Kreationen zusammenfügten. Damit ist nicht eine Schmälerung des theoretischen Anspruchs unterstellt. Vielmehr können auch die pädagogischen Bestrebungen der Arbeiterbewegung als Teil eines – unterschiedliche und veränderliche Interessen und Denkmuster artikulierenden – gesellschaftlichen Diskurses über die Aufwachs-

---

[627] Zitiert nach Kirsch 1982, S. 84.
[628] Rosa Luxemburg: Geknickte Hoffnungen. NZ 1903/04, Nr. 2, S. 31f.
[629] Franz Mehring: Die Volksschule und die herrschende Klasse. In: Mehring 1964, S. 696.
[630] Ebd., S. 697.

und Bildungsverhältnisse der Kinder verstanden werden. Die Qualität und Unterscheidbarkeit sozialistischer Pädagogik zeigt sich dabei gerade in der Verbindung reformpädagogischer und auch klassischer pädagogischer Ideen mit den Interessen, Bedürfnissen und Voraussetzungen der sozial benachteiligten und bildungsfernen Bevölkerungsschichten. Dort, wo die Möglichkeit solcher Verknüpfungen gegeben war, wurde Reformpädagogik von großen Teilen der Arbeiterbewegung mitgetragen.

7. Quellen- und Literaturverzeichnis

7.1 Zeitschriften

Arbeiter-Jugend. Organ der Zentralstelle für die geistigen und wirtschaftlichen Interessen der jungen Arbeiter und Arbeiterinnen. 1(1909) - 25(1933)4. Buchhandlung „Vorwärts", ab 1919/20 Verlag H. Schulz, ab 1921 Arbeiterjugendverlag, Berlin.

Ethische Kultur. Wochenschrift zur Verbreitung ethischer Bestrebungen. 1(1893) - 44(1936). Verlag für ethische Kultur, Berlin.

(Die) Gleichheit. Zeitschrift für die Interessen der Arbeiterinnen. Zweiwochenzeitschrift, 28. Dez. 1891 - 1. Sept. 1923 (1918/20 Wochenzeitschrift). Verlag von J. H. W. Dietz, Stuttgart, ab Juli 1919 Verlag Vorwärts, Berlin.

Die Neue Zeit. Revue des geistigen und öffentlichen Lebens, ab 1901 Wochenschrift der deutschen Sozialdemokratie. 1(1883)1 - 41(1922/23). Verlag von J. H. W. Dietz, Stuttgart.

Der Sozialdemokrat. 28. Sept. 1879 - 27. Sept. 1890. Exilverlag Hottingen, Zürich, ab Okt. 1888 German Cooperative Printing and Publishing Co., London.

Sozialistische Monatshefte. 1/3(1897)1 - 16/18(1912), 19(1913) - 39(1933)2. Beilage *Der sozialistische Student.* 1897 - 1898. Verlag der Sozialistischen Monatshefte, Berlin; Vorgänger: *Der sozialistische Akademiker.* Organ der sozialistischen Studierenden und Studierten deutscher Zunge. 1(1895) - 2(1896). Verlag H. Baake, Berlin.

Der Vorbote. Zentralorgan der Sektionsgruppe deutscher Sprache der Internationalen Arbeiterassoziation, redigiert von Johann Phil. Becker. Genf 1866 - 1871.

Vorwärts. Parteiorgan der Sozialdemokratie, zugleich als *Berliner Volksblatt* Organ der Berliner Sozialdemokratie. 1. April 1891 - Mai 1940 in verschiedenen Verlagen, zuerst Leipzig, ab 1933 im Exil, zuletzt Paris.

7.2 Archive

Bayerisches Hauptstaatsarchiv, darin

- Akten des bayerischen Kultusministeriums u.a. zur Errichtung von Reformschulklassen in den Jahren 1906-1912, Arbeitsunterricht, Knabenhandarbeit, Gesundheitspflege, Wandervogel, sexuelle Aufklärung und Pädagogik

Bundesarchiv Berlin, Stiftung der Parteien- und Massenorganisationen der DDR (SAPMO, BArch), darin

- Archiv des Instituts für Sozialforschung an der Universität Frankfurt a.M. (Sozialdemokratische Partei vor dem Kriege, Jugendbewegung, Sozialistische Arbeiterjugend vor dem Kriege)
- Historisches Archiv KPD (Sozialdemokratische Partei Deutschlands, Parteivorstand, Briefnachlässe 1869-1901)
- Nachlass Hermann und Käte Duncker
- Nachlass Edwin Hoernle
- Nachlass Clara Zetkin

200

Internationales Institut für Sozialgeschichte Amsterdam (IISG), darin Archive zu
- Joseph Bloch
- Hans Diefenbach
- Henriette Fürth
- Gustav Landauer
- Karl Kautsky und Familie
- Robert Seidel
- Georg von Vollmar und Familie

Otto-Rühle Archiv, Technische Universität Dresden

Schweizerisches Sozialarchiv Zürich, darin
- Teilnachlass Robert Seidel

Stadtarchiv München, darin
- Schulamt, u.a. Generalakten über Errichtung von Anstalten 1813-1945, Versuchs-schule, reformpädagogische Bestrebungen
- Nachlass Georg Kerschensteiner

Verein für Geschichte der Arbeiterbewegung Wien, darin
- Personenarchiv Therese Schlesinger

Zentralbibliothek Zürich, darin
- Nachlass Robert Seidel

7.3 Literatur (hier nur Sekundärliteratur, gedruckte und ungedruckte Quellen in den Fußnoten)

Abendroth, Wolfgang: Einführung in die Geschichte der Arbeiterbewegung. Von den Anfängen bis 1933. Vorlesungen, bearbeitet von Heinz-Gerd Hofschen. 3. Aufl., Heilbronn 1997.

Allen, Garland E.: Biologismus. In: Historisch-kritisches Wörterbuch des Marxismus. Bd. 2, Hamburg 1995, S. 253-257.

Allen, Ann Taylor: „Das Recht des Kindes, seine Eltern zu wählen": Eugenik und Frauenbewegung in Deutschland und Großbritannien 1900-1933. In: Baader/Jacobi/Andresen 2000, S. 105-124.

Alt, Robert (Hrsg.): Kinderausbeutung und Fabrikschulen in der Frühzeit des industriellen Kapitalismus. Berlin 1958.

Alt, Robert: Über unsere Stellung zur Reformpädagogik. In: Erziehung und Gesellschaft. Pädagogische Schriften, ausgewählt und eingeleitet von Karl-Heinz Günther, Helmut König und Rudi Schulz. Berlin 1975, S. 410-444.

Alt, Robert: Das Bildungsmonopol. Berlin 1978.

Altner, Manfred: Die deutsche Kinderliteratur zwischen Gründerzeit und Novemberrevolution. Studien zur Geschichte der deutschen Kinder- und Jugendliteratur 5. Berlin 1981.

Amlung, Ullrich/Haubfleisch, Dietmar/Link, Jörg-W./Schmitt, Hanno (Hrsg.): „Die alte Schule überwinden". Reformpädagogische Versuchsschulen zwischen Kaiserreich und Nationalsozialismus. Frankfurt a.M. 1993.

Andresen, Sabine/Baader, Meike Sophia: Wege aus dem Jahrhundert des Kindes. Tradition und Utopie bei Ellen Key. Neuwied 1998.

Andresen, Sabine: „Das Jahrhundert des Kindes" als Vergewisserung. Ellen Keys Echo im pädagogischen Diskurs der Moderne. In: Zeitschrift für Soziologie der Erziehung und Sozialisation 20(2000)1, S. 22-38.

Appignanesi, Lisa: Die Frauen Sigmund Freuds. München 1994.

Arbeiterleben um 1900. Von einem Autorenkollektiv unter Leitung von Dietrich Mühlberg. Berlin 1983.

Arendt, Hans-Jürgen [u.a.]: Um eine ganze Epoche voraus. 125 Jahre Kampf um die Befreiung der Frau. Leipzig 1970.

Auswahlbibliographien zur Geschichte der Erziehung. Hrsg. von der Akademie der Pädagogischen Wissenschaften der DDR. Berlin 1981, 1982, 1989.

Baader, Meike Sophia/Jacobi, Julia/Andresen, Sabine (Hrsg.): Ellen Keys reformpädagogische Vision. „Das Jahrhundert des Kindes" und seine Wirkung. Weinheim, Basel 2000.

Badia, Gilbert: Clara Zetkin. Eine neue Biographie. Berlin 1994.

Barsch, Achim/Hejl, Peter M. (Hrsg.): Menschenbilder. Zur Pluralisierung der Vorstellung von der menschlichen Natur (1850-1914). Frankfurt a.M. 2000.

Bendele, Ulrich: Sozialdemokratische Schulpolitik und Pädagogik im wilhelminischen Deutschland (1890-1914). Eine sozialhistorische empirische Analyse. Frankfurt a.M. 1979.

Benner, Dietrich/Kemper, Herwart: Theorie und Geschichte der Reformpädagogik. Teil 1: Die pädagogische Bewegung von der Aufklärung bis zum Neuhumanismus. Weinheim, Basel 2001.

Benner, Dietrich/Kemper, Herwart (Hrsg.): Quellen zur Theorie und Geschichte der Reformpädagogik. Teil 2: Die Pädagogische Bewegung von der Jahrhundertwende bis zum Ende der Weimarer Republik. Weinheim, Basel 2001.

Benner, Dietrich/Eichler, Wolfgang/Göstemeyer, Karl-Franz/Sladek, Horst (Hrsg.): Quellentexte zur Theorie und Geschichte der Reformpädagogik. Teil 3.1: Staatliche Schulreform und Schulversuche in der SBZ und DDR. Weinheim, Basel 2004.

Benner, Dietrich/Oelkers, Jürgen (Hrsg.): Historisches Wörterbuch der Pädagogik. Weinheim, Basel 2004.

Benner, Dietrich/Kemper, Herwart: Theorie und Geschichte der Reformpädagogik. Teil 3.1: Staatliche Schulreform und Schulversuche in der SBZ und DDR. Weinheim, Basel 2005.

Berg, Christa: „Rat geben". Ein Dilemma pädagogischer Praxis und Wirkungsgeschichte. In: Zeitschrift für Pädagogik 37(1991)5, S. 709-734.

Bernhard, Armin: Demokratische Reformpädagogik und die Vision von der neuen Erziehung. Sozialgeschichtliche und bildungstheoretische Analysen zur Entschiedenen Schulreform. Frankfurt a.M. [u.a.] 1999.

Bernhard, Thomas: Der Keller. Eine Entziehung. München 2002.

Bernhardt, Heike/Lockot, Regine: Mit ohne Freud. Zur Geschichte der Psychoanalyse in Ostdeutschland. Gießen 2000.

Biographisches Handbuch der deutschsprachigen Emigration nach 1933. Hrsg. vom Institut für Zeitgeschichte München und von der Research Foundation for Jewish Immigration Inc., New York. 3 Bände, München 1980-1983.

Biographisches Handbuch der Reichstage. Hrsg. von Max Schwarz. Hannover 1965.

Biographisches Lexikon. Geschichte der deutschen Arbeiterbewegung. Berlin 1970.

Blankertz, Herwig: Die Geschichte der Pädagogik von der Aufklärung bis zur Gegenwart. Wetzlar 1982.

Bleker, Johanna/Schleiermacher, Sabine: Ärztinnen aus dem Kaiserreich. Lebensläufe einer Generation. Weinheim 2000.

Blonskij, Pawel Petrowitsch: Die Arbeitsschule. Besorgt von Horst-Erich Wittig. Paderborn 1973.

Blonski, Pawel Petrowitsch: Die Arbeitsschule. Eingeleitet, ausgewählt und erläutert von Christa Uhlig. Berlin 1986.

Blumenberg, Werner: Karl Kautskys literarisches Werk. Eine bibliographische Übersicht. Internationales Institut für Sozialgeschichte. Amsterdam 1960.

Bock, Eva: Therese Schlesinger (1863-1940): eine Untersuchung über ihr politisches und publizistisches Wirken in der sozialdemokratischen Frauenbewegung. Wien 1987.

Böhm, Winfried: Kulturpolitik und Pädagogik Paul Oestreichs. Bad Heilbrunn 1973.

Bourdieu, Pierre: Die feinen Unterschiede. Kritik der gesellschaftlichen Urteilskraft. Frankfurt a.M. 1982.

Brandt, Peter: Die Arbeiterbewegung des 19. und 20. Jahrhunderts. Entwicklung – Wirkung – Perspektive. In: Jahrbuch für Forschungen zur Geschichte der Arbeiterbewegung. Berlin 2002 (Januar), S. 5-20.

Braune, Peter: Die gescheiterte Einheitsschule. Heinrich Schulz – Parteisoldat zwischen Rosa Luxemburg und Friedrich Ebert. Berlin 2004.

Braunthal, Julius: Geschichte der Internationale. 3 Bände, Bd. 1. Berlin, Bonn-Bad Godesberg 1961 (2. Aufl. 1974).

Bronfen, Elisabeth: Das verknotete Subjekt: Hysterie in der Moderne. Berlin 1998.

Bürgi, Markus: Die Anfänge der Zweiten Internationale. Positionen und Auseinandersetzungen 1889-1893. Frankfurt a.M., New York 1996.

Büttner, Monika: Henriette Fürth (1861-1938). In: Eggermann, Maike/Hering, Sabine (Hrsg.): Wegbereiterinnen der modernen Sozialarbeit. Texte und Biographien zur Entwicklung der Wohlfahrtspflege. Weinheim [u.a.] 1999, S. 86-110.

Cepl-Kaufmann, Getrude/Kauffeldt, Rolf: Friedrichshagener Dichterkreis. In: Handbuch literarisch-kultureller Vereine, Gruppen und Bünde 1825-1933. Hrsg. von Wulf Wülfing, Karin Bruns und Rolf Parr. Stuttgart, Weimar 1998, S. 112-126.

Chronik. Geschichte der deutschen Arbeiterbewegung. 3 Bde. Teil I: Von den Anfängen bis 1917. Redaktion: Lothar Berthold [u.a.]. Berlin 1965.

Dauks, Sigrid: Kinderarbeit in Deutschland im Spiegel der Presse. Berlin 2003.

203

Deutscher Jugendschatz. Wochenschrift für Arbeiterfamilien im 19. Jahrhundert. Ausgewählt von Werner Lesanovsky. Frankfurt a.M. [u.a.] 1994.

Deutscher Literatur-Kalender. Hrsg. von Joseph Kürschner. 1. Jg., Stuttgart 1879 (und folgende Jahrgänge).

Dick, Jutta/Sassenberg, Marina (Hrsg.): Jüdische Frauen im 19. und 20. Jahrhundert. Lexikon zu Leben und Werk. Reinbek b. Hamburg 1993.

Dickmann, Elisabeth/Schöck-Quinteros, Eva (Hrsg.): Barrieren und Karrieren. Die Anfänge des Frauenstudiums in Deutschland. Dokumentationsband der Konferenz „100 Jahre Frauen in der Wissenschaft" im Februar 1997 an der Universität Bremen. Berlin 2000.

Die Lebensreform. Entwürfe zur Neugestaltung von Leben und Kunst um 1900. 2 Bde. Hrsg. von Kai Buchholz, Rita Lachota, Hilke Peckmann, Klaus Wolbert. Darmstadt 2001.

Dietrich, Ingrid: Zur Rezeption der Freinet-Pädagogik in Deutschland. In: Rülcker/Oelkers 1998, S. 441-453.

Dietz, Burkhard (Hrsg.): Fritz Helling, Aufklärer und „politischer Pädagoge" im 20. Jahrhundert. Frankfurt a.M. [u.a.] 2003.

Dokumente zur Bildungspolitik und Pädagogik der deutschen Arbeiterbewegung. 1. Folge: Von den Anfängen bis zur Pariser Kommune. Ausgewählt, eingeleitet und erläutet von Johannes Schenk u.a. Berlin 1982.

Dornemann, Luise: Clara Zetkin. Leben und Werk. Berlin 1974.

Dowe, Dieter/Klotzbach, Kurt (Hrsg.): Programmatische Dokumente der deutschen Sozialdemokratie. Bonn 1990.

Eine Kontroverse um Karl Kautsky. In: Internationale wissenschaftliche Korrespondenz zur Geschichte der deutschen Arbeiterbewegung (IWK) 29(1993)3, S. 322-347.

Eisfeld, Gerhard/Koszyk, Kurt: Die Presse der deutschen Sozialdemokratie. Eine Bibliographie. Bonn 1966 (2. Aufl. 1980).

Epple, Angelika: Henriette Fürth und die Frauenbewegung im deutschen Kaiserreich. Eine Sozialbiographie. Pfaffenweiler 1996.

Evans, Richard: Sozialdemokratie und Frauenemanzipation im deutschen Kaiserreich. Bonn 1979.

Ewers, Hans-Heino/Mieles, Myriam (Hrsg.): Kinder- und Jugendliteratur. Von der Gründerzeit bis zum Ersten Weltkrieg. Eine Textsammlung. Stuttgart 1994.

Eymers Pseudonymen-Lexikon. Realnamen und Pseudonyme in der deutschen Literatur. Hrsg. von Wilfrid Eymer. Bonn 1997.

Fassmann, Maya: Henriette Fürth. In: Dick/Sassenberg 1993, S. 134-136.

Feidel-Mertz, Hildegard: Zur Ideologie der Arbeiterbildung. Frankfurt a.M. 1972.

Ferrer, Alejandro Tiana: The workers' movement and popular education in contemporary spain (1868-1939). In: Paedagogica historica: international journal of the history of education 32(1996)3, S. 647-684.

Fischer, Lisa/Brix, Emil (Hrsg.): Die Frauen der Wiener Moderne. Wien 1997.

Fricke, Dieter: Zur Militarisierung des deutschen Geisteslebens im Wilhelminischen Kaiserreich. Der Fall Arons. In: Zeitschrift für Geschichtswissenschaft 8(1960)5, S. 1069-1107.

Fricke, Dieter: Zur Organisation und Tätigkeit der deutschen Arbeiterbewegung 1890-1914. Leipzig 1962.

Fricke, Dieter: Die deutsche Arbeiterbewegung 1869-1890. Leipzig 1964.

Fricke, Dieter: Die deutsche Arbeiterbewegung 1864-1914. Ein Handbuch über ihre Organisation und Tätigkeit im Klassenkampf. Berlin 1976.

Fülberth, Georg: Proletarische Partei und bürgerliche Literatur. Auseinandersetzungen in der deutschen Sozialdemokratie der II. Internationale über Möglichkeiten und Grenzen einer sozialistischen Literaturpolitik. Neuwied, Berlin 1972.

Gamm, Hans-Jochen/Koch, Friedrich (Hrsg.): Bilanz der Sexualpädagogik. Frankfurt a.M., New York 1977.

Gamm, Hans-Jochen: Materialistisches Denken und pädagogisches Handeln. Frankfurt a.M. 1983.

Geißler, Gert: Geschichte des Schulwesens in der Sowjetischen Besatzungszone und in der Deutschen Demokratischen Republik 1945-1962. Frankfurt a.M. [u.a.] 2000.

Gesamtinhaltsverzeichnis des Jahrbuches für Erziehungs- und Schulgeschichte. Jg. 1961-1990 (mit einem Titelverzeichnis der Reihe Monumenta Paedagogica, Bd. I-XXV). Hrsg. von der Kommission für deutsche Erziehungs- und Schulgeschichte. Berlin 1990.

Geschichte der Erziehung. Hrsg. von Karl-Heinz Günther, Franz Hofmann, Gerd Hohendorf, Helmut König, Heinz Schuffenhauer. 15. Aufl., Berlin 1987.

Giesecke, Hermann: Ist die bürgerliche Erziehung am Ende? München 1977.

Gilcher-Holtey, Ingrid: Das Mandat des Intellektuellen. Karl Kautsky und die Sozialdemokratie. München 1986.

Glück, Gerhard/Schliewert, Hans-Jürgen: Sexualerziehung. In: Enzyklopädie Erziehungswissenschaft. Bd. 3: Ziele und Inhalte der Erziehung und des Unterrichts. Hrsg. von Hans-Dieter Haller und Hilbert Meyer. Stuttgart, Dresden 1995, S. 576-584.

Göhre, Paul: Drei Monate Fabrikarbeiter und Handwerksbursche. Sozialreportage eines Pfarrers um die Jahrhundertwende. Hrsg. von Joachim Brenning und Christian Gremmels. Gütersloh 1978.

Gonon, Philipp: Das internationale Argument in der Bildungsreform. Die Rolle internationaler Bezüge in den bildungspolitischen Debatten zur schweizerischen Berufsbildung und zur englischen Reform der Sekundarstufe II. Bern [u.a.] 1998.

Gonon, Philipp: Die politische Seite der Arbeitsschulbewegung: Fischer contra Seidel. In: Rülcker/Oelkers 1998, S. 219-238.

Gonon, Philipp: Die Arbeit als Thema der öffentlichen Auseinandersetzung: Befindlichkeiten um die Jahrhundertwende und deren pädagogische Bedeutung. In: Oelkers/Osterwalder 1999, S. 157-180.

Grebing, Helga (Hrsg.): Geschichte der sozialen Ideen in Deutschland. Sozialismus, Katholische Soziallehre, Protestantische Sozialethik. Handbuch. Essen 2000.

Grimm, Hans-Ulrich: Rezeptionsgeschichte. Grundlegung einer Theorie. München 1977.

Groschopp, Horst: Zwischen Bierabend und Bildungsverein. Zur Kulturarbeit in der deutschen Arbeiterbewegung vor 1914. Berlin 1985.

205

Groschopp, Horst: Otto Rühle. Zum Arbeiterbild in der ultralinken deutschen Arbeiterbewegung der zwanziger Jahre. In: Tenfelde 1991, S. 299-320.

Groth, Georg: Die pädagogische Dimension im Werk von Karl Marx. Neuwied 1978.

Grunewald, Michael in Zusammenarbeit mit Manfred Bock (Hrsg.): Das linke Intellektuellenmilieu in Deutschland, seine Presse und seine Netzwerke (1890-1960). Bern 2002.

Günther, Karl-Heinz/Uhlig, Christa: Zur Rezeption der Reformpädagogik durch die Pädagogik der DDR. In: Pädagogik 42(1988)9, S. 718-727.

Günther, Karl-Heinz/Uhlig, Christa: Die Reformpädagogik im Bild der pädagogischen Tradition der DDR. In: Pädagogik 42(1988)10, S. 794-801.

Günther, Karl-Heinz: Über pädagogische Traditionen. Berlin 1988.

Haas, Erika: Arbeiter- und Akademikerkinder an der Universität: eine geschlechts- und schichtenspezifische Analyse. Frankfurt a.M. [u.a.] 1999.

Hagener, Dirk: Radikale Schulreform zwischen Programmatik und Realität. Die schulpolitischen Kämpfe in Bremen vor dem Ersten Weltkrieg und in der Entstehungsphase der Weimarer Republik. Veröffentlichungen aus dem Staatsarchiv der Freien Hansestadt Bremen, Bd. 39. Bremen 1983.

Handbuch der deutschen Bildungsgeschichte. Bd. IV: 1870-1918. Von der Reichsgründung bis zum Ende des Ersten Weltkrieges. Hrsg. von Christa Berg. München 1991.

Handbuch der deutschen Bildungsgeschichte. Bd. V: 1918-1945. Die Weimarer Republik und die nationalsozialistische Diktatur. Hrsg. von Dieter Langewiesche und Heinz-Elmar Tenorth. München 1989.

Handbuch zur Sozialarbeit und Sozialpädagogik. Hrsg. von Hanns Eyferth, Hans-Uwe Otto und Hans Tiersch. Neuwied, Darmstadt 1984.

Hansen-Schaberg, Inge/Schonig, Bruno (Hrsg.): Reformpädagogik. Geschichte und Rezeption. Basiswissen Pädagogik, Bd. 1. Baltmannsweiler 2002.

Häupel, Beate: Karl Kautsky. Seine Auffassungen zur politischen Demokratie. Frankfurt a.M. [u.a.] 1993.

Hein, Peter Ulrich: Transformation der Kunst. Ziele und Wirkungen der deutschen Kultur- und Kunsterziehungsbewegung. Köln, Wien 1991.

Helmchen, Jürgen: Wieviele Geschichten der Reformpädagogik gibt es? In: Oelkers/Osterwalder 1999, S. 69-98.

Helmchen, Jürgen: Ellen Key als „Zeiterscheinung" – Zur historischen Platzierung des „Jahrhundert des Kindes". In: Baader/Jacobi/Andresen 2000, S. 276-300.

Henseler, Joachim/Reyer, Jürgen (Hrsg.): Sozialpädagogik und Gemeinschaft. Historische Beiträge zur Rekonstruktion eines konstitutiven Verhältnisses. Baltmannsweiler 2000.

Hering, Sabine: Die Kriegsgewinnlerinnen. Praxis und Ideologie der Frauenbewegung im I. Weltkrieg. Pfaffenweiler 1990.

Hermann, Ursula (Hrsg.): August und Julie Bebel. Briefe einer Ehe. Bonn 1997.

Herres, Jürgen/Neuhaus, Manfred (Hrsg.): Politische Netzwerke durch Briefkommunikation. Briefkultur der politischen Oppositionsbewegungen und frühen Arbeiterbewegungen im 19. Jahrhundert. Berlin 2002.

Herrlitz, Hans-Georg (Hrsg.): Die Gesamtschule: Geschichte, internationale Vergleiche, pädagogische Konzepte und politische Perspektiven. München 2003.

Hervé, Florence (Hrsg.): Geschichte der deutschen Frauenbewegung. Köln 1990.

Herzer, Manfred/Steakley, James (Hrsg.): Magnus Hirschfeld: Von einst bis jetzt. Geschichte einer homosexuellen Bewegung 1897-1922. Berlin 1986.

Hierdeis, Helmwart (Hrsg.): Sozialistische Pädagogik im 19. und 20. Jahrhundert. Bad Heilbrunn 1973.

Hipler, Bruno (Hrsg.): Friedrich Wilhelm Foerster: Manifest für den Frieden. Eine Auswahl aus seinen Schriften (1893-1933). Paderborn 1988.

Historisch-kritisches Wörterbuch des Marxismus. Hrsg. von Fritz Haug [u.a.]. Hamburg 1995ff.

Hobsbawm, Eric: Das Zeitalter der Extreme. Weltgeschichte des 20. Jahrhunderts. München 1998.

Hobsbawm, Eric: Das Jahrhundert der Arbeiterbewegung. In: UTOPIE kreativ (1999)109/110, S. 7-18.

Höffer-Mehlmer, Markus: Elternratgeber. Zur Geschichte eines Genres. Baltmannsweiler 2003.

Hoernle, Edwin: Grundfragen der proletarischen Erziehung. Pädagogische und bildungspolitische Schriften. Ausgewählt, eingeleitet und erläutert von Wolfgang Mehnert, Herbert Flach und Hans Lemke. Berlin 1983.

Hoffmann, Hilmar: Sozialdemokratische und kommunistische Kindergartenpolitik und -pädagogik in Deutschland. Bochum 1994.

Hohendorf, Gerd: Die pädagogische Bewegung in den ersten Jahren der Weimarer Republik. Berlin 1954.

Hohendorf, Gerd: Arbeiterbewegung und Reformpädagogik. Oldenburg 1989.

Ingenkamp, Karlheinz/Laux, Hermann: Geschichte der Pädagogischen Diagnostik. 2 Bde., Weinheim 1990.

Inselmann, Claus: „Die Gesellschaft". Ein Rückblick auf eine Zeitschrift der Weimarer Zeit. In: Die Neue Gesellschaft 11(1964)4, S. 320-327.

Internationale Tagung der Historiker und Historikerinnen der Arbeiterinnen- und Arbeiterbewegung (ITH). Die ITH und ihre „Linzer Konferenzen". Wien, Linz 1994.

Iven, Mathias (Hrsg.): 3x Foerster: Beiträge zu Leben und Werk von Wilhelm Foerster, Friedrich Wilhelm Foerster und Karl Foerster. Milow 1995.

Jahrbuch für Historische Bildungsforschung. Bd. 10. Hrsg. von der Sektion Historische Bildungsforschung der Deutschen Gesellschaft für Erziehungswissenschaft in Verbindung mit der Bibliothek für Bildungsgeschichtliche Forschung. Redaktion: Peter Dudek, Hanno Schmitt, Heinz-Elmar Tenorth. Bad Heilbrunn 2004.

Jahrbuch für Pädagogik 1999: Das Jahrhundert des Kindes? Redaktion: Karl-Christoph Lingelbach und Hasko Zimmer. Frankfurt a.M. [u.a.] 2000.

Jahrbuch für Pädagogik 2000: Gleichheit und Ungleichheit in der Pädagogik. Redaktion: Klaus Himmelstein und Wolfgang Keim. Frankfurt a.M. [u.a.] 2001.

Jaindl, Birgit: Therese Schlesinger (1863-1940): ihr publizistischer Beitrag zur Gleichberechtigung der Frau, insbesondere zur Förderung der Frauenbildung in der Ersten Republik. Wien 1994.

Joseph, Detlef (Hrsg.): Rechtsschutz und Klassenjustiz: Texte aus der sozialdemokratischen „Neuen Zeit" 1883-1914. Freiburg/Br. 1996.

Kaiser, Jochen-Christoph/Nowak, Kurt/Schwartz, Michael: Eugenik, Sterilisation, „Euthanasie". Politische Biologie in Deutschland. 1895-1945. Eine Dokumentation. Berlin 1992.

Kalender für das höhere Schulwesen Preußens und einige andere deutsche Staaten. Im Auftrage der Delegiertenversammlung der Provinzial-Vereine der Lehrer an den höheren Unterrichtsanstalten Preußens, begründet von Dr. Kurt Kunze. Breslau 1894ff.

Kappeler, Manfred: Der schreckliche Traum vom vollkommenen Menschen. Rassenhygiene und Eugenik in der sozialen Arbeit. Marburg 2000.

Kautsky, Karl: Die materialistische Geschichtsauffassung (1927). Gekürzte Ausgabe, herausgegeben, eingeleitet und annotiert von John H. Kautsky. Berlin, Bonn 1988.

Keilson-Lauritz, Marita: Die Geschichte der eigenen Geschichte. Literatur und Literaturkritik in den Anfängen der Schwulenbewegung am Beispiel des *Jahrbuches für sexuelle Zwischenstufen* und der Zeitschrift *Der Eigene*. Berlin 1997.

Keim, Wolfgang: Die Wiener Schulreform der ersten Republik – ein vergessenes Kapitel der europäischen Reformpädagogik. In: Die Deutsche Schule (1984)4, S. 267-282.

Keim, Wolfgang: Praktisch-berufliches Lernen als Teil der Allgemeinbildung – Eine historisch-systematische Studie. In: Edding, Friedrich/Mattern, Cornelia/Schneider, Peter (Hrsg.): Praktisches Lernen in der Hibernia-Pädagogik. Stuttgart 1985, S. 223-278.

Keim, Wolfgang: Verdrängte Pädagogen und verdrängte Pädagogik. Ein Literaturbericht. In: Zeitschrift für Pädagogik 32(1986), S. 345-360.

Keim, Wolfgang: Reformpädagogik und Faschismus. Zwischenbilanz einer Auseinandersetzung innerhalb der bundesdeutschen Erziehungswissenschaft. In: Neue Sammlung 29(1989), S. 186-208.

Keim, Wolfgang: Zur Reformpädagogik-Rezeption in den alten Bundesländern – Phasen, Funktionen, Probleme. In: Pehnke 1992, S. 111-139.

Keim, Wolfgang: 25 Jahre Gesamtschule in der Bundesrepublik. Versuch einer Standortbestimmung. In: Jahrbuch für Pädagogik 1993: Öffentliche Pädagogik vor der Jahrhundertwende: Herausforderungen, Widersprüche, Perspektiven. Redaktion: Karl-Christoph Lingelbach und Hasko Zimmer. Frankfurt a.M. [u.a.] 1993, S. 81-101.

Keim, Wolfgang: Reformpädagogik als restaurative Kraft. Zur Problematik der Reformpädagogik-Rezeption in Westdeutschland zwischen 1945-1965. In: Hoffmann, Dietrich/Neumann, Karl (Hrsg.): Erziehung und Erziehungswissenschaft in der BRD und DDR, Bd. 1: Die Teilung der Pädagogik (1945-1965). Weinheim 1994, S. 221-247.

Keim, Wolfgang: Erziehung unter der Nazi-Diktatur. Bd. 1: Antidemokratische Potentiale, Machtantritt und Machtdurchsetzung. Darmstadt 1995.

Keim, Wolfgang: Erziehung unter der Nazi-Diktatur. Bd. 2: Kriegsvorbereitung, Krieg und Holocaust. Darmstadt 1997.

Kentler, Helmut: Sexualerziehung. Reinbek b. Hamburg 1970.

Kerbs, Diethart/Reulecke, Jürgen (Hrsg.): Handbuch der deutschen Reformbewegungen 1880-1933. Wuppertal 1998.

Kerschensteiner, Georg: Beiträge zur Bedeutung seines Wirkens und seiner Ideen für unser heutiges Schulwesen. Hrsg. vom Bayerischen Staatsministerium für Unterricht und Kultus. Stuttgart 1984.

Kirsch, Ruth: Käte Duncker. Aus ihrem Leben. Berlin 1982.

Klaßen, Theodor F./Skiera, Ehrenhard: Handbuch der reformpädagogischen und alternativen Schulen in Europa. 2. Aufl., Baltmannsweiler 1993.

Klausmann, Christina: Die bürgerliche Frauenbewegung im Kaiserreich – eine Elite? In: Frauen auf dem Weg zur Elite. Büdinger Forschungen zur Sozialgeschichte. Hrsg. von Günther Schulz. München 2000, S. 61-77.

Kleinau, Elke (Hrsg.): Geschichte der Mädchen- und Frauenbildung. 2. Bd.: Vom Vormärz bis zur Gegenwart. Frankfurt a.M. 1996.

Klein-Löw, Stella: Therese Schlesinger. In: Werk und Widerhall. Große Gestalten des österreichischen Sozialismus. Hrsg. von Norbert Leser. Wien 1964, S. 353-361.

Knoch, Uwe/Mende, Hans-Jürgen: Karl Kautsky und „seine" Zeitschrift. Zur Geschichte der „Neuen Zeit". In: Die Neue Zeit. Mitteilungsblatt des sozialdemokratischen Arbeitskreises e.V. Berlin (1990)3/4, S. 2-20.

Koch, Friedrich: Sexualpädagogik und politische Erziehung. München 1975.

Koch, Friedrich: Sexualität, Erziehung und Gesellschaft. Von der geschlechtlichen Unterweisung zur emanzipatorischen Sexualpädagogik. Frankfurt a.M. [u.a.] 2000.

Koerrenz, Ralf/Collmar, Norbert (Hrsg.): Die Religion der Reformpädagogen. Ein Arbeitsbuch. Weinheim 1994.

Kösling, Peer: Nochmals zu Kautskys Anteil am Erfurter Programm. Bemerkungen zur Kommentierung des Kautskyschen Programms von Till Schelz-Brandenburg. In: Beiträge zur Geschichte der Arbeiterbewegung 36(1994)1, S. 68-75.

Koszyk, Kurt: Clara Zetkin. Weibliche Symbolfigur der Kommunisten. In: Schneider, Dieter (Hrsg.): Sie waren die ersten. Frauen in der Arbeiterbewegung. Frankfurt a.M. 1988, S. 91-104.

Kramer, Dieter: Theorien zur historischen Arbeiterkultur. Marburg 1987.

Krauss, Marita: Herrschaftspraxis in Bayern und Preußen im 19. Jahrhundert. Ein historischer Vergleich. Frankfurt a.M. 1997.

Krauss, Marita: Die Lebensentwürfe und Reformvorschläge der Ärztin Hope Bridges Adams Lehmann. In: Dieckmann/Schöck-Quinteros 2000, S. 143-157.

Krauss, Marita: Die Frau der Zukunft. Dr. Hope Bridges Adams Lehmann. 1855-1916. Ärztin und Reformerin. München 2002.

Krohn, Helga: „Du sollst Dich niemals beugen". Henriette Fürth. Frau, Jüdin, Sozialistin. In: Juden in Deutschland: Emanzipation, Integration, Verfolgung und Vernichtung. Hrsg. von Peter Freimark, Alice Jankowski und Ina S. Lorenz. Hamburg 1991, S. 326-343.

Kuczynski, Jürgen: Geschichte der Kinderarbeit in Deutschland. 2 Bde., Berlin 1958.

Kühl, Stefan: Die Internationale der Rassisten. Aufstieg und Niedergang der internationalen Bewegung für Eugenik und Rassenhygiene im 20. Jahrhundert. Frankfurt a.M. [u.a.] 1997.

Lambrecht, Lars: Nietzsche und die deutsche Arbeiterbewegung. In: Bruder Nietzsche? Wie muß ein marxistisches Nietzschebild heute aussehen? Schriften der Marx-Engels-Stiftung, Bd. 7. Düsseldorf 1988, S. 91-118.

Langenbucher, Wolfgang R. u.a. (Hrsg.): Sensationen des Alltags – Meisterwerke des modernen Journalismus. Wien 1992.

Laschitza, Annelies: Im Lebensrausch, trotz alledem. Rosa Luxemburg. 2. Aufl., Berlin 2002.

Leenders, Helene: Der Fall Montessori. Die Geschichte einer reformpädagogischen Erziehungskonzeption im italienischen Faschismus. Bad Heilbrunn 2001.

Lesanovsky, Werner: „Ohne Familienerziehung gibt's überhaupt keine Erziehung". Weinheim 1996.

Lesanovsky, Werner: Bildungspolitik, Schule und Pädagogik im sächsischen Parlament 1869-1900. Hamburg 2000.

Lesanovsky, Werner: Den Menschen der Zukunft erziehen. Dokumente zur Bildungspolitik und zum Schulkampf der deutschen Arbeiterbewegung 1870-1900. Frankfurt a.M. [u.a.] 2003.

Lexikon der Pseudonyme. Über 1000 Künstler-, Tarn- und Decknamen. Hrsg. von Manfred Barthel unter Mitarbeit von Ulrich Dopatka. München 1989.

Lexikon sozialistischer Literatur. Ihre Geschichte in Deutschland bis 1945. Hrsg. von Simone Barck, Silvia Schlenstedt, Tanja Bürgel, Volker Giel und Dieter Schiller. Stuttgart, Weimar 1994.

Lexikon freireligiöser Personen. Hrsg. von Eckhart Pilick. Rohrbach 1997.

Liebel, Manfred: Kindheit und Arbeit. Wege zum besseren Verständnis arbeitender Kinder in verschiedenen Kulturen und Kontinenten. Frankfurt a.M. [u.a.] 2001.

Liebknecht, Wilhelm: Wissen ist Macht – Macht ist Wissen und andere bildungspolitisch-pädagogische Äußerungen. Ausgewählt, eingeleitet und erläutert von Hans Brumme. Berlin 1968.

Lockot, Regine: Von den Anfängen der Psychoanalyse in Ostdeutschland bis zu ihrer ideologischen Vernichtung in der DDR in den 50er Jahren. In: Luzifer-Amor. Zeitschrift zur Geschichte der Psychoanalyse 14(2001), S. 7-35.

Lost, Christine: Sowjetpädagogik. Wandlungen, Wirkungen, Wertungen in der Bildungsgeschichte der DDR. Baltmannsweiler 2000.

Lost, Christine: Zum Umgang mit Reformpädagogik in der DDR 1945 bis 1989 als Fallbeispiel für das Problem der Hinwendung zum Kind. In: Hansen-Schaberg/Schonig 2002, S. 55-70.

Malleier, Elisabeth: Jüdische Frauen in Wien (1816-1938). Wohlfahrt – Mädchenbildung – Frauenarbeit. Wien 2003.

Mann, Katja: Ellen Key. Ein Leben über die Pädagogik hinaus. Darmstadt 2004.

Manton, Kevin: Socialism and Education in Britain, 1883-1902. London 2001.

Marmetschke, Katja: Die Sozialistischen Monatshefte: Gruppen- und Generationsbezüge einer unabhängigen Zeitschrift in der Weimarer Republik. In: Grunewald 2002, S. 335-361.

Marxen, Peter: Erziehungswissenschaft und Arbeiterbewegung. Die Arbeiterbewegung im Blickfeld pädagogischer und schulpolitischer Konzeptionen in Deutschland in der Zeit vor und nach dem I. Weltkrieg. Frankfurt a.M. [u.a.] 1984.

Matzenauer, Hans: Die Schulreform geht weiter: Vorträge und Diskussionen anlässlich des Symposions zum 50. Todestag von Otto Glöckel. Wien [u.a.] 1985.

Max, Pascal: Pädagogische und politische Kritik im Lebenswerk Friedrich Wilhelm Foersters (1869-1966). Stuttgart 1999.

Mehring, Franz: Gesammelte Schriften. Hrsg. von Thomas Höhle, Hans Koch und Josef Schleifstein. Bd. 14. Berlin 1964.

Meier, Helmut/Schmidt, Walter: Erbe und Tradition in der DDR. Berlin 1988.

MEW: Marx, Karl/Engels, Friedrich: Werke. Berlin 1976ff.

Michael, Berthold/Schepp, Heinz-Hermann: Die Schule in Staat und Gesellschaft. Dokumente zur deutschen Schulgeschichte im 19. und 20. Jahrhundert. Göttingen, Zürich 1993.

Mildenberger, Florian: „... in der Richtung der Homosexualität verdorben". Psychiater, Kriminalpsychologen und Gerichtsmediziner über männliche Homosexualität 1850-1970. Hamburg 2002.

Mocek, Reinhard: Biologie und soziale Befreiung. Zur Geschichte des Biologismus und der *Rassenhygiene* in der Arbeiterbewegung. Frankfurt a.M. [u.a.] 2002.

Mühlberg, Annette: Arbeiterbewegung und Sexualität im deutschen Kaiserreich. In: Geschlechterverhältnisse. Sexualität. Mitteilungen aus der kulturwissenschaftlichen Forschung (MKF) 15(1992)31, S. 119-173.

Nave-Herz, Rosemarie: Die Geschichte der Frauenbewegung in Deutschland. Bonn 1997.

Neuhäuser, Heike/Rülcker, Tobias (Hrsg.): Demokratische Reformpädagogik. Frankfurt a.M. [u.a.] 2000.

Neuhäuser, Heike: Ambivalenzen der Beziehung von Gemeinschaftserziehung und Demokratie – das Beispiel Alice und Otto Rühle. In: Neuhäuser/Rülcker 2000, S. 165-192.

Neumann, Frank: Heinrich Schulz und die Sozialdemokratische Bildungspolitik im Wilhelminischen Deutschland 1893-1906. Marburg 1979.

Niemeyer, Christian: 100 Jahre Sozialpädagogik. Eine Zwischenbilanz angesichts von Paul Natorps ‚aufregenden Perspektiven'. In: Pädagogische Rundschau 56(2002), S. 31-41.

Nipperdey, Thomas: Deutsche Geschichte 1866-1918. Bd. I: Arbeitswelt und Bürgergeist. 2. Aufl., München 1991.

Nohlen, Dieter (Hrsg.): Wörterbuch Staat und Politik. Bonn 1998.

Oelkers, Jürgen: Reformpädagogik. Eine kritische Dogmengeschichte. Weinheim, München 1989 (3. Aufl. 1996).

Oelkers, Jürgen/Osterwalder, Fritz (Hrsg.): Die neue Erziehung. Beiträge zur Internationalität der Reformpädagogik. Bern [u.a.] 1999.

Oelkers, Jürgen: Schulreform und Schulkritik. 2. Aufl., Würzburg 2000.

211

Oestreich, Paul: Entschiedene Schulreform. Schriften eines politischen Pädagogen. Eingeleitet, ausgewählt und erläutert von Helmut König und Manfred Radtke. Berlin 1978.

Olbrich, Josef: Geschichte der Erwachsenenbildung in Deutschland. Bonn, Berlin 2001.

Osterroth, Franz: Biographisches Lexikon des Sozialismus. Bd. I: Verstorbene Persönlichkeiten. Hannover 1960.

Pehnke, Andreas (Hrsg.): Ein Plädoyer für unser reformpädagogisches Erbe. Neuwied 1992.

Pehnke, Andreas: Das reformpädagogische Erbe der DDR-Epoche und deren Auswirkungen. In: Röhrs, Hermann/Lenhart, Volker (Hrsg.): Die Reformpädagogik auf den Kontinenten. Frankfurt a.M. [u.a.] 1994, S. 433-442.

Pehnke, Andreas (Hrsg.): Wilhelm Lamszus: Antikrieg. Die literarische Stimme des Hamburger Schulreformers gegen Massenvernichtungswaffen. Frankfurt a.M. [u.a.] 2003.

Pforte, Dietger (Hrsg.): Freie Volksbühne Berlin 1890-1990. Beiträge zur Geschichte der Volksbühnenbewegung in Berlin. Berlin 1990.

Pohl, Karl-Heinrich: Die Münchner Arbeiterbewegung. Sozialdemokratische Partei, Freie Gewerkschaften, Staat und Gesellschaft in München 1890-1914. München 1992.

Poste, Burkhard: Schulreform in Sachsen 1918-1923. Eine vergessene Tradition deutscher Schulgeschichte. Frankfurt a. M. [u.a.] 1993.

Pöggeler, Franz: Die Pädagogik Friedrich Wilhelm Foersters. Eine systematische Darstellung. Freiburg 1957.

Prondczynsky, Andreas von: Ethische Kultur, neue Erziehung, Monismus. Reformbewegungen und pädagogische Diskurse in Österreich und Deutschland 1890 bis 1938. In: Jahrbuch für Historische Bildungsforschung. Bd. 8. Hrsg. von der Sektion Historische Bildungsforschung der Deutschen Gesellschaft für Erziehungswissenschaft in Verbindung mit der Bibliothek für Bildungsgeschichtliche Forschung. Redaktion: Peter Dudek, Hanno Schmitt und Heinz-Elmar Tenorth. Bad Heilbrunn 2002, S. 135-158.

Quellen zur Geschichte der Erziehung. Ausgewählt von Karl-Heinz Günther, Franz Hofmann, Gerd Hohendorf, Helmut König und Heinz Schuffenhauer. 9. Aufl., Berlin 1980.

Radde, Gerd: Fritz Karsen. Ein Berliner Schulreformer der Weimarer Zeit. Berlin 1973.

Rang, Brita: Pädagogische Geschichtsschreibung in der DDR. Entwicklung und Entwicklungsbedingungen der pädagogischen Historiographie 1945-1965. Frankfurt a.M., New York 1982.

Rantzsch, Petra: Helene Stöcker (1869-1943). Zwischen Pazifismus und Revolution. Berlin 1984.

Reinert, Kirsten: Frauen und Sexualreform 1897-1933. Herbholzheim 2000.

Retter, Hein: Reformpädagogik. Neue Zugänge – Befunde – Kontroversen. Studien zur historisch-systematischen Erziehungswissenschaft. Bad Heilbrunn 2004.

Reyer, Jürgen: Eugenik und Pädagogik. Erziehungswissenschaft in einer eugenisierten Gesellschaft. Weinheim, München 2003.

Richter, Dieter (Hrsg.): Das politische Kinderbuch. Eine aktuelle historische Dokumentation. Darmstadt, Neuwied 1973.

Röhrs, Hermann: Gesammelte Schriften. Bd. XII: Reformpädagogik und Innere Schulreform. Weinheim 1998.

Rothermel, Lutz: Der „Friedenspädagoge" Friedrich Wilhelm Foerster und der erste Weltkrieg. In: Pädagogik und Schulalltag 49(1994)1, S. 38-46.

Rüden, Peter von/Koszyk, Kurt (Hrsg.): Dokumente und Materialien zur Kulturgeschichte der deutschen Arbeiterbewegung 1848-1918. Frankfurt a.M., Wien, Zürich 1979.

Ruf, Katharina: Bildung hat (k)ein Geschlecht. Über erzogene und erziehende Frauen. Begleitbuch zur gleichnamigen Ausstellung der Universität Stuttgart. Frankfurt a.M. 1998.

Ruhloff, Jörg: Paul Natorp (1854-1924). In: Tenorth 2003, Bd. 2, S. 32-43.

Rülcker, Tobias/Oelkers, Jürgen (Hrsg.): Politische Reformpädagogik. Bern [u.a.] 1998.

Rülcker, Tobias: Die Bremer Versuchsschulen als Erprobungsfeld der Demokratie. In: Neuhäuser/Rülcker 2000, S. 115-141.

Saage, Richard: Politische Utopien der Neuzeit. Mit einem Vorwort zur zweiten Auflage: Utopisches Denken und kein Ende? Bochum 2000.

Sachße, Christoph/Tennstedt, Florian: Geschichte der Armenfürsorge in Deutschland. 2 Bde., Stuttgart 1988.

Sack, Eduard: Die preußische Schule im Dienste gegen die Freiheit. Schulpolitische Kampfschriften. Ausgewählt, eingeleitet und erläutert von Karl-Heinz Günther. Berlin 1961.

Saerbeck, Werner: Die Presse der deutschen Sozialdemokratie unter dem Sozialistengesetz. Pfaffenweiler 1986.

Schelz-Brandenburg, Till: Eduard Bernstein und Karl Kautsky. Entstehung und Wandlung des sozialdemokratischen Parteimarxismus im Spiegel ihrer Korrespondenz 1879-1932. Köln, Weimar, Wien 1992.

Schelz-Brandenburg, Till: Programm und Bekenntnis. Karl Kautskys Manuskript des allgemeinen Teils des Erfurter Programms mit Eduard Bernsteins Korrekturen. In: Beiträge zur Geschichte der Arbeiterbewegung 35(1993)1, S. 51-58.

Schelz-Brandenburg, Till: Kautsky, Kösling und das Erfurter Programm. Eine Antwort auf Peer Köslings Beitrag: Nochmals zu Kautskys Anteil am Erfurter Programm. In: Beiträge zur Geschichte der Arbeiterbewegung 36(1994)3, S. 59-69.

Schmied-Kowarzik, Wolfdietrich: Dialektische Pädagogik. München 1974.

Schmied-Kowarzik, Wolfdietrich: Kritische Theorie und revolutionäre Praxis – Konzepte und Perspektiven marxistischer Erziehungs- und Bildungstheorie. Bochum 1988.

Schmied-Kowarzik, Wolfdietrich: Materialistische Erziehungstheorie. In: Enzyklopädie Erziehungswissenschaft. Bd. 1: Theorien und Grundbegriffe der Erziehung und Bildung. Hrsg. von Dieter Lenzen und Klaus Mollenhauer. Stuttgart, Dresden 1995, S. 101-117.

Schmitt, Hanno: Topographie der Reformschulen in der Weimarer Republik. Perspektiven ihrer Erforschung. In: Amlung/Haubfleisch/Link/Schmitt 1993, S. 9-31.

Schmitt, Hanno: Zur Realität der Schulreform in der Weimarer Republik. In: Rülcker/Oelkers 1998, S. 619-643.

Schonig, Bruno: Irrationalismus als pädagogische Tradition. Weinheim, Basel 1973.

Schröder, Wilhelm Heinz: Sozialdemokratische Parlamentarier in den deutschen Reichs- und Landtagen 1867-1933. Biographien – Chronik – Wahldokumentation. Ein Handbuch. Düsseldorf 1995.

Schröder, Iris: Grenzgängerinnen: Jüdische Sozialreformerinnen in der Frankfurter Frauenbewegung um 1900. In: Juden, Bürger, Deutsche. Zur Geschichte von Vielfalt und Differenz 1800-1933. Hrsg. von Andreas Gotzmann, Rainer Liedtke und Till van Rahden. Tübingen 2001, S. 341-368 (2001a).

Schröder, Iris: Arbeiten für eine bessere Welt: Frauenbewegung und Sozialreform 1890-1914. Frankfurt a.M. 2001 (2001b).

Schrupp, Antje: Nicht Marxistin und auch nicht Anarchistin. Frauen in der ersten Internationale. Königstein/Taunus 1999.

Schumacher, Alois: La revue théoretique de la social-démocratie allemande *Die Neue Zeit* et les intellectuels de gauche de 1883 a 1914. In: Grunewald 2002, S. 35-53.

Schwarte, Norbert: Schulpolitik und Pädagogik der deutschen Sozialdemokratie an der Wende vom 19. zum 20. Jahrhundert. Wien [u.a.] 1980.

Schwartz, Michael: „Proletarier" und „Lumpen". Sozialistische Ursprünge eugenischen Denkens. In: Vierteljahreshefte für Zeitgeschichte 42(1994)4, S. 537-570.

Schwartz, Michael: Sozialistische Eugenik. Eugenische Sozialtechnologien in Debatten und Politik der deutschen Sozialdemokratie 1890-1933. Bonn 1995.

Seddon, Terri: Bildung. In: Historisch-kritisches Wörterbuch des Marxismus. Bd. 2, Hamburg 1995, S. 245-253.

Seidel, Jutta: Internationale Stellung und internationale Beziehungen der deutschen Sozialdemokratie 1871-1895/96. Berlin 1981.

Severit, Frauke (Hrsg.): Das alles war ich: Politikerinnen, Künstlerinnen, Exzentrikerinnen der Wiener Moderne. Wien [u.a.] 1998.

Seyfarth-Stubenrauch, Michael/Skiera, Ehrenhard (Hrsg.): Reformpädagogik und Schulreform in Europa. 2 Bde., Baltmannsweiler 1996.

Seywald, Aiga: Die Presse der sozialen Bewegungen: 1918-1933. Linksparteien, Gewerkschaften, Arbeiterkulturbewegung, Anarchismus, Jugendbewegung, Friedensbewegung, Lebensreform, Expressionismus; kommentiertes Bestandsverzeichnis deutschsprachiger Periodika im Institut zur Erforschung der Europäischen Arbeiterbewegung (Bochum), im Institut für Zeitungsforschung der Stadt Dortmund und im Fritz-Hüser-Institut für Deutsche und Ausländische Arbeiterliteratur der Stadt Dortmund. Essen 1994.

Sieger, Walter: Das erste Jahrzehnt der deutschen Arbeiterjugendbewegung 1904-1914. Berlin 1958.

Sielert, Uwe: Sexualerziehung/Sexualpädagogik. In: Pädagogik-Lexikon. München, Wien 1999, S. 474-478.

Skiera, Ehrenhard: Reformpädagogik. Hand- und Lehrbücher der Reformpädagogik. München, Wien 2003.

Spillmann-Jenny, Brigitte: Robert Seidel, 1850-1933. Zürich 1980.

Stark-von der Haar, Elke/von der Haar, Heinrich: Kinderarbeit in der Bundesrepublik und im deutschen Reich. Eine Bestandsaufnahme über Ausmaß und Folgen der Beschäftigung von Kindern und über den gesetzlichen Kinderarbeitsschutz. Berlin 1980.

Stecklina, Gerd/Schille, Joachim (Hrsg.): Otto Rühle. Leben und Werk (1874-1943). Weinheim, München 2003.

Steinhaus, Hubert: Der Gemeinschaftsmythos als Gegenideologie zur modernen Welt. Ferdinand Tönnies und die deutsche Reformpädagogik. In: Rülcker/Oelkers 1998, S. 151-183.

Stern, Fritz: Kulturpessimismus als politische Gefahr. Bern [u.a.] 1963.

Sünker, Heinz/Timmermann, Dieter/Kolbe, Fritz-Ulrich (Hrsg.): Bildung, Gesellschaft, soziale Ungleichheit. Internationale Beiträge zur Bildungssoziologie und Bildungstheorie. Frankfurt a.M. 1994.

Sünker, Heinz: Von Picht zu PISA: Bildung und soziale Ungleichheit. In: Sozialwissenschaftliche Literatur-Rundschau 26(2003)46, S. 79-92.

Tenfelde, Klaus (Hrsg.): Arbeiter im 20. Jahrhundert. Stuttgart 1991.

Tenorth, Heinz-Elmar: Natur als Argument in der Pädagogik des zwanzigsten Jahrhunderts. In: Baader/Jacobi/Andresen 2000, S. 301-322 (2000a).

Tenorth, Heinz-Elmar: Geschichte der Erziehung. Einführung in die Grundzüge ihrer neuzeitlichen Entwicklung. 3. völlig überarb. u. erw. Aufl., Weinheim, München 2000 (2000b).

Tenorth, Heinz-Elmar (Hrsg.): Klassiker der Pädagogik. 2 Bde., München 2003.

Tenorth, Heinz-Elmar: Rezension zu Reyer 2003. In: Erziehungswissenschaftliche Revue 3(2004), Nr. 4 (05.08.2004) <http://www.klinkhardt.de>.

Tichy, Marina: „Ich hatte immer Angst, unwissend zu sterben". Therese Schlesinger: Bürgerin und Sozialistin. In: Prost, Edith (Hrsg.): „Die Partei hat mich nie enttäuscht ..." Österreichische Sozialdemokratinnen. Wien 1989, S. 135-184.

Tichy, Marina: Feminismus und Sozialismus um 1900: Ein empfindliches Gleichgewicht. Zur Biographie von Therese Schlesinger. In: Fischer/Brix 1997, S. 83-100.

Uhlig, Christa: Zur Rezeption der Reformpädagogik in der DDR in den 70er und 80er Jahren vor dem Hintergrund der Diskussion um Erbe und Tradition. In: Cloer, Ernst/Wernstedt, Rolf (Hrsg.): Pädagogik in der DDR. Eröffnung einer notwendigen Bilanz. Weinheim 1994, S. 134-155.

Uhlig, Christa: Robert Owen. In: Tenorth 2003, Bd. 1, S. 160-171 (2003a).

Uhlig, Christa: Sexualreform, Sexualerziehung und Arbeiterbewegung. Diskurse in den Zeitschriften „Die Neue Zeit" und „Sozialistische Monatshefte" von der Jahrhundertwende bis zum ersten Weltkrieg. In: Jahrbuch für Forschungen zur Geschichte der Arbeiterbewegung 2003/I. Berlin 2003, S. 72-90 (2003b).

Uhlig, Christa: „Vaterlandslose Gesellen" oder „Globalisierungskritiker"? Internationalität und Bildung in der Arbeiterbewegung. In: Jahrbuch für Pädagogik 2004: Globalisierung und Bildung. Redaktion: Gerd Steffens und Edgar Weiß. Frankfurt a.M. [u.a.] 2004, S. 255-269.

Voets, Stephan (Hrsg.): Sozialistische Erziehung. Texte zur Theorie und Praxis. Hamburg 1972.

Walther, Rosemarie: Clara Zetkin zur proletarischen Familienerziehung. Berlin 1959.

Wehler, Hans-Ulrich: Das deutsche Kaiserreich 1871-1918. 7. Aufl., Göttingen 1994.

Wehler, Hans-Ulrich: Die Herausforderung der Kulturgeschichte. München 1998.

215

Weiser, Jan: Das heilige Kind. Über einige Beziehungen zwischen Religionskritik, materialistischer Wissenschaft und Reformpädagogik im 19. und zu Beginn des 20. Jahrhunderts. Würzburg 1996.

Weiß, Edgar: Friedrich Wilhelm Foerster – Vertreter und Kritiker der Reformpädagogik. In: Archiv für Reformpädagogik 2(1997)1, S. 3-35.

Weiss, Ulrich: Emanzipation. In: Historisch-kritisches Wörterbuch des Marxismus. Bd. 3, Hamburg 1997, S. 272-289.

Wendelborn, Sören: Der Gestaltpsychologe Karl Duncker. Biographische Rekonstruktionen auf Grundlage bisher unzugänglicher Archivalien sowie Äußerungen von Zeitzeugen. Frankfurt a.M. [u.a.] 2003.

Wendorff, Werner: Schule und Bildung in der Politik von Wilhelm Liebknecht. Berlin 1978.

Werder, Lutz von: Sozialistische Erziehung in Deutschland 1848-1973. Frankfurt a.M. 1974.

Werder, Lutz von: Erziehung und gesellschaftlicher Fortschritt. Frankfurt a.M. 1975.

Wiater, Werner: Rezeptionsgeschichtliche Studien zur Reformpädagogik. München 1997.

Wobbe, Theresa: Das Wagnis der Öffentlichkeit. Jüdinnen in der deutschen Frauenbewegung vor 1933. In: Jansen, Mechtild M./Nordmann, Ingeborg (Hrsg.): Lektüren und Brüche. Jüdische Frauen in Kultur, Politik und Wissenschaft. Königstein/Taunus 2000, S. 148-177.

Wolff, Wilfried: Max Hodann (1894-1946): Sozialist und Sexualreformer. Hamburg 1993.

Wulff, Hinrich: Heinrich Schulz 1872-1932. Ein Leben im Spannungsfelde zwischen Pädagogik und Politik. In: Bremisches Jahrbuch, Bd. 48, Bremen 1962, S. 319-374.

Wunderer, Hartmann: Arbeitervereine und Arbeiterparteien: Kultur- und Massenorganisationen in der Arbeiterbewegung (1880-1933). Frankfurt a.M. 1980.

Würzer-Schoch, Elsbeth: Otto Rühle und Siegfried Bernfeld: eine vergleichende Darstellung zweier Pädagogen, ihrer unterschiedlichen psychologischen und soziologischen Grundlegung und ihrer pädagogischen Relevanz. Zürich 1995.

Zetkin, Clara/Duncker, Käte/Borchardt, Julian: Die Erziehung der Kinder in der proletarischen Familie. Quellen zur Pädagogik der deutschen Arbeiterbewegung aus der Zeit vor dem ersten Weltkrieg. Ausgewählt, eingeleitet und erläutert von Gerd Hohendorf. Berlin 1960.

Zetkin, Clara: Revolutionäre Bildungspolitik und marxistische Pädagogik. Ausgewählte Reden und Schriften. Eingeleitet und erläutert von Gerd Hohendorf. Berlin 1983.

Zimmermann, Susanne: Sexualpädagogik in der BRD und in der DDR im Vergleich. Gießen 1999.

Zur Geschichte der Arbeitserziehung in Deutschland. Teil 1: Von den Anfängen bis 1900, Teil 2: Von 1900 bis zur Gegenwart. Von einem Autorenkollektiv unter Leitung von Robert Alt und Werner Lemm. Berlin 1970/1971.

Zymek, Bernd: Das Ausland als Argument in der pädagogischen Reformdiskussion. Schulpolitische Selbstrechtfertigung, Auslandspropaganda, internationale Verständigung und Ansätze zu einer Vergleichenden Erziehungswissenschaft in der internationalen Berichterstattung deutscher pädagogischer Zeitschriften 1871-1952. Ratingen, Kastellaun 1975.

Quellenauswahl

Hinweise zu den Quellen

Die Dokumentation erfasst Quellen aus mehr als drei Jahrzehnten, in denen Orthographie und Interpunktion manche Wandlungen erfahren haben. Beide Zeitschriften praktizierten zudem recht unterschiedliche und zum Teil auch eigenwillige Schreibweisen. Auffällig ist besonders ein unregelmäßiger Umgang mit „ß" (vorzugsweise in der *Neuen Zeit* verwendet) und „ss" (vor allem in den *Sozialistischen Monatsheften* gebraucht). Um die Authentizität der Texte zu bewahren, wurden Eingriffe in die Orthographie und Interpunktion nur vorgenommen, wenn es für die Lesbarkeit unerlässlich erschien. Diese Verfahrensweise machte die Textübertragung und -korrektur schwierig und erhöhte schließlich auch die Gefahr, dass trotz sorgfältiger Bearbeitung Übertragungsfehler übersehen wurden. Wir bitten hierfür um Nachsicht.

Kürzungen und Ergänzungen wurden durch eckige Klammern gekennzeichnet. Im Übrigen wurden vorwiegend längere Zitate im Text, Wiederholungen und Redundanzen gekürzt. Die Titelbezeichnungen stimmen nicht in jedem Fall mit den originalen Überschriften in den Zeitschriften überein, sondern wurden zugunsten einer besseren Les- und Vergleichbarkeit einheitlich, jedoch in Anlehnung an die Originale modifiziert. Anmerkungen im Original sind als Fußnoten mit Sternchen (*) markiert, alle anderen Anmerkungen sind fortlaufend nummeriert und insgesamt eher knapp gehalten, um die Texte nicht zu überfrachten. Fehlende bibliographische Angaben in den Quellentexten, meist handelt es sich dabei um das Erscheinungsjahr von Publikationen, wurden, soweit notwendig und möglich, entweder in Fußnoten oder, meist bei Sammelrezensionen, im Text in eckigen Klammern unmittelbar hinter den jeweiligen Titeln ergänzt. Verlagsbezeichnungen orientieren sich dabei in der Regel an den Angaben im Original. Hervorhebungen wurden wie im Original (kursiv, fett, gesperrt, Schriftartwechsel) übernommen, hingegen konnten die originalen Formatierungen (Schriftgestaltung, Absätze, Einrückungen usw.) nicht berücksichtigt werden.[631]

Biographische Angaben zu den Autorinnen und Autoren bzw. Rezensentinnen und Rezensenten der beiden Zeitschriften wurden den jeweiligen Texten zugeordnet und befinden sich als Fußnote jeweils beim ersten Text.

---

[631] Die teilweise aufwändige künstlerisch-ästhetische Gestaltung der Zeitschriften sei zumindest erwähnt. *Die Neue Zeit* übernahm weitgehend Gestaltungsformen des Jugendstils, die *Sozialistischen Monatshefte* tendierten eher zu expressiven Stilmitteln.

Der uneinheitliche Erscheinungsverlauf der Zeitschriften sowie Unregelmäßig-
keiten in der Zählung und Bezeichnung der Jahrgänge bzw. der einzelnen Heft-
nummern machten eine Vereinfachung der Quellennachweise nach dem kleinsten
gemeinsamen Nenner erforderlich: Jahr, Nummer der jeweiligen Hefte, Seitenzah-
len. Wenn keine Heftnummer angegeben ist, entspricht dies dem Original. Dann ist
der Jahrgang durchnummeriert. Die Jahrgänge beider Zeitschriften erschienen
meist in zwei, die der *Sozialistischen Monatshefte* manchmal in drei Bänden. Hinweise auf die Bandnummer bzw. auf gelegentliche Doppelzählungen sind in Klammern hinter dem Erscheinungsjahr bzw. der Heftnummer dann aufgeführt, wenn
die Zählung ansonsten zu Irritationen führen kann.

I.   Texte aus der Zeitschrift *Die Neue Zeit (NZ)* (1883-1918)

Die Neue Zeit

Revue

des

geistigen und öffentlichen Lebens

 Erster Jahrgang

Stuttgart

Druck und Verlag von J. H. W. Dietz

1883

Die

Neue Zeit

Revue

des geistigen und öffentlichen Lebens

Nr. 1.   XVIII. Jahrgang, I. Bd.   1899-1900.

Stuttgart

Verlag v. J. H. W. Dietz

Nachf. (G. m. b. H.)

1. An unsere Leser!

NZ 1883, Nr. 1, S. 1-8 (Auszüge)

Wir führen uns nicht, wie das publizistischer Brauch ist, mit einer Entschuldigung ein. Wir sind da und unser Tun soll unser Recht zum Leben beweisen.

Es gibt gewiß viele Zeitschriften, welche sich an das Publikum wenden, ihm Belehrung und Aufklärung über alles Mögliche versprechen. [...] Die Zahl derselben ist groß und wächst fortwährend – trotzdem sind es ihrer nicht genug; und erfüllten sie selbst sämmtlich alles, was sie verheißen, es wären ihrer dennoch nicht genug.

Wir haben nicht zu viel, wir haben zu wenig Zeitschriften für das Volk. Die „Neue Zeit" soll eine Zeitschrift sein, keine Zeitung, und eine Zeitschrift für das Volk.

Das Volk besteht uns aus allen denen, die durch ihre Arbeit – sogenannte körperliche und sogenannte geistige, die beide nicht von einander zu trennen – die Gemeinschaft des Staats und der Gesellschaft fördern. Wir fügten gerne hinzu: und sich der Höhe ihrer Aufgabe bewußt sind. Doch was bliebe dann übrig? Die ungeheure Mehrzahl des Volks ist sich ihrer Aufgabe noch nicht bewußt, und daß sie es nicht ist, legt uns gerade die Pflicht auf, der wir durch unsere Zeitschrift genügen wollen.

Es gehört nicht wenig dazu, daß die Masse, daß jeder Einzelne sich seiner Aufgabe in Staat und Gesellschaft bewußt sei.

Es gehört dazu die Erkenntnis des eigenen Wesens – Selbsterkenntnis – und die Erkenntnis des Wesens der Gesellschafts- und Staatsgemeinschaft. [...]

Wer sich nicht um den Staat und die Gesellschaft kümmert, der kümmert sich nicht um sich selbst; wer sich über die Natur des Staats und der Gesellschaft und über die staatlich-gesellschaftlichen (politisch-sozialen) Vorgänge und Geseze in Unwissenheit befindet, gefährdet und schädigt durch seine Unwissenheit sich selbst genau so, wie wer über die Natur seines Körpers und der physiologischen Vorgänge und Geseze sich in Unwissenheit befindet. [...]

Wie anders stünde es um uns, wie viel besser sähe es in Staat und Gesellschaft aus, wie viel glücklicher würden wir leben, wären – und hier nehmen wir keine Klasse der Gesellschaft aus – wären Staat und Gesellschaft nicht für die Masse der Menschen ein mit sieben Siegeln verschlossenes Buch, wäre das Staatsmanntum (Statesmanship) eine Wissenschaft statt eines zünftigen Handwerks, dem der mittelalterliche Zopf, verflochten mit vormittelalterlichem Plunder, noch faustdick im Nacken hängt – wären staatswissenschaftliche Kenntnisse verbreitet oder richtiger gäbe es eine Staatswissenschaft, wäre die Nationalökonomie nicht zu einer wahren Geheimwissenschaft gemacht worden, aus deren Born (außer den wenigen Auserwählten, die den kostbaren Trank eifersüchtig für sich behalten oder nur im kleinsten Kreise verteilen) fast ausschließlich Spekulanten, Charlatane und Betrüger schöpfen, die den Trank verfälschen und statt echten Wissens und echter Aufklärung ein Gebräu von Lug- und Irrlehren oder das Spülwasser oberflächlichen Halbwissens dem Volke verabreichen.

Wir werden das unsrige tun, die Massen über die Natur des Staats und der Gesellschaft und über die weltbewegenden Probleme, welche die Signatur des 19. Jahrhunderts sind und mit wachsendem Ungetüm ihre Lösung heischen, aufzuklären und zu belehren, und in möglichst weiten Kreisen sozialpolitische Kenntnisse zu verbreiten.

Nicht als wollten wir über der Sozialpolitik anderes vernachlässigen!

Um das Volk auf die Höhe seiner Aufgabe zu erheben, muß ihm alles wissenswerte auf allen Gebieten des Wissens zugänglich gemacht werden. Kein Monopol der Wissenschaft! Demokratisirung, Verallgemeinerung der Wissenschaft! Die breite Kluft, welche bisher zwischen der kleinen Gemeinde der Wissenden und der erschreckend großen Heerde der Nichtwissenden gähnte und noch gähnt, muß ausgefüllt oder überbrückt werden. Was nach dem heutigen Bildungsideal der Gebildete wissen muß, das soll nicht eine winzige Minderheit, das soll ein jeder wissen. Und dieses Bildungsideal reicht nicht einmal aus, da es gar lückenhaft und obendrein mit so manchem ausstaffirt ist, was die vorurteilslose Kritik verwerfen muß.

Die Darlegung eines nationalen Erziehungsplanes und im Zusammenhang damit die Hebung der Volksschule, die Reform unseres gesammten Unterrichts- und Erziehungswesens wird uns nicht minder beschäftigen als die eigentliche Sozialpolitik.

Und was gehört nicht zur Sozialpolitik und zur nationalen Erziehung! Wissenschaft, Kunst, Literatur – jede Betätigung des geistigen und öffentlichen Lebens der Völker, jede Entdeckung, jede Erfindung, jeder Fortschritt irgend welcher Art – auf alles hat das Volk ein geistiges Anrecht.

Wir sprechen von nationaler Erziehung. Der Ausdruck ist von Fichte, der zuerst, in Deutschland wenigstens (der französische Konvent hatte fast zwanzig Jahre vorher einen großartigen nationalen Erziehungsplan beschlossen, dessen Ausführung durch Krieg und innere Stürme verhindert ward), den Gedanken in würdiger Form ausgeführt hat; der Ausdruck könnte aber missverstanden werden. Und darum einige Worte der Erklärung. Das Wort „national" – wie sich das bei einem Manne von der Geisteshöhe Fichtes von selbst versteht – bedeutet hier nur die Gemeinsamkeit für sämmtliche Glieder des Staats, ohne Unterschied des Standes, der Konfession und der Abstammung. Wir sind Weltbürger und schäzen den Menschen nur nach seinem Werte als Mensch, nicht nach der Zufälligkeit des Orts seiner Geburt. Die Pflege des Menschentums ist unser einziger Kultus, und hat auch die Wissenschaft den schönen Traum von der absoluten Vervollkommnungsfähigkeit des Einzelmenschen zerstört, so hat sie uns dagegen, als schöneren Ersaz, den Nachweis der unbegrenzten Vervollkommnung der Menschheit gegeben. An dieser Vervollkommnung in edlem Wetteifer zu arbeiten, sind alle Kulturvölker gleichmäßig berufen, und die Verschiedenheit der nationalen Veranlagung kann hierbei nur förderlich sein. Die Sammelindividualitäten, Nationen oder Völker genannt, sind zur Entwicklung der Menschheit notwendig und haben deshalb genau dieselbe Berechtigung wie die Einzelindividualitäten. Die Schranken, welche die verschiedenen Völker von einander trennen, werden durch die Fortschritte der Kultur eine nach der anderen niedergebrochen und aus dem Wege geräumt [...].

Man hat gesagt, die Geschichte der Werkzeuge ist die Geschichte der Kultur. Und richtig: in jedem Werkzeug, das wir gebrauchen, in dem Produkt, das mit Hilfe der Werkzeuge hergestellt ist, verkörpert sich die Kulturgeschichte, tritt handgreiflich die Kultur vor uns. Von diesem praktischen Walten der Kultur wird jeder Angehörige eines modernen Staates mehr oder weniger berührt, wenn auch die daraus entspringenden Vorteile sehr ungleich verteilt sind.

Von dem Walten der Kultur in ihren höchsten Leistungen: in Kunst und Wissenschaft, wird dagegen die große Mehrzahl des Volks heutzutage so gut wie nicht berührt. Die Meisterwerke eines Aeschylos und Sophokles, eines Phidias und Plato waren für das griechische Volk geschaffen, wurden von ihm verstanden und hoben es auf eine, wenn wir die Zeit betrachten, geradezu erstaunliche Höhe der Bildung, von der es freilich durch mangelhafte soziale Einrichtungen wieder herabgestürzt ward.

Wie viele unserer Arbeiter, Handwerker, Bauern kennen Shakespeare, Lessing, Schiller und Goethe? kennen einen Raphael, Mozart, Beethoven? kennen die Schriften eines Humboldt und Darwin?

Die Kunst und Wissenschaft sollen Kunst und Wissenschaft sein, aber sie sollen auch Bildungsmittel sein; die Pflege des Ideals schließt nicht die praktische Nützlichkeit aus. Eins ergänzt das andere. Und es ist nicht Zufall, daß in Zeiten nationalen Aufschwungs, gesunden Volkslebens Kunst und Wissenschaft sich am schönsten und gesündesten entfalten. [...]

Durch ihre Vermählung mit dem praktischen Leben werden Kunst und Wissenschaft erst zu den menschheiterlösenden Kulturträgern, die sie bisher, einige Oasen in der Weltgeschichte ausgenommen, blos in der Einbildung ihrer begeisterten Jünger und Bewunderer gewesen sind. Man vergegenwärtige sich doch die Folgen dieser Vereinigung! Die Durchgeistigung des Lebens, die Verfeinerung der Sitten, die Rückwirkung auf Kunst und Wissenschaft durch Heranziehung und Entwicklung von Talenten – kurz die Erhöhung des Kulturniveaus, des Standard of humanity.

Auch jetzt – wer wollte es in Abrede stellen? – ist das Kulturniveau im Steigen begriffen; und das Steigen geht sogar in ziemlich raschem Tempo vor sich – nur ist es nicht gleichmäßig auf der Gesammtoberfläche der Gesellschaft. Und ferner beschränkt es sich fast ausschließlich auf eine einzige Seite der Kulturentwicklung: nämlich die Naturwissenschaften und deren technische Anwendung. Es soll das keineswegs unterschäzt werden. Niemand ist fester als wir davon überzeugt, daß die Kenntnis der Naturgeseze und Naturkräfte die unumgängliche Voraussezung und Grundlage der Kultur ist; und Niemand kann aufrichtiger als wir, und mit höher gespannten Erwartungen, die gewaltige Umwälzung begrüßen, welche sich durch die wissenschaftliche Technik: durch die Anwendung der Naturwissenschaften auf das praktische Leben vor unseren Augen vollzieht – eine Umwälzung, die erst in ihren Anfangsphasen steht und in den Verhältnissen, Gewohnheiten und

Anschauungen der Menschen größere Veränderungen hervorbringt, als die größten politischen Revolutionen, von denen wir Kunde haben.

Allein, wenn wir auch hier nicht betonen wollen, daß die intellektuellen und materiellen Vorteile dieser Fortschritte und Erfindungen den unteren Schichten der Gesellschaft nur indirekt und in sehr spärlichem Maße zukommen, so kann doch das Einseitige einer vorwiegend auf den Naturwissenschaften beruhenden Bildung nicht geläugnet werden. Ein wichtigeres Objekt – obgleich wir die Gleichberechtigung aller Wissenschaften an sich zugeben – ein für den Menschen wichtigeres, wir meinen unmittelbar wichtigeres Objekt der Forschung in der Natur ist der Mensch selbst mit seinem staatlichen und gesellschaftlichen Leben; und wo dieses Objekt in den Hintergrund gestellt wird, da kann von echter harmonischer Bildung nicht die Rede sein. Und das ist jezt der Fall.

Es wird unser Ziel sein, diese Lücke nach Möglichkeit auszufüllen, und, ohne Hintansezung der übrigen Wissenschaftsgebiete, die Wissenschaft vom Menschen, vom Staat und von der Gesellschaft dem Volk zu vermitteln, die Essenz ihm zu bieten in einer Jedem verständlichen Form. Jedem, der nachdenkt! Das berühmte Wort des Euklides: „Zur Geometrie gibt es keinen besonderen Weg für Könige" gilt von allen Wissenschaften und für das Volk so gut wie für die Könige. Wer nicht die Gelegenheit oder Ausdauer hat, den Weg, auf dem die Wissenschaft zu einer Wahrheit gelangt ist, wenigstens in seinen Hauptetappen zu verfolgen, kann diese Wahrheit unmöglich ganz erfassen; und kein uns dargebotener Gedanke, den wir nicht bis zur Klarheit nach- und durchgedacht haben, kann in unser geistiges Eigentum übergehn. So wenig wie unserm Magen durch chemische Nahrungspräparate, kann unserm Hirn durch bequeme Zurichtung (man nennt es in der Volkssprache bezeichnend: „Vorkauen") der geistigen Speise die Verdauung erspart werden. Wir müssen denken! [...]

Die Wissenschaft, Wissen unter das Volk bringen – das ist das Alpha und Omega unseres Programms. [...]

Wir marschiren nicht mit einer stolzen Reihe von Namen auf, die an der Spize literarischer Gründungen häufig den nämlichen Zweck hat, wie die glänzenden Namensverzeichnisse auf den Prospekten anderer Gründungen: die Erweckung von Hoffnungen, an deren Verwirklichung nicht gedacht wird. Nicht wer wir sind, was wir sind, geht das Publikum an. Was wir sind und was wir leisten – das wäge man, darnach beurteile man uns.

Wir sind der Meinung, daß ein Mann für alles was er tut, mit seiner Person einzustehen hat; wir sind aber auch der Meinung, daß unter gewissen Bedingungen und Verhältnissen das Hervortreten der Person mit Nachteilen verbunden sein, und die Objektivität des Urteils trüben kann. [...]

So wird ein Teil unserer Aufsäze die Unterschrift der Verfasser tragen, ein anderer nicht – je nachdem die Verfasser es wünschen oder das Interesse der Sache es zweckmäßig erscheinen läßt.

Unparteilichkeit versprechen wir nicht. Heute kann ein Mann nicht parteilos sein. Unparteilichkeit wäre Unmännlichkeit, wäre Charakterlosigkeit. Wir werden

teilnehmen an dem Kampf der Parteien, so weit sich dies mit dem wissenschaftlichen Charakter unserer Zeitschrift verträgt. Das jedoch versprechen wir unsern
Lesern: wir werden den Unfug des Cliquenwesens, diesen Krebsschaden unseres
politischen und literarischen Lebens, unnachsichtlich bekämpfen und uns aufs
Gewissenhafteste freihalten von aller Tendenz. Wir werden nicht „tendenziös"
schreiben. Wir werden niemals um einer „Tendenz" willen die Wahrheit zu beugen
suchen, was nicht minder frevelhaft ist, als eine Beugung des Rechts. [...] Jedem
Gegner, dem es um die Sache ernst ist, steht daher unser Blatt offen [...].

Als Mitstreiter und Mitarbeiter ist uns Jeder willkommen, der das gleiche Ziel
hat wie wir: die Verbreitung des Wissens unter dem Volk, die Förderung des Ge-
meinwohls, die Pflege des Wahren, Schönen und Guten auf allen Gebieten des
öffentlichen und geistigen Lebens.

2.   J. Engell-Günther: Die Erziehung des weiblichen Geschlechts[632]

NZ 1883, Nr. 5, S. 214-223 (Auszüge)

Daß „Bildung Macht gibt" ist heute wohl ziemlich allgemein anerkannt, wie man
auch weiß, daß unter „Bildung" hauptsächlich ein selbständiges Prüfen der Dinge
und Zustände um uns her, sowie die Fähigkeit, vorurteilsfrei zu urteilen, verstanden wird. Hiernach ist „Bildung" weniger eine große Menge von Wissen, als vielmehr ein allseitiges Durchdringen und Verstehen des Gewußten. Man kann auch
sagen: der wirklich Gebildete beherrscht sein Wissen, indem er es allseitig erfaßt
hat, während der nur scheinbar Gebildete, selbst bei hoher Gelehrsamkeit, immer
einseitig in seinem Urteile bleibt, und daher oft höchst beschränkt und von krassen
Vorurteilen beherrscht erscheint.

Gleichwohl steht selbst der so einseitig Gebildete bei vielem Wissen mächtiger
da, als der eben so einseitig Gebildete, dessen Wissen nur gering ist. Folglich liegt
in dem geringeren Wissen der Frauen im Allgemeinen eine Hauptursache ihrer
Zurücksezung von Seiten der Männer, durch die immerhin aber beide Geschlechter
zu leiden haben. [...]

Sollte die Schule nun nicht berufen sein, vor Allem den Zweck zu verfolgen, jeden Einzelnen (und ebenso auch jede Einzelne) fähig zu machen, die einfachsten
menschlichen Pflichten gegen sich und Andere erfüllen zu können? – Folglich soll
man vor allem das lehren, was Jedem zum Erwerbe seines Lebens-Unterhalts unentbehrlich ist, weil er nur, wenn er seinen eigenen Bedarf zu bestreiten vermag,
seinen Pflichten gegen die Gesammtheit zu genügen im Stande ist.

Wenn dies nun unbestreitbare Wahrheiten sind, so ist nicht abzusehen, warum
sie für das weibliche Geschlecht nicht eben so gültig sein sollten wie für das männ-

---

[632] Juliane Engell-Günther (1819-1910), Lehrerin, 1849-1858 gemeinsam mit ihrem Mann Leitung
eines Erziehungsinstituts in Brasilien, 1872-1877 Redakteurin der Zeitschrift *Bazar*, 1883-1889 Arbeit in einer internationalen Knabenschule in Zürich, Publizistin, befasste sich besonders mit der sozialen Stellung der Frau, veröffentlichte auch Novellen und Essays.

liche. Die Erziehung, als Vorbereitung zu einem menschenwürdigen Dasein muß doch wohl für beide gleich wünschenswert sein; aber unsere Töchterschulen sind freilich durchaus nicht im Stande, einem solchen Zweck zu genügen, da sie unverhältnismäßig bemüht sind, statt tüchtiger, selbständiger Arbeiterinnen nur angenehme Gesellschafterinnen heran zu bilden, die, außer im feinen Salon, kaum irgendwo am Plaze sind. Und doch – wie wenige können mit diesen Talenten ihren Weg in anständiger Weise machen! – Die Einrichtung und Tendenz der Töchterschulen gestattet einzig das Lehrerinnen-Examen zu erstreben, und dient folglich nur, diese verkehrte Ausbildung in weiteren Kreisen zu verbreiten. [...]

Es ist wahr, man läßt heute die Mädchen viel, viel mehr lernen, als ihre Mütter und ihre Großmütter. Aber was und unter welchen Umständen! Werfen wir einen vergleichenden Blick auf die höheren Lehranstalten für Knaben und Mädchen, so wird zunächst der Mangel einer einheitlichen Organisation zum Nachteile der Lezteren auffallen müssen. Während die Direktoren der Gymnasien, Real- und Gewerbeschulen verpflichtet sind, ihre Zöglinge bis zu einer bestimmten wissenschaftlichen Reife zu fördern und dieses Ziel von unten auf systematisch zu verfolgen, ist es den Vorsteherinnen der Töchterschulen überlassen, sich ihren Lehrplan nach eigenem Ermessen auszuarbeiten und der Schulbehörde zur Genehmigung vorzulegen. [...]

Und was lernt man auf diesen „höheren Töchterschulen"? Vieles, sehr vieles, ganz sicher.

Im Gegensaz zu der Armseligkeit, mit der man den Unterricht in den niederen Klassen zu leiten pflegt, sind die höheren mit einer Menge von Lehrfächern ausgestattet, aber mit solchen, die für das betreffende Alter noch gar keinen Sinn haben. [...] Sie haben überhaupt zum Schlusse alles Erdenkliche auswendig gelernt, und glauben fest an die Autorität der ihnen auf diese Weise ganz tot überlieferten Urteile (an deren Berechtigung zu zweifeln ihnen ja nie erlaubt worden ist), und so sind sie im höchsten Grade eingebildet und anmaßend, weil sie jedes logische Denken verachten oder ganz überflüssig finden; und um dieser verfehlten Ausbildung willen halten die Männer sich dann für berechtigt, jedes geistige Streben als für Frauen unpassend und schädlich zu erklären! – obgleich man dennoch verlangt, daß sie gute Mütter sein sollen.

Daß solche Schulen nur engbrüstige, kleinlich gesinnte Puppen und alberne Blaustrümpfe hervorbringen können, liegt auf der Hand; aber – warum gibt es noch immer keine vernünftiger geleiteten Lehranstalten? – Neuerdings sucht man vielfach durch Fortbildungsschulen das in der eigentlichen Schulzeit Versäumte nachzuholen. Das ist aber gerade so, als wenn der Landmann die Saatzeit verpaßt, und gar das Unkraut wachsen ließ, und dann zur Zeit der Ernte, wo schon der Mangel ihn drückt, erst säen will. Wie kann da die verspätete Ernte anders als höchst dürftig ausfallen? Die geringe Uebung im Denken und richtigen Auffassen wird sich jezt sehr hinderlich erweisen, und die meisten Anstrengungen illusorisch machen. Außerdem sind nun die jungen Mädchen bereits in dem Alter, welches sie den Männern anziehend macht, und da sie bald bemerken müssen, daß weder ihr Wissen noch ihre Tugenden geschäzt werden, darf man nicht erstaunen zu sehen, daß sie keine rechte Lust zum Lernen mehr zu zeigen pflegen; statt dessen aber eifrig bemüht sind, ihre äußeren Gaben ins beste Licht zu stellen, um – wie es ihnen stets als das einzig begehrenswerte Ziel gerühmt ist, womöglich durch Verheiratung eine Versorgung zu finden.

Wie wenige erreichen aber dieses Eldorado, oder finden sich nicht gar bald sehr enttäuscht davon! – und dann kommen die Jahre, in denen kein Mann sie mehr beachtet und anziehend findet, und wo der Kampf ums Dasein immer unbarmherziger auf sie eindringt. [...] – Jezt, wo sie sich rat- und trostbedürftig genug fühlen, jezt stehen sie meistens allein da, und keine Seele nimmt sich ihrer an. Jezt wirft man ihnen mit Härte die Mängel vor, die sie ihrer verkehrten Erziehung verdanken, während früher alles an ihnen gelobt wurde. Sie fühlen die Ungerechtigkeit mit bitterem Zorn, ohne doch recht zu wissen, worin das Uebel eigentlich liegt; und diese Bitterkeit dient abermals nicht, ihnen Freunde zu gewinnen, deren Hülfe sie doch jezt so gut brauchen könnten.

Warum ist nun das Schicksal des Mannes ein so unendlich viel besseres? Wird er nicht immer Freunde haben, er sei jung oder alt, verheiratet oder nicht? Seine Berufstätigkeit bringt ihn mit Hunderten in Berührung, und je älter er wird, um so geachteter und geliebter wird er sein, wenn er dessen überhaupt wert ist. Gewiß fällt es ihm da kaum ein, warum das für arme weibliche Wesen so gar nicht dasselbe ist. Er denkt überhaupt nicht nach, ob und wie das so sein muß. Was gehen ihn alle Frauen der Welt an, wenn sie nicht jung sind? – Einzig seine Mutter und seine Gattin mögen eine Ausnahme für ihn sein [...].

Demnach bleibt immer noch die Frage: Was soll geschehen, um solche große soziale Schäden zu bessern? – Und diese kann auch nicht, außer allem Zusammenhange mit der sozialen Frage überhaupt, eine Lösung finden.

Will man dem weiblichen Geschlecht wirklich helfen, so muß man vor allem zugeben, daß die Frauen Menschen sind, und folglich dieselben Ansprüche auf ein menschenwürdiges Dasein haben, als die Männer. Erst wenn dieser Saz in allen seinen Konsequenzen anerkannt ist, kann man von weiteren Reformen reden, die meines Erachtens mit der Verbesserung der Schulen anfangen müßten.

Sollten nun nicht verständige Männer zu einem Verein zusammentreten können, die sich die vernunftgemäße Einrichtung von Schulen für beide Geschlechter zur Aufgabe stellten? – Der Unterricht müßte einfach und klar sein, um Geist und Herz in gleicher Weise zu entwickeln. Nichts Unverständliches und Unbegreifliches müßte geboten werden, sondern alles notwendige Wissen zum besten Verständnis gebracht, und überall ein richtiges Urteil gefördert werden. Dann müßte man eine gesunde Moral einprägen, indem man zeigte, wie die Folgen allemal früher oder später den menschlichen Handlungen entsprechen, und zwar das besonders, je mehr die solidarische Verpflichtung Aller für Einen, und Eines für Alle erst anerkannt ist. Bis zum 14. Jahre mindestens müßte der Unterricht für alle Kinder, ohne Unterschied des Standes und Geschlechts, ganz gleich sein. In diesem Alter würde sich wohl ein Urteil über die besondere Begabung eines Jeden feststellen und dann entscheiden lassen, zu welchem Beruf man nun dem jungen Erdenbürger weiter helfen müßte. Es versteht sich, daß dann zugleich Einrichtungen getroffen werden müßten, durch die man die weibliche Jugend ebenso in eine richtige erwerbliche Laufbahn bringen könnte als die männliche, ohne daß sie in Gefahr geriete, von der herrschenden Sittenlosigkeit angesteckt zu werden. Ueberhaupt müßte Jeder, dessen Streben als ein tüchtiges, makelloses bekannt wäre, zu allen Zeiten auf Rat und Beistand rechnen könne, ohne doch je in seiner Freiheit Beschränkung erleiden zu müssen. Und – das alles müßte unentgeltlich geschehen. [...]

– Frauen besizen jezt beinahe nichts, und haben meistens nicht einmal die freie Disposition über ihre eigene Person; während die Regierung der Welt und aller Verhältnisse in den Händen der Männer liegt. Ohne sie kann also nichts geschehen, und – daß die Frauen sich durch eigene Anstrengung retten können, ist undenkbar. Sie können zum allgemeinen Besten helfen, und sogar sehr viel helfen; aber – nur wenn sie durch Männer zuvor auf den richtigen Plaz gestellt werden. Dazu mitzuwirken, sollte wohl jeder ehrenhafte Mann für seine edelste Aufgabe halten, weil er einzig dadurch im Stande sein würde, dem soviel beklagten Verfall der Sitten in ersprießlicher Art entgegen zu arbeiten, und einer wahrhaften Zivilisation die Wege zu bahnen. [...]

3. Eduard Sack: Wie die Wahrheit über die Volksbildung verborgen blieb[633]

NZ 1883, Nr. 7, S. 297-306 (Auszüge)

Ich habe nachgewiesen [...], daß der übertriebene, den mannigfachsten Tatsachen, den sozialen und politischen Zuständen grell widersprechende Ruhm unseres Schulwesens und unserer Volksbildung auf Berichten und Schilderungen beruht, welche von der Regierung und von interessirten Beamten unmittelbar und mittelbar ausgegangen sind. Das Lob war Selbstlob. [...] Und diese Berichte, ob nun einseitig oder geradezu falsch, wurden unablässig wiederholt und von Freunden und Gegnern gedankenlos nachgeplappert und nachgeschrieben, so daß sie der Menge wie Glaubenssäze geläufig und am Ende auch heilig wurden. Wir Deutsche nennen uns im Gegensaze zu andern Völkern mit vielem Behagen die Denker, und unsere Fähigkeit zur Kritik und unsere Gewissenhaftigkeit im Urteilen wissen wir nicht hoch genug zu preisen; aber vielleicht nirgends in der Welt hat man einen so großen, durch nichts zu erschütternden Respekt vor amtlichen und halbamtlichen Berichten und Akten als in Deutschland. Niemand wagt zu bezweifeln, daß in denselben reine und volle Wahrheit gegeben werde, und selbst die Opposition läßt

---

[633] Neben diesem Aufsatz veröffentlichte Eduard Sack im ersten Jahrgang der *Neuen Zeit* außerdem *Über den Stand der deutschen Volksbildung*, der in nahezu identischer Fassung auch bei Günther (Sack 1961) enthalten ist, sowie *Über den Ruhm der deutschen Volksschule*, eine kritische Betrachtung über die Volksschulentwicklung im 19. Jahrhundert. Auf letzteren Aufsatz bezieht sich Sack in der hier abgedruckten Darstellung.

sich vor ihnen festbannen und nimmt keinen Anstand, dem beschriebenen, von einer Behörde unterzeichneten und untersiegelten Papier ehrfurchtsvolle Verehrung zu bezeugen.

Uebrigens was half es auch, wenn Einer einmal den Mut hatte, die Behauptungen in den Berichten der Regierung zu widerlegen oder zu sagen, was in denselben bewußt oder unbewußt verschwiegen war? [...]

Unter solchen Umständen war's nur natürlich, daß in Zeitschriften und Büchern die Schule und die Volksbildung nur selten mit genügender Sachkenntnis und mit strenger Wahrhaftigkeit behandelt wurden. Bis Ende der fünfziger Jahre etwa – 1848 und 1849 ausgenommen – gabs überhaupt nur wenig pädagogische Blätter, und diese hatten nur wenige Leser. In diesen Blättern wurde auch die wichtigste Angelegenheit unerörtert gelassen, wenn der Herausgeber oder Verleger glaubte annehmen zu dürfen, daß eine Besprechung derselben von der Regierung oder den Pfaffen mißfällig aufgenommen werden könnte. Blätter, welche unliebsame Dinge ans Licht zogen, für eine angemessene Stellung der Lehrer eintraten, für eine bessere Metode, einen erweiterten Lehrplan kämpften, die Verfügungen der Regierungen und die Fähigkeiten und das Treiben der Vorgesezten auch nur bescheidentlichst kritisirten, wurden so lange aufs unbarmherzigste gemaßregelt, bis sie entweder dem Willen ihrer Peiniger sich fügten oder zu erscheinen aufhörten. Man verbot es den Lehrern, solche „schlechte" Blätter zu halten und zu lesen. [...] Viele Jahre lang wagte kein Lehrer Diesterwegs Schriften, namentlich seine Jahrbücher und Rheinischen Blätter, in der Wohnung, ja nicht einmal in der Kammer zu haben; sogar seine rein pädagogischen Schriften (Kleinkinder-Schule, Sprachlehre, Rechenbücher) sollten nicht benutzt werden. [...]

Mit großem Eifer wurde auf die Mitarbeiter der „schlechten" Blätter gefahndet. Wohl jeder Herausgeber eines der Regierung nicht ganz wohlgefälligen pädagogischen Blattes wird die Erfahrung gemacht haben, daß Lehrer, die Aufsäze oder auch nur Mitteilungen einsandten, jedesmal dringend baten, mit dem Manuskript recht sorgfältig umzugehen und Briefe an ihn entweder gar nicht oder nur unter fingirter Adresse zu senden. Trozdem machten sie häufig genug die Erfahrung, daß ihnen alle Vorsicht nichts nüzte. Wurden doch sogar Postbeamte von den Geistlichen gebeten – und leider nicht immer ohne Erfolg – nach gelieferten Mustern die Schrift der Adressen auf den nach gewissen Orten aufgegebenen Briefen zu prüfen. [...]

An solchen Maßregelungen ging natürlich manches tüchtige und zu besten Hoffnungen berechtigende Blatt zu Grunde, und neue Blätter konnten nicht hervortreten. Buchhändler und Buchdrucker waren für jede Sudelei zu gewinnen, nur nicht für ein pädagogisches Blatt oder eine Schrift, wenn darin für die Volksbildung gekämpft und der Wahrheit auch gegen die Regierung und die Pfaffen die Ehre gegeben werden sollte. Um Blätter, welche der Regierung unangenehm waren, zu verdrängen, begründeten eifrige Seminardirektoren und Schulräte – vielleicht auf höhere Weisung – neue Zeitschriften oder suchten alte für ihre Zwecke zu gewinnen oder sich dienstbar zu machen. Buchhändler, die pädagogische

Schriften im Verlag haben, sind der Regierung immer sehr gefällig. Da die Lehrer nicht gut gezwungen werden konnten, für ihr gutes Geld diese schlechten Blätter zu halten, nötigte man in einer Provinz sogar die Gemeinden, sie auf Kosten ihrer Schulkassen anzuschaffen und den Lehrern ins Haus zu schicken. Die Lehrer brauchten sie doch nicht zu lesen? Das glaubten sie in der Tat, und die geschenkten Blätter wurden von den Frauen in Empfang genommen und zu Wirtschaftszwecken benuzt. Aber bei den Revisionen und in den Konferenzen fragte der Herr Pfarrer oder der Herr Schulrat nach diesem oder jenem, nach Winken und Weisungen, nach Ansichten und Mitteilungen, wovon nur diejenigen Lehrer nichts wußten, welche das geschenkte Blatt nicht gelesen hatten; wollten sie in den amtlichen Berichten nicht als „Subjekte" bezeichnet werden, die vieles Notwendige nicht wüßten und doch keinen „Trieb zur Fortbildung" hätten, so blieb ihnen nur übrig, das aufgedrängte Blatt zu lesen und schließlich auf eigene Kosten zu halten.

Von dem Vereins- und Versammlungsrechte durften die Lehrer nur selten freien Gebrauch machen, selbst in den engen Schranken nicht, welche durch das Gesez für alle Staatsbürger gezogen waren. [...]

An den Vereinen ihrer Mitbürger haben sich die Lehrer nur selten ganz unbefangen beteiligen und in denselben nur mit großer Vorsicht und Zurückhaltung aus der Schule plaudern dürfen. In unsern sozial-politischen Vereinen hört man darum nur sehr selten einen Lehrer, auch dann nicht, wenn Fragen behandelt werden, welche die Schule und die Volksbildung betreffen und die Lehrer hart berühren. Die Vorgesezten haben es sogar niemals gern gesehen, wenn die Lehrer in Bildungsvereinen, falls dieselben nicht „christlich-konservativ" waren, ihre Arbeit in der Schule fortzusezen sich bemühten; sehr viele, die in den sogenannten Handwerkervereinen wirkten, sind gemaßregelt und endlich mit Disziplinarstrafen bedroht worden. Von dem vielberufenen Kulturkampf-Minister Falk ist jene berüchtigte Ministerialverfügung vom Jahre 1850 erneuert worden, welche den Lehrern „jede Teilnahme an Vereinen, welche statutenmäßig oder faktisch eine der Staatsregierung feindselige Tendenz verfolgten, eine systematische Opposition gegen dieselbe unterhalten oder betreiben, den bestehenden verfassungsmäßigen Zustand zu untergraben suchen, die Pflicht der Treue gegen das Oberhaupt des Staats, den König, gering achten" u.s.w. untersagt – bei Vermeidung der Dienstentlassung! – [...]

Noch einer sehr schlimmen und äußerst wirksamen Metode will ich gedenken. Die Vorgesezten haben es immer verstanden, unter den Lehrern selbst gefügige Werkzeuge für ihre Absichten zu finden. [...]

Als in Berlin die allgemeine deutsche Lehrerversammlung tagen sollte, wurde der Preis einer Mitgliedskarte von 1 auf 3 Mark erhöht, um diejenigen Volksbildner fern zu halten, die nur in altmodischen, groben oder stark abgetragenen Kleidern erscheinen könnten. In dieser großen Versammlung war es auch, wo der „liberale" Nachmittags-Prediger Seyffarth (jetzt Archidiakonus und Landtags-Abgeordneter) einen Vortrag über die Volksschule in Preußen hielt. Er wiederholte der verduzten Versammlung alle die lobpreisenden Phrasen, welche in den gefälschten Geschichtsbüchern stehen, und kam genau da zu Ende, wo das System Eichhorn-Raumer-Mühler begonnen. Die deutschen Lehrer wurden gehindert, über dieses System ihr Urteil, welches man überall und als das wichtigste Ergebnis der ganzen Versammlung erwartet hatte, abzugeben.

Die geschilderten Zustände und Verhältnisse dauern noch heute; sie sind – wenn ich mich nicht sehr irre – gegenwärtig schlimmer denn je. Das zeigt sich besonders auffällig an den Führern, die jetzt unter den Lehrern das große Wort führen, in ihrem Verhalten zu den sozial-politischen Fragen und vornehmlich in der pädagogischen Presse. Seit dem Tode Diesterwegs, der in den „Rhein. Blättern" und in seinem „Pädagogischen Jahrbuch" stets der Reaktion auf den Fersen war, der unausgesetzt ihre bösen Pläne gegen die Volksbildung zu verderben suchte, gibts kein Blatt, das seine Kämpfe – denn nur von Kämpfen kann gesprochen werden – weiter führt, weil es unter den in Amt und Würden sich wohl fühlenden Pädagogen keinen gibt, der von einem vollen Hauche seines Geistes durchdrungen wäre und dessen Gewissen vor dem bösen und guten Willen der Behörden nicht bangte. Nicht Einen sehe ich, der den Mut hat, frei und offen, als ein ganzer Mann zu kämpfen gegen die Regulativ-Pädagogik auch in ihrer neuesten Gestalt, und einzutreten für eine Bildung, wie sie das Volk, das nach rein demokratischen Grundsäzen sich einzurichten bestrebt ist, sie braucht. Es gibt seit langer Zeit in Deutschland kaum ein pädagogisches Blatt, dessen Herausgeber, wenn er einen Artikel prüft oder eine Bemerkung niederschreiben will, nicht erst sorgfältig überlegt, was wohl der Herr Minister, oder der Herr Schulrat, oder der Herr Schulinspektor, oder der Herr Bürgermeister dazu sagen werde. Viele dieser braven Leute sind „liberal" und oft „sehr liberal", aber sie wissen genau, wann und wo sie es ohne Gefahr sein können. Ueber gewisse Fragen beobachten sie ein hartnäckiges Schweigen, andere behandeln sie mit jener zwischen Wenn und Aber sich bewegenden Behutsamkeit, die nichts entscheidet. So weiß ich, daß mehrere angesehene Pädagogen nicht nur für die öffentliche Schule, sondern überhaupt für die Erziehung jeglichen Religions-Unterricht verwerfen; es würde von großer Wirkung sein, wenn sie als Pädagogen ihre Ansichten und Erfahrungen über diese für den Unterricht und die Erziehung und die Organisation des gesammten Bildungswesens wichtigste Frage aussprächen. Es gibt viele Lehrer, welche von der Richtigkeit der demokratischen Grundsäze überzeugt sind und den vollständigen Sieg derselben erhoffen; aber wo ist einer, der es wagt, sich offen und ehrlich zu denselben zu bekennen? Es gibt wahrlich viele Lehrer, welche die Falk'schen Regulative um nichts besser finden, als die Raumer'schen; aber man zeige mir diejenigen, welche den Mut gehabt haben, es zu sagen. Aber alles das wagt kein Lehrer und kein pädagogisches Blatt; denn der Lehrer und namentlich die Herausgeber pädagogischer Blätter fürchten – leider nicht ohne Grund – ihre amtlichen Stellungen zu gefährden, oder Vorteile, die nur durch die Gunst der Behörden gesichert sind, zu verlieren. Darum schweigen sie oder reden wohl gar gegen ihre Ueberzeugung. Die Klugen treten gar nicht an eine Stelle, wo sie sich aussprechen, wo sie entweder ihre Ueberzeugung verleugnen oder der Wahrheit die Ehre geben müßten. Als der vor etwa zehn Jahren verstorbene A. Petsch, der eigentliche Gründer der „Berliner Schulzeitung", dieses damals tüchtige Blatt nicht weiter leiten konnte, fand sich in Berlin unter 1680 Lehrern, oder, wenn man von den „höheren" Lehrern absah, unter 1222 Lehrern niemand, der Fähigkeit und Lust hatte, die Redaktion des kleinen Blattes zu übernehmen. Es mußte Rektor Dr. Mensch in Gollnow, ein Teologe, „gewonnen" werden. Als dieser in etwas grober Weise das Blatt mit Regulativ-Pädagogik spickte, wurde er von den „freisinnigen Kollegen" entfernt. Nachdem es wiederum festgestellt worden, daß auch unter 1300 bis 1760 Lehrern in der „Hauptstadt deutscher Intelligenz" nicht Einer aufzutreiben war, der zur Herausgabe eines Blattes für Lehrer Lust und Fähigkeit gehabt, wurde bis zu dem schon oben in einem karakteristischen Falle genannten Nachmittagsprediger Seyffarth in Luckenwalde hinunter gegangen und derselbe von den „freisinnigen" Lehrern in Berlin „gewonnen". Der Mann war sehr strebsam und hat es mit seiner pädagogischen Freisinnigkeit in kurzer Zeit bis zum Archidiakonus in Liegnitz gebracht. Darnach wird man auch einen ungefähren Begriff von seiner „Schulzeitung" sich machen können.

Man könnte vielleicht meinen, das alles sei zwar recht schlimm, aber was die Lehrer nicht wagen – weswegen wir mit ihnen nicht rechten wollen –, das tun andere. Wer denn? wenn's erlaubt ist zu fragen. [...]

Jeder Ruhm übt auf die Menschen einen Einfluß, welcher nur in den seltensten Fällen als nicht unheilbringend bezeichnet werden kann; vor allem hindert er uns, klar zu schauen, Gebrechen zu erkennen und dann einzugestehen, daß sie wirklich vorhanden seien. Aber nichts ist gefährlicher, nichts verderblicher, als ein Ruhm, den man nicht verdient hat, den Dinge und Tatsachen als Schwindel erscheinen lassen. Das deutsche Volk (in seiner Gesammtheit) wird sich niemals für eine bessere Bildung, für einen gesunden und kräftigen Fortschritt auf dem Gebiete des Schulwesens begeistern, so lange es glaubt, daß wir in dieser Beziehung noch immer sehr hoch stehen und namentlich höher als die anderen Kulturvölker. Dieser Glaube muß zerstört werden. Für diesen Zweck ist es unerläßlich, zu zeigen, von wem jener Ruhm gemacht worden und wie er entstanden ist und mit welchen Mitteln er erhalten wird. Freilich, so glänzend der Schein, so düster die Wirklichkeit. Es tut mir leid darum. Aber ich hoffe, damit den einen und andern zu eingehendem Nachdenken anzuregen, bis er an sich und – wenn es sein kann – auch an andere in vollem Ernste die Frage stellt: was kann ich, was können wir tun, daß es mit unserer Volksbildung besser werde, daß sie auf die Höhe gelange, wo allein das Heil unserer Zukunft bereitet werden kann? – Oder ist das Heil unserer Zukunft nicht von der Volksbildung abhängig? Wenn nicht, dann ist auch der Ruhm überflüssig.

Wir aber, die wir nicht dieser Meinung sind, die nicht auf diese Frage mit „Nein!" antworten, wir wollen immerfort unser Streben dahin richten, daß die weite Kluft zwischen Wissenden und Unwissenden, den Gebildeten und Ungebildeten allmälich ganz verschwinde, daß jeder in die Lage komme, nach eigener Einsicht, nach eigenem Urteil sein Wohlergehen zu schaffen, das Recht zu verteidigen, die Freiheit zu fordern, zu gewinnen und zu sichern, daß endlich die Bildung allen, durchaus allen zu einem verschönenden und erhebenden Elemente eines menschenwürdigen Daseins werde. Die Arbeit ist schwer. Der erste und wichtigste Schritt ist die Auflösung der Märchen und Legenden, die Zerstörung des Aberglaubens, ist die Offenbarung der Wirklichkeit, des Vorhandenen, der Dinge und Tatsachen wie sie sind. [...]

4.   Anton Ph. Largiadèr: Allgemeine Erziehungslehre für den Gebrauch an Lehrer- und Lehrerinnen-Seminaren sowie für den Selbstunterricht. Handbuch der Pädagogik[634] (Rezension von Robert Seidel)

NZ 1884, Nr. 7, S. 331-334 (Auszüge)

[...] [D]as Buch ist dem Bedürfnis eines alten praktischen Schulmannes entwachsen, will in erster Linie dem Seminarunterricht dienen und konfessionelle Einseitigkeiten vermeiden. [...]

Da dem Verfasser der Eintritt des Christentums zwar nicht der Anfang, aber doch der Mittelpunkt der Weltgeschichte ist, so ist es erklärlich, daß die ganze Volksschule von ihm als eine Schöpfung des christlichen Geistes erklärt wird. Eine Begründung dieser Anschauung wird weder versucht, noch gegeben. Es fällt uns nicht im entferntesten ein, den religiös-philosophischen Standpunkt des Verfassers zu bemängeln, denn hier handelt es sich ja nicht um Glaubensbekenntnisse, sondern um historische Erscheinungen und Tatsachen. Diese aber sprechen in ihrer erdrückenden Mehrheit dafür, daß das Christentum, oder das, was man christlichen Geist nennen will, in der Regel gegen Volksbildung und Volksschule gewesen ist. [...]

„Die Volksschule der Gegenwart ist mit nichten eine Tochter der Kirche, zu deren Dienerin man sie von gewissen Seiten so gern machen möchte, sondern sie ist eine Tochter des modernen Staates, des modernen Volksbewußtseins und weit entfernt, dazu bestimmt zu sein, das Mittelalter aus seinem Grabe wieder heraufzubeschwören" – so sagte Herr Largiadèr in der Vorrede zur 3. Auflage seiner Volksschulkunde, datirt Mariaberg den 15. Juli 1874.

Mariaberg liegt bei Rorschach in der Schweiz und Herr Largiadèr war damals Direktor eines schweizerischen Lehrerseminars. Sollte wohl der veränderte Aufenthaltsort auf die Anschauung gewirkt haben?

Wir stimmen der älteren schweizerischen Auffassung des Herrn Verfassers bei, meinen aber, daß moderner Staat und modernes Volksbewußtsein nicht Ausflüsse des christlichen Geistes sind, also auch die Volksschule nicht eine Schöpfung dieses Geistes sein kann.

Es ist ferner nicht richtig, daß „eine religiöse Weltanschauung, welche zur Duldung und Liebe gegen alle Menschen drängt, und eine politische Weltanschauung, welche über die Schranken des einzelnen Staates und einer einzelnen Nationalität hinausreicht – beide ihrem innersten Wesen nach christliche Weltanschauungen sind." Beide reichen vielmehr in die alte Welt zurück und wurden vom Buddhis-

---

[634] Erschienen bei F. Schultheß, Zürich 1884.

mus und der alten heidnischen Philosophie ein halbes Jahrtausend vor Christus gelehrt. Wenn diese beiden Anschauungen ihrem innersten Wesen nach christlich sein sollen, wie kommt es denn aber, daß sie troz tausendjähriger unumschränkter Herrschaft des Christentums und troz des achtzehnhundertjährigen Bestandes desselben heute noch nicht zur Anerkennung, geschweige zur Herrschaft gelangt sind? Es geht mit diesem „innersten Wesen des Christentums" wie mit dem „Geist des Christentums" – es zeigt sich nirgends in der Geschichte. Wohl aber zeigt sich das Gegenteil. Wunderbares „innerstes Wesen!"

Eigentümlich, sehr eigentümlich mutet uns der Ausspruch des Herrn Verfassers gelegentlich der Besprechung Basedow's an, daß die eben besprochenen Weltanschauungen nicht den Ausgangspunkt, sondern nur das Ziel der Erziehung bilden könnten. Ausgangspunkte der Erziehung könnten nur sein: die Familie, die Konfession, die Nation, der Staat. Daß Basedow diese natürlichen Wahrheiten übersehen habe, sei sein Fundamental-Irrtum gewesen und an ihm seien seine Unternehmungen gescheitert. Wie man von einem Scheitern der Basedow'schen Unternehmungen zu sprechen berechtigt ist, angesichts der Tatsache, daß nach dem Austritt Basedow's die von ihm ins Leben gerufene Anstalt noch 17 Jahre bestand, daß das Dessauer Philantropin Schnepfenthal und ähnliche Anstalten zeugte, daß am Philantropin Männer wie Salzmann und Campe wirkten, und daß eine reiche Literatur aus der von Basedow angehobenen Bewegung erwuchs – wie man in Würdigung dieser Tatsachen von Scheitern reden kann, verstehen wir nicht.

Was hat es nun mit diesen Ausgangspunkten der Erziehung auf sich? Soll damit gesagt sein, daß dem Kinde nur das geboten werden soll, was seiner Natur entspricht, so wird jedermann damit einverstanden sein und jeder wird es natürlich finden, daß man einem siebenjährigen Kinde nicht nur nicht von Kosmopolitismus, sondern auch nicht vom Staate spreche. Es muß auch hier vom Nahen zum Fernen, von der Familie zur Gemeinde, von der Gemeinde zum Bezirk ec. stufenweis fortgeschritten und das Kind mit wachsender geistiger Reife in die seinem Verständnis entsprechenden Begriffskreise eingeführt werden. Aber der Kanton darf nicht als Gegensaz des Weltbürgertums aufgefaßt und gelehrt werden. Heute geschieht das leztere noch allgemein und daher der Nationalhaß und die Nationaleitelkeit, diese Brutstätten der Barbarei und Tyrannei unter den Völkern. Nation, Vaterland, Staat sind ihrem Wesen nach keine den Kosmopolitismus ausschließenden, sondern ihm nur untergeordnete und denselben konstituirende Kategorien, aber die Konfession schließt freilich ihrem innersten Wesen nach nicht nur die allgemeine, sondern sogar die Nächstenliebe innerhalb des Christentums aus. Das die Konfessionen Unterscheidende ist ja zugleich ihr Wesen, ohne das sie aufhören zu sein, was sie sind: abgeschlossene Religionssysteme, welche kein gemeinsames Band unter sich anerkennen und keine über sich stehende Einheit dulden. Während sich die Staaten und Völker nur durch Gegenseitigkeit, können sich die Konfessionen nur durch Ausschließlichkeit erhalten – und führen durchaus nicht zu allgemeiner Liebe und Duldung, sondern zu Haß und Verachtung. Der Weg zur allgemeinen Duldung und Menschenliebe durch die Konfession muß daher als ein gefährlicher Irrweg verworfen werden, er muß aber auch vom pädagogischen Standpunkte aus verworfen werden, weil dem Kinde Duldung und allgemeine Menschenliebe begreiflich zu machen sind und seiner Natur weit mehr entsprechen, als Haß und Verachtung, die konfessionellen Dogmen aber überhaupt nicht begriffen, sondern nur geglaubt werden können.

Wenn man in der Schule eine Anstalt zur Züchtung guter Untertanen und gedankenloser Bibel- und Kirchengläubiger erblickt dann, aber auch nur dann, ist das Lob gerechtfertigt, welches Herr Largiadèr dem Verfasser des preußischen „General-Landschulen-Reglements", Joh. Jul. Hecker, für die Hebung der Volksschule erteilt. Diese im Auftrage des alten Fritz, des „Philosophen auf dem Trone", von Hecker verfaßte Schulordnung ist nämlich absolut nichts anderes, als eine Anleitung zur Zucht und zur Dressur von „geschickteren und besseren Untertanen" – wie Friedrich II. selbst sagt. Das große Schulreformwerk des berühmten aufgeklärten Despoten gehört ins Reich der Fabeln und die Verdienste Hecker's um die Volksschule nach dieser Richtung müssen sehr geschmälert werden.

Nachdem wir so einiges gegen das Buch des Herrn Largiadèr, mit Bezug auf historische Auffassung und kritisches Urteil, haben einwenden müssen, sprechen wir unumwunden unsere vollste Anerkennung über die gute Anordnung und Abrundung des Stoffes aus. Nichts Unbedeutendes tritt auf Kosten des Bedeutenden hervor, kein Mittelstück und Bindeglied ist vergessen, überall herrscht schöne Symmetrie und Harmonie. Der Styl ist knapp und kräftig, keine Ziererei, keine Effekthascherei verunziert ihn. Mit ganz besonderer Freude und Genugtuung begrüßen wir die zahlreich gebotenen literarischen Proben. Das ist ein wahrer Fortschritt für den Seminarunterricht und für die Behandlung der Geschichte der Pädagogik, im Rahmen solch' kleiner Kompendien. Nur durch Darbietung des Wesentlichen aus den Werken der großen pädagogischen Schriftsteller und Epochen können die jungen Leute zur Selbständigkeit im Urteil geführt und kann der gedankenlosen Nachbeterei literarischer Urteile gewehrt werden.

Für den Selbstunterricht ist diese Art der Behandlung noch mehr am Plaze, denn es ist von Seiten des Autors gegenüber dem Leser entweder eine Anmaßung oder eine nicht zu rechtfertigende Zumutung, wenn er ganze Bücher über Gegenstände schreibt, ohne diese Gegenstände selbst vorzuführen. Eine Anmaßung ist es, weil der Leser in dem einen Fall dem Autor alles glauben, eine ungerechtfertigte Zumutung, weil er im anderen Falle alles gelesen haben soll. Dieses Verfahren widerspricht den Fundamentalsäzen der Pädagogik, die doch nicht blos für die Kinder gelten.

5. **Jens L. Christensen: Der moderne Bildungsschwindel in Schule und Familie sowie im täglichen Leben[635] (Rezension ohne Autorenangabe)**

NZ 1884/85, Nr. 5, S. 236 (Auszüge)

[...] Was der Verfasser in seiner Schrift gegen die geistigen Zustände in Deutschland sagt, läßt sich mit mindestens demselben Rechte über die Zustände aller Kulturnationen sagen, denn die geistige Versumpfung oder Brache der Massen, und das was der Verfasser als Denkfaulheit oder Feigheit der Gebildeten bezeichnet, ist die nothwendige Folge der bestehenden Herrschafts-Verhältnisse, die ein wirklich frei und logisch denkendes und demgemäß auch handelndes Volk nicht vertragen kann. Unsere Erziehungs- und Bildungsfrage ist so gut wie irgend eine ökonomische oder politische Frage eine Machtfrage, die schließlich in Deutschland noch früher als in anderen Kulturländern zu Gunsten des Volkes entschieden werden dürfte. [...].

Unter den Heilmitteln befürwortet der Verfasser eine vollständige Umgestaltung des bestehenden Bildungssystems. Die Schule müsse aufhören Standesschule zu sein. Unterricht und Lehrmittel sollen unentgeltlich, alle Kinder ohne Unterschied des Standes die Volksschule zu besuchen verpflichtet sein. Die Schule soll drei Stufen haben, die er als Unter-, Mittel- und Oberschule bezeichnet, der sich als Krone des Ganzen die Hochschule oder Universität anschließt. Das Aufsteigen von einer Schule in die andere nach dreijährigem Kursus soll nicht von dem Willen der Eltern, sondern von der Befähigung der Kinder und dem Zeugniß der Lehrer abhängen. Die Oberschüler, die sich keinem wissenschaftlichen Berufe widmen wollen, sollen mit dem 16. Jahre die Oberschule verlassen, die anderen treten nach weiterem 2-jährigen Unterricht in die Hochschule ein. An die Kinderschulen sollen sich Jungfrau- und Jünglingsschulen anschließen, deren Besuch zwar fakultativ sei, doch sollen Verlobte vor ihrer Verehelichung den Nachweis führen, daß sie mindestens ein Jahr diese Fortbildungsschule besuchten und sich für das neue Verhältnis gebührend vorbereiteten.

Die Schrift ist ein weiteres Zeichen dafür, daß die Stimmen immer zahlreicher werden, welche die vollkommene Unzulänglichkeit der bestehenden Zustände anerkennen und nach Umwandlungen von Grund aus drängen.

6. **Der internationale Lehrerkongreß in Havre (Bericht von J. H.)[636]**

NZ 1886, Nr. 2, S. 83-87 (Auszüge)

[...] Um die auf die Tagesordnung gesetzten Fragen, welche schon seit Monaten von den Lehrerkreisen emsig erörtert worden waren, einer möglichst gründlichen Prüfung zu unterwerfen, hatte sich der Kongreß in drei Sektionen geschieden [...]. Die eine auch nicht französisches Publikum am meisten interessirende Frage war

---

[635] Leipzig 1884, 2. Aufl. 1886, Neudruck im Topos-Verlag, Vaduz 1983.
[636] J. H. könnte Justus Heinrich sein. Siehe Dok. 23.

unstreitig die, mit welcher sich die Sektion A beschäftigte, die der Einführung des Handfertigkeits-Unterrichts in die elementare Volksschule. Der Gegenstand ist von ungemeiner Wichtigkeit, eine von den brennenden Fragen unserer Tage, und war wohl geeignet, vor das Forum einer internationalen Lehrerversammlung gebracht zu werden.*) Darum fand sich auch in dieser Sektion die große Mehrzahl der fremden Gäste ein, und wenn sich dieselben, außer einem belgischen Delegirten, auch nicht gerade an der Diskussion betheiligten, so werden sie doch manches gelernt und neue Anregung mit nach Hause genommen haben. Die Debatte war namentlich anfangs ungemein lebhaft und die äußersten Extreme platzten auf einander. Denn während die Einen sich entschieden gegen die Aufnahme dieses neuen Unterrichts-Gegenstandes aussprachen und ihre ablehnende Meinung durch Mangel an Zeit und ausreichenden Unterstützungsmitteln zu begründen suchten, auch darauf hinwiesen, daß den Kindern außer der Schulzeit besonders auf dem flachen Lande hinreichende Gelegenheit geboten sei, durch Unterstützung der Eltern in deren Berufsgeschäften sich die verschiedensten Handfertigkeiten aneignen zu können, – so stützten sich Andere auf die Fortschritte in der Methode, wodurch so viel an Zeit gewonnen werde, daß der Handarbeitsunterricht in weitester Ausdehnung in der Volksschule nicht nur die ihm gebührende Pflege finden, sondern hinsichtlich seines erzieherischen Einflusses den Konzentrationspunkt des gesammten Volksschulunterrichts bilden könne. Bei so weit auseinander gehenden Ansichten schien die auf diesen Tag beschränkte Vorberathung nicht zu günstigen Resultaten zu gelangen, zumal noch ein schweizerischer Lehrer, der früher selbst Handwerker gewesen war, eine von daheim mitgebrachte Abhandlung vorzulesen begann, in welcher er nachzuweisen suchte, daß die ganze Menschheit durch die Arbeit allmälig zu ihrer heutigen Kulturstufe gelangt und daher auch die Arbeit es sei, durch welche unsere Kinder erzogen werden müßten.

[...] Da wir annehmen dürfen, daß die Leser für diesen so ungemein wichtigen Gegenstand einiges Interesse haben werden, lassen wir die Schlußresolutionen hier folgen:

„Indem der Kongreß anerkennt, daß die Handarbeit einen integrierenden Theil eines guten allgemeinen Erziehungssystems ausmacht, spricht er den Wunsch aus, daß dieselbe sobald als möglich in der elementaren Volksschule eingeführt werde.

Die Handarbeit in der Elementarschule soll überall dieselbe sein; nur in der höheren Volksschule hat dieselbe auf die lokalen Bedürfnisse Rücksicht zu nehmen.

Der Handarbeitsunterricht wird entweder direkt durch den Lehrer selbst ertheilt oder unter seiner Leitung durch Arbeiter, welche alle wünschenswerthen Garantien der Befähigung, der Sittlichkeit und Haltung gewähren.

---

*) Wir werden dies Thema in einer unserer nächsten Nummern einer eingehenden Besprechung unterziehen, im Anschluß an das treffliche Büchlein von Robert Seidel, „Der Arbeitsunterricht, eine pädagogische und soziale Nothwendigkeit" [1885], das wir Jedem empfehlen, der sich für den Gegenstand interessirt.

Die Handarbeit in der höheren Volksschule wird mit Sorgfalt gewählten Arbeitern anvertraut, welche vom Direktor vorgeschlagen und seiner Autorität unterstellt worden. – In den Töchterschulen werden die Arbeiten im Nähen, Zuschneiden und Zusammenfügen Lehrerinnen übergeben, die besondere Qualifikations-Zeugnisse besitzen.

Die künftigen Lehrer sind bereits während der Seminarzeit auf den neuen Unterricht vorzubereiten, und während der großen Ferien finden im Seminar Spezialkurse in Handarbeit statt zum Besten für bereits angestellte Lehrer und Lehrerinnen.

In den Töchterschulen enthält der Handarbeits-Unterricht außer den obengenannten Beschäftigungen auch praktische Uebungen in Hauswirthschaft und Gartenbau (Gemüsezucht ec.). – Die praktischen Uebungen in der höheren Volksschule erstrecken sich auf Arbeiten in Holz und Eisen, auf Modelliren und auf landwirthschaftliche Beschäftigungen auf dem Versuchsfelde. – Allen höheren wie elementaren Volksschulen, auf dem Lande wie in der Stadt, sollen Werkstätten einverleibt werden. – In den Lehrlings- und höheren Volksschulen soll dem industriellen Zeichnen auf Grund der beschreibenden Geometrie ein möglichst weiter Raum gestattet werden. – In den wichtigsten Mittelpunkten des Landes sind Lehrlingsschulen zu errichten, ähnlich derjenigen zu Havre – einer Musteranstalt, über welche wir, falls es gewünscht werden sollte, einen kurzen Bericht zu geben gern bereit sind – und durchaus entsprechend den lokalen Bedürfnissen. Die Leitung dieser Anstalt soll eine einheitliche sein und einem dirigirenden Lehrer übergeben werden. – In jedem Departement sind für Waisenknaben, für moralisch gesunkene Kinder und für unverbesserliche Schüler Lehrlingsschulen mit Internaten zu errichten."

Das sind die Beschlüsse, welche der Kongreß in Bezug auf den Handarbeitsunterricht faßte. Man kann aus denselben ermessen, welchen Aufschwung das Volksschulwesen Frankreichs nach Einführung der zum Theil schon im Organisationsentwurf von 1882 vorgesehenen Bestimmungen nebst den erweiterten Zusatzanträgen des Kongresses entgegenschreiten muß. Freilich in Deutschland wird man noch lange auf derartige „Neuerungen" warten können; gehen doch unsere Reaktionäre damit um, sogar in den Fortbildungsschulen, die ja so nur einen geringen Werth haben, endlich auch noch den Katechismus einzuführen.

Als der Delegirte aus Mailand am ersten Kongreßtage der Versammlung mittheilte, daß auch die Lehrer Italiens danach strebten, die Handarbeit in die Volksschule einzuführen, und um Zeit dafür zu gewinnen, den Katechismus aus derselben hinauszuwerfen, begrüßte ihn ein begeistertes: „Es lebe Italien!" [...]

7. **Robert Seidel: Der Arbeitsunterricht, eine pädagogische und soziale Nothwendigkeit, zugleich eine Kritik der gegen ihn erhobenen Einwände[637] (Rezension von Heinrich Braun)**

NZ 1886, Nr. 4, S. 184-187

Handarbeit neben Unterricht und Gymnastik als Erziehungs- und Bildungsmittel in die Schule einzuführen, ist von den großen Pädagogen wiederholt mit Nachdruck und Entschiedenheit gefordert worden. Comenius wie Locke, Rousseau und Pestalozzi, Owen wie Fichte, Fröbel und viele Andere sehen in der Erlernung und Uebung der Handarbeit nicht nur eine wichtige und sich gegenseitig fördernde Ergänzung des einseitigen geistigen Unterrichts der Schule, sondern sie erblicken in derselben auch die unerläßliche Bedingung einer allseitigen und harmonischen Ausbildung des Menschen. Aber trotz der zwingenden und durchschlagenden Gründe, mit denen diese hervorragenden Denker eine entsprechende Reform der Schule verfochten, kamen die Versuche zur Verwirklichung derselben über eine beschränkte, mehr oder weniger zufällige und durchaus unzulängliche Ausführung nicht hinaus. Wenn sich in den letzten Jahrzehnten hierin ein Umschwung zu vollziehen scheint, so liegt dies keineswegs daran, daß die theoretische Begründung des Arbeitsunterrichts durch die pädagogische Wissenschaft inzwischen eine größere Vertiefung erfahren hätte und von dieser Seite eine bessere und allgemeinere Einsicht in seine Vorzüge angebahnt worden wäre. Im Gegentheil: unser Wissen von demselben beschränkt sich in der Hauptsache auf die Erkenntniß, die wir den alten klassischen Pädagogen zu verdanken haben, die neuere pädagogische Literatur hat dasselbe keineswegs vermehrt. Dagegen hat ein anderer Umstand sich dem Arbeitunterricht außerordentlich günstig erwiesen. Die Umgestaltung, die die modernen wirthschaftlichen Verhältnisse durch die kapitalistische Produktionsweise erfuhren, haben die Verbindung der Arbeitsschule mit der Lernschule unter völlig veränderten Gesichtspunkten betrachten gelehrt. Und so ist es dann auch nicht ein Pädagog, sondern ein Oekonom und Wirthschaftshistoriker, Karl Marx, dem wir gegenwärtig eine völlig neue Auffassung jenes pädagogischen Prinzips verdanken. Es sind nur wenige Seiten im „Kapital" (I. 3. Auflage, S. 498fg.), auf denen er die Verbindung produktiver Arbeit mit Unterricht und Gymnastik bespricht, aber der Inhalt derselben ist von der größten Fruchtbarkeit für jede fernere Betrachtung und bedeutet eine wesentliche Ergänzung und Vervollständigung der bisherigen pädagogischen Betrachtungsweise, in gewissem Sinn eine völlige Neubegründung des Arbeitsunterrichts. Marx legt dar, daß das, was den früheren Pädagogen als eine

[637] Erschienen bei Laupp, Tübingen 1885. – Heinrich Braun (1854-1927), Gymnasium, Studium (Rechtswissenschaft, Nationalökonomie) in Wien, Göttingen, Berlin und Halle, Promotion in Halle, Mitarbeiter des *Sozialdemokrat,* 1883 Mitbegründer der *NZ,* Herausgeber verschiedener Zeitungen, 1903/04 Mitglied des Reichstages, nach 1919 als Versicherungssachverständiger tätig, verheiratet mit der Frauenrechtlerin Lily Braun (1865-1916), mit der er von 1905 bis 1907 die Kulturzeitschrift *Die Neue Gesellschaft* herausgab. Beide gehörten dem revisionistischen Flügel der Sozialdemokratie an.

ideale Forderung vorschwebte, sich als ein nothwendiges Ergebniß des wirthschaft-lichen Fortschritts mehr und mehr verwirklichen muß. „Aus dem Fabriksystem", sagt er, „wie man im Detail bei Robert Owen verfolgen kann, entsproß der Keim der Erziehung der Zukunft, welche für alle Kinder unter[638] einem gewissen Alter produktive Arbeit mit Unterricht und Gymnastik verbinden wird, nicht nur als eine Methode zur Steigerung der gesellschaftlichen Produktion, sondern als die einzige Methode zur Produktion vollseitig entwickelter Menschen."

Seidel, der neueste Autor auf dem Gebiet des Arbeitsunterrichts, verdankt die Vorzüge, die seine Schrift auszeichnen, zu einem nicht geringen Theil seiner Be-kanntschaft mit dem ökonomischen System von Marx. Dadurch daß er gleichmä-ßig die Schule von Marx wie die der klassischen Pädagogen genossen, erwarb er sich über die modernen Schriftsteller seines Gegenstandes eine Ueberlegenheit, die ihm sowohl für die Kritik gegnerischer Auffassungen, wie die positive Begründung seiner eigenen Ansichten sehr zu statten kam. In ganz richtiger Anwendung der Marx'schen Geschichtsphilosophie auf die Erziehung und den Unterricht legt Sei-del kurz dar, wie das Unterrichtswesen der antiken Staaten der Ausdruck war einer auf Sklaverei gegründeten Gesellschaft, wie die mittelalterliche Standesbildung in dem Feudalismus wurzelte, und wie unsere heutige Schule und die zur Standesbil-dung den Gegensatz bildende Menschenbildung die bürgerliche Gesellschaft zur nothwendigen Voraussetzung hat. Allein mit gutem Recht fügt Seidel hinzu, daß die Idee der Menschenbildung bisher nur eine sehr verkümmerte Ausgestaltung in unserer Volksschule erfahren und daß man angesichts der klaffenden Unterschiede in der Bildung der verschiedenen Klassen und der vollkommenen Unbildung, die für einen durchaus nicht geringfügigen Bruchtheil des Volkes Jahr für Jahr bei den Rekrutenprüfungen offiziell beurkundet wird, auch heute immer noch in gewissem Sinn von Standesbildung reden könne, wenn auch das derselben zu Grunde liegen-de Prinzip ein überwundener Standpunkt sei. Indessen – Seidel hebt das gut hervor –, die Pädagogik steht ebenso im Fluß fortwährender Entwicklung und Umgestal-tung, wie alle anderen Verhältnisse der Gesellschaft, und es unterliegt keinem Zweifel, daß mit der Herrschaft der Arbeiterklasse und dem damit nothwendig sich verbindenden Wegfall jedes Klassengegensatzes die harmonische Menschenbil-dung zur vollen Verwirklichung gelangen und die Arbeit eine ihrer Grundlagen bilden wird. Seidel spricht dies aus in voller Uebereinstimmung mit den Ansichten von Marx; indessen wären seine Ausführungen von noch zwingenderer Ueberzeu-gungskraft gewesen, wenn er den von Marx geltend gemachten Gründen zu Guns-ten des Eintritts einer so beschaffenen Erziehung der künftigen Gesellschaft mehr im Einzelnen gefolgt wäre und seine Ansicht nicht auf die aus den Anschauungen von Marx sich ergebenden allgemeinen Erwägungen allein gestützt hätte.

Bevor Seidel sich mit den von den verschiedensten Gesichtspunkten erhobenen Einwänden der Gegner des Arbeitsunterrichts beschäftigt, sucht er in einer mehr generellen Weise die Widersprüche und Irrthümer der letzteren zu widerlegen. Mit

---

[638] Bei Marx heißt es „über". Vgl. Karl Marx: Das Kapital. MEW, Bd. 23, S. 508.

Recht legt er allen Nachdruck auf den Satz, daß in der Handarbeit ein unentbehrliches und durch nichts Anderes zu ersetzendes Mittel der harmonischen Ausbildung des Menschen zu erblicken sei, und daß für die Vertreter dieser Auffassung die Einführung der Arbeit in die Schule vor allem diesem Erziehungszweck dienen solle; selbstverständlich erscheinen dabei Bildung der Handgeschicklichkeit, Befriedigung materieller Bedürfnisse, Vorbereitung für das Leben nicht ausgeschlossen, aber gegenüber dem in erster Linie stehenden Zweck rücken jene in die zweite oder dritte Reihe. Ganz zutreffend ist darum auch Seidels Forderung, daß sich die ablehnende Kritik der Pädagogen gegen diesen pädagogischen Gesichtspunkt in der Frage des Arbeitsunterrichts zu wenden habe, und es verkehrt sei, den Arbeitsunterricht darum zu bekämpfen, weil er vermeintlicher Weise die Einführung von Handwerken in die Schule, die Förderung der Hausindustrie oder die Neubelebung des Handwerks zum Ziele habe. Wenn man gegen derartige mit dem Arbeitsunterricht verbundene Absichten sich wendet, bekämpft man mit Recht den aussichtslosen Versuch, die absterbenden Formen der Hausindustrie und des Handwerks vor dem unweigerlich drohenden Untergang zu retten, allein es ist inkonsequent, daraus etwas gegen den Arbeitsunterricht zu folgern, da man diesen nur ungehöriger Weise mit solchen reaktionären Bestrebungen verquickt. Ebenso irrthümlich ist es, den Arbeitsunterricht mit der fachgewerblichen Bildung zusammenzuwerfen. Der Arbeitsunterricht, sagt Seidel ganz richtig, soll gar kein fachgewerblicher Unterricht sein, sondern eine allgemeine Vorbereitung für die praktische Bildung, aber auch dieses Ziel ist nicht sein wesentliches, der Hauptzweck ist vielmehr die „harmonische Ausbildung des werdenden Menschen". Es ist daher auch durchaus irrthümlich, wie dies von manchen Gegnern geschieht, den Arbeitsunterricht deswegen zu bekritteln, weil er keine tüchtigen Arbeiter, keine fertigen Handwerker bilden könne, einen Unterricht vorwegnehme, den die Lehrwerkstatt zu ertheilen habe und dergleichen mehr, da all' dies gar nicht in seinem Plane liegt.

[...] Nach den wirthschaftlichen bespricht Seidel eine Reihe opportunistischer und rechtlicher Einwände gegen den Arbeitsunterricht und widerlegt insbesondere sehr verständig die Behauptung, daß der Thätigkeitstrieb des Kindes bereits in der Familie eine hinreichende Ausbildung erfahre. Er zeigt, wie mit dem Verschwinden der mittelalterlichen Produktionsweise und mit der Umwälzung der häuslichen Zustände in der Gegenwart die Möglichkeit immer mehr schwindet, daß der Sohn vom Vater in dessen Handwerk eingeführt werde. Aber auch den letzteren Fall gesetzt, so könnte auf diesem Wege doch nur ein fachgewerblicher, nicht aber ein Arbeitsunterricht im pädagogischen Sinn erzielt werden. Diesen letzteren vermag die Familie in ihrer heutigen Gestalt nicht zu bieten, sie vermag, wie Seidel richtig sagt, „den Thätigkeitstrieb nicht zu befriedigen, sie unterdrückt ihn vielmehr oft, mißleitet ihn nicht selten und ist infolge unserer sozialen Zustände gar nicht im Stande, ihn zu leiten und zu bilden." (S. 41) Ohne allen Zweifel ist es darum Sache der Schule, den Arbeitsunterricht unter ihre Aufgaben aufzunehmen, und es bedarf, die pädagogische und soziale Nothwendigkeit desselben einmal zugegeben, wahrlich nicht des von Seidel gelieferten Nachweises, daß der Staat hierzu berechtigt sei und mit der obligatorischen Einführung des Arbeitsunterrichts keine „Verletzung der Elternrechte" begehe. Gegenüber den zahlreichen, zum Theil einer ernsthaften Begründung gänzlich entbehrenden Einwänden, die der Arbeitsunterricht von pädagogischer Seite zu erfahren hatte, führt Seidel den Nachweis, daß der Arbeitsunterricht, mag man die Aufgabe der Volksschule wie auch immer bestimmen, doch unbedingt in dieselbe gehöre. Hätte die Volksschule ausschließlich den Zweck der Begriffsbildung, so wäre der Arbeitsunterricht auch unter diesem Gesichtspunkt unentbehrlich, „weil gerade er das wichtigste Mittel der Begriffsbildung ist. Er steht als solches über dem Anschauungsunterricht, denn er setzt die genaueste Anschauung der Dinge voraus und fügt derselben das Gestalten und damit neue Vorstellungen hinzu. Die Begriffe müssen darum nothwendig bestimmter, klarer werden als beim bloßen Anschauungsunterricht." (S. 57) Noch zwingender wird die Forderung nach Einführung des Arbeitsunterrichts, wenn man der Schule die Aufgabe harmonischer Bildung stellt. Diese letztere ist, wie Seidel mit Recht sagt, nur vorhanden, wo die moralische, geistige und physisch-praktische Seite des Menschen zur gleichmäßigen Entwicklung gelangt. Das vermag aber bei dem gegenwärtigen Schulunterricht nicht zu geschehen, weil keines seiner Fächer als Ersatz für den Arbeitsunterricht dienen kann, weder, wie manche meinen, das Turnen, noch das Zeichnen oder irgend ein anderer Gegenstand. Eine harmonische Ausbildung kann allein aus der Verbindung des Wissensunterrichts mit dem Arbeitsunterricht hervorgehen, indem sich mit dem theoretischen, abstrakten Unterricht die gestaltende, schöpferische Thätigkeit organisch verknüpft. Der Arbeitsunterricht ist es auch allein, der die Nachtheile des heutigen Schullebens mit seiner einseitigen Anstrengung des Schülers durch den Wechsel zwischen geistiger und körperlicher Bethätigung und die Mannigfaltigkeit der Beschäftigung, wie sie der Arbeitsunterricht fordert, aufheben würde. Der Satz Rousseaus: „Das große Geheimniß der Erziehung besteht darin, es so zu veranstalten, daß die Uebungen des Körpers eine Erholung für die des Geistes bilden und umgekehrt ", würde mit der Einführung des Arbeitsunterrichts in die Schule endlich zum Prinzip ihres Unterrichts geworden sein. Und statt daß man befürchten müßte, die heute so sehr beklagte Ueberbürdung der Schüler werde nach Einführung des Arbeitsunterrichts noch gesteigert worden, wird derselbe ganz im Gegentheil der Ueberbürdung und ihren nachtheiligen Folgen entgegenarbeiten. [...]

Zu allen anderen Vorzügen des Arbeitsunterrichts gehört auch der, daß die Schule durch eine weit innigere Verbindung mit dem Leben und dessen praktischer Thätigkeit, durch die Entwicklung nicht nur wie bisher allein der reproducirenden, sondern auch der produktiven Seite der menschlichen Natur, die durch die Aufnahme des Arbeitsunterrichts in ihr Programm bewirkt würde, ihre Schüler bei weitem besser befähigen wird, eine Berufswahl zu treffen. Der Schüler wird jetzt erst über seine Fähigkeiten und seine eigentlichen Neigungen zu Klarheit und Sicherheit kommen und die große Zahl verfehlter und schiffbrüchiger Existenzen wird sehr verringert werden. Ueber die Einführung des Arbeitsunterrichts in die Schule und die Methodik desselben giebt Seidel einige sehr gute Andeutungen. [...]

Von der wissenschaftlichen Vorbereitung der Idee abgesehen, hat Niemand glücklicher als Fröbel die Bahn für den Arbeitsunterricht frei gemacht. Es gilt nur an die Idee des Kindergartens anzuknüpfen und sie für eine höhere Stufe weiterzuentwickeln.

Seidels Schrift vertritt das große soziale und pädagogische Interesse des Gegenstandes in sehr dankenswerther Weise, und wenn man von manchen Wiederholungen und von dem Umstand absieht, daß er in dem ängstlichen Bemühen, keinen gegen den Arbeitsunterricht erhobenen Einwand unwiderlegt zu lassen, sich zu einer manchmal unnöthigen Weitläufigkeit hat verleiten lassen, so kann man seiner Schrift ungetheiltes Lob spenden. [...]

8. **Die Entwicklung des Schulwesens in den Vereinigten Staaten (ohne Autorenangabe)**

NZ 1886, Nr. 12, S. 575-576 (Auszüge)

Die Entwicklung des Schulwesens in den Vereinigten Staaten wird eingehend dargestellt in dem jüngsten Berichte des Kommissärs für Erziehungswesen daselbst (Report of the commissioner of education in the United States for the year 1882-1883. Washington, 1884). Ein eingehendes Referat über diesen Bericht brachte die „Nature" (12. März 1885), in welchem uns namentlich drei Stellen auffielen: die über die Kindergärten, das Frauenstudium und die Verbindung von Schule und Arbeit in den Vereinigten Staaten. [...]

Diese Ausführungen sind von höchstem Interesse; sie zeigen, wie heute bereits jenseits des Ozeans – in spärlichen Anfängen auch diesseits desselben – ein Erziehungssystem sich entwickelt, welches Marx bereits vor achtzehn Jahren die „Erziehung der Zukunft" nannte [...]. Was unser Philister noch als Utopie belächelt, bricht sich bereits Bahn in der amerikanischen Republik: Die Verstaatlichung der Erziehung, die Emanzipation der Frau, die Vereinigung von Wissenschaft und körperlicher Arbeit.

9. **Karl Kautsky: Friedrich II. und die Volksschule**[639]

NZ 1887, Nr. 4, S. 172-177 (Auszüge)

Wenn man einer gewissen Sorte von preußischen Geschichtsschreibern glauben dürfte, ist die gesammte moderne Kultur Deutschlands das Werk einiger weniger hochgestellter Männer. Was in Frankreich das Volk mit so blutigen Opfern durch die Revolution errungen, das wurde, so erzählt man uns, in Deutschland den Völkern friedlich und freiwillig geschenkt – so weit es nützlich war. Vor Allem ist es Friedrich II., der als Befreier seines Volkes von geistigen und ökonomischen Fesseln gepriesen wird. [...]

---

[639] Kautsky nimmt in diesem Text Bezug auf Robert Seidel: Friedrich der Große, Heros der deutschen Volksbildung. Pichler, Wien und Leipzig 1885.

Da ist eine Schrift doppelt willkommen, welche nicht aus zweiter Hand schöpft, sondern auf die Quellen zurückgeht und die – was unseres Wissens vorher noch nicht geschehen – das, was Friedrich II. geschaffen, mit dem vergleicht, was vor ihm und neben ihm in Deutschland von Anderen geleistet worden. Eine solche Schrift hat Robert Seidel im vorigen Jahre veröffentlicht. [...]

Bei dieser Vergleichung schrumpft die Sage vom „Heros der Volksaufklärung" gewaltig zusammen. Seine Leistungen für die Volksschule werden nicht nur von dem, was gleichzeitig z. B. in Sachsen und Oesterreich geschaffen worden, erreicht, zum Theil übertroffen, sie sind auch im Wesentlichen nichts Neues, sondern nur Erneuerungen dessen, was seine Vorfahren, besonders Friedrich Wilhelm I. verordnet und ins Werk gesetzt hatten. Der einzige wesentliche Fortschritt Friedrichs bestand darin, daß er das, was vor ihm nur für einzelne Provinzen gegolten, auf den ganzen Staat ausdehnte, daß er an Stelle der partikularistischen Vielförmigkeit die Einförmigkeit setzte. Friedrich II. hat die Volksschule, wie so manches Andere, uniformirt.

Als ein besonderes Verdienst Friedrichs wird die Einführung des Schulzwangs hingestellt. Seidel weist nach, daß auch dieser von Friedrich Wilhelm I. übernommen wurde. Uebrigens können wir im Schulzwang des „aufgeklärten" Despotismus einen besonders genialen Gedanken nicht entdecken. Der Absolutismus strebte natürlich danach, sich nicht nur die physischen, sondern auch die geistigen Kräfte der Unterthanen dienstbar zu machen. Er hatte sich deshalb zum obersten Herrn der Kirche in den protestantischen Ländern aufgeworfen und versuchte das Gleiche in den katholischen. Die Jesuiten haben aber schon vor ihm entdeckt, welchen Einfluß man erlange, wenn man sich der Erziehung der Jugend bemächtige. So nahm denn der Absolutismus auch diese in die Hand, nicht um die Jugend zu bilden, sie zu denkenden und wissenden Menschen heranzuziehen, sondern um sie zu gefügigen Unterthanen zu drillen. Der absolute Staat des vorigen Jahrhunderts nahm die Schule in die Hand, damit nicht andere, ihm feindliche Elemente, sich ihrer bemächtigten. Er zwang die Kinder, in die Schule zu gehen, wie er alles erzwang, was ihm gut dünkte. Hinter diesem Zwang steckt noch keine große Weisheit. Friedrich II. zwang die Kinder auch, in die Kirche zu gehen, er zwang auch die Juden, aus der königlichen Porzellanfabrik in Berlin königliche Tassen um einen hohen Preis zu kaufen u.s.w.

Die Schule war dem Despotismus des vorigen Jahrhunderts nur Herrschaftsmittel; kein Wunder, daß in den preußischen Volksschulen fast nichts gethan wurde, als gebetet und geistliche Lieder gesungen. Das Lesen und Schreiben und noch mehr das Rechnen waren Nebendinge, auf die kein Gewicht gelegt wurde. Darüber hinaus erstreckte sich der Unterricht überhaupt nicht.

Die Darlegungen Seidels sind ein vernichtendes Urtheil – nicht über Friedrich II., wohl aber über die jetzige preußisch-deutsche Geschichtsschreibung. Friedrich II. haben wir ebensowenig zu verurtheilen oder zu rechtfertigen, wie irgend eine andere historische Persönlichkeit. Wir haben ihn und seine Zeit zu verstehen. Dazu ist es aber vor Allem nothwendig, daß wir ihn kennen, wie er war, daß der Nebel zerstreut werde, den Legenden und Augenblickszwecken dienende Färbung und Verdrehung um seine Person gelagert haben und der Friedrich II. als Verfechter moderner Ideen und Prinzipien erscheinen läßt, als Erzieher und Bildner seines Volkes zur Selbstregierung, nicht als absoluten Fürsten, der auf dem gleichen Standpunkt stand, wie der ganze Absolutismus des achtzehnten Jahrhunderts überhaupt. Wie früher schon Ludwig XIV., so dachte auch Friedrich II.: „Der Staat bin ich."

Betrachtet man Friedrich mit nüchternem Blick, dann erscheint uns sein Thun meist logisch und überlegt. Daß er mitunter anders schrieb als er handelte, darf uns nicht allzusehr überraschen. Wie Katharina II. und Josef II. sah sich auch der Preußenkönig gezwungen, der Mode der Aufklärung seinen Tribut darzubringen.

Will man dagegen in Friedrich mehr sehen, als er war, nicht blos den großen Feldherrn, den gewandten und rücksichtslosen Staatsmann, sondern auch einen Heros der Kultur, wie es die heutige preußisch-deutsche Geschichtsschreibung mit sehr unverhüllter Absicht thut, stellt man alle die Phrasen der Aufklärungsliteratur, die Friedrich mitmachte, als gewichtige Zeugnisse für seine Kulturmission in den Vordergrund, dann erreicht man nur, daß auf diejenigen, welche nicht gläubig alles hinnehmen, was ihnen ein Professor erzählt, und welche die Worte mit den Thaten vergleichen, der Kontrast zwischen beiden nur um so grasser wirkt.

So wird für das denkende Publikum das Gegentheil von dem erreicht, was man erreichen will. Indem es sich der erwähnten historischen Schule nicht darum handelt, Friedrich II. als das Produkt seiner Zeit unserem Verständniß näher zu bringen, sondern ihn zu verherrlichen und ihm daher eine Denkart unterzuschieben, die auf den großen Haufen des modernen Publikums den Eindruck von Großartigkeit und Freimuth macht, erscheint das Thun Friedrichs vielfach im Widerspruch mit seiner angeblich von ihm geäußerten Gesinnung, wo es in Wirklichkeit mit ihr im Einklang war. Und mag man sich noch so sehr dessen bewußt sein, daß der Historiker zu erkennen, zu verstehen, aber nicht moralisch zu richten hat, so ruft doch das überschwänglich lobende Urtheil auf der einen Seite die Hervorhebung der diesem entgegenstehenden Thatsachen von der anderen Seite hervor, und damit ein Urtheil, welches oft übermäßig streng ist.

Es scheint uns, als habe auch Seidel sich dieser Einwirkung nicht ganz entziehen können und Friedrich des Widerspruchs mit sich selbst gezogen, wo dieser ganz im Einklang mit seinem Standpunkt handelte – allerdings im Widerspruch mit den Prinzipien des modernen Liberalismus (das Wort in seinem besten Sinne genommen) – aber Friedrich war eben kein moderner Liberaler.

Es ist wahr, Friedrich äußerte sich sehr unglaubwürdig in Religionsangelegenheiten und verordnete doch, daß in den Volksschulen der Unterricht vorwiegend Religionsunterricht sein solle. Aber darin liegt kein Widerspruch vom Standpunkte der Aufklärungsphilosophie der ersten Hälfte des 18. Jahrhunderts, der Friedrich huldigte, da diese sehr aristokratisch war, wenn sie auch, mitunter sehr wider Willen, demokratisch wirkte.

„Ich habe niemals Anspruch darauf gemacht, Schuster und Köchinnen aufzuklären", schrieb Voltaire an d'Alembert, und an Diderot: „Man muß den Aberglauben bei den anständigen Leuten vernichten, und ihn dem Pöbel (canaille) überlassen." Und ein andermal sagte er: „Das Volk, welches seine Hände hat, um davon zu leben, hat weder Zeit noch Geschick zur Selbstbelehrung; es würde verhungern, ehe Philosophen daraus würden. Mir scheint es nothwendig, daß es unwissende Bettler giebt... Man predige den unteren Klassen Tugend; wenn das Volk sich ins Disputiren mischt, dann ist alles verloren." So schrieb der Patriarch der Aufklärung. Erst kurz vor der großen Revolution von 1789 kam in die Aufklärungsbewegung, wenigstens in Frankreich, ein entschieden demokratischer Zug, aufgedrängt durch die wachsende Theilnahme und Bedeutung des Volkes für Politik und Literatur, und gefördert durch den Unabhängigkeitskampf der englischen Kolonien in Nordamerika, an dem Frankreich als Alliirter der „Rebellen" gegen England theil nahm. Die Franzosen kamen so in Berührung mit einem wirklich demokratischen Gemeinwesen und lernten ein Volk kennen, das sich selbst regierte. Jenseits des Ozeans fanden sie auch, was man damals vergeblich in Europa gesucht hätte, eine wirkliche Volksschule, eine Schule, die bestimmt war, die Erziehung selbstbewußter denkender Bürger zu fördern, nicht in alter Demuth ersterbende Unterthanen zu drillen, eine Schule, die thatsächlich das war, was eine liebedienerische Geschichtsschreibung mit Unrecht von der Schule Friedrichs II. behauptet, ein Kulturmittel, kein Herrschaftsmittel. [...]

In Europa war es nicht der „aufgeklärte Despotismus", sondern die demokratische Richtung der Aufklärung in der zweiten Hälfte des 18. Jahrhunderts, welche die allgemeine Volksschule als Mittel zur Heranziehung denkender, karaktervoller Bürger, nicht sklavischer Unterthanen, auf ihr Banner schrieb. Wir erinnern an die Verdienste der beiden Schweizer Rousseau und Pestalozzi um die Sache der Volkserziehung und an die weniger bekannten Vorschläge Turgots. [...]

Die ältere Aufklärung, die ihren Höhepunkt in Voltaire erreicht hat, stand dieser demokratischen Bewegung fremd gegenüber. Sie war absolutistisch gesinnt und mußte es sein, da sie im Volk, das damals vornehmlich aus Kleinbürgern und Bauern bestand, noch keine Keime einer selbständigen politischen Thätigkeit bemerkte, so daß ihr das Königthum als der einzig mögliche Verbündete im Kampfe gegen die Kirche erschien, der ihr Hauptangriff galt. Diese ältere Richtung der Aufklärung hatte natürlich für die Schule des Volkes kein größeres Interesse, als für das Volk selbst.

Friedrich gehörte dieser älteren Richtung an. Selbst seine größten Lobredner werden in ihm keinen Funken demokratischen Geistes entdecken. Es ist wahr, er schrieb einigemal von der Gleichheit und Brüderlichkeit der Menschen. Dergleichen Aussprüche sind jedoch nicht allzugenau zu nehmen. Es war eine kleine Schwäche des 18. Jahrhunderts, daß jeder Mensch sich als Normalmensch fühlte und den kleinen Kreis Gleichgesinnter, in dem er wirkte, als die „Menschheit" betrachtete. Als die englischen Kolonien in Nordamerika sich unabhängig erklärten, erließen sie auch eine Erklärung der Rechte des Menschen, die jedoch für

Neger, Indianer und Frauen keine Geltung hatte. Vielfach hat sich noch in unserem Jahrhundert die Gewohnheit erhalten, bei irgend einer Forderung, die man erhebt, im Namen der „Menschheit" zu sprechen. Es ist bezeichnend, daß der Kommunistenbund bis 1847 das Motto führte: „Alle Menschen sind Brüder."

Wenn die Sklavenhalter von Virginien ohne bewußte Heuchelei von der Gleichheit und Brüderlichkeit der Menschen reden konnten, konnte es jeder Andere auch. Worte, wie diese, beweisen nur, wie Unrecht die Historiker thun, wenn sie eine Zeit nach ihren Phrasen und Illusionen beurtheilen und nicht nach ihren Thaten. Es gilt dies für die ersten Jahrhunderte des Christenthums ebenso wie für die Kreuzzüge, die Reformation, den aufgeklärten Despotismus und die französische Revolution.

Am schlimmsten aber ist es, wenn man den Worten und Illusionen der Vorzeit einen modernen Sinn unterlegt, wie das namentlich unsere liberalen Historiker gerne thun. Alle Deutschen, die aus irgend einem Grunde mit Rom irgend einen Kampf auszufechten hatten, sind in ihren Augen nationalliberale Kulturkämpfer, bis auf Luther, ja bis auf den alten Barbarossa und Hermann den Cherusker, zurück.

So wie diese, gilt auch Friedrich II. als Kulturkämpfer, obgleich er es im Sinne des modernen Liberalismus nicht gewesen. Er war kein Bahnbrecher der modernen Volksschule und konnte es von seinem Standpunkte nicht sein. Es hätte das geheißen, den Ast absägen, auf dem er saß. Er hätte nie eine philosophische Richtung begünstigt, welche die Aufklärung des Volkes zum Ziel hatte. Wenn er der Aufklärungsphilosophie huldigte, so deswegen, weil diese den König, nicht aber das Volk von der Kirche emanzipiren wollte. In der Reformation hatte sich der Absolutismus politisch von der Kirche emanzipirt; in der Zeit der Aufklärung emanzipirte er sich auch geistig von ihr. Die Reformation hatte den Klerus zum Diener des Monarchen gemacht, aber zu einem vertrauten bevorzugten Diener, der den Herrn ungemein zu beeinflussen wußte. Die Monarchen der Aufklärung ließen sich von der Geistlichkeit bedienen, aber nicht berathen.

Dies der Standpunkt Friedrichs II. Er ist natürlich nicht der unsere, aber man muß zugeben, daß von ihm aus Friedrichs Vorgehen der Volksschule gegenüber ein konsequentes war und nicht in Widerspruch zu seiner Aufklärungsphilosophie. Wir können, wie gesagt, in Beziehung auf diesen Punkt Seidels Schrift nicht zustimmen. Friedrichs thatsächliches Verhalten in der Schulfrage stand nicht in Widerspruch zu seiner Philosophie, es steht blos in Widerspruch zu der neupreußischen Geschichtsdarstellung, die, mit Worten spielend, den Anhänger der Aufklärungsphilosophie zu einem Heros der Volks-Aufklärung und Volks-Bildung stempelt.

In der Hauptsache befinden wir uns jedoch, wie gesagt, in vollster Uebereinstimmung mit Seidel; seine Schrift ist eine wirkliche Bereicherung unserer Literatur über Friedrich II., und wir können sie jedermann bestens empfehlen, der sich für das Zeitalter des aufgeklärten Absolutismus interessirt. Nicht das geringste Verdienst des Büchleins ist seine klare Darstellung und populäre Sprache.

10. **Robert Seidel: Sozialpädagogische Streiflichter über Frankreich und Deutschland, zugleich Bericht über den I. Internationalen Lehrerkongreß zu Havre 1885[640] (Rezension von Karl Kautsky)**

NZ 1888, Nr. 2, S. 93-95

Seidel, der dem Lehrerkongreß zu Havre beigewohnt, theilt uns in vorliegendem Büchlein die Eindrücke mit, die er von demselben und von der Entwicklung des Schulwesens in Frankreich überhaupt empfangen. Daß diese Eindrücke die günstigsten waren, wird Niemanden verwundern: in Deutschland auf dem Gebiete des Schulwesens absolute Stagnation; in der französischen Republik ein riesenhafter Aufschwung. In Deutschland der Lehrer ein halbverhungerter „geistiger" Korporal, der demüthig jedem Wink von oben zu gehorchen hat; in Frankreich der Lehrer ein geachteter und wohlbezahlter Beamter und Bürger, der Lehrerstand eine Macht, mit der selbst ein Minister zu rechnen hat. Daß unter diesen Umständen das französische Schulwesen einen deutschen Lehrer enthusiasmirt, ist begreiflich. Leider scheint bei Seidel der Enthusiasmus so weit gediehen zu sein, daß er darüber völlig die Kritik vergaß und sich für Einrichtungen begeisterte, deren Werth ziemlich zweifelhafter Natur ist.

Als eine der größten Thaten der Schulreform in Frankreich erscheint ihm die Ersetzung des Religionsunterrichts durch den Moralunterricht. Wir wollen uns nicht weiter bei der Frage aufhalten, ob denn der Religionsunterricht wirklich eines Ersatzes bedarf, ob es denn nicht genügt, ihn einfach abzuschaffen. Wir wollen nur fragen, wer heute mit voller Sicherheit entscheiden kann, was moralisch ist oder nicht? Seidel verursacht diese Frage wenig Skrupel. Auf S. 28 behauptet er, die Sätze der Moral seien wissenschaftliche Lehrsätze (!), zwei Seiten später behauptet er ebenso entschieden, die Moral sei so alt, wie das Menschengeschlecht. Als das Fundament aller Moral bezeichnet er die Sätze: „Alles, was Ihr wollt, das Euch Andere thun sollen, das thut Ihr Ihnen auch, und Alles, was Ihr nicht wollt, das Euch Andere thun, das thut Ihr Ihnen auch nicht." Wir wissen nicht, ob Seidel diese Sätze als „wissenschaftliche Lehrsätze" erscheinen; auf keinen Fall sind sie so alt, wie das Menschengeschlecht. Und nicht einmal in der Neuzeit beruht die Moral auf dem angegebenen Fundament, trotzdem daß die „Aufklärung" die Moral fördern soll.

Unter der Herrschaft der Waarenproduktion muß jeder Waarenbesitzer darnach trachten, so theuer als möglich zu verkaufen, so billig als möglich zu kaufen. Nach der obigen Moral sollte aber Jedermann so billig als möglich verkaufen, so theuer als möglich kaufen. Diese Moral würde unter der heutigen Produktionsweise das ganze ökonomische Leben unmöglich machen. Von ihrem Standpunkt aus ist jeder Versuch des Arbeiters, den Preis seiner Waare Arbeitskraft zu erhöhen, unmoralisch, da er ja nicht will, daß andere Waarenbesitzer die Preise ihrer Waare erhöhen.

---

[640] Erschienen bei H. Carly, Hamburg 1887.

„Das Fundament aller Moral" mag sehr schön sein in einer kommunistischen Gesellschaft; in einer auf dem Klassengegensatz beruhenden Gesellschaft wird es tagtäglich ad absurdum geführt. In einer solchen hat jede Klasse ihre eigenen moralischen Anschauungen sowohl für den Verkehr mit Klassengenossen wie mit Klassenfremden. Diese moralischen Anschauungen braucht man nicht zu lehren; die beste moralische Schule ist das Leben. Unter einer Moral, die über den Klassengegensätzen steht, verstehen aber die herrschenden Klassen eine Moral, die sie gern von den arbeitenden Klassen angenommen sehen möchten. Eine solche nehmen diese freilich nicht von selbst an, sie muß ihnen aufgedrungen werden. Die Schule erscheint meist als das beste Mittel dazu und in der Schule wieder der Religionsunterricht.

Aber der radikalen Bourgeoisie genügte nicht die Moral des christlichen Religionsunterrichts. Diese ist den modernen Verhältnissen nicht ganz angepaßt, sie ist noch zu sehr mit feudalen, ja vielfach mit urwüchsig altjüdischen Traditionen behaftet, als daß sie der Aufgabe vollkommen entsprechen könnte, die die Bourgeoisie von ihr verlangt: gefügige arbeitsfreudige Lohnarbeiter heranzubilden. In der That, wenn die Kinder lernen, daß die Arbeit ein Fluch ist und kein Vergnügen, daß der gottlose Pharao im rothen Meer ersäuft wurde, weil er die Kinder Israels mit harten Arbeiten bedrückt hatte, und daß diese auf Gottes Geheiß und mit seiner Hilfe ihre bisherigen „Expropriateure expropiirten", indem sie den Egyptern Gold und Silber wegnahmen (2 Mos. 11, 2; 12, 35, 36), so erhalten sie nicht die erwünschten moralischen Anschauungen. Den Moralunterricht einfach abschaffen, wagt aber die Bourgeoisie nicht; daß hieße, die Arbeiter ganz ihren Klasseninstinkten überlassen. So kam denn in Frankreich die Ersetzung des Religionsunterrichts in der Volksschule durch den Unterricht in bürgerlicher Moral. Was die Kinder da lernen, läßt uns Seidel selbst ahnen, indem er uns als eine große Errungenschaft mittheilt, daß „die moralische Erziehung" nach dem französischen Lehrplan sich im April mit Folgendem befaßt: „Die äußeren Güter; Sparsamkeit; Rathschläge Franklins[*]; vermeide die Schulden; traurige Folgen der Leidenschaft des Spiels; liebe das Geld und den Gewinn nicht zu sehr[**]; Geiz; die Arbeit; verliere keine Zeit; Verpflichtung aller Menschen zur Arbeit. Adel der Handarbeit. Anstand" u.s.w.

Was da als Moral gelehrt wird, das ist, wie man bereits aus diesen Andeutungen sieht, nichts als Bastiat und Konsorten in's Kindliche und Kindische übersetzt, so weit das noch nöthig. Etwas Anderes war von der Schule des Herrn Ferry auch nicht zu erwarten.

Hat in der bürgerlichen Schule der Moralunterricht die Aufgabe, geduldige und folgsame Arbeiter heranzuziehen, so hat der Handfertigkeitsunterricht die Aufgabe,

---

[*] Nämlich Rathschläge, wie man reich wird. Das Ding ist sehr einfach, meinte der biedere Franklin, und für sein Land und seine Zeit hatte er nicht ganz unrecht: arbeite viel und verzehre wenig, und du wirst bald ein wohlhabender Mann sein. Der Ref.

[**] D.h. sei mit geringem Lohn zufrieden. Der Ref.

250

geschickte Arbeiter in Massen zu bilden, den Preis der Arbeitskraft des geschickten Arbeiters auf das Niveau herabzudrücken, auf dem heute der Preis der Arbeitskraft des ungeschickten Arbeiters steht. Auch hier, wie beim Moralunterricht, ließ sich Seidel von den bürgerlich-demokratischen Illusionen beeinflussen. Der Arbeitsunterricht in der bürgerlichen Schule hängt nach ihm mit der „Frage der Austilgung der Klassengegensätze" (S. 50) zusammen.

„Wenn einmal alle Menschen", sagt er, „die Handarbeit in der Schule werden kennen, achten und lieben gelernt haben, werden die oberen Klassen mit ganz anderen Augen die Handarbeiter betrachten; sie werden sie sicher nicht mit Hochmuth und Verachtung, sondern mit Dank und einem gewissen Gefühl sozialer Verpflichtung ansehen (!). Werden sie alsdann doch gelernt haben, wie viel Aufmerksamkeit, Fleiß und Geschicklichkeit und Ausdauer zur Herstellung des kleinsten Gegenstandes nothwendig war, und wird ihnen eine Ahnung aufgegangen sein, daß sie diesen verachteten handarbeitenden Klassen all' ihren Luxus, ihre Bequemlichkeit, die Möglichkeit der Kunst- und Literaturschöpfungen – kurz, alles verdanken, was das Leben erst zum Leben macht. Sollte das gar keinen Einfluß auf ihr Verhalten gegen diese Klassen haben? Wir können es nicht glauben."

Wäre die Seidel'sche Annahme richtig, dann müßten die Parvenüs, diejenigen seltenen Glücksvögel, denen es gelungen, sich aus der Klasse der Arbeiter zu der der Kapitalisten aufzuschwingen, die größten Arbeiterfreunde sein. Bekanntlich ist meist das Gegentheil der Fall. Aus der Vertrautheit mit der Arbeit folgt also noch lange nicht ein Gefühl des Dankes ec. gegen den Arbeiter. Und dann, glaubt Seidel wirklich, daß der Arbeitsunterricht in den Schulen die Kinder mit den Bedingungen bekannt macht, unter denen heute produzirt wird? Daß etwa ein Kapitalistensöhnchen, das in der Schule täglich ein bis zwei Stunden mit der Ausübung verschiedener Handfertigkeiten spielt und daran Gefallen findet, nun auch weiß, wie die Arbeit in einer Fabrik schmeckt? Das Kapitalistensöhnchen dürfte höchstens finden, wenn es durch den Arbeitsunterricht überhaupt zum Nachdenken über die sozialen Fragen angeregt wird, daß die Handarbeit gar nicht so schlimm ist, als die Arbeiter behaupten, und daß diese rechte Tagdiebe sein müssen, wenn sie ihre Lage beklagen.

Wohl dürfen wir die Bedeutung der französischen Schulreform keineswegs unterschätzen; wir haben sie freudig zu begrüßen, wie jeden Schritt, den die Bourgeoisie unternimmt, um Staat und Gesellschaft von den Anhängseln vergangener Gesellschaftsformen zu befreien, die der historischen Entwicklung im Wege stehen; aber wir dürfen dabei nie den großen Gegensatz vergessen, in dem wir zur Bourgeoisie stehen; wir dürfen uns, wenn wir für die bürgerlichen Freiheiten und Fortschritte eintreten, nie von den Illusionen gefangen nehmen lassen, denen sich die Bourgeoisie hingiebt, sondern uns der Unzulänglichkeit dieser „Errungenschaften" stets bewußt bleiben, sonst werden wir selbst Liberale oder bürgerliche Demokraten. Das gilt in der Pädagogik ebenso wie in der Oekonomie und Politik.

Seidel hat leider in vorliegendem Buche viel zu sehr die Illusionen der bürgerlich-radikalen Pädagogik angenommen und viel zu wenig die unerläßliche Kritik geübt. Daher entspricht sein Buch nicht den Erwartungen, die man ihm entgegenbringt. Wir haben schon bessere Sachen von Seidel gelesen.

11. Arnold Dodel-Port: „Moses oder Darwin?" Eine Schulfrage[641] (Rezension ohne Autorenangabe)

NZ 1888/89, o. Nr., S. 473-475

Dodel-Port gehört zu den Vorkämpfern der vorgeschrittensten naturwissenschaftlichen Lehren. Mit einem sehr bedeutenden Wissen und der Fähigkeit einer lebendigen und populären Darstellungsweise ausgerüstet, eignet er sich wie wenige dazu, den Dolmetscher für die naturwissenschaftlich ungeschulten Massen abzugeben und die naturwissenschaftlichen Lehren in fesselndem Vortrag zum Verständniß zu bringen. Daneben besitzt Dodel-Port noch eine andere sehr lobenswerthe Eigenschaft, die vielen andern seiner Fachgenossen abgeht, er hält mit seinen Anschauungen und Ansichten nicht hinter dem Berge und spricht rücksichtslos aus, was er denkt. Dabei athmet seine Darstellungsweise eine aufrichtige Liebe zum Volke, dem gegenüber er voll und ganz dem Grundsatz huldigt: Für das Volk ist das Beste gut genug.

Ein Mann mit solchen Eigenschaften muß nothwendig allen denen tief verhaßt sein, welche die Ansicht haben, die Wissenschaft gehöre nicht vor das Volk, dasselbe verstehe sie nicht zu würdigen, oder es sei zu gefährlich, ihm ein Wissen beizubringen, welches das Ansehen der alten Autoritäten nur untergrabe, vor allem die Religion in Gefahr bringe und so eine Säule der heutigen Ordnung der Dinge wankend mache. Da ist es nun wieder erfreulich zu sehen, mit welch' gutem und schlagendem Humor Dodel-Port solchen Gegnern zu begegnen weiß und sie abzuführen versteht.

Die vorliegende Schrift „Moses oder Darwin" zeigt den Verfasser in Bezug auf diese seine verschiedenen Eigenschaften im besten Licht und muß ihres Inhalts halber der weitesten Verbreitung empfohlen werden, wobei wir nur den Wunsch aussprechen möchten, daß eine billige Volksausgabe die Anschaffung derselben auch den weitesten Kreisen ermöglicht.

Dodel-Port bezweckt, wie er im Vorwort ausspricht, „den fürchterlich klaffenden Zwiespalt zwischen höherem und niederem Schulwesen" darzuthun, der wesentlich auf den verschiedenen Grundanschauungen über Natur und Welt beruhe. Auf der einen Seite steht die fortgeschrittenste Erkenntniß, die allgemeine Anerkennung von der Lehre von der Abstammung und der allmäligen Entwicklung vom Niederen zum immer Vollkommeneren, auf der andern steht, mit verzweifelter Hartnäckigkeit festgehalten, die theologische Lehre von der Erschaffung alles

---

[641] Erschienen im Verlag Cäsar Schmidt, Zürich 1889. Dr. Arnold Dodel-Port (1843-1908) lehrte als Professor der Botanik an der Universität Zürich. Die hier rezensierte Schrift ist bei Lesanovsky 2003 veröffentlicht.

Existirenden durch den Willen eines höchsten Wesens, das Alles nach seinem Willen und Gutdünken hervorruft und lenkt.

Die letzteren Anschauungen, die heute noch in fast allen Volksschulen der kultivirten Welt, im schneidendsten Widerspruch mit allen wissenschaftlichen Feststellungen, gelehrt werden, sind es, die Dodel-Port in der vorliegenden Schrift mit dem ganzen Feuer der besseren Ueberzeugung bekämpft und die ihn veranlaßten, der Schrift ihren polemischen Titel zu geben, in welchem sich der Gegensatz der beiden Weltanschauungen unzweifelhaft am schärfsten zuspitzt. Ihre Entstehung verdankt die Schrift einer Reihe von Vorträgen, die der Verfasser im Januar und Februar dieses Jahres in den Grütlivereinen in Zürich und St. Gallen und im deutschen Arbeiterbildungsverein „Eintracht" zu Zürich hielt und sich eines ungemein zahlreichen Zuspruchs erfreuten. Dementsprechend ist auch die Schrift in drei Vorträge eingetheilt, von welchen der ersten den Titel führt: „Moses oder Darwin", der zweite: „Die Beweismittel der Abstammungslehre", der dritte: „Der Darwinismus im engeren Sinne".

Der erste Vortrag ist der ausführlichste. In ihm bespricht der Verfasser die Darstellung des alten Testaments über die Weltschöpfung und kennzeichnet ihre gänzliche Unhaltbarkeit an der Hand des naturwissenschaftlichen Wissens, wobei eine scharfe Kritik des Zustandes unseres Volksschulwesens und des Zustandes der meisten Lehrerseminarien, welche ihre Zöglinge in der dicksten Unwissenheit über das naturwissenschaftliche Erkennen unserer Zeit ausbilden, einen breiten Raum einnimmt. Indem Dodel-Port der mosaischen Schöpfungsgeschichte ihre Widersprüche, Ungereimtheiten und Unnatürlichkeiten nachweist, verfehlt er nicht, den Unterschied hervorzuheben, der trotzdem in den Anschauungen über Mensch und Natur zwischen dem Judenthum des alten Testaments und dem später aufkommenden Christenthum bestand.

Die alten Juden waren doch noch realistisch; sie waren lebensfroh und naturfreundlich und hatten Wohlgefallen an allen irdischen Gütern; sie priesen schöne Heerden, lachende Felder, blühende Weinberge und besangen Freundschaft, Liebe, Schönheit, weiblichen Liebreiz. Aber mit dem Christenthum begann die Welt- und Naturverachtung, die Menschen- und Wissensfeindlichkeit. Dodel-Port verfehlt nicht, für diese Anklagen die ausreichendsten Beweise beizubringen.

Zum Schlusse dieses Vortrags stellt er eine Reihe von Thesen auf, in denen er verlangt:

Beseitigung allen konfessionellen Unterrichts aus der staatlichen Volksschule. – (Wir würden nur staatliche Schulen überhaupt dulden. Der Verf.)

Gründliche naturwissenschaftliche Bildung für alle Volksschullehrer.

An Stelle des Religionsunterrichts solle ein auf naturwissenschaftlicher Basis fußender Unterricht in Ethik und Moral treten.

Solle der Unterricht im Einklang stehen mit den thatsächlich erforschten Gesetzen der Natur.

Diese Forderungen enthalten das Minimum dessen, was für die Schule verlangt werden muß. Uebersehen darf aber nicht werden, daß der Gegensatz, der zwischen höheren und niederen Schulen so klaffend hervortritt, nur der natürliche Ausfluß der Klassengegensätze innerhalb der Gesellschaft ist. Die höheren Schulen sind hauptsächlich die Bildungsstätten der Söhne der herrschenden Klassen, ihnen bringt nach der Anschauung dieser herrschenden Klassen das richtige Naturerkennen keinen Nachtheil, dagegen wäre es ein großer Nachtheil für sie, würde auch den Kindern des Volks dasselbe Maß von Wissen gelehrt. Da ginge die Religion in die Brüche und die Religion ist zwar nicht für die herrschenden Klassen, wohl aber ist sie nach deren Auffassung für das Volk nöthig.

Diese aus der Klassenherrschaft hervorgehende Argumentation erklärt, warum diese Gegensätze im Bildungsgang des Volks so hartnäckig aufrecht erhalten werden. Dieser Grund ist auch Dodel-Port nicht entgangen, wie mehrere Stellen seiner Schrift beweisen. Von diesem Standpunkt aus erklärt sich aber auch die grimmige Feindschaft, welche die am Ruder sitzenden Gewalten gegen Bestrebungen wie die Dodel-Port'schen beseelt. Daß dabei das protestantische Muckerthum am giftigsten dreinhaut, ist auf Grund seiner nahen Beziehungen zum Großkapitalismus nur gerechtfertigt, wie aus demselben Grunde auch die prinzipienlose, feige Haltung der „liberalisirenden" Tagespresse sich begreift, die Dodel-Port in seinem Kampfe für die Befreiung der Schule zur Genüge kennen gelernt hat. Wenn selbst ein Virchow die wissenschaftlichen Wahrheiten nur für die Gelehrten und sogenannten Gebildeten reklamirt, Glauben und Nichtwissen aber für das Volk in der Ordnung findet, läßt sich ermessen, wie der Troß der kleinen Geister denkt, die ihr persönliches Interesse nur in dem blinden Gehorsam der Massen gewahrt finden.

Im zweiten Vortrag „Die Beweismittel der Abstammungs- (Entwicklungs-) Lehre" giebt Dodel-Port einen gedrängten, aber sehr instruktiven Ueberblick über die rasche Entwicklung der Naturwissenschaften von dem Hervortreten der Kant-Laplace'schen Weltwerdungstheorie an bis auf die Errungenschaften unserer Tage in Astronomie, Geologie, Paläontologie, der vergleichenden Anatomie, der Embryologie, Morphologie, Physiologie, Pathologie, der Pflanzen- und Thiergeographie und der vergleichenden Psychologie. Dodel-Port macht hierbei den Ausspruch: Die Entwicklung der Arten verstehen die Gärtner und Thierzüchter besser als die Professoren, ein Ausspruch, dessen Richtigkeit uns die Rede Virchow's auf dem letzen Anthropologenkongreß in Wien zu bestätigen scheint.

Der dritte Vortrag endlich behandelt den Darwinismus im engeren Sinne. Der Verfasser erläutert hier die verschiedenen Vererbungsgesetze, die Darwin formulirte; er behandelt das Wesen und die Resultate der künstlichen Zuchtwahl wie die große Vermehrungskraft der Lebewesen, welche im Kampf um's Dasein zur natürlichen Zuchtwahl führt. Mit besonderer Genugthuung begrüßen wir, daß Dodel-Port sich hier gegen diejenigen Darwinianer wendet, die wie z. B. Häckel, v. Hellwald und andere, im Darwinismus die Rechtfertigung einer aristokratischen, auf Klassen- und Ständeherrschaft beruhenden Staats- und Gesellschaftsordnung erblicken. Dodel-Port bezeichnet diese Anschauung, ohne die Namen ihrer Träger zu nennen, als Trugschluß und Unverständniß. Das Gegentheil sei richtig, wie er des Näheren ausführt.

Wir stimmen diesen Ausführungen Dodel-Port's vollkommen zu. Wenn überhaupt eine wissenschaftliche Lehre gegen alle Klassen- und Standesbevorzugung spricht, ist es grade der Darwinismus, wie wir dies schon vor Jahren an anderer Stelle ausführlich begründeten. Nach unserer Auffassung führen die Konsequenzen aus den Lehren Darwin's, auf die menschliche Gesellschaft angewandt, mit Nothwendigkeit zum Sozialismus, was auch Dodel's Ansicht ist.

Zum Schlusse faßt der Verfasser die beiden sich gegenüberstehenden Weltanschauungen also zusammen:

„Die Mosaische Schöpfungsgeschichte ist eine Theorie der Verzweiflung; sie setzt an den Anfang ein vollkommenes, sündenreines Menschenpaar, dessen sämmtliche Nachkommen in Folge des Sündenfalls ohnmächtig verkümmern und degeneriren. Diese Lehre hat alle Wissenschaft gegen sich.

„Die Abstammungslehre dagegen ist die Theorie allmäliger Entwicklung, die Lehre des Fortschreitens vom Unvollkommeneren zum Vollkommeneren. Sie ist bewiesen und keine einzige bekannte Thatsache spricht gegen sie. Sie ist die Verheißung einer besseren Zukunft, sie ist die Lehre der Ermuthigung und hat eine unschätzbare pädagogische Kraft." In einem Nachwort wendet sich schließlich der Verfasser an die Gegner und Freunde der Abstammungslehre, in welchem er namentlich den ersteren noch einige ihnen recht unangenehme Wahrheiten sagt.

12. **Der Kapialismus und die Kunst (mit einer Kritik Julius Langbehns „Rembrandt als Erzieher")** [642]

NZ 1890/91, Nr. 47, S. 649-653 (Auszug)

[...] Insbesondere die bürgerlichen Klassen in Deutschland haben von dieser Wechselbeziehung zwischen Kapitalismus und Kunst, wenn nicht ein klares Bewußtsein, so doch eine sehr deutliche Ahnung; fühlten sie sich auf diesem Gebiete nicht noch als Alleinherrscher, so würden sie nicht mit so rauschendem Beifall den Vorschlag eines kundigen Thebaners begrüßt haben, die Kunst als den Zopf zu betrachten, an welchem sie sich wieder aus dem Sumpfe ziehen können. Das Buch „Rembrandt als Erzieher. Von einem Deutschen", hat in kaum Jahresfrist, wenigstens nach der Behauptung seines Titelblattes, dreiunddreißig Auflagen erlebt; jedenfalls wird es in einem für die Bildungsverhältnisse der deutschen Bourgeoisie beispiellosen Umfange gelesen, und unzählige Nachahmungen, das sicherste Zeichen des Erfolges in einer profithungrigen Gesellschaft, überschwemmen den bürgerlichen Büchermarkt. Diese Schrift nun richtet sich an die „Besseren unter den Gebildeten Deutschlands" mit der Aufforderung, sich „zur Kunst zu wenden," um das „geistige Leben des deutschen Volkes" aus dem „Zustande des langsamen, einige meinen auch des rapiden Verfalles," zu retten. Es gilt die Pflege der „spezifisch deutschen Gesinnung;" „Bismarck besitzt eine solche; er ist, wie er öfters betont hat, von

---

[642] Dieser Leitartikel zur Internationalen Kunstausstellung in Berlin 1891 könnte vermutlich von Franz Mehring geschrieben sein.

linkselbischer Abstammung; diese scheidet ihn, ethnographisch und politisch, von
Junkern wie von Fortschrittlern. Noch jetzt findet man zwischen Stendal und Tan-
germünde im niederen Volke einen Schlag von kernfesten Männern, mit blitzen-
den, blauen Augen und halb kühnem, halb bedächtigem Gesichtsausdruck; der alte
Sachsengeist lebt in ihnen, und als eine adelige Uebersetzung derselben muß Bismarck gelten." Aber gehen wir lieber gleich in die Mitte der Sache! „Wie man in
plastischen Kunstwerken eine symmetrische und rhythmische Achse unterscheidet,
so gilt dies auch von dem künftigen Dasein des deutschen Volkes; seine symmetrische oder politische Achse muß wie bisher auf die Ostsee gerichtet bleiben; aber
seine rhythmische oder geistige Achse muß von nun an auf die Nordsee gerichtet
werden. Diese beiden Achsen kann man im Allgemeinen durch die Richtung zweier Flüsse: des sonnigen Rheines und der kühlen Oder bezeichnen; in demjenigen
Punkte, wo sich die Hauptrichtungen dieser beiden Flüsse überschneiden und an
dem Strom, welcher eine mittlere Diagonale zwischen denselben darstellt: an der
Elbe, liegt die Altmark – der Kern Preußens und das Geburtsland Bismarck's. Die
Zusammengehörigkeit jener beiden Faktoren, des Politischen und des Geistigen,
einerseits, sowie ihr Auseinandergehen andererseits, ist durch dies gegebene geo-
graphische Verhältniß auf's Schlagendste ausgedrückt, und der Träger der neueren
deutschen Politik: Bismarck wird dadurch gewissermaßen als der Angelpunkt
bezeichnet, um welchen sich jene Achsendrehung deutschen Nationalcharakters
vollzieht. An Stelle des rechten soll das linke Elbufer, an Stelle der Oder nunmehr
der deutsche Rhein wieder die Lebensader der deutschen Bildung sein. Rembrandt
– van Rhyn – ist der nördliche Pol, auf den die in freier und doch gebundener Bewegung befindliche Magnetnadel des deutschen Individualismus stetig hinweist,
und weit über diesem Nordpol steht noch ein schöner Polarstern, der das Gleiche
bedeutet: Shakespeare. Die Achse der echten deutschen Bildung führt von Bismarck durch Rembrandt zu Shakespeare." Doch genug: es ist als hörte man ein
Chor von hunderttausend Narren sprechen, und die Wiedergabe dieser wenigen
Sätze aus der über dreihundert große Seiten umfassenden Schrift genügt überreichlich als Probe der geistigen Kost, welche die deutsche Bourgeoisie heutzutage mit
wirklichem Heißhunger verschlingt. Ein Glück wenigstens, daß ihr Geschichtsphi-
losoph selbst ein so bescheidenes wissenschaftliches Rüstzeug, wie es sich etwa in
der Statistik der Reichstagswahlen von 1890, in einer Spezialkarte der Altmark und
in Hesekiel's Buch vom Grafen Bismarck darstellen würde, verschmäht hat, denn
sonst wäre es mit der „echten deutschen Bildung" und der „Achsendrehung des
deutschen Nationalcharakters" überhaupt nichts. Die Statistik würde zeigen, daß
die „wetterfesten Männer" des „niederen Volkes" zwischen Stendal und Tanger-
münde von dem „alten Sachsengeiste" gar nichts, aber sehr viel von dem neuen
Sozialistengeiste wissen wollen; auf der Karte würde sich zeigen, daß Bismarck's
Geburtsort nicht westlich, sondern östlich der Elbe liegt und endlich – das Buch
vom Grafen Bismarck würde ergeben, daß die Altmark zwar standesamtlich, aber
keineswegs „ethnographisch und politisch" sein Geburtsland ist, da seine Eltern
gleich nach seiner Geburt nach Hinterpommern übersiedelten, wo der „Träger der

neueren deutschen Politik," noch zwanzig Meilen östlich der Oder, die entscheidenden Eindrücke seiner Kindheit, seiner Jugend und auch seines ersten Mannesalters empfangen hat.

Doch dies nebenbei. Abgesehen von seiner Begründung, kommt der Rath, den
„deutschen Individualismus" durch die Kunst zu retten, da die deutsche Wissenschaft „allseitig zerstiebt," ein wenig zu spät, wie nicht zuletzt die deutsche und
ganz besonders die Berliner Abtheilung der internationalen Kunstausstellung zeigt.
Sie ist ganz arm an „epochemachenden Individualitäten," und sie erleidet in dem
internationalen Wettbewerb eine ähnliche Niederlage, wie die deutsche Industrie
auf der Weltausstellung in Philadelphia erlitten hat. Selbst die Kunstkritiker der
bürgerlichen Presse können trotz allem Chauvinismus die fatale Thatsache nicht
verschweigen; sie suchen sich mit dem sauersüßen Witze darüber hinwegzusetzen,
daß Deutschland die internationale Höflichkeit ein wenig zu weit getrieben habe,
indem es sich von den fremden Nationen auf künstlerischem Gebiete schlagen ließ.
Leider ist damit die Sache nicht abgethan. Der deutschen Kunst fehlt die Initiative,
die Selbstherrlichkeit; sie wagt nichts; indem sie den Meißel oder den Pinsel führt,
schielt sie ängstlich über die Schulter nach den hochmögenden Potenzen des politischen und sozialen Lebens; ihr ist wohl in der Knechtsgestalt und am liebsten geht
sie zu Hofe. [...]

13. Dr. L. S.: Der Kampf um die Volksschule[643]

NZ 1891/92, Nr. 22, S. 688-691 (Auszüge)

[...] Wohin will denn unser Kurs mit der Volksschule? Zunächst nehmen wir die
Schlagworte der Klerikalen auf und bekennen uns als Atheisten. Ist die Leugnung
ihrer Religiosität Atheismus, nun wohl, wir sprechen dafür ihrer Religiosität das
Merkmal der Sittlichkeit ab. Als Atheisten in diesem Sinne haben wir die großen
Dichter und Denker aller Nationen zur Gesellschaft. Wir wollen sie nicht alle ziti-
ren, nur an Schiller sei erinnert, mit Rücksicht auf des Kultusministers kühne Behauptung über das Verhältniß zwischen Religiosität und Sittlichkeit:

> „Welche Religion ich bekenne? Keine von allen, Die Du mir nennst. – Und warum
> keine? – Aus Religion."

Es ist nicht eine Parteiangelegenheit der Sozialdemokratie, wenn wir die Kate-
chismusmoral der Konfessionen im Namen einer höheren Sittlichkeit bekämpfen.
Vielmehr vertreten wir die Kultur gegenüber ihren Unterdrückern, den Priestern
der Kulte. Wir verlangen zwar nicht, daß die offiziellen Vertreter der Wissenschaft
sich über unsere wirthschaftlichen und politischen Ziele Klarheit verschaffen; in
sogenannten praktischen Fragen werden deutsche Gelehrte wohl immer hinter den

---

[643] Es handelt sich um eine Stellungnahme zum Zedlitzschen Volksschulgesetzentwurf, die in ihrem
ersten Teil eine Auseinandersetzung mit den Auffassungen verschiedener Parteien enthält. Der Aufsatz fand, wie in einer Fußnote vermerkt, in der Redaktion der *NZ* keine ungeteilte Zustimmung.
Vgl. Nachwort der Redaktion (Dok. 14). Wer L.S. ist, konnte nicht zweifelsfrei ermittelt werden.

Anforderungen der Zeit zurückbleiben. Aber Eins haben wir zu fordern, daß man nicht auch die geistige Kultur verleugne. Wenn die Professoren der Philosophie an den Universitäten nicht einstimmig im Namen der Philosophie und der Wissenschaft der ministeriellen Lehre von der Unterordnung der Sittlichkeit unter das Glaubensbekenntniß einen geharnischten Protest entgegenstellen, so wissen wir, was wir von ihnen zu halten haben.

Nur der ethische Materialismus des Philisterthums kann sich sträuben, die unabweisbare Folgerung zu ziehen: der konfessionelle Religionsunterricht kann nicht Grundlage der Volkserziehung sein; also müssen wir die Trennung des Religionsunterrichts und der gesellschaftlichen Volkserziehung durchführen und der Erziehung als Grundlage und Endziel die größten geistigen Güter der Menschheit – Sittlichkeit, Wissenschaft, Kunst und Dichtung – geben.

Da wir für Freiheit und nicht für Zwang kämpfen, werden wir die Schule nicht zu einer Anstalt machen, in der der Name Gottes nicht genannt werden darf. Hält der Lehrer an der Vorstellung eines persönlichen Gottes fest, ist Gott ihm nothwendig für das Reich der Sittlichkeit, für die Gesetzmäßigkeit der Welt, für den reinen Ausdruck des allgemeinen Menschlichen in Kunst und Dichtung – so lehre er getrost und gebe der ihm anvertrauten Jugend das Beste, was er hat. Ist er dagegen durchdrungen von den Forderungen seines Berufes, aber frei von religiösen Vorstellungen, so soll er nicht gezwungen werden, religiöse Vorstellungen zu lehren. Er wird geschützt sein gegen die Pfaffen der Konfessionen, wie der gottesgläubige Lehrer gegen etwaige Pfaffen des Biertisch-Atheismus.[...]

Die Lehrer-Erziehung ist, wie man sieht, nach unserer Auffassung eine der wichtigsten Aufgaben der Gesellschaft.

Es erübrigt noch, von einigen Nebenpunkten zu reden. Der Zedlitz'sche Entwurf zwängt alle Volksschulen in dieselbe Schablone, die nach dem Muster einer posenschen Dorfschule geschnitten ist.

Wir fordern, daß überall die allgemeine, d. h. die für Jedermann offene Schule den Bedürfnissen der Bevölkerung entspreche, und fassen die Möglichkeit ins Auge, daß die Volksschule an einem Orte ein beschränkteres Lehrziel hat, während sie sich anderswo zu Gymnasium und Universität erweitert. [...]

Wer Lust hat, eine Privatschule zu gründen, mag es thun. Die Gesellschaft wird dem Privatunterricht volle Freiheit gewähren und nur fordern, daß er ein Mindestmaß nicht blos in seinen Unterrichtsplänen aufweise, sondern auch wirklich erfülle. Aus religiösen Gründen dürfte Niemand seine Kinder von den öffentlichen Schulen fernhalten, da Niemand durch den allgemeinen Unterricht in seinen religiösen Gefühlen verletzt werden kann und die Religionsgemeinschaften alle Freiheiten genießen. [...]

14. Der Kampf um die Volksschule. Nachwort der Redaktion[644]

NZ 1891/92, Nr. 23, S. 715-721 (Auszüge)

So beachtenswerth uns die Anschauungen unseres geehrten Herrn Mitarbeiters erscheinen, so müssen wir doch, um Mißverständnissen vorzubeugen, konstatiren, daß sie sich keineswegs in allen Punkten mit den in unserer Partei herrschenden decken, so weit wir dies zu erkennen im Stande sind.

Bedenklich erscheinen uns unter Anderem seine Ausführungen über die Lehrfreiheit des Volksschullehrers. Denen können wir uns in keiner Weise anschließen. Schon das ist nicht richtig, daß „wir für die Freiheit und nicht für den Zwang kämpfen." Das ist ein Satz, den in seiner Allgemeinheit nur Anarchisten, „Unabhängige" und Deutschfreisinnige unterschreiben können – was natürlich nicht hindert, daß auch sie ihn bei jeder Gelegenheit durchlöchern. Wir kämpfen weder für die Freiheit, noch für den Zwang, sondern für das, was die Entwicklung der sozialen Verhältnisse, was die Entwicklung der Wissenschaft, was die Interessen des Proletariats erheischen. Das ist ebenso wenig immer die Freiheit, als es immer der Zwang ist; das ist auf verschiedenen Gebieten und unter verschiedenen Verhältnissen etwas sehr Verschiedenes.

Auf dem Gebiete der Volksschule ist der in Rede stehende Satz schon deshalb nicht gerechtfertigt, weil wir – und unser Herr Mitarbeiter jedenfalls auch – den Schulzwang als eine Notwendigkeit betrachten. Schulzwang und Lehrfreiheit schließen aber einander aus. Die Lehrfreiheit setzt auch die Lernfreiheit voraus. Wenn der Lehrer lehren darf, was er will, dann muß auch der Schüler oder dessen Vertreter sich den Lehrer wählen dürfen und können, der seinen Intentionen entspricht. In der Volksschule ist eine derartige Lernfreiheit unmöglich.

Die Schule ist nicht um des Lehrers willen da, damit dieser Gelegenheit finde, für seine persönlichen Überzeugungen Propaganda zu machen. In der Schule hat er nicht zu lehren, was er für gut hält, sondern was der Schulzweck erheischt. Und weil mit dem Zweck, den die Volksschule von unserem Standpunkt aus hat, das Lehren einer bestimmten Religion unverträglich ist – und in Uebereinstimmung mit den Klerikalen können wir uns eine Religion nicht vorstellen, die nicht eine bestimmt Form angenommen hat, also eine bestimmte Konfession darstellt – darum verlangen wir den Ausschluß der Besprechung aller religiösen Fragen aus der Volksschule. Wir verlangen ihre strengste religiöse Neutralität, damit ist aber unvereinbar die Freiheit des Lehrers, den Unterricht seinen subjektiven religiösen Anschauungen entsprechend zu gestalten.

Es sei uns gestattet, hieran noch einige weitere Bemerkungen zu knüpfen, die auf die jetzt so brennende Volksschulfrage Bezug haben.

Die Frage nach dem Ziel, das die Volksschule sich stellen soll, ist keineswegs eine blos pädagogische Frage. Ihre Beantwortung hängt in erster Linie von der Rolle ab, die man den unteren Volksklassen in der Gesellschaft zuweist. Die

---

[644] Das Nachwort wurde von Karl Kautsky verfasst. Vgl. Blumenberg 1960.

Volksschule soll das Volk auf diese Rolle vorbereiten. Es ist demnach ganz natürlich, daß jede Klasse, jede Partei der Volksschule eine andere Aufgabe zuweist,
daß die Frage nach dem Schulzweck in erster Linie eine sozialpolitische ist, nicht
eine pädagogische.

Aber welche Verschiedenheiten immer innerhalb der herrschenden Klassen in
Betreff der Aufgaben der Volksschule und der Mittel, sie zu erreichen, bestehen
mögen, in Einem sind sie einig: Die Volksschule ist ein Herrschaftsmittel, sie hat
die Aufgabe, das „Volk", das heißt die Masse der Ausgebeuteten, nicht blos zu
unterrichten, sondern auch zu „erziehen", an Unterwürfigkeit, Gehorsam, unermüdlichen Fleiß und die genügsamste Bescheidenheit zu gewöhnen. Ob Bourgeois,
ob Junker, ob Freidenker (oder Freimaurer), ob Orthodoxe, sie sind einig, daß die
Volksschule diese „sittliche" Aufgabe habe, und nur darüber streitet man, ob das
Auswendiglernen von Katechismussätzen oder Bibelversen oder das von „allgemein menschlichen" Moralsprüchlein das geeignetste Mittel zu ihrer Lösung sei.

Die Volksschule wurde nothwendig gemacht durch die Entwicklung der Waarenproduktion seit dem Zeitalter der Reformation. Lesen, Schreiben, Rechnen
wurden von da an unentbehrliche Kenntnisse für jeden Handwerker, für jeden
Bauernsohn, der in der Stadt sein Glück machen wollte; je weiter diese Kenntnisse
verbreitet waren, desto größer das Angebot intelligenter Arbeiter, deren das Kapital
in seinen industriellen und kommerziellen Unternehmungen bedurfte.

Im vorigen Jahrhundert wurde das Bedürfniß nach Verbreitung der elementaren
Schulkenntnisse im Volk allgemein. Die Kirche war bis dahin die Organisation
gewesen, welche die Verbindung zwischen den Gebildeten und den unteren Volksklassen namentlich auf dem Lande nothdürftig aufrecht erhalten hatte. Der Pfarrer
war der einzige Gebildete im Dorfe, der Vermittler zwischen diesem und der Außenwelt. Er vermittelte ihm auch das Schulwissen. Die Küster waren die ersten
Schulmeister. So fiel von selbst der Kirche die Oberaufsicht über die Volksschule
zu. Kein Wunder, daß die Religion der Mittelpunkt des Volksschulunterrichts
wurde.

Wie auf anderen Gebieten, versuchte auch auf diesem die staatliche Bureaukratie bald, die Kirche zu verdrängen und ihre Funktionen an sich zu reißen. Namentlich war dies der Fall in den katholischen Staaten – soweit diese überhaupt ein
Volksschulwesen besaßen. In den protestantischen ist ja die Geistlichkeit selbst ein
Stück staatlicher Bureaukratie geworden; indeß gab es auch da zwischen geistli-
cher und weltlicher Bureaukratie mancherlei Kompetenzkonflikte. Die Geistlichkeit hielt hartnäckig an der Herrschaft über die Schule fest; denn deren Ueberwachung war eine ihrer wichtigsten Funktionen geworden. Ging diese an den Staat
über, dann fiel wieder eine ihrer Thätigkeiten, dann wurde sie wieder um ein gut
Stück überflüssiger.

Neben der Bureaukratie trat aber bald ein neuer Kämpfer um die Volksschule
auf den Plan: die Bourgeoisie. Die Volksschule sollte den Kindern Kenntnisse
beibringen, die ihre Arbeitskraft später werthvoller machten: diese Aufgabe konnte
die von der Kirche beaufsichtigte Schule nur ungenügend lösen. Schon das war ein

Grund für alle „fortschrittlichen Elemente" in der Revolutionszeit des Bürgerthums, vom Kapitalisten bis zum Proletarier, gegen die kirchliche Schule aufzu-
treten. Noch wichtiger aber war für das Bürgerthum die Eigenschaft der Schule als
Herrschaftsmittel. Mit der Bourgeoisie zugleich kam das Proletariat auf; sie konnte
nicht an die Macht gelangen, ohne Bauern und Kleinbürger, bis zu einem gewissen
Grade selbst Proletarier, zu entfesseln. Um so nothwendiger wurde es für sie, diese
Klassen in geistiger Botmäßigkeit von sich zu halten; als wichtigste Vorbedingung
dazu erschien ihr die Herrschaft über die Volksschule.

Die Philosophen, die Männer der Aufklärung des vorigen Jahrhunderts, hatten
sich um die Volksbildung noch wenig bekümmert. Der Kampf des Liberalismus
um die Volksschule beginnt erst seit der französischen Revolution, seitdem das
Volk gezeigt hat, welche Thatkraft und Macht ihm innewohnt.

Dort, wo die katholische Geistlichkeit im Stande ist, eine einflußreiche Stellung
im Staate zu behaupten, wüthet der Kampf heute noch fort, wie uns das Beispiel
Preußens zeigt. Dieser Kampf wird verschärft durch die Ueberschätzung der
Volksschule als Herrschaftsmittel, eine Ueberschätzung, welche die naturnothwen-
dige Folge jener Anschauung ist, als seien es die Ideen, welche die thatsächlichen
Verhältnisse nach ihrem Belieben schaffen, und als hänge es nur von der Art der
Belehrung, die man den Menschen zu Theil werden lasse, ab, welchen Ideen sie
huldigten.

Wer die Schule hat, hat die Jugend, rufen die Ideologen unter den Liberalen und
Klerikalen, und wer die Jugend hat, hat die Zukunft.

Die Herren thun, als wenn sie selbst nie zur Schule gegangen wären; sonst müßten sie doch wissen, wie begrenzt die Macht des Lehrers über die Köpfe seiner
Schüler ist, und wie schnell die Schulweisheit verschwitzt wird, wenn das Leben
sie nicht befruchtet und fortentwickelt.

Wer die Jugend hat, hat noch keineswegs die Zukunft; denn ehe die Jungen reif
werden, können ihre Anschauungen noch sehr wechseln. Und wer die Schule hat,
hat noch lange nicht die Jugend. Voltaire war ein Schüler der Jesuiten. Die Schule
ist nur eines der Momente, welche die Jugend beeinflussen, und keineswegs das
wichtigste. Unsere Kinder lernen, wie wir selbst, durch das ganze Leben; sie lernen
in ihren Spielen, ihren Kämpfen, ihren Arbeiten, ihren Leiden und Freuden. Ihre
tiefsten Eindrücke stammen von dem, was sie erleben, nicht von dem, was ihnen
erzählt wird. Was sie in der Schule lernen, erweist sich nur insoweit wirksam, als
es zu ihren Erfahrungen im wirklichen Leben stimmt, als es sie dieselben verstehen
und begreifen lehrt. Was ihren Erfahrungen widerspricht oder ihnen unverständlich
ist, geht zu einem Ohr hinein und zum anderen wieder heraus.

So lange man die Verhältnisse nicht ändert, in denen die Proletarierkinder aufwachsen, wird man sie nicht hindern, Sozialdemokraten zu werden, und wenn man
ihre Köpfe noch mehr als bisher mit Bibelversen und frommen Liedern vollstopft;
und so lange man die Verhältnisse nicht ändert, welche die Zahl der Proletarier von
Jahr zu Jahr zunehmen lassen, wird man es auch nicht verhindern können, daß die
Zahl der Sozialdemokraten von Jahr zu Jahr zunimmt.

Sollte es wirklich dahin kommen, daß das religiöse Moment in der Volksschule noch mehr in den Vordergrund tritt als bisher, so kann die einzige Wirkung auf unsere Partei höchsten die sein, daß ein religionsfeindliches Moment in ihr zur Geltung kommt. Die Kinder, die zum Religionsunterricht gezwungen wurden, trotzdem ihre ganze Umgebung eine religionslose ist, werden anstatt Gleichgiltigkeit Haß gegen die ihnen aufgedrungenen Lehren empfinden. Wir wünschen diesen Haß keineswegs. Der atheistische Fanatismus ist uns ebenso unerwünscht, wie der kirchliche, denn er bewirkt eine Zersplitterung der geistigen und materiellen Kräfte des Proletariats, die wir auf seinen politischen und ökonomischen Kampf konzentriren wollen. [...]

Kein Wunder, daß uns der jetzige Kampf um die Volksschule sehr kühl läßt, soweit er ein Kampf um sie als Herrschaftsmittel ist; mögen auch diejenigen, die ihn führen, noch so sehr betonen, daß das, was sie die „sittlich-religiöse Herzensbildung" nennen, vor Allem die Aufgabe hat, die Nährstoffe des sozialdemokratischen Unkrauts aus den kindlichen Köpfen zu entfernen, das schreckt uns nicht.

Aber die Volksschule ist, wie wir gesehen, nicht allein Herrschaftsmittel. Sie hat auch eine Funktion zu erfüllen, die unentbehrlich ist für das Fortbestehen der Gesellschaft auf ihrer jetzigen ökonomischen Höhe. Der Fortgang der Produktion, die Erhaltung der Gesellschaft ist nicht möglich, ohne einen genügenden Nachwuchs an Arbeitern der Intelligenz und an intelligenten Arbeitern. Die Vorbedingungen zum Erstehen dieses Nachwuchses aus den arbeitenden Klassen hat die Volksschule zu liefern. Daß sie diesem Zweck möglichst gut entspreche, das liegt im Gesammtinteresse der modernen Gesellschaft ebenso, wie im wohlverstandenem Klasseninteresse der Bourgeoisie einerseits und der arbeitenden Klassen anderseits. Diese Seite der Volksschule ist einer der wenigen Punkte, in dem die Interessen jener verschiedenen Klassen sich begegnen. Nur diejenigen Klassen, deren Interessen oder Traditionen der Fortentwicklung der heutigen Produktionsweise feindlich gegenüber stehen, und diejenigen Schichten der Bourgeoisie, deren Habgier und Herrschsucht sie blind macht für Alles, was über ihre augenblicklichen Interessen hinausgeht und diesen widerspricht, können einer guten Volksschule widerstreben – Pfaffen, Junker, Bauern von altem Schlag, nach Kinderarbeit lüsterne Fabrikanten: das und die von ihnen abhängigen und beeinflußten Kreise sind die Gegner eines ausgiebigen, rationellen Volksschulunterrichts. [...]

Bis vor wenigen Jahrzehnten war im Allgemeinen das preußische Schulwesen eines der besten, vielleicht das beste in Deutschland, das deutsche Schulwesen das beste der europäischen großen Nationen und Staaten. Das will nicht besagen, daß es gut, sondern daß das Schulwesen des Auslandes absolut unzureichend war.

So kam es, daß Deutschland nicht nur die billigsten, sondern auch die intelligentesten Arbeiter hatte. Das half der deutschen Industrie manche Nachtheile überwinden, die ihrer Entwicklung entgegenstanden, namentlich das Fehlen eines ausreichenden innern Marktes – die natürliche Folge der Kleinstaaterei. [...]

Aber eine Reihe von Momenten, auf die wir hier nicht einzugehen brauchen, bewirkten, daß man, statt nun die Grundlagen weiter auszubauen, auf denen die ökonomische Kraft Deutschlands beruhte, sie zu unterwühlen begann, weil für die, welche die Klinke der Gesetzgebung in der Hand hielten, dabei einige politische und ökonomische Extraprofite – oft höchst persönlicher Art – abfielen.

Man ging aufs energischste daran, die Lebensmittel zu vertheuern, dagegen wurde für die Volksschule so gut wie nichts gethan. Der Kampf, der unter dem Ministerium Falk geführt wurde, war, soweit er die Volksschule betraf, ein Kampf um sie als Herrschafts- nicht als Unterrichtsmittel. Die Verbesserungen auf letzterem Gebiete blieben Anläufe und Projekte.

Inzwischen waren aber die Konkurrenten nicht müssig, ihr Volksschulwesen zu vervollkommnen. Unter dem Eindruck der Niederlagen von 1866 wurden in Oesterreich schon 1868 und 1869 Gesetze geschaffen, welche die Volksschule erheblich verbesserten, so daß sie dort auch jetzt noch, trotz der Verschlechterung, welche die Klerikalen 1883 durchsetzten, der preußischen im Allgemeinen entschieden überlegen ist.

Was 1866 für Oesterreich, brachte 1870/71 für Frankreich: neben anderen Vortheilen eine namhafte Hebung des Volksschulwesens. Ist auch die französische Volksschule noch keineswegs vollkommen, so nimmt sie doch, unseres Wissens, gegenwärtig den ersten Rang unter den Volksschulen aller Länder ein.

Aber auch England ist nicht stehen geblieben. Ohne erst eine Niederlage abzuwarten, hat es von 1870 an eine Reihe von Schulgesetzen erlassen, die sein Volksschulwesen nicht reformirten, sondern thatsächlich vielmehr erst schufen. Bis in die jüngste Zeit gehen dessen Verbesserungen fort, und dieselben sind noch keineswegs abgeschlossen.

Angesichts dieser allseitigen Reformen und Neuschöpfungen ist es für die industriellen Klassen Deutschlands, resp. Preußens geradezu eine Lebensfrage, auf dem bisher erreichten Standpunkt nicht stehen zu bleiben, sondern weiter vorzuschreiten. Ein Volksschulgesetz, eine weitgehende Verbesserung des preußischen Volksschulwesens ist dringend nothwendig geworden. Aber unsere herrschenden Klassen scheinen noch nicht begriffen zu haben, daß das Gedeihen einer Nation in erster Linie von der geistigen und körperlichen Gesundheit ihrer arbeitenden Klassen abhängt, nicht von den Mordwaffen, die sie besitzt. Man hat nicht nur nichts Bemerkenswerthes gethan, das Proletariat in irgend einer Weise zu heben, man hat versucht, alle seine Bestrebungen nach Hebung durch eigene Kraft durch ein Ausnahmsgesetz zu ersticken, man hat ihm die Lebensmittel vertheuert, und geht jetzt daran, weit entfernt, den Verbesserungen des ausländischen Schulwesens auch nur nachzuhinken, vielmehr das bestehende, absolut unzulängliche noch zu verschlechtern!

Das ist keineswegs eine gleichgiltige Sache für die arbeitenden Klassen. So gleichmüthig sie zusehen können, wie Liberale mit Pfaffen und Junkern um die Schule als Herrschaftsmittel streiten, so entschieden müssen sie dagegen protestiren, daß die so dürftigen Hilfsmittel, die ihnen Staat und Gemeinden zur geistigen Entwicklung ihrer Kinder bieten, noch mehr verkümmert werden, so entschieden müssen sie für eine gründliche Reform des Volksschulunterrichts eintreten.

Aber von den großen Parteien Deutschlands ist es heute nur eine einzige, welche eine allen Anforderungen der modernen Wissenschaft entsprechende Volksschule verlangt – die Sozialdemokratie. Ihr fällt auch auf diesem Gebiet, wie auf vielen anderen, die Aufgabe zu, durchzuführen, was zu vollbringen die historische Verpflichtung der Bourgeoisie gewesen, was aber diese aus Beschränktheit und Feigheit unvollendet gelassen. [...]

15. Fritz Kunert: Die allgemeine Volksschule[645]

NZ 1891/92, Nr. 43, S. 518-526 (Auszüge)

Die „allgemeine" Volksschule ist in den vorgeschrittenen Kreisen unserer Pädagogen – wenn auch nicht zu einem Schlachtruf – so doch zum Schlagwort geworden. [...]

Wie unsere liberalisirenden Schulmänner behaupten, erweise die Geschichte, daß von Amos Komenius bis auf den Herrn Scherer die hervorragenden Pädagogen die freiheitliche Forderung der allgemeinen Volksschule mit Energie und vollem Bewußtsein aufgestellt hätten. – Um Verzeihung, werthe Herren, diese Behauptung ist grundfalsch, und die Geschichte ist es, die von alledem das vollständige Gegentheil – und zwar schlagend – beweist. Die Geschichte lehrt nämlich ganz unwiderleglich, daß zu verschiedenen Zeiten die „allgemeine" Volksschule nur als gemeinsamer Grundbau für alle öffentlichen Schulanstalten einer Gemeinde oder eines Volkes, also als Anhängsel, im besten Falle als zugehöriger Theil der Gesammtorganisation des ganzen Schulwesens eines Landes, verlangt wurde.

Nicht mit einem Theil, der mehr oder minder gut neben- oder auch untergeordnet sein sollte, haben wir es, wenn wir der kühnen Frage fest in das Antlitz blicken, zu thun, sondern mit dem umfassenden Ganzen. Und dieses Ganze ist eben nichts anderes als die allgemeine Volksschule, das ist die in pädagogische Wirklichkeit und blühendes Leben umgesetzte erzieherische und unterrichtliche Bethätigung derjenigen revolutionisirenden Organisirung des gesammten Schulwesens, welche, auf modern wissenschaftlichen Grundlagen beruhend, die ganze Jugend eines Volkes von den Anfängen des Wissens in den Elementarschulklassen bis zu den Höhen des Schul-Lernens und Schul-Könnens in den Polytechniken, den Akademien und Universitäten – ohne Unterschied des Geschlechtes, der Abstammung, des Geldbeutels, also ohne Unterschied der Bevölkerungsklassen – einheitlich umfaßt. [...][646]

Fritz Kunert (1850-1932), Lehrer in Berlin, 1888 Unterrichtsverbot wegen religionskritischer Auffassungen, danach schriftstellerisch tätig, 1888/89 Lehrer der freireligiösen Gemeinde in Berlin und Stadtverordneter, Redakteur verschiedener sozialdemokratischer Zeitungen, u.a. beim *Vorwärts*, 1890-1906 wegen politischer Vergehen mehrfach in Haft, 1890-1924 mit Unterbrechungen Mitglied des Reichstages, 1917 USPD, 1922 Rückkehr zur SPD.

[646] Der Autor setzt sich im weiteren Text mit der unter Lehrern populären Auffassung auseinander, dass die „allgemeine Volksschule" in der geistigen Tradition von Comenius, Pestalozzi, Diesterweg und Süvern stünde. Anhand historischer Beispiele sucht er seine These zu beweisen, wonach die „allge-

Der Weg zur Verwirklichung der Idee der allgemeinen Volksschule liegt offen, nur muß man dabei ganz von jedem kapitalistischen, begünstigenden Einfluß Abstand nehmen. Der Kapitalismus wird das in seiner Macht Liegende thun, die Einrichtung der allgemeinen Volksschule zu verhindern und sie als ein bloßes Luftgebilde oder thörichtes Hirngespinnst hinzustellen. [...]

Man vergesse nicht: die Schulfrage ist nur ein Theil der „sozialen Frage"!

Wie würde sich nun der Schulplan „zur Erwerbung auch der höchsten Bildung", die immer nur eine Vorbildung für das Leben sein könnte, gestalten?

Bis zum Ende des zweiten Lebensjahres wenigstens könnte sich die erzieherische Einwirkung fast ausschließlich in den Händen der Mütter befinden. Der Kindergarten umfaßte dann die Zeit frühestens vom 2. bis zum 6. Lebensjahre. Hieran reiht sich die Unterschule (Elementarschule), welche ihre Spitzen in der gewerblichen Fachsschule oder Fortbildungsschule hat; sie umfaßt die Lebensjahre vom 6. bis zum 14. in einer Unter- und Oberstufe. Aus der höchsten Klasse ihrer Unterstufe ist der Uebergang in die Mittelschule möglich. Die Mittelschule nimmt ihre Zöglinge mit dem 10. Jahre auf; vom 10. bis 13. gehören sie der Unterstufe, vom 13. bis 16. Jahre der Oberstufe an. Von der höchsten Klasse der Unterstufe ist der Eintritt in die gründlich reformirte höhere Schule (Gymnasium, Realschule), sowie in die dieser Schule entsprechenden Kunst- und Fachschulen möglich. Diese Reform hat besonders das Zurückdämmen der altsprachlichen („klassischen") und das Vordringen der naturwissenschaftlichen und neusprachlichen Bildungselemente zu bewirken. Die Oberschule umfaßt die Zeit vom 13. bis zum 19. Lebensjahr. Sie bereitet für die fundamental umgestaltete Universität, das Polytechnikum, die Kunstakademie von zwei Stufen aus vor: Unterstufe 13. bis 16., Oberstufe 16. bis 19. Jahr. Auch die Hochschule der allgemeinen Volksschule (Universität, Polytechnikum, Kunstakademie u. s. w.) wäre zweistufig für die Zeit vom 19. bis 22. und 22. bis 25. Lebensjahre einzurichten.

Angemerkt sei hierzu nur noch, daß die klassischen Sprachen des Alterthums ausschließlich zum Universitätsstudium erhoben werden sollten. Der Anschauungs- und Turnunterricht ist auf allen Stufen durch den Arbeitsunterricht zu ergänzen. Somit ergiebt sich folgende Aufstellung:

Allgemeine Volksschule: 1. Kindergarten; 2. Unterschule; 3. Mittelschule; 4. Oberschule; 5. Hochschule.

Der Uebertritt von einer Schulgattung zur andern geht auf Grund einer Prüfung vor sich. Ein derartiges Schulwesen ist so zu regeln, daß alle seine Stufen und Verzweigungen in organischem Zusammenhange stehen, daß es sich als ein wohl gegliedertes und doch einheitliches Ganzes darstellt, daß es sich in zweckmäßiger Zusammenwirkung bewährt.

So oder ähnlich nur läßt sich der in die öffentliche Diskussion geworfene große pädagogische Gedanke konsequent zu Ende denken.

---

meine Volksschule" nur als einheitlicher Unterbau des Schulorganismus, nicht im „höheren Sinn" gesehen wurde.

Ob die Schule innerhalb der sozialistisch organisirten Gesellschaft sich so oder anders gestalten wird, darauf kommt es hier nicht an; es mag das eine offene Frage bleiben. – Allein darüber kann nach dem Gesagten kein Zweifel sein, daß einzig eine solche Gesellschaft der Idee der freien, großen Volksschule Verwirklichung gewähren kann. [...]

16. Johann Ad. Herzog: Die Schule und ihr Aufbau auf natürlicher Grundlage[647] (Rezension von Justus Fischer)

NZ 1892/93, Nr. 37, S. 308

Diese Schrift eines schweizerischen Pädagogen ist anfänglich etwas zurückhaltend aufgenommen worden, erregt aber nunmehr in Fachkreisen immer größeres Aufsehen. Das bedeutsame Werk verdient auch die Beachtung aller Laien, denen das Gedeihen der Schule am Herzen liegt. In allgemein verständlicher, von spezifisch fachmännischem Beiwerk losgelöster Sprache geschrieben, weist es mit unerbittlicher Schärfe die fundamentalen Schäden in der Struktur unseres Schulwesens nach und gelangt zu gründlichen Reformvorschlägen, welche wegen ihres einschneidenden Radikalismus bei ängstlichen Gemüthern wohl ein leichtes Schauern erwecken mögen, dagegen auf alle diejenigen, welche vernünftig und vorurtheilslos zu denken vermögen, ohne Zweifel einen nachhaltigen Eindruck machen.

Der Verfasser verlangt vor Allem, daß die Jugend in erster Linie eine gemeinsame, allgemein menschliche, und erst an diese angegliedert die nöthige Fachbildung erhalte. Mit der unsinnigen Gedächtnißüberlastung sei aufzuräumen, nicht auf Vielwissen sei hinzuarbeiten, sondern auf Entwicklung der menschlichen Anlagen, auf das Können. Es seien aber alle menschlichen Anlagen in gleicher Weise zu pflegen, neben dem Verstande seien auch Gemüth und Phantasie zu entwickeln. Nicht nur dem Wahren, sondern auch dem Guten und Schönen müsse der Mensch entgegenstreben, nach allen drei Richtungen sei die Jugend zu bilden und daher auch ethischer und ästhetischer Unterricht in den Lehrplan einzufügen. Mit der geistigen Pflege sei auch die physische nicht zu vernachlässigen. Nur durch eine solche allseitige Bildung der intellektuellen und physischen Anlagen könne eine wirklich harmonische Jugenderziehung erzielt werden, welche die nothwendige Voraussetzung eines vernünftigen, gerechten und gesunden Zustandes und Fortschrittes der Gesellschaft sein müsse. Dies Ziel sei nur zu erreichen, wenn eine gemeinsame Schule für Alle geschaffen werde, welche sich nach oben zu verjünge, um den sich angliedernden Fachschulen für die Spezialstudien Raum zu schaffen. Dadurch erhalten die Gebildeten aller Berufsarten einen gemeinsamen Kern wahrhaft humaner Bildung, der sie miteinander verbinde, ein intensives, gemeinsames,

---

[647] Erschienen bei Cäsar Schmidt, Zürich 1892. – Justus Fischer, Lehrer in Hamburg, aktiv im Verein Hamburger Volksschullehrer, Redakteur der 1876 gegründeten *Pädagogischen Reform, zugleich Zeitschrift der Hamburger Lehrmittelausstellung,* darin ab 1896 zahlreiche Beiträge zu Lehrerfragen.

geistiges Leben schaffe, was für das Wohl und Gedeihen der Gesellschaft von eminentem Werthe wäre. Von besonderem Interesse ist die Forderung, es sei als allgemeines Lehrfach die Einführung der Jugend in die Staatslehre zu schaffen, ein besseres Verständniß des Volkes für's Staatsleben müßte von den heilsamsten Folgen sein. Die geistvolle Begründung und nähere Ausführung dieses Postulates verdient die Beachtung aller freiheitlich gesinnten Politiker. Der Autor schreibt hierbei den reaktionären und volksfeindlichen Elementen einige Wahrheiten ins Stammbuch, die jeden Freidenkenden mit Freude erfüllen.

Es ist uns natürlich nicht möglich zu untersuchen, ob die Herzog'schen Reformvorschläge nicht in diesen oder jenen Punkten etwas zu optimistisch ausgefallen seien. Sicher ist es, daß sie an die Lehrer sehr hohe Anforderungen stellen; einseitige Fachgelehrte könnten an dieser Idealschule nicht wirken; sondern nur Männer von umfassender allgemeiner Bildung und bedeutender Intelligenz. Hand in Hand mit der Schulreform wird eine gründliche Sozialreform, eine Hebung der Lage der Lehrer – und auch der Schüler – gehen müssen, soll jene möglich sein.

17.   E. Erdmann: Der deutsche Gymnasiast von heute[648]

NZ 1892/93, Nr. 49, S. 683-689 (Auszüge)

Die ganze Hohlheit der Verhältnisse in der bürgerlichen Gesellschaft, die Unfähigkeit der letzteren, in ihrem Wirken Gedeihliches zu erzielen, zeigt sich in den Erziehungsanstalten für ihre Knaben. Nichts kommt der Bildsamkeit des in der Entwicklung begriffenen jungen Geistes gleich. Wenn daher die heranwachsende Jugend eines Volkes an tiefgehenden Gebrechen krankt, so muß es mit den erziehenden Faktoren schlecht bestellt sein, und das traurige Bild, welches ein Einblick in die Welt unserer Gymnasiasten bietet, wirft eine furchtbare Anklage auf die Klasse der zu der Erziehung dieser Knaben und Jünglinge Berufenen. Nur der geringste Theil der Schuld ist der Familie beizumessen. Hier lassen die Sorgen des täglichen Lebens eine planmäßige Erziehung in den seltensten Fällen zu. Woher sollten die Eltern sich auch auf diese verstehen! Es ist kein Wunder, daß Tolstoi mit seinem schweren Vorwurf Recht hat, die „Händchen und Füßchen" des kleinen Kindes lägen der Mutter mehr am Herzen als seine spätere geistige Entwicklung. Diese erbärmliche Art der Mutterliebe hat ihren guten Grund. Die Erziehungskunst ist etwas außerordentlich Schweres und der armen Mutter fehlt dazu jede Anweisung. So hört man denn häufig genug die Mütter klagen, daß mit den großen Söhnen nichts anzufangen sei, während dem Vater die Zeit mangelt, sich ihnen zu widmen, und das wahre Interesse für den heranwachsenden Knaben, der seine

---

[648] Biographischen Angaben zu E. Erdmann konnten nicht zweifelsfrei ermittelt werden. Es könnte sich um Eduard Erdmann (Berlin) handeln, der als Autor auch in den *SM* in Erscheinung trat und sich u.a. mit dem Privatdozententum auseinandersetzte (*SM* 1898, S. 26-31), aber auch, wenngleich aufgrund der Diktion weniger wahrscheinlich, um Else Erdmann (vgl. Dok. 18).

eigenen Wege geht, tritt erklärlicher Weise zurück. Der Gymnasiast ist demnach auf die Schule angewiesen.

Wie unsere gesammte Jugend, steht er in einer Atmosphäre von Lüge und Hohlheit. Ihm fehlt aber das Gegengewicht, das den Kindern zielbewußter Proletarier zu Gute kommt. Diese wachsen in dem Haß gegen Unterdrückung und Knechtschaft auf; der Kampf, in dem ihre Väter und Brüder stehen, beeinflußt sie weit stärker, als der reaktionäre Geist ihrer Schulen. „Der gewaltige Geisteshauch, desgleichen auf Erden noch nie gespüret worden", berührt sie unmittelbar. Davon weiß der Gymnasiast nichts. Die Ideale, die das Licht der neuen Morgenröthe zeitigt, sind ihm fremd, denn vor diesem Gift wird er sorgfältig abgeschlossen. Er kennt nur ein Leben, das die Interessen der herrschenden Klassen vertritt, und seine junge Seele wird auf Schritt und Tritt beengt durch die Fesseln, die ein dem Tode verfallenes und doch krampfhaft am Leben sich festklammerndes System ihm auferlegt. Er geht naturgemäß völlig in der Schule auf, und der Einfluß, den sie auf ihn ausüben könnte, würde ungeheuer sein. Dennoch ist ihre Wirkung eine fast ganz negative. Sie unterläßt es, ihm Ideale zu geben. Das Sehnen nach Begeisterung, das in ihm steckt wie in jedem jugendlichen Geist, findet nur die schwächste Nahrung, und statt anspornend, wirkt sie zurückdämmend auf seine Seele.

Bis vor Kurzem wurde mit aller Macht die Hurrahschwärmerei für den Kaiser und für Preußen in der Schule künstlich großgezogen, und der Bedarf an Idealen für die Jungen sollte dadurch gedeckt werden. Jetzt hat diese Strömung bedeutend nachgelassen, die unbedingte Bewunderung preußischer Zustände ist zwar geblieben, aber man verlangt nicht mehr ein so warmes Gefühl dafür. [...]

Dem freiheitlichen Drang nach Aufklärung kann sich auch das Gymnasium mit dem besten Willen nicht völlig verschließen. Wenn ich mein Haus auch noch so sehr gegen frischen Windzug im Frühling absperre, so kommt doch wohl mal ein Lüftchen durch die Spalten. Wenn man deshalb nach wie vor den Gymnasiasten mit den landläufigen Ueberlieferungen traktirt, mit jenen dumpfen, öden Gottesbegriffen, die seine Seele höchstens beängstigen, nicht erheben können, so läßt sich doch nicht leugnen, daß die frühere Muckerei erheblich nachgelassen hat. Nur bedeutet das noch nicht, daß etwas Gutes, Neues an ihre Stelle getreten sei. Die jungen Gymnasiallehrer gehen eben selber nicht gern mehr in die Kirche, sie sind in religiöser Beziehung durchschnittlich lau und gleichgiltig, diese Anschauungen – weiter nichts – theilen sich auch dem Schüler mit. Die Morgenandachten in der Aula der Gymnasien haben längst jeden feierlichen Charakter eingebüßt. Die Jungen machen sich keinerlei Gewissen daraus, in dieser Zeit Dummheiten zu treiben, ihre Aufgaben zu lernen, das Frühstück zu essen. Wenn man sich vergegenwärtigt, wie Dr. Bruno Wille seine Zöglinge in der freien Gemeinde zu Berlin den Unterricht etwa mit den Worten beginnen läßt: „Wir rufen in die Welt hinein: ‚Hinweg der Thorheit Schranken, Wir Alle beugen uns allein dem siegenden Gedanken'", so ist kein größerer Gegensatz denkbar, als zwischen dieser trotz ihrer Jugend begeistert kämpfenden trutzigen Schaar und den beklagenswerthen Opfern eines Systems, das die jungen Seelen in traurigen Geistesbanden hält und im läppischen Formelkram erzieht. Und das in einer Zeit, wo dem nach Wahrheit lechzenden Geist das leuchtende Morgenroth einer kommenden Welt schon in all' seiner Herrlichkeit gezeigt werden kann.

Der Unterricht, den die Gymnasiasten genießen, ist im Großen und Ganzen unglaublich langweilig und besteht im Wesentlichen in einem ausgeprägten „Drill". Selbst unsere faden Mädchenschulen weisen noch eine weitaus größere Frische auf. Die neuen Sprachen, die dort für den praktischen Gebrauch gelernt werden, werden gemeinhin ganz anregend, mit planmäßigen Sprechübungen und Diktaten betrieben, die deutsche Sprache nimmt den ersten Platz ein, und das engere Verhältniß zwischen Lehrer und Schülerin schafft eine größere Rührigkeit im Unterricht. Es wird sich kein Lobredner für unsere erbärmlichen Volksschulen finden, daß aber dort anschaulicher und verständlicher gelehrt wird, als auf den Gymnasien, ist sicher. Hier geht fast die ganze Zeit mit Lateinisch und Griechisch verloren, das dem Schüler in eintönigster Weise dargeboten wird, und wobei die Schule noch obendrein einzig von dem Bestreben geleitet zu sein scheint, Philologen zu bilden, nicht aber ein klares Bild von dem Geist und der Sprache der Alten zu geben. Die Muttersprache steht zurück, daher denn der Gymnasiast fast niemals, weder im Mündlichen noch im Schriftlichen, eine gute, klare Ausdrucksweise besitzt und der Redefähigkeit überhaupt ermangelt. Die Beschäftigung mit der Natur unterbleibt beinahe ganz, wie fast alle Dinge, welchen der Schüler von vornherein ein Interesse entgegenbringen würde. Rechnen und Geographie treibt er eigentlich nur in den unteren Klassen und in die neuen Sprachen dringt er nur oberflächlich ein. Der Arzt, der Jurist, die beide von Berufswegen das Vertrautsein mit der englischen und französischen Sprache kaum entbehren können, erfahren bitter, welche Versäumnisse die Schule in dieser Richtung an ihnen begangen hat. So sehr es mit Recht von den Alt-Philologen getadelt wird, daß die Reformschulmänner – übrigens in erklärlicher Reaktion – unter Umständen über das Ziel hinausschießen und nur auf eine Bildung sehen, die dem Schüler in seinem späteren Leben praktischen Nutzen gewährt, so streng muß man es verurtheilen, daß die Gymnasialbildung auf die Erfordernisse des praktischen Lebens so gut wie gar keine Rücksicht nimmt.

Der Gymnasiast wird noch immer mit der alten, abgestandenen Kost genährt. Seine Vorbilder sind noch so ziemlich dieselben wie vor hundert Jahren. Die Griechen und Römer, noch dazu bei recht oberflächlicher Bekanntschaft, trotz der dreizehn wöchentlichen Stunden altsprachlichen Unterrichts, und die preußisch-brandenburgische Geschichte müssen ihm seine Idealgestalten liefern. Von sich selbst erfährt er wenig, und das Wenige gipfelt gewöhnlich in nüchternem Auswendiglernen. Er lernt, wie viel Muskeln und Knochen die Nase hat, was ihm gleichgiltig ist und ihn langweilt, von der Entstehung der Arten hört er nichts.

An eine täglich vier- bis siebenstündige Schulzeit schließen sich die Schularbeiten an. Diese sind dem begabten Schüler gewöhnlich eine Qual, was bei ihrem öden Charakter erklärlich ist. Dem pflichttreuen, normal beanlagten Jungen werden sie zu einer Klippe, deren Gefährlichkeit nicht hoch genug anzuschlagen ist. Entweder stürzt er sich mit vollem Eifer hinein und verschwendet einen Aufwand von Interesse daran, der ihn nützlicheren Dingen unzugänglich macht und den dies verdummende Grammatikstudium, diese langweiligen Aufsatzthemata mit ihren stets wiederkehrenden Vergleichungen zwischen Siegfried und Achilles und dem von allen Seiten beleuchteten Kampf mit dem Drachen nicht verdienten. Oder aber er wirft einen förmlichen Haß auf das Lernen, ja auf den Begriff Arbeit, mit dem er doch nothgedrungen seine Tage füllen muß. Er hat keine Zeit für seine Familie, für Lektüre, für Spaziergänge ins Freie, er sitzt beständig über den verhaßten Büchern. Von Ostern bis Johannis, im Anfang des Schuljahres, geht es noch an, aber von da an und gar im Winterhalbjahr, wo das doppelt schädliche Arbeiten bei Licht überhand nimmt, kennt er keine Freiheit mehr und führt ein bedauernswerthes Leben.

Er lernt ausschließlich zu dem Zwecke, um in der Schule nicht „hereinzufallen", vermeidet dies aber doch nicht, da die Persönlichkeit des Lehrers und der Zufall eine zu große Rolle spielen, als daß der Schüler sich durch fleißiges Lernen allein vor schlechten Nummern bewahren könnte. Dazu kommen die sinnlosen Extemporalien, ein wahres Gift für die Jungen, das sie in einer beständigen Aufregung erhält. Im Winterhalbjahr ist es nichts Seltenes, daß in einer Woche drei bis vier Extemporalien geschrieben werden und die armen Schüler aus der Angst vor schlechten Resultaten, die das Zeugniß und damit die Versetzung gefährden, nicht herauskommen. Die Versetzung aber ist das Ziel, um das sich Alles dreht. Die Angst vor dem Schreckgespenst des Sitzenbleibens steigert sich, je näher die Zeit herankommt, zuweilen zu einer unerhörten Heftigkeit, an der stark innerlich veranlagte Knaben oft qualvoll leiden. Die vielen Selbstmorde der Schüler sind zum Theil auf diese Angst zurückzuführen. Sie sind nicht einfach mit den Worten „gekränktes Ehrgefühl" erklärt. Es spricht bei ihnen schon geradezu der Fluch der kapitalistischen Gesellschaft mit, der Kampf ums Vorwärtskommen. Der Gymnasiast hat hundertmal erwägen hören und weiß genau, daß der Schüler, welcher sitzen bleibt, ein Lebensjahr verliert und dadurch nicht nur seinen Eltern beträchtliche Mehrkosten macht, sondern auch sich selbst durch die Verspätung in der Anstellung oder im Avancement außerordentlich schadet. Die Ansicht, daß jedes Jahr, welches nicht rastlos dem Ziele des Geldverdienens entgegenführt, ein verlorenes sei, steckt der heutigen Gesellschaft eben in Fleisch und Blut.

Es liegt auf der Hand, welche Schäden für die äußere Entwicklung unserer Gymnasiasten eine Lebensweise mit sich bringen muß, die den größten Theil des Tages den Büchern zuweist und die ein Lebensalter, das bei tüchtiger Pflichterfüllung froher Sorglosigkeit gewidmet sein sollte, in fortwährender Anspannung erhält. Die Statistiken über Blutarmuth und Kurzsichtigkeit sprechen darüber deutlich genug.

Es ist nicht zu leugnen, daß Dank der unermüdlich sich rührenden Reformpartei Verbesserungen im Schulleben geschaffen worden sind. Ganz hervorragend zeichnen sich darin die Realgymnasien aus, in denen überhaupt ein ungleich frischeres Leben herrscht. Aber so lange das Berechtigungswesen gilt, daß die Realschulen in unerhörter Weise benachtheiligt, wird der praktische Werth aller dort vorgenommenen Verbesserungen stark in Frage gestellt. Die Stundenzahl ist verringert, das Grammatikstudium ist etwas eingeschränkt, das Abiturientenexamen ist erheblich erleichtert und regelmäßige Spiele im Freien sind eingeführt. [...]

Schlimmer noch als die Hemmung in der äußeren Entwicklung ist die Vernachlässigung, welche Herz und Gemüth erfährt. Der jugendliche Geist mit seiner ungeheuren Aufnahmefähigkeit sittlicher Ideen findet zu wenig Befriedigung in einer Schule, die sich kaum die Mühe giebt, nach dieser Richtung hin auf den Schüler einzuwirken. In der Schule steht der Unterricht obenan, der veredelnde Einfluß auf die Moral des Knaben, der ihr ebensowohl obläge, wird – diese Schlußfolgerung drängt sich wohl oder übel auf – als Lappalie betrachtet. Der rohe Ton, der häufig in der Klasse herrscht, die wüsten Schimpfworte, mit denen der Schüler in der Stunde belegt wird und an die er bald annähernd so gewöhnt ist wie der Soldat auf dem Kasernenplatze, sind ganz geeignet, den Sinn für gesittetes Betragen in ihm zu ersticken und ihn in der Brutalität nichts Besonderes mehr sehen zu lassen. Nur vereinzelt genießt der Lehrer, der überall das Vorbild der Kinder sein sollte, noch die Liebe und Achtung seiner Schüler. Wenn man zugeben muß, daß in unserem Militärstaat, dem für Kulturausgaben das Geld mangelt, die überfüllten Klassen dem Lehrer sein ohnehin anstrengendes Amt ganz außerordentlich erschweren und die „Tretmühle", die sein Beruf mehr als der jedes anderen Bourgeois bildet, zu einer gewissen Entschuldigung für ihn dienen mag, so wirft es doch ein eigenthümliches Licht auf den Lehrerstand, wenn ein Angehöriger desselben, da ihm die Stunde zu lange dauert, mit den ärgerlichen Worten nach der Uhr sehen kann: „Hört denn die verfluchte Schinderei noch immer nicht auf!" und wenn diese Worte im Munde des Lehrers dem Schüler durchaus nicht besonders auffallen. Angesichts solcher Dinge kann es nicht allzu sehr verwundern, wenn die Gymnasiasten oft eine erschreckende Rohheit und Herzensleere zeigen. Eine durchgeistigte Ethik kann auf solcher Grundlage nicht erwachsen. [...]

Der Hang zur Lüge artet bei manchen Gymnasiasten in völlige sittliche Unzurechnungsfähigkeit aus. Der christliche Begriff: Du sollst! hat seine frühere Wirkung verloren, die Idee, daß das Gute lediglich um seiner selbst willen gethan werden muß, ist dem jungen Gemüth von Niemandem eingeflößt worden. [...]

Sie bleiben ruhig der Lieblosigkeit einer Schule ausgesetzt, die ihre traurigen Anlagen erst befördern geholfen hat und sie rettungslos dem Ziele des gänzlichen Verkommens entgegentreibt, falls die Verhältnisse sich späterhin nicht so günstig für sie gestalten, daß sie den sittlichen Defekt, der in der heutigen Gesellschaft nicht ganz so schwerwiegend ist, wie etwa ein Defekt im Geldbeutel – zu vertuschen vermögen – im Gegensatz zu ihren minder glücklichen Leidensgenossen im Proletariat.

Der gänzliche Mangel an Belehrung über die herrschenden Zustände erklärt zur Genüge, warum der Gymnasiast ein so verworrenes Bild von allen unsere Tage bewegenden Fragen hat. Das gewaltige Ringen des Proletariats spielt sich unter seinen Augen ab, ohne daß er es wahrnimmt. Der Sozialismus, dessen Fahnen sich die jugendlichen Gestalten mit jauchzender Begeisterung anschließen würden, wenn nur die Binde von ihren Augen genommen würde, ist für sie der denkbar nebelhafteste Begriff. In einer Zeit, wo Jeder kämpfen darf, der die Kraft dazu hat, stehen die armen Jungen vor dem Thor und ahnen nicht, welche herrlichen Siege draußen erfochten werden. Von dem Leben des Proletariats, dem Elend seiner Behausung, seinem grauenhaften standard of life weiß er nichts. Wenn er jemals im Frühling die Proletarierkinder von sechs bis zwölf Jahren beim „Rübenziehen" erblickt, so kommt ihm nicht der leiseste Gedanke, daß er hier seine jungen Brüder in regelrechtem Frohndienst vor sich sieht. Man hat ihn ja nie gelehrt, für die Kinder in zerlumpten Kleidern ein wärmeres Gefühl zu haben. Wohl aber artet die Gleichgiltigkeit, die er der Arbeiterklasse entgegenbringt, oft in förmlichen Haß aus, in dem ihm natürlich der Proletarierknabe, der in dem feinen Herrchen mit Recht seinen geschworenen Feind sieht, nichts nachgibt. Die Prügelschlachten, welche von Zeit zu Zeit zwischen den Gymnasiasten und den Arbeiterkindern geschlagen werden, sprechen eine deutliche Sprache für die Trostlosigkeit eines Klassensystems, in dem schon die Jugend in geschlossenen feindlichen Heerlagern aufwächst. Mit solchen Kundgebungen gegen die Proletarierjugend ist die Theilnahme der Gymnasiasten am öffentlichen Leben etwa erschöpft. In den Gemeindeschulen Frankreichs werden die Kinder bereits von ihrem neunten Jahre an über die Verfassung ihres Landes belehrt. Sie hören von dem Stimmrecht, den Steuern, der Schulpflicht, dem Heer. Die älteren Schüler erhalten elementare Kenntnisse der Volkswirthschaftslehre und des praktischen Rechts. Unser deutscher Primaner weiß von den staatlichen Verhältnissen seines Vaterlandes so gut wie nichts, das politische und wirthschaftliche Leben steht ihm in weiter Ferne, und erst später will er sich damit vertraut machen. Die letzte Reichstagsauflösung hat die Gymnasiasten höchst gleichgiltig gelassen. Der Gymnasiast weiß ja auch von den Parteien kaum etwas Anderes, als daß „gebildete Leute" konservativ oder nationalliberal zu wählen pflegen und daß die Sozialdemokraten eine Bande unersättlicher Schreier und Tagediebe sind.[...]

Bei der ungeheuren Ueberfüllung der gelehrten Fächer wird dem Gymnasiasten die Wahl eines Berufes immer schwerer. Er schwankt hin und her, und die Unsicherheit seiner Zukunft läßt ihm keine Ruhe. Nicht selten ist auf diese Weise der Sekundaner und Primaner ein Grübler, der an seinen siebzehn Jahren keine Freude hat, sich in traurigen Zukunftsbildern verzehrt und körperlich und geistig erschlafft. Das durch beständige Aufregungen im Schulleben und durch übermäßiges Arbeiten höchst geschwächte Nervensystem befördert den Hang zur Schwarzseherei, und die nüchterne Weltanschauung, in der der Knabe aufgewachsen ist, gestattet ihm aus seinem trüben Pessimismus kein Entrinnen. Die Mehrzahl der Gymnasiasten beschließen ihre Schulzeit ohne sonderliches Bedauern. Die Jahre, die von den Unbilden des Lebens noch gänzlich unberührt sein sollten, haben ihnen schon eine Fülle herber Erfahrungen gebracht, die sie aber nicht geläutert und für den Kampf des Lebens tauglich gemacht haben. Wie viel ihm fehlt, diesen siegreich zu bestehen, ahnt der Gymnasiast dunkel, ohne sich genügende Rechenschaft über seine Empfindungen geben zu können. Das Gefühl des Unbefriedigtseins und die heiß zu Kopfe steigende plötzliche Erkenntniß, die verflossenen Jahre nicht nach Recht und Pflicht zur Einheimsung unverlierbarer Güter angewandt zu haben, kommt über ihn. Noch immer wäre es Zeit, ihn zu retten, aber in dem nicht gestählten Charakter können diese segensreichen Stimmungen keine Kraft gewinnen und der Eintritt in das Leben verwischt sie vollends.

Auch auf diesem Gebiete ist eine Revolution nothwendig. Der Sozialismus wird sie bringen. Wie Spreu wird er die Gymnasien hinwegfegen müssen, die Merksteine einer reaktionären Zeit, die ihre aus längsversunkener Kultur herübergenommene Ehrwürdigkeit durch das Gift der kapitalistischen Gesellschaft eingebüßt haben und zu häßlichen Zerrbildern geworden sind. An Stelle der sittlich unklaren, begeisterungslosen Knaben und Jünglinge wird er glückliche, freie Jünger einer starken und lebensfrohen Zeit setzen.

18. E. Erdmann: Das erste sozialistische Bilderbuch[649]

NZ 1893/94, Nr. 11, S. 340-343 (Auszüge)

Vor mir liegt ein Buch, dessen Erscheinen ein Ereigniß in der Kinderliteratur bedeutet. Es ist das erste sozialdemokratische Bilderbuch; die erste literarische Gabe der Klasse, welcher die Zukunft gehört, an die Jugend. Völlig abgesehen von seinem künstlerischen Werth oder Unwerth stellt dieses Buch eine politische und geistige That dar. Zum ersten Male erscheint die neue Weltanschauung im Bilderbuch und spricht in schlichter Form zu den Kindern, denen bisher das Gegentheil des hier Dargebrachten als das Erstrebenswerthe und Moralische gezeigt worden war. Der Anfang einer gesunden Jugendliteratur, welche mit dem unwahren, wässerigen Kram der alten Kinderbücher aufräumen will, ist somit gemacht. Es ist dokumentirt, daß die Sozialdemokratie daran geht, auch die direkte Beeinflussung der Kinder in die Hand zu nehmen und die thatsächliche Messung ihrer Kräfte mit dem machtvollen Faktor der alten Jugendliteratur zu beginnen gedenkt.

Bis jetzt waren die Arbeiterkinder in der Jugendbücherwelt übel daran. Nicht nur wehte aus ihr ein Geist, welcher ihrem instinktiven Gefühl zuwiderlief und mit den im elterlichen Hause von ihnen eingesogenen Ideen nicht übereinstimmte, sondern sie spielten auch selbst eine kläglich Rolle darin. Sie und die Ihrigen traten im Ganzen nur als Wesen auf, die unter Voraussetzung eines anspruchslosen, respektvollen Benehmens gegen die „Gebildeten" ein wohlwollend geduldetes Appendix der allein in Betracht kommenden reicheren Klassen ausmachten, denen sie zur Bethätigung ihrer geistigen und moralischen Ueberlegenheit dienen mussten. Hier aber erscheint das Proletariat in den Bilderbüchern zum ersten Male als

---

[649] Bilderbuch für große und kleine Kinder. Illustriert von H. G. Jentzsch, O.-E. Lau, O. Marcus. J. H. W. Dietz, Stuttgart 1893. Mit einem Nachwort der Redaktion zur Frage der Jugendliteratur, vermutlich von Karl Kautsky. 1894 erschien ein zweiter Teil des Bilderbuches, illustriert von H. G. Jentzsch, O.-E. Lau und J. E. Dolleschal. – Nach Lesanovsky 2003, S. 483, handelt es sich bei der Autorin um Else Erdmann.

eine selbständige Welt, die von den anderen Klassen keine Moral zu borgen braucht und des Daseins der Anderen absolut nicht benöthigt.

Angesichts dieser bedeutungsvollen Thatsache kommt der künstlerische Gehalt des Buches erst in zweiter Linie in Betracht. [...] Unmöglich wäre zu erwarten, daß bei einem so schwierigen Unternehmen gleich auf den ersten Schlag ein tadelloses Kunstwerk herauskäme. An äußerer Ausstattung hat der bewährte Herausgeber das Beste geleistet, was für einen so billig gesetzten Preis irgendwie zu erwarten ist. Die Auswahl des Inhalts vertheilt sich sehr geschickt auf Erzählungen, Märchen, Gedichte und belehrende Stoffe. Sie athmen den Geist der Menschenliebe und Moral. Aber es läßt sich nicht leugnen, daß ein Hauch von Herbheit über dem Ganzen liegt. Es kann kein harmlos-künstlerischer Genuß aufkommen angesichts der gar zu stark aufgetragenen Nutzanwendungen. Man vermißt die geheime Kraft des Künstlers, welcher seine Werke von dem Geist einer Weltauffassung durchtränkt, so daß sie mit Händen zu greifen ist, ohne daß ihre Grundsätze in klaren Worten direkt ausgesprochen werden. Die Kunst des Geschichtenschreibens für die Kleinen hat die Kreise verlassen, die ihr der Kapitalismus seit lange angewiesen hatte, aber noch fühlt sie sich nicht völlig heimisch in einem Gewand, das zum ersten Male ihr angelegt wird. Doch das wird kommen. Der Weg ist eingeschlagen, welcher allein zu der heilsamen Reformirung unserer Jugendliteratur führen kann. Im Schoße des Volkes nur liegt der goldene Schatz wahrer kindlicher Poesie verborgen. Aus dem Leben des Volkes heraus wird uns jegliche kommende Kunst, der wir mit fester Zuversicht harren, geboren. Und wenn in unserem Bilderbuche eines so gänzlich fehlt, dem in der Beschäftigung mit den Kindern eine so wichtige Rolle zufällt, der feine Geselle Humor, wie er beispielsweise in den „Sprechenden Thieren", dem klassischsten Bilderbuche der Bourgeoisie, in so entzückender Weise auftritt, so können wir das zunächst nur erklärlich finden. [...] Aber es hat keine Noth! Sobald unsere Bewegung sich mehr und mehr im Volke befestigt, sobald wir nur erst auch in der Kinderliteratur uns einzuleben beginnen, wird die Fülle der Poesie mit Allem, was gerade die Kleinen von ihr zu fordern berechtigt sind, auch auf diesem Gebiete zu uns kommen.

Die Proletarierkinder, welche nach Licht und Poesie hungern, werden fortfahren, uns den Weg zu weisen, den wir einschlagen müssen, um die Töne zu finden, die ihre Herzen treffen. Ihr Gemüth birgt eine solche unendliche Fülle von tiefem Empfinden, daß es uns nicht schwer werden wird, sie tiefer und tiefer zu belauschen, wo wir mit dieser Aufgabe einmal begonnen haben.

Nachwort der Redaktion.
Wir huldigen in der Regel dem Grundsatze, Werke, die demselben Verlage entstammen, in dem vorliegende Zeitschrift erscheint, nicht zur Besprechung zu bringen. Diesmal machen wir jedoch eine Ausnahme, weil das behandelte Thema eine eingehendere Erörterung in unserer Presse, so viel wir wissen, noch nicht gefunden hat.

Und doch ist das Interesse dafür ein sehr reges, das beweisen schon die wiederholten Anregungen auf Schaffung einer Jugendliteratur, die auf den letzten Parteitagen gegeben worden sind. Das Bedürfniß nach einer solchen ist ein allgemeines und wohlbegründetes. Eine Partei, der die Zukunft gehört, muß mehr noch als alle anderen auf die heranwachsende Jugend bedacht sein. Und neben dem Schutz der arbeitenden und überhaupt der armen Kinder und neben der Schule kommt da besonders in Betracht die Jugendliteratur. Freilich, die Erörterung und Propagirung unserer Grundsätze kann nicht Aufgabe unserer Jugendliteratur sein. Man verschone die Kindergehirne mit Theorien und Abstraktionen. Auch die einfachsten Zusammenhänge in Natur und Gesellschaft vermögen sie nur allmälig zu erfassen, und Sätze müssen sie verstehen lernen, die uns als Gemeinplätze erscheinen. Nur für das Konkrete ist das Kindergehirn empfänglich. Wie die Schule hat auch die Jugendliteratur vornehmlich die Aufgabe, durch die Anschauung und thatsächliche Mittheilungen die Kenntnisse des Kindes zu erweitern, durch das Beispiel seinen Charakter zu beeinflussen. Hauptsächlich ist es letztere Aufgabe, durch die das Interesse der Sozialdemokratie an der Jugendliteratur bedingt wird.

Allerdings, die Ansicht, als könne man den Charakter eines Kindes durch Lehre und Erziehung willkürlich gestalten, kann heute als völlig überwunden angesehen werden. Der Charakter eines jeden Individuums wird bestimmt durch seine natürlichen Anlagen und die Umgebung, in der es sich entwickelt. Aber zu dieser Umgebung gehören nicht blos die Verhältnisse, in denen wir leben, die Personen, mit denen wir verkehren, sondern auch die Verhältnisse und Personen, die wir in unserer Literatur treffen. Das Denken und Fühlen unserer Kinder hängt ab nicht blos von der Gesellschaft, in die sie im Leben gerathen, sondern auch von der Gesellschaft, in die sie in der Literatur gerathen. Das soziale Milieu ist das wichtigere, das entscheidende. Aber auch das literarische ist von Bedeutung, und ist es weniger wichtig, so ist es dafür um so leichter zu ändern und zweckentsprechend zu gestalten.

Wenn wir sagen leichter, so ist das natürlich nur relativ zu verstehen. Es ist leichter, in Gedanken, als thatsächlich unseren Kindern eine gesunde Umgebung zu schaffen; es ist leichter, ein sozialistisches Buch zu schreiben, als eine soziale Reform durchzusetzen – von einer sozialen Revolution gar nicht zu reden. Aber damit ist nicht gesagt, daß man eine gute, zweckentsprechende Literatur aus dem Aermel schütteln oder daß man sie überhaupt willkürlich hervorrufen kann. Auch ihre Schaffung unterliegt bestimmten Bedingungen.

Es erscheint uns sehr wahrscheinlich, daß die Periode des aufstrebenden Proletariats, in der wir leben, nicht ebenso die einer Blüthe der schönen Literatur wird, wie die der aufstrebenden Bourgeoisie war. Wenigstens sprechen die bisherigen Erfahrungen dafür. Das ist unschwer zu verstehen, wenn man bedenkt, daß das Proletariat diejenige Klasse ist, welche durch ihre soziale Lage mehr als jede andere an der Entwicklung eines künstlerischen Empfindens und an künstlerischem Schaffen gehindert wird, während die Bourgeoisie in dieser Beziehung besonders begünstigt ist. Das bischen Muße und alle die geistige Kraft, die dem Proletariat zu

275

Gebote stehen, absorbirt der Kampf, der Klassenkampf; zum Besingen des Kampfes in formvollendeter Weise bleibt weder ausreichende Muße noch Kraft übrig. – Auch die der Bourgeoisie entstammenden Elemente, welche sich dem Proletariat anschließen und in ihm aufgehen, werden fast alle vom Klassenkampf in Anspruch genommen.

Wohl haben wir eine mit dem Proletariat sympathisirende Dichtkunst aufzuweisen, aber sie entstammt der Bourgeoisie, und zwar jenen arbeiterfreundlichen Elementen derselben, die sich vom Klassenkampf des Proletariats fernhalten, in der Regel entweder aus Zaghaftigkeit oder Mißtrauen oder Verständnißlosigkeit. Diese Poesie steht meist auf dem Standpunkt, auf dem die Utopisten und Philanthropen Englands und Frankreichs schon vor hundert Jahren standen. Da sie vom Klassenkampf absehen, erblicken diese Dichter die Arbeiterklasse nicht in ihrem Aufschwung, sondern in hilfloser Verkommenheit; sie erheben sich nicht mit ihr und durch sie, sondern sie lassen sich herab zur Niedrigkeit des Proletariats in überquellendem Mitleid [...].

Diese Poesie kann große und erhebende Kunstwerke schaffen, aber sie wird immer eine bürgerliche Poesie bleiben, nie eine Kunst des siegreich voranschreitenden, des selbstbewußten, des den anderen Klassen moralisch überlegenen Proletariats sein.

Und die Aussichten auf eine proletarische Kunst bessern sich nicht.

Inter arma silent artes, im Kriegsgetümmel kommt die Kunst nicht zum Wort; je revolutionärer die Zeiten werden, desto schlechter sind die Aussichten der schönen Literatur und der Kunst überhaupt. Sie ging im vorigen Jahrhundert in Frankreich um so mehr zurück, je näher man der Revolution kam. Nicht aus dem Kampf, erst aus dem Sieg des Proletariats dürfte eine neue Blüthe der Literatur hervorgehen.

Eine gute Belletristik für die Jugend zu schaffen ist aber noch schwieriger, als eine solche für Erwachsene. Neben Phantasie und Gestaltungskraft erfordert sie auch ein tiefes Verständniß der Kindesseele. Wir erwarten daher nicht, wie der Rezensent des Bilderbuchs, daß die Fülle der Poesie auch auf diesem Gebiete bald zu uns kommen wird.

Aber zum Glück ist das auch nicht nothwendig. Wir können uns damit begnügen, sie dort zu suchen, wo sie bereits vorhanden ist. Was unsere Jugendliteratur bieten soll, ist ja nichts Unerhörtes. Das, was unerhört in unserer Bewegung ist, unsere Grundsätze, unsere Ziele, das braucht in der Jugendliteratur nicht abgehandelt zu werden. Sie soll nicht sozialistische Propaganda treiben, sondern Charaktere bilden, sie soll alle jene Keime in den Kindern zu entwickeln suchen, welche die heutige Gesellschaft nur zu leicht verkümmert, den Wissensdrang, die Ueberzeugungstreue, das Verlangen, den Unterdrückten und Schwachen zu helfen, die Selbstlosigkeit gegenüber den Genossen, aber auch das Selbstgefühl dem Feinde und dem Herrn gegenüber, den Haß gegen Unterdrückung und Niedertracht, die Verachtung aller Schmeichelei und Knechtseligkeit.

Die heutige Jugendliteratur, die voll ist von Mordspatriotismus, Byzantinismus und Muckerei, wirkt völlig im gleichen Sinne wie die herrschende Gesellschaft, sie zu bekämpfen ist unsere Aufgabe. Aber das gilt doch nicht von der ganzen bisherigen Literatur. Aus dem Geiste der antiken und der altgermanischen Demokratie ebenso wie aus dem des aufstrebenden revolutionären Bürgerthums ist eine reiche Literatur geflossen, die zahllose Beispiele und Verherrlichungen jener Tugenden bietet, welche man als die Mannestugenden bezeichnet. Aus dieser Literatur, der Sagenwelt und den klassischen Dichtern der verschiedenen Nationen, das Geeignetste zu sammeln und für die Jugend in unserem Sinne zu bearbeiten, das ist eine Aufgabe, die geleistet werden kann und die geleistet werden soll.

Vor Allem aber wären diejenigen Werke der bereits bestehenden Jugendliteratur, die zu klassischen geworden sind, die ewig jung und ewig populär bleiben, vom Robinson Krusoe an, von all dem widerlichen Wust zu reinigen, von dem sie im Laufe der Zeiten überwuchert wurden, von jener Frömmelei und vor Allem von jener Rohheit, die allerdings vornehmlich die neueste Jugendliteratur auszeichnet, die aber auch manchen Werken der älteren nicht fehlt und die deren Reform am dringendsten nöthig macht. Wohl sollen wir unsere Kinder nicht zu Weichlingen erziehen, die jedem Kampf aus dem Wege gehen, im Gegentheil, sie sollen Kämpfer werden, bereit, ihre Persönlichkeit einzusetzen für eine große Sache; aber was manche der heutigen Jugendschriftsteller entwickeln, das ist geradezu ein kannibalisches Behagen am Morden, am Morden von Schwächeren, oft Wehrlosen, namentlich von Wilden und Wild, in allen jenen blödsinnigen überseeischen Jagd- und Raufgeschichten, die unseren Kindern ebenso falsche Anschauungen wie rohe Instinkte beibringen. Vielleicht nirgends hat die Kolonialpolitik größere Verheerungen angerichtet, als in den Köpfen unserer Kinder.

Wenn sich in unseren Reihen Schriftsteller finden, namentlich Pädagogen, die an die Sichtung und Reinigung unserer Jugendliteratur von Rohheit und Gemeinheit, Servilität und Muckerei gehen, so werden sie sich um die heranwachsende Jugend des arbeitenden Volkes und um unsere Sache wohl verdient machen. Und das ist eine Aufgabe, die verhältnißmäßig leicht gelöst werden kann.

Sollten daneben auch begabte Jugendschriftsteller in unseren Reihen erstehen, die unsere Jugendliteratur mit bedeutenden originalen Schöpfungen bereichern, um so besser. Aber wir glauben, die Schaffung einer mit dem sozialistischen Empfinden harmonirenden Jugendliteratur ist zu wichtig, um so wichtiger, je verrohender und abstoßender die bürgerliche Jugendliteratur wird, als daß sie diesem Zufall überlassen werden sollte. Wir sind die Erben einer reichen Vergangenheit: Nützen wir unser Erbtheil aus und passen wir es unseren Zwecken an.

19. Paul Natorp: Pestalozzi's Ideen über Arbeiterbildung und soziale Frage[650] (Rezension von August Bebel)

NZ 1893/94, Nr. 44, S. 569-571

In einem in Gährung befindlichen Zeitalter, wie dem unsrigen, in dem Alles nach neuen Gedanken und neuem Inhalt sucht, ist es natürlich, daß der Blick sich auch nach rückwärts wendet, um in der Gedankenwelt vergangener Perioden nach Material für die Gegenwart und die Zukunft zu suchen. Meine Ausführungen und Anschauungen über Künftiges bekommen einen festeren Halt, vermag ich das Werden von Ideen, welche die Gegenwart beherrschen und für die Verwirklichung in der Zukunft bestimmt sind, aus dem Gedankenkreis von Männern nachzuweisen, die in ihrer Zeit als Leuchten galten und vorahnend schauten, was heute dem Geringsten nicht mehr zweifelhaft ist. Wer es also übernimmt, Gedankenkeimen, die in der Gegenwart zur Reife gediehen sind, nachzuspüren und sie ans Licht zu ziehen, unternimmt ein verdienstliches Werk. Insbesondere dann, wenn Andere für ihre rückwärts gerichteten Bestrebungen es für nützlich finden, durch Fälschungen oder Unterstellungen die gleichen Gedankenquellen auszunutzen. Pestalozzi gehört zu den Männern, auf die man sich heute öfters beruft, ohne daß man sie kennt oder richtig versteht, und deren Gedanken man fälscht oder verschweigt, sobald man Schaden für bestehende schlechte Zustände zu fürchten hat.

Natorp, der zu den wenigen unter unseren offiziellen Gelehrten gehört, die für die Strömungen der Zeit sich ein offenes Auge bewahrten, hat dafür von der Zunft, die ihre Hauptaufgabe in der Vertheidigung des Bestehenden erblickt, sattsam Angriffe erfahren, wie das Jedem geschieht, der wagt, sich auf die Seite der Neuerer zu stellen. Natorp unternahm es in dem vorliegenden Schriftchen – das ein Wiederabdruck eines Aufsatzes aus den „Deutschen Worten", 1894, Aprilheft, ist[*] –, die Ideen Pestalozzi's in Bezug auf die soziale Bedeutung der Volksbildung, über Macht und Recht und Religion in knapper Darstellung zusammenzufassen und auf ihre Bedeutung für die Kämpfe der Gegenwart hinzuweisen. Diese Darstellung zeigt uns, daß Pestalozzi etwas mehr als ein Reformator der Kindererziehung war, daß er dieselbe vielmehr, wie Condorcet und Rousseau, als Mittel sozialer Umgestaltungen ansah, wenn er auch wieder in seiner Auffassung sich wesentlich von den beiden Genannten unterschied. Pestalozzi sah weiter als Rousseau. In seinen Untersuchungen über die Nothwendigkeit einer anderen Erziehung gelangt er zu den eigentlichen Ursachen des Volkselends, die für ihn soziale sind. Der Gesellschaftsvertrag ist ihm nicht wie Rousseau das Werk freier Uebereinkunft, sondern ein Werk der Gewalt, bei dem der Schwächere dem Stärkeren unterlag. Der Starke war aber nicht blos der physisch Starke, sondern auch der Listige, der Besitzende. „Das ist der Ursprung der Macht, der tief in unserer Natur liegt und

---

[650] Eine Rede von Dr. Paul Natorp, Professor der Philosophie an der Universität Marburg. Verlag von Eugen Salzer. Heilbronn 1894.

[*] Herausgeber Engelbert Pernerstorfer, Wien VIII, Langegasse 15. Vertretung für das Deutsche Reich und das übrige Ausland: C. F. W. Fest, Leipzig.

278

sich auf das wesentliche Bedürfniß der Entwicklung der ganzen Gesellschaft gründet." An den Ausspruch von Karl Marx: „Die Gewalt ist der Geburtshelfer jeder alten Gesellschaft, die mit einer neuen schwanger geht. Sie ist selbst eine ökonomische Potenz", erinnert der Ausspruch Pestalozzi's: „Das Unrecht der Welt endet allenthalben nur durch die Gewalt." Daher erscheint ihm die Revolution „als naturnothwendige Folge eines Gewaltzustandes in Rechtsform."

Man kann sagen, Pestalozzi entwickelte Gedanken, die in mancher Beziehung an die materialistische Geschichtsauffassung anklingen, wie sie später Marx und Engels begründeten. Auch ist bei ihm der Gedanke zu klarem Ausdruck gekommen, daß die Hauptursache für das Verbrechen in dem korrumpirenden Einfluß großer Besitzungleichheit zu suchen sei, „welche die Welt mit elenden, tief verdorbenen Menschen voll mache". Man sieht, auch hier ist ein durchaus materialistischer Gedanke ausgesprochen. Die Macht des Eigenthums über den Menschen bekämpft er als verderblich, denn das Eigenthum ist um des Menschen, der Mensch nicht um des Eigenthums willen da. In Bezug auf die Religion antizipirte Pestalozzi Feuerbach, denn er hat bereits fünfzig Jahre vor diesem den anthropomorphen Charakter der Religion vollkommen erkannt. Nach ihm ist die Religion nichts anderes „als das innere Urtheil meiner selbst von der Wahrheit und dem Wesen meiner selbst"; nichts anderes „als der göttliche Funken meiner Natur und meiner Kraft, mich selbst in mir selbst zu richten, zu verdammen und loszusprechen ... Gott ist für die Menschen nur durch die Menschen der Gott der Menschen." Diese Aussprüche sind nur eine andere Formulirung des Feuerbach'schen Gedankens: „Wer hat Gott geschaffen? Der Mensch ..."

Durchaus richtig hat Pestalozzi auch erkannt, daß der Bildungsunterschied im Volke die natürliche Folge des Klassenunterschiedes ist. Er vergleicht die menschliche Gesellschaft mit einem Haus, das in drei Stockwerke eingetheilt ist. Im obersten Stockwerk strahlt das Bildungswesen seiner Zeit in hoher, vollendeter Kunst, aber das Stockwerk wird nur von wenig Menschen bewohnt. In dem mittleren wohnen schon mehr, aber es mangelt ihnen an Treppen, auf denen sie in das obere Stockwerk gelangen können. Im unteren Stockwerk wohnt dagegen eine zahlreiche Menschenherde, die für Sonnenschein und gesunde Luft mit den oberen das gleiche Recht hat, aber sie wird nicht nur im ekelhaften Dunkel fensterloser Löcher sich selbst überlassen, „sondern man macht ihnen durch Binden und Blendwerke die Augen sogar zum Hinaufgucken in das obere Stockwerk untauglich."

Natorp meint, es ließe sich ziemlich genau ausrechnen, wie Pestalozzi im Gewirr des heutigen Kampfes dastehen werde; nämlich so, wie er (Pestalozzi) sage: „Getreu seiner Wahrheit, aber keiner Partei." Für uns ist diese Frage gegenstandslos, es bleibt stets eine unmögliche Sache, sagen zu wollen, wie ein Mensch einer früheren Epoche, in eine spätere gesetzt, würde gedacht und gehandelt haben. Es genügt, daß er zu seiner Zeit so gedacht und gehandelt hat, daß man seine Gedanken und sein Handeln für die Fortschritte einer späteren Zeit mit Fug und Recht verwerthen kann, und das ist bei Pestalozzi in vollem Maße der Fall. Vielleicht hat Natorp mit seiner Schrift den Anstoß gegeben, daß man beginnt, sich mit Pestalozzi's Schriften genauer bekannt zu machen; auf alle Fälle empfehlen wir das Natorp'sche Schriftchen – das auch äußerlich in sehr hübscher Ausstattung erschienen ist – Allen zur Anschaffung, die für die Kämpfe der Gegenwart brauchbare Anregungen aus den Kämpfen der Vergangenheit nicht verschmähen.

20. Die „Internationale" und die Schule (ohne Autorenangabe)[651]

NZ 1893/94, Nr. 52, S. 824-827 (Auszüge)

Die Schriften von Marx sind die Leitsterne der Sozialdemokratie, die sich internationale Geltung errungen haben. Aus ihnen ist die wissenschaftliche Begründung unserer Bewegung, ist unser Programm geschöpft.

Eine bemerkenswerthe Ergänzung dieser Schriften bilden jene Resolutionen der Kongresse der „Internationale", die dem Generalrath dieser Organisation vorgeschlagen wurden. Sie rühren oft vollständig von Marx her, tragen stets den Stempel seines Geistes. Diese Resolutionen, welche alle wichtigen praktischen Fragen des proletarischen Klassenkampfes berühren, sind ebensowenig bloße historische Dokumente wie die Schriften von Marx, auch diejenigen, die schon ein halbes Jahrhundert zählen, wie z. B. das kommunistische Manifest. Jede derselben ist heute noch unübertroffen an klarer, präziser und – soweit dies in wenigen Zeilen möglich – erschöpfender Beantwortung der Frage, die sie behandelt.

Sie sind in den Hintergrund getreten hinter anderen, sensationelleren und auffallenderen Ergebnissen des Wirkens der „Internationale" und fast völlig in Vergessenheit gerathen. Es erscheint uns nichts weniger als überflüssig, wenn wir den dreißigsten Geburtstag der gewaltigen Organisation zum Anlaß nehmen, nicht nur auf die Bedeutung dieser Resolutionen hinzuweisen, sondern auch den Anfang zu ihrer Wiederveröffentlichung zu machen, womit wir in folgenden Nummern fortfahren wollen.

Wir beginnen mit der Resolution des Genfer Kongresses von 1866 über die Arbeit der Frauen und Kinder, eine Resolution, welche ein Gebiet behandelt, das Marx, wenigstens in seinen bisher veröffentlichten Schriften, nur hie und da kurz berührt hat: das Schulwesen. Die Bemerkungen, die Marx im „Kapital" I, 4, S. 448, über die Verbindung von Handarbeit mit Unterricht und Gymnastik, und in seiner Kritik des Gothaer Programms (abgedruckt „Neue Zeit" IX, 1, S. 563 ff.) über die Volkserziehung macht, finden ihre Ergänzung und systematische Zusammenfassung in dieser Resolution. [...][652]

---

[651] Autor dieses Beitrages war offensichtlich Karl Kautsky. Vgl. Blumenberg 1960.

[652] Da der Text von Marx heutzutage leicht zugänglich ist, wird hier auf seine Wiedergabe verzichtet (vgl. MEW, Bd. 16, S. 193ff.). Wichtiger scheint der Hinweis auf Nachfolgediskussionen in der „Internationale", die in der Rezeptionsgeschichte zur „Genfer Resolution" weitgehend unberücksichtigt geblieben sind. Die erste deutsche Übersetzung der „Genfer Resolution" wurde in der Zeitschrift der deutschsprachigen Sektion der I. Internationale *Der Vorbote* abgedruckt. Der ursprüngliche Text von Karl Marx war in Englisch verfasst. Vgl. Einleitung, Kap. 2.1. und 4.1.1.

Leider haben wir nichts darüber gefunden, wie Marx diese Resolution im Generalrath begründete, obwohl jeder Vorschlag, den dieser einem Kongreß machte, vorher sorgfältig erwogen und diskutirt wurde. Nur über eine spätere Diskutirung der Erziehungsfrage im Schooße des Generalraths fanden wir einen kurzen Bericht im englischen Arbeiterorgan „Beehive" vom 14. August 1869. Er betrifft die Sitzung des Generalraths vom 3. August. Es heißt da:

„Eccarius stellt den Antrag, man solle an der Genfer Resolution festhalten. Bei den letzten zwei Kongressen (Lausanne und Brüssel) hatte sich große Abneigung, besonders der Franzosen gezeigt, die Erziehung der Kinder dem Staat zu übergeben, und dies war seiner Ansicht nach die Hauptschuld daran, daß auf diesen beiden Kongressen eine Resolution über das Erziehungswesen nicht zu Stande kam.

Marx sagte, die Frage, die man auf den letzten Kongressen diskutirt hatte, sei die gewesen, ob wir Erziehung durch die Nation (national education) oder Privaterziehung fordern sollten, und man habe dabei erstere gleichgestellt der staatlichen Erziehung. Um zu beweisen, daß ein wirksames System der Volkserziehung ohne staatliche Bevormundung möglich sei, legte er eingehend die amerikanischen Schulverhältnisse dar; aber er war der Ansicht, daß der Schulbesuch ein obligatorischer sein, daß keine Religion in den Volksschulen gelehrt und staatliche Inspektoren angestellt werden sollten, welche die Schulen beaufsichtigten und dafür sorgten, daß die Schulleiter (the school authorities) ihre Pflicht thun. Heute bestehe in Amerika ein Zwang in Schulsachen nur insofern, als jede Gemeinde (township) verpflichtet sei, Schulen zu errichten. Auch der Schulsteuer könne sich Niemand entziehen, aber ein Schulzwang für die Kinder bestehe nicht. Das System der preußischen Volkserziehung sei nur darauf berechnet, gute Soldaten zu erziehen, nicht Staatsbürger."

Am 17. August wurde die Diskussion – in Wirklichkeit ein Vortrag von Marx – fortgesetzt. Der „Beehive" berichtet darüber in seiner nächsten Nummer:

„Marx konstatirte, daß Niemand gegen die Prinzipien der Genfer Resolution gesprochen habe, welche nach dem vorliegenden Antrag bestätigt werden sollte. Was die Mittel zur Erhaltung der Schule anbelange, so sei das Kirchenvermögen ursprünglich ein Fonds zu Erziehungszwecken gewesen, der aber heute seiner früheren Bestimmung entzogen sei. Es wäre sehr angezeigt, zu fordern, daß es wieder zu einem Schulvermögen gemacht werden sollte, wie es die heutigen Verhältnisse erheischten. Politische Oekonomie und Religion sollten in den niederen Schulen nicht gelehrt werden, ja auch nicht in den höheren; man müsse es den Erwachsenen überlassen, sich auf diesen Gebieten zu bilden (that was a kind of education, which must rest with the adult), die Belehrung darüber gehöre in den Hörsaal, nicht in die Schule. Nur die Naturwissenschaften, nur Wahrheiten, die von allen Parteivorurtheilen unabhängig seien und blos eine Deutung zuließen, gehörten in die Schule."

Soweit der Bericht. Ein Zeitungsreferat ist natürlich keine authentische Quelle, auch läßt dieser kurze Protokollauszug manches dunkel. Indeß erscheinen uns auch diese Notizen für jeden von Werth, der die sonstigen Ansichten von Marx über das

Schulwesen kennt. Für denjenigen freilich, der der Ansicht war, der Generalrath der „Internationale" sei der Zentralausschuß einer finsteren Verschwörerbande gewesen, dessen Thätigkeit darin aufging, Ausstände und Aufstände zu planen, um „Allens zu verunjeniren", wird die Mittheilung dieser Diskussion eine Enttäuschung bringen.

Derartige Diskussionen bildeten aber einen der wichtigsten, vielleicht den wichtigsten Theil der Thätigkeit des Generalraths.

21. Dr. C. Hugo: Kind und Gesellschaft (Die Nationale Gesellschaft zur Verhütung von Grausamkeit gegen Kinder in England)[653]

NZ 1894/95, Nr. 18, S. 562-567 (Auszüge)

„Will sich der Leser einen Zug von 109.000 Kindern vorstellen, der an ihm vorbeizieht, und Kind nach Kind, wie es an ihm vorübergeht, aufmerksam betrachten, so wird er einen ungefähren Begriff von der Ausdehnung des Leidens der Kinder erhalten, mit dem sich die ‚Nationale Gesellschaft zur Verhütung von Grausamkeit gegen Kinder in England' thatsächlich während der ersten zehn Jahre ihres Bestehens beschäftigt hat. –

„Die ersten 25.437 sind Dulder von Gewaltthätigkeiten – geübt mit Stiefeln, Geschirr, Pfannen, Schaufeln, Riemen, Tauen, Schüreisen, Feuer, kochendem Wasser, kurz mit allen erdenklichen Waffen, die in die Hände ihrer brutalen und rachsüchtigen Eltern kamen – bedeckt mit Beulen und Wunden, verbrannt, verbrüht, voll Pflastern und Bandagen.

Dann kommen 62.887 Dulder von Vernachlässigung und Verhungerung – voll Schmutz, Ausschlag und Geschwüren, zitternd, in Lumpen, halbnackt, bleich, schwach, ohnmächtig, schwächlich, verkümmert, verhungert, sterbend – viele getragen auf den Armen der Pflegerinnen der Hospitäler.

Dann kommen 712 Leichenbegängnisse, wo Mißhandlung tödtlich endigte.–

Dann kommen 12.663 kleine Wesen, den Leiden ausgesetzt, um die träge und grausame Wohlthätigkeit der Straße denen zuzuwenden, die für ihre Bleiche, Magerkeit, Husten verantwortlich sind – auch sie meist noch auf dem Arm; aber auf den Armen fauler Trunkenbolde und Vaganten.

Dann kommen 4.460 bemitleidenswerthe Mädchen, die Opfer der sinnlichen Lust menschlicher Ungeheuer.

Dann kommen 3.205 kleine Sklaven unpassender und schädlicher Beschäftigung und gefährlicher Aufführungen, Mißgeburten in reisenden Buden, Akrobaten auf Messen, Trapez- und Drahtseilkünstler in Zirkussen, arbeitend unter zu schwerer Last und leidend unter verschiedenster Frevelthat. Der Zug ist 60 Meilen lang

---

[653] Bei dem Autor könnte es sich um Dr. phil. Karl Hugo Pettersch (1850-1904) handeln, der unter dem Pseudonym Dr. Carl Hugo zu historischen und sozialen Themen publizierte, u.a. die Schrift Mein Bildungsgang (1896).

und braucht 24 Stunden, um an uns vorüberzuziehen" (Report for 1893-94, S. 33-34).

Mit welch einer ungeheuren Masse von Elend und Leiden hat die obengenannte Vereinigung es nur in dem kurzen Jahrzehnt ihres Bestehens zu thun gehabt, und welch kleines Bruchstück der ganzen Last der Leiden hat sie von der Kinderwelt des so „christlichen" England gehoben! Denn nur die Fälle von Grausamkeit einzelner Personen, seien es Väter, Mütter, Pfleger oder Fremde, gegen Kinder fallen in den Bereich des Vereins; der Grausamkeit der Gesellschaft gegenüber, die junge Kinder in ungesunden Fabriken langsam verkümmern läßt, die allein in London 30.000 Kinder ohne Frühstück und Mittagessen in überfüllte Schulklassen zwingt, dieser Grausamkeit gegenüber ist natürlich die Vereinigung machtlos. Ihr Werk ist nur Stückwerk, nur ein Tropfen auf das glühende Pflaster des kapitalistischen Pandämonismus; trotzdem aber verliert es nichts an Werth, sowohl materiellem, wie moralischem. Außer dieser Rettung vieler Kinder ist die Thätigkeit der Gesellschaft nicht ohne andere, weitergehende Folgen geblieben. In langem Kampfe hat sie die verrotteten Ansichten über persönliche Freiheit, die den Eltern die Kinder als Sachen zusprachen, bekämpft, und das höhere Anrecht, welches die Gesellschaft auf dieselben als ihre Angehörigen hat, zur gesetzlichen Anerkennung gebracht. Unbewußt vielleicht hat sie so mit an der Beschränkung eines wildgewordenen Individualismus gearbeitet und das Ihre zur Ueberwindung eines Systems beigetragen, das das englische Sprichwort: „Ein Jeder für sich, und der Teufel hole den Letzten", so vortrefflich charakterisirt. –

Die „Nationale Gesellschaft zur Verhütung von Grausamkeit gegen Kinder" wurde im Jahre 1884 gegründet, hat also eine mehr als zehnjährige Thätigkeit hinter sich, in der sie 109.364 Kindern bis zum Alter von 17 Jahren zu Hilfe kam und 6.500 Eltern, außer 473 anderen Personen, zu gerichtlicher Verantwortung vor Friedensrichter und Richter zog [...].[654]

Es gelang im Jahre 1889, ein Gesetz, den „Prevention of Cruelty to and Protection of Children Act", im Parlament zur Annahme zu bringen, das für die nächsten fünf Jahre der Gesellschaft zur Basis ihres Handelns diente. Nach den in diesen Jahren, 1889 bis 1894, gemachten Erfahrungen wurde dann das Gesetz verbessert und erweitert und in dem neuen „Prevention of Cruelty to Children Act" [1894] konsolidirt. [...]

---

[654] Der Text präsentiert im Folgenden umfangreiches statistisches Material zum Thema, das hier aus Platzgründen nicht aufgenommen werden konnte.

22. Dr. D. H.: Die Unfruchtbarkeit des modernen Unterrichts[655]

NZ 1894/95, Nr. 50, S. 741-749 (Auszüge)

Die moderne Erziehung ist bis zur schroffen Einseitigkeit gediehen. „Erziehung, Bildung" müssen den ganzen Menschen mit allen seinen Fähigkeiten und Neigungen umfassen und erfassen, alle seelischen und geistigen Anlagen sowohl, das ist Verstand, Urtheilskraft, Phantasie, Einbildungskraft, Gefühl, als auch die körperlichen müssen harmonisch, d. h. so ausgebildet und geschult werden, daß unter diesen Strahlungen des menschlichen Wesens kein Mißverhältniß, kein dauernder und unversöhnlicher Widerstreit besteht, bestehen bleiben kann. So hoch faßten schon die alten Griechen das Wesen der Erziehung, denn das Ergebniß derselben sollten die Kaloikagathoi sein, d.h. die „Schönen und Guten", die „Edelschönen". Der natur- und vernunftgemäßen körperlich-geistigen Erziehung verdanken es die Griechen, daß sie nicht selten bis ins höchste Alter die volle Frische der Sinne sich bewahrten. Ihnen nachahmend hatten die alten Römer ihre klassische Sentenz aufgestellt: Mens sana in corpore sano, gesunder Geist in gesundem Körper. Denn ohne die Grundlage gesunder, kräftiger Sinne ist keine wahre Bildung möglich.

Häufig sind gerade die beiden höchsten, am meisten vergeistigten Sinne, der Gesichts- und Gehörsinn, stumpf. Der erstere aber ist von größter Wichtigkeit, denn wie Jean Paul treffend sagt, „fängt das Erdenleben mit dem Auge an". Unbestritten sind ja die Gesichtsvorstellungen ganz überwiegend im Bewußtseinskreise der Kinder, schon daraus folgt die Nothwendigkeit, den Unterricht mit ihnen beginnen zu lassen. Aber ist dies in unseren geschlossenen Schulräumen möglich?

Die Frage des Schulwesens theilt zwar die Pädagogen in zwei große Lager, aber ihre ungeheure Wichtigkeit ist in den breitesten Volksmassen noch nicht annähernd erkannt. Bekannt ist Pestalozzis epochemachendes Auftreten. Bekannt ist, wie sein Werk Schiffbruch litt, bekannt auch, wie nachmals Diesterweg sein bestes Können dafür einsetzte. Seitdem bestehen die getrennten Lager. Die eine Hälfte der Schulmänner, die Gegner der modernen Schule, werfen ihr vor, daß sie Unnatur treibe, Unnatur sei, denn sie verkenne ganz und gar die Entwicklungsgeschichte des menschlichen Geistes, somit dessen Wesen selbst. Das Kind baue sich zunächst aus den von der Außenwelt empfangenen Eindrücken eine imaginäre Welt auf, eine Märchenwelt, während deren Dauer dem Kinde mit abstrakten, trockenen Begriffen nicht beizukommen, daher auch nicht zu kommen sei. Es ist ein ungebundenes, für uns regelloses Spiel der Phantasie mit den Vorstellungen, in das wir nicht analysirend eindringen können. Es ist nur so viel ersichtlich, daß das Kind seine phantastische Innenwelt auf die Außenwelt überträgt und dabei, seine Geisteskräfte übend, kombinirt, urtheilt, schließt, in einer Weise, die geeignet ist, die Erwachsenen fast auf Schritt und Tritt zu verblüffen. In dieser Arbeit des Kindes

---

[655] Unter dem Kürzel H. D. erschienen mehrfach Aufsätze in der Zeitschrift *Der Klassenlehrer* sowie in der Nachfolgezeitschrift *Der Volksschullehrer* (1911-1933). Ob es sich um den gleichen Autor und zudem um Karsten H. Döscher (vgl. Dok. 126) handelt, lässt sich nur vermuten.

an seiner eigenen Geistesentwicklung können wir es daher nicht unterstützen, wie es auch gar nicht unterstützt sein will. Allmälig, unter fortgesetzter Einwirkung der Außenwelt, bricht diese imaginäre Welt zusammen, aber dieser Prozeß darf nicht gestört, das ist nicht beschleunigt werden, indem man dem Kinde vorzeitig Begriffe beizubringen sucht. Das gelingt nicht, und was man ihm beibringt, d. h. eintrichtert, das sind Worte, Worte, Worte, nichts als Worte! Man reicht den Kindern recht eigentlich „Steine statt Brot"! In der That wird in unserem Schulwesen ein erschreckender Verbalismus, der leerste Wortkultus getrieben. Dadurch aber wird die kindliche Seele aus ihrer natürlichen Entwicklung geworfen. Statt wahrer Bildung also von Anfang an „Verbildung".

Dieser mit profoßenmäßiger Strenge brutal gegen die knospenden Seelenvermögen betriebene Wortunterricht benimmt die Lust und vielfach die Fähigkeit, später, im eigentlichen Alter des begrifflichen Unterrichts, sich ein gründliches Wissen anzueignen, nachdem das gedanken- und begrifflose Worterlernen seinerzeit greuliche Verwüstungen in der jugendlichen Seele angerichtet hat. Ein künftiges Jahrhundert wird sich wahrhaft entsetzen über die geistige Folter, die man auf diese Weise der Kinderseele anthut, und wird sie, geradeso wie das unsrige die leibliche, allgemein verdammen. So viel Qualen der Verbalismus den Kindern auch bereiten mag, sie fügen sich bei der Unselbständigkeit ihres Wesens schließlich doch; haben sie sich aber erst gefügt, dann nimmt das gedankenlose Memoriren, dem Naturgesetze der Trägheit zufolge, seinen ungehemmten Lauf. Es ist ja, nachdem der ursprüngliche arge Widerwille einmal überwunden, gebrochen ist, sogar viel bequemer, Unverstandenes nachzuplappern, das man eitel für Selbstdenken hält, als in eigener Gedankenarbeit seinen Geist wirklich zu bilden. Denn das eigene Denken bleibt immer eine ernste, nicht ganz leichte Sache [...]. So wird die Fähigkeit gezüchtet, sich von leeren Worten bestimmen oder gar begeistern zu lassen, die im späteren Leben eine so große Rolle spielt, d. h. von Worten, bei denen man nichts denkt oder bei denen sich nichts denken läßt. So wird statt Bildung, Aufklärung, positiven Wissens nur der Wahn, der Aberglaube im weitesten Sinne des Worts großgezogen, denn „Wortwissen ist Afterwissen". Am krassesten treibt der Verbalismus, der hohlste Wortkultus im Religionsunterrichte sein Wesen, denn es wird hier mit abstrakten Begriffen (Gottheit ec.) operirt, die für Kinder schlechthin unfaßbar sind. [...]

Gerade am Religionsunterrichte erhellt recht sehr, daß all unser Unterricht nur – Dressur ist. Der wirkliche Unterricht muß mittels konkreten Materials, das nur die Anschauung zu liefern vermag, Vorstellungen im Kinde wecken, und geordnete Beobachtungen des Wirklichen lückenlos zu reproduziren ermöglichen. „Treibt Anschauung", ruft Pestalozzi aus, „die Erkenntniß geht daraus hervor." Der Beginn alles Unterrichts soll unmittelbare Objekt-, das ist Naturanschauung sein. Nihil est in intellectu, quod non fuerit in sensu, dieser alte Satz des Empirismus hat unbestreitbarste Giltigkeit. Durch das Thor der Sinne zieht die reale Welt in unsere Seele ein, so daß „nichts in derselben ist, was nicht zuvor in den Sinnen gewesen wäre". Bei dieser allerersten Grundlegung des Wissens dürfen daher keine Surrogate, wie z. B. Abbildungen, Verwendung finden; denn wo einer noch unfertigen Vorstellung nachgeholfen werden, eine unklare zur Klarheit gebracht werden soll, darf und kann das nicht selbst wieder durch ein unzulängliches Medium geschehen, wofern der ganze realistische Unterricht nicht unter der Unklarheit der grundlegenden Vorstellungen leiden soll. Was nicht „in den Sinnen", d.h. von ihnen erschöpfend aufgenommen war, das kann auch nicht in den Intellekt, in die vernünftige Vorstellung übergehen. Also Aufsuchen des Lehrstoffs in der Natur, lehrmäßiges Betrachten dessen, was die Jahreszeit bietet, so lange und wenn es die Gunst des Wetters gestattet. In den ersten beiden Jahren sollte der Aufenthalt im Freien zu Unterrichtszwecken humaner Weise der einzige sein, der den Kleinen zugemuthet wird, von regelmäßigen Schulstunden in geschlossenen Räumen sollten sie noch verschont bleiben. Zu diesen findet sich ohnehin Gelegenheit während der Tage und Jahreszeiten, wo der Aufenthalt im Freien unthunlich ist; sie sind dem Lese- und Schreibunterrichte zu widmen, der jedoch erst im zweiten Schuljahre zu beginnen hätte. Lesen und Schreiben sind ja allerdings Dinge, die als mechanische Fertigkeiten, als Mittel zum Zwecke der Förderung der geistigen Entwicklung nicht früh genug in Angriff genommen werden können. Gleichwohl ist nicht zu leugnen, daß die Beibringung der Lautzeichen recht störend in den eigentlichen Sachunterricht eingreift, weil es darin zuvörderst zur rein mechanischen Fertigkeit gebracht sein muß, bevor Lesen und Schreiben irgendwie zu Wissens- und Bildungszwecken beitragen können. Es ist ein gar langer, mühsamer Weg, auf dem die Kinder endlich die Uebung erlangen, mit dem sichtbaren Wortbilde sofort auch die lautliche Wortvorstellung zu reproduziren, aber sie sind gegen Ende der ersten geistigen Entwicklungsperiode auch mit ganzer Seele dabei, weswegen sich die Schwierigkeiten in viel geringerem Maße geltend machen, als später. In jener Periode nämlich bilden die Schriftzeichen die Buchstabenfiguren selbständig an sich interessirende Bilder, die die Kinder allmälig scharf auffassen lernen; ein Interesse, das als solches jedoch bald verblaßt.

Also für den Anfang ist Betrachtung der einzelnen Naturobjekte unter der sinnigen und kundigen Leitung des Lehrers das Zusagendste. Für diese Art Unterricht ist es ganz einerlei, auf welchem Punkte er einsetzt, denn das Unterrichtsmaterial bildet einen Kreis, der von einem beliebigen Punkte aus beschrieben werden kann. Der bestimmte Stoffkomplex wird doch jedesmal durchlaufen. Nur keine Systematik, sonst verfällt man sofort wieder in den heutzutage herrschenden Fehler des Einbüffelnlassens nichtiger Begriffsschemen, in öden Verbalismus. Da wird die Ordnung, die Methode zur Hauptsache, der konkrete reale Inhalt tritt zurück, das Wissen wird zu einem überwiegend blos Formalen. Zum Erfassen systemlich geordneter Kenntnisse ist ein viel reiferes Alter erforderlich, in der That die letzten Jahre der Schulzeit auf Mittelschulen, wo der reifende Geist mit Lust und Frische in dem ihm neuen Gebiete der Begriffe arbeitet, mitunter wohl gar schon die Schwingen zu schöpferischen Probeflügen regt. Form und Inhalt zugleich dargeboten muthet der Kinderseele zu viel zu; ihr ist zunächst nur ganz naiv der Inhalt, das Objekt zu bieten, statt dessen wird sie im gewöhnlichen anschauungslosen Unterricht gerade mit der formal logischen Seite geplagt. Die Produkte menschlicher Thätigkeit brauchen von den Naturobjekten zu Unterrichtszwecken nicht getrennt zu werden, ja sollen absichtlich nicht abgesondert werden, um den Wissensstoff nicht unnöthig zu zerstückeln. Ob also z. B. mit Betrachtung eines blühenden Apfelbaums (anschauliche Beschreibung der Art der Blüthe, Blüthezeit ec.) oder – einer Ziegelbrennerei, wenn die Kinder auf dem ersten Schulspaziergange auf eine solche stoßen, begonnen wird, ist für den Anschauungsunterricht völlig gleichgiltig. Muß sich dieser zunächst doch überhaupt nach der Umgebung der Schule richten: am Meeresstrande z. B. kann mit Quallen, Tangen ec. als allerersten Objekten begonnen werden. [...] Natürlich muß für die Behandlung der einzelnen Naturobjekte durch den Lehrer ein Plan in großen Umrissen vorgeschrieben sein, aber die Kinder dürfen damit nicht behelligt werden, sonst verfällt man wieder in verfrühte Systemisirerei.

Die Vorzüge einer solchen Unterrichtsmethode liegen wohl unwidersprechlich zu Tage. Das durch zwei Eingangspforten, Sinne (Anschauung) und Gedächtniß vermittelte Wissen[*] wird wirklich verstanden und haftet unverlierbar, während die bloße Belastung des Gedächtnisses in so und so vielen Fällen überhaupt kein Verständniß, somit auch kein Interesse erweckt, weshalb auch das vermeintlich erworbene Wissen, kaum daß die Schule verlassen worden, wie Spreu in alle Winde verfliegt. Was wirklich zurückbleibt, ist – Gedächtnißstroh. Auf welchem von beiden Wegen glaubt man fürs Leben tüchtige Menschen mit scharfem Blick für das in jeder Lage Erforderliche zu erziehen? Die Vorzüge des Anschauungsunterrichts vor jeder anderen Methode bestehen in der Ausbildung der Sinne, in der Schaffung geordneter Vorstellungsthätigkeit, in der Weckung lebhafter Einbildungskraft, wodurch ein richtiges empirisches und spekulatives Interesse erst möglich wird. Daß vorsichtiges Urtheilen und scharfes Schließen nur auf diesem Wege anerzogen werden können, liegt auf der Hand. Nur durch die Anschauung des Konkreten kann der Lehrstoff assimilirt, in Seeleninhalt, in wahres geistiges Eigenthum, in echtes Wissen verwandelt werden. „Alle Bildung ist Horizonterweiterung." Wo aber, wie bei der üblichen abstrakten Lehrweise gar kein (geistiger) Horizont entsteht, da kann er auch nicht erweitert werden. [...]

Vollenden wir mit raschen Strichen die Skizzirung des Anschauungsunterrichts. Es werden nach und nach alle Gebiete der Natur im persönlichen Verkehre mit ihr durchwandert, Theile und Organe der Einzelobjekte und ihr Verhältniß zum Ganzen (z. B. bei Thieren, Pflanzen) erklärt, Stand-, Wohn- oder Fundort angegeben, das Einzelobjekt in seiner Umgebung, Lebensweise, mit seinen Metamorphosen, Begleiterscheinungen u. s. w. betrachtet. Hieraus entstehen Gruppenbilder, insofern gewisse Organismen zu einander und zu ihnen allen gemeinschaftlich die Bodenbeschaffenheit, der Himmelsstrich in einem gewissen Verhältniß stehen. Die

---

[*] Ein alter Satz der empirischen Psychologie lautet ganz allgemein dahin, daß alle Eindrücke, die von zwei Sinnen ausgehen (z.B. Gesicht und Gehör, Gehör und Getast oder Geruch u.s.w.) klarer und unvergeßlicher sind, als die nur durch e i n e n Sinn vermittelten.

Gruppenbilder erweitern sich zu „Lebensgemeinschaften", wie z. B. der Wald, die Wiese, die Heidelandschaft ec. Wo gewisse Objekte in einer Gegend oder in einem ganzen Landstriche gänzlich fehlen, wie z. B. Gebirge, das Meer, da müssen allerdings Abbildungen und plastische Nachbildungen zu Hilfe genommen, der Aufbau der betreffenden Vorstellungswelt im übrigen unter Benutzung und Anregung der jugendlichen Einbildungskraft vorgenommen werden. Bei Lebensgemeinschaften der Fremde ist die Schilderung unter vergleichenden Rückblicken auf die engere oder weitere Heimath vorzunehmen. Auf diese Weise können allmälig nicht nur Geographie, Botanik, Zoologie und Mineralogie, sondern auch Geologie, Astronomie, Meteorologie, Physik und Chemie behandelt werden, letztere beiden, soweit physikalische und chemische Erscheinungen den Sinnen zugänglich sind. Einstweilen wird, scheinbar planlos, eine möglichst große Menge von Kenntnissen aus diesen Wissenschaften beigebracht, nicht etwa diese Disziplinen selbst in abstrakter Losgerissenheit von einander; das wäre bei der innigsten Wechselbeziehung der Naturerscheinungen und -gesetze, bei dem ewigen Fluß und Uebergang, in dem die Natur rastlos begriffen ist, gänzlich verfehlt, das ist – die heutige Methode! Die grundlegende Betrachtung der Einzelobjekte muß schon – dem Schüler unmerkbar – auf die Erkenntniß der Naturgesetze hinarbeiten, doch ist die allzu frühe Zusammenfassung gewisser Erscheinungen unter allgemeinen Gesichtspunkten zu vermeiden, da dazu einstweilen noch die Fülle der theils unmittelbar aus der Natur, theils durch Experimente zu gewinnenden Erfahrungen fehlt; sonst verfällt man alsbald wieder in todtes Abstrahiren, das für das jugendliche Gedächtniß nur Ballast ist. Aber auch diese abstrakten Gesetze sind, wo nur immer möglich, mittels der Anschauung zu gewinnen, sonst helfen sie nur die „geistige Folter" vermehren. Man muß z. B. den spiral- oder quirlförmigen Achsenstand der Blätter sehen lassen, den doppelseitig symmetrischen Bau der höheren, den strahligen der niederen Thiere ad oculos demonstriren, so merkt sich spielend, was sonst wüste Gedächtnißhetze ist. [...]

Nachdem schon im frühesten Anschauungsunterricht ganz empirisch von Fall zu Fall auf die Kulturthätigkeit der Heimath, dann der fremden Reiche hingewiesen worden, erhebt sich der Unterricht zuletzt zur übersichtlichen Zusammenfassung und Würdigung des Schaffens der Menschheit überhaupt, die er nach bestimmten Hauptepochen gliedert, in welchen er die charakteristischen Wandlungen des kulturellen Schaffens zu beleuchten hätte. Wozu freilich mehr gehört, als heutzutage ein Volks-, ja selbst ein Mittelschullehrer leisten kann, sintemal sogar vielen Universitätsprofessoren darin ein Bein gestellt werden könnte. Ohne Kenntnisse auf diesem Gebiete bleibt die sogenannte Weltgeschichte unfruchtbar, ungenießbar, unverständlich. Die geschichtlichen Vorgänge bleiben ein Räthsel ohne Erörterung der wirthschaftlichen Entwicklung, ein Wirrwarr abstoßender, meist roher, blutiger Thatsachen, wozu der erklärende Schlüssel fehlt. Auszugehen ist von der Urthatsache, daß alle Kultur von der Arbeit, von der Vervollkommnung der Werkzeuge abhängt, wozu auch alle Erfindungen und in letzter Linie Kunst und Wissenschaft zählen.

Nachdem wir den pädagogischen Grundfehler der heutigen Schule erkannt haben, wollen wir noch insbesondere die Nachtheile beleuchten, die sie für das Volk hat.

Die überwiegende Menge der Schüler gehört den sogenannten niederen Klassen an, in der Volksschule herrscht daher Massenbehandlung, summarisches Lehrverfahren, der Unterricht wird nach einer Schablone, sozusagen fabrikmäßig betrieben, von einer individuellen Behandlung des Schülers, wie sie die Wissenschaft der Pädagogik heutzutage vom Lehrer verlangt, kann gar keine Rede sein.

Die heutige Schulmethode ist die reine Drillmethode. Durch die diktatorische Aufnöthigung unverstandenen, weil ohne Anschauungsunterricht unverständlichen Materials, wobei nach der aus dem Schüler selbst herauswachsenden Ueberzeugung nicht im Mindesten gefragt wird, wird der jugendliche Geist so zurechtgeknetet, daß eigenes Denken und eigener Wille möglichst unterdrückt bleiben.

Verhängnißvollster Grundfehler unserer Schule ist die Ignorirung der Hauptwahrheit, daß begriffliches Wissen überhaupt nicht gegeben, sondern nur aus dem Innern, aus dem Seelenfond heraus erzeugt werden kann. Allgemeine Bildung verlangt der Natur der Sache nach, daß die Wissenschaft aufhöre, esoterisch zu sein, daß wirklich Alle an ihr theilnehmen. So lange sie zum großen Theil noch esoterisch ist, hat der Staat ein furchtbares Mittel in der Hand, die Köpfe in fast schrankenloser Weise zu bearbeiten, die Geister in falscher Ehrfurcht vor allem Möglichen zu halten, was ihm als „Wissenschaft" auszugeben gutdünkt.

Was nützt die Schule nun der Jugend des Volkes? Was für positive Kenntnisse nimmt diese von da mit? Nun, außer Lesen, Schreiben und den vier Spezies so gut wie nichts. Ist es nicht eine xmal gehörte Klage, daß die jungen Leute, sobald sie von der Schule ins Leben treten, so gut wie gar nichts wissen, sondern „noch einmal von vorn anfangen müssen"? Was nützt denn z. B. dem Lehrling eines Handwerks die sogenannte Schulbildung? Würde er ohne diese sein Gewerbe nicht gerade so gut oder schlecht erlernen? Die Intelligenz ist zur Ausübung seines Berufes nicht etwa geschärft worden, im Gegentheil – „je gelehrter, desto verkehrter", d. h. zu sehr an die Schulstubenluft gewöhnte Jungen stellen sich in praktischen Berufen viel ungeschickter an als solche, die mit dieser Atmosphäre nur sehr oberflächlich in Berührung kamen. Von den Kindern wohlhabender Leute giebt man dies ja auch ganz offen, ja einigermaßen belustigt zu, nur für das Volk vermeidet man es ängstlich, derlei Resultate der Schule einzugestehen, damit es über den wahren Werth des Schulwissens getäuscht werde. Wenn z. B. ein junger Doktor der Rechte frisch von der Universität weg in die Kanzlei eines Advokaten eintritt und hier von einem alten Schreiber, der Jura nie studirt hat, auf Schritt und Tritt über „Rechtsangelegenheiten" belehrt wird – was ist denn da das Entscheidende, die Praxis oder die theoretischen Kenntnisse? Der Schreiber besitzt in der That auch die betreffenden Fachkenntnisse, nur hat er sie auf anderem Wege erworben. Kommen die jungen Leute von der Schule, so befinden sie sich in „platter Unwissenheit über alles, was die Beschäftigung des größten Theils vom Volke anbelangt. Sie wissen nichts von dem Treiben der eigenen Nation, haben keine Ahnung von unserer Kultur, stehen dem öffentlichen Leben fremd gegenüber"; nicht aus der praktischen Thätigkeit des Volkes wird das Wissen geschöpft, sondern aus todten Büchern. Das schreiende Manko einer solchen Bildung zeigt sich aufs Krasseste, wenn sie sich im praktischen Leben bewähren soll: aus solchen Leuten, die absolut nicht wissen, was in der Volksseele lebt und webt, gehen unsere Richter und Gesetzgeber hervor! ...

Was aber schadet die Schule? Vor allem hat sie einen ungünstigen Einfluß in charakterologischer Beziehung. Durch den vielfach ungenießbaren und unnützen Lehrstoff, sowie durch seine ungenießbare Reichung, d. h. durch die unnatürliche Lehrmethode wird in den jungen bildungsbedürftigen, ja geradezu lernhungrigen Gemüthern – dies sind alle normal veranlagten Naturen von Haus aus – mehr oder minder arger Widerwille gegen dies Treiben wachgerufen, ja Haß erregt, der in kindlicher Verwechslung nur zu oft von der Sache auf die Person (des Lehrers) übertragen wird. Giebt es unter den Lehrern zweifellos herzlose Peiniger der Kinderwelt, so möchten wir zur Ehre des Lehrerstandes doch annehmen, daß für die Mehrzahl der Lehrer selbst die herrschende Unterrichtsmethode etwas Widerwärtiges, Peinigendes hat. Man hört so oft den Lehrerberuf einen schweren, anstrengenden nennen – er ist es durch die unnatürliche Lehrmethode bei naturgemäß widerstrebenden Kindern. Die natürliche Lehrmethode würde aufs Günstigste auf die heutzutage überwiegend verdrossene Stimmung der Lehrer zurückwirken. – Widerwille und Haßgefühle sind aber keine heilsamen erzieherischen Faktoren! Was wird durch solche Unterrichtsmethode großgezogen? Falschheit, Verlogenheit, Heuchelei! Wie wäre es anders möglich, wenn das Kind Dinge lernen muß, die ihm widerstreben, die es nicht versteht, an die es nicht glaubt, bei denen seine Seele nicht ist? Das ist das Fürchterliche der Drillmethode, der schauderhafte Gewissenszwang in frühesten Tagen, auf den von Seiten vorurtheilsloser und unparteiischer Psychologen kaum noch Streiflichter geworfen worden sind. „Das Kind kann seine Liebe, seinen Gehorsam nicht willkürlich Diesem oder Jenem ‚schenken'." Das Kind soll auch nicht jedem Beliebigen gehorchen. Wer das Kind versteht und richtig behandelt, den liebt es. Wen das Kind liebt, dem gehorcht es gern; wen es nicht liebt, dem kann und darf es auch nicht gehorchen. Das sind unumstößliche Sätze der wahren Pädagogik.

Noch allgemeiner und nicht minder schädlich ist eine andere Wirkung der Drillunterrichtsmethode. Das Denken wird gewaltsam festgefahren, es erstarrt, eine bestimmte Weise zu denken wird fixirt. Die ungeheure Mehrzahl der Menschen leidet – an „fixen Ideen"! Das Denken, das der Natur der geistigen Thätigkeit zufolge durchaus flüssig sein müßte, das Flüchtigste, Freieste, Ungebundenste, darf sich nur in vorgezeichneten Bahnen bewegen – der geistlos pedantische Unterricht zeichnet mit kasernenmäßiger Uniformität diese Bahnen vor. Die Gedanken werden vorschriftsmäßige: das von Anderen Gedachte wie den Kindern so lange vorgepredigt und eingetrichtert, bis sie es für ihre eigenen Gedanken halten. Aber diese fremden Gedanken wachsen sogleich über den jungen Menschen empor, beherrschen ihn als eine irgend[einen] Namen habende „höhere Lebensmacht"

(Vaterland ec.): der Mensch wird der Sklave der Gedanken; er verliert vollends die Fähigkeit, unter Umständen jedes Urtheil in sich zurücknehmen zu können: das Denken ist, seiner eigensten Natur entgegen, ein durchaus unfreies geworden. Weil ich heute einem Irrthum gehuldigt, muß ich es auch morgen? Der Mensch muß über seine Gedanken nach dem jeweiligen Stande seiner Einsicht frei schalten und walten können, statt daß sie ihn, wie heutzutage, unterjochen, in Scheu und Furcht halten. Schopenhauer sagt, Menschen mit selbständigem Urtheil seien äußerst selten. Die Thatsache ist nur zu wahr, sie ist größtentheils auf Rechnung unserer Unterrichtsmethode zu setzten. [...] Urtheilslose Menschen vertragen keinen Widerspruch und sind um so unwilliger, die Gedanken Anderer zu hören, je mehr sie im Unrechte sind. Sie fürchten vernünftige Gegengründe, weil sie dieselben nicht widerlegen können, sie mißtrauen im Geheimen ihrem Wissen, das ja nur ein aufgezwungenes, kein auf eigenem Boden erwachsenes ist – ihr ganzer geistiger Besitzstand kommt bei fortgesetzten Angriffen ins Schwanken. Sehen wir aber so den Keim der Unduldsamkeit in der Schule gelegt, so wird dieser vollends großgezogen durch – den Religionsunterricht. Schon Diesterweg hat darum die konfessionslose Schule gefordert. [...]

Die Kinder, die auf unseren Schulen besonders gute Fortschritte machen, müssen ebenso einseitig beanlagt sein, als wie die Unterrichtsmethode einseitig ist. Es ist ja schon ein Gemeinplatz, daß auf der Schule sich besonders auszeichnende Kinder im Leben sich als wenig tüchtig oder hervorragend bewähren. Vor allem dürfen sie nicht phantasiebegabt sein: kein Kind von lebhafter Phantasie wird bei unserem Unterricht besondere Fortschritte machen.[*] Solche Kinder müssen ein gutes, aber einseitiges (bloßes Memorir-) Gedächtniß haben, das hauptsächlich für Zahlen und Namen behaltsam ist. Das ist aber auch so ziemlich alles. Die Auffassungsgabe braucht nur eine mittelmäßige zu sein. Der Unterricht wendet sich ja, unter Vernachlässigung aller anderen seelischen Fähigkeiten, nur an das bischen gedächtnißmäßigen Verstand. Bleiben aber die anderen Fähigkeiten der Kinder unentwickelt, so erklärt sich plötzlich, wie so ein Unterrichteter (d. h. geistig mechanisch Abgerichteter) doch sogar roh geblieben sein kann. Das Gemüth entwickelt sich nicht durch kalte, abstrakt lehrhafte Worte, sondern nur – durch die liebevoll eingehende, vorgeführte Anschauung. Es ist der wie ein rother Faden sich durch den gesammten Unterricht ziehende unsinnige Wahn, man könne die Menschen, weil sie verstandesbegabte Wesen sind, durch Worte bilden, durch bloße Worte zu „guten" Menschen machen. Das wäre ein Wunder in aller Form! Einen ganz empirischen Fall gesetzt: wie will man Mitleid, Barmherzigkeit erwecken, wie überhaupt nur begreiflich machen, was diese Gefühle sind, wenn man die Ar-

---

[*] Wird doch selbst von Schulreformmännern zugegeben, z.B. neuerdings von dem bekannten Friedrich Paulsen, daß es überhaupt nicht möglich sei, die Aufmerksamkeit von Kindern länger als zwanzig Minuten in einem Unterrichtsfache zu fesseln; statt einer Stunde müßte die betreffende Unterrichtszeit daher auf zwanzig Minuten verkürzt werden. Das heißt, bei dem trockenen, anschauungslosen Unterricht.

muth, das Leiden u. s. w. nicht (in einem für Kinder geeigneten Maße) konkret leiblich vorführt und anschaulich erklärt? Das ist gerade so vernünftig und gerade so erfolgreich (d.h. erfolglos), wie: „Du mußt Gott lieben über alles." Immer der kategorische Imperativ – darauf wird das ganze Leben der Menschen zugeschnitten! Kann Jemand z. B. Liebe fühlen für eine Person, die er nie gesehen hat, mit der er nie in Verkehr getreten ist?! Aber unsere Erziehung verlangt brevi manu diesen Nonsens. Nur durch die Anschauung und die darauf gepflanzte verstandesmäßige Belehrung erhält die Seele jene Sinnigkeit, die der Nährboden humaner Gefühle, Empfindungen, Willensregungen ist. Man spricht von dem „sänftigenden" Einflusse der Zivilisation auf die Sitten – woher derselbe? Die Entwicklung der Gefühle auf dem Untergrunde der Anschauung ist ein seitens der Psychologie noch gänzlich brach liegendes Gebiet. Kurz, ein ausschließlich verstandesgedächtnißmäßig unterrichteter Mensch, so viel auch in seinen Kopf hineingepropft worden, kann geradezu roh geblieben sein, wenn seine Gefühlsinstinkte nicht zufällig sehr sanfte sind. So viel auch immer in unseren Tagen von „Herzensbildung" gefaselt wird, so leistet doch die Schule nicht das Mindeste dafür, weil sie es in ihrer dermaligen Beschaffenheit schlechterdings nicht kann.

Die Zukunftsschule wird unendlich viel mehr individuelle Berücksichtigung des einzelnen Kindes ermöglichen, als dies heutzutage beim besten Willen thunlich wäre. Die Parallelklassen können ja so sehr vermehrt werden, daß von herdenmäßigem Unterricht nicht mehr die Rede zu sein braucht. Dann erst bekommt die Forderung der Pädagogik einen praktischen Sinn, daß der Lehrer, so oft ein Kind ungehorsam sei, sich selbst zu fragen habe, ob er es verstanden und richtig behandelt habe, da durch eine lange Reihe von Beobachtungen und Erfahrungen festgestellt ist, daß das unselbständige Kind, das sich selbst noch nicht angehört, die Autorität des Lehrers, der es richtig, d. h. streng gerecht behandelt, sehr gern respektirt. –

Wie die Knospe von innen nach außen sich entwickelt, so muß der Unterricht entwickelnd von innen nach außen beginnen. Er muß aber sodann ebenso sehr von außen nach innen, in den Schüler hineinbildend, gehen. Wird ausschließlich – nach russisch-borussischem Muster – von außen nach innen gebildet, so gilt das Subjekt, die Person des Lernenden, nichts, das Objekt, die Autorität des Lehrenden, dagegen alles; zu dem entgegengesetzten Extrem, wo die Autorität des Lehrenden eher zu wenig gilt, neigt das englische und nordamerikanische Erziehungs- und Unterrichtswesen hin. –

Die vernünftige, wahrhaft freie und humane Schule ist unter heutigen Verhältnissen unmöglich: das Volk wird sie sich vielmehr mit allen anderen Errungenschaften einer künftigen Zeit erst selbst erringen müssen.

23. Justus Heinrich: Pestalozzi und die Volksschule[656]

NZ 1895/96, Nr. 10, S. 307-311(Auszüge)

Wenn heute ein Volksschullehrer im praktischen Examen keine Biographie Pestalozzis zu geben vermöchte, den Ausspruch dieses Schweizer Volksfreundes: „Wenn ich zurücksehe und mich frage, was habe ich denn eigentlich für das Wesen des menschlichen Unterrichts geleistet? so finde ich, ich habe den höchsten, obersten Grundsatz des Unterrichts in der Anerkennung der Anschauung ‚als dem absoluten Fundament aller Erkenntniß festgesetzt‘“, nicht auswendig wüßte, bekäme er sicher ein schlankes „ungenügend“ und fiele unter Umständen darob durch; wenn er nun aber in seiner Volksschule dieses „Vorbildes“ pädagogische Grundsätze anwenden wollte und anwendete, würde er auf Schritt und Tritt mit dem Schulinspektor in Konflikt kommen. Das „fundamentlose Maulbrauchen“, welches Pestalozzi so scharf anklagt, ist eben immer noch an der Tagesordnung, wie die Anschaulichkeit und Bildung von innen heraus immer noch auf sich warten läßt. Dem Utilitätsprinzip fröhnend, erblickt man in der Schule noch heute eine Abrichtungsanstalt für die Bedürfnisse des Lebens, doch so, daß das Volk dabei nur zum geduldigen Hammelthum vorbereitet wird. Von allgemeiner Menschenbildung, wie sie der edle Mann forderte, kaum ein Anfang; Sonderinteressen, kapitalistische und kirchliche, überall! Höchstens darf sich der Schreib-, Lese-, Rechen- und Gesangsunterricht in freieren Bahnen bewegen.

Da Pestalozzis Ideen noch Werth haben und bei einer künftigen Neugestaltung nicht außer Acht gelassen werden dürfen, mag hier in Kürze eine Gegenüberstellung seiner Ansichten mit der heutigen Volksschulpraxis – namentlich der in Preußen, dem „klassischen“ Land der Volksschulen – folgen, woraus gleichzeitig Lichter für die Zukunft gewonnen werden dürften.

Es ist ganz gewiß, daß die Schule immer im direkten Verhältniß zu den Bedürfnissen der herrschenden Klassen steht und von da aus ihre Vorschriften und Direktionen erhält. Müssen in Folge der fortschreitenden Produktion die Arbeiter größere Kenntnisse besitzen, in Folge der wachsenden Konkurrenz ausbeutungsfähiger werden, dann wird einfach auch die Schule darnach umgewandelt; macht sich Gefahr für die bestehende Macht bemerkbar, wird gleich die geistdrückende Schraube fester angezogen. Bisher lag in dem gesammten Gesellschaftsleben überhaupt kein Bedürfniß nach allgemeiner Menschenbildung vor, die zudem sehr im Geruch der Staatsgefährlichkeit steht, kein Bedürfniß nach einem alle Kräfte des Menschen weckenden Unterricht. Die Volksschulen sollen zum Dienen, die höheren zum Herrschen unter Aufsicht vorbereiten; ein den ganzen Menschen bildender Unterricht würde aber wenigstens ein verbindendes Glied herstellen. Das darf nicht sein. Daher auch und aus dem Bedürfniß, kürzere Wege zur Ausbeutung zu finden,

---

[656] Justus Heinrich ist ein Pseudonym für Valentin Traudt (1864-1950), Lehrer in Kassel, der neben Prosa und Lyrik zahlreiche pädagogische Schriften verfasste, u.a. Schafft frohe Jugend (1904), Fröhlich lernen (1904), Lehrer Korn (1906), Handbücher der Unterrichtspraxis nach der entwickelnden darstellenden Methode (1908), Moderner Fibelunterricht (1913).

die unterschiedlichen Schulen. So war es schon früher und auch in der Umgebung des großen Schweizer Pädagogen [...].[657]

Wenn auch das viele Verkehrte in Pestalozzis Ausführungen nicht verkannt werden kann, ist es doch wunderbar, daß das Richtige ebenso unbeachtet bleibt, zudem dasselbe später noch eine schärfere Fassung erhielt, indem betont wurde, daß nur das geistiges Eigenthum werden könnte, was zu durchsichtiger Anschauung erhoben, durchdacht und in frei erkennender Thätigkeit aus sich selbst hervorgebracht ist. Damit ist die Anschauung als Quelle des Urtheils und der Kunstthätigkeit gewerthet. Die Kunst des Unterrichts hat dabei dem Gange der Natur zu folgen, welche ja auch Zelle an Zelle baut, entwickelt, wächst. [...]

Die Bildung klarer Vorstellung geht unmittelbar nur aus Beobachtung hervor und daher will die Herbart-Zillersche Schule auch im Anfang Märchen und einfache Geschichten erzählt wissen, aus denen man die Lehren der Moral entwickle. Obgleich auch dieses Verfahren noch nicht auf unmittelbarer Eigenbeobachtung des Kindes basirt, hat es der Dogmatismus, welcher die Schule noch stark beherrscht, verworfen. Das Menschenleben, das um uns pulsirt, das sei der Ausgangspunkt aller ethischen Betrachtungen; denn die Moral ist ein Kind der Gesellschaft. Da aber das Menschenleben in seiner vielfachen Verworrenheit von den Kindern gar nicht tiefgründend genug angeschaut werden kann, so muß als Mittelpunkt aller Unterweisung auf die Natur zurückgegangen werden. Später folgen dann die Anschauungen von dem Abhängigkeitsverhältniß des Menschen von der Natur, welche immer noch in der Gegenwart Stoff genug finden, endlich, wie diese Abhängigkeit zum Zusammenschluß der Menschen, zur Gesellschaft führte und zu den sozialen Bedürfnissen. Eine Betrachtung der Gegenwart würde dann ergeben, inwieweit der Mensch seine wahren Pflichten erfülle und die Kritik des Zöglings herausfordern, eine Kritik, die dann doch fest auf Anschauung beruhte.

Auch Pestalozzi verwarf den Religionsunterricht seiner Zeit [...]. Auch er erkennt in dem gesellschaftlichen Zusammenleben die Quelle aller wahren Sittlichkeit. Ist nun ein solcher Religionsunterricht der Mittelpunkt einer Schule, dann ist auch sofort klar, daß alle anderen Fächer davon beherrscht werden. So ragt denn auch überall die „wunderbare Fügung Gottes" hinein, wenn auch davon eher das Gegentheil der Fall ist. Noch mehr! Da in Folge der immer schärfer werdenden Klassengegensätze die ganze Gesellschaftsordnung geradezu die Kritik, auch des einfachsten Mannes, herausfordert, eine solche nun in der That auch seit einer Reihe von Jahren von einer ganzen Klasse geübt wird, beides aber nur der heutigen Gesellschaft schädlich sein kann, wird mit Hilfe der Kirche versucht, dem Volk einen unzureichenden Maßstab und geringe Anschauungs- und damit Urtheilskraft aufzudrängen. [...]

Wir stellen es ebensowenig wie der große Schweizer Schulmann in Abrede, daß durch unsere gegenwärtig beliebte Methode, gute Schneider, Kaufleute und Soldaten hervorgebracht – er und wir sagen nicht gebildet – werden können, aber ebenso

---

[657] Es folgen vor allem Zitate aus Pestalozzis Werken.

wie er stellen wir in Abrede, daß sie einen Schneider oder einen Kaufmann – den Soldaten zählt auch Pestalozzi nicht mehr mit auf! – hervorbringen könne, der im hohen Sinne des Wortes ein Mensch ist. [...]

„Vollendete Natur muß in dem Menschenkinde leben, eh' es in die Schule geht", ruft Hölderlin in seinem Hyperion aus. Es wird aber nicht nur nicht diese Vollendung abgewartet, sondern auch eine Dressur begonnen, die das Kind von der Natur abwendet. Wer einigermaßen Beobachtungsgabe besitzt, wird herausgefunden haben, daß sehr viele frische, rothwangige Kinder, sobald sie die Schule besuchen, blaß und matt werden. Man redet ja von Schulkrankheiten! Den Soldaten führt man, wenn er das Schießen lernen soll, hinaus, man legt große Exerzirplätze an, und doch handelt es sich dabei um so äußerst fragliche Fertigkeiten; aber den Schüler, der die Natur kennen lernen sollte, hält man in engen Stuben und erzählt ihm von dem Wald, dem Leben des Fuchses, man zeigt ihm allenfalls Bilder, die indessen noch mehr der Natur entwöhnen! Dagegen kann geltend gemacht werden, daß eine so große Schülerzahl sich draußen doch keine Anschauung holen könne. Wenn das wirklich zutreffend sein sollte, dann müßte eben die Schülerzahl einer Klasse herabgesetzt werden. Die Zukunft wird denn auch solche Klassenzahlen nicht aufweisen und eine Anschauung in der Natur, die sie zum Ausgangs- und Mittelpunkt alles Unterrichts machen wird, überall einführen und damit auch die Uebung von Fertigkeiten, wie sie ein die Selbstthätigkeit weckender Unterricht im Gefolge hat. Dem Wissen wird sich das Können, der Kenntniß die Fertigkeit anschließen, doch nicht so, als ob Kenntnisse und Fertigkeiten der Zweck wären, nein, der ist nur: Entwicklung und Stärkung der geistigen Kräfte. [...] Darin sieht er die ersten Quellen der Zerrüttung unseres Geistes, den Ruin unserer Kraft. Dabei aber stellen sich die heutigen Scholarchen noch ebenso wie zu seiner Zeit hin und erklären, ihre Kunst wirke Wunder, und geberden sich, als ob die Natur nichts am Menschengeschlecht thue. Sie allein aber thut uns Gutes, sonst wären wir schon längst untergegangen in der Buchstabenmeierei und dem Geplapper der Urtheilspapageien. [...]

Es ist nun ganz klar, daß überfüllte Klassen eine Berücksichtigung der Individualität der Schüler unmöglich machen oder doch erheblich erschweren. Dem Erzieher aber soll die Individualität des Zöglings heilig sein und das Verhältniß beider soll sich auf Liebe gründen. Weil nun ohne die Berücksichtigung der Individualität alles auf Zwang beruhen muß, wird der Lehrer sehr oft vom Führer zum Treiber. Er muß um so mehr zum Treiber werden, je bestimmter „positive" Unterrichtsresultate, d. h. Wissen, verlangt werden. [...]

So müssen wir denn zum Schluß bekennen, daß nicht nur unsere Schulen Scheinreife hervorrufen, sondern daß das allgemeine Urtheil der meisten Schulmänner über Pestalozzi ein scheinreifes ist, abgesehen davon, daß ein reifes sich unter den heutigen Verhältnissen wohl kaum hervorwagen darf. Darum aber haben wir auch den großen Menschenkenner und Deuter meist selbst reden lassen.

24. Emma Adler: Buch der Jugend[658] (Rezension ohne Autorenangabe)

NZ 1895/96, Nr. 12, S. 376-377 (Auszüge)

Die Herausgeberin hat einen vorzüglichen Griff gethan. Wenn auch noch nicht ganz ohne Makel, so ist ihr Buch doch entschieden eines, das eine empfindliche Lücke in unserer Parteiliteratur ausfüllt.

Es wendet sich an die Jugend von etwa zehn bis vierzehn Jahren, für die eine sozialdemokratische Literatur noch nicht existirt, und der doch schon das Leben die Klassenunterschiede und Klassengegensätze zum Empfinden, ja zum Bewußtsein bringt, die bereits beginnt, das ihrer Klasse eigenthümliche Fühlen und Denken zu entwickeln, aber ohne noch – besonders krasse Fälle ausgenommen – das allgemein Kindliche abzustreifen. Den Bedürfnissen dieser Schicht der proletarischen Jugend ist das vorliegende Buch trefflich angepaßt.

Es enthält Erzählungen, Märchen, Erinnerungen, Biographien, Gedichte, Beschreibungen, naturwissenschaftliche Skizzen. Es erweitert die Kenntnisse des kleinen Lesers, regt seine Phantasie an, läßt ihn manches mitfühlen, über einiges nachdenken, stimmt ihn bald ernst, bald heiter. [...]

Die Hauptfrage für uns ist freilich die: Was ist das Sozialdemokratische oder das Proletarische am Buche? Dieses läßt sich allerdings eher empfinden, als aussprechen; mit sehr wenigen Ausnahmen halten sich die Erzählungen von jeder Tendenzmalerei und jedem Moralisiren frei, – und doch, wenn man das Buch aus der Hand legt, hat man deutlich das Empfinden: es ist ein proletarisches Buch. Nicht im Einzelnen, im Gesammtcharakter des Buches, in seiner Stimmung liegt die Tendenz. [...]

25. Heinrich Schulz: Zu Pestalozzis hundertfünfzigstem Geburtstage

NZ 1895/96, Nr. 15, S. 452-461 (Auszüge)

Mehr als ein bürgerlicher Vorkämpfer hat sich's gefallen lassen müssen, daß epigonenhafte Impotenz, Böswilligkeit oder Feigheit die revolutionirende Bedeutung seiner einheitlichen und nur in ihrer Geschlossenheit voll verständlichen Persönlichkeit in fetzenhafte Bruchtheile auseinanderriß, einzelne ungefährlichere Stücke bis über das Daus lobte, während die Hauptsache in den meisten Fällen todtgeschwiegen oder verleugnet wurde.

So ist es auch dem Manne ergangen, dessen Andenken mit Rücksicht auf die hundertfünfzigste Wiederkehr seines Geburtstages am 12. Januar 1896 die nachstehenden Ausführungen gewidmet sein sollen, dem großen Volksfreund und Pädagogen Johann Heinrich Pestalozzi.

Der breiten Masse ist der Name Pestalozzi nichts anderes denn ein hohler Schall, ein bedauerliches Schicksal zwar, das aber Pestalozzi theilt mit einer nicht geringen Zahl geschichtlicher Persönlichkeiten, die, obwohl ihr ganzes Leben eine

---

[658] Für die Kinder des Proletariats herausgegeben im Verlag des *Vorwärts*, Berlin 1895.

ununterbrochene, selbstlose Thätigkeit für das Volk war, dennoch bei diesem so gut wie unbekannt sind. Der Zehnte oder Hundertste weiß vielleicht, daß Pestalozzi ein berühmter Schulmeister gewesen ist. Das wissen auch die heutigen Lehrer ziemlich genau, wie denn überhaupt gerade aus Lehrerkreisen heraus eifrig dafür gesorgt ist, durch zahlreiche Schriften und Vorträge die Bedeutung Pestalozzis ausschließlich im Interesse der Volksschule und des Volksschulunterrichts zu fruktifiziren.

So weit ich mich nun davon entfernt weiß, diese Bedeutung Pestalozzis irgendwie schmälern zu wollen, wie ich im Gegentheil eher mit Bedauern konstatire, daß das heutige Volksschulwesen weder äußerlich noch innerlich nur im Geringsten dem Pestalozzischen Ideal der Volksbildungsanstalten entspricht, so bin ich aber noch weiter davon entfernt, die Bedeutung dieses Mannes in seiner Thätigkeit für das Schulwesen und die Unterrichtsmethode erschöpft zu sehen. Ich betrachte es im Gegentheil für einen leider nur zu gut gelungenen Versuch jener oben charakterisirten Verkleinerungs- und Vertuschungspolitik, wenn man immer und immer wieder in Pestalozzi nur den Schulmeister und den Reformator der Methode erblickt und wenn man vor dem anderen, „dann noch übrige bleibenden Pestalozzi", vor dem begeisterten, hingebenden, aufopferungsvollen Volksfreund, vor dem Freiheitskämpfer, vor dem Revolutionär aufrichtig oder feige entweder mit einer Achtungsverbeugung oder aber mit einem überlegenen Lächeln vorüberhuscht. Und gerade weil dieser letzte Pestalozzi stets so stiefmütterlich bedacht worden ist, während über den Schulmeister Pestalozzi, an dessen Erziehungsunternehmungen und methodischen Neuerungen sich allerdings die schriftstellernden Schulräthe, Seminardirektoren ec. nicht die amtlichen Finger verbrennen können, noch tagtäglich dickleibige Bücher geschrieben werden, so sei es uns hier einmal gestattet, den Stürmer und Dränger, den Politiker, den freiheitsliebenden Schriftsteller und Volkserzieher sprechen zu lassen.

Es ist eine ebenso unerfreuliche wie undankbare Aufgabe, die Literatur über Pestalozzi durchzuarbeiten. So umfangreich dieselbe ist, so repräsentirt sie doch mit einigen Ausnahmen einen geringen Werth. Besonders bei Gelegenheit der hundertsten Wiederkehr seines Geburtstags, für den der unermüdliche und kampfesfrohe Diesterweg in seiner energischen Weise eintrat, war die Ernte der Schriften und Schriftlein über Pestalozzi eine überaus reichliche. Aber die Qualität derselben stand im umgekehrten Verhältnisse zu ihrer Quantität. Jeder beliebige Schulmeister, der an dem Jubiläumstage eine meistens sehr dürftige Festrede über Pestalozzi gehalten hatte, fühlte sich bewogen, der Nachwelt seine Expektorationen durch den Druck zu vermitteln. Da bis zu jener Zeit erst sehr wenige, dazu noch theilweise sehr einseitige Biographien über Pestalozzi vorlagen (hauptsächlich Blochmann und Ramsauer), so fertigten die verschiedenen Festredner und „Festschriftsteller" Auszüge aus denselben an, die sie mit der sehr wässerigen Sauce ihrer eigenen Verständnißlosigkeit für Pestalozzi übergossen. Fast nicht ein einziges Mal begegnet man bei dem Lesen dieser Literatur einer subjektiven, auf selbständiger Erfassung der Persönlichkeit Pestalozzis gegründeten Meinung, überall dürftiges Gefasel, das der wuchtigen Persönlichkeit des großen Pädagogen durchaus unwerth ist. Man achtet in Pestalozzi nur immer den Reformator der Methode, und Streitigkeiten oder Ergänzungen, seine Methode betreffend, füllen den größten Theil der Pestalozzischriften aus. Ein anderer Theil wühlt mit besonderer Freude in dem persönlichen Schmutz herum, mit dem seine beiden Gehilfen, Niederer und Schmid[659], den Lebensabend des greisen, müden Pestalozzi besudelt haben. Die Diskussion hierüber ist besonders seinen Schülern und Mitarbeitern zuzuschreiben, die sich nach dem Tode des Meisters bewogen fühlten, ihre häufig sehr belanglose Meinung über die Vorgänge in dem Pestalozzischen Erziehungsinstitut zum Besten zu geben.

Neben einigen wenigen Schriften ist es besonders eine, die aus der Fluth der damaligen Pestalozziliteratur durch eine kraftvolle, subjektive Auffassung hervorragt. Sie ist (1846) anonym erschienen unter dem Titel: „Der Revolutionär Pestalozzi. Von einem Zögling desselben." Der Verfasser versucht es schon damals, Pestalozzi aus der verkleinernden Umgebung der kurzsichtigen schulmeisterlichen Gernegroße herauszureißen und ihn in seiner urwüchsigen, revolutionirenden Bedeutung darzustellen. Auch der Königsberger Lehrer Karl Rosenkranz hat eine höhere Meinung über Pestalozzi, wenn er schreibt:[*a] „Pestalozzi wollte die Erziehung als Volkserziehung, das heißt, er wollte, daß alle, welche zu einem Volk gehören, sich als lebendige Glieder eines untheilbaren Ganzen betrachten und in diesem Sinne solidarischer Verbundenheit wirken sollten. Nicht engherzigen, mit philisterhaftem Dünkel sich selbst bewundernden Patriotismus wollte er, nicht einen seichten, von der Macht nationaler Individualität abstrahirenden Kosmopolitismus."

Ebenfalls einen freieren Geist athmen die Ausführungen eines Dr. Daniel Sch[e]nkel, der Pestalozzis Ziel folgendermaßen charakterisirt:[*b] „Pestalozzi war der Mann, der sein Leben wirklich für seine Ideen einsetzte. Er wußte nicht immer genau, was er that, aber um so mehr, was er wollte. Er wollte, daß den Armen im Volke, nicht auf dem Wege mitleidiger und ohnmächtiger Almosen, sondern durch eine echt menschliche und menschenfreundliche Erziehung und durch sorgfältige Ausbildung der ihnen von Gott ebenso gut als den Reichen geschenkten Geisteskräfte und Anlagen geholfen, gründlich geholfen werde" (S. 29). „In dem Siege der Ideen der politischen Freiheit und Gleichheit und der allgemeinen Anerkennung der Menschenrechte erblickt Pestalozzi den Sieg seiner eigenen, seit Jahren nicht nur im Stillen gehegten, sondern durch Wort und Schrift verbreiteten heiligsten und tiefsten Ueberzeugungen" (S. 20).

In neuester Zeit sind glücklicherweise Biographen und Verurtheiler Pestalozzis erstanden, die der eigentlichen Bedeutung des Mannes mehr gerecht zu werden

---

[659] Im Original steht „Biederer" und „Schmidt".
[*a] Karl Rosenkranz, Pestalozzi. Königsberg 1846. S. 24.
[*b] Dr. Daniel Sch[e]nkel, Joh. Heinrich Pestalozzi und dessen Bedeutung für seine und unsere Zeit. Heidelberg 1863.

suchen. Zwar ist die Biographie des als Herausgeber der Werke Pestalozzis sehr verdienten L. W. Seyffarth[*c] überaus anfechtbar. Seyffarth ist Pfarrer, und wenn diese eine Thatsache auch noch nicht alles sagt, so sagt sie doch gerade genug. Dafür ist aber die in vier starken Bänden erschienene Schrift H. Morfs[*d] „Zur Biographie Pestalozzis" mit einer gewissen, später zu erwähnenden Einschränkung ein Denkmal, das der Bedeutung des Mannes sowohl durch die vornehme, objektive Auffassung, als auch durch den liebevollen, bienenartigen Fleiß der Zusammenstellung durchaus würdig ist.

Ziemlich klar schält der Straßburger Unterrichtsprofessor Theobald Ziegler in seiner vor Kurzem erschienenen „Geschichte der Pädagogik"[*e] den Kern der Pestalozzischen Bedeutung aus dem mancherlei Nebensächlichen heraus, wenn er schreibt: „Ihn jammerte seines Volkes, das ist der Ausgangspunkt für die Pädagogik Pestalozzis; so wurde er ein Sozialist mit einem Herzen voll Liebe und Hilfsbereitschaft, und als das einzige Mittel, zu helfen, erschien ihm eine Volkserziehung von unten und von innen heraus, bei der es galt, die gebundenen Kräfte zur Selbsthilfe zu entfesseln und zu entwickeln" (S. 273). „Nicht in dem, was Pestalozzi als Lehrer und Erzieher oder als Leiter seiner Anstalten geleistet hat, liegt seine Größe: dazu war er viel zu unpraktisch. Auch nicht in seiner Methode, die er ja freilich selbst oft als das Wichtigste anzusehen scheint. ... Nein, seine Größe liegt in dem sozialistischen Geist seiner Pädagogik, in der Erkenntniß des innigen Zusammenhanges der sozialen Frage mit der Frage der wahren Menschenbildung, in der Idee, die gesunkene Menschheit vom Verderben zu retten durch Weckung und Stärkung ihrer besten, echt menschlichen Kräfte, ihr zu helfen durch Erziehung zur Selbsthilfe. Daher die Anerkennung der Arbeit und der Gedanke, sie zu organisiren.... So hat er der Erziehung und Schule ihre Stelle im sozialen Organismus und ihre grundlegende Bedeutung für die Pflege des sozialen Geistes angewiesen. Eine soziale Pädagogik! Pestalozzi hat sie geschaffen zu einer Zeit, wo es noch nicht einmal eine soziale Frage gab oder richtiger, wo diese noch kaum über die Schwelle des Bewußtseins der Menschheit heraufgestiegen war" (S. 278).

Die sozialpädagogische Bedeutung Pestalozzis sucht auch in einem jüngst erschienenen längeren Aufsatze der „Pädagogischen Zeitung"[*f] der Berliner Schulmann R. Rissmann in anerkennenswerther Weise klarzulegen. Am konsequentesten aber ist dies bis jetzt durch ein kleines, vor Jahresfrist erschienenes Schriftchen: „Pestalozzis Ideen über Arbeiterbildung und soziale Frage"[*g] geschehen, dessen Verfasser, der Marburger Universitätsprofessor Paul Natorp, sich bemüht, ein fast

---

[*c] L. W. Seyffarth, Johann Heinrich Pestalozzi. 5. Auflage. Leipzig 1873.

[*d] H. Morf, Zur Biographie Pestalozzis. Winterthur 1869-1889. 4 Bände.

[*e] Professor Dr. Theobald Ziegler, Geschichte der Pädagogik. 1. Band, 1. Abtheilung, im „Handbuch der Erziehungs- und Unterrichtslehre für höhere Schulen", herausgegeben von Dr. A. Baumeister. München 1895.

[*f] Pädagogische Zeitung. Hauptorgan des Deutschen Lehrervereins. Berlin 1895. XXIV. Jahrgang, Nr. 48 und 49.

[*g] Dr. Paul Natorp, Pestalozzis Ideen über Arbeiterbildung und soziale Frage. Heilbronn 1894.

unbekanntes Buch Pestalozzis der unverdienten Vergessenheit zu entreißen und die aus demselben hervorgehenden sozialpolitischen Ideen Pestalozzis als Grundlage seiner pädagogischen darzustellen. Diese Schrift – sie führt den Titel: „Meine Nachforschungen über den Gang der Natur in der Entwicklung des Menschengeschlechts"[*h] – steht unter den sämmtlichen Schriften Pestalozzis mit in vorderster Reihe.

Ich möchte fast behaupten, daß sich je nach der Stellung, die die Beurtheiler Pestalozzis zu dieser fundamentalen Schrift einnehmen, sich erkennen läßt, ob sie Pestalozzi wirklich verstanden haben, so wie er verstanden werden muß oder nicht. Wer dieses Buch am liebsten aus den Werken Pestalozzis ausgemerzt sähe, da es neben der überall durchbrechenden revolutionären Gesinnung, für die der Verfasser fast noch, wie es scheint, eine neue Ausdrucksweise sucht, auf den ersten Blick so überaus wenig Pädagogisches und Schulmeisterliches enthält, der hat keine geistige Gemeinschaft mit Pestalozzi, der thut der geschichtlichen Bedeutung dieses Mannes Gewalt an, denn er erblickt in ihm nichts Anderes, als den Nur-Schulmeister. Er weiß aber nicht, daß Pestalozzi über die geistige Höhe seines Lebens hinaus war, als er die den Beifall von Gelehrten und Fürsten findenden Erziehungsversuche unternahm, daß die Tretmühle des Schulmeisterdaseins in Verbindung mit den unaufhörlichen Reibereien, Streitigkeiten seiner Unterleiter und den nie endenden finanziellen Schwierigkeiten lähmend auf den Geistesschwung des alten, bald sechzigjährigen Pestalozzi einwirken mußte, daß die mannigfachen Erweiterungen seiner „kraftbildenden" Methode in der späteren radikalen Konsequenz, mit der sie vertreten wurden, nothgedrungen zur Einseitigkeit oder Ueberschätzung führen mussten.

Wer dagegen Pestalozzi in dem Rahmen seiner Zeitverhältnisse betrachtet, wer sich den Entwicklungsgang des Mannes von Jugend auf vergegenwärtigt, wer da weiß, wie sein Herz schon als Kind, als Jüngling heiß und leidenschaftlich für das Recht des Volkes gegenüber jedweder Unterdrückung schlug,[*i] wer sich seine selbstlose, keinerlei persönliche Unbill und Mühsal scheuende unerschöpfliche Liebe zu den Aermsten und Elendesten im Volke vorstellt, wer die Leiden und Entbehrungen, die Noth und den Kummer, die Enttäuschungen und Angriffe, die während seines besten Mannesalters auf dem Neuhofe in übergroßer Masse auf ihn einstürmten, der wird auch verständlich finden, daß das lodernde Feuer der großen Revolution auch ihm, dem einsamen, verkannten Schriftsteller, die Situation glän-

---

[*h] Pestalozzis sämmtliche Werke. Herausgegeben von L. W. Seyffarth. Brandenburg a.H. 1871. Zehnter Band.

[*i] „Ein grimmiger Haß gegen die das Landvolk drückende Aristokratie entzündete sich in seinem jugendlichen Herzen und erlosch auch bis ins Greisenalter nicht ganz. Dieses Zornesfeuer brannte in ihm neben dem Feuer der Liebe zum Volk. – Hennig erzählt: Pestalozzi habe ihm einmal gesagt: Die Vaterlandsliebe und die Rechte der unterdrückten Partei hätten seine Brust (im Jünglingsalter) so mächtig bewegt, daß er auf alle Mittel zu ihrer Befreiung gedacht und vielleicht hätte zum Mörder an denen werden können, die ihm als Despoten erschienen seien." Karl v. Raumer in seiner „Geschichte der Pädagogik", 2. Theil, 4. Auflage, Gütersloh 1872, S. 300.

zend erhellen mußte, daß sein rastloser, auf der Höhe des literarischen Schaffens und Könnens stehender Geist gewaltig durch die neuen und kühnen Ideen gepackt werden mußte, daß demnach als fast einziges größeres geistiges Produkt jener stürmischen, bewegten Zeit die „Nachforschungen ec." den urwüchsigsten Pestalozzi in seiner hauptsächlichsten Bedeutung wiederspiegeln, den leidenschaftlichen Stürmer, den unbarmherzigen Kritiker der gesellschaftlichen Fäulniß seiner Zeit, den enthusiastischen Philanthropen oder, wie Ziegler ihn nennt, Sozialisten Pestalozzi! [...][660]

Das ist der Pestalozzi, der uns im Zenith seiner geistigen Leistungsfähigkeit, in all seiner schöpferischen Kraft, in all seiner Liebe und Wärme, in all seiner glühenden Begeisterung für Menschenwohl gegenübertritt; das ist der Pestalozzi, der auch heutigen Tags für den gewaltigen Emanzipationskampf der Arbeiterklasse seine Bedeutung nicht verloren hat; das ist der Pestalozzi, der auch uns noch ein leuchtendes Beispiel sein kann!

Wir feiern in Pestalozzi nicht blos den bahnbrechenden Pädagogen, nicht blos den selbstlosen, liebevollen Menschenfreund, sondern auch den Kämpfer, den entschlossenen, unermüdlichen Vorkämpfer einer revolutionären Klasse.

26. Gesuch der „Gesellschaft für deutsche Erziehungs- und Schulgeschichte"[661]

NZ 1895/96, Nr. 42, S. 508

Der Redaktionsausschuß der „Gesellschaft für deutsche Erziehungs- und Schulgeschichte" ersucht uns um Veröffentlichung folgender Mitteilung:

Das gesammte Erziehungs- und Unterrichtswesen in den Ländern deutscher Zunge. Unter diesem Titel hat die Gesellschaft für deutsche Erziehungs- und Schulgeschichte ein neues Unternehmen begonnen. Es handelt sich dabei um ein in Monatsheften erscheinendes bibliographisches Verzeichnis nebst Inhaltsangabe der Werke, Aufsätze und behördlichen Verordnungen zur Deutschen Erziehungs- und Unterrichtswissenschaft und um Mittheilungen über Lehrmittel.

Es wird dadurch ein Nachschlagewerk geschaffen, das beim Schlusse des Jahrgangs durch ein eigenartig eingerichtetes Namens- und Sachregister über alle Fragen des weiten Gebiets von Erziehung und Unterricht, die innerhalb des Jahres erörtert worden, und über alle Arten von Lehrmitteln, die in dem gleichen Zeitraum entstanden und zur Veröffentlichung gelangt sind, Auskunft geben wird.

Ein derartiges Nachschlagewerk existirt bis jetzt weder innerhalb der Wissenschaft von Erziehung und Unterricht, noch auch innerhalb der anderen Wissenschaften.

---

[660] Es folgt eine mehrseitige Paraphrasierung der „Nachforschungen".
[661] Eine gleichlautende Anzeige wurde in der Beilage *Der sozialistische Student* in den *SM* 1896, Nr. 7, S. 454f. veröffentlicht.

Der Umfang des Unternehmens, dessen vollständiger Jahrgang aus zwölf Heften von je vier bis sechs Bogen, eng gedruckt, bestehen wird, erhellt schon aus der großen Anzahl von Abteilungen, unter die das Material gruppirt wird: sämmtliche Unterrichtsfächer, alle Unterrichtsanstalten von der Universität bis zur Dorfschule, Fortbildungs-, Fach- und Spezialschulen, Militärbildungswesen, Frauenbildung, Geschichte und Systeme der Pädagogik, die verschiedenen Arten der Erziehung, Gesundheitspflege, Schulorganisation und -Verwaltung, Schulunterhaltung, Schulfeiern, Jugendschriften u.s.w.

Wünschenswerth ist, dass die Herren Verfasser von Aufsätzen, deren leider so viele nicht zur allgemeinen Kenntniß gelangen, weil sie oft in weniger verbreiteten Zeitungen veröffentlicht werden, Sonderabdrücke, womöglich mit Auszügen, an die Geschäftsstelle der Bibliographie (Berlin SW, Lindenstraße 43) zu Händen des Herrn Professor Dr. Karl Kehrbach, der auch bei dieser Publikation der Gesellschaft die Oberleitung übernommen hat, gelangen lassen. Ebenso ist die Zusendung von bezüglichen Gelegenheitsschriften (Schulgeschichten, Biographien, Nekrologen u.s.w.) und der von städtischen, kirchlichen und Staatsbehörden bewirkten bezüglichen Veröffentlichungen, die nicht im Buchhandel erscheinen, erwünscht.

27. Siegfried Rosenfeld: Wie steht es um die Kinder der Armen?[662]

NZ 1896/97, Nr. 19, S. 580-587 (Auszüge)

Die hohe Sterblichkeit der Arbeiterbevölkerung zeigt sich nicht blos bei den Erwachsenen, sondern in noch weit höherem Grade bei den Kindern. Seutemann giebt an, daß von je 100 Geborenen in Preußen während der Jahre 1880-1888 bis zur Vollendung des ersten Lebensjahres 23,95 starben; während aber diese Zahl bei den Kindern der Heeresangehörigen nur 19,37, bei den Kindern der öffentlichen Beamten nur 20,31 betrug, stieg sie bei den Kindern der Gehilfen auf 22,84, bei denen der Taglöhner sogar auf 25,12, bei denen des Gesindes sogar auf 33,19. Rechnet man die Todtgeborenen ab, so sterben ungefähr doppelt so viel Säuglinge beim Gesinde als bei den Angehörigen des Heeres.[...] Diese durch die verschiedensten Faktoren für die einzelnen Provinzen modifizirten Zahlen geben viel zu-

---

[662] Der Beitrag bezieht sich auf eine Schrift von Dr. Hugo Neumann zum Thema: Oeffentlicher Kinderschutz. Verlag von Gustav Fischer, Jena 1895. Zu dieser Thematik wurden weitere Wortmeldungen veröffentlicht, so aus Österreich: Adele Schreiber-Traunheim: Ein Beitrag zur Frage des Schutzes der Arbeiterkinder. In: *NZ* 1896/97, Nr. 29, S. 88-90. Sie verweist auf den Zusammenhang von Kindersterblichkeit und Arbeitsbelastung der Mütter. – Dr. Siegfried Rosenfeld (1874-1947), sozial engagierter jüdischer Rechtsanwalt, Studium der Rechtswissenschaft in Berlin und Freiburg, 1898/99 Militärdienst, 1899 Promotion in Rostock, 1903 Assessor, SPD, 1912-1923 Rechtsbeistand des Deutschen Landarbeiterverbandes, 1919/20 Stadtverordneter in Berlin Charlottenburg, 1921-1933 Mitglied des preußischen Landtags, ab 1923 verschiedene Funktionen im preußischen Justizministerium, 1934 kurzzeitig in Haft, 1939 Emigration nach England, dort Mitglied der SPD in London, verheiratet mit der promovierten Pädagogin Elsbeth Behrend (1891-1970), die sich besonders für die sozialpädagogische Betreuung weiblicher Strafgefangener einsetzte.

verlässigeren Aufschluß über den Einfluß der sozialen Stellung der Eltern auf die Kindersterblichkeit, als die beliebten indirekten Methoden der Erforschung, die ihr Entstehen dem Mangel des nöthigen Materials verdankten.

Diese Methoden verfolgten allerdings zunächst das Ziel, den Einfluß des einen oder anderen Faktors auf die Sterblichkeit darzuthun, in der falschen Voraussetzung, daß sich derselbe isoliren lasse. War dies auch nicht möglich, so waren die Resultate immerhin doch lehrreich, da sie einen Einblick in die traurigen hygienischen Verhältnisse der Armen boten. So betrug z. B. die Säuglingssterblichkeit[**] in den Arbeitervierteln Berlins während der Jahre 1876-1885 34,1-36,2 Prozent, in den reichen Vierteln nur 22,0 und 24,4 Prozent. Der reiche erste Bezirk Wiens hatte im Jahre 1891 eine Säuglingssterblichkeit von 14 Prozent, der von armen Leuten bewohnte 10. und 11. Bezirk dagegen 40,7 und 42,9 Prozent, also das Dreifache; ein auch für die folgenden Jahre konstantes Verhältniß.

Schon aus diesen Angaben ist ersichtlich, daß eine Unzahl von Kindern alljährlich nur deswegen sterben, weil ihre Eltern einer sozial tiefer stehenden Schicht angehören. [...]

Das fordert nur um so mehr heraus, den Ursachen dieser enormen Sterblichkeit nachzuforschen und darzulegen, wie denselben begegnet werden könnte. Es ist zweifellos, daß, wenn man nicht unabänderliche Naturgesetze verantwortlich machen kann, diese enorme Sterblichkeit eine der furchtbarsten Anklagen gegen unsere Zustände bildet.

Nun giebt es sogar Leute – nicht Gelehrte, nur Dilettanten in der Gelehrsamkeit –, die leichten Herzens über die Kindersterblichkeit hinweggehen. Sie machen aus Anstand der Humanität eine Verbeugung und finden die Kindersterblichkeit sehr bedauerlich. Aber im Grunde genommen, von der Warte eines höheren Standpunktes aus betrachtet, habe man sich nur darüber zu freuen. Stürben ja doch nur die schwächlichen Kinder weg, welche die menschliche Rasse verschlechtern würden, was aber lebenskräftig sei, das bleibe erhalten. Es ist dies eine bequeme Uebertragung des laissez aller auf das Gebiet der Hygiene.

Ich hätte diese Anschauung, die von Niemanden, der sich ernstlich mit der Sache beschäftigt, getheilt wird, verdientermaßen mit Stillschweigen übergangen, wenn sie sich nicht auf eine Thatsache aufbauen würde, die als erster Punkt unser Interesse in Anspruch nimmt, auf den Einfluß der elterlichen Konstitution auf die Sterblichkeit der Nachkommen.

Es ist eine allgemein anerkannte, mit statistischen Beweisen vielfach belegte Thatsache, daß die direkte Schädigung durch den Beruf einerseits, andererseits die schlechte Ernährung, ungesunde Wohnung, elende Kleidung ec. der Eltern sich schon bei der Zeugung geltend macht, indem zwar nicht die Keimanlage anders gestaltet, aber ihre Lebensenergie herabgesetzt wird, wozu dann noch die weitere Einwirkung obiger Schädlichkeiten auf die Mutter während der Schwangerschaft

---

[**] Wo hier und in der Folge von Säuglingssterblichkeit schlechtweg die Rede ist, ist die Sterblichkeit bis zur Vollendung des ersten Lebensjahres gemeint.

kommt. Die Wirkung übermäßiger Arbeit und schlechter Entlohnung ist daher doppelt, direkt auf die Arbeiter, indirekt auf ihre Nachkommen. Jede Besserung der Lage des Arbeiters wirkt daher nicht blos auf ihn, sondern auch auf seine Nachkommen günstig. Der erste und vornehmste Weg zur Herabsetzung der Kindersterblichkeit liegt also in der Hebung der Klassenlage; wie wir später sehen werden, ist es auch fast der einzige Weg.

Dies ist jedoch in absehbarer Zeit nicht zu erreichen, so lange zumal die herrschenden Klassen selbst die kleinste Arbeiterschutzmaßregel erst nach langem Kampfe sich abringen lassen. Möglich, daß es ihnen unbewußt ist, wie sehr sie damit die Nachkommen schädigen. [...]

Wir sind nun bei unserem eigentlichen Thema angelangt, wie für das Kind des Arbeiters von seiner Geburt an Fürsorge getragen wird. Es ist dies der Gegenstand eines vor Jahresfrist ungefähr erschienenen Buches, das sein Verfasser, Dr. H. Neumann, „Oeffentlicher Kinderschutz"[...] betitelt. Trotz des allgemein gehaltenen Titels beschäftigt es sich fast ausschließlich mit dem Schutze der Arbeiterkinder. Die Arbeit ist schon wegen des darin zusammengestellten reichlichen Materials werthvoll. Die Ursachen der hohen Kindermortalität und -Morbidität werden bis auf Kleinigkeiten ziemlich unbefangen klar gelegt, was zu ihrer Beseitigung bislang gethan, in vollem Umfange vorgeführt. Wir können daher an der Hand des Buches die Lage der Arbeiterkinder studiren.

Für die Gesundheit des Säuglings ist die Ernährung mit Muttermilch von ausschlaggebender Bedeutung. Diese findet aber nur bei den wenigsten Arbeiterkindern statt. Der Grund ist nicht darin zu suchen, daß die abgehärmten und geschwächten Frauen nicht genügend Milch besitzen, sondern darin, daß sie zu ihrer und ihrer Kinder Erhaltung in der Mehrzahl der Fälle zur Arbeit fern von dem Säuglinge gezwungen sind. [...]

Was geschieht nun mit dem Säuglinge? Da sind zwei Fälle möglich; entweder stillt ihn die Mutter theilweise, bevor sie in die Arbeit geht und nachdem sie aus derselben kommt, oder gar nicht und ernährt ihn blos künstlich und dies wieder, entweder indem sie ihn zu Hause behält oder ganz aus dem Hause giebt. [...]

Die Nahrung des Säuglings besteht nun im günstigsten Falle aus Kuhmilch, deren Qualität in den Städten sehr zweifelhafter Natur ist. Oft aber bekommt er schon frühzeitig, noch bevor seine Speicheldrüsen funktioniren, stärkemehlhaltige Nahrung. Auf dem Lande nimmt schon das wenige Monate alte Kind an der Nahrung der Erwachsenen Theil. Der kindlichen Nahrung werden oft schädliche Substanzen beigemengt.

[...] Es kann keinem Zweifel unterliegen, daß diese Zustände zu der Entstehung der hohen Kindersterblichkeit viel beitragen. [...][663]

---

[663] Es folgen statistische Angaben zur Kindersterblichkeit, die den Zusammenhang zwischen sozialer Lage (und dadurch bedingte Ernährung, Wohnung, Betreuung u.s.w.) und Kindersterblichkeit belegen.

Die einzige wirkliche Abhilfe[**] ist nur darin zu suchen, daß der Mann allein genügend verdienen kann, damit die Frau sich der Kinderpflege widme. Unter genügendem Verdienst ist ein Lohn verstanden, der nicht blos genügende Nahrung, sondern auch gute Kleidung, gesunde Wohnung ec. verschafft. So lange dies nicht möglich ist, werden die Mißstände fort und fort bestehen. [...]

Die Sterblichkeit der Kinder, insbesondere der unehelichen, hat mit der „Moral" ihrer Eltern nichts zu thun. Es giebt aber genug Leute, die das moralische Gefühl ins Spiel ziehen. Eines solchen Fehlers macht sich auch Neumann schuldig, der doch sonst stets auf die Schuld der Verhältnisse hinweist. [...] Neumann legt eine Anschauung über Moral an den Tag, wonach diese ein Produkt günstiger ökonomischer Umstände ist. „Vermögen hat Bildung und Sittlichkeit gewöhnlich in seinem Gefolge" (S. 13). „Im Gefolge des Wohlstandes ist Entwicklung der Intelligenz und Moralität" (S. 7). [...]

Es ist zweifellos, daß Mangel an elterlicher Liebe Verwahrlosung des Kindes hervorrufen, also dessen Leben gefährden könne, wofern nicht andere Leute für dessen Pflege bezahlt werden, wie dies bei reichen Leuten der Fall ist, wo Lieblosigkeit mindestens so oft wie bei armen vorkommt. Es nützt aber das schönste moralische Gefühl nichts, wenn die Mittel, es zu bethätigen, fehlen. Wo ist mehr moralisches Gefühl: Bei der reichen Frau, die sich eine Amme oder ein Kindermädchen hält, oder bei dem armen Dienstboten, der sein Kind fremden Leuten überläßt, aber dafür den größten Theil seines Lohnes zahlen muß? Wer fühlt mehr die elterliche Verantwortlichkeit? Weil die Armen ihrer Pflicht nicht so nachkommen können, wie sie wollten, ihnen das Bewußtsein der Pflicht – mehr oder weniger verklausulirt – abzusprechen, geht nicht an. [...]

Erst mit der Wiederherstellung eines geordneten Familienlebens und demselben vorausgegangenen sozialpolitischen Veränderungen, welche gesundes Wohnen, warme Kleidung, gute Nahrung ec. ermöglichen, wird die Kindersterblichkeit auf ihr natürliches Maß zurückgeführt werden. [...]

Das allerdings soll nicht geleugnet werden, daß durch Abstellung der gröbsten Ausschreitungen bei der Kinderpflege eine Herabminderung der Kindersterblichkeit erzielt wurde. Daß hygienische Maßregeln erfolgreich sind, sehen wir ebenso gut bei den Erwachsenen. Aber sie sind einerseits dort unwirksam, wo andere als sanitäre Uebelstände mitspielen, und andererseits nützen selbst die besten gesetzlichen Bestimmungen nichts, wo die Mittel zur Durchführung fehlen. So lange hygienische Gesetze in die Luft gebaut werden, so lange können wir vom Staate nicht eine gründliche Beseitigung der exzessiven Kindersterblichkeit erwarten.

[**] Wenigstens so lange, als nicht die ausreichende Sorge für den Säugling und seine Mutter von der Gesellschaft übernommen wird. Die Redaktion.

28. Eduard Bernstein: Der Sozialismus und die gewerbliche Arbeit der Jugend

NZ 1897/98, Nr. 2, S. 37-44 (Auszüge)

Die Frage der Jugendarbeit – womit hier zusammenfassend die gewerbliche Arbeit jugendlicher Personen der verschiedenen Altersklassen bezeichnet sein soll – ist auf dem Züricher Kongreß für Arbeiterschutz[664] dahin entschieden worden, daß man für alle jungen Leute unter fünfzehn Jahren Verpflichtung zum Schulbesuch und Verbot jeder Erwerbsthätigkeit verlangte. Daneben wurde für die gewerbliche Arbeit von jungen Leuten zwischen fünfzehn und achtzehn Jahren Beschränkung auf höchstens acht Stunden täglich, Verbot aller Sonntagsarbeit und Gewährung der Zeit für den Besuch beruflicher und allgemeiner Fortbildungsanstalten innerhalb der zugelassenen achtstündigen Arbeitszeit verlangt.

Diese Beschlüsse und einige von Sozialisten und Sozialreformern zur Frage gehaltene Reden legen die Erörterung einiger Gesichtspunkte nahe, welche auf dem Kongreß theils nur beiläufig, theils gar nicht berührt worden sind.

Daß der gewerblichen Arbeit der Jugend Grenzen gezogen werden müssen, sowohl mit Bezug auf das Alter, von dem ab sie zu erlauben ist, als auch mit Bezug auf die Dauer der Beschäftigung, ist ein allgemein zugestandenes Prinzip. Ebenso unbestreitbar richtig scheint es, die Bestimmungen über den Schulunterricht mit den Bestimmungen über die gewerbliche Arbeit in enge Verbindung zu bringen. Wohl hat eine Minderheit von Besuchern des Kongresses diese Verbindung für überflüssig oder gar schädlich bezeichnet, aber ganz offenbar nur, weil ihr die spezielle Verbindung, wie sie die Kongreßmehrheit wollte, nicht wünschenswerth erschien. Es läßt sich wenigstens nicht absehen, was sich grundsätzlich gegen sie vorbringen läßt, sobald man überhaupt einmal die Beschränkung der Kinderarbeit für nothwendig erklärt. Wohl aber läßt sich die Frage aufwerfen, ob nicht die Kongreßmehrheit und die von ihr schließlich angenommene Resolution den Zusammenhang zu äußerlich genommen hat, ob es richtig war, über die dabei in Betracht kommenden erziehungstechnischen, sowie die das Familienleben betreffenden Fragen kurzerhand hinwegzugehen.

Zunächst ist es wohl klar, daß wenn jedes Kind bis zum fünfzehnten Jahre zum Schulbesuch verpflichtet werden soll, an die Schule Anforderungen gestellt werden müssen, denen sie heute in der erdrückenden Mehrheit der Fälle nicht gewachsen ist. Es kann sich doch nicht darum handeln, die Kinder blos darum bis zu einem bestimmten Alter in der Schule zurückzuhalten, damit sie nur ja nicht früher zu gewerblicher Thätigkeit herangezogen werden, sondern es handelt sich um die zweckmäßige Erziehung der Jugend, um die beste Art, ihre körperliche und geistige Entwicklung herbeizuführen. Nun kann man allerdings den Lehrplan der Volksschule unendlich ausdehnen, ihr Lehrpensum unendlich vermehren, und unsere

---

[664] Gemeint ist vermutlich der Internationale Sozialistische Arbeiterkongreß vom 6.-12. August 1893 in Zürich.

englischen Freunde von der Sozialdemokratischen Föderation scheinen denn auch hierin Großes im Auge zu haben. Nach ihren Erklärungen wäre die Heraufsetzung der Grenze für die Erlaubniß zur gewerblichen Arbeit auf das sechzehnte Lebensjahr eigentlich noch zu wenig, und auf dem Londoner Sozialistenkongreß wurde ja auch freie Schule und freier Unterhalt bis zum einundzwanzigsten Lebensjahr verlangt. Diese Vorschläge, soweit ihnen nicht die von Vielen immer wieder noch halb bewußt, halb unbewußt gehegte Vorstellung von der Wünschbarkeit einer Verminderung der produktiv thätigen menschlichen Arbeitskräfte zu Grunde liegt, beruhen nach meinem Dafürhalten auf einer großen Ueberschätzung des Werthes der theoretischen Schulerziehung für die Jugend in den hier in Betracht kommenden kritischen Altersjahren. In manchen Fällen schon mit dem vierzehnten und bei der Mehrheit der Schüler mit dem fünfzehnten Lebensjahr pflegt sich eine große Unlust gegen alles theoretische Lernen einzustellen. Es ist nur eine Minderheit, die noch mit vollem Interesse dem Unterricht folgt, die große Mehrheit thut es nothgedrungen und mit sehr geringem wirklichen Nutzen für ihre geistige Ausbildung. Es wurde auf dem Züricher Kongreß darauf hingewiesen, daß in den Jahren der Geschlechtsreife der Mensch nicht körperlich überanstrengt werden dürfe. Unzweifelhaft richtig. Aber ebenso wenig wird da eine einseitige geistige Anspannung angemessen sein. Und gleichfalls fehlerhaft wäre es bei den heutigen Lebensverhältnissen der Volksmasse, die jungen Leute dieses Alters zu viel sich selbst zu überlassen. Will man nicht einen großen Theil von ihnen dazu nöthigen, zwecklos die Schulbänke zu drücken, so wird man ihnen wohl oder übel Gelegenheit geben müssen zu zweckmäßiger körperlicher Arbeit in dem ihrem Alter angemessenen Umfang. Und es ist kein Grund abzusehen, warum die produktive Thätigkeit da prinzipiell ausgeschlossen sein muß.

Ich weiß, daß, indem ich dies niederschreibe, ich mich dem Vorwurf aussetze, ein Argument der nach Kinderausbeutung lüsternen Fabrikanten zu wiederholen. Aber in diesen Dingen gilt es vorurtheilslos und ohne Rücksicht auf Schlagworte zu untersuchen, welche Wirkung irgend eine Maßregel für die allgemeine gesellschaftliche Entwicklung haben würde, und darnach Stellung zu nehmen. Es ist noch nicht lange her, daß die Frauenarbeit in der Industrie von der großen Mehrheit der Sozialisten als dem Arbeiterinteresse schädlich prinzipiell verworfen wurde, ein Standpunkt, der jetzt als reaktionär gilt, trotzdem Frauenarbeit heute auch Ausbeutung der Frau heißt. So kann es sich auch bei der Frage der gewerblichen Arbeit jugendlicher Personen ereignen, daß das scheinbar Radikalere sich bei näherer Besichtigung als das in Wirklichkeit Konservativere herausstellt. [...][665]

---

[665] Bernstein geht im Folgenden auf die Marxsche Analyse der Erziehungsklauseln in der englischen Fabrikgesetzgebung ein, aus der Marx seine Hypothesen zur Verbindung von Unterricht und produktiver Arbeit ableitet. Marx bezog sich vor allem auf die Resultate des sogenannten Halbzeitsystems, gleichermaßen auf die Erfahrungen Robert Owens. Vgl. Karl Marx: Das Kapital. In: MEW, Bd. 23, S. 504ff.

Es braucht nicht erst hervorgehoben werden, daß Marx weit entfernt war, die besprochenen Vorschriften des Fabrikgesetzes für vollkommen zu erklären, er sagt an gleicher Stelle vielmehr, daß die Erziehungsklauseln des Gesetzes „im Ganzen ... armselig erscheinen". Er erkennt nur den relativen Fortschritt gegen den vorherigen Zustand an und daß in ihnen ein richtiges Prinzip ausgedrückt ist. [...]

Man hat nun eine solche Verbindung in dem Handfertigkeitsunterricht gefunden, wie er verschiedentlich schon in Schulen eingeführt worden ist. Das ist unbedingt ein Schritt auf dem rechten Wege, und wo Sozialisten Einfluß auf die Gestaltung des Schulwesens haben, ist es ihre Pflicht, auf die Verallgemeinerung und systematische Durchführung des Handarbeitsunterrichts hinzuwirken. Aber der Handarbeitsunterricht, den die Schule leisten kann, hat seine Grenzen. Soll er nicht zur Tändelei, zur höheren Kindergartenspielerei ausarten, so muß er von Anfang an fortschreitend auf zweckmäßige Bearbeitung von Material, d.h. auf produktive Thätigkeit gerichtet sein. „Eine kindisch dumme Beschäftigung", sagt schon der alte Bellers, „läßt den Geist der Kinder dumm." Nicht nur das, sie nimmt ihnen jedes lebendige Interesse an der Arbeit. Von einem gewissen Punkte ab muß daher der Handarbeitsunterricht zur gewerblichen Fachausbildung übergehen, oder er verliert für den Schüler seinen Zweck. Zur Fachausbildung ist aber die allgemeine Schule nicht da, es wäre widersinnig, sie mit allen möglichen Spezialwerkstätten zu versehen, sie kann nur den Grund zur gewerblichen Geschicklichkeit legen. So kommt auch von dieser Seite her ein Moment, von wo ab die produktive Arbeit ersprießlich nur außerhalb der Schule fortgesetzt werden kann. Dieser Zeitpunkt aber wird bei den meisten Schülern in jenem Alter eintreten, das wir oben als das kritische Schulalter bezeichneten, gegen den Abschluß des vierzehnten Lebensjahres. Das ist ein Alter, wo bei Kindern, die keine Neigung zu theoretischem Lernen haben, ein Uebergang zu vorwiegender Handarbeit ohne Bedenken vorgenommen werden kann, sobald das Gesetz sie vor Ueberarbeit schützt und ihnen Zeit und Gelegenheit zu geistiger Fortbildung sichert. Die Verbindung von manueller und intellektueller Arbeit bleibt, das Verhältniß beider wird nur verändert.

Es ist nur ein Agitatorenvorurtheil, wenn ich mich so ausdrücken darf, was viele sonst durchaus gewissenhafte Sozialisten dazu treibt, die Altersgrenze für die Zulassung der Jugend zu produktiver Arbeit ins Ungemessene hinaufzutreiben. Man hat sich so in den Gedanken von der unbedingten Scheußlichkeit der Fabrik hineingelebt, obgleich man im nächsten Augenblick die Fabrik als den größten Fortschritt gegenüber Handwerk und Hausindustrie preist, daß man wirklich glaubt, man opfere die Jugend dem Moloch Kapital, wenn man ihr nicht die Thore der Fabrik verschließt. Aber nirgends lassen sich der Ausbeutung so wirksame Grenzen ziehen als dort, wo die Jugend in Frage kommt, und gerade die Anwesenheit der Jugend ist ein Faktor, der mächtiger als irgend ein anderer für die Sanirung der Verhältnisse in der Fabrik ins Gewicht fällt. Sehr wahrscheinlich hatte Marx dies im Sinne, als er schrieb, daß „die Zusammensetzung des kombinirten Arbeitspersonals aus Individuen beiderlei Geschlechts und der verschiedensten Altersstufen, obgleich in ihrer naturwüchsig brutalen, kapitalistischen Form ... Pestquelle des

Verderbs und der Sklaverei, unter entsprechenden Verhältnissen umgekehrt zur Quelle humaner Entwicklung umschlagen muß".[666] [...]

In der That produzirt der Arbeiter heute nur mittelbar und auf das Unsichere hin für die Gesellschaft. Aber der moderne Sozialismus, wenn er dies hervorhebt, sieht doch in der modernen Entwicklung der Produktionsweise die Grundlage der Entwicklung zur sozialistischen Gesellschaft. Es würde also gerade von seinem Gesichtspunkt aus widersinnig sein, die prinzipielle Stellung zur gewerblichen Arbeit der Jugend von dem zeitweiligen Gegensatz zwischen Arbeit und Kapital abhängig zu machen, anstatt eben von der Rücksicht auf die körperliche, geistige und moralische Entwicklung der Jugend selbst. Uebrigens beurtheilt man die älteren Sozialisten[667] durchaus falsch, wenn man annimmt, daß ihnen ihr Gesellschaftsplan das Wesentlichste war. Er lag ihnen nur am Herzen, weil er ihnen das beste Mittel schien, ihre Ideen über Arbeit, Eigenthum, Ehe, Moral ec. zu verwirklichen. Der moderne Sozialismus hat jeden Gesellschaftsplan als nutzlos und gegebenenfalls sogar irreleitend verworfen. Er erblickt in der Entwicklung der Produktion selbst und im Klassenkampf die treibenden Kräfte, die zur sozialistischen Gesellschaft führen. Nun ist der Klassenkampf aber, auf sich gestellt, eine elementarische Kraft, bei der die Leidenschaften, Tageskonstellationen, ja Sonderinteressen lokaler und korporativer Natur oft die Oberhand gewinnen, wenn nicht die Einsicht in den Gang der allgemeinen Entwicklung und das allgemeine Ziel ihm die Richtung giebt. Der Sozialist muß also je nachdem auch über den Klassenkampf des Tages hinaus blicken können.

In der Agitation wird es oft für die beste Politik gehalten, viel zu verlangen, um etwas zu erreichen. Es ist aber keineswegs sicher, daß diese Politik immer die zweckmäßigste ist, daß sie unter allen Umständen den besten Erfolg verbürgt. [...]

Nach dem Beschluß des Züricher Kongresses soll die Verpflichtung zum Besuch der Volksschule bis zum vollendeten fünfzehnten Jahre bestehen und jede gewerbliche Arbeit vor Erreichung dieses Alters verboten sein. Ich habe schon bemerkt, daß die Heranziehung der Schulgesetze beim Arbeiterschutz mir sehr gerechtfertigt erscheint; diese Verbindung ist aus mehrfachen Gründen unerläßlich. Es handelt sich ja doch um Gesetze für die Gegenwart, bei denen man also moderne Groß- und Fabrikstädte mit ihren nur langsam sich bessernden Wohnungs- und Lebensverhältnissen der arbeitenden Klassen voraussetzen muß. Was es da für Eltern und Kinder heißen würde, wenn für die Letzteren gerade in den Jahren, wo der junge Mensch sich stärker zu fühlen beginnt und nach neuer Bethätigung seiner Kräfte strebt, der Schulbesuch endete, ehe die gewerbliche Arbeit gestattet wird, braucht hier nicht erst des Breiten ausgeführt zu werden; jeder Kenner der Verhältnisse kann sich das leicht selbst ausmalen. Es ist also von fundamentaler Wichtig-

---

[666] Vgl. ebd., S. 514. Bernstein verweist dann auf Robert Owen, Charles Fourier und John Bellers. Vor allem Robert Owens praktische Erfahrungen zur Verbindung von Kinderschutz und produktiver Arbeit der Kinder seien von Bedeutung.
[667] Damit sind hier die utopischen Sozialisten gemeint.

keit, daß dieser Zusammenhang vom Gesetz in jeder Hinsicht berücksichtigt wird. Dagegen ist die Frage, ob die gewerbliche Arbeit vom vollendeten vierzehnten Lebensjahre an oder erst ein oder zwei Jahre später erlaubt sein soll, von dem Augenblick an für den Kinderschutz eine reine Sache der Zweckmäßigkeit, wo die gewerbliche Jugendarbeit auf eine dem Alter und der körperlichen Entwicklung gemäß abgestufte Stundenzahl pro Tag beschränkt wird und jedem zu schulmäßigem oder theoretischem Lernen veranlagten Schüler die Mittel geboten werden, nach Zurücklegung der Volksschule die höheren Bildungsanstalten zu beziehen. Die Jugend bis zum vollendeten sechzehnten Lebensjahr unterschiedslos zum blos schulmäßigen Lernen zu nöthigen, scheint mir aber weder gute Pädagogik, noch gute Sozialpolitik. Sunt certi denique fines. Unter den gegenwärtigen sozialen Verhältnissen würde es in vielen Fällen mehr Schaden als Nutzen stiften, und für die Zukunft ist es nichts weniger als ein Ideal.

Ich werde mit dieser Ansicht wahrscheinlich heute in der Sozialdemokratie ziemlich vereinzelt dastehen. Aber die Erwägungen, die mich zu ihr geleitet haben, scheinen mir immerhin der Mühe werth, sie hier zur Aussprache zu bringen. [...] Worauf es mir ankommt, ist die ganze, im Vorhergehenden entwickelte Gedankenreihe, namentlich die Bekämpfung des Wunderglaubens an die Schulerziehung. Der kontinuirliche Schulbesuch bis zur Hochschule hat nur für denjenigen Werth, der einen bestimmten Studiengang nach freier Wahl und Neigung durchzumachen wünscht, und nicht einmal für den immer. Für Tausende ist der größte Theil der Zeit, die sie als Knaben oder Mädchen in den höheren Mittelschulen zubringen, verlorene Zeit, denn der Bildungstrieb, der Sinn für das in jenen Klassen Gebotene erwacht in ihnen erst später. Wieso kommt es denn, daß wir schon heute eine wachsende Zahl von Leuten, die nur eine sehr primitive Volksschule besucht haben und dann als Arbeiter ihr Brot verdienen mussten, es auf dem Gebiete geistiger Arbeit mit akademisch erzogenen Leuten ganz gut aufnehmen sehen?[...] Ich verkenne nicht die Klippen des Autodidaktenthums, aber viele Autodidakten würden noch sehr viel Besseres geleistet haben, als was sie wirklich leisteten, wenn ihnen nicht der Zopf im Wege gestanden und ihnen viele Quellen des Wissens und der Belehrung verschlossen hätte. Dieser Zopf soll fallen, die Thüren zum Tempel der Wissenschaft sollen Jedem offen stehen, der Lust und das Zeug zum Studiren hat; die Volksschule soll verbessert, die Zeit und die Gelegenheit zur Weiterbelehrung für Alle vermehrt werden. Daß aber die Grundsätze der Gleichheit schmählich verletzt werden, wenn nicht alle Proletarierkinder von Staatswegen genöthigt werden, die Schulbänke so lange zu drücken, wie die Bourgeoiskinder es oft nur der Thorheit ihrer Eltern wegen thun müssen, daß der Sozialismus allgemeines und gleiches Brillentragen erheischt, das vermag ich nicht einzusehen.

29. James Sully: Untersuchungen über die Kindheit[668] (Rezension von Gustav Schönfeldt)

NZ 1897/98, Nr. 8, S. 248-252 (Auszüge)

Die Kinderpsychologie ist eine noch junge Wissenschaft. Während dieselbe im Ausland, besonders in Nordamerika, England und Frankreich, eine eifrige Pflege findet, weist die deutsche Literatur außer dem Werke Preyers: „Die Seele des Kindes", nur wenige bedeutende Erscheinungen dieser Art auf. Um so dankenswerther ist es, daß Dr. Stimpfl durch seine Uebersetzung des Sullyschen Buches [...] dem deutschen Leserkreis Kenntniß giebt von den Ergebnissen diesbezüglicher Forschungen eines hervorragenden englischen Gelehrten. [...]

Das lebhaftere Interesse, das in verhältnismäßig neuer Zeit dem ersten Kindesalter entgegengebracht wird, zeigt sich auf verschiedenen Wissensgebieten. Der Biologe und Soziologe sucht durch Beobachtung des Menschen auf seiner ursprünglichsten Stufe nach neuen Beweisen für unsere Verwandtschaft mit der Thierwelt und neuen Aufschlüssen über die Kräfte, durch welche die zivilisirten Rassen sich zu ihrer erhabenen Stellung entwickelt haben. Besonders aber ist es der Psychologe, der auf die ersten Jahre des Menschen ein wissenschaftliches Anrecht hat: der Kindesgeist ist der einfachste Typus des menschlichen Bewußtseins, zu dem er Zutritt hat. Eine ganze Reihe wichtiger Fragen, wie die nach den „angeborenen Ideen", nach der Vererbung erworbener Eigenschaften, der Parallelität der Entwicklungsphasen des kindlichen Geistes und der Geistesgeschichte der Menschheit und anderes können nur durch die sorgfältigste Beobachtung der ursprünglichen Elemente des kindlichen Bewußtseins ihrer Beantwortung nahe gerückt werden. Das hervorragendste praktische Interesse an den Untersuchungen über die Kindheit hat der Pädagoge. Eltern und Lehrern ist ein klarer Einblick in die kindliche Natur, in ihre angeborenen Neigungen und in die herrschenden Gesetze des unentwickelten Kindesgeistes die notwendige Vorbedingung jeder verständigen erziehlichen und unterrichtlichen Einwirkung auf das Kind. Bisher hat die Pädagogik mehr oder minder mit der Abstraktion „das Kind" hantirt und zu wenig beachtet, daß jedes Kind seine eigene Art zu fühlen, zu denken und zu wollen besitzt.

Sollen die Beobachtungen des Kindes für die Wissenschaft und die Erziehung verwerthbare Resultate ergeben, so müssen sie selbst wissenschaftlich sein; sie müssen sowohl von psychologischen Vorkenntnissen geleitet werden, als auch vollkommen exakt sein. Die Mütter, vor denen die Kinder sich am offenherzigsten zeigen, die am häufigsten und andauerndsten das Kind beobachten, vermögen

---

[668] Aus dem Englischen übertragen und mit Anmerkungen versehen von Dr. J. Stimpfl, Lehrer am königlichen Schullehrerseminar in Bamberg. Verlag von Ernst Wunderlich, Leipzig 1897. – Gustav Schönfeldt, Lehrer (?) in Hamburg, publizierte zu sozialen Fragen der Volksschule und der Volksschullehrer vor allem in der Hamburger Zeitschrift *Pädagogischen Reform*. In den *Sozialgeschichtlichen Forschungen. Zeitschrift für Sozial- und Wirtschaftsgeschichte* (1897, Ergänzungsheft) gab er eine Aufsatzsammlung zur Geschichte des Pauperismus und der Prostitution in Hamburg heraus.

daher nur in seltenen Fällen für den Psychologen brauchbares Material zu liefern. Dazu kommt, daß den zu Untersuchungen befähigten Männern, selbst den Vätern, von den Müttern kaum gestattet wird, an dem Kinde während seiner ersten Lebensperiode Experimente anzustellen. Aus diesen Gründen sind die Untersuchungen über die erste Kindheit ungemein schwierig. Etwas günstiger gestalten sich die Verhältnisse, wenn das Kind beginnt zu spielen und zu sprechen.

Diese kurzen Andeutungen mögen genügen, die große Bedeutung und das Mühevolle der Sullyschen Forschungen darzuthun. [...]

Wir müssen uns in Rücksicht auf den Raum versagen, die betreffenden Ausführungen Sullys, welche eine Fülle beherzigenswerther pädagogischer Winke enthalten, darzulegen. [...]

30. Gustav Schönfeld: Pädagogische Reform-Literatur[669]

NZ 1897/98, Nr.17, S. 524-530 (Auszüge)

Die sich vollziehenden Umwälzungen der wirthschaftlichen, sozialen und politischen Verhältnisse und Anschauungen führen nothgedrungen auch zu eigener Umgestaltung unseres öffentlichen Bildungswesens.

Die demokratische Tendenz unserer Zeit ist unvereinbar mit der Idee der Standesschulen, dem Bildungsvorrecht der begüterten Klassen. Der Gedanke einer Nationalschule, einer einheitlich organisirten Bildungsanstalt für alle Kinder des Volkes ohne Unterschied der Stände und Klassen, deren Grundlage die allgemeine obligatorische Volksschule und deren Spitze die Hochschule ist: dieser Gedanke gewinnt daher auch in wachsender Progression Bekenner und Anhänger.

Wie die äußere Organisation, so sucht sich auch der Lehrplan der einzelnen Schulgattungen mehr den wirthschaftlichen, politischen und kulturellen Bedürfnissen der Gegenwart anzupassen. Insonderheit tritt dies bei den sogenannten Hauptfächern des Unterrichts zu Tage. Da haben zunächst die staunenswerthen Erfolge der Naturwissenschaften und Technik auf allen Gebieten der Wissenschaft und des öffentlichen Lebens zu der Forderung einer bevorzugten Berücksichtigung dieser Wissenschaften im Schulunterricht geführt.

Hiermit und mit der realen Denkweise der Jetztzeit im Zusammenhange stehend, andererseits als Folge des durch die wirthschaftlich-kulturelle Hebung des deutschen Volkes und auch durch die politischen Erfolge von 1870/71 gesteigerten Nationalbewußtseins zeigt sich die andere Tendenz, das Nationale in den Vordergrund des Unterrichts zu stellen – deutsche Sprache, deutsche Kultur und deutsche

---

[669] Der Beitrag setzt sich insbesondere mit zwei Schriften auseinander: Arnold Ohlert: Die deutsche höhere Schule. Ein Versuch ihrer Umgestaltung nach den sittlichen, geistigen und sozialen Bedürfnissen unserer Zeit. Hannover 1896; Maurice Wolff: L'Éducation Nationale. Le problème de l'èducation moderne et l'université. Paris 1897. Der Name des Autors Gustav Schönfeldt erscheint im Original in verschiedener Schreibweise.

Geschichte neben den Naturwissenschaften zu den Hauptträgern der modernen Bildung zu machen.

Die demokratische und materialistische Richtung unserer Tage haben eine veränderte Geschichtsauffassung und darum auch die Nothwendigkeit eines veränderten Geschichtsunterrichts geschaffen. Es kann sich nicht länger darum handeln, vorwiegend politische Geschichte zu treiben, die Blicke der Jugend nach den Höhen der menschlichen Gesellschaft zu lenken, die Thaten der Fürsten und herrschenden Klassen als den wesentlichsten Inhalt des Unterrichtes anzusehen, als Endziel die Erziehung zur Fürstenverehrung und zur Unterthanentreue zu verfolgen: vielmehr haben die Wirthschafts- und Kulturgeschichte, die Arbeit des breiten Volkes von dem Werden sozialer Institutionen und der Kultur, Belehrungen über die sozialen und kulturellen Gebilde und Zustände der Gegenwart und die Befähigung zum verständigen Mitwirken an den Aufgaben des öffentlichen Lebens als Inhalt und Ziel zu gelten.

Mit der weltflüchtigen, asketischen Auffassung des Christenthums hat die moderne Gesellschaft gebrochen. An Stelle der Vorbereitung auf das Jenseits ist das Verlangen nach schöner, edler und guter Lebensfreude, die Erde zu einem Paradiese zu gestalten, getreten. [...] Dieser sittlichen Umwandlung entsprechend wird gefordert, daß im Unterrichte an Stelle der Religion der Jenseitigkeit die Moral und die Kunst trete.

Der größere oder geringere Rigorismus, mit dem alle oder nur einzelne dieser pädagogischen Forderungen vertreten werden, hängt mit der mehr oder minder prononcirten modernen Färbung der wissenschaftlichen, sozial-politischen und sittlichen Meinungen der Reformer zusammen. Halbheit oder Entschiedenheit hüben bedingen Halbheit und Entschiedenheit drüben.

Untersuchen wir in diesen – durch die einleitenden Bemerkungen gewiesenen Richtungen die erste der oben genannten Schriften, so finden wir, daß der Verfasser derselben, der durch viele pädagogische Schriften wohlbekannte Oberlehrer Ohlert-Königsberg, im Interesse einer nationalen und modernen Erziehung mit aller Entschiedenheit und ausführlicher Begründung verlangt, daß den naturwissenschaftlichen und deutschen Fächern die vornehmste Stelle im Gymnasialunterricht eingeräumt werde.

Das heutige Gymnasium erziehe „junge Griechen und Römer" und mache einen der Gegenwart fernen und fremden Gedankenkreis zum Hauptziele seiner Arbeit. Um für die Hauptfächer der modernen Bildung mehr Zeit zu gewinnen, empfiehlt er die völlige Ausscheidung des griechischen und weitgehende Beschränkung des lateinischen Unterrichts [...]. Mit scharfen Waffen zieht er zu Felde gegen das humanistische Bildungsideal und gegen das Dogma: die sprachlich-logische Schulung sei das beste Mittel zur Stärkung der Verstandeskräfte und zur Heranbildung des wissenschaftlichen Denkens. Er erwartet eine weit höhere wissenschaftliche Ausbildung, neben vielen anderen Mitteln, vor Allem vom fachlichen Studium wichtiger Kulturbegriffe und ihrer sprachlichen Bearbeitung (in der Muttersprache).

Der Geschichtsunterricht soll sich nach Ohlert auf den kulturhistorischen Standpunkt stellen. Staatsrecht und Verfassungsgeschichte, Religion und Sitte, das soziale Leben in seinen mannigfachen Formen und Bestrebungen, die Wissenschaft in ihrem Fortschritte, die Literatur und die schöne Kunst – alle diese Gebiete müßten in der geschichtlichen Belehrung bearbeitet werden. Die äußere Geschichte, welche sich auf die politischen und kriegerischen Bewegungen beziehe, sei möglichst einzuschränken.

Die Nothwendigkeit eines besonderen Unterrichts in der praktischen Moral wird mit dem Hinweis auf den abstrakten Charakter der sittlichen Lehren des heutigen Religionsunterrichts begründet; diese seien für das kindliche Gemüth kaum verständlich. Auch die praktische Erwägung spreche dafür, daß die bloße Begründung des Sittengesetzes auf Gott die Verbindlichkeit desselben für denjenigen aufhebe, der diesen Glauben nicht habe. Bei dem Moralunterrichte sollen religiöse, literarische, politische, geschichtliche und nationalökonomische Erörterungen angestellt werden.

Der ästhetischen Ausbildung mißt der Autor eine hohe Bedeutung bei. Er beklagt den Niedergang der nationalen Kunst, der sich sowohl in dem Fehlen eines „bewußten Kunststils", als auch in der Verständnißlosigkeit und in dem Interessenmangel des Volkes, besonders auch der höheren Kreise, bekunde; der öffentliche Geschmack befinde sich in einem Zustande weitgehender Verrohung. Als Ziel der ästhetischen Erziehung bezeichnet er, Menschen zu bilden, „die für das Schöne empfänglich sind, die das Schöne freudig aufnehmen, aufsuchen und verständnißvoll beurtheilen, die diese Empfindungen für das Schöne in ihren Umgebungen wie an ihrer eigenen Person fordern, darstellen und zur Geltung bringen und eben deshalb durch alles Hässliche, Unharmonische und Unsittliche wie an Dingen so an Verhältnissen und Personen ihrer Umgebung sich leicht verletzt fühlen." Entsprechend dieser Begriffsbestimmung will er die ästhetische Ausbildung auf die gesammten Lebensverhältnisse erstreckt wissen. Für das künstlerische Genießen sichtbarer Kunstwerke soll besonders der Unterricht in den Naturwissenschaften und im Zeichnen vorbereiten; durch ihn werde ein genaues, richtiges und künstlerisches Sehen erreicht.

In organisatorischer Hinsicht verlangt Ohlert, daß das gesammte Bildungswesen ein einheitlicher Organismus mit der allgemeinen Volksschule als Grundlage sei, welcher, der Beeinflussung durch politische Parteien entzogen, von einer Körperschaft unter Oberhoheit des Staates selbständig verwaltet werde; diese Körperschaft solle sich zusammensetzen aus Vertretern des Staates, der Gemeinde, der Eltern und der Lehrer. Die Einheitlichkeit des Lehrplans und der Lehrmethode in allen Bildungsanstalten erleichtert den Uebergang von der einen in die andere: die Einführung einer Schulgeldskala, welche die unteren Steuerklassen schulgeldfrei lasse, biete auch begabten und fleißigen Kindern der ärmeren Schichten die Möglichkeit, sich die höchste Bildung zu erwerben.

Mit Vorstehendem glauben wir den wesentlichsten Inhalt der Ohlertschen Reformvorschläge, soweit sie mit unseren Ansichten so ziemlich identisch sind und soweit sie das Interesse weiterer Kreise beanspruchen dürfen, gegeben zu haben. Für den Pädagogen bietet das Buch noch außerdem eine Fülle interessanter prinzipieller Erörterungen und werthvoller methodischer Winke und Ausarbeitungen, die wir jedoch in Rücksicht auf den allgemein-wissenschaftlichen Charakter dieser Zeitschrift hier nicht berühren können.

Die gleiche Rücksichtnahme hat auch unsere Kritik auf dasjenige zu beschränken, was auf eine allgemeine Theilnahme rechnen kann. Zu unserem Bedauern müssen wir deshalb vorwiegend diejenige Seite berühren, die dem Buche, das in pädagogisch-methodischer Hinsicht im Großen und Ganzen unsere uneingeschränkte Anerkennung findet, unseres Erachtens überhaupt zum Nachtheil gereicht [...]. Wir meinen seine Beurtheilung der sozialen Bewegung und der sittlichen Erscheinungen des gegenwärtigen Volkslebens. [...] Die Auflösung alter Formen und Gesetze ist ihm das Zeichen eines sittlichen Niedergangs des Volkslebens; er befürchtet eine allgemeine sittliche Verwirrung, bei der die heiligsten Güter unseres Volksthums gefährdet sind. Wohin er blickt – eine sittliche Wüste; nirgends eine freundliche Oase! Die Schuld an diesen Zuständen mißt er besonders der liberalen Gesetzgebung und der Sozialdemokratie bei.

Es fehlt in seinen Darlegungen die Erkenntniß, daß die mit den Veränderungen der ökonomischen Verhältnisse und der sozialen Struktur unlöslich verknüpfte Umwandlung sittlicher Anschauungen und Institutionen nicht nur eine zerstörende, sondern mehr noch eine neuschaffende und aufbauende Tendenz hat. [...]

Es ist wahr: die Masse unterwirft sich nicht mehr blind den geborenen und beamteten Autoritäten; das engere Heimathgefühl, die unbedingte Achtung vor ererbter Sitte, das patriarchalische Familienleben mit seinen vielen Höflichkeitsformen, die materielle Genügsamkeit, die ehrfurchtsvolle Hingabe an überirdische Gewalten: – sie wie das alte Autoritätsgefühl sind zugleich verschwunden mit der ständischen Gliederung, der Gebundenheit an Scholle und Beruf, der alten Familie mit dem Vater als dem alleinigen Erwerber an der Spitze, den wenig produktiven Wirthschaftsformen des primitiven Ackerbaues und des einfachen Handwerks, mit der Zeit mangelnder Erkenntniß natürlicher und sozialer Kräfte.

Doch ebenso wahr und für den aufmerksamen Beobachter wahrnehmbar ist, daß der Industrialismus, der Weltverkehr und die demokratische Entwicklung der Völker nicht die Sittlichkeit an sich gefährden, sondern nur die konservativen Hüllen sprengen, um alte Ideen zu erweitern und neuen Keimen Luft zu schaffen. Wie z.B. ein Blick auf die disziplinirten Arbeiterschaaren beweist, gelten Autoritäten auch noch heute; aber nur dem Tüchtigen, dem Schaffenden und dem Braven ordnen die Massen sich unter und zwar freiwillig. Oder ein anderes Beispiel: nicht die Liebe zur Heimath an sich ist verloren gegangen, sondern nur jenes Pfahlbürgerthum, das für das Gute und Schöne des Fremden keine Würdigung hat: auch den Armen und Elenden eine Heimath zu schaffen, die sie lieben können, ist ja das Ziel der modernen Arbeiterbewegung. [...] Und der Kampf um die materiellen Güter: er ist ja zugleich ein Kampf um die idealen Güter des Menschthums, um die Güter der Menschenwürde, der Bildung und der Gesittung! Der Kampf selbst, der der Zerstörung gilt, treibt sittliche Keime. Der hohe Idealismus, der die Kämpfer beseelt – denn sie wissen recht wohl, daß die Früchte ihres Kampfes erst kommenden Geschlechtern zu Theil werden –, die Solidarität, die Opferwilligkeit der Streiter, der Kampfesmuth, die Festigkeit und Unerschrockenheit, das Bewußtsein eigener Kraft, ihre Disziplin: das alles sind erfreuliche Zeichen einer sittlichen Gesundheit und Stärke der Massen – nicht die eines sittlichen Niedergangs.

Die pessimistische Beurtheilung der sittlichen Phänomene der Gegenwart und die Neophobie des Verfassers befremden in hohem Maße und lassen sich nur erklären aus einer totalen Unkenntniß von dem Charakter der sozialen Bewegung. [...] Der Respekt, den uns der Schulmann Ohlert abnöthigt, verbietet es, ihn als „Sozialpolitiker" allzu sehr dadurch bloszustellen, daß wir besonders drastische Stellen im Wortlaut wiedergeben.

Es genügt auch zur Stützung unseres Urtheils, die Heilmittel Ohlerts zu nennen: Aenderung des Wahlrechts, Ständevertretung, Wiederbelebung der Innungen, Gesetze zum Schutze der nationalen Arbeit, schärfere Preßgesetze und Aehnliches auf der einen Seite – Schärfung und Erneuerung des öffentlichen Gewissens durch die Arbeit von Kirche, Schule und der deutsch gesinnten Presse auf der anderen [...]. Seine Ansichten über die Sozialdemokraten – möge er die Partei nun im heiligen Eifer des Kämpfers für Kultur und Sitte als vandalische Horden, als Crapule bezeichnen oder ex cathedra für wissenschaftliche Ignoranten und politische Illusionäre erklären – entsprechen der Höhe seiner sozialpolitischen Auffassung.

Es erübrigt sich den Lesern dieser Zeitschrift gegenüber, solche Meinungen zu bekämpfen; auch ist es nicht unsere Absicht, Herrn Ohlert in aller Eile ein sozialpolitisches Kollegium zu halten. Worauf es uns hier ankommt, ist: die Beschaffenheit des Bodens zu untersuchen, auf dem Unkraut und unentwickelte Pflanzen in seinem pädagogischen Garten gewachsen sind.

Wir verstehen es nunmehr, daß Ohlert der Schule die Aufgabe zuweist, gegen die diabolischen Mächte der Zerstörung und Zersetzung zu kämpfen; daß er dabei den Religionsunterricht nicht entbehren kann und von dem Geschichtsunterricht verlangt, ein Geschlecht heranzubilden, „daß befähigt ist, in den unausbleiblichen Stürmen, denen unser Volk entgegengeht, seinen Mann zu stellen und die Rechte des angestammten Herrscherhauses, die sittlichen Güter der Religion, Ehe und Familie und die Eigenart des deutschen Volksthums gegen den Ansturm einer bethörten vaterlandslosen Masse zu bewahren"; daß er um des „nationalen Empfindens" und um der sich darin offenbarenden „kriegerischen Heldengröße" willen die „kriegerischen Thaten des preußischen und deutschen Volkes ... eingehend behandelt" wissen will.

Wir verstehen es ferner, daß Ohlert die Idee der Nationalschule nicht in ihrer vollen Klarheit und Schönheit vertritt, nicht die gänzliche Unentgeltlichkeit des Unterrichts und der Lehrmittel, sowie finanzielle Aufwendungen des Staates für unbemittelte Schüler fordert. In seiner Nationalschule erhält der arme Schüler die Bildung als Almosen, während der Reiche sie für sein gutes Geld kauft. Es bleibt im Großen und Ganzen der status quo ante bestehen: Besitz und Bildung und Amt,

Würden und Macht bleiben beisammen: „Da die geistige Entwicklung wesentlich durch die Lebensverhältnisse und die Erziehung in der Familie beeinflußt werden, so wird nur der kleine Bruchtheil der hervorragend Begabten diese natürlichen (!) Hindernisse überwinden und sich aus den unteren Volkskreisen zu einer höheren sozialen Stufe emporschwingen."

„Die Kriegsgeschichte muß möglichst eingeschränkt werden!" – aber die preußischen Kriege bilden eine Ausnahme; „die Schule ist der Beeinflussung der politischen Parteien zu entrücken!" – aber die Sozialdemokratie muß bekämpft werden; die Schule soll die „allgemeine Bildung im heutigen Sinne" übermitteln! – aber „die Schicksale unserer großen Fürstengeschlechter" gehören zu dem Inhalt einer solchen; die sittlichen Lehren des heutigen Religionsunterrichts sind für das kindliche Gemüth kaum verständlich, aber „die Begründung des Sittengesetzes auf Gott ... ist durchaus nothwendig und darf unter keinen Umständen aufgegeben werden"; „ein vertrautes Verhältniß zwischen Schule und Familie muß angebahnt werden!" – aber die sozialdemokratischen Familien sind davon ausgenommen u.s.w. u.s.w.: das sind so einige Beispiele der tollen Widersprüche, in die der Verfasser dadurch geräth, daß seine reaktionären sozialen und politischen Meinungen und Neigungen ein Kompromiß mit seinem pädagogischen Reformeifer geschlossen haben.

Im Gegensatz zu Ohlert, dem typischen Vertreter der preußischen Reformpädagogen, ist Maurice Wolff, der Verfasser des Werkes „L'Education Nationale", ein konsequenter Verfechter radikal-demokratischer Ideen.

Ausgeprägt demokratisch ist die Formulirung der Aufgabe an den öffentlichen Unterricht: „Erziehung zur Bethätigung im Dienste der Revolutionsideen." Die öffentliche Erziehung soll die Standesunterschiede beseitigen und bewirken, daß die Phrasen von der fraternité und égalité in die Praxis umgesetzt werden; sie müsse hinabsteigen in die Sphäre des Arbeiters, des Armen und des Bauern.

Mit bitteren Worten tadelt er die heutigen Schulzustände, die Unterricht und Erziehung trennen, und wendet sich gegen die moderne Lernsucht, welche die Schule mehr zu einer Examenspresse, denn zu einer Erziehungsanstalt mache. Die heutige Erziehung sei weder national, noch demokratisch; sie kenne nur Standesschulen, sei nicht erzieherisch und volksthümlich, lehre nicht die Pflichten der Gerechtigkeit und Menschenliebe und wecke nicht das Interesse und Verständniß für die Pflichten des Staatsbürgers. [...]

Als Mittel dienen Erziehung und Unterricht im harmonischen Zusammenwirken, der erziehliche Unterricht ohne abstrakten und dogmatisirenden Charakter. Neu einführen in den Lehrplan der Schulen will Wolff die politische Oekonomie und Soziologie, doch nicht als selbständige Fächer, sondern als neue Gesichtspunkte, unter denen die einzelnen Lehrfächer, besonders die Geschichte, betrachtet werden.

Dem Geschichtsunterricht widmet der Autor eine besondere Ausführlichkeit. Die Geschichte soll das Hauptfach werden im Dienste der Erziehung zum Bürger und Menschen. Sie enthalte nahrhafte Kost für jedes Alter, schmiege sich mit Leichtigkeit allen Forderungen der Erziehung an, diene dem Zögling als Lebens-

317

führerin und treue Beratherin, führe ihn von den Thatsachen und Erzählungen zu Gründen und allgemeinen Gesetzen, vom Studium der Sitten und der Zivilisation zum Studium der politischen Verfassungen, die sie beurtheile und vergleiche. Die Geschichte müsse als eine Wissenschaft der Methoden aufgefasst werden, welche einem jungen Menschen Gesichtspunkte über das Leben giebt, das seiner nach dem Verlassen der Schule wartet. Sie müsse als Grundsatz den unbestimmten Fortschritt der Menschheit nehmen und durch sich selbst das Gesetz der Anstrengung und der Arbeit lehren und zeigen, daß Müßiggang der Tod einer Gesellschaft ist. So sei die Geschichte eine überreiche Fundgrube für moralische Wahrheiten. [...] Wir bedürfen daher einer ganz neuen Geschichte, welche vor allen Dingen die Geschichte der Rechte der Menschheit sei.

Von den Moralwissenschaften fordert er, daß sie jedes autoritativen Charakters, aller Ketten der Religion und der Politik entkleidet werden; man müsse wagen, alles zu prüfen, alles zu diskutiren, ja alles zu lehren.

Mehrere Anhänge und Lehrpläne ergänzen das Werk in praktischer Sicht.

Unsere dürftige Inhaltsangabe vermag nur ein mattes Bild zu geben von dem hohen Gedankenflug, der ehrlichen Begeisterung für die Ideale der Demokratie, der reichen pädagogischen Sachkenntniß und der fesselnden Darstellung, die uns auf jeder Seite des Buches entgegentreten. Doch schon das Wenige, das wir davon mitgetheilt haben, reicht hin, um Maurice Wolff als einen Mann zu kennzeichnen, der nicht umsonst in die Lehre großer Geister gegangen ist, sondern sich vielmehr das nöthige Zeug zu einem wackeren Pionier der demokratischen Pädagogik erworben hat.

31. Otto Ernst: Bücher vom letzten Jahre. Eine kritische Plauderei[670]

NZ 1897/98, Nr. 39, S. 395-403 (Auszüge)

Es gab, ganz vor Kurzem, in unserer Literatur eine Nietzsche-Periode oder, wenn man will, eine Nietzsche-Episode. Da mußte alles, was originell sein wollte, Nietzsche nachahmen. Wer nicht mit verächtlichem Lächeln ausspuckte vor der Moral im Allgemeinen und dann noch einmal vor sämmtlichen Moralgesetzen im Besonderen und dann noch einmal besonders kräftig vor den Begriffen Menschheit, Mitmensch und Mitleid, wer sich nicht als Herrenmensch fühlte, der kraft seines Genies das Recht hätte, eine beliebige Anzahl Mitmenschen für seine Zwecke zu verbrauchen wie eine Papierserviette: von dem war es sonnenklar, daß er ein Idiot, ein Herdenthier, daß er in jener Zeit der billigen Genies nicht einmal ein Genie war. [...]

Nietzsches Philosophie wie die individualistische Philosophie überhaupt ist eine Dame, die partout auf einem Beine stehen will. Sie wird sich nach einiger Zeit genöthigt sehen, doch auch das andere Bein auf die Erde zu stellen, oder sie wird gar vor Entkräftung umfallen, was auf dasselbe hinausläuft, nämlich darauf, daß

---

[670] Zu Otto Ernst vgl. Einleitung, Kap. 4.2.2.

man sie als Geisterschwindel erkennt. Die Bewunderung für die geniale prosaische Gedankenlyrik Nietzsches würde dadurch freilich beeinträchtigt, aber keineswegs aufgehoben werden. Die von Nietzsche fast durchgehends angewandte aphoristische Methode ist die wohlfeilste von allen und verbindet zu nichts. Einen Gedanken, der außer allem Zusammenhang, ohne Voraussetzungen und Konsequenzen hinausgeworfen wird, kann man nirgends fassen, nirgends kontroliren; die Nietzsche-Vertheidiger sans phrase pflegen, wenn man sie auf irgend eine Konsequenz festnagelt, zu erklären: „Ja, so ist es nicht gemeint; man darf Nietzsche nicht in ein System bringen wollen –" und dann beginnt das Schimpfen auf die Systeme, obwohl auch der denkende Nietzscheaner wissen sollte, daß alles Urtheilen schon Systematisiren ist. Aber anregend ist die aphoristische Form; ein aus einer Kette herausgerissenes Glied wird einen lebhaften Geist veranlassen, es nach vorwärts und rückwärts zu ergänzen, und ebenfalls anregend ist die von Nietzsche bis zum Ueberdruß beliebte Form des Paradoxons. Sein Hauptverdienst besteht darin, auf die Reversseite mancher landläufigen Wahrheiten hingewiesen und manche Scheinwahrheiten als solche entlarvt zu haben. Wenn man immer wiederholt hat, daß Einigkeit stark mache, so ist es ganz heilsam, sich einmal zu vergegenwärtigen, inwiefern sie auch schwach machen kann. Aber damit ist der Satz, daß sie stark mache, nicht umgestoßen.

Der Individualismus spinnt seine ganze Philosophie aus dem Ich heraus; was das Ich bedarf und was das Ich darf und will, das ist auf jeder Seite zu lesen; aber ein kleiner Faktor bleibt dabei immer außer Betracht; nämlich die anderen Menschen, die anderen Ichs. Das heißt im eigentlichsten Sinne des Wortes auf einem Beine leben wollen oder die Rechnung ohne den Wirth machen. Denn die Menschheit ist der Wirth des Einzelnen; er ist bei ihr zu Gaste und empfängt von ihr verteufelt viel; er macht eine große Zeche. Da hat denn der Einzelne nicht allein zu bestimmen, was er bezahlen will, sondern die Menschheit will bei der Aufstellung der Rechnung, d. h. sie will in der Ethik ein Wort mitsprechen. Wem dieses Gastverhältnis nicht gefällt, der kann ja das Lokal verlassen, das steht ihm frei. Aber nicht zahlen wollen, vielmehr noch Stühle und Fenster zerschlagen und den Wirth prügeln, das ist zwar kein Uebermenschenthum, auch kein Herrenmenschenthum, sondern nur Unmenschenthum. [...][671]

---

[671] Es folgt die Besprechung einiger nach Auffassung des Autors im Nietzsche-Geiste verfasster Romane und Theaterstücke.

32. Ellen Key: Mißbrauchte Frauenkraft![672] (Rezension von Anna Schapire)

NZ 1897/98, Nr. 44, S. 535-537

Die alte Philistermoral mit neumodischem Anstrich! Diese Worte drängen sich unwillkürlich dem Leser auf die Lippen, wenn er das kürzlich erschienene Buch von Frau Ellen Key [...] aus der Hand legt. Die alte Parole: „Die Frau gehört ins Haus", zieht nicht mehr recht, Thatsachen bringen auch manchmal den Philister zum Schweigen und die Ziffern, die die Statistik ihm alljährlich über die Erwerbsthätigkeit der Frau vorlegt, reden eine beredte Sprache. So muß er sich denn nolens volens nach neuen Argumenten umsehen, mit denen er die alten Theorien aufputzt, und siehe! er findet sie auch.

Frau Ellen Key theilt die ganze Kultur in zwei Hälften, eine männliche und eine weibliche; der Mann hat auf dem Gebiet der Idee zu schaffen, die Frau auf dem des Gefühls. Durch die Mutterschaft war die Frau zuerst im Stande, ihren Geschlechtstrieb zu veredeln, ihn zum Eros umzubilden, erst durch die Mutterliebe hat sich das Gefühl der Treue, das Keuschheitsgefühl, das Heimathsgefühl und dadurch das Familienleben in des Wortes höherer Bedeutung entwickelt. Die Humanisirung jenes ganzen Lebensgebiets, welches von den Bedingungen für die Fortdauer des Menschengeschlechts abhängt, ist die ununterbrochene Kulturarbeit der Frau gewesen, so daß man die Frau als den ältesten Kulturfaktor bezeichnen darf. Aber wenn die Frau einerseits an Tiefe des Gefühls dem Manne den Rang abläuft, wird sie auch andererseits in ihren Geisteswerken nie die höchste Höhe des Mannes erreichen. Niemand kann zwei Herren dienen. Wenn die Frau mit dem Einsatz ihrer ganzen individuellen produktiven Kraft, ihres Herzbluts und ihrer Nerven der Menschheit neues Leben giebt und erzieht, kann sie doch nie wie der Mann neuschaffend auf dem Gebiet der Idee wirken. Psychische und physische Vorgänge miteinander vergleichen und verwechseln ist für die Frau Ellen Key eine Kleinigkeit.

Der Gang unserer Kultur hat sich bisher ausschließlich in dieser männlichen und weiblichen Linie bewegt, ergo, resumirt die Verfasserin, ist die Frau zur Arbeit auf dem Gebiet des Gefühls geschaffen. Die Frau könnte ja allerdings, meint sie, auch auf männlichen Gebieten arbeiten, sie könnte kraft ihrer Anpassungsfähigkeit sich daran gewöhnen, klar und logisch zu denken und zu handeln, aber das logische Denken sei eigentlich eine spezifisch männliche Eigenschaft, und wenn die Frau ihr Privilegium, daß zwei mal zwei für sie nun gerade nicht vier ist, verlieren könnte, würde das Dasein der Menschheit an Wärme, die Frau an Innigkeit des Gefühls einbüßen. Und darum gilt es mit allen Mitteln, diese schönste Eigenschaft der Frau, daß zwei mal zwei für sie nicht vier ist, zu erhalten. Deswegen will Ellen Key aber das Weib nicht niedriger veranschlagt sehen als den Mann. Denn die ganze Kultur-

---

[672] Autorisierte Uebersetzung von Therese Krüger. Verlag von Albert Langen, Paris [u.a.] 1898. – Anna Schapire (1877-1912), Dr. phil., Schriftstellerin, Sozialarbeiterin, Übersetzerin, Ehefrau des Nationalökonomen Otto Neurath, setzte sich besonders für Mädchenbildung und berufliche Emanzipation der Frau ein, starb bei der Geburt ihres Kindes.

veredlung, die Verfeinerung des Gefühls ist ja das Werk des Weibes, und die höchste schaffende Kraft des Mannes steht nicht höher als die höchste schaffende Kraft des Weibes, die darin gipfelt, eine neue Generation zu gebären und zu erziehen. Das Gebären und Erziehen der Kinder absorbirt überhaupt die Frau so in jeder Beziehung, daß von einer produktiven geistigen Thätigkeit dann nicht mehr die Rede sein kann. Wenn die Frauenrechtlerinnen konsequent wären, folgert Frau Ellen Key, müßten sie auf der Lehre der pessimistischen Philosophie von dem freiwilligen Aussterben des Menschengeschlechts fußen. Nur dann wäre die Frau im Stande, dem Manne in geistiger Beziehung gleichzukommen.

Die Frau müsse allerdings absolute Freiheit in jeder Beziehung haben, aber nur, um eben die Erziehung der künftigen Generation ganz anders in die Hand zu nehmen als jetzt. Denn ebenso wie die Frauen überhaupt nur zwei Rassen angehören, der, welche lieben kann, und der, welche es nicht kann, ebenso offenbart sich das tiefste Wesen der Frau nur in der Mutterschaft und durch die Mutterschaft. Die volle Verwirklichung der Mutterschaft ist zwar von einer Menge äußerer Dinge bestimmt und deshalb auch mehr das dem Zufall überlassene Moment der Mütterlichkeit. Die Gefühle sind das Wesentliche, und die bestimmen das kleine Mädchen wie die alte Jungfer.

Denjenigen Frauen, deren Dasein nicht durch die Mutterschaft ausgefüllt ist oder die durch die dem Zufall überlassene Menge äußerer Dinge nicht in diese Lage kommen, empfiehlt die Verfasserin dringend, sich spezifisch weibliche Arbeitsgebiete auszusuchen und als solche bezeichnet sie die Friedensbewegung, die Schule, die soziale Neubildung. Wie die Frau die soziale Neubildung in die Hand nehmen soll, dieselbe Frau, die nach der Definition von Frau Ellen Key nicht im Stande ist, neue originelle Gedanken zu schaffen, sondern deren Wesen gerade darin besteht, die Gedanken Anderer, die Gedanken von Männern, in sich aufzunehmen und zu vertiefen, darüber läßt uns die Verfasserin im Unklaren. Sie versichert uns allerdings einmal, daß sie an eine Zukunft glaube, in der kein einziges Mitglied der Gesellschaft sich der Arbeitspflicht werde entziehen können, und sagt uns ein anderes Mal, wenn sie von den Regentinnen spricht, welche Mütter ihres Landes waren: „Die Zukunft muß noch viel mehr solcher Landesmütter aufweisen können, Frauen, welche, wenn ihre eigenen Kinder ihrer Pflege nicht mehr bedürfen, ihre Kräfte für die Gesellschaft gebrauchen, sie überall da einsetzen, wo man der Mütterlichkeit bedarf."

Schon der Ausgangspunkt der Verfasserin, die Eintheilung der Kultur in eine männliche und eine weibliche, in eine Kultur des Verstandes und in eine Kultur des Gefühls, ist ein durchaus irriger. Die Veredlung unserer Instinkte, die Verfeinerung unseres Gefühlslebens kann nie die Arbeit blos eines der Geschlechter gewesen sein, noch weniger kann sie als selbständiger Faktor in die Kulturgeschichte eingegriffen haben. Die Verfeinerung unseres Gefühlslebens ist immer nur eine Erscheinung sekundärer Natur, die Folge der Entwicklung unserer ökonomischen Verhältnisse. Je mehr der Mensch vom Sklaven zum Herrn der Natur wird, desto bewußter und sittlicher wird er. Das Weib hat daran kein größeres Verdienst als der Mann.

Kein vernünftiger Mensch wird daran zweifeln, daß das Gefühlsleben des Weibes aus rein physiologischen Gründen immer anders sein wird als das des Mannes,
ebenso wird das Verhältniß der Mutter zum Kinde wohl stets ein anderes sein als
dasjenige des Vaters zum Kinde. Aber ist damit auch nur gesagt, daß die Frau,
wenn sie einmal durch die Entwicklung unserer Verhältnisse auf die soziale Thätigkeit gebracht ist, sich in dieser anders bethätigen muß als der Mann?

Unsere heutige Frauenemanzipation erschließt der Frau allmälig alle Berufe und
wir zweifeln nicht daran, daß diese sich mit der Zeit, wenn die Emanzipation ihr
einmal in Fleisch und Blut übergegangen ist und sich auf einige Generationen
erstreckt hat, ebenso gut darin bewähren wird als der Mann. Wenn die Frau in ihrer
Berufsthätigkeit heute meistentheils nicht dieselbe Befriedigung findet wie der
Mann, so liegt das nicht daran, daß sie in ihrer Eigenschaft als Weib andere Berufe
verlangt, sondern daran, daß der Mann in unserer heutigen Gesellschaft trotz oder
vielleicht gerade wegen seines Berufs sich auch als Mann, als Geschlechtsindivi-
duum ausleben kann, die Frau aber nicht. Heute stehen der Frau zwei Wege offen:
entweder sie ist nur Weib, nur Mutter, und geht ganz im Familienleben auf, oder
aber sie muß das Individuum in sich ersticken und mit einem rein sozialen Leben
vorlieb nehmen. Die nächste und wichtigste Aufgabe der Frauenemanzipation
besteht in der Vereinigung dieser beiden Faktoren. Glücklich sein als Individuum
in der Vereinigung mit einem Wesen des anderen Geschlechts und sich sozial
bethätigen können als Glied der Gesellschaft, das ist die Forderung, die jeder
Mensch, gleichviel ob Mann oder Weib, an die Gesellschaft stellt.

Und die Frau der Zukunft wird diesen neuen Weg finden, denn gesellschaftliche
Forderungen beginnen sich erst dann zu formuliren, wenn auch der Boden für ihre
Realisirung bereits vorhanden ist. Mit dem Aufhören der Einzelwirthschaft und
Einzelkindererziehung wird die Frau Zeit gewinnen, um auch ihrer sozialen Thätigkeit nachzugehen. Weder in der Unterdrückung ihres Geschlechts, noch in der
Unterdrückung ihrer sozialen Instinkte kann die Frau von heute Befriedigung finden. Nur wenn ihr die Möglichkeit geboten ist, sich nach beiden Seiten voll auszuleben, wird sie auch zur Harmonie, zur höchsten Entwicklung ihres Daseins gelangen.

33. Ria Claaßen: Nochmals mißbrauchte Frauenkraft[*][673]

NZ 1897/98, Nr. 45, S. 597-599

Wer's immer noch nicht geglaubt hat, daß die Frauenbewegung ein lebens- und entwicklungsfähiges Ding sei, dem hat sie's jetzt bewiesen, seit sie in das erste Stadium beginnender Reife getreten ist und die erste Gegenbewegung aus sich selbst heraus erzeugt hat. Freilich folgt auch sie nur einem sehr verbreiteten Zuge der Zeit, wenn sie, den Backfischzopf abstrakt-unpersönlicher Gleichheits- und Gerechtigkeitsduselei beschneidend, sich auf sich selbst besinnt. Alles besinnt sich ja jetzt auf seinen noch im Innersten steckenden Fond an traditioneller und volksthümlicher und sonstiger individueller Gebundenheit. So die Fortgeschritteneren innerhalb der Frauenbewegung auf den ihrer geschlechtlichen. Und in diesem Sinne ist auch das Buch der bekannten schwedischen Schriftstellerin Ellen Key über „Mißbrauchte Frauenkraft" geschrieben worden, das kürzlich, als der Extrakt zweier längerer Arbeiten von ihr über dasselbe Thema, in deutscher Uebersetzung erschienen ist. Man kann das wohl als die erste beachtenswerthe Reaktionserscheinung auf diesem Gebiet ansehen, denn die, welche wir in den gar zu affektirt-prätentiösen Büchern der Frau Laura Marholm so sattsam kennen lernen konnten, zielte so weit daneben, daß sie, außer in ihrem Erfolg bei der Männerwelt, schwer ernst zu nehmen ist. Aus dem Buche E. Keys spricht die langsam errungene Resignation einer tief denkenden und edlen Frau, und man folgt ihrer klaren, vornehmen und milden Art auch da noch gern, wo man mit ihren Schlussfolgerungen nicht mehr übereinstimmen kann.

E. Key tritt der heutigen Frauenbewegung, dieser „geistigen Nüchternheitsbewegung", wie sie sie nennt, und ihren nivellirenden Prizipien scharf entgegen, und zwar hauptsächlich um all der jungen weiblichen Wesen willen, deren Glück sie reicher und tiefer haben möchte, als es bei diesen Prinzipien je der Fall sein könne. Sie erkennt gerechterweise die ganze Nothwendigkeit der bisherigen Gestaltung dieser Bewegung an. Aber sie meint, daß es jetzt an der Zeit sei, nicht mehr die Befreiung der Frau auf Grund ihrer menschlichen Gleichheit mit dem Manne, sondern auf Grund ihrer Ungleichheit von ihm zu erstreben. In dem starken Betonen der besonderen weiblichen Eigenart und ihrer Bedeutung für die Kultur liegt meiner Meinung nach nun der Werth des vorliegenden Buches. Denn es kann zu den ersten würdigen Hilfsmitteln zählen, auch den Frauen endlich den Muth ihrer selbst zu geben und sie die besondere Art ihres Denkens und Fühlens hochschätzen zu lehren gegenüber der, welche der Mann bisher als die einzig korrekte proklamirt

---

[*] [...] Wir haben eine Besprechung der Schrift schon in Nr. 43 gebracht. Das Thema scheint uns aber wichtig genug, es noch von einem etwas anderen Standpunkt aus beleuchten zu lassen. Der vorliegende Artikel wurde geschrieben, ehe der von A. Schapire verfasste veröffentlicht worden war. Die Redaktion.

[673] Ria Claaßen (1868-1952), Schriftstellerin, Schauspielerin, bekannt und befreundet mit Clara Zetkin und zahlreichen anderen Persönlichkeiten aus Politik, Frauenbewegung und Kultur, u.a. mit Stefan George, Ricarda Huch, Ludwig Klages, Karl Wolfskehl.

hat, und welche doch in ihrer einseitigen Gradlinigkeit so sehr dazu angethan ist, dem allseitigen Reichthum des Lebens Gewalt anzuthun. E. Key hebt diese Eigenart, an sich und in ihrem kulturellen Werth, aufs schärfste hervor, während Frau Marholm, auf Grund der sonst nur männlicherseits so plump mißdeuteten Selbsthingabe in der Art der weiblichen Liebe, gerade auf ungezählten Seiten zu beweisen bemüht gewesen ist, daß die Eigenart der Frau darin bestehe, keine zu haben.

E. Key schätzt, wie gesagt, den Einsatz, den die Frau bisher, durch die Humanisirung des Gefühls, in die Kulturarbeit gegeben hat, sehr hoch, vielleicht zu hoch; und sie schlägt diesen Kultureinsatz, sehr mit Recht, noch höher für die Zukunft an, da man, wie sie selbst sagt, ja jetzt erst anfange, die Kraft der weiblichen Eigenart zu entdecken und bewußt in den Dienst der Menschheit zu stellen. Sie fordert dazu für jede Frau die volle individuelle Entwicklungsmöglichkeit und den ungehinderten Zutritt zum männlichen Kulturbesitz. Aber sie beschränkt zugleich den Kreis, innerhalb dessen die weibliche Eigenart sich nutzbringend bethätigen könnte, in überraschender Weise, denn sie schließt jede geistige Produktion im weitesten Sinne davon aus. Und warum? „Mit dem Einsatz ihrer ganzen individuellen produktiven Kraft, ihres Herzbluts und ihrer Nerven, mit dem Einsatz der Mühen und Qualen ihrer Tage und Nächte, giebt und erzieht die Frau der Menschheit neues Leben", sagt sie, und es müsse die geistige Produktion bei ihr deshalb das Sekundäre bleiben, sie könne hier nichts wirklich Originelles und Hervorragendes schaffen, weil sie für dieses zweite große Lebensgebiet nicht auch noch die nothwendige gleiche Intensität aufzuwenden haben könne. Dagegen ist aber denn doch einzuwenden, daß die Mutterschaft faktisch gar nicht eine derartige ausfüllende Rolle im Leben der Frau gespielt hat. Und wenn man selbst annimmt, daß sie, hintangehalten durch die oft bis zur Verstumpfung niederdrückende Mühsal der Einzelwirthschaft und durch mangelnde Einsicht, bei größerer äußerer Freiheit und innerer Vertiefung der Frau bedeutungsvoller hervortreten würde, so doch wohl nie bis zu dem oben angegebenen Grade. Und auch dann immer nur für einen bestimmten Lebensabschnitt, der durchaus nicht die ganze oder auch nur die beste Zeit geistiger Schaffensmöglichkeit zu erfüllen braucht.

Da drängt sich freilich die Frage auf, worin denn sonst die merkwürdige Unproduktivität der Frau auf geistigem Gebiet begründet sein könnte? E. Key widerlegt hier die gewöhnlich von Seiten der Vertreterinnen der Frauenbewegung angeführten Gründe, indem sie sagt, daß ja trotz mangelnder intellektueller Kultur und mangelnder Bildungsanstalten Männer, aus den niedersten Volksschichten, sich oft genug auf die geistigen Höhen ihrer Zeit geschwungen, und daß begünstigte Frauen dagegen, auch auf ihnen offen stehenden Gebieten, nie das Höchste geleistet hätten, selbst da nicht, wo sie, wie in den Klöstern, aus dem Bann der Familie gelöst waren. Hierbei denkt E. Key aber eben nur an jene besonderen und feinsten Gebiete geistiger Produktion, wie das der wissenschaftlichen Forschung im höchsten Sinne, oder das des künstlerischen Schaffens. Und hierin scheint mir der weibliche Mangel an Produktionskraft allerdings von keiner Ungunst äußerer Verhältnisse, aber auch ebenso wenig von den zu großen Anforderungen durch die Mutterschaft abzuhängen, sondern einzig von der, in ihrer tiefsten Wesenheit begründeten, ungeheuren Rezeptivität der Frau, die den Stachel, welcher zum Schaffen aus sich heraus treibt, abbricht. Darauf einzugehen kann hier nicht der Ort sein. Soweit aber die gewöhnliche Berufsarbeit in Betracht kommt, welche E. Key ebenfalls für die Frau, als ihrem Wesen nicht gemäß und als nutzlos für das Ganze, ausgeschlossen haben will, so liegt die Sache doch wesentlich anders. Hier spielen die total veränderten und sich täglich mehr verändernden äußeren Verhältnisse allerdings die einzig maßgebende Rolle. Und was den fraglichen Nutzen für das ganze anbelangt, worauf nachdrücklich hingewiesen zu haben auch ein Verdienst dieses Buches ist, so liegt der Fehler, der hier tatsächlich begangen wird, doch nicht in dem „kritiklosen" Hinausweisen der Frau „auf jedes männliche Arbeitsgebiet", sondern nur in der sklavisch nachahmenden Art, wie die Bebauung dieser Gebiete seitens der Frau bisher meist in Angriff genommen worden ist. Wenn freilich die Frau die Zahl der männlichen Arbeiter einfach zu vermehren kommt, so wäre damit wenig genützt, außer natürlich für ihr eigenes Thätigkeitsbedürfniß, das in der bisherigen Thätigkeitssphäre nicht mehr zu seinem Rechte kommt. Aber es giebt wohl kaum ein Gebiet, auf dem die Frau, sobald sie nur den Muth zu ihrer eigenen Art fände, nicht mehr als eine zweite Auflage der männlichen Arbeit, nach welcher Niemand Verlangen trüge, liefern könnte. So würde sie überall eigene, neue Werthe schaffen, wie nur sie als Frau sie zu geben im Stande ist, und wie sie für einen gedeihlichen Gesammtfortschritt fortan unerläßlich sind.

E. Key bezweifelt vielleicht die Möglichkeit gar nicht, daß die Frau hier über den „traurigen Dilettantismus", von dem sie spricht, hinauszukommen im Stande sei. Aber sie meint doch eben, daß darunter in jedem Falle ihre wichtigste Aufgabe leiden müßte. Aber würde denn, da die Mutterschaft doch so wie so niemals das einzige war, was die Arbeitskraft der Frau in Anspruch genommen hat, die Berufsarbeit wirklich so sehr viel schädlicher für die geistige Frische sein, welche die Mutter ihren Kindern schuldet, als es die monotone, nie endende, kleinlichverstimmende tägliche Hausarbeit war? Mir scheint eher das Gegentheil der Fall zu sein. Und auch, wenn E. Key meint, daß die Frau der Berufsarbeit ein zu oberflächliches Interesse entgegenbringe, weil sie ihre produktive Energie nur für das Private, das Persönlich-Menschliche einsetzen könne, so möchte ich ihr darauf erwidern, daß der Beruf einer Aerztin z. B., oder einer Advokatin, oder einer Fabrikinspektorin u. a. m. sie mir in keiner Weise zu hindern scheint, dies persönliche Moment in ihrem Empfinden zur Geltung zu bringen, abgesehen davon, daß man auch in Bezug auf dies persönliche Moment nicht ganz und gar ihrer Meinung zu sein braucht. Doch auch dieser Ansicht näher zu treten, würde hier zu weit führen.

Auch ist diese nicht nach der humanen, aus der Mütterlichkeit wachsenden Empfindung liegende Seite im Gefühl der Frau wohl die einzige, die E. Key in ihrer sonst so vorzüglichen Analyse des weiblichen Wesens unberücksichtigt läßt. Jedenfalls muß es ihr hohes Verdienst bleiben, dieses Wesen in seiner Tiefe und Originalität allerhand verflachenden Anschauungen gegenüber wieder einmal festgestellt und, nicht minder, darauf hingewiesen zu haben, wie sehr es in erster Linie dazu angethan ist, die noch starren und todten Werthe in unserer Kultur zu wirklich nutzbringendem Leben erwecken zu helfen. Ob dies, wie sie meint, mehr in indirekt, statt in direkt befruchtender Weise zu geschehen habe, ist für das Resultat der Entwicklung schließlich nicht so wesentlich. Und wer möchte nicht ihrer Meinung darin sein, daß diese, wie sie meint, „eine immer reichere Assimilirung von Seiten beider Geschlechter in Bezug auf den Kulturfond des anderen" aufweisen werde, „ohne dadurch eine immer reichere Differenzirung dessen, was auf beiden Seiten hervorgebracht wird, auszuschließen!"

34. Gustav Schönfeldt: Die heutige Arbeiterfamilie und die öffentliche Erziehung vorschulpflichtiger Kinder

NZ 1898/99, Nr. 12, S. 368-374 (Auszüge)

„Die Erziehung des Menschen muß von seiner Geburt an beginnen!" Mit diesem Worte drückt der Altmeister der Pädagogik, der edle Schweizer Pestalozzi, die eminent wichtige pädagogische Bedeutung der ersten Kindheitsperiode aus. Es ist befremdlich, daß man nicht nur in Eltern-, sondern auch in Pädagogenkreisen recht oft einer Unterschätzung dieser Zeit begegnet. Und doch müßte schon die einfache Erwägung, daß es das erste Lebensalter ist und es die ersten jungen Wurzeln und Triebe der Kindesseele sind, was Grund faßt und Richtung giebt für den gesammten weiteren Auf- und Ausbau des inneren Menschen; daß das Kind gerade während der ersten Jahre am empfänglichsten und bildungsfähigsten ist und darum alles Gute wie alles Schlechte in den Keimmonaten des Menschenlebens seine ersten und tiefsten Wurzeln schlägt: Eltern, Berufserzieher und Gesellschaft veranlassen, dieser Zeit eine erhöhte Bedeutung beizulegen und ihr erhöhte Aufmerksamkeit zuzuwenden.

Es wird manchem Widerspruch begegnen, daß auch der Schule und dem Staate ein wichtiges Interesse an einer zweckmäßigen Erziehung der vorschulpflichtigen Jugend beigemessen wird. In den meisten Fällen wird sich dieser Widerspruch in dem Schlagwort kundthun: „Die erste Erziehung des Kindes ist Sache der Familie." Doch damit ist nicht zurückgewiesen, daß es der Schule um ihrer Arbeit willen nicht gleichgiltig sein kann, unter welchen Boden-, Luft- und Lichtverhältnissen die junge Pflanze erwuchs, bis sie ihr zur Wartung und Erziehung überwiesen wurde; daß der Staat wohl ein Interesse daran habe, ob für die Erziehung seiner künftigen Bürger eine Reihe kostbarer Jahre fruchtbar gemacht oder verwahrlost werden, ob die erste Eingliederung in die menschliche Gemeinschaft in rechter Weise geschehe oder nicht.

Es ist ein eigen Ding um Schlagwörter. Auf gewisse und bestimmte Verhältnisse gemünzt, sollen sie allgemeine Giltigkeit haben. Jener Satz hat nimmer axiomatischen Werth, sondern nur dann recht, wenn Lebensbedingungen und Lebensäußerungen der Familie der Erziehung günstig sind, wenn Verständniß und sittliche Reife der Eltern eine Erziehung ermöglichen, wenn die Einzelerziehung durch die Familie im Einklang steht mit den höheren Interessen. Eben weil solche Vorausset-

326

zungen fehlten, griffen Kirche und Staat durch Errichtung von Schulen in den unumschränkten Erziehungsbereich des Hauses ein. Und bei veränderten Kulturbedürfnissen wird man auch der Gesellschaft eine Erweiterung ihrer Machtsphäre zugestehen müssen. Nicht nur das schulpflichtige, sondern auch das frühere Lebensalter fällt unter sozialpädagogische Erwägungen.

Nur auf dem Boden der Sozialpädagogik ist eine Erörterung und Einigung über die Frage der Nothwendigkeit öffentlicher Erziehungsanstalten für das vorschulpflichtige Alter möglich.

Jedem aufmerksamen und einsichtigen Beobachter zeigt sich die Erscheinung, daß die Familie in den breiten grundlegenden Schichten des sozialen Baues sich augenblicklich in einem Zustand der Zersetzung und Auflösung befindet. Es bleibe unerörtert, ob sich ein vorübergehender krankhafter Prozeß vollziehe, oder ob die Bildung einer neuen Form der Familie sich vorbereite. Jedenfalls stehen sowohl die Thatsache des Vorgangs, wie auch der kausale Zusammenhang mit der wirthschaftlichen Entwicklung fest.

Die veränderte Sachlage, soweit sie insbesondere unser Thema betrifft, darf wohl in folgenden Punkten präzisiert werden.

Die Entwicklung vom Kleinbetrieb zum Großbetrieb, von der Handarbeit zur Maschinenarbeit hat den Vater aus der häuslichen Werkstatt in die Fabrik gesetzt und ihm das Zusammenleben mit seiner Familie bis auf wenige Stunden gekürzt.

Die fortschreitende wirthschaftliche Konzentration hat zur Anhäufung ortsfremder Arbeitskräfte in Industrie- und Handelszentren und damit zur Wohnungsdichtigkeit und Durchsetzung der Familie mit blutsfremden Elementen geführt.

Die Tendenz, möglichst billig zu produziren, hat in immer größerem Umfang die Frauenarbeit gezeitigt und neben dem Vater auch die Mutter auf den großen Arbeitsmarkt gebracht.

In jeder Hinsicht ist dadurch die Familie in der Ausübung erziehlicher Funktionen beeinflußt worden.

Die Erziehung des Kindes wird dem Vater immer mehr entzogen und der Mutter nahezu ausschließlich zu der mannigfachen Bürde der Hausarbeit aufgelastet. Allerlei Unarten, mit deren Bekämpfung später die Schule harte Arbeit hat, wie z. B. Trotz und Empfindlichkeit, darf man wohl zum großen Theile auf den Mangel männlicher Leitung des Kindes während seiner ersten Lebensjahre zurückführen. Auch die Ausscheidung der Werkthätigkeit des Vaters aus der Beobachtung des Kindes beeinträchtigt seine intellektuelle und sittliche Entwicklung. Bereicherung der Sachkenntnisse, willige und freudige Unterordnung, Lust an körperlicher Thätigkeit, Schärfung der Sinne, Entwicklung körperlicher Geschicklichkeit, Freude am Selbstschaffen, Vertrauen auf die eigene Kraft und auf das eigene Können: alle diese Einwirkungen der Arbeit des Vaters auf das beobachtende, hilfeleistende und im Spiele nachahmende Kind kann die heutige Arbeiterfamilie überhaupt nicht oder doch nur in geringem Maße ausüben.

Die Oeffentlichkeit des heutigen Familienlebens, die Vereinigung der verschiedenartigsten Elemente im Raume einer Wohnung, nur zusammengehalten durch rein materielle Bande, haben den Zauber des abgeschlossenen und trauten Heims verscheucht und nicht selten das sittliche Gemeinschaftsleben der Ehegatten untergraben und so die Lebensluft der zarten Kinderseelen verpestet. Doch die bedenklichste Sache ist die Entfernung der Mutter aus dem Hause. Die bloße Konstatirung dieser Thatsache enthüllt eine entsetzliche Gefahr körperlicher, geistiger und sittlicher Verwahrlosung der Arbeiterjugend. Von der Größe des körperlichen Elends legen die hohe Sterblichkeitsziffer für Arbeiterkinder und die Fülle von Unglücksfällen, die sich in Folge mangelhafter Beaufsichtigung der Kleinen ereignen, ein beredtes Zeugniß ab; die geistige und sittliche Noth lassen sich nicht in Zahlenreihen auflösen, nur ahnen.

Es ist gewiß, daß in denjenigen Volksschichten, welche wir besonders im Auge haben, es auch in früheren Zeiten um die Erziehung des Nachwuchses gar übel bestellt gewesen, daß die materielle Noth schon früher hier geistiges und sittliches Elend in Begleitschaft und im Gefolge gehabt hat und die Familie in dem Kreise der Armen und Aermsten nie sonderlich geeignet gewesen ist, Träger pädagogischer Funktionen zu sein. Es hat hier stets durchweg an dem nöthigen Verständniß, der Fähigkeit und recht oft auch an der sittlichen Reife gefehlt für erziehliche Arbeit, wie sie heute wissenschaftliche Erkenntniß und praktisches Bedürfniß fordern. Jedoch haben die modern-wirthschaftliche Entwicklung schon vorhandene Uebel noch verschlimmert und sozialpolitisches Erkennen dieselben greller beleuchtet und ihre Heilung als nothwendiger gezeigt. [...]

Die Mängel der Familienerziehung machen sich angesichts der heutigen Bedürfnisse des Gemeinwesens um so empfindlicher bemerkbar. Der Staat mit seinem allgemeinen Wahlrecht und seiner Selbstverwaltung stellt höhere Anforderungen an die geistige und sittliche Ausbildung jedes einzelnen Bürgers, als es der ständisch gegliederte that. Und der moderne Wirthschaftsorganismus, die hohe Technik der Produktion und des Verkehrs verlangen von jedem Arbeiter ein hohes Maß geistigen und technischen Könnens und verständige Einfügung in den Dienst des Ganzen.

Durch allgemeine Bildungs- und Fachschulen sucht man diesen Bedürfnissen entgegenzukommen. Aber warum, so muß Jeder fragen, der sich die hohe pädagogische Bedeutung des ersten Kindesalters vor Augen hält, warum soll das öffentliche Interesse an einer zweckmäßigen Erziehung erst bei einem bestimmten Lebensalter, etwa beim sechsten Lebensjahr, einsetzen? Warum nicht früher, wo doch die Thatsache feststeht, daß auch die früheste Erziehung in gewissen Schichten des Volkes schlechtweg eine ungenügende ist, wo es doch unbestreitbar ist, daß hier eine ganze Reihe von Kräften vorzeitig verkümmern, die bei sorgsamer Pflege hätten für die Allgemeinheit dienstbar gemacht werden können?

Nicht länger ist der Einwurf haltbar: der Staat habe für den „Unterricht", die Familie für die „Erziehung" zu sorgen. Wo es offenkundig ist, daß die Familie in vielen Fällen nicht erziehen kann, weil die nächste Noth des Lebens, Brot zu schaffen, dazu keine Zeit übrig läßt; – daß Vater und Mutter recht oft nicht verstehen, zu erziehen; daß das sittliche Milieu die Entwicklung des Kindes vergiftet: wie kann man da noch der „Familie" ausschließlich die Erziehung zuweisen!

Es könnten die Verfechter des Familienprinzips erwidern, daß alsdann die Familie reformirt und durch Beseitigung aller gekennzeichneten Mißstände in Stand gesetzt werden müsse, ihre erziehlichen Aufgaben zu erfüllen. Untersuchen wir, wie es um diese Entgegnung stehe.

Gewiß ist, daß durch arbeitsgesetzliche Bestimmungen, Maßnahmen auf dem Gebiete der Wohnungspflege, Belehrung und Veredlung des allgemeinen sittlichen Empfindens viel, recht viel im Interesse besserer Kindererziehung geschehen kann und auch geschehen muß. Eine gesetzliche Feststellung der Maximalarbeitszeit und des Minimallohns werden Zeit und Mittel für ein gesünderes Familienleben garantiren, der Familie durch die Ausscheidung der bittersten Noth die Abstoßung der Einlogirer und Schlafleute ermöglichen und ihr damit eine intimere Geschlossenheit zurückgeben können. Der Vater würde alsdann wieder mehr eine unmittelbare Einwirkung auf die Kindererziehung auszuüben vermögen, und die sittliche Luft des Hauses würde gereinigt werden. Ein gutes Wohnungspflegegesetz ist ferner wohl geeignet, die schädlichen Einwirkungen der Wohnungsdichtigkeit auf die körperliche, geistige und sittliche Entwicklung des Nachwuchses aufzuheben. Belehrungen und Uebung der heranwachsenden weiblichen Jugend in der Kinderpflege und Kindererziehung in Verbindung mit einer das gesammte Volksleben erfassenden Kultur des sittlichen Gefühls und des Pflichtbewußtseins und einer Hebung der allgemeinen Volksbildung müssen ergänzend zu den mehr auf materiellem Gebiete liegenden Maßnahmen hinzutreten.

Wer wollte leugnen, daß auf diesen Wegen eine bessere Kindererziehung durch die Familie zu erreichen sei. [...] Doch verschiedenes dürfen wir dabei nicht vergessen. Zunächst ist zu bedenken, daß alles dies erst nach einer längeren Entwicklung in die Erscheinung treten kann, daß langwierige und schwere politische und wirthschaftliche Kämpfe nöthig sind, um die Familie dem Arbeiter zurückzuerobern. [...] Also vor der Hand steht es um die Besserung der materiellen Grundlage der Arbeiterfamilie und damit auch auf längere Zeit um die Familienerziehung noch recht faul.

Und selbst wenn nach dieser Seite hin es alles wäre, wie wir es wünschten, so spricht auch dann noch eine Erwägung dafür, öffentliche Erziehungsanstalten für das vorschulpflichtige Alter einzurichten.

Ein so dringendes Kulturbedürfniß es unbestreitbar ist, die Mutter dem Säugling zurückzugeben: ein ebenfalls dringendes Kulturbedürfniß ist es, der modernen Entwicklung der Frauenarbeit nicht strangulirende Fesseln anzulegen. Ein allgemeines Verbot der Frauenarbeit wäre gleichbedeutend mit der Zurückversetzung der Frau in die alte absolute wirthschaftliche Abhängigkeit vom Manne und nicht im Interesse der für die Hebung der Kultur eminent wichtigen Emanzipation des weiblichen Geschlechts. Zudem wäre die ausschließliche Verweisung des Weibes auf die häusliche Arbeit, ohne daß man Rücksicht auf seine anderweitige Qualifikation nähme, eine Vergeudung produktiver Kräfte im großen Wirthschaftsorganismus und eine Verletzung des Rechtes der Persönlichkeit [...]. Das Kulturwidrige und die Schäden der Frauenarbeit liegen nicht in der Sache an sich, sondern nur in ihrer heutigen Form. Eine maßvolle, vernünftig geregelte Theilnahme der Frauenkraft an der öffentlichen Produktion ist vielmehr geeignet, den Anschauungskreis, das gesammte Geistes- und Willensleben des Weibes zu erweitern und zu stählen, wie auch das Familienleben zu bessern, die Kultur der Gesellschaft zu heben, die soziale Produktion zu erhöhen, bezw. die gesellschaftliche Arbeitszeit zu vermindern.

Aus diesen Gründen erscheint die „Wiedergewinnung" der Frau für das Haus wenig wahrscheinlich und wird darum auch dann, wenn alle möglichen Wünsche für die Gesundung des Familienlebens in Erfüllung gegangen sein werden, die öffentliche Erziehung der volksschulpflichtigen Jugend eine soziale Nothwendigkeit bleiben. [...]

Wenn sowohl durch die Ueberschrift, wie auch durch die bisherigen Ausführungen das Hauptaugenmerk auf die Arbeiterfamilie gelenkt worden ist, so soll damit keineswegs der Meinung Ausdruck verliehen werden, es sei die Familienerziehung im Mittelstand und in den oberen Gesellschaftskreisen einwandsfrei, es sei für diese Schichten die öffentliche Erziehung der vorschulpflichtigen Jugend nicht erforderlich. Jene Bezugnahme erfolgte lediglich in den Erwägungen, daß die Arbeiterklasse der zahlreichste Bestandtheil der Gesellschaft ist, daß die zersetzenden Wirkungen der wirthschaftlichen Entwicklung auf die Familie sich hier am auffälligsten zeigen. Im Uebrigen sind die beklagten Mißstände auch beim Mittelstand erkennbar. Die Abwesenheit des Vaters vom Hause, die Ueberlastung der Frau mit häuslichen Arbeiten, die fehlende Einsicht in den Entwicklungsgang der kindlichen Kräfte und darum das fehlende Verständniß für eine planmäßige Erziehung: das alles sind auch hier der Familienerziehung ungünstige Momente, welche die Sozietät nicht unbeachtet lassen darf. Und auch in den besser situirten Häusern ist es nicht immer um die Kindererziehung zum besten bestellt. Nicht selten fehlt das rechte Pflichtgefühl, das die Eltern antreibt, selbst und an erster Stelle die Erziehung des Kindes in die Hand zu nehmen, das sie abhält, Bonnen und Kindermädchen die vornehmste Arbeit des Vaters und der Mutter zuzuweisen. Noch häufiger mangelt's auch hier an dem Vermögen für eine dem Wesen der Kindesnatur entsprechende pädagogische Thätigkeit.

Noch von anderen Gesichtspunkten ausgehend hätte sich die Nothwendigkeit öffentlicher Fürsorge für das frühe Kindesalter darthun lassen. Ich hätte ausführen können, daß besonders für das alleinstehende Kind eine gemeinschaftliche Erziehung mit Altergenossen nöthig sei. [...] Es hätte ferner nachgewiesen werden können, wie in mehrkindrigen Familien die einzelnen Kinder sich nicht, eben weil sie ungleichaltrig sind, die gewünschten und geforderten Einwirkungen und Anregungen geben. Oder ich hätte ausführlich behandeln können, wie es im Interesse einer Entlastung der Schule liege, daß alle ihr zugeführten Kinder unterrichtsfähig seien, daß die Schule nicht nöthig habe, zu Beginn ihrer Thätigkeit so viel Zeit darauf zu verwenden, den Boden vom Unkraut zu säubern, üble Gewohnheiten und Sitten,

330

wie sie der ungewählte Umgang der Straße geben, zu beseitigen u.s.w. u.s.w., wie
es ferner im Interesse einer einheitlichen Erziehung liege, den Gegensatz zu entfernen, die Lücke auszufüllen, welche zwischen der Familien- und der Schulerziehung bestehen.

Es ist auf alles dies verzichtet worden, weil es hier in erster Linie darauf ankam,
aus modern-sozialwirthschaftlichen Thatsachen die Behauptung zu begründen, daß
die Errichtung öffentlicher Erziehungsanstalten für das vorschulpflichtige Alter ein
dringendes Zeiterforderniß sei.

Man hat gegen unsere Forderung wohl geltend gemacht, eine derartige staatliche
Fürsorge könnte die Eltern locken, die Erziehungspflicht überhaupt von sich abzu-
wälzen. Das heißt doch, die natürliche Verbindung zwischen Eltern und Kindern in
ihrer elementaren Gewalt sehr unterschätzen. Das natürliche Interesse der Eltern an
dem Wohlgedeihen ihrer Kinder wird mit zunehmender Veredlung des Menschen
noch an Kraft zunehmen. Uebrigens umfaßt unsere Forderung beileibe nicht die
Meinung, der Staat solle die Kinder der Familie völlig abnehmen. Nur für die Zeit,
wo die Eltern an der Ausübung ihrer natürlichsten und vornehmsten Pflichten behindert sind, sollen die Kinder in treue Hut und unter rationelle Zucht gestellt werden. Die Familienerziehung soll nicht völlig verdrängt, sondern nur ergänzt und
unterstützt werden. Es bleibt ja, wie wir es bei den schulpflichtigen Kindern sehen,
auch während der hindernißfreien Zeit der Familie noch immer Gelegenheit, ihren
pädagogischen Rechten und Bestrebungen Einfluß zu geben.

Wie ist nun im Näheren unsere Forderung zu realisiren? Es soll hier nicht untersucht werden, ob die Ansicht eines scharfsinnigen Pädagogen, des Professors Natorp, ihre Berechtigung habe: „Es werden unter dem Einfluß erhöhter Arbeitsgemeinschaft sich Familienverbände bilden, zu deren vornehmsten Aufgaben die
gemeinschaftliche Sorge um die Erziehung der Kinder gehöre." Ist sie berechtigt,
so wird doch immerhin diese Institution längere Zeit zur Entwicklung und Ausbildung nöthig haben. Sie hat daher für uns, die wir auf möglichst schnelle Abhilfe
Bedacht nehmen, kein aktuelles Interesse. Für uns liegt der Vorschlag am nächsten,
daß dem Beispiel anderer Staaten (Frankreich, Schweiz, Oesterreich, Nordamerika)
folgend an bestehende Einrichtungen angeknüpft werden möge, daß die Warte-
schulen und Kindergärten vermehrt und entsprechend umgestaltet werden.

Es ist in den Ausführungen bisher stillschweigend vorausgesetzt worden, daß es
sich um eine staatliche bezw. kommunale Fürsorge handeln müsse. Die Erfahrung
hat überall gelehrt, daß es auf privatem Wege unmöglich ist, solche Erziehungsanstalten in genügender Anzahl und mit genügender Einrichtung zu gründen. Die
besonders in Großstädten recht erheblichen Einrichtungs- und Unterhaltungskosten
können nicht wohl, wenigstens nicht soweit es sich um die sogenannten Warte-
schulen handelt, von den Eltern der Kinder getragen werden. [...] So ergiebt sich
die Konsequenz, daß der Staat bezw. die Kommune eingreifen müssen. – Der Besuch der Anstalten muß unentgeltlich sein. Dieselben Erwägungen, welche für die
Forderung der völligen Schulgeldfreiheit sprechen, treffen auch hier zu. – Ein
staatliches Eingreifen ist ferner nöthig, um die pädagogische Leitung solcher

„Volkskindergärten" zu sichern. Der Staat hat ein wichtiges Interesse daran, daß die Kleinen einer gesetzmäßigen, von gesunden Prinzipien ausgehenden, also einer durchdachten und bewußten Führung und Leitung unterstellt werden. Eine ausreichende Garantie dafür wird in den Privatanstalten nicht geboten. Eine Reihe von Fragen der äußeren und inneren Organisation wären zu erörtern. Doch bleibt das besser pädagogischen Blättern vorbehalten. Der Zweck vorstehender Zeilen ist erreicht, wenn es ihnen gelungen ist, das Interesse weiterer Kreise an der Arbeit auf einem zum großen Theile noch brach liegenden Gebiete zu erwecken und zum Nachdenken über ein Wort Friedrich Fröbels anzuregen: „Die Einzelerziehung der vorschulfähigen Kinder in der Familie, wie sie im Ganzen jetzt ist und unter den bestehenden Verhältnissen sein kann, reicht für die Forderungen der Zeit nicht mehr aus!"

35. Leo Berg: Der Uebermensch in der modernen Literatur[674] (Rezension von Heinrich Schulz)

NZ 1898/99, Nr. 13, S. 407-410 (Auszüge)

[...] Um dem Problem beizukommen, ist zweierlei erforderlich. Eine Untersuchung der sozialen Verhältnisse, welche es hervorgebracht haben, und die Analyse jener philosophischen und poetischen Reflexerscheinungen, in denen es in der Literatur zu Tage tritt. Berg beschränkt sich auf das letztere, er unterläßt es, das psychologische Problem soziologisch zu ergründen, woraus es sich erklärt, daß er über mehr oder minder treffende Einfälle nicht hinauskommt. An verschiedenen Stellen erscheint es zwar, als ahne der Verfasser einen Zusammenhang zwischen den von ihm behandelten geistigen Strömungen und den gesellschaftlichen Zuständen, aber diese Ahnung ist, wie Berg dem Schreiber dieser Zeilen anläßlich einer ausführlicheren Besprechung seines Buches in einer anderen Zeitschrift mittheilte, nur sehr dunkel. „Es ist einfach nicht wahr", schrieb er, „daß man mit ökonomischen Gesetzen Kunst, Wissenschaft, Philosophie, den Menschen erklären, ergründen kann." Nun, hätte Berg dieselbe literarische Methode angewandt, die sich in Mehrings „Lessing-Legende" so glänzend bewährt hat, so würde das seiner Schrift nicht zum Schaden gereicht haben. Berg befindet sich eben gleich der Mehrzahl der Literaten, die von der materialistischen Untersuchungsmethode literargeschichtlicher Erscheinungen nichts wissen wollen, noch sehr im Unklaren über diese Methode, die sie ganz mechanisch auffassen, während sie doch in der That auf der gründlichsten, allseitigsten Berücksichtigung der soziologischen wie psychologischen Momente und ihrer komplizirten Wechselwirkungen beruht. Und als ob ein psychologisches Problem soziologisch erklären nun auch gleich seine spezifisch geistige Erscheinungsform ignoriren und geringschätzig abthun hieße! Man kann nachweisen, daß Schopenhauer der Philosoph des Kleinbürgerthums und des politischen Katzenjammers dieses Kleinbürgerthums ist, ohne ihm doch einen Deut von der Achtung

---

[674] Erschienen bei Albert Langen, München [u.a.] 1897.

zu versagen, die ihm als trotz alledem bedeutendem Denker zukommt. Ja man kann eine Philosophie oder eine Poesie klar und deutlich als eine Dekadenzerscheinung erkennen und ihr doch den Vorzug geben vor den gesünderen Erscheinungen anderer Epochen. Wir sind ja nicht nur „reiner Verstand", sondern besitzen auch Nerven, Sinne. Aber sollten wir uns andererseits nicht der Relativität und Subjektivität unseres Empfindens und der ursächlichen Zusammenhänge unserer Zeitanschauungen bewußt werden? [...]

Philosophische und poetische Richtungen und Schulen entstehen denn doch nicht so, daß das eine Individuum, resp. die eine Schule einfach an das Vorhandene, zeitlich Vorhergehende anknüpfte und nun „weiterbaute". Gewiß steht jeder Philosoph oder Dichter unter dem Einfluß seiner Vorgänger, aber das Maß des Einflusses wird bestimmt durch persönliche Verhältnisse und Zeitumstände, mit einem Worte: durch soziale Momente. [...]

Daß die Fürsten, Künstler und Gelehrten der Renaissance ihr Uebermenschenthum praktiziren konnten, nicht nur, wie Stirner und unsere Modernen, von der Revolte des Individuums träumten, lag an den sozialen Verhältnissen ihrer Zeit, die ihnen den nöthigen Spielraum zum kräftigen, manchmal etwas zu kräftigen Ausleben gewährten. Hier fanden sich einmal, wie sonst nur selten in der Geschichte, für ganze Schichten die beiden Vorbedingungen zum Uebermenschenthum zusammen: die materiellen Machtmittel und eine feine geistige Kultur. An der geistigen Kultur würde es auch heute nicht fehlen, wohl aber an den ökonomischen Vorbedingungen des individuellen Sichauslebens.

Ideologisch vermag Berg das periodische Vorkommen des Uebermenschenthums resp. -Kults nicht zu erklären, wohl aber geschichtsmaterialistisch. Gesellschaft und Geistesleben sind auch heute wie zur Zeit der Renaissance, der Reformation, in ihren Grundlagen erschüttert. Die religiösen und sozialen Dogmen sind zerbrochen, der Freiheitsdrang des Individuums ist entfesselt, aber freilich vermag es blos in Träumen von einem Uebermenschenthum zu schwelgen, da die sozialen Fesseln erst noch gesprengt werden sollen. [...]

Der Uebermenschenkult hat manches Absurde hervorgebracht, dennoch liegt in dem Drange nach dem kraftvollen inneren wie äußeren Ausleben der Persönlichkeit ein gesunder und berechtigter Zug. Daß dies Sichausleben nicht auf Kosten der Gesammtheit geschehen darf, versteht sich von selbst. Aber man kann frei und stark sein, ohne gewaltthätig zu sein. Es giebt auch noch ein Mittelding zwischen dem Zustand des Faustrechts und der Sklaverei des kapitalistischen Systems: die sozialistische Gesellschaft. Sie auch wird die beiden Vorbedingungen des „Herrenmenschenthums" gewähren, die ökonomische Unabhängigkeit und die höchste geistige Kultur. Und wenn auch nicht alle Menschen Genies sein können, von der geistigen „Pöbelherrschaft der Massen" wird dann ebenso wenig die Rede sein können.

36. Otto Amedorf: Hamburgische Schriften zur künstlerischen Jugender-ziehung[675]

NZ 1898/99, Nr. 35, S. 274-282 (Auszüge)

[...] Eine kleine Anzahl hamburgischer Lehrer that sich im Jahre 1896 zu einer „Vereinigung zur Pflege der künstlerischen Bildung" zusammen. Zum ersten Male trat dieselbe auf der Deutschen Lehrerversammlung, welche Pfingsten 1896 in Hamburg tagte, an die weitere Oeffentlichkeit. Der als Dichter und Kritiker bekannte Otto Ernst (Schmidt) begründete hier folgende These: „Aus Gründen der Pädagogik, der sozialen Ethik und der Nationalökonomie muß die Erziehung der Kinder zum Kunstgenuß gleichberechtigt neben der intellektuellen und moralischen Erziehung stehen. Deshalb sind besonders im Literatur-, Zeichen-, Gesangs-, Turn-, Handarbeits- und eventuell Handfertigkeitsunterricht solche Stoffe, die einen künstlerisch und ästhetisch erzieherischen Werth besitzen, zu bevorzugen und in reichlichem Maße zu behandeln." Leider fand die These nicht die verdiente und erwartete Annahme. Doch dieser Mißerfolg entmuthigte die junge Körperschaft nicht, im Gegentheil, er spornte an zur Entfaltung erhöhter Energie. Immer weitere Kreise von Künstlern, Kunstfreunden und Lehrern wußte sie für ihr Unternehmen zu interessiren, und heute schon ist sie zu einem beachtenswerthen Faktor in der deutschen Reformbewegung geworden. Die lokale und interlokale pädagogische Presse, Tages- und Familienblätter, kunst- und wissenschaftliche Zeitschriften fühlen sich gezwungen, von diesen Bestrebungen Notiz zu nehmen, und es steht zu erwarten, daß die von Hamburg ausgegangene Anregung, die Jugend und das Volk zum Kunstgenuß zu erziehen, sich zu einer Macht auswachsen werde, von der die heutige schul- und volkspädagogische Theorie und Praxis kapituliren muß. [...]

Inhaltlich am nächsten verwandt ist dem Buche Wolgasts die kleine Schrift „Oeffentliche Bücher- und Lesehallen" von R. Roß[...]. Diese Beziehungen sind auch äußerlich dadurch bekundet, daß Wolgast der Roßschen Broschüre ein Vorwort beigegeben hat. Die darin niedergelegten Gedanken drücken dasjenige aus, was der Roßschen Arbeit das eigenartige Gepräge vor anderen Veröffentlichungen über denselben Gegenstand aufdrückt. „[...] Die verhängnißvolle Anschauung, daß es ein Hinauflesen vom Schunde zur Dichtung geben könne, beherrscht die schönliterarische Abtheilung der Volksbibliotheken. Daß hier Wandel geschaffen wird und die künstlerische Qualität zu Anerkennung bei der Errichtung von öffentlichen Bücherein gelangt, ist ... eine Herzensangelegenheit und Hauptforderung aller auf künstlerische Kultur unseres Volkes abzielenden Bestrebungen."

---

[675] Der Beitrag bezieht sich auf Heinrich Wolgast: Das Elend unserer Jugendliteratur. Hamburg 1896; Rudolf Roß: Oeffentliche Bücher- und Lesehallen. Hamburg 1897; Zur Reform des Zeichenunterrichts. 1. Heft, mit einer Einleitung von Carl Götze. Hamburg 1897; Carl Götze: Das Kind als Künstler. Hamburg 1898; Moritz Spanier: Künstlerischer Bilderschmuck für Schulen. Hamburg 1897; Alfred Lichtwark: Uebungen in der Betrachtung von Kunstwerken. Nach Versuchen mit einer Schulklasse. 2. Auflage. Dresden 1898; Unsere Volksschüler im Stadttheater. Hamburg 1898. – Otto Amedorf kommt vermutlich aus dem Umfeld der Hamburger Schulreformer.

Es ist die Praxis unserer Volksbibliotheken durchaus verwerflich, dem unentwickelten und verbildeten Geschmack des Publikums entgegenzukommen, um dasselbe zunächst einmal anzulocken. [...]

Diese ästhetischen Schädigungen wären noch in etwa verzeihlich, wenn die oft ausgesprochene Behauptung, das Lesepublikum würde sich schon allmälig zum Interesse und zum Geschmack an Besserem heranbilden, zuträfe. Zur Stützung dieser eigenthümlichen Ansicht führt man wohl die Thatsache an, daß in manchen „Publ. Libraries" die Benutzung der Abtheilung „Fiction" eine allmälige Abnahme erfahre, während die Nachfrage nach naturwissenschaftlichen und geschichtlichen Werken, Reisebeschreibungen u. s. w. steige. Gebt also, so folgert man, den Leuten ruhig, was sie wollen; schließlich lesen sie sich an Romanen statt und greifen dann von selbst zu „ernsterer" Lektüre. Abgesehen von der verständnißlosen Geringschätzung der künstlerischen Produktion, die sich in diesem Argument birgt, kann damit doch nur bewiesen werden, daß das literarische Interesse abgenommen, nicht aber, daß der literarische Geschmack sich gehoben hätte. Von einem „Hinauflesen" könnte man doch nur alsdann sprechen, wenn sich zeigte, daß die Benutzung der Abtheilung „Fiction" lediglich auf Kosten der künstlerisch werthlosen Bestandtheile dieser Gruppe abnähme. Darüber enthalten die Berichte jedoch keine Angaben. Demnach erscheint die Behauptung von einem „Hinauflesen" als eine leere Phrase.

Es ist ein besonderes Verdienst der Roßschen Broschüre, diese Phrase auf ihren wahren Werth zurückgeführt und die Schäden blosgelegt zu haben, welche die allgemein verbreitete Meinung der ästhetischen Bildung des Volkes, die der intellektuellen völlig gleichwerthig zu erachten ist, gebracht hat. Und dadurch hat die Schrift ein Anrecht darauf gewonnen, über ihre lokale Bedeutung, die sie angesichts der Gründung von öffentlichen Bücher- und Lesehallen in Hamburg besitzt, hinaus in allen Kreisen, die an der geistigen Erziehung und Hebung des Volkes ein Interesse haben, gewürdigt zu werden. [...]

Während Roß uns auf ein noch wenig gepflegtes Gebiet des weiten Geländes der Volkserziehung führt, stellt die Schrift „Zur Reform des Zeichenunterrichts"[...] die Leser auf das Arbeitsfeld der Schule.

In dem allgemeinen Theile derselben, welcher von C. Götze, dem Vorsitzenden der Lehrervereinigung für künstlerische Erziehung, verfasst worden, werden eine Reihe von Grundsätzen aufgestellt und vertheidigt, deren Beachtung den Zeichenunterricht „für die Hebung der Anschauungskraft und des Kunstsinns nutzbar" machen sollen. Der Verfasser steht auf dem Boden der Reformvorschläge von Hirth, Lange, Matthaei, Jessen u.A.; er verwirft die bisher herrschende Methode, die das mathematische und ornamentale Zeichnen vorwiegend betont und erst am Ende der Schulzeit oder überhaupt nicht zur zeichnerischen Nachbildung der Natur gelangt, und fordert, daß der Zeichenunterricht auf die Naturnachahmung gegründet werde.

Götze stellt seine Forderungen aber nicht nur im idealen Interesse, im Interesse der Pflege künstlerischen Schauens und künstlerischen Empfindens: auch eine wichtige, mehr auf praktischem Grunde ruhende Erwägung bestimmt ihn dazu. Die

Nachahmung der volksfremden historischen Stile, die in den letzten Jahrzehnten von unserem Kunstgewerbe eifrig gepflegt wurde, hat nicht vermocht, ein wirklich volksthümliches Kunstgewerbe zu schaffen. In unseren Tagen bricht sich nun eine anders geartete Kunstrichtung Bahn, welche sich auf dem Boden unserer heimischen Natur und Volkssitte bewegt. Das gleiche praktische Bedürfniß, das bisher dem Ornament im Zeichenunterricht die dominirende Stelle anwies, zwinge, meint Götze, heutzutage den Zeichenunterricht, sich an die Natur anzuschließen und den Kultus des Ornaments einzuschränken, bezw. aufzugeben.

Im speziellen Theile wird auf der Basis der an hamburgischen Schulen ausgeführten praktischen Versuche dargelegt, wie ein den Reformvorschlägen entsprechender Lehrgang zu ermöglichen sei. Nacheinander werden das Stäbchenzeichnen, das Messen, das Zeichnen nach einfachen flächenhaften Gebilden, das Zeichnen nach aufgeklebten Naturblättern, das Körperzeichnen, die Beleuchtungserscheinungen und die Behandlung der Farbe besprochen.

Es ist Aufgabe der fachmännischen Kritik, die theoretischen und praktischen Ausführungen auf ihre Stichhaltigkeit und Bedeutung hin zu untersuchen. Wie das Urtheil jedoch auch ausfallen möge, auf jeden Fall wird diese Schrift bewirken, daß die Frage: „Wie kann der Zeichenunterricht für die künstlerische Bildung der Jugend fruchtbringender gestaltet werden?" in den Fluß lebhafter Erörterungen gestellt werde – wird auch von Gegnern dem Enthusiasmus, der den Verfassern die Feder geführt hat, volle Anerkennung gezollt werden.[...]

Mit der Frage, wie die Räume unserer Volksschulen, die meist sehr kahl und unfreundlich aussehen, künstlerisch zu schmücken seien, beschäftigt sich Dr. M. Spanier in einer lesenswerthen Broschüre.[...]

Die Forderung, die Schulräume mit Bildern zu schmücken, ist nicht neu. Schon im Jahre 1630 schrieb der große Pädagoge Johann Amos Comenius in seiner „Didactica magna": „Die Schule soll eine liebliche Stätte sein, von innen und außen den Augen einen angenehmen Anblick bieten. Drinnen sei ein helles, reinliches, überall mit Gemälden geziertes Zimmer: mögen das nun Bilder berühmter Männer sein oder Landkarten, oder mögen sie geschichtliche Ereignisse vorführen oder sonst in irgend welcher Zierde dem Schmucke des Raumes dienen." Doch wie es so mancher Forderung des großen Propheten ergangen, so auch dieser: heute, nach über 250 Jahren, ist sie noch nicht erfüllt. Wenn man die Zimmer unserer Volksschulen auf ihren Schmuck hin ansieht, wird man nicht viel Mannigfaltigkeit wahrnehmen. Grau wie die Theorie sind die Wände. Häufig erinnern die Schulräume eher an Gefängniß und Kaserne, als daß sie eine „liebliche Stätte" wären. Man scheint zu meinen, daß der amtliche, der staatliche Charakter der Schule jeden Schmuck verbiete.

Die Kinder des Volkes lernen nur in Ausnahmefällen während der Schulzeit ein gutes Bild kennen. Denn nur wenige Häuser giebt es, deren Wände einen Schmuck tragen, der selbst mäßigen künstlerischen Anforderungen entspricht. In den Bilderbüchern, den Jugendschriften, den Anschauungsbildern der Schule, welche das Kind zu Gesicht bekommt, wird man nur selten Bilder von Künstlern finden.

Darum eben die Forderung: Werke der Kunst, insbesondere Bilder, sollen in die Schule kommen, sie sollen zur wiederholten Betrachtung sich darbieten, sie sollen die kahlen Wände schmücken.

Ein so geziertes Schulzimmer wirkt auch allgemein auf die Erziehung günstig ein. Es macht einen freundlichen Eindruck auf das Gemüth des Kindes; der Raum ist nicht mehr streng und kalt, und das Kind kann sich hier heimisch fühlen. Vielleicht werden auch Lehrer und Schüler bei gemeinsamer Arbeit in Räumen, die beide erfreuen und beiden lieb sind, eher in ein mehr familiäres Verhältniß zu einander treten, das für die Erziehung vortheilhafter wäre als das jetzt allgemein obwaltende mehr militärische.

Von größtem Werthe ist, daß die Bilder an der Wand als Schmuck bleiben. Vor und nach dem Unterricht und in den Pausen wird gelegentlich der Blick auf ihnen weilen. So werden die Kinder vertraut mit dem Bilde; ihnen selbst unbewußt, wird es ihrer Seele Eigenthum. Unmerklich wird der Geschmack gebildet. Und die Gewohnheit, gute Kunst zu sehen, schützt am besten vor hohler und nichtiger Scheinkunst.

Die Kinder, die in der Schule gute Kunst sehen, werden auf ihre Eltern einwirken, daß sie in ähnlicher Weise ihr Heim schmücken, daß sie nicht jedes bunte Stück Papier zum dauernden Schmucke festnageln, daß sie jene miserablen sogenannten Oeldruckbilder verabscheuen lernen, die ihnen von den Händlern auf den Märkten oder von Hausirern als Prämie zu schlechter Lektüre aufgedrungen werden. Ueberhaupt würde auf diese Weise das Interesse für das Künstlerische gesteigert werden. Häufiger werden die Museen besucht werden; Denkmäler und Gebäude wird man nicht blos durch ihre Masse auf sich wirken lassen. Auch für das Schöne in der Natur wird man empfänglicher werden.

Wer in der Jugend Schönheit empfinden gelernt hat, wird auch als Erwachsener nach ihr streben in seiner Arbeit und in seiner Muße. Welche Förderung Handwerk und Gewerbe durch Arbeiter erhalten können, die Geschmack haben, liegt auf der Hand.

So würde der künstlerische Bilderschmuck der Schulen an seinem Theile dazu beitragen, das allgemeine Niveau des ästhetischen Empfindens zu heben und damit nicht nur die geistigen Güter den weitesten Kreisen des Volkes zugänglich zu machen, sondern auch die Entwicklung der heimischen Industrie zu fördern.

Wie Dr. M. Spanier in seiner Schrift mittheilt, geschieht in der beregten[676] Sache im Ausland weit mehr als bei uns; besonders weist er dies für England, Amerika, Belgien und die Schweiz nach.

In London wurde 1883 eine Vereinigung gegründet, welche es sich zur Aufgabe macht, Kunstdrucke und Photographien von schönen und interessanten Kunstwerken den Elementarschulen für äußerst billige Preise zugänglich zu machen. Alljährlich werden mehrere Bilder aus den drei Gruppen: Historisches, Naturstudien

---

[676] So im Original.

und Reproduktionen von Meisterwerken der Kunst herausgegeben. [...] Aermeren Schulen leiht und schenkt jährlich die Vereinigung von ihren Bildern.

In Manchester versieht das Kunstmuseum die Elementarschulen mit Bildern. Das Museum besitzt 240 Kollektionen von je zwölf oder mehr gerahmten Bildern, die den Schulen in Manchester geliehen werden, in deren Räumen sie längere Zeit ausgestellt bleiben.

Auch in Amerika ist neuerdings viel für den Schmuck der Schulwände geschehen. Der Künstler Roß Turner hat besonders in Salem und Boston nachhaltig gewirkt. Durch die Presse und durch öffentliche Vorträge ist eine lebhafte Agitation für die Sache angeregt worden, so daß nun fast in allen Gebieten der Vereinigten Staaten das Bestreben herrscht, die öffentlichen Schulen mit künstlerischem Wandschmuck zu versehen. [...]

Über den Stand dieser Frage in der Schweiz wird berichtet, daß man in den Schulbehörden allgemein der Ansicht sei, daß die Unterrichtszimmer aller Schulstufen mit passenden Bildern geschmückt werden müßten. Ein Volksschulgebäude in Zürich zeigt künstlerischen Schmuck reichster Fülle.

Besonders eifrig scheint man im kunstsinnigen Belgien für die Verschönerung der Schulwände zu sorgen. In Antwerpen ist von einem Magistratsmitglied beantragt worden, jährlich 3000 bis 5000 Francs aus Gemeindemitteln für die künstlerische Ausschmückung der Gemeindeschulen zu bewilligen. Von einer Kommunalschule in Brüssel wird mitgetheilt, daß der weite, von oben erhellte Vorsaal mit einer Reihe Wandmalereien geschmückt sei, welche die Geschichte Belgiens darstellen.

Eine werthvolle Ergänzung dieser Daten giebt Dr. M. Spanier in der „Pädagogischen Reform" vom 19. Januar ds. Js.;[*] diese betrifft insbesondere die französischen Verhältnisse: in Frankreich hat sich der Staat der Bestrebungen angenommen. Nach einem Beschluß des Unterrichtsministers vom 21. Mai 1880 wurde im Ministerium eine Kommission eingesetzt, die nach verschiedenen Richtungen hin die Frage der ästhetischen Bildung zu prüfen hatte. Hervorragende Staatsmänner, Pädagogen, Künstler und Schriftsteller bildeten diese Kommission. Es wurden vier Subkommissionen eingesetzt: 1. für künstlerischen Wandschmuck, 2. für die Einrichtung von Museen für Schulen, 3. für Bilder, die die Schüler als Belohnung für Preisarbeiten, gute Zensuren ec. erhalten, 4. für die Veranstaltung von skioptischen Darstellungen.

---

[*] Es sei uns gestattet, bei dieser Gelegenheit dem genannten Blatte einige empfehlende Worte zu widmen. Die „Pädagogische Reform", gegründet 1876, erscheint jeden Mittwoch unter der Redaktion von Justus Fischer.[...] Von den vielen pädagogischen Blättern Deutschlands erscheint uns kaum eine[s] so sehr geeignet, pädagogisches Interesse und pädagogische Belehrung in weiteren Kreisen zu wecken und zu verbreiten, als die in Hamburg erscheinende Wochenschrift „Pädagogische Reform". Das Blatt trägt keinen strengen Fachcharakter; auch allgemein interessirende Fragen der Erziehung und des Unterrichts werden in einer fesselnden und dem größeren Publikum verständlichen Form behandelt. Die Zeitschrift vertritt die sozialpädagogische Auffassung: ihre schulpolitische Haltung ist entschieden demokratisch. [...]

Von den Wünschen und Anträgen der einzelnen Kommissionen seien hier nur einige erwähnt. Jede Schule, von welchen Kindern sie auch besucht werde, muß schön sein. Die Schulzimmer sollen dekorative Friese erhalten. Die Wände müssen harmonisch getönt werden. Auf den Spielplätzen und Korridoren werden Statuen errichtet. Besonderer Werth wird – abgesehen von künstlerischem Bilderschmuck – auf die Anbringung von Fayencen gelegt. Jede Schule bezw. jede Klasse haben ihre eigene Sammlung von künstlerischen Werken. In den einfachsten Dorfschulen soll dies „Musée d'art scolaire" mindestens enthalten: eine Statuette, einige Büsten, ein Basrelief, Abgüsse von Kapitälen und Ornamenten und einige Gravüren und Photographien.

Die berichteten Thatsachen sind beschämend für die deutschen Schulen, und es ist nothwendig, daß bei uns in dieser Beziehung eine Wandlung eintrete. In Verfolg dieser Erkenntniß hat sich ein Ausschuß der genannten Hamburger Lehrervereinigung mit Verlegern in Verbindung gesetzt, um geeignetes Material für den Wandschmuck auszuwählen und die billige Abgabe desselben an die Volksschulen zu erreichen. Nach beiden Richtungen hin sind ihre Bestrebungen mehr oder weniger von Erfolg gewesen. Der von Spanier veröffentlichte Katalog ausgewählter Bilder umfaßt 174 Nummern, besonders sind Photographien und Photogravüren berücksichtigt worden.

Die instruktive und anregend geschriebene Broschüre Spaniers wird gewiß dazu beitragen, die Ueberzeugung von der Berechtigung und Nothwendigkeit der in ihr vertretenen Forderungen auch in Deutschland zu verbreiten. Vor der Hand freilich ist hier noch Dringlicheres als die künstlerische Ausschmückung der Schulwände zu erledigen. Die schlechten Schulräume, schlechten Subsellien, mangelhafte Ausstattung mit Lehrmitteln: diese Uebelstände müssen vor allen Dingen erst abgestellt werden.

Ein völlig neues Gebiet betritt Lichtwark in seinen „Uebungen in der Betrachtung von Kunstwerken"[...]. Der verdienstvolle Direktor der Hamburger Kunsthalle ist als der Vater der ästhetischen Bestrebungen der hamburgischen Lehrerschaft zu bezeichnen. Seit einer Reihe von Jahren leitet er Uebungen in der Betrachtung von Kunstwerken. Diese Uebungen gaben den unmittelbaren Anstoß zu der Begründung der Lehrervereinigung für künstlerische Erziehung.

Lichtwark will die Kinder in die Werke der bildenden Kunst einführen und dabei ausschließlich von Originalwerken ausgehen; erst für die höheren Klassen der Gymnasien glaubt er die Benutzung von Photographien anrathen zu können. Die wichtigsten Kunstwerke einer Stadt soll das Kind von Angesicht zu Angesicht genau kennen lernen.

Als Ziel der Kunstbetrachtung bezeichnet Lichtwark: „Die Gewöhnung, eingehend und ausdauernd zu beobachten und das Erwecken der Empfindung, nicht die Mittheilung oder Aneignung von Wissen. ... Wie überall, ist das Wissen auch hier Mittel zum Zweck, nicht Selbstzweck."

Mit diesen Worten ist der Unterschied seines Unterrichts und dem, was bislang geschehen, scharf bezeichnet. Die bildende Kunst nahm ja auch bisher einen gewissen Platz im Unterricht mancher höheren Schulen ein. Aber immer, wo es geschah, wurde im Wesentlichen Kunstgeschichte getrieben: Namen und Zahlen gegeben, Epochen und Richtungen in großen Zügen geschildert. Lichtwark erklärt die Kunstgeschichte in der Schule für direkt schädlich, wo sie nicht auf der eigenen Erfahrung des Kindes beruhe. [...]

Das Kind soll zunächst das einzelne Kunstwerk erfassen, seinen sachlichen Inhalt beobachten und sich aneignen; es soll lernen, die Idee des Werkes zu erfassen, und in der Freude an den Farben geübt werden.

Als geeignete Zeit für den Beginn mit den Kunstbetrachtungen wird im Allgemeinen das zwölfte Lebensjahr bezeichnet. Skulpturen und Architektur seien wohl erst im vierzehnten Lebensjahr in Angriff zu nehmen.

Mit der lebenden Kunst unseres Jahrhunderts will Lichtwark begonnen wissen. Denn hier seien die wenigsten Voraussetzungen nöthig, und das Kind verstehe unmittelbar. Er empfiehlt sodann – für hamburgische Verhältnisse – zu den älteren hamburgischen und holländischen Meistern überzugehen. Für schwerer zugänglich hält [der] Verfasser die Kupferstiche und Holzschnitte der älteren Epoche; als Ausgangspunkte sind hier die Hauptwerke Rembrandts und vielleicht Ostades zu wählen. Holbein hingegen wird in seinem „Todtentanz" den deutschen Kindern unmittelbar verständlich sein, und bei Dürer dürfte das „Marienleben" am besten den Anfang machen.

In einzelnen ausgeführten Lektionen, die durch Photogravüren der behandelten Gemälde illustrirt sind, zeigt Lichtwark, wie er sich die praktische Ausführung seiner Ideen denkt – oder richtiger gesagt: wie er seine Ideen praktisch ausgeführt hat. Denn – und das gerade verleiht dem Buche einen besonderen Werth – die einzelnen Lektionen sind thatsächlich vor Kindern gehalten worden. Es ist also die Probe auf das Exempel hin gemacht worden: Kindern das Verständniß der Werke bildender Kunst zu geben, ist möglich. Das nachgewiesen zu haben, ist Lichtwarks großes Verdienst.

Nahe verwandt mit seinen Versuchen, die Kinder unmittelbar an die Kunstwerke hinanzuführen, sind die Experimente, die man mit der Vorführung klassischer Dramen und klassischer Musikstücke gemacht hat. Was das Letztere betrifft, so liegen – wenn auch nur wenige – immerhin auch hier Beweise dafür vor, daß das Kind für wirklich schöne Musik Empfänglichkeit besitzt. In einigen – ich glaube drei – großen Konzerten führte das erste Orchester Hamburgs mit Unterstützung des Lehrergesangvereins unter Leitung des Professors R. Barth eine Reihe leichtverständlicher Werke den Kindern vor.

Ueber den anderen Versuch berichtet die kleine Schrift: „Unsere Volksschüler im Stadttheater".[...]

Es war im Winter 1897/98, als von der mehrfach erwähnten Lehrervereinigung die Anregung ausging, es möchten den Schülern und Schülerinnen der Oberklassen hamburgischer Volksschulen eine Reihe klassischer Dramen in guter Darstellung geboten werden. Die Direktion des Hamburger Stadttheaters zeigte bereitwilliges Entgegenkommen, die Schulbehörde wandte der Sache förderndes Interesse zu:

und so gedieh der schöne Plan recht bald zur Wirklichkeit, und es ist gegründete Aussicht vorhanden, daß die Schülervorstellungen eine dauernde Einrichtung im hamburgischen Schul- und Theaterleben bleiben.

In zwölf Schülervorstellungen, denen jedesmal zweitausend Volksschüler beiwohnten, wurden „Wilhelm Tell", „Die Jungfrau von Orleans" und „Minna von Barnhelm" gegeben.

Die Bedeutung des Theaters für die Kinder ist noch wenig gewürdigt worden. Um so dankenswerther ist es, daß Otto Ernst es unternommen hat, in einem Aufsatz dies Thema kurz und prägnant zu behandeln. Die Wirkung des Theaters auf die Phantasie des Kindes und damit auf dessen Ideale ist nicht gering anzuschlagen. Auch erweitert das Schauspiel den Gesichtskreis der Kinder innerhalb der menschlichen Gesellschaft. Doch als die wichtigste Einwirkung ist zu bezeichnen, daß es das Kind unterhält und ihm eine edle Freude verschafft.

Man muß dabei gewesen sein und den überwältigenden Eindruck beobachtet haben, den die Vorführungen auf die Kinder machten, um überzeugt zu sein, daß der Versuch, durch mustergiltige Theateraufführungen den Schülern einen Kunstgenuß zu verschaffen, herrlich gelungen ist. [...]

Nur ein Unkenruf erschallt. Ein Anonymus befürchtet in den „Hamburger Nachrichten", daß es den Kindern und – der Gesellschaft von Schaden sein werde, sie an den Theaterbesuch zu gewöhnen: „Ihr Gefühl für die sozialen Gegensätze, welche die Großstadt jetzt schon ungesucht so reichlich auf der Straße bietet, wird erheblich geschärft, sie werden unzufrieden und zum Feinde der Gesellschaft!"

Doch eine verdiente Antwort wird dem braven Kinderfreunde von Dr. Löwenberg zu Theil: „Eine gute Erziehung und eine gute Regierung sollen sie (die Begehrlichkeit) wecken, wecken nach Allem, was gut und schön und förderlich ist. Ein Volk, das nicht mehr recht begehrt, versumpft wie ein Wasser, das nicht zum Meere verlangt. Daß aber diese Begehrlichkeit nicht in wilden, zerstörenden Wogen aufschäume, daß sie in ruhigen, reinen Wellen ihrem Ziele zuströme, das gerade ist ein Segen der Erziehung zur Kunst."

Dieses Schlußwort der Broschüre wirft zugleich ein helles Licht auf die zweifache Bedeutung der Bestrebungen für künstlerische Erziehung und zeigt den Schoß, aus dem sie erwachsen: die Liebe zur Kunst, das innige Mitgefühl mit dem nach Licht und Schönheit lechzenden Volke, der mannhafte Entschluß, Mitkämpfer im großen Emanzipationsstreit zu sein.

Das Alte stürzt. Neue Ideale begeistern und entflammen die Menschheit. „Die Schönheiten der Welt sind zum Genuß da, und die menschliche Natur ist zu ihrem Glücke so angelegt, daß sie genießen will!" So lautet das Evangelium, das heute den Armen und Elenden verkündet wird. Nicht länger: entsagen und verkümmern, sondern: genießen und gedeihen! Diese Botschaft mit verkündet zu haben: das wird ein bleibendes Verdienst der „Lehrervereinigung für künstlerische Erziehung" sein – ein um so größeres, da es das „böotische" Hamburg ist, wo sie kampfesfroh die Fahne mit der Inschrift entrollt hat: „Die Kunst für Alle!"

37. Ellen Key: Essays[677] (Rezension von Therese Schlesinger-Eckstein)

NZ 1898/99, Nr. 49, S. 726-729 (Auszüge)

Unsere Zeit besitzt vielleicht nicht viele Bücher, die so treffend unser Kulturleben wiederspiegeln, oder richtiger, im Bilde festhalten, als das neue Buch von Ellen Key. Und mehr noch als ein Gesammtbild unserer Kultur spricht daraus: eine vornehme Trägerin dieser gesammten Kultur, ein Mensch von geläutertem Geschmack, echter, umfassender Bildung und edler Gesinnung.

Es ist freilich nur die Kultur einer Minderzahl, bei der die Autorin verweilt, aber es fehlt ihr darum durchaus nicht an dem Verständniß für das Kulturbedürfniß der Gesammtheit.

Die Berechtigung, das Vorauseilen einer entwickelteren Minderzahl mit Interesse zu verfolgen, spricht sie selbst mit den treffenden Worten zu: „Mein Glaube jedoch geht dahin, daß ebenso, wie die Kinder Israels der Feuersäule folgten, so die Alltagsmenschen aus der Entfernung den Ausnahmsmenschen folgen und auf diese Weise die Menschheit in ihrer Gesammtheit sich vorwärts bewegt."

Das inhaltsreiche und nach vielen Richtungen hin vorzügliche Buch Ellen Keys ist leider nicht so leicht und angenehm zu lesen, als im Interesse einer raschen und weiten Verbreitung wünschenswerth wäre. Die Ursache liegt darin, daß die Autorin keine rechte Oekonomie einhält. Der Hauptgedanke vieler dieser Essays kreuzt sich fortwährend mit Nebengedanken. Einzelheiten, die zu seiner Erläuterung dienen sollen, werden mit gleicher Breite behandelt, wie der Grundgedanke selbst, so daß man fortwährend in Gefahr ist, den Faden zu verlieren und mehr als einmal nach dem Titel des Artikels, den man gerade liest, zurückblättern muß, um wieder zu erfahren, um was es sich in erster Linie handelt.

Am wenigsten störend ist diese Eigenart Ellen Keys in dem letzten der in dem Bande vereinigten Essays: „Ein Abend auf dem Jagdschloß", der die Form zwangloser Gespräche hat, die drei hochgebildete Freunde miteinander führen. Die Erwartung nach systematischem Aufbau der Gedanken ist hier von vornherein ausgeschlossen. Als Gespräch betrachtet, hat die Form dieses Essays freilich wieder andere Fehler, die mir aber für den Zweck des Werkes von untergeordneter Bedeutung zu sein scheinen. In diesen Gesprächen, die Freundschaft und Liebe, Kunst, Wissenschaft, die soziale Frage und noch Einiges sonst berühren, sind die reifsten und edelsten Früchte der Keyschen Denkarbeit gesammelt.

Obwohl jeder einzelne der in dem Buche gesammelten Artikel ein Ganzes bildet, und sie zuerst gesondert in verschiedenen Zeitschriften erschienen sind, so muß man doch das Buch von Anfang bis zum Ende lesen, um sich über die Anschauungen der Autorin ein Urtheil zu bilden.

Lesen wir nur die eine oder andere dieser Arbeiten, so kann es uns leicht begegnen, daß wir Ellen Key Halbheiten, Inkonsequenzen und wohl auch einen Hang

---

[677] Übersetzt von Francis Maro. S. Fischer, Berlin 1899. – Zu Therese Schlesinger vgl. Einleitung, Kap. 2.3.3.

zum Doktrinären zusprechen, die thatsächlich ihrem Wesen fremd sind. Doktrinär erscheint es mir z. B., wenn in dem ersten Essay: „Weibliche Sittlichkeit", mit der größten Entschiedenheit die Forderung aufgestellt wird, daß jede Ehe getrennt werden solle, in der nicht mehr beide Theile einander im vollsten Maße lieben und begehren. Es schein mir, daß wir da sehr in Gefahr sind, aus einem Extrem in das andere zu verfallen, die Narrheit eines alten Dogmas zu brechen, um sogleich ein neues zu errichten.

Wer das sexuelle Problem nur leidlich in seiner Komplizirtheit erfaßt hat, der weiß auch, daß die Grenze, an der man zu lieben aufhört, eine unendlich variable und schwer zu entdeckende ist. Tausenderlei Stimmungen, Umstände, ja Zufälligkeiten schieben diese Grenze hin und her. Jetzt hält man die Liebe für todt und im nächsten Augenblick ist sie lebendiger denn je, jetzt hält man sie für wach und lebendig, und gleich darnach weiß man nicht, ob sie nur eingeschlafen oder entschlafen ist. Aber gesetzt den Fall auch, daß ein Verhältniß für einen der beiden Theile wirklich keinen erotischen Reiz mehr besitzt – die Menschen sind so verschieden geartet. Dem Einen genügt es, zu lieben, wenn seine Liebe auch nicht in gleichem Maße erwidert wird; der Andere wieder ist damit zufrieden, geliebt zu werden, wenn er auch selbst keine Leidenschaft empfindet. Die Freundschaft tritt oft unversehens an Stelle der Liebe, oder die Freude daran, ein schwächeres Wesen zu beschützen, ihm unentbehrlich zu sein. Wenn all das auch nicht die echte große Liebe ist und ihr an Werth für das Glück des Individuums und die Entwicklung der Persönlichkeit schwerlich jemals gleichkommt, so wäre es doch engherzig und ungerecht, alle derartigen Verhältnisse gelöst wissen zu wollen, oder den Menschen, die sich in ihnen zufrieden fühlen, darum einen niedrigeren Platz auf der Stufenleiter seelischer Verfeinerung anzuweisen.

In demselben Artikel aber, in welchem Ellen Key jene weitgehende Forderung stellt, kommen auch Stellen vor, die uns beweisen, daß sie die Schwierigkeit des Problems durchaus nicht unterschätzt. So wenn sie sagt: „Die Liebe wie das Leben wird glücklicher Weise ein ewiges Mysterium bleiben, welches das Wissen nicht zu durchdringen, die Vernunft nicht zu regeln vermag. Was man von der Zukunft hoffen kann, ist nur, daß die Menschen mit geschärftem Gehör den Geheimnissen ihres eigenen Wesens lauschen werden." [...]

Auf mannigfachen Kreuz- und Querzügen führt uns die Autorin an ihr Ziel; die kürzesten Wege sind es allerdings selten, auf denen wir dahin gelangen.

An Lektüre und Reisen, Sport und Geselligkeit, Arbeit und Müßiggang, Freundschaft und Liebe, Kunst und Kritik, Philosophie und Naturwissenschaft, an all dem und manchem Anderen kommen wir vorüber, verweilen, sehen und hören manches, das des Sehens und Hörens werth ist. Mitunter wandeln wir zwar auch allzu langsamen Schrittes durch Gegenden, die uns schon zu gut bekannt sind. Manchmal begreift man wirklich schwer, warum ein so vornehmer Geist, wie Ellen Key, es nicht Geringeren überläßt, Heerstraßen zu bevölkern.

Dabei ist das wirklich Werthvolle, das sie bringt, meistens in so knapper und vollendeter Form gefaßt, daß man den Eindruck gewinnen muß, Ellen Keys starkes Talent müßte im Aphorisma den ihm am meisten entsprechenden Ausdruck finden.

Vier nicht sehr umfangreiche Persönlichkeitsbilder, die unter dem Titel „Typen" vereinigt sind und das Leben und Wirken von Vauvenarges und Henri Amiel, den beiden „Pränietzscheanern", wie Ellen Key sie nennt, ferner von Maeterlinck und Jefferies darstellen, verdienen noch rühmlich hervorgehoben zu werden; doch noch höheren Werth scheinen mir jene einzelnen tiefdurchdachten Aperçus zu haben, die als fertige Aphorismen von kleinerem und größerem Umfang vor uns stehen und deren man dem Bande Essays wohl ein schlankes Heftchen voll abgewinnen könnte. Es sei mir gestattet, hier nur einige der ganz kurzen und doch so treffenden Aussprüche anzuführen. So sagt Ellen Key, „daß man weder lieben noch dichten soll, wenn man irgend eine Möglichkeit hat, es bleiben zu lassen", und von der öffentlichen Meinung bemerkt sie: „Sie weicht wie andere wilde Thiere vor einem muthigen Blicke zurück, aber zerreißt den Fliehenden."

Wie sicher trifft sie die philiströse Halbheit unserer Fortschrittlichen mit den Worten: „Man weiß, daß gewisse Werke nothwendig und angenehm sind, zum Beispiel kühne Wagestücke, große Thaten, Kunstschöpfungen, mächtige Gefühle und Derartiges mehr. Aber man will immer die Resultate haben, ohne ihre Voraussetzungen im Temperament. Man wünscht, daß all dies von regelrechten, pflichttreuen, ordentlichen, gesetzten Leuten gethan wird, für die ihr Werk etwas Außenstehendes ist, wie ihre Pincenez oder ihr Zylinder."

Von einem freieren, edleren Verkehr zwischen Männern und Frauen, auch da, wo er aus irgend einem Grunde nicht zum großen, erotischen Erlebniß wird, verspricht sie der Zukunft neue Lebenswerthe. [...]

Am machtvollsten vielleicht wirkt das Entsetzen, mit dem Ellen Key der Zusammenhangslosigkeit im Leben und Denken, der Kälte und Gefühlsarmuth der Durchschnittsmenschen, all jenem Schrecklichen gegenübersteht, das ihr Landsmann Geijerstam „das Haupt der Medusa" nennt. Wenn man ihren Klageruf darüber vernimmt, so sollte man glauben, er müsse im Stande sein, die Halben und Kalten zu erwärmen und mitzureißen.

So entnehmen wir aus diesem Buche, wie eine warmfühlende und geistig hoch stehende Frau sich bald lobend, bald kritisirend, bald freudig theilnehmend, dann wieder voraneilend und emporsehnend zu unserem Kulturleben verhält.

38. Die Wende des Jahrhunderts (Leitartikel ohne Autorenangabe)

NZ 1899/1900, Nr. 13, S. 385-388 (Auszüge)

Als der Kaiser und König Sigismund 1414 im Kleide eines Diakonus das Konzil von Konstanz eröffnete, auf dem der arme Huß verbrannt werden sollte, und in seiner Eröffnungsrede die hochwürdigsten Väter ermahnte, die fluchwürdige Spaltung auszurotten, die er *nefanda schisma* nannte, während es *nefandum schisma* hätte heißen müssen, erinnerte ihn sanft ein Kardinal: Domine, *schisma est generis* neutrius (Majestät, Schisma ist sächlichen Geschlechts). Der gute Kaiser aber erwiderte im ganzen Stolze seines Majestätsbewußtseins: Ego sum Rex Romanus et super grammaticum (Ich bin römischer König und stehe über der Grammatik). Die kleine Anekdote kommt uns unwillkürlich in den Sinn, da wir die Wende des Jahrhunderts feiern sollen, obgleich noch ein Jahr fehlt, ehe das Jahrhundert abgelaufen ist. Kaiser und Papst haben es so verfügt; sie sind Herren auch über den Kalender. [...] So auch können Kaiser und Papst den Beginn des zwanzigsten Jahrhunderts um ein Jahr vorrücken, aber den Strom der Zeit beherrschen sie nicht mehr, und würden ihn selbst dann nicht mehr beherrschen, wenn sie mit den Ketzern noch so kurzen Prozeß machen könnten, wie weiland Kaiser Sigismund in seinem geistlichen Habit.

Jedoch in dieser Kalenderfrage fügen wir uns gern ihrem Willen und begrüßen das zwanzigste Jahrhundert lieber zu früh, als zu spät. Es wird ein Jahrhundert der Erfüllung sein, wie das neunzehnte Jahrhundert ein Jahrhundert der Hoffnung war. Ja, der Hoffnung: nicht der thränen- und weichseligen Hoffnung, die ihre Zukunft in die Hände übermenschlicher Mächte befiehlt, sondern der Hoffnung, die sich mit starker Hand rüstet, die Geschicke der Menschheit zu erfüllen. Ueberreich war dies Jahrhundert an Fortschritten auf allen Gebieten menschlicher Thätigkeit, an Fortschritten, die selbst die kühnsten Geister nicht einmal ahnten, als es zuerst aus der Zeiten Schoße heraufgraute, aber sie alle überragt, wie die Krone des Baumes seinen Stamm und seine Wurzeln, der proletarische Emanzipationskampf, als die nicht mehr mythische, sondern thatsächliche und wahrhaftige Erlösung des Menschengeschlechts. Die Feuertaufe dieses Kampfes, sein rasches und unwiderstehliches Vordringen, wenn auch noch nicht zum Siege selbst, so doch zur unerschütterlichen Gewißheit des Sieges, giebt dem neunzehnten Jahrhundert seine historische Weihe, die es hoch emporhebt über alle seine Vorläufer, gibt ihm seine weltgeschichtliche Stellung als Markstein, von wo aus erst die wirkliche Geschichte der Menschheit beginnt. [...]

39. James Sully: Handbuch der Psychologie für Lehrer[678] (Rezension von R. Roß)

NZ 1899/1900, Nr. 18, S. 548-555 (Auszüge)

Von den Arbeiten und Ergebnissen der neueren Psychologie dringt leider nur sehr sporadisch etwas in weitere Kreise. Selbst unter den Pädagogen von Beruf giebt es viele, die dieser Wissenschaft gleichgiltig, wenn nicht gar mit einer Art instinktiver

---

[678] Aus dem Englischen übersetzt von J. Stimpfl. Verlag von Ernst Wunderlich, Leipzig 1898. Eine Rezension zu James Sullys Untersuchungen über Kindheit (Leipzig 1897) erschien in der *NZ* 1897/98, Nr. 8, S. 248-252. – Rudolf Roß (1872-1951), Volksschullehrer in Hamburg, 1903-1910 Redakteur der Zeitschrift *Die pädagogische Reform*, 1909-1912 Vorsitzender der „Sozialwissenschaftlichen Vereinigung", 1921-1928 Direktor der Hamburger Volkshochschule, 1919-1933 sozialdemokratischer Abgeordneter der Bürgerschaft, 1928 bis März 1933 Senator und Bürgermeister in Hamburg.

Abneigung gegenüberstehen. Indessen scheint die herrschende Vorliebe für den psychologischen Roman, ja schon das heutige Vorhandensein dieser Tendenz zur Analyse und Zerfaserung des Innersten im Menschen, doch darauf hinzudeuten, daß gerade der moderne Mensch gern betrachtet und ergründet, was „durch das Labyrinth der Brust wandelt". Und wenn das Wort Schillers: „Nur durch das Morgenthor des Schönen/ Drangst du in der Erkenntniß Land!" hier seine Geltung bewahrt, so wird die wissenschaftliche Behandlung psychologischer Probleme vielleicht bald ebenso sehr im Vordergrund des allgemeinen Interesses stehen, wie Untersuchungen aus dem Gebiet der Naturwissenschaften.

Vor einiger Zeit ist nun die deutsche Ausgabe eines Buches[...] erschienen, welches im Geiste der modernen Psychologie und unter Berücksichtigung der gesammten einschlägigen Literatur geschrieben ist und zugleich, indem es dem Leser die praktische Bedeutung dieser Wissenschaft vor die Augen rückt, als vorzüglich geeignet angesehen werden muß, aufklärend und werbend zu wirken. Der Verfasser, Professor der Philosophie am University College in London, ist den Lesern dieser Zeitschrift bereits als Kinderpsychologe bekannt geworden.[...] Er hat sich außerdem durch ein größeres Werk („Outlines of Psychologie") und durch seine Beiträge zur Musikpsychologie eine hervorragende Stellung unter den Vertretern seiner Wissenschaft erobert.

Wer an der Hand des Sullyschen Buches einen orientirenden Streifzug durch das ganze Gebiet der Psychologie unternimmt, wird bald finden, daß hier ein weites fruchtbares Feld zu beackern ist, und daß man überall dabei ist, diesem Boden in geduldiger Arbeit seine Früchte abzuringen, anstatt wie früher Spekulationen anzustellen. In der That, das Erste, was die neuere Psychologie kennzeichnet, ist das Beiseiteschieben aller metaphysischen Erörterungen. Sie ist nach einem bekannten Worte eine Psychologie ohne Seele. Nach Sully besteht ihre Aufgabe in der genauen Beschreibung und Erklärung der Vorgänge, die uns in der inneren Erfahrung gegeben sind. Die Definition der Psychologie als Wissenschaft der inneren Erfahrung kann man zur vorläufigen Abgrenzung wohl gelten lassen. Wenn aber Sully weiter ausführt, daß es also der Gegenstand, der Stoff sei, durch den sich die Psychologie von den Naturwissenschaften unterscheide, so mag demgegenüber bemerkt werden, daß die bedeutendsten Forscher, wenigstens in Deutschland, diese „gegenständliche Auffassung" verlassen haben und unter Hervorhebung der ursprünglichen Einheit aller Erfahrung den Unterschied in der Betrachtungsweise sehen. Während die Physik (im weitesten Sinne) darauf ausgeht, unsere Erfahrung von allen subjektiven Bestandtheilen zu reinigen, um so zu einem in sich widerspruchslosen System der objektiven Vorgänge zu gelangen, untersucht die Psychologie die Erlebnisse gerade in ihrer Bedingtheit durch das erlebende Subjekt. Sie ist daher nach Wundt die Wissenschaft der unmittelbaren Erfahrung.

Beschreibung und Zergliederung der unmittelbar gegebenen Bewußtseinsphänomene und die Aufdeckung der Gesetzmäßigkeit in ihrer Aufeinanderfolge bildet also die nächste Aufgabe der Psychologie. Die Schwierigkeit dieser Aufgabe ist, wenn man die Wandelbarkeit und Flüchtigkeit der seelischen Gebilde bedenkt, ohne Weiteres klar. Einen großen Schritt vorwärts in der Ueberwindung dieser Schwierigkeiten hat die Wissenschaft durch die Einführung des Experiments in die psychologische Forschung gethan. Nachdem sich die experimentelle Methode in den Naturwissenschaften so glänzend bewährt hatte, lag der Versuch, durch ihre Anwendung auch in der Psychologie eine exaktere Beobachtung zu ermöglichen, ja nahe genug. [...]

Ebenso wenig wie sich die Lehre vom körperlichen Organismus auf die anatomische und physiologische Untersuchung beschränkt, kann auch die Psychologie bei einer bloßen Zurückführung der komplizirten Bewußtseinserscheinungen auf ihre einfachsten Bestandtheile und bei der Darstellung ihrer Verbindungsprozesse stehen bleiben. Hier wie dort müssen wir, um zu einem Verständniß der Erscheinungen zu gelangen, den Organismus als ein Werdendes betrachten. Das ergiebt den entwicklungsgeschichtlichen Standpunkt. Bei der Einführung desselben in die Psychologie zeigt sich zum zweiten Male der Einfluß der Naturwissenschaft. Ist die experimentelle Psychologie auf deutschem Boden erwachsen und groß geworden, so verdanken wir der englischen Psychologie die erste entschiedene Betonung des genetischen Prinzips. „Wenn die Entwicklungslehre richtig ist, so folgt daraus als unvermeidliches Ergebniß, daß der Geist nur begriffen werden kann, indem man untersucht, wie der Geist sich allmälig entwickelt hat." Von diesem Gedanken („Prinzipien der Psychologie", Deutsche Ausgabe von Vetter, I, 305) ausgehend, hat Herbert Spencer unter Anwendung der allgemeinen biologischen Sätze den ersten Versuch einer Synthese des geistigen Lebens von seinen einfachsten Formen in der Thierwelt bis zu den höchst komplizirten Erscheinungen beim Menschen gemacht. Mag man seine Ausführungen im Einzelnen bemängeln; das methodische Prinzip hat die Psychologie anerkannt, indem sie in immer größerem Umfang das psychische Leben der Thiere, des Wilden und des Kindes erforscht, um so die phylogenetische und ontogenetische Entwicklung der geistigen Funktionen klarzulegen.

Sully ist meines Wissens der erste Schriftsteller, der in einer pädagogischen Psychologie diese entwicklungsgeschichtliche Auffassung konsequent durchgeführt hat. Daß er dabei in seinen thatsächlichen Angaben ausschließlich auf die geistige Entwicklung des Kindes bezug nimmt, ist in Anbetracht der besonderen Bestimmung seines Buches natürlich nur zu billigen.

Nicht nur durch die Hervorhebung des genetischen Standpunkts erinnert Sully an den berühmten englischen Philosophen, auch im Einzelnen scheinen sich ihre Ansichten vielfach zu berühren. Unverkennbar ist die Uebereinstimmung beider in der Theorie der Gefühle. Eine mäßige und angemessene Thätigkeit der Organe erregt Lustgefühle. Die Lust schlägt in Unlust um, wenn die Organe durch übermäßige Inanspruchnahme geschädigt werden. Schmerzliche Gefühle werden aber auch durch den Mangel geeigneter Reize und damit verbundene Unthätigkeit, sowie durch direkte Verletzung der Organe hervorgerufen. Eine mäßige Uebung seiner Organe ist nützlich für den Organismus, während übermäßige Thätigkeit oder Nichtgebrauch derselben schädigend auf das Leben wirkt. Angenehme Gefühle begleiten also die für den Organismus nützlichen, unangenehme Gefühle die lebensschädigenden Vorgänge. Dauern die äußeren Bedingungen der freudigen oder schmerzlichen Erregung an, so verliert das Gefühl an Intensität und hört schließlich auf.

Sehr interessant ist das fünfte Kapitel des Sullyschen Buches, welches einen allgemeinen Ueberblick über die Entwicklung des Geistes giebt. Die dort niedergelegten Gedanken mögen die Basis einiger weiterer Betrachtungen bilden. Die vergleichende Zoologie läßt uns in den zahllosen, auf das Mannigfaltigste variirten Formen der Thierwelt eine ununterbrochen aufsteigende Stufenfolge des Lebens erkennen. [...]

Verfolgt man die geistige Entwicklung des Kindes in ihren einzelnen Zügen, so findet man überall merkwürdige Parallelen zu dem Entwicklungsgang, den die Menschheit im Ganzen durchlaufen hat. So ist man darauf gekommen, das biogenetische Grundgesetz auf das Psychische auszudehnen. Dies von Häckel formulirte Gesetz besagt bekanntlich, daß die Entwicklung des Individuums eine abgekürzte, durch Vererbung und Anpassung bedingte Wiederholung der stammesgeschichtlichen Entwicklung ist. Sully sagt: „Geradeso wie die allmälige Entfaltung der kindlichen Körperform die Hauptstadien der allmäligen Entwicklung des Menschen aus niederen Formen wiederholt, so rekapitulirt die allmälige Entfaltung der geistigen Kräfte eines Kindes den Prozeß der Rassenentwicklung." Hier vermisse ich gewisse Einschränkungen. Zunächst läßt sich die im Allgemeinen wohl zu konstatirende Parallele nicht im Einzelnen durchführen. Die ontogenetische giebt sozusagen nur ein sehr gedrängtes Referat über die Stammesgeschichte. Auslassungen und Verschiebungen, die zur Verschleierung des wahren Sachverhalts führen, begegnen uns auf jeder Seite. Es ist ohne Zweifel richtig, daß der Tastsinn phylogenetisch in der Reihe der Sinne zuerst auftritt; es ist aber nicht richtig, wenn Sully es so darstellt, als ob auch beim Kinde die Tastwahrnehmungen den Gesichtswahrnehmungen vorausgingen, indem er meint, es sei wahrscheinlich, „daß die ersten klaren Eindrücke von der Form der Dinge größtentheils durch die erforschenden und messenden Hände gewonnen werden". Diese Annahme verbietet sich schon auf Grund der Thatsache, daß die Greifbewegungen des Kindes sich ganz augenscheinlich unter der Kontrolle des Gesichtssinns ausbilden. Aber nicht nur, daß die Natur bei der Wiederholung des allgemeinen Entwicklungsgangs „Richtwege" einschlägt, wie Baldwin es treffend genannt hat, das Gesetz erleidet noch eine weitere und beträchtlichere Störung dadurch, daß das Kind in eine Gemeinschaft zivilisirter Menschen hineingeboren wird. Durch den Einfluß dieser Umgebung werden die natürlichen Vorgänge der Entwicklung selbstverständlich vielfach durchkreuzt.

Im weiteren Verlauf seiner Darstellung spricht Sully selbst von diesen sozialen Einflüssen als Faktoren der kindlichen Entwicklung. Er unterscheidet dabei die unbeabsichtigte und die beabsichtigte Einwirkung, die letztere macht die eigentliche Erziehung aus. Bei den Naturvölkern kann von einer planmäßigen Erziehung kaum die Rede sein. Das geistige Leben des Wilden ist so arm an Inhalt, seine Beziehungen zur Natur und zur sozialen Gemeinschaft sind so primitiver Art, daß die Aufgabe der alten gegenüber der neuen Generation fast ganz in den Funktionen der Ernährung und des Schutzes während der Zeit der physischen Entwicklung aufgeht. Von der Brutpflege der Thiere unterscheidet sich diese Erziehung nur durch die längere Dauer. Diese Verlängerung der Kindheitsperiode ist bedingt durch die Komplizirtheit des menschlichen Organismus. Wenn wir den eben angedeuteten Gedanken hier noch etwas weiter verfolgen, so erkennen wir, daß die Aufgabe der Erziehung an Umfang und Schwierigkeit wachsen muß, je höher die Menschheit auf der Stufenleiter der Entwicklung emporsteigt. Die natürlichen und sozialen Beziehungen werden immer vielseitiger und weitreichender; der heranwachsende Mensch hat sich immer verwickelteren und mannigfacheren Umständen anzupassen, er hat mehr zu lernen. Denn jedes Lernen besteht in einer Anpassung an neue Umstände. Daraus ergiebt sich einerseits die lange Zeit, die unsere Jugend auf den Schulbänken zubringen muß. Andererseits wird es, je weiter das Ziel der Entwicklung durch die Errungenschaften der Kultur hinausgerückt wird, um so nothwendiger, den Gang der Entwicklung abzukürzen. Dies kann nur geschehen, indem wir das Kind planmäßig immer in solche Umstände versetzen, die es in seinem geistigen Wachsthum wirklich weiter bringen. Wie jeder Organismus entwickelt sich auch der Geist des Kindes nur in Wechselwirkung mit seiner Umgebung, also indem er sich bethätigt. [...] Dies nennt Sully die biologische Auffassung der Erziehung im Gegensatz zu der mechanischen, welche den kindlichen Geist als eine Art Vorrathskammer ansieht, die nur mit allerhand Wissen vollgepfropft zu werden braucht.

Aus der biologischen Auffassung der Erziehung ergiebt sich nun, wie Sully bemerkt, der eminente Werth, den gerade die entwicklungsgeschichtliche Behandlung der Psychologie für die Pädagogik hat. Um in verständiger Weise auf das Kind einwirken zu können, muß der Erzieher auf das Genaueste darüber unterrichtet sein, wie das Kind von den einfacheren Funktionen zur Vollführung der kompliziertesten geistigen Prozesse aufsteigt. Er muß aber auch wissen, wie sich der typische Verlauf der Entwicklung je nach der Individualität des Kindes und nach seinen besonderen Erfahrungen modifizirt. [...]

In zweifacher Richtung sollte nach Sully der Lehrer die Lehren der Psychologie anwenden. Einmal bilden sie den Probirstein für die üblichen Erziehungsmethoden und Schuleinrichtungen, und zweitens setzen sie ihn in den Stand, pädagogische Experimente anzustellen und so zur Ausbildung der theoretischen Pädagogik beizutragen. Was das Erste anbetrifft, so wird sich sicherlich manches bei näherer Prüfung als unecht erweisen. So ist, um nur ein Beispiel herauszugreifen, der einseitige Zuschnitt des ersten Schulunterrichts auf Lesen- und Schreibenlernen nicht psychologisch, sondern nur historisch begründet. Wo aber die Tradition in viel schlimmerem Maße sich breit macht, als in der Schule, das ist in der häuslichen Erziehung. Die Wichtigkeit der ersten Erziehung ist wiederholt von hervorragenden Pädagogen betont worden, und man braucht nur die trefflichen Bemerkungen Sullys über die Rolle der Gewohnheit im geistigen Leben zu lesen, um diese Wichtigkeit von Neuem zu erkennen. Daher ist es sehr zu bedauern, daß die meisten

Eltern ohne jegliche Vorbereitung ihren Erzieherberuf antreten. Spencer hat in seinem lesenswerthen Büchlein über die Erziehung ganz richtig gefordert, daß „der Gegenstand, in dem die Erziehung gipfeln sollte, die Theorie und Praxis der Erziehung sei". Er verlangt auch von jedem Vater und jeder Mutter ein gewisses Maß psychologischer Kenntnisse.

Nun ist es eine ziemlich schwierige Sache, beim Lesen psychologischer Darlegungen stets die praktische Tragweite derselben zu erkennen. Sully hat in Anerkennung dieser Schwierigkeit den einzelnen Kapiteln seines Buches stets einen besonderen Abschnitt, in dem er selbst die pädagogischen Konsequenzen zieht, angehängt. Auf diesen Ausflügen in das Gebiet der Praxis lernen wir ihn als einen feinsinnigen, mit den modernen Bestrebungen wohlvertrauten Pädagogen kennen. So weist er im Anschluß an seine Erörterungen über die Aufmerksamkeit darauf hin, daß sowohl die ganze Länge der täglichen Unterrichtszeit, als auch die Dauer der einzelnen Lektionen stets in Uebereinstimmung mit der Leistungsfähigkeit der Kinder stehen sollten. „Ein ideales Schulsystem würde in dieser Hinsicht alle Abstufungen zeigen; Abwechslung in der geistigen Thätigkeit und vollständige Unterbrechungen derselben müßten anfangs häufig sein und in dem Maße immer weniger werden, als sich die Kräfte verlängerter Konzentration entwickeln." Wie weit sind wir von diesem idealen System noch entfernt! Hoffentlich bringen uns die gerade neuerdings mit Eifer und Scharfsinn betriebenen Untersuchungen über die Ermüdung bei Schulkindern demselben näher. Auf die Methode dieser Untersuchungen geht Sully merkwürdiger Weise gar nicht ein.

Ebenso hat es mich Wunder genommen, daß er als Verfasser einer pädagogischen Psychologie nichts über die Entwicklung der religiösen Gefühle zu sagen hat. Bekanntlich wird oft behauptet, so noch von Tracy in seiner „Psychologie der Kindheit" (Deutsche Ausgabe von Stimpfl), daß das Kind von Natur aus zu religiösen Vorstellungen und Gefühlen veranlagt sei. Ich bin dagegen mit B. Pérez der Meinung, „daß ein religiöser Sinn ebenso wenig in der Seele des kleinen Kindes existirt, wie das Uebernatürliche in der Natur".[***]

Wenn aber immerhin einige Lücken in dem Buche Sullys auffallen, kann man doch nicht allzu sehr mit dem Verfasser darüber rechten. Das Werk ist reichhaltig genug, um uns zu entschädigen. Nur ungern verzichte ich darauf, einige der feinen Bemerkungen, die Sully über die Entwicklung und Erziehung des Geschmacks bringt, hierherzusetzen. Ich will wenigstens darauf aufmerksam machen, da die Frage der ästhetischen Erziehung gegenwärtig ja mit im Brennpunkt der pädagogischen Diskussion steht. [...]

[***] „Les trois premières années de l'Enfant". Paris 1896, S. 119. Vergl. auch von demselben: „L'Education intellectuelle", 1896, S. 134.

40. Emma Eckstein: Eine wichtige Erziehungsfrage[679]

NZ 1899/1900, Nr. 48, S. 666-669 (Auszüge)

Die Frage, ob wir unsere Kinder über die Fortpflanzung des Menschen aufklären, oder, wie es meist geschieht, dieses ganze große Gebiet in geheimnißvolles Dunkel hüllen sollen, scheint mir eine der elementarsten und wichtigsten in der Erziehung. Von Seiten besonders vorurtheilslos denkender Männer und Frauen ist dieses Thema wiederholt zum Gegenstand lebhafter Erörterung gemacht worden und so Mancher wurde dadurch veranlaßt, darüber nachzudenken, ob es denn gut oder nothwendig sei, daß wir über dasjenige, was oft von Kindheit an unsere Gedanken beschäftigt, daß wir über das Bedeutungsvolle im Leben nur auf Schleichwegen dunkle Kunde erhalten.

Welche Menge schmerzlicher Erinnerungen aus der Kindheit, welche Summe von Seelenqualen aus der Zeit reiferer Jugend wurden mit diesen Erwägungen wachgerufen! Ist es doch eine Errungenschaft unserer Zeit, daß sich die älteren Leute, wenn sie ihrer eigenen Jugend gedenken, nicht nur ihrer Tugenden und Freuden, sondern auch ihrer Seelenschmerzen und Leiden erinnern und dadurch geschärftes Sehen und Hören für die psychischen Schmerzen der gegenwärtigen Jugend haben.

Es mag einzelne Ausnahmen geben, die Regel aber, wie wir sowie unsere Eltern und Großeltern in das Mysterium „Woher kommen die Kinder?" eingedrungen sind, ist ziemlich gleichförmig. Sehr oft wird diese Frage mit der Erzählung vom Storch, der die Kinder bringt, u. dgl. beantwortet; Mütter, die sich rühmen, ihren Kindern nicht solchen Unsinn einreden zu wollen, geben sich mit der Antwort zufrieden: „Das verstehst Du noch nicht". In ersterem Falle ist die Wißbegierde eines ganz jungen Kindes meist für einige Zeit befriedigt, dann aber sieht es ebenso wie das abgewiesene, daß es hier ein Geheimniß giebt, welches man vor den Kindern strenge bewahren will, so daß sich selbst die Mutter nicht scheut, zu einer Lüge Zuflucht zu nehmen. Diese Wahrnehmung aber regt die Neugierde erst recht an.

Die Eltern ein zweites Mal zu fragen, entschließt sich ein Kind selten, wissend, daß dieses Unternehmen erfolglos wäre, verlegt es sich lieber auf genaues Beobachten der Umgebung, verliert, einmal argwöhnisch gemacht, die Harmlosigkeit und bekommt einen förmlichen Spürsinn, herauszufühlen, wo es etwas giebt, was es nicht sehen oder hören soll. Die Lust, dem Verborgenen nachzuforschen, wird immer größer und veranlaßt viele halbwüchsige Kinder, sich auf die Lektüre zu werfen. Daß sie in Büchern zu suchen und zu finden wissen, was ihre Neugierde mehr anregt als befriedigt, ist oft das sehr zweifelhafte Verdienst der Dienstleute. Zu diesen haben die Kinder meist viel Zutrauen, auch verletzt es sie weniger, even-

[679] Emma Eckstein (1865-1924), eine der ersten Patientinnen und Schülerin von Sigmund Freud, Schwester von Therese Schlesinger, trat wie diese als feministische und sozialistische Autorin in zahlreichen Zeitschriften in Erscheinung, publizierte vor allem zu Fragen der Sexualaufklärung. Vgl. Appignanesi 1994, S. 138ff.

tuell von den gesellschaftlich Niedrigerstehenden abgewiesen zu werden, und so kommen sie mit vertraulichen Fragen schüchtern heran und finden nicht selten auch befriedigendes Entgegenkommen.

In welcher Verfassung aber ist das Kind bereits, wenn es hier die gewünschte Auskunft im Flüsterton unter dem Siegel strengster Verschwiegenheit erhält, auf welche Art wird es mit Vorgängen der Natur bekannt gemacht und schließlich, was erfährt das Kind?

Die Schwierigkeiten, zur Wahrheit zu gelangen, haben die Neugierde und mit ihr die Phantasie in hohem Maße beschäftigt, so daß die rohen und unintelligenten, oft mit Lüsternheit durchsetzten Vorstellungen, die das junge Geschöpf erhält, im Stande sind, Körper und Geist desselben in hohem Maße zu erregen, doch wirklich aufgeklärt wird ein Kind auf diese Weise selten. Die thatsächlichen Mittheilungen werden auf ein Geringes beschränkt, während durch bedeutungsschwere Bemerkungen mit dem Vermerk „Das darfst Du aber noch nicht wissen" der Phantasie neue Nahrung zugeführt und die allgemeine Erregung gesteigert wird.

Wir sehen solche Kinder häufig sehr zerstreut und zur Träumerei neigend, ihr Hauptinteresse sexuellen Beziehungen zugewendet, jederzeit bemüht, etwas über das große Räthselhafte zu erfahren. Das sind die ersten Stadien der schädlichen Wirkung, welche theils Mangel, theils Ueberfluß an Belehrung verursacht haben.

Mit den Jahren, mit der Reife an Körper und Geist, mit den Erfahrungen am eigenen Leib, ändert sich auch die Auffassung, die der unentwickelte Mensch bisher über das Geschlechtsleben gehabt hatte. Und hier scheint mir die Erklärung zu liegen, weshalb junge Mädchen zuweilen ausgesprochene Abscheu vor aller Sinnlichkeit haben und von rein seelischer Liebe träumen. Sie wurden als ganz junge Kinder mit der Lüsternheit bekannt gemacht, die erst um so Vieles später zum Bewußtsein gelangen konnte, weil sie den Sinnen des reifenden Mädchens verständlich geworden. Damit aber ist oft die Verbindung zwischen Geschlechtsverkehr, Geschlechtsgenuß und roher Sinnlichkeit hergestellt und alle auf das Geschlechtsleben bezüglichen Wahrnehmungen werden von diesem ungesunden und entstellten Gesichtspunkt aus beurtheilt. [...]

Anders aber steht es bei halbwüchsigen Burschen. Bei ihnen macht sich das von Natur aus stärker auftretende geschlechtliche Bedürfniß durch frühzeitige Erweckung von außen geltend, wo die Verstandeshemmung noch nicht kräftig genug ist, um den überzeizten Trieb zu beherrschen. Dazu kommt, dass in unserer Gesellschaft die Verleitung zum Geschlechtsgenuß für die jungen Männer unvergleichlich größer als für die Mädchen ist, indem die herrschenden Ansichten dem unverheiratheten Mann rein geschlechtliche Befriedigung gestatten, wo er sie eben findet. Darum scheint mir für den Knaben eher noch mehr als für das Mädchen eine frühzeitige Aufklärung unbedingt nothwendig zur Vermeidung sinnlicher Erregung, zur Hintanhaltung schädlicher Beeinflussung. [...]

Ist man zur Ueberzeugung gekommen, daß hier die Aufklärung für ein Kind nöthig ist, dann muß man sie geben, sobald das Kind danach verlangt und sollte man auch Alles sagen müssen. [...]

Wenn ich einer solchen Erklärung noch beifüge, daß, wie die Frucht des Apfel-
baumes dem Apfel ähnlich wird, welchem man den Samen entnommen hat, um
den Baum zu pflanzen, meist auch das Kind den Eltern ähnlich wird; daß sich
schon deshalb nur die Menschen paaren, sie sich lieb haben, so lieb, daß Jeder von
ihnen wünscht, das Kind möge dem Anderen ähnlich werden, habe ich dem Kinde
Wahrheit und Schönheit gezeigt und es mit einer Schutzwehr der Reinheit fürs
Leben ausgerüstet.

41. Ludwig Woltmann: Sozialismus und Erziehung. Eine sozialpädagogische
Skizze[680]

NZ 1900/01, Nr. 3, S. 84-89 (Auszüge)

Im ersten Bande des „Kapital" macht Marx im Anschluß an Robert Owen gelegentlich die bedeutsame Bemerkung, daß die Erziehung in der künftigen Gesellschaft für alle Kinder, die ein gewisses Alter überschritten haben, produktive Arbeit mit Unterricht und Gymnastik verbinden werde, nicht nur als eine Methode
zur Steigerung der gesellschaftlichen Produktion, sondern als die einzige Methode
zur Produktion vollständig entwickelter Menschen. Denselben Gedanken drückt
Engels im „Anti-Dühring" dahin aus, daß in der sozialistischen Gesellschaft Arbeit
und Erziehung verbunden werde, und daß dadurch eine vielseitige technische Ausbildung, sowie eine praktische Grundlage für die wissenschaftliche Erziehung
gesichert werden solle. Das ist in wenigen prinzipiellen Worten das sozialistische
Ideal der Erziehung.

   Es war schon ein praktischer Grundsatz der griechischen Erziehungskunst, Unterricht mit Musik und Gymnastik zu verbinden. Platon belehrt uns darüber ausführlich in seiner „Republik". Seit Comenius, Rousseau und Pestalozzi hat die
Erziehungslehre bewußt oder unbewußt auf dieses Ideal zurückgegriffen. Sie suchten an Stelle des mechanischen Wort- und Gedächtnißunterrichtes die Erziehung
durch reale Anschauung und sinnliche Betrachtung der Dinge zu setzen. Rousseau
verlangte für den Zögling kein anderes Buch als die Welt, keinen anderen Unterricht als den durch Thatsachen und Erziehung des Kindes in seiner natürlichen
Abhängigkeit von den Dingen. Pestalozzi, durch Rousseau angeregt, suchte überdies den individuellen Unterricht der Kinder mit der Erziehung zum sozialen Fortschritt des Menschengeschlechtes in Beziehung zu bringen.

   Der erste aber, der Unterricht und Erziehung prinzipiell unter dem Gesichtspunkt der gesellschaftlichen Organisation auffaßte, war Robert Owen. Er trat für
unbedingte Vermeidung der körperlichen Züchtigung ein und stellte die Forderung
auf, daß geistige und körperliche Erziehung Hand in Hand gehe. Vom achten Jahre

---

[680] Ludwig Woltmann (1871-1907), Ethiker, Anthropologe, Anhänger des Sozialdarwinismus, versuch-
te eine Verbindung von Neukantianismus mit Marxismus und Evolutionismus. Vgl. seine Schrift:
System des moralischen Bewußtseins mit besonderer Darlegung des Verhältnisses der kritischen
Philosophie zu Darwinismus und Sozialismus. Düsseldorf 1898.

ab soll der Unterricht mit regelmäßiger Arbeit in Haus und Garten verbunden sein. Vom dreizehnten Jahre ab sollen die Kinder in die höheren Künste und Gewerbs- zweige eingeführt und dazu vorbereitet werden, den Reichthum und den Wohlstand der Gesellschaft bei möglichsten Vergnügungen für sich selber in mög- lichst wirksamer Weise zu fördern. Owen faßte also die Arbeitsthätigkeit im Unter- richt nicht nur als pädagogischen Selbstzweck auf, sondern zugleich als ein Mittel der gesellschaftlichen Gütererzeugung.

Individuelle Erziehung und soziale Organisation sind die grundlegenden Kräfte, durch welche die körperliche und geistige Entwicklung des Menschengeschlechtes bedingt ist. Jede ökonomisch-gesellschaftliche Stufe hat auch ihre eigene Methode des Unterrichtes und der Erziehung, wie sie den gesellschaftlichen Bedürfnissen und Zwecken entspricht. Da das Klasseninteresse der ökonomisch herrschenden Stände im gesellschaftlichen Leben ausschlaggebend ist, so haben wir heute eine Schulverfassung, deren Methoden im wesentlichen durch dieses Klasseninteresse bestimmt sind. Sowohl Volksschulen, wie höhere Schulen und Universitäten ste- hen im Dienste des Kapitalismus, nicht etwa – um Menschen zu erziehen, sondern um für die Zwecke der kapitalistischen Entwicklung passende Arbeiter, Techniker, Beamten und Wissenschaftsforscher heranzubilden.

Der Zweck der sozialistischen Gesellschaft, „einer Assoziation, worin die freie Entwicklung eines Jeden die Bedingung für die freie Entwicklung Aller ist", oder anders ausgedrückt, einer „ökonomischen Gesellschaftsordnung, welche zugleich mit der größtmöglichen Entwicklung der gesellschaftlichen Produktivkräfte die höchstmögliche allseitige Entwicklung des Menschen gewähren soll", verlangt eine Unterrichts- und Erziehungsmethode, die mit den Prinzipien der sozialisti- schen Wirthschaftsordnung in unmittelbarem Zusammenhang stehen muß, wie es Marx in dem obigen Satze programmatisch ausgedrückt hat.

Während Comenius, Rousseau und Pestalozzi Anschauung im Unterricht ver- langten, waren sie von der Erkenntnißtheorie geleitet, daß alle unsere Vorstellun- gen aus den Sinnen stammen und sich nur in realer Berührung mit den Gegenstän- den entwickeln können. Wenn wir auch schon bei diesen Pädagogen leise Anklän- ge an den Arbeitsunterricht finden, so ging doch erst Owen diesen prinzipiellen Schritt weiter, die Arbeit in die Erziehungsmethoden einzuführen, weil er erkannte, welchen Werth die Arbeit im modernen industriellen System für das gesellschaftli- che und geistige Leben besitzt. Die philosophische Begründung dieser Forderung, welche sich Owen mehr aus der täglichen Beobachtung aufdrängte, hat später Marx' Theorie von der ökonomischen Geschichts- und Gesellschaftsentwicklung gegeben. Marx wies die Stufen der ökonomischen Produktion und die Arten der technischen Arbeit als die grundlegenden Funktionen der ganzen sozialen und geistigen Entwicklung nach. Ist aber die individuelle Entwicklung eine kurze Wie- derholung der Entwicklungsgeschichte der Gattung, so gilt dieses Gesetz auch für die Erziehungskunst, welche die Entwicklung des Individuums kritisch zu leiten hat.

„Der Hauptmangel alles bisherigen Materialismus", – sagt Marx in seiner kritischen These über Feuerbachs Philosophie, „ist, daß der Gegenstand, die Wirklichkeit, Sinnlichkeit nur unter der Form des Objektes oder der Anschauung gefaßt wurde; nicht aber als menschliche sinnliche Thätigkeit, Praxis, nicht subjektiv. Daher geschah es, daß die thätige Seite, im Gegensatz zum Materialismus, vom Idealismus entwickelt wurde, – aber nur abstrakt, da der Idealismus natürlich die wirkliche, sinnliche Thätigkeit als solche nicht kennt. Feuerbach will sinnliche, von den Gedankenobjekten wirklich unterschiedene Objekte; aber er faßt die menschliche Thätigkeit selbst nicht als gegenständliche Thätigkeit."

Gegenständliche Anschauung, das war das Losungswort jener großen Pädagogen, die von der sensualistischen Erkenntnißtheorie der französischen und englischen Philosophen beeinflußt waren. Gegenständliche Thätigkeit, das ist das Zauberwort der Marxschen Philosophie, ein erkenntnißtheoretisches Prinzip, das uns nicht nur die Entwicklung der geistigen Menschheitsgeschichte erschließt, sondern uns auch einen praktischen Leitfaden an die Hand giebt, die Ausbildung des individuellen Menschengeistes in Unterricht und Erziehung naturgemäß zu lenken.

Es wäre aber ungerecht, wenn ich hier nicht eines anderen Mannes gedenken wollte, der in ähnlicher Richtung wirkte, Julius Fröbel[681], der in der moralischen Erziehung der Kinder eine Vorbereitung für republikanische Tugenden erblickte und der im Spiel- und Arbeitstrieb die natürlichen Anknüpfungspunkte für die Erziehung erkannte. [...]

Während aber Pestalozzi und Fröbel die Arbeit nur vom unterrichts-technischen Standpunkt und nur ganz allgemein in ihren moralischen Wirkungen auf die Gemüthsbildung hervorhoben, war es das unbestreitbare Verdienst Owens, die Bedeutung der Arbeit von sozial-pädagogischen Gesichtspunkten und im Zusammenhang mit den gesellschaftlichen Wirthschaftsproblemen zu beleuchten. Ueber die Bedeutung des Arbeitsprinzips für die intellektuelle und moralische Erziehung will ich hier nicht näher eingehen. [...]

Diese Theorie der Erziehung, welche an die naturwüchsigen Triebe und Bedürfnisse des Kindes anknüpft und die Erziehung als eine Entwicklung durch gegenständliche Anschauung und Thätigkeit auffaßt, beginnt allmälig, wenn auch langsam und zaghaft, in den Kreisen der Lehrer Anklang und Anhängerschaft zu gewinnen. Handfertigkeitsunterricht, das war die erste Forderung, die von dieser Seite ausging. In den fortgeschritteneren Lehrerkreisen hat man diese Forderung begrüßt, wenn man sich auch ihres provisorischen Charakters wohl bewußt war. Andere sprechen sich dagegen aus. In der That kann der heutige Handfertigkeitsunterricht unter den elenden Zuständen, in denen sich die Schulen befinden, nur mangelhafte Resultate hervorbringen, und er muß in mechanische Spielerei ausarten, da die gesellschaftlichen Bedingungen der Wirthschaftsorganisation fehlen, die einen vollständigen Arbeitsunterricht erst möglich machen.

---

[681] Der Autor verwechselt vermutlich Friedrich Fröbel mit dessen Neffen Julius Fröbel, der in der frühen Arbeiterbewegung aktiv war.

Wie überall im heutigen wirthschaftlichen und sozialen Leben die keimhaften Anfänge und Vorbedingungen einer sozialistischen Gesellschaftsordnung sich herausbilden, so finden wir auch auf pädagogischem Gebiet Unternehmungen, die heute schon die Verwirklichung der neuen Erziehungstheorie praktisch anbahnen wollen. Sie entspringen, wie es immer zuerst zu geschehen pflegt, der persönlichen Initiative einzelner Menschen, die mit Liebe und Energie sich diesem Reformwerk widmen. Vom Staate dergleichen Fortschritte zu erwarten, ist eine thörichte Hoffnung. Der „Staat" ist auf dem Gebiet der Kultur ganz ohne eigene Initiative. Nur widerwillig bequemt er sich den neuen Thatsachen und Mächten an, welche die Gesellschaft aus sich hervorbringt.

Es giebt in Deutschland schon mehrere solche Erziehungsanstalten. Hier sind in erster Linie das „Pestalozzi-Fröbel-Haus" in Berlin und das „Deutsche Landerziehungsheim" in Ilsenburg am Harz zu nennen. Das letztere lernte ich in diesem Sommer, während einer Wanderung durch den Harz, aus eigener Anschauung kennen, und die dort gewonnenen Eindrücke und Beobachtungen sind die äußere Veranlassung gewesen, diese Skizze zu schreiben und auf das Problem „Sozialismus und Erziehung" die Aufmerksamkeit zu lenken. [682] [...]

[Lietz'] Erziehungsgrundsätze sind eine Zusammenfassung dessen, was die großen pädagogischen Denker und Praktiker der Vergangenheit geleistet haben. [...] Die Erziehungsanstalt verliert den Charakter der überlieferten Schule, die innere Organisation gleicht mehr derjenigen der Familie und des Staates. [...] Was die Ernährungshygiene anbetrifft, so werden Alkoholika, starke Gewürze u.s.w. gemieden, dagegen wird viel Obst genossen, viel Gemüse, frische Eier und Fische. [...] Die körperliche und geistige Ausbildung wird durch praktische Handarbeit in Garten und Wald, auf Feld und Wiese, in Werkstätte[n] und auf [dem] Bauplatz unterstützt. Die Körperpflege und Körperübung und Arbeit wird durch die Kunstübung ergänzt, durch Zeichnen, Modellieren in Thon, Vokal- und Instrumentalmusik. [...]

Was die Methode des wissenschaftlichen Unterrichtes betrifft, so befolgt er die Methode der Konzentration, d.h. die einzelnen Fächer werden in organischen Zusammenhang gebracht, und zwar einerseits die der sprachlich-geschichtlichen Gruppe, andererseits die der naturwissenschaftlich-mathematischen Gruppe. Mit welcher Geschicklichkeit diese Methode gehandhabt werden kann, bewies mir eine Unterrichtsstunde, welcher ich beiwohnte, und von welcher ich nicht entscheiden konnte, ob die Knaben in Deutsch, Geschichte oder Religion unterrichtet wurden. So sehr wurden überall die organischen Zusammenhänge in Betracht gezogen, so daß das Interesse der Zöglinge viel leichter wach gehalten wurde und der Unterricht ein wahres Abbild des Lebens darstellte.

---

[682] Woltmann verweist auf einen Bericht Henriette Schraders, Leiterin des „Pestalozzi-Fröbel-Hauses", zum Thema: Häusliche Beschäftigungen und Gartenarbeit als Erziehungsmittel im „Pestalozzi-Fröbel-Haus" (Berlin 1893) sowie auf Hermann Lietz': „Emlohstobba" (Berlin 1897).

356

In Bezug auf die moralische Erziehung äußert sich Lietz im achten seiner Erziehungsgrundsätze: „Wegfall jedes äußeren Zwanges [...]".

Eine solche Erziehung kann sich nur auf eine Autorität aufbauen, die in Vertrauen und Liebe beruht. Ich habe mich davon überzeugt, Lietz verkehrt mit seinen Zöglingen wie ein älterer mit jüngeren Freunden. Ihm vertrauen sie sich an. Er unterrichtet nicht nur, er erzieht sie, indem er mit ihnen arbeitet und lebt. Eine einzige Szene kann dies besser veranschaulichen als lange Erörterungen. Nach dem Abendessen, das um sechs Uhr im Freien unter einer Gruppe von Bäumen stattfindet, zogen sich plötzlich düstere Wolken zusammen. Lietz theilte der versammelten Tafelrunde mit, daß noch das Heu auf den Wiesen liege und daß es noch vor Ausbruch des Gewitters in die Scheune müsse. Wer Lust habe, solle ihm dazu helfen. Hei, wie da die ganze Gesellschaft von den Bänken aufsprang. Lietz holte die Heugabeln heran, und von den kräftigsten Knaben unterstützt, zog er den Heuwagen hinaus auf die Wiesen. Es war ein wahres Vergnügen, die ganze Schaar thätig zu sehen. In kurzer Zeit war alles Heu zusammengehäuft und eingefahren. Wenn einer unserer steifleinen hochwürdigen Schulpotentaten, genannt Gymnasialdirektoren, diese Szene gesehen hätte, die Haare hätten sich ihm zu Berge gerichtet: die Disziplin! die Disziplin!

Die Unterrichtsanstalt ist mit einer Schreinerwerkstätte und einem landwirthschaftlichen Betrieb verbunden. Viele Gebrauchsgegenstände, wie Bänke, Kästchen u.s.w. haben die Schüler selbst angefertigt. Sie sind gehalten, Kleider und Schuhe selbst zu reinigen, überhaupt in allen Dingen möglichst ihr eigener Herr und – Diener zu sein. Schweine- und Rinderzucht, Feld- und Gartenbau, der theilweise von den Schülern selbst besorgt wird, hilft die wirthschaftliche Grundlage des ganzen Unternehmens zu stützen. Was an der Anstalt des Dr. Lietz nur angedeutet ist, die Verbindung mit produktiver Arbeit der Zöglinge, das ist der springende Punkt, wo Sozialismus und Erziehung sich berühren, wo der Arbeitsunterricht mit gesellschaftlich nützlicher Arbeit verbunden werden kann. Eine solche Institution kann aber nicht das Werk eines einzelnen Mannes sein, sondern muß zugleich mit den großen ökonomischen Gesellschaftsorganisationen eingerichtet werden, in deren Entwicklung wir heute stehen.

Wie Lietz über die Verallgemeinerung seiner Bestrebungen denkt, ergibt sich aus folgenden Sätzen: „Zwar können nicht alle Schulen in Landalumnate umgewandelt werden. Aber wohl können und müssen die Kinder aus der Stadt oder vom Lande, welche aus irgendeinem Grunde das Elternhaus verlassen, sei's weil keine Zeit oder Gelegenheit, keine höhere Schule in der Nähe vorhanden ist, sei's weil man sie in der Großstadtluft nicht aufwachsen lassen will – nicht wieder in Schulen in ungesunder Stadtluft, sondern in Landerziehungsheimen beschriebener oder ähnlicher Art erzogen werden. Wohl können und müssen ferner überall da, wo in Dörfern, Vor- und Kleinstädten neue Schulen begründet werden, diese nicht im Orte, sondern draußen in der Nähe des Ortes erbaut werden. [...] Aber auch die Großstadtschulen, von der Volksschule bis zum Gymnasium und der ‚höheren

Töchter'-Schule können schon jetzt einen guten Theil von dem beschriebenen Erziehungssystem durchführen. [...]"

Als Sozialisten gehen wir in diesem Punkte weiter, da eine vernünftige und gesunde Erziehung des ganzen Volkes nur bei veränderten ökonomischen Organisationen durchgeführt werden kann. Solange Militarismus und Kapitalismus die organische Lebens- und Arbeitskraft des Volkes ruiniren, werden ähnliche Versuche, wie die beschriebenen, nur ein Tropfen Oel in den Fluthen des sozialen Elends sein. Als Sozialisten sind wir für einen Ausgleich von Stadt und Land. Damit rücken die Erziehungsinstitute von selbst aufs Land hinaus, so daß letztere nicht nur mit landwirthschaftlichen, sondern auch mit industriellen Betrieben direkt in Zusammenhang gebracht werden können, um die Arbeitskraft der Kinder, die heute entweder ganz verloren geht oder auf der anderen Seite – in Familie, Hausindustrie und Lehrlingswesen – übermäßig ausgebeutet wird, in einer dem Alter entsprechenden Maße sowohl zur körperlichen und geistigen Erziehung wie zur gesellschaftlich nützlichen Produktion zu verwerthen. Zwar ziehen auch heute schon die Fabriken aufs Land hinaus, aber nur um die billige Arbeitskraft und organische Gesundheit der Landbevölkerung auszubeuten. Die Zukunft wird und muß hierin Wandel schaffen.

Aber zugleich darf man ein anderes nicht vergessen, daß die Erziehungsfrage nicht nur eine Sache der Prinzipien und Organisationen, sondern auch in hervorragender Weise eine Personenfrage ist. Es giebt leider viele Lehrer, die besser etwas anderes geworden wären als Jugenderzieher. Die Erzieher müssen erst selbst erzogen werden, sagt Marx, eine Forderung, die nur durch Selbsterziehung und eine sorgfältige pädagogische Personenauslese verwirklicht werden kann. Mehr als in allen anderen Berufen muß darum unter den Schulmeistern „fürchterliche Musterung" abgehalten werden!

42. Hinter der Mauer. Beiträge zur Schulreform mit besonderer Berücksichtigung des Gymnasialunterrichtes[683] (Rezension von R. R.)

NZ 1900/01, Nr. 3, S. 94-96 (Auszüge)

Unter Schulreform versteht man bekanntlich die Reform des höheren Schulwesens. An die Volksschule pflegt man dabei nicht zu denken; sie ist eine Sache für sich, und keine Pforte öffnet sich von ihr zu den privilegirten Stätten der Bildung. Erst ganz neuerdings taucht in den Kreisen der sogenannten Schulreformer der Gedanke einer einheitlichen Organisation unseres gesammten Schulwesens auf. Mag nun auch wenig Aussicht vorhanden sein, daß der moderne Klassenstaat seine Klassenschulen beseitigt, so ist doch unverkennbar der Vereinheitlichung vorgebahnt, wenn das humanistische Gymnasium dem Ansturm seiner Gegner erliegt. [...]

---

[683] Erschienen in der Elwertschen Verlagsbuchhandlung. Marburg 1899. – R. R. ist vermutlich Rudolf Roß. Siehe Dok. 39.

Der ungenannte Schreiber vorliegender Beiträge gedenkt mit Bitterkeit der langen Jahre, die er „hinter der Mauer" zugebracht hat, und er kann sich in scharfen Ausfällen gegen den Unterricht auf unseren höheren Schulen und seine Resultate nicht genug thun. Es ist neben der temperamentvollen Sprache gerade der Bekenntnißcharakter dieser Schrift, der ihr in der umfangreichen Literatur zur Schulreform das besondere Interesse des Lesers, auch des direkt unbetheiligten, sichert. Die Schulzeit des Verfassers liegt bereits um einige Jahrzehnte zurück. Möglich, daß sich seitdem manches in der Unterrichtsmethode zum Besseren gewendet hat, möglich auch, daß ihm einige falsche Verallgemeinerungen persönlicher Erfahrungen passirt sind: im Kern ist seine Kritik jedenfalls berechtigt, hat sich doch noch die 71. Versammlung deutscher Naturforscher und Aerzte im vorigen Jahre veranlaßt gesehen, in einer ihrer Thesen die „Eindämmung der vielfach noch herrschenden Neigung zum Verbalismus" zu fordern. Derber drückt sich unser Autor aus. Er sagt mit Faust: „Ich finde nicht die Spur von einem Geist, und alles ist Dressur." „Was ihr in Wahrheit auf euren Schulen systematisch großzieht", heißt es unter Anderem, „und worauf ihr voll und ganz als die Produkte eurer Unterrichtsmethode Anspruch erheben könnt, das sind jene Maschinenexistenzen, die sich ihr Lebelang auf gelegten Geleisen bewegen, jene korrekten Fachsimpel, deren Horizont in der geistlosen, banausischen Ausübung ihres Berufs seine äußersten Grenzen findet, jene reputirlichen Spießbürger im Reiche des Wissens, die sich als ‚Stützen der Gesellschaft' auf allen Gemeinplätzen wichtig machen, kurz, Menschen, aus denen immer nur heraustönt, was Andere hineingesprochen haben. ..." Um hier Wandel zu schaffen, ist es nicht genug, daß die alten Sprachen vom Lehrplan verschwinden, sondern es bedarf auch einer gründlichen Aenderung des Lehrverfahrens. An Stelle des gedächtnißmäßigen Einpaukens unverdauten Wissens muß ein auf Anschauung und Selbstdenken gegründeter Unterricht treten. Die häuslichen Arbeiten müssen wegfallen. Auf häufigen Schulausflügen sind die Schüler mit Natur und Leben bekannt zu machen.

Alles sehr schöne Forderungen, Forderungen, die auch schon oft genug erhoben worden sind. Daß sie sich so schwer durchsetzen, liegt nicht so sehr an „den Herren von der Zunft", wie der Verfasser anzunehmen scheint, als an dem ganzen System mit seinem Prüfungs- und Berechtigungswesen. [...] Der Verfasser glaubt alles mit dem Rousseauschen Worte abthun zu können: „Man kennt die Jugend nicht!" Unzweifelhaft werden die Kräfte des Kindes vielfach überschätzt; der Verfasser verfällt aber in den entgegengesetzten Fehler, indem er die Leistungsfähigkeit des eigentlichen Jünglingsalters unterschätzt. [...] Allerdings kranken unsere höheren Lehranstalten an einem zum Theil ungeeigneten Schülermaterial. Bildung und Besitz gehören ja nun einmal zusammen. Völlig unerfindlich ist uns daher die Behauptung, unsere höheren Lehranstalten seien von demokratischem Geiste beherrscht, wo sie doch einen ausgesprochen plutokratischen Charakter tragen. Wenn hier im Zusammenhang damit gefordert wird, die Schulzeit noch um zwei Jahre zu verlängern, um den Andrang zu den Hochschulen zu vermindern, so ist das ein sehr reaktionärer Wunsch. Die Wissenschaft sei frei, nicht nur in dem Sinne, daß sie frei verkündet werden darf, sondern auch insofern, als der Zugang zu ihr Jedem offen stehe, der ihn vermöge seiner natürlichen Anlagen und seines Fleißes betreten kann. Möge der Verfasser, so wie er bei Rousseau in die Schule gegangen ist, auch von Comenius und Pestalozzi lernen. – Auf die in der Broschüre enthaltenen speziellen Vorschläge zum Unterrichtsbetrieb kann hier nicht eingegangen werden. Die diesbezüglichen Ausführungen verrathen stellenweise stark den pädagogischen Dilettanten. Jedoch werden sie in anregender Weise vorgetragen, und der Verfasser erweist sich immerhin als vertraut mit modernen pädagogischen Ideen. So sei nur hervorgehoben, daß er neben der bislang einseitig gepflegten wissenschaftlichen Bildung auch die Kultur des Geschmacks in ihre Rechte eingesetzt sehen will. Er verlangt Theatervorstellungen für die Schüler und künstlerische Ausschmückung der Schulräume und hofft auf eine Zukunft, „wo man anstatt Kirchen prächtige Schulen bauen wird, reich ausgestattet mit allen Hilfsmitteln künftiger Jugenderziehung, Schulen, inmitten großer Gärten und schöner Natur, wie ehedem die Gymnasien der Griechen. ...“ Solche Schulen wollen auch wir!

43.   Sjoukje Troelstra: Jugendliteratur[684]

NZ 1900/01(1), Nr. 23, S. 716-721 (Auszüge)

[...] Welche Hoffnungen hat nicht das Erscheinen des ersten sozialdemokratischen Bilderbuchs in unseren Reihen erweckt! Denn wir Alle, die wir Kinder zu erziehen haben – wie oft haben wir nicht darüber gegrübelt, daß es so furchtbar schwer ist, aus der großen Masse der jetzigen Jugendbücher immer dasjenige zu wählen, welches in den Erziehungsplan sozialdemokratischer Eltern hineinpaßt!

Freilich, es giebt in der Weltliteratur, sowie auch in der eines jeden Landes, immer einzelne Bücher, welche ewig jung, ewig frisch bleiben – welche ihres hohen sittlichen Werthes und ihrer talentvollen Schreibweise wegen über den jetzigen „wässerigen Kram“ hoch emporragen. Das sind die Schriften Derjenigen, die wirklich der Jugend etwas zu sagen hatten, denen es ein Bedürfniß war, den Kindern etwas zu geben von ihrem eigenen Selbst: von der Fülle ihres großen und liebevollen Strebens, von ihrem Wissen, von alledem, was ihnen selbst lieb und werth war und wovon sie den Kindern so viel mittheilten, als diese zu verstehen im Stande waren, damit der Gesichtskreis der Kleinen sich erweitere; von ihrem frischen, sprudelnden Humor oder ihrer reichhaltigen Phantasie – von alledem, was sie selbst so ganz erfüllte, daß sie nicht umhin konnten, es den Kleinen mitzutheilen – viele dieser Schriftsteller haben, bewußt oder unbewußt, den Kindern gerade dasjenige gegeben, was diese nöthig hatten und was sie zu allen Zeiten nöthig haben werden; und diese Schriften werden auch uns, sozialdemokratischen Eltern, immer willkommen sein und bleiben. [...]

---

[684] Zu Sjoukje Troelstra siehe Einleitung, Kap. 4.2.3.

Auch giebt es noch verschiedene Bücher, welche, wie die Redaktion dieser Zeitschrift vom Jahre 1893/94 es ausdrückt: „gesäubert werden sollen von all dem widerlichen Wulst, von dem sie im Laufe der Zeit überwuchert wurden, von jener Frömmelei und vor Allem von jener Rohheit, die allerdings vornehmlich die neueste Jugendliteratur auszeichnet", [...] das ist geradezu ein kannibalisches Behagen am Morden, am Morden des Schwächeren, oft Wehrlosen, namentlich von Wilden und Wild, in allen blödsinnigen überseeischen Jagd- und Raufgeschichten, die unseren Kindern ebenso falsche Anschauungen wie rohe Instinkte beibringen. Vielleicht nirgends hat die Kolonialpolitik größere Verheerungen angerichtet, als in den Köpfen unserer Kinder." [...]

Natur und Wahrheit über alles für unsere Kinder! Man kann ihnen eine gute und kräftige Dosis Wissenschaft zumuthen, wenn nur Form und Ausdruckweise ganz schlicht und klar und kindlich sind. [...]

Ich möchte an ein gutes Kinderbuch folgende Ansprüche stellen: Der Inhalt soll so wichtig und interessant sein, daß selbst Erwachsene dadurch gefesselt werden, aber die Sprache, die ganze Form des Erzählens sei so klar und schlicht und ungeziert, daß auch das kleinste Kind sie mühelos verstehen kann. [...] Auch ist es mir immer vorgekommen, als ob ein bischen fröhlicher Scherz oder frischer Humor viel dazu beitragen, die unruhigen Geister unserer kleinen Wildfänge bei einer ernsten Sache festzuhalten.

Wieviel noch immer wider diese Grundsätze gesündigt wird, das weiß wohl Jeder.

Zumal in Deutschland weiß man es, wo die Masse dieser faden, süßlichen – fast hätte ich gesagt: verächtlichen – Kinderbücher, mit solch einer schlaffen, hergebrachten, ekelhaften Alltagsmoral wirklich erstaunlich ist. [...]

Doch haben wir auch hier so eine Art süßer Lämmchen- und Täubchenliteratur, die um so gefährlicher ist, weil sie sich gar so unschuldig geberdet – da sie unseren Kindern eine ganz falsche Vorstellung von Welt und Leuten giebt und mit ihren unwahren Modellkindern die jungen Leser oft veranlaßt, sich zu verstellen, um doch auch einmal von ihren Müttern und lieben Tanten so sehr bewundert und gepriesen zu werden, wie die kleinen „blauäugigen" und „schöngelockten" Bücherheldchen von den ihrigen. Und dann die Wohlthätigkeitsduselei in diesen Büchern!

Doch reden wir nicht mehr von der Mangelhaftigkeit dieses alten Krames! Lieber mit frischer Kraft den alten Rummel aufgeräumt!

Ich weiß nicht, wie's darum in anderen Ländern steht, aber wir in Holland stehen schon mitten im Kampfe.

[...] Ein paar Schullehrer schreiben die köstlichsten Lesebücher und führen diese in die Schulen ein – Bücher voller Wahrheit, Frische und echter, gesunder Moral, und illustrirt in einer Weise, wie man es in den theuersten Büchern nicht besser wünschen kann, denn diese Bilder werden immer gezeichnet unter Aufsicht des Autors und Pädagogen Lighthart selber, der nicht ruht, bis die Zeichnungen sich ganz dem reichen Inhalt anpassen und diesen ergänzen, wo das erwünscht ist. [...]

Und jetzt möchte ich zu gern wissen, wie es in den anderen europäischen Ländern um diese Sache steht. Da doch die wirklich gute Lektüre immer international ist, warum sollten wir nicht miteinander ein Bündniß schließen, wobei wir hin und wieder das Gute austauschen, welches in jedem Lande erscheint? Warum nicht gleich ein gutes neues Buch in verschiedenen Sprachen erscheinen lassen? [...]

Bei einer solchen internationalen Jugendliteratur hätten wir auch noch den großen Vortheil, daß unsere Kinder mit denen unserer Genossen in fernen Ländern dieselbe Lektüre – also auch von vornherein theilweise dieselben Jugenderinnerungen hätten, und daß sie gegenseitig die Eigenarten eines jeden Volkes aus seiner Literatur kennen lernen würden – was ein späteres Sichverstehen der verschiedenen Nationen sehr befördern würde. [...]

44. Heinrich Schulz: Sozialdemokratische Jugendliteratur?

NZ 1900/01(2), Nr. 32, S. 172-177 (Auszüge)

„... Die Erörterung und Propagirung unserer Grundsätze kann nicht Aufgabe unserer Jugendliteratur sein." (Karl Kautsky)

Der Herausgeber der „Neuen Zeit" hat sich schon [...] vor sieben Jahren einmal bemüht, die wichtige Frage der Jugendschriften in Fluß zu bringen. Es ist ihm damals nicht gelungen, und auch sein jetziger Appell scheint bis jetzt noch keinen Erfolg gehabt zu haben.[685]

So bedauerlich diese Erscheinung auch ist, so kann sie andererseits doch kaum überraschen angesichts der Indifferenz, die in weiten Kreisen der Parteigenossen und Genossinnen gegenüber der Jugenderziehung in Theorie wie Praxis herrscht. Freilich liegt die Erklärung nicht fern. In unserer Parteiliteratur giebt es so gut wie gar keine Schriften über Jugenderziehung und Schulwesen. [...] Mit der sehr reichlichen und theilweise vortrefflichen bürgerlichen pädagogischen Literatur haben aber die Arbeiterkreise keine Fühlung.

Ich schließe mich durchaus Denen an, die die Ausfüllung der hier klaffenden Lücke für ein dringendes Erfordernis halten; und ich ergreife deshalb gern die Gelegenheit, mich an der einmal angeregten Aussprache über die für die gesammte Jugenderziehung sehr wichtige Frage der Jugendliteratur zu betheiligen.

Die Gewinnung einiger grundsätzlicher Richtlinien scheint mir hierfür zunächst nothwendig zu sein.

Darf man einer sozialdemokratischen Jugenderziehung das Wort reden? Solange die Sozialdemokratie noch wie gegenwärtig eine kämpfende Partei – ich betone Partei – ist, verneine ich die Frage. Die Jugenderziehung darf nicht zur Förderung und Propagirung von Parteiinteressen gemacht werden. Der Parteikampf hat so

---

[685] Die Debatte über Jugendliteratur, die hier nur exemplarisch dargestellt werden kann, wurde in der gesamten sozialdemokratischen Presse geführt. Nur der Verlag der *Sächsischen Arbeiterzeitung* nahm die Anregung auf und beschloß, ab 1. Januar 1902 eine monatliche Jugendschrift herauszugeben. Es handelt sich dabei um *Die Hütte*. Hrsg. von Gustav Morgenstern. Siehe Dok. 49.

mancherlei Schattenseiten und fordert von dem Einzelnen so viel Opfer und Entbehrungen, daß es eine Versündigung an der Jugend und an den gerade durch ihre
goldene Naivität und Unberührtheit so wunderbaren Kinderjahren wäre, wollte
man ihnen durch Parteipolitik ihre durch nichts zu ersetzenden Vorzüge rauben. Es
kann dabei für uns gar nicht in Betracht kommen, daß die heutige bürgerliche Gesellschaft nicht nur gegen diesen Grundsatz verstößt, sondern der Jugend durch die
mörderische Kinderarbeit überhaupt jedwede Jugendfreude raubt.

Etwas Anderes ist es um eine sozialistische Erziehung im Zukunftssinn. Ist die
Sozialdemokratie keine Partei mehr, sondern hat sie ihr Ziel der Sozialisirung der
Gesellschaft erreicht, so darf und muß die Erziehung sozialistisch, durch und für
die Gesellschaft sein, ein Ziel, dem bereits heutzutage theoretisch durch die moderne Sozialpädagogik in hervorragendem Maße vorgearbeitet wird.

Was für die Jugenderziehung im Allgemeinen gilt, gilt für die Jugendschrift im
Besonderen. Es darf nicht unser Ziel sein, eine spezifisch sozialistische Jugendliteratur zu schaffen. Wir würden damit in die Arena der tendenziösen Jugendschrift-
stellerei herabsteigen und uns grundsätzlich nicht von den „Machern" und Befürwortern der patriotischen und religiösen Tendenzjugendliteratur unterscheiden.

Ich glaube mich mit dieser Forderung übrigens durchaus in Uebereinstimmung
mit Kautsky zu befinden, der in dem schon erwähnten Artikel vor sieben Jahren
schrieb:[*] „Was unsere Jugendliteratur bieten soll, ist ja nichts Unerhörtes. Das, was
unerhört in unserer Bewegung ist, unsere Grundsätze, unsere Ziele, das braucht in
der Jugendliteratur nicht abgehandelt zu werden. Sie soll nicht sozialistische Propaganda treiben, sondern Charaktere bilden ..." [...]

[W]ir Sozialisten kämen in Deutschland um einige Jahre zu spät, wenn wir jetzt
erst feierlich mit der Schaffung einer „von Frömmelei und Rohheit freien" Jugendliteratur beginnen wollten. Seit langen Jahren existirt in der deutschen Lehrerschaft
eine so zielbewußte und dabei im höchsten Grade energievolle Bewegung zu
Gunsten einer in jeder Beziehung einwandsfreien, nur von den Grundsätzen einer
vernunftgemäßen Pädagogik geleiteten Jugendliteratur, daß die Arbeiterschaft nur
nöthig hat, sich dieser Führung anzuschließen. Von Hamburg, dem Sitze der fort-
schrittlustigsten Volksschullehrer, ging die Bewegung aus, um von Jahr zu Jahr zu
wachsen, so daß sie jetzt fast die gesammte deutsche Lehrerschaft, wenigstens in
ihren aufgeklärten und vorurtheilsfreieren Elementen, umfaßt. Der Hamburger
Lehrer Heinrich Wolgast schuf ihr in seinem vorzüglichen, mit größter Sachkenntniß und mit dem heiligen Feuer des für eine große Sache begeisterten Apostels
geschriebenen Buche „Das Elend unserer Jugendliteratur"[...] die theoretische
Grundlage.

Wolgast ist in sozialer Beziehung zu gut geschult, um die Angelegenheit der Jugendschriften nicht von ihrem pädagogischen, und beides zusammen nicht von
ihrem sozialen Mutterboden loszulösen. Er erhebt nicht, wie so viele Sozialrefor-
mer gern mit ihrer plötzlich als verbesserungsbedürftig erkannten Einzelsache

---

[*] „Neue Zeit" XII, 1, S. 343.

thun, die Jugendschriftensache allein auf den Schild und schreibt ihr nicht etwa alle möglichen, die Gesellschaft von Grund aus reformirenden Eigenschaften zu. Er weiß sehr genau, daß für eine volle Lösung der Frage der Jugendliteratur die Lösung der sozialen Frage Vorbedingung ist; aber er weiß auch, daß dem ungeachtet schon heute rüstig gearbeitet werden muß – in der Hauptsache theoretisch, doch auch praktisch, soweit es nur angängig ist – wenn später, nach Schaffung der wirthschaftlichen Vorbedingungen, die Jugendliteratur ihrer sozialpädagogischen Aufgabe gerecht werden soll.

So weist Wolgast darauf hin, daß, seitdem erst einmal durch die Philanthropisten das spezifische Kinderbuch, und zwar damals zu belehrend-moralisirenden Zwecken, geschaffen war, die Art der Jugendschriftenliteratur sich den verschiedenen Zeitverhältnissen anpaßte. [...]

Weit einschneidender aber wie diese immerhin nur oberflächlichen Aenderungen im Leben der Nation wird für die spezifische Jugendschrift die gewaltige geschichtliche Umwälzung sein, die sich in unseren Tagen vorbereitet: sie wird ihr mit Stumpf und Stiel den Garaus machen. Denn die landläufige Jugendliteratur hat gar keine Existenzberechtigung. Sie konnte sich nur zu dem ebenso breiten wie seichten Strome von heute entwickeln, weil unser ganzes heutiges Erziehungssystem höchst unvollkommen ist und derart große Lücken läßt, daß man sie nur nothdürftig mit den Stroh- und Heubündeln der „Jugend"-schriften ausstopfte. Eine Lektüre nur der Unterhaltung wegen darf es wohl für den Erwachsenen geben, ein Kind bedarf ihrer nicht, sobald die Erziehung vernunftgemäß organisirt ist. Dazu gehört in erster Linie die Nutzbarmachung eines heute völlig außer acht gelassenen, für die Erziehung der Zukunft aber zum eigentlichen Rückgrat werdenden Faktors: das ist die Arbeit. Auch Wolgast deutet hierbei auf den prophetischen Satz von Marx hin, daß aus dem Fabriksystem, wie man im Detail bei Robert Owen nachlesen könne, „der Keim der Erziehung der Zukunft" entsprosse, welche „für alle Kinder über einem gewissen Alter produktive Arbeit mit Unterricht und Gymnastik verbinden wird, nicht nur als einen Methode zur Steigerung der gesellschaftlichen Produktion, sondern als die einzige Methode zur Produktion vollseitig entwickelter Menschen".[***] Natürlich handelt es sich hier nicht um die so außerordentlich erziehungsschädigende gewerbliche Kinderarbeit, sondern um eine aus dem Spiele, das für das Kind nichts Anderes wie Arbeit ist, organisch herauswachsende, beziehungsweise herauszuentwickelnde, den körperlichen und geistigen Fortschritten des Kindes angepaßte, pädagogisch geregelte Befriedigung des jugendlichen Thätigkeitstriebs. Die zukünftige Erziehung kann sich nicht damit begnügen, die Kinder fünf bis sechs Stunden in große Kasernen einzusperren, ihren Geist mit fragwürdigem Wissen vollzustopfen und sie während der übrigen Zeit des Tages sich selbst und der verderblichen Privatlektüre von Indianergeschichten zu überlassen; sie wird den Tag besser auszufüllen wissen, ohne dabei wie heute das Kind rein rezeptiv und geistig zu beschäftigen, ohne es der nöthigen Freiheit zu

---

[***] „Das Kapital", 4. Aufl., 1. Band, S. 449.

berauben, ohne den Eltern die Mitbestimmung und Freude an der Erziehung vorzuenthalten, ohne endlich auch alle Zeit des Kindes so zu absorbiren, daß ihm nicht
immer noch Gelegenheit zum Lesen guter Bücher bliebe. [...]

Eine Jugendschrift kann einen dreifachen Zweck verfolgen. Sie kann belehren
oder moralisch einwirken oder ästhetisch erfreuen. Die bis heute noch „führenden"
Jugendschriftsteller, literarische und pädagogische Sudelköche gröbster Art, wie
Chr. Schmied, Nieritz, Hoffmann, Höcker, Karl May u. A. werfen alle drei Zwecke
brav durcheinander, sie bilden sich wohl gar noch etwas darauf ein, wenn sie wieder einen „belehrenden" Roman für die Jugend mit „reiner" moralischer Tendenz
fabrizirt haben. Das moderne Jugendschriftthum schreibt hier eine klare, reinliche
Trennung vor. Je nach Neigung der Kinder soll es Schriften zu ihrer Aufklärung
und zum künstlerischen Genuß geben, aber in beiden Fällen dürfen die Bücher nur
von Fachleuten stammen; das ist für die belehrende Jugendschrift der Wissenschaftler, der sein Fach gründlich beherrscht und nicht mit dilettantischer Oberflächlichkeit irgend ein „populärwissenschaftliches" Ding zusammenstoppelt. Und
für die künstlerische Jugendschrift kommt nur der wirkliche Dichter in Betracht,
denn „es giebt nur ein wirklich dichterisches Schriftthum", so führte Ferdinand
Avenarius einmal im „Kunstwart" aus, „nicht je eines für große und für kleine
Leute [...].

Wie aber muß die Jugendlektüre beschaffen sein, um die Jugend zur literarischen Genußfähigkeit zu erziehen? Wer schwimmen lernen will, muß ins Wasser,
meint Wolgast, und die Jugend kann keinen Genuß an literarischen Kunstwerken
gewinnen, wenn ihr keine dargeboten werden. [...]

Die Jugendschriftenreformer sind nicht bei der Theorie stehen geblieben, son-
dern sie haben eine äußerst rührige und geschickte Praxis entfaltet. In über zwanzig
Städten Deutschlands bestehen Prüfungskommissionen für Jugendschriften. Je fünf
dieser Städte sind zu einer Gruppe vereinigt, und diesen einzelnen Gruppen ist die
Prüfung der verschiedenen alten wie neuen Jugendschriften übertragen. Je nach der
Entscheidung der Mehrheit der fünf zu einer Gruppe vereinigten Prüfungsausschüsse wird das betreffende Buch empfohlen oder abgelehnt. Die empfohlenen
Bücher sind zu einer Liste vereinigt worden – die natürlich fortlaufend ergänzt
wird –, die alljährlich zu Weihnachten in großen Massen an die Eltern von Schülern, durch Abdruck in Tageszeitungen und auf andere Weise verbreitet wird.

Dieser von Fachleuten, die mit ernstem, gewissenhaftem Wollen an die Arbeit
gehen, ausgeübten Prüfung sind alle jene nach Frau Troelstras zutreffendem Ausdruck „faden, süßlichen, verächtlichen Kinderbücher, mit solch einer schlaffen,
hergebrachten, ekelhaften Alltagsmoral" zum Opfer gefallen, während andererseits
manche bislang unbeachtete Perle neu entdeckt worden ist. Daß durch die „Jugend-
schriften-Warte", das monatliche Organ der Bewegung, die Grundsätze dieser
Bestrebungen fortwährend weiter ausgebaut und verbessert werden, und daß die
Ausschüsse auch noch durch eigene Herausgabe von besonders guten Jugendschriften bezw. durch Anregung oder Unterstützung solcher Herausgabe positiv
thätig sind, sei nebenbei erwähnt.

Ich wiederhole, was ich zu Anfang sagte, daß die Sozialdemokratie eine Gesundung der Jugendliteratur dadurch am ehesten herbeiführt, daß sie die gekennzeichneten Bestrebungen unterstützt. Es stehen uns dafür manche Mittel und Wege zur Verfügung. Unsere Tagespresse müßte mindestens zu Weihnachten – wie dies übrigens schon ganz ereinzelt geschieht – das Jugendschriftenverzeichniß der Prüfungsausschüsse veröffentlichen: Unsere Parteibuchhandlungen müßten die wichtigsten und gangbarsten Jugendschriften dieses Verzeichnisses auf Lager haben. Vielleicht läßt sich auch ein sozialdemokratischen Eltern besonders zusagendes kürzeres Verzeichniß zusammenstellen.

Wie aber lassen sich die Anregungen Frau Troelstras und Kautskys damit vereinen?

Der internationalen Kommission für Jugendliteratur stehe ich in ihrer praktischen Konsequenz sehr skeptisch gegenüber. Wenn ich auch die Gefahr nicht allzu hoch veranschlagen will, daß das berechtigte Streben auf kosmopolitische Gesinnung der Kinder das ebenso berechtigte und für die jüngeren Stufen pädagogisch unerlässliche Streben auf Erweckung eines starken Heimathsinns nicht beeinträchtigen darf, so belehrt ein Blick auf die bisherige Sterilität der in London eingesetzten internationalen Erziehungskommission[686], wessen wir uns von einem ähnlichen Gebilde für die Jugendliteratur zu versehen hätten. Ein großer Theil von guten, klassischen Jugendschriften, wie der Robinson, wie die Grimmschen Märchen, wie ein Theil unserer größeren Dichter, sind schon so gut wie international, bei einem anderen Theile genügt vielleicht das ausgesprochene Bedürfniß, um gute Uebersetzungen zu veranlassen. Ob aber von Parteiwegen andere gute Jugendschriften zum internationalen Gemeingut gemacht werden können, scheint mir mehr als zweifelhaft.

Aber Frau Troelstras Anregung an die Parteiverleger, die Jugendschriften mehr wie bisher in ihren Katalogen zu berücksichtigen, hat meinen vollen Beifall. Möge man zu diesem Zwecke das Hamburger Verzeichniß durchsehen. Auch ihren Wunsch, daß die Parteiblätter häufiger erzieherische Fragen in gemeinverständlicher Form behandeln möchten, unterstütze ich.

Sehr sympathisch endlich stehe ich der daran anknüpfenden beiläufigen Anregung des Genossen Kautsky auf Begründung einer deutschen Jugendzeitschrift bezw. einer pädagogischen Zeitungsbeilage gegenüber. Gut redigirte bürgerliche Blätter kommen dem berechtigten Verlangen der Eltern auf gelegentliche Unterweisung und Belehrung über wichtige pädagogische Kernsätze, über die mancherlei sonstigen Fragen der Kindererziehung in Schule und Haus mehr entgegen wie unsere Parteipresse. Allerdings hatten unsere Zeitungen bisher dafür kaum den nöthigen Raum und die nöthigen Mittel. [...]

Hoffentlich überlegen sich die kapitalkräftigen Parteiblätter diese Anregungen des Genossen Kautsky einmal.

---

[686] Gemeint ist offenbar die Erziehungskommission der II. Internationale, die ihren Sitz in London hatte.

45. J. Liberty Tadd: Neue Wege zur künstlerischen Erziehung der Jugend[687] (Rezension von R. R.)

NZ 1900/01(2), Nr. 33, S. 217-218 (Auszüge)

Daß das Buch des amerikanischen Pädagogen auch bei uns in Deutschland anregend und befruchtend wirken möge, mit diesem Wunsche schließt das Geleitwort, welches die Hamburger Lehrervereinigung der von ihr veranstalteten deutschen Ausgabe mit auf den Weg gegeben hat; und in der That bietet es Jedem, der sich für Schule und Unterricht interessirt, eine Fülle von Anregungen. Dies bedeutet kein geringes Lob für den Verfasser, wenn man erwägt, daß er sich zur Hauptsache mit rein methodischen Fragen beschäftigt, und daß im Mittelpunkt des Ganzen ein Unterrichtsfach steht, welches in der Erinnerung der meisten Leser schon an und für sich mit dem Gefühl der Langeweile verknüpft sein dürfte, das Zeichnen.

Tadd gehört nun zu Denjenigen, welche mit den Traditionen des bisherigen Zeichenunterrichts am gründlichsten aufräumen. Anstatt abstrakter geometrischer Figuren und todter Holzklötze, die dem Kinde nichts sind und nichts bedeuten, zeichnen seine Schüler von Anfang an nach der Natur und nach Gegenständen, die sie interessiren. [...] An die Stelle der pedantisch „korrekten" Ausführung tritt das wiederholte flotte Skizziren desselben Gegenstandes und das Gedächtnißzeichnen. Die vorgeschrittenen Schüler sollen lernen, auch das sich bewegende Objekt in seinen charakteristischen Zügen festzuhalten. Dann und wann werden den Kindern Handzeichnungen von Künstlern, als die geeignetsten Vorbilder, zum Kopiren vorgelegt. Der Unterricht soll nach Tadd die Schüler befähigen, ihre Vorstellungen von den Dingen, so vollkommen wie möglich, mit dem Stifte oder Pinsel auszudrücken; denn das Zeichnen ist ein dem Sprechen analoges Ausdrucksmittel. Gewiß ein ebenso erstrebenwerthes Ziel, wie eine psychologisch richtige Auffassung des Zeichnens!

Man würde indessen dem Buche nicht gerecht werden, wenn man auf die vom Verfasser durchgeführte Reform des Zeichenunterrichts das Hauptgewicht legte. [...] Was dem Buche eine gewisse aktuelle Bedeutung verleiht, ist die Verbindung zweier Gedanken, die gerade heute sich in der Pädagogik vordrängen und um ihre Anerkennung ringen. Um sie ganz kurz zu bezeichnen, genügen die beiden Worte: Kunst – Handfertigkeit.

Empfindung und Bewegung sind die beiden Pole des geistigen Lebens. Auf den untersten Stufen nervöser Organisation, im Reflex, beinahe in eines zusammenfallend, rücken sie allmälig immer weiter auseinander, um schließlich den verwickeltsten Bewußtseinsvorgängen Raum zu geben. Nehmen diese eingeschalteten Prozesse beim erwachsenen Menschen einen solchen Umfang an, daß derselbe oft vor lauter Gedanken nicht zur That zu kommen scheint, so tritt beim Kinde, welches ein niedrigeres Entwicklungsstadium repräsentirt, das ursprüngliche Verhält-

---

[687] Für Deutschland herausgegeben von der Lehrervereinigung für die Pflege der künstlerischen Bildung in Hamburg. R. Voigtländers Verlag, Leipzig 1900.

niß klar und unverkennbar zu Tage. Neben seiner größeren Abhängigkeit von sinnlichen Eindrücken zeigt es einen außerordentlich starken Trieb zur Thätigkeit. Die Erziehung muß dieser kindlichen Eigenthümlichkeit weit mehr, als es bisher geschehen ist, Rechnung tragen. Sie muß die produktiven Kräfte des Kindes üben, statt sie zu unterdrücken. Dem Prinzip der Anschauung wird die zukünftige Pädagogik das Prinzip der Thätigkeit an die Seite setzen. Zwiefellos haben somit die auf Einführung des Handfertigkeitsunterrichts gerichteten Bestrebungen einen berechtigten Kern. Doch bergen sie auch eine Gefahr in sich, die Gefahr eines platten Utilitarismus und damit einer Vernachlässigung der höheren Aufgaben der Erziehung, weshalb sich die ablehnende Haltung eines großen Theiles der Lehrerschaft sehr gut begreifen läßt. An diesem Punkte setzt Tadd ein. Auch er betont, daß Gedanke und Handlung organisch verknüpft sind, und fordert gegenüber der einseitigen Werthschätzung des Buchwissens die Entwicklung der natürlichen Anlagen zur Handgeschicklichkeit, die Pflege der Liebe zur Thätigkeit. Aber, sagt er, bislang hat man sich dabei zu sehr durch Erwägungen der Nützlichkeit leiten lassen. Hobeln und Sägen übt die Muskeln, aber nicht den Geist. Es gilt, Arbeiten auszuwählen, die Hand, Auge und Gehirn gleichmäßig in Anspruch nehmen. Solche Arbeiten sind außer dem Zeichnen das Modeliren in Thon oder Wachs und das Holzschnitzen. Also nicht mechanische, sondern künstlerische Handarbeit! Es ist interessant zu bemerken, wie sehr diese Auffassung vom Handfertigkeitsunterricht der Tendenz des Handwerks, sich als Kunstgewerbe wieder eine feste Stellung neben der die gesammte Produktion an sich reißenden Maschine zu erobern, entspricht. Doch das ist für Tadd nicht das Entscheidende. Ihm kommt es darauf an, das Kind auch für die einfachsten Schönheiten der Natur und der Dinge, und gerade für diese, empfänglich zu machen. „Die ganze Tendenz der modernen Industrie macht schon früh genug Maschinen aus uns allen. Wie schrecklich eng und einseitig ist das Leben von Millionen von Menschen, deren Fähigkeiten nur daran gemessen werden, wie sie mit einer sinnreichen Maschine umzugehen wissen. Die Thatsache, daß eine Menge von Gewerben Geist und Körper abstumpfen, sollte uns dazu führen, unsere jungen Schüler möglichst widerstandsfähig gegen diese Einflüsse zu machen" (S. 168). [...]

368

46. Paul Hirsch: Sozialdemokratische Kommunalwahlprogramme[688]

NZ 1901/02, Nr. 20, S. 612-622 (Auszüge)

[...] Ueber das, was wir auf dem Gebiet des Schulwesens und der allgemeinen Volksbildung zu vertreten haben, herrschen in den verschiedenen Programmen im Allgemeinen übereinstimmende Anschauungen; höchstens daß das eine Programm unsere Forderungen präziser zum Ausdruck bringt als das andere. Wir verlangen in erster Linie den obligatorischen Besuch der Volksschule und eine Klassenfrequenz, die einen gedeihlichen Unterricht ermöglicht. [...] (*empfohlen wird der Verzicht auf zahlenmäßige Festlegungen zugunsten der folgenden Formulierung, ChU.*): „Festsetzung einer Maximalschülerzahl pro Klasse, die allein durch die Anforderungen der Pädagogik, nicht aber durch finanzielle Rücksichten bestimmt wird."

Unsere weiteren Forderungen hinsichtlich der Volksschule wären: Unentgeltlichkeit des Unterrichtes und der Lehrmittel, Errichtung von Schulkantinen und Schulbädern, Anstellung von Schulärzten, Schaffung besonderer Klassen für minder begabte Schüler, Verbot jeder Erwerbsthätigkeit schulpflichtiger Kinder. Ein großes Gewicht wäre ferner auf die körperliche Ausbildung der Jugend zu legen, ein Ziel, zu dessen Erreichung Turnhallen, Spielplätze, Schulbäder, Schulgärten, Eisbahnen für Schulkinder und dergleichen wohl geeignet sind. Für die schulentlassene Jugend beiderlei Geschlechtes hätten wir den obligatorischen Fortbildungsunterricht bis zum vollendeten achtzehnten Lebensjahr an Wochentagen während der Arbeitszeit anzustreben.

Ob es nicht zu weit gegangen ist, wenn das Programm für München die Beschaffung der nothwendigsten Kleider für bedürftige Kinder aus Gemeindemitteln oder wenn das badische Programm in den Schulen Ausbildungskurse für Krankenpflege verlangt, bleibe dahingestellt. Gewiß wird im Prinzip dagegen kaum etwas einzuwenden sein, aber aus taktischen Gründen sollten wir uns hier eine gewisse Beschränkung auferlegen.

Im Interesse der allgemeinen Volksbildung haben wir zu fordern die Errichtung und Ausbildung von Volksbibliotheken und Lesehallen, die Einrichtung kommunaler Theater, Vortragshallen und dergleichen, Veranstaltungen von Volksvorlesungen, Volksvorstellungen, Volkskonzerten, Gemäldeausstellungen für das Volk aus Mitteln der Gemeinde. Im Großen und Ganzen treffen unsere Programme hier das Richtige; doch bedarf ein Theil von ihnen noch einer Vervollständigung. [...]

---

[688] Paul Hirsch (1868-1940), besuchte das Gymnasium zum Grauen Kloster in Berlin, studierte Medizin, dann Sozialwissenschaft und Nationalökonomie, Mitarbeit in reformerischen Studentengruppen, ab 1892 Schriftsteller und Parlamentsberichterstatter, 1900-1921 Stadtverordneter in Charlottenburg und Berlin, 1908-1932 Mitglied des preußischen Landtages, 1918/19 gemeinsam mit Heinrich Ströbel (USPD) Ministerpräsident der Provisorischen Regierung in Preußen, bis März 1920 Präsident des preußischen Staatsministeriums, nach dem Kapp-Putsch verschiedene kommunalpolitische Aufgaben in Berlin, 1925-1932 Bürgermeister in Dortmund.

47. Akademikus: Unsere höheren Schulen[689]

NZ 1901/02, Nr. 26, S. 804-812 (Auszüge)

Nirgends besteht wohl ein Zweifel darüber, daß der Sozialismus an der Frage des Jugendunterrichtes das allergrößte Interesse hat. Das vielgebrauchte Wort: „Wer die Schule hat, hat die Zukunft", ist wirklich eine Wahrheit. Und einer der durchschlagendsten Gründe für unsere Betheiligung an den preußischen Landtagswahlen, gegen die sich ja sonst manche nicht unberechtigte Bedenken erheben lassen, scheint mir der zu sein, daß wir dann auch in den Bildungs- und Erziehungsfragen unsere Anschauungen nicht blos innerhalb der kommunalen Körperschaften, sondern vor dem ganzen Lande vertreten könnten, während jetzt der Einfluß unserer Partei auf diesem Gebiet fast gleich Null ist. Mit dem letzteren bedauerlichen Umstand hängt es wohl auch zusammen, daß den Schul- und Unterrichtsfragen in unseren theoretischen Diskussionen und in der Parteiliteratur bisher verhältnismäßig wenig Raum geblieben ist, trotzdem sie nicht blos die Interessen der Eltern, sondern auch der Gesammtheit aufs Innigste berühren: man sagt sich eben, daß ein direkter praktischer Erfolg damit doch nicht zu erzielen ist. Am wenigsten sind bisher die Verhältnisse der höheren Schulen (Gymnasien, Realgymnasien, Realschulen u.s.w.) in unserem Sinne beleuchtet worden und, wenn es geschehen, nicht immer in der fachkundigsten Weise. Daß, wie die Dinge heute stehen, die übergroße Mehrzahl der Parteigenossen an der Volksschule ein weit unmittelbareres Interesse hat, liegt ja auf der Hand. Und doch sollte sich dies Interesse in größerem Maße als bisher auch den höheren Bildungsanstalten zuwenden, welchen heute schon zahlreiche Genossen (oft unter eigenen Entbehrungen) ihre Söhne und Töchter zuführen, welche die wissenschaftliche Bildung vermitteln, und aus denen die regierenden Klassen bis heute allein hervorgehen.

Mit vollem Rechte erhebt das Erfurter Programm die Forderung, daß unsere höheren Schulen allen den Schülern und Schülerinnen zugänglich gemacht werden sollen, die kraft ihrer Fähigkeiten zur weiteren Ausbildung geeignet erachtet werden. Jeder weiß, wie weit wir heute noch von diesem Ziele entfernt sind.

Um so mehr muß auf diesem Felde gearbeitet werden. Unsere kommunalen Vertreter schlagen da öfters, wenigstens habe ich dies in kleineren Stadtgemeinden beobachtet, ein meines Erachtens irriges Verfahren ein. Indem sie in ähnlicher Weise, wie dies in den Erläuterungen zum Erfurter Programm (S. 45) geschieht, herausrechnen, daß ein „höherer" Schüler die Stadt drei- oder viermal mehr koste als ein Volksschüler, helfen sie zuweilen kurzsichtigen bürgerlichen Vertretern auch berechtigte Mehrausgaben für die höhere Schule abzulehnen: anstatt jede Kulturausgabe zu bewilligen, dafür aber allgemeine Zugänglichkeit für alle Befä-

---

Karl Vorländer, Pseudonym Akademikus (1860-1928), Gymnasialprofessor in Solingen, Philosoph, Vertreter eines idealistisch-ethischen Sozialismus, den er mit Kants Kritizismus verbindet, namhafter Kantforscher mit zahlreichen Publikationen, u.a. Werkausgaben von Kant (1899), Kant und der Sozialismus (1900), Die neukantische Bewegung im Sozialismus (1902), Geschichte der Philosophie (1902), Marx und Kant (1904), Kant, Schiller, Goethe (1907).

higten immer wieder zu fordern, erweiterten Zutritt geradezu zur Bedingung zu machen. Auch heute schon sind Fortschritte in dieser Beziehung möglich. [...]

[U]nser Ideal wäre eine einheitliche Nationalschule für alle Kinder unseres Volkes: die auf ihren unteren Stufen, in den ersten fünf Jahren (Lehrgängen) etwa, eine gründlich verbesserte Neuauflage unserer heutigen „Volks"schule (die gegenwärtig vielfach eine bloße Armenschule ist) darstellte, während sich dann für die Begabteren, gleichviel welchen „Standes", successive der Unterricht in den schwierigeren Fächern, vielleicht zunächst, wie in den heutigen Reformschulen (siehe unten), im Französischen, später erst – je nach Beanlagung und Neigung – entweder mehr in den Gymnasial- oder in den Realfächern anschlösse. Aber solange solche Einrichtungen, die eine Volksschule im wahren Sinne des Wortes überhaupt erst schaffen würden, noch nicht bestehen, sollten die Arbeitervertreter nicht ablassen, stete Erweiterung der Zugänglichkeit der höheren Schulen zu fordern, sollten die Arbeiterväter möglichsten Gebrauch von dieser – wenn auch noch sehr unvollständigen – Zugänglichkeit für ihre Kinder machen. Daß sie dort nicht als Schüler zweiter Klasse behandelt werden, dafür würden sich, namentlich in größeren Städten mit Arbeiter-Stadtverordneten, schon Mittel und Wege finden lassen; von dem Durchschnitt der Lehrer an höheren Schulen ist es überdies kaum zu befürchten. Der fleißige und begabte Sohn des Arbeiters ist diesem auch jetzt schon lieber als der faule und verwöhnte Sprößling des reichen oder „vornehmen" Protzen.[690] [...]

Freilich ist es von der Theorie zur Praxis auch in der Pädagogik ein weiter Schritt, und es ist leider nicht zu bestreiten, daß es nicht blos unter Volksschul-, sondern auch unter den „höheren" Lehrern eine ganze Anzahl Unteroffiziernaturen giebt, die besser den Korporalstock in die Hand genommen hätten, anstatt den edlen Beruf des Menschenbildners zu ergreifen. Allein so gänzlich von Geist und Gemüth verlassen ist nach unseren Erfahrungen unsere Lehrerwelt denn doch nicht, daß ihr größerer Theil den Schülern das Leben zur Hölle oder zum „lebendigen Begrabensein" machte, und der gesunde, nie unterdrückbare Jugendsinn der Schüler würde sich das auch gar nicht gefallen lassen.

Der Hauptangriff der „Modernen" richtet sich gewöhnlich gegen den Betrieb der „todten" Sprachen: des Griechischen und des Lateins. Nun besitzt freilich für die ganze Masse Derer, deren Streben nur darauf hinausgeht, möglichst bald mit dem Einjährig-Freiwilligen-Zeugniß ausgerüstet in das sogenannte praktische Leben einzutreten, das bischen Latein oder gar das Griechische nur wenig Werth, und von diesem Gesichtspunkt aus ist die immer stärkere Verbreitung der nur die neueren Sprachen betreibenden, lateinlosen Realschulen mit Freude zu begrüßen. Aber mit Sozialismus oder nicht hat die intimere Kenntniß der klassischen Sprachen blutwenig zu thun. Im Gegentheil, eine wirkliche Versenkung in den Geist der Antike kann eher als ein heilsames Gegengift gegen die kirchlich- und politisch-reaktionären Tendenzen der Gegenwart gelten. So waren denn auch die Begründer

---

[690] Es folgen Lehrplanbeispiele, die nach Auffassung des Autors für einen selbstbestimmten und freien Umgang mit dem Stoff sprechen.

des deutschen Sozialismus durchtränkt von klassischer Bildung. Marx las nach Lafargues Zeugniß jedes Jahr den schwierigen Aeschylus in der Ursprache, und zu seinen Lieblingsdichtern hat Zeit seines Lebens der unsterbliche Homer gehört. Eines der beiden Hauptwerke Lassalles ist der „Philosophie Herakleitos des Dunkeln von Ephesos", das heißt den abgerissenen Fragmenten eines der tiefsinnigsten antiken Denker gewidmet, zu deren Bewältigung es einer Unsumme von philologisch-historischem Scharfsinn und zugleich einer seltenen Vertiefung in den Geist der griechischen Philosophie bedurfte. Auch Engels hält in seinem Anti-Dühring gegenüber Dührings Erziehungssystem, das „die todten Sprachen ganz in Wegfall" bringen wollte, deren Kenntniß hoch, schon deshalb, weil sie „über den beschränkten nationalen Standpunkt" erhebe und „wenigstens den klassisch gebildeten Leuten aller Völker einen gemeinsamen erweiterten Horizont eröffnet" (3. Auflage, S. 347); er macht zugleich die sehr richtige Bemerkung, daß zum eindringenden Verständniß der eigenen Sprache die Berücksichtigung der verwandten lebenden und todten Sprachen gehört (ebenda, S. 348). Unseres Erachtens hat Kautsky bezüglich der meisten Gegner der letzteren recht, wenn er als ihr eigentliches Motiv „weniger pädagogische Gründe als das Streben" betrachtet, „die Jungen ja nur lernen zu lassen, was sie einmal ‚brauchen', das heißt in Geld umsetzen können" (Erfurter Programm, S. 172). [...]

Es läßt sich nicht leugnen, daß sich gegen die Belastung gerade des zarten Alters von neun bis zehn Jahren, in dem der Durchschnittssextaner zu stehen pflegt, mit der strengen Geistesarbeit der lateinischen Sprache manches geltend machen läßt. Wir möchten deshalb an dieser Stelle auf die Vortheile einer neuen Schulform aufmerksam machen, die verständigerweise von der preußischen Unterrichtsverwaltung gefördert wird: wir meinen die Reformschule (Reformgymnasium bezw. - Realgymnasium).[...] Vor Allem spricht für sie unseres Erachtens der soziale Gesichtspunkt. An sie könnte sich die oben in ihren gröbsten Umrissen gezeichnete Einheitsschule der Zukunft anlehnen, ihr einheitlicher Unterbau unschwer mit den zu reformirenden oberen Klassen der heutigen Elementarschule verbunden werden. [...]

Wir möchten mit unserer im Vorigen gegebenen kurzen Uebersicht über einige neuerdings im höheren Schulwesen (zunächst Preußens) erfolgte Reformen nun keineswegs der preußischen Unterrichtsverwaltung ein besonderes Lob ertheilen, die vielleicht nur eben dem Strome der Zeit sich nicht ganz zu entziehen vermochte. Unser Zweck war vielmehr, zu zeigen, daß der Sozialismus manches auf unseren höheren Schulen vorfindet, was er nicht unmittelbar zu bekämpfen braucht, sondern bei seinem Siege ruhig bestehen lassen könnte, und es nur in seinem Sinne fortzubilden hätte. [...]

Wir haben im Vorigen, um gerecht zu sein, auf einige Lichtblicke in der heutigen Entwicklung unserer höheren Schulen hingewiesen, auf Handhaben, an welche die Sozialdemokraten, sobald sie stärkeren Einfluß auch auf diesem Gebiet gewinnt, anzuknüpfen vermag. Ebenso klar aber ist es, daß eine entschiedene Umgestaltung in unserem Sinne nur von einem vollständigen Siege des Sozialismus zu erhoffen ist. So lange an unseren Unterrichtsanstalten aller Gattungen, von der Elementarschule bis zur Universität nicht blos das offene Bekenntniß, sondern auch jede öffentlich ausgesprochene Hinneigung zum Sozialismus wie ein Verbrechen verfehmt und mit Disziplinirung und eventueller Absetzung Derer geahndet wird, die „thöricht genug ihr volles Herz nicht wahrten", so lange ist ein entscheidender Fortschritt im sozialistischen, ja nur im freiheitlichen Sinne überhaupt nicht möglich. Und noch ein Anderes. Es zeigt sich auch hier, wie eng alle Probleme des Sozialismus miteinander verbunden sind, wie nahe insbesondere die intellektuellen und sittlichen mit den ökonomischen zusammenhängen. Denken wir uns schließlich auch dem Sohne des Arbeiters volle Gelegenheit gegeben, sich die ganze wissenschaftliche Bildung auf unseren höheren Lehranstalten (inklusive Universität oder Polytechnikum) anzueignen. Was wird, falls im Uebrigen die heutigen Zustände fortdauern, die Folge sein? Nicht blos werden die übrigen Familienmitglieder um der Bevorzugung des Einen willen darben müssen, nicht blos wird er selbst in seiner späteren Laufbahn immer aufs Neue den Kampf ums Dasein mit den mit Glücksgütern gesegneten Genossen zu kämpfen haben: sondern es ist auch die noch traurigere Gefahr vorhanden – und, je mehr er wirklich vom Glücke begünstigt wird, desto mehr –, daß die intellektuelle und wirthschaftliche Kluft zwischen ihm und seiner ursprünglichen Klasse immer größer wird, daß die Macht, die Ehre, der Reichthum, die er mit Händen greifen kann, ihn locken, daß so ein Kämpfer für das Proletariat in ihm verloren geht. Die geistige und sittliche Hebung des Proletariats ist von seiner ökonomischen Befreiung unzertrennlich.

48. Berthold Otto: Lehrgang der Zukunftsschule[691] **(Rezension von Heinrich Schulz)**

NZ 1901/02, Nr. 9 (35), S. 288

Der Verfasser geht zwar nicht ganz einsam völlig ungebahnte Wege. So hat ihm besonders Pestalozzi viel vorgearbeitet. Aber Otto hat doch den Muth, die herkömmlichen Geleise der traditionellen Pädagogik zu verlassen und auf eigene Faust Seitenwege einzuschlagen, die wohl im ersten Augenblick unpassirbar erscheinen, in Wirklichkeit aber viel näher, schöner und naturgemäßer sind, wie die breite Heerstraße. Otto verwirft die übliche, schablonenmäßige Schulpädagogik, die die Kinder in die spanischen Stiefel vorgefaßter Meinungen und überlebten todten Regelwerkes schnürt und den Kindern ohne Rücksichtnahme auf die psychologischen Vorbedingungen Anschauungen und Begriffe aufoktroyirt, anstatt damit zu warten, bis der für jede einzelne neue Erkenntniß günstige Moment gekommen ist. Otto hat mit seiner diesbezüglichen Kritik des herrschenden Schulschlendrians recht, und seine rein empirisch gefundenen Reformvorschläge zeugen nicht nur von seiner eigenen hohen pädagogischen Qualifikation, sondern sie ent-

---

[691] Der volle Titel lautet: Lehrgang der Zukunftsschule, nach psychologischen Experimenten für Eltern, Erzieher und Lehrer dargestellt. Erschienen bei K. G. Th. Scheffer, Leipzig 1901.

halten auch eine Fülle höchst schätzbarer Anregungen für die unterrichtliche Gestaltung in der Zukunftsschule. Aus jeder Zeile spricht der erfahrene Praktiker. Ob aber sein Buch den Lehrgang der Zukunftsschule bedeutet, scheint mir doch noch mehr als zweifelhaft. Es genügt für die Berechtigung dieses Zweifels die Thatsache, daß Otto den Arbeitsunterricht, der in der „Zukunftsschule" eine wichtige, ja die wichtigste Rolle spielen wird, fast völlig ignorirt. Das ist umso auffälliger, als Otto an mehreren Stellen (besonders auf S. 212 f.) den Beweis liefert, daß er sehr wohl die Beziehungen der Arbeit zur Bildung zu schätzen weiß. Soviel scheint mir immerhin sicher, daß die Neugestaltung des Schulwesens nach der Beseitigung der ihr gegenüberstehenden sozialen Schwierigkeiten an den Ottoschen Anregungen nicht achtlos vorübergehen wird.

49. Heinrich Ströbel: Jugend, Volk und Literatur[692]

NZ 1901/02, Nr. 16 (42), S. 496-505 (Auszüge)

Die Frage der literarischen Jugend- und Volkserziehung ist wiederholt in der sozialistischen Presse diskutirt worden. Sie ist auch besonders aktuell geworden, seitdem Parteiverlage Volksunterhaltungs- und Jugendzeitschriften herausgeben. Die Schwierigkeiten, die sich diesen Bemühungen entgegengestellt haben, beweisen, wie nothwendig es ist, diesem sozialpädagogischen Problem andauernde Aufmerksamkeit zu widmen. Namentlich scheint es mir nützlich zu sein, zweierlei zu untersuchen: die psychologische Disposition des zu Erziehenden und die Erziehungsmethode. Die Thatsache, daß über diese beiden Faktoren eine Einmüthigkeit noch keineswegs herrscht, und die eminente Bedeutung des Problems selbst mögen die nachfolgenden Glossen legitimiren.

Auch für die Bourgeoisie existirt das Problem der Jugendliteratur. Namentlich die interessanten Bestrebungen gewisser Hamburger Lehrerkreise, den Eltern der schulpflichtigen Jugend durch die Herausgabe eines Verzeichnisses empfehlenswerther Bücher Winke für die Auswahl einer angemessener Lektüre zu geben, haben auch in bürgerlichen Kreisen die Erörterung des Problems besonders lebhaft in Fluß gebracht. Aehnliche Bestrebungen liegen auch den Versuchen zu Grunde, den erwachsenen Gliedern des Volkes Geschmack an guter Lektüre beizubringen. [...]

---

[692] Heinrich Ströbel (1869-1944), Gymnasium, Studium der Literatur, Geschichte und Nationalökonomie, ab 1892 Schriftsteller und Redakteur verschiedener sozialdemokratischer Zeitungen, 1908-1918 Mitglied des preußischen Landtages, 1917 USPD, November 1918 bis Januar 1919 gemeinsam mit Paul Hirsch (SPD) Ministerpräsident der Provisorischen Regierung in Preußen, an der Auflösung des preußischen Herrenhauses beteiligt, 1920 wieder SPD, 1921-1926 Mitglied der Geschäftsführung und zweiter Vorsitzender der Deutschen Friedensgesellschaft, 1924-1932 Mitglied des Reichstages, 1927-1931 Mitherausgeber der Zeitschrift *Klassenkampf. Marxistische Blätter*, 1931 Austritt aus der SPD, Mitbegründer und einer der Vorsitzenden der Sozialistischen Arbeiterpartei Deutschlands (SAPD), April 1933 Emigration in die Schweiz, schrieb u.a. Die Gesellschaft der Zukunft (1919).

Diesen literaturpädagogischen Bestrebungen huldigen zweifellos auch unsere sozialistischen Volks- und Jugendzeitschriften. Auch sie sind bemüht, das künstlerische Verständniß der Massen zu wecken, das zur Zeit nur in so minimalem Grade vorhanden ist. Aber neben dieser Tendenz läuft für uns Sozialisten jene andere einher, die Jugend und das Volk gleichzeitig in die Empfindungs- und Gedankenwelt des Sozialismus einzuführen und die namentlich durch die Schule methodisch entwickelte bürgerliche Weltanschauung ebenso methodisch zu entwurzeln. Die Aufgaben der sozialistischen Jugend- und Volksliteratur sind also doppelte und doppelt schwierige. Während die bürgerlichen Bestrebungen nur den literarischen Geschmack zu entwickeln haben, hat der Sozialismus daneben auch noch eine neue Ideenwelt didaktisch aufzubauen. Die bürgerliche Pädagogik findet ihr Unterrichtsmaterial bereits vollständig vor, ihre Aufgabe ist lediglich, es geschickt zu verwenden; die sozialistische dagegen hat auch noch einen guten Theil des Lehrstoffs selbst zu schaffen.

Die sozialistische Jugendliteratur – man ergänze stets: und Volksliteratur – hat mit der bürgerlichen das Ziel gemeinsam, das heranwachsende Geschlecht ästhetisch zu erziehen, es in die Literatur einzuführen. Für unsere Volksschüler ist ja selbst die deutsche Literatur eine terra incognita. Und neun Zehntel der aus der Volksschule Hervorgegangenen machen auch späterhin keine Entdeckungen auf diesem fremden Gebiet. Ihr Lesebedürfniß, soweit die Belletristik in Frage kommt, sucht und findet Befriedigung an Unterhaltungslektüre niedrigsten Schlages, an Journal- und Zeitungsromanen oder direkt an Hintertreppenromanen. Sind die Ursachen dieses ästhetischen und – wie wir sagen dürfen – bis zu einem gewissen Grade auch intellektuellen Barbarenthums der Mangel an Zeit, die ungenügende Schulbildung, das Fehlen einer anregenden Anleitung, so sind seine Folgen eine erschreckende Geschmacksverwilderung, eine kindische, zuweilen krankhafte Phantasterei, eine grotesk verzerrte Spiegelung des ganzen Weltbildes. Wie wäre es auch anders möglich, als daß sich ein Individuum, das seine Weltkenntniß, seinen intellektuellen und moralischen Vorstellungskreis zum wesentlichen Theile aus den kläglichen Machwerken der Hintertreppenliteratur zieht, absurde und verdrehte Anschauungen aneignet. Die Dienstboten, die eifrigsten Konsumenten der Kolportageliteratur, legen davon ein abschreckendes Zeugniß ab. Mit solchem Menschenmaterial kann der Sozialismus wenig anfangen. Seine Lehren wenden sich an Menschen, deren Hirn nicht durch verlogene Phantastereien umnebelt ist, die die Dinge in ihren wahren Umrissen zu erkennen vermögen. Die Schundliteratur wirkt wie der Alkohol, wie ein giftiges Opiat. Sie täuscht dem benebelten Hirn eine Welt trügerischen Scheines vor, eine Welt voll grellen Maskenflitters und bunter Schemen, sie lähmt die Willenskraft, trübt den Verstand, kurz sie entnervt den Menschen. Der Sozialismus braucht verstandesklare, elastische Individuen, Idealisten zwar, die fähig sind, sich für die Idee einer neuen Weltgestaltung zu begeistern, aber nicht dumpfe, blöde Träumer, deren flügellahme Phantasie sich durch plumpe Schauerromantik stimuliren läßt.

Die echte Kunst übt gerade die entgegengesetzte Wirkung auf Psyche und Intellekt aus. Sie erweitert und klärt den Vorstellungskreis. Beschwört die historische Dichtung vergangener Ereignisse, vermoderte Geschlechter wieder herauf, damit wir ihre Kämpfe als Ausschnitt des großen Ringens der Menschheit theilnahmsvoll noch einmal mit durchleben, so leuchtet die moderne Sujets behandelnde Dichtung tief hinein in die sozialen und seelischen Konflikte der lebendigen Gegenwart. Die Kunst ist das nothwendige Supplement harmonischer Bildung, sie formt aus dem Theilmenschen erst den Vollmenschen. Wie der Sozialismus dies Ideal des Vollmenschenthums zu realisiren trachtet, so wird auch der künstlerisch Gebildete erst vom Sozialismus die Erfüllung seiner Menschheitsideale erwarten. In der künstlerischen Weltanschauung liegen – wenn auch den Künstlern selbst vielfach unbewußt – reiche sozialistische Elemente enthalten. [...]

Die Erziehung zur Kunst, zum Verständniß der Literatur liegt durchaus auf dem Wege jener geistigen Hebung der Massen, wie sie der Sozialismus erstrebt.

Daß die Bestrebungen wohlmeinender Kreise des Bürgerthums, die Jugend und das Volk für die Literatur zu interessiren, bislang so wenig erfolgreich gewesen sind, liegt unseres Erachtens an der vielfach falschen Methode, die man bei dem löblichen Unternehmen befolgt hat. Man ist oftmals zu pedantisch vorgegangen und hat auf die Disposition der Jugend und des Volkes zu wenig Rücksicht genommen. [...][693]

Wer der Jugend Lektüre bieten will, der muß auf ihre Bedürfnisse Rücksicht nehmen. Jede aufdringliche Lehrhaftigkeit ist vom Uebel. Desgleichen jedes Moralpredigen. Die Unterhaltungslektüre muß in erster Linie unterhaltend, das heißt spannend und anregend sein. [...]

Für eine Literatur, die die Jugend im sozialistischen Sinne beeinflussen will, kann die Rücksichtnahme auf die psychische Disposition des Leserkreises nicht peinlich genug geübt werden. Wie wenig durch trockene Lehrhaftigkeit erreicht wird, beweisen ja die vergeblichen Bemühungen so vieler Erzieher, ihre Zöglinge von der Lektüre der Indianergeschichten abzuziehen und zum Lesen „nützlicher" Bücher anzuhalten. Und wie sehr das plumpe Auftragen einer Tendenz den harmlos unbekümmerten Sinn der Jugend abschreckt, beweist die schroffe Ablehnung der Traktätchenliteratur. Nichtsdestoweniger ist es keineswegs unmöglich, auch schon die Jugend mit dem berüchtigten „sozialistischen Gifte" zu infiziren.

Daß die Jugend, und gerade die Jugend in ihrer Arglosigkeit, nur zu aufnahmefähig ist für bestimmte Anschauungen, ist bürgerlichen Jugendschriftstellern nicht verborgen geblieben. Man weiß ja, mit welchem Eifer und welchem Erfolg der Hurrahpatriotismus in den Schulfibeln nicht nur, sondern auch in der inoffiziellen Jugendliteratur gezüchtet wird. [...]

Warum sollte der Sozialismus die kindliche Abenteuerlust und die jugendliche Begeisterungsfähigkeit nicht auch seinen Zwecken dienstbar machen? Warum

---

[693] Es folgen Beispiele zur sinnvollen und weniger sinnvollen Behandlung literarischer Werke.

sollte er nicht allmälig eine Jugendliteratur im sozialistischen Geiste hervorbringen können? [...]

Eine solche sozialistische Jugendliteratur läßt sich nun freilich nicht treibhausmäßig züchten, sie will allmälig, organisch aus dem Parteileben emporwachsen. [...]

Der Grundfehler aller bisherigen Jugend- und Volkspädagogik bestand darin, daß man die Erziehung zu forciren suchte. Die Jugend hat aber geradezu ein unveräußerliches Recht, ihre Phantasie auszuleben. Sie hat schon in der Schule so viel Lehrstoff in Gestalt abstrakter Formeln und trockenen Memorirkrams aufzunehmen, daß man ihr es nicht verübeln kann, wenn sie in den der Unterhaltung gewidmeten Freistunden neue Eindrücke nur in einer der jungen Psyche entsprechenden Form apperzipiren mag. Und auch bei dem physisch schwer arbeitenden Proletarier wird man ein ähnliches Verhalten nur natürlich finden müssen. [...][694]

50. Schulen für nervenkranke Kinder? (Rezension von C. F.)[695]

NZ 1901/02, Nr. 21 (47), S. 662-663 (Auszüge)

In der Münchener „Allgemeinen Zeitung" vom 15. Juli 1902 fordert der Nervenarzt Dr. Heinrich Stadelmann (Würzburg) die Errichtung besonderer „Schulen für nervenkranke Kinder". [...] Das erscheint denn doch aber nicht unbedenklich, gerade aus Rücksichten auf die Gesundheit dieser Kinder. Wohlgemerkt: solche Schulen sollen die „nervenkranke Kinder" nicht etwa in den Zeiten besonderer Verschlimmerung ihres Zustandes, des „Anfalls" oder dergleichen, aufnehmen – denn in diesen Zeiten sind die Kinder meist überhaupt nicht schulfähig – sondern in den Zeiten verhältnißmäßiger Gesundheit. Da besteht denn aber doch die Gefahr, daß wenn man solche Kinder in auch nur kleinerer Anzahl vereinigt, die „psychische Infektion" geradezu gefördert wird. Solche Schulen könnten dann auf die für eine Uebertragung gerade in Folge ihrer Erkrankung besonders empfänglichen Kinder ähnlich wirken, wie das Gefängniß auf den jugendlichen Verbrecher. Die Kinder würden vielfach dort nicht ihre eigenen „Unarten" ablegen, sondern im Gegentheil andere, neue von ihren Mitschülern absehen. Was Stadelmann wünscht – eine geeignete ärztliche Ueberwachung und einen den Charakter der Krankheit berücksichtigenden „individualisirenden Unterricht" –, läßt sich unseres Erachtens

---

[694] Im Nachtrag setzt sich der Autor kritisch mit der von dem Sozialdemokraten Dr. Gustav Morgenstern in Dresden von April 1902 bis März 1904 vierzehntägig herausgegebenen Zeitschrift *Die Hütte. Zeitschrift für das Volk und die Jugend* auseinander. Morgenstern war u.a. Theaterkritiker der *Münchner Post* und leitete vor dem Ersten Weltkrieg zwei Jahrzehnte lang das Feuilleton der *Leipziger Volkszeitung*, bei dem auch Wilhelm Hausenstein, Dr. John Schikowski und Anton Fendrich arbeiteten.

[695] Unter dem gleichen Kürzel C. F. erschienen Beiträge in der *Hamburgischen Schulzeitung*, in der Zeitschrift *Die technische Lehrerin, Zeitschrift für Nadelarbeit, Hauswirtschaft, Turnen und Zeichnen* sowie in *Die Lehrerin, Organ des Allgemeinen Deutschen Lehrerinnenvereins*. Aus den Themen ließe sich auf eine Lehrerin als Autorin schließen.

einfacher und besser auf anderem Wege erreichen, nämlich durch gründliche schulärztliche Ueberwachung sämmtlicher Schulen, und vor Allem: durch eine solche Herabsetzung der Schülerzahl in den einzelnen Klassen, daß allen Schülern – nicht blos den nervenkranken – ein „individualisirender Unterricht" zu Theil werden kann. Dann wird es möglich sein, die „nervenkranken Kinder" wenigstens in der Zeit ihres verhältnißmäßigen Wohlbefindens in der Mitte der Gesunden zu erziehen, und damit die Schädigung zu vermieden, welche bei Anhäufung solcher Kinder denn doch wohl nicht immer zu vermeiden sein würden.

51. John Edelheim: Beiträge zur Geschichte der Sozialpädagogik[696] (Rezension von Akademikus)

NZ 1902/03, Nr. 12, S. 370-375

Das soziale Moment ist heute in alle Wissenschaften, zu denen überhaupt eine Beziehung möglich war, mehr oder weniger eingedrungen. Man redet von Sozialphilosophie, Sozialethik, Sozialpsychologie, Sozialpolitik, Sozialökonomie, sozialer Statik und Dynamik und anderem mehr. So neuerdings auch von einer Sozialpädagogik. Freilich verbinden sich mit diesen Beziehungen häufig recht vage und unbestimmte Begriffe. So zählt auch das Buch, das uns zur Besprechung vorliegt[...], nicht weniger als sechs mögliche Definitionen von „Sozialpädagogik" auf. Für unseren Zweck brauchen wir uns mit dieser Begriffshaarspalterei nicht aufzuhalten. Halten wir an dem einfachen Grundgedanken fest, daß die soziale Pädagogik im Gegensatz zur individuellen die Erziehung zur Gemeinschaft, Heranbildung zu wahrem Gemeinschaftsleben bezweckt, das voll entwickelt nur in einer sozialistischen Gesellschaft möglich ist. An einer solchen Pädagogik muß der Sozialismus naturgemäß das größte Interesse haben.

Sind ernsthafte Versuche wissenschaftlicher Begründung einer Sozialpädagogik auch erst in neuester Zeit, namentlich von dem Marburger Philosophen und Pädagogen Natorp,* gemacht worden, so finden sich doch Keime derselben schon in frühester Zeit. Wir brauchen nur an den Erziehungsplan der platonischen Republik zu erinnern. Eine Geschichte der Sozialpädagogik wäre daher eine ebenso reizvolle wie verdienstliche, freilich auch nicht leichte Aufgabe. Beiträge zu einer solchen will das unten genannte Buch Edelheims liefern und zwar „mit besonderer Berücksichtigung des französischen Revolutionszeitalters". Leider sind seine Mängel größer als die Vorzüge.

Der Verfasser hätte sich zunächst lieber auf den letztgenannten Spezialtitel beschränken sollen. Denn, was er aus der Zeit vor der Epoche der französischen Revolution, das heißt etwa vor 1770 bietet, streift nur die äußerste Oberfläche und ist für eine Einleitung zu lang, als Darstellung aber völlig ungenügend. Die „Sozial-

---

[696] Erschienen im Akademischen Verlag für soziale Wissenschaften. Berlin 1902.
* Paul Natorp, Sozialpädagogik, 1899; über eine frühere Schrift Natorps vergl. A. Bebel in „Neue Zeit" XII, 2, S. 569-571 [vgl. Dok. 19].

pädagogik" der „Naturvölker und des Orients" und ebenso die des Mittelalters und der Renaissancezeit werden mit je vier Seiten abgetan, die griechisch-römische erhält zwar mehr Blätter zugewiesen, ist aber kaum mehr als ein kurzer Auszug aus den Schriften von Letourneau, Natorp und Pöhlmann. Desgleichen vermögen wir nicht einzusehen, inwiefern die Prinzenerziehung des siebzehnten Jahrhunderts die „eigentliche soziale Pädagogik der Neuzeit" (S. 45) darstellen soll, zumal da der Verfasser selbst einige Seiten nachher uns über deren „Wesen" in folgender Weise unterrichtet: „Statt einen aufgeklärten, auf der Bildungshöhe seiner Zeit stehenden Hüter des allgemeinen Wohles heranzuzüchten, suchte man ihm die zurückgebliebensten Anschauungen beizubringen und ihn zum rücksichtslosen Vertreter seiner eigenen Interessen aufzuziehen" (S. 48). Statt dessen hätte Edelheim uns lieber von den Erziehungsgedanken der bedeutenderen Utopisten: Thomas Morus, Campanella, der Leveller, Harrington, Vairasse und anderen erzählen sollen, wozu Bernstein, Hugo, Kautsky und Lafargue in der „Geschichte des Sozialismus in Einzeldarstellungen", I, 2, schon manches hübsche Material geliefert haben. Allerdings scheint er an einer Stelle (S. 33) die Geschichte der sozialistischen Sozialpädagogik einer späteren Sonderdarstellung vorbehalten zu wollen, allein dadurch hat er sich gerade des charakteristischsten Stoffes begeben; denn die „Prinzenpädagogik" verdient jenen stolzen Namen nicht.

Eingehender wird, nachdem vorher Rousseau, Helvetius, Holbach – der erstere zu kurz, der letztere zu ausführlich –, D´Alembert, Diderot und Turgot gar nicht behandelt worden sind, die Darstellung erst bei den Physiokraten, und hier bietet sie in der Tat manches Neue und Interessante. Durch die Vermittlung des Berner Professors A. Oncken, dem er in der Darstellung Quesnays folgt, wurde Edelheim der bisher ungedruckte Briefwechsel des älteren Mirabeau (Vater des bekannten Revolutionsmannes) mit dem schwedischen Minister Schefer zugänglich, der auch auf Mirabeaus bisher nicht wieder aufgefundene Hauptschrift Instruction populaire einiges Licht wirft. Eigentümlich ist diesen Physiokraten, daß sie sich, in bewußtem Gegensatz zu den demokratischeren Enzyklopädisten, an die Fürsten anstatt an die öffentliche Meinung wenden und ferner – chinesische Vorbilder schätzen! Es hängt dies mit ihrer eigenartigen soziologischen Auffassung zusammen, wonach die ihrem Ideal, dem Naturzustand, am meisten entsprechende Organisation die Familie ist: der Fürst der Vater, die Untertanen seine Kinder. Also Patriarchalismus und aufgeklärter Despotismus zugleich. Gleichwohl sind sie nicht ohne tiefere soziologische Einsichten. „Der Baum wird nur von seinen Wurzeln gehalten, die Wurzeln des Menschen sind seine Beziehungen zu anderen Menschen" (S. 94). Das, was aus der ganzen Nation eine einzige Familie macht, ist die „Einheit der Interessen", der Souverän daher nur Organ und Verteidiger des „großen" Gesetzes, weshalb ihm auch – ein Zehntel der Gesamteinkünfte des Landes zukommt. Als die drei wichtigsten Pflichten der staatlichen Autorität werden bezeichnet: 1. Aufklärung des Volkes, einschließlich der Regierenden, die es am nötigsten haben; 2. Sicherheit nach außen und Gerechtigkeit im Innern, deren Wesen in der „natürlichen" Organisation der Arbeit und dem freien Austausch aller Produkte besteht (übrigens wollen auch die Physiokraten dem von ihnen zuerst gepredigten Prinzip des laisser faire, dem freien Spiele der Kräfte, nur da freien Lauf lassen, wo eine „natürliche Organisation" bereits besteht; um die letztere zu erreichen, halten sie sogar energische Eingriffe für geboten); 3. Erhaltung und Steigerung des gesellschaftlichen Besitzes. Von den nach Abzug der königlichen Zivilliste verbliebenen neun Zehntel der Landeseinkünfte soll je ein Drittel (entsprechend ihrer Überschätzung des Ackerbaues) zur Melioration des Bodens, zur Organisation der „Gerechtigkeit" (Rechtswesen, Verwaltung, nationale Verteidigung) und zur Volksaufklärung verwandt werden: ein Verteilungsmodus, von dem auch im zwanzigsten Jahrhundert gerade die angeblich an der Spitze der Zivilisation marschierenden europäischen „Kultur"staaten bekanntlich noch recht weit entfernt sind.

Theoretisch noch interessanter erscheint uns der von Edelheim als bloßer „Popularisator" der physiokratischen Ideen aufgefaßte Mercier de la Rivière, der ebenfalls das Hauptgewicht auf den zwangsweisen Unterricht aller legt, außerdem aber – was uns wichtiger dünkt – auch die gesellschaftlichen Verhältnisse derartig umgestaltet wissen will, daß sich eine ersprießliche Erziehung überhaupt verlohnt. Freilich die Normalgesellschaft bleibt auch für ihn die auf das Prinzip der Selbstliebe (oder des Selbstgefühls) gegründete „natürliche" Ordnung der Physiokraten, und als deren wichtigstes Fundament gilt ihm das Eigentumsrecht. Aber als wesentlicher Teil des Eigentums wird doch schon das gesellschaftliche bezeichnet und grundsätzlich ein System gesellschaftlicher Einrichtungen gefordert, das allein den Bürger für die Interessen der Allgemeinheit empfänglich, ihn von den Dingen, nicht den Personen abhängig zu machen im stande sei. Das allgemeine Interesse ist das Resultat und die Übereinstimmung aller „vernünftigen und wohlverstandenen" Einzelinteressen; die gesetzgebende Gewalt muß der Gesamtheit der Bürger zustehen, aus ihrem gemeinsamen Willen hervorgehen: Sätze, die so stark an Rousseaus volonté générale erinnern, daß es wunderbar ist, wie diese Gedankenverwandtschaft Edelheim entgehen konnte, zumal da Mercier selbst sich an einer von ihm zitierten Stelle auf den Verfasser des „Emile" bezieht. Aber auf tiefere Gedankenzusammenhänge, sei es auch nur historischer Art, geht das Buch nicht ein.

In der allgemeinen Volksschule Merciers sollen die großen Prinzipien der sozialen Ordnung und universellen Moral nach einer Art Katechismus gelehrt werden. Einzelheiten über die verschiedenen Schulgattungen, gymnastischen Übungen, eine besondere Bürgertracht und anderes, der Antike Abgelauschtes übergehen wir. Das ist das Feld, auf dem ein weiterer Physiokrat, Dupont de Nemours, glänzt, dessen „Theorie der Nationalfeste" mit ihrem Trompetengeschmetter, Glockengeläute, Kanonendonner, Massenhochzeiten, Bällen und Moralpauken keineswegs die ihm von dem Verfasser unseres Buches gezollte Beachtung verdient.

Erst jetzt (S. 146) kommt der letztere zu seinem eigentlichen Thema: den sozialpädagogischen Theorien und Vorschlägen, die während der französischen Revolution auftauchen. Die Darstellung stützt sich stofflich fast durchweg auf die größeren Arbeiten von Compayré, Duruy, Hippeau und anderen, und, wo der Verfasser Eigenes bietet, ist er nicht immer glücklich. So fordern gewiß die sogenannten

„Cahiers" des dritten Standes, wie auch des Adels und der Geistlichkeit, fast einstimmig eine grundlegende Reform der öffentlichen Erziehung, aber doch mit auseinandergehenden Plänen und Wünschen; eine Nationalerziehung „gemäß der Klasseneinteilung der Gesellschaft" (S. 151) zum Beispiel dürfte kaum unter das Prinzip sozialer Pädagogik fallen. Ebensowenig läßt sich unseres Erachtens als deren „eigentlicher Urheber während der Revolution" (S.152) derselbe Gabriel Honoré Mirabeau betrachten, der „vollkommen auf manchesterlichem Standpunkt steht", und als dessen „einziger sozialer (!) Gedanke" der angeführt wird, daß der König für den Thronfolger als das „Kind der Nation" die Erzieher aus einer ihm von einer Nationalakademie vorgelegten Liste auszuwählen hat (S. 154)! Desgleichen können wir in den schönen Phrasen des schlauen, aber völlig charakterlosen „berühmten" Bischofs Talleyrand, der bekanntlich der Revolution, dem Direktorium, den Bonapartes, den Bourbonen und den Orleans mit gleichem Servilismus sich anzuschmiegen verstand, beim besten Willen kein „tiefes sozialpädagogisches System" erblicken, „dessen Grundgedanken noch heute vielfach Geltung beanspruchen dürfen" (S. 154); unserer Meinung nach tat vielmehr die Legislative ganz recht, wenn sie dem Projekt dieses Ehrenmannes „die Ehre einer eingehenden Diskussion" versagte. Umgekehrt kommt der weit bedeutendere Condorcet viel zu kurz weg. Das geschieht durch ein neues, die Übersichtlichkeit keineswegs erhöhendes Darstellungsverfahren, das der Verfasser von S. 157 ab plötzlich einschlägt: indem er nicht mehr, wie bisher, zusammenhängende Bilder der einzelnen „Sozialpädagogen" zu liefern versucht, sondern sie unter den verschiedensten inhaltlichen Rubriken (Erziehung und gesellschaftlicher Fortschritt, Erziehung zur Gleichheit, Verteilung der höheren Bildung, Staatsrechtliche Fragen, Sozialpädagogische Utopien, Nationalfeste) wiederholt aufmarschieren läßt. Auf die tieferen, ökonomischen, gesellschaftlichen und politischen Zusammenhänge wird auch hier selten eingegangen. Wir begnügen uns, aus der Zusammenstellung einzelne interessantere Resultate hervorzuheben.

Einstimmigkeit herrscht unter den Sozial-, richtiger: Nationalpädagogen der Revolution über die Vorzüge der allgemeinen und der weltlichen Erziehung. Dagegen sind die Einsichten schon geteilt in der Frage: Staats- oder Familienerziehung? Der sonst sehr radikale Gregoire zum Beispiel spricht sich nachdrücklich für die letztere aus und entwickelt dabei Ansichten über die Nützlichkeit der Kinderarbeit (wenn auch nur in Haus und Hof, S. 173), die ihn in der jüngst tagenden „Kinderschutzkommission" des Reichstags als einen Erzreaktionär hätten erscheinen lassen. Robespierre und Danton andererseits sind entschiedene Freunde der obligatorischen öffentlichen Erziehung. Danton fordert, über das heutige sozialdemokratische Programm hinausgehend, Staatsanstalten, in denen die Kinder nicht nur unentgeltlich erzogen und beköstigt, sondern auch beherbergt werden, die beiden letzteren Dinge allerdings nur fakultativ. Sozialpädagogische Utopien, genauer: ausgeführte Idealentwürfe haben Rabaud – St. Etienne, Robespierre und St. Just dem Konvent vorgetragen. Leider gibt Edelheim, wie gewöhnlich, nur dürre, ziemlich kritiklose Auszüge, die zum Teile noch sekundären Quellen entnommen sind und sich auf das mehr Äußerliche beschränken. Über St. Justs „Institutionen" zum Beispiel orientiert man sich viel besser durch den dem Verfasser offenbar unbekannt gebliebenen Aufsatz Kritschewskys in der „Neuen Zeit", XIII, 2, S. 420ff.[697] Heute hat nur weniges aus diesen Entwürfen noch praktischen Wert. So etwa der Vorschlag Robespierres, daß alle Kinder ohne Ausnahme vom fünften bis zwölften (die Mädchen bis zum elften) Lebensjahre auf Kosten der Republik gemeinsam erzogen werden, erst nach dem zwölften Jahre die Rücksicht auf den künftigen Beruf eintreten soll, was, unter Beschränkung auf den Unterricht und Hinausschiebung der Anfangszeit, auch unseren Beifall findet. Hübsch ist auch der Gedanke, daß die Greise und Schwachen in den Erziehungshäusern der Jugend ihr Unterkommen finden und von den ältesten und stärksten Kindern abwechselnd bedient werden sollen. Jedoch überwiegt, namentlich bei St. Just, durchaus das utopistisch-rationalistische Element: das Reglementieren, Schablonisieren und Uniformieren gemäß den unfehlbaren Prinzipien der Vernunft und der Moral. Schon Robespierre verlangt nach dem „heiligen Gesetz der Gleichheit" die gleiche – Kleidung und Nahrung für alle Kinder. St. Just gar schleudert uns um zweieinhalb Jahrtausende in altspartanische Zustände zurück: die Knaben bleiben nur bis zum fünften Jahre bei der Mutter, das heißt „wenn sie sie genährt hat",[***] werden dann auf das Land gebracht, wo sie das ganze Jahr hindurch in Leinen gekleidet gehen, auf Flechtwerk schlafen, rein vegetarisch ernährt und vom fünften bis zehnten Jahre im Lesen, Schreiben und Schwimmen unterrichtet werden; vom zehnten bis sechzehnten schließt sich mehr ein militärisch-landwirtschaftlicher Kursus an, vom sechzehnten bis einundzwanzigsten trägt jeder den Arbeitskittel und lernt ein Gewerbe, vom einundzwanzigsten bis fünfundzwanzigsten Jahre (sofern er nicht Beamter ist) den Soldatenrock. Die Mädchen dagegen erhalten eine ausschließlich häusliche Erziehung! (Näheres bei Kritschewsky a.a.O.).

Trotz des utopischen Charakters dieser Entwürfe wäre die Stimmung des Spottes oder auch nur des überlegenen Lächelns ihnen gegenüber wenig angebracht. Bedenken wir, daß sie in bewegtester Zeit den leidenschaftlichen, mit allen möglichen anderen Dingen beschäftigten Köpfen der Bergpartei entsprangen, und vor allem, daß sie den Gedanken der sozialen Gleichheit nicht bloß zu energischem Ausdruck gebracht, sondern zum erstenmale auch für eine ganze Nation in die Wirklichkeit umzusetzen versucht haben! „Sie waren", wie Engels es in Anti-Dühring von den großen sozialistischen Utopisten sagt, „genötigt, sich die Elemente einer neuen Gesellschaft aus dem Kopfe zu konstruieren, weil diese Elemente in der alten Gesellschaft selbst noch nicht allgemein sichtbar hervortraten, sie waren beschränkt für die Grundzüge ihres Neubaus auf den Appell an die Vernunft, weil

---

[697] Dr. Boris Kritschewsky: Saint-Justs Utopie. Ein Beitrag zur Beleuchtung der historischen Stellung der Bergpartei. *NZ* 1894/95, Nr. 39, S. 388-395; Nr. 40, S. 420-431.
[***] Nach den Berechnungen von Biedert (Die Kinderernährung im Säuglingsalter, Stuttgart 1897, S. 5) stillen heute in Berlin in den wohlhabendsten Klassen nur noch 17,5, dagegen in den ärmsten 58,4 Prozent der Mütter ihre Kinder selbst.

sie eben noch nicht an die gleichzeitige Geschichte appellieren konnten" (a. a. O.,
S. 285). Das ökonomisch und politisch zurückgebliebene Geschlecht ihrer Tage
konnte nicht mit einem Male das abschütteln, was jahrhundertelang an ihm gehaftet hatte. Heute ist die wirtschaftliche, politische, soziale Entwicklung in damals
ungeahntem Maße fortgeschritten. Und so muß und kann die Sozialpädagogik von
heute dem historischen Gange des Sozialismus folgend, auch ihrerseits den Schritt
von der Utopie zur Wissenschaft vollziehen. Sie wird dann nicht mehr pädagogische Luftschlösser bauen, auch nicht mehr von Gesetzgebungsakten des souveränen Herrschers (heiße er Monarch oder Volk) allein das Heil erwarten. Sondern sie
wird es als ihre theoretische Aufgabe ansehen, dem systematischen Zusammenhang zwischen dem wirtschaftlich-technischen Fundament der Gesellschaft und
ihrem intellektuell-ethischen Überbau bis ins Einzelne nachzugehen oder, mit Natorps Worten, die sozialen Bedingungen der Bildung in gleicher Weise wie die
Bildungsbedingungen des sozialen Lebens zu erforschen; denn erst auf diesem
Grunde kann eine wahrhaft wissenschaftliche Sozialpädagogik großen Stiles erstehen. Und ihre praktische Aufgabe wird es sein, alle bereits in der heutigen Gesellschaft vorhandenen gemeinschaftsbildenden und zur Gemeinschaft erziehenden
Elemente – auch unter den Erwachsenen – zu pflegen und zu fördern: zur Vorbereitung und in Erwartung des Tages, da eine neue Gesellschaft herangereift sein
wird, welche das Bildungsideal des Sozialismus: harmonische Entfaltung der physischen, geistigen und sittlichen Kräfte aller ihrer Glieder, ins Werk zu setzen berufen ist.

52. Ellen Key: Das Jahrhundert des Kindes[698] (Rezension von Oda Lerda-Olberg)

NZ 1902/03, Nr. 18, S. 560–564

Es ist leicht einzusehen, daß die moderne Erkenntnis unser praktisches Tun, besonders in seinen alltäglichen Formen, nur wenig beeinflußt. Wir haben viel von
dem, was wir früher über Gott und die Welt dachten, von Grund aus umdenken
gelernt, erkennen der Sittlichkeit eine andere Grundlage und andere Richtschnur
zu, haben einen neuen Begriff von der Entwicklung und neue Ideale, aber im Alltagsleben spürt man von all dem nicht übertrieben viel. Bei den meisten Menschen
läuft die neue Erkenntnis neben dem Handeln einher, und hat nur nachträglich zu
den Kommentaren das Wort. Das Warum dieses Verhältnisses hat oft die Psychologie beschäftigt, die auch eine befriedigende Erklärung geboten hat. Wenn es aber

---

[698] Übersetzung von Francis Maro, Verlag S. Fischer, Berlin 1902, 2. Auflage. – Oda Olberg (1872[73]-1955), Tochter eines Marineoffiziers aus Bremerhaven, verheiratet mit dem italienischen Sozialisten und Redakteur des *Avanti* Giovanni Lerda, arbeitete als freie Journalistin u.a. für den *Vorwärts* in Rom, lebte zuletzt in Wien, befasste sich vor allem mit Frauen- und Erziehungsfragen, Geburtenkontrolle, Darwinismus und Rassenhygiene, gilt neben Henriette Fürth als exponierte Vertreterin einer „sozialistischen Eugenik", schrieb eines der ersten kritischen Bücher über den Faschismus in Italien, emigrierte nach der faschistischen Machtübernahme nach Argentinien. Vgl. auch Kap. 5.1.2.

für die Theorie wichtig ist, die Kluft zwischen Theorie und Praxis zu erklären, so ist es für die Praxis nicht minder wichtig, sie zu verringern. Es ist wohl allgemein anerkannt, daß nicht die isolierten Erkenntnistatsachen, sondern ihre Zusammenfassung zu einer Einheit, nicht das Wissen, sondern die aus ihm gebaute Weltanschauung die Fähigkeit hat, den Menschen bis in die Sphären seines Willens und Gefühls zu beeinflussen. Darum tut es not, immer wieder die einzelnen Gebiete der praktischen Tätigkeit einzubeziehen in das Ganze, die modernen Forderungen auf sie anzuwenden, es tut umsomehr not, je näher uns das Gebiet liegt. Nur dank einer solchen geduldigen Eroberung, einer Durchdringung der Tagesforderungen mit dem Geiste der neuen Weltanschauung kann schließlich das Wort Fleisch werden und unter uns wandeln.

Das Buch, auf das ich hier hinweisen will, legt in mustergültiger Weise an die Erziehung den Maßstab der modernen Erkenntnis an. Die Autorin zieht gleichsam die pädagogische Summe einer Erkenntnisreihe – nur daß sich der Gedankengang des Buches nicht induktiv entwickelt hat. Man merkt ihm an, daß er ausging von der plastischen Vision der neuen Zeit, des Landes der Verheißung, einer Vision, die in ihrem ästhetischen Gleichmaß lebhaft und greifbar genug gewesen sein muß, um die vollkommene Sicherheit zu verleihen, daß ein Weg zu ihr da ist, ein Weg und ein Wille. Ellen Key ist vor allem Künstlerin. In ihren Werken ist kein Vorstoß gemacht in das Unbekannte, sondern das Bekannte wird zusammengefaßt mit starken Händen zu einer lebendigen Einheit: jetzt habt soviel Folgerichtigkeit, soviel Mut, soviel Liebe, darnach zu leben. Sie hat eine reiche gereifte Persönlichkeit in das Buch gegeben, mit Denken, Fühlen und Wollen und spricht zum Leser voll Güte und Eifer. So ist sie Agitatorin im höchsten und besten Sinne des Wortes.

Als eine allgemeine alle Bevölkerungsschichten betreffende Frage ist die Erziehungsfrage in der Praxis der allgemeinen sozialen Frage untergeordnet. Da die Erzieher in Bezug auf die materiellen, intellektuellen und moralischen Mittel, die ihnen für ihre Aufgabe zur Verfügung stehen, abhängig sind vom sozialen Milieu – Güterproduktion und Verteilung u. s. w. – sind einer durchgreifenden Reform der Erziehung gesellschaftliche Grenzen gesetzt, die ohne Umgestaltung des Milieus nicht verrückt werden können. Dessen ungeachtet ist es vollständig einwandfrei, wenn man die Erziehungsfrage isoliert behandelt und von ihrer sozialen Verkettung abstrahiert, wie dies Ellen Key tut. Die Folge ist natürlich, daß man die Unmöglichkeit allgemeiner praktischer Durchführung ihrer Forderungen jederzeit dartun kann, ohne aber, wohlverstanden, den Wert der Ausführungen zu beeinflussen. Für die Autorin handelt es sich darum, in einen Wall von Vorurteilen Bresche zu legen, den Leser zu überzeugen, daß ihre Forderungen wünschenswert sind und im Einklang mit dem Wesen der menschlichen Psyche stehen. Wieweit sie in der heutigen Gesellschaft verwirklicht werden können, braucht sie nicht zu kümmern;[*]

---

[*] Wie schlecht bei dieser Art der Behandlung ein Kapitel über „Das ungeborene Geschlecht und die Frauenarbeit" in das Buch paßt, leuchtet ohne weiteres ein. Dieses Kapitel steht nicht auf der Höhe der anderen, wenigstens enthält es weder Gedanken noch Angaben, die dem deutschen Publikum

sie ist um so berechtigter, davon abzusehen, als die Verwirklichung der Forderungen der modernen Erziehung heute meist nicht bis an den Rand des wirtschaftlichen Hemmnisses geführt werden, sondern längst vorher vor individueller Unfähigkeit oder Unwilligkeit Halt macht.

Die übliche Erziehungsmethode ist ganz und gar unzulänglich. Sie ist unwahr und steht im Widerspruch zu den elementaren Sätzen, die heute jedem vertraut sind. Wir wissen, daß die Strafe nicht bessert und machen sie doch meist zum A und O aller Erziehung. Wir bringen den Kindern ethische Grundsätze bei – liebet eure Feinde, widerstrebe nicht dem Uebel u.s.w. –, von denen die Erwachsenen nicht den geringsten Gebrauch machen. Das Kind wird in einem religiösen Glauben erzogen, dessen Absurdität es mit Händen greifen kann. Es wird fast unter sittlichen Sentenzen, Ermahnungen, Verwarnungen begraben und sieht dabei an seinen Erziehern Schwäche, Reizbarkeit, Inkonsequenz und noch viel schlimmeres.

So kommt es, daß eine Zeit, die nichts dringender braucht als Persönlichkeiten, Menschen mit starkem Willen, warmem Herzen, mit Mut zur Verantwortung und Glauben an sich selbst, alle Keime dazu im Menschen der Zukunft, im Kinde verkümmern läßt. Die heutige Erziehung scheint geradezu eine Verschwörung gegen die Eigenart des Kindes. Das Kind wird so um vieles verkürzt, was ihm zukommt, um jene Selbstbehauptung seines eingeborenen Wesens, jene Selbstbetätigung seiner Gaben, die sein gutes Recht sind. Der Gesellschaft gehen Eigenschaften verloren, die Träger ihrer aufsteigenden Entwicklung sein sollten: starke Gefühle und ungebrochener Wille, das seelische Ebenmaß, das die von außen weder gehemmte noch künstlich stimulierte Entwicklung dem gesund veranlagten Menschen verleiht. Denn die Folge des beständigen Eindämmens, das alle Stufen von der rohen Repression bis zum beständigen Bemuttern durchläuft, ist Unsicherheit und Zügellosigkeit, da das Kind sich gleichsam nie der ganzen Fülle seines Wesens gegenübersieht, Stärke und Umfang seiner Leidenschaften nie ausmißt, weil sie immer zurückgescheucht und getadelt werden, und ihnen dann, wenn sie ausbrechen – und sie brechen aus –, hilflos gegenübersteht, wie einer Naturerscheinung. Vor lauter Zucht und Züchtigung kommt der werdende Mensch nicht zur Selbstzucht. Man erzieht an allen Ecken und Enden, die Kinder werden so lange benörgelt und benagt, bis ihr Charakter alle Beulen und Unebenheiten verliert und auf dem Untergrund des Geschehens hin und her rollt, durch diesen, nicht durch seine Eigenart bestimmt.

Ellen Key ist eine leidenschaftliche Gegnerin der körperlichen Züchtigung als Erziehungsmittel. „Die Kinder, die zurückschlagen, wenn sie gezüchtigt werden, sind von allen die am meisten versprechenden", sagt sie. „Welche kochende Bitterkeit und Rachgier, welche hündisch kriechende Schmeichelei ruft nicht die kör-

---

neu wären. Das Werk ist überhaupt weder dem Aufbau noch der Durcharbeit nach ein Ganzes, sondern eine Reihe von Studien, die aneinander gereiht sind. Aus einer Fußnote entnimmt man, daß die deutsche Ausgabe gekürzt ist; es wäre wohl nicht unangebracht gewesen, hier und da noch radikaler zu kürzen.

perliche Züchtigung hervor! Sie macht den Feigen feiger, den Trotzigen trotziger, den Harten härter. Sie stärkt die beiden Gefühle, die die Wurzel von fast allem Bösen in der Welt sind, Haß und Furcht." Besonders sinnlos ist die Züchtigung, um den sogenannten Trotz auszutreiben, der entweder der Unfähigkeit und Verängstigung entspricht oder ein Einstehen für die eigene Auffassung ist, also die Ueberzeugungstreue und Prinzipienfestigkeit im Keime darstellt. Wie oft wird ferner ein Kind wegen einer „Lüge" geschlagen, dem einfach seine Phantasie einen Streich gespielt hat. Die Autorin tritt für die Ansicht Spencers ein, das unrecht handelnde Kind die Folge seiner Tat erdulden zu lassen. Beherzigenswert ist auch, was sie über die widerwärtige Unart der Erzieher sagt, von dem gestraften Kinde gleich „Reue"versicherungen zu verlangen. Wenn ein Kind etwas Charakter hat, so steht es für seine Tat ein und denkt nicht daran, sie auf Kommando zu bereuen; die Reue kommt von selbst und ungefordert, wenn der Uebeltäter echten Kummer über seine Tat bei Personen sieht, die ihm teuer sind. Die Unzartheit der Erwachsenen den Kindern gegenüber, das rohe Hineinfassen in ihr scheues, empfindsames Seelenleben, die geringe Achtung vor der Persönlichkeit des werdenden Menschen hebt Ellen Key mit Meisterschaft hervor. Ist es doch eine allgemein übliche Gedankenlosigkeit oder Roheit, von den Empfindungen eines Kindes in seiner Gegenwart zu sprechen, das Heiligtum seines Innern in komischen oder rührseligen Erzählungen preiszugeben und seinen Gefühlen und Stimmungen nicht dieselbe Rücksicht entgegenzubringen, die doch der Erwachsene für die seinen beansprucht.

An Stelle des wahllosen, durch die Nerven der Erzieher oder eine unverständige Konvention bestimmten Schlagens und Tadelns, Liebkosens und Ausfragens der Kinder, an Stelle des ewigen Beaufsichtigens und Ermahnens, soll eine ruhige Festigkeit der Eltern treten, die mit Milde und Konsequenz die Kinder in ihr Reich zurückweist, sie abhält, zu Plagen und Tyrannen der Erwachsenen zu werden, ihnen aber leibliche und geistige Bewegungsfreiheit läßt. Man soll dem Kinde Achtung und Rücksicht entgegenbringen, es als Selbstzweck ansehen und nicht vergessen, daß man es in die Welt gesetzt hat ohne seinen Willen. „Das Kind nicht in Frieden zu lassen, das ist das größte Verbrechen der gegenwärtigen Erziehung gegen das Kind." [...]

Von der brutalen Niederhaltung des Kindes wie von dem Sichhinschlachten der Eltern für sie will Ellen Key fernhalten. Man soll das Kind nicht vergewaltigen, aber man soll ihm auch nicht jedes Steinchen aus dem Wege räumen, ihm jeden Wunsch von den Augen absehen und das ganze Haus nach seiner Pfeife tanzen lassen. Auf diese Art macht man es zum untüchtigen Menschen und Egoisten, wie man es durch Vergewaltigung zum Rohling oder Feigling macht.

Das Buch enthält viele Ratschläge und Winke, deren Feinheit und Tiefe zeigt, wie innig die Autorin mit dem Leben des Kindes vertraut ist. So weist sie darauf hin, wie falsch es ist, wenn „Mütter mit den Kindern Lektionen lernen, ihnen Spiele erfinden, ihnen Unterhaltungsbücher vorlesen, oder ihnen aufräumen, das aufheben, was sie fallen lassen, das fertigmachen, wovon sie weglaufen – und auf diese und ähnliche Weise durch ihre beschützende Zärtlichkeit und Selbsttätigkeit die

386

Arbeitslust, die Ausdauer, die Erfindungsgabe und die Phantasie des Kindes erschlaffen und schwächen!" Über die – leider auch moderne – Angstmeierei und pseudohygienische Manie, die mit Thermometer, Wage und Tropfenzähler operiert, spottet sie und hebt hervor, daß „die vernünftige Abhärtung gegen die Ungleichheiten, Unannehmlichkeiten und Abenteuerlichkeiten des Lebens eine der wichtigsten Grundbedingungen für Lebensfreude und Gemütsstärke schafft". Die innere Unwahrheit, Unlogik und Grausamkeit des christlichen Dogmas und der schmerzliche Zweifel und die innere Zerrissenheit, die seine Lehre in das Kind trägt, sind mit Schärfe gezeichnet.* [...]

Im großen ganzen kann man den Ausführungen des Buches beipflichten. Ob man bei kleinen Kindern ganz ohne körperliche Züchtigung auskommen könne, möchte ich bezweifeln. Auf Seite 128 heißt es, daß, wenn man ein schreiendes Kind durch Schläge zum Schweigen gebracht hat, sich in seiner Seele keine andere Vorstellung bildet, als die, „daß die Großen die Kleinen schlagen, wenn die Kleinen schreien, und das ist kein ethischer Begriff". Sie empfiehlt die Isolierung des Störenfrieds, die den Grund zu der Erfahrung legen soll, „daß man allein sein muß, wenn man sich unangenehm macht". Ich glaube aber, daß dann das Kind die Vorstellung, „daß die Großen die Kleinen heraussetzen, wenn die Kleinen schreien", empfangen und dieses Verfahren in seinem Köpfchen zweifellos unter die „Gemeinheiten" der Großen klassifizieren wird. Die Mutter ist während der ersten Jahre gewissermaßen das Milieu des Kindes: wenn sie es körperlich straft, um ihm ein gefährliches Tun zu verweisen, so nimmt sie die Wirkung des weiteren Milieus vorweg und läßt sie dem Kinde in einer Form zukommen, die es nicht an Leben und Gesundheit schädigt. Wieviele zwei- oder dreijährige Kinder machen zum Beispiel eine raffinierte Jagd auf Streichhölzer, die ihnen die „Niedertracht" der Großen vorenthält, und lassen durchaus nicht davon ab, wenn sie sich auch ein halbes dutzendmal verbrannt haben, wieviele öffnen sich selbst die Fenster u.s.w.; in diesen Fällen ist entschieden der altmodische Klapps der Spencerschen Methode vorzuziehen. Davon, daß im späteren Alter, vom dritten oder vierten Jahre aufwärts jede körperliche Züchtigung, objektiv betrachtet, eine Roheit und ein Unsinn ist, hat mich das Buch vollständig überzeugt und sollte, meine ich, jeden überzeugen.

Den Gedanken, den ersten Unterricht in einer fortgeschritteneren Gesellschaft ganz der Schule zu nehmen und der Mutter zu übertragen, pflichte ich nicht bei. Dem großen Kraftaufwand scheint mir keinerlei äquivalenter Nutzen gegenüberzustehen; die praktischen Schwierigkeiten bei größerer Kinderzahl scheinen mir auch in einer künftigen Gesellschaft unüberwindlich.

Ein restloses Aufgehen der Mutter in der Erziehungsarbeit ist allemal ein Unding. Es bringt fast unfehlbar das allzu viele Herumstudieren an den Kindern, das Leiten- und Beherrschenwollen mit sich. Menschen werden die Mütter immer bleiben und sie werden nicht ihre ganze Lebensenergie von anderen – und seien es

---

* Leider wird das nicht minder wichtige Thema der Aufklärung des Kindes über die Tatsachen des Geschlechtslebens nicht behandelt.

zehnmal die eigenen Kinder – aufsaugen lassen, ohne sich bewußt oder unbewußt durch die Anmaßung eines Bestimmungsrechtes über diese anderen schadlos zu halten. Auch zeitigt ein Maximum von Selbstentäußerung in dem, zu dessen Gunsten es aufgewendet wird, vielfach eine ausgeprägte Selbstsucht. Wenn dieses Maximum beim Säugling und beim kleinen Kinde angebracht ist und normal, genau so normal wie der Egoismus des kleinen Wesens, so hört es auf, normal zu sein in demselben Maße, wie das Kind wächst.

Zu einem Kultus des Kindes muß es nicht kommen. Das Kind ist als Zukunftsträger etwas Heiliges, als ein ahnungslos für die nicht leichte Aufgabe des Lebens ausersehenes Wesen der mitleidigen Schonung würdig, ähnlich der, die man gegen jemanden übt, über den ein Unglück hereingebrochen ist, das er noch nicht weiß, aber es ist nicht umsonst ein kleiner Mensch. Es hat den Keim zu allen Charaktereigenschaften in sich, der sich in der menschlichen Gesellschaft später im Erwachsenen offenbart. Wenn man, wie das jetzt Sitte wird, sich überspannte Vorstellungen von der holden reinen Seele des Kindes macht, die erst die Berührung mit der Welt besudelt, wenn man so die Legende vom Sündenfall aus der Geschichte der Menschheit in die des Individuums verlegt, so gründet man noch einmal die Erziehung auf falscher Grundlage, was sich an beiden Teilen rächt. Der Eigenart des Kindes ist Achtung entgegenzubringen, ihm ist das Baumaterial zu ihrem Ausbau zu liefern, weil das Kind eben ein Mensch ist. Deshalb strebt man darnach, das Kind als seinesgleichen zu behandeln, nicht als Spielzeug, als Ton für den Gestaltungstrieb des Erziehers, nicht als ein wildes Tier, das gebändigt werden muß, aber ebensowenig als ein höheres Wesen, als einen Halbgott und Erlöser.

Allzuviel kann auch der beste Erzieher nicht tun. Die Wirklichkeit mit ihren Widersprüchen, ihren furchtbaren Härten trifft das Kind wie Hammerschläge und zertrümmert vielfach das, dessen Entwicklung wir mit jahrelanger Sorgfalt gefördert haben. Und wenn dann der heranwachsende Mensch nicht durch eine gesunde Physis fest im Leben wurzelt, ist es um ihn geschehen. Mit Recht hebt Ellen Key hervor, daß vor aller Erziehung die Verpflichtung steht, nur dann Kinder in die Welt zu setzen, wenn man ihnen ein Erbe körperlicher Gesundheit mitgeben kann. Den gesunden Kräften Betätigungsmöglichkeit bieten, unsere Erfahrung für die Auseinandersetzung mit der Wirklichkeit leihen, wo sie verlangt wird, durch Selbstzucht Selbstzucht lehren, die Anpassung fördernde Außenwelt weder ängstlich fernhalten, noch übermächtig werden lassen – das ist Erziehung.

53. Heinrich Schulz: Landerziehungsheime

NZ 1902/03, Nr. 29, S. 75-81

Im Jahre 1897 erschien ein Buch „Emlohstobba. Bilder aus dem Schulleben der Vergangenheit, Gegenwart oder Zukunft", das in seinem ersten Teile eine lebendige Schilderung des von Dr. Cecil Reddi[e][699] seit 1889 auf dem Landgut Abbots-

---

699   Schulz schreibt im Original „Reddin" statt Reddie und „Elsenburg" statt Ilsenburg.

holme (umgekehrt: Emlohstobba) in der englischen Grafschaft Derbyshire geleiteten „New School" enthielt. Der zweite Teil des von Dr. Hermann Lietz, einem jüngeren deutschen Pädagogen, geschriebenen Buches unterzog die „alte Unterrichtsschule" einer scharfen Kritik und der dritte gab eine Skizze des Systems der „neuen Erziehungsschule". Das Buch fand Leser und die darin vorgetragenen Ideen fanden Anhänger. Im April 1898 konnte Dr. Lietz bereits sein „Deutsches Landerziehungsheim" bei [I]lsenburg im Harz eröffnen. Zu Ostern 1901 war die Zahl der Zöglinge bereits so gewachsen, daß Lietz auf dem Landgut Haubinda bei Hildburghausen ein zweites Heim errichten konnte, wohin er selbst mit den oberen Klassen übersiedelte, während die unteren (neun- bis zwölfjährige Knaben) unter Leitung eines Gehilfen Dr. Lietz' in [I]lsenburg zurückblieben. Außer diesen beiden Anstalten bestehen, wie die „Deutsche Schule" vor einiger Zeit mitteilte, noch ein „Landerziehungsheim für Mädchen" am Stolper See bei Berlin und das „Schweizerische Landerziehungsheim" der Herren Dr. W. Frei und W. Zuberbühler auf Schloß Glarisegg bei Steckborn am Bodensee.

In einer Versammlung des Pädagogischen Vereins zu Chemnitz hat Dr. Lietz vor einigen Wochen über die Einrichtung seiner Landerziehungsheime einen Vortrag gehalten. Wir folgen dem Bericht der „Pädagogischen Zeitung" (Nr. 9 vom 26. Februar 1903): Überall wechselt Unterricht mit Spiel und Arbeit in geist- und körperstählender Weise ab. Der Unterricht beginnt früh am Morgen. Keine Lektion dauert länger als dreiviertel Stunden. Dazwischen liegen Pausen von fünfzehn bis dreißig Minuten. Der Nachmittag ist zum großen Teile der Arbeit gewidmet. Die nötigen Geräte, wie zu landwirtschaftlichen Verrichtungen, Hacken, Spaten, Rechen, werden von den Schülern selbst angefertigt und so dem Handfertigkeitsunterricht rein praktische Ziele gewiesen. Gemeinsam beratene und beschlossene Gesetze regeln das Leben in dem Schulstaat. Einen solchen haben wir vor allem in Haubinda zu sehen Gelegenheit. Das ist ein Gut, das 1360 Morgen (ein Drittel Wald) umfaßt, abgeschieden liegt und neben reichlich hundert Schülern und sechzehn Lehrern nur das Hilfspersonal zum Betrieb der Landwirtschaft und der nötigen Handwerke (Bäckereien u.s.w.) birgt. Auf Reisen, die einzeln oder in kleinen Gruppen von drei bis sechs, oft selbständig ohne Führung von Lehrern unternommen werden, lernen die Zöglinge die Außenwelt, wichtige Industriestätten, geschichtlich, geographisch und naturwissenschaftlich bedeutende Gegenden kennen. Zum größten Teile mit dem Rade haben sie mit geringen Kosten (eine viertägige Reise kostet oft nicht mehr als 4 bis 5 Mark, da unter Zelten übernachtet und gekocht wird) fast sämtliche deutschen Mittelgebirge, die Alpen, die Ausstellungen zu Paris und Düsseldorf, England u. s. w. besucht. Im nächsten Jahre dürfte die größte Tour nach Nordamerika führen. Innerlich und äußerlich frei und selbständig können sich die jungen Bürger der Landeziehungsheime entfalten. Jede Arbeit soll und muß sie fesseln und interessieren. Aller Zwang, wie ihn Strafen ausüben, entfällt. Die Angst vor Pensum, Prüfungen und Repetitionen mit ihrem Gefolge: schlechte Zensuren, Zurückbleiben ist nicht vorhanden, weil Trockenheit, Pedanterie und Einseitigkeit dem Unterricht fernbleiben müssen. So werden beispielsweise die Sprachen wirklich sprechend gelernt. Das Verhältnis zwischen Lehrern und Schülern ist auf Vertrauen und Freundschaft gegründet und hat nichts von Vorgesetzten und Untergebenen an sich. Das Gefühlsleben der Zöglinge wird geweckt und gestärkt bei jeder sich ungesucht bietenden Gelegenheit, draußen in freier Natur, in der Kapelle der Anstalt, in der allabendlich die Herzen durch Proben aus den Schätzen der Literatur, Musik, Malerei und Bildhauerei erhoben werden. So sind die Landerziehungsheime Erziehungsschulen in des Wortes bestem Sinne und bilden sozial denkende und handelnde Menschen heran, deren Körper nicht unter dem Wachstum des Geistes leidet, sondern mit dessen kraftvoller Entwicklung gleichen Schritt hält, tüchtige Landwirte, Kaufleute, Industrielle, Handwerker und Techniker.

Auch ein Theoretiker ist der neuen pädagogischen Strömung bereits erstanden. Von Dr. Wilhelm Frei ist vor kurzem eine Schrift über „Landerziehungsheime" erschienen, in der der Verfasser bestrebt ist (siehe „Deutsche Schule" 1902, S. 771), das Wesen des Landerziehungsheims, das heißt seinen besonderen Anteil an der Lösung der Erziehungsaufgabe, sowie seinen möglichen Einfluß auf eine künftige Stellung derselben darzulegen. Er sieht in ihm eine moderne Form früherer pädagogischer Gestaltungen: der Philanthropine, der Pestalozzischen Erziehungsanstalt auf dem Neuhof und des Fellenbergschen Schulstaats auf Hofwyl. Alle drei, sowie die neuen Anstalten des Dr. Reddi[e] und des Dr. Lietz erfahren im ersten Teile der Schrift eingehende Darstellung. Der zweite wendet sich den im Landerziehungsheim verwirklichten pädagogischen Ideen zu. Betreffs der physischen Erziehung werden erstens die Pflege von Spiel und Sport im Gegensatz zu „mechanisierter Turnerei" und zweitens der ausgedehnte Betrieb von körperlicher Arbeit – in bezug auf die intellektuelle Bildung, den Unterricht, erstens die vermehrte Möglichkeit einer naturgemäßen Konzentration, das heißt des Anschlusses an das natürliche Interesse des Zöglings, zweitens, damit zusammenhängend, das entwickelnde Verfahren im Unterricht, und drittens die ausgiebige Benutzung der Anschauung –, endlich betreffs der religiös-sittlichen Bildung der in hohem Grade erziehlich wirkende Einfluß des gesamten Schullebens, neben dem ein besonderer Moral- und Religionsunterricht wegfällt, besonders hervorgehoben. Schließlich verbreitet sich der Verfasser über den möglichen Einfluß, den das Landerziehungsheim auf die künftige Gestaltung der Volks- und höheren Schule, sowie der Lehrerbildung haben könnte.

Dies in kurzen Umrissen das Wesen der Landerziehungsheime nach den bisherigen Publikationen der pädagogischen Presse. Man denkt zunächst an Goethes pädagogische Provinz, an jene prächtige pädagogische Utopie, die er in „Wilhelm Meisters Wanderjahren" darstellt. Auch bei Goethe handelt es sich um ein Erziehungsheim für Knaben, in dem von den Zöglingen alles selbst hergestellt wird, also innigste Verbindung von Erziehung und Arbeit; auch bei Goethe ist der schematische Religionsunterricht ersetzt durch Weckung des sittlichen Gefühls in den Knaben bei der Arbeit und durch die Kunst. Auch Goethe verwirft die alte „Unterrichtsschule" mit ihrem geist- und gemüttötenden ledernen Drill; auch bei ihm gibt es nicht die kasernenmäßige Schulhaltung. Man denkt aber auch an die bewundernswert sicheren Konturen, mit denen das sozialistische Erziehungsideal von Marx gezeichnet worden ist.[700] [...]

Es ist unverkennbar, daß in dem Lietzschen Landerziehungsheim manches von dem verwirklicht ist – wenn auch erst in keimartigen Anfängen –, was dem Erziehungsideal der sozialistischen Zukunft entspricht. Jedenfalls wird sich die Erziehung der Zukunft ebenso radikal von dem jetzigen künstlich-verworrenen und innerlich verbauten Klassenstaatsschulwesen abwenden, wie Lietz es getan hat. Mit kleinen oder großen Reformen ist dem heutigen Schulwesen nicht zu helfen, die Grundlage ist unbrauchbar; erst auf einer grundsätzlich anderen Basis kann sich ein frisches, dem Einzelmenschen und der Gesellschaft gerecht werdendes Erziehungswesen entfalten.

Was ist mit der heutigen schroffen und unvermittelten Scheidung der Erziehung anzufangen? Die ersten sechs Lebensjahre wird das Kind dem Zufall überlassen. Der Staat kümmert sich um das erzieherische Wohl des vorschulpflichtigen Kindes gar nicht, weder durch eigene Erziehungsanstalten noch durch Vorbereitung der Eltern auf ihre erzieherischen Pflichten. Vom sechsten bis zum vierzehnten Lebensjahr belegt der Staat ganz unvermittelt das Kind mit Beschlag. Es sieht während dieser Zeit beinahe so aus, als sei die Schule der einzige erzieherische Faktor. Dabei ist die heutige Lern- und Dressierschule fast wertlos für die Erziehung, jedenfalls entspricht die aufgewendete Mühe und das staatliche Gebahren nicht entfernt dem Erfolg, der nach achtjährigem Schulbesuch erzielt wird. Das kommt hauptsächlich daher, daß die Schule in keiner Weise auf die erzieherischen Faktoren der ersten sechs Lebensjahre Bezug nimmt und statt bei ihnen anzuknüpfen, beinahe in allen Dingen das strikte Gegenteil zur Geltung bringt. Das vorschulpflichtige Kind bewegte sich im Hause und auf der Straße in voller Ungebundenheit, in der Schule tritt an die Stelle der Bewegungsfreiheit der Zwang in allen Dingen; im Hause war das Kind von liebenden Eltern und Geschwistern und von freigewählten Gespielen umgeben, in der Schule sitzt es zwischen einem Schock (oder mehreren!) fremder Kinder und vor ihm steht ein fremder ernster Mann; statt des lebendigen Umherspringens wird dem Kinde in der Schule ein qualvolles Stillsitzen in enger Bank aufgenötigt; an die Stelle des freien Spieles ist schablonenhafter, langweiliger Unterricht getreten; statt wie bisher die Dinge selbst zu betrachten, anzutasten, zu untersuchen, soll es tausenderlei fremde ungewöhnliche und gewöhnliche Begriffe aus Büchern und durch papierene Anschauung kennen lernen. Es ist kein Wunder, daß die Kinder in der Schule wirklich die ihnen vorher törichterweise schon immer als Popanz vorgehaltene Zuchtanstalt sehen.

Die heutige Erziehungsmethode unterschätzt völlig den hohen erzieherischen Wert der ersten sechs Lebensjahre und die während dieser Zeit tätigen erzieheri-

---

[700] Schulz zitiert hier die Marx'schen Äußerungen auf dem Kongreß der Internationalen Arbeiterassoziation in Genf 1866. Vgl. Einleitung, Kap. 2.1.

schen Faktoren, vor allen Dingen unterschätzt sie die außerordentliche, Geist und Gemüt bildende Bedeutung des kindlichen Spieles.

Spiel ist Arbeit für das Kind, mit heiligem Ernste, wie ihn ja nur ein Erwachsener bei seiner Arbeit haben kann, ist das Kind bei seinem Spiele. Beim Spiele und durch das Spiel nimmt das Kind eine ungeheure Fülle von Begriffen zu sich. Die Erziehung der Gegenwart läßt diesen hochwichtigen Faktor außer Betracht; die Fröbelschen Bestrebungen, besonders in der verwässerten und engherzigen Form der Fröbelepigonen von heute, können kaum in Rechnung gestellt werden. Die Erziehung der Zukunft wird dagegen gerade beim kindlichen Spiele beginnen und dieses Spiel hinüberleiten zur Arbeit, zur wirklichen, planmäßigen, bewußten Arbeit. Die Arbeit wird für die Erziehung der Zukunft die kraftvolle und gesunde Basis, das Rückgrat sein, das den weiteren Erziehungsmaßnahmen zur Stütze dient.

Und so wie die Erziehung der Gegenwart die ersten sechs Jahre vernachlässigt, so geht sie mit derselben Gleichgültigkeit über die nach dem schulpflichtigen Alter von heute liegenden sechs (oder mehr) Jahre der Menschwerdung hinweg. Mit vierzehn Jahren entläßt der Staat die Kinder aus der Schule und kümmert sich nicht weiter um sie. Dabei sind auch diese Jahre von hoher Wichtigkeit für die Entwicklung des Menschen. Wer entsänne sich nicht gerade dieser Lebensjahre mit besonderer Liebe oder Wehmut, je nachdem sie ihm zum Heile oder zum Unglück ausgeschlagen sind! Wer dächte nicht in liebevoller Erinnerung an diese Jahre des Sturmes und Dranges, in denen mit dem körperlichen raschen Wachstum und Umschlag auch geistig und seelisch soviel Neues und Eigenartiges in uns treibt und gährt; in denen wir die Arme verlangend ausstrecken nach dem zitternd geahnten Neuen, Großen, Wunderbaren; in denen wir der heiligsten und kühnsten Pläne und Vorsätze voll sind. Wohl dem, der in diesen Jahren Erzieher – sachliche und persönliche – zur Seite hat, die die junge Triebkraft mit sicherem Takte in die richtigen Bahnen lenken. Schlimm aber steht es um den, der in diesen Jahren sich selbst überlassen ist, und der auf unsicherer erzieherischer Grundlage sein eigenes Selbst errichten soll.

Und da sollte der Staat, oder sagen wir richtiger die soziale Gemeinschaft, die Gesellschaft, nicht das Recht, ja die Pflicht haben, hier einzugreifen, um für sich, für die Gesellschaft starke, lebenskräftige, sozialempfindende Individuen zu bilden? Die Schulpflicht an sich ist anerkannt und kein Mensch wagt an ihrer Notwendigkeit zu zweifeln. Es liegt aber nicht der geringste sachliche Grund vor, die Ausdehnung der Schulpflicht, besser: Erziehungspflicht, nach unten und nach oben auszudehnen. Die „Arbeit" aber müßte von den ersten Lebensjahren an bis zur Reife in entsprechender, den jeweiligen geistigen und körperlichen Kräften des Kindes und Jünglings angemessener Weise als Grundlage dienen. Mit dem Spiele beginnt es, mit der Fähigkeit des einzelnen, den Produktionsprozeß der Gesellschaft überschauen und persönlich in einem der vielen Zweige der gesellschaftlich notwendigen Arbeit mit der vollen geistigen und körperlichen Kraft tätig sein zu können, schließt es. Der einzelne, sei er Jüngling, sei er Mädchen, wird dann als notwendiges Glied der Gesellschaft, das die innige Zusammengehörigkeit des

Ganzen, das Ineinandergreifen der vieltausendfältig gespaltenen Arbeit kennt und würdigt, in die Gesellschaft eintreten. An der Arbeit und aus der Arbeit aber werden auch die sozial notwendigen seelischen und geistigen Eigenschaften des einzelnen erwachsen sein.[*]

Wenn man mit diesem nur in prächtigen Umrissen gekennzeichneten Erziehungsideal einer sozialistischen Zukunft die erzieherischen Ideen und Taten eines Dr. Lietz und seiner Gesinnungsgenossen vergleicht, wird man manche Ähnlichkeiten entdecken. Vor allem springt die hohe Bewertung der Arbeit bei beiden in die Augen. Das ist es auch, was Rißmann, der verdiente und vortreffliche Herausgeber der „Deutschen Schule", als wesentlichstes Merkmal hervorhebt. „Vor allem aber erscheint mir wichtig", so schreibt er (a.a.O. S. 772), „daß das Landerziehungsheim im Gegensatz zu den Schulen sowohl wie zu anderen Erziehungsanstalten eine wirkliche Erziehungsgemeinschaft bildet. Eine solche ist im wahren Sinne des Wortes nur da möglich, wo eine Arbeitsgemeinschaft besteht. Diese ist aber weder da, wo nur geistig gearbeitet wird, noch auch dort, wo einige Handarbeitsstunden die wissenschaftliche Beschäftigung unterbrechen – eine Arbeitsgemeinschaft setzt eine gemeinsame Arbeit, eine Arbeit aller an demselben Werke, eine Arbeit voraus, bei der einer dem anderen in die Hände arbeitet. Eine Erziehungsgemeinschaft, die Arbeitsgemeinschaft ist, kommt als pädagogische Institution der Familie am nächsten. Sie wird also auch am ehesten im stande sein, deren pädagogische Vorzüge sich zu eigen zu machen. Schade nur, daß das Landerziehungsheim in nicht absehbarer Zeit nur den Großstadtkindern zu gute kommen wird, deren Väter den oberen Zehntausend angehören."

Außer der hohen Bewertung der Arbeit weisen die Landerziehungsheime noch einige Eigenschaften auf, die sie Sozialisten sympathisch erscheinen lassen. Der Fortfall alles pedantischen Zwanges; die Perhorreszierung der Strafe, besonders der entwürdigenden, erzieherisch so ungeheuer schädlichen Prügelpädagogik; der Respekt vor dem werdenden aufrechten Menschen, der den Lehrer nicht zum Drillmeister, zur unfehlbaren Autorität, zum Vorgesetzten stempelt, sondern ihn zum Freunde, zum Helfer des Heranwachsenden macht; die Ausrottung all des jammervollen Formelkrams, des pedantischen Schreibwerkes, der pädagogischen Spinnweben früherer Zeiten; der Fortfall des methodischen Religionsunterrichtes und auch des Moralunterrichtes; die für Geist und Gemüt außerordentlich bildenden Reisen; der Unterricht im Freien; die hohe Bewertung der Anschauung und des Selbsttu[n]s: das alles sind wertvolle pädagogische Neuerungen, die die Erziehung der Zukunft zum großen Teile übernehmen wird.

---

[*] Wer sich über diese Gedankengänge näher unterrichten will, findet vortreffliches Material in der ausgezeichneten Schrift Robert Seidels „Der Arbeitsunterricht, eine pädagogische und soziale Notwendigkeit", Tübingen 1885. Seidel hat den wesentlichsten Inhalt dieser Schrift in populärer Form neu herausgegeben in einer 1901 bei Lipinski in Leipzig erschienenen Schrift „Die Handarbeit, der Grund- und Eckstein der harmonischen Bildung und Erziehung".

Trotzdem werden sich die Landerziehungsheime nicht zur Basis der Erziehung der Zukunft auswachsen. Die Landerziehungsheime verrichten für die zukünftige Erziehung nur eine sehr nützliche empirische Vorarbeit. Rißmann weist schon darauf hin, daß heute der Vorzug der Landerziehungsheime nur einem winzigen, verschwindenden Bruchteile von Kindern zu gute kommt. Und selbst wenn sich noch im Laufe der Zeit Nachfolger von Lietz finden sollten, so wird der Kreis der durch die Landerziehungsheime Herangebildeten immer nur ein sehr kleiner bleiben, der für die Gesamtheit wenig oder gar nicht in Frage kommt. Um Landerziehungsheime allgemein einzurichten, oder zutreffender: um die Erziehung nach den oben entwickelten Grundsätzen neu gestalten zu können, bedarf es riesiger Mittel, die der heutige Klassenstaat nie und nimmer bewilligt. Die heutige Gesellschaftsordnung kann gar nicht die Menschen gebrauchen, die in Landerziehungsheimen herangebildet werden; wohl läßt sie sich – widerwillig – einige Exemplare dieser Art gefallen, aber die große Masse wird sie nach wie vor durch die heutige klägliche, jämmerliche Volksschule geistig, seelisch und körperlich kurz halten, damit sie – nach wie vor – den Bedürfnissen der herrschenden Klasse entspricht. Erst in einer Gesellschaftsordnung, der für die möglichst beste Art der Menschenbildung, nicht wie heute der Menschentötung, die Kosten nicht zu hoch sind, ist an eine Verallgemeinerung der pädagogischen Vorzüge der Landerziehungsheime zu denken. Erst durch die rastlose Kulturarbeit des klassenbewußten Proletariats werden wir auch einer besseren Erziehung näher gebracht.

Dann werden auch die wenigen Mängel der heutigen Landerziehungsheime verschwinden. Nicht nur ihre Seltenheit ist ein Mangel, sondern auch – wir greifen die zwei bemerkenswertesten heraus – die Anpassung an gewisse Bedingungen des heutigen Klassenstaats und die Beschränkung auf Knaben.

Es berührt geradezu peinlich, wenn man in dem Referat über den Vortrag des Herrn Dr. Lietz liest: „Auf die sogenannten ‚gelehrten‘ Berufe, zu denen der Zugang nur durch das Maturitätsexamen möglich ist, bereitet das Landerziehungsheim allerdings nicht direkt vor. Seine Schüler aber haben nicht nur körperlich, sondern auch geistig selbständig arbeiten gelernt, so daß ihnen eine derartige Prüfung nicht unüberbrückbare Hemmnisse bieten dürfte. Das Zeugnis zum einjährigfreiwilligen Dienste hat schon ein sehr hoher Prozentsatz ohne besondere ‚Pressen‘ erreicht.“

Das glauben wir Herrn Dr. Lietz aufs Wort. Wir sind überzeugt davon, daß seine Zöglinge die Schüler der staatlichen höheren Schulen an Wissen und Können weit überragen. Aber der Staat hat sich bekanntlich vorsorglich davor geschützt, daß auch geistig hochbegabte Menschen vielleicht einmal unbemerkt in einen „gelehrten“ Beruf schlüpfen können. Nur wer die staatlich vorgeschriebenen „Prüfungen“ mit ihrem Wuste an totem Wissensballast besteht, kann „zu etwas kommen“. Zu den Prüfungen kommt man aber nur durch den Besuch der höheren Schulen, und zum Besuch der höheren Schulen gelangt man nur, wenn man bei der Wahl seiner Eltern so vorsichtig war, daß man sich einen reichen Vater aussuchte. Zwar müssen die Väter der Lietzschen Zöglinge auch reich sein, aber sie begehen das

Verbrechen, die staatlichen Drillanstalten über die Achsel anzusehen, und darum werden ihre Söhne nur dann etwas, wenn sie sich den staatlichen Prüfungen unterwerfen. Ähnlich ist es mit der Erwerbung des klassenstaatlichen Vorrechtes des einjährig-freiwilligen Dienstes. Eine Gesellschaftsordnung, die derartige Privilegien nicht mehr kennt, braucht auch ihre erzieherischen Maßnahmen nicht durch dementsprechende Rücksichtnahme zu verunzieren.

Sodann ist es ein Nachteil der heutigen Landerziehungsheime, daß sie die Mädchen ausschließen. Die Erziehung der Zukunft wird auch dem großen Gedanken der Gleichberechtigung der Geschlechter Rechnung tragen. Die pädagogisch unsinnige, moralische und sonstige Nachteile geradezu züchtende Trennung der Geschlechter bei der Erziehung, wie wir sie heute haben, wird die sozialistische Zukunft nicht mehr kennen. Wenn die Arbeit erst in die Erziehung eingeführt ist, so wird die Trennung der Geschlechter von selbst aufhören müssen, denn bei der gesellschaftlich notwendigen Arbeit, der technischen wie der geistigen, arbeiten Mann und Frau Hand in Hand. Das muß auch eine auf die Arbeit gegründete Erziehung berücksichtigen.

Es leuchtet ohne weiteres ein, daß die gemeinsame Erziehung der Geschlechter für die gegenseitige Wertung von Mann und Frau in jeder Beziehung von hoher Bedeutung ist. Die „Frauenfrage" wird dann gelöst sein, zusammen mit der Erziehungsfrage, beide zusammen aber nur durch die Lösung der sozialen Frage, also durch den Sozialismus.

54. Henriette Fürth: Der Handarbeitsunterricht und die Erziehung[701]

NZ 1902/03, Nr. 36, S. 314-319 (Auszüge)

Der Handarbeitsunterricht war und ist das Aschenbrödel der Pädagogik, obwohl bereits Pestalozzi der praktischen Lebensbildung und Erziehung wieder zu ihrem Rechte zu verhelfen suchte. [...]

Harmonische Menschenbildung! Das ist seitdem das Ziel und die Sehnsucht aller Erziehung geworden, ein Ziel freilich, von dem wir noch soweit entfernt sind, daß vor wenigen Jahren ein pädagogisches Handbuch[*] klagte, „daß sich auf Kosten der sittlichen Bildung eine Art von Überernährung der Intelligenz vollziehe und daß die gemütlichen Interessen hinter einer einseitigen Verstandeskultur zurücktreten". Wenn aber dieser Vorwurf hundertundfünfzig Jahre nach der Geburt des Begründers der modernen Pädagogik noch zu Recht erhoben werden kann, dann muß irgend etwas am Fundament des Erziehungsbaues nicht in Ordnung sein. Sehen wir deshalb zu, auf welchem Wege die Erziehungskunst ihr Ziel harmonischer Menschenbildung zu erreichen sucht.

Es lassen sich da deutlich zwei Richtungen unterscheiden. Beiden ist die Absicht gemeinsam, alle Anlagen des Geistes, Gemüts und Körpers harmonisch zu

---

[701] Zu Henriette Fürth siehe Einleitung, Kap. 2.3.3.
[*] Rein, „Enzyklopädisches Handbuch der Pädagogik" [1902ff.]. Bd. III, S. 320.

entwickeln, verheißungsvolle Keime zu pflegen, verhängnisvolle nach Kräften auszumerzen oder mindestens zurückzudämmen. Beiden ist es um die Bildung des Charakters zu tun, und beiden ist Charakter die Summe der Kräfte und Fähigkeiten, die das Handeln des Menschen allseitig bestimmen und seinem ganzen Wesen ein bestimmtes Gepräge geben.

Ganz verschieden aber sind die Mittel und Wege, die beide zur Erreichung ihres Zieles anwenden. Die eine, und es ist dies die heute noch fast allgemein übliche Erziehungs- und Unterrichtsmethode, sieht ihre Hauptaufgabe darin, in ihren Zöglingen Glieder einer großen Gemeinschaft, Muster der Ein- und vor allem der Unterordnung heranzubilden. Den Pädagogen dieser Art ist es höchste Wonne, wenn sie es erreichen können, daß ihre Schüler bis in die höchsten Klassen hinauf einschwenken wie gutgedrillte Bataillone. „Mut zeiget auch der Mameluk, Gehorsam ist des Christen Schmuck!" Das ist dieser Weisheit letzter Schluß, und Kirche und Schule reichen sich die Hand, diesen Sklavengehorsam, diese lebenslängliche Abhängigkeit ihren Schutzbefohlenen anzuerziehen. Ist es doch das sicherste Rezept zur Heranbildung des „guten Staatsbürgers", der unerläßlichen Stütze für Thron und Altar. Was könnte jenen Institutionen Schlimmeres passieren, als wenn man anfinge, die Schulkinder an eigenes Denken, an Selbstverantwortlichkeit und Persönlichkeitsgefühl zu gewöhnen? Das aber würde unfehlbar geschehen, wenn man an Stelle von abstrakten Wissenssätzen, die zumeist in dogmatischer, das ist allgemeinverbindlicher Form überliefert werden, das Können setzte, wie es aus dem mit allen Hilfsmitteln kritischen Vermögens ausgestatteten Tun hervorwächst. In unseren Schulen wird auswendig gelernt, die Denkresultate anderer werden unbesehen hingenommen und eingeschachtelt, der automatische Drill muß das mitdenkende, mitschaffende Erleben ersetzen. In der gleichen Weise wird Körperpflege und körperliche Übung gehandhabt. Da wird auf den künftigen Soldaten hingearbeitet, und Mannszucht geht über alles. So will's zumindest das System, der von oben herab befohlene und geübte Geist, dem religiöser und der sogenannte Gesinnungsunterricht die Hauptsache ist, und es ist als ein wahres Glück zu betrachten, daß die Zahl der Lehrer nicht klein ist, die trotz der spanischen Stiefel des Reglements ihren Schülern die unleugbaren Fortschritte der pädagogischen Einsicht nutzbar zu machen und ihren Unterricht mit lebendigem Leben zu erfüllen wissen.

In der gleichen Richtung wirkt der Handarbeits- oder, wie er genannt wird, Handfertigkeitsunterricht, der sich in allen Schulen, höheren und niederen, immer mehr einbürgert, aber noch weit davon entfernt ist, die zentrale Stelle im Unterrichtswesen einzunehmen, die ihm nach seiner Art und Bedeutung eigentlich zukommt. Ja er wird sogar von vielen scheel angesehen und als eine nutzlose Spielerei befehdet. Andere gestehen ihm zwar einige Berechtigung zu, aber nur als untergeordnetes Anhängsel des theoretischen Unterrichtes.

Wie wertvoll die Handarbeit für eine harmonische Menschenbildung ist, zeigt Robert Seidels vortreffliche Schrift[**] [...]. Seidel geht in seinen Darlegungen davon aus, daß der Zweck der Erziehung, harmonische, das heißt in körperlicher, geistiger, beruflicher und moralischer Erziehung gleichmäßig ausgestattete Menschen zu bilden, am besten dadurch erreicht werde, daß man die Handarbeit in den Mittelpunkt des Unterrichtes stelle, immer von ihr ausgehe und ständig zu ihr zurückkehre.

Er weiß seine Sache mit soviel Wärme und Überzeugungskraft zu führen und bringt überdies ein so reiches und übersichtliches Material in knappster Form bei, daß wir nichts Besseres tun können, als ihm eine Strecke weit durch seine Darlegungen zu folgen. Er geht von dem Goetheschen Satze aus, daß das Kind in der Erziehung denselben Weg geführt werden müsse, den die Menschheit in ihrer Entwicklung gegangen sei und fragt: „Welchen Weg ist die Menschheit gegangen? Hat sie die Dinge nur angeschaut oder auch tätig erfaßt? ... Nicht durch die Anschauung, sondern durch Tun machte sie sich zum Herrn des Feuers, nicht durch Betrachtung, sondern durch Arbeit lernte sie die Metalle und Erden brauchen, nicht durch Anschauung, sondern durch erfinderische Tätigkeit zwang sie die Naturkräfte in ihren Dienst." Dem kommt der angeborene Tätigkeitsbetrieb zu statten, den wir als das hervorstechendste Merkmal gesunder Kindlichkeit kennen. Die kleinen Menschenkinder wollen immer etwas zu tun haben. Mit unverbrüchlichem Ernste und überzeugter Wichtigkeit ahmen sie die Hantierungen der Erwachsenen nach. Ebenso allgemein bekannt ist die Sehnsucht der Kinder, die Dinge in ihrem Zusammenhang und ihren Teilen von innen heraus kennen zu lernen. Und die Oberflächlichkeit zürnte da über den „Zerstörungstrieb" der Kinder, wo eine einsichtige Erziehung längst den Hebel angesetzt hätte, um aus der geschäftigen Beweglichkeit und Wißbegier die Ansätze zu gleich- und zweckmäßiger Bildung der Kräfte und Anlagen und dem aus dem Können hervorquellenden Wissen zu entwickeln. Der Pestalozzi-Fröbelsche Kindergarten ist auf diesen Grundsätzen aufgebaut und die Schule hätte weiter nichts nötig, als dies System zu übernehmen und auszubauen, um ihrer Aufgabe in allen Teilen gerecht zu werden. [...]

Wenn wir heute ein Kind der Schule übergeben, so fürchten wir nichts mehr als das mit dem Schulleben verbundene Stillsitzen. Nichts wird auch dem Kinde schwerer und nichts ist unnatürlicher. Das Kind ist in allen Stücken das Prototyp des Werdenden. So wie sein Geist wächst und wird, so auch der Körper mit allen seinen Organen. Organe aber müssen gebraucht und geübt werden, wenn sie sich sachgemäß entwickeln sollen. Schon diese einfache Überlegung sollte dem denkenden Pädagogen jeden Zweifel an dem Nutzen, ja der Notwendigkeit des Handarbeitsunterrichtes für die körperliche Gesundheit und Entwicklung nehmen. Was er für das geistige Vermögen zu leisten berufen ist, haben wir oben gesehen.

[**] „Die Handarbeit, der Grund- und Eckstein der harmonischen Bildung und Erziehung." Von Robert Seidel. Leipzig, Verlag von Rich. Lipinski [1901].

Aber auch das praktische Lebensbedürfnis und die nüchterne Betrachtung des allgemeinen wirtschaftlichen Nutzens sind ebensoviel Kämpen[702] für den Handarbeitsunterricht. Das ist zuerst die Erwägung, wie vorteilhaft in allen Lebenslagen und in allen Berufen eine gewisse Handgeschicklichkeit und die Bekanntschaft mit den Stoffen und Formen der Dinge selbst ist. Sowohl der Handarbeiter, wie der künftige Arzt, Techniker, Naturforscher ec. kann ihrer nicht entraten, ebenso wie es für den Beamten und den Kaufmann nützlich ist, wenn er die aus den Dingen hervorgehenden Streitfragen, über die er befinden, beziehungsweise die Waren, die er ein- und ausführen soll, nicht nur von außen, sondern auch von innen zu beurteilen weiß. Wichtiger noch ist ein anderes. [...]

Die Berufswahl! Wie öde wird's uns zu Mute, wenn wir im Kreise unserer Freunde und Bekannten uns nach berufsfreudigen Menschen umschauen! Wie gering ist die Zahl jener, die nicht von sich sagen müssen, daß die ihren Beruf verfehlt haben! Welche Last hoffnungslosen Jammers birgt sich oft hinter der einfachen Feststellung dieser Tatsache, und wie unendlich traurig und schwer ist es, sein ganzes Leben lang freudlose Arbeit tun zu müssen! Nun sind es freilich vorwiegend die heutigen sozialen und wirtschaftlichen Zustände, die Millionen und Abermillionen zur freude- und hoffnungslosen Arbeit verdammen. Oder der Standesdünkel der Eltern ist es, der Söhne und Töchter in Berufe zwingt, zu denen sie keine Liebe haben oder für die sie sich aus irgendeinem Grunde nicht eignen. Mindestens ebenso häufig aber wird aus Kurzsichtigkeit und Unverstand gefehlt und weil das Schulleben keinen Anlaß gab, besondere Anlagen zu zeigen und zu entwickeln. Dem würde der Handarbeitsunterricht in glücklichster Weise abhelfen, da er dem Talent Gelegenheit böte, sich zu entfalten, der Neigung und Liebe für einen Beruf Wurzel zu fassen und so die Berufswahl zu bestimmen oder mindestens zu erleichtern.

Das Schönste und Höchste aber, was der Handarbeitsunterricht dem Kinde zu bringen vermöchte, liegt auf moralischem Gebiet. Wer dem Kinde den Sinn dafür erschließt, daß die Arbeit Freude und Selbstzweck sein kann und sein sollte, wer ihm, vom Leichten zum Schwereren aufsteigend, ein lebendiges Können vermittelt und ihm damit die Brücke schlägt zum Verständnis der körperlichen wie der geistigen und moralischen Welt, der hat dem Kinde den unvergänglichsten Lebenswert gegeben zum Heile des einzelnen wie der Gesamtheit. Seidel nennt den Arbeitsunterricht eine Bildung zur Religion der Tat, von der er mit gutem Rechte eine höhere Wertschätzung der Handarbeit und des Handarbeiters und damit die Anbahnung eines sozialen Ausgleichs und sozialer Gerechtigkeit erwartet. Wir werden diese letzte Erwartung in etwas einzuschränken, beziehungsweise ihre übrigen Voraussetzungen und Verwirklichungsmöglichkeiten zu prüfen haben. Einstweilen wollen wir aber gerne mit Seidel uns dahin resumieren, daß „der Handarbeitsunterricht nicht ein neues Unterrichtsfach zu vielen alten, sondern eine neue und bessere **Methode** des Unterrichtes und der Erziehung ist. Er ist die Unterrichts- und Erzie-

---

[702] So im Original.

hungsmethode der Zukunft und er allein kann den Forderungen der harmonischen Menschenbildung gerecht werden."

Wie aber kann der Handarbeitsunterricht die ihm gestellte Aufgabe erfüllen? Seidel berührt in seiner Propagandaschrift diese Seite der Sache überhaupt nicht. Das ist ein Fehler, denn angesichts der Tatsache, daß heute schon die Schule mit Lernstoff geradezu überbürdet ist, muß man sich vor allen Dingen mit der Frage auseinandersetzen, ob und wie die neuen Anforderungen verwirklicht werden können, was aus dem heutigen Unterricht als Ballast entfernt und was beibehalten und mit dem Neuen organisch verknüpft werden sollte.

Die heutige Organisation des Schulwesens ist so verfehlt wie möglich. Nicht das praktische Bedürfnis, nicht die besondere Befähigung haben sie geschaffen, sondern ganz ausschließlich der Geldbeutel der Eltern. Da sind höhere und niedere Schulen; der Zufall der Geburt oder des Besitzes hat darüber zu entscheiden, welchen Kindern die eine, welchen die andere Schulart zugänglich gemacht wird. Anstatt dessen sollte es nicht über-, sondern nebengeordnete Schulanstalten geben und die Aufnahme in die eine oder die andere Schulart nur abhängig sein von der Begabung des Schülers. So will's die Einheitsschule, die, fußend auf völliger Unentgeltlichkeit des Unterrichtes und der Lehrmittel, zugleich die einzige ist, die im stande wäre, den Handarbeitsunterricht ihrem Schulplan organisch einzugliedern, beziehungsweise den ganzen Schulplan darauf aufzubauen. Die heutigen Schulen können das nicht leisten. Nicht nur, daß sie Schüler von verschiedenartigster Intelligenz und Anlage in eine Lehranstalt zusammenzwängen, dem Lehrplan, der so vieles beherbergen und auf die verschiedensten Berufe vorbereiten soll, fehlt es an der nötigen Konzentration und muß es daran fehlen. Dazu kommt, daß vielen Lehrern, wie ein erfahrener Schulmann[**] ausführt, „die Bedeutung des Satzes, daß nicht sowohl das dem Schüler Vorgesagte als das von ihm selbst Erarbeitete einen Wert für dessen Bildung hat, daß die Schule ihre Zöglinge vor immer neue, immer schwierigere Aufgaben stellen muß, daß sie in ihnen nicht das Gefühl der Sättigung, sondern des Hungers zu erzeugen hat, noch gar nicht oder nur in geringem Maße zum Bewußtsein gekommen ist".

Wo soll unter solchen Umständen das Verständnis geweckt werden für das Große, das der Handarbeitsunterricht leisten kann und soll, und wie die organische Verbindung zwischen dem theoretischen Unterricht und der Handarbeit hergestellt? Darum brauchen wir die Einheitsschule, die auf der Unterstufe sämtliche Schüler vereinigt und sie etwa sechs Jahre gemeinsam unterrichtet. Dann müßte eine Gabelung der Unterrichtsanstalten und Methoden in der Weise eintreten, daß man Fachschulen für den Handwerker, den künftigen Landwirt und den Handelsbeflissenen, Realanstalten für den Naturwissenschaftler, Techniker, Juristen, Arzt ec. und endlich humanistische Gymnasien für die Lehrer, Philosophen und alle übrigen Vertreter der reinen Geisteswissenschaften schafft. Über die Zuteilung zu

---

[**] Lungen [vermutl. Lüngen], „Zur Frage des Ausbaues der höheren Mädchenschule", in „Frauenbildung", Zeitschrift, herausgegeben von Wychgram, 1. Jahrgang [1902], 7./8. Heft.

den einzelnen nicht über- und unter-, sondern nebeneinandergeordneten Unterrichtsanstalten entschiede dann nicht Stand und Besitz, sondern Befähigung und Neigung, die sich sehr wohl entfalten können, wenn die unentgeltliche Einheitsschule allen Gelegenheit gibt, sich auf gleichem Tummelplatz zu erproben. Freilich deshalb noch nicht unter gleichen Vorbedingungen, denn diese sind in der heutigen Gesellschaft unmöglich, in der der eine Schüler neben ausreichender Kleidung und Ernährung ein behagliches Heim hat, in dem liebevolle Achtsamkeit seinen Studiengang bewacht und fördert, indes der andere neben schlechter Kleidung und unzureichender Ernährung froh sein muß, wenn er in einem Winkel einer lärm- und dunsterfüllten engen Stube seine Aufgaben machen kann.

In solcher Einheitsschule könnte Pflege der Handgeschicklichkeit von vornherein im Mittelpunkt des Unterrichtes stehen, aus dem zwanglos alle anderen Disziplinen herauswachsen wie ein buntes, reizvolles Spiel auf der Unterstufe, als eine ernsthafte Vorbereitung auf einen ernsthaften Beruf in den Oberklassen beziehungsweise Berufsschulen.

Die Bearbeitung von Holz, Ton, Gips, die Herstellung von Werkzeugen, der primitive Webstuhl und seine Handhabung, die Bürstenbinderei, das Flechtwerk und unzählige andere Dinge: alles das gibt eine Fülle wertvollster Anregungen, vermittels deren man das Leben in seinem ganzen Reichtum und seiner Buntheit begreifen und erfassen lehrt und zugleich Anknüpfungspunkte unvergleichlichster Art gewinnt, an denen man die Kulturentwicklung der Völker aufzeigen kann. Ich erinnere hier an den sogenannten Monatsgegenstand der Fröbelschen Kindergärten, der an der Hand eines einzelnen Produktes, zum Beispiel der Ähre, eine Fülle von wirtschaftlichen und sozialen Beziehungen aufleben und erleben läßt, so den Landbau, die Ernte, die Bäckerei, das Strohflechten und ähnliches mehr.

Es gab und gibt jetzt schon einzelne Erziehungsanstalten, in denen das eine Verwirklichung gefunden hat, was wir für die Gesamtheit anzustreben haben, so in Frankreich und England. Aber sie sind ohne irgendwelche nennenswerte Bedeutung und nur Experimente im kleinen und mit beschränkten Mitteln. Erst die Schule der Zukunft wird dem Handarbeitsunterricht den ihm gebührenden Platz einräumen und einräumen können.

55. K. Bl.: Jugendliteratur und Erziehung zum Sozialismus[703]

NZ 1903/04, Nr. 5, S. 153-157 (Auszüge)

Wer die Jugend für sich hat, dem gehört die Zukunft. Die Erkenntnis dieses Satzes hat einen kleinen Kreis tätiger Genossen veranlaßt, die Blicke umherschweifen zu lassen abseits vom Schauplatz politischer und sozialer Kämpfe. Der Gedanke, der Jugendliteratur Beachtung zu schenken, ist unserer Partei nicht neu; auch der letzte Parteitag hat sich mit der Jugendschriftenfrage beschäftigt. Wenn trotz der vielen

---

[703] K. Bl. ist vermutlich der Hamburger Schulreformer Dr. Karl Blume (geb. 1905). Siehe auch Einleitung, Kap. 3.2.

und eifrigen Bemühungen die Sache bei uns nicht recht in Fluß gekommen ist, so liegt das daran, daß man den Kampf mit verkehrter Frontstellung begonnen hat. Man hat wohl eingesehen, daß unsere Jugend in literarischer Hinsicht bis jetzt mit einer durchweg ungesunden, oft geradezu widerlichen Speise regaliert worden ist, und hat daraus den Schluß gezogen, die bisherigen Jugendschriften müßten verdrängt und die Literaten unserer Partei zur Herausgabe von Schriften für die Kinder des Proletariats aufgefordert werden. Diese Forderung klingt bestechend; daß ihre Erfüllung aber große Schwierigkeiten macht, beweisen die verunglückten Versuche auf diesem Gebiet. Auch übersieht man dabei, daß es sich nicht sowohl darum handelt, die gesamte Jugendliteratur zu beseitigen, als vielmehr sie zu sichten und vom Unkraut zu befreien. Auch von pädagogischer Seite hat man den Kampf gegen den Schund in der Lektüre des Kindes seit einer Reihe von Jahren geführt: in den Jugendschriftenausschüssen der deutschen Lehrervereine. Die Resultate der Prüfungen sind niedergelegt in dem alljährlich gegen Weihnachten erscheinenden Verzeichnis der vereinigten Prüfungsausschüsse. Wir brauchen gegen diese Bestrebungen kein Mißtrauen zu hegen, weil sie von „bürgerlicher Seite" kommen. Die Männer, die sich in den Jugendschriftenausschüssen der Lehrervereine zusammenfinden, sind Volksschullehrer, und ihre Arbeit geschieht selbstverständlich im Interesse ihrer Schüler, also in erster Linie für die Kinder des Proletariats. Wie wenig „bürgerliche Ideologie" dabei im Spiele ist, geht schon daraus hervor, daß man von buchhändlerischer Seite den Hamburger Jugendschriftenausschuß als sozialdemokratisch denunzierte und unter Mitwirkung „höherer Lehrer" ein anderes Verzeichnis empfehlenswerter Jugendschriften herausgab, das positiv religiöse und patriotische Werke enthielt, Werke, die nebenbei zum Teil einen höheren Rabatt brachten als die des anderen Verzeichnisses.

Ein Blick auf das Verzeichnis der vereinigten Jugendschriftenausschüsse lehrt, daß die Zahl der wertvollen Jugendschriften nicht gar so gering ist, wie der Uneingeweihte meint. Übrigens gilt für die Lektüre des Kindes nicht unbedingt das „je mehr, desto besser". Zugegeben sei, daß in dem genannten Verzeichnis sich noch minderwertige Sachen befinden, aber ihre Zahl wird von Jahr zu Jahr geringer. Wenn man trotzdem meint, diesem Verzeichnis gegenüber kritisch vorgehen zu müssen, so folge man dem Rate, der auf dem Parteitag zu Dresden gegeben wurde: man gebe einen Auszug aus dem Verzeichnis heraus. Im übrigen ist die Parole, mit der jene Pioniere der Literatur an ihre Arbeit gehen, das Wort von H. Wolgast:[*] „Die Jugendschrift in dichterischer Form muß ein Kunstwerk sein", präzise und schroff genug, um auch den radikalsten Verfechter des Sozialismus zufriedenzustellen. Mit der Anerkennung dieses Grundsatzes sind aber alle Versuche gerichtet, unter dem Deckmantel der Kunst irgendwelche Tendenzen einzuschmuggeln, seien sie nun chauvinistisch oder kosmopolitisch, religiös oder atheistisch, staatserhaltend oder revolutionär. Die Dichtung dient dem Genuß, nicht Nebenzwecken. Tendenziöse Darstellung ist mit künstlerischer unvereinbar. Damit soll nicht gesagt

---

[*] Heinrich Wolgast, „Das Elend unserer Jugendliteratur". Hamburg 1896.

sein, daß derartige Ideen überhaupt nicht behandelt werden dürften, es soll nur nicht in der Absicht geschehen, Propaganda zu machen. [...]

Trotz der Schleuderpreise der wie Pilze aus der Erde schießenden Warenhäuser hebt sich der Prozentsatz der literarisch wertvollen Jugendschriften, die den Kindern zu Weihnachten geschenkt werden, von Jahr zu Jahr, langsam aber stetig. Weihnachten 1901 waren von je 100 geschenkten Jugendschriften 26 nach dem Hamburger Verzeichnis gekauft worden. Also nicht die Produzenten, sondern die Konsumenten sind in erster Linie verantwortlich für das Elend der Jugendliteratur. Sobald das Proletariat jene Schundware mit Verachtung straft, wird diese Art der Spekulation auf die Geschmacklosigkeit und Dummheit vereitelt. Oder glaubt man denn allen Ernstes, daß die Werke parteigenössischer Autoren die ganze Sachlage ändern würden? Wer unter den Parteigenossen ist denn befugt, für die Jugend zu schreiben? Doch nur der Künstler. Wenn auch die Sozialdemokratie zweifellos viele Künstler in ihren Reihen zählt, eine spezifisch sozialistische Kunst wird dadurch nicht geschaffen. Wohl werden die Kunstschöpfungen der Parteigenossen beeinflußt von ihrem politischen Glaubensbekenntnis, sei es durch Wahl ihrer Gegenstände, sei es, daß sie anders sehen und fühlen als ihre bürgerlichen Kollegen von der Kunst – aber nie und nimmermehr hat der wahre Künstler die Aufgaben des Dozenten oder des Agitators. [...] Was die sogenannte „Parteikunst" hervorbringt, sehen wir zur Genügen an den Skizzen, Erzählungen und Novellen vom braven Fabrikarbeiter und bösen Fabrikanten, vom Weihnachtsfest der armen Näherin und bei Protz & Co., bei all den Sachen und Sächelchen, die in der Parteipresse trotz manches Anlaufs zum Bessern immer noch nicht ausgestorben sind. Vom Standpunkt eines gesunden Geschmacks sind derartige „Kunstwerke" ebenso lächerlich wie die süßen Süppchen in den Feuilletons der bürgerlichen Presse. Gewiß sind das Themen, des Stiftes eines Künstlers wert, aber der Dilettant soll die Finger davon lassen, der das Gericht durch seine Tendenzsauce ungenießbar macht. Man täusche sich doch nicht. Mit solchen Dichtungssurrogaten erzieht man nicht. Die Lektüre der Tagesereignisse wirkt da in ungleich höherem Maße revolutionierend [...]. Außerdem ist zu bedenken, daß das Feuilleton zur Erholung, zum Genuß dienen soll [...].

Glücklicherweise dämmert uns bei kleinem auf, daß die geistigen Bedürfnisse des Proletariats nicht mit Afterkunst und -Wissenschaft, mit Tendenzliteratur befriedigt werden. Die Vorträge in den Versammlungen, die Freien Volksbühnen und die teilweise recht guten Feuilletons unserer Tagespresse beweisen die Erkenntnis. Und wenn dem Proletarier aus den Werken der großen „bürgerlichen" Dichter und Schriftsteller der Hauch einer ihm fremderen Ideenwelt entgegenweht, so wird doch seine politische Überzeugung von diesem Lüftlein nicht erschüttert. [...]

Kann die Jugend im sozialistischen Sinne erzogen werden? Warum die Privatlektüre nicht agitatorischen Zwecken dienen sollte, ist schon oben gesagt. Besonderer Anregungen durch die Eltern bedarf es in der Regel auch nicht, um die Arbeiterkinder in unserem Sinne zu erziehen; ja manche Väter zeigen geradezu ein ängstliches Bemühen, alles, was nach Politik schmeckt, von ihren Kindern festzu-

halten. Nicht mit Unrecht. Trotzdem wirkt die Atmosphäre, in der das Kind aufwächst, das Milieu, im Sinne des Vaters, wenngleich das Kind nicht zu klaren
politischen und wirtschaftlichen Vorstellungen kommen kann. Bliebe noch die
Schule als Erziehungsfaktor. Unser Einfluß auf die Schule ist bis jetzt noch ein
unbedeutender. Aber das Unglück ist zu ertragen. Politik soll und kann nicht in der
Schule getrieben werden, weil der schulpflichtigen Jugend die nötigen Voraussetzungen zum Verständnis der Politik fehlen. Dem widerspricht nur scheinbar, daß
die Kinder im Geschichtsunterricht zur „Liebe zu Kaiser und Reich" erzogen werden. Über eine Handvoll Phrasen kommt man nicht hinaus, und die halten nicht
lange vor. [...] Die heutige Schule wird also direkt nicht Sozialdemokraten erziehen; indirekt muß sie aber doch unseren Zwecken dienen, wenn sie das ihr gesteck-
te Ziel erreichen will. Klare, richtige Anschauungen, logisches Denken, Freude an
Wissenschaft und Literatur, Erziehung zum Kunstgenuß, das sind Forderungen
jedes modernen Pädagogen. Wenn der so vorbereitete Boden dann später richtig
bestellt wird, so müssen die Früchte nach unseren Wünschen ausfallen. Wer klar
sehen kann und logisch denken, der muß Sozialdemokrat werden, oder unsere
Weltanschauung ist eine falsche. Wer Freude an edleren Genüssen aus seiner Jugend ins Leben mitbringt, der muß „unzufrieden" werden, unzufrieden mit den
heutigen politischen und sozialen Verhältnissen, der wird keine falsche Bescheidenheit kennen, sich nicht blindem Autoritätsglauben hingeben. Nicht nur Junker
und Pfaffen wittern in der freien Bildung ihren Todfeind; auch das Bürgertum
betrachtet die Schule mit argwöhnischen Blicken. Wohl schätzt es die Volksbildung, die Deutschland den Weltmarkt erobert hat, aber es schätzt sie nur soweit,
als sie seinen Zwecken dient. Es fühlt eine instinktive Furcht, die Volksbildung zu
vertiefen, daher sein Abneigung gegen die allgemeine Volksschule und die Verlängerung der Schulpflicht.

Die eigentliche Erziehung zum Sozialismus kann erst in dem Alter geschehen,
wo der Mensch am eigenen Leibe die Schönheiten der heutigen Weltordnung erfährt, in der Zeit, wo er anfängt, auf eigenen Füßen zu stehen. Wir brauchen nicht
zu fürchten, daß der junge Nachwuchs uns ausbleibe; bis jetzt haben wir trotz des
Mangels einer systematischen Erziehung zur Sozialdemokratie Zufluß genug gehabt. Wer mit dieser Erziehung gar zu früh beginnt, der läuft Gefahr, statt wackerer
Mitstreiter Herdengenossen zu züchten, Gesinnungspöbel, der heute „Hosiannah"
ruft und morgen ebenso fanatisch das „Kreuzige, kreuzige!"

56. Pädagogische Reform[704] (Rezension von Heinrich Schulz)

NZ 1903/04, Nr. 38, S. 383-384

Die seit 1877 in Hamburg erscheinende pädagogische Wochenschrift „Pädagogische Reform" hat von Anfang an mit mutiger Entschlossenheit die Ideen des pädagogischen Fortschritts vertreten. Insbesondere wurde dieses Blatt zum ersten Pionier der modernen Bestrebungen für künstlerische Erziehung der Jugend. Freilich hatte es damit anfangs keinen leichten Stand. Die ganze Zunft der ortsüblichen pädagogischen Taglöhner und gerechten Kammacher erhob sich gegen diese scheinbar spielerische Abirrung der Pädagogik. Und als Otto Ernst, der bekannte Lehrer-Dichter, 1896 auf der deutschen Lehrerversammlung in Hamburg für seine und seiner Hamburger Freunde künstlerische Bestrebungen Propaganda zu machen versuchte, wurde er niedergeschrien.

Inzwischen hat sich das Blatt gewendet, und wer die tieferen Ursachen und Wirkungen der modernen Kunsterziehung nicht kennt, sollte gar meinen, es werde allzu viel Kunstpflege getrieben. Aber dem ist nicht so. Die neue Vierteljahreszeitschrift, die die rührigen Hamburger Lehrer soeben herausgegeben haben, belehrt darüber eines Besseren. Im Prospekt schon heißt es: „Künstlerisch erziehen bedeutet nicht nur für edle Lebensfreude genußfähig machen; der tiefere Sinn ist, die produktiven Kräfte wecken und pflegen, Kräfte bilden, die wertvoll sind, weil sie Werte schaffen können – geistige, sittliche und materielle Werte, die dem Charakter des einzelnen und der Eigenart des ganzen die Geltung geben." Otto Ernst, dem man mit Recht den Einführungsartikel übertragen hat, führt diesen Gedanken näher aus. Nach seiner Definition handelt es sich um eine Umwälzung der Erziehung, um eine Wiedergeburt der Erziehung und des Unterrichts aus dem Geiste der Kunst. Aber damit sollen nicht etwa die Kinder zu Künstlern oder zur Kunstsimpelei erzogen werden, sondern das heißt, „daß das Wissen von den körperlichen und geistigen Dingen der Welt fortan denselben Weg in den Menschen hinein nehmen soll, den die Kunst nimmt, nämlich den Weg durch die Tore der Anschauung und des Gefühls".

Noch eingehender und bestimmter entwickelt in dem Hauptaufsatz des ersten Heftes der Münchener Schulrat Dr. Kerschensteiner die Gegensätze, die die neue pädagogische Strömung von der alten Zunft- und Zopfpädagogik trennen. Kerschensteiner hat besonders bei den Schulprüfungen erkannt, daß die heutige auf mechanische Übermittlung einer möglichst großen Quantität des verschiedenartigsten Wissens gerichtete Tätigkeit der Volksschule Danaidenarbeit bedeutet. Er tritt deshalb für Berufsbildung an Stelle der heutigen allgemeinen Bildung ein. Jedoch nicht für Berufsbildung in dem engen Sinne, den man heute mit diesem Worte

---

[704] Vierteljahresschrift, herausgegeben von der Lehrervereinigung zur Pflege der künstlerischen Bildung und den Garanten der Pädagogischen Reform. Hamburg 1904. Die Zeitschrift erschien nur in vier Heften und wurde dann als *Der Säemann* (Leipzig) weitergeführt. Von 1876/77-1919 erschien in Hamburg eine Wochenzeitschrift gleichen Namens mit dem Zusatz: *zugleich Zeitschrift der Hamburger Lehrmittelausstellung*, auf die Schulz hier ebenfalls Bezug nimmt.

verbindet, sondern in der Goetheschen Definition im Wilhelm Meister: „Eines recht wissen und ausüben gibt höhere Bildung als Halbheit im Hundertfältigen." Dabei versteht sich von selbst, daß mit der Erziehung für die Berufsaufgaben jene Erziehung zu verbinden ist, die den einzelnen befähigt, auch die Aufgaben des Ganzen, dem er angehört, zu würdigen und an ihnen nach Maßgabe des Platzes, an dem er steht, sich zu beteiligen.

Gerade aus dem Kerschensteinerschen Artikel geht recht deutlich hervor – was allerdings auch aus sonstigen Umständen geschlossen werden kann –, daß es sich bei der neuen Zeitschrift wie überhaupt bei den Kunsterziehungsbestrebungen der Hamburger um den Versuch handelt, dem wichtigsten Problem der Erziehung der Zukunft, der Einführung der Arbeit als Basis der Erziehung, von der Seite der Kunst aus beizukommen. Von anderer Seite ist das Problem auch bereits mit Erfolg angegriffen worden. Die Handfertigkeitsbestrebungen nähern sich ihm unter der zielsicheren Leitung des Leipzigers Dr. Pabst mehr und mehr, die moderne Sozialpädagogik, die freilich eigentlich alles andere unter sich begreift, weiß in der Natorpschen Interpretation die hohe Bedeutung der Arbeit wohl zu würdigen. Die Theoretiker des Sozialismus, allen voran Marx, ferner besonders Robert Seidel, haben bekanntlich schon vor Jahrzehnten mit überzeugender Klarheit die Notwendigkeit der Umwandlung der heutigen einseitigen Lernschule in die Arbeitsschule vorausgesagt.

Natorp, Dr. Pabst, Robert Seidel und andere berufene Vorkämpfer der Erziehung der Zukunft gehören zu den Mitarbeitern der neuen Hamburger Vierteljahresschrift. Man darf sich von ihr also eine wesentliche Förderung der sozialpädagogischen Bewegung versprechen. Hoffentlich ist der materielle Erfolg des Unternehmens ein derartiger, daß bald aus der Vierteljahrs- eine Monatsschrift gemacht werden kann.

57. Ellen Key: Über Liebe und Ehe[705] (Rezension von Therese Schlesinger-Eckstein)

NZ 1903/04, Nr. 47, S. 668-670 (Auszüge)

[...] Während Ellen Key in früheren Essays sich vorwiegend mit den Pflichten des einzelnen gegen die Gesellschaft und den daraus erwachsenden inneren Kämpfen, mit den widerstreitenden Forderungen des Egoismus und Altruismus, des religiösen Sehnens und wissenschaftlichen Erkennens befaßte, behandelt ihr neues Buch die Schwierigkeiten, die dem modernen Kulturmenschen aus den neuen Forderungen und Sehnsuchten des Geschlechtslebens und der Elternschaft entstehen.

Daß die Forderungen an die Liebe immer höhere, kompliziertere und zugleich leidenschaftlichere werden, erklärt sie nicht nur mit der feineren Differenzierung der Seelen, sondern auch mit der Abkehr des modernen Menschen von „der Ruhe in Gott" und der Einsamkeitsempfindung und dem Fremdlingsgefühl auf Erden,

---

[705] Übersetzung von Francis Maro. Verlag S. Fischer, Berlin 1904.

das ihm aus dieser Abkehr erwächst, und sie ist überzeugt, daß nur die Liebe eine neue Gläubigkeit an die Stelle der überwundenen setzen und zugleich den Kampf zwischen Altruismus und Egoismus in ihm versöhnen kann.

Mit tiefem Eingehen schildert sie die Schwierigkeiten und Qualen, die sich aus den erhöhten Anforderungen feindifferenzierter Menschen an die Liebe ergeben, und die ebenso schmerzlichen Kämpfe, welche die Frau oft zu bestehen hat zwischen ihrem natürlichen und ihrem sozialen Beruf.

Im Zusammenhang mit diesen Problemen wird das des Neumalthusianismus und seiner ethischen Berechtigung behandelt und die Frage, welche Einflüsse die Gesellschaft von der sozialen Mitarbeit der Frau zu erwarten habe.

Ellen Key begnügt sich nicht damit, all diese Probleme in einer Weise aufzustellen, die von tiefer Einsicht in das soziale und psychische Leben unserer Tage zeugt, sondern sie versucht sich auch an der Lösung dieser Frage und zwar sowohl durch moralphilosophische Darlegungen als auch durch praktische Vorschläge.

Daß die Lösung der Probleme ihr viel mehr Schwierigkeiten macht als deren Aufstellung, versteht sich von selbst, und ein Vorwurf darf ihr wohl nur daraus gemacht werden, daß sie diese Schwierigkeiten zu unterschätzen scheint, sich die Lösung allzu leicht macht und daß ihre praktischen Vorschläge nicht nur überhaupt sehr anfechtbar sind, sondern sich auch oft in direktem Widerspruch mit ihren Theorien befinden.

So tritt sie, um die Erfüllung der Mutterpflicht mit dem Drange der modernen Frau nach wirtschaftlicher Selbständigkeit in Einklang zu setzen, für eine staatliche Besoldung der Mütter ein.

„Eine Frau sollte auf diese Unterstützung Anspruch erheben können, wenn sie bezeugen kann:

„daß sie das Alter der Volljährigkeit erreicht hat; daß sie ihre einjährige Wehrpflicht durch eine einjährige Ausbildung in Kinderpflege, allgemeiner Gesundheitspflege und – wenn möglich – Krankenpflege durchgemacht hat. ...“

„Die, welche sich den genannten Bedingungen nicht unterwerfen wollen, erheben keinen Anspruch auf dieses Gehalt, das selbstverständlich nicht größer sein kann, als die Notdurft des Lebens es erheischt, und nur in Ausnahmsfällen länger als während der drei ersten und wichtigsten Lebensjahre des Kindes ausbezahlt wird.“

Durch ein solches Gesetz würden also diejenigen Mütter, die am dringendsten der Unterstützung bedürfen, die sehr jungen und für den Mutterberuf nicht genügend vorgebildeten, von deren Genuß ausgeschlossen, ferner würde den erhöhten und verfeinerten Ansprüchen, welche die moderne Pädagogik an die Mutter stellt, dadurch wohl wenig Rechnung getragen, wenn die mütterliche Pflege und Erziehung dem Kinde nur bis zum Beginn des vierten Lebensjahrs gesichert wird, bis zu einem Zeitpunkt also, an dem die Aufgabe der Geistes- und Herzensbildung, welche die Mutter sehr oft besser erfüllen kann als die bestqualifizierte Pflegerin, erst zur Geltung kommt. Dadurch aber, daß die Unterstützung „selbstverständlich“ nicht größer sein kann, als die Notdurft des Lebens es erheischt, würde die Bedeutung dieser Maßregel ganz geringfügig, wenn nicht wirkungslos für alle jene Mütter, deren gewohnte Lebenshaltung über die äußerste Notdurft hinausgeht.

Ellen Key verurteilt natürlich sehr scharf den Unterschied, den die herrschende Gesetzgebung zwischen legitimen und illegitimen Kindern macht. Dabei ist sie schon an der Arbeit, für ihre reformierte Gesellschaft eine neue Sorte illegitimer Kinder zu schaffen. Nach ihrem Vorschlag soll die Mutter nach der Geburt jedes Kindes eine Unterstützung erhalten, „falls nicht die Kinderzahl erreicht ist, die die Gesellschaft als die wünschenswerte ansieht. Die darüber hinaus geborenen Kinder sind Privatsache der Eltern." Aber! Aber!

Mit ihren Vorschlägen für eine neue Ehegesetzgebung ist Ellen Key nicht viel glücklicher. Auch hier verrät sie eine schulmeisterliche Pedanterie, die mit ihren an anderen Stellen erhobenen revolutionären Ambitionen in seltsamem Widerspruch steht. So nimmt sie sich auch unsägliche Mühe, um all die komplizierten Fälle aufzuzählen, in denen die Lösung eines Liebesverhältnisses oder einer Ehe ohne Verstoß gegen die Forderungen einer neuen Sittlichkeit nach ihrer Meinung geschehen könne. Zugleich prophezeit sie, daß endlich eine Zeit kommen werde, in der man den Wert einer sexuellen Verbindung nicht nach der Form, in der sie geschlossen wurde, beurteilen werde, sondern nach dem Werte, den die Kinder, die aus jener Verbindung hervorgehen, beanspruchen können. Das läßt sich hören! Wenn man dem P.T. Publikum schon nicht abgewöhnen kann, über Dinge eine Meinung abzugeben, die es nichts angehen, so ist gewiß schon viel gewonnen, wenn man es dazu erzieht, mit seinem Urteil so dreißig bis vierzig Jahre lang zurückzuhalten!

Als ein Kampf gegen Windmühlen erscheint es mir, wenn Ellen Key gegen jene Fabeltiere von Männerfeindinnen polemisiert, die von der geschlechtlichen Enthaltsamkeit nur die Ausnahmen gestatten wollen, „die die noch unvollkommene Einrichtung der Natur zur Fortpflanzung der Gattung notwendig gemacht hat", und die hoffen, daß „mit dem Fortschreiten der Wissenschaft, Chemie und Biologie die Menschen von ihrer Erniedrigung durch die Liebe befreit werden", und nicht viel weniger, wenn sie gegen die staatliche Erziehung der Kinder im „sozialistischen Zukunftsstaat" kämpft, was sie übrigens mit schöner Wärme und wahrhaft mütterlichem Verständnis für die Entfaltung der Kindesseele tut.

Ellen Keys größte Stärke bekundet sie in einzelnen formvollendeten Aussprüchen, die von feinstem, liebevollstem Verständnis und weisheitsvoller Güte zeugen. Wie schade, daß man diese Perlen oft recht mühsam aus einem See von großen Worten fischen muß, aus einer Weitschweifigkeit, welche die Lektüre ihrer Bücher oft sehr ermüdend macht. Ich möchte von diesem Buche wiederholen, was ich an gleicher Stelle von dem ersten Bande ihres Essays gesagt habe, daß es nämlich sehr gewinnen würde, wenn sie den dicken Band in ein schlankes Bändchen köstlicher Aphorismen umwandeln wollte.

58. Paul Natorp: Ein Wort zum Schulantrag[706] (Rezension von Heinrich Schulz)

NZ 1904/05, Nr. 30, S. 123-127

Der gegenwärtige Schulkampf in Preußen hat nicht in demselben Maße wie sein Vorgänger vom Jahre 1892 eine Unmasse von Broschüren auf den Markt geworfen. Der liberale Schulpolitiker und Lehrer Tews zwar hat seine fällige Schrift geliefert, auch Pfarrer Naumann hat sich im geistreichen feuilletonistisch-politischen Plauderstil zu dieser Frage geäußert. Von jungliberaler Seite ist gleichfalls einiges beigesteuert worden. Aber das ist auch so ziemlich alles gewesen, bis im Anfang dieses Jahres der Marburger Universitätsprofessor Natorp[...] im wissenschaftlichen Zentralorgan des Deutschen Lehrervereins das Wort zum Schulantrag nahm.

Natorp gehört nicht zu denen, die zu jeder wichtigen und unwichtigen Frage, gerufen oder ungerufen, ihre Meinung breit darlegen. Zumal zu Fragen der Schulpolitik nimmt er nur selten das Wort, sein Gebiet ist die pädagogische Theorie und die Philosophie. Man ist darum von vornherein um so eher geneigt, den Natorpschen Deduktionen das Ohr zu leihen, weil man sicher sein darf, daß er wirklich etwas Neues zu sagen haben wird, wenn er schon einmal die stille Studierstube verläßt und sich in den Kampf des Tages mischt.

In dieser Erwartung wird man auch in der Tat nicht enttäuscht. Was Natorp ausführt, ist bei weitem das Tiefste und Konsequenteste, was von bürgerlicher Seite zum Schulkampf in Preußen gesagt worden ist. Mit schneidender Logik und unerbittlicher Folgerichtigkeit kritisiert Natorp die Stellung des Nationalliberalismus zum Schulantrag. Er deckt eine Phrase nach der anderen, mit denen der Liberalismus seinen kläglichen Umfall in der Schulfrage zu bemänteln versucht hat, auf, und mit offenherziger Deutlichkeit nennt er das nationalliberale Gerede von der angeblichen Wahrung der Gewissensfreiheit auch im konfessionellen Religionsunterricht „nichts als ekle Heuchelei". Natorp ist entschiedener Anhänger der Staatsschule. Jedes Verhandeln mit der Kirche als mit einer gleichstehenden Macht ist nach ihm schon ein Kapitulieren vor dem Feinde, das dieser auszunutzen wissen werde. Sei erst einmal der Anspruch der Kirche auf konfessionellen Unterricht gesetzlich festgelegt, so habe in Wirklichkeit nicht mehr der Staat, sondern die Kirche das oberste und letzte Wort in der Schule zu sprechen. Den Einwendungen, daß wir ja schon jetzt die Konfessionsschule in Wirklichkeit haben, daß demnach also der Schulkompromiß schon gar nicht mehr so sehr schlimme Gefahren zeitigen könne, tritt Natorp mit der Bemerkung entgegen, daß es ein Unterschied sei, ob die Schulverwaltung nach freiem Ermessen auf die konfessionellen Verschiedenheiten Rücksicht zu nehmen habe oder ob sie zu dieser Rücksichtnahme gesetzlich

---

[706] *Die Deutsche Schule.* IX. Jg. Verlag Julius Klinkhardt, Leipzig, Berlin 1905, S. 15-32. Schulz stellte seine Rezension unter den Titel „Religion und Volksschule". Vgl. auch Dok. 143 und Einleitung, Kap. 4.3.4.

verpflichtet sei. Durch den Schulantrag werde die preußische Schule wie mit dem Beile auseinandergeschlagen in eine evangelische und eine katholische. Ist die Konfessionalität erst einmal Gesetz, so kann man nicht mehr irgend ein einzelnes Stück davon ausnehmen. Wir haben dann unweigerlich den katholischen Staatsbegriff, die katholische Geschichtsbetrachtung, das katholische Urteil über unsere Dichter und Denker, katholische Geographie und Naturkunde, katholische Wissenschaft und Philosophie in der Schule des Staates. Mit demselben Anspruch aber, mit dem die katholische Konfession auftritt, kann auch jede einzelne der protestantischen und ebenso jede nichtchristliche Konfession kommen, so daß eine ungeheure Zersplitterung des Schulwesens die Folge sein wird. Und schließlich: der Sieg des Konfessionalismus in der größten Provinz des nationalen Schulwesens wird die Konfessionalisierung der höheren Schulen und der Universität in den Kreis unmittelbarer und nächster Erwägung rücken.

Soweit Natorp sich kritisch gegen die Schulverschlechterungspläne wendet, können wir ihm fast bedenkenlos folgen. Etwas anders steht es aber um den zweiten Teil der Natorpschen Schrift, in dem er positiv entwickelt, welchen Weg er für den richtigen hält. Um es von vornherein und in aller Kürze zu sagen: Natorp begründet philosophisch und pädagogisch etwa den Standpunkt, den Genosse Heine auf dem preußischen Parteitag vertreten hat und der erfreulicherweise mit großer Mehrheit abgelehnt worden ist. Natorp will an Stelle des jetzigen konfessionellen Religionsunterrichtes „gemeinsame Belehrung über Religion, aber unter strengster Fernhaltung jedes dogmatischen Anspruchs, jeder Absicht, ein Bekenntnis irgendwelcher Art beim Schüler zu erzielen, dagegen bezweckend Kenntnis und, soweit möglich, inneres Verständnis des Religiösen in jeder für unsere heutige Kultur in Betracht kommenden Form" (S. 23). Mit Recht verwirft Natorp den Gewissenszwang, mit dem heute den Kindern von Staat, Kirche oder Familie ein Bekenntnis aufgedrängt wird; auch die Eltern hätten kein Recht, ihre Kinder einer bestimmten Religion zuzuführen, das müsse der selbsteigenen Entscheidung des herangereiften Kindes überlassen bleiben. Keinem solle das Recht zu „glauben" verkürzt werden: nur dürfe keiner dies Recht für sich in ein Recht über andere verwandeln und seinen oder überhaupt irgendeinen Glauben einem anderen aufzwingen wollen. Wem auch das „Bedürfnis" sei, dem müsse dies Bedürfnis ebenso ernstlich abgewöhnt werden, wie anderen das Bedürfnis zu rauben und zu morden.

So weit, so gut. Diesen schönen Zustand gesellschaftlicher Toleranz aber glaubt Natorp erreichen zu können, indem er nicht, wie wir es verlangen, den Religionsunterricht völlig aus dem Lehrplan der Volksschule beseitigen will – mit selbstverständlicher Ausnahme der der Kulturgeschichte zu überweisenden historischen Seite der Religion –, sondern indem er nach wie vor den Religionsunterricht der Schule beläßt, allerdings nicht in konfessioneller, sondern in „psychologisch-historischer Form". Solcher Unterricht solle die Schüler vor die Frage der Religion stellen, ihnen aber keinerlei Antwort aufzwingen. Wohin ein solcher Unterricht führen würde, geht aus einigen anderen Auslassungen Natorps hervor. In seiner „Sozialpädagogik" (Stuttgart 1899, S. 351) sagt er: „Der Mensch lebt nicht vom

Brote der Vernunft allein ... er bedarf noch der Religion, und wenn die bisherige ihm nicht mehr genügen kann, so wird er sich eine neue, seinem gereifteren Stande angemessene schaffen. Wir möchten glauben, daß die alte Religion der notwendigen Umbildung an sich fähig ist." Einen ähnlichen Gedanken spricht er in seiner neuesten Schrift aus: ein Einheitsgrund der Religion, wenigstens der für Deutschland heute in Frage kommenden Religionsformen, müsse vorausgesetzt werden. Und in einer seiner früheren Schriften („Religion innerhalb der Grenzen der Humanität", Stuttgart 1894) verlangte er einen „allgemeinen religiösen Volksunterricht auf christlicher, aber darum nicht kirchlicher Grundlage". Nun legt aber andererseits Natorp klar, daß die Religion nicht etwas Äußerliches, Erlernbares ist, sondern daß man sie lebt, und daß ihr Quell im Menschen das Gefühl ist. Aus diesem Quell zögen auch die religiösen Begriffe ihre Nahrung. Darum wünscht Natorp als Religionslehrer auch nur Menschen, „denen Religion Herzenssache ist, die für ihren Gefühlsgehalt zum wenigsten nicht empfindungslos sind" („Sozialpädagogik", S. 347).

Das ergibt alles in allem eine Art idealisierten Religionsunterricht von heute. Der Inhalt des Christentums in reinster Form soll von wirklich berufenen Religionslehrern vorgetragen werden. Damit stehen wir gerade wieder am Ausgangspunkt. Wir haben uns einmal im Kreise herumgedreht. Denn es erhebt sich sofort die Frage: Wie ist dieser Natorpsche Religionsunterricht, gegen den selbstverständlich viel weniger einzuwenden wäre als gegen den heutigen, zu verwirklichen? Natorp kann dafür keinen Weg angeben; er kennt nur den ersten Schritt: der jetzige Zustand der preußischen Schule darf nicht im Sinne des Kompromisses verschlechtert werden.

Nun tut aber Natorp die sozialdemokratische Forderung auf völlige Beseitigung des Religionsunterrichts aus dem Lehrplan der Volksschule mit dem doppelten Einwand ab, daß eine solche Absicht bei uns zurzeit ganz aussichtslos wäre, und daß damit in den Lehrplan der Staatsschule eine empfindliche Lücke gerissen würde. Den letzteren Schmerz würden wir gelassen zu ertragen wissen. Selbst wenn die Religion bislang mit allen übrigen Unterrichtsgegenständen und mit der gesamten Kulturentwicklung scheinbar so unlöslich verflochten war, so braucht dieser Zustand keineswegs immer anzudauern. Wenn wir davon überzeugt sind, daß die Kultur und der Schulunterricht ohne diese „unlösliche" Verquickung viel besser gedeihen werden, so werden wir die heutige Verquickung aufheben, und zwar mit einem Male durch einen deutlichen Schnitt. Alles Kompromisseln ist da vom Übel.

Einen ähnlichen Fall gibt es übrigens bereits in der Geschichte. Durch die Reformation wurde mit der katholischen Weltanschauung kurzer Prozeß gemacht. Die Luther, Bugenhagen und Melanchthon hätten auch sagen können: wir dürfen mit der katholischen Auffassung nicht so gewaltsam brechen; sie ist „ein so wesentlicher, mit allen übrigen so unlöslich verflochtener Bestandteil der bisherigen Kultur der Nation und der Menschheit", daß wir sie nicht so ohne weiteres auslassen können. Aber die Luther und Mitreformatoren haben nicht so gesprochen, sie waren konsequent, sie setzten der von ihnen bekämpften katholischen Welt- und Lebensauffassung die ihrige gegenüber. Und die Welt ging doch ihren Gang weiter. Und wir vermögen doch die historische Bedeutung des katholischen Christentums bis zur Reformation zu erfassen, obwohl wir mit dessen ganzer Gedankenwelt gar nichts mehr zu tun haben. So wird auch dermaleinst eine von allem offiziellen Religionswesen befreite Gesellschaft mit objektiver Würdigung auf die Zeit zurückzublicken vermögen, in der selbst ein Teil der Besten glaubte, ohne offiziellen Religionsunterricht fehle der heranwachsenden Jugend ein wesentlicher Bestandteil ihrer Erziehung.

Wenn Natorp aber unsere sozialdemokratische Forderung auf völligen Ausschluß des Religionsunterrichts mit der völligen Aussichtslosigkeit solcher Forderung abtun zu können meint, so darf man getrost seinem konfessionslosen Religionsunterricht dieselbe hoffnungsvolle Aussicht eröffnen. Eine Gesellschaft, die sich bis zu solcher Toleranz und sittlichen Erhabenheit aufschwingt, wie sie die Verwirklichung des Natorpschen Planes voraussetzen muß, ist auf der Basis der kapitalistischen Wirtschaftsordnung undenkbar. Eine solche Gesellschaft würde den Religionsunterricht um seiner selbst willen lehren, während er heute der herrschenden Klasse als Mittel zu dem biederen Zwecke dient, „dem Volke die Religion zu erhalten". Die Religion ist heute ein Herrschaftsmittel in der Hand der herrschenden Klasse. Darum steht die Sozialdemokratie dieser offiziellen Religion, aber auch allen gutgemeinten ideologischen Regenerationsbestrebungen auf dem Gebiet des Religiösen, mit größtem Mißtrauen gegenüber. Wir denken auf diesem Gebiet ganz so, wie Natorp es vom Staate gegenüber der Kirche wünscht, daß nämlich jedes Verhandeln schon ein Kapitulieren vor dem Feinde ist. Erst muß der beherrschende Einfluß der Religion auf das öffentliche Leben gebrochen werden. Das geschieht wesentlich mit dadurch, daß man der Religion ihre bevorzugte Stellung in der Schule nimmt.

Das ist aber eine politische Frage, eine Machtfrage, die mit den Mitteln des politischen Kampfes ausgekämpft werden muß. Für den politischen Kampf eignen sich die schönen philosophisch-pädagogischen Utopien, wie sie Natorp über einen Religionsunterricht der Zukunft entwickelt, nicht. Darüber können wir uns vielleicht später unterhalten, wenn die politische Entscheidung gefallen ist und damit an die Stelle der heutigen, zu politischen und geistigen Unterdrückungszwecken mißbrauchten Lernschule die auf dem Prinzip der „Arbeit" errichtete Erziehungsschule tritt. Dann mögen die Natorpschen Anregungen daraufhin geprüft werden, ob und inwieweit sie für die kulturgeschichtliche Aufklärung der Jugend über die Religion und zur Gewinnung eines selbständigen Standpunktes des einzelnen zum Religiösen zu verwerten sind. Bis dahin wollen wir die Debatte über die positiven Vorschläge Natorps vertagen und an der einzig richtigen, klaren und unzweideutigen Parole festhalten: Fort mit dem Religionsunterricht aus der Schule!

59. Heinrich Schulz: Die Bremer Lehrerschaft und der Religionsunterricht

NZ 1904/05, Nr. 52, S. 842-849 (Auszüge)

[...] So sehr sich die deutschen Volksschullehrer – besonders im neunzehnten Jahrhundert, seitdem ihnen das Unwürdige ihrer abhängigen Stellung von der Kirche deutlicher zum Bewußtsein gekommen ist – auch bemüht haben, das harte Joch der Kirche von sich abzuschütteln oder es wenigstens zu lockern, so wenig ist es ihnen bisher gelungen. Ist die Abhängigkeit auch äußerlich nicht mehr so in die Augen springend wie früher, ist der Lehrer nicht mehr ganz so augenfällig der Adlatus des geistlichen Herrn, so steht der innere Schulbetrieb doch noch immer in erster Linie unter dem Kommandostab der Kirche. Wie groß dieser kirchliche Einfluß heute noch ist, beweist am besten der gegenwärtige Schulkampf in Preußen, wo die vereinigte Reaktion drauf und dran ist, die Volksschule noch strammer unter die kirchliche Kandare zu nehmen als bisher. Die deutsche Lehrerschaft hat oft dagegen protestiert, sie hat zahme Einwendungen gegen das Übermaß des Memorierstoffs im Religionsunterricht gemacht, sie hat die Beseitigung der geistlichen Schulaufsicht verlangt, sie hat sich auch über die Zweckmäßigkeit der Schulbibel unterhalten – aber eines hat sie nicht getan, dazu hat ihr bislang der Mut gefehlt: sie hat dem kirchlichen Dreinreden in die Schulangelegenheiten nicht resolut den Boden entzogen, indem sie kurzweg die Beseitigung des Religionsunterrichtes aus der Volksschule forderte. [...] Erst durch die Forderung der Abschaffung des Religionsunterrichtes wird die Axt an die Wurzel des kirchlichen Schmarotzers gelegt, der dem Baume der deutschen Volksschule Luft und Licht raubt. Solange die Lehrer noch in törichter Verblendung den Religionsunterricht als die „Sonne der Schule" hinstellen, solange sie sich nicht mit einem energischen Rucke von der eingerosteten Phrase der „sittlich-religiösen" Erziehung frei machen, so lange dürfen sie sich nicht wundern, wenn die berufenen Vertreter dieses „Sonnenscheins", die berufsmäßigen Ausleger des Begriffes „religiös" beanspruchen, in den Schulangelegenheiten in erster Linie gehört zu werden. Man gebe der Kirche, was der Kirche ist, und beanspruche für die Schule nur das, was ihr zukommt. Die Religion ist Sache der Kirche, also lasse man ihr auch den Religionsunterricht, soweit die Eltern einen solchen Unterricht für notwendig halten. In die Volksschule gehören nach Marx „nur Wahrheiten, die von allen Parteivorurteilen unabhängig sind und bloß eine Deutung zulassen". Die Religion aber läßt beinahe so viele Deutungen zu, wie es Köpfe gibt, die über die Deutung nachdenken. Darum gehört sie nicht in die Schule.

Zum erstenmal hat jetzt eine Lehrerkorporation in Deutschland gewagt, sich rückhaltlos auf den Boden dieser Anschauung zu stellen. Als vor einigen Monaten zum erstenmal bekannt wurde, daß die bremischen Volksschullehrer in einer Versammlung die Abschaffung des Religionsunterrichtes verlangt hätten, erregte dieser Beschluß sofort allgemeines Aufsehen. Selbst Freunden dieser Forderung erschien ein solcher Beschluß so ungewöhnlich, daß sie zum mindesten irgendwelche einschränkenden Klauseln dahinter vermuteten. Die Reaktion in ganz Deutschland schrie dagegen sofort Zeter und Mordio und versuchte die bremischen Lehrer für die weiteren Schritte in dieser Sache einzuschüchtern. Aber zunächst hatte das nur die erfreuliche Folge, daß auch die bremischen Lehrerinnen sich in einer tapferen Resolution der Forderung ihrer Kollegen anschlossen und daß die Lehrer selbst den Beschluß nach einigen Wochen abermals mit noch schärferer Akzentuierung aufrecht erhielten. Zur besseren Vertretung der fortschrittlichen Ideen der großen Mehrheit der bremischen Volksschullehrer entstand außerdem neben dem langweiligen und rückständigen „Bremer Schulblatt" ein keckes pädagogisches Monatsblatt, der „Roland, Organ für freiheitliche Pädagogik".

Dann freilich hörte man längere Zeit aus Lehrerkreisen nichts mehr über die Angelegenheit. Die Lehrer hatten sie einer Kommission übertragen, die die ebenso schwierige wie ehrenvolle Aufgabe hatte, die kühne Kriegserklärung der Lehrerschaft gegen den Religionsunterricht ausführlich in Gestalt einer Eingabe an die oberste Schulbehörde in Bremen zu motivieren. Diese Zwischenzeit wurde von den Rückschrittlern aller Art in Bremen, von liberalen und orthodoxen Theologen, von Schulvorstehern und solchen, die es demnächst werden möchten, dazu benutzt, um Mißtrauen und Zwietracht in die bremische Lehrerschaft zu tragen.

Mit welchem winzigen Erfolg sich diese stille, aber eifrige Minierarbeit am Tage der Entscheidung begnügen mußte, zeigt das Abstimmungsergebnis: mit 273 gegen 43 Stimmen wurde die von der Kommission vorbereitete Eingabe der Lehrerschaft an den Senat von einer allgemeinen Versammlung bremischer Lehrer und Lehrerinnen gutgeheißen. Damit ist diese bedeutungsvolle Angelegenheit vorläufig, soweit die Lehrerschaft dabei in Frage kommt, zum Abschluß gebracht. Und zwar zu dem denkbar würdigsten Abschluß, den man nur wünschen konnte. Das beweist ein Blick in die Eingabe.

Schon rein äußerlich unterscheidet sich dieses Schriftstück, das für die Kulturgeschichte einen gewissen dokumentarischen Wert beanspruchen darf, von der sonst üblichen Form von Eingaben Beamter an ihre vorgesetzten Behörden. In dem ganzen langen Schriftsatz findet sich nicht eine einzige devote Wendung, von der Feierlichkeit und der gespreizten Würde des traditionellen Kurialstils findet sich darin keine Spur. Dagegen wird in einfacher, schlichter Form im Stile einer wissenschaftlichen Abhandlung mit Beweisgründen aus dem Gebiet des Staatsrechtes, der Philosophie, der Politik und der Pädagogik die Unhaltbarkeit des Religionsunterrichtes im Rahmen der Volksschule nachgewiesen. Die Eingabe schreckt vor keinen Konsequenzen zurück, sie zieht mit schneidender Schärfe die für eine „hohe Behörde" bittersten Schlußfolgerungen, sie schenkt den Befürwortern des Religionsunterrichtes keine ihrer vielen Ausreden, und keine Hintertür, durch die der Religionsunterricht wieder versteckt in die Schule hereingemogelt werden könnte, läßt sie unbewacht. Die Eingabe wäre es wert, auch an dieser Stelle im Wortlaut

413

mitgeteilt zu werden. Ich muß mich aber darauf beschränken, sie in ihren markantesten Stellen hier zu skizzieren. [...][707]

Die Eingabe schließt, indem sie alle ihre Erwägungen und Gründe zu folgenden praktischen Wünschen zusammenfaßt:

„Aus den angeführten Gründen erlaubt sich die bremische Lehrerschaft, eine hohe Behörde zu bitten,

hohe Behörde möge verfügen, daß der Religionsunterricht in den öffentlichen Schulen abgeschafft werde.

Für den Fall, daß eine hohe Behörde geneigt sein sollte, dieser Bitte der Lehrerschaft zu willfahren, erlaubt sich die bremische Lehrerschaft, einer hohen Behörde folgende weitere Wünsche und Vorschläge zu geneigter Berücksichtigung zu unterbreiten.

1. Die Erteilung des Religionsunterrichtes, soweit die Eltern ihn für ihre Kinder wünschen, wird den einzelnen Religionsgemeinschaften überlassen;
2. der Sittenunterricht wird ohne den bisherigen Anschluß an den Religionsunterricht weiter erteilt;
3. der Sittenunterricht wird dabei im weiteren Sinne einer allgemeinen Welt- und Lebenskunde gefaßt, wie sie schon jetzt bei der Behandlung von sogenannten Musterstücken in der Lesestunde vermittelt wird;
4. der Sittenunterricht wird auf der Unter- und Mittelstufe im Anschluß an geistig, sittlich und literarisch hervorragende und im übrigen für die Stufe passende Stoffe der gesamten Weltliteratur erteilt;
5. im Zusammenhang mit diesen Vorschlägen wird über die im Lehrplan der Schulen wegfallenden Stunden wie folgt verfügt:
   a) auf der Unterstufe (Klasse VIII–VII) werden dem Unterricht Stoffe aus der Märchenwelt und allerlei dem geistigen Fassungsvermögen des Kindes angepaßte und seiner Umwelt entnommene Gegenstände zugrunde gelegt und nach Art des Anschauungsunterrichts behandelt;
   b) auf der Mittelstufe (Klasse VI–III) wird der Sittenunterricht im Anschluß an geeignete Stoffe in den Lesestunden (Literaturstunden) erteilt; die beiden wegfallenden Stunden werden den Religionsgemeinschaften zu ihren Zwecken zur Verfügung gestellt;
   c) die Auswahl der Stoffe wird an der Hand einer planmäßigen Zusammenstellung der beim Sittenunterricht zu berücksichtigenden Momente und Beziehungen getroffen;
   d) auf der Oberstufe (Klasse II und I) wird ein systematischer Sittenunterricht eingeführt, der sich zu einer allgemeinen Gesetzes- und Verfassungskunde erweitert;
   e) auf der Oberstufe (Klasse II und I) wird Unterricht in allgemeiner Religionsgeschichte erteilt.[708] [...]

Ich habe dem Vorstehenden nicht mehr viel anzufügen. Die tapfere Eingabe der bremischen Volksschullehrer spricht für sich selbst. Die Reaktion in Deutschland

---

[707] Schulz paraphrasiert die Denkschrift ausführlich. Aus Platzgründen kann hier nur die Zusammenfassung wiedergegeben werden. Der volle Wortlaut ist zu finden in: Religionsunterricht oder nicht? Denkschrift der bremischen Lehrerschaft. Bremen 1905; siehe auch Kap.4.3.4.
[708] Die Eingabe wurde von Chr. Maas, Wilhelm Holzmeier, Fritz Gansberg, Magda Böttner und Adele Ehlers unterzeichnet.

wird diese mutige Kriegserklärung freilich mit wütendem Gebrüll und mit Gegen-
maßnahmen beantworten, und kaum eine einzige bürgerliche Partei in Deutschland
wird den Mut haben, die bremischen Lehrer dagegen zu schützen. Nur die Arbeiterschaft Deutschlands wird sich in dieser Sache hinter die bremischen Lehrer
stellen und sie in ihrem mutvoll begonnenen Kampfe unterstützen. Wir können das
mit um so ruhigerem Gewissen, als die ganze Eingabe – cum grano salis – schließlich nichts anderes ist als die erste Begründung unserer Programmforderung:
„Weltlichkeit der Schule" von fachmännischer Seite.

Wohl ließe sich an diese und jene Stelle der Eingabe eine Kritik anknüpfen. So
beruht eine Schwäche der Eingabe in der Tatsache, daß die bremischen Lehrer sich
bei ihrer Forderung durchaus auf den Boden der heutigen Schulorganisation stellen
und ihre bedeutungsvolle Neuerung durchführen wollen, ohne vorher die heutige
Schule in ihrem ganzen inneren und äußern Bau in Frage zu stellen. Der praktische
Erfolg ihres Vorgehens wird ihnen zeigen, daß es ein vergebliches Bemühen ist,
vom Dornstrauch des kapitalistischen Staates Feigen schütteln zu wollen. Auch
fühlt man hier und da heraus, daß die Lehrer Bremens in anderen, nicht minder
wichtigen Fragen der Pädagogik noch nicht so weit vorgeschritten sind wie in der
Frage des Religionsunterrichtes. Sonst würden sie zum Beispiel die hohe Bedeutung des Arbeitsunterrichtes, besonders für die Erweckung sittlicher Kräfte im
Kinde, nicht außer acht gelassen haben. Doch darf man die Hoffnung hegen, daß
die bremischen Lehrer, sofern sie Rückenstärke und Mannesmut genug besitzen,
durch die Konsequenzen ihres ersten Schrittes zu weiteren Schritten auf der Bahn
des pädagogischen Fortschritts getrieben werden.

60. Oda Olberg: Die Sexualfrage in der Erziehung

NZ 1905/06, Nr. 1, S. 36-39

Auf keinem Gebiet hat sich die Erziehung so systematisch an dem Kinde versün-
digt, wie auf dem Gebiet des Geschlechtslebens. Der Erzieher soll dem Kinde
Führer sein und ihm, soweit er darum angegangen wird, die Erkenntnis der Umwelt
vermitteln. Sobald das Geschlechtsleben ins Spiel kommt, wird aber zwischen
Eltern und Kindern der Vertrauensbruch die Regel. Die Eltern belügen die Kinder,
entziehen ihnen die Mittel, sich die gewünschten Kenntnisse zu verschaffen, und
bereiten ihnen so Zwiespalt und Zweifel, wo diese für Erwachsene nicht vorhanden
sind. Sie lassen den heranwachsenden Menschen sich an einem fiktiven Sexual-
problem quälen, das ihn in keiner Weise vorbereitet, an das wirkliche Problem der
für ihn sittlichen Ordnung seines Geschlechtslebens in der heutigen Gesellschaft
heranzutreten.

Die Probleme, an denen eine Zeit oder an denen die Menschheit laboriert, kann
natürlich die Erziehung nicht aus dem Wege räumen. Es ist eine zwar begreifliche,
aber nichtsdestoweniger törichte Illusion vieler Mütter, ihren Kindern einen großen
Teil der Konflikte ersparen zu können, an denen sie selbst gelitten haben. Jede
Erziehung, die diesen Namen verdient, führt vielmehr dahin, die innere Not der

Eingewöhnung in die Wirklichkeit zu vermehren, da das Werk des Erziehers ja nicht auf die Anpassung an die Umgebung gerichtet ist, sondern vielmehr darauf abzielt, diese Anpassung in gewissen Fällen auf ein Minimum zu beschränken. Wir lehren zum Beispiel unsere Kinder, daß sie keinen unnützen Schmerz veranlassen dürfen, was sich für sie praktisch hauptsächlich als Verbot, Tiere zu quälen, darstellt. Schon dadurch und durch die Belehrung, auf die wir das Verbot gründen, stellen wir das Kind vor eine Menge innerer und äußerer Konflikte, um so mehr, als es natürlich nicht reinlich scheidet zwischen vermeidbarem und unvermeidbarem Schmerz, von dem es den einen beklagt und sich über den anderen tröstet, sondern sich über beide quält und unter beiden leidet, ohne daß wir wünschen dürften, es in der Sache gleichgültig werden zu sehen. Mit dem Heranwachsen tritt dann die soziale Ungerechtigkeit in den Beobachtungsbereich des Kindes. Auch dabei darf der Erzieher nicht daran denken, einen inneren Konflikt zu vermeiden; alles, war er sich bestrebt hat, in dem Kinde zu wecken, muß vielmehr diesen Konflikt beschleunigen und ernster gestalten. Für die Anpassung an die Wirklichkeit sorgt die Wirklichkeit schon. Durch Erziehung will man auch das stärken, was gegen das Gegebene an will, soweit es in der Richtung liegt, in der der Erzieher den Fortschritt vermutet. Erziehung ist eben mehr als Anpassung, obwohl ein großer Teil ihres Inhalts rationell vermittelte Anpassung ist.

In der bisherigen Erziehung hat man das Geschlechtsleben nur der Verschleierung und Entstellung für wert gehalten und so einen inneren Konflikt heraufbeschworen, den jede vernünftige Mutter ihrem Kinde hätte ersparen können. Man hat sogar die einfachen Regeln der Gesundheitspflege, wo sie in sexuelles Gebiet hineinreichen, einfach mißachtet und so die Elementaraufgabe vernachlässigt, für körperliche Gesundheit und möglichst genaue Orientierung der Kinder in der Umwelt Sorge zu tragen.

Obwohl das Unsinnige dieses Tuns jetzt vielen Menschen, vor allem vielen Müttern, klar wird, vermögen sich wenige praktisch aus den Fesseln des Unverstandes zu befreien. Sie trösten sich, daß die Sache schließlich nicht so gar wichtig sei, geben verlegen und mit halben Worten eine Aufklärung, mit der die Kinder gar nichts anfangen können, kurz, sie finden den richtigen Weg nicht, um mit dem traditionellen Unsinn zu brechen.

All diesen Müttern möchte ich aufs Wärmste ein kleines Buch von Emma Eckstein empfehlen: „Die Sexualfrage in der Erziehung des Kindes",[709] das sehr viel Beherzigenswertes über die Frage sagt. Es behandelt einmal die physischen Gefahren sexueller Natur, die der Kindheit und Jugend drohen, und im Anschluß daran die Notwendigkeit geschlechtlicher Aufklärung und die Art, wie diese zu vermitteln ist.

Es ist der Genossin Eckstein hoch anzuschlagen, daß sie so offen und eingehend die Gefahren der Onanie im Kindesalter bespricht. Mit Recht hebt sie hervor, daß die schönsten ärztlichen Monographien über den Gegenstand nichts nutzen, solan-

---

[709] Erschienen in: Modernes Verlagsbureau Kurt Wigand, Leipzig 1904.

ge sie nicht denen in die Hände kommen, die tatsächlich die Entwicklung des Kindes überwachen. Die Mütter befinden sich vielfach in völliger Unwissenheit über die Sache, und wo sie etwas darüber wissen, da trauen sie die häßliche Gewohnheit allen anderen zu, nur nie und nimmer den eigenen Kindern. Mit Recht erhebt Frau Eckstein Einspruch gegen die Bezeichnung der krankhaften Gewohnheit als „Laster", das natürlich „keine Mutter ihrem Kinde andichten wird". „Als eine häufige Ursache von Erkrankungen des Nervensystems, als eine gefährliche Gewohnheit, welche gerade Kinder, die weder vom Geschlechtsleben noch von Ethik eine Ahnung haben, leicht und unbewußt annehmen; als eine Unart, die sehr schwer abzulegen und abzugewöhnen ist, aber durch verschiedenste, scheinbar geringfügigste Veranlassungen hervorgerufen wird", stellt sie das Übel dar, dessen Bekämpfung so ungemein erschwert ist durch den Glauben an die moralische Gesunkenheit der daran Leidenden. Auch hält sie sich in anerkennenswerter Weise von den Übertreibungen fern, die in populären Schriften, soweit es sich um die Folgen der Onanie handelt, leider die Regel bilden. Diese Übertreibungen sind nicht nur wie jede sachliche Unrichtigkeit zu mißbilligen; sie sind auch vom pädagogischen Standpunkt vielfach schädlich, indem sie die Widerstandskraft, die sie aufstacheln sollen, lähmen und da, wo sie den Mut heben wollen, Verzweiflung säen.

Was die geeignetsten Wege zur Aufklärung des Kindes über die Geschlechtsfunktionen anbetrifft, welche Aufklärung bei größeren Kindern entschieden zur Prophylaxe gegen die Onanie gehört, so weist Frau Eckstein darauf hin, wie wenig mit ein paar poetischen Redensarten und Gleichnissen aus der Botanik den Kindern gedient ist. Sie gibt in Briefform die Belehrung wieder, die eine Mutter ihrem Sohne in der berühmten Storchenfrage zuteil werden läßt. An der Art der Aufklärung hätte ich an sich nichts auszusetzen und halte sie als Paradigma für die von einer Mutter zu wählende Form sehr geeignet, glaube aber, daß ein Junge, der diesen Brief lesen und verstehen kann – wozu er doch mindestens zehn Jahre alt sein müßte – schon vor Jahr und Tag Fragen über Fortpflanzung gestellt haben muß. Hat man ihm von klein auf die Lüge erspart, so kann man ihm, glaube ich, jetzt die lange Erklärung ersparen.

Wenn nämlich die Eltern die Frage nicht künstlich umgehen, so hat sich das Kind, durch Beobachtung der Tierwelt, schon ehe es zur Schule geht, alles zurecht gefragt, ohne irgend etwas „Unanständiges" dabei zu finden. Auf dem Lande weiß jedes neun- oder zehnjährige Kind von jedem Haustier, in welchem Alter es fortpflanzungsfähig ist, wann seine Paarungszeit ist, wie lange es trägt usw. In der Stadt, wo die Kinder naturfremd aufwachsen, fällt das Wissen über die Fortpflanzungsverhältnisse der Tierwelt freilich meist in das „pikante Repertoire" der Schlaumeier unter den Schulkindern. Wer sich aber die Mühe gibt, den Kindern redlich Red' und Antwort zu stehen, kann das bei seinen Kindern vermeiden. Man versuche es tapfer und lüge dem Kleinsten nichts vor, wenn er Auskunft verlangt über sich paarende Käfer oder über die ausbleibenden Familienfreuden seines einsamen Kaninchens oder Meerschweinchens. Kinder nehmen diese Belehrung mit größtem Interesse auf und entheben die Mütter sehr schnell ihrer Befangenheit. Ein siebenjähriger Junge, dem auf seine Anfrage erklärt worden war, wie die Kinder geboren werden, saß eine Zeit lang sinnend da und fragte dann: „Ist es bei Löwen auch so?" Als derselbe im Alter von acht Jahren Esel bei der Paarung sah, erkundigte er sich zunächst, ob sie davon Junge bekämen, und als ihm das bestätigt wurde, sagte er überzeugt: „Das ist aber eine sehr unbequeme Stellung." Außer den belehrenden Erwachsenen war niemand dabei verlegen.

Aus praktischen Gründen und mit Rücksicht auf die Psychologie des Erwachsenen glaube ich, daß man möglichst früh, womöglich ehe die Kinder in die Schule gehen, sie über die wesentlichen Tatsachen der Fortpflanzung belehren soll, was sich übrigens ganz von selbst ergibt, wenn man es sich zum Grundsatz macht, die Fragen der Kleinen wahrheitsgemäß zu beantworten. Ein Kind, das in die Schule geht, ist allen möglichen Kontakten ausgesetzt, und es gibt in allen möglichen Gesellschaftsklassen Subjekte, besonders unter den halbwüchsigen Burschen, die sich einen Spaß daraus machen, die Phantasie der Kinder zu beschmutzen. Auch ist es dem Erwachsenen viel leichter, einem kleinen als einem größeren Kinde hierin Auskunft zu geben.

Einen Mißstand, der in dieser frühzeitigen Aufklärung liegt, verkenne ich nicht: in seiner Harmlosigkeit macht solch ein kleiner Wissender Bemerkungen, die – längst nicht so niedlich wie die Worte der Storchgläubigen – Erwachsenen heillos peinlich sein können. Man muß den Kindern eben sagen, daß Gespräche über die Fortpflanzung nicht in die Tagesunterhaltung gehören, was sie, trotz der mangelhaften Begründung, die wir dafür haben, meist berücksichtigen. Wer einen neuen Weg bannen will, muß sich überhaupt mit Mut und Rücksichtslosigkeit wappnen. Unfehlbar werden Verwandte und Freunde es „entsetzlich" und „unsittlich" finden, daß man einem Kinde „so etwas sagt"; wer gezwungen ist, seine Kinder Dienstmädchen zu überlassen, spreche mit diesen ernst und eingehend über seinen Standpunkt, da natürlich das vielsagende Kichern oder gar die zweideutigen Bemerkungen die Harmlosigkeit der Kinder schnell untergraben.

Meines Erachtens sollte man auch jedem Kinde spätestens bei eintretender Geschlechtsreife beibringen, daß seine Gesundheit und die Integrität seines Körpers nicht sein absolutes Eigentum, mit Recht des Gebrauchs und Mißbrauchs ist, sondern daß es seiner Nachkommenschaft gegenüber eine große Verantwortlichkeit übernimmt. Man scheue sich nicht, die Mißgestalt oder Krankhaftigkeit, die die Kinder um sich sehen, auf die Erzeuger zurückzuführen, soweit dies nach unserem Wissen gerechtfertigt ist. Dem moralischen Verdammungsurteil, mit dem ja die Jugend schnell zu Hand ist, kann man die Betreffenden entziehen, indem man darauf hinweist, daß ihnen die Folgen ihres Tuns nicht klar waren. Daß die heranwachsende Generation ein bewußtes Weitergeben von Gebrechen als verdammenswert ansieht, halte ich für durchaus wünschenswert. Das „alles begreifen – alles verzeihen" ist keine Erziehungsmaxime.

Wenn man ein Kind vor krankhaften Gewohnheiten bewahrt und ihm mit der Erkenntnis der Geschlechtsfunktion das Bewußtsein der Verantwortlichkeit verliehen hat, so hat man natürlich noch nichts getan, um für es die sexuelle Frage zu lösen. Man kann eben einem anderen Menschen nicht das Leben vorkauen – ein jeder muß selbst seine Zähne daran versuchen. Man kann einzig dafür sorgen, daß der junge Mensch mit gesunden und kräftigen Zähnen an die Arbeit kommt.

Die wenigsten haben ihre Sexualfrage, das heißt die Frage nach einer ihrer allgemeinen Welt- und Moralanschauung gemäßen Gestaltung ihres Geschlechtslebens ohne Bruch gelöst. Auch diese Lösung ist nicht um geringeren Preis als den eigenen Kampfes und eigener Erfahrung erhältlich. Die Eltern haben das ihre getan, wenn sie das Kind gesund und in der Achtung vor dem Natürlichen auferzogen; hat es im übrigen soziales Gefühl und Selbstachtung, so ist es mit den Elementen ausgestattet, die ihm zwar nicht den Kampf und Irrweg ersparen, aber bei normaler Willensfähigkeit eine sozial und individuell befriedigende Auseinandersetzung mit der Wirklichkeit erlauben. Die eigentliche sexuelle Frage liegt in der Wirklichkeit und kann, wie gesagt, in der individuellen Erziehung keine Lösung erfahren. Aber es ist schon viel zwecklose Qual, viel Vergeudung an Energie erspart, wenn der Erzieher dem heranwachsenden Geschlecht, dem man so wenig abnehmen kann, nicht die Bürde des Unverstandes und der Verlogenheit aufhalst, die die asketisch geile Liebesverachtung früherer Zeit uns hinterlassen hat.

Emma Ecksteins Buch kann hierbei vielen ein Ratgeber sein. Es ist geschrieben, wie man die Frage im Leben angreifen soll: ohne Sentimentalität und ohne den süßlichen Kinderkultus, der jetzt Mode ist, fest und ernst, wie man einem jüngeren Gefährten Beistand bietet, von dem man weiß, daß er seine schwersten Kämpfe allein auskämpfen muß.

61. Luise Zietz: Die Wirksamkeit des Kinderschutzgesetzes[710]

NZ 1905/06, Nr. 18, S. 587-594 (Auszüge)

In dem Rufe: „Mehr Schutz den Kindern!" fassen wir folgende Forderungen zusammen: Ausbau des Kinderschutzgesetzes, Ausdehnung des gesetzlichen Schutzes auf die erwerbstätigen Kinder in der Landwirtschaft und Hauswirtschaft, Erhöhung des Schutzalters auf vierzehn Jahre, Beseitigung der bundesrätlichen Ausnahmebestimmungen. Und damit verknüpfen wir noch das Verlangen nach einer besseren Innehaltung der heute schon geltenden Schutzbestimmungen. Wie soziale Gesetze beachtet und durchgeführt werden, das hängt bekanntlich in erster Linie von ihrer Beaufsichtigung und Überwachung ab. [...]

Dabei wollen wir gern anerkennen, daß in verschiedenen Bundesstaaten die Gewerbeaufsichtsbeamten und die Lehrer, desgleichen die Polizeibehörden sich

---

[710] Luise Zietz (1865-1922), Volksschule, Ausbildung als Kindergärtnerin an der Fröbel-Schule Hamburg, ab 1892 in der Sozialdemokratie, besonders in der Frauenbewegung um Clara Zetkin aktiv, engagierte sich vor allem gegen Kinderarbeit und für Kinderschutz, ab Dezember 1908 Mitglied der von Friedrich Ebert geleiteten Zentralstelle für die arbeitende Jugend Deutschlands, während des Ersten Weltkrieges Mitarbeit in bürgerlichen sozialen Wohltätigkeitsorganisationen, 1917 Mitbegründerin der USPD und bis 1922 Vorstandsmitglied, 1919/20 Mitglied der Nationalversammlung, 1920-1922 des Reichstages.

redliche Mühe gegeben haben, dem Gesetz Geltung zu verschaffen, jedoch reichte ihre Kraft keineswegs aus, während wiederum in anderen Bundesstaaten wenig, oft so gut wie nichts geschehen ist nach dieser Richtung hin. [...]

Der wirksamen Kontrolle des Gesetzes steht in erster Linie der Mangel einer reichsgesetzlichen Regelung der Fabrik- und Gewerbeinspektion entgegen. Infolgedessen kann von einer einheitlichen und planmäßigen Überwachung keine Rede sein. [...]

Von sämtlichen Bundesstaaten ist ferner die wichtigste Voraussetzung für eine wirklich durchgreifende Kontrolle in den einzelnen Ländern unerfüllt geblieben, nämlich die bedeutende Vermehrung der Gewerbeaufsichtsbeamten und die Hinzuziehung von Arbeitern und Arbeiterinnen zur Gewerbeaufsicht. [...]

Das Fehlen einer Statistik über Umfang und Art der Kinderarbeit erschwert den Beamten wiederum ungemein ihre Tätigkeit, da sie infolgedessen jedes Anhaltspunktes entbehren für eine planmäßige Inangriffnahme der Kontrolle.

Um so mehr ist die Bestimmung des Gesetzes, wonach die Eltern von der Anmeldepflicht ihrer erwerbstätigen Kinder entbunden sind, entschieden zu verurteilen. [...] Das Kinderschutzgesetz ist in sehr vielen Gegenden fast ein toter Buchstabe geblieben. Vor allem dort, wo die Kinderausbeutung geradezu ungeheuerlich ist, in der Heimindustrie.

Von einer durchgreifenden Wirksamkeit des Gesetzes kann man eigentlich nur reden in jenen Gewerbebetrieben, in denen die Beschäftigung von Kindern überhaupt verboten ist: in Ziegeleien, auf Bauten, beim Steineklopfen und in den Werkstätten, für die das gänzliche Verbot gilt [...][711]

Man könnte zwar einwenden, auf Grund der Erfahrungen im ersten Jahre nach Inkrafttreten des Gesetzes könne man keine Schlüsse auf dessen Wirksamkeit ziehen, um so mehr, als es in weiten Kreisen unbekannt war. Wir sind da anderer Meinung. Allerdings steht zweifellos fest, daß das Gesetz sich mit der Zeit „einleben" wird, besonders wenn die, leider vom Bundesrat wieder erneut, wenn auch in abgeschwächter Form, zugelassenen Ausnahmen[*] beseitigt sein werden.

Es steht unseres Erachtens aber ebenso zweifellos fest, daß, wenn heute gegen das Gesetz vielfach verstoßen wird aus Unkenntnis, dies in Zukunft mindestens ebenso oft bewußt und absichtlich geschehen wird. Sobald nämlich Unternehmer und Eltern inne werden, daß bei der mangelnden Kontrolle von 100 Übertretern mindestens 90 frei ausgehen.

Tiefes Mitleid, aber auch hellste Empörung ergreift uns angesichts der Tatsache, daß trotz des Gesetzes Tag für Tag der Dschaggernautkarren kapitalistischer Ausbeutung ungehindert über viele Tausende junger Menschenknospen hinweggeht. Die kindlichen Körper werden so nicht nur in der Entwicklung gehemmt, sondern häufig verkrüppelt; oder es wird ihnen der Keim des Siechtums eingepflanzt. Aber auch die geistige Entwicklung der Kinder wird gehemmt oder gar vollständig un-

---

[711] Es folgen konkrete Situationsberichte aus fast allen deutschen Ländern.
[*] „Reichsgesetzblatt" Nr. 49 vom 23. Dezember 1905.

terbunden. Denn die intellektuelle Verödung, künstlich produziert durch die Verwandlung unreifer Menschen in bloße Maschinen zur Mehrwertproduktion, ist sehr zu unterscheiden von jener naturwüchsigen Unwissenheit, welche den Geist brach liegen läßt, ohne seine Entwicklungsfähigkeit und seine natürliche Fruchtbarkeit zu verderben.**

Unbeschadet unserer Forderung der Weiterentwicklung des Gesetzes setzen wir daher alles daran, mindestens den bestehenden Bestimmungen möglichst Geltung zu verschaffen. Die moderne Arbeiterbewegung hat in den zwei Jahren der Gültigkeit des Gesetzes schon zahlreiche „freiwillige Kontrolleure" gestellt. Eine Reihe von Gewerkschaften haben es sich zur Pflicht gemacht, nach Kräften an der Kontrolle mitzuwirken. [...] Daneben werden wir natürlich in Wort und Schrift die schärfste Kritik an dieser scheußlichsten Form kapitalistischer Ausbeutung üben, so lange, bis wir unser Ziel erreicht haben: die Beseitigung jeglicher Kindererwerbsarbeit!

62. Charlotte Perkins Gilman (Statson): Kinder-Kultur[712] (Rezension von Therese Schlesinger-Eckstein)

NZ 1905/06, Nr. 21, S. 702-703 (Auszüge)

[...] Charlotte Perkins Statson ist eine der entschiedensten Kämpferinnen für die Befreiung des Weibes aus der häuslichen Gebundenheit und wirtschaftlichen und sozialen Unterdrückung. Während aber andere bürgerliche Vertreterinnen der Frauenrechte die Konsequenzen ihrer Forderungen nicht zu ziehen wagen, und insbesondere vor der Erziehungsfrage in ihrem Sturmlauf gegen die bestehenden Verhältnisse ängstlich innehalten und sich um die Frage herumzudrücken suchen, wie soziale Frauenarbeit und weibliche Unabhängigkeit mit den Mutterpflichten zu vereinen sei, sucht sie gerade vom Standpunkt einer rationellen Kindererziehung aus zu beweisen, wie sehr der heutige Einzelhaushalt und das von bürgerlichen Traditionen beherrschte Familienleben der Umgestaltung bedürfen.

Sie weist nach, wie wenig zweckmäßig es sei, gerade die Tätigkeit der Haushälterin mit derjenigen der Kinderpflegerin und Erzieherin zu vereinen. Selbst der bürgerliche Haushalt sei ein für das Kind ungesunder und mit Gefahren und Unbequemlichkeiten verbundener Aufenthaltsort. Weder die mit Haushaltungsarbeiten belastete, im engsten Interessenkreis sich bewegende, beschränkte Durchschnittsmutter noch ein in tiefer Gedrücktheit herangewachsenes, ungebildetes Dienstmädchen sei geeignet, Kindern eine Erziehung zu geben, die nur einigermaßen den Anforderungen entspricht, welche die moderne Entwicklung an die neue Generation stellt.

Die Gesellschaft, die, wie die Autorin nachweist, sich bisher ihrer Pflichten gegen die Kinder erst in ganz unzureichender Weise bewußt geworden ist, überläßt

---

** Marx' „Kapital", Bd. I.
712 Aus dem Englischen von Helene Rieß. Deutscher Kulturverlag, Berlin 1906.

deren Heranbildung zu fähigen und pflichtbewußten Gliedern der Gesamtheit in größter Sorglosigkeit den Eltern, die ihrerseits im besten Falle sich um ihre eigenen Kinder kümmern, während erst ein tiefes und gewissenhaftes Eingehen auf die Bedürfnisse der ganzen heranwachsenden Generation sie geeignet machen würde, ihre eigenen Kinder zu erziehen.

In temperamentvoller Weise zeigt die Autorin, wie rücksichtslos, unzart und ungerecht selbst relativ gute Eltern der gebildeten Kreise mit ihren Kindern verfahren, und wie den meisten Leuten die Achtung vor der Jugend und noch mehr die vor der Kindheit fehlt. Sie kämpft an gegen das Spießbürgervorurteil, daß der natürliche Muttertrieb Begabung und Bildung zum Beruf der Erzieherin ersetzen könne, und schließt mit Reformvorschlägen, die dahin gehen, die Kinder aller Altersstufen während etwa 8 bis 10 Stunden des Tages geschulten und begabten Erziehern anzuvertrauen, und ihnen dadurch den Segen der individuellen Elternzärtlichkeit für die übrigen Stunden um so vollkommener und ungetrübter zu bewahren.

Während in sozialdemokratischen Blättern noch über die Frage diskutiert wird, ob es das Wohl der künftigen Generationen erfordern würde, die bürgerliche Familienform in die soziale Gesellschaft hinüberzuretten, gelingt es hier einer bürgerlichen Soziologin, überzeugend darzutun, daß jene Familienform nicht einmal mehr den erhöhten Anforderungen der bestehenden Gesellschaftsordnung länger genügen kann, und daß das Weib sich von wirtschaftlichem und sozialem Druck befreien müsse, um seine Mutterpflichten in einem höheren und weiteren Sinne zu erfüllen, als die „natürlich veranlagte" Mutter sie bisher jemals erfüllen konnte.

63. **Heinrich Schulz: Alte und neue Tendenzen in der deutschen Lehrerschaft. Ein Rückblick auf die deutsche Lehrerversammlung in München**

NZ 1905/06, Nr. 38, S. 403-406 (Auszüge)

Für die übergroße Mehrheit der deutschen Volksschullehrer ist der nationale Gedanke noch von richtunggebender Bedeutung. Es ist ihnen noch gar nicht zum Bewußtsein gekommen, daß sie damit einem Ideal der Vergangenheit nacheifern, dem für die Gegenwart und noch mehr für die Zukunft jedwede werbende Kraft abgeht. Sie stehen noch kritiklos auf dem Boden der bürgerlichen Denkweise, innerhalb derer der nationale Gedanke allerdings eine sehr einflussreiche Kategorie bedeutet. Für die bürgerlich-kapitalistische Wirtschaftsordnung war die Schaffung großer nationaler Staaten eine notwendige Voraussetzung, und die Evolutionen und Revolutionen des Bürgertums spielten sich deshalb auch zum Teil in Form von mehr oder minder heftigen nationalen Krisen ab oder waren doch von nationalen Regungen irgendwelcher Art begleitet. Man denke an Fichtes „Reden an die deutsche Nation", an die „Befreiungskriege" mit ihrer patriotischen Lyrik, an den starken nationalen Einfluß der Märzrevolution, an die „Erfüllung" des revolutionären Traumes von der deutschen Einheit durch den Krieg von 1870/71.

Seitdem hat der nationale Gedanke mehr und mehr an Bedeutung verloren. Die Einheit der Nation ist geschaffen worden, so mangelhaft sie auch immerhin ausgefallen sein mag; die ihr zugrunde liegenden Tendenzen der wirtschaftlichen Entwicklung aber sind zurückgedrängt worden durch Tendenzen anderer Art. Eine neue wirtschaftliche Klasse ist entstanden und zu gewaltiger Stärke angewachsen, für die der nationale Gedanke nicht mehr von lebenerweckender Kraft ist, die ihre Ideale überhaupt nicht mehr aus der Ideenwelt des Bürgertums schöpft, sondern die sich eine eigene große und neue Weltanschauung geschaffen hat. Für sie ist nicht mehr die horizontale Gliederung der Menschen, ihre Trennung in Nationen, die wichtigste Angelegenheit, sondern die vertikale Gliederung, die Scheidung in Klassen, Kasten, Stände und Rassen bildet für sie das große internationale Problem, für dessen Bewältigung sie alle ihre Kräfte einsetzt.

Von der Existenz dieser großen und mächtigen Klasse, der die Zukunft gehört, und die schon heute die tiefsten und bedeutendsten Wirkungen im öffentlichen Leben ausübt, haben die deutschen Volksschullehrer offiziell noch gar keine Ahnung. Sie übersehen in ihren offiziellen Bekundungen geflissentlich den großen und unüberbrückbaren Riß, der durch unser Volksleben geht. Sie nehmen in ihren theoretischen Erörterungen und in ihren praktischen Maßnahmen keinen Bezug auf die wichtigste Kulturerscheinung der Gegenwart, auf die moderne Arbeiterbewegung. Statt dessen orientieren sie ihre ganze öffentliche Tätigkeit an dem nationalen Wegweiser. Ihre pädagogischen und schulpolitischen Probleme betrachten sie in erster Linie unter dem nationalen, nicht unter dem sozialen Gesichtswinkel, und in ihren geschriebenen und gesprochenen Meinungsäußerungen spielt die nationale Phraseologie eine wichtige Rolle. [...]

Man betrachtet die Simultanschule als die geeignetste Schulform, um der nationalen Einheit des deutschen Volkes in der Schule Rechnung zu tragen. Weil im lieben deutschen Vaterland Katholiken und Protestanten, Juden und Atheisten, Mennoniten und Freireligiöse und noch einige andere Konfessionen und Sekten durcheinander wohnen, sollen nicht etwa für jedes religiöse Bekenntnis konfessionelle Sonderschulen eingerichtet werden – deren Unzweckmäßigkeit vom Standpunkt der Schulorganisation bleibt Lehrern natürlich nicht verborgen –, aber es sollen sogenannte Simultanschulen eingerichtet werden, in denen aller Unterricht gemeinsam ist, mit Ausnahme des Religionsunterrichtes. Der Religionsunterricht wird in diesen Schulen in zwei Ausgaben verzapft, in einer katholischen und in einer protestantischen. Wer keine von beiden mag, ist trotzdem genötigt, sein Kind in eine von beiden zu schicken; für Juden, Buddhisten und Atheisten gibt es keinen besonderen Religionsunterricht. So will es das „nationale" Prinzip der Simultanschule! Mit keinem Worte ließ der Referent über die Simultanschule auf der Münchener Lehrerversammlung, Oberlehrer Gärtner aus München, durchblicken, daß er auch an die Tausende und aber Tausende von Eltern dachte, die als Dissidenten, Freireligiöse und Nichtchristen überhaupt keine religiöse Beeinflussung ihrer Kinder in der Schule wollen. [...]

Aber gerade bei der Simultanschulfrage erscholl doch auch zum erstenmal ein neuer Ton auf der deutschen Lehrerversammlung. Auch innerhalb der deutschen Volksschullehrerschaft geht langsam eine Umwälzung vor sich. Die jüngere Generation hat es satt, sich wie bisher vom Liberalismus mit seiner Impotenz und seinem feigen Maulheldentum gängeln zu lassen. Sie fühlt, daß das Heil der Volksschule nicht von den bürgerlichen Klassen, sondern allein von der aufstrebenden Arbeiterklasse zu erwarten ist. Sie wirft resolut die alten Phrasen der liberalen Schulpolitik beiseite und schaut nach neuen Leitworten aus. Es ist bekannt, daß seit über Jahresfrist besonders die bremische Lehrerschaft auf der Suche nach neuen Zielen und Wegen der Schulpolitik und der Pädagogik ist. [...]

In München sind die bremischen Lehrer mit ihren neuen Ideen zum erstenmal vor das größte offizielle Forum der deutschen Lehrerschaft getreten, und sie haben dort natürlich eine eklatante Niederlage erlitten. Ihre Thesen, die sie den verschwommenen Leitsätzen des Referenten über die Simultanschule entgegensetzten, hatten folgenden Wortlaut:

Der Gedanke der nationalen Staatsschule verlangt, daß alle Schulen nach einheitlichen Grundsätzen und in einheitlichem Geiste eingerichtet und geleitet werden.

Dieser einheitliche Geist kann nicht durch die Lehrmeinungen der verschiedenen Religionsgemeinschaften (Konfessionen) bestimmt werden; denn diese Lehrmeinungen bilden vielmehr eine Quelle und Ausgangspunkt der Trennung und Zersplitterung im deutschen Geistesleben; auch werden sie von weiten Kreisen der Bevölkerung nicht mehr geteilt.

Deshalb kann weder die Konfessionsschule noch die Simultanschule unseren Ansprüchen genügen. Denn beide setzen einen Anspruch und ein Mitbestimmungsrecht der Konfessionen auf die öffentliche Schule voraus und sind nur über die Einschätzung und Befriedigung dieser Bedürfnisse verschiedener Meinung.

Den Bedürfnissen der einheitlich eingerichteten Staatsschule kann nur die rein weltliche Schule genügen.

Diese erteilt keinen Religionsunterricht. Ihr verbleibt die wichtige Aufgabe, durch die starken Stoffe ihres Gesamtunterrichts jene Kräfte des Geistes und des Gemütes lebendig zu machen, durch welche der reifende Mensch seine Weltanschauung und damit auch seinen persönlichen Standpunkt gegenüber den Fragen des religiösen Lebens sich erkämpft.

Die Religionsgeschichte ist als Zweig der Kulturgeschichte ein integrierender Bestandteil des Geschichtsunterrichts.

Der Wortführer der Bremer und Hamburger Lehrer in München, Lehrer Holzmeier aus Bremen, der den Lesern der „Neuen Zeit" schon als Verfasser der oben erwähnten Denkschrift gegen den Religionsunterricht bekannt ist, ließ bei der Begründung dieser Thesen keinen Zweifel darüber, daß ihm die „nationale Staatsschule" und einige andere nicht ganz klare Wendungen in der Resolution nicht paßten, und daß sie nur als Kompromiß zwischen Bremen und Hamburg Aufnahme gefunden hatten. Aus seinen tapferen Worten ging ferner klar hervor, daß in ihm

eine neue Generation der deutschen Lehrerschaft zu Worte kam, die in ihren Forderungen nicht mehr von nationalen Erwägungen geleitet wird, sondern für die die
soziale Schichtung der Gesellschaft und die daraus erwachsenden Forderungen
bestimmend sind, und zwar für die Schule: Einheitlichkeit und Weltlichkeit des
gesamten Schulwesens. Freilich dürfen die Befürworter derartiger Forderungen
sich darüber nicht im Zweifel sein, daß die heutige bürgerliche kapitalistische Gesellschaftsordnung für die Verwirklichung ihrer Forderungen ein völlig ungeeigne-
ter Boden ist.

Alte und neue Gedankenrichtungen innerhalb der deutschen Lehrerschaft stießen auch bei dem anderen verhandelten Gegenstand, bei der Lehrerinnenfrage,
aufeinander, wenn auch nicht so schroff und leidenschaftlich wie in der religiösen
Frage. Die alte Richtung will von dem weiteren Eindringen der Lehrerin ins Erzie-
hungsfach nichts wissen. [...] Zur Minderheit gehörten außer den anwesenden Lehrerinnen, die sich aber durch taktlose Diskussionsredner und parteiische Leitung
der Versammlung sehr bald veranlaßt fühlten, den Saal zu verlassen, wiederum die
Hamburger und Bremer Lehrer, die für völlige Gleichberechtigung von Lehrer und
Lehrerinnen eintraten. Ein Umstand wurde aber dabei auch von ihnen nicht berührt, der für die Zusammenarbeit von Lehrer und Lehrerin in Zukunft von wesent-
lichster Bedeutung sein wird: die gemeinsame Erziehung von Knaben und Mädchen. Diese Möglichkeit scheint für die deutsche Volksschullehrerschaft noch in so
weiter Ferne zu liegen, daß man auch sie gar keine Rücksicht zu nehmen für nötig
hält.

Auch in anderen Fragen, die in den Haupt- und Nebenversammlungen des dies-
jährigen deutschen Lehrertags erörtert wurden, zeigte sich mehr oder minder stark
ein langsam aufkeimender Gegensatz der Weltanschauungen. Er ist vorläufig für
das ungeschulte Auge kaum erkennbar, auch ist die alte Richtung noch in überwäl-
tigendem Maße die herrschende. Aber als neue Erscheinung wies der Münchener
Lehrertag doch die erste bewußte und gewollte Opposition neuer Tendenzen innerhalb der deutschen Volksschullehrer gegen die herkömmliche Tradition und gegen
die liberale Leisetreterei auf. [...]

64.   **Karl Röttger: Das Leben, die Kunst und das Kind. Beiträge zur modernen Pädagogik (Rezension von Lea Heiden-Deutschmann)**[713]

NZ 1905/06, Nr. 38, S. 407-408

Frische, lebendige Betrachtungen, aus warmem Herzen geschrieben. Der Verfasser
will in der Schule und durch die Schule das Kind zur Lebenskunst erziehen. Es soll
nicht bloß lesen und schreiben und rechnen lernen, nicht nur für das Arbeitsleben
der großen Menschen soll es vorbereitet werden; – es soll in der Schule die Mög-

---

[713] Erschienen bei Carl Schünemann, Bremen 1905. – Die sozialdemokratische Frauenrechtlerin Lea
Heiden-Deutschmann publizierte vor allem in der in Wien erschienenen *Arbeiterinnen-Zeitung*
(1892-1924), hrsg. von Rudolf Pokorny und Viktor Adler, Redaktion Adelheid Popp.

lichkeit haben, sich selbst zu leben, soll fähig werden, Freuden und Schmerzen zu ertragen, Kämpfe zu bestehen und Schicksale zu erleben. Deshalb soll die Kunst in das Kindesleben getragen werden, nicht die hohe, klassische, nein die kindlich heitere-ernste; sorgfältig ausgewählt sollen Gesang, Tanz und Spiel, Gedichte und Geschichten und Lachen gleich berechtigt sein dem Ernste des Nützlichkeitslernens.

„Gebt das Leben der Kinder und Jünglinge frei! Laßt sie sich ausleben – und bangt euch nicht um die Zukunft!"

Dieses prächtige Wort muß aber noch weiter gefaßt werden. Gebt erst das Leben für den Menschen frei! Heute, wo ungezählte Millionen aller Völker in der schwersten Fron sich quälen müssen, heute könnt ihr deren Kinder nicht zu aufrichtiger, innerlicher Freude erziehen. Zu schwer und drückend ist, was auf ihnen lastet, sobald sie, über die Schwelle des elterlichen Heims getreten, selbst noch Kinder, in das unerbittliche Arbeitsgetriebe hinein müssen. Diese ungezählten Millionen aber bilden das Volk. „Die Kunst sei kein Anhängsel des Lebens, sondern das Leben des einzelnen selbst sei schön", sagt Röttger. Doch erst eine ferne Zukunft, in der die barbarische Unkultur unserer kapitalistischen Lebensformen beseitigt sein wird, kann und wird es zur Erfüllung bringen.

65. Karl Wendemuth: Kindererziehung und Sozialdemokratie[714]

NZ 1905/06, Nr. 42, S. 530-533

Gemüt und Verstand, diese Zweiheit, die des Menschen geistige Wesenheit ausmacht, ist, wie wir alle wohl schon zu beobachten Gelegenheit hatten, bei dem Kinde von einer wundersamen Feinheit und Empfindsamkeit. Leicht beweglich, jeden, auch den leisesten Regungen der Außenwelt zugänglich, nehmen Gemüt wie auch Verstand alle sie irgendwie berührenden Eindrücke in sich auf.

Mit erwachendem und stetig wachsendem Verstand sucht das Kind alles, was seiner eng begrenzten Gedankenwelt neu und fremd erscheint, zu begreifen, sucht es sich mit allem, was ihm durch seinen sich fortwährend erweiternden Gesichtskreis vor Augen geführt wird, auseinanderzusetzen, sucht es, hilflos und unsicher vorwärtstastend, sich in der großen, beängstigend großen Welt und seiner täglich wachsenden Flut von Neuerscheinungen zurechtzufinden. Und seine wahrhaft kindlichen und neugierigen Fragen, über die wir „Großen" so oft im stillen lächeln müssen, bezeugen uns, was seinen kleinen Verstand alles zu beschäftigen, sein Gemüt zu erregen weiß.

Wie wir nun des Kindes Fragen beantworten, das heißt in welcher Weise unsere Antwort erfolgt und welche Auslegung wir den Dingen geben, das ist von größtem Einfluß auf die ganze nachfolgende Entwicklung des Kindes und damit seines

---

[714] Karl Wendemuth (1885-1964), Schlosser, nach Besuch der Zentralen Parteischule in Berlin Redakteur verschiedener Zeitungen, u.a. 1907-1913 der *Tribüne* in Erfurt, Referent in der Arbeiterbildung und in Volkshochschulen, 1924-1933 Mitglied des Reichstages, 1933 Haft, 1946 SED.

ganzen Lebens. Wir geben oft in Unmut über die uns so lächerlich erscheinenden und nie enden wollenden Fragen kurze, barsche und ärgerliche oder überhaupt keine Antworten. Wie verderblich das erstere ist, wissen wir zur Genüge, denn das erwartungsfrohe Gesichtchen mit seinem halb geöffneten Munde, dem Ausdruck höchster Spannung, wird plötzlich ganz ernst, erschrocken schaut es zu uns in die Höhe und alle Fragen sind mit einem Male verstummt: wir haben das Kind aufs tiefste verletzt. Im anderen Falle aber wird durch das Ausbleiben unserer Antwort in der kindlichen Weltanschauung eine Lücke bleiben, wird es etwas ungeklärt und unenträtselt finden und als Ballast mit sich herumschleppen. Im einen wie im anderen Falle aber bedeutet es eine direkte Hemmung seiner geistigen Entwicklung.

Doch noch mehr als auf das „Wie" kommt es auf das „Was" an, von noch größerer Bedeutung als die Art der Erklärung ist die Erklärung selbst. Ich kann einem jeden Dinge eine größere oder geringere Bedeutung beilegen, kann es mit größtem Nimbus umkleiden und doch auch wieder zu einer häßlichen Vogelscheuche machen, und entweder mit freundlichen, liebevollen Worten zu seiner Wertsteigerung, oder mit harten, bitteren Worten zu seiner Wertminderung beitragen. Indem ich nun die Erziehung des Kindes übernehme, mir also die Aufgabe auferlege, seine Neigungen und Fähigkeiten zu nach meinem Ermessen größtmöglicher Entfaltung zu bringen, seinen Willen und seinen Charakter in – wieder nach meinem Ermessen – gesundeste Bahnen zu leiten, beeinflusse ich dasselbe direkt und in subjektivster Weise. All unser Fühlen und Denken geht in ziemlich unveränderter Weise auf das Kind über, und wenn es uns gelänge, das Kind so zu beeinflussen, wie leider oft die Absicht besteht, würden wir wahrscheinlich in ihm ausgangs der Kinderzeit eine getreue Kopie unseres eigenen Ichs wiederfinden.

Zum Glücke für uns und für die ganze Menschheit ist eine solche Beeinflussung in diesem Stärkegrad nicht möglich. Denn wie dem Menschlein, wenn es das Licht der Welt erblickt, eine bestimmte Summe individueller, psychischer und intellektueller Werte innewohnt, die entweder väterlichen oder mütterlichen oder väterlichen und mütterlichen Ursprungs sind, so ist auch damit schon dem Entwicklungsgang dieses Menschleins eine bestimmte Richtung gegeben, die, in ihren Grundzügen bleibend, nur eine mehr oder weniger große Ausdehnung und eine dementsprechende Veränderung oder auch Umänderung zuläßt.

Doch das nur nebenbei. Aus den bisherigen Ausführungen geht wohl zur Genüge hervor, von welch großer Bedeutung und tief einschneidender Wirkung gerade die Kindererziehung ist.

Nun beschränkt sich aber die von den Eltern ausgeübte Erziehung der Kinder, soweit sie überhaupt möglich ist, auf die Zeit vor dem sechsten Lebensjahr und kann demzufolge hauptsächlich allein auf das Gemüt einwirken. Sobald der Verstand des Kindes sich zu regen beginnt, wird es unserem Einfluß entzogen – der Staat nimmt es in seine Schulen, um an unserer Stelle selbst die Erziehungsarbeit erst richtig beginnen zu lassen. Was dem Kinde in diesen Schulen gelehrt wird, wir haben es selbst am eigenen Leibe erfahren müssen. Hurrapatriotismus und Religiosität, knechtische Gesinnung und Unterwürfigkeit unter alles, was irgendwie in Rang und Würden steht, Streberei, Lüge und Heuchelei, das alles wird in den Kindern von willigen und gewissenlosen Werkzeugen herangezüchtet. Jedes Rechts- und Persönlichkeitsbewußtsein wird ihnen verkümmert. Die Schule von heute kennt nur die eine Aufgabe: allezeit getreue und gottesfürchtige Untertanen heranzubilden. [...]

Vater Staat weiß die Macht zu würdigen, die er durch die Schule besitzt. Er weiß sehr wohl den Einfluß richtig einzuschätzen, den er dadurch auf die werdenden Generationen ausübt, daß man ihm, dem Staate, allein die Bildungsmittel und damit die Kindererziehung überlassen hat. Aber auch von unserer Seite ist dieser eine gesunde Fortentwicklung schädigende Einfluß von vornherein erkannt worden, und es ertönen immer wieder Stimmen, die forderten, daß man diesen Einfluß beseitigen müsse, was am besten geschehen könne, wenn man außerhalb der Schule, in der Familie, selbst noch ein Stück Erziehungsarbeit, wirkliche Erziehungsarbeit leiste und dadurch dem in der Schule gesäten Unkraut ein schnelles Ende bereite, noch ehe es Wurzeln fassen konnte. Doch war, wie nicht anders möglich, aller Liebe Müh' umsonst.

Und heute? Da hat die Reaktion die Verpfaffung der Volksschule glücklich unter Dach und Fach gebracht, trotz unserer Proteste und Kundgebungen. In das Dreiklassenparlament uns Eingang zu verschaffen war bis jetzt nicht möglich. Was Wunder, wenn in unserer Presse heute wieder die Frage ventiliert wird, ob der von der Reaktion geführte Schlag nicht am besten und erfolgreichsten zu parieren sei, wenn man sich mehr als bisher um eine eigene Erziehung der Kinder kümmere, um eine Erziehung, die im Interesse eines gesunden Fortschritts eine viel freiheitlichere, nicht schablonenmäßige und der in der Schule geübten diametral entgegenlaufende sein müsse, die der Vergiftung unserer Kinder mit patriotischem und religiösem Krimskrams wirksam Einhalt tun, die nun vollendete Schulverpfaffung illusorisch machen könne?! Was bleibt uns weiter übrig?

Es ist wirklich die höchste Zeit, daß wir die Erziehung unserer erwachsenen Jugend in die Wege zu leiten beginnen, und dem kommenden Parteitag liegt die Aufgabe ob, systematischer und gewaltiger dieselbe zu gestalten. Betrachte man doch nur, mit welchem Erfolg unsere Gegner in dieser Richtung in den Lehrlings- und Jünglingsvereinen arbeiten.

Wie und in welchem Sinne soll nun diese eigene, häusliche Kindererziehung geschehen?

Zunächst: diese hierbefürwortete Kindererziehung ist, darüber muß man sich von vornherein klar sein, durch die erbärmlichen materiellen und sozialen Verhältnisse der Arbeiterklasse in sehr engen Grenzen gehalten.

Ein guter Erzieher muß vor allen Dingen ein guter Psychologe sein, das heißt er muß sich in die Gedankenwelt des Kindes hineinversetzen, dessen Lebensäußerungen vom Standpunkt des Kindes verstehen und begreifen können. Nur so wird es ihm möglich sein, die schlummernden Geisteskräfte des Kindes zu wecken und zur besten Entfaltung zu bringen, ohne sich einer Vergewaltigung des kindlichen Geistes schuldig zu machen. Weiter aber muß er selbst schon eine gute Erziehung genossen haben, denn nur dann kann er seinem Kinde eine gleiche zuteil werden lassen. Beides Voraussetzungen, die bei dem weitaus größten Teile der modernen Arbeiterschaft in völlig unzureichendem Maße vorhanden sind.

Hinzu kommt die lange Arbeitszeit, die dem erschöpften Arbeiter alle Lust benimmt, benehmen muß, am Abend sich einer Erziehungsarbeit zu widmen, die ihn unfähig macht, mit ungeteilter Aufmerksamkeit seine Erziehungsaufgabe zu verfolgen. Weiter der karge Lohn, das schreiende Wohnungselend und dann der harte Kampf ums Dasein in seiner Zusammenfassung, sie lassen den aufgeklärten Arbeiter nur daran denken, sich tapfer seiner Haut zu wehren und seine soziale Lage zu verbessern, in den seltensten Fällen aber eine solche Sorgfalt erfordernde Arbeit, wie die Erziehung zweifellos eine ist, zu tun.

Doch wie durch die politische und gewerkschaftliche Arbeiterbewegung die soziale Lage des Arbeiters sich hebt, fällt auch ein Teil der Hindernisse, die einer proletarischen Kindererziehung im Wege stehen; Partei wie Gewerkschaft können nunmehr für diese wirksam eintreten, und zwar am besten durch Herausgabe von geeigneten Broschüren, Ausbau der Presse, wozu ja die „Gleichheit" schon einen guten Anlauf genommen hat, wie durch Vorträge.

Wie müssen wir nun die Erziehung unserer Kinder zu Sozialisten betreiben?

Vor allem müssen sie zu Persönlichkeiten, zu Charakteren werden. Sie sollen also stolz, furchtlos, streng gegen sich selbst wie gegen andere sein, ehrlich, wahrhaft, aufrichtig, alles Gemeine und Niedrige verachtend, groß in ihrem Haß gegen alles Schlechte, noch größer in ihrer Liebe zu ihren Mitmenschen. Ein Feind alles Kriechenden, Anschmeichelnden und aller sklavischen Demut, sollen sie darin die höchste Ehre erblicken, fest, unbestechlich, stiernackig, unbeugsam, selbst hart zu sein und, wenn es gilt, ein gestecktes Ziel zu erreichen, unbeirrt danach zu streben, ohne Rücksicht auf die etwa herrschende Meinung oder irgendwelche „Herren" und Machtbesitzenden, ja selbst bereit, für die eigene Überzeugung, für die Wahrheit das Höchste zu opfern. Dabei Gerechtigkeit gegen Jedermann übend, sich selbst beobachtend, streng das eigene Tun und Lassen kritisierend, bescheiden und höflich, ehrfurchtsvoll gegen das Alter, sich nur denen unterordnend, die als Mensch seine Liebe, Achtung und Verehrung erworben haben, niemals denen, die nur auf Rechtstitelchen, Rang, Würden und dergleichen pochen. Wohl wissend, daß sie mit Ausbildung ihrer Persönlichkeit als Individuum der Menschheit den größten Dienst leisten, müssen sie darauf bedacht sein, sie, die Persönlichkeit, zur höchsten Vervollkommnung zu bringen, nie auf Kosten der anderen, sondern immer zu ehrlichem, solidarischem Handeln bereit. Und so, der einzelne sich als Selbstzweck und doch wieder als Mittel zum Zweck betrachtend, so und nicht anders treffen wir die Grundfragen des Problems der Kindererziehung.

Und wenn dann diese Kinder als Produkte einer solchen Erziehung aus der Schule treten, dann liegt uns die Pflicht ob, sie in unseren Jugendorganisationen zu bewußten Sozialdemokraten zu machen. Hier erst können wir ihnen die wissenschaftlichen Lehren des Sozialismus begreiflich machen.

Darum: lassen wir keine Stunde nutzlos verrinnen, es wartet unser noch viel Arbeit. Die Kinder- und Jugenderziehung ist bisher arg vernachlässigt worden; treten wir nunmehr dieser Frage ganz energisch näher. Denn was wir an unseren Kindern tun, geschieht zum Wohle der zukünftigen sozialistischen Gesellschaftsordnung und damit der Kultur.

66. Bildungsfragen (Leitartikel)

NZ 1906/07, Nr. 7, S. 209-213 (Auszüge)

Morgen wird die neue Parteischule eröffnet werden, und vor einigen Tagen ist der neue Bildungsausschuß von Partei wegen ernannt worden: damit betritt die deutsche Sozialdemokratie neue Gebiete ihrer Tätigkeit, neue Gebiete wenigstens in dem Sinne, als sich nunmehr die Partei mit den gesamten Parteimitteln einsetzt, wo bisher einzelne Parteiorgane und Parteiorte schon viel dankenswerte Vorarbeit geleistet haben. [...]

Unter diesen Umständen macht es einen nicht eben erfreulichen Eindruck, daß gleich beim Beginn eines schwierigen Weges innerhalb der Partei Streitfragen aufgeworfen werden, deren einzige Wirkung, wenn auch hoffentlich nicht Zweck, darin besteht, einigen unnützen Staub aufzuwirbeln. Es handelt sich dabei um „bürgerliche" oder „proletarische" Wissenschaft, einen Unterschied, der von dem einen verneint, von dem anderen aber bejaht wird, so daß gleich von rechts und links Steine auf den Weg gewälzt werden, den die Partei eben beschreiten will. [...]

Indessen kann man die Sache auch unter einem milderen Gesichtspunkte auffassen und sagen: Trotz der „einen großen kontinuierlichen Wissenschaft" kann es in ihr verschiedene Standpunkte, verschiedene Methoden geben, von denen die eine sehr fruchtbar, die andere sehr unfruchtbar sein könne. Dann darf man aber doch ganz befugterweise von einer „bürgerlichen" und einer „proletarischen" Forschungsmethode der Wissenschaft oder, kürzer zusammengefaßt, von einer „bürgerlichen" und „proletarischen" Wissenschaft reden. Es würde sich dann höchstens um eine ungenaue Ausdrucksweise handeln, über die es sich kaum lohnte, viele Worte zu verlieren. Allein wenn es eine besondere „proletarische" Forschungsmethode gibt, so ist es auch ihr gutes Recht, und sie begeht nicht den geringsten Verrat an der Wissenschaft selbst, wenn sie diese Methode nach Kräften auszubilden und fortzuentwickeln sucht, ohne sich ihre Eigentümlichkeit durch andere Forschungsmethoden rauben oder auch nur beeinträchtigen zu lassen. Sie nimmt ihr Recht nur vor dem Richterstuhl der Geschichte, und es sind allein ihre Früchte, an denen sie erkannt sein will. [...][715]

Die „bürgerliche Wissenschaft" war ihrerseits, als sie jung und kräftig und revolutionär war, weit entfernt von der Blödigkeit, die heute, wo sie alt und gebrechlich

---

[715] Hintergrund dieser Auseinandersetzungen sind langjährige Kontroversen um den Wissenschaftscharakter der theoretischen Tätigkeit der Sozialdemokratie, die mit der Gründung einer eigenen Parteischule erneut entflammten.

ist und unaufhaltsam ihrem Ende entgegengeht, ihr gegenüber von der „proletarischen Wissenschaft" beobachtet werden soll. Die Hutten und die Lessing huldigten immer der Ansicht, daß sich alles „Pfaffengesindel" drüben befinde, und sie ahnten noch nicht, daß sie sich „pfäffischen Selbstlobs" schuldig machten, wenn ihr gesundes und kräftiges Selbstbewußtsein einmal oder auch manchmal über die Stränge schlug.

Das wird niemals völlig zu vermeiden sein; die Emanzipationskämpfe unterdrückter Klassen vollziehen sich leider nie nach dem Takte des „guten Tones". Es vermag ja auch nicht die Achtung vor der „bürgerlichen Wissenschaft" zu erhöhen, wenn sich ihre Hauptbrutstätten, die deutschen Universitäten, zu willenlosen Werkzeugen der herrschenden Klassen und selbst der Polizei erniedrigen lassen, ohne daß auch nur ein Vertreter der „bürgerlichen Wissenschaft" dagegen auch nur zu mucken wagt; so tief sind selbst die mittelalterlich-scholastischen Universitäten nie gesunken, der „neuen Wissenschaft", das heißt in diesem Falle der Wissenschaft des um seine Emanzipation kämpfenden Bürgertums ihre Tore zu versperren. Indessen sind auch wir der Ansicht, daß sich die „proletarische Wissenschaft" bestreben soll, ehrlich anzuerkennen, was die „bürgerliche Wissenschaft" noch leistet – um ihrer selbst willen, denn ihres Sieges und ihrer Zukunft sicher, darf sie billig und nachsichtig gegen ohnmächtige Waffen allen und jeden „Pfaffengesindels" sein.

Nur darf sie sich niemals den frischen und ursprünglichen Quell ihrer wissenschaftlichen Forschungsmethode durch den vermoderten Kram der „bürgerlichen Wissenschaft" trüben lassen. Hier muß sie hart und rücksichtslos sein und den Schatz zu hüten wissen, den ihre großen Denker ihr seit bald sieben Jahrzehnten erworben haben. Es ist nicht die Geringfügigkeit, sondern die Überfülle dieses Schatzes, die den neuen Bildungsinstituten der Partei die größten Schwierigkeiten schafft; um das zu begreifen, genügt ein Blick auf den überreichen Unterrichtsplan der neuen Parteischule, den heute der „Vorwärts" veröffentlicht. Aber unüberwindlich würden diese Schwierigkeiten erst werden, wenn die Partei den sicheren Leitstern ihrer wissenschaftlichen Methode aufgäbe und den morschen Boden beträte, der unter der „bürgerlichen Wissenschaft" mehr und mehr zusammenbricht.

67. Hope Bridges Adams Lehmann: Die Schule der Zukunft[716]

NZ 1906/07, Nr. 10, S. 337–344/ Nr. 11, S. 375–379 (Auszüge)

Die Schule der Zukunft war bisher die geraubte Königstochter im Burgverlies der trockenen Überlieferung, wo ihr von ihren Gefangen[en]wärtern Licht und Luft und Nahrung vorenthalten wurde. Aber jetzt droht ihr eine neue Gefahr. Die Retter, welche die Burg erstürmen, erdrücken sie unter ihren Schildern. Befreit, aber nicht mehr lebendig zieht man sie hervor.

---

[716] Zu Hope Bridges Adams Lehmann siehe Einleitung, Kap. 2.3.3 und 5.2.

Die alten Pädagogen vertrieben den Geist aus den Klassikern, aber die neuen wollen die Klassiker selbst vertreiben. Man entdeckt, daß Latein und gar Griechisch ganz überflüssige Dinge sind. Mythologie, Geschichte, Literatur sind auch nur in sehr beschränktem Maße vonnöten. Die preußische Oberrealschule bietet alles, was der Gebildete zu wissen braucht.

Daß die Regierung diese Anschauung in Gesetz und Verordnung kleidet, wird uns nicht sonderlich überraschen, aber daß auch die Vertreter der neuen Schule sich vielfach dazu bekennen, muß uns mit ernster Trauer erfüllen. Sollte wirklich der Begriff Kultur in Deutschland so wenig heimisch sein, daß die besten und vorgeschrittensten und berufensten Erzieher leichten Herzens die Vergangenheit aus dem Lehrplan streichen wollen?

Aus Achtung vor der Kontinuität der Geschichte, aus der Überzeugung, daß wir ohne Kenntnis des Alten das Neue weder verstehen noch beherrschen können, aus Sorge vor einer Verflachung der Bildung und der Selbstüberhebung, die einem seichten Wissen entspringt, erbitte ich mir das Wort, und sei es auch nur als eine Stimme in der Wüste, um gegen das Unterrichtsziel der preußischen Oberrealschule zu protestieren. Die Schule der Zukunft soll uns nicht nur bessere Methoden, sondern auch, als Resultat dieser Methoden, ein weit tieferes und umfangreicheres Wissen bringen, als die heutige Schulweisheit sich träumen läßt. In diesem Sinne darf ich mir vielleicht gestatten, Anschauungen, die ich vor einigen Jahren im Mädchengymnasium-Verein München vorgetragen, zur Diskussion zu stellen.[*]

Wenn ich auch nicht als Mitglied des genannten Vereins tätig sein konnte, so hatte ich doch als Arzt und Mutter so vielfache Veranlassung, mich mit Bildung und Verbildung zu beschäftigen, daß es wohl kaum eine Frage gibt, welche mich wärmer und eingehender interessiert. In diesem Sinne darf ich vielleicht hoffen, daß man es nicht als unbescheiden empfinden wird, wenn ich hier die Folgerungen zum Ausdruck bringe, die ich aus meinen Beobachtungen im Laufe der Jahre über Bildung gezogen habe.

Ich sage Bildung kurzweg und nicht etwa Frauen- oder Mädchenbildung, denn es hat mir immer geschienen – und je länger ich lebte, desto mehr schien es mir –, daß die Bildung eins und unteilbar und von dem Geschlecht ihres Trägers ganz und gar unabhängig sei. Es gibt eine allgemeine und eine Fachbildung, aber eine männliche und eine weibliche Bildung gibt es nicht. Was für den Mann gut ist zu wissen und zu können, ist auch für die Frau gut, und wenn wir gewöhnt sind, Mann und Frau ein getrenntes Gebiet von Wissen und Können zuzusprechen, so liegt das nicht an der Eigenart der Bildung, die jedem von Natur zukommt, sondern an der Verbildung, welche jeder im Laufe der Jahrtausende von der Unnatur hat erdulden müssen. Gewiß ist der Mann zu vielem geschickter und fähiger geworden als die Frau, und die Frau ist zu vielem geschickter und fähiger geworden als der Mann; damit ist aber nicht bewiesen, daß das so sein müsse und daß Mann und Frau sich

---

[*] Es handelt sich also im folgenden im wesentlichen um die Frage der Gymnasialbildung, nicht der Volksschulbildung.

dabei wohler befinden, als sie sich bei gleichen Geschicklichkeiten und Fähigkeiten befinden würden. Im Gegenteil, die Erfahrungen des heutigen Lebens und die Forderungen, die es stellt, drängen uns immer mehr die Überzeugung auf, daß die durch unsere Kultur erworbene und jetzt scharf ausgesprochene Ungleichheit der Geschlechter ihr Verhältnis zueinander in und außerhalb der Ehe, in der Liebe und in der Arbeit auf das ungünstigste beeinflußt, ihr gegenseitiges Verständnis und das Zusammenwirken, welches die Zeiten nun einmal zu einer Notwendigkeit gemacht haben, unheilvoll erschwert und am Bankrott des Glückes in den meisten Fällen den Löwenanteil trägt. Machen wir uns zuerst darüber klar, daß dieses Zusammenwirken in der Tat notwendig ist. Nennen wir die Ursache, der Kürze wegen, den Gang der Entwicklung, der Entwicklung, die sich langsam und unscheinbar, aber auch ebenso unerbittlich und unwiderstehlich nach ewigen, ehernen, großen Gesetzen vollzieht. Auf einmal wachen wir auf und befinden uns in einer neuen Welt. Unsere Überraschung ist so groß, daß wir zuerst gar nicht an die Umwandlung glauben können. Wir reiben uns die Augen, sprechen von Junggebilden und beschuldigen die Verkünder der neuen Ordnung der Lüge und der Narretei. Aber die neue Ordnung ist dennoch da, und mit der Zeit müssen auch wir sie anerkennen. So ist es uns auch mit der Frauenentwicklung gegangen. Während überlieferte Anschauungen und das naturgemäße Festhalten am Ererbten jeder Neuerung, die auf die Frau Bezug hatte, einen hartnäckigen, teils prinzipienstarken, teils kleinlichen und egoistischen Kampf entgegensetzten, hat der Gang der Entwicklung die Frau in jede Berufsart hineingeworfen, aus der man sie bisher, im Namen der Natur, ausschloß. An dieser Entwicklung können wir nicht mehr rütteln; sie ist vollzogen. Die wirtschaftlichen Verhältnisse, welche sie geschaffen haben, werden sich nicht wieder rückwärts bewegen. Die Frau arbeitet wie der Mann und mit dem Manne, weil sie muß, und darum muß ihre Bildung fortan die Bildung des Mannes sein.

Daraus ergibt sich zugleich, daß auch der Mann wie die Frau und mit der Frau arbeiten muß, folglich muß auch seine Bildung fortan die Bildung der Frau sein. Keine Bildung, welche diese Bedingung nicht erfüllt, verdient ihren Namen. Aus der Notwendigkeit des Zusammenwirkens folgt die Notwendigkeit der gleichen Bildung.

Diese Forderung wird bereits von allen anerkannt, welche sich im Sinne der Neuzeit mit der Erziehungsfrage befaßt haben. Leider ist ihre Zahl nicht allzu groß. Man hört noch sehr viel von der sogenannten männlichen und weiblichen Bildung reden, und die landläufigen Erziehungsanstalten tragen noch den Stempel einer rein mittelalterlichen Auffassung in diesen Dingen. Auch bei den Knaben ist noch wenig genug geschehen, um sie für die Welt, wie sie geworden ist, vorzubereiten; ihre sogenannte männliche Bildung ist noch weit genug von einer menschenwürdigen Bildung entfernt. Bei den Mädchen steht es naturgemäß noch um vieles trauriger, und bei ihnen ist ungleich viel mehr zu tun, um sie in den Besitz einer Bildung zu setzen, wie sie die Zeit verlangt.

Bei Licht besehen besteht die höchste Mädchenbildung in Deutschland aus nichts weiter als dem bißchen Dressur, die erforderlich ist, um die Frau inmitten der heutigen Kultur nicht geradezu als Analphabeten dastehen zu lassen. In keinem Fach weiß sie etwas Gründliches, in keinem hat sie einen weiteren Gesichtskreis erlangt; sie hat nicht denken gelernt, und die Achtung vor der Wissenschaft ist ihr unbekannt geblieben. Wie wenig ihr eine Ahnung vom Wert des Wissens aufgegangen ist, erkennt man an einem Vergleich zwischen dem deutschen und englischen oder amerikanischen Schulmädchen. Die Deutsche hat nach beendeter Schulzeit Kleider und die Freuden des Lebens im Kopf; der Engländerin oder Amerikanerin ist das Lernen, und zwar das Lernen als Selbstzweck viel wichtiger und interessanter als Putz und Tand; sie ist angehaucht von dem akademischen Geist, der sich im Studium wohl fühlt. Ich weiß das aus meiner eigenen Schulzeit in England. Nicht nur einige, sondern die meisten meiner Mitschülerinnen hatten unverfälschte Freude an dem, was sie lernten und träumten von weiteren Studien, die sie nach der Schulzeit verfolgen wollten, und zwar ohne besondere Rücksicht auf einen Beruf oder Gelderwerb, aus reinem Gefallen an der Sache.

Dasselbe Bild wurde mir von amerikanischen Schulmädchen entworfen von einer der ausgezeichnetsten Pädagoginnen und Beobachterinnen, die ich gekannt habe. Nach langjähriger Erfahrung in Deutschland war sie nach Nordamerika gegangen, wo sie nacheinander im Laufe von dreizehn Jahren an drei der größten Mädchenschulen in St. Louis, Boston und New York tätig war, und dort Gelegenheit genug hatte, den Geist der amerikanischen Schulmädchen kennen zu lernen. Es war stets derselbe Refrain: Wie glücklich bin ich mit meinen Mädchen, es ist eine wahre Lust, mit ihnen zu lernen, dieser Ernst! dieses Vergnügen an der Arbeit! Dann folgte eine liebevolle Beschreibung der Einzelnen, bis sie bei einem deutschen Namen stehen blieb. Ihre Eltern wollten sie nächstes Jahr aus der Schule nehmen. Sie sind deutsche Verhältnisse gewöhnt und können nicht begreifen, daß ein Mädchen nach sechzehn Jahren noch was zu lernen hat, und nun darf sie die letzten zwei Schuljahre nicht mitmachen.

Allerdings, in Deutschland schneidet mit sechzehn Jahren der Bildungsgang des Mädchens ab, und was ist sie geworden? Halbbildung und „l'art de savoir bien arranger sa feuille de figurer" bringt sie mit als Lebensrüstung; aber man braucht sie nicht weiter zu beschreiben; die höhere Tochter ist eine sprichwörtliche Figur, die nicht einmal denjenigen Freude macht, deren Beruf es ist, sie auszubilden. Ich habe manche Lehrer und Lehrerinnen an Mädchenschulen zu meinen Bekannten und Freunden zählen dürfen, und habe gebildete Persönlichkeiten in ihnen schätzen gelernt. Aber trotz allem Pflichtgefühl und Interesse, das sie ihren Zöglingen entgegenbrachten, war die gewöhnliche Stimmung Hoffnungslosigkeit, Mitleid und Geringschätzung. Ich habe auch Lehrer gekannt, die den Schülerinnen – nicht einzelnen schlechten Schülerinnen, sondern der ganzen Selekta – mit offenem Zynismus erklärten, ihr Lernen sei doch nichts wert.

Ich gehe wohl kaum zu weit mit der Behauptung, daß heute niemand mehr, dessen Urteil in Betracht kommt, mit unserer Mädchenerziehung zufrieden ist, und am allerwenigsten die Fachleute, die ihre Mängel am besten kennen. Am wichtigsten ist es, daß auch die höhere Tochter selbst nicht mehr damit zufrieden ist, und das ist das Werk der Entwicklung, welche die Frau in unseren Tagen zur ganzen Bildung unaufhaltsam weiter drängt. Selbst das stiefmütterlich behandelte Mädchen, das Aschenbrödel der Bildung, fängt an, nach Besserem zu verlangen. Es mehrt sich zusehends die Zahl derjenigen, welche die Studien da wieder aufnehmen wollen, wo die Tradition bisher sie als beendet ansah; welche verstehen, wie groß der Schaden ist, daß man sie nicht früher zu einem gründlichen Studium zuließ.

Nun, etwas, das von allen Beteiligten verlangt wird, hat Aussichten, in Erfüllung zu gehen. Und so steht es jetzt mit der Bildung bei der Frau. Sie wird in Erfüllung gehen, und als Mittel zum Zweck die Idealschule entstehen, in der sie gepflegt werden kann. Das ist eine einfache Konsequenz des Entwicklungsganges, wogegen kein Vorurteil und keine Finanzschwierigkeiten und nicht einmal die vereinigten Dunkelmänner irgend etwas vermögen.

Das Programm jeder Reformbewegung zerfällt in einen praktischen und einen theoretischen Teil. In dem praktischen Teil verlangt man, was man im Augenblick für erreichbar hält; im theoretischen Teil verlangt man alles, was man überhaupt erreichen will. So macht es auch der kluge und umsichtige Gymnasialverein. In der Praxis richtet er sich nach den gegebenen Faktoren und nimmt, was er bekommt. Im Prinzip aber fordert er nicht nur die vorläufig erreichbare, sondern die höchste überhaupt erreichbar Bildung für die Frau. Ich hoffe mich daher nicht im Gegensatz zu ihm zu setzen, wenn ich den Versuch mache, an der Hand von persönlichen und beruflichen Erfahrungen, freilich ohne Mandat, die Grundzüge einer solchen Bildung kurz zu skizzieren. Es ist, glaube ich, keine verlorene Liebesmühe, sondern ein durchaus praktisches Vorgehen, uns zu vergegenwärtigen, was verlangt werden muß in der Idealschule, welche wir für die Mädchen erstreben. Damit wäre auch zugleich – wenn wir den Satz anerkennen, daß die Bildung eins und unteilbar sei – die Forderung für die Knaben mitenthalten. Wenn es mir gelingt, durch die Aufstellung der Punkte, die mir wichtig vorkommen, Gegenäußerungen hervorzurufen, so wird der Zweck dieses Versuches erreicht sein.

Die erste Forderung ist die gemischte Schule. Die Frau muß mit dem Manne arbeiten, folglich muß das Mädchen mit dem Knaben erzogen werden. Es gibt kein anderes Mittel, um gegenseitiges Verständnis und einen gesunden Umgangston zu erreichen; es gibt auch kein anderes Mittel, um die Bildung von beiden auf das gleiche Niveau zu erheben. Nur dieselbe Schulbank kann tatsächliche Gleichheit garantieren. Das Mädchengymnasium wäre aber ein Unrecht sowohl an den Mädchen wie an den Knaben. Wir brauchen vielmehr ein Gymnasium, wo Knaben und Mädchen nebeneinander sitzen, wo sie nicht getrennt werden, sondern gemeinschaftlich ihr Pensum erledigen, dieselben Eindrücke empfangen, dieselben Spiele spielen, dieselben Streiche verüben, dieselben Jugenderfahrungen sammeln. So und nur so wird ein Geschlecht gedeihen, das sich gegenseitig gewachsen ist, das sich gegenseitig achten gelernt hat, das sich im späteren Leben im Schaffen, Ertragen und Genießen würdig und gleichwertig zur Seite stehen kann. So und nur so wird eine freie Sittlichkeit großgezogen, wie ich sie bisher nirgends als unter Russen und Russinnen angetroffen habe, eine wahre Monogamie neben einer reinlichen und herzerfrischenden Kameradschaftlichkeit.

Man bringt zwei Argumente gegen die gemischte Schule vor, nämlich die Überbürdung der Mädchen und die Gefährdung der Sittlichkeit. Es wäre schwer zu entscheiden, welches von diesen beiden Argumenten hinfälliger ist. Was die Überbürdung der Mädchen betrifft, so ist es ein großer Irrtum zu glauben, daß ihr jetziger Lehrgang sie weniger beschwert, als das Gymnasium es tun würde. Wer sich die Mühe nimmt, Stundenplan und häusliche Arbeiten des Gymnasiums in München mit denen der dortigen Töchterschule, des dortigen Lehrerinnenseminars und der dortigen Kunstgewerbeschule zu vergleichen, wird die Entdeckung machen, daß die Mädchen schwerer, ja bedeutend schwerer belastet sind als die gleichalterigen Knaben. Herr Professor Buchner verlangte in einem ungemein wertvollen und anregenden Vortrage, daß die Gesundheit der Mädchen in Schulen nach dem Muster des Knabengymnasiums nicht zugrunde gerichtet würde. Aber in den Schulen, welche die Mädchen jetzt besuchen, wird ihre Gesundheit sehr häufig, und zwar durch unsinnige, zum Teil pedantische und erzieherisch wertlose Arbeitsmengen zugrunde gerichtet. Ich spreche hier über Dinge, die ich selbst verfolgt habe und fast täglich in der Sprechstunde zu Gesicht bekomme. Die Schuld trifft nicht nur die Schule, sondern ebenso sehr die häusliche Vernachlässigung der Ernährung; aber auch daran ist die Schule mit Schuld, durch die Studieneinteilung, welche die Bewegung fast ausschließt, den Schlaf verkürzt und eine ständige Nervenübermüdung unterhält. Kräftige Mädchen mit guter häuslicher Pflege ertragen das wenigstens ohne auffällige Folgen; die Mehrheit leidet sichtbar. Wie die Dinge heute liegen, würde der Eintritt ins Gymnasium eine Entlastung bedeuten.

Was nun die gefährdete Sittlichkeit anbelangt, so dürfte es sich kaum lohnen, Gegenbeweise ins Feld zu führen, denn die Freunde der gemeinsamen Erziehung brauchen sie nicht, und die Feinde sind überhaupt nicht zu überzeugen. Die Anschauungen, welche die gemischte Schule verbieten möchten, sind eben Eulen aus verlassenen Zeiten, würdige Vertreter mittelalterlicher Askese und Roheit und einer modernen Reaktion, die fähig war, eine Lex Heinze auszubrüten. Nicht die gemischte, sondern die getrennte Schule ist ein Feind der Sittlichkeit und das Saatbeet von Verständnislosigkeit und Zwietracht unter den Geschlechtern. Man braucht nur Umschau zu halten in den Familien, um sich davon zu überzeugen. Nur zu oft schiebt sich zwischen Bruder und Schwester das Gespenst der Ungleichheit. Ihre Gemeinsamkeit wird ja vom zehnten Jahre an auf die Mahlzeiten beschränkt, und das Fremdwerden in Interessen, Verständnis und Charakterbildung ist die natürliche Folge. Das Mädchen findet den Buben ungehobelt, roh, abscheulich. Der Bub findet das Mädchen schwach, oberflächlich, unwissend und dumm. „Grobian" und „Gans" sind noch die zartesten Liebesausdrücke, womit sie ihre Fremdstimmung in Worte kleiden. Was die Schwester vor dem Bruder voraus hat, versteht er nicht zu würdigen, da dieselben Leistungen von ihm nicht verlangt werden, aber er weiß sehr gut, wie weit sie auf seinen Gebieten hinter ihm zurücksteht. Daraus erwächst ein Gefühl, das teils Mitleid, teils Verdruß, teils Verachtung ist und aus dem er fast unbewußt das Recht herleitet, je nach Naturell und Erziehung geringschätzig, rücksichtslos oder brutal gegen sie zu sein. Auf keinen Fall zählt er sie für voll oder rechnet mit ihr wie mit einer Gleichgestellten. Sie für ihren Teil empfindet einer Groll wegen einer Stellungnahme, die ihr ungerecht erscheint. Sie wird daher kritisch gegen seine Fehler, und von seinen Vorzügen versteht auch sie wenig oder nichts. Er kennt nur männliche Tugenden, sie nur weibliche. Das Ende ist Entfremdung, Gleichgültigkeit oder gar Feindschaft. Ähnlich stellt sich der Bub zu den Freundinnen seiner Schwester und sie sich zu den Freunden des Bruders. Es fehlt ihnen eben jeder gemeinschaftliche Boden. Und dieses Verhältnis setzt sich fort beim Manne und bei der Frau. Was als kindliche Tragikkomödie begann, wird zur vollen unheilbaren Tragödie des reiferen Lebens. Die beiden finden sich im kurzen Liebesrausch, um sich nachher in den Strömungen der ganz verschiedenartigen Lebensauffassungen und Erfahrungen, die sie bis dahin erworben hatten, zu verlieren. Wer einigermaßen auf diese Dinge in unserer Gesellschaft achtet, wird erschrecken über die Kluft, welche eine getrennte Lebensweise zwischen den Geschlechtern gerissen hat. Es ist die Sprachverwirrung von Babel. Sie verstehen sich gegenseitig nicht. Kann man glauben, daß sie dabei ihr Glück im harmonischen Zusammenleben und -wirken finden werden? Sehen wir nicht tagtäglich das Gegenteil, und müssen wir da nicht streben, die Ungleichheit, welche trennt, in die Gleichheit, welche bindet, zu verwandeln?

Auch vom Gesichtspunkt der engsten sexuellen Sittlichkeit betrachte ich die gemischte Schule als einen reinigenden Faktor: eine ungesunde und urteilslose Begehrlichkeit wird nicht gesteigert, sondern herabgesetzt durch den ungezwungenen täglichen Verkehr. Oder findet jemand, daß es moralisch gesünder sei, einen heimlichen Briefwechsel mit einem Gymnasiasten zu führen und Rendezvous abzuhalten, als Griechisch und Mathematik von demselben Lehrer auf derselben Schulbank zu hören? Und wie gesund für die Buben, sich etwas manierlicher benehmen zu lernen, und wie gesund für die Mädchen, durch einige wohlgezielte Püffe und Stöße ihre Überempfindlichkeit abgestumpft zu bekommen! Gerade diese Gemeinschaft der Arbeit, die Gemeinschaft des Spieles und des Sportes, des Streitens und Raufens, welche sich ihr anschließt, wird Rücksicht und Verständnis ergeben, während sie der Schwärmerei und Tändelei einen Riegel vorschiebt. Die Buben werden den Mädchen etwas weniger heldenmäßig, die Mädchen den Buben etwas weniger feenhaft erscheinen, das Äußerliche wird an Gewicht verlieren, das Innerliche wird ausschlaggebend werden. Sollten wir das nicht mit Freuden begrüßen? Ich wenigstens meine, daß der Verstand dann eher ein Wort mitreden wird, wenn die Sinne mit der Jugend durchzudrehen drohen, als jetzt meistens der Fall ist.

Aus allen diesen Gründen lautet die erste Forderung: Die gemischte Schule.

Die zweite Forderung ist die Kniehose.

Die gemeinsame Schule wie die gemeinsame Arbeit setzt eine gemeinsame Kleidung voraus. Sie ist eine selbstverständliche Forderung der Hygiene, obwohl

leider bis jetzt noch nicht der Hygieniker. Es ist ein trauriger und bezeichnender
Beweis für die Verständnislosigkeit der Geschlechter untereinander, daß ärztlicher-
seits bisher so gut wie gar nichts geschehen ist, um die Frau von einer Kleidung zu
befreien, die ihr auf Schritt und Tritt eine schwere Schädigung zufügt. Macht sich
der Mann überhaupt einen Begriff davon, was die Frau von ihrem Rocke zu leiden
hat? Stellt er sich jemals vor, wie sie um Beweglichkeit, Elastizität, Muskelent-
wicklung, Luft, Zeit, Reinlichkeit durch den Rock gebracht wird? Das ist allerdings
kaum zu erwarten, denn er hat den Rock niemals getragen. Er hat auch niemals
dem Rocke zuliebe ein Korsett getragen; er ist niemals durch den Rock an jedem
freien Ausschreiten, an jeder ungehinderter Gymnastik gestört worden; er hat den
Rock nicht stundenlang mit einer Hand über den Schmutz gehoben; er hat den
Rock bei Regenwetter nicht mit jedem Schritte um die Füße schlagen gefühlt; er ist
nicht nach einem Morgengang über die betaute Wiese mit dem triefenden Rocke
nach Hause gekommen; er hat nicht das Bootwasser bei einer Ruderpartie durch
den Rock bis an die Knie aufgesogen; er hat nicht Treppen und Trambahntrittbrett
mit dem Rocke gefegt; er hat nicht Straßenschmutz, Pferdemist und menschlichen
Auswurf am Rocke ins Haus gebracht; er hat nicht den Staub der Landstraße mit
dem Rocke aufgewirbelt; er ist nicht bei schlechtem Wetter am Fenster gestanden
und hat nicht Spaziergang und Geschäft versäumt, um den Rock nicht zu verderben; er ist niemals mit dem Rocke in die Turnhalle, aufs Rad, in die Berge oder auf
einen Marsch gegangen; er ist niemals mit dem Rocke hängen geblieben, er hat
niemals nach längerer Krankheit die ersten Gehübungen im Rocke machen müssen; er hat niemals spät nachts an dem ach! wieder so schnell durchgestoßenen und
mit Füßen getretenen Rocksaum eine neue Litze angenäht. Meinen die Herren, das
sei übertrieben und trivial? O nein! das ist eine Reihe von großen und kleinen
Hemmungen, deren Summe einen sehr bedeutenden Verlust an Kraft und Glück
ausmacht und welche der Frau durch den Rock ganz überflüssigerweise auferlegt
werden. Und warum müssen wir ihn tragen, sintemal wir auch zwei Beine haben
und nicht einen ungeteilten Körper, der mit einem ungeteilten Gewand bedeckt
werden könnte?

Die Antwort ist sehr einfach. Wir müssen ihn tragen, weil es die Industrie so
will. Der Frauenrock ist ein böses Vermächtnis, an das wir nicht glauben, das wir
nicht brauchen können und das wir schon längst über Bord geworfen hätten, wenn
nicht sehr reelle und ganz aktuelle Gegeninteressen sich in seinen Falten verborgen
hielten. Von dem Rocke sowie von dem ganzen übrigen damit zusammenhängenden Krimskrams der weiblichen Kleidung lebt ein Heer von Fabrikanten, Lieferan-
ten und Schneiderinnen. Diese bestimmen die Moden und überschwemmen den
Markt mit all den unglaublich vielen und kostspieligen Kleinigkeiten, welche heutzutage zur Toilette einer Frau gehören. Der Übergang zur Kniehose wäre gleichbedeutend mit dem Übergang zur Einfachheit, und das wäre ein Vernichtungsschlag
für unzählige Berufszweige bis zum Verfertiger der Sicherheitsnadel herab. Die
Industrie ist ein mächtiger Faktor, aber es gibt mächtigere. Dazu gehört das Verlangen der Frau nach Gesundheit und Kraft, dazu gehört Elternliebe und Einsicht.

Die Frau hat aber jetzt begonnen, sich von den Fesseln des Rockes zu befreien, und seine definitive Beseitigung aus der Frauenkleidung ist nur noch eine Frage der Zeit. Heute dürfen wir für unsere Idealschule die Forderungen der Kniehose für Mädchen und Knaben ruhig und zuversichtlich stellen. [Ende des ersten Teils]

Die dritte Forderung lautet: Körperbildung.

Sieht man sich nach den heutigen Leistungen auf diesem Gebiet um, so möchte man sich an die Stirn greifen und fragen, ob man wacht oder träumt. Die Knabenschule trägt stolz den Namen eines Gymnasiums, eine Stätte, wo die nackte Kraft sich im Ringen und Wettspielen übt. Aber bei dem Namen ist es auch geblieben. Von der gänzlichen Vernachlässigung der Körperpflege bei den Mädchen brauchen wir nicht erst zu reden. Der traurige Schatten ist vertreten durch Reigentanz und einen Ausflug im Mai. Und was man säet, erntet man; ein Geschlecht von bleichsüchtigen, muskelarmen, nervösen, überreizten, widerstandslosen Geschöpfen, die mit dem Leben nicht fertig werden. Mann und Kinder müssen büßen, was die Jugendpflege versäumt hat. Es ist ziemlich spät an der Zeit, die selbstverständliche Forderung zu stellen, daß jede Bildung in gleichem Maße Körper und Geist zu entwickeln habe. Aber der Zustand der Mädchen ist nachgerade derartig geworden, daß selbst einem Blinden die Augen darüber aufgehen müßten. Kein Wunder, wenn man ihnen die Fähigkeit zur Männerarbeit abspricht. Unsere Aufgabe aber ist es, ihnen die Fähigkeit wiederzugeben, und dabei in erster Linie muß die Zukunftsschule mitwirken. Mit einem bißchen Turnen, einem Sonntagsspaziergang, einem Landaufenthalt im Sommer ist nichts getan. Hier handelt es sich um eine systematische Pflege, mit Berücksichtigung aller der hygienischen Gesetze, die jetzt mit Füßen getreten werden, mit regelmäßigen Körperprüfungen und Registrierung der Resultate, wie sie jetzt nur für die geistigen Fortschritte eingeführt sind. Es handelt sich um einen vollständigen Umsturz aller bisherigen Stundenpläne und Studieneinteilungen, denn sie haben den Körper ignoriert, und um den Aufbau eines Systems, wobei der Körper zu seinem vollen anerkannten Recht als Grundlage jeder geistigen Tätigkeit gelangt. Ich glaube kaum, daß diese Forderung besonders revolutionär klingt, denn sie enthält nichts, was nicht schon anderweitig noch präziser und dringlicher ausgesprochen worden ist. Wir wissen, daß unsere Mädchen vor dem Zusammenbruch stehen und durch nichts als eine vollständige Umkehr zu retten sind. Darin wird die Idealschule eine ihrer ersten Aufgaben erblicken. Dazu gehört freilich Raum, Luft, Licht, Ruhe, Geld, wie sie wohl nicht einer einzigen unserer Stadtschulen zur Verfügung stehen. Das ist kein Grund, sie nicht zu verlangen. „Die Hygiene", um ein schönes Wort von Professor Buchner zu zitieren, „ist unerbittlich", und auch wir werden unerbittlich sein und unablässig fordern, daß unsere Schule alles erlange, was ihr zukommt.

Die vierte Forderung ist: Halbtägiger Unterricht.

Der freie Nachmittag ist ein Gut, das wir unseren Kindern bald erringen müssen. Er ist nicht nur zu häuslichen und praktischen Arbeiten, Körperbewegung, Sport und Familienverkehr, sondern auch an erster Stelle, wenn auch nach Erledigung des übrigen, zu selbständigen Beobachtungen, zur Wahrung des Rechtes der Kinder auf eine eigene Persönlichkeit da. Es ist die Zeit, in der sie tun, was sie selber wollen, was sie selber ausgedacht und sich zurecht gelegt haben, nachdem sie den übrigen Tag das taten, was ihnen andere aufgaben. Ich glaube, daß wir auf diese Selbstbetätigung ein sehr großes Gewicht legen sollten. Sie ist eigentlich die Frucht von dem Samen, den die Schule streuen soll. Wenn sie ausbleibt, war der Samen taub. Bei dem jetzigen System bleibt sie leider nur zu oft aus, zum großen Teil, weil man ihr keine Zeit zum Reifen läßt. Bei dem zweimaligen Unterricht kommt alles zu kurz, die häuslichen Arbeiten reichen in die Nacht hinein, Körperbewegung fällt weg, Sport wird auf die Ferien verlegt, Familienverkehr ist so gut wie nicht vorhanden und die Selbstbetätigung findet statt, wenn überhaupt, mit bösem Gewissen und unangenehmen Folgen auf Kosten der vernachlässigten Pflichten. Dagegen hilft nur der halbtägige Unterricht.

Mit der fünften und sechsten Forderung betrete ich die Domäne des Pädagogen von Beruf, nicht ohne das Bewußtsein, hier Laie zu sein, und die Sorge, man möchte mir zurufen: „Schuster, bleib bei deinen Leisten." Wenn ich es dennoch wage, auch hierüber eine Ansicht anzusprechen, so sei mir gestattet, zu meiner Rechtfertigung vorauszuschicken, daß ich vor Jahren die einschlägigen Fragen näher studierte, einen Studiengang für eine kleine Gruppe von Kindern ausarbeitete, ihn fünf Jahre lang praktisch ausführte und dabei durch die Kritik, den Rat und die Mitwirkung von tüchtigen Lehrern unterstützt war. Die Erfahrungen, die ich hierbei sammelte, bestärkten mich in der Überzeugung, daß es lediglich eine Frage von Organisation und Methode ist, um unser Bildungsresultat bei herabgesetzter Arbeitszeit um das Doppelte und Dreifache zu erhöhen. Dementsprechend steckte ich das Bildungsziel sehr viel weiter, als in irgend einer bisherigen Schule geschehen ist.

Die fünfte Forderung lautet: Die Kultur der Vergangenheit.

Die sechste Forderung: Die Kultur der Gegenwart.

Unter Kultur der Vergangenheit verstehe ich:

I. Die alten Sprachen, und zwar: 1. so viel Latein und Griechisch, als nötig ist, um die Autoren mit Verständnis zu lesen; 2. so viel Einblick in die orientalischen Sprachen, als nötig ist, um sich die Umrisse der Sprachentwicklung und des Sprachzusammenhanges vorstellen zu können; 3. einen Einblick in Entstehung, Bau und Wortschatz von Altdeutsch, Altfranzösisch und Altenglisch.

II. Geschichte inklusive Kultur-, Kunst- und Kirchengeschichte; Mythologie, Literatur.

Unter Kultur der Gegenwart verstehe ich:

I. Moderne Sprachen, als unentbehrliche Werkzeuge der Bildung, und zwar: 1. die Beherrschung von Deutsch, Französisch, Englisch als Muttersprachen; 2. eine genügende Bekanntschaft mit Italienisch, Dänisch und Russisch, um einen Brief oder eine Zeitung entziffern, ein Buch mit Hilfe eines Wörterbuchs lesen, einen Ausländer verstehen und im Ausland ohne Dolmetscher reisen zu können; 3. die Grundzüge von Spanisch und Holländisch.

II. Naturwissenschaften, insbesondere die angewandten, inklusive Mathematik, Lehre vom Körperbau und Gesundheitspflege; die Grundzüge der Technik in Industrie, Ackerbau und Verkehrswesen.

III. Die Grundzüge des Staats- und Gemeindewesens, der Gesetzgebung, des Völkerrechtes, der sozialen Institutionen.

IV. Grammatik, Stilübung, moderne Literatur, Geschichte, Geographie.

V. Zeichnen. Modellieren. Musik.

VI. Handfertigkeiten.

Dieser Lehrplan klingt vielleicht unausführbar, aber wir werden finden bei näherem Zusehen, daß er es durchaus nicht ist. Er läßt sich sogar vom sechsten bis zum achtzehnten Jahre bewältigen. Erweitern wir die Schulzeit zum zwanzigsten oder, wie Professor Buchner es will, bis zum zweiundzwanzigsten Jahre, so ist noch viel weniger an der Möglichkeit seiner Ausführung zu zweifeln. Nichts zum Beispiel ist leichter, als Kindern drei Muttersprachen gleichzeitig beizubringen; dazu gehören nur die nötigen Lehrkräfte. Läßt man die zweijährigen Kinder, wie es gewiß für sie und alle Beteiligten zu wünschen wäre, auf einige Stunden in den Kindergarten – freilich auch einen Kindergarten der Zukunft – gehen, und spricht man mit ihnen dort bei allen Beschäftigungen an abwechselnden Tagen Deutsch, Französisch, Englisch, fängt man im sechsten Jahre das Lesen und Schreiben in den drei Sprachen an den betreffenden Tagen gleichzeitig an; versorgt man sie vom achten Jahre an mit genügender Lektüre und behält die Sprechtage dadurch noch bei, daß der Unterricht weiter abwechselnd deutsch, französisch und englisch gegeben wird, so wird man ihnen spielend einen Wissensfonds beigebracht haben, der ihnen Jahre saurer Schularbeit erspart. Fängt man mit sprachlich dermaßen vorbereiteten Kindern die alten Sprachen im zwölften respektive vierzehnten Jahre an, so wird man Verständnis vorfinden und sich die Mitwirkung des Kindes sichern, statt wie jetzt gegen eine chinesische Mauer von Widerwillen anzukämpfen. Ich hoffe auf Zustimmung von Fachleuten, wenn ich sage, daß man die Konstruktion der alten Sprachen verstehen und ihre Autoren mit Genuß lesen lernen kann in einem Viertel der Zeit, die gewöhnlich auf dieses Studium bei widerstrebenden und gänzlich sprachunkundigen Kindern verwandt werden muß. Ich selbst habe vier Jahre lang Latein getrieben, zwei Jahre mit einer Stunde, zwei Jahre mit zwei Stunden in der Woche. Die Stunden waren sehr unmethodisch und nach üblichen Begriffen sehr unpädagogisch, aber die Lehrer verstanden, das Interesse zu erwecken. Unser lateinischer Stil war erbärmlich, aber die Klasse las in dieser Zeit die meisten Autoren, die auf dem deutschen Gymnasium gelesen werden, teils in der Stunde, teils aus eigenem Antrieb, ohne Auftrag in den Ferien, und sie las mit Verständnis und Vergnügen. Ich meine, daß der Zweck des lateinischen Unterrichts damit eher erreicht war als bei dem Gymnasialsystem. Mit Naturwissenschaften ist es nicht schwerer, sobald man sie praktisch betreibt, im Laboratorium und Feld. Herr D. Clam hat mir in der Diskussion nach Professors Buchners Vortrag aus der Seele gesprochen, als er meinte, bis zum vierzehnten Jahre sollte der Unterricht in der Hauptsache auf Spaziergängen geschehen.

Das ist die unheilbare Wunde der deutschen Schule, daß das lebendige Bild durch das tote Wort verdrängt wird. „Das pure Gold der Anschauung", wie Heine klagt, „wird mühsam in das Papiergeld der Bücherdefinitionen umgesetzt", und warum? Weil unser Lehrplan noch nach dieser staubigen, langweiligen und resultatlosen Methode eingerichtet ist.

In der Idealschule wird er anders eingerichtet sein. Die Schüler werden dann selber das tun, wovon man ihnen jetzt erzählt, und mit der eigenen Tätigkeit wird auch die Freude am Gegenstand einkehren. Auch bei Gegenständen, wo es nichts zu tun gibt, ist es leicht, das Interesse wachzurufen durch Verquickung mit aktuellen Fragen. So hörte ich zum Beispiel von einer hiesigen Klasse, die bei der Geographie von Hinterindien gähnte, bis ihr Lehrer den Unterricht nach dem Kriegsschauplatz in Südafrika verlegte. Auf einmal hörte das Gähnen auf. Die Buben waren dabei wie noch nie, und sicher nicht zum Schaden des aufgenommenen geographischen Wissens. Es gibt viele Knaben, die nicht dumm sind, aber noch nie eine freudige Stunde in der Schule verlebt haben. Das erklärt, warum man so viele Jahre zur Bewältigung eines kleinen Wissensschatzes braucht.

Bei den Mädchen ist die Aufgabe von vornherein leichter, denn sie bringen mehr Eifer, wenn auch meist weniger Verständnis mit. Bei ihnen wird es ebenso wenig wie bei den Knaben schwer fallen, die vorgeschlagene Arbeitsmenge in der vorgeschlagenen Zeit zu erledigen.

Vielleicht gibt man mir zu, daß das Ziel wohl erreichbar sei, bezweifelt aber, ob es überhaupt erstrebenswert sei. Es besteht eine rationalistische Richtung, die in der Bildung nur das direkt in Geld und Aktualität Umsetzbare gelten läßt. Auf diesem Standpunkt stehe ich nicht, und ich glaube, die Überzahl unserer Erziehungsreformer auch nicht. Ich halte es vielmehr mit Goethe:

„Wer nicht von dreitausend Jahren/ Sich weiß Rechenschaft zu geben,/ Bleibt im Dunkel unerfahren,/ Muß von Tag zu Tage leben."

Es gilt einen Wissensdurst zu stillen, der keinen unmittelbaren Bezug zur Gegenwart hat, sich eines Genusses zu befähigen, der seine Berechtigung in sich selbst trägt. Aber auch aus rein praktischen Gründen müssen wir eine Bildung erstreben, welche die Grenzen des menschlichen Wissens erreicht. Herr Professor Buchner sagte mit Recht: „Wir können die Gegenwart nicht ohne die Vergangenheit verstehen", und ich möchte hinzufügen: ohne die Vergangenheit begriffen zu haben, können wir die Zukunft nicht gestalten.

Eröffnen wir also unseren Kindern die denkbar unfangreichste Bildung, eine Bildung, die das bei weitem übersteigt, was uns zu erlangen vergönnt war; wir werden damit die Herrschaft über sich und die Natur, ihre Fähigkeit, zu genießen und Genuß zu geben, entsprechend vermehren.

Man wird auch zum Teil zugeben, daß diese Bildung wohl für Knaben erreichbar und wünschenswert sei, für Mädchen aber unerreichbar wegen ihrer geringeren körperlichen Leistungsfähigkeit. Dieser Einwand beweist nur, wie wenig viele Menschen, die über Mädchenbildung reden und die öffentliche Meinung darüber bilden helfen, mit den tatsächlichen Verhältnissen vertraut sind.

Ich wiederhole, die heutige Erziehung stellt höhere Ansprüche an die Mädchen als an die Knaben. Der Gymnasiast ist weniger belastet als die höhere Tochter, die Seminaristin und die Kunstschülerin. Wenn die Mädchen heute schlankweg in das Gymnasium, wie es ist, überträten, so würden sie gesundheitlich dabei profitieren, und die Zukunftsschule mit ihrem halbtägigen Unterricht, ihrer bewußten Körperpflege und ihrem physiologisch wie psychologisch reformierten Lehrplan wird eine Erlösung von der heutigen Überbürdung sein; sie wird für die Mädchen das sein, was der Militärdienst für manches verzärtelte Muttersöhnchen geworden ist, ein Kräftigungs- und Festigungsmittel. Vor der Bildung, wie sie hier befürwortet wird, bange zu sein, haben wir wahrlich keine Ursache.

Noch eines letzten Einwandes sei hier gedacht. Wird eine Bildung, welche die Frau dem Manne körperlich und geistig ebenbürtig macht, sie ihrer Anziehungskraft als Weib berauben? Wenn das in Aussicht stände, dann wäre alles Gesagte hinfällig. Denn das Verhältnis zwischen Mann und Weib ist der eigentliche Sinn des Lebens, und alles übrige ist Beiwerk. Glaubte ich, daß die Bildung der Frau dieses Verhältnis erschüttern müßte, so würde ich sie unbedenklich dahingeben, und weil ich dies Verhältnis durch die Ungleichwertigkeit erschüttert sehe, scheint mir in erster Linie und vor allem die Gleichwertigkeit erstrebenswert. [...][717]

68. Heinrich Schulz: Zum Stand und zum Ausbau der Jugendschriftenbewegung

NZ 1906/07, Nr. 11, S. 379-383 (Auszüge)

In wachsendem Maße nehmen sich die Arbeiterorganisationen der Jugendschriftensache an. Von Jahr zu Jahr nehmen die Zahl der Orte größer, in denen von den Parteiorganisationen oder von den Gewerkschaften oder von beiden gemeinsam Ausstellungen von Jugendschriften, meistens verbunden mit Ausstellungen von künstlerischem Innenschmuck, veranstaltet werden. In Städten wie Hamburg, Bremen, Leipzig, Berlin, Breslau, Dresden haben sich diese Ausstellungen im Laufe der Jahre so fest eingebürgert, daß man sie dort nicht mehr missen möchte. [...]

Sicherlich hat diese Bewegung bereits gute Früchte gezeitigt. Denn die Hunderte und Tausende derartiger Besucher nehmen wohl ausnahmslos aus solchen Ausstellungen den Eindruck mit hinweg – der durch entsprechende Artikel der lokalen Parteipresse gestärkt und befestigt wird –, daß sie eine unverzeihliche Sünde an ihren Kindern begehen würden, wenn sie ihnen statt der empfohlenen Jugendlektüre irgend einen wertlosen bunten Schmarren aus dem Warenhause oder vom nächsten Buchbinder zu Weihnachten unter den Baum legen würden. Aber wir dürfen uns über die Ausdehnung der Bewegung doch nicht täuschen. Im Verhältnis zu den Hunderttausenden organisierter Arbeiter und zu den Millionen von Büchern, die

---

[717] Angefügt ist ein Gedicht von Richard Dehmel zur Gleichheit von Mann und Frau.

um die Weihnachtszeit von proletarischen Eltern erstanden werden, ist die Wirkung der modernen Jugendschriftenbewegung leider noch eine sehr winzige. [...]
Obwohl vor allen anderen Genosse Kautsky seit vielen Jahren auf Schaffung oder doch auf zweckentsprechende Auswahl und Zusammenstellung der für die Kinder sozialistischer Eltern geeigneten Jugendliteratur drängt und immer aufs neue in der „Neuen Zeit" eine Debatte darüber angeregt hat, ist doch bisher die sozialistische Arbeit auf diesem Gebiete nur ganz sporadischer Natur gewesen und mehr oder weniger dem Zufall und der Initiative einzelner überlassen geblieben. Weder herrscht über die theoretische Seite der sozialistischen Jugendlektüre Einhelligkeit in der Auffassung, noch sind bisher zweckmäßige Wege für die praktische Verwirklichung etwaiger Pläne aufgezeigt worden. Aber ich habe gegründete Hoffnung, daß wir bis zum nächstjährigen Weihnachtsfest in beiderlei Beziehung einen tüchtigen Schritt vorwärts tun werden. [...] [718]
Man komme uns nicht mit dem Einwand, daß wir durch die Forderung der Leitsätze wieder die „Tendenz" in die Jugendliteratur einführen wollen. Völlige Tendenzlosigkeit wollen selbst die Hamburger Lehrer, die Führer auf diesem Gebiet, nicht. So hatten sie auf der letzten Generalversammlung der vereinigten deutschen Prüfungsausschüsse für Jugendschriften, die zu Pfingsten in Verbindung mit der Deutschen Lehrerversammlung in München stattfand, folgenden Antrag eingebracht:
„Tendenz im Sinne des Dranges nach Darstellung einer Idee mit den Mitteln der Dichtkunst ist ein notwendiges Moment dichterischen Schaffens. Tendenz im Sinne des absichtlichen Werbens für einen außerhalb der Kunst liegenden Zweck bringt ein fremdes Moment in das dichterische Schaffen.
„Eigentliche Tendenzschriften müssen vom Kinde ferngehalten werden, weil sie die Naivität des künstlerischen Genießens zerstören und falsche Normen für die Wertschätzung von Dichtungen festlegen."
Über diese Thesen, die den von einem Referenten eingebrachten engherzigen Thesen gegenübergestellt worden waren, entwickelte sich eine lebhafte Diskussion. Die Begriffsbestimmung des Wortes Tendenz durch die Hamburger ist allerdings nicht völlig einwandfrei und lückenlos, doch handelt es sich dabei auch um eine schwierige Sache. Heinrich Wolgast, der verdienstvolle Bahnbrecher der modernen Jugendschriftenbewegung, folgerte unter anderem aus den von ihm vertretenen Thesen der Hamburger: wenn ein Dichter für die Flotte begeistern will und bewältigt diesen Stoff künstlerisch, so ist die Dichtung gleichwohl tendenziös. Demgegenüber führte ein flottenpatriotisch veranlagter Lehrer aus: ein Kunstwerk, das die Flotte oder das Seeleben verherrlicht, ist keine Tendenzdichtung; diejenigen, die derartiges nicht wollen, stehen unter dem Einfluß einer Tendenz. So standen sich

[718] Schulz verweist im Folgenden auf die Leitsätze „Volkserziehung und Sozialdemokratie", die dem Parteitag der SPD in Mannheim 1906 vorlagen, wegen „beklagenswerter Umstände" jedoch „dem nächsten Parteitag zur definitiven Beschlußfassung überwiesen werden mußten", und zitiert ausführlich den Leitsatz zur häuslichen Erziehung. Vgl. Einleitung, Kap. 2.4.

selbst innerhalb der seit Jahren in der Jugendschriftenbewegung tätigen Lehrerschaft die Ansichten gegenüber, und so konnte es kommen, daß bei der Abstimmung zwar die angeführten Thesen der Hamburger angenommen wurden, daß sie
sich aber die Einfügung des nachstehenden, von Berlin eingebrachten Satzes gefallen lassen mußten:

„Dichtung, die bei voller Wahrung der Gesetze künstlerischen Gestaltens
zugleich eine religiöse, moralische oder patriotische Wirkung auf den Leser ausüben, sind, sofern sie im übrigen der Aufnahmefähigkeit jugendlicher Leser gerecht werden, als Jugendlektüre unbedingt zu empfehlen."

Damit ist der Tendenz in der Jugendschrift wieder Tür und Tor geöffnet, sofern
sie nur in künstlerischem Gewand auftritt. Es ist zu bedauern, daß die Hamburger
Lehrer nicht wenigstens die Ersetzung des Wortes „patriotische" in dem Berliner
Zusatz durch das Wort „politische" beantragt haben. Denn der Patriotismus ist nur
ein Spezialgebiet der Politik. So gut aber eine patriotisch-politische Wirkung auf
die jugendlichen Leser ausgeübt werden darf, so gut muß dann auch selbst nach
den Wünschen der Lehrerschaft eine politische Wirkung im Sinne „der Brüderlichkeit, der Liebe zur Wahrheit, Gerechtigkeit und Schönheit", im Sinne der internationalen Völkersolidarität, im Sinne der Vorwärtsentwicklung der Menschheit ausgeübt werden, solange die betreffende Dichtung dabei die „Gesetze künstlerischen
Gestaltens" wahrt. [...]

Freilich ist solche Forderung leichter erhoben als erfüllt. Einige Versuche auf
diesem Gebiete sind nicht immer besonders glücklich ausgefallen, oder doch nicht
in einer zu weiteren Versuchen aufmunternden Weise von der Arbeiterschaft aufgenommen worden. Aber als die meisten jener Versuche unternommen wurden,
war das Interesse an der Jugendschrift noch nicht so wachgerüttelt worden wie
heute. Schon aus diesem Grunde würden heute gemachte Versuche größeren Erfolg erzielen. Das Weihnachtsbuch der „Gleichheit" wird dafür eine Probe aufs
Exempel sein.* In der Kinderbeilage der „Gleichheit" ist zum ersten Male mit vollem Verständnis für die Sache und mit nachhaltigem Eifer der Versuch zur Schaffung sozialistischer Kinderliteratur gemacht worden. [...] Es ist auch mit Freuden
zu begrüßen, daß der Verlag der „Gleichheit" durch die Herausgabe der gesammelten Kinderbeilagen von zwei Jahren einen Überblick über das Geleistete ermöglicht und damit zugleich eine schöne Jugendschrift für die Kinder sozialistischer
Eltern geschaffen hat. [...]

Natürlich befinden sich auch in dem Verzeichnis der Prüfungsausschüsse zahlreiche ganz vortreffliche Bücher, die wir unseren Kindern ohne Besinnen in die
Hand geben können. Aber dieses Verzeichnis enthält daneben sehr viele bedenkliche Jugendschriften, die „eine religiöse, moralische oder patriotische Wirkung auf
den Leser ausüben", in einer Art, die wir ablehnen. Es sollte deshalb endlich von
uns mit dem öfter wiederholten Vorschlag Ernst gemacht werden, aus dem Lehrer-

---

* Für unsere Kinder. Weihnachtsbuch der Gleichheit, herausgegeben von Klara Zetkin. Stuttgart
[1906], Paul Singer. 1 Mk.

verzeichnis eine Auswahl zu treffen. [...] Ich halte den vom Mannheimer Parteitag eingesetzten Bildungsausschuß für die gegebene Instanz, um die Organisierung dieser wichtigen Tätigkeit im Interesse der proletarischen Jugend in die Hand zu nehmen und bis zum nächsten Weihnachtsfest einen ersprießlichen Anfang zur Ausstellung einer Liste geeigneter Jugendschriften und anderer für die Jugend geeigneter Lektüre zu machen. [...]

69. Oda Olberg: Polemisches über die Schule der Zukunft[719]

NZ 1906/07, Nr. 25, S. 846-850 (Auszüge)

Ob das Bildungsziel, das die Genossin Adams-Lehmann [...] für die Schule der Zukunft aufstellt, ohne Schädigung der Gesundheit erreichbar wäre, das zu entscheiden möchte ich dem Fachmann überlassen, ich bitte nur um das Wort, um zu der Frage Stellung zu nehmen, ob dieses Ziel überhaupt als erstrebenswert gelten könne.

Zunächst müssen wir uns wohl darüber verständigen, von welcher Zukunft die Rede ist. Wenn mich einer fragte, ob ich es wohl meinen Kindern wünschte, das zu wissen, was in dem Artikel als Lehrziel aufgestellt ist, so könnte ich vielleicht versucht sein, die Frage zu bejahen. In dem wüsten Gedränge des Kampfes um die Existenz wüßte ich sie dann mit tüchtigen Ellenbogen bewaffnet, in der Schinderei des Wettlaufs hätten sie einen Vorsprung. Viele Kenntnisse, namentlich Sprachkenntnisse zu haben, ist ja unleugbar zum Fortkommen nützlich.

Sprechen wir aber von einer ferneren Zukunft, von „unserer Zukunft", die unsere Kinder noch nicht sehen werden, so stellt sich die Sache ganz anders dar. Dann handelt es sich nicht darum, den Menschen mit Kenntnissen zu waffnen, durch die er den anderen ausstechen oder verdrängen kann, sondern ihn dahin zu stellen, wo ihn seine Begabung hinweist, wo ihn also die größte Befriedigung erwartet und er die tüchtigste Leistung verspricht. Nicht ihn an Wissen seinen Konkurrenten überlegen zu machen gilt es, sondern ihm einen möglichst weiten Ausblick zu verleihen, damit er von der Welt und sich selbst so viel verstehe, um das Arbeitsfeld zu finden, das seinen Anlagen entspricht und dem er gewachsen ist. Die Schule soll dem heranwachsenden Menschen die Vielgestaltigkeit des Lebens entrollen, ihm die Wissenselemente bieten, auf denen jede Fachbildung ruht und die, über die Fachbildung hinweg, die Menschen vereinigen, aber sie muß, soweit ihr Lehrplan obligatorisch ist, sich auf das Mindestmaß beschränken. Denn wenn jeder Kraftaufwand bis zu einem gewissen Grade gerechtfertigt erscheint, wo es sich darum handelt, einen Menschen für den Kampf ums Dascin auszurüsten, so erzielt eine Gesellschaft, die vom Individuum nur soziale Verwertbarkeit verlangt, diese am rationellsten, indem sie jeden in der Richtung seiner Neigung sich betätigen läßt. Ganz besonders gilt dies für die geistige Arbeit.

---

[719] Dieser Beitrag ist eine kritische Entgegnung zu Adams Lehmann in Dok. 67.

Unsere Gesellschaft, deren Achse die Konkurrenz ist, mutet dem Kinde und jungen Menschen eine ungeheure Anhäufung von Wissenselementen zu und steht im besten Falle vor der Grenze still, die durch die Rücksicht auf die Gesundheit gegeben ist. Das ist begreiflich, der Gedanke an das spätere Fortkommen der Kinder läßt die Eltern die Quälerei mitansehen. Darüber sind wir aber doch wohl einig, daß die von den Sozialisten angestrebte Gesellschaft der Schulbildung keine Ziele stecken darf, die sich nicht vereinen lassen mit einer frohen und freien Kindheit. Mit Recht sagt ein englischer Autor, daß, wie alt man auch werden möge, die ersten zwanzig Jahre die größere Hälfte des Lebens sind. Soll man wirklich in dieser Zeit sich mit dem Studium von zehn Sprachen abgeben, Vergangenheit und Gegenwart durchschnüffeln, von der Mythologie bis zur Technik, vom Altgriechischen bis zum Ackerbau, von der Kirchengeschichte bis zum Völkerrecht? Kann der einzelne, kann die Gesellschaft etwas dabei gewinnen, wenn die Menschen zu lebendigen Enzyklopädien werden? Nach meinem Empfinden dürfte der Durchschnittsmensch die Schrecken einer unter dem Joche dieses Lehrplans verlebten Kindheit sein ganzes Leben lang nicht los werden. Der Generalstreik der Schüler müßte es der zukünftigen Gesellschaft ersparen, daß ihre Jugend sich nach den Zeiten der heutigen Gymnasialbildung als nach einem Eden zurücksehne.

Ich weiß sehr wohl, daß mir die Genossin Adams-Lehmann entgegenhalten wird, daß bei richtiger Methode ihr Ziel mit Leichtigkeit und ohne Quälerei erreicht werde. Obwohl ihr Erfahrungen zur Seite stehen, die ich nicht habe, möchte ich doch behaupten, daß man ohne Quälerei immer nur das lernt, was einen interessiert. Nun kann gewiß ein tüchtiger Lehrer vieles interessant machen, wie ein untüchtiger alles öde und langweilig machen kann. Aber für all das, was in ihrem Programm steht, kann sich kein heranwachsender Mensch mit gesundem Gehirn interessieren. Ein Kind, besonders ein intelligentes Kind, hat so viel zu sehen, zu beobachten, auf eigene Faust durchzudenken, hat für sein mächtiges Bedürfnis nach Synthese so viel Zeit zum Philosophieren über das Allgemeinste nötig, daß es sich nicht ohne Widerstreben durch die endlose Zahl der Wissensfächer schleppen läßt. Auch kann ohne große Belastung des Gedächtnisses – und Auswendiglernen ist immer langweilig – der Lehrplan nicht erreicht werden. Die mehr oder weniger gründliche Beschäftigung mit zehn Sprachen erheischt eine Unmenge von Gedächtnisarbeit.

Gerade der philologische Teil des Lehrplans scheint mir am meisten die Kritik herauszufordern. Auch die Genossin Adams-Lehmann sieht ja in den Sprachen nur Werkzeuge der Bildung. Warum sollen wir diese Werkzeuge aus unseren Gehirnzellen bilden? Alle Kultur besteht darin, die Werkzeuge außerhalb unseres Organismus zu verlegen. Es gibt ja Übersetzer die Hülle und Fülle, es handelt sich nur darum, zu sorgen, daß sie nicht, wie das heute vielfach geschieht, den Schund übersetzen und das Echte liegen lassen. Und warum soll man in Italien, Rußland und Dänemark ohne Dolmetscher reisen können, wenn man in Spanien, Japan und Rumänien sich einen solchen gefallen läßt? Wäre es nicht auch hier besser, das

Werkzeug außer uns zu vervollkommnen und für gebildete und angenehme Dolmetscher und Führer Sorge zu tragen?

Mir fehlt jede Kompetenz, um ein „Gegenprogramm" aufzustellen. Nur einige
Bemerkungen seien mir erlaubt. In der Sprachenfrage halte ich dafür, daß die
gründliche Kenntnis einer alten Sprache wegen der Fülle und Schärfe ihrer grammatikalischen und syntaktischen Gliederung wünschenswert ist, um der fortschreitenden Verlotterung der Muttersprache entgegenzuarbeiten.** Mir scheint, es sei
hierbei dem Latein vor dem Griechischen der Vorzug zu geben, vor allem, weil
seine leichtere Formenlehre das Gedächtnis weniger belastet. Von modernen Sprachen würde ich unbedingt nur eine in den Lehrplan aufnehmen – ob die englische
oder die französische, darüber müßte man sich durch internationales Abkommen
einigen. Wegen des größeren Wortschatzes und der leichteren Erlernbarkeit würde
ich mich für das Englische entscheiden. Natürlich sollte keinem Menschen, der
sich für Philologie interessiert, verwehrt sein, die weitestgehenden Studien auf
diesem Gebiet zu machen. Sie aber als obligatorisch und zur allgemeinen Bildung
gehörig zu betrachten, halte ich für einen Irrtum. An diesem Irrtum leidet heute das
Mittelschulwesen in ganz Europa, aber dabei handelt es sich wohl im Grunde nur
um eine Erklärung oder Beschönigung der durch die Konkurrenz bedingten Notwendigkeit, den Lehrplan immer mehr zu belasten, damit einem möglichst großen
Teile der Aspiranten die Lust oder die Kraft vergehe, sich durch den Wust durch-
zuwühlen.

Über die anderen Punkte würden wir uns wohl einigen können. Geschichte
müßte, meine ich, als Kulturgeschichte, nicht inklusive Kulturgeschichte gelehrt
werden, mit Schilderung der einzelnen Kulturepochen in ihrer Bedingtheit und
Verknüpfung und auch mit Lebensbildern der Großen, die die Eigenart ihrer Zeit
oder ihres Volkes verkörpern, [...]. Technik brauchte nicht selbständiges Lehrfach
zu sein, sondern wäre in den naturwissenschaftlichen Unterricht einzuflechten.
Zeichnen, Modellieren und Musik gehören meiner Ansicht nach nicht in den Lehrplan. Hier ist die Begabung zu verschieden, als daß ein Lehrziel ohne Quälerei
erreicht werden könnte; für die besonders gut Beanlagten sowie für die auf diesem
Gebiet ganz Unbegabten sind solche Stunden eine ganz wertlose Plage.

Also möglichst wenig Fächer, das wenige synthetisch, mit möglichst geringem
Gerüst von Gedächtniswerk, genug zum Verständnis der Methoden, der Fragestellung, der großen Errungenschaften der Wissenschaft. Das Schulprogramm, zu
dessen Wesen es nun einmal gehört, daß es für alle obligatorisch ist, muß auf der
Hauptstraße bleiben und in die Seitenwege, Täler und Höhen nur einen Ausblick
gewähren, der in den Schülern die Lust weckt, einige von ihnen zu gehen, allein,
aus freiem inneren Drange, arbeitend, forschend, genießend, aber es muß sie auch
zu der Erkenntnis emporheben und stählen, daß ein Menschenleben zu kurz und

---

** Fachleute mögen sich darüber äußern, ob bei dem gleichzeitigen Erlernen dreier Sprachen in früher
Kindheit das Sprachgefühl nicht bedeutend abgeschwächt und dadurch die Gefahr dieser Verlotterung erhöht werden würde.

ein Menschenhirn zu schwach ist, um dem Einzelnen die Aneignung des Wissensschatzes der Menschheit zu erlauben.

Je mehr das menschliche Forschen die Welt der Erscheinungen geistig bewältigt und praktisch nutzbar macht, um so mehr tut uns das not, was Hillebrand für·unsere Zeit fordert: der Mut der Ignoranz. Viele Dinge nicht zu wissen und sich dieses Nichtwissens klar bewußt zu sein, gehört heute geradezu zur Bildung. Nicht das Nichtwissen eines mehr oder weniger großen Bruchteils des erkannten kennzeichnet die Halbbildung, sondern das An-allem-herumschnüffeln und Von-allem-etwas-verstehen.

Nun weiß ich natürlich, daß es niemand ferner liegen kann als der Genossin Adams-Lehmann, der Halbbildung das Wort zu reden. Aber die Bildungsziele, die sie steckt, können, zum Schulprogramm erhoben, meines Erachtens nur Halbbildung zeitigen. Gewiß gibt es Menschen, die sich wahllos für alles interessieren, geistige Vielfresser, die alles assimilieren, denen es zur Befriedigung gereicht, Wissenselemente aus den verschiedensten Gebieten mit unermüdlichem Eifer aufzuhäufen. So veranlagte Personen könnten gewiß das Pensum bewältigen, ohne Oberflächlichkeit und ohne sich über Gebühr dadurch belastet zu finden. Aber solche Menschen sind selten, und es wäre grausam und unzweckmäßig, den geistigen Küchenzettel der Jugend nach ihren Bedürfnissen zu entwerfen.

Ein Programm wie das der Genossin Adams-Lehmann wird dem Irrtum Vorschub leisten, daß Vielwissen Bildung sei. Diesem Irrtum energisch entgegenzutreten halte ich aber für eine der vornehmsten Aufgaben der Schule der Zukunft. Das Kind neigt ohnehin zu einer Überschätzung des Wissens und gefällt sich darin, in seinem Gedächtnis unnützen Kram anzuhäufen. Schule und Erziehung müssen meines Dafürhaltens dieser Neigung entgegenwirken und von früh an die Kinder darüber aufklären, daß zur Aufbewahrung eines guten Teiles unseres Wissens Nachschlagebücher weit geeigneter sind als ein junges Gehirn.

An die Grenze des menschlichen Wissens kann die Schule nun und nimmermehr führen, sie kann nicht einmal dem jungen Menschen alles mitgeben, was ihm neben seiner Fachbildung nützlich und angenehm sein kann, auch wenn man den Unterricht – ein entsetzlicher Gedanke – bis zum zweiundzwanzigsten Jahre ausdehnt. Auch in dem von uns jetzt betrachteten Lehrplan fehlen zum Beispiel Chinesisch und Japanisch ganz, deren Kenntnis doch zum Erfassen einer gewaltigen und eigenartigen Kultur wichtig wäre, es fehlt Methodenlehre und Statistik, die nicht zur Fachbildung gehören und doch zur Verarbeitung des Fachwissens unentbehrlich sind, es fehlen die Grundzüge der Demographie und die der Pädagogik, es fehlt die Erkenntnistheorie. Lücken bleiben also auch in dem erbarmungslosesten Programm, und zwar recht empfindliche Lücken.

Wenn es im Reiche des Wissens einen erreichbaren Punkt gäbe, der einen gewissen Abschluß bildete, von dem aus ein Überblick über das Ganze möglich wäre, so wär's verständlich, wenn man dem heranwachsenden Geschlecht einen großen Kraftaufwand zumutete, um diesen Punkt zu erreichen. [...] Jeden mag sein Wissensdurst weit hinauf tragen, aber niemand soll einem Programm zu ehren über eine gewisse Minimalgrenze hinausgeschleppt werden.

Diese Minimalgrenze zu finden scheint mir eine wesentliche Aufgabe der Fachleute. Welche Wissenselemente sind unentbehrlich, um sich praktisch in der Welt zurechtzufinden, und außerhalb des eigenen Faches Berührungspunkte zu haben und Verständnis für die großen Fragen der Menschheit, um sich so weit im Bereich des Wissens zu orientieren, daß man als Fachstudium das wählen kann, worauf Neigung und Fähigkeiten weisen? Wie wenig kann ein Mensch außerhalb seines Faches wissen, ohne sich zu isolieren und den Maßstab für das Allgemeine zu verlieren? Das Programm der Genossin Adams-Lehmann scheint mir diese Minimalgrenze nicht einmal zu suchen; es scheint mir vielmehr nach dem Maximum zugeschnitten, das man dem jungen Gehirn zumuten kann, ganz wie die Schulprogramme unserer Zeit.

Bedenkt man aber, daß wir die Zukunft aufbauen wollen auf einer größeren Achtung vor der Kindheit und Jugend, daß wir von geringem Zwange ein froheres und freieres Geschlecht erwarten, bedenkt man ferner, daß die Entwicklung der Wissenschaft und Technik eine größere Spezialisierung erheischt, der frische Kräfte zur Verfügung gestellt werden müssen, nicht mit den heterogensten Wissenselementen überfütterte Gehirne, so müssen wir für die Schule der Zukunft bescheidene, jeder Vielwisserei abgewandte Ziele fordern. Wir wollen die neuen Geschlechter nicht von der Vergangenheit loslösen, nicht zu Nur-Fachmenschen verkrüppeln und nur allein im Praktischen und Nützlichen unterweisen, aber sie sollen auch nicht unter dem Wust der Vorzeit erdrückt werden, nicht über ihr Interesse hinaus mit allem Wissenswerten vollgepfropft, nicht der Zeit und Energie zur Spezialisierung beraubt werden. Keine geistige Fähigkeit, die ihrem Träger Befriedigung oder der Gesellschaft Nutzen bringen kann, wird durch die Einschränkung der obligatorischen Lehrgebiete in Trägheit versinken – und wie viel Freiheit und Jugendfreude wird gewonnen, wie viel selbständigem Denken wird Raum geschafft, wie viel Eigenart kann sich auswachsen, die heute im dichtgepflanzten Beete erzwungener Vielseitigkeit verkümmert!

Daß ich die Forderung der gemischten Schule unterschreibe, brauche ich wohl nicht zu sagen. Auch die Einheitsschule, die die Mittelschule auf der allen gemeinsamen Elementarschule aufbaut, ist eine selbstverständliche Forderung. Das Sündenregister des Rockes, das Frau Adams mit so beredten Worten aufstellt, ist mir aus der Seele geschrieben – zu Pionieren der Kniehose eignen sich aber die Erwachsenen besser als die heranwachsenden Mädchen. Wen von uns überkommt nicht ein Gefühl, das an Spießrutenlaufen oder derartige Operationen gemahnt, beim Andenken an ein ungewöhnliches Kleid, einen uns nicht passend erscheinenden Hut, den wir als Kinder haben tragen müssen? Neben dem halbtägigen Unterricht möchte ich – von den Lehrern, die mich wegen dieses Vorschlags zur Rechenschaft ziehen, beantrage ich als Laie mildernde Umstände – die italienischen Ferien fordern, die Ende Juni oder Anfang Juli beginnen und Mitte Oktober aufhören, Ferien, die einen ausgiebigen Landaufenthalt ermöglichen, gründliches Ausruhen, Abstoßen des Erlernten, soweit es nur toter Besitz geblieben ist.

Also: Entlastung der Jugend, Befreiung vom Kultus der Vielwisserei, Raum für das Selbststudium, für geistige Betätigung außerhalb des Schemas! Die Menschheit muß sich selbst erlösen von dem Wahne, daß Kindheit und Jugend nur zum Lernen da seien, daß sie nichts seien als die Stufe zum Alter der Reife, die Stufe, auf die man tritt und die man nicht beachtet. Nur eine frohe, freie, vom Geiste der Schulstube befreite Kindheit kann ein lebenstüchtiges Geschlecht stellen. Und tüchtige Menschen brauchen wir: mögen sie immerhin weniger wissen, sie werden mehr leisten und intensiver leben.

70. Vauvenargues: Gedanken und Grundsätze. Mit einer Einführung von Ellen Key[720] (Rezension von Hermann Wendel)

NZ 1906/07, Nr. 35, S. 304

Vauvenargues ist ein früher Sturmvogel der bürgerlichen Revolution von 1789. In der Aix in der Provence 1717 geboren, wurde er Offizier, nahm den Abschied und schrieb in Armut, Blindheit und Krankheit sein einziges Buch: „Pensées et Maximes". 1749 starb er an der Schwindsucht, nicht ganz zweiunddreißig Jahre alt. Der um zwanzig Jahre ältere Voltaire verehrte ihn zu Lebzeiten wie einen Meister.

In der Vorrede der hier wiedergegebenen Maximen müht sich Ellen Key ab, seine eigentliche Bedeutung künstlich zu verschleiern, indem sie ihn zeitlos aus seiner Epoche herausgreift und ihn Nietzsche zu nähern sucht, obwohl zwischen beiden nicht mehr Vergleichspunkte bestehen, als zwischen dem Ideologen des gigantisch entfalteten Kapitalismus am Ende des neunzehnten Jahrhunderts und dem Ideologen des sich eben entfaltenden Kapitalismus im zweiten Drittel des achtzehnten Jahrhunderts bestehen können. Daß Vauvenargues nichts anderes ist als der Ideologe des sich entfaltenden Kapitalismus, geht aus der Weltanschauung hervor, die in jeder seiner scharf geschliffenen Maximen aufblitzt: er preist die Tüchtigkeit, den Mut, die Energie, Eigenschaften, die einer schon aufstrebenden Klasse, und andere, die einer noch unterdrückten eignen wie Nächstenliebe, Gerechtigkeit, soziales Mitgefühl, auch hierin von Nietzsche, dem Philosophen einer zur Macht gelangten Klasse, unterschieden. Wenn er sagt: „Eine nützliche Verwendung des Überflusses ist große und edle Sparsamkeit", prägt er geradezu das Axiom des

---

[720] Übersetzt von Eugen Stöffler. Aus der Sammlung: Die Fruchtschale. R. Piper & Co. München und Leipzig 1906. – Hermann Wendel (1884-1936), als Gymnasiast Mitglied des Straßburger Künstlerkreises um die Zeitschrift *Der Stürmer*, 1902-1904 Studium in München (ohne Abschluss), 1905 SPD, Schriftsteller und Redakteur verschiedener Zeitungen, u.a. der *Sächsischen Arbeiterzeitung*, 1912-1918 Mitglied des Reichstages, 1914 Kriegsfreiwilliger, 1919 stellvertretender Polizeipräsident in Frankfurt a.M., 1922 Redaktionsmitglied der *Frankfurter Zeitung*, Gegner der sozialdemokratischen Kompromisspolitik, Autor zahlreicher Biographien, u.a. August Bebel (1913), Heinrich Heine (1916/19), Danton (1930), 1929 Ehrendoktor der Universität Belgrad, 1933 Emigration nach Frankreich.

kapitalistischen Bourgeois, der sich für produktive Verwendung des Mehrwertes begeistert.

Daß bei einem Manne von Geist und Temperament, der über seinem Schaffen die Regel aufhängt: „Ist ein Gedanke zu matt, um in einfacher Form zu wirken, so ist das ein Grund, ihn zu verwerfen", jeder Gedanke durch sich und durch die sorgfältig herausgearbeitete Form anziehend wirkt, ist selbstverständlich. So ist das Büchlein interessant um des Mannes willen, der es geschrieben, und um der Zeit willen, von der es einen wesentlichen Hauch ausstrahlt.

71. E. Korn: Klassenbildung[721]

NZ 1906/07, Nr. 38, S. 385-396 (Auszüge)

Dem vom Parteitag in Mannheim eingesetzten Bildungsausschuß sind bekanntlich unter anderem auch die Schulz-Zetkinschen Leitsätze zu dem Thema „Volkserziehung und Sozialismus" überwiesen worden, offenbar in der Erwägung, daß auch der Bildungsausschuß das Bedürfnis nach einer prinzipiellen Grundlage für seine Tätigkeit empfinden werde. Der Ausschuß ist sich denn auch zu Beginn seiner Beratungen darüber schlüssig geworden, diese Prinzipienerklärung in den Kreis seiner Arbeiten einzubeziehen.

Inzwischen haben sich auch einige Parteischriftsteller mit diesen Fragen beschäftigt, und sie sind zum Teil zu dem überraschenden Ergebnis gelangt, daß jene Leitsätze und das ganze Problem, das sie aufrollen, auf einer petitio principii, einer unbewiesenen prinzipiellen Voraussetzung, beruhten. Durch eine mehr oder minder gründliche Untersuchung über den Umfang und Inhalt des Begriffs der Bildung glaubten sie den Nachweis erbracht zu haben, daß es eine spezifisch proletarische Bildung überhaupt nicht gäbe. Mit dem Sein fällt natürlich auch das Soll der proletarischen Bildung; wird die Frage nach der Existenz der proletarischen Bildung sogar ihrer Möglichkeit nach verneint, so erübrigt sich erst recht alles Theoretisieren über die Aufgaben und Ziele einer solchen unmöglichen Bildung. Der Mannheimer Parteitag hätte dann dem Bildungsausschuß einen im wörtlichen Sinne gegenstandslosen Auftrag erteilt.

Indessen so verzweifelt liegt die Sache der proletarischen Bildung, wie mir scheint, denn doch noch nicht, und wenn wirklich bei der Erörterung dieser Frage prinzipielle Fehler begangen worden sind, so glaube ich, daß sie eher auf der Seite der Leugner jenes Begriffs liegen als bei jenen, die die Existenzberechtigung des

---

[721] Es könnte sich hier auch um Karl Korn handeln. Für beide wird Kiel als Wirkungsort angegeben, und ein E. Korn war nicht zu ermitteln. – Karl Korn (1865-1942), Studium der Philologie, 1896 Redakteur bei der sozialdemokratischen *Schleswig-Holsteinischen Volkszeitung* in Kiel, 1907 Mitglied des Zentralen Bildungsausschusses der SPD, Mitbegründer der proletarischen Jugendbewegung und Redakteur der 1909 gegründeten Zeitschrift *Arbeiter-Jugend* bis 1926, 1926-29 Mitarbeiter der Zeitschrift *Arbeiter-Bildung*, Verfasser zahlreicher Schriften zur bürgerlichen und proletarischen Jugendbewegung, u.a. Die Arbeiterjugendbewegung. Einführung in ihre Geschichte (1922). Siehe auch Dok. 87.

Begriffs vorweggenommen und frischweg seinen Inhalt und seine Konsequenz für den Klassenkampf des Proletariats untersucht haben.

Die bloße Definition des Bildungsbegriffs und seine Analyse, sei sie auch mit all dem Scharfsinn und der Gründlichkeit ausgeführt, die gerade jene Kritiker vielfach haben vermissen lassen, diese bloße Begriffsbestimmung und der Versuch, an ihr die Unmöglichkeit des Unterbegriffs der proletarischen Bildung darzutun, bringt uns nämlich unserem speziellen Problem keinen Schritt näher. Die Kritiker haben sich aber, soweit ich die Kontroverse verfolgt habe, noch nicht einmal die Mühe gegeben, wenigstens diese logische Arbeit sauber auszuführen, sondern sie haben ohne weiteres mit der Akzeptierung des bekannten Schemas der Geistes- und der Naturwissenschaften die prinzipielle Exposition ihrer Untersuchung erledigt zu haben geglaubt. Indessen mag diese petitio prinzipii, die nebenbei auch noch die Begriffe der Bildung und des Wissens gleichsetzt, nicht weiter tragisch genommen werden. Gab sie doch den Kritikern die bequeme Gelegenheit, an dem von ihnen selber geschaffenen Phantom des proletarischen „Pythagoras" oder des proletarischen Kausalitätsgesetzes ihren Witz zu üben.

Aber auch schon bei dieser, der Pose nach empirischen, die Erfahrung verwertenden, und scheinbar induktiv-kritischen, das heißt den Begriff mit der Wirklichkeit konfrontierenden Methode, die aber im vorliegenden Falle in Wahrheit, wie ich zeigen werde, schematisch, ja scholastisch verfährt, hätten die Kritiker stutzig werden müssen. Der Begriff der proletarischen Anatomie mag ein Monstrum der Logik sein, aber leider ist die Anatomie des Proletariers eine grausame Realität. Schon zu Marx' Zeit beschrieben die englischen Ärzte das „Fabrikbein", und inzwischen sind wir dahintergekommen, daß die kapitalistische Produktionsweise nicht nur das Skelett und die Anatomie, sondern auch noch die ganze Physiologie des Arbeiters „revolutioniert" und mit unheimlichem Erfolg am Werke ist, im homo proletarius einen neue Varietät des homo sapiens, den leibhaftigen Untermenschen, heranzuzüchten. Was sollte aber den Proletarier, wenn er sich um anatomisches und physiologisches Wissen bemüht, brennender interessieren als die Kenntnis seiner Anatomie und Physiologie, und die Anatomie und Physiologie des Menschen schlechtweg zunächst nur insoweit, als sie ihn die pathologische Sonderheit seines Organismus kennen, die furchtbare Anklage, die in dieser Sonderheit für die herrschende Gesellschaftsordnung liegt, formulieren lehrt?

Und ist Geschichte ad usum delphini wirklich bloß der skurrile Einfall byzantinischer Hofmeister? Für den Kronprinzen ist eine solche Traktierung der Geschichte auf ihn selber zu gewiß reizvoll und nützlich: reizvoll, wenn sie ihn und seinesgleichen als die sublimste Blüte, als die Krönung der Entwicklung demonstriert; nützlich, wenn sie ihm die historischen Tatsachen so gruppiert und apportiert, daß er für sein besonderes Metier und Fortkommen daraus etwas lernen kann. Nur für uns andere ist Geschichte ad usum delphini ein schaler Spaß; weder amüsiert sie uns, noch ist sie uns zu unserem Fortkommen dienlich. Da aber die ganze bisherige Geschichtswissenschaft mehr oder minder für Delphine zurechtgestutzt war, insofern Geschichte bekanntlich noch stets vom Sieger, vielmehr von den Lakaien der

Sieger zur höheren Ehre der gefürsteten Parasiten aller Siege fabriziert worden – kann man es dem Volke, kann man es dem Feldsoldaten der Siege wie den Legionen der Besiegten verübeln, wenn sie nun auch einmal die Geschichte von sich aus dargestellt wissen wollen? Und wenn auch die „Wahrheit an sich" eine Illusion ist: Geschichte ad usum populi, Geschichte aus der Massenperspektive heraus, wird jedenfalls um so viel mehr Objektivität, Wirklichkeit, enthalten, je kompakter die Wirklichkeit, die Gegenständlichkeit, des Volkes ist im Vergleich zu der aller „Kronprinzen". Wilhelm II. äußerte einst den Wunsch, die Weltgeschichte möchte in den Volksschulen so getrieben werden, daß mit den Hohenzollern, mit ihm selber, begonnen würde. Das Proletariat will, wenn ihm historische Kenntnisse nach seinem Belieben zugänglich gemacht werden, zunächst einmal über sich selber und seine Herkunft Aufschluß erhalten. [...]

Hier schüttelt sich der proletarische Kritiker des Begriffs der proletarischen Bildung und gurgelt uns aus den heiligsten Schlünden seiner „wissenschaftlichen" Überzeugung die Mandarinenbeschwörung: „Ha, Tendenz!" entgegen. Aber der Gedanke der proletarischen Bildung trägt ja durchaus nicht das Moment der Tendenz als ein Neues in einen bis dahin tendenzlosen geistigen Betrieb, sondern er will eine Tendenz, die einem bestimmten Interessentenkreis nicht paßt, die unbrauchbar für ihn ist, ersetzen durch eine Tendenz, die ihm nützt. Was hat überhaupt das ganze Gejammer über Tendenz und ihre Unanständigkeit im wissenschaftlichen Betrieb für einen Sinn, nachdem schon Bacon erkannt und es ausgesprochen hat, daß sogar eine anscheinend so objektive, lediglich am Leitfaden der Tatsachen sich forthelfende Wissenschaft, wie die Naturwissenschaft, im eminenten Sinne tendenziös sei; sie habe nämlich den Zweck, dem Menschen die Beherrschung der Natur zu ermöglichen.

Heute, im ausgesprochenen Zeitalter der Naturwissenschaften, wo die Allianz zwischen Wissenschaft und Industrie in Wäldern von Fabrikschloten sich zum Himmel reckt, verkündigt das geniale Aperçu Bacons eine Binsenwahrheit, aber es tut, wie bei allen Binsenwahrheiten, zuweilen verflucht not, daran zu erinnern. [...]

Das will sagen, daß alle diese Redensarten von der voraussetzungslosen Wissenschaft entweder direkter Schwindel sind, allerdings kein „tendenzloser" Schwindel, oder aber auf faule Gesellschaftszustände, die auch im Reiche der „Idee" den Parasitismus begünstigen, schließen lassen. Wissen um des bloßen Wissens willen ist eine ebenso lebensabgewandte, greisenhafte, in letzter Linie geradezu kulturfeindliche Parole wie das Schlagwort einer verschrobenen Künstlergeneration: l'art pour l'art, die Kunst ist um der Kunst willen da.

Für die normativen Disziplinen vollends liegt die ausschlaggebende Bedeutung des Tendenzbegriffs auf der Hand, wie denn überhaupt für uns Sozialisten diese ganze Auseinandersetzung nur Selbstverständliches enthält, denn ihre Feststellungen sind ohne weiteres aus dem obersten Satze der materialistischen Geschichtsauffassung abzuleiten. Die Ideologien schweben nicht in der Luft, sind nicht absolut, sondern sie sind Abhängige, Abhängige der sozialen Situation ihrer Träger. Als Abhängige und nicht als Wirkungen schlage ich vor, die Ideologien in ihrem Verhältnis zu den gesellschaftlichen Zuständen zu bezeichnen, weil, wie ich gleich erörtern werde, durchaus kein zwingender Grund vorliegt, sich auf eine Kausalität dieses Verhältnisses festzulegen.

Beim Individuum mag sich diese Abhängigkeit unter einem Wust von Privatschrullen dem Nachweis entziehen, für die Klasse steht der Zusammenhang in Fraktur da. Es mag ja ein weiter Weg sein von der Wirtschaft bis zur „Seele" des Menschen, und daß ein funktionelles Verhältnis bestehen soll zwischen Zuständen und Ideen, mag einem an der naturwissenschaftlichen Methodik geschulten Intellekt, der solchen Zusammenhängen mit dem Maßstab auf den Leib zu rücken gewohnt ist, auch dann metaphysisch vorkommen, wenn er der materialistischen Geschichtsauffassung eingeräumt hat, daß die Ideologien, die sie meint, nicht individuellen, sondern Gattungscharakter tragen. Aber wo hat es denn Marx behauptet, daß die „Wirtschaft" in jene funktionelle Reihe als gegenständlicher Faktor eingeht? Zwischen der Wirtschaft und den Ideologien steht bei Marx überall der Mensch! Das Wirtschaftliche im Menschen ist das Primäre in bezug auf das Geistige im Menschen – vielleicht klingt so der Hauptsatz der materialistischen Geschichtsauffassung plausibler in ängstliche Wissenschaftlerohren. In dieser Fassung ist der Satz zudem ebenso einleuchtend für (erkenntnistheoretisch) idealistisches wie realistisches Denken. In dem Jargon jener Auffassung heißt es dann: Die (bewußten und unbewußten) wirtschaftlichen Vorstellungen des Menschen sind die Ursache – der Idealist darf von einem Kausalzusammenhang sprechen, denn er hat die beiden Glieder der Reihe auf denselben erkenntnistheoretischen Nenner gebracht – seiner „ideologischen" Vorstellungen, während der Materialist sagt: Die Stellung, die der Mensch im Produktionsprozeß einnimmt, spiegelt sich in seinem Bewußtsein wider.

Wenn man den Hauptsatz der Marxschen Geschichtstheorie anders interpretiert und philosophisch auf seine materialistische Formulierung losgepaukt hat, so hat man eben gegen sein eigenes Mißverständnis polemisiert. Marx hat weder die Wirtschaft in eine direkte Beziehung zum Bewußtsein gebracht, noch hat er diese Beziehung als kausale festgelegt. Er erfüllt vielmehr die peinlichsten Ansprüche auf wissenschaftliche Korrektheit, wenn er sagt: Das gesellschaftliche Sein der Menschen bestimmt ihr Bewußtsein.

Darüber wird noch einiges zu sagen sein. Jedenfalls geht aber sowohl aus der auseinandergelegten als auch aus der knappen Marxschen Formulierung des geschichtsmaterialistischen Hauptsatzes das hervor, daß die Ideologien keine individuell-psychologischen, sondern Tatsachen des Kollektivbewußtseins sind, denn die Wirtschaft ist nicht Privatangelegenheit des einzelnen, sondern Sache der Gesellschaft, präziser ausgedrückt und nach sozialistischer Auffassung allein korrekt: Sache der Klasse. Für die Wirtschaft ist das isolierte Individuum genau so unwirklich wie der allgemeine Mensch, die homogene Gesellschaft, und es gehört zu den glänzendsten Leistungen des Marxschen Systems, daß es die Klasse als einzig reales Wirtschaftssubjekt entdeckt und in diesem Begriff samt seinen Folgerungen der proletarischen Politik das granitne theoretische Fundament geschaffen hat.

Da ich hier nicht die materialistische Geschichtsauffassung zu beweisen habe, kann ich mich damit begnügen, zu resümieren: So gewiß die Ideologien abhängig sind von der Wirtschaft, und so gewiß das Subjekt der Wirtschaft die Klasse ist, so gewiß sind die Ideologien und damit der ganze, im Begriff der Bildung unterge-brachte Vorstellungskomplex Klassenangelegenheit, ist also der Begriff der prole-tarischen Bildung geschichtsmaterialistisch fundiert. Das gilt sowohl für die Ideo-logien, die ein Soll, wie für die, die ein Sein zum Inhalt haben. Spiegeln jene die Ziele, so diese die tatsächliche Situation der Klasse wider.

Aber auch vom Standpunkt der ideologischen Beweisführung, die den Begriff der proletarischen Bildung durch eine Analyse seines Inhalts und Umfangs, unter Anlehnung an die traditionellen Rubriken der normativen und deskriptiven, der geistes- und naturwissenschaftlichen Disziplinen, untersucht, scheint mir dieser Begriff nicht erschüttert zu sein. Es gibt im Bereich des Geistes wie der Natur umfassende Tatsachenreihen, die sich auf den geistigen und physischen Status des Proletariats beziehen, für deren wissenschaftsmäßige Erfassung also der Proletarier der geborene Interessent ist, und die sehr zweckmäßig unter dem Sammelbegriff der proletarischen Wissenschaft untergebracht werden können, ohne daß der logi-sche Fehlschluß, der das Wissen vom Proletarier dem proletarischen Wissen gleichsetzt, gemacht zu werden braucht. Verbindlicher freilich erscheint mir die Argumentation, die die Realität unseres Begriffs aus dem Obersatz der materialisti-schen Geschichtsauffassung herleitet. [...]

Der Mensch ist Wirtschaftssubjekt zugleich und Bewußtseinsträger, und es wird behauptet, daß die Art, wie der Organismus wirtschaftlich eingestellt ist, im Be-wußtsein, in den Ideologien, sich widerspiegelt.

Zugleich aber ist an dieser Stelle deutlich auch die biologische Wurzel des ge-schichtsmaterialistischen Hauptsatzes bloßgelegt, und es läßt sich von hier aus der Begriff der proletarischen Bildung unschwer biologisch herleiten. Die Art, wie der Mensch sich wirtschaftlich auf die Umwelt einstellt, gehört in die Reihe jener Re-aktionen des Organismus, die die Biologie als Anpassungen bezeichnet, und die selber wieder einen Spezialfall der energetischen Umsetzungen im weitesten Sinne bedeuten. Unter den Anpassungen oder, energetisch gesprochen, Einstellungen des Organismus sind die wirtschaftlichen die wichtigsten; sie gehen auf die Urfunktion der organischen Materie, die Ernährung, zurück, in bezug auf die sogar jene ande-re, von der Biologie als primitiv angesprochene Funktion des Elementarorganis-mus, die Fortpflanzung, eine Reaktion zweiter Ordnung, die von der Ernährung abhängig ist, darstellt. Die Wirtschaftsorganisation des Kulturmenschen aber ran-giert, biologisch aufgefaßt, in der Reihe der Hilfsorgane und Hilfsapparate, vermit-tels derer der Organismus jene elementare Funktion betätigt; sie ist das Endglied einer Entwicklungsreihe, die mit dem ersten Werkzeug des Menschen der Steinzeit einsetzt, ein ungeheuer kompliziertes und differenziertes System solcher „Organ-projektionen".

Wenn der neuerdings so vielfach malträtierte Begriff der Dialektik[*] für eine Stufenfolge von Prozessen einen Sinn hat, so für diesen kulturhistorischen Entwicklungsprozeß, denn er gipfelt in dem kolossalen Widerspruch, daß in einem bestimmten Moment der Entwicklung die Funktion vom Organ, das Organ, ja der Organismus, von der Organprojektion überwältigt wird. In der Wirtschaft des Kulturmenschen schiebt sich zwischen den Menschen und die Kultur als künstliche Umwelt das vom Menschen zur Beherrschung der Natur geschaffene System von Apparaten ein, und statt ihm untergeordnet zu sein, als bloßes Werkzeug zur Beherrschung der Natur, als Hilfsmittel zur Bewerkstelligung seiner Anpassungen an die Natur, tritt ihm die Wirtschaft, sein Werk, als gegenständliche Macht gegenüber, als eine zweite „Natur", an die er sich nun zu allernächst anzupassen hat. [...]

So wenig es aber in der kapitalistischen Produktionsordnung ein einheitliches Wirtschafts- oder Gesellschaftssubjekt gibt, so wenig gibt es einheitliche wirtschaftliche Anpassungen, so wenig einheitliche „allgemein-menschliche" Ideologien. Der allgemeine Mensch ist von diesem biologisch-soziologischen Gesichtspunkt, der der Gesichtspunkt der Wirklichkeit ist, eine Utopie wie das isolierte Individuum. Der soziologisch reale Mensch ist allein der Mensch der Klasse. [...]

Das Proletariat hat keine Wahl: die herrschende Klasse, die die wirtschaftlichen und politischen Machtmittel usurpiert hat, monopolisiert auch die Bildungsmittel, und sie macht der ausgebeuteten und unterdrückten Klasse bloß diejenigen Ideologien zugänglich, die ihren Interessen, den Interessen der herrschenden Klasse, entsprechen. Die falschen Ideologien des Proletariats sind auch ein Überbau, aber ein Überbau auf der Klassenwirklichkeit der herrschenden Schichten.

Es ist das spezifische Raffinement dieses Massenbetrugs, daß er sich in einer blendenden Phraseologie darbietet. Der Geprellte soll sich an tönenden Worten berauschen. Die Zentralideologie aber, die dem Proletariat sein Klassenbewußtsein umnebelt, ist der Wortschwall vom Menschen an sich, von der einen tendenzlosen Wahrheit, von der reinen Idee, von der Bildung, die uns alle gleich macht usw. usw.

Eine Sehnsucht wird als Narkotikum benützt, um die Energien zur Verwirklichung dieses Sehnens hoffnungslos abzudämmen. So hißt der Widersacher seine Flagge im Bewußtsein selber der Unterdrückten, und diese Besitzergreifung der Seelen ist ohne Zweifel das furchtbarste, aber auch das letzte Machtmittel der Sieger.

Die Pädagogik des Sozialismus hat dem Proletariat diesen Sachverhalt aufzudecken. Sie hat ihm die Ideologien zu vermitteln, die seiner Klassenwirtschaft entsprechen, die Vorstellungen, die es orientieren über seine wirtschaftliche und poli-

---

[*] Die Begriffe Dialektik und Entwicklung werden seit einiger Zeit, auch von sozialistischen Schriftstellern, unterschiedslos gebraucht. Marx und Engels nennen mit Hegel bloß einen solchen Prozeß dialektisch, der sich in Widersprüchen vollzieht, und in dem die Widersprüche sich in einer höheren Synthese lösen. Allein diese Anwendung des Begriffs Dialektik ist etymologisch und historisch gerechtfertigt. Die Begriffe Dialektik und Entwicklung gleichsetzen, heißt die gewaltige Geistesarbeit, die in dieser Kategorie deponiert ist, ohne Überlegung preisgeben.

tische Situation, auf daß es vermittels dieser Orientierung möglichst treffsicher die Anpassung vollzieht, die das energetische Gleichgewicht zwischen seinen wirtschaftlichen Energien und seiner Wirtschaftswirklichkeit herstellt. Für alle Ideologien jenseits der Politik und Wirtschaft hat die proletarische Erziehung den ökonomischen Tatsachenuntergrund bloßzulegen.

Das allein ist die realistische Pädagogik des Sozialismus. Sie ist Erziehung zum Klassenkampf, denn der Klassekampf ist die Form, in der das Proletariat seine energetische Einstellung in das Sein, seine Anpassung an die Außenwelt, den einzigen „Zweck" alles organischen Lebens, betätigt. Inhalt und Ziel aber des Klassenkampfes ist die Realisierung der Einheit von proletarischer Wirklichkeit und proletarischer Idee, das heißt die Verwirklichung des sozialistischen Gesellschaftsideals.

72. Heinrich Schulz: Die Mutter als Erzieherin. Kleine Beiträge zur Praxis der proletarischen Hauserziehung[722] **(Rezension von Clara Zetkin)**

NZ 1907/08, Nr. 12, S. 421-423

Es ist ein gutes Zeichen der wachsenden Kraft und Reife des kämpfenden Proletariats, daß es beginnt, der Erziehung seiner Nachfahren die nötige Aufmerksamkeit zuzuwenden. Allerdings nicht bloß der Erziehung im landläufigen Sinne des Wortes. Ihm leuchtet ein höheres Ideal für den Werdegang seiner Jugend, als jene alltägliche persönliche Lebenstüchtigkeit, die an bürgerlichen Begriffen ihre Werte mißt. Es ist die Lebenstüchtigkeit der Klasse, als treibender subjektiver Kraft der geschichtlichen Entwicklung. Lebenstüchtigkeit des Proletariats in diesem Sinne besagt aber nichts anderes als Kampfestüchtigkeit gegen die kapitalistische Ordnung. Für diese Kampfestüchtigkeit der Klasse ist sicherlich die höchstmögliche Entwicklung ihrer einzelnen Glieder von größter Wichtigkeit und ein Ziel, aufs innigste zu wünschen. Allein ihre ganze Bedeutung gewinnt die persönliche Lebensentfaltung und Lebensbetätigung des einzelnen Proletariers erst im Zusammenhang mit dem geschichtlichen Leben der Klasse, im Klassenkampf für die sozialistische Gesellschaft. Damit erhält das Erziehungsideal des Proletariats einen Inhalt, der es scharf von dem Ziel bürgerlicher Pädagogik unterscheidet: es muß auch über das der Sozialpädagogen hinausreichen und ausgesprochen sozialistisch sein. Der Wert der umfassenden bürgerlichen pädagogischen Bestrebungen, welche die Ergebnisse der Theorie für die Praxis popularisieren, in breiten Schichten des Volkes die letztere der Höhe der ersteren annähern wollen, ist daher für das Proletariat ein bedingter. So trefflich, so anerkennenswert mancherlei Schriften und Einrichtungen sind, welche in dieser Absicht insbesondere unter dem Einfluß der sogenannten „sozialpädagogischen" Richtung entstanden sind: sie tragen ein Moment in sich, das sie von dem scheidet, dessen das Proletariat bedarf. Sie sind von bürgerlicher Weltanschauung durchdrungen und wollen die Jugend für eine bürger-

---

[722] Erschienen im Verlag von J. H. W. Dietz Nachf., Stuttgart 1907.

liche Gesellschaftsordnung erziehen, wie weitgehend auch immer der eine oder andere Sozialpädagoge diese reformiert sehen möchte. So gilt auch gegenüber den Aufgaben, welche die Erziehung des heranwachsenden Geschlechts an das Proletariat stellt, daß dieses zur Befriedigung seiner Bedürfnisse sich seine eigenen Mittel zu schaffen gezwungen ist, daß es nicht einfach übernehmen kann, sondern umwerten muß, was die bürgerliche Gesellschaft ihm bietet. In dieser Richtung systematisch und energisch zu arbeiten, wird um so unabweisbarer, je bewußter, konsequenter, aufdringlich brutaler die Schule in unseren Tagen zum Werkzeug der Klassenherrschaft der Besitzenden herabgewürdigt wird; je eifriger bürgerliche Parteien und Gruppen am Werke sind, an den jugendlichen Proletariern fortzusetzen, was die Schule an den kindlichen beginnt. Es genügt nicht, daß wir uns dieser Sachlage gegenüber fatalistisch auf den emanzipierenden Einfluß des proletarischen Milieus verlassen und auf die spätere werbende Kraft der gewerkschaftlichen und politischen Bewegung. Die proletarische Familie muß zur bewußten Trägerin und Pflegerin einer Erziehung der Jugend im sozialistischen Geiste für den proletarischen Klassenkampf werden. Wie zahlreich und mächtig auch die Umstände der proletarischen Klassenlage sind, welche ihr die Erfüllung dieser Aufgabe streitig machen: sie muß ihr mit größtem sittlichen Ernst nachgehen als einem integrierenden Teil ihrer Klassenpflichten. Das klare Bewußtsein dafür, das die Massen zu ergreifen beginnt, tritt erst im Gefolge des politischen und wirtschaftlichen Klassenkampfes auf, den das Proletariat führt. Und zwar nicht nur, weil dieser materielle Voraussetzung für die Erziehungsfähigkeit der proletarischen Familie schafft und sichert, gleichzeitig aber auch den Blick schärft für die Notwendigkeit, daß die jeweilig kämpfende Generation der Ausgebeuteten das geschichtliche Erbe ihrer Klasse in tüchtige Hände legt. Vielmehr nicht zum mindesten auch deshalb, weil der proletarische Klassenkampf mit dem Klassenbewußtsein auch das Persönlichkeitsbewußtsein weckt und entwickelt und den einzelnen mit jener hohen Pflichterkenntnis erfüllt, die ihn über die eigene Lebensdauer hinaus für seinen Nachwuchs und in ihm sich der Gesamtheit verantwortlich fühlen läßt. Eine Einsicht aber, die langsam aufsteigt und sich unter schwierigen Bedingungen in der Praxis durchsetzt, bedarf besonderer Förderung.

Unter den hier skizzierten Gesichtspunkten begrüßen wir freudigst das obengenannte Büchlein als einen wertvollen Beitrag, die proletarischen Eltern für die Erfüllung ihrer erziehlichen Aufgabe im Sinne des Sozialismus zu rüsten. Wir sagen die proletarischen Eltern, obgleich sich die kleine Schrift ihrer Entstehung nach – die einzelnen Beiträge sind zuerst in der Beilage der „Gleichheit" erschienen – wie aus anderen naheliegenden Gründen vornehmlich an die Mutter wendet. Wohl weisen die sozialen Verhältnisse heute noch der Frau einen überwiegenden Anteil an der häuslichen Erziehung zu, unserer Überzeugung nach muß diese jedoch zum gemeinsamen Elternwerk werden, und der proletarische Vater, der ein wirksamer Miterzieher seiner Kinder sein will, wird die pädagogischen Ratschläge des Verfassers mit nicht geringerem Gewinn für sein väterliches Walten wie seine Selbsterziehung lesen, als die Mutter. Der Wert des Schriftchens steht im umgekehrten Verhältnis zu seinem bescheidenen Umfang. Auf wenig Seiten gibt es viel und Treffliches, gibt es, was dem Proletariat bis jetzt noch nicht in gleicher Weise geboten worden ist. In bunter, zwangloser Folge reiht sich Ratschlag an Ratschlag, wie die häusliche Erziehung im Kinde die Keime geistig-sittlichen Seins entwickeln und pflegen kann, aus denen eine starke Persönlichkeit erwächst, die sich ihres Zusammenhanges mit der Allgemeinheit bewusst ist und ihre Pflichten gleich hoch achtet wie ihre Rechte. Die Beiträge vergessen nicht einen Augenblick, daß sie Proletarierinnen, „Ungelehrte" beraten wollen, daß sie im proletarischen Milieu verwirklicht werden sollen, und daß ihr Ziel ist, Kämpfer, Bürger für das Reich der Zukunft erziehen zu helfen. Sie reden daher nicht über die Köpfe und die Herzen der proletarischen Leser hinweg, sie fassen sie in ihren täglichen lebendigen Nöten, Bedürfnissen und Wünschen und heben sie gleichzeitig über die platte Alltäglichkeit empor. Der mit seinem Schriftchen als beratender Freund in das proletarische Heim tritt, ist ein geschulter Pädagog, aber gleichzeitig auch ein theoretisch durchgebildeter Sozialist, und wahrhaftig: keiner von beiden ist in den Beiträgen zu kurz gekommen. Der Pädagog bleibt sich stets bewußt, daß er die häusliche Erziehung in den Dienst des proletarischen Befreiungskampfes stellen will, und der Sozialist läßt die Gesetze kindlicher Entwicklung und die Gebote pädagogischen Taktes nicht aus dem Auge. Dabei verletzt weder nach der einen noch der anderen Seite hin ein Prunken mit tönenden Worten, mit Formeln, mit wissenschaftlichem Handwerkzeug. Die Beiträge sind gleichsam ein Stück pädagogischen Anschauungsunterrichts in anspruchsloser, schlichter Darstellung, dem Leserkreis angemessen, an den sie sich vor allem wenden. Die modernisierte Varietät höherer Töchter, die dank des neuesten Vortragskursus oder Revueartikels mit Überlegenheit über pädagogische Theorien und Probleme schwätzt, mag ob dieser Einfachheit die Nase rümpfen: die Proletarierinnen werden sie wohltuend empfinden. Hoffentlich findet das Schriftchen eine Verbreitung, welche recht bald zu einer vervollständigten Neuauflage ermuntert.

73.   A. Holitscher: Alkohol und Kind[723] (Rezension von Emanuel Wurm)

NZ 1907/08, Nr. 16, S. 569-570

Die Schrift zeigt die Vorzüge und Schwächen der gesamten Abstinentenliteratur; von warmherziger Menschenliebe diktiert, hebt sie die Schäden des Alkoholgenus-

---

[723] Hrsg. vom Deutschen Abstinentenbund. Michaelis, Berlin 1908. – Emanuel Wurm (1857-1920), Gymnasium und Studium (Naturwissenschaften, Chemie) in Breslau, leitete zunächst Essig- und Hefefabriken in Deutschland und Russland, seit 1884 schriftstellerisch tätig, 1887/88 Herausgeber der Wochenschrift *Der Volksfreund* in Dresden, 1894-1898 eines fünfbändigen Volkslexikons, 1902-1917 Redakteur der *NZ*, 1907-1920 Lehrer an der Zentralen Parteischule Berlin, Vorsitzender des Vereins Arbeiterpresse, 1917 USPD, 1890-1920 mit Unterbrechungen Mitglied des Reichstages, verheiratet mit Mathilde Wurm (1874-1935), Mitglied des Reichstages (1920-1933), Sozialarbeiterin in Berlin (erste Lehrstellenvermittlungsstelle und Beratung schulentlassener Mädchen), 1933 Emigration nach England.

ses besonders für die arbeitende Bevölkerung so sehr hervor, daß die übrigen Mißstände, unter denen das Proletariat leidet, als unwesentlich gegenüber diesem einen Hauptübel erscheinen, das, nach Ansicht der Abstinenten, schon allein durch den guten Willen der Arbeiter beseitigt werden könne. In bezug auf das Alkoholverbot für Kinder gehen aber Temperenzler und Abstinenten vollständig zusammen. Und wenn auch die angeführten Statistiken über Lebensschwäche und Krankheit der Kinder von Trinkern uns nicht beweisen, daß jeder Alkoholgenuß der Eltern sich rächt bis ins dritte und vierte Glied, so ist doch dem erfahrenen Arzte vollkommen darin beizustimmen, daß der während der Schwangerschaft und des Stillens von der Mutter getrunkene Alkohol auf das Kind verderbenbringend wirken kann. Daß das Biertrinken stillender Frauen mit Unrecht als ein gutes Mittel für reichliche Milchabsonderung angesehen wird und durchaus zu vermeiden ist, wird jetzt allseitig anerkannt. Ebenso besteht Einigkeit darüber, wie auch Holitscher konstatiert, daß der Satz: „Für Kinder ist jeder Tropfen Alkohol ein Gift" ohne Einschränkung wahr ist, und daß ferner mindestens die Jugend bis ins mannbare Alter hinein sich jedes Genusses alkoholischer Getränke enthalten muß, auch damit ein geistig starkes Geschlecht heranwachse, das fähig ist, den schweren Kampf zur Befreiung des Proletariats zu führen. Die empfehlenswerte Schrift unseres Genossen Holitscher ist eine ernste, beherzigenswerte Mahnung.

74. Otto Ernst: Des Kindes Freiheit und Freude[724] (Rezension von Heinrich Schulz)

NZ 1907/08, Nr. 18, S. 634

Otto Ernst war als streitbarer und witziger Kämpe auf dem Gebiet der pädagogischen Reform eher bekannt denn als tantiemenfroher Lustspieldichter. Zwar war damals der Kreis seiner Bekannten kleiner, doch er war auch einheitlicher und geschlossener. Seitdem Otto Ernst aber so ungeahnte Ehren und Erfolge als Dramatiker erntet, scheint er nicht mehr hinlänglich Zeit zu haben, sich um das pädagogische Leben der neuen Zeit zu bekümmern. Er, der früher mit an der vordersten Spitze stand, sieht jetzt zu seinem unangenehmen Erstaunen, daß ihn eine ganze Menge jüngerer Reformer und Stürmer und Dränger überholt haben. Etwas mißvergnügt ruft Otto Ernst ihnen deshalb zu: „Habt euch nur nicht so! Es ist viel Übertreibung und künstliche Mache in dem, was ihr wollt." Das stimmt nun zwar. Mir liegt nichts ferner, als etwa die geschäftigen Wichtigtuer auf dem Gebiet der Schulreform, das von jeher von Dilettanten aller Art mit besonderem Eifer unsicher gemacht worden ist, in Schutz zu nehmen. Aber Otto Ernst schimpft nur im allgemeinen einiges über Erziehungs„anarchisten", wie er sie tauft, ohne näher anzugeben, wen und was er damit meint. Und da er im weiteren Verlauf seiner harmlosen kleinen Kapuzinerpredigt einesteils verrät, daß ihm viele ernste Reform- und „Umsturz"arbeit in der zeitgenössischen Pädagogik gar nicht oder nur sehr ober-

---

[724] Erschienen im Verlag H. Haessel, Leipzig 1907.

flächlich bekannt ist, und da er andernteils schließlich selbst möglichst große Freiheit für das Kind verlangt, so weiß man am Ende nicht recht, für welchen Zweck er das kleine Büchlein eigentlich geschrieben hat. Und diese Unklarheit wird auch nicht beseitigt, wenn Otto Ernst am Schlusse seine Kardinalforderung in die nichtssagende Allgemeinheit zusammengefaßt: „Hinaus ins Freie! – das ist das ganze Geheimnis der pädagogischen Erneuerung." Das ganze Geheimnis ist das keineswegs. Vielleicht enthüllt sich das Geheimnis Otto Ernst etwas besser, wenn er nicht bloß bei Kropotkin, sondern auch bei Pestalozzi, Fichte, Fröbel, Goethe, Owen, Marx und Seidel etwas nachliest. Daß sich bei alledem auch manch treffliches Wörtlein in der kleinen Schrift findet, ist bei einem geistreichen Manne wie Otto Ernst selbstverständlich.

75. Das Schulzimmer. Hrsg. von H. Th. Math. Meyer[725] (Rezension von Heinrich Schulz)

NZ 1907/08, Nr. 23, S. 815-816

Die neueren Bestrebungen auf Reform der Architektur und der Innenkunst, die Schönheit mit Einfachheit und Brauchbarkeit verbinden wollen, sind auch an dem Schulhaus nicht vorbeigegangen. Hier und da ist man bemüht, den großen Schulkasernen ein freundliches Aussehen zu geben, um ihre fatale Ähnlichkeit mit wirklichen Kasernen zu beseitigen, an anderen Orten macht man Versuche, das große mehrstöckige Schulgebäude durch Schulpavillons zu ersetzen. Der Schulpavillon hat vorläufig noch stark mit dem Vorurteil zu kämpfen, daß er nur aus Gründen der Sparsamkeit als Nothelfer in Betracht kommt. Doch in den Waldschulen zeigt er sich schon von einer anderen Seite. Zweifellos wird er in Zukunft noch viel mehr zu Ehren kommen. Auch für die freundliche Innenausstattung der Schulräume sind Künstler im Bunde mit Schulmännern und Ärzten tätig. Die Verallgemeinerung solcher nützlicher Anfänge ist in der heutigen kapitalistischen Gesellschaft natürlich nicht zu erwarten, sie sorgt nicht einmal für das Nötigste, geschweige für das Wünschenswerte oder Angenehme. In der Müllerschen Vierteljahresschrift haben diese Art Bestrebungen ein fachkundiges Organ gefunden.

76. Achim von Winterfeld: Was will die Schulreform? Mit einem Geleitwort von Professor Ludwig Gurlitt[726] (Rezension von Heinrich Schulz)

NZ 1907/08, Nr. 27, S. 28 (Auszüge)

Der Verfasser ist ein ehemaliger Schüler des gemaßregelten Schulreformers Gurlitt und erfreut sich dessen besonderer Protektion. Obwohl Gurlitt in seinem Vorwort

---

[725] Vierteljahresschau über die Fortschritte auf dem Gebiet der Ausstattung und Einrichtung der Schulräume sowie des Lehrmittelwesens mit besonderer Berücksichtigung der Forderungen der Hygiene. Verlag P. Johannes Müller, Charlottenburg 1903-1910.
[726] Erschienen bei Felix Dietrich, Leipzig 1907. Vgl. auch Dok. 162.

es vorsichtigerweise ablehnt, die Verantwortung für alle Punkte des Schriftchens zu übernehmen, so ist es seiner ganzen Haltung und Tendenz nach doch Geist von seinem Geiste. Gurlitt kann darauf aber nicht sonderlich stolz sein. Denn Winterfeld faßt das Problem der Schulreform so einseitig und eng auf, daß das Aufgebot an großen und übertreibenden Worten dazu in einem spaßig anmutenden Verhältnis steht. So ist ihm die Schulreform in der Hauptsache eine Bewegung auf dem Gebiet des höheren Schulwesens, und bei genauer Betrachtung schrumpft die ganze mit Posaunenstößen eingeleitete Reform schließlich ein auf die – Abschaffung des Abituriums. Nun ist das Abiturium gewiß keine schöne Sache, aber es ist doch nur ein beiläufiges Bälkchen, das ganz von selbst mitpurzelt, sobald nur erst einmal die Aufräumungsarbeiten für die Reform des Schulwesens an Haupt und Gliedern beginnen, wie sie durch die moderne Arbeiterbewegung in aller Stille, aber um so gründlicher vorbereitet wird. Von der großen Revolution in der Erziehung, die der Sozialismus ohne weiteres im Gefolge hat, scheint Gurlitt nichts zu wissen und Winterfeld nicht einmal etwas zu ahnen. Von den krausen Vorstellungen, die der im übrigen recht temperamentvolle junge Mann über die „Schulreform" besitzt, zeugt folgende köstliche Bemerkung: „Der Anfang des Kampfes um eine naturgemäße Erziehung liegt weit zurück. Das Ausland hat den Boden bereitet durch Rousseau und Montaigne vor allen Dingen; Herder, Fichte, Pestalozzi, um nur wenige herauszugreifen, haben die Bewegung in Deutschland in Fluß gebracht, die heutzutage in dem Wirken Ludwig Gurlitts sich konzentriert hat." Also der etwas ungebärdige, trotz alledem aber konventionell-staatstreue und sozialistenfürchtige preußische Professor mit seinen engbegrenzten Schulreformplänen als Testamentsvollstrecker so kraftstrotzender Revolutionäre und Sozialisten wie Fichte und Pestalozzi! „Höher geht's nimmer!" Die Beweihräucherung nämlich! Aber Winterfeld ist noch jung. Vielleicht lernt er außer den 5 Prozent der Schulrevolution, die ihm bis jetzt bekannt zu sein scheinen, im Laufe der Zeit auch die übrigen 95 Prozent kennen, die bisher seinem Blicke noch verschlossen geblieben sind.

77. Otto Ernst: Semper, der Jüngling. Ein Bildungsroman[727] **(Rezension ohne Autorenangabe)**

NZ 1907/08, Nr. 52, S. 972-973

Dieser Roman, der einen großen Erfolg gehabt hat und schon in mehreren zehntausend Exemplaren abgesetzt worden ist, wurde kürzlich in einem reaktionären Blatte arg heruntergerissen, und wir nahmen ihn zur Hand in der Absicht, ihn gegen eine, wie uns scheinen wollte, tendenziöse Kritik zu verteidigen. Nun war die Kritik, wie uns die eingehende Prüfung des Buches zeigte, freilich tendenziös genug, aber immerhin nicht ganz unerklärlich gegenüber den unmäßigen Lobeserhebungen, die dieser „Bildungsroman" in anderen bürgerlichen Blättern gefunden hat. Was der Verfasser uns gibt, verrät im Grunde so wenig von „Bildung" wie von

---

[727] Erschienen im Verlag von L. Staackmann. Leipzig 1908.

einem „Roman"; es ist die in etwa gleiche Maße flach und flott geschriebene Biographie eines Hamburger Volksschullehrers, der es an der Stirn geschrieben steht, daß sie die Autobiographie des Verfassers sein soll.

Nun muß der Dichter gewiß aus dem eigenen Busen schöpfen, jedoch Otto Ernst hat sich die Sache allzu bequem gemacht. Alle diese zufälligen Begegnungen und Erlebnisse, die er uns mehr oder weniger weitläufig schildert, würden den Leser erst interessieren, wenn sie in inneren kausalen Zusammenhang mit der „Bildung", das heißt mit der inneren Entwicklung des Helden gesetzt würden, aber daran fehlt es wenn nicht ganz und gar, so doch in hohem Maße, und auch die unzähligen Zitate aus allen möglichen Dichtern, von Goethe bis auf Storm und Fontane, tun nichts zur Sache. Hat man die 452 Seiten hinter sich, so legt man das Buch froh aus der Hand, aber befriedigt freilich in keiner Weise.

Dennoch begreifen wir vollkommen den buchhändlerischen Erfolg des Romans. Für ein künstlerisch anspruchsloses Publikum liest er sich ganz munter fort, und über Schulfragen, von denen der Verfasser etwas versteht, findet sich manches gescheite Wort. Schade bei alledem, daß Otto Ernst sein Talent, das nicht groß, aber echt war, in massenhafter Scheidemünze, die nicht einmal immer echt ist, zu verzetteln begonnen hat.

78. Ludwig Gurlitt: Die Schule[728] (Rezension von Akademikus)

NZ 1908/09, Nr. 3, S. 108-109

Ludwig Gurlitt hat sich durch sein lebhaftes Eintreten für Modernisierung des höheren, insbesondere des Gymnasialunterrichtes (in „Der Deutsche und seine Schule" und einer Anzahl kleinerer Broschüren und Artikel) in weiteren Kreisen bekannt gemacht. Und so tritt er denn auch in vorliegender Monographie für eine Reihe von Forderungen ein, in denen alle fortschrittlich Gesinnten mehr oder weniger einig sein: Bekämpfung der Schultyrannei und -pedanterie, des Gelehrtenzopfes, des Konfessionsunterrichtes, des grammatikalischen Betriebs; anstatt dessen möglichst freies Gewährenlassen des jugendlichen Geistes, mehr Körperpflege, mehr allgemeine Menschenbildung! Hier und da schießt er freilich über das Ziel hinaus. Es heißt doch zum Beispiel den Wert der Geschichte völlig verkennen, wenn er davor warnen zu müssen glaubt, „das Leben im Toten und in der Vergangenheit zu suchen" (S. 24). Und mit seiner Abneigung gegen den humanistischen Unterricht hängt ein deutlicher Zug zum Alldeutschtum hin zusammen, der sich in Forderungen kundgibt wie: „die Anlehnung an ausländische Vorbilder aufgeben", „das Nationale pflegen" (ebd.), und in Sätzen wie dem: „Das deutsche Volk will fremde Geistesfesseln nicht länger tragen, will im eigenen Hause nach eigenen Bedürfnissen und Gesetzen leben, will sich eine bodenständige Kultur schaffen und in Glaubens-, in Rechtssachen, in den Künsten und der gesamten inneren wie

---

Band 16 der Sammlung sozialpsychologischer Monographien *Die Gesellschaft*. Hrsg. von Martin Buber. Rütten & Loening. Frankfurt a.M 1907. Vgl. auch Dok. 162.

äußeren Lebensgestaltung zu nationaler Selbständigkeit gelangen" (S. 48). Ja, auch der Schlachtruf: „Los von Rom!" mischt sich hinein: „Das Mittelalter wird erst dann beendigt, Deutschland wird erst dann ein rein germanischer Staat, unsere Kultur erst dann national gesund, einheitlich und stark sein, wenn die Einflüsse Roms abgeschüttelt und überwunden sind." „Deshalb ist ... der Kampf gegen das Lateinische unerläßlich für jeden Patrioten, der deutsches Wesen aus dem alten Banne befreien will" (S. 47). Mit solchen alldeutschen Purzelbäumen hat das Erziehungsideal der deutschen Sozialdemokratie nichts zu tun. Aber abgesehen davon, enthält Gurlitts Schrift vieles, was auch uns sympathisch ist. Außer dem oben schon Genannten die Koedukation (die gemeinsame Erziehung von Knaben und Mädchen), die Förderung des Handfertigkeits- und technisch-praktischen wie des Anschauungsunterrichtes überhaupt, die Loslösung der Schule von der Kirche und anderes mehr.

Was wir dagegen fast ganz vermissen, das ist die Darlegung des sozialen Untergrundes, des Zusammenhanges der Schule mit den wirtschaftlichen Verhältnissen und der Klassenschichtung der Gesellschaft. Wohl wird gelegentlich die Klassenscheidung unseres heutigen Schulwesens beklagt und im Schlußabschnitt, in Anlehnung an amerikanische Vorbilder, die Einheitsschule gefordert. Aber das ist nicht der beherrschende Grundgedanke der Schrift. Bezeichnend für deren Gesamtcharakter ist schon die Tatsache, daß sie sich fast ausschließlich mit den Fragen der höheren Schule beschäftigt, während die Volksschule, die doch, wie der Verfasser selbst S. 98 sagt, 90 Prozent der deutschen Kinder heranbildet, sich mit wenigen Seiten zufrieden geben muß. Daher findet man denn auch manche Inkonsequenzen, die jenem Prinzip der Einheitsschule schnurstracks widersprechen: so, daß die Vorbildung der Offiziere in Kadettenhäusern gefordert wird (S. 5), daß den Unterbau auch der Einheitsmittelschule in allen Klassen doch „das obligate Latein" bilden soll (S. 41),[*] daß die Privaterziehung durch Hauslehrer bei kinderreichen Familien dem öffentlichen Schulunterricht vorgezogen (S. 90), daß dem (an sich gewiß sehr erwägenswerten) „Landerziehungsheim mit Familiencharakter" die beste Entwicklung prophezeit wird, obwohl Gurlitt doch selbst gleich nachher ausführt, daß es nur „für die reichen Söhne des Landes" in Betracht kommt (S. 97). Überhaupt sieht er nur die schönen Seiten des Familienlebens. Wenn er uns da S. 79 das schöne Bild des „Bürschchens" vorführt, „das seinem Vater den Pinsel und die Farben reicht", und im Zusammenhang damit die gute alte Zeit preist, wo „der Knabe in die Werkstatt des Vaters, das Mädchen an die Seite der Mutter in Küche und Keller, im Garten und auf der Bleiche gehörte", so brauchen wir nur an das Elend der Kinder- und Heimarbeit etwa im Thüringer Wald oder im Erzgebirge zu denken, um die Romantik und die (objektive) Unwahrheit jenes „anmutigen" Bildes zu erkennen. Hier hat sein bodenständiger deutscher Familiensinn den sonst so modern sein wollenden Pädagogen in der Tat ins tiefste Mittelalter hineingeführt,

---

[*] Vergl. dagegen unsere Vorschläge in dem Artikel „Unsere höheren Schulen" in der „Neuen Zeit", XX, 1, S. 805 ff.

für dessen Kunst nicht bloß, sondern auch für dessen „beneidenswerte" Zunfterziehung er sich denn auch begeistert (S. 32, 78). Übrigens will er auch den Religionsunterricht nicht aus der Schule verbannen, wenn er auch weniger auf fromme Worte und das Seelenheil als auf christliche Nächstenliebe und opferwilligen Gemeinsinn gehalten wissen will (S. 50).

So verbindet sich in Gurlitts Monographie mit Gutem und Modernem doch auch Bedenkliches und Reaktionäres. Sie leidet auch darunter, daß sie zu viel in den ihr vorgeschriebenen engen Rahmen spannen will. Aber sie ist allgemeinverständlich und flott, wenn auch ein wenig nervös geschrieben und beweist, daß sie von einem Kenner der Verhältnisse herrührt. Wir können sie daher trotz der gemachten Ausstellungen allen denen empfehlen, die sich für die heute zur Diskussion stehenden Probleme des höheren Schulwesens interessieren und nach einer raschen, durch eine anregende Lektüre vermittelten Orientierung auf diesem Gebiet verlangen.

79. **Briefe Adolf Diesterwegs. Im Auftrag des Vorstandes des Deutschen Schulmuseums mit Anmerkungen herausgegeben von Adolf Rebhuhn**[729] **(Rezension von Heinrich Schulz)**

NZ 1908/09, Nr. 5, S. 169-170

Eine Gemeindeschule, die im Hofe eines Grundstücks in Berlin O versteckt liegt, birgt einen wertvollen Schatz. In ihrer sogenannten Aula und auf mehreren Korridoren verstreut befinden sich hohe Bücherschränke, die das „Deutsche Schulmuseum" beherbergen. Der Name kann irreführen; man sucht dahinter zunächst eine Ausstellung von allen möglichen Schulutensilien. In Wirklichkeit aber handelt es sich lediglich um eine pädagogische Bibliothek. Deshalb hat denn auch vor einigen Wochen der Besitzer der Bibliothek, der Berliner Lehrerverein, den Namen des Instituts umgeändert in „Deutsche Lehrer-Bücherei". Zu gleicher Zeit ist auch beschlossen worden, ständige Arbeitskräfte anzustellen, sobald die Bibliothek aus ihren jetzigen unzulänglichen Räumen in das im Bau befindliche Lehrervereinshaus überführt worden ist. Bisher ist diese große und wertvolle Bibliothek, die an 30000 Bände umfaßt, mit ihrem regen Ausleihverkehr nach Berlin und nach außerhalb ehrenamtlich verwaltet worden. Die Hauptlast ruhte auf den Schultern A. Rebhuhns, eines schlichten Berliner Gemeindeschullehrers, der die Bibliothek mit hohem wissenschaftlichen Verständnis und mit rührender Treue unter Aufopferung fast seiner ganzen freien Zeit jahrzehntelang geleitet hat. Rebhuhn hat sich trotz seiner Arbeitslast noch die Kraft und Frische bewahrt, um von Zeit zu Zeit die pädagogische Literatur um ein wertvolles Buch zu bereichern, zu dem ihm seine bibliothekarischen Arbeiten die Anregung gegeben hatten. Sein jüngstes Verdienst besteht in der Herausgabe von Briefen Diesterwegs, des hervorragendsten Pädagogen und Schulpolitikers des vorigen Jahrhunderts.

---

[729] Erschienen im Verlag von Quelle &Mayer, Leipzig 1907.

Man darf froh darüber sein, daß diese wertvolle und wichtige Arbeit den ehrlichen Händen Rebhuhns anvertraut war. Denn Diesterweg spricht in den Briefen so frei von der Leber weg – noch mehr, als man es sonst an ihm gewöhnt ist –, daß irgend ein literarischer Sudelfink sich leicht zu Streichungen oder doch zu unangebrachten Kommentaren und Einschränkungen hätte veranlaßt fühlen können. Allerdings hat auch Rebhuhn nicht alle ihm erreichbaren Briefe veröffentlicht, ungefähr ein Viertel der im Schulmuseum aufbewahrten Briefe hat er unberücksichtigt gelassen. Es handelt sich dabei nach der Angabe des Herausgebers ausschließlich um solche Briefe, die Wiederholungen bringen, oder die eines allgemeinen Interesses entbehren. Aus denselben Gründen sind auch einige der veröffentlichten Briefe gekürzt worden. Aber Rebhuhn betont ausdrücklich, daß er sogenannte Kraftstellen nicht unterdrückt habe, um das Gesamtbild nicht zu fälschen.

An Kraftstellen fehlt es nun in den Briefen Diesterwegs nicht. Er war stets eine impulsive Natur, als Lehrer, als Schriftsteller, als Redner, von der frühen Jugend an bis an seinen Tod. Wenn dem Sechsundsiebzigjährigen auch die altersschwache und durch einen Unfall verwundete Hand vor körperlicher Schwäche zittert, so schreibt er doch einem Gesinnungsgenossen in unverminderter Kampfesfrische: „Die Lust zum Streit hat aber noch nicht aufgehört. In dieser Beziehung bin ich noch der alte." Und wahrlich, Diesterweg hat gestritten mit der tapferen Entschlossenheit und der anfeuernden Unerschrockenheit eines echten Kämpfers. In seinen jungen Mannesjahren war es besonders die freiheitliche Pädagogik und die kraftbildende Methode Pestalozzis, der er durch Wort und Schrift und Beispiel ein beredter Anwalt war. Als ihn später die zunehmende Reaktion der vormärzlichen Zeit immer mehr auf die schulpolitische Arena drängte, und als gar der plumpe Unverstand der Eichhornschen Reaktion ihn ganz aus seiner Stellung als Seminardirektor in Berlin verjagt hatte, schwang er jahrzehntelang kampffreudig sein blankes und scharfes Schwert gegen die politische und pädagogische Reaktion. In den fünfziger und sechziger Jahren hat sich mancher Dunkelmann, allen voran der jeweilige preußische Kultusminister, unter den sausenden Hieben Diesterwegs gewunden.

Gerade diese Tatsache macht auch die Herausgabe der Diesterwegschen Briefe zu einer Tat von wertvoller aktueller Bedeutung. Die permanente Schulreaktion in Preußen ist gerade gegenwärtig von einer besonders tiefschwarzen Färbung, so ähnlich, wie sie nach 1848, in den Zeiten der Schulregulative, war. Da zeigt das Beispiel Diesterwegs den Lehrern von heute, wie man gegen die grundsätzliche Schulreaktion von oben kämpfen muß: ohne die geringste Nachgiebigkeit und Lauheit, stets das Auge auf den Feind und die Waffe zum Dreinschlagen bereit. Allerdings hat schon Diesterweg damals das historische Erbübel der deutschen und besonders der preußischen Volksschullehrer erkannt, ihre Knechtseligkeit und Feigheit, überkommen aus den Zeiten, in denen der Lehrer aus den Reihen der Gevatter Schneider und Handschuhmacher, der Hirten auf dem Felde und der abgelegten Bedienten der gnädigen Herrn genommen wurde, und in denen untertänigste Demut gegen den gnädigen Herrn und den Pfarrer die oberste Tugend des Lehrers war. 1852 schreibt Diesterweg in einem Briefe an seinen Herzensfreund Heuser in

Elberfeld: „In Schulsachen krebsen wir zurück. Die Mehrzahl der Lehrer ist es nicht besser wert. Sieh nur, wie die Kerle, die bessere Zeiten und Gedanken erlebt haben, überall verstummen und unterkriechen."[730] [...]

Auch heute steht es mit den Schulsachen im preußischen Abgeordnetenhaus kläglich, mehr als kläglich, unter dem Hund. Aber es fehlt den Lehrern ein Feuerkopf und Dreinschlager wie Diesterweg, statt dessen führt eunuchenhaftes Strebertum in der liberalen Schulpolitik das große Wort, und mit possierlicher staatsmännischer Wichtigtuerei wird der glorreiche Gedanke eines Kulturblocks zugunsten der Schule, der von den Freikonservativen bis zu den Freisinnigen reichen soll, erörtert. Schade, daß Diesterweg seine Meinung darüber nicht mehr in einem Briefe an Wander oder Heuser niederlegen kann. Ob ihm die deutsche Sprache wohl Worte von hinreichender Grobheit für diesen Zweck geliefert hätte? Dabei war er um einen deutlichen Ausdruck nie verlegen. Es gilt in dieser Beziehung von ihm, was er selbst über Mayer schrieb: „...er war in seiner Art ein Prachtkerl. Keiner ist da, der ihn ersetzen könnte. Er war auch in gehöriger Weise grob. Diese Tugend ist jetzt jedem Schriftsteller zu empfehlen. Die Schamlosen rühren sich nicht, wenn man sie mit einer Stecknadel kitzelt. Die Mistgabel tut bessere Dienste."

80. Robert Seidel: Der unbekannte Pestalozzi, der Sozialpädagoge und Sozialpolitiker[731]

NZ 1908/09, Nr. 31, S. 136-151 (Auszüge)

[...] Heinrich Pestalozzi von Zürich genießt als Pädagoge mit gutem Rechte Weltruhm; er steht als Schutzheiliger an der Eingangspforte der modernen Volksschule, und sein Name ist zum Feldgeschrei der humanen entwickelnden Pädagogik und der befreienden Volksbildung geworden.

Aber trotz seines Weltruhms ist Pestalozzi seinem innersten Wesen nach der Welt ziemlich unbekannt.

Was weiß die große Masse des Volkes von Pestalozzi? Nichts weiter, als daß er ein großer Mann war.

Was weiß die Mehrzahl der Gebildeten von diesem großen Manne? Wenig mehr, als daß er einen Erziehungsroman „Lienhard und Gertrud" geschrieben hat. Aber von „Lienhard und Gertrud" haben die Gebildeten höchsten die pädagogisch recht mageren ersten zwei Bände mit der unterhaltenden Dorfgeschichte gelesen, während sie von den beiden letzten Bänden mit ihren großen und tiefen sozialen und pädagogischen Lehren und Wahrheiten keine Ahnung haben.

Und wie wird einem großen Teile der Lehrerschaft in monarchischen Ländern Pestalozzi dargestellt? Er wird dieser Lehrerschaft dargestellt als der Apostel der mütterlichen und häuslichen Erziehung, und er wird ihr entweder als ein verirrter,

---

[730] Es folgen weitere Briefzitate.

[731] Antrittsvorlesung an der Universität Zürich am 6. Februar 1909 (stark gekürzt, vor allem um Zitate und Paraphrasierung der Schriften Pestalozzis).

religionsloser Mensch oder als frommer, gläubiger Christ nach dem Herzen der Kirche vorgeführt.

Dieses Bild Pestalozzis nach theologisch-monarchischer Lehrerseminar-Zeichenkunst ist falsch. Aber auch jenes Bild Pestalozzis ist falsch, das ihn nur als Reformator der Volksschule und nur als großen Schulmeister darstellt.

Bei diesem Bilde kommt das innerste Wesen und die wahre Größe Pestalozzis gar nicht zum Ausdruck, denn Pestalozzi war mehr als bloßer Schullehrer, und Pestalozzi war mehr als ein bloßer Reformator der Schule.

Was war denn Pestalozzi und worin bestand seine Größe?

Pestalozzis Größe bestand darin, daß er Sozialpolitiker und Sozialpädagoge des achtzehnten Jahrhunderts und der bürgerlichen Gesellschaft war. Er ahnte mehr, als er erkannte, daß die sozialen und politischen Zustände das Schulwesen bestimmen, und trat deshalb für soziale und politische Reformen ein, und er wirkte mit der ganzen Glut seiner liebenden Seele für eine bessere Volkserziehung, weil er in ihr ein Mittel zur sozialen Hebung des Volkes erblickte.

Die ganze Pädagogik Pestalozzis in Theorie und Praxis keimt aus seinen sozial-politischen Grundanschauungen hervor, und ihr Ziel ist die soziale und sittliche Hebung des Volkes.

Das achtzehnte Jahrhundert ist die Zeit der Aufklärung, die alles Gewordene und Bestehende über den Haufen wirft; das achtzehnte Jahrhundert ist die Zeit des Menschentums und des Weltbürgertums, das Freiheit, Gleichheit und Brüderlich-keit predigt; und das achtzehnte Jahrhundert ist die Zeit der großen bürgerlichen Gesellschafts- und Staatsumwälzung, durch welche die ständische Gesellschaft beseitigt und die bürgerliche Gesellschaft mit dem modernen Staate an ihrer Stelle gesetzt wird.

Es war eine mächtige Kulturbewegung, es war eine große, gewaltige Zeit!

Pestalozzi ist ein Kind dieser großen Zeit, Pestalozzi ist ein Streiter für diese Gesellschafts- und Staatsumwälzung; Pestalozzi wird von den Vertretern dieser Gesellschafts- und Staatsumwälzung als Erzieher angestellt; Pestalozzi wird in seinen pädagogischen Versuchen und in seiner pädagogischen Schriftstellerei von diesen Männern der neuen Ordnung materiell und moralisch unterstützt, und Pesta-lozzi wird der pädagogische Pfadfinder und Bahnbrecher der neuen Gesellschaft und des neuen Staates.

Ohne diese bürgerliche Gesellschafts- und Staatsumwälzung gäbe es keinen Pestalozzi, ohne sie gäbe es keinen Pestalozzianismus, und ohne sie gäbe es auch keine Volksschule. [...]

Pestalozzi ist nicht nur Sozialpolitiker, sondern auch Sozialpädagoge. Er hat er-kannt, daß Bildung und Erziehung von den wirtschaftlichen, sozialen und politi-schen Zuständen und Einrichtungen abhängig sind. In der Denkschrift über seine Methode, die er 1802 in Paris seinen Freunden vorlegte, geißelte er die „Verstan-desesel, Verstandesnarren und Verstandesbestien" und bezeichnet sie als Folgen der fehlerhaften Staats- und Gesellschaftseinrichtungen. „Ja, der Staat ist schuld!" ... so ruft er wiederholt aus.

Diese große und wichtige Erkenntnis der Bedingtheit und Abhängigkeit der Volksbildung und Volkserziehung von der Gesellschaft und vom Staate zieht sich in verschiedenen Formen, mehr oder weniger klar durch die meisten Schriften Pestalozzis.

Wie Pestalozzi in den sozialen und politischen Zuständen die wesentlichen Ursachen des Kindermordes, der Unsittlichkeit und des Verbrechens überhaupt erblickt, so erblickt er in ihnen auch die wesentlichen Ursachen der Unwissenheit und Unbildung des Volkes.

Weil die Menschen von Natur wesensgleich sind und hauptsächlich von den Umständen gemacht und verändert werden, so müssen bessere Zustände und es müssen die sozialpolitischen Vorbedingungen zur Volkserziehung geschaffen werden. Pestalozzi sagt:

„Im Sumpfe des Elends wird der Mensch kein Mensch. ... Die erste Pflicht des Menschen ist, der Armut seiner Mitmenschen, wo er kann, aufzuhelfen, damit ein jeder ohne Drang und Kummer des Lebens Notdurft erstreiten möge, und diese *erste Pflicht* des Menschen ist besonders die *erste Pflicht* derjenigen, die Gott zu Vätern über andere gesetzt hat.... Ewig wird es ... eine unwidersprechliche Wahrheit bleiben, daß die Emporhebung der niedersten Stände aus ihren Tiefen ein unumgängliches Bedürfnis der Nationalsittlichkeit ist."

Aus diesen sozialethischen Grundanschauungen heraus ist Pestalozzi Sozialpolitiker und Sozialpädagoge.

Aber Pestalozzi ist nicht bloß ein erkennender und betrachtender Sozialpädagoge, sondern er ist auch ein wollender und handelnder Sozialpädagoge. Er will auch, daß der Mensch durch die Gemeinschaft und für die Gemeinschaft erzogen werde; und er will, daß durch Bildung und Erziehung ein höheres Gesellschafts- und Staatswesen auferbaut werde. Freilich muß gesagt werden, daß diese programmatische Seite der Sozialpädagogik bei Pestalozzi noch dunkler zum Ausdruck kommt als die erkennende. Pestalozzi war eben einer jener wunderbaren genialen Menschen, die im Schlafwandel die großen Wahrheiten finden. „Er fühlte Ideen", sagt ein Zeitgenosse von ihm; wir würden heute sagen, er arbeitete mit dem Unterbewußtsein. Daher oft seine Dunkelheit des Gedankenausdrucks. In der Zeit vor der Revolution betont er mitunter bis zur Übertreibung die Wohnstubenerziehung; nach der Revolution mehr die Staatserziehung. [...]

Die wahre Volksbildung ist nach Pestalozzi allseitig, harmonisch; sie ist physische, geistige und sittliche Bildung. Mit großer Kraft tritt Pestalozzi auch für die berufliche Bildung des Volkes, für die Bildung zur Arbeit, zur Kunst und Haus- und Volkswirtschaft ein. Der Arme hat ein gesellschaftliches Recht darauf, daß ihm der Staat die Mittel zur Arbeitsbildung und Kunstbildung verschaffe. Das Privateigentum ist eine gesellschaftliche Kunstschöpfung und hat gar keine Daseinsberechtigung, sofern Staat und Gesellschaft dem Armen keine Möglichkeit geben, seine Arbeits- und Kunstkräfte auszubilden. Der Mensch ist nicht um des Eigentums, sondern das Eigentum ist um des Menschen willen da. [...]

81. Robert Seidel: Soziale Frage, Schule und Lehrerschaft. Ihr Zusammenhang und ihr Verhältnis[732] (Rezension von Heinrich Schulz)

NZ 1908/09, Nr. 41, S. 525-526

Das Schriftchen enthält im ersten Teile die Wiedergabe eines Vortrags über die Lehrerschaft und die soziale Frage, den Seidel im Schulkapitel von Zürich, der gesetzlichen Organisation der Lehrer und Lehrerinnen Zürichs, gehalten hat. In den beiden weiteren Teilen behandelt Seidel zwei wichtige Einzelgebiete der sozialen Frage, das Wohnungselend und die Kinderausbeutung, in ihrer Bedeutung für die Schule und die Lehrerschaft. Ich gebe den beiden letzteren Kapiteln den Vorzug. Sie stellen in gedrängter und doch lebendiger Weise bekannte und weniger bekannte Tatsachen zusammen und ziehen daraus die wichtigen Folgerungen, ohne daß der Verfasser unnötigerweise abschweift. Dem ersten Abschnitt dagegen, obwohl er den eigentlichen Hauptteil darstellt, kann ich trotz mancher vortrefflichen Einzelheiten keinen Geschmack abgewinnen. Der Mangel an Präzision und schlüssiger Beweisführung mag daher rühren, daß Seidel, der ehemalige sächsische Webergeselle, der es in der Schweiz bis zum Hochschullehrer bringen konnte, vor einem offiziellen Konsortium schweizerischer Lehrer gesprochen hat. Aber alles kann man damit doch nicht erklären. So nennt es Seidel ungerecht, wenn man der Lehrerschaft einen Vorwurf aus ihrer Unkenntnis und Unerfahrenheit in sozialen Dingen machen wollte, denn – die Lehrer hätten darin keinen Unterricht gehabt. Das ist natürlich kein stichhaltiger Grund. Wer erteilt denn den Arbeitern Unterricht in der sozialen Erkenntnis? Und hat Seidel selbst seine frühzeitige soziale Einsicht durch den Unterricht auf einem Lehrerseminar gewonnen? Auch Seidels Darstellung der sozialen Frage sagt mir weder in ihrem ganzen Aufbau noch in den Einzelheiten zu. Wie er die Arbeiterfrage als Teil der sozialen Frage behandelt; wie er die Frauenfrage, Lehrlingsfrage, Mittelstandsfrage, Arbeitslosenfrage, Wohnungsfrage und andere „Fragen" erklärt und fast als gleichbedeutend neben die Arbeiterfrage stellt; wie er die Kolonialfrage „aus der ungeheuren Ergiebigkeit der Arbeit eines Volkes mittels Maschinen und aus der Beschränktheit des eigenen nationalen Absatzgebietes" erklärt; wie er die Lehrerschaft, die Arbeiterschaft und die soziale Frage als Drillingsgeschwister der gleichen Mutter, der sozialen Revolution des Bürgertums im achtzehnten Jahrhundert, hinstellt – das ist alles mehr oder weniger schief und anfechtbar. So hoch ich sonst den Genossen Seidel als Pädagogen und Kämpfer schätze, so kann ich mich doch dieses Mal nicht seiner Hoffnung anschließen, daß seine jüngste Schrift recht viele Köpfe über die soziale Frage erleuchten wird, und ebenso wenig kann ich wünschen, daß dadurch – wie er im Vorwort ausspricht – viele Herzen für die soziale Reform als wirksamstes Mittel des Schulfortschritts erwärmt und begeistert werden. Wir in Deutschland suchen auch die soziale Reform zu fördern, wo und wie wir nur können, aber das wirk-

---

[732] Erschienen im Verlag Literarisches Institut Orell Füßli. Zürich 1909.

samste Mittel des Schulfortschritts ist uns nach wie vor die unablässige und eifrige Förderung der Sozialdemokratie durch den politischen Kampf.

82. Sexuelle Ethik (Sammelrezension von Therese Schlesinger)

NZ 1909/10, Nr. 8, S. 278-282

In der Literatur über sexuelle Ethik stehen sich innerhalb des Bürgertums zwei Richtungen schroff gegenüber. Von der einen wird die „neue Ethik" propagiert, wie man sich gewöhnt hat, kurzweg die freiheitlichen Reformbestrebungen auf dem Gebiet der Ehe und des Sexuallebens zu nennen, die andere kämpft für die Erhaltung der bürgerlichen Zwangsehe, zumeist sogar für deren vollständige Unlösbarkeit.

Leider überragt die Quantität der Literatur, in welcher beide Standpunkte vertreten werden, die Qualität sehr gewaltig. Bei den Neuerern finden wir zumeist neben recht Treffendem, mitunter sogar Vorzüglichem, insoweit sich der Autor mit der Kritik der geltenden Satzungen und Gebräuche befaßt, nebelhafte Verschwommenheit, ja hilflosen Phrasenschwall, sobald er an die Besprechung der möglichen oder notwendigen Reformen geht. Die reaktionäre Literatur steht aber noch um ein Erkleckliches tiefer. Auch ihre stärkere Seite ist die Kritik, die sie ihrerseits an den Vorschlägen der Neuerer übt. Ihre Rechtfertigung der alten Ethik besteht zumeist in dem zwecklosen Anrufen einer Autorität, die nicht anzuerkennen gerade das wesentlichste Merkmal der gegnerischen Stellung ist, in süßlich verlogenen Verherrlichungen von Einrichtungen, deren Mangelhaftigkeit offenkundig ist, und in niedrigen Verdächtigungen der Absichten des Gegners.

Um so freudiger ist es zu begrüßen, daß kürzlich zwei Bücher[733] erschienen sind, die ebenso klar und sachlich als ernsthaft und ehrlich die Meinungen der konservativen und der reformistischen Partei vertreten.

Gegen F. W. Förster[734], den Verfasser der konservativen Streitschrift, muß zunächst eingewendet werden, daß er die Äußerungen ernster und sich ihrer Verantwortung bewußter Verfechter der „neuen Ethik" unterschiedslos zusammenwirft mit denen eines kraftgenialischen Geckentums, das zwar in einigen Ländern die große Reklametrommel rührt und in der Belletristik und den Literaturblättern sein Unwesen treibt, aber in Wahrheit nur als Auswuchs der sexualethischen Bewegung und nicht als deren Träger zu betrachten ist.

Vor solchen ohne Zweifel in gutem Glauben begangenen Verwechslungen dürfte die Schrift des Göttinger Privatdozenten Dr. Heinrich Mayer-Benfey die „neue Ethik", wie sie am konsequentesten vom Deutschen Bund für Mutterschutz vertreten wird, für künftighin sichergestellt haben.

---

[733] Friedrich Wilhelm Foerster: Sexualethik und Sexualpädagogik. Josef Kösel. Kempten, München 1909; Dr. Heinrich Mayer-Benfey: Die sittlichen Grundlagen der Ehe. Eugen Diederichs. Jena 1909.
[734] So im Original geschrieben.

Wir ersehen aus Mayer-Benfeys Schrift, daß er viele der Grundsätze, die Förster unter leidenschaftlicher Bekämpfung ihrer Gegner aufstellt, durchaus teilt. Auch ihm ist die streng eingehaltene Monogamie die höchstentwickelte Form des sexuellen Lebens, und auch er betont ganz besonders, daß diese die geschulte Selbstbeherrschung des einzelnen zur Voraussetzung hat.

Auch darin stimmen die beiden Autoren überein, daß die Sexualethik unmöglich allein sich höher entwickeln kann, während die Ethik aller anderen Lebensgebiete auf einem relativ niedrigen Niveau zurückbleibt.

Die Forderung nach Selbstbeherrschung, ja nach Askese dort, wo die Bedingungen des Kampfes sie erfordern, kann von keiner sozialen Bewegung aufgegeben werden. Wenn aber Förster betont, daß die Einhaltung der Monogamie eine sittliche Kraft erheische, wie sie sonst heute auf keinem Gebiet des Lebens gefordert werde und darum diese Forderung ganz isoliert dastehe „wie eine letzte Säule, die noch von verschwundener Pracht zeugt", so läßt sich wohl einwenden, daß dies nur auf die Ethik der besitzenden Klasse zutreffe.

Das Leben des Proletariers dagegen ist so überreich an Gelegenheiten zur Entsagung und Selbstüberwindung, daß dem Vater einer Arbeiterfamilie, der die Seinen vor Not zu schützen und dabei seinen Verpflichtungen gegen seine Kameraden und seine Klasse nachzukommen weiß, und der so unmenschlich geplagten proletarischen Mutter die Forderung nach ehelicher Treue gewiß nicht als die schwerste erscheinen kann, die das Leben an sie stellt. Und bis zu einem gewissen Grade gilt das gleiche von breiten Schichten des wirtschaftlich bedrängten Mittelstandes.

Sehr treffend sagt Förster auf S. 51 seines Buches: „Die Gesellschaft würde an der Beweglichkeit der menschlichen Beziehungen zugrunde gehen, wenn über all diesen Veränderlichkeiten der Gedanke der unlöslichen Verpflichtung, der Dankbarkeit und der Fürsorge nicht schon mächtig wieder erwacht wäre und nach neuen Formen der Verwirklichung suchte." Aber er widerspricht sich selbst, wenn er unmittelbar danach die gesetzliche Unlöslichkeit der Ehe fordert. Nach neuen Formen verlangen eben die neuen Zustände und nicht nach gewaltsamer Aufrechthaltung der alten. Gewiß erkennt auch die sich neugestaltende Ethik unlösliche Verpflichtungen an, aber deren Unabweisbarkeit muß sich im Leben und dadurch im Gewissen des heutigen Geschlechtes zur Geltung bringen und nicht in Zwangsgesetzen, die nur in den Zuständen vergangener Epochen ihre Grundlage und ihre Berechtigung hatten.

Selbst Förster kann sich der Einsicht nicht ganz verschließen, daß das gewaltsame Zusammenhalten einer Ehe, die jeder sittlichen Grundlage entbehrt, nur verderblich wirken kann. „Übrigens", sagt er, „steht in unerträglichen Zuständen ja stets die zeitweilige oder immerwährende räumliche Trennung der beiden Gatten offen."

Bedeutet es aber nicht eine plumpe Unaufrichtigkeit, der „immerwährenden räumlichen Trennung" den sittlichen Vorzug vor der Ehescheidung zu geben?

Ziemlich hochmütig ruft Förster den Bekämpfern der Unlöslichkeit der Ehe zu, daß sie unsäglich naiv, weltfremd und unerfahren seien. Man kann sich aber bei der Lektüre dieses so vielfach interessanten Buches doch nicht des Eindrucks erwehren, daß entweder die Erfahrung des Autors selbst eine lückenhafte sein muß, oder daß er die von ihm selbst aufgestellten Behauptungen nicht mutig zu Ende denkt. So zum Beispiel erklärt er jeden ehelichen Präventivverkehr für durchaus unsittlich, räumt aber schließlich doch ein, daß „das Elend der durch übermäßige Schwangerschaften ruinierten Frauen gewiß sehr ernst zu nehmen" sei. Die Abhilfe liege in der „Befreiung der Frau von jeder Art von Geschlechtssklaverei" und in deren wachsendem Widerstand gegen die „sinnliche Zügellosigkeit" des Mannes.

Dabei vergißt der Autor nicht nur, daß die Unlöslichkeit oder sehr erschwerte Löslichkeit der Ehe eines der stärksten Hindernisse bildet für die Befreiung der Frau von Geschlechtssklaverei sowohl im allgemeinen als in zahllosen individuellen Fällen, sondern er scheint sich auch darüber nicht klar zu sein, was zu wissen wahrlich keiner sehr großen Erfahrung bedarf, daß nämlich die allzu große Fruchtbarkeit einer Ehe durchaus nicht eine Folge der „sinnlichen Zügellosigkeit" sein muß, sondern daß Eheleute schon recht viel Enthaltsamkeit üben und trotzdem alljährlich oder nach je zwei Jahren ein Kind in die Welt setzen können, was im Laufe von zwanzig oder mehr Jahren eine ansehnliche Zahl ergeben kann.

Stellt aber Förster vielleicht die harte Forderung auf, daß nach der Geburt der wünschenswerten Kinderzahl die Eheleute sich jedes Geschlechtsverkehrs enthalten sollen? Er lehnt sie auf S. 110 ausdrücklich ab. Wie er sich die Sache also vorstellt, ist wirklich nicht herauszufinden.

Mit noch größerem Eifer als gegen den Präventivverkehr wendet sich Förster gegen die gesellschaftliche Anerkennung der unehelichen Mutterschaft.

„Diejenige Ethik", heißt es auf S. 84, „welche jede außereheliche Mutterschaft als eine Sünde bezeichnet, stammt wahrlich nicht aus starrer Konvention und ‚Moralphilisterei', sondern aus höchst konkreter Beobachtung und Berücksichtigung der Natur des Mannes, sie ist ein sehr ehrenrühriges, aber nur zu tief berechtigtes Mißtrauensvotum gegen die Stetigkeit und Ritterlichkeit des männlichen Empfindens."

Sehr merkwürdig, daß dieses Mißtrauensvotum aber nicht den Männern, sondern den Frauen ausgestellt werden soll. Förster fordert mit keinem Worte die soziale Ächtung des Vaters, der seine Pflichten gegen ein uneheliches Kind vergißt, sondern die der Mutter, wenn sie den ihren auch noch so getreulich nachkommt. Die alte Ethik verlangt also, daß, wenn man eines Spitzbuben nicht habhaft werden kann (die Vaterschaft läßt sich ja nicht immer beweisen), man statt seiner irgendwen hängt, den man gerade erwischen kann.

Darüber hilft alles Gerede von der „Glorie des Ewigweiblichen" nicht hinaus und auch nicht Försters „noblesse oblige", weil nämlich die Frau über den Mann „sittlich erhaben" sei. In Wahrheit hat die sexuelle Moral nicht um der weiblichen „Noblesse" willen einen so zwieschlächtigen Charakter zuungunsten der Frau angenommen, sondern durch deren wirtschaftliche Abhängigkeit vom Manne, der sie und ihre Geschlechtsfunktionen als sein Eigentum betrachten durfte.

Aber sicher hat auch die Verfemung der unehelichen Empfängnis in einer bestimmten Epoche ihre relative Berechtigung gehabt. Solange in allen Schichten des Volkes die eheliche Geburt dem Kinde die bestimmte Aussicht auf Lebensunterhalt durch den Vater und Pflege und Erziehung durch die Mutter bot, mußte es als leichtfertig erscheinen, Kinder unter Bedingungen in die Welt zu setzen, die sie solcher Aussichten beraubte. In dem Maße aber, als immer breitere Volksschichten proletarisiert und deren Frauen, ob verheiratet oder nicht, zum Erwerb herangezogen werden, wächst auch die Riesenzahl ehelicher Kinder, die des gesicherten Minimums an Nahrung und Erziehung entbehren, das einst nur den unehelichen vorenthalten wurde. Darum wendet sich das Gewissen der modernen Menschen gegen die unbedachte Zeugung sowohl innerhalb als außerhalb der Ehe, und deren Vorbeugung wird in steigendem Maße als Pflicht empfunden.

Als sehr berechtigt sind viele der Einwendungen zu bezeichnen, die Förster gegen eine gewisse Richtung in der modernen Sexualpädagogik erhebt. Der Lärm, der seit Jahren mit der „sexuellen Aufklärung" gemacht wird, fordert entschiedene Kritik heraus. Man liest und hört lange Debatten darüber, wie der Jugend am besten der Geschlechtsakt zu erklären und zu beschreiben sei, aber die weitaus wichtigere und schwierigere Frage, welche Grundsätze in sexuellen Dingen die Eltern ihren Kindern einzuprägen haben, bleibt unerörtert.

Gewiß war eine Reaktion gegen das heuchlerische Vertuschungssystem, das allzu lange geübt wurde und das die Jugend mit einem schädlichen Ballast von falscher Scham belastete, notwendig, aber die Halbheit, die jetzt für so überaus radikal gehalten wird, ist kaum besser.

Förster hat recht, wenn er die Inkonsequenz und Unaufrichtigkeit in der modernen sexuellen Pädagogik dem Mangel an festen Grundsätzen zuschreibt, aber dieser Mangel selber ist eine Folge der schwankenden Existenzbedingungen, wie sie sich immer breiteren bürgerlichen Schichten geltend machen. Die Ehe hat aufgehört, der sichere Hafen zu sein, in welchen das Schifflein erotischen Verlangens entweder gleich oder nach kurzem Lawieren einläuft. Sie ist sehr oft der Felsen, den es so lange erfolglos umsegelt, bist es ihm entmutigt den Rücken kehrt.

Für die große Masse des Proletariats liegen die Dinge viel einfacher als für das Bürgertum. Die Familie in ihrer alten Bedeutung hat hier vielfach bereits aufgehört zu bestehen, ohne daß sich die leer gewordene Form wieder mit neuem Inhalt gefüllt hätte. Darum hat man auch aufgehört, in diesen Kreisen der Form viel Wichtigkeit beizulegen. In den Arbeitervierteln der großen Städte wohnen dichtgedrängt verheiratete und unverheiratete Paare mit ihren Kindern nebeneinander, und deren Lebensführung und Kinderpflege ist so wenig voneinander unterschieden als die soziale Stellung, die ihnen die Legalität oder Illegalität ihrer Verbindung anweist.

Darin liegt aber der Fehler, den selbst die Vertreter der „neuen Ethik" begehen: sie betonen, daß die Emanzipation der Frau die Grundbedingung für die Gesundung des sexuellen Lebens sei, und sind doch nicht konsequent genug, eine Gesellschaftsordnung zu bekämpfen, welche diese Emanzipation unmöglich macht. Denn nicht dadurch allein kann sie herbeigeführt werden, daß man der Frau neue Er-

werbsgebiete eröffnet. Damit erweitert man nur das Feld, auf welchem mit ihrer Kraft Raubbau getrieben werden kann. Solange ihr weder die Arbeit vollständige Unabhängigkeit vom Manne, noch die Mutterpflicht Existenzmittel sichern kann, muß sie trotz ihres Eindringens in noch so viele Berufe eine doppelt Ausgebeutete bleiben. [...]
Vielen von den Thesen, die [Mayer-Benfey] aufstellt, und von den scharfsinnigen Begründungen, die er ihnen gibt, können wir unsere Zustimmung nicht versagen, aber die Sorglosigkeit, mit der er sein ganzes System auf die Bedürfnisse einer fast verschwindend schmalen Schicht zuschneidet, während ihm wohlbekannt sein muß, daß die ganze heutige Gesellschaft unter der sexuellen Misere zu leiden hat, läßt es uns um so deutlicher empfinden, wie warmherzig Förster trotz aller Inkonsequenz und aller Denkfehler, die ihm seine katholisch-konservative Gebundenheit auferlegt, für jeden notleidenden, seelisch bedürftigen und verirrten Menschen fühlt.

83. Schulfragen (Leitartikel ohne Autorenangabe)

NZ 1909/10, Nr. 27, S. 1-4 (Auszüge)

Über dem großen Kampfe um das preußische Wahlrecht sind in den letzten Wochen die Vorgänge, die sich in der Freien Stadt Bremen im Kampfe um die Schule abspielen, vielleicht nicht genügend beachtet worden. Und doch verdienen sie in hohem Grade die öffentliche Aufmerksamkeit.

Es handelt sich um die Maßregelung des Lehrers Holzmeier, dem selbst das Disziplinargericht, das ihn zur Dienstentlassung verurteilt hat, nicht einen hohen Grad idealer Gesinnung absprechen konnte. Es fand nur diese ideale Gesinnung sehr am unrechten Platze, weil sie sich mit dem gedankenlosen Handwerksbetrieb von Patriotismus und Religion in der Volksschule nicht vertragen konnte. In der berechtigten Empörung über die schmähliche Mißhandlung Holzmeiers hat dann eine Anzahl seiner Kollegen ein Glückwunschtelegramm zum siebzigsten Geburtstag des Genossen Bebel abgesandt, als eines Vorkämpfers derjenigen Partei, die allein noch ehrlich und wirksam die Interessen der Schule vertrete. Gegen diese Lehrer hat nun die Schulbehörde in Bremen eine Hetzjagd eröffnet, der schon einige Opfer gefallen sind und vielleicht noch mehr Opfer fallen werden, wobei sie leider unterstützt worden ist durch die Masse der Bremer Lehrer, die sich nicht schämen, ihre sozialdemokratischen Kollegen in den Bann zu tun.

Was diesen Vorgängen ihre besondere Note gibt, ist die Tatsache, daß die Verfolger durchaus keiner finsteren Reaktion huldigen, sondern waschechte Liberale sind. Wir sind ganz einverstanden damit, daß der Zwischenfall deshalb doppelt empören muß, insofern als sich zur unwürdigen Gewalt noch unwürdige Heuchelei gesellt, aber was wir nicht recht verstehen und jedenfalls nicht zu teilen vermögen, das ist die Überraschung, die diese neueste Offenbarung des gesinnungstüchtigen Liberalismus hier oder da hervorzurufen scheint. Es ist doch längst kein Geheimnis mehr, daß alle liberalen Schulreformen nicht darauf hinauslaufen, die Volksmassen geistig zu emanzipieren und tüchtiger für ihren Befreiungskampf auszurüsten – das ist den Liberalen ebenso ein Greuel wie den Reaktionären, der Bourgeoisie ebenso wie dem Junkertum –, sondern die Schule aus einem Werkzeug der feudalistischen zu einem Werkzeug der kapitalistischen Ausbeutung zu machen. An diesem Zustand der Dinge ändert nicht das geringste, daß die Bourgeoisie dabei mit einem Brimborium von Gedankenfreiheit operiert, wie das Junkertum mit einem Brimborium von Gottesfurcht; sobald die Volksmassen zu erkennen geben, daß ihnen weder dies Brimborium imponiert noch jenes, so retiriert die Gedankenfreiheit mit der lärmenden Trompete schleunigst hinter die Gottesfurcht mit dem derben Polizeiknüppel. [...]

Lassen wir indes den modischen Liberalismus, mit dessen trauriger Charakterlosigkeit überhaupt nicht ernsthaft zu diskutieren ist; je nach seinem augenblicklichen Profitinteresse nennt er heute schwarz, was er gestern weiß genannt hat. In ihrer tieferen Bedeutung ist die Frage der öffentlichen Erziehung, der Staatsschule, schon in den großen Tagen des bürgerlichen Humanismus erörtert worden, so namentlich in Wilhelm v. Humboldts geistreicher und scharfsinniger Abhandlung über die Grenzen der Wirksamkeit des Staates. [...]

Man wendet vielleicht ein, daß Wilhelm v. Humboldt ja doch die Berliner Universität gestiftet habe. Allein Humboldt wollte ganz etwas anderes stiften, als die Berliner Universität heute ist. Sein Programm war einfach genug: Man beruft tüchtige Männer, gewährt volle Lehr- und Lernfreiheit und läßt das Ganze sich allmählich ankandieren. Dies Programm ist längst vergessen und verlassen, was natürlich nicht hindern wird, daß am hundertsten Geburtstag der Berliner Universität in diesem Herbst ihr Stifter in allen Tönen akademischen Humbugs angeschwärmt werden wird. [...]

Doch dies nebenbei. Ist der Staat eine Organisation der beherrschenden und besitzenden Klassen, so wird immer auch die Staatsschule ein Werkzeug dieser Klassen sein [...]. Insoweit die kapitalistische Produktionsweise ein historischer Fortschritt über die feudalistische hinaus ist, insoweit mag man auch der liberalen Volksschule einen historischen Vorsprung vor der konservativen Volksschule einräumen. Sicherlich hat sie ihn in allen elementarischen Kenntnissen, aber die Bedeutung dieser Kenntnisse, die der kapitalistischen Produktionsweise freilich tauglichere Opfer der Ausbeutung liefern, hat mit der Erziehung des moralischen Menschen doch eigentlich wenig zu tun, und ob der verknöcherte Religionsunterricht der konservativen oder der verlogene Geschichtsunterricht der liberalen Volksschule ärgere Verwüstungen im Geiste des Kindes anrichtet, das ist eine wohl aufzuwerfende Frage. [...]

84. Heinrich Schulz: Sozialdemokratie und Jugendbewegung

NZ 1909/10, Nr. 41, S. 493-499 (Auszüge)

Vor einigen Wochen hat eine Konferenz der Jugendausschüsse stattgefunden. Es ist vorher nicht viel Wesens von ihr gemacht worden, weil es den Veranstaltern nicht um das Äußere Drum und Dran einer Konferenz und auf das Aufsehen, das sie in der Öffentlichkeit hätte erregen können, ankam, sondern lediglich auf eine interne und intensive Verständigung der Beteiligten. [...]

Wenn ich trotzdem an dieser Stelle auf die Konferenz zurückkomme, so leitet mich hierbei der Wunsch, daß die „Neue Zeit", die von Anfang an eine wohlwollende und eifrige Förderin der proletarischen Jugendbewegung gewesen ist, an dieser wichtigen Etappe nicht stumm vorübergehen möge. [...]

Die Bildungsarbeit bildet den wichtigsten Zweig der proletarischen Jugendbewegung. Aber es kommt darauf an, welcher Art die Bildung sein soll, die den jugendlichen Arbeitern und Arbeiterinnen gereicht wird. Der Verfasser dieses Artikels, der auf der Konferenz die Bildungsbestrebungen in der Jugendbewegung zu behandeln hatte, ging davon aus, daß das Proletariat in den Jugendlichen nicht Unmündige sehen dürfe, die dem Wesen und Streben der Arbeiterklasse fremd gegenüberstehen. Die Jugendlichen sind die demnächstigen Kollegen und Mitkämpfer im gewerkschaftlichen und politischen Kampfe. Deshalb darf auch für die Jugendlichen keine andere Bildung in Betracht kommen als für die Erwachsenen. Wohl wird der Stoff und besonders die Methode hier und da anders sein, Ziel und Wesen der Bildung aber ist bei erwachsenen und jugendlichen Arbeitern gleich. Mit den bürgerlichen Bildungsidealen, die auf Herrschaft und Ausbeutung hinauslaufen, vermag die Arbeiterklasse nichts anzufangen; das Bildungsziel des Sozialismus kommt für die unmittelbare praktische Betätigung in der Gegenwart noch nicht in Betracht; wenn wir deshalb heute von Arbeiterbildung reden, für die wir unmittelbar tätig sein wollen, so meinen wir die Bildung, der das Proletariat heute in seinen gegenwärtigen Kämpfen und Nöten bedarf, die den einzelnen Arbeiter und damit auch die ganze Klasse zur möglichst erfolgreichen und energischen Führung des Klassenkampfes befähigt. Ob die bürgerlichen Herren in einer solchen Auffassung eine „Prostituierung des Bildungsbetriebs" sehen, läßt uns vollkommen kalt. Wir wissen, daß die Bildung von jeher als Mittel zum Zwecke, als Waffe im Kampfe ums Dasein, als Hebel für den sozialen Fortschritt benutzt worden ist. Was anderen Klassen bisher recht war, ist für die Arbeiterklasse um so mehr billig, als die Arbeiterklasse ihre besondere Arbeiterbildung dazu benutzen will, für die Zukunft endlich einmal mit dem unerhörten Mißbrauch der Bildung zu Zwecken der wirtschaftlichen und politischen Herrschaft ein Ende zu machen.

[...] Für den Arbeiter der kapitalistischen Produktion gibt es ein „Heim" im alten Sinne, so wie es sich bürgerliche Ideologie und Sentimentalität ausmalt, nicht mehr. Wie soll sich ein „Heim" gestalten, wenn der Vater tagsüber in der einen, die Mutter in der anderen und die Kinder schließlich in einer dritten Fabrik arbeiten? Vor der rauhen kapitalistischen Wirklichkeit zerstiebt die rührselige Phrase von der bescheidenen, aber friedlichen Häuslichkeit des einfachen, aber zufriedenen Arbeiters wie ein Häuflein Asche vor einem Windstoß. Erst die gewaltige Kulturarbeit, die von den Organisationen des Proletariats auch für die Lebenshaltung des einzelnen geleistet wird, hat auch in die engen und öden Räume des Arbeiters einen Strahl aus dem Sonnenmeer der Schönheit geleitet; aber alle Arbeit auf diesem

Gebiet kann in der Zeit der kapitalistischen Ausbeutung immer nur bescheidenes Stückwerk bleiben, das im günstigsten Falle die Sehnsucht nach dem Schönen, nach allem, was dem Arbeiter heute vorenthalten wird, wachhält und anfeuert. Wirkliche Heime können sich die Arbeiter heute nur durch gemeinsame Tätigkeit in größeren Gemeinschaften schaffen. Es ist erfreulich, daß bei der Erbauung und Einrichtung von Gewerkschafts- und Volkshäusern, von Bibliotheken, Lesesälen, gewerkschaftlichen und anderen Bureaus und Aufenthaltsräumen die Ästhetik in wachsendem Maße zu Hilfe gerufen wird. Kann der Arbeiter in seinen eigenen vier Wänden – oft genug sind die „vier Wände" wörtlich zu nehmen – mit ihrer Enge, ihrer Überfüllung, ihren verschiedenen Zwecken als Wohn-, Koch- und Schlafraum, ihrer äußerlichen Verlotterung, für die die Profitgier des Hauswirtes in ausreichendem Maße sorgt, wenig oder nichts tun, um sich ein behagliches „Heim" zu schaffen und seinen eigenen künstlerischen Sinn und den seiner Kinder zu pflegen, so geben ihm die selbstgeschaffenen Sammelplätze der gewerkschaftlichen, politischen und bildenden Betätigung dafür einen Ersatz.

Aus diesen Tatsachen erwächst der proletarischen Jugendbewegung ein wichtiges Problem. Wollen wir die Jugendlichen zur äußeren und inneren Sammlung, zur Weckung ihres Klassengefühls und zur Bildung ihres Charakters und Geistes zusammenberufen, so brauchen wir dazu Räume. Sollen wir sie aber in die rauchgeschwängerten, alkoholduftenden Nebenräume der Gasthäuser ziehen? In Lokalitäten, die vielen anderen Zwecken dienen und die deshalb auf die Besonderheiten der Jugendlichen und ihrer Bestrebungen nur wenig Rücksicht nehmen können? Leider wird das in den Anfängen der Bewegung noch oft genug als Notbehelf notwendig sein. Aber das Ziel muß doch die Schaffung von Jugendheimen sein. Es müssen behagliche Räume eingerichtet werden, in denen die jungen Arbeiter und Arbeiterinnen zwanglos zusammenkommen können, wenn die Fron der täglichen Arbeit ein Ende hat, die engen Räume des Elternhauses oder des Lehrherrn aber keinen Anreiz zu behaglichem Verweilen bieten. Und mehr noch als bei den sonstigen Lokalitäten der Arbeiterschaft ist bei den Jugendheimen auf freundliche und ästhetisch wirkende Ausstattung Wert zu legen. Die Errichter der beiden ersten Jugendheime in Berlin, der Rixdorfer und der Berliner Jugendausschuß, haben recht getan, als sie für die Innenausstattung den Rat und die Hilfe tüchtiger Künstler in Anspruch nahmen. Beide Heime laden schon rein äußerlich zur Wiederkehr ein, und ihre künstlerisch erziehende Wirkung auf die zahlreichen jugendlichen Besucher wird sicherlich nicht ausbleiben.

[...] Der letzte Punkt, der die Konferenz beschäftigte, betraf die Bedeutung von Sport und Spiel für die proletarische Jugendbewegung. So wäre eine gefährliche Unterlassungssünde, wenn wir den wichtigen Faktor der körperlichen und gesellschaftlichen Erfrischung außer acht lassen wollten. Erfreulicherweise hat sich ganz allgemein die Anschauung über Sport, Spiel, Turnen, Wandern und andere Mittel der körperlichen Kräftigung im Laufe der letzten zehn bis fünfzehn Jahre geändert. Man hat erkannt, daß man es dem eigenen Körper und der Gesamtheit schuldig ist, die belebenden Wirkungen der freien Natur nach besten Kräften für sich auszunutzen. Freilich ist die Arbeiterschaft auch hierbei wie in allen anderen Dingen des Lebens gegen die begüterte Gesellschaft stark benachteiligt. Aber wir wollen doch nicht verkennen, daß die Arbeiter auch schon an Sonn- und Feiertagen mehr als bisher für ihre Erholung und Kräftigung tun könnten: durch Wanderungen (bei denen die Wirtshäuser in weitem Bogen zu umgehen sind), durch ungebundenes Spiel in Wald und Feld, durch Baden in Luft und Wasser und durch die vielen sonstigen Mittel, die der Aufenthalt in der freien Natur kostenlos bietet. Leider steht vielen erwachsenen Arbeitern die Gewohnheit im Wege. Für sie besteht ein Ausflug darin, daß sie mit der Eisenbahn oder mit der Elektrischen möglichst nahe an ein Gartenlokal fahren und dort bei Bier und Zigarren am Tisch hocken und wohl gar Karten spielen.

Da ist es notwendig, bei den jugendlichen Arbeitern solche Gewohnheiten nicht erst einreißen zu lassen. Sie müssen angehalten werden, die freien Stunden, die ihnen ihre sonstigen Pflichten lassen, nach Möglichkeit im Freien und mit gesunden Leibesübungen auszufüllen. Glücklicherweise lockt die Freude, die das ungezwungene Spiel, die muntere Bewegung der Gliedmaßen, die sangesfrohe Kameradschaft, die Erprobung körperlicher Ausdauer und Geschicklichkeit mit sich bringen, ohne viel Aufforderung zur ständigen Wiederholung. Sind die Ausflüge der Jugendlichen doch schon zur festen Einrichtung geworden, und mancher Erwachsene ist durch das belebende Beispiel der jungen Garde aus Bequemlichkeit und Lässigkeit aufgerüttelt worden; er marschiert in gleichem Schritt und Tritt mit und fühlt sich wieder jung mit den Jungen.

Es wurde als selbstverständlich betrachtet, daß die Jugendausschüsse soweit wie möglich kameradschaftlich Hand in Hand mit den Arbeiterturnvereinen arbeiten; aber es wurde auch darauf aufmerksam gemacht, daß die Teilnahme an einem Turnverein den einzelnen leicht mit einseitigem Eifer für die Turnerei erfüllen könne. Das Turnen darf immer nur als ein Teil der gesamten Jugendbewegung betrachtet werden, dem sich derjenige widmen kann, dem seine sonstigen Pflichten gegen die Allgemeinheit dazu noch die nötige Zeit lassen, oder den besondere Neigung zum Turnen treibt.

Die erste Konferenz deutscher Jugendausschüsse endete mit einem harmonischen Schlußakkord. Der Vorsitzende der Zentralstelle, Genosse Ebert, fand freundliche und wohlwollende Worte, durch die er bewies, daß er für den jugendlichen Übereifer, der sich am ersten Tage besonders in der Kritik der Zentralstelle geäußert hatte, volles Verständnis besitzt. In der proletarischen Jugendbewegung vereint sich das Feuer und die vorwärtstreibende Tatkraft der Jugend mit der Ruhe und Erfahrung der älteren Generation. Und alle Anzeichen sprechen dafür, daß diese Vereinigung einen guten Klang gibt, und daß die Jugendbewegung in Zukunft noch rascher vorwärts eilen wird als bisher.

85. Heinrich Reicher: Bibliographie der Jugendfürsorge[735] **(Rezension von Julius Deutsch)**

NZ 1909/10(2), Nr. 52, S. 972-973

Von all den Übeln der kapitalistischen Welt tritt das Elend der Kinder dem naiven Beobachter am unmittelbarsten vor Augen. Wenn die Eltern hungern, bekreuzigt sich der satte Philister und denkt an irgend ein persönliches Verschulden, wie Arbeitsscheu oder Leichtsinn; anders aber, wenn er dem Unglück der Kinder ins Auge schaut. Die Hilflosigkeit der leidenden Kleinen löst sein Mitleid aus; es erwacht das bourgeoise Gewissen, um mit heißem Bemühen nach lindernden Maßnahmen zu spähen. Dieselben Leute, die im Kampfe gegen die Arbeiter – gegen die Eltern der leidenden Kinder – ihre Waffen wohl zu gebrauchen wissen, überfließen in Wehmut und Erbarmen, so sie das moderne Kinderelend an sich betrachten. Der Jugendschutz ist vielfach zu einer Art philanthropischer Wohltätigkeitsmode geworden, hinter der sich das schlechte Gewissen der bürgerlichen Welt verschanzt.

Die letzten Jahre haben eine Hochflut von Jugendschutzliteratur gesehen. Viel Minderwertiges, sogar Schlechtes und auch einiges Gute ist erschienen. Wer sich in dieser Überfülle des Gedruckten zurecht finden will, braucht einen Führer, der ihm das Chaos einigermaßen durchleuchtet. Dr. Heinrich Reicher, einer der wenigen Männer, die mit wissenschaftlichem Ernst und gründlicher Gelehrsamkeit an das Problem des Jugendschutzes herangetreten sind, hat sich der Aufgabe unterzogen, einen solchen Führer zu schaffen. [...]

86. Georg Bonne: Im Kampf um die Ideale. Die Geschichte eines Suchenden[736] **(Rezension von Edwin Hoernle)**

NZ 1910/11, Nr. 10, S. 345-346

Wie der Verlag mitteilt, ist der Verfasser dieses Buches „ein bekannter Hamburger Arzt und Menschenfreund". Das Buch selber will als Aufzeichnungen eines Men-

---

[735] Zwei Bände, erschienen im Manzscher Verlag, Wien 1909/1910. – Julius Deutsch (1884-1968), österreichischer Sozialdemokrat und Verleger, später Trotzkist, 1918 Kriegsminister der österreichischen Republik, 1924/25 Leiter der Vereinigung Internationaler Verlagsanstalten (VIVA), Verfasser zahlreicher sozialkritischer Schriften, u.a. Das moderne Proletariat, eine sozial-psychologische Studie (1910) sowie Die Kinderarbeit und ihre Bekämpfung (1907).

[736] Erschienen im Verlag Ernst Reinhardt, München 1910. Hierbei handelt es sich um die erste Rezension Edwin Hoernles in der *NZ*. – Edwin Hoernle, Pseudonym Oculi (1883-1952), Studium der Theologie, Vikar, legte 1909 sein Vikaramt nieder, freier Schriftsteller und Lehrer an Privatschulen in Berlin, 1910 SPD, Redakteur verschiedener sozialdemokratischer Zeitschriften, 1914 Kriegsgegner, schloß sich dem linken Flügel der SPD und 1918/19 der KPD an, profilierte sich als Agrar- und Bildungsexperte, zahlreiche Schriften zur kommunistischen Erziehung sowie zur Jugend- und Kinderarbeit, 1924-33 Mitglied des Reichstages, 1933 Emigration über die Schweiz in die UdSSR, Mitglied des Nationalkomitees „Freies Deutschland", 1945 Rückkehr nach Berlin, verschiedene zentrale Funktionen beim Neuaufbau der Agrarwirtschaft.

schen gelten, der in der Arbeit für andere, „in seinem Helferberuf", seine Kräfte erschöpft hat. Es schildert das Werden und Streben eines jungen Arztes und Stadtverordneten, der den Kampf aufnimmt gegen Alkohol und Massenelend. Mit zornigem Pathos deckt der Verfasser die verborgenen Quellen des sozialen und moralischen Elends auf, so wie er sie versteht, geht scharf ins Gericht mit Bierphilistern, Offizieren und Korpsstudenten, Schnapsbrennern und Bodenwucherern, und geißelt die Heuchelei und den hohlen Patriotismus der Hurrarufer. Im engeren Wirkungskreis arbeitet er im Sinne des Guttemplerordens, dem er des guten Beispiels wegen beigetreten ist, gründet eine Gartenstadt für Arbeiter, bemüht sich um die Sanierung von Flüssen und andere sozial-hygienische Dinge.

Auf einer Reise nach Brasilien, die er in einer enttäuschten, müden Stimmung angetreten hat, lernt er fremde Völker, fremde Daseinsbedingungen, englische und amerikanische Wohlfahrtseinrichtungen kennen. Bei seiner Heimkehr konstatiert er mit Freuden die ersten Spuren eines anbrechenden „Menschheitsfrühlings". Die Ideale, von denen der anspruchsvolle Titel des Buches redet, faßt er so zusammen: „Wir müssen lernen, die Körperkultur der alten Griechen und Römer in der klassischen Zeit, die Kunst des schönen, großen und freien Lebens aus der Renaissancezeit und die Fortschritte der Technik unserer Zeit zu einem neuen großen Leben zu verbinden im Geiste jener großen Liebe zu unseren Mitmenschen, die Christus uns gelehrt hat." [...]

Leider glaubte Herr Bonne seine „Geschichte eines Suchenden" mit einer gewissen Poesie ausschmücken zu müssen. Ganz abgesehen davon, daß er mit den billigsten Kunstmitteln arbeitet, Schwarzweiß-Kontrasten, Eichendorffscher Romantik und einem guten Dutzend allegorischer Träume, entwickelt er in einzelnen Stimmungsbildern und in den allzuvielen eingestreuten Gedichten ein ganz erstaunliches Maß konventionellster Flachheit und schülerhafter Empfindungen. Auch die Sprache läßt zu wünschen übrig.

Aber das Buch will ja mehr sein als ein Roman, es will den Leser in das weite Feld der sozialen und humanen Bestrebungen einführen, ihm das Auge öffnen, Interesse wecken, begeistern. Sollte der Leser den „deutsch nationalen" oder überhaupt den exklusiven Kreisen der „guten Gesellschaft" angehören, so mag ihm der Doktor manches Neue, manche unangenehme Wahrheit zu sagen haben. Auch manchem Wohltätigkeitskränzchen mag das Buch Stoff zu interessanter Unterhaltung bieten. Dem Proletarier hat es nichts zu sagen, höchstens mag er daraus erkennen, wie sich seine Welt im Kopf eines gutherzigen und ziemlich aufgeklärten Reserveoffiziers spiegelt.

Die Sozialdemokratie kommt selbstverständlich auch zur Sprache, und mit einer leutseligen Handbewegung nimmt sich der Menschenfreund dieser „verrufenen und gefürchteten Genossen" an. Er stellt sich zu ihnen wie ein wohlwollender Vater zu armen, verirrten Kindern. Laßt sie nur herein in meine Gartenstadt, in ein paar Jahren werden diese reißenden Wölfe schon von selber zahme Schäfchen werden.

Herr Bonne ist nun Optimist genug, um an eine baldige Verwirklichung der gesellschaftlichen Wiedergeburt zu glauben. Jetzt, eben jetzt sind die endgültigen Universalheilmittel gefunden, die große Wandlung beginnt, die Zeit allgemeiner Glückseligkeit steht vor der Tür. Lassen wir ihm diesen Kinderglauben und fragen wir: Wer wird die Wandlung herbeiführen? Komisch und rührend zugleich hören sich die Klagerufe des treuen Monarchisten an: „Kaiser, mein Kaiser!" und „Kultusminister, Kultusminister". Ganze Gespräche, lange Proteste, bewegliche Bitten an den Kaiser und seine Minister entströmen den Lippen dieses biederen Untertanen, dem, wie er es in der Schule seinerzeit gelernt hat, alle gute und alle vollkommene Gabe von oben kommt.

Das Buch steht künstlerisch auf dem Niveau der Backfischlektüre. Der aktuelle Inhalt wird ihm in bestimmten Kreisen einen gewissen Tageswert geben, zum Verständnis der Zeit und ihren tieferen Fragen trägt es nichts bei.

87. Karl Korn: Die bürgerliche Jugendbewegung[737] (Rezension ohne Autorenangabe)

NZ 1910/11, Nr. 13, S. 469-470

Als „hauptsächlichen Zweck" dieser Schrift nennt der Verfasser die Absicht, die deutsche Arbeiterklasse auf die „bürgerliche Jugendbewegung großen Stils" aufmerksam zu machen, die im Werden begriffen sei, und das Wesen dieser bürgerlichen Jugendbewegung schildert er mit den Worten: „Alle am Fange der Jugend beteiligten Sonderinteressenten der bürgerlichen Gesellschaft, die wirtschaftlichen und politischen Machthaber, Unternehmer, staatliche, kommunale und militärische Behörden, nicht zu vergessen die Schule, insoweit sie sich zum Werkzeug des Klassenstaats hergibt, sollen zu einem umfassenden Apparat vereinigt werden. Sie sollen nicht vereinigt werden, die Vereinigung ist vielmehr bereits flott im Gange und längst dem Stadium des frommen Wunsches und der Projekte entwachsen; sie hat auch seit geraumer Zeit ihr Organ, eine Art zentraler Exekutive, der die moralischen und materiellen Mittel des Klassenstaats splendid zur Verfügung stehen."

Mit anderen Worten: der Verfasser enthüllt einen in seiner Weise groß angelegten Kriegsplan, dem proletarischen Emanzipationskampf die heranwachsende Jugend zu entreißen, einen Plan, der am letzten Ende freilich zum Scheitern verurteilt ist, aber, mit umfassenden Machtmitteln unternommen, der deutschen Arbeiterbewegung schwere Hindernisse zu bereiten vermag. Über die praktische Notwendigkeit und Nützlichkeit dieser Schrift, die ja auch von der Zentralstelle für die arbeitende Jugend Deutschlands angeregt worden ist, braucht demnach kein Wort verloren zu werden; was wir hier noch besonders betonen, ist der hohe literarische Wert dieser Arbeit, die, weit über ihren nächsten Zweck hinaus, einen sehr dankenswerten Beitrag zur Parteiliteratur darstellt. [...]

---

[737] Herausgegeben von der Zentralstelle für die arbeitende Jugend Deutschlands. Buchhandlung Vorwärts, Berlin 1910.

Ein wichtiges Stück Gegenwartsleben wird hier unter historische Perspektive gerückt, und auch für diejenigen, die bisher mehr oder minder achtlos daran vorübergegangen sind, in ein klares und oft überraschendes Licht gerückt. Wo der Stoff allzu langweilig und trocken, das Treiben der Gegner allzu langweilig und läppisch wird, tritt ein glücklicher Humor in seine Rechte; man lese beispielsweise auf S. 50 die Schilderung des köstlichen Streites zweier „christlichen Brüder" über das Posaunenblasen in den evangelischen Jünglingsvereinen, wo der eine Bruder behauptet, die Posaune dürfe nur um des Heilandes willen geblasen werden und nicht etwa aus Liebe zur Musik, oder weil Väter und Urväter sie geblasen haben, oder gar um sich durchs Blasen Durst für Freibier zu machen, während der andere, so schnöde verdächtigte Bruder meint, der Glaube allein gäbe noch kein Recht aufs Posaunenblasen, sintemalen es in der Bibel heiße: Mach's gut auf Saitenspiel mit Schelle.

Was wir an der Schrift tadeln möchten, ist der allzu reichliche Gebrauch von Fremdwörtern. Weshalb „Projekte" wo Pläne, weshalb „splendid" wo reichlich dasselbe sagt? Doch wird dieser kleine Übelstand wettgemacht durch die ungemein klare Darstellung, und so können wir der vortrefflichen Schrift nur die weiteste Verbreitung in Arbeiterkreisen wünschen.

88.   Rudolf Pannwitz: Die Erziehung[738] (Rezension von Arnulf)

NZ 1910/11, Nr. 43, S. 595

„Das Dasein Erziehung ist ohne Gleichnis." So beginnt Rudolf Pannwitz, der Nietzsche-Jünger, seinen Hymnus – auf den Großen Einzelnen? – auf die Umwertung aller Werte? – Wer vermöchte zu sagen, worauf! – „Nietzsches Entwertung herrschender Werte wertet die herrschenden Werte als schlecht." – „Es ist an der Zeit, daß von Nietzsche einmal mit Würde gesprochen wird – dem Einzigen, der diese Worte in den Grund hinein umzuwerten gewagt hat." Er wird zu wenig verehrt! Leider! „Es ist eine eigene, durch Räuspern gemäßigte Verehrung." Pannwitz endlich weiß Nietzsches Wert richtig zu werten. Er übertrifft ihn in gewisser Weise sogar, indem er den Tiefsinn des Meisters man kann wohl sagen ins Purpurdunkle steigert und nebenbei auch noch für Belustigung des Leserpublikums sorgt. „Der Erzieher wird erziehend von dem Erzogenen erzogen, das Erzogene erzieht erzogen werdend den Erzieher." (S. 13) „Es ist ein fortwährender Übergang zwischen den Personen und Worten, eine fortwährende gegenseitige Verwechslung zwischen ihnen bei Erzieher und Erzogenen. Das ist die wirre, rätsel- und reizvolle Wildnis des Lebens. Die Werte mischen sich wie Götter mit den Menschen. Und es ist alles so innig verschlungen, daß sie nur in jähen Offenbarungen voneinander geschieden

---

[738] Band 32 der Sammlung sozialpsychologischer Monographien *Die Gesellschaft*. Hrsg. von Martin Buber. Rütten & Loening, Frankfurt a.M. 1909. Vgl. auch Dok. 176. – Wer sich hinter dem Pseudonym Arnulf verbirgt, konnte bislang nicht schlüssig ermittelt werden. Aufsätze und Rezensionen zu pädagogischen Fragen erschienen unter diesem Namen in der *NZ* zwischen 1910 und 1914, zu kulturgeschichtlichen Themen, teils unter Heinrich Arnulf, auch in der Zeitschrift *Arbeiter-Jugend*.

werden können." 150 Seiten durch währt dieser Rausch, diese Orgie, diese Deklamation, dieses Fangballspiel mit Worten! Vorzüglich gegen den Schluß erhebt sich die Raserei des Stils zu prächtigen Höhepunkten. „Und das ganze Leben ist schöpferischer Wille zur Macht. Es sind keine Höllen, Fegefeuer und Paradiese – wer das Leben nicht liebt, darf sterben, soll sterben lernen –, es ist kein Diesseits, kein Jenseits, es ist eine ewige Wiederkehr des Gleichen. Liebst du es? Oder willst du es so schaffen, daß du es lieben kannst? Oder willst du dich so schaffen, daß du es lieben kannst? – Ist das ein Ziel –? eine Erziehung –? alles Ziel –? alle Erziehung? In Millionen Zielen, Millionen Erziehungen Eins und Eine? und Eines?" „Es kommt darauf an, wieviel Atem die Seele hat; wo sie zu Ende ist – –! –"

Liliencron läßt einen Betrunkenen sagen: Die Welt ist die Luft des Unsinns! Man ist versucht, diesen Ausspruch auf „Die Gesellschaft" anzuwenden, in der dieser Wahnwitz erschienen ist.

89. Flugschriften des Bundes für Schulreform[739] **(Rezension von Arnulf)**

NZ 1910/11, Nr. 45, S. 677

Der Bund für Schulreform besteht seit etwa zwei Jahren und hat in einer Reihe von größeren Städten seine Ortsgruppen. In den Satzungen heißt es: „Der Bund für Schulreform bezweckt den engeren Zusammenschluß und die gemeinsame Tätigkeit aller, die überzeugt sind, daß unsere Kultur eine Umgestaltung der Bildungsarbeit in Schule, Haus und Leben fordert." Ähnlich nichtssagend sind die Vorträge und Ansprachen, die den Inhalt der ersten Flugschrift bilden. Orientieren kann man sich über den neuen Bund dagegen, wenn man die Namen der dem geschäftsführenden Ausschuß angehörenden Personen ansieht: fast lauter Professoren, Direktoren, Inspektoren. Schon die Satzungen sprechen es aus: Der Bund gibt Anregung zu zielbewußter, besonnener Reformarbeit. Die reaktionären „Hamburger Nachrichten" werden wohl gewußt haben, warum sie dem neuen Bunde ein Loblied sangen; dagegen haben Hamburger Volksschullehrer, und zwar solche, die seine Entstehung begrüßt respektive daran mitgewirkt hatten, ihn kürzlich einer scharfen, aber gerechten Kritik, namentlich seiner sozialen Tendenzen wegen, unterzogen. Die Gründer des Bundes hofften seinerzeit, durch die Devise „Schulreform" gegen reaktionären Zuzug gesichert zu sein und sehen sich nun getäuscht. Statt einer Organisation von Volksschullehrern und Eltern der Volksschüler hat man – man wollte wieder einmal um jeden Preis „über den Parteien" stehen – einen „allgemeinen deutschen Verband für Erziehungs- und Unterrichtswesen" gezeugt, in dem das akademisch gebildete und politisch reaktionäre Element alles zu Boden drückt.

---

[739] Vorträge und Ansprachen, gehalten auf der Hauptversammlung am 19. März 1910 in Berlin von Professor Hans Gordsen (Hamburg), Professor Ernst Meumann (Leipzig), Direktor W. Wetekamp (Bund für Schulreform, Berlin), Dr. Gertrud Bäumer (Grunewald), Professor William Stern (Breslau), Amtsgerichtsrat Dr. P. Koehne (Bund für Schulreform, Berlin), Professor W. Weygandt (Bund für Schulreform, Hamburg). Druck und Verlag bei B. G. Teubner in Leipzig und Berlin, 1910.

485

In der Zeitschrift des Bundes (Zeitschrift für Jugendwohlfahrt, Jugendbildung und Jugendkunde) hat denn auch ein Professor v. Soden bereits über „Sozialdemokratische Jugenderziehung" geschrieben, gegen die „Arbeiter-Jugend" und „Die Gleichheit", und ein bremischer Staatsanwalt, der in den Disziplinarverhandlungen gegen bremische Volksschullehrer stets auf Dienstentlassung plädiert, verlangt in einem Artikel über „Behörden und Private im Dienste an der Jugendfürsorge", „der Staatsanwaltschaft die Gesamtaufklärung in Kriminalfällen zu übertragen, die privaten Kräfte aber dergestalt unter einer verantwortlichen Leitung zu sammeln, daß jeder Behörde die unmittelbare Verbindung mit ihnen möglich ist".

Es soll nicht gesagt sein, daß der Bund für Schulreform nicht auch einige ernst zu nehmende Wissenschaftler in seinen Reihen hat, die, wie Professor Meumann auf dem Gebiete der experimentellen Psychologie, in ihrem Fache etwas leisten, sicher ist aber, daß als Schulpolitiker alle mit verschwindenden Ausnahmen an demselben Strange ziehen.

90. Käte Duncker: Die Schulreform der Sozialdemokratie

NZ 1910/11, Nr. 46, S. 697-704 (Auszüge)

Eine grundsätzliche und allseitige Behandlung unserer Stellung zur Schule hat uns bisher noch gefehlt. Es sind zwar schon seit Jahren ein paar kleinere Arbeiten über diesen Gegenstand vorhanden; aber sie erörtern entweder nur eine Einzelfrage, wie die Schriften des Genossen Seidel-Zürich über den Arbeitsunterricht, oder sie sind, wie die beiden Heftchen des Genossen Rühle über „Die Volksschule, wie sie ist und wie sie sein soll", reine Agitationsbroschüren, und können sich daher nicht mit einer tieferen wissenschaftlichen Begründung befassen. Die Broschüren der Genossin Zetkin über die „Schulfrage" und des Genossen Schulz über „Sozialdemokratie und Schule" endlich sind kurze Wiedergaben von Referaten und gestatten deshalb nur eine skizzenhafte Behandlung des Gegenstandes. Auch die Forderungen des Erfurter Programms zur Schulfrage lassen einige wichtige Punkte vermissen und geben die übrigen meines Erachtens in nicht besonders glücklicher Fassung.

So könnte es fast erscheinen, als ob gegenüber der großen Überschätzung der Schul- und Erziehungsfragen, deren sich der utopistische Sozialismus schuldig gemacht hat, bei der heutigen Sozialdemokratie eine Unterschätzung dieses Gebiets eingetreten sei. Marx freilich hat diese Unterschätzung nicht geteilt. Die pädagogischen Gedanken, die in seinen Werken zerstreut sind und die in der Resolution des Genfer Kongresses von 1866 eine systematische Zusammenfassung fanden, gingen – vor allem in der Betonung des Arbeitsunterrichts – weit über die Forderungen des Erfurter Programms hinaus. Auch einige Landes- und Gemeindeprogramme haben seither diese Forderungen noch erweitert; aber sie begnügen sich meist mit kleineren oder größeren Einflickungen in das bestehende Schulsystem, indem sie bald diese bald jene Frage mehr in den Vordergrund rücken; und es fehlt dabei nicht an schiefen und unklaren Ausdrücken. So fordert zum Beispiel das württembergische Kommunalprogramm die Einführung der konfessionslosen Einheitsschule (statt religionslosen).

Je mehr Genossen im Laufe der letzen Jahre berufen wurden, in den Landes- und Gemeindevertretungen mitzuarbeiten, desto stärker mußte auch der Mangel einer allgemein gültigen Richtschnur in Schulfragen sich fühlbar machen. Es fehlt denn auch nicht an allerlei Mißverständnissen und Unklarheiten auf dem Gebiet der Schulpolitik. Fast überall wird zum Beispiel das Unentgeltlichkeitsprinzip viel zu sehr in den Vordergrund unseres Kampfes gerückt und damit der Zielpunkt der praktischen Schulpolitik, der doch in der Änderung des gesamten Systems der heutigen Volksbildung besteht, völlig verschoben. Eine prinzipielle und systematische Untersuchung unserer Stellung zum Schulwesen mit seinen hunderterlei Einzelfragen ist daher je länger desto mehr zu einem dringenden Bedürfnis geworden.

Diesem Bedürfnis kommt ein Buch entgegen, das Genosse Heinrich Schulz unter dem Titel „Die Schulreform der Sozialdemokratie" kürzlich hat erscheinen lassen.[*]

Das Buch stellt sich die Aufgabe, den Zusammenhang der theoretischen Grundsätze der Sozialdemokratie mit den Einzelfragen des Erziehungswesens und der Schulpolitik nachzuweisen und aus dem Gedankenbau des wissenschaftlichen Sozialismus unsere praktischen Schulforderungen abzuleiten.

Der Aufbau des Werkes ist klar und übersichtlich. Das erste Kapitel behandelt das sozialistische Schulideal. Es ist keine pädagogische Utopie, wie sie Plato, Rousseau, Owen, Goethe und andere ausgedacht haben, es ist vielmehr hervorgewachsen aus der Lage des Proletariats, aus der Erkenntnis seiner geschichtlichen Aufgabe und des wirtschaftlichen und sozialen Endziels, für das es kämpft. Im Sozialismus soll die Gesellschaft ihre gesamte Produktion bewußt regeln und organisieren. Dazu ist Voraussetzung, daß alle ihre Mitglieder imstande sind, den Produktionsprozeß in seinem Zusammenhang und in seiner sozialen Bedeutung zu verstehen und sich deshalb bewußt und willig dem Ganzen als dienende Glieder einfügen. Heute steht der einzelne seiner Arbeit meist interesse- und freudlos gegenüber, nur die Hungerpeitsche treibt ihn an, sie zu verrichten. Die heutige Schule tut nichts dazu, ihm eine „befreiende Übersicht" über die gesellschaftliche Produktion zu geben und ihn seine Rolle in derselben verstehen zu lassen. Die elenden Bildungsbrocken, die die Schule dem Proletarier mit auf den Lebensweg gibt, bereiten ihn weder auf seine Arbeit noch auf seine sonstige Stellung im Leben vor.

> Die tausend Beziehungen der Arbeit zur Kultur kann er nicht erfassen; die Wege, die von der dunklen Enge seines Berufs bis auf die sonnigen Höhen des Lebens führen, kann er mit den primitiven Mitteln der Schulbildung nicht finden; für eine feste und befreiende Weltanschauung sind die brüchigen und morschen Bausteine der „religiös-sittlichen" Volksschulbildung nicht zu gebrauchen; die Ableitung seiner politischen und sonstigen öffentlichen Rechte und Pflichten aus seiner ökonomischen Tätigkeit

---

[*] Heinrich Schulz, Die Schulreform der Sozialdemokratie. Dresden 1911, Verlag von Kaden & Co. 263 Seiten. Preis 3 Mark, Vereinsausgabe 1,25 Mark.

wird dem einzelnen, besonders dem Arbeiter, durch die Schulbildung nicht nur nicht erleichtert, sondern nach Möglichkeit verschleiert. (Seite 8)

Schon daraus ergibt sich, daß die heutige Schule für die Ziele und Aufgaben des Sozialismus unbrauchbar ist. In der sozialistischen Gesellschaft wird es ferner auch keine besondere Arbeiterklasse mehr geben,

> die gleichsam das muskulöse aber dumme Lasttier ist, das von dem intelligenten Führer vor die Arbeit gespannt und mit Stockschlägen angetrieben wird, sondern die Gesellschaft wird ein beseelter Organismus sein, bei dem Kopf und Hand in eins arbeiten, bei dem es keinen Rangunterschied zwischen Kopf- und Handarbeit gibt, bei dem sich jeder gern und freudig für diejenige Arbeit zur Verfügung stellt, für die ihn seine vollentwickelten körperlichen und geistigen Eigenschaften am besten qualifizieren. (Seite 9)

Es muß daher auch jedem die Möglichkeit gegeben sein, seine persönlichen Fähigkeiten ohne Rücksicht auf äußere Umstände voll zu entfalten. Dazu muß ein einheitlicher und wohlgegliederter Schulorganismus geschaffen werden, der alle Kinder umfaßt, allen dieselben günstigen Bildungsmöglichkeiten bietet und sie dann einzig und allein auf Grund ihrer verschiedenen Begabung und Neigung wieder voneinander trennt und für diejenige gesellschaftliche Funktion vorbereitet, für die sie am besten geeignet sind. Die Schulerziehung darf schon aus diesem Grunde keine rein geistige sein, sondern sie muß auch die Elemente der körperlichen Arbeit umfassen. Damit wird am sichersten der Überschätzung der geistigen und der Geringschätzung der körperlichen Arbeit entgegengewirkt und der hohe Wert der Selbsttätigkeit für die Sinnes- und Charakterbildung sowie für die Entwicklung sozialer Tugenden dem Erziehungswerk nutzbar gemacht.

Dem sozialistischen Schulideal wird im zweiten Kapitel das Schulwesen der Gegenwart gegenübergestellt mit seinem ausgeprägten Klassencharakter, mit seiner Zerrissenheit und – soweit es sich um die Bildung der breiten Volksmassen handelt – mit seiner Armseligkeit in Lehrziel und äußerem Aufbau.

Im dritten Kapitel, dem Hauptteil des Buches, werden dann, anknüpfend an die Tatsachen des heutigen Schulwesens, die sozialdemokratischen Reformforderungen aufgestellt und begründet.

An die Spitze seiner Forderungen stellt Genosse Schulz die Schaffung eines Reichsschulgesetzes, das der furchtbaren Verworrenheit und Zerklüftung auf dem Gebiete des deutschen Volksschulwesens ein Ende macht – für die höheren Schulen besteht, bezeichnend genug, in den Bestimmungen über die Einjährig-Freiwilligenprüfung und sonstige mit „Berechtigungen" verbundene Examina schon eine gewisse Einheitlichkeit. Das Reichsschulgesetz soll vor allem die Dauer der Schulpflicht, die Schulaufsicht, die Klassenfrequenz, die Ferien, die Lehrpläne und die Lehrervorbildung einheitlich regeln. Eine derartige Regelung macht sich schon, von anderen wichtigen Gründen abgesehen, durch die große Fluktuation der Arbeiterklasse notwendig. Wenn die Kinder der Proletarier, die die wirtschaftliche Not bald hierhin, bald dorthin schleudert, sich immer wieder in völlig neue Schul-

verhältnisse einleben müssen, dann gehen sie auch noch der geringen Bildungsmöglichkeiten verlustig, die die heutige Volksschule zu bieten imstande ist.
Ob freilich in Preußen-Deutschland ein Reichsschulgesetz nicht auch ein zwei-
schneidiges Schwert werden könnte, lasse ich dahingestellt. Die Bedenken, die
Marx in seiner Kritik des Gothaer Programms gegen den Satz „Volkserziehung
durch den Staat" geltend macht, möchten auch heute noch einer allgemeinen
reichsgesetzlichen Regelung des Schulwesens gegenüber angebracht sein, soweit
sich diese Regelung wenigstens über den äußeren Aufbau der Schule hinaus auch
auf Gestaltung der Lehrpläne und der Lehrervorbildung erstreckt. Es könnte nämlich leicht der Fall eintreten, daß die weiter fortgeschrittenen Schuleinrichtungen
einiger Klein- und Mittelstaaten durch die Rückständigkeit des größten Staates,
Preußen, Schaden erlitten, und daß das vereinheitlichte Schulwesen sich dann zu
einem „Nationalzuchthaus und einer gemeinsamen Peitsche" gestaltete.
Die wichtigste Forderung des sozialdemokratischen Schulprogramms ist ohne
Zweifel die der Einheitsschule. Einheitsschule heißt nicht eine einzige Schule für
alle. Sie ist nicht

ein Prokrustesbett, in das alle Kinder hineingezwängt werden, ob das Lehrziel oder
der Unterrichtsbetrieb für ihr körperliche oder geistige Veranlagung paßt oder nicht.
Wohl ist die wirkliche Einheitsschule so umfassend, daß sie die gesamte bildungs-
pflichtige Jugend eines Volkes ohne Unterschied des Geschlechts, des Alters, der
Neigungen, der Fähigkeiten, der elterlichen Verhältnisse in sich einschließt. Aber sie
ist zugleich so planmäßig gegliedert und so elastisch, daß sie jeder erzieherischen Besonderheit, jeder Abstufung im Können der Kinder, jeder Forderung der Gesellschaft
an die körperliche, geistige und seelische Erziehung gerecht werden kann. (Seite 47.)

In der Einheitsschule, wie sie die Sozialdemokratie erstrebt, werden vor allem zwei
Grundsätze restlos zur Geltung kommen. Zunächst wird sie alle bestehenden Schuleinrichtungen, soweit sie als erprobt und brauchbar gelten können, und alle noch zu
schaffenden neuen Schuleinrichtungen in eine einzige organische Gesamtheit zusam-
menfassen. ... Und als zweiten Grundsatz wird sie das unbedingte Recht jedes einzelnen auf jede Schulgattung aussprechen, ein Recht, das nur an der persönlichen Leistungsfähigkeit eine Grenze findet. (Seite 50 f.)

Der Verfasser will auch den Kindergarten noch in das System einbezogen wissen,
der die Kinder vom 4. bis 7. Lebensjahre aufnehmen soll. Der Kindergarten ist ihm
nicht nur eine soziale Notwendigkeit, indem er sich der Kinder der erwerbstätigen
Frauen annimmt; er ist von hohem pädagogischen Werte für alle Kinder. Indem er
das kindliche Spiel in den Mittelpunkt seiner Tätigkeit stellt, indem er es organisiert und möglichst abwechslungsreich gestaltet, dient er der harmonischen Entwicklung von Geist und Körper, der Schärfung der Sinne, der Sprachbildung, der
Entfaltung künstlerischer Fähigkeiten und Fertigkeiten. Freilich darf dann der Kindergarten keine Scheidung nach sozialen Rücksichten mehr kennen, und die widerwärtige Frömmelei, die sich heute vielfach dort breit macht, muß beseitigt werden. Vor allem aber muß die Kindergartenmethode in Fröbelschem Geiste weiter
entwickelt werden, statt, wie heute, vielfach im Festhalten am Fröbelschen Buchstaben zu erstarren. – – An den Kindergarten soll sich die allgemeine Elementar-

schule anschließen, die die Kinder vom 8. bis 14. Lebensjahre umfaßt. Sie soll auch innerlich an die Methode des Kindergartens anknüpfen, indem sie nicht einseitig geistiger Ausbildung dient, sondern die engen Beziehungen zwischen körperlicher und geistiger Arbeit nur noch mehr zur Geltung bringt. Die allgemeine Elementarschule ist nicht mit der sogenannten allgemeinen Volksschule zu verwechseln, die in den Programmen der Lehrerschaft eine so große Rolle spielt, bei der es aber eigentlich nur auf eine Beseitigung der Vorschulen für die höheren Lehranstalten abgesehen ist. Diese Vorschulen sind freilich eine besonders „aufreizende" und unsinnige Einrichtung, mit der aber nicht nur nördlich der Mainlinie gesündigt wird, wie Genosse Schulz anzunehmen scheint. In Württemberg zum Beispiel besteht für die künftigen Schüler der höheren Lehranstalten die zweijährige sogenannte Elementarschule, die sich durch einen ganz besonders überspannten Lehrplan von den Unterklassen der Volks- und der – ebenfalls wieder abgestuften – Bürgerschulen unterscheidet. Mit der Abschaffung dieser Vorschulen ist aber wahrlich nicht viel gewonnen. Trotz des zwei- bis dreijährigen gemeinsamen Unterrichts bleibt die Tatsache bestehen, daß die Scheidung der Kinder in künftige Kopf- oder Handarbeiter in einem Alter eintritt, wo man über ihre Veranlagung noch gar kein abschließendes Urteil abgeben kann. Die Elementarschule dagegen, die Genosse Schulz befürwortet, soll alle Kinder vereinen bis zu dem Alter, in dem der heutige Volksschüler die Schule verläßt. In diesen sieben Schuljahren bildet der Arbeitsunterricht den wichtigsten Unterrichtsgegenstand. „Um ihn gruppieren sich die Elemente der geistigen Bildung: Lesen, Schreiben, Rechnen, Zeichnen, Raumlehre, Physik, Chemie, Geschichte und eine fremde Sprache." Ich möchte freilich auch Erdkunde, Zoologie und Botanik, und vor allem Gesundheitslehre hier nicht völlig missen.

Am Schlusse der allgemeinen Elementarschule, nachdem die Kinder die Elemente der praktischen und theoretischen Arbeit kennen gelernt haben, sind sie auch in der Lage, sich zu entscheiden, ob ihre Neigungen und Fähigkeiten sie mehr für den einen oder für den anderen Zweig der gesellschaftlichen Arbeit geeignet machen. (Seite 59)

Nur um diese allgemeine Entscheidung handelt es sich vorläufig beim Eintritt in die Mittelschule, die alle Kinder vom 15. bis 18. Lebensjahre besuchen. Die Mittelschule besteht aus zwei Abteilungen. Die eine dient der Vorbereitung auf ein späteres Studium, und der Unterricht ist daher vorwiegend theoretischer Natur, er beschäftigt sich mit sprachlichen, historischen und logischen Disziplinen. In der anderen Abteilung steht die Praxis im Mittelpunkte, ohne daß jedoch die Fühlung mit der Theorie, „die Beseelung der körperlichen Arbeit durch die geistige" außer acht gelassen wird.

Dieser praktische Zweig der Mittelschule begreift in methodischer Geschlossenheit alles in sich, was heute in völlig unzulänglicher Weise und zusammenhanglos durch die Berufslehre, durch Fortbildungs- und Fachschulen und durch die technischen Mittel- und Werkmeisterschulen dem Jüngling geboten wird. (Seite 59)

An die Mittelschule schließt sich die Hochschule mit ihren verschiedenen Zweigen. Die Schüler der theoretischen Abteilung gehen auf die Universität über, die der praktischen treten entweder direkt in den praktischen Beruf ein oder sie besuchen vorher noch die Technische Hochschule. Die künstlerisch veranlagten jungen Leute aus beiden Abteilungen erfahren ihre Weiterbildung auf der Kunstakademie.

Der Wert dieses Grundrisses einer Einheitsschule, den Genosse Schulz hier entworfen hat, liegt in dem Nachweis, wie ohne jede Uniformierung die verschiedenen Schulformen, die heute zusammenhanglos nebeneinander bestehen, in ein wohlorganisiertes Ganzes zusammengefaßt werden könnten, und wie überlegen ein solches einheitliches System gegenüber dem heutigen Schuldurcheinander sein würde. Ob der Aufbau der Einheitsschule sich genau so oder in diesem oder jenem Punkte, zum Beispiel in der Einteilung der Altersstufen, etwas abweichend gestalten soll, das muß die Praxis lehren. Jedenfalls wird nach dieser eingehenden Behandlung der Frage niemand mehr auf den Gedanken kommen können, daß die Dorfschule, in der der Sohn des Pfarrers neben dem des Nachtwächters sitzt, schon die Keimzelle der Einheitsschule sei.

In inniger Verbindung mit der Einheitsschule steht auch die Forderung der gemeinsamen Erziehung von Knaben und Mädchen, die sich ja schon aus dem Grundsatz der Gleichberechtigung der Geschlechter ergibt. Sie wird die durch jahrtausendelange Unterdrückung der Frau künstlich erzeugten Unterschiede beseitigen und ein natürlicheres und freieres Verhältnis der Geschlechter zueinander anbahnen.

Ebenso auf dem Wege zur Einheitsschule liegen die Forderungen der Unentgeltlichkeit des Unterrichts, der Lehr- und Lernmittelfreiheit und der Verpflegung in allen Schulen und für alle Kinder.

Eine weitere grundlegende Forderung unseres Schulprogramms ist die Weltlichkeit der Schule. Genosse Schulz unterzieht zunächst den Religionsunterricht nach Lehrstoff und Methode einer gründlichen Kritik, um dann die Halb- und Viertelheiten bürgerlicher Schulreformer, die Simultanschule und den konfessionslosen Religionsunterricht zu zerpflücken. Die Simultanschule will dem unsinnigen Zustand ein Ende machen, daß der gesamte Unterricht konfessionell gefärbt ist, vom Sprach- und Geschichtsunterricht bis „hinab" zu den sogenannten „Fertigkeiten". In der Simultanschule soll nur der Religionsunterricht konfessionell erteilt werden. Einen Schritt weiter gehen die Befürworter des konfessionslosen Religionsunterrichts, bei dem man sich so ungefähr auf die Begriffe „Gott, Unsterblichkeit und Tugend" einigt. Für uns kann die Formel natürlich nur lauten: Völlige Abschaffung des Religionsunterrichts in der Schule. Mir scheint freilich, daß damit noch nicht einmal alles erreicht ist, solange die Lesebücher noch wimmeln von aufdringlichen Histörchen vom lieben Gott, der alles sieht, der das Gute belohnt und das Böse bestraft; solange im Geschichtsunterricht überall der „Finger Gottes" und in der Naturgeschichte „die Weisheit und Güte des Schöpfers" nachgewiesen wird.

Soll an Stelle des Religionsunterrichts ein Moralunterricht treten? Manche Sozialdemokraten, auch Genosse Rühle und Genossin Zetkin bejahen diese Frage. Genosse Schulz verneint sie zu meiner großen Befriedigung aufs entschiedenste. [...] Was ich wenigstens bisher aus „Moralleitfäden", Berichten und eigenem Erleben vom Moralunterricht erfahren habe, läßt ihn mir fast noch unsympathischer erscheinen als den Religionsunterricht. Die Moral sauber „auf Flaschen gezogen" [S. 120] als „Pflichten-„ oder „Tugendlehre", hübsch eingeteilt in Pflichten gegen uns selbst, gegen Eltern, Geschwister usw., kann man sich etwas Täppischeres, den Gesetzen der Psychologie und Pädagogik mehr Hohnversprechendes denken? Man stelle sich zum Beispiel vor, daß – wie mir aus einer Pariser Schule erzählt wurde – eine Lehrerin die Unterrichtsstunde mit den Worten begann: „Heute wollen wir miteinander von der Großmut reden". Ein so zartes Ding, wie es das sittliche Empfinden ist, kann durch solch plumpes Betasten nur zerstört, niemals entwickelt werden. [...]

Aus dem, was Schulz über den inneren Schulbetrieb, vor allem über den Lehrplan sagt, will ich hier nur noch einen wichtigen Punkt herausheben, das ist die Forderung des Arbeitsunterrichts. Auf die Notwendigkeit der Verbindung von geistiger und körperlicher Arbeit ist schon bei Behandlung des sozialistischen Schulideals und der Einheitsschule hingewiesen worden. Auch bürgerliche Schulreformer verfechten die Einführung der Handarbeit in die Schule, das heißt sie möchten diesen Unterricht, der auf den lächerlichen Namen „Knabenhandfertigkeitsunterricht" getauft worden ist – für Mädchen genügt angeblich der übliche Handarbeitsunterricht, der im Strümpfestricken und in der Anfertigung eines Hemdes gipfelt –, als obligatorisches Lehrfach neben den bisher bestehenden in den Lehrplan aufgenommen sehen. Damit ist aber unserer Meinung nach seiner Bedeutung nicht Genüge getan. Der Sozialismus sieht in der Arbeit, in der gesellschaftlichen Produktion die Grundlage der gesamten Kultur. Deshalb will er die Arbeit organisieren und ihr den drückenden, herabwürdigenden Charakter nehmen. Die Voraussetzung für eine solche Umgestaltung der gesellschaftlichen Produktion ist eine Jugenderziehung, die nicht nur jeden einzelnen mit den Elementen der gesamten gesellschaftlichen Arbeit vertraut macht, sondern die die Arbeit zum Grundprinzip all ihrer Maßnahmen macht. Wo heute schon Handfertigkeitsunterricht erteilt wird, da geschieht es bestenfalls in der Weise, daß Gegenstände, die in den theoretischen Fächern behandelt worden sind, nachträglich im Arbeitsunterricht „dargestellt" werden, das heißt der Arbeitsunterricht ist die Dienerin des theoretischen Unterrichts. Dieses Verhältnis sollte gerade umgekehrt sein: aus der Praxis ergibt sich die Theorie. Die Beschäftigung der Kinder mit Gartenbau zum Beispiel führt von selbst zur Erkenntnis von Gestalt und Lebensweise der verschiedensten Pflanzen und Tiere, von geologischen und mineralogischen Verhältnissen; die Einteilung des Landes führt zu allerlei geometrischen Berechnungen; die Bearbeitung und Düngung gibt Gelegenheit zur Erläuterung mancher physikalischer und chemischer Gesetze usw. Man sieht:

> es handelt sich nicht um den Arbeitsunterricht als ein bescheidenes Spezialfach, sondern es handelt sich um eine neue Grundlegung der ganzen inneren Schularbeit, um ihre Neuorientierung an dem Maßstabe, den die Arbeit als Grundprinzip für Lehrstoff und Lehrmethode aufstellt.

Wenn wie einen Überblick halten, finden wir, daß das Schulprogramm der Sozialdemokratie allerdings nicht „bescheiden", nicht bloß äußerlich reformierend, sondern von Grund aus umwälzend ist. Die Einheitsschule bedeutet Aufhebung des Klassencharakters der Schule, die Abschaffung des Religionsunterrichts führt zur Befreiung der Schule aus der Gewalt einer überlebten Weltanschauung, die Einführung des Arbeitsunterrichts in unserem Sinne fordert eine völlige Umgestaltung von Lehrplan und Methode. Wenn Schulz dann in den Schlußkapiteln die Frage aufwirft: Wer wird die Schulreform durchführen?, so kann die Antwort nur lauten: Weder der Gegenwartsstaat, noch die bürgerlichen Parteien, deren geschäftsführender Ausschuß er ist, werden zu einer solchen grundstürzenden Schulreform die Hand bieten. Die Sozialdemokratie allein kann sie durchführen; und sie muß sie auch durchführen, denn keine Partei ist im Interesse ihres Gegenwartskampfes wie ihres Zukunftszieles so wie sie von der körperlichen, geistigen und sittlichen Tüchtigkeit ihrer Mitglieder abhängig. Auf dem Boden der gegenwärtigen Gesellschaftsordnung wird ihr aber die Verwirklichung ihres Schulprogramms nur zum kleinsten Teil gelingen. So erweist sich der Kampf um die Schulreform als ein Teil des gewaltigen Ringens des Proletariats um die politische Macht.

Soweit das Buch des Genossen Schulz. Wir sind der Meinung, daß es die Aufgabe, die es sich eingangs stellte, gelöst und eine gute wissenschaftliche Grundlage für unsere praktische Schulpolitik geschaffen hat. Wir möchten dieses Buch deshalb in der Hand aller jener Genossen sehen, die sich im Landtag, in der Gemeinde oder sonst wie mit Schulproblemen zu beschäftigen haben: es kann ihnen als Wegweiser für ihre Arbeit und als Orientierungspunkt dienen, von dem aus sie die kleinen Forderungen und Errungenschaften des Tages im Zusammenhang mit dem großen Ganzen unseres Schulideals sehen und daher in ihrer wirklichen Bedeutung abschätzen können.

91. Heinrich Schulz: Was kümmert uns das humanistische Gymnasium?

NZ 1910/11, Nr. 47, S. 725-734 (Auszüge)

Dem humanistischen Gymnasium geht es neuerdings nicht gut. Fast ein Jahrhundert lang thronte es in vornehmer Einsamkeit hoch über den anderen Bildungsanstalten. Seine stolzen Vorrechte erlaubten ihm, mit kühler Geringschätzung auf alle anderen Schulen, auch auf die übrigen bevorrechteten Schulen des bürgerlichen Klassenstaats, herabzuschauen. Nur ganz wenige Sterbliche, denen der Zufall der Geburt einen wohlhabenden Vater und daneben einen einigermaßen offenen Kopf beschert hatte, genossen des Vorzugs, durch die vielen Klassen des Gymnasiums hindurchzuwandeln und mit dem amtlichen Zeugnis der „Reife" für die Wissenschaft ausgerüstet mit der eigentlichen gründlichen und wahren „Bildung" ins Leben zu treten.

Aber der Fortschritt der Zeit, der auch die ehrwürdigsten Traditionen nicht achtet, hat die einst so unnahbare Selbstherrlichkeit des humanistischen Gymnasiums angetastet. Seine Vorrechte sind ihm arg beschnitten worden, es muß sich gefallen lassen, daß auch die früher von ihm über die Achsel angesehenen höheren Schulen mit ihm in Reih' und Glied gerückt worden sind. Man kann heutzutage ein vollberechtigter akademischer Bürger sein, wenn man auch nicht das Gymnasium absolviert, wenn man sogar nur eine lateinlose Realschule besucht hat.

Die Sozialdemokratie hat den Veränderungen, die in den letzten zwei Jahrzehnten in der Organisation und dem Berechtigungswesen der höheren Lehranstalten vorgenommen worden sind, im allgemeinen wenig Aufmerksamkeit geschenkt. Uns liegt das Hemd näher als der Rock. Wir müssen zunächst mit allen Kräften danach trachten, die Volksschule zu heben, während es für uns von geringerer Bedeutung ist, wie die herrschende Gesellschaft die für ihre Herrschaftszwecke geschaffenen höheren Schulen gegeneinander abstuft und bewertet.

Aber ohne jedwedes Interesse ist für uns die Reform des höheren Schulwesens doch auch nicht. Wir sehen schon in der Tatsache, daß die herrschende Gesellschaft immer aufs neue den Bau und die Einrichtungen der höheren Schule zu bessern und ihren Wert für die heranwachsende Generation zu erhöhen sucht, während sie umgekehrt die Volksschule durch zunehmende Verkirchlichung entwertet, einen bezeichnenden Beweis für das charakteristische Streben der herrschenden Klasse, alle Dinge zu ihrem Besten zu fügen und nichts zu unterlassen, was ihre wirtschaftliche und politische Herrschaft festigen kann. Wir verfolgen die Reform der höheren Schulen ferner aus dem Grunde, weil unsere Vertreter in den Landtagen und Gemeinden wissen müssen, welche Stellung sie bei Schulreformvorlagen einzunehmen haben. Da wir danach streben, die höheren Schulen nach Möglichkeit auch den Kindern des Volkes zu öffnen, so müssen wir uns bei den Reformaktionen der herrschenden Klasse darüber klar werden, ob sie in der Richtung der Verallgemeinerung der höheren Schulbildung liegen und demnach von uns unterstützt oder doch stillschweigend gebilligt werden können, oder ob sie alte Vorrechte fester verankern und den alten neue hinzufügen.

Da mag es denn wohl außer mir noch einige Genossen überrascht haben, daß kürzlich unsere beiden wichtigsten publizistischen Organe, der „Vorwärts" und die „Neue Zeit", an leitender Stelle ihre Stimme zugunsten des humanistischen Gymnasiums erhoben. Nicht unbedingt zwar, man hatte auch gegen das Gymnasium seine Vorbehalte; aber im Grunde bedauerte man doch, daß es dem letzten bescheidenen Vorrechte des Gymnasiums, dem Obligatorium des Griechischen, an den Kragen gehen, daß das Griechische sogar dem Englischen gleich gestellt werden solle, womit dem humanistischen Gymnasium, dieser Vorbedingung der bürgerlichen Kultur, der Todesstoß versetzt würde.

Ich halte diese Anschauung für irrig, weder anerkenne ich die allgemeine Tendenz, der sie entspringt, noch die einzelnen Argumente, deren sie sich bedient. Mein pädagogisches Gewissen zwingt mich, ihr meine andere Auffassung an dieser Stelle entgegenzusetzen.

Die Motive der Freunde des humanistischen Gymnasiums sind durchaus ehrenvoll, sie entquellen der unbegrenzten Hochachtung vor der Wissenschaft und dem Wunsche nach einer allseitigen und gründlichen Bildung. Man glaubt, daß nur die gymnasiale Bildung, besonders das Studium des Griechischen, die Voraussetzung für echte Wissenschaftlichkeit sei, daß nur durch das humanistische Gymnasium eine universelle Bildungsgrundlage für alle Wissenschaften gegeben werden könne.

Ich nehme für mich und meine Gesinnungsgenossen in Anspruch, daß wir die Wissenschaft nicht minder hoch schätzen wie die Befürworter der alten Gymnasialbildung, und daß wir mindestens in dem selben Maße wie sie eine solid fundierte und weitschauende Bildung für jeden einzelnen im Volke anstreben, eine so gründliche Bildung, wie sie die sozialen und psychologischen Vorbedingungen nur immer zulassen. Aber wir sind davon überzeugt, daß für die Erreichung dieses Zieles das Vorhandensein des humanistischen Gymnasiums von keiner entscheidenden Bedeutung ist, daß im Gegenteil bessere und kürzere Wege zu diesem Ziele führen.

Wir müssen uns zunächst über den Begriff Bildung verständigen. Ich will keine tiefsinnige und gelehrte Definition den vielen, die darüber versucht worden sind, hinzufügen. Es genügt, wenn wir darüber einig sind, daß es sich bei der Bildung nicht um ein Vielwissen handelt. Abgesehen davon, daß es bei der ungeheuren Breite und Tiefe der Gebiete wissenschaftlicher Forschung und Erkenntnis physiologisch und psychologisch unmöglich wäre, „alles" zu wissen, ist auch die Menge des Wissens keineswegs eine Bürgschaft für wirkliche und gute Bildung. Einer, der für seine Zeit noch am ehesten dem Ideal eines universellen Geistes nahe gekommen wäre, und der daher mit einem gewissen Rechte Allgemeinbildung hätte fordern könne, Goethe, fordert im Gegenteil die Beschränkung: „Eines recht wissen und ausüben, gibt höhere Bildung, als Halbheit im Hundertfältigen."

Vielleicht fallen mir hier schon die Fürsprecher des humanistischen Gymnasiums ins Wort: das sei auch ihre Meinung, gerade darum lehnten sie das Vielerlei der Realschulbildung ab und beschränkten sich nach dem Goetheschen Ratschlag auf „eines", auf das Griechische, auf das Altertum. Indem sie das Griechisch recht wissen und ausüben, indem sie mit seiner Hilfe die griechische Kultur gründlich studierten, seien sie im Besitz einer höheren Bildung, als sie der Realschüler durch Halbheit im Mannigfaltigen je erreichen könne.

Es möge außer Betracht bleiben, wie viele Gymnasiasten jetzt und früher lediglich durch ihr mehr oder weniger stümperhaftes Studium der griechischen Sprache das Verständnis für die griechische Kultur erlangt haben; es möge auch die Frage ausscheiden, ob nicht durch das Studium mustergültiger Übersetzungen und guter Schriften über das Altertum dasselbe erreicht werden kann. Ich will sogar gern zugeben – obwohl ich als „Realschüler" nicht aus eigener Erfahrung sprechen kann –, daß der griechischen Sprache ein hoher bildender Wert innewohnt, ein höherer als irgend einer anderen Sprache. Ich will noch einen Schritt weiter gehen: vom rein pädagogischen Standpunkte aus könnte eine starke griechische Einseitigkeit dem humanistischen Gymnasium in gewisser Beziehung zum starken Vorzug werden, da dadurch der ganze Bildungsgang eine einheitliche Grundlage und ein festes Ziel erhielte.

Aber diese starke Einseitigkeit ist in Wirklichkeit nie vorhanden gewesen. Als das humanistische Gymnasium im zweiten Viertel des neunzehnten Jahrhunderts auf die Grundlagen gestellt wurde, auf denen es in der Folgezeit bis zum Ende des Jahrhunderts gestanden hat, ließ man sich gerade von dem Bestreben leiten, den Gymnasiasten eine möglichst vielseitige Bildung zu geben. Die Schüler sollten durch die Gymnasialbildung in den Stand gesetzt werden, sich auf der Universität jedem fachwissenschaftlichen Studium zu widmen. Die von dem damaligen Reformator des preußischen Gymnasiums, Schulze, ausgearbeitete Lehrordnung ging von dem Grundsatze aus, daß alle Lehrgegenstände, die er für das Gymnasium für notwendig hielt, nämlich die deutsche, lateinische, griechische Sprache, Philosophie, Religionslehre, Mathematik nebst Naturbeschreibung, Geschichte und Geographie, Schreiben, Zeichnen, Singen, wozu noch die französische und wahlfrei die hebräische Sprache und das Turnen traten, in dem Verhältnis, in dem sie in den verschiedenen Klassen gepflegt wurden, die Grundlagen jeder höheren Bildung ausmachten. [...]

Aber Goethe hat nicht gesagt: Griechisch recht wissen und ausüben gibt höhere Bildung, sondern eines recht wissen und ausüben. Damit erweist er sich als der bessere Psycholog. Die aus pädagogischen Gründen wünschenswerte Konzentration des Unterrichtes braucht sich nicht um das Griechische als den Mittelpunkt zu bewegen. Es kann auch ein anderes Wissensgebiet sein, es braucht sogar nicht nur ein Gebiet des Wissens, es kann auch ein Gebiet des Könnens sein. Wie es denn auch bei Goethe unmittelbar vor den angeführten Worten heißt: „Allem Leben, allem Tun, aller Kunst muß das Handwerk vorausgehen, welches nur in der Beschränkung erworben wird." Und einige Sätze später sagt er: „Weise Männer lassen den Knaben unterderhand dasjenige finden, was ihm gemäß ist; sie verkürzen die Umwege, durch welche der Mensch von seiner Bestimmung, nur allzu gefällig, abirren mag."

Das humanistische Gymnasium ließ die Knaben nicht finden, was ihnen gemäß ist, sondern es nötigte alle Knaben zu einem großen Umwege über das Griechische. Zahlreiche Schüler fanden von diesem Umwege nie wieder auf den richtigen Weg zurück. Andere fanden sich schließlich zwar wieder zurecht, aber sie verwünschten später die kostbare Zeit, die sie auf dem Umwege vertan hatten. Und nur für einige wenige Knaben war, ihrer Bestimmung gemäß, der Weg über das Griechische kein Umweg, sondern der nächste und richtigste Weg. Damit diese wenigen, die noch dazu aus der kleinen Zahl der bevorrechteten höheren Schüler stammten, sich ihrer Bestimmung gemäß entwickeln konnten, wurden bisher alle übrigen Kinder, soweit sie sich eine gründliche und gelehrte Bildung aneignen wollten, gezwungen, den für sie überflüssigen Weg mitzumachen.

Die Kinder, für die der Weg über das Griechische nicht der richtige Weg ist, sind nicht etwa weniger begabt, sie sind auch keineswegs zum wissenschaftlichen Studium weniger berufen als die „Griechen", sie sind in geistiger Beziehung lediglich anders disponiert. Ihre geistigen Fähigkeiten sind nicht vorwiegend sprachlich-logischer oder historischer Art, sondern sie sind entweder vorzugsweise auf die

Mathematik eingestellt oder auf die Naturwissenschaften oder auf die Technik oder auf die Kunst oder auf die Handfertigkeit. Nur in seltenen Ausnahmefällen, nur bei außergewöhnlicher Begabung umfaßt der Intellekt des einzelnen mehr als eine der großen Wissensgruppen. Als Ziel müssen wir deshalb eine Schule anstreben, die alle Kinder so lange in gemeinsamem Unterrichte zusammenhält, wie es für die Schaffung einer sicheren und ausreichenden Grundlage im elementaren Allgemeinwissen unbedingt nötig ist, und die erst dann die Kinder den besonderen Schulgattungen und Klassen zuteilt, die für ihre inzwischen zur Entwicklung gelangte Sonderbegabung die geeigneten sind. Solange das humanistische Gymnasium unumschränkt herrschte, war gerade das entgegengesetzte Prinzip in der Schulorganisation Trumpf. Durch die Beseitigung der Monopolstellung des humanistischen Gymnasiums, durch die Gleichstellung der Realgymnasien und Oberrealschulen mit den alten Gymnasien ist die pädagogisch sinnlose Schroffheit des alten Zustandes gemildert worden. [...]

Wenn die „Neue Zeit" in einer für meine Auffassung geradezu unverständlichen Überschätzung des humanistischen Gymnasiums schrieb: „Von den großen Vertretern der allermodernsten Wissenschaft, nämlich des Sozialismus, sind weder Marx noch Lassalle ohne das humanistische Gymnasium denkbar", so wage ich demgegenüber die These: Es wäre schlecht um den Sozialismus sowohl als wirtschaftlich-technische Erscheinung wie als theoretische Wissenschaft bestellt, wenn das humanistische Gymnasium im neunzehnten Jahrhundert die einzige höhere Bildungsanstalt gewesen wäre; die soziale Notwendigkeit hat vor ihm und neben ihm andere Schulen und Bildungsanstalten geschaffen, die den vom humanistischen Gymnasium in sträflichem Hochmut vernachlässigten realistischen Wissensgebieten wenigstens zum Teil zu ihrem Rechte verholfen haben; gerade diese aber sind für die soziale Entwicklung und damit auch für die sozialistische Theorie von der größten und entscheidendsten Bedeutung gewesen. [...]

Im übrigen: Hat Marx überhaupt das humanistische Gymnasium besucht, dessen allmähliche Entthronung die „Neue Zeit" beklagt? Ich gehe noch einen Schritt weiter: Was haben Herder, Goethe, Heine, auf die sich die „Neue Zeit" beruft, mit dem humanistischen Gymnasium zu tun? Was hat überhaupt das ganze humanistische Gymnasium mit der Blüte der bürgerlichen Kultur und mit dem klassischen Deutschland zu tun? Ich glaube, die „Neue Zeit" verwechselt hier eine große Ursache mit einer bescheidenen, allzu bescheidenen Wirkung.

Die letzte gesetzliche Regelung des Gymnasialschulwesens, bevor im Jahre 1882 der erste zaghafte Schritt zu einer Reform im Sinne der Annäherung der höheren Schulen getan wurde, stammt aus dem Jahre 1856. Der damals erschienene Lehrplan unterschied sich aber nicht erheblich gegen den bisherigen, der aus dem Jahre 1837 stammte, nur daß er die Naturkunde noch weiter zurückdrängte, und zwar gerade zu einer Zeit, als die Naturwissenschaften zu ihren größten und entscheidendsten Schlägen gegen die alte spekulative Naturphilosophie ausholten.

Mit diesem Gymnasium von 1837 haben wir es recht eigentlich zu tun, wenn von dem Gymnasium die Rede ist, an dessen Reform in den letzten Jahrzehnten gearbeitet wird, dessen Monopolstellung allmählich beseitigt wird. Das preußische Gymnasium fußte bis dahin besonders auf den Grundlagen, die ihm in den Jahren der Erneuerung Preußens unter Wilhelm v. Humboldts Einfluß gegeben worden waren. Aber Humboldt war nur knapp ein Jahr, von 1809 bis 1810, Kultusminister; und nachdem gar erst die Kriegsjahre vorüber waren und die Reaktion in Preußen sich wieder breit und herausfordernd an den Tisch setzen konnte, war auch der löbliche Reformeifer verflogen. Allenstein, ein schwächlicher Liberaler, suchte sich mit Vorsicht durch die Schwierigkeiten von links und von rechts hindurchzuwinden. Seiner Herkunft nach zur Aufrechterhaltung Stein-Humboldtscher Grundsätze verpflichtet, war er doch viel zu unentschieden und viel zu nachgiebig gegen die herrischen Ansprüche der Reaktion und Orthodoxie, als daß er die freiheitlichen und humanistischen Ideen seiner besseren Vergangenheit mit Energie durchzusetzen gewagt hätte.

Sein Mitarbeiter Süvern, ein am Neuhumanismus und an Pestalozzi geschulter Pädagog und Staatsmann, suchte in einem für jene Zeit groß angelegten Unterrichtsgesetzentwurf die Grundlage für eine einheitliche Nationaljugenderziehung in Preußen zu schaffen. Aber Allenstein wußte es zu verhindern, daß der Entwurf jemals Gesetz wurde. Als Süvern erkannte, wie der Kultusminister zu seinem Entwurfe stand, trat er tief verletzt zurück. [...]

Man begreift diesen Widerstand ohne weiteres, wenn man sich die entscheidenden Grundbestimmungen des Süvernschen Entwurfes vergegenwärtigt. Danach sollte die öffentliche Schule Stamm- und Mittelpunkt der Jugenderziehung sein und so die Grundlage der Nationalerziehung bilden. Ihre Aufgabe sollte sein, die Erziehung der Jugend für ihre bürgerliche Bestimmung auf ihre möglichste allgemein-menschliche Ausbildung zu gründen. [...]

Eine derartige Einheitsschule hätte nur leben und gedeihen können, wenn ihr breiter Unterbau, die allgemeine Elementarschule, solide und gesund gewesen wäre. Für die Hebung seines Volksschulwesens hätte also Preußen erhebliche Mittel anwenden müssen. Daran war – fast weniger als zu irgend einer anderen Zeit – in den zwanziger und dreißiger Jahren des vorigen Jahrhunderts zu denken. Im Jahre 1826 wurde der Süvernsche Entwurf deshalb endgültig zu den Akten gelegt. [...]

Diese kurze historische Abschweifung sollte darlegen, daß Marx das humanistische Gymnasium im eigentlichen heutigen Sinne des Wortes gar nicht besucht hat. Bevor noch dieses Gymnasium im Jahre 1837 durch die Schulzesche Schulordnung in seiner vornehmen Ausschließlichkeit und damit in striktem Gegensatz zu den neuhumanistischen Idealen Süverns, Humboldts, Fichtes und anderer fest begründet wurde, hatte Marx die Schule schon seit Jahren verlassen. Aber mehr noch als diese Tatsache wollte ich durch die geschichtliche Erinnerung beweisen, daß „die Männer, die das moderne Deutsch geschaffen haben, die Lessing, Winckelmann, Herder, Goethe", mit dem humanistischen Gymnasium nichts zu tun haben. Sie selbst haben es nicht besucht, sie mussten mit den mangelhaften Lateinschulen ihrer Zeit vorlieb nehmen, über die sie selber manch bitteres Wort geschrieben haben. Was sich aber unter Berufung auf die großen Neuhumanisten in der Mitte des neunzehnten Jahrhunderts als „humanistisches Gymnasium" endlich gestaltete, das war eine jämmerliche Karikatur auf die Schuleinrichtungen, die Goethe, Herder, Pestalozzi, Fichte, ja, die schon viel früher Humanisten wie Comenius und Ratichius im Auge gehabt hatten. [...]

Es bleibt mir noch ein Argument der „Neuen Zeit" zu widerlegen: die Behauptung, daß alle bahnbrechenden Vertreter der Wissenschaft aus dem humanistischen Gymnasium hervorgegangen sind. Daß es sich höchstens um die bahnbrechenden Vertreter seit der Mitte des neunzehnten Jahrhunderts handeln kann, habe ich bereits ausgeführt. Inwieweit die Behauptung im übrigen wirklich zutrifft, kann und will auch ich im Augenblick nicht feststellen. Aber wenn zweifellos die meisten hervorragenden Vertreter der Wissenschaft aus dem humanistischen Gymnasium trotz aller seiner Schwächen hervorgegangen sind, so lag das an einer schlichten und überzeugenden Tatsache: sie mußten daraus hervorgehen, weil keine andere Bildungsanstalt zum Universitätsstudium berechtigte.

Das ist gerade die falsche Entwicklung gewesen, die das Bildungswesen im neunzehnten Jahrhundert genommen hat: die Zurückdrängung und Geringschätzung der Realien und derjenigen höheren Lehranstalten, die die Realien besonders pflegten. Es ist eine irrige Annahme, wenn man glaubt, die Realschulen seien eine junge und wohl gar unehrerbietige Konkurrenz der Gymnasien. Streng genommen sind die Realschulen älter als das humanistische Gymnasium in seiner eigentlichen Gestalt. Die Realschulen entstanden um die Mitte des achtzehnten Jahrhunderts als naturgemäße Folge der wirtschaftlichen Entwicklung. Ein umfassender Kopf wie Herder sah deshalb auch in den Begründern der ersten Realschulen, in Francke in Halle und Hecker in Berlin, Männer, denen nachzueifern ein hohes Verdienst sei. Man darf davon absehen, daß diese Realschulen in ihren Anfängen mit pietistischen Zutaten beschwert waren. Ein wirklicher Humanismus hätte die Bildungsanstalten, die in ihrer Gesamtheit dem drängenden Leben der Zeit Rechnung zu tragen versuchten, zu organischer Einheit zusammengefaßt. Der schiefe und einseitige Bureaukratenhumanismus des neunzehnten Jahrhunderts dagegen trennte die Bildungsanstalten schroff voneinander, so wie es der Kastengeist erforderte. Obenan stand das Gymnasium in glänzender Isolierung, nur bestimmt für die Gelehrten und den Nachwuchs der staatlichen Bureaukratie. Weitab vom Gymnasium duldete man Realschulen, später Realgymnasien und ähnliche Zwitteranstalten für die minderwertigen geschäftigen Zwecke der Bourgeoisie. Und ganz zu unterst verkam in Elend und Dürftigkeit die Volksschule.

Es mag sein, daß in dem heutigen Bestreben, die Monopolstellung des Gymnasiums bis auf den letzten Rest auszutilgen, zum Teil der nüchterne Krämersinn der profitlüsternen Bourgeoisie mit wirksam ist. Aber schließlich unterscheidet sich dieser in seinem Wesen und seiner Wirkung nicht sonderlich von der unter dem Deckmantel allgemeiner Bildung verborgenen Herrschsucht machtlüsterner Bureaukraten und Aristokraten. Aber die Schulreform der Bourgeoisie liegt doch auf dem Wege des Fortschritts, auf dem Wege der wirtschaftlichen und allgemeinkulturellen Notwendigkeiten; indem die Bourgeoisie die Einrichtungen schafft, zu denen sie durch ihr wirtschaftliches Interesse genötigt wird, arbeitet sie ungewollt auch im Sinne des kulturellen Fortschritts. Die Beseitigung der trennenden Schranken zwischen den einzelnen höheren Lehranstalten, die Beseitigung der Monopolstellung einer nur für die staatliche Bureaukratie, für die klerikale Hierarchie und für weltfremdes Gelehrtentum bestimmten Schulanstalt bedeutet einen Schritt vorwärts auf dem Wege zur Einheitsschule. Diesen Schritt muß die Bourgeoisie noch tun, in ihrem eigenen Interesse noch tun. Den viel größeren und viel wichtigeren Schritt: die Beseitigung des Gegensatzes zwischen „höheren" und „niederen" Schulen, die Beseitigung der Aschenbrödelstellung der nur für die ausgebeuteten Lohnarbeiter bestimmten Volksschule, wird die bürgerliche Gesellschaft nicht tun. Das ist die geschichtliche Aufgabe der Arbeiterklasse.

Mit der Schaffung der Einheitsschule der sozialistischen Gesellschaft fällt aber sowohl der einseitige lebensfremde Humanismus als Zielbestimmung und Methode der Erziehung als auch der einseitige nüchterne Realismus. Der Sozialismus orientiert seine Pädagogik an der gesellschaftlichen Arbeit, die so umfassend und vielseitig ist, daß in ihr alle wichtigen Kulturfaktoren der Vergangenheit und der Gegenwart, die großartigen Anregungen der antiken Kultur sowohl als auch die unmittelbaren Forderungen des Tages zu ihrem Rechte gelangen; zugleich aber läßt sie doch auch – um zum Schlusse noch einmal Goethe zu zitieren – „den Knaben unterderhand dasjenige finden, was ihm gemäß ist". Durch diese Vereinigung aller sozialen Bildungsfaktoren mit der ungehinderten Bildungsmöglichkeit des Individuums wird die Erziehung der sozialistischen Zukunft alle Erziehungseinrichtungen früherer Zeiten weit überragen.

92. Ludwig Gurlitt: Erziehungslehre[740] (Rezension von Heinrich Schulz)

NZ 1910/11, Nr. 47, S. 758-760 (Auszüge)

Gurlitt ist eine der interessantesten und charaktervollsten Persönlichkeiten unter den zahlreichen bürgerlichen Erziehungsreformern unserer Zeit. Er sieht vernünftigerweise seine Hauptaufgabe nicht darin, eine nach einem ausgeklügelten System aufgebaute alleinseligmachende neue Erziehungsweise anzupreisen, sondern seine stärkste Seite ist die kritische. Er hat revolutionäres Temperament, und in frischem Draufgängertum rückt er alten Götzen zu Leibe, die jahrhundertelang die Schuljugend bei Tage leibhaftig gequält und bei Nacht in wirren Träumen geschreckt haben. Das haben zwar vor ihm auch schon viele getan. Aber die breiten Mauern der Tradition und des Schlendrians fallen nicht auf den ersten Ansturm, die wuchtigen Stöße, die Gurlitt gegen sich führt, wirken deshalb erfrischend und anfeuernd.

Gurlitt kommt nicht wie die meisten radikalen Schulreformer aus den Reihen der Volksschullehrer, sondern er war einst altphilologischer Professor an einem Gymnasium. Diese Tatsache macht seine Stärke auf gewissen Gebieten aus, und

---

[740] Erschienen bei Wiegandt & Grieben (G. R. Sarafin). Berlin 1909.

sie wird auf anderen zu seiner Schwäche. Man fühlt seiner Schulkritik an, daß sie vorzugsweise von den praktischen Erfahrungen eines höheren Schulmannes abhängt. Dadurch verliert sie an Wert für die breite Masse des Volkes, die an der Volksschule interessiert ist und von ihrer gründlichen Reform die geistige Befreiung erwartet. Um so wertvoller ist deshalb, was Gurlitt zur Kritik des höheren Schulwesens sagt, das er gründlich kennt. Ich empfehle deshalb sein Buch besonders den Fürsprechern des herkömmlichen humanistischen Gymnasiums, deren es selbst einige in unseren Reihen gibt. Ich lehne mit Gurlitt die „autoritativ aufgepflanzte Hochachtung vorm Altertum" ab. Ich stimme ihm zu, daß damit der Jugend Gewalt angetan wird. „Ob einmal ein deutscher Mann Cäsars Kriegsgeschichte beachtenswert und für sich nutzbringend finden wird, das ist seine Sache. Es ist aber ein falscher Anspruch, von vierzehnjährigen Kindern pflichtmäßige Hochachtung für dieses Literaturwerk zu verlangen. Auf diesem und hundert anderen Gebieten ist die herrschende Pädagogik zudringlich und gewalttätig. Immer aber ist das auf dieselbe Ursache zurückzuführen, daß sie von fertigen Lehrmeinungen und Lehrsystemen ausgeht, statt von der Beobachtung und den Bedürfnissen des Kindes."

Auf diesem Gebiete, dem Studium des Kindes, seinen Neigungen, Wünschen, Eigenschaften, ist Gurlitt nicht nur negativ-kritisch tätig, hier zeigt er sich als ein feiner Beobachter der Kindesseele, der allen ihren Regungen, den guten wie den schlechten, mit wohlwollendem, liebevollem Verständnis nachspürt. Dadurch wird er wie alle ähnlichen Beobachter zu einem begeisterten und energischen Vorkämpfer der Rechte des Kindes. Er will eine Pädagogik, die den natürlichen Bedürfnissen und Notwendigkeiten des Kindes gerecht wird; er lehnt alle überlieferten Redensarten über angeblich gute und angeblich böse Kinder ab; er fordert für das Kind das volle Recht auf Liebe, Haß, Leidenschaft, Trotz; er erklärt in verständiger und einleuchtender Weise die vermeintlichen erbeingesessenen Fehler des Kindes: „was uns in der Erziehung als Ungezogenheiten der Kinder, Unart entgegentritt, das ist zu neun Zehnteln nicht Unart, sondern Art". Gurlitt stellt als seine Hauptforderung auf, die Erziehung so einzurichten, daß das Kind seines Lebens, seiner Jugend recht von Herzen froh wird.

[...]

Gurlitts „Erziehungslehre" ist, wie er im Vorwort mitteilt, in wenigen Wochen entstanden, die Gedanken sind ihm dabei wie reife Birnen in den Schoß gefallen. Mit Stolz betont er, daß er alles selbst erlebt, empfunden und geformt habe und daher auf jedes Zitat und jeden Quellennachweis verzichte. Das Buch ist deshalb merkwürdig formlos in der Anlage, ihm fehlt – sicherlich zum Entsetzen der ordnungsliebenden Pädagogen von Fach – der streng systematische Aufbau. Dennoch ist es von einer strengen Geschlossenheit, die starke Eigenart des Verfassers, seine echte Liebe zur Jugend, sein anerkennenswerter Bekennermut, sein frischer, kraftvoller Stil geben dem ganzen die nötige innere und äußere Einheitlichkeit. Dabei muß man freilich auch die Schwächen des Verfassers mit in den Kauf nehmen. Er ist in vielen Dingen einseitig, besonders fehlt ihm das tiefere Verständnis für das

Proletariat und seine besonderen Schulforderungen. Er ist auch erst im reiferen Alter zum politischen Denken erwacht. Es spuken deshalb in dem Buche politische Urteile und Anschauungen, die im Zusammenhang mit dem sonstigen Radikalismus des Verfassers unmotiviert und oft geradezu komisch anmuten. Aber das sind Nebendinge. Dem geschulten Sozialisten, der sich für die Probleme der Erziehung, besonders für die schwierigen Aufgaben der häuslichen Pädagogik interessiert, wird Gurlitts Buch viele und gehaltvolle Anregungen bieten.

93. Franz Mehring: Die antike Bildung

NZ 1911/12, Nr. 7, S. 255-256

Die bürgerliche Presse verbreitete im vergangenen Sommer die Mitteilung, daß der letzte Rest des humanistischen Gymnasiums durch die Beseitigung des griechischen Unterrichts vernichtet werden solle. An dieser Nachricht, die sich inzwischen erfreulicherweise als grundlos herausgestellt hat, knüpften der „Vorwärts" und die „Neue Zeit" einige kritische Bemerkungen, etwa des Sinnes, daß damit das neudeutsche Reich den endgültigen Bruch mit dem Deutschland der klassischen Literatur und der klassischen Philosophie vollziehe. Diese Bemerkungen wieder regten das „pädagogische Gewissen" des Genossen Heinrich Schulz so auf, daß er in Nr. 47 des vorigen Jahrganges der „Neuen Zeit" an zwei verschienenen Stellen und auf mehr als neun Druckseiten mit den Ketzern des „Vorwärts" und der „Neuen Zeit" ins Gericht ging.

Für die „Neue Zeit" war ich der Schuldige, doch hinderte mich eine schwere Erkrankung, sofort zu antworten, obgleich ich, um die Angriffe des Genossen Heinrich Schulz zu erledigen, mich wesentlich kürzer fassen kann als er. Er behauptet, daß unsere klassische Literatur und Philosophie mit dem humanistischen Gymnasium überhaupt nichts zu tun habe, da nach den Akten der preußischen Bureaukratie dieses Gymnasium erst seit 1856 oder höchstens seit 1837 bestehe. Nach meiniger Ansicht besteht es allerdings seit dem sechzehnten Jahrhundert, und als seinen eigentlichen Gründer pflegt man keinen preußischen Bureaukraten, sondern Philipp Melanchton zu nennen. Aber es ist klar, daß wenn Genosse Schulz recht haben sollte, meine ganze Argumentation an einer einfachen Jahreszahl zusammenbrechen würde.

Gleichwohl kann Genosse Schulz nicht unterlassen, das Verhältnis unserer Klassiker zur antiken Bildung unter die Lupe zu nehmen, wobei ihm jedoch Irrtümer unterlaufen, die ich an einem so alten und guten Freunde gerne vermißt hätte. Winckelmann soll das eigentliche Verständnis für die Größe der antiken Kultur nicht so sehr durch das Studium der griechischen Sprache als durch den Anblick der Zeugnisse griechischer und römischer Kultur gewonnen haben, während Winckelmann selbst behauptet, daß er schon als Konrektor in Seehausen, das heißt ehe er auch nur ein antikes Kunstwerk mit Augen gesehen hatte, vor den „grindigen Köpfen" altmärkischer Schulkinder „Gleichnisse aus dem Homer gebetet" habe. Ferner sollen unsere Klassiker über die mangelhaften Lateinschulen ihrer Zeit manch bitteres Wort geschrieben haben, während Lessing bekannte, daß er die glücklichsten Jahre seines Lebens, nach denen er sich oft zurücksehne, auf der Fürstenschule in Meißen verlebt habe. Dann soll Heinrich Heine „ein herzlich schlechter Grieche" gewesen sein, und Genosse Schulz beruft sich auf einige anonyme Schulfüchse, nach deren Behauptung Heine sogar überhaupt nicht Griechisch gelernt hat, aber Heine selbst versichert allerdings das Gegenteil und hat davon in seinen Gedichten – von seiner Prosa zu geschweigen – reiche Proben gegeben, von den „Nordseebildern" bis zum „Romancero", so daß selbst ein so ausbündiger Hasser Heines, wie Treitschke, in einer antisemitischen Schrift zugeben muß, in den „herrlichen Versen": Schon tausend Jahre aus Grácia, habe Heine noch einmal alles zusammengefaßt, was die Deutschen seit Winckelmanns Tagen über die Schönheit der hellenischen Welt gesungen und gesagt hätten. Doch genug davon!

In einem zweiten Artikel derselben Nummer empfiehlt mir Genosse Schulz die „Erziehungslehre" des Herrn Ludwig Gurlitt zur besseren Belehrung. Leider schreckt er mich nur gleichzeitig durch die Proben, die er aus diesem Werke mitteilt, von dessen Lektüre wirksam ab, und seine Versicherung, daß er mit Herrn Ludwig Gurlitt „die autoritativ aufgepflanzte Hochachtung vorm Altertum ablehne", hilft mir auch nicht weiter. Ich bilde mir ein, daß ich mir meine, wie ich gern bekenne, aufrichtige Hochachtung vorm Altertum durch eigene Arbeit erworben habe, aber wenn ich darin zu unbescheiden denken und in der Tat nur Autoritäten nachplappern sollte, so ziehe ich freilich Autoritäten wie Goethe, Lessing, Winckelmann, Heine, Marx, Lassalle entschieden der Autorität des Herrn Ludwig Gurlitt vor.

In den wenigen Zeilen, durch die ich das Unglück gehabt habe, die lange Philippika des Genossen Schulz hervorzurufen, habe ich in keiner Weise die Sünden des humanistischen Gymnasiums beschönigt und den Anspruch, daß die „akademische Bildung" die Voraussetzung jedes denkenden und sozusagen selbst jedes anständigen Menschen sei, in der entschiedensten Weise zurückgewiesen. Aber ebenso entschieden muß ich für meinen Teil den Versuch des Genossen Schulz ablehnen, das Kind mit dem Bade zu verschütten und den Lesern der Arbeiterpresse die antike Bildung überhaupt zu verleiden.

94. Heinrich Wolgast: Ganze Menschen! Ein sozialpädagogischer Versuch[741] (Rezension von Arnulf)

NZ 1911/12, Nr. 16, S. 570-572

Heinrich Wolgast, der hauptsächlich durch seine Schrift „Das Elend unserer Jugendliteratur" hervorgetretene Hamburger Lehrer, gibt in dem Werke „Ganze Menschen" eine Darstellung fast aller in der Lehrerwelt zurzeit diskutierten Fragen. Die elegante, klare Schreibweise und noch mehr die Resultate seiner Untersuchungen werden sicher bei einem großen Teile der Lehrerschaft begeisterten Bei-

---

[741] Erschienen im Buchverlag der „Hilfe", Berlin-Schöneberg 1910.

fall finden. Eben deshalb, weil die von Wolgast vertretenen Anschauungen typisch sind für eine numerisch bedeutende und agitatorisch besonders wirksame Gruppe von Schulreformern, kann die Schrift interessieren, wenn sie auch sonst für die sozialdemokratische Schulreform wenig in Betracht kommt.

Wohl zeigt der Verfasser für die Verhältnisse des sozialen Lebens der Zeit Verständnis und steht mit dem Herzen gewiß auch auf Seite der ringenden Arbeiterklasse, aber die materialistische Denkweise ist ihm so wenig in Fleisch und Blut übergegangen, daß er auf die Welt der Wirklichkeit, der Gegensätze und Klassenkämpfe mit einem gewissen schmerzlichen Bedauern sieht. Immer und überall klingt die Sehnsucht durch nach einem abseits gelegenen umfriedeten Plätzchen als Sammel- und Ausgangspunkt aller derer, welche auf friedlichem Wege Ausgleich, Harmonie und so die bessere Zukunft erstreben wollen. Wolgast kennt zum Beispiel das Ideal einer über alle Parteiung erhabenen Jugenderziehung, eine von außen her unbeeinflußte Erziehung, eine Reform, die „grundsätzlich über die sozialen und politischen Gegensätze hinaus in die Tiefe greift, wo gemeinsame Überzeugungen herrschen". „Dem klaren Bewußtsein von den sozialen und politischen Gegensätzen muß ein ebenso klares Bewußtsein geistigen Zusammenhanges über diese trennenden Dinge hinaus gegenüberstehen." Ein Geist soll alles Volk verbinden, der Geist der Humanität, der sich äußert in dem reinsten Interesse am Kinde, und dasselbe soll auch eine „nationale Kunst, geliebt und wahrhaft genossen von allen Schichten des Volkes, bewirken". Der „innere" Mensch, der Mensch „an sich" erleidet in unserer Zeit Schaden; darum muß unser Ziel der neue Mensch, der ganze Mensch, das „volle Menschentum eigener Prägung", die voll und frei entwickelte Persönlichkeit sein. Wolgast zeichnet den Typus des modernen Idealmenschen, der die Schäden unserer Zeit ertragen und bessern kann.

Durch die Ausbildung von „ganzen" Menschen will er die bessere Zukunft herbeiführen. Hier sieht man recht, wie tief Wolgast mit seinem Denken in der bürgerlichen Ideologie steckt.

Die Natur des Kindes ist der Ausgangspunkt aller Erziehung. Auf diesen Satz schwört so ziemlich die ganze deutsche Lehrerschaft. Aber was ist „die Natur des Kindes"? Wenn einer wie Wolgast für Abschaffung des Religionsunterrichts in der Volksschule ist, so fühlt er sich leicht, im Gegensatz zu den Ansichten der Frommen im Lande, veranlaßt zu erklären: „Die religiösen Bedürfnisse treten beim Kinde meistens erst spät, zwischen dem zwölften und vierzehnten Lebensjahr, hervor." Ebenso wird auf psychologischem Wege eine Begründung der sittlichen Erziehung durch die Schule gegeben: „Im Kinde steckt der Keim zu sittlicher Selbstbestimmung durch Zwang gegen sich selbst."

Sogar der Geschichtsunterricht muß darum erteilt werden, weil das Kind „Sehnsucht nach den geistigen Schätzen der Vorzeit" hat.

Bezüglich der Handarbeit in der Schule kommt Wolgast zu folgendem Resultat: „Das Spiel ist dem Kinde natürlich, die Arbeit nicht. Schon aus diesem Grunde hängt die Erziehung mit dem Spiel inniger zusammen als mit der Arbeit." „Das spielende Kind ist ein ganzer, harmonischer Mensch." Die Handarbeit ist auch

504

Erziehungsmittel, jedoch soll sie „nicht Handwerker erziehen, sondern Menschen".
– Nun sind zwar Handwerker auch Menschen, jedoch keine ganzen, harmonischen
Menschen im Wolgastschen Sinne. Sie sind eben keine ideologischen Konstruktionen, sondern mehr oder weniger entwickelte Individuen, wie alle Menschen sind
und auch in der sozialistischen Gesellschaft sein werden, nur daß dann die Entwicklung jedes einzelnen eine bedeutend vielseitigere sein wird als heute.

Das Menschliche im Kinde zu entwickeln, ist nach Wolgast eine Aufgabe, die
„abseits von aller Sonderbündelei und allem Parteigetriebe" gelöst werden muß.
„Eine sorgfältig erwogene Auswahl von pädagogisch interessierten Männern und
Frauen aller Stände und Parteien müsste getroffen und zu einer Zusammenkunft
und persönlichen Aussprache bewogen werden." Man würde das Gemeinsame der
verschiedenen Richtungen politischer, religiöser, sozialer Art suchen und dann
gegen das „ausnahmslos von allen Seiten Verdammte" zu Felde ziehen. Also El-
ternvereine für Schulreform! Trotz der traurigen Erfahrungen, die man mit ihnen
bereits gemacht hat und notwendig machen mußte, solange man „über alle Parteiung erhaben" sein will, dieser Art sind die Vorschläge, auf welche die praktische
Schulreform Wolgasts hinausläuft. Was Wunder, daß seine Schrift sogar vor einem
ziemlich erlauchten Preisgericht Gnade gefunden hat.

95. Joseph Petzoldt: Die Einwände gegen Sonderschulen für hervorragend Befähigte[742] (Rezension von Arnulf)

NZ 1911/12, Nr. 21, S. 745-746

Sonderschulen oder Sonderklassen für hervorragend Befähigte ist eines der Pallia-
tivmittel, welche die bürgerliche Schulreform zur Gesundung des großen Volks-
körpers anpreist. [...] „Wir wollen Führer erziehen!" Daher sollen in den Sonderklassen „die vorzüglich Begabten – im besonderen alle großen Genies und Talente
– zur vollen Entwicklung" kommen.

Eine Trennung der Schüler nach den Leistungen, wie Petzoldt sie hier, und zwar
in erster Linie für die höheren Schulen im Auge hat, ist von dem Stadtschulrat Dr.
Sickinger im Mannheimer Volksschulwesen bereits durchgeführt, nur mit dem
Unterschied, daß es Dr. Sickinger weniger um die Auslese der „besten Köpfe" zu
tun ist, als um die Förderung der „schwachen" Schüler, der mäßig schwachen in
besonderen „Förderklassen" neben den Hauptklassen und der abnormen schwachen
in den „Hilfsklassen".

In diesen Bestrebungen liegt ein richtiger Kern. Es ist richtig, daß bei der gewöhnlichen Gruppierung der Schüler zu „homogenen Unterrichtsgemeinschaften"
lediglich nach dem Gesichtspunkt der Altersgleichheit besondere Begabungen
irgendwelcher Art und irgendwelchen Grades gar nicht kultiviert werden können.
Verkehrt jedoch ist es, nur die Unterschiede des Grades zu beachten. Petzoldt,
Sickinger und ihresgleichen reden stets nur von Schwachen, Tüchtigen, Trägen,

---

[742] Neue Jahrbücher für Pädagogik. 14. Jg. Teubner, Leipzig, Berlin 1911, S. 1-24. Vgl. Dok. 178.

Fleißigen, Gleichgültigen, Feurigen, Zaghaften, Zähen, Ausdauernden. Wie bei einem Pferderennen läuft alles in einer Richtung, nach einem Ziele. Dieses Ziel, welches eng umgrenzt ist, definiert Petzoldt ganz richtig als „ein gewisses festes, positives Wissen und ein mehr oder weniger schablonenhaftes Können". Es ist erwachsen auf der Grundlage der bestehenden Schul- und Gesellschaftsorganisation.

An dieser Grundlage wollen die bürgerlichen Schulreformer natürlich nicht rütteln. Auch die Vertreter der Sonderklassen halten an dem bisherigen Ziele der Schule fest, es soll nur für die verschiedenen Begabungen verschieden hoch gesteckt werden.

Wie anders die sozialistische Schulreform! Schule und Leben gehen ineinander über. Das ungeheure Gebiet der Handarbeit mit seiner ganzen Mannigfaltigkeit der Betätigungsweisen und Ziele wird Grundlage der Schule. Man wird von „schwachen" Schülern wenig mehr reden, wo das Gebiet der vielseitigsten Betätigungsmöglichkeit ein so großes ist. Denn da wird nicht nur die Begabung jedes Grades zu ihrem Rechte kommen, sondern, was wichtiger ist, die jeder Art, nämlich die Begabung für jede Art Tätigkeit. Die Schule von heute kennt in ihrer Einseitigkeit fast nur die geistige, und zwar die Gedächtnisarbeit.

Von den bürgerlichen Schulreformern ist der Streit um die Gliederung des Schulwesens nach der verschiedenen Begabung der Schüler, also nach einem Punkte verschoben, wo bestehende Verhältnisse keinesfalls aus den Angeln gehoben werden. Trotzdem behaupten die Gegner der Sonderschulen allen Ernstes, daß durch Einführung derselben die soziale Ordnung umgestürzt und die heutige Geltung von Adel und Besitz beseitigt würde.

Petzoldt erwidert darauf: „Keiner von denen, die heute den herrschenden Klassen angehören, und keiner seiner Erben wird von der Einrichtung der Sonderschulen im geringsten in seiner Stellung bedroht sein."

Auch im übrigen schießt Petzoldt bei seiner Widerlegung der zahlreichen gegen die Sonderschulen erhobenen Einwände nicht so oft vorbei wie seine Gegner, die nichts weiter als den bestehenden Zustand zu verteidigen wissen.

96. Dr. August Kohl: Pubertät und Sexualität. Untersuchungen zur Psychologie des Entwicklungsalters[743] (Rezension von Therese Schlesinger)

NZ 1911/12, Nr. 23, S. 829

Mit Recht weist der Autor im Vorwort zu dieser Schrift darauf hin, daß der allergrößte Teil jener Publikationen, die in den letzten Jahren zur Aufklärung der Jugend über das Sexualleben so zahlreich erschienen sind, ihre Aufgabe nur sehr mangelhaft erfüllen. Schon dadurch, daß sie sich ausschließlich mit dem biologischen Prozeß der Fortpflanzung befassen, kommen sie fast nur für das Kindesalter in Betracht, während gerade die im Entwicklungsalter Stehenden am dringendsten

---

[743] Erschienen in A. Stubers Verlag, Würzburg 1911.

der Belehrung und Beratung bedürfen. Noch fehlt aber der Pädagogik die Grundlage, die ihr durch wissenschaftliche Untersuchungen der psychologischen Erscheinungen während der Pubertätszeit erst geschaffen werden müßte. Zur Ausfüllung dieser Lücke will Dr. Kohl durch die vorliegende Schrift einen bescheidenen Anfang machen, indem er die Zeit der sexuellen Entwicklung bei Jünglingen und Mädchen in mehrere Epochen teilt und zunächst nur die beiden ersten davon, die Zeit der „unbewußten Sexualität" und die der „sexuellen Ahnungen" behandelt. Er gibt uns dabei ein lebhaftes Bild von dem Fühlen und Gehaben des Durchschnitts der bürgerlichen Jugend im ungefähren Alter zwischen 14 und 16 Jahren.

Daß er sich ausdrücklich darauf beschränkt, diejenigen Erscheinungen zu schildern, die „bei der gebildeten Jugend beiderlei Geschlechtes" zu beobachten sind, das motiviert er damit, daß hier eine größere Varietät anzutreffen sei als bei der Jugend der tieferstehenden sozialen Schichten. „Vererbung, höhere Bildung, verfeinertes Milieu und anderes lassen auf eine differenziertere, reichere Psyche schließen."

In Wahrheit macht aber Dr. Kohl auch nicht den leisesten Versuch, uns durch seine Broschüre Einblick in eine „differenziertere, reichere Psyche" zu verschaffen, was wohl im Rahmen dieser Arbeit auch schwer möglich wäre, sondern er begnügt sich damit, uns diejenigen inneren und äußeren Vorgänge zu zeigen, die sich bei den allergewöhnlichsten Durchschnittsmenschen aus bürgerlichen Familien in der bezeichneten Entwicklungsepoche abzuspielen pflegen.

Es dürfte auch kaum zutreffen, daß die psychischen Vorgänge, die mit der Pubertät zusammenhängen, durchweg bei der Jugend der bürgerlichen Klassen differenzierter sind als bei der des Proletariats.

Die verfeinerten Sitten des Bürgertums erlegen allerdings den erwachenden Trieben stärkere Hemmungen auf und zwingen sie dadurch, sich mannigfach zu verhüllen, andererseits aber wirkt die starre Konvention, die in bürgerlichen Kreisen alles beherrscht, das mit der Sexualität zusammenhängt, stark nivellierend auf das Denken und Gebaren ein, während die größere Freiheit, die im Proletariat noch jener Richtung hin waltet, mehr Raum gibt für individuell differenziertes Denken und Handeln.

Obwohl der Verfasser der Einwirkung sozialer und wirtschaftlicher Verhältnisse auf die sexuell-psychische Entwicklung flüchtig erwähnt, so scheint er sich doch über deren ausschlaggebende Bedeutung nicht ganz klar zu sein und scheint nicht zu wissen, daß die größten Schwierigkeiten, die sich einer wirklich klugen Belehrung und Beratung der Jugend über das Sexualleben entgegenstellen, in den Widersprüchen ihre Wurzel haben, welche die Sexualethik des Bürgertums aufweist und leider auch noch die des Proletariats, das bisher aus seinen besonderen Lebensbedingungen heraus noch keine neue Ethik der Geschlechtsliebe entwickelt hat und darum gerade nach dieser Richtung hin noch vielfach im Banne kleinbürgerlicher Denkgewohnheiten steht, obwohl seine Praxis sich täglich mehr von der des Bürgertums unterscheidet.

97. Die Schule der Zukunft[744] (Rezension von Arnulf)

NZ 1911/12, Nr. 33, S. 255-256

Nirgends werden so viel Phrasen gedroschen als auf dem Gebiet der Schulreform. Was Wunder, daß sich auch der Goethebund auf diesem Gebiet versucht hat. Dr. Ludwig Fulda sagte in der Eröffnungsrede einer Versammlung, zu der acht Redner aufgeboten waren: Wir gehorchen einem gebieterischen Rufe der Zeit! Wenn nämlich die Zeit ihre Zeit gekommen fühlt, wendet sie sich an den Goethebund; der hilft dann dem neuen Kinde zum Leben. Diesmal handelte es sich um die „Schule der Zukunft". Was brachte denn der Goethebund Neues zu diesem Thema vor?

In einer programmatischen Erklärung legte der Vorsitzende, Professor Dr. Hellmers, die Forderungen des Goethebundes dar. Soweit „die heutige Kundgebung die ungehemmte organische Entwicklung der deutschen Schule im Anschluß an das Bestehende fordert, so weit steht der gesamte deutsche Goethebund heute hinter uns". Der „Anschluß an das Bestehende" ist das Wesentliche. Das zeigt auch die Interpretation der einzelnen Forderungen.

Erstens die einheitlich organisierte Schule. Also nicht die „Einheitsschule"; diese hat nicht immer den durchaus notwendigen „Anschluß an das Bestehende" bewiesen. Im übrigen aber ist die Definition dieselbe, die gewöhnlich auch der Einheitsschule gegeben wird: ein einheitlicher Lehrplan für alle Schulen, die Volksschulen einbegriffen, bis zur Universität hinauf. Bei Licht besehen, hat an diesem Monstrum von Lehrplan die Arbeiterschaft nicht das geringste Interesse. Selbst wenn die zweite Forderung, die Unentgeltlichkeit des gesamten staatlichen Unterrichtes, hinzutritt, ist es ein großer Irrtum, zu meinen, daß damit das „freie Aufwärtsdringen aller Volkselemente, auch der unbemittelten", gesichert sei. Drittens wird mit der bezeichnenden Begründung, daß die Religion als innerstes, heiligstes und persönliches Erleben nicht unterrichtlich beigebracht werden könne, der konfessionslose Unterrichtsplan verlangt, nicht zu verwechseln mit der „weltlichen Schule". Die wahre Ursache unserer Schulmisere findet der Vorsitzende übrigens in der bekannten Bequemlichkeit „des deutschen Michels", und gibt damit zu erkennen, daß er selbst ein großer Michel ist.

Nun repräsentiert sich von Schulreformern aller Nuancen ein buntes Farbenspiel. Geheimer Rat Professor Dr. Wilhelm Ostwald schüttelt aus einem System von schwer wissenschaftlichen Disziplinen ein paar unzusammenhängende Brocken alltäglicher Forderungen heraus, die um so gieriger beklatscht werden, weil sie mit gelehrten Redensarten verbrämt sind.

Wilhelm Bölsche tischt Reformvorschläge auf, die er in seinem Werk „Rückblick" bereits ausführlich dargelegt hat. Die Geburtstalente für dieses oder jenes Fach müßten in besonderen „Talentklassen" entwickelt werden, und neben diesen wären „Anregungsklassen" einzurichten, die von den Schülern hospitierenderweise

---

[744] Acht Vorträge, gehalten auf der Versammlung des Goethebundes in Berlin am 3. Dezember 1911. Buchverlag der „Hilfe", Berlin-Schöneberg 1912. Vgl. auch Dok. 182.

besucht werden könnten. Bölsche glaubt nicht nur an eine weitgehende Vererbung der durch Ahnenarbeit „erworbenen" Eigenschaften, sondern auch, daß die ererbten Dispositionen der Kindergehirne großen und wichtigen Gebieten und Tendenzen unseres Kulturerlebens entsprechen und bereits entgegenkommen. Die zum Sozialismus führenden Tendenzen scheint Bölsche dabei auszunehmen. Zwar die Schule, das heilige Gut, muß irgendwie herausgekämpft werden; aber, er hofft, nicht durch den „rohen, wüsten Kampf ums Dasein", durch den Klassenkampf, sondern die Dinge müssten „vom edlen Bewußtsein unseres Wertes und des allgemeinen Kulturwertes aus", also auf eine viel moralischere Art, als die Sozialdemokraten es sich denken, gelöst werden.

Während nach Bölsche jeder von Natur irgend eine Gabe in sich trägt, die ihm Existenzberechtigung verleiht, hält andererseits Professor Dr. Jos. Petzoldt dafür, daß die schöpferischen Geister allein durch ihre überragende Bedeutung auf allen Gebieten den Ausschlag geben, weshalb Sonderschulen einzurichten seien für höher Begabte – der höheren Schulen.

Etwas utopistisch redet Dr. Gust[av] Wyneken über „Die freie Schulgemeinde", wie er das von ihm gegründete und geleitete Internat für Knaben und Mädchen nennt; eine Schul-Versuchskolonie, eine Phalanx, die den Schultypus der Zukunft wenn nicht darstellen, so doch ahnen lassen soll.

Von den letzten Rednern sei schließlich noch Generalsekretär Johannes Tews erwähnt, der den Sinn der ganzen Tagung entschieden am besten erfaßte. Er sprach über „Die deutsche Volksschule" und zog gewaltig vom Leder in dem Bewußtsein, an einen Ort gestellt zu sein, wo die Worte zu nichts verpflichteten. „Freie Bahn jedem Talent, auch dem Talent, das aus der Tiefe kommt!" – „Die Schule ist eine große Angelegenheit des ganzen Volkes!"

Nehmt alles in allem: es war der Goethebund.

98. Otto Rühle: Das proletarische Kind[745] (Rezension von Luise Zietz)

NZ 1911/12, Nr. 44, S. 677-678 (Auszüge)

Der ganze Komplex innerer und äußerer Lebensnöte, der durch das Emporblühen des Kapitalismus für das Proletariat geschaffen wurde und immer aufs neue ersteht, trifft mit zermalmender Wucht den proletarischen Nachwuchs: das proletarische Kind.

Der Kapitalismus, der die Gesundheit des jungen proletarischen Weibes zerstört, macht sie damit entweder völlig unfähig zur Mutterschaft, oder er macht sie unfähig, gesunden, kräftigen Kindern das Leben zu geben. Oder aber lange Arbeitszeit, gesundheitsschädigende Arbeitsmethoden, die Einwirkung gewerblicher Gifte auf den Organismus des Weibes, die Hungerlöhne, die zur Unterernährung zwingen, bedingen es, daß viele tausend Kinder im Mutterleib verkrüppeln, vergiftet werden,

---

[745] Erschienen im Verlag von Albert Langen, München 1911.

hungern müssen und in der Folge in bejammernswertem Zustand zur Welt kommen als Lebensschwache, Krüppel und Idioten.

Mangel an natürlicher Nahrung, an notwendiger Pflege, an Luft und Licht raffen einen grauenhaft hohen Prozentsatz proletarischer Säuglinge Jahr für Jahr dahin, und den Überlebenden winkt eine düstere, sonnenarme Jugend. Der Kapitalismus zerstört dem Proletariat das Familienleben, er raubt Vater und Mutter nicht nur Zeit und Kraft, sondern auch die innere Disposition, liebevolle, verstehende Eltern, gute Erzieher zu sein. Ja noch mehr: die Not zwingt nur zu oft die Eltern, die Ausbeuter ihrer eigenen Kinder zu werden. Lange Arbeitszeit, niederer Lohn des Vaters, Erwerbsarbeit der Mutter, Lebensmittelwucher, Wohnungsnot, Kindererwerbsarbeit und die Misere der Volksschule, alles vereinigt sich, um dem proletarischen Kinde die sonnige, sorglose Jugendzeit zu rauben und zu vergiften, es der körperlichen, der geistigen und seelischen Verwahrlosung, vielleicht dem Verbrechen und der Prostitution in die Arme zu treiben.

Völlig unzureichend, als erste tastende Versuche, ist demgegenüber zu bezeichnen, was Gesetzgebung und kommunale Verwaltung – und noch dazu auf fortgesetztes Fordern, Drängen und Kämpfen der Arbeiterklasse – taten, um helfend und lindernd einzugreifen gegenüber einer Fülle der Qual und des Schmerzes, der grauenhaften Vergeudung und Zerstörung menschlicher Kraft und jugendlichen Aufstrebens. Für unseren Kampf um dringend notwendige Reformen auf dem aufgezeigten Gebiet ist deshalb die Schrift des Genossen Otto Rühle „Das proletarische Kind" eine wertvolle Gabe. Mit großem Fleiße hat der Verfasser das einschlägige Material gesammelt, um eine Gesamtdarstellung der Verhältnisse zu geben, unter denen das proletarische Kind geboren wird und aufwächst. Die Darstellung ist eine warmherzige, kurz, knapp und übersichtlich gehaltene, was bei der schier unübersehbaren Fülle der vorliegenden Literatur und der Summe der ökonomischen und sozialen Verhältnisse, die berücksichtigt werden mußten, doppelt anzuerkennen ist.

Eine kurze historische Einleitung zeigt skizzenhaft die Entwicklung, die den Kapitalismus zum Siege führte und das Proletariat als Klasse erstehen ließ. Ausführlicher wird die proletarische Familie gezeigt, im Lichte all der niederdrückenden Tendenzen, die der Kapitalismus gebar. Nachdem so das Milieu gezeichnet ist, in dem das Proletarierkind zur Welt kommt, werden die Verhältnisse geschildert, unter denen es geboren wird, aufwächst, sich entwickelt oder – zugrunde geht!

Erschütternd sind die Abschnitte, die von den vielen, vielen Gefahren handeln, die in mannigfacher Gestalt das mit dem Fluche der Armut beladene Kind umlauern; entweder um es seiner Gesundheit, seiner gesunden Glieder zu berauben, um es der intellektuellen Verödung entgegenzuführen, oder um seine Seele zu vergiften, seinen Charakter zu verderben und es reif zu machen für das Gefängnis, für das Bordell oder – für die Zwangserziehung, die moderne Hölle für verwahrloste Kinder. Dabei läßt der Verfasser nur die Tatsachen reden. Aber gerade sie reden eine furchtbare Sprache. Düstere Elendsbilder sind es, die sie uns aufzeigen. Um so düsterer und grauenvoller, weil sie unschuldige und wehrlose Kinder zeigen, die vom Kapitalismus zermalmt werden, der damit die köstlichsten Zukunftswerte zerstört.

Die Objektivität der Darstellung, die an manchen Stellen dramatische Kraft und Ausdrucksweise erhält, bringt die Anklage, die das Buch gegen unsere „göttliche Weltordnung" schleudert, um so wuchtiger zum Ausdruck. Nur schade, daß der Schlussabschnitt, der von der Erhebung des Proletariats, von seinem Kampfe um Befreiung handelt, gar so kurz weggekommen ist. Bei einer Neuauflage, die das Buch gewiß recht bald erleben wird, wünschten wir hier etwas mehr Ausführlichkeit. Auch sonst hätten wir noch einige Wünsche, deren Erfüllung eine zweite Auflage uns gewiß noch wertvoller machen würde. So möchten wir auf S. 13 den Schlußabsatz gerne anders formuliert sehen. In seiner jetzigen Fassung läßt er darauf schließen, als ob ein Teil der aufgezeigten Tatsachen der Vergangenheit angehörte, obgleich es doch die Gegenwart ist, die geschildert wird. [...] Ferner sind verschiedene Tatsachen gebucht, jedoch nicht aus den wirtschaftlichen und sozialen Verhältnissen heraus erklärt, wodurch die Wucht der Anklage gemildert wird und die Klarheit und Durchsichtigkeit der Gesamtzusammenhänge leidet. So ist zum Beispiel der Makel der unehelichen Geburt lebendig und eindringlich geschildert, aber nicht erklärt. Es fehlt der Nachweis, daß dieser Makel der heutigen Eigentumsordnung entspringt, die in der Ehe, in der Familie die Trägerin und Hüterin des Privateigentums sieht und deshalb diese Institution, wenngleich sie längst ihres Inhaltes beraubt ist, heilig spricht und dem legitimen Kinde weit mehr Rechte zuspricht als dem illegitimen, das bekanntlich nach dem Bürgerlichen Gesetzbuch „nicht verwandt" ist mit dem Vater. Und schließlich würden wir es als eine Verbesserung begrüßen, wenn der Verfasser die benutzte Literatur angeben würde. In dem vorliegenden Buche sind wertvolle Auszüge aus anderen Werken unter Anführungszeichen, aber ohne Quellenangabe gemacht. Die Leser, die tiefer graben möchten und die Quellen selbst nachlesen, würden bei Angabe der Literatur leichteres Arbeiten haben.

Abgesehen von diesen kleinen Ausstellungen, wird das Rühlesche Buch allen, die in der Bewegung stehen und freudig mitarbeiten, um der proletarischen Jugend auch heute schon unter dem Druck der kapitalistischen Ausbeutung ein wenig Sonne in die trostlose Dunkelheit ihres Dasein zu bringen, nicht nur willkommen, sondern als Waffenkammer unentbehrlich sein. Wenn Rühle als Zweck seines Buches bezeichnet: „Kunde zu geben, Augen zu öffnen und Gewissen zu schärfen, Herzen sollen entflammt und Hände sollen zur Tat bereit gemacht werden", so glauben wir, daß es diesen Zweck erreicht. Wir wünschen dem Werke, das für Vereine bei Abnahme einer größeren Anzahl von Exemplaren billiger abgegeben wird, die größte Verbreitung.

99. Wilhelm Lamszus: Das Menschenschlachthaus. Bilder vom kommenden Kriege[746] (Rezension von Hermann Wendel)

NZ 1911/12, Nr. 49, S. 998-999 (Auszüge)

Wilhelm Lamszus ist ein Hamburger Lehrer, der in Gemeinschaft mit seinem Kollegen Jensen in einem erfrischenden und vielbeachteten Buche den deutschen Schulaufsatz als verkappten Schundliteraten entlarvt hat. In diesem Werkchen nun reißt er mit einem Griff von notwendiger Brutalität von dem Krieg alle die bunten Fetzen herab, mit denen der Chauvinismus ihn zu behängen und zu verhüllen liebt. An eindringlicher Wucht der Schilderung, an mitreißender Gewalt des künstlerischen Temperaments darf sich „Das Menschenschachthaus" neben den berühmtesten Darstellungen menschlichen Massenmordens sehen lassen; Gustav Janssons unlängst hier angezeigte „Lügen", Andrejews „Rotes Lachen" könnten zum Vergleich herangezogen werden; der Suttnerin vielberühmtes Buch erscheint als Limonade daneben. Denn Lamszus gibt Blut, rotes, warmes, lebendiges Menschenblut, wie es in dem Schlachthaus des modernen Krieges aus Tausenden zerfetzter Leiber quillt, aus Tausenden geöffneter Arterien spritzt und in purpurnen Kaskaden schauerlich dahinströmt. Strich auf Strich und Schlag auf Schlag wird das mit einem frischen Impressionismus in krassen Farben hingeworfen, die Mobilmachung, die salbadernden Pfaffen, der Abschied von Heimat und Lieben und die Schlacht – nein! das Schlachten, das Abgeschlachtetwerden, das Menschenschlachthaus. Denn mit Recht hebt Lamszus dies als das Wesentlichste aus dem Wahnsinn des Massenmordens heraus.[747] [...]

Die Lobredner des Krieges werden einwenden, daß es sich hier nur um Phantasiegebilde handle. Gewiß, aber eine Phantasie ist es, die lediglich zeitlich der Wirklichkeit vorauseilt. Wenn moderne Großstaaten mit ihren Kriegsmaschinen aufeinanderprallen, dann sieht's so oder noch toller aus. Wer darum nach Lektüre dieser hundertelf Seiten noch von der „Poesie" des maschinellen Massenmordes, genannt Krieg, reden kann, der gehört ins Irrenhaus oder Zuchthaus. Das Buch aber gehört wirklich in jede Arbeitervereinsbibliothek – in jede!

100. Otto Rühle: Grundfragen der Erziehung[748] (Rezension von Arnulf)

NZ 1912/13, Nr. 21, S. 768-771

So betitelt sich ein Schriftchen des Genossen Rühle, auf das wir hier die Aufmerksamkeit der Leser lenken möchten. Im ersten Kapitel stellt der Verfasser kurz die theoretischen Grundlagen und sozialen Voraussetzungen des Erziehungsproblems dar. Er geht von der Frage aus: Was ist Erziehung? und zeigt, wie das Erziehungsideal zu keiner Zeit das Resultat spekulativer Bemühungen war, sondern letzten

---

[746] Erschienen im Verlag Alfred Janssen, Hamburg und Berlin 1912. Siehe auch Pehnke 2003.
[747] Es folgen längere Zitate.
[748] Erschienen bei J. H. W. Dietz Nachf., Stuttgart 1912.

Endes stets der Ausdruck der jeweiligen Wirtschaftstendenzen, wobei eingehend dargelegt wird, wie der kapitalistische Entwicklungsprozeß die Bedeutung des Individuums als Glied der Arbeitsgemeinschaft und der sozialen Gemeinde demonstriert, und infolge davon neben die alte individualistische Pädagogik, deren Objekt das Kind als Einzelwesen bildet, die Sozialpädagogik als eine neue Forderung der Erziehungspraxis und der Erziehungswissenschaft tritt.

Wenn dann der Verfasser weiterhin die Ansicht äußert, daß die Erziehung sich vorwiegend an den „inneren" Menschen wende und die theoretische Grundlage der Methodik die Psychologie sei, so müßte dabei bemerkt sein, daß diese Unterscheidung eines inneren (geistigen) und eines äußeren (körperlichen) Menschen nichts als den Ausdruck der gegenwärtigen gesellschaftlichen Verhältnisse mit ihrer Trennung von Kopf- und Handarbeit darstellt. Für die Schule der sozialistischen Gesellschaft ist diese Unterscheidung völlig gegenstandslos.

Das Kind, mit dem es die ältere Pädagogik zu tun hatte, war ein psychisches und soziales Abstraktum. Die Fixierung seines Wesens ließ die individuelle Verschiedenheit der Anlage und des Entwicklungstempos ebenso unberücksichtigt wie die Ungleichheit der sozialen Bedingtheit und den Einfluß des Milieus, sagt Rühle und charakterisiert damit die alte Schule, die eigentlich nur ein Kind, das Normalkind, kannte, ein Schema, einen Leisten, über den alle Schülerindividualitäten geschlagen wurden. Selbstverständlich wurde und wird diese Schule der Mannigfaltigkeit der Naturbegabungen nichts weniger als gerecht. Rühle deutet nun eine neue Grundlage der künftigen Schule in zwei scharf voneinander unterschiedenen Konstitutionen an, die man in Hinsicht der psychischen Veranlagung und Beschaffenheit der Kinder zu unterscheiden habe, den sensorischen und motorischen Typus. Die Erziehung im Hause ist im allgemeinen auf den motorischen, die Schulerziehung fast ganz auf den sensorischen Typus zugeschnitten. Das motorische Kind wird später im Leben der Mann der Tat: der Unternehmer, der Selfmademan, der Spekulant, der Organisator, der Baumeister, der Künstler, Weltumsegler gehören zu dieser Kategorie; das sensorische Kind entwickelt sich im späteren Leben zum willigen Beamten und dienstbaren Geist: Lehrer, Bureaubeamte, Forscher, Gelehrte, Geheimräte gehören hierher. Nach Rühle erfordert jeder Typus eine andere Methode und eine andere Materie, und dementsprechend gliedert er auch die künftige Schule im allgemeinen in eine theoretische und eine praktische Abteilung. Ich werde weiter unten auf die sozialistische Schulorganisation näher eingehen und möchte hier nur die Bemerkung Rühles unterstreichen, daß der eine wie der andere Typus nur selten rein in die Erscheinung tritt.

Im folgenden fordert Genosse Rühle für das proletarische Kind, dessen besondere Existenz- und Entwicklungsbedingungen von der bürgerlichen Klasse und der bürgerlichen Schule so gut wie ganz ignoriert werden, eine Wachstumsmöglichkeit, die seiner Herkunft, und eine Erziehung, die seiner Bestimmung entspricht. Rühle weiß das Elend des proletarischen Nachwuchses mit Worten darzustellen, von denen eine starke agitatorische Wirkung ausgeht. Hier wie im zweiten Kapitel, das von der Erziehung im Hause handelt, offenbart er sein tiefes Verständnis für das proletarische Jugenddasein, für dessen physische, moralische und geistige Verwahrlosung. Die Ausführungen über vorgeburtliche Erziehung, über die erzieherische Mission der Familie, über Gewöhnung und Nachahmung, Spiel und Arbeit, Phantasie und Märchenwelt, Sprache und Intellekt, Gehorsam und Strafe, zeigen den Verfasser zudem als vorzüglichen Kenner der Kindernatur; sie sind voll feiner pädagogischer Winke und mit Genuß zu lesen.

Das dritte Kapitel: Die Erziehung in der Schule enthält neben manchen trefflichen Abschnitten, wie die über Kapitalismus und Schule, Religionspaukerei und weltliche Schule, auch eine Darstellung der zukünftigen Schulorganisation, die mir in mehrfacher Hinsicht anfechtbar erscheint. Darin muß ich dem Verfasser recht geben, daß die Klassenschule, als das geistige Gesicht der gegenwärtigen wirtschaftlichen und sozialen Struktur, von der kapitalistischen Klasse nicht aus freien Stücken preisgegeben wird. Dies zu erreichen, wird es erst der Eroberung der politischen Macht durch die Arbeiterklasse bedürfen. Die neue Schule aber, die der sieghafte Sozialismus uns bringt, wird nicht, wie bei Rühle, wesentlich ein Abbild der kapitalistischen, sondern der sozialistischen Gesellschaftsordnung sein. Unter proletarischem Regime wird die Schule, in welche die Arbeiter ihre Kinder schicken, durch energische sozialpolitische Gesetzgebung rasch sich heben und eine so vortreffliche, vielseitige, körperliche und geistige Bildung vermitteln, daß die besitzenden Schichten sich bald herbeilassen werden, ihre Kinder ebenfalls der allgemeinen Volksschule, der Einheitsschule, die dann erst verwirklicht ist, zuzuweisen. Diese Umgestaltung der Schule wird rasch vonstatten gehen, weil das ökonomische Bedürfnis besteht, die gesellschaftliche Arbeit zur Grundlage der Schulerziehung zu machen und die Trennung von Schule und Leben mehr und mehr aufzugeben. Es wird sich nicht so sehr um die Schaffung neuer Schulräume, Lehr- und Lernmittel handeln, als hauptsächlich um die Nutzbarmachung der bereits vorhandenen Institutionen der materiellen Produktion, der landwirtschaftlichen und industriellen Groß- und Kleinbetriebe, auch für die Ausbildung des heranwachsenden Geschlechtes.

Die Schule, die Genosse Rühle uns zeichnet, ist auf einer so schmalen Grundlage errichtet, daß von einem wirklich innigen Konnex zwischen dem Erziehungswesen und dem wirtschaftlichen und sozialen Leben nicht die Rede sein kann. Das gilt namentlich mit Bezug auf die Elementarschule. Die Forderung der Sozialdemokratie besteht nach Rühle in der „Schaffung einer allgemein verbindlichen gemeinsamen Erziehungsbasis in Form einer Elementarschule für die ganze Schulzeit bis zum vierzehnten Lebensjahr". Kann diese „allgemein verbindliche gemeinsame Erziehungsbasis" wirklich zu den Forderungen der Sozialdemokratie gehören? Die Schaffung einer solchen Basis hätte nur Sinn, wenn gewisse Teile der Bevölkerung – und hier kann nur an die höheren Klassen gedacht werden – sich sträubten, ihre Kinder in diese Schule zu geben. Aber wer denkt gegenwärtig daran, die Besitzenden zu zwingen, daß ihre Kinder zugleich mit dem proletarischen Nachwuchs dieselbe Schulbank drücken sollen! Die allgemeine Volksschule war eine Losung der Bourgeoisie, als sie noch revolutionär gesinnt war. Ist aber, solange das Proletariat nicht die Herrschaft in Händen hat, jene Forderung politisch unmöglich, so würde ihre zwangsweise Durchführung unter proletarischer Herrschaft gar nicht mehr im Interesse der Arbeiterklasse liegen. Als pädagogische Kehrseite würde die Schaffung einer allgemein verbindlichen gemeinsamen Erziehungsbasis mit Notwendigkeit eine Beschränkung der Bildungsfreiheit nach sich ziehen, eine Uniformierung der Bildung, die dem Wesen des Sozialismus widerspricht und ein Hemmschuh des ökonomischen Aufschwungs wäre. Das Bestreben einer proletarischen Regierung wird vielmehr dahin gehen, das Bildungsniveau in der sozialisierten Gesellschaft, wo es auch sei, zu heben. Es kann ihr zum Beispiel nicht daran liegen, die Ziele der höheren Schulen irgendwie herabzuschrauben, vielmehr gilt es, die pädagogischen Institutionen für die breiteren Massen so auszubauen, daß die weiland höheren Klassen aus eigenem Antrieb diese Bildungsgelegenheit wahrnehmen. In den Anfängen des Sozialismus wird also die Schule die wichtige Mission haben, ausgleichend und überbrückend auf etwa noch vorhandene Reste von Klassengegensätzen zu wirken.

Der gewaltige Vorzug der Arbeiterschule in der sozialistischen Gesellschaft wird darin bestehen, daß sie einen ökonomischen Faktor ersten Ranges bildet. Sie wird viel unmittelbarer als die Schule heutzutage eingreifen in das Getriebe der materiellen Produktion. Die große Mannigfaltigkeit in der gesellschaftlichen Arbeit wird Grundlage der künftigen Schulbildung sein, die jeder individuellen Veranlagung und Begabung gerecht werden kann. Dieser Reichtum der Bildungsgelegenheiten und -möglichkeiten wird auch die Gliederung des Unterrichtes und Erziehungswesens bestimmen. Er ist ein ökonomisches Erfordernis; denn die Produktivität der gesellschaftlichen Arbeit steigert sich in dem Maße, wie die allseitigere Entwicklung der Individuen zunimmt. Engels sagt (Anti-Dühring, S. 320), daß die von den Schranken der kapitalistischen Produktion befreite Gesellschaft ein Geschlecht von allseitig entwickelten Produzenten erzeugen wird, „die die gesellschaftliche Grundlage der gesamten industriellen Produktion verstehen und von denen jeder eine ganze Reihe von Produktionszweigen von Anfang bis zu Ende praktisch" durchmachen wird.

Dazu stimmt jedenfalls nicht, daß Genosse Rühle in seiner bis zum achtzehnten Lebensjahr reichenden „Mittelschule" die „Berufslehre" nur für einen bestimmten praktischen sozialen Erwerbszweig vermitteln läßt. Ferner soll nach seiner Meinung diese Schule in zwei Abteilungen zerfallen, eine für den theoretischen und eine für den praktischen Unterricht, eine Gliederung, die der kapitalistischen Arbeitsteilung und Klassenscheidung entspricht, jedoch in der sozialistischen Gesellschaft bald den Boden der ökonomischen Wirklichkeit unter den Füßen verlieren und in eine Fessel der Entwicklung umschlagen würde.

Der ganze Aufbau der künftigen Schule nach Rühle, ihre Gliederung in Kindergarten, Elementar-, Mittel- und Hochschule, geht viel zu sehr von der Voraussetzung aus, daß Schule und Leben nebeneinander bestehen, nicht aber, daß sie sich gegenseitig so weit als möglich durchdringen und aneinander anpassen werden. Die innige Verbindung des wirtschaftlichen und pädagogischen Elementes ist aber gerade von höchster kultureller Bedeutung; daher muß die Jugend von Anfang an schon in den Strom der großen Produktion für den Lebensbedarf gestellt werden und nicht erst nach Absolvierung ihres Bildungsganges in das Berufsleben eintreten.

Im ganzen läßt sich sagen, daß das Bild, welches Rühle von der Zukunftsschule entwirft, an einer unnötigen Anlehnung an die Schulverhältnisse und sozialen Bedingungen der Gegenwart krankt; doch soll nicht verschwiegen werden, daß er mit seiner Auffassung dieser Dinge unter den Schulpolitikern der Sozialdemokratie nicht allein steht.

Die Vorzüge der Rühleschen Darstellungsweise treten wieder im letzten Kapitel: Die Erziehung im nachschulpflichtigen Alter aufs deutlichste zutage. In lebhafter, wirkungsvoller Weise führt uns der Verfasser in den Kampf um die schulentlassene Jugend ein. Fortbildungsschule und die namentlich vom Schulrat Kerschensteiner angepriesene staatsbürgerliche Erziehung geben ihre ziemlich unverhüllt auftretende staatserhaltende Tendenz zu erkennen; Meisterlehre und Fabrikarbeit sorgen, jede in ihrer besonderen Art, dafür, daß das Elend der ausgebeuteten Jugend nicht ausstirbt. Damit aber auch der Humor nicht fehle, so schauen wir dem von der Furcht vor der Sozialdemokratie aufgestachelten Eifer der kirchlichen und bürgerlichen Jugendfänger zu, die so plötzlich ihr von der Liebe zur arbeitenden Jugend überfließendes Herz entdeckt haben. Freude und Begeisterung aber erweckt der Aufmarsch der proletarischen Jugendbewegung, des Nachwuchses der klassenbewußten Arbeiterschaft.

Will man ein zusammenfassendes Urteil über die „Grundfragen der Erziehung" abgeben, so muß man sie als wertvolle Bereicherung unserer sozialpädagogischen Parteiliteratur bezeichnen. Ihre Stärke liegt vor allem in der Schilderung der Gegenwartsverhältnisse und deren Kritik; die Richtlinien zur Zukunftsschule jedoch in einigen Abschnitten der Schrift bedürfen der Nachprüfung.

101. Otto Fischer (Hrsg.): J. J. Rousseaus Bekenntnisse[749] (Rezension von Edwin Hoernle)

NZ, 1912/13, Nr. 25, S. 923-926 (Auszüge)

[...] Keine ernsthafte Zeitschrift in Deutschland hat es in der letzten Juniwoche unterlassen, in irgendwelcher Weise den großen Bekenner und Schriftmacher der bürgerlichen Revolution zu feiern. Während die proletarischen Zeitungen mehr oder weniger Wert darauf legten, der großen historischen und sozialpolitischen Bedeutung Rousseaus gerecht zu werden und den Menschen sowohl als sein Wirken aus den sozialen, politischen und kulturellen Verhältnissen der Zeit zu erklären, hat die große Mehrzahl bürgerlicher Blätter ihr Augenmerk fast ganz auf die individuelle Persönlichkeit, den Charakter und das Seelenleben Rousseaus kon-

---

[749] Erschienen aus Anlass des 200. Geburtstages von Jean Jaques Rousseau. Martin Mörikes Verlag, München 1912.

zentriert, den Menschen und seine Gedankenwelt immer wieder aus individuellen Anlagen, großer Reizbarkeit, innerer Zwiespältigkeit, Ekel an der unwahren Oberflächenkultur seiner Zeit usw. herauskonstruiert.

An diesem Gegensatz liegt weiter nichts Verwunderliches, er entspringt dem Gegensatz zwischen materialistischer Geschichtsauffassung und individualistischen Ideologien oder, was dahinter steckt, dem Interessengegensatz zwischen einer materiell-gesättigten und einer noch hungernden und kämpfenden Klasse.

Zumal unsere bürgerliche Literaturgeschichte ist noch wenig vom historischen Materialismus angekränkelt, der sich sonst fast überall unter dem Zwange der historischen Prozesse der Gegenwart mehr oder minder verkappt und verwässert in die Wissenschaft einschleicht. Zweifellos ist der historische Materialismus zunächst nur eine soziologische Theorie und kann nicht ohne weiteres auch auf die Erklärung der Einzelindividuen und ihrer geistigen Produkte übertragen werden. Die Genesis eines einzelnen Charakters und eines einzelnen Geistesproduktes ist ein viel zu komplizierter Vorgang und von viel zu vielen durch die Forschung nicht näher kontrollierbaren Einflüssen abhängig, als daß wir die ganz bestimmte Eigenart eines einzelnen Menschen und seiner Gedanken durch den Nachweis seiner Klassenlage und seiner materiellen Existenzverhältnisse restlos erklären könnten. Allein gegenüber der ideologischen Geschichtsbetrachtung ist schon viel damit gewonnen, wenn wir beweisen können, daß zum Beispiel Rousseaus Charakter, der Zwiespalt zwischen seinen Idealen und seinem Handeln, seine Flucht vor der Wirklichkeit, seine Reizbarkeit, sein Stolz, alles in der eigenartigen Ausprägung, wie es sich gerade in diesem Menschen zusammenfand, bedingt und beeinflußt war von den Interessen und Ideologien Genfer Kleinbürgertums, von der wirtschaftlichen Misere und der gesellschaftlichen Verachtung, unter denen der französische Rotürier litt. Die Interessen seiner Klasse und die Ideologien seiner Klasse haben auf Rousseaus Entwicklung bestimmend eingewirkt, und nur weil sie in seinen Gedanken und Werken lebendig waren, haben diese eine ungeheure Wirkung auf ihre Zeit ausgeübt, sind sie zu einem Faktor der Geschichte geworden.

Diese Tatsache will die bürgerliche Literaturforschung nicht sehen, sie begnügt sich damit, die historische oder ewige Bedeutung Rousseaus zu konstatieren, und im übrigen kehrt sie immer wieder zu individualpsychologischen Untersuchungen zurück. Diese lassen der Phantasie, dem Scharfsinn, dem literarischen Ehrgeiz des Verfassers weitesten Spielraum. Faßt man den Menschen wie eine Art Ding an sich und erklärt aus diesem Ding an sich das Werk, so ist es klar, daß nicht nur die verschiedensten Nuancen, sondern auch die widersprechendsten Wertungen möglich sind. Besonders die religiösen oder politischen Ansichten des Historikers färben auf sein Objekt ab.

Dies ist hervorragend der Fall bei der Einführung, die Otto Fischer den im genannten Verlag erscheinenden „Bekenntnissen" vorausschickt.

Der Verfasser beginnt ganz richtig damit, daß er die Falschheit der Kultur des achtzehnten Jahrhunderts kurz skizziert, was freilich nun allmählich zur Spatzenweisheit geworden ist. Als echter Literarhistoriker[750] hütet Otto Fischer sich aber geflissentlich, die Frage nach den materiellen Ursachen dieser entarteten Kultur zu berühren. Für ihn ist Rousseau einfach der Mensch, der die Not der Zeit am quälendsten fühlte [...]. Wieso und warum Rousseau, gerade dieser Jean Jacques Rousseau dies tat, und warum gerade in der bestimmten Art und Weise und nicht anders, kümmert den Verfasser nicht. Genug, Rousseau hat gefühlt und gesprochen – und darin hat Otto Fischer ja vollkommen recht, nur daß damit auch blutwenig gesagt ist.

Nach dieser Einleitung geht Otto Fischer über zu der Schilderung der Individualität Rousseaus. „Er war groß nur aus Bedürfen und Kleinheit: Ein Unglücklicher, unglücklich von Geburt an, den das Schicksal zum Propheten wollte. Er litt an sich und litt an der Welt, aber sein Leiden und sein Verlangen waren zu groß, als daß er sich mit dieser Welt hätte abfinden können wie die anderen, denen es gut ging." Wer Rousseau schon vorher kannte, sieht in diesen Worten einen ganz richtigen Kern; der junge Mensch oder Arbeiter, dem sie eine Einführung in das Verständnis Rousseaus sein sollen, wird in ihnen nichts anderes finden als unverständliche, klingende Phrasen. Aber nun kommt der Punkt, auf den es Fischer bei der ganzen Abhandlung ankommt. Rousseau glaubte Balsam zu bringen – „aber sein Balsam war Gift. Er mochte eine Leuchte sein, aber er war kein Heilbringer, kein Baumeister und kein Vorbild. Ihm und der Zeit war es Verhängnis, daß das Werk eines Menschen nichts anderes sein kann als dieser Mensch selber ist. Er war auch aufrichtig und von Eifer beseelt, doch aber schwach und arm."

Otto Fischer gebraucht gerne überraschende Redewendungen und kräftige Ausdrücke. Sie verraten Stil und verbergen mangelnde Begründung. Gift – Verhängnis – später Irrstern – Prophet der Verführung – wem sollte das nicht imponieren?

Alle diese Bezeichnungen bergen einen richtigen Kern, sind aber in der absoluten Weise, wie sie dastehen, kolossale Verzerrungen. Freilich ist Rousseau als Mensch „im Träumen groß und vor jedem Greifbaren ohnmächtig". Er möchte alles und wagt nichts. Er entschlüpft vor jeder Aufgabe und jedem Beruf. Aber auch das gilt gar nicht so absolut. Otto Fischer übersieht, daß man keinen „Gesellschaftsvertrag", keinen „Emil" schreiben kann ohne intensivste Geistesarbeit, auch wenn diese Arbeit nicht so fühlbar ist wie der peinliche Fleiß unserer Zunftgelehrten. Aber außerdem – was war es, das Rousseau ohnmächtig machte, das die Flucht aus der Wirklichkeit ihm zum Bedürfnis machte? Nur eine angeborene Weichheit? Oder waren es nicht auch die sozialen Verhältnisse, die diese feinorganisierte Seele fortwährend vor die Alternative stellten, sich zu demütigen oder zu hungern? Hätte Otto Fischer so tief geschürft, bis er auf die Fäden gestoßen wäre, die zwischen materiellem und geistigem Geschehen „still, unhörbar fließen", er hätte nicht nur konstatieren können, daß, sondern hätte auch verstanden, warum in Rousseaus Leben und Lehren sich so manches Widersprechende einen konnte. Worin sucht aber eigentlich Otto Fischer das Gift? Selbstverständlich nicht darin, daß Rousseau

---

[750] So im Original.

„im Bau des Staates, in der Übung der Gesetze, in der Bildung der Gesellschaft und in jeder Beziehung des einen zum anderen" Trug und Zerrissenheit sah, Ungerechtigkeit, Unterdrückung, Haß und Laster. Um die Wahrheit und die Nützlichkeit dieser Einsicht zuzugeben, dazu gehört wahrlich nur ein wenig Liberalismus. Das Rousseausche Gift besteht für Otto Fischer in etwas anderem, in dem Radikalismus Rousseaus. Das kann keine wohlgebildete, gut liberale Seele leiden. Unser Herausgeber der „Bekenntnisse" klagt, Rousseau sei schließlich „zum Ideal eines Kommunismus gekommen, der im persönlichen Eigentum schon die Wurzel des Übels entdeckt". Deshalb habe er „Unterwerfung des Individuums unter eine höher Notwendigkeit" gefordert. Er habe aber die Probe aufs Exempel gemacht, und sie sei mißlungen. In seinen Erziehungslehren, die doch den einzelnen diesem geforderten Zustand näher bringen sollte, sei er ins entgegengesetzte Extrem verfallen. Er habe nicht die Pflicht, sondern den Genuß zum Prinzip erhoben, er lehre nicht handeln, sondern empfinden. So sei Rousseau der Vater der Schwärmerei geworden, der Flucht aus der Wirklichkeit, der Romantik, der Sentimentalität. Auch hier wieder hat Otto Fischer in manchen Einzelheiten recht, im ganzen grundunrecht. Freilich haben auch die Schwärmer, die Empfindsamen, das ganze tatenarme Geschlecht, dem der junge Goethe in den Leiden des jungen Werther ein ewiges Denkmal setzte, ihre Nahrung aus den Schriften Rousseaus gesogen. Nur seltsam, daß auch der Goethe des Faust, der Kant des kategorischen Imperativs, ein so männlicher Dichter wie Maximilian Klinger, um nur wenige aus der großen Schar zu nennen, ebenfalls von Rousseau nicht nur ein wenig befruchtet waren. Die Woge der Empfindsamkeit hatte sich außerdem schon vor Rousseaus Wirken erhoben, ihre Ursachen lagen viel tiefer als in dem Einfluß eines noch so hinreißenden Dichterphilosophen. Wenn aber Rousseau in seiner Erziehungslehre dem Gefühlsleben den Vorrang verlieh, wenn er den edlen Genuß an die Stelle einer düsteren Pflichtenmoral setzte, wenn er dem Erzieher eine scheinbar bescheidene, in Wirklichkeit ungemein wichtige und schwierige Rolle zuwies, so gibt gerade die moderne wissenschaftliche Pädagogik seinen Grundideen vollkommen recht. Rousseau hatte wahrlich gute Gelegenheit gehabt, die Erziehung zu Moral und Pflicht in ihrer ganzen Nutzlosigkeit und Verlogenheit kennen zu lernen. Eine dem kindlichen Seelenleben angemessene Erziehung operiert nicht mit dem „Du sollst", sondern weckt Wunsch und Freude. Das sittliche Bewußtsein der Pflicht ist nicht die Wurzel, sondern die Frucht. Soziale Bindung und individuelle Freiheit schließen sich nicht aus, sondern ein, eine Erziehung zur Pflicht muß eine Erziehung in Freiheit sein.

Das alles aber weiß Herr Otto Fischer so gut wie wir. Er wäre auf seine Einschätzung Rousseaus als Prophet der Verführung sicher nicht gekommen, hätte er nicht die revolutionäre Kraft solcher Ideen in der Geschichte gesehen und für die Gegenwart insgeheim befürchtet. Die französische Revolution ist der historische Beweis für die große und wichtige Wahrheit der Rousseauschen Gedankenwelt. Soweit das im einzelnen überhaupt sein kann, war Rousseau der geistige Vater der Revolution, weil er es gewesen ist, der seiner Klasse und allen Entrechteten seiner

Zeit eine Zunge verlieh und eine Richtung wies. Den genauen Weg konnte er nicht weisen, wohl aber die Richtung, und die weist er heute noch. Die revolutionäre Seite der Rousseauschen Gedankenwelt verschafft ihm ewige Bedeutung. Aber genau das ist in den Augen Otto Fischers das Gift. Er behauptet: „Die ganze spätere Zeit krankt unter dem Banne dieses Weltempfindens, die allmähliche Auflösung aller Ordnungen und Gestaltung ist ihre Wirkung. Wenn er (Rousseau) Jugend und Gesetz verkündigte, so haben sich daraus nur die Henker der Revolution ein Recht gefertigt, wenn er von Freiheit, Gleichheit und Liebe schwärmte, so hat sich an diesem Taumeltrank immer aufs neue die Menschheit berauscht." Da haben wir also den reaktionären Pferdefuß, jene Furcht vor praktischen Konsequenzen, die das liberale Bürgertum Deutschlands so herrlich auszeichnet. Zudem steckt darin eine echt bürgerliche Überschätzung persönlicher Wirkungen, was davon herrührt, daß unsere Literarhistoriker sich scheuen, hinter die Personen und rein geistigen Zusammenhänge auf die materiellen Grundlagen zurückzugehen. Die allmähliche Zersetzung aller (!) Ordnungen wurde wahrhaftig nicht von Rousseau in Szene gesetzt – das glaubt Herr Otto Fischer trotz seiner absolut gebrauchten Worte wohl selbst nicht –, sondern sie war ein Werk dieser innerlich morschen und korrupten Ordnungen selbst. Rousseau hat nur geholfen, ihre Fäulnis aufzudecken, und hat für den Neubau Steine herzugetragen. Die Henker der Revolution waren nämlich auch Baumeister, und es ist recht bezeichnend für die moderne Bourgeoisie und ihre Intelligenz, daß sie so despektierlich von denen reden, durch deren Henkersarbeit ihnen der Weg freigelegt wurde. Aber auch die christliche Kirche hat seinerzeit einen um den anderen ihrer Kirchenväter als Ketzer verdammt, nachdem man sich über sie hinausentwickelt hatte.

Otto Fischer stellt sich übrigens mit seiner Einschätzung Rousseaus als „Irrstern und Prophet der Verführung" auch in Gegensatz zu den besten und gebildetsten Köpfen im bürgerlichen Lager selbst. Gerade in den Reihen der bürgerlichen Intelligenz ist der Ruf erklungen: Zurück zu Rousseau. Vielleicht will sich Otto Fischer in Gegensatz zu ihnen stellen. Das ist interessant und hat den Schein der Originalität. Bei Rousseau war dieses Manöver verhältnismäßig leicht. Man brauchte nur alle Einzelheiten des Charakters und der Ideen dieses Menschen, der sehr viele Angriffsflächen bietet, etwas willkürlich gruppieren, Licht und Schatten nach Geschmack verteilen, das Persönliche betonen, soziale Zusammenhänge und Wirkungen übersehen, und Rousseau war zum Irrstern gestempelt.

Vorsichtig wird gegen den Schluß der Ausführungen ein „Vielleicht" gesetzt: „Vielleicht bedurfte Frankreich gerade dieses Mannes und dieser Lehren." Ja, wozu alle Einführung, wenn nicht gerade das bewiesen werden sollte? In Rousseau war Gift. In jeder Arztnei ist Gift. Aber nur ein Übelwollender wird die vergiftende statt der heilenden Kraft in den Vordergrund schieben. Otto Fischer hat geglaubt, seiner Ausgabe der „Bekenntnisse" eine Warnung vorausschicken zu müssen. Ihn ängstigte die revolutionierende Kraft dieses Geistes, so entwarf er aus hundert an sich richtigen Einzelheiten ein schiefes Bild.

520

102. Franz Andresen: Die „Achtzehnjährigen"[751]

NZ 1913/14(1), Nr. 18, S. 668-671 (Auszüge)

Je älter die Jugendbewegung wird, desto mehr drängt sich dem, der darin mitzuarbeiten oder sie ständig zu beobachten hat, die Frage auf: Was geschieht mit denjenigen, die der Jugendbewegung entwachsen sind? [...]
Die bürgerliche Jugendpflege wendet sich durchaus nicht nur an die Jugendlichen unter achtzehn Jahren. Dafür stehen zahlreiche Beweise zur Verfügung. Der Katholizismus hat von jeher verstanden, sein Menschenmaterial durch eine lückenlose Kette von Einrichtungen von der Wiege bis zum Grabe unter seine Leitung zu bringen. Der Jungdeutschlandbund richtet für die „Achtzehnjährigen" besondere Kompanien ein. „Zwischen Schule und Kaserne" heißt das Problem, das die bürgerliche Jugendpflege zu lösen sucht. Ihr Menschenmaterial rekrutiert sich durchaus nicht nur aus dem bürgerlichen Nachwuchs. [...] So selbstverständlich es ist, es muß immer wieder betont werden, daß nur die Macher bürgerlich, die Jugendlichen aber proletarisch sind. Und ebenso muß hervorgehoben werden, daß die bürgerliche Gesellschaft in ihrem Bestreben, die Lücke zwischen den beiden „Volkserziehungsanstalten" Schule und Kaserne auszufüllen, durchaus nicht ohne Erfolg arbeitet. Grund genug für uns, die Frage der „Achtzehnjährigen" auf ihre Notwendigkeit und praktischen Lösungsmöglichkeiten hin zu untersuchen.

Es ist ein erfreulicher Erfolg der proletarischen Jugendbewegung, daß sie in den Jugendlichen eine ganze Reihe kultureller Bedürfnisse weckt und fördert. Dieser Erfolg verpflichtet uns, diesen Bedürfnissen, wenn wir es können, auch dann noch gerecht zu werden, wenn mit vollendetem achtzehnten Lebensjahr sich die Tore der eigentlichen Jugendbewegung dem Jugendlichen verschließen. In gesteigertem Wissensdrang, Verlangen nach organisatorischer Betätigung und im Bedürfnis nach Geselligkeit äußert sich der Einfluß der Jugendbewegung. Wir müssen versuchen, diesen Wünschen, die durchaus in unserem Interesse liegen, entgegenzukommen.

Es lassen sich in den Rahmen unserer allgemeinen Bildungseinrichtungen wohl ohne allzu große Schwierigkeiten besondere Vorträge und Vortragszyklen einfügen, die dem Verständnis und dem besonderem Interesse der männlichen und weiblichen „Achtzehnjährigen" entsprechen. Wir nennen hier nur „Einführung in die sozialistische Weltanschauung" und „Sexuelle Aufklärung", Themata, die bei gelegentlichen Verhandlungen von den „Achtzehnjährigen" selbst gewünscht wurden. Auf besonderes Interesse können immer solche Veranstaltungen am meisten rechnen, auf deren Zustandekommen die „Achtzehnjährigen" auf irgend eine Weise Einfluß haben.

Dem Verlangen nach organisatorischer Betätigung muß entgegengekommen werden. Es ist nur ein scheinbarer Widerspruch zwischen diesem Verlangen und dem offenbar bestehenden Mangel an Interesse für die Kleinarbeit in unserer Be-

---

[751] Zu Franz Andresen konnten bislang keine Angaben gefunden werden.

wegung. Wer über diesen Mangel gleich erbost ist und wohl gar klagt, daß die Jugendbewegung keine „Erfolge" zeitigt, der verkennt, daß diese Erscheinung in der Psychologie dieses Alters begründet liegt. Es ist die Zeit des Weltstürmertums, das sich mit der größten Zuversicht der „Lösung" aller möglichen schwierigen Probleme zuwendet, aber für die praktische Notwendigkeit, die unsere organisatorische Kleinarbeit darstellt, noch keinen Sinn hat. [...] Genau so, wie wir – abgesehen von pädagogischen Erwägungen – [...] jede politische Betätigung der Jugendbewegung ablehnen, müssen wir uns auch gegen eine selbständige Organisation der „Achtzehnjährigen", gegen die „neue sozialistische Jugendorganisation" erklären.

Das Bedürfnis der „Achtzehnjährigen" nach Geselligkeit, das durch die Jugendbewegung nicht erst geweckt, wohl aber verfeinert worden ist, findet bei den meisten Erörterungen über diese Frage wenig Beachtung. Und doch ist die Sache wichtiger, als sie scheint. Es handelt sich um ein natürliches, auch bei Erwachsenen vorhandenes Verlangen. Bei diesen äußert es sich durchaus nicht immer in einer Weise, die vom Standpunkt unserer Bildungsbestrebungen aus gutgeheißen werden kann. Es sei hier nur erinnert an die verschiedenen Klubs, die eigentlich nur eine besondere Form des Wirtshauslebens darstellen; sehr oft sind geschäftskluge Wirte die direkten oder indirekten Gründer. Wie man auch über sie denken mag, sie zeigen, daß auch bei den erwachsenen Arbeitern das Bedürfnis nach Geselligkeit vorhanden ist. Bei den „Achtzehnjährigen" ist es in noch stärkerer Weise ausgeprägt. Auch sie haben kein Heim, noch weniger als die verheirateten Arbeiter. Selbst wenn sie bei den Eltern wohnen, bietet sich ihnen in der Familie nicht die Gesellschaft von Gleichaltrigen, die sie interessiert. Auch sie sind schließlich auf das Wirtshaus und den Tanzsalon angewiesen. „Achtzehnjährige" aus der Jugendbewegung werden allerdings meistens andere Arten der Geselligkeit pflegen wollen. Sie werden Wandervereine, Diskutierklubs, literarische Zirkel usw. gründen. Auch diese, sich selbst überlassen, bergen die Gefahr der Versimpelung. Wollen wir die jungen Arbeiter und Arbeiterinnen vor jenen zweifelhaften Vergnügungen bewahren, die sie für viele kostbare Jahre unserer Agitation entziehen, wollen wir diejenigen, die in ihren Geselligkeitsbedürfnissen durch unsere eigene Arbeit bereits anspruchsvoller geworden sind, vor einer Versimpelung schützen, die ebenfalls nicht in unserem Interesse liegt, dann müssen wir Veranstaltungen schaffen, die den berechtigten Wünschen der „Achtzehnjährigen" entgegenkommen und in denen wir Einfluß haben auf die Art der Geselligkeit. [...]

522

103. Käte Duncker: Sozialistische Erziehung im Haus[752] **(Rezension von Therese Schlesinger)**

NZ 1913/14(1), Nr. 26, S. 1004-1005 (Auszüge)

Unsere Parteiliteratur hat seit den letzten Jahren eine ganze Reihe guter und leichtverständlicher pädagogischer Schriften aufzuweisen. Käte Dunckers kleine Broschüre reiht sich aber den besten davon würdig an.

Alle Seiten des Themas werden im innigsten Zusammenhang mit den Grundsätzen und Bedürfnissen der Sozialdemokratie behandelt, dabei sehr wichtige praktische Ratschläge erteilt und an glücklich gewählten Beispielen erläutert.

Sehr treffend zeigt die Verfasserin, wie die Erziehungsaufgabe der Proletariereltern nicht nur darum eine so überaus schwierige ist, weil es ihnen an der nötigen Zeit fehlt, um sich solchen Aufgaben in ausreichendem Maße zu widmen, sondern auch, weil das mit jedem Tage noch komplizierter werdende Leben des modernen Proletariats an die Intelligenz und Selbstbeherrschung der Kinder und Jugendlichen Anforderungen stellt, wie sie in früheren Zeiten niemals an sie herantreten konnten.

Sowohl auf dem Wege zur Schule als zur Erwerbsarbeit ist die Jugend einer Unzahl von Verlockungen ausgesetzt, welche ihr das auf das Zerstreuungs- und Vergnügungsbedürfnis der arbeitenden Volksschichten spekulierende Profitinteresse bereitet. Um den mannigfachen Gefahren des modernen Stadtlebens zu entgehen, bedarf sie schon frühzeitig einer Welt- und Menschenkenntnis, wie sie noch kein früheres Zeitalter von seiner unerwachsenen Generation zu fordern brauchte.

Mit Recht betont die Verfasserin, daß schon aus diesem Grunde jedes Streben, das dahin geht, die Proletarierfrau wieder ins Haus zu bannen, unsinnig sei, denn die Unerfahrene, die sich darauf beschränkt, Hausfrau und Mutter zu sein, besitzt am allerwenigsten die Eignung, ihre Kinder so zu erziehen, wie es das Zeitalter des entwickelten Industrialismus erfordert.

Zu den Weisungen, die Genossin Duncker in bezug auf Ernährung des Säuglings gibt, ist zu bemerken, daß die Frage, ob lange Säugungspausen und insbesondere eine „mindestens achtstündige Nachtpause" als allgemeine Regel empfohlen werden dürfen, durchaus noch nicht so geklärt ist, wie die Verfasserin anzunehmen scheint. Die Meinungen der Ärzte weichen in diesem Punkte weit voneinander ab [...]. Darum sollte es die Verfasserin wenigstens an der Mahnung nicht fehlen lassen, in allen Fällen, in denen Säuglinge dieser ohne Zweifel gerade für proletarische Verhältnisse außerordentlich vorteilhaften Ernährungsweise starken Widerstand entgegensetzen, einen Arzt zu befragen.

Im Anschluß an die körperliche Erziehung bespricht Genossin Duncker die Behandlung des Geschlechtlichen in der Erziehung.

So trefflich ihre Ausführungen im ganzen sind, so kann ich ihr doch auch hier in einem Punkte nicht zustimmen. Sie empfiehlt zur Aufklärung von Kindern, die

---

[752] Erschienen in der Sozialdemokratischen Frauenbibliothek der Buchhandlung Vorwärts, Berlin 1914.

sich dem Pubertätsalter nähern, die bekannte Methode, erst von der Befruchtung der Blüten zu reden, dann zu der Fortpflanzung der Fische und Vögel überzugehen usw. „Schließlich", fährt sie fort, „wird man sagen: Ebenso entwickeln sich beim Menschen im weiblichen Körper Eier, aus denen, wenn sie mit dem im männlichen Körper gebildeten Samen in Berührung kommen, ein neuer Mensch entsteht. Auf das ‚Wie' der geschlechtlichen Vereinigung lasse man sich selbstverständlich nicht ein." Gar so selbstverständlich erscheint mir das nun nicht. Fast jedes Kind, dem man so viel gesagt hat, wird, falls es in keiner Weise eingeschüchtert ist, nach diesem Wie fragen. Genossin Duncker aber schreibt auf der zweitnächsten Seite ganz allgemein über die Beantwortung von Kinderfragen: „Wer seine Kinder zu klarem, folgerichtigem Denken erziehen will, der darf diese Fragen nicht ungeduldig abweisen oder den kleinen Frager mit Scheinantworten und albernen Märchen abspeisen, sondern er muß sich bemühen, eine dem kindlichen Verständnis angepasste und doch richtige und logische Antwort zu geben." Beide Ratschläge zu befolgen ist unmöglich. Eins oder das andere.

Ich bin überzeugt, daß die Verfasserin der dankenswerten Schrift gerne in einer nächsten Auflage solchen Bedenken Rechnung tragen wird.

104. Heinrich Ströbel: Krieg und Kultur

NZ 1913/14(2), Nr. 21, S. 905-908 (Auszüge)

Das ungeheure Verhängnis ist über Europa hereingebrochen – über Nacht. Wie viele gebildete Europäer mag es gegeben haben, die noch vor zwei, drei Monaten ernstlich an die Möglichkeit eines Weltkrieges geglaubt hätten? An die gegenseitige Zerfleischung der großen Kulturnationen, an die völlige Unterbindung des internationalen Verkehrs, dieser Hauptschlagader alles Wirtschaftlebens, an das Stocken aller Arbeit in Werkstatt und Atelier, in Laboratorium und Studierzimmer, die auf mehr gerichtet war, als die nackte Fristung der Existenz und die Erzeugung von Vernichtungsmitteln zur Zerstörung von Menschengütern und Menschenleben! Und so eindringlich immer der Sozialismus auf den schier nicht mehr zu bändigenden Expansivdrang des Imperialismus und Militarismus als die täglich furchtbarer dräuende Gefahr für Völkerfrieden und Kulturgedeihen hingewiesen hatte – sicherlich gab es auch unter den Sozialdemokraten nicht wenige, die solche Warnungen optimistisch für bloße Theorie gehalten haben mochten.

So hat der Krieg die europäische Menschheit überrumpelt und in jähem Ansturm alles über den Haufen gerannt, was noch gestern als für die Ewigkeit gegründete sittliche und geistige Kulturerrungenschaft galt. Gleich den Schienensträngen, die der Krieg zerrissen, scheint auch die Ideengemeinschaft zerrissen, die die Kulturvölker durch Wissenschaft und Literatur, durch Technik und Gewerbefleiß miteinander verbunden. Rassenhaß und Nationalitätendünkel, die ernste Forschung und zivilisatorischer Wettbewerb allmählich zurückgedrängt, brechen wieder ungezügelt hervor, und an die Stelle des differenzierten Denkens und Empfindens des modernen Kulturmenschen sind die trüben, dunklen Instinkte getreten, die vor Jahrtausenden die Menschen einer primitiven Urzeit beherrschten. Die Welt, die sich eben noch in tausend Strahlen im Prisma der modernen Erkenntnis brach, hat wieder die groben, ungeschlachten Formen angenommen, in denen sie das Auge des Troglodyten sah.

Wie ein übermächtiges Schicksal ist der Krieg über die Welt hereingebrochen. Niemand, so versichert man in allen Staaten, hat ihn gewollt, jeder ihn ehrlich zu verhindern gesucht. Was daran Wahres ist, wird die geschichtliche Forschung erst dann feststellen können, wenn mit dem Frieden auch die ehrliche Selbstbestimmung zurückgekehrt ist. Heute verzerrt die nationale Leidenschaft alles Tatsächliche zur vollen Unkenntlichkeit. Aber wie es auch um alle staatsmännischen Irrungen und Wirrungen, alle diplomatischen Listen und Tücken bestellt sein mag – selbst wenn wir zugeben wollen, daß Imperialismus und Wettrüsten den Verantwortlichen über den Kopf gewachsen sind und durch ein unheilvolles Eigenspiel alle Berechnungen der Staatsmänner über den Haufen geworfen haben: war der Krieg auch plötzlich da und eine furchtbare Notwendigkeit, der keine der verstrickten Nationen sich mehr entziehen konnte, so war es doch wahrlich kein erhebendes Bild, ihn im Stile der Kinderfibel den naivsten Gemütern mundgerecht gemacht zu sehen. Es hätte doch wohl genügt, den Krieg als unausweichlich darzustellen, als ein wenn schon bitteres, so doch ehernes Muß. Aber nein: der Krieg musste auch ein „gerechter" sein, nicht etwa im höheren historischen, sondern im banalsten Sinne hausbackenster Philistermoral. Und die Herren Intellektuellen, die sonst nicht verächtlich genug die Nase zu rümpfen wußten über das geistige Herdenvieh, schwärmten nun auf einmal für die köstliche Primitivität volkstümlicher Geschichtsauffassung. Es sei wie in der Kinderfibel, hieß es jüngst im „Berliner Tageblatt": Der biedere, ehrliche Deutsche, der brutale, tückische Russe, der freche Serbe, der perfide Engländer. Aber daß sich die Psyche der Massen in ihrem Urteil über nationale Wesensart und historisches Recht oder Unrecht in solch rührend kindlichen Vorstellungen gefalle, das fand dieser Schmock geradezu entzückend und erhaben. O Land der Dichter und Denker! [...]

Das Erstaunlichste aber erlebten wir, als eine Anzahl mehr oder minder bekannter deutscher Schriftsteller, die sich so gern als die Creme deutschen Geisteslebens nicht nur, sondern als sublimste Blüte moderner Kultur betrachtet sähen, plötzlich die Entdeckung machte, daß die ganze Friedensarbeit eigentlich ein langer dumpfer Traum, ein entnervender Haschischrausch gewesen und daß die Menschheit erst mit dem Kriege zu frischem, herrlichem Leben erwacht sei. Nach solchen Bekenntnissen könnte man wirklich glauben, der Krieg sei nicht eine Katastrophe, ein Paroxismus, sondern die höchste Wohltat für die Menschheit, deren sie leider nur allzu selten teilhaftig werde.

Die Verherrlichung des Krieges durch gewisse Philosophen, Historiker und Militärs ist ja etwas Altbekanntes. Man weiß, daß ein Hegel gesagt hat, Kriege peitschten die Menschheit auf, ähnlich wie Sturm das Meer vor Fäulnis bewahre. Moltke nannte bekanntlich (in seiner Einleitung zu den Werken Bluntschlis) den ewigen Frieden einen Traum und nicht einmal einen schönen. Denn der Krieg entwickele die edelsten Eigenschaften des Menschen: Mut, Ergebenheit für die allgemeine Sache, den Geist der Selbstaufopferung. Wenn es keinen Krieg gebe, werde die Welt sich in Fäulnis auflösen und in groben Materialismus versinken. Und der Kulturhistoriker Max Jähns gelangt, obwohl er einem Werke „Über Krieg, Frieden und Kultur" [1893] selbst alle Greuel der Kriegsfurie geschildert hat, dennoch zu dem Ergebnis, daß, obzwar die Schrecken des Krieges wirklich nicht zu beseitigen seien, dennoch der Krieg der Menschheit als mächtiger Förderer der Zivilisation diene, als „Schöpfer männlicher Tugenden". Auf diesem Felde erwachse die „beste Blüte der Menschheit, der Heroismus".

Wir können ja jetzt die Probe auf das Exempel machen. Wir erleben die heroischen Erscheinungen des Kriegs und sein ganzen Grausen. Es wäre unsinnig und abgeschmackt selbst für den sentimentalsten bürgerlichen Pazifisten, geschweige denn für einen mit allen Realitäten rechnenden Sozialdemokraten, wollte man leugnen, daß der Krieg einen Sturm heroischer Begeisterung entfacht hat, daß er erneut bewiesen hat, wie unter der Suggestion einer beherrschenden Idee und unter der Massenhypnose alle seelischen Hemmungen ausgeschaltet werden. Freilich weiß der Psychologe auch ganz genau, daß das, was man positiv Tapferkeit zu nennen und als höchste männliche Tugend zu feiern liebt, häufig nichts ist, als ein psychischer Rauschzustand, in dem einfach die normalen Reflexbewegungen, die sonst die Gefahr und das Gebot der Selbsterhaltung zum Bewußtsein bringen, nicht mehr existieren. Ja mehr noch: sogar nackte Furcht kann unter Umständen die Triebfeder zu rücksichtslosem Drauflosstürmen sein. [...]

Aber so sehr man immer von der Notwendigkeit eines Krieges überzeugt und von dankbarer Bewunderung für die kriegerische Bravour der vaterländischen Truppen durchdrungen sein mag, so übel steht es den angeblichen Vertretern der Geisteskultur an, in eine schrankenlose Verherrlichung des Krieges zu verfallen und die „Fäulnis" des Friedens zu schmähen.

Welche neuen Vorbedingungen künftig nationaler und internationaler Kulturarbeit immer der Krieg zu schaffen vermag: erst die neu aufbauende, Schutt und Leichen hinwegräumende Friedenstätigkeit wird die Leistungen vollbringen.

Die vielberufene „Fäulnis" vermag jedenfalls soziale Einsicht viel besser und gründlicher hinwegzufegen, als das angeblich reinigende Ungewitter des Krieges. Sittliche Fäulnis hängt mit den sozialen Zuständen aufs engste zusammen, mit den wirtschaftlichen Gegensätzen zwischen Kapital und Arbeit, mit der Häufung von Reichtum und Elend. Diese Gegensätze können Kriege eher verschärfen als mildern. Auch ein siegreicher Krieg, der durch Kriegsentschädigungsmilliarden nur die Spekulation entfesseln und durch weltpolitische Eroberungen die kapitalistische Expansion nur künstlich anstacheln würde. Die kapitalistische und moralische Fäulnis kehrt also nach dem Kriege unaufhaltsam zurück. Ihre Ausrottung war bestenfalls ein flüchtiger Scheinerfolg, wenn nicht gar – was das Wahrscheinlichere – selbst für den Augenblick nur eine plumpe Selbsttäuschung.

Mit dem Kapitalismus, mit der alten Ueppigkeit und Sittenlosigkeit feiert aber auch alle andere Fäulnis ihre fröhliche Auferstehung. Auch die verrottete feile

Afterkunst. So mancher Diener dieser Sorte Kunst, der jetzt in Sack und Asche Buße tut und sich teutonisch tugendsam gebärdet, wird dann wieder bis über die Ohren in den Schlamm tauchen. Wir haben das nach 1870 gesehen und wir werden das auch nach 1914 wieder erleben. Wenn sich aber gewisse Intellektuelle dem Krieg als dem Erlöser von der ihnen schal gewordenen stillen Geistesarbeit in die Arme werfen und ihn als den Bringer neuer ungeheurer Sensationen preisen, so lästern sie damit nur sich selbst, nicht aber die unermüdliche Kulturarbeit des Friedens, auf der allein die Hoffnung der Menschheit ruht.

Aber wir sollten meinen, daß der Krieg uns auch bereits soviel des Grausigen, Entsetzlichen gebracht habe, daß der Chorus der pseudopatriotischen Kriegsverherrlicher verstummen müßte. [...] Die kulturgeschichtlichen Betrachtungen über den Weltkrieg von 1914 werden dermaleinst Bibliotheken füllen und eine glücklichere Nachwelt vor Grauen und Abscheu schütteln.

105. Dr. A. Milkner: Die politischen Ideen und die politische Arbeit Diesterwegs[753] (Rezension von Heinrich Schulz)

NZ 1914/15(1), Nr. 20, S. 636-637

Zu den Kreisen der bürgerlichen Intelligenz, die sich im letzten Jahrzehnt in wachsendem Maße aus politischer Gleichgültigkeit zu befreien und zu irgendwelchem politischen Denken und Handeln zu entwickeln suchen, gehören besonders die deutschen Lehrer. Neben anderen Anzeichen erkennt man dieses erfreuliche Steigen des politischen Interesses daran, daß sie die führenden Pädagogen der Vergangenheit nicht nur wie sonst lediglich nach pädagogischen Gedanken und Anregungen, sondern auch nach ihrer Stellung zu den sozialen und politischen Problemen ihrer Zeit durchforschen. Bei Comenius ist man damit noch nicht weit gekommen. Er liegt den Lehrern von heute mit seiner kommunistischen Grundrichtung noch zu fern. Um so mehr und eifriger hat man sich mit dem Revolutionär Pestalozzi beschäftigt. Man sieht in ihm nicht nur den gütigen „Vater" armer und heimatloser Kinder und den Begründer neuer Lehrmethoden, man hat auch den großen und wertvollen Schatz seiner sozialpolitischen und sozialistischen Gedanken entdeckt und ist fleißig bemüht, ihn zu heben. Ein Hauptverdienst daran trägt der bekannte Marburger Pestalozziforscher Natorp.

Neuerdings wendet sich das Interesse pädagogischer Forscher auch dem jüngsten der drei großen Pädagogen der Vergangenheit, Diesterweg, zu. Als Anfangs der neunziger Jahre des vorigen Jahrhunderts aus Anlaß des 100. Geburtstags Diesterwegs eine Flut von Schriften über ihn erschien, war das politische und soziale Interesse der deutschen Lehrer allerdings noch zu gering, als daß ihnen der knorrige politische Draufgänger Diesterweg etwas zu sagen gehabt hätte. Wohl war das einige Jahre später anlässlich des 150. Geburtstages Pestalozzis auch noch nicht viel anders. Wenn trotzdem die Pestalozziforschung schneller einsetzte und tiefer

---

[753] Pädagogisches Magazin, H. 572. Hermann Beyer u. Söhne, Langensalza 1914.

schürfte, so lag das einmal daran, daß Pestalozzi der ursprünglichere und reichere
Geist war, andererseits daran, daß der Revolutionarismus Pestalozzis innerlicher
und theoretischer ist als der Diesterwegs, so daß er für die mit den Begriffen der
Sozialpädagogik und der Arbeitsschule zusammenhängenden Gedankenketten
ergiebiger und unbedenklicher auszuschöpfen ist als Diesterweg. Diesterweg ragt
mit seinem Denken und Tun noch zu sehr in unsere Zeit hinein. Er war weniger ein
Theoretiker als ein Mann der unmittelbaren, schnell zupackenden und furchtlosen
Tat. Er hat deshalb Zeit seines Lebens inmitten heftiger Kämpfe gestanden. Bis an
seinen Tod hat er unbeugsam die preußische Schulpolitik bekämpft, nicht nur gegen die Regierung, auch gegen den Liberalismus und gegen die wenig tapferen und
aufrechten preußischen Lehrer seiner Zeit. Durch seine scharfen Worte dürfte sich
daher bis jetzt mancher führende Schulpolitiker getroffen fühlen. Kein Wunder
deshalb, daß man das heiße Eisen der politischen Ideen Diesterwegs nicht gern
anfaßte. Erst neuerdings darf man aus vereinzelten Anzeichen die Hoffnung schöpfen, daß sich in der Lehrerschaft ein neuer Geist zu regen beginnt, der sich auch
von der überlieferten Hörigkeit der Lehrer zum politischen Liberalismus zu befrei-
en versucht. [...]

Das Schriftchen, das ich heute den Lesern der „Neuen Zeit" anzeigen möchte,
ist [...] ein Wegweiser zu den Quellen und Urkunden über den Politiker Diesterweg, wie sie in dem reichen Material der Diesterwegschen Schriften, Aufsätze,
Briefe und Reden in reichlicher Fülle verstreut vorhanden sind. Der Verfasser
kennt allem Anschein nach das Material sehr genau. Seine Schrift hat aber eigentlichen Wert nur für den, dem dieses Material durch eigenen Besitz oder durch
Bibliotheken zugänglich ist. Der Verfasser nimmt zu den von ihm bloßgelegten
politischen Ideen Diesterwegs selbst kaum Stellung, zieht daraus auch keine
Schlüsse, weder für die Vorgänge der Vergangenheit noch für die Gegenwart, ihm
kommt es nur darauf an, unbekannte oder weniger bekannte Tatsachen aus dem
Leben und schriftstellerischen Wirken Diesterwegs mitzuteilen und zu ihren Be-
legstellen hinzuführen.

Diese Selbstverleugnung des Verfassers ist keineswegs ein Nachteil für das
Büchlein. Bei den „Zensur"schwierigkeiten, die für beamtete Lehrer auch außerhalb der Kriegszeiten bestehen, würde bei einer gegenteiligen Haltung des Verfassers zu befürchten gewesen sein, daß er entweder sich selber oder Diesterweg Gewalt angetan hätte. Das erhellt schon aus einer gelegentlichen harmlosen Bemerkung über Diesterwegs organisatorische Bestrebungen: „Was Diesterweg wollte
und zum Teil auch verwirklichte, ist dasselbe, was später Schulze-Delitzsch, Max
Hirsch, Franz Duncker auf dem Gebiete der Arbeiterorganisation voll erreichten."
Man darf zur Ehre Diesterwegs hier verbessernd bemerken, daß Diesterweg in
seiner stürmenden und drängenden Kampflust in den Organisationen vermittelnder
und kampfscheuer „Harmonie" ganz gewiß nicht sein Ziel gesehen hätte.

Aber abgesehen von solchen Nebensächlichkeiten, die jeder Schulpolitiker, der
einen eigenen Standpunkt besitzt, beiseite schiebt oder einrenkt, ist die fleißige
Zusammenstellung ein wertvolles Hilfsmittel für die bessere Erkenntnis der politi-

schen Stellung Diesterwegs und für die Beurteilung der preußischen Schulpolitik im zweiten Drittel des neuenzehnten Jahrhunderts.

106. Akademikus: Reformpädagogik, politische Pädagogik

NZ 1914/15(2), Nr. 6, S. 190-192

„Der Einheitsgedanke in der Schulorganisation" betitelt sich ein Schriftchen, das der Münchener Volksschullehrer Aloys Fischer im Vorblick auf die Behandlung dieses Themas auf der letzten deutschen Lehrerversammlung in Kiel zu Pfingsten des vorigen Jahres veröffentlicht hat.[754] Denn, wie auch er mit Recht betont: so unangebracht das verständnislose Dreinreden eines bloß gefühlsmäßigen Dilettantismus in pädagogischen Dingen ist, so gehören doch gerade die Fragen der Schulziele und der Schulorganisation vor die Oeffentlichkeit. Unter der vielerörterten „Einheitsschule" kann man mancherlei verstehen. Fischer führt selbst nicht weniger als sechs verschiedene Auffassungen auf. (S. 13.) Seine Forderungen decken sich im allgemeinen mit den unsrigen: Vollste Oeffentlichkeit und Allgemeinheit, keinerlei Privat- oder Sonderschulen, keine Konfessionsschule, kein vorzeitiger Abschluß der Volksschulbildung, kein bloßer Berufsdrill, volle Selbständigkeit und Unabhängigkeit auch von politischen Mehrheiten (Bayern!). Aber Einheit bedeutet keine schablonenhafte Uniformierung, etwa der Lehrpläne und Lehrmittel, für das ganze Reich. Sondern, nachdem eine „Grund"-Schule, die sich etwa auf die ersten sechs Schuljahre erstrecken kann, das Fundament gelegt hat, muß im übrigen möglichste Mannigfaltigkeit, Elastizität und Beweglichkeit das Ideal sein. Denn, wenn im ganzen auch ein Anschluß an das heute schon bestehende Reformschulsystem möglich ist, wie wir vor einer Reihe von Jahren in der „Neuen Zeit" dargelegt haben, so ergeben sich, wie Fischer (S. 32 ff.) mit Recht hervorhebt, aus dem tatsächlichen Stand der Dinge doch allerlei Schwierigkeiten, z. B. für den „talentvollen Volksschüler, der erst in späterem Alter die Mittel zum Besuch höherer Schulen erlangt", für den einseitig Begabten, der in einem oder zwei Fächern den Normalanforderungen niemals zu genügen vermag, für den spät Differenzierten, der seine Laufbahn in einer bestimmten Gattung höherer Schulen begann und zu spät entdeckt, daß er eigentlich umsatteln müßte. Dafür müßten besondere Einrichtungen getroffen, überhaupt das ganze Prüfungs-, Zulassungs- und Berechtigungswesen einer gründlichen Umgestaltung unterworfen werden. Den tiefsten Grund freilich, der es heute, auch bei bestem Willen der Lehrenden und der Schulbehörden, immer wieder bewirken wird, daß Hunderttausende junger Menschen nicht die ihnen angemessene Bildungsgelegenheit bis zur Hochschule einschließlich finden, die heutige Klassenschichtung der Gesellschaft, läßt der Verfasser unberührt. Aber abgesehen davon gibt seine mit Sachverstand und ohne den vielfach üblichen Phrasenschwulst geschriebene kleine Schrift manchen wertvollen Fingerzeig.

---

[754] Erschienen bei Eugen Diederichs, Jena 1914.

Hat der Münchener Volksschullehrer die Schule im engeren Sinne im Auge, so behandelt das Buch von F. W. Foerster, „Staatsbürgerliche Erziehung" nach dem Untertitel „Prinzipienfragen politischer Ethik und politischer Pädagogik"[755], also ein höchst interessantes und trotz der Kriegszeit aktuelles Thema. Der Verfasser, den Aelteren unter uns noch bekannt als hervorragendes Mitglied der Gesellschaft für „Ethische Kultur" und mehrjähriger Herausgeber von deren gleichnamiger Wochenschrift, damals dem Sozialismus nicht fernestehend, hat seitdem eine Wandlung zum Religiösen durchgemacht, mit starker Hinneigung sogar zum Katholizismus, wie sie besonders in einem vor einigen Jahren veröffentlichten Buche „Autorität und Freiheit" [1910] zutage trat. Das neueste Buch des mittlerweile auf Grund vielgenannter pädagogischer Arbeiten („Jugendlehre" [1904], „Lebensführung" [1909]) zum Professor der Pädagogik an der Universität Wien Ernannten kehrt wieder zu seinen besseren Traditionen zurück, so daß sich seine Lektüre auch für den politisch Andersdenkenden lohnt. Foerster will das „Erschlaffen der staatsbildenden und staatserhaltenden Gefühle", das er in dem jetzt lebenden Geschlecht wahrzunehmen glaubt, jedenfalls nicht durch „allerlei direkte Belehrungen" und „patriotische Erweckungen", wie sie vor dem Kriege bei uns versucht wurden, kurieren, sondern „zum Reich der Mütter hinabsteigen", d. h. die sittlich-politischen „Grundkräfte" beleben, üben und klären, die bisher nach seiner Meinung allzu sehr vernachlässigten Prinzipien- und Zielfragen erörtern. Trotzdem wird eine in die Tiefe dringende theoretische Grundlegung, wie sie zum Beispiel Natorps „Sozialpädagogik" gibt, gar nicht ernstlich versucht; was auch gar nicht wundernimmt, da es sich für den Verfasser bei der ganzen Sache weit mehr um eine Kraft- und Willensfrage als um eine solche des Wissens handelt. (S. 3 ff.)

Nicht ohne Interesse gerade in heutiger Zeit ist es zu lesen, daß Foerster – das Buch ist allerdings vor dem Kriege geschrieben – die politische Kultur Englands als geradezu „vorbildlich" bezeichnet. „Es ist in der Tat zweifellos, daß dem Deutschen am schnellsten zum Bewußtsein kommt, was ihm an staatlicher Kultur noch fehlt und was überhaupt staatliche Gesittung ist, wenn er englische Zustände studiert." (S. 9.) Vor allem in der Kunst des Regierens, insbesondere des Befehlens, das eben auch eine Kunst sein will, die in das Kapitel einer Pädagogik gegenüber Erwachsenen gehört. Eine gedeihliche und dauernden Erfolg versprechende Wirksamkeit ist hier nur auf der Grundlage gegenseitiger Achtung und gegenseitigen Vertrauens möglich. Das gilt für die Fabriken und Bureaus ebenso wie für den – Kasernenhof. Ausdrücklich und nachdrücklich erkennt Foerster zwar die Vorzüge der militärischen „Präzisionspädagogik" mit ihrer Gewöhnung an Gehorsam, Pünktlichkeit und Ordnung an, aber er erwartet eine wahrhafte Sicherung und Vertiefung derselben nur davon, da sie „mit der Achtung vor der Menschenwürde, diesem Fundamente auch aller staatsbürgerlichen Würde, mehr und mehr ... vereinigt" wird. Wahre Führerkunst heißt nicht: bevormunden, sondern: mündig machen. Neben den großen Seiten der preußischen „Staatsdisziplin" und dem Nutzen

---

[755] Erschienen bei B. G. Täubner, Leipzig und Berlin 1914. Vgl. auch Dok. 186.

der Exaktheit und des unbedingten Autoritätsprinzips für die Schlacht – während 1870/71 französische Offiziere mitten im Kampfe über die zu ergreifenden Maßregeln mit ihren Leuten debattierten (S. 50 ff.) – werden doch auch die Fehler dieser, aus „der seinerzeit gewiß notwendigen Korporalspädagogik des achtzehnten Jahrhunderts" stammenden preußischen Art der „Menschenleitung" in allen Zweigen der Staatsverwaltung deutlich gekennzeichnet. Wie anders wirkt es, wenn der japanische Offizier, dem sein Bursche das Essen aufträgt, aufsteht und dem Diener eine Verbeugung macht (S. 34), oder wenn der englische Staatssekretär gelegentlich „als Mensch, ja als Politiker mit seinem Portier spricht und ihn auf die besondere Bedeutung dieser oder jener Deputationen oder Einzelbesuche aufmerksam macht!" (S. 63.) Daneben fallen sehr beherzigenswerte Worte über die heute übliche, schon von einem Stanley verurteilte, gewaltsame „Kolonial-Pädagogik" (S. 81-87) sowie die richtige Behandlung der Grenzbevölkerungen. Gerade eine starke und mächtige Nation muß den „Mut zur Großmut" haben. „Die beste Polenpolitik wäre es gewesen, wenn wir in Posen ein polnisches Nationalmuseum und eine polnische Nationalbibliothek eröffnet hätten." Durch ähnliche Mittel haben sich seinerzeit die Franzosen die Herzen der Elsässer erobert. (S. 90.)

Wie hat sich nun die Erziehung zu solcher politischen Gesinnung zu gestalten? Vorstufe und Vorschule der staatlichen ist die soziale Erziehung. Zunächst müssen die Egoisten – die nervösen wie die robust-brutalen wie die gedankenlosen – durch eine „Gymnastik des Mitfühlens" zur Gerechtigkeit und zum Respekt vor den Rechten anderer von früher Jugend an erzogen werden: in der Familie (Gespräche über andere, Respekt vor Dienstboten!) und in der Schule. In der letzteren könnte die Selbstregierung nach amerikanischem Muster, die man, wenn wir nicht irren, hauptsächlich auf die Anregung von Foersters „Jugendlehre" in einem Teil unserer höheren Lehranstalten einzuführen versucht hat, ohne daß ihr tieferer Sinn bei unserer bureaukratisch gewöhnten Jugend bisher recht Wurzel geschlagen hat, Größeres vorbereiten. In einem Gymnasium in Pola (Istrien), wo bis dahin immer Schülerstreitigkeiten zwischen Italienern, Kroaten, Deutschen und Tschechen geherrscht hatten, soll es einem Lehrer gelungen sein, mit Hilfe der Selbstregierung der Schule die Nationalitätenfrage in einer „für die Erwachsenen vorbildlichen" Weise zu lösen. (S. 108.) – Foerster spricht sich auch gegen eine zu weitgetriebene „Militarisierung" der sogenannten „Jugendpflege" aus. „Selbst für die wahre Kriegsbereitschaft" – so schreibt er knapp ein Jahr vor dem Ausbruch des Weltkrieges – „ist das frühzeitige kriegerische Sich-Blähen und Den-Mund-voll-nehmen durchaus schädlich! Tiefen Ernst, schlichten Heroismus, mannhafte Disziplin in die konkreten Aufgaben der Kulturarbeit hineinzutragen, das erzieht auch weit mehr zu kraftvollem Ernst in großen nationalen Entscheidungen, als zu viel jugendliches Spielen mit der furchtbaren Tragik blutiger Völkerkonflikte." (S. 117, Anm.) Dagegen gewöhne man die Mitglieder der Jugendvereine daran, sich selbst treu zu bleiben, im richtigen Augenblick „Ja" und „Nein" sagen zu können, kurz an alle jene Charaktereigenschaften, die den künftigen „Führer" bilden. Die Masse des „bürgerkundlichen" Lehrstoffes oder gar die Verherrlichung der bestehenden Ordnungen gegenüber dem sozialdemokratischen Nachwuchs (S. 146) tut es nicht. Empfehlenswerter wäre die Durchdringung dieses „staatsbürgerlichen Unterrichts" mit sittlichen Ideen und Kulturgedanken, wie in Frankreich, dessen Lehrbüchern die zentrale Idee der Menschenrechte zugrunde liegt. Aus der Schweizer „Vaterlandskunde" könnte man das Ausgehen von dem ganz konkreten Lebenskreis des Schülers lernen. Auch auf das Nachahmenswerte der englisch-amerikanischen Settlementsbewegung für das spätere Jungen-Mannes-Alter weist ein besonderes Kapitel hin.

So bietet das Foerstersche Buch mancherlei gute Gedanken und beherzigenswerte Anregungen. Der religiöse Pferdefuß kommt erst in dem „die bisherige soziale Arbeit" kritisierenden Schlussabschnitt zum Vorschein. Daß ein dürrer Intellektualismus und die Beschränkung auf rein wirtschaftliche Fragen, wie es der Verfasser der Sozialdemokratie zuschiebt (S. 187 ff.), den Geist des Arbeiters auf die Dauer nicht zu befriedigen vermag, braucht er uns nicht erst zu sagen. Aber wenn er erzählt, der Vorsitzende eines „sozialistischen Fachvereins" (?), der ihn um einen Vortrag ersucht, habe erklärt: „Det Wirtschaftliche haben wir jetzt dicke, jeben Se uns wat Ethisches," so ließe sich ebenso gut, ja vielleicht noch eher der umgekehrte Fall denken, daß infolge von Ueberfütterung „det Ethische" schließlich den Zuhörern „dicke" würde, während, recht verstanden, wahre „Ethik" und genügende wirtschaftliche Einsicht einander geradezu fordern. Indes, dem jetzigen Foerster genügt die „weltliche" Ethik nicht einmal. Er fordert als treibendes Element der sozialen „Arbeit" (wie er mit pastoralem Ausdruck sagt) eine „hinreißende Inspiration" und nennt zum Schluß eine staatsbürgerliche Erziehung „ohne die Weihe und das Fundament einer religiösen Kultur" einen „Sport für unbeschäftigte Köpfe", eine „Illusion" und einen „Traum ohne gestaltende politische Kraft" (S. 197); womit dann glücklich der größte Teil seiner eigenen vorangehenden Ausführungen von ihm selber negiert wird. Der Geist des Opfers, der Wahrhaftigkeit, des freiwilligen Gehorsams, der Menschenliebe, des Glaubens an das Ideal, der allerdings zur Erringung wahrhaften, menschenwürdigen Zusammenlebens notwendig ist, findet sich, wie Foerster wissen müßte, nicht einzig und allein beim Christentum, sondern mindestens ebenso stark und rein in den Köpfen und Herzen der sozialistischen Arbeiterschaft.

107. Arnulf: Die Schule an die Front!

NZ 1914/15(2), Nr. 10, S. 317-320

Die öffentliche Erziehung ist heute zum großen Teil eine direkte Erziehung für den Krieg geworden; eine allgemeine Neuorientierung von Schule und Pädagogik nach den Gesichtspunkten und großen Bedürfnissen des Tages ist eingetreten. Der Zug der Zeit fordert auch die Schule an die Front, und daß sie mehr als bereit ist, zu folgen, zeigen sowohl Erscheinungen ihres inneren Betriebes wie auch die literarischen Produktionen auf diesem Gebiete.

Zur Abschaffung der Fremdsprachen, wie einige nationalistische Heißsporne verlangten, ist es ja nicht gekommen; aber eine Verdeutschungsbewegung hat eingesetzt, daß sich die früheren Sprachreiniger seit des seligen Opitz' Zeiten hörbar im Grabe herumdrehen und die liebe Jugend mit ihren Tabellen von Fremdwörtern, die sie ins Deutsche zu übertragen hat, von Pontius zu Pilatus laufen muß, um Hilfe bei dieser Arbeit zu finden.

Es ist nur zur Beruhigung ängstlicher Gemüter, wenn der frühere Vortragende Rat im preußischen Kultusministerium Dr. Adolf Matthias in seiner Flugschrift „Krieg und Schule" (Heft 16 der Sammlung „Zwischen Krieg und Frieden", S. Hirzel in Leipzig [1915]) sagt: „Es sind ja gar nicht so große Umwälzungen nötig, nur ein Herabsetzen weniger dringlicher und weniger wertvoller Forderungen zugunsten wichtigerer Unterrichtsstoffe, mehr Entsagungsfähigkeit derer, die im Besitze alter Unterrichtstoffe sind und deshalb auch im Rechte zu sein glauben." In Wahrheit will er nichts Geringeres als eine Erziehung durch den Krieg und für den Krieg! Neue Pflichten, führt der Verfasser aus, liegen unserer Schule für die Zukunft ob. Die Gegenwartswerte müssen viel kräftiger gepflegt werden, als es geschieht. Daß der Schulmeister bei Sadowa gesiegt habe, ist eine Phrase, mit der man nichts weiter bezeugt als Ueberhebung. Die Schule kann und muß künftig weit mehr tun, um unser waffengewaltiges Volk noch mehr innerlich zu kräftigen. Der Geschichtsunterricht soll in erster Linie Gegenwartsgeschichte behandeln, der Unterricht in der Erdkunde mehr in den Dienst des Geschichtsunterrichts treten, also politische Geographie werden. Ueberhaupt mehr Raum für den geschichtlichen Unterricht, auch darum, weil er mit der Staatsbürgerkunde innig verwachsen ist, Verständnis für staatsbürgerliches Wissen, für politische Fragen der Gegenwart vermitteln soll.

Man sieht bereits, wohin die Reise geht. Was da wohl über die Sozialdemokratie gelehrt werden soll!

Aber warum kann neben der Gegenwartsgeschichte nicht auch die griechische und römische mit Liebe behandelt werden? Warum können die verschiedenen Sprachen nicht in der Schule Heimatsberechtigung finden? Warum muß der eine Unterrichtsstoff vor dem anderen zurücktreten, sobald neue Erziehungsideale, wie hier durch den Krieg auftauchen? Nun – weil in der heutigen (Volks-) Schule alle genau denselben Bildungsgang vollenden müssen, nach dem Ideal der allgemeinen gleichen Bildung, die ein gewisses Minimum nicht überschreiten darf. Der Kampf der Unterrichtsfächer und Unterrichtsstoffe gegeneinander würde aber aufhören, wenn durch die Schaffung größtmöglichster Bildungsgelegenheit jedem die freie Entwickelung seiner individuellen Anlagen garantiert würde, was natürlich einen entsprechenden Fortschritt der gesamten sozialen Verhältnisse, die Vergesellschaftung aller Produktions- und Bildungsmittel zur Voraussetzung hätte. In der Arbeit, der erzieherischen, von der Ausbeutung befreiten, haben wir die Verschmelzung von Wissen und Können, in der Arbeitsschule der Zukunft die Einheit von Schule und Leben vor uns.

Die gegenwärtige Zeit läßt uns etwas dergleichen ahnen, indem sie eine Pädagogik der Tat befürwortet und möglichst sogar betreibt. Für große Umwälzungen ist man „auf schulischem Gebiete", wenigstens was die Volksschule betrifft, sonst bekanntlich nicht gewesen. Jetzt aber möchte (möchte!) sich die Schule zu vaterländischen Zwecken stracks in eine Arbeitsschule verwandeln, denn des Wollsachenstrickens, Paketeschnürens, Geldsammelns, Vaterlandsliedervertreibens ist kein Ende. Einmal stand man auch schon im Begriff, Lehrer und Schüler für die Landarbeit zu beurlauben, da erinnerte man sich noch rechtzeitig der „Arbeitslosen".

Ueber die pädagogische Qualität der Veranstaltungen ist damit nichts gesagt. Einmal ergibt sich für die Lehrer infolge der Einberufungen aus ihren Reihen eine Mehrbelastung mit Arbeit, und die Stetigkeit des Unterrichts wird durch häufige Versetzungen von einer Schule zur andern arg behindert; dann aber läßt sich bei der Erfüllung der neugestalteten Aufgaben auch der Charakter des Improvisierten nirgends verkennen. Immerhin geht der Schulmechanismus noch ziemlich seinen Gang und bezeichnenderweise oft so sehr, daß Wünsche laut wurden, man möge bei den Examensanforderungen doch die Zeitstimmung auch etwas in Rücksicht ziehen.

Das Uhrwerk der Schule funktioniert zur Beruhigung und Erhebung der Kinderwelt und des gesamten Landes im allgemeinen weiter wie zuvor und wird nötigenfalls durch Einstellung weiblicher Lehrkräfte in Bewegung erhalten. Man hat aber die Lehrenden eindringlich auf ihre hohe Verantwortung in dieser Zeit hingewiesen und ihnen neben der besonderen Pflege des vaterländischen Geschichts- und Gesinnungsunterrichts das religiös-erbauliche Moment ans Herz gelegt. In diesem Sinne sind der Jugend auf Anregung der höchsten Schulbehörde die Gegenwartsereignisse nahe zu bringen, in möglichst lebhaften Bildern darzulegen und „geistige und sittliche Keime in die Herzen der Jugend zu senken, die aufgehen sollen zu segensreicher Frucht für unseres teuren Vaterlandes Wohl und gesunde Zukunft".(A. Matthias.) Die Jugend soll Verständnis für diesen Krieg gewinnen. Wir wollen unseren Schülern sagen, „daß dieser unheimliche Krieg kommen mußte, früher oder später", ihnen zeigen, wie der „Neid der Nachbarn zu Lande und überm Meere auf das aus Schwäche zur Stärke umgewandelte deutsche Volk wuchs und wuchs", „wie gerne wir Frieden gehalten hätten, das soll unsere Jugend von uns hören, und wie unser Kaiser immer wieder nachgegeben hat, anstatt mit eiserner Faust auf den Tisch zu schlagen, wenn das anmaßende Wesen der Franzosen und Engländer und auch der Russen unseren berechtigten Ansprüchen entgegentrat, bis schließlich die Sache zu arg wurde und die russischen Rüstungen gefahrdrohend sich zusammenzogen zum vernichtenden Stoße gegen unser Vaterland". Allerdings warnt der Verfasser vor plumper Gesinnungsmacherei, wie sie „vielfach bisher" stattfand; aber das Resultat der verstärkten Bemühungen und verstärkten Tendenz kann doch eigentlich kein anderes sei, als daß die Jugend nun noch viel mehr in die vorgeschriebene Gesinnungsschablone hineingezwängt wird.

Das bringt schon die Schwierigkeit der unterrichtlichen Darstellung mit sich. Man höre nur die Verfasserin der kleinen Schrift „Der Krieg und unsere Kinder" (Anregungen für Eltern und Erzieher von Else Zurhellen-Pfleiderer, Verlag von Friedrich Andreas Perthes A.-G., Gotha, 1915 [...]), die den Versuch macht, für die naiv gestellten Kinderfragen nach dem Warum? und Wozu? des Krieges Antwortmaterial zu geben und der es gewiß nicht an pädagogischem Takt fehlt. Es soll

„in der ganzen deutschen Jugend das Bewußtsein geweckt, oder, wo es schon vorhanden ist, bestärkt werden, daß wir Deutschen unter den Kämpfenden das wertvollste Volk sind. Im einzelnen läßt sich das ja Kindern schwer beweisen: von geistiger Arbeit, von sittlicher Tüchtigkeit, von Volksfruchtbarkeit, von Qualitätsware, von sozialer Fürsorge kann man ihnen noch keine Anschauung geben. Aber manches läßt sich doch vielleicht begreiflich machen. Daß wir Deutschen das gebildetste Volk sind, ist schnell bewiesen mit der Zahl der Analphabeten in unseren und im französischen oder gar russischen Heer. Daß wir die Anständigsten sind, haben schon beim Kriegsausbruch unsere Kleinen tief empfunden, denn auch sie hörten von der ehrlichen Friedensliebe Deutschlands und dem ränkevollen Erdrosselungsversuch unserer Nachbarn. Und jetzt hören sie täglich von unserer klaren, knappen Berichterstattung und den Lügenfeldzügen auf allen Seiten. Daß wir die Bestdisziplinierten sind, daran zweifeln sie gar nicht, wenn sie hören, wie drüben die Stiefel fehlten, wie viel Blindgänger unter den Granaten sind, daß die Feinde im eigenen Lande plündern – und wie bei uns alles so sicher klappt. Eines Kindes nationales Selbstbewußtsein zu steigern, dürfte niemals schwer sein, am wenigsten in solcher Zeit."

Wenn diese Verfasserin, der es im Ernst darum zu tun ist, den Feinden Gerechtigkeit widerfahren zu lassen, schon in solchem Maße nationaler Einseitigkeit verfällt, was will man dann vom Durchschnitt der Lehrer fordern?

Daß die Volksschullehrer protestieren würden gegen die Anschuldigung, sie erziehen Barbaren, hätte man ihnen auch ohne den Protest geglaubt!

„Die Schule soll bei aller Erziehung zur Friedensliebe auch eine Vorschule zum Kriege und zu mannhafter Kraft der Hammerführung sein und bleiben", läßt sich der Verfasser von „Krieg und Schule" vernehmen, der ein feines Organ für offizielle Schulpolitik selbst da verrät, wo er bestehende Zustände kritisiert. Ellen Key, „Das Jahrhundert des Kindes", ist Muttersöhnchen-Pädagogik, vor der sich der bessere Teil unserer Jugend ins rauere Gelände der Natur zu kriegerischer Vorbereitung rettete. Die Schulbank soll nicht „in überspannter Hygiene mit dem weichlichen Polster entlastender Methodik" ausgestattet werden. Der große Krieg hat der „seichten Pädagogik", die vom Preise der Rechte des Kindes überquoll, ein rasches Ende bereitet und „auf dunklem, blutgerötetem Hintergrunde das heilige Wort „Pflicht" widerstrahlen lassen".

Es ist ein gelinder Widerspruch zwischen diesen Ausführungen und denen des Genossen Rühle, der kürzlich den Satz schrieb: „Man wird einmal sagen dürfen, daß die neue Erziehung aus den Schützengräben zu uns gekommen sei." Das wird nicht ganz richtig sein, meint er, aber doch etwas sehr Richtiges enthalten. Die moderne Infanterie fordert Selbständigkeit und persönliche Tüchtigkeit von jedem einzelnen. Dazu bedarf es aber einer Erziehung, die viel früher einsetzt als die militärische Ausbildung. Schon die Schule muß wichtige, vielleicht die wichtigste Vorarbeit geleistet haben.

Wird das aber geschehen, fragen wir, wenn man die Rechte des Kindes, die in dem freien Spiel seiner Kräfte, in seiner vielseitigen Betätigung bestehen, oder vielmehr bestehen sollten, statt sie zu erweitern, schmälert und die Jugend mehr noch als bisher ins Joch der heiligen Pflicht spannt? In das Joch der Erziehung zum Krieg! –

Das sozialistische Erziehungsideal berührt sich einerseits in der Tat mit dem Erziehungsideal, das der gegenwärtige Weltkrieg auslöst; aber die Tendenz ist es, die beide unterscheidet, und die ist denn doch das Wesentlichste.

108. Jakob Meth: Arbeiterschaft und Sozialpädagogik[756]

NZ 1915/16, Nr. 6, S. 187-190

Auf dem Gebiet der Jugendfürsorge ist während des Krieges manche Einrichtung entstanden, deren erziehliche Bedeutung weit über ihre charitative hinausgeht. Es sind dies Tagesheimstätten, Kinderhorte und Kriegskindergärten, soweit sie von ernstem erzieherischem Streben geleitet sind. Der Krieg hat die Zerstörung des Arbeiterhaushalts, die der Kapitalismus mit sich bringt, verschärft und dadurch weiten Kreisen aufgezeigt, wie wichtig es ist, die häusliche Erziehung durch Tagesheimstätten und ähnliche Einrichtungen zu ergänzen. Naturgemäß beginnen in diesen Einrichtungen die Erziehungsmethoden einer gesellschaftlichen Erziehung sich durchzusetzen, die bisher bei uns nur an wenigen auserwählten Kindern modern angehauchter Großbürger versucht wurden.

Die Triebkräfte, die das Bürgertum zu sozialen Reformen treiben, sind sehr verschiedener Natur. Bei einzelnen sehen wir ein unbestreitbares humanitäres Empfinden, ein wirkliches Bedürfnis, zu helfen und sozial tätig zu sein. Immer können wir aber auch feststellen, daß soziale Bestrebungen im Bürgertum nur Bedeutung gewinnen, wenn sie auch im Interesse der Besitzenden Wirkung zu üben geeignet sind.

Die Sozialpädagogik ist die zeitgemäße Fortentwicklung der Erziehung. Was der Mensch als Einzelwesen an besonderen Eigenschaften braucht, wird er immer am Ursprung seines Lebens durch Vererbung und im Leben selbst durch seine besondere Stellung und Umgebung erhalten. Je mehr sich aber das Leben vergesellschaftet, wird auch die Erziehung immer mehr mit den gesellschaftlichen Eigenschaften der Wesen rechnen. Solange persönliche Eigenschaften im Leben entscheiden, herrscht Einzelerziehung. Wo aber der einzelne bedeutungslos wird

---

[756] Jakob Meth (geb. 1885), Goldarbeitergehilfe, 1890 Mitglied und ab 1903 im Vorstand des Vereins jugendlicher Arbeiter in Wien, journalistisch tätig, 1910-1913 Gründung von Ortsgruppen des Arbeitervereins Kinderfreunde, 1916-1918 Soldat, nach 1918 Verband der Metallarbeiter Österreichs und Mitarbeiter der *Arbeiter-Zeitung*, 1938 Emigration nach Schweden, Mitglied der Schwedischen Sozialdemokratischen Partei.

und nur in der Gemeinschaft wirken kann, wird naturgemäß die Erziehung der Gesellschaft, die soziale Erziehung in den Vordergrund treten. Auch die Erziehung zur Gemeinschaft wirkt im Interesse der Besitzenden, denn der sehr hoch organisierte Arbeitsprozeß unserer Industrie braucht Menschen, die einen großen organisatorischen und demokratischen Apparat zu beherrschen fähig sind.

Die Mittel für Einzelerziehung beschränken sich im wesentlichen auf Belohnung und Bestrafung bei suggestiver Einwirkung und persönliches Beispiel. Das Wirkungsmittel der Sozialpädagogik ist Selbsttätigkeit. Da das aktive Leben am besten erzieherisch wirkt, ist der beste Unterricht die Erziehung aus der eigenen Wirksamkeit. Diese Erziehung ist aber noch nicht allgemein als eine Aufgabe der Schule anerkannt und muß darum zunächst außerhalb der Schule verwirklicht werden. Von verschiedenen Erziehungsorganisationen der internationalen Arbeiterbewegung ist es vor allem in Österreich der Arbeiterverein „Kinderfreunde", der in dieser Richtung zu wirken sucht. Es werden da gepflegt: Handfertigkeitsunterricht, Wanderungen, Spiel, Turnen, Wintersport, Jugendbüchereien. Nicht bloß weil diese Dinge den Kindern Freude bereiten und keinen Schaden anrichten können, sondern weil es Mittel sind, mit denen bestimmte erziehliche Ziele erreicht werden können.

Bei der Betrachtung, welche von all diesen Betätigungsmöglichkeiten noch besonders hervorgehoben werden soll, muß vor allem erwogen werden, daß die Kinder aus freiem Willen zu uns kommen sollen. Das bedingt, daß alle Erziehungsmittel, die angewendet werden, den Kindern Freude bereiten müssen. Bisher hat sich gezeigt, daß daraus weder ein Nachteil für die Bewegung, noch eine Unbequemlichkeit für die Leiter, noch eine Beeinträchtigung der Erziehungsaufgaben erwächst. Im Gegenteil. Je mehr die Kinder an den Einrichtungen Gefallen finden, desto mehr breitet sich die Bewegung aus, desto angenehmer ist die Arbeit der Leiter und Aufsichtspersonen, und desto sicherer ist der erzieherische Erfolg. Demnach sind die Tätigkeitsgebiete ganz besonders zu pflegen, die mit dem geringsten Aufwand an Kräften und Mitteln in der Erweckung und Erziehung sozialer Eigenschaften das Größtmögliche leisten und die mit der fortgeschrittenen Erkenntnis der Pädagogik übereinstimmen. Alle Einrichtungen der organisierten Erziehung müssen für große Mengen von Kindern und darauf berechnet sein, daß von der Notwendigkeit des Individualisierens abgesehen werden kann. Nach diesem Gesichtspunkt sind die Erziehungsaufgaben und Erziehungsmittel zu pflegen und zu werten, die heute unserer Erkenntnis und unserer Verwendung zugänglich sind. Soziale Erziehungsmittel gibt es mehrere, und sie sind auch gar nicht neu. Daß sie aber erst in den letzten Jahren eine ihrer Bedeutung entsprechende Beachtung finden, ist ein Zeichen der Zeit. Eines dieser Mittel, das eine ständige zielbewußte Pflege verdient, ist das geregelte Spiel. Über den Wert des Spieles für die Anerziehung sozialer Eigenschaften schrieb schon 1860 der Volkserzieher Dr. D. G. Moritz Schreber in einem Aufsatz, der seither an Bedeutung nur gewonnen hat:

> „Ferner besteht ein wichtiger praktischer Nutzen der gemeinschaftlichen Spiele darin, daß sich der Eigenwille an einem gleichberechtigten anderen Willen bricht. Das Kind

lernt seinen Willen mit dem Willen anderer in Einklang bringen, wobei, wenn nur das überwachende Auge Gerechtigkeit walten läßt, unbeschadet der individuellen Selbständigkeit manches Schroffe, manches Scharfe und Eckige ganz von selbst sich glättet und rundet. Ein Gewinn fürs Leben. Zur Entwicklung und Veredlung des Willens, der Tatkraft und des Gefühls, also zur Bildung des Charakters, der ja den ganzen moralischen, aber auch praktischen Wert eines Menschen bestimmt, ist nur das Tatleben geeignet. Der Charakter kann nur im Tatleben sich bewähren, kräftigen und reifen, nicht aber im gewöhnlichen Schulleben, welches fast nur in aufnehmender, empfangender Tätigkeit besteht. Das ernste, schaffende Tatleben steht dem Kinde fern, und doch soll und muß letzteres darauf vorbereitet und gebildet werden, um seine dereinstigen Lebensaufgaben erfüllen zu können. Die Jugendspiele sind daher fast die einzige Sphäre, in welcher sich das Tatleben der Kindheit, das selbständige, freie, von innen heraus sich gestaltende Leben und Wirken entfalten kann. Gerade die gemeinschaftlichen Jugendspiele haben den hohen Wert, daß sie das Ich mehr oder weniger vergessen, es irgendeinem allgemeinen Zwecke sich unterordnen lassen, daß sie spielend vorbereiten auf das Leben und Wirken für gemeinschaftliche Zwecke, daß sie Gemeinsinn wecken und fördern, daß sie dabei Entschlossenheit, Mut und selbstschaffende Tatkraft, Erfindungsgeist, körperliche und geistige Frische und Gewandtheit bringen. Das begabtere Kind reißt das weniger begabte aufwärts und mit sich fort. Eins hebt das andere, und schließlich heben sich alle durch alle."

Die Anleitung zum gemeinsamen geregelten Spiel bringt keine großen Schwierigkeiten mit sich. Sie bedingt nur das Vorhandensein guter Spielleiter, die eine Organisation ja leicht ausbilden kann, einige Spielgeräte und Rasenflächen.

Größere Schwierigkeiten bereitet die Einführung des Handfertigkeitsunterrichts. Der Arbeitsunterricht ist eigentlich eine Aufgabe der Schule, er bietet Schwierigkeiten, die von einer materiell schlecht ausgerüsteten Massenbewegung nur mit Anspannung aller vorhandenen Kräfte überwunden werden können. Die Forderung nach kleinen Unterrichtsklassen von höchstens 20 Schülern, die Ausgaben für Arbeitsmaterial, die Beschaffung tüchtiger Lehrpersonen – das alles läßt sich in einer proletarischen Massenbewegung nur schwer verwirklichen. Auf der anderen Seite stehen aber die bedeutenden Erziehungswerte des Handfertigkeitsunterrichts. Arbeit ist eine kompliziertere Tätigkeit als mechanisches Lernen. Sie bringt darum viel mehr Anlagen, Eigenschaften, Organe zur Tätigkeit und Entwicklung. Selbständigkeit und Selbstbewußtsein erwachen mit der Fähigkeit, Nützliches zu schaffen. Das Gefühl der Zusammengehörigkeit, die Solidarität entwickelt sich in den gemeinsamen Arbeiten, in der offenbar werdenden Hilflosigkeit und Bedeutungslosigkeit des einzelnen gegenüber der Vielheit und Größe menschlichen Schaffens. Jede nützliche Arbeit ist sozialer Dienst. Die Ausbildung aller Fähigkeiten und Anlagen der Kinder soziales Interesse. „Es gibt nur eine Freude, das ist die Freude an der eigenen Arbeit," sagte einmal Genosse Viktor Adler.

Freude aber ist auch ein wichtiges Erziehungsmittel. „Fröhlichkeit ist die Mutter aller Tugenden." Es sollen darum im Handfertigkeitsunterricht nur Gegenstände erzeugt werden, die für die kindlichen Erzeuger selbst von Wert sind. Anfertigung von Papierdrachen, Puppentheater, technischen Modellen, Modellierarbeiten in Ton und Wachs und ähnliches. Es gilt also, die Form dieses Unterrichts zu finden, die zugleich Spiel und für die Kinder selbst oder für ihre Gemeinschaft verwendbare Arbeit ist und die zugleich die geringsten Aufwendungen, die wenigsten Werkzeuge und Hilfsmittel, die geringste persönliche Unterweisung braucht.

Ein weiteres Mittel, durch die Selbsttätigkeit der Kinder, diesmal auf geistigem Gebiet, soziale Eigenschaften zu wecken, ist die sogenannte Selbstregierung, die Schaffung demokratischer Einrichtungen unter den Kindern, die den doppelten Zweck erfüllen, die soziale Erziehungsaufgabe bedeutend zu fördern und die Leitung der Kinder wesentlich zu erleichtern. Es sind bei der Selbstregierung nur wenige leitende Erwachsene notwendig, die dafür um so zielsicherer und überlegener sein müssen. Die praktische Durchführung dieser Organisationsform ist nicht so schwer und müßte gerade uns organisierten Arbeitern leichter fallen als den Bürgerlichen. Im Anfang wird es den Kindern ungewohnt sein, sich alle zwei oder vier Wochen Vertrauensleute und Spielleiter zu wählen, sich selbst Gesetze über Belohnung und Bestrafung zu geben, selbst zu bestimmen, welche Spiele geübt werden sollen und dergleichen. (Den leitenden Erwachsenen steht natürlich in allen Angelegenheiten das Vetorecht zu.) Ein- oder zweimal kann die Sache auch scheitern, weil sie von den Kindern nicht richtig ausgenutzt wird. Bei richtiger Anleitung wird sie sich jedoch sicher einbürgern und als vorzügliches Erziehungsmittel erweisen. Die in jahrelanger Übung, wenn auch nur in Angelegenheiten des Spieles und der Unterhaltung erworbene Fähigkeit, das Wohl des einzelnen mit dem Wohle der Gesamtheit in Einklang zu bringen, muß sich auf das Leben übertragen, wenn aus dem Spiel Ernst wird. „Wie das Kind spielt, so wird es auch einst sein, leben und arbeiten," sagt der schon erwähnte Moritz Schreber.

Die hier behandelten Fragen dürften die wichtigsten sein, die von der organisierten proletarischen Erziehung zunächst zu lösen sind. Es kann mit anderen Mitteln auch noch viel Schönes erreicht werden, und besonders auf dem Gebiet der Erziehung zur Kunst und der Pflege des Gemüts wird noch manches zu tun übrigbleiben. Märchenvorlesungen, Führungen, Jugendkonzerte, Elternabende, die das Verständnis der Eltern für Erziehungsaufgaben und für ihre Kinder wecken sollen und so die Eltern in nähere Beziehung zu ihren Kindern bringen, werden sich dann von selbst als Bedürfnis herausstellen.

Die organisierte Selbsthilfe der Arbeiter wird im Anfang wohl nicht imstande sein, allen diesen Aufgaben restlos nachzukommen. Es hat sich aber bereits auf dem Gebiet des Jugendspiels und der Wanderungen gezeigt, daß es gut ist, durch die Tat die öffentlichen Unterrichtsanstalten zu zwingen, mit uns auf diesen Gebieten in Konkurrenz zu treten, wenn auch alles, was auf dem Gebiet der staatlichen Jugendpflege geschieht, mit größtem Misstrauen aufgenommen werden muß.

Eine Frage, die an diese Darlegung anklingt, ist besonders heikel. Sollen die Kinder im Sinne unserer Parteianschauungen beeinflußt werden? Die Gegner legen sich in dieser Hinsicht keine Zurückhaltung auf.

Und doch müssen wir uns hüten, einen ähnlichen Fehler zu begehen. Wir dürfen uns wohl fragen: In welcher Beziehung steht unsere Arbeit in dieser Sache zum Sozialismus? Nie aber: Welchen Vorteil kann die Partei daraus ziehen? Die Kinder sollen vor allem zu tüchtigen Menschen, nicht zu Parteimenschen erzogen werden. Daß die Sache des Sozialismus auch in der objektivsten, pädagogisch einwandfreien Jugendfürsorge gefördert wird, ist nicht schwer zu beweisen. Schon das harmlose Spiel erweckt die Tugend, die wir in unseren großen Kämpfen für unentbehrlich halten, die Solidarität. In gleicher Richtung wirkt gemeinsame Arbeit und Arbeit für die Gemeinsamkeit. Und in der Selbstregierung erwirbt das Kind spielend Eigenschaften und Fähigkeiten, die es weit erheben über die Niedrigkeit, in der man sich Bedrückung und Knechtung gefallen läßt. Wir haben es nicht nötig, mit Kindern Politik zu treiben. Die vorhandenen Anfänge zu einer sozialpädagogischen Bewegung in Deutschland müssen vereinigt, ausgestaltet, in bestimmte Richtung gebracht werden. Viele Kräfte in der Arbeiterschaft würden nicht, wie manche meinen, von anderen Dingen abgehalten, sondern neu erweckt werden. Der „Freien Studentenschaft", den Frauen und erzieherisch veranlagten Parteifreunden wäre ein Wirkungsgebiet gegeben, so schön und erfolgversprechend wie kaum ein anderes.

109. Hugo Jacobi: Bedeutet die Einheitsschule eine Gleichheitsschule?[757]

NZ 1915/16, Nr. 10, S. 310-313

Die Gegner einer grundsätzlichen Schulreform haben einen neuen Schlager gegen die Einheitsschule parat: Einheitsschule sei gleichbedeutend mit Gleichheitsschule. Als Schulorganisationsform der Zukunft sei sie wegen der dieser innewohnenden reaktionären Tendenz zu verwerfen, denn sie trage den weit differenzierten Bildungsinteressen und -bedürfnissen nicht Rechnung, sondern setze an Stelle der Mannigfaltigkeit der zu vermittelnden geistigen Kulturgüter eine Uniformität des Bildungsstoffs und damit der Geister. Aus diesem Grunde liege die Einheitsschule nicht in der Richtung des Bildungsfortschritts analog der sich immer mehr fortsetzenden Arbeitsteilung, sondern sei ein bedenklicher Schritt rückwärts in der Volksbildung. Zum ersten Male fiel unseres Wissens dies neue Schlagwort in der „Vossischen Zeitung" im Anschluß an den Vortrag eines Einheitsschulgegners, Professor Dr. Schmidt. Für den Preußischen Landtag war damit ein neuer Grund für die Ablehnung moderner Forderungen gegeben. Sogar ein Mann der kirchlich-liberalen Richtung, D. Traub, brachte es nicht über sich, den Standpunkt der sozialdemokratischen Antragsteller in dieser Frage sich zu eigen zu machen.

Die deutsche Lehrerschaft hat auf verschiedenen Tagungen die Einheitsschule zum Gegenstand gründlicher Untersuchungen und Besprechungen gemacht und ist jedesmal mit überwältigender Mehrheit für ihre Einführung eingetreten. Der deutsche Lehrerverein hat diese Forderung zu einem seiner wichtigsten Programmpunkte erklärt und sie durch die wiederholte Behandlung vor Verjährung geschützt. Die pädagogischen Klassiker aller Zeiten von Comenius über Pestalozzi bis zu

---

[757] Hugo Jacobi (1877-1933), Lehrer in Gotha, 1913 wegen seiner Nähe zur Sozialdemokratie gemaßregelt, 1915 Mitglied der SPD, 1918 USPD, 1920 KPD, Sekretär des Verbandes sozialistischer Lehrerinnen und Lehrer in Thüringen.

Natorp, Ziegler und Rein haben in der Einheitsschule das wissenschaftliche Ideal einer Schulorganisation gesehen. Daraus erwächst die Verpflichtung der Nachprüfung des neuerhobenen Einwandes gegen diese Organisation auf seine Stichhaltigkeit.

Einheitsschule soll Gleichheitsschule bedeuten! Aber sie ist es geradesowenig wie die Grundlage, der sie entspringt, die Demokratie, die wahllose Gleichmacherei und Uniformität ist. Die Einheitsschule will vielmehr gerade diejenige Schulorganisation, die am gründlichsten die Geister sieben wird, um nur den Tüchtigsten zur letzten Höhe kommen zu lassen. Mit ihrer Durchführung wird gerade der Differenzierung in weitestem Maße Rechnung getragen, sowohl nach der Seite der menschlichen Natur als nach den Bedürfnissen des modernen Lebens. Bei der Einheitsschule handelt es sich durchaus nicht um eine neuzuschaffende, gleichartige Schulanstalt für alle Kinder des Volkes, sondern um eine natürlichere und darum gesündere Organisation der jetzt schon bestehenden Schularten, also um einen anderen Aufbau des gesamten Bildungswesens. Während heute die verschiedensten Schulanstalten in völliger Isoliertheit die nach ihrer Eigenart ihnen zugewiesenen Aufgaben erfüllen ohne Rücksicht auf das danebenliegende Nachbarhaus, soll durch die Einheitsschule Plan und Ordnung in das Bildungswesen gebracht, aus dem zusammenhanglosen Nebeneinander der Anstalten ein einheitlicher Organismus geschaffen werden. Dadurch soll nicht nur die heute herrschende Isoliertheit beseitigt, sondern auch die Mannigfaltigkeit der einzelnen Lehrziele auf eine gemeinsame Grundlage gestellt und miteinander in enge Verbindung gebracht werden. Es handelt sich also um eine Neuorganisation des Aufbaues der Bildung. Durch die gemeinsame Grundlage, auf der dann alle Unterrichtsanstalten stehen, und durch die streng gewahrte Parallelität gemeinsamer Fächer und Lehrziele wird bei sich herausstellender Ungeeignetheit des einen Schülers für die eine Anstalt der Zögling ohne Zeit zu verlieren in die andere, seinen Fähigkeiten und Neigungen besser entsprechende wechseln können. Wer einmal als Lehrer die Nöte und Klagen von Eltern vernommen hat, die unter den jetzigen Umständen Umschulungen vornehmen mußten, der wird begreifen, welche Wohltat schon für diese in der Neuorganisation liegt. Wer aber weiß, daß aus Furcht vor Zeit- und Geldverlusten in sehr vielen Fällen, wo mit Rücksicht auf die Eigenart des Kindes eine Umschulung vorgenommen werden müßte, diese unterbleibt, zum Schaden der Entwicklung des jungen Menschen, der wird auch ein Verdienst um die Jugend sich erwerben, wenn er für die Einheitsschule eintritt und die Individualität des einzelnen schützen hilft.

Die neuesten Untersuchungen der physiologischen Psychologie haben das Material zutage gefördert, mit Hilfe dessen die Mannigfaltigkeit der Begabungen und Fähigkeiten sowie der Willenskraft festgestellt werden kann. Zur Sichtung und Verwaltung dieses charakteristischen Materials aber bedarf es langer und gründlicher Beobachtungen, wie sie nur gesammelt werden können in einer auf einheitlicher Grundlage ruhenden Schulorganisation. Die Einheitsschule wird darum vermöge ihrer sicheren Unterlagen viel gründlicher und besser die eigenartigen, in jedem Zögling schlummernden Keime und Kräfte in der Lage sein zu entdecken und sie ihrer Eigenart entsprechend zu entwickeln. Gerade durch die Arbeiten auf dem Gebiet der experimentellen Psychologie sind wir um die Erkenntnis bereichert worden, daß gewisse Anlagen typisch auf Menschen verteilt sind und daß die Veranlagung, die der eine hat, bei dem anderen fehlt oder nur kümmerlich vorhanden ist; beispielweise sind mathematische und künstlerische Begabung selten gemeinsam bei den einzelnen Menschen vorhanden, ebenso wie naturwissenschaftliche und sprachliche. Die meisten Menschen sind im Gegenteil nur einseitig hervorragend begabt. Die Aufgabe der Erziehung besteht darin, diese Anlagen zu entdecken, und ihre Kunst darin, sie zur Entfaltung und Blüte zu bringen. Das vermag, wie bereits gesagt, die einheitlich organisierte „Einheitsschule" oder richtiger der einheitlich organisierte Schulaufbau besser als ein unorganisiertes Bildungswesen.

In der Praxis, die heute im Schwange ist, spielt bei der Auswahl der Schulanstalt für einen Zögling die Veranlagung des Kindes meist überhaupt keine Rolle, und zwar aus zwei Gründen: erstens, weil der vorausbestimmte künftige Beruf entscheidend ist für Auswahl der Bildungsanstalt, und diese Auswahl wird bestimmt zumeist durch das gesellschaftliche Interesse oder die soziale Stellung der Eltern, jedenfalls nicht durch das geistige Wachstumsinteresse des Kindes. Und zweitens, weil sich in jenen Jahren, in denen heute bereits die Auswahl der Schulanstalt getroffen werden muß, die Eigenart der Begabung und die Neigung des Kindes absolut noch nicht mit Sicherheit feststellen läßt. Wie spät zeigen sich oft erst die wahren Anlagen der Kinder! Aber heute müssen die Eltern schon, wenn das Kind neun Jahre alt ist, bestimmen, ob es ein humanistisches Gymnasium, eine Oberrealschule, ein Realgymnasium oder eine Realschule besucht mit Rücksicht auf den künftigen Beruf oder unter Berücksichtigung der zufällig am Orte bestehenden Anstalt oder Anstalten, jedenfalls ohne die leiseste Rücksicht auf die geistige Leistungsfähigkeit und die individuelle Veranlagung des Kindes. In den Staaten und Orten, wo die aus pädagogischen Gründen noch verwerflicheren Vorschulen bestehen, da wird die für die Entwicklung und das Lebensglück der Kinder so eminent wichtige Entscheidung gar schon in das sechste Lebensjahr verlegt, da soll schon gewußt sein, ob das Kind künstlerische oder mathematische Begabungen hat.

Allerdings, etwas Gemeinsames für alle Kinder der Volksgenossen hat die Verwirklichung der Einheitsschulidee zur Voraussetzung, und das scheint das Fürchterliche zu sein, was den Gegnern solches Grauen einflößt: das ist der gemeinsame fünfjährige Unterbau, den man gewöhnlich mit dem Namen der „allgemeinen Volksschule" belegt. Hier sollen – analog dem der allgemeinen Wehrpflicht zugrunde liegenden Gedanken – die Kinder unseres Volkes eine gemeinsame Bildungsgrundlage erhalten. Diese allgemeine Volksschule ist die logische Folge aus dem vom Staate proklamierten Schul- und Bildungszwang, die Erfüllung des staatsrechtlichen Grundsatzes von der Gleichheit aller Staatsangehörigen vor dem Gesetz. Diese Gleichheit begreift auch in sich die Möglichkeit der Befriedigung der Bildungsbedürfnisse für alle Staatsbürger. Der Staat muß sich mit dem Vorwurf der Ungerechtigkeit belasten, wenn er in der Begabung gleiche Staatsangehörige zu ungleichartiger Ausbildung verurteilt. Die heutigen „Bürgerschulen" und „Vorschulen" sind Reste und Nachklänge jener glücklicherweise überwundenen ständischen Gliederung der Feudal- und Zunftzeit. Tews bezeichnet diese schulischen Veranstaltungen in seinen „Schulkämpfen der Gegenwart" als ein „Instrument, nicht zur Ausbildung der Volksintelligenz, sondern zur Aufrechterhaltung der augenblicklichen Verteilung von Besitz, Stellen und Würden, als eine Versicherungsanstalt für soziale Sonderinteressen".

Die von den Gegnern der allgemeinen Volksschule so gern und häufig vorgebrachte Einwendung, daß der Einfluß der sogenannten „guten Kinderstube", den die Kinder der bessersituierten Eltern vor ihrer Schulzeit empfangen, ihnen durch den mehrjährigen Umgang mit den Kindern ärmerer Kreise verloren ginge, erweist sich ebenfalls als nicht begründet, wie die Erfahrung lehrt. Wohl mögen in jenen Familien die Kinder zu besseren und gefälligeren äußeren Manieren erzogen werden, aber sie haben keine höhere Sittlichkeit. Es trifft auch nicht zu, was der Hygieniker Max v. Gruber sagt: „Es kommt in den unteren Ständen allerdings auch vor, daß ein besonders tüchtiger Mensch aus ihnen hervorgeht. Aber gerade die oberen Klassen müssen die erworbenen Eigenschaften weitervererben, sonst kommen wir zu einer Ausmerzung der Talente. Nichts ist für ein Volk wichtiger als ein genügender Nachwuchs von Personen, die zur Führerschaft geeignet sind." Demnach wäre das größere geistige Vermögen an den größeren materiellen Besitz gebunden. Richard Ballerstädt, einer der glänzendsten Verteidiger der von uns geforderten Einheitsschule, nennt es eine „Binsenwahrheit, daß der Adelsbrief der Begabung nicht an vornehme Herkunft und an äußere Güter gebunden ist. In der Strohhütte kann in derselben Minute ein Genie geboren werden, in der im Fürstenschloß vielleicht ein Idiot das Licht der Welt erblickt." So steht es im Lichte der Tatsachen mit den behaupteten vererbten geistigen Vorzügen der höhergestellten Klassen, und nicht minder so ist es mit der Willenskraft bestellt. Gerade bei den Kindern aus begüterten Kreisen zeigt sich oft verminderte Energie gegenüber den Kindern ärmerer Familien, die schon durch das Triebrad ökonomischer Notwendigkeit zu größerer Anspannung ihrer Willenskraft und zu frühzeitiger Selbständigkeit gezwungen werden. Allerdings gab auch Herr v. d. Osten im Preußischen Landtag zu, es kämen Fälle von Begabungen auch in den untersten Schichten vor! Diesen will er, und er hatte dabei die Zustimmung seiner Parteifreunde, seine väterliche Fürsorge durch den Staat angedeihen lassen. Sie sollen durch Freistellen und Stipendien den Weg zur besseren Bildung finden. Es ist zunächst die Frage erlaubt: Wer bestimmt die Zahl dieser außerordentlich Begabten? Wer findet sie bei dem heutigen System mit Sicherheit heraus? Und wenn! Ist es nicht empörend, diese durch Almosen und Geldsacks Gnaden zur Höhe zu führen, wo ihnen das natürliche Menschenrecht ein Recht auf Bildung gibt?

Den Unterbau der allgemeinen Volksschule benötigen wir außerdem aus gewichtigen pädagogischen Gründen. Die Eltern sind in den meisten Fällen gar nicht in der Lage, ein sicheres Urteil über die Art und ganz besonders über den Grad der Befähigung ihrer Kinder abzugeben, einesteils aus Mangel an pädagogischer Einsicht, anderenteils aus persönlicher Parteilichkeit. Auch noch so erfahrene und befähigte Pädagogen und Psychologen können bei einem neunjährigen, geschweige denn bei einem sechsjährigen Kinde kein abschließendes Urteil über die eigenartige Veranlagung eines Kindes fällen. Denn gerade die neueste experimentelle Forschung weist nach, daß selbst die begabtesten Menschen nur in einer ganz bestimmten Richtung veranlagt sind, sprachlich, künstlerisch, mathematisch oder naturwissenschaftlich, und daß gerade die eigenartige Begabung des einzelnen oft erst recht spät entdeckt wird. Aus der ungenügenden Beobachtung in dieser Richtung datieren eine große Menge von Klagen der Schüler über mangelhaftes Verständnis ihrer Eigenart durch die Schule; Klagen, die in der psychologisch hochinteressanten Sammlung von Alfred Graf „Schülerjahre" (Buchverlag der Hilfe, Schöneberg [1912]) ihren beredten Anwalt finden. Aber auch die Nöte der Erzieher über fehlendes Interesse und Unaufmerksamkeit der Schüler. Verlegen wir durch Einführung der fünfjährigen allgemeinen Volksschule den Zeitpunkt für die Differenzierung nach Begabungen auf einen späteren Termin: wir werden viel Jugendglück und viel Lehrerfreude der Schulzeit wieder schenken.

110. Heinrich Schulz: Arbeiterkultur und Krieg[758] (Rezension von Emanuel Wurm)

NZ 1915/16, Nr. 15, S. 472

Der Verfasser will untersuchen, wie die besonderen Kulturinteressen der deutschen Arbeiter durch den Krieg beeinflußt werden. Er erörtert den Begriff Kultur und die Beziehungen der Arbeiter und des Klassenkampfes zu ihr, auch die nationale und internationale Kultur, wobei er ausführt, daß „sowohl im Interesse der deutschen Kultur als auch im Interesse des internationalen Kulturwettstreits die deutsche Sozialdemokratie verpflichtet war, am 4. August 1914 durch die Bewilligung der Kriegskredite ihr Land gegen die von links und rechts hereinbrechenden Gefahren zu schützen". Die deutschen Arbeiter waren dazu „in besonderem Maße verpflichtet, weil in der deutschen Kultur schon unzählige und unersetzliche Werte des eigenen sozialistischen Kulturstrebens der Arbeiter vorhanden sind und wirken". Er schildert die Organisation als Kulturmittel des Sozialismus und untersucht dann die Frage, wie der Krieg in seinem Verlauf auf die Kultur zurückwirkt; in dem Abschnitt „Klassengegensatz und Klassenkampf nach dem Kriege" kommt er zu dem Schlusse, daß in besonderen Kulturaufgaben der Arbeiter nicht im Wesen, wohl aber in der Art und Weise vielleicht hier und da eine Veränderung zeigen werde. Da, wie er annimmt, die Arbeiterklasse „noch auf lange Zeit hinaus im Rahmen der kapitalistischen Gesellschaft wirken muß", so zieht er in dem Abschnitt „Praktische Arbeit als Kulturbetätigung" Schlußfolgerungen für die unmittelbare politische Tätigkeit, „ohne uns von der Furcht lähmen zu lassen, wir könnten dabei vielleicht gegen alte Überlieferungen, gegen Gesetze und Rechte versto-

---

[758] Erschienen in der Buchhandlung Vorwärts, Berlin 1916.

ßen, die sich leider auch in der Arbeiterbewegung wie eine ewige Krankheit forter-
ben". Zum Schlusse behandelt er die Schulreform als Helferin der Arbeiterkultur
und die Arbeiterbildung als Kulturmittel.

111. Hugo Jacobi: Auf dem Wege zur Verwirklichung der Einheitsschule

NZ 1916/17, Nr. 5, S. 116-117

So viel ist sicher: Der Gedanke der Einheitsschule marschiert, und er erobert sich
in immer weiteren Kreisen die Gehirne und die Herzen.

Der fürchterliche Weltkrieg, dessen Schläge unermessliche Verluste für unsere
Volkskraft bedeuten, legt jedem, der sich ein Verantwortungsgefühl gegenüber
dem Volke bewahrt hat, die Verpflichtung auf, mitzuhelfen, um die gerissenen
Lücken wieder auszufüllen. Es ist undenkbar, daß die bisher als „führende Schicht"
geltenden Kreise den Ersatz allein beschaffen können. Sie bedürfen der Zuführung
frischer, noch unverbrauchter Nerven- und Geisteskräfte aus den breiten Schichten
der Volksmassen.

Eine sorgfältige, auf gründliche wissenschaftliche Beobachtung sich stützende
Selektion muß dem dazu Befähigten den Aufstieg ermöglichen, soweit seine Kräfte
ihn tragen. Darum darf es nicht bei dem heute in Übung befindlichen System bleiben, das den Unbemittelten beim Aufsteigen hemmt oder ihm dasselbe ganz unmöglich macht. Denn wenn unter der heutigen Schulorganisation ein Talent aus
den werktätigen Kreisen des Volkes sich durchringt und auf Grund seiner Tüchtigkeit sich einen seiner Begabung entsprechenden Wirkungskreis erobert, so gehört
ein solcher Fall eben zu den Ausnahmen, die jede Regel zu bestätigen pflegen.
Meist ist zudem dieser Weg ein Dornenweg voll von schweren Opfern und Entbehrungen, an dessen völliger Zurücklegung gar manchen schon die physischen Anforderungen hindern. Tausende von Talenten dagegen verkümmern, weil sie die
ökonomischen Hindernisse nicht überwinden können, die in der heutigen Schul-
grundlage einer ungehemmten Entwicklungsmöglichkeit gezogen sind.

Man muß es unserem heutigen Schulwesen lassen, daß es reichhaltig und viel-
gestaltig ist, ausreichend, um den vielverschlungenen Bedürfnissen und Interessen
des kulturellen Lebens Rechnung tragen zu können. Aber der Mangel dieser Verschiedenartigkeit liegt in der Zersplitterung und in dem zusammenhanglosen –
äußerlichen wie innerlichen – Nebeneinander der einzelnen Schulanstalten und
Lehrpläne, der zu einem Kasten- und Klassengeist abschließt, was eine Volksein-
heit bilden sollte. Die reife Frucht einer Schulorganisationsbewegung, die den
Geist Fichtes in der Volkserziehung verwirklicht, kann bloß die Einheitsschule
sein, wie sie auch das Ideal einer sozialistischen Gesellschaft ist, das allerdings
auch nur in ihm völlig rein in Erscheinung treten kann.

Aber es gibt Brücken, zeitgemäße Reformen, die imstande sind, die Entwicklung vorwärtszudrängen, die anknüpfend an das historisch Gewordene den Weg ins
Neuland der Zukunft leiten. In Heft 19 der bei Eugen Diederichs in Jena erscheinenden „Tatflugschriften" stellt der als Schulreformer bekannte Pädagoge Wilhelm

Rein zur „Neugestaltung unseres Bildungswesens" [1917] (Preis 60 Pfennig) die hauptsächlichsten Forderungen für die notwendige Reformation unseres Bildungswesens zusammen und tritt er für die Beseitigung der unsere Schulentwicklung hemmenden Momente ein. Wir brauchen eine allgemeine Grundschule, die alle Kinder unseres Volkes umfaßt, ohne Unterschied des Standes, des Vermögens und der Konfession, eine Erziehungsschule, das heißt eine Pflegestätte aller Anlagen und Kräfte unseres Volkes im weitesten Sinne des Wortes. Als Konsequenz dieser Voraussetzung stürzen alle Existenzen von Vorschulen, ersten Bürgerschulen und wie die Versicherungsanstalten für soziale Sonderbestrebungen sonst sich nennen mögen, als haltlos zusammen.

Die allgemeine Grundschule muß mindestens sechsjährig sein, um eine ausreichende und zuverlässige psychologische Beobachtung und Analyse der Begabungen zu ermöglichen. Denn es ist einfach undenkbar, in dreijähriger Frist und bei neunjährigen Kindern ihre besondere Veranlagung für einen Bildungsgang sicher zu beurteilen, wenn man besonders in Rücksicht zieht, daß manche Begabung erst verhältnismäßig spät sich zeigt, wie umgekehrt, daß manche Frühreifen plötzlich in ihrer Entwicklung stocken. Zudem ist durch die neuesten Forschungen auf dem Gebiet der Experimentalpsychologie dargetan, daß die begabtesten Menschen meist nur einer ganz bestimmten Richtung begabt sind, sprachlich, mathematisch, künstlerisch oder naturwissenschaftlich. Wie kann ein so früher Zeitpunkt für die Entscheidung, wie er heute liegt, mit Sicherheit derartige richtige Momente berücksichtigen! Die Vorschule aber legt diese Entscheidung sogar an den Schulbeginn und trifft sie nur mit Rücksicht auf das Milieu der Familie und ohne Rücksicht auf das Glück der Kinder. Sie ist unpädagogisch im höchsten Grade und hat nur noch einen Platz in einem Museum für verunglückte Schuleinrichtungsversuche. Und ihre Grundlage ist geradezu unsittlich, weil sie als typische Standesschule eine Bevorzugung des Geldbeutels vor dem Adelsbrief der Begabung darstellt.

Wenn wir in Rechnung stellen, daß von 6½ Millionen Schulkindern Preußens beinahe 3 Millionen auf dem platten Lande aufgewachsen und 1½ Millionen in Kleinstädten, so wird uns klar, welche Ungerechtigkeit die heutige Schulorganisation gegen diese Kinder bedeutet. Sie sind von einer höheren Bildung geradezu abgesperrt, weil sie nicht so frühzeitig ihr Vaterhaus verlassen können, um eine höhere Schule in einer größeren Stadt zu besuchen, und weil die Geldopfer zu erheblich sind. Da in anderen deutschen Staaten die Verhältnisse ganz ähnlich liegen, so sind im Reiche zwei Drittel aller Kinder, die nicht bemittelt sind, schon dadurch vom Aufstieg ausgeschlossen.

Den jetzt aufgetauchten Plan, die Volksschullehrpläne den Lehrplänen der Vorschulen anzugleichen, halte ich erst recht für völlig verfehlt, für einen Rückschritt ohnegleichen. Denn die Einstellung der Schularbeit auf Gedächtnis- und Grammatikdrill, wie er in der Vorschule zugunsten einer „Reife" für die Sexta betrieben wird, wäre geradezu eine Versündigung an dem gesunden Geist der Volksschuljugend, der andere Nahrung braucht als Deklinationsübungen, Unterscheidung der Wortarten und dergleichen. Im Gegenteil, viel mehr als bis jetzt muß all das Mechanisieren und Drillen aus der Schule verbannt werden, weil es Verarmung und Verödung wertvoller Seelenkräfte bedeutet, und an seine Stelle muß eine Reform des Unterrichts im Sinne der Arbeitsschule treten, die in den Kindern die schöpferische Kraft weckt (in Schulwerkstätten und Schulgärten, im Modellier- und Zeichenunterricht) und die noch viel bessere Gelegenheit bietet zur Entdeckung der Talente.

Die zweite Notwendigkeit für die Weiterentwicklung unseres Schulwesens liegt in der Neuordnung der Lehrpläne für die höheren Schulen: des Gymnasiums, der Oberrealschule und des Realgymnasiums. Entgegen der bisherigen Praxis hat der fremdsprachliche Unterricht mit einer lebenden Sprache, mit dem Französischen zu beginnen, dem dann Latein und später Griechisch folgen. An die Stelle des letzteren tritt im Realgymnasium das Englische. In dieser Neuordnung liegt zugleich der Vorteil eingeschlossen, daß der Schüler einer höheren Schule, der aus Gründen der Neigung eine Anstalt wechseln will, dies ohne den heutigen Zeitverlust tun kann. Dazu kommt noch, daß durch das Verschwinden der großen, neunkursigen Schulkasernen an deren Stelle sechsklassige, besser überschaubare Schulorganismen treten, in denen Raum ist für ein intimeres Schulleben, so daß der wünschenswerte erziehliche Einfluß wächst.

Diese Vorschläge Reins bewegen sich durchaus im Rahmen des praktisch Möglichen. Sie schließen an die bestehenden Schulformen an und halten sogar die jetzt übliche Bildungszeit inne. Bei einigem guten Willen kann also ihre Verwirklichung gar nicht in Frage stehen. Es ist kein Sprung ins Dunkle, sondern nur eine konsequente Weiterbildung des Bestehenden, und diese ist diktiert von den Notwendigkeiten des Kulturlebens, die gebieterisch ihrer Lösung harren.

112. Peter Petersen (Hrsg.): Zum Aufstieg der Begabten[759] (Rezension von Therese Schlesinger)

NZ 1916/17, Nr. 9, S. 207-210 (Auszüge)

In den größten Ländern Europas sind die gesunden Männer zweier Generationen der Dezimierung durch den Krieg ausgesetzt, der größte Teil der Bevölkerung ist der normalen Produktion entzogen. Auf allen Gebieten der Wirtschaft macht sich ein Notstand fühlbar, der trotz Wucher und Kriegsgewinn die Zukunft und die Sicherheit des kapitalistischen Profits bedroht. Man ruft nach Reformen, um die Produktivität der menschlichen Arbeitskraft so schnell als möglich zu steigern, nach Erfindern und Entdeckern und nach ausführenden Organen mit rascher Auffassung, eigener Initiative, organisatorischer Begabung. Woher aber sie nehmen? Die besten Kräfte sind gegenwärtig teils durch die Kriegspflicht selbst in Anspruch genommen, teils direkt oder indirekt mit der Waffenfabrikation beschäftigt. Es fehlt schon jetzt an geschulten Leuten, welche im erforderlichen Maße die Technik höher entwickeln, die Arbeit zu größerer Intensität organisieren, neue Stoffe und

---

[759] Erschienen im Verlag B. G. Teubner, Leipzig 1916.

Ingredienzien heranziehen könnten. Um aber den ungeheuren Bedarf an Waren zu decken, der nach dem Krieg unabweisbar werden muß, wird es nach Friedensschluß noch viel empfindlicher an den erforderlichen Kräften, den geistigen vielleicht noch mehr als an den körperlichen, fehlen.

Der Kriegsgewinner muß jetzt schon sprungbereit sein, um im richtigen Augenblick zum Friedensgewinner zu werden, und ist bereits darauf bedacht, sich den Schatz jener geistigen Kräfte dienstbar zu machen, der bisher ungehoben im Schoße der handarbeitenden Klassen geschlummert hat. Er ist von Sorge erfüllt, ob sich nicht das bisher ergiebigste Rekrutierungsfeld für die geistige Arbeiterschaft, die schmale und immer mehr hinschwindende bürgerliche Mittelschicht, künftig als viel zu eng erweisen wird, und diese Sorge ist es in erster Reihe, die jene Bewegung ins Leben rief, welche den „Aufstieg der Begabten" und „freie Bahn für alle Tüchtigen" auf ihre Fahne geschrieben hat.

Nicht als ob etwa die ansehnliche Zahl tüchtiger deutscher Schulmänner, die es sich zur Aufgabe stellt, begabten Kindern des Proletariats erhöhtes Wissen zugänglich zu machen und ihnen das Eindringen in lohnende Berufe zu ermöglichen, von der Sorge um Profitinteressen geleitet wäre. Der größte Teil der Männer, welche an der Spitze der Bewegung nach modernen Erziehungsreformen stehen, sind sicherlich von den besten Absichten durchdrungen, und manche von ihnen haben ihr Leben voll und ganz ihren Erziehungsidealen geweiht, lange ehe noch der Weltkrieg das Schlagwort vom Aufstieg der Begabten gezeitigt hat.

Aber sie sind so lange Rufer in der Wüste geblieben, bis die großen Umwälzungen durch den Krieg das Profitinteresse mächtiger Kreise in die gleichen Bahnen lenkte, auf denen bis dahin die Erziehungsreformer mühselig und einsam gewandelt sind.

Einen sehr guten Überblick über jene pädagogischen Reformbestrebungen, die zwar mit ihren Anfängen durch Jahrzehnte zurückreichen, aber erst in den letzten Jahren zu praktischen Erfolgen gelangt sind, gibt ein Sammelwerk, das der Ausschuß für Erziehung und Unterricht veröffentlicht hat. Die zwanzig darin enthaltenen Aufsätze sind nach vielen Richtungen hin nicht gleichmäßig zu bewerten. Neben sehr fortschrittlichen finden sich auch hier und da bürgerlich-beschränkte Meinungen, im ganzen aber bietet das Buch eine Fülle wertvoller Anregungen. Sehr dankenswert sind die Berichte über die vereinzelten Reformversuche, besonders die Versuche mit dem Arbeitsunterricht, die sich schon durch eine Reihe von Jahren erstrecken und aus denen darum schon bestimmte Erfahrungen abgeleitet werden können, so die Ausführungen von Oswald Warmuth über die Münchener Versuchsschule und von Dr. Sickinger über das Mannheimer Schulsystem. Ein Eingehen auf die überaus wichtigen und interessanten, aber auch sehr komplizierten pädagogischen Fragen, die in diesen und den meisten anderen der gesammelten Aufsätze erörtert werden, so insbesondere die des Berechtigungswesens, der Vorschulen und Vorbereitungsklassen, der Sonderklassen für Hochbegabte, Normalbegabte und Minderbefähigte und viele andere würde über den Rahmen dieses Artikels hinausgehen.

Erwähnt muß aber noch werden, daß der ganzen Frage des Mädchenunterrichts in dem Buche kaum Erwähnung geschieht, und das nicht etwa, weil die Verfasser der Meinung wären, die Verhältnisse, wie sie sich im Laufe der Kriegsjahre gestaltet haben, erforderten einen gleichartigen Unterricht für beide Geschlechter. Im Gegenteil. Wenn da und dort der weiblichen Schüler mit ein paar Worten gedacht wird, so geschieht es fast nur, um den Gedanken abzuwehren, daß sie als gleichberechtigt mit den männlichen Schülern zu betrachten seien. Keiner der zwanzig Aufsätze stammt aus der Feder eines weiblichen Pädagogen, und der Direktor eines Lehrerinnenseminars findet es nicht notwendig, in seinem Artikel auch nur ein Wort über das Problem zu verlieren, das die erhöhte Heranziehung der Frauen zu so vielen geistigen Berufen der Erziehungspolitik stellt.

Während das Bestreben, den begabten Kindern des Proletariats den Zugang zu höheren Studien und gelehrten Berufen zu öffnen, in weiteren Kreisen des Bürgertums eine ganz neue Erscheinung ist, hat die Arbeiterschaft längst die Forderung nach voller Gleichberechtigung auch auf diesen Gebieten erhoben. Das Erfurter Programm der deutschen Sozialdemokratie verlangt, daß alle öffentlichen Bildungsstätten den Kindern aller Volksklassen gleichmäßig zugänglich gemacht werden sollen. Im Laufe der Jahre aber wurde diese Forderung vielfach dadurch ergänzt, daß pädagogisch besonders interessierte Genossen für die wichtigsten Reformbestrebungen moderner Schulmänner eintraten, sie aber zugleich mit sozialen Forderungen verknüpften, durch die sie erst praktische Bedeutung bekamen und mit sozialistischem Geiste erfüllt wurden.

In ihren Schriften, auf Parteikongressen und in den Kommunalverwaltungen propagierten Sozialdemokraten insbesondere die Methode des Arbeitsunterrichts und die Koedukation.

Die Methode des Arbeitsunterrichts, die jetzt so eifrig von bürgerlichen Pädagogen vertreten wird, ist eine sehr alte sozialistische Forderung, die bereits von den Utopisten erhoben wurde und zu der sich 1866 der Genfer Kongreß der Internationalen Arbeiterassoziation in einer Resolution bekannt hat. Diese Methode trachtet danach, mit dem Geiste zugleich den Körper und die manuelle Geschicklichkeit des Schülers zu entwickeln, den Beobachtungssinn zu wecken und zu üben, statt toten Wissens lebendiges Können zu vermitteln und den Spieltrieb der Jugend in Arbeitstrieb umzuwandeln.

Wenn sich aber auch die Erziehungsziele der bürgerlichen Reformpädagogen mit denen der Sozialdemokratie vielfach berühren, so weichen beide doch an sehr entscheidenden Punkten voneinander ab. Darum ist auch ein Zusammenarbeiten bürgerlicher und sozialdemokratischer Schulpolitiker nur gelegentlich von Nutzen und auf die Dauer nicht möglich.

Die Sozialdemokratie muß fordern, daß das Bildungsniveau der ganzen Bevölkerung gehoben werde, und sie hat kein Interesse daran, daß ein Teil der Proletarier zu Bourgeois werde. Das aber ist es, was im Grunde der „Aufstieg der Begabten" zu bedeuten hätte. Die Bourgeoisie bedarf ohne Zweifel sehr notwendig eines

Zustroms frischen Blutes, das Proletariat aber müßte unter einem solchen Aderlaß empfindlich leiden.

Die Sehnsucht einzelner Arbeitereltern, ihrem begabten Kinde zur Erlangung eines Intelligenzberufs zu verhelfen, ist gewiß begreiflich, solange wir es dulden müssen, daß die Arbeiterschaft ausgebeutet und verachtet wird und zu geistiger Dumpfheit verurteilt ist – die Arbeiterklasse aber muß eben gegen diese Zustände ankämpfen.

Die Durchdringung des öffentlichen und privaten Beamtenkörpers, des Ärzte-, Anwalts- und höheren Lehrerstandes mit Leuten, die, aus dem Proletariat stammend, mit dessen Lebensweise, mit seinem Denken und Fühlen vertraut sind, würde zwar der Arbeiterklasse manche Vorteile versprechen. Diesen stehen aber noch gewichtigere Nachteile gegenüber, die sich daraus ergeben müßten, wenn in weit höherem Maße, als das bisher möglich war, die am besten begabte Proletarierjugend ins Bürgertum überginge. [...]

Wenn der beste Teil der Vorarbeiter, Zeichner, Maschinisten zu hochbesoldeten Ingenieuren, der beste Teil der Unterbeamten zu Bureauchefs, der beste Teil der Volksschullehrer zu Professoren würde, so müßte auf all den Arbeitsgebieten, auf denen jene Hochbegabten bis dahin gewirkt haben, eine geistige Verödung eintreten, die gerade für das Proletariat kaum zu ertragen wäre. Am allerschwersten aber würde die Arbeiterschaft durch eine solche Abwanderung der Begabten aus den Reihen der Volksschullehrer betroffen. Die elende wirtschaftliche Lage dieser Lehrerkategorie und die geringe soziale Wertung, der sie sowohl bei dem städtischen als auch dem ländlichen Bürgertum begegnet, läßt es nur allzu begreiflich erscheinen, wenn junge, energische und begabte Lehrer nach „Höherem" streben. In einer vernünftig eingerichteten Gesellschaft könnte es allerdings kaum irgendeine Aufgabe geben, die als wichtiger erkannt und höher gewertet wäre, als die des Erziehers der Kinder in jenem Alter, in welchem die Grundlage für deren ganze körperliche und geistige Entwicklung, ihre Arbeitsbefähigung und Charakterbildung gelegt werden muß, in jenem Alter, das zumeist entscheidend ist für Glück und Gedeihen des ganzen Lebens. Welcher andere Beruf könnte der reichsten Begabung und dem edelsten Ehrgeiz ein besseres Feld der Betätigung bieten als dieser! Aber heute leidet er nicht allein unter dem wirtschaftlichen Druck, der auf der Lehrerschaft lastet, sondern auch noch unter der ganzen Verzopfung und Verödung des heutigen Volksschulwesen, der Knechtseligkeit und dem Hurrapatriotismus, die dort gewaltsam gezüchtet werden und die unsere Schulen statt zu Erziehungs- zu Drillanstalten machen, so daß sogar tüchtige Lehrer die erste beste Gelegenheit benutzen, nicht etwa nur, um zu einem „höheren Beruf" emporzusteigen, sondern sogar, um hinter staubigen Aktenbündeln ihre besten Jahre zu verbringen, anstatt am kostbarsten Gut der Menschheit, am lebendigsten und gestaltungsfähigsten Material unvergänglich Arbeit zu leisten.

Nicht Aufstieg der Begabten aus dem Proletariat in die Bourgeoisie, sondern Erziehung und allseitige Entwicklung für die gesamte Jugend – das ist es, was die Arbeiterschaft fordern muß! Der gegenwärtige Stand der Technik gestattet es unbedingt, daß jedwede Arbeit unter menschenwürdigen Bedingungen vollbracht werden kann. Wenn trotzdem so viele Verrichtungen noch immer unter gesundheitswidrigen und ekelerregenden Bedingungen durchgeführt werden müssen, wenn andere durch die Länge ihrer Dauer qualvoll gleichförmig und geisttötend sind, so liegt die Ursache davon einzig in dem kapitalistischen System, das die Produktivität der Arbeit nur dort steigert, wo dadurch eine Steigerung des Profits zu erwarten ist, und sie ohne Bedenken hemmt, so oft ihre Steigerung den Profit zu beeinträchtigen droht, das den Menschen zur Maschine macht, statt ihn durch die Maschine von Sklavenarbeit zu befreien, und das, wenn sein Streben ohne Gegenwehr bliebe, den einen Teil der ihm Unterworfenen zu Gehirnmenschen züchtete, die den gesunden Gebrauch ihrer Sinneswerkzeuge und Muskeln verlernten, den anderen aber zu Arbeitstieren mit verödeten Gehirnen.

Aber die schrankenlose Ausartung dieses Systems wird schließlich durch den Fortschritt der Technik selbst gehemmt. Immer mehr bedarf der geistige Arbeiter auf allen Gebieten der Vertrautheit mit den Bedingungen der Produktion, ist er gezwungen, aus der Studierstube ins praktische Leben zu blicken, immer dringender bedarf der Arbeiter an der Maschine nicht nur der geistigen Spannkraft, der entschlossenen Initiative, sondern auch des unermüdlichen Neulernens, des Eindringens in die Gesetze der Mechanik, der Physik, der Chemie.

Die dumpfe Unwissenheit des Proletariers wird schließlich ebenso zum Hemmnis der wirtschaftlichen Entwicklung wie die Weltfremdheit dessen, der im Kampfe mit den Naturgewalten führend vorangehen soll, des Gelehrten. Das Ineinandergreifen geistiger und manueller Arbeit wird immer inniger. Es genügt nicht mehr, daß der Arbeiter und der Gelehrte Hand in Hand gehen, der Arbeiter muß täglich mehr zum Wissenden, der Wissende zugleich zum Schaffenden werden, und darum muß jede Erziehungsform, die nicht der ganzen Bevölkerung zugute kommt, nicht nur als unsozial, sondern auch als unökonomisch betrachtet werden.

113. Hugo Jacobi: Schule und Leben

NZ 1916/17, Nr. 11, S. 250-253

Die heutige Schule erfüllt ihre Aufgabe, in die Flut des Natur- und Menschenlebens zu tauchen und hier ihr Quellwasser zu schöpfen, in durchaus unzulänglicher Weise. Das erkennt man schon an dem ganz auffälligen Kontrast, in dem ihr sogenannter Anschauungsunterricht – ihre Arbeitsmethode – zu dem viel wirksameren Anschauungsunterricht eines Handwerksmeisters steht. Der hält seinem Lehrjungen keinen gelehrten, umständlichen Vortrag, wenn er ihn lehren will, wie er den Hobel führen soll, warum er nicht gegen den Wuchs hobeln darf usw. Der sagt kurz und bündig: „Sieh her, stell' dich so hin! So packst du den Hobel an; immer gradaus; nicht rüber und nüber fahren; lang stoßen, nicht absetzen usw. So wird's gemacht!" Der Meister macht es vor, einmal, zweimal; der Junge probiert es, macht es nach, erst einmal falsch, dann richtig; schließlich kann er's. Bald weiß er wie, bald auch warum. Zum Handwerksmeister muß der Schulmeister hospitieren gehen, sonst wird niemals sein Unterricht dem Fundamentalprinzip der Anschaulichkeit gerecht.

Sie tut das bei uns nicht bis auf den heutigen Tag, von wenigen rühmlichen Ausnahmen und Anfängen abgesehen; bei den Ausnahmen erinnere ich an die in der Beziehung geradezu mustergültig arbeitende Übungsschule des Pädagogischen Universitätsseminars in Jena sowie an die Reformversuche Kerschensteiners in München. Aus jener Unterlassung rühren die ewigen Klagen, die fortwährend gegen die Schule erhoben werden, daß sie – und zwar alle Schulgattungen von der Volksschule bis zur Universität – die abgehenden Schüler völlig ungenügend vorbereitet in das Leben schicke. Erst kürzlich hat dies wieder mit aller Deutlichkeit die Aussprache dargetan, die gelegentlich des Kongresses des „Bundes für Erziehung und Unterricht" zustande kam und auf der ein Mann aus der Werkstatt des öffentlichen Lebens, der Oberingenieur Georg Sütterlin in Hamburg, eine geradezu vernichtende Kritik an diesen Leistungen der Schule geübt hat.

Dahingegen ist mir aus meiner Mitarbeit am Pädagogischen Universitätsseminar in Jena bekannt geworden, daß die Schüler unserer Anstalt, abgehende Volksschüler, im Zeißwerk, wo man wegen des großen Bedarfs an qualifizierten Arbeitern Wert auf deren praktischen Sinn und rasches Einleben in den Beruf legt, bevorzugt wurden vor höheren Schülern mit dem Einjährigen-Berechtigungsschein. Es unterliegt keinem Zweifel, in unserem Schulwesen, und mir scheint im höheren noch mehr wie im sogenannten niederen, klingt eine peinliche Dissonanz zum Leben. Wenn wir die Quelle derselben aufsuchen und für eine durchgreifende Reform sorgen, können wir sie in eine Harmonie auflösen.

Ohne Widerrede gebe ich mit Sütterlin zu, daß das absolute Wissen, das auf unseren Schulen gelehrt wird, wohl durchweg ausreicht, je nach dem Lehrziel der verschiedenen Schulanstalten sowohl in den mathematischen, naturwissenschaftlichen wie sprachlichen Fächern. Aber was fehlt, das ist die gewandte Anwendung, der sichere Gebrauch des Wissens beim Bedarf im beruflichen und öffentlichen Leben. Weiter nichts als Gedächtnisdrill – Präsentsein des Wissens ist bekanntlich alles –, verbale Gedächtnisübung, oberflächliche Gedankenübertragung. Das Wort regiert; es soll die Gedankenübertragung vom Lehrer auf den Schüler bewerkstelligen, er soll bloß aufnehmend tätig sein und nicht, wie er möchte – weil der Schaffenstrieb im Kinde steckt –, hervorbringend, produktiv. Das Wissen hat den Vorzug vor dem Können, die Form vor dem Inhalt, man setzt die Antwort vor das Problem. Stein um Stein der wissenschaftlichen Einzelerkenntnis wird herbeigewälzt und mühsam ein Seelenbauwerk konstruiert, dessen Leim die Sprache abgibt. Darum in unseren Schulen dieses ewige Kleben am Buche, dieses Ausgehen vom Buche, die Merksätze, die Überschriften, die täglichen und stündlichen Wiederholungen, das öde Auswendiglernen. [...] Man probiere doch einmal bei Schülern, ob sie die Höhe eines Hauses, eines Kirchturms, die Länge einer Eisenbahnbrücke abschätzen können, ob sie eine richtige Vorstellung von der Form eines Bahnhofs haben, ob sie den Fassungsraum eines Eisenbahnwaggons nur annähernd schätzen können, und man wird erstaunt sein über den Mangel an Wirklichkeitssinn. Es fehlt die geistige Leistung des Kindes, das Beobachten des Lebens selbst, statt dessen speist man es mit Abstraktion und Regelwerk. Darum der Mangel im Denkvermögen und der in der Urteilskraft, wenn das Kind vor wirklichen Dingen steht. Der frühere Oberlehrer am Jenenser Seminar Fritz Lehmensick berichtet von einer Studienreise nach Holland, wo er lebenserfüllten Unterricht kennenlernte: „Nach der Pause wird in der fünften Klasse der Aschenkasten, welcher im Hofe steht, der inzwischen angeschaut und ausgemessen worden ist, 25mal verkleinert dargestellt. Sie schlagen und kneten den Ton und walzen ihn mit dem Rollholz zu einer Platte aus. Daraus schneiden sie mit ihrem Zinkmesser die Wände des Kastens aus; es ist ein ganz ungezwungener Verkehr." So bilden sich Raumvorstellung und Raumbegriffe. [...]

In ganz ähnlicher Weise schöpfte auch die Geographie aus dem flutenden Leben der Heimat; zum Beispiel bei der Betrachtung Italiens. Im Orte wurde gerade eine Kanalisation gebaut, bei der auffallend viele Italiener beschäftigt waren. Was lag näher als die Frage: Warum so viele Italiener zu uns kommen? Was sie bei uns machen? Erdarbeiten bei Straßen-, Brücken-, Bahnbau; schwere Arbeiten gegen geringe Bezahlung; dabei ausdauernd, bedürfnislos und sparsam. Wir beobachteten sie beim Kochen der Polenta, kannten ihre Bekleidungsstücke, wußten, daß sie nur selten Bier trinken. Vermeidung von Streit und Messerstechereien. Wir kannten sie auch als Hausierer mit Gipsbüsten und Südfrüchten und stellten fest, daß sie in der Mehrzahl ungelernte Arbeiter sind, von denen die weitaus größte Zahl nicht lesen und schreiben kann. Wir begleiteten die auswandernden Italiener auf ihrem Reiseweg, fuhren mit ihnen durch den Gotthardtunnel, fragten nach den ökonomischen Gründen der Auswanderung: Liegen sie in etwaiger Übervölkerung, im Mangel an Rohstoffen? Wir gehen den Gründen des Brotmangels nach: Unland, Dürre, Vulkanismus, ein schlechtes agrarisches Betriebssystem und eine schlechte Betriebsform (Teilbau) und Besitzverteilung. Auf der anderen Seite regte sich natürlich auch die Frage: Was so viele Reisende von Deutschland nach Italien zieht? Die eigenartige Landschaft, die Bedeutung Roms, die italienische Kunst. Wir kommen auf die Gefahren zu sprechen, die dem Reisenden drohen durch Hitze, Malaria und die giftige Tarantel; auf allerlei Belästigungen durch Bettel und Ungeziefer. Gleichzeitig verschafften wir uns durch Betrachtung eines Rundreisehefts Kenntnis von den äußeren Bedingungen der Reise. Flutet hier nicht frisches Leben? Gibt's da Langeweile, und sind das nicht alles Fragen, die neben dem Erfassen des Landes als geographischem Individuum auch noch den Erfordernissen des praktischen Lebens Rechnung tragen? [...]

Die heutige Schule setzt sich ihre Ziele nach den Zielen, wie sie der Erwachsene im späteren Leben für seine Zwecke braucht. Ihr ist nicht der werdende Mensch mit seiner jeweiligen Auffassungsweise das Maß des Lehrplans, und darum erreicht sie nicht ein organisches Hineinwachsen in die Kultur. Der Schulmeister ist weiter nichts als ein auf Leistungen pochender Treiber – aber kein Gärtner und Erzieher. Unsere Aufgabe ist es, für die Schule zu sorgen, die alle Bedingungen erfüllt, die zur Entfaltung aller Kräfte im Menschen führen. Darum muß alles abge-

stoßen werden, was an veralteten Formeln und wertlosen Theorien unsere Schularbeit beschwert und hemmt. Nach dem Kriege werden wir mehr als je körperliche
Tüchtigkeit und geistige Frische für unseren Nachwuchs brauchen, wenn der Kul-
turschaden, der angerichtet worden ist, wieder überwunden werden soll.

**114. Hermann Kranold: Arbeiterjugend und bürgerliche Jugendbewegung
(Rezension von A. F.)[760]**

NZ 1917/18(1), Nr. 19, S. 456

Schriften über Jugendbewegung oder, wie der Verfasser die Sache richtig nennt,
die „Bewegung der Jugend" (in dem der Eigenbewegung entgegengesetzten Sinne)
werden in der Sozialdemokratie immer auf Interesse rechnen können. Das weit-
und vielverzweigte Problem dieser Bewegung bietet Raum für widerspruchsvolle
Auffassungen und demgemäß für weit auseinanderlaufende Arten praktischer Betätigung. Im bürgerlichen Lager, wo entscheidende, vereinheitlichende Prinzipien
fast gänzlich fehlen, ist der Wirrwarr naturgemäß größer als bei uns. Aber darüber,
worauf es bei der Bewegung der Jugend schließlich ankommt, gehen auch bei uns
die Anschauungen auseinander. Zwei Weltanschauungen ringen um die Jugend.
Die eine, die gebundene, betrachtet die Jugendbewegung als Mittel zum Zweck,
während die zweite, die wir im Gegensatz zu der ersteren die freie nennen wollen,
die Arbeit an der Jugend als Selbstzweck anerkannt hat – soweit die Beschäftigung
mit Dingen des menschlichen Lebens überhaupt Selbstzweck sein kann. Hermann
Kranold unterscheidet denn auch zwischen dem Besitzstand dieser beiden Auffassungen in der Jugend als zwischen der autoritären und autonomen Jugendbewegung. Bestandteile der ersteren Art sind die im religiösen und militärischen Rahmen bewegten Organisationen, die autonome Bewegung stellen die Freundschafts-
verbände und die Zweckverbände dar.
Diese Unterscheidung gibt dem Verfasser die Möglichkeit an die Hand, die Ge-
samtjugendbewegung auf bestehende Gemeinsamkeiten zwischen der proletarischen und der bürgerlichen Bewegung zu untersuchen. Er kommt zu dem Ergebnis:
„Jugendliche sind dazu da, daß sie (im abgekürzten Verfahren) die Erbschaft an
geistigen und materiellen Gütern, die ihnen von den Vorfahren überkommen ist,
sich aneignen und durchdringen und so zu ihrem wirklichen Eigentum erheben,
damit sie, wenn ihre Jugendzeit vorüber ist, als Erwachsene dann mit voller Kraft
und mit Beherrschung der gesamten kultürlichen Technik sich der Erweiterung und
dem inneren Ausbau des Geltungsbereichs der Rechtsidee widmen können."

---

[760] Erschienen im Verlag des Chemnitzer Jugendausschusses 1917. – A. F. könnte für Fritz Ausländer
(1885-1943) stehen. Ausländer arbeitete als promovierter Studienrat in Berlin, trat nach der Erfahrung des Ersten Weltkrieges der USPD und mit dieser 1920 der KPD bei, Mitbegründer des Verbandes sozialistischer Lehrer und Lehrerinnen und der Freien Lehrergewerkschaft Deutschlands, Herausgeber der Zeitschrift *Der sozialistische Erzieher,* Mitglied der Internationale der Bildungsarbei-
ter, 1928-1932 Abgeordneter der preußischen Landtages, 1933 aus dem Schuldienst entlassen,
mehrmals in Konzentrationslagern inhaftiert, Freitod.

Das läßt sich hören. Beistimmen kann man dem Verfasser auch, wenn er davor warnt, die Jugendlichen vorzeitig in die politische Bewegung zu ziehen, und wenn er es als das Hauptziel der Jugendbewegung bezeichnet, daß die Jugend Rückgrat nach oben zeigen lerne. Dem „Endziel" des Verfassers, in gewissen Fragen zu einem gemeinsamen Arbeiten in einem „Bunde aller fortschrittlichen Elemente der Jugend" zu kommen, stehen wir aber ziemlich ablehnend gegenüber. Es ist richtig, daß auch von unserem Standpunkt zwischen der von Militaristen oder Geistlichen bevormundeten und der fortschrittlichen bürgerlichen Jugendbewegung ein erheblicher Unterschied zu machen ist, doch ist auch die letztere durchaus von dem Gesichtspunkt des Verteidigungskampfes ihrer Klasse gegen das aufsteigende Proletariat orientiert. Hierzu kommen die Unterschiede in Erziehung, Klassenlage usw. Im ganzen begrüßen wir aber die Schrift als ein Stück Mitarbeit an dem notwendigen Werke, für die Jugendbewegung zielführende Wege zu finden und die Bewegung von der Phrase zu entlasten.

115. Richard Schiller: Die Sozialdemokratie und die nächste Generation[761]

NZ 1917/18(2), Nr. 13, S. 305-309

Als ich vor mehr als Jahresfrist auf einem belgischen Etappenbahnhof wartete, nach Ostende weiterbefördert zu werden, war ich Zeuge einer tiefernsten Kriegsepisode. Ein älterer Landstürmer verlas im breitesten Berliner Dialekt unter Schimpfen und Tobsuchtsanfällen den Brief seines vierzehnjährigen Jungen vor einem Kreise von Kameraden. In dem Briefe wurde der Vater aufgefordert, nach Hause zu kommen, „weil die Mutter mit anderen Kerlen hantiere". Aber gleichzeitig hatte der Sohn von „Muttern" gehört, daß es der Vater in Belgien ebenso treibe, und so wurde denn dieser Knabenbrief in seiner Unbeholfenheit eine erschütternde Klage des an den Eltern irregewordenen Kindes. Das fühlte allerdings der Vater nicht. Der, ein Berliner „Budiker", wie er sich stolz bezeichnete, schimpfte über den verkommenen Jungen, versicherte den Kameraden hoch und heilig, der „Ollen und ihrem Kerl" die Knochen zu zerbrechen und den Jungen in Fürsorge zu bringen.

Das ist ein Ausschnitt aus unserer Zeit, der uns zusammenzucken läßt. Neben all dem Vielen und Wertvollen, das gefährdet wird, ist die Jugend, das Geschlecht von morgen, am furchtbarsten in Gefahr. Das sieht die Gesellschaft auch ein, und ihre Bestrebungen, zu helfen und zu bessern, sind von einem fast fieberhaften Eifer getragen; fragt sich nur, ob Eifer und Verständnis für die Not unserer Jugend, ganz

---

[761] Richard Schiller (1874-1941), Sohn eines Schneiders, Bildhauerlehre und Besuch der Kunstgewerbeschule in Berlin und München, Redakteur verschiedener sozialdemokratischer Zeitungen, u.a. 1906-1908 der *Rheinischen Zeitung* in Köln, Kriegsteilnehmer, 1918 Delegierter des I. Rätekongresses in Berlin, 1919-1933 des *Volksblattes* in Göttingen, 1914 wegen Verstoßes gegen die Pressezensur 11 Monate Haft, 1924-1932 Mitglied des Reichstages.

besonders der Arbeiterjugend, wirklich in einem richtigen Verhältnis zueinander stehen.

Auf dem Gebiet der freien und staatlichen Zwangsfürsorge liegt bereits eine umfangreiche Literatur vor, die sich über die Verwahrlosung an sich und über die Wege zur Besserung äußert. Neben manchen sehr richtigen Beobachtungen über Ursache und Wirkung unseres Jugendjammers findet man auch außerordentlich viele schiefe Urteile und Schlußfolgerungen. Schon in der Untersuchung über den Ursprung des Elends versagt das bürgerliche Hilfswerk. Die fatalistische Stimmung herrscht vor. Der Krieg bringe das alles so mit sich, und als letztes Hilfsmittel kommt alle Welt schließlich immer wieder auf die Medizin des Krieges – auf die Gewalt zurück.

Das ist eine schlimme Verirrung. Der Jurist und der Kriminalist, die in der Jugendfürsorge arbeiten, machen die peinliche Feststellung, daß die Kriminalität der Jugend in rasendem Tempo wächst. Man nennt erschreckende Zahlen. In Berlin steigerten sich die vor den Jugendstrafkammern anhängig gemachten Kriminalfälle von 2681 im Jahre 1916 um über 60 Prozent im Jahre 1917. In Leipzig standen Ende 1917 2500 Jugendliche unter richterlicher Schutzaufsicht, und aus Hessen-Darmstadt teilen uns die Kriminalisten mit, daß die Zahl der abgeurteilten jugendlichen „Verbrecher" unter 18 Jahren von 96 Fällen im Jahre 1914 auf 4012 Fälle im Jahre 1917 gestiegen ist. Die Staatsanwaltschaft in Fürth (also keine Großstadtverhältnisse) teilt mit, daß 1913 vor dem Jugendgericht 65 Straffälle zu Aburteilung kamen, 1917 aber 262 Fälle. Außerdem wurden in dieser Mittelstadt im Jahre 1917 693 Einzelfälle der Aufsicht überwiesen. Aus einem rheinischen Industriebezirk wird sogar berichtet, daß die Ziffer der jugendlichen Kriminalfälle von 5000 im letzten Friedensjahr auf rund 25000 Fälle im dritten Kriegsjahr gewachsen ist. Diese Beispiele könnten aus dem vorliegenden statistischen Material willkürlich vermehrt werden.

Auf einzelne Zahlen kommt es jedoch nicht an; was sie insgesamt sagen, darum handelt es sich. Man könnte geneigt sein, die Jugendkriminalität, soweit sie aus nackten Zahlen spricht, für künstlich übersteigert zu halten, weil während der Kriegszeit unter dem Einfluß der militärischen Gewalt die Strafbestimmungen aller Art gegen normale Zeiten gesteigert sind. Ohne Zweifel sind heute wie überall, so auch für die Jugend Strafbestimmungen entstanden, die „Delikte" treffen, die im Frieden nicht als rechtswidrig galten. Aber trotz dieser Berücksichtigung haben wir es mit einem absoluten Wachstum der kriminalistischen Zahl zu tun, und das Wesentliche bei der Steigerung der Jugendkriminalität ist darin zu erblicken, daß die abgeurteilten Vergehen in ihrer unerhörten Überzahl eine steigende Mißachtung unseres allgemeinen Sitten- und Ordnungskodex erkennen lassen. Eigentumsvergehen, Roheitsdelikte und in einem größeren Abstand sittliche Verirrungen sind die drei Hauptgruppen der Jugendkriminalität.

Der Kriminalist bestätigt das mit steigender Verärgerung, weil er nicht begreift, wie das Übel wachsen kann, dem er mit dem ganzen Apparat juristischer Strenge zu Leibe geht. Die Abschreckung und die heutige Zwangsfürsorge werden das

Übel nicht mildern, sondern steigern, weil beide Methoden die Gestrauchelten isolieren und sie noch schärfer in Gegensatz zur allgemeinen Ordnung und Sitte bringen. Die Solidarität der Abseitsgestellten ist bekanntlich in ihrer Verbissenheit immer eine sehr starke.

Wer unter den fürsorglichen Verhältnissen einer geordneten Familie aufwächst, kommt nur in seltenen Ausnahmefällen und durch außerordentliche Umstände in die Fänge der Zwangserziehung und des heutigen Strafvollzugs. Die Hineingeratenen haben meist Mangel an Sonne, Freude und guten Vorbildern gehabt. Der Jugendstrafvollzug ersetzt ihnen diesen Verlust nicht, sondern bestraft sie eigentlich noch dafür. Der Mangel an Jugendsonne ist aber in der fast vierjährigen Kriegszeit gegen früher ganz ungeheuerlich gewachsen, und alle Zahlen der Kriminalisten über Vergehen sowohl wie über Strafen, die „unbegreiflicherweise" nicht helfen, haben wenig Bedeutung, wenn man nicht auch zu erfassen sucht, wie in dieser freudearmen Zeit den Freudehungrigsten, der Jugend, eben diese Freude genommen wird. Wäre der Jugendrichter nicht zuerst Strafrichter, sondern Sozialpädagoge, dann würde er auch nicht so vernarrt in seine Abschreckungstheorie sein. Statt Selbstzerknirschung zu befehlen, würde er Licht und Sonne zu vermitteln suchen. Gerade die gegenwärtige Epoche wird mehr wie alle vorhergehenden jene unglücklichen psychopathischen Kinder schaffen, die durch eine verbitterte Jugend ihr Gemütsleben für alle Zeiten verderben und so schließlich bewußt oder unbewußt zu verbrecherischen Feinden unserer Rechts- und Sittenverhältnisse werden.

Schon allein die ungeheuerlich gesteigerte Mehrarbeit, zu der heute die Jugendlichen beiderlei Geschlechts gezwungen werden, sollte den Kriminalisten die Augen öffnen. Nach der Gewerbeordnung dürfen in Betrieben mit mehr als zehn Beschäftigten Kinder unter 14 Jahren überhaupt nicht erwerbsmäßig tätig sein und Jugendliche unter 16 Jahren weder über zehn Stunden noch nachts beschäftigt werden. Die Bestimmungen werden heute spielend außer Geltung gesetzt. Infolgedessen wächst die Zahl der Jugendlichen schnell, die zu unverhältnismäßig starker Mehrarbeit und zur Nachtarbeit herangezogen werden. Die Ziffern darüber werden ängstlich geheim gehalten. Aber für Preußen konnte in jüngster Zeit doch festgestellt werden, daß die Zahl der Jugendlichen, die im Widerspruch mit der Gewerbeordnung allein nachts beschäftigt werden, von 1915 bis 1916 von 21474 auf 38125 hinaufschnellte. Und dabei bestehen in der Rüstungsindustrie noch zwölfstündige Nachtschichten. Solche Ziffern müssen neben die nackten Zahlen der Kriminalität gestellt werden, weil erst beide zusammen betrachtet uns sagen, was aus dem geistigen und körperlichen Organismus der Jugendlichen werden muß, wenn er in seiner entwicklungshungrigsten und entwicklungskritischsten Periode durch ein Übermaß von Arbeit verkrüppelt wird.

Hier liegen die Grundkeime des Übels. Der Jugendstrafvollzug nimmt davon im günstigsten Falle nur rein akademisch Notiz. Auch die öffentliche Kritik geht noch viel zu leichtherzig an dieser Grundursache der Jugendnot vorüber, und die öffentliche Fürsorge des Staates rangiert noch hinter der privaten Fürsorgetätigkeit. Muß schon diese private Fürsorge in großen Städten oftmals bei den ganz Kleinen wegen Mangel an Helfern versagen – selbst in der kleinen Residenz Gotha wurden kürzlich 450 Kinder ermittelt, die täglich ohne jede elterliche Pflege sich selbst überlassen waren –, so ist es mit der Fürsorge für die älteren Jahrgänge noch entschieden schlechter bestellt. An der einzigen Stelle, wo die Jugend allgemein erfaßt werden kann, im Fortbildungsschulwesen, wird sie mit Kriegsspielen der Jugendwehr und oft auch noch mit Religion beschwert. Diese Art der Jugenderziehung in Verbindung mit dem Verlust der elterlichen Fürsorge, die die Folge der Auflösung der Familie ist, Lockerung der Schulzucht und der Schülererziehung, dafür aber schärfste Einspannung der jugendlichen Arbeitskraft in die Kriegswirtschaft, das sind die Opfer, die die Jugend dem Lande und dem Staate bringen muß. Sie selbst ist sich dieser Opfer gar nicht bewußt. Sie begreift noch nicht, was sie mit diesem Opfer an Zukunftsglück und Menschenwert dahingibt. Aber wir wissen es. Und vor allem sollte es der Staat wissen und deshalb an Äquivalente denken, mit denen er gutmachen könnte, was an der Jugend gesündigt wird; doch er empfiehlt die von allen gewissenhaften Jugendfreunden abgelehnte kriegerische Jugenderziehung, begönnert das konfessionelle Jünglingsvereinswesen und sieht im übrigen gleichmütig zu, wie Kinoschund und Operettenblödsinn aus dem Unterhaltungsbedürfnis der Jugend ein gieriges Verlangen nach Simpeleien und Schlüpfrigkeiten macht. Allerdings steht augenblicklich die Frage der staatlichen oder kommunalen Jugendämter wieder zur Debatte. Aber die deutsche Gründlichkeit bewahrt die deutsche Jugend vor zu raschen Wohltaten. Man stellt zunächst noch tiefgründige Betrachtungen darüber an, ob der Arzt oder der Pädagoge in diesen Ämtern die erste Geige zu spielen habe. Aber diese Ämter wollen das Schwergewicht ihrer Arbeit zunächst auf die Fürsorge und Pflege der Kleinsten und der noch Schulpflichtigen legen. Auf die älteren Jahrgänge erstreckt sich eine rein praktische Arbeit noch nicht, weil die eiserne Not der Zeit diese Jugendlichen jetzt nicht als Erziehungs- und Hütungsobjekt betrachtet, sondern als Arbeitsobjekt verwenden will. Man glaubt nicht anders zu können, man nimmt die schwersten Dinge mit einem gewissen Fatalismus hin, und die Trostformel: wenn alles vorüber ist, wird alles besser werden, soll auch in der Jugendmisere die Gemüter beruhigen. Aber mittlerweile nimmt das Unheil seinen Lauf. Die zersetzenden Erscheinungen draußen und daheim üben auf die werdenden jugendlichen Staatsbürger den gefährlichsten Einfluß aus. Daheim erregt man sich immer weniger über den tausendfachen Zusammenbruch kleiner Existenzen und ganzer Gewerbe, und der Zynismus der Kriegsgewinner tut sein übriges, um über den hausbackenen Grundsatz von der ehrlichen Arbeit die Menschen lachen zu lassen. Und draußen in den über ganz Europa verstreuten Kampfgebieten lernen Millionen sonst für den Aufbau bestimmter Menschen das Handwerk der Zerstörung. Menschenwerk und Menschenleben sinken draußen und drinnen rapide im Wert, und so verdämmert bei unzähligen jungen Menschen langsam und sicher der vor dem Kriege eingetrichterte Begriff vom eigentlichen Lebenszweck des Menschen.

So werden nicht nur die allgemeinen sittlichen Dämme unserer Zeit angefressen, sondern die Seele eines großen Bruchteils unseres Volkes selbst. Wir Sozialdemokraten sind nicht boshaft und unverantwortlich genug, um diese sittliche Krise unseres Volkes zur Katastrophe zu treiben. Weiter darf die innere Verwahrlosung nicht wachsen, und wenn der Staat von heute ratlos den Dingen gegenübersteht, so müssen wir Sozialdemokraten als die Erben des Staates von morgen eingreifen, um zu helfen und zu heilen. Wie wir uns mit ganzer Kraft als Menschen der Tat dafür einsetzen, Staat und Volkswirtschaft nach dem Kriege wieder flott zu machen, und schon jetzt mitten im Kriege Hand ans Werk legen, so müssen wir auch jetzt schon zupacken, um unsere Volksseele vor dem Schiffbruch zu retten. Diese Arbeit beginnt bei der Jugend. Nicht, daß wir aus den Fünfzehnjährigen schon „grundsatztreue" Sozialdemokraten machen können und wollen. Heinrich Schulz hat sich mit Recht auf dem Würzburger Parteitag gegen solche Proselytenmacherei gewandt, und wir haben sicher auf diesem Gebiet vor dem Kriege manches getan, was wir in der Nachkriegszeit so nicht wieder angreifen werden. Wir haben das Wort Jugendbewegung geprägt für eine Sache, die dem Sozialismus die Zukunft sichern sollte. Dabei übersahen wir ganz, daß zur Speisung einer solchen Bewegung eine elementarere Kraft nötig ist, als wir, die Älteren, sie bisher abgeben konnten. Was wir zuwege brachten, war ein problematischer Versuch, aber keine Bewegung. Er hat der Jugend keinen Sozialismus und dem Sozialismus keine Jugend gebracht. Was er brachte, war nicht immer erbaulich. Erst kürzlich konnte man in einer „unabhängigen" Propagandaschrift (Frauenbeilage der „Leipziger Volkszeitung", Nr. 22) viele unverdaute Sätze über den Tatendurst der Arbeiterjugend lesen.

„Nicht nach Bibliotheken, Bildungsvereinen und Museen steht ihr der Sinn, sondern sie dürstet nach einem Kampffeld, um die drängenden Kräfte für den Sozialismus betätigen zu können." Sehr schön gesagt, doch bleibt verschwiegen, ob die drängenden Kräfte mit ihrer souveränen Verachtung der Bibliotheken und Bildungsvereine auch wirklich wissen, was Sozialismus ist. Zum Schlusse dämmerte es denn auch dem Schreiber dieser schönen Sätze selber auf, daß es mit den drängenden Kräften einen Haken haben muß, denn weniger durstig, aber mehr verkatert klagt er: „Noch fehlt der Jugend die kritische Fähigkeit ... noch mangelt ihr die Festigkeit der eigenen Weltanschauung."

Dieses Verwunderttun ist rührsam. Kritische Fähigkeiten und feste Weltanschauung sind Produkte der Erfahrung und können eben deshalb bei dem kurzen Erdenwallen der Jugend noch nicht vorhanden sein. Folglich müssen wir der Jugend Erfahrung, Erkenntnis, Weltanschauung, Wissen vermitteln, die zum reinen, freien Menschentum nötig sind. Wollen wir das Proletariat geistig vorbereiten auf seine Mission, müssen wir auch geistige Vorbereitungsarbeit an der Jugend in umfassendster Weise vornehmen. Wir müssen es tun, trotz des staatlichen Erziehungssatzes „Aufstieg der Tüchtigen", trotz Volksschulreform und alledem. Lange Zeit wird vieles von diesen Dingen noch ungenügend und Stückwerk bleiben, deshalb muß unsere organisierte Kraft auch hier einsetzen und am Aufstieg des Volkes mitarbeiten.

Welches sind nun die Aufgaben, die da der Arbeiterbewegung zufallen? Hier denken wir zunächst daran, es als unsere Pflicht zu betrachten, bei jeder Art staatlicher Jugendfürsorge aktiv mitzuarbeiten. Welcher Art auch in normalen Zeiten die öffentliche Sorge um die Jugend sein mag, überall in Staat und Gemeinde müssen unsere Kräfte dabei sein. Ein schmollendes Beiseitestehen, ein verärgertes Sich-selbstausschalten und tatenloses Räsonieren darf es auch hier nicht mehr geben. Was die Gewerkschaften in fachlicher und sozialer Beziehung für ihre Jugend tun, bleibt und wird planmäßig vollendet, dafür bürgt uns der zukunftsfrohe Geist der Gewerkschaftsbewegung. Aber in inniger Verbindung damit muß allerorts Neues auf dem Gebiet der Bildungsarbeit entstehen. In der Arbeiterschaft, die nach dieser revolutionären Kriegsumwälzung ihr Befreiungswerk mit neuen und besseren Mitteln der Aktivität aufnimmt, muß sich der Gedanke durchringen, daß die ganze proletarische Familie geistig und materiell von dieser neuen organisatorischen Aktivität profitiert: der Vater, die Mutter, die Jugend. Über die Frauenfrage innerhalb der Partei gilt es hier nicht zu reden; aber von der Jugend weiß der proletarische Vater, wieviel ihr fehlt. Er erkennt, wie unendlich viel ihr durch den Krieg genommen ist und wieviel anders sie werden muß, soll den nächsten Generationen das Werk der Erneuerung der Gesellschaft gelingen. Der organisierte Sozialdemokrat nach dem Kriege will für sich und sein Geschlecht vorwärtskommen. Er hat aus der Gegenwart die Erkenntnis gewonnen, daß die geistige Unreife der „Masse" die Hauptschuld an der furchtbaren Kulturzertrümmerung unserer Zeit trägt. Vor allem liegt ihm der Wille zu einer tiefen sittlichen Arbeiterkultur im Sinne.

Rein praktisch gesprochen, denken wir uns die Anbahnung dieser neuen Arbeiterkultur folgendermaßen. An jedem Ort mit nennenswerter Partei- und Gewerkschaftsbewegung müssen Arbeiterkulturausschüsse gebildet werden, in die die ernstesten und fähigsten Köpfe der Partei- und Gewerkschaftsbewegung hineingehören. Diesen Ausschüssen müssen angegliedert werden die Arbeiterturn-, Sport- und Gesangvereine, die ihrerseits durch die Arbeit dieser Ausschüsse ebenfalls eine sehr nötige innere Umwandlung erfahren. In diesen örtlichen oder Kreiskartellen müßte der ganze Komplex der Jugend-, Bildungs-, Erziehungs- und Unterhaltungsarbeit, auch die Frage der Wohnungskultur und ähnliches behandelt werden. Für eine solche örtliche Zentralisation müßte natürlich zunächst die innerlich überzeugte Zustimmung der Zentralinstanzen aller dieser Arbeiterorganisationen gewonnen werden, um die opponierenden Vereine dem Dienste der Sache zu verpflichten. Über diese örtlichen Kulturausschüsse muß dann eine provinziale Aufsichts- und Beratungsinstanz eingesetzt sein, in der das Erzieher-, das Jugendbildner-, das künstlerisch urteilsfähige Element überwiegt. Von hier aus muß die ganze Bildungsarbeit des Bezirkes gewissenhaft überwacht und jedem Bildungs- und Unterhaltungsdilettantismus von vornherein das Aufkommen unmöglich gemacht werden. Von den Provinzzentralen kann auch durch die Vermittlung guter Theater- und Musikkost der kleinstädtischen Theatersimpelei vorgebeugt werden. Für die allgemeine Wissens- und Bildungsarbeit, die als solche für die Jugend und für die Alten zu unterscheiden ist und bei der der Film in weitestem Umfang in Anspruch genommen werden kann, müßte in Zukunft mehr das Prinzip der Pflichtarrangierung als der freiwilligen Anforderung geltend sein.

Soweit die Skizzierung einer Aufgabe, die nach unserer Auffassung so oder ähnlich eine Zukunftsaufgabe sein muß, wenn der Klassenkampf nicht nur ein Kampf der primitiven Gegensätze bleiben und zu einer siegreichen geistigen Entscheidung kommen soll. Wir müssen mit gründlichster Methodik die Schaffung einer Arbeiterkultur als praktisches Korrelat für den Sozialismus versuchen. Wir müssen zu einem neuen Bewußtsein unseres gesellschaftlichen Seins erwachen.

II. Texte aus der Zeitschrift *Sozialistische Monatshefte (SM)* (1897-1918), einschließlich der Vorläuferzeitschrift *Der sozialistische Akademiker* (1895-1896) und der Beilage *Der Sozialistische Student* (1897)

Sozialistische Monatshefte

Internationale Revue des Sozialismus

Erster Jahrgang

(Dritter Jahrgang des Sozialistischen Akademikers)

1897

BERLIN

Verlag der Sozialistischen Monatshefte

NW., Marien-Str. 13.

Socialistische Monats-Hefte

V (VII) JAHRGANG · N VI

JNHALT

Das Heft enthält ein Portrait von **Robert Reitzel.**

BR PAVL

BERLIN   1901 HEFT VI JUNI
Preis 50 Pf.

116. Was wir wollen

Der Sozialistische Akademiker 1895, S. 1-7 (Auszüge)

[...] Schauen wir uns um in der deutschen Studentenschaft! Wie stellt sie sich zur Politik? Besitzt sie noch ein wenig Sinn für wissenschaftliche Aufrichtigkeit, kann sie die Selbständigkeit der Person auch an anderen noch schätzen, so hält sie sich derselben fern oder verliert sich in die Spitzfindigkeiten einer absurden Philosophie: thut sie dies nicht, so laufen diese „Jünger der Wissenschaft" einer verwässerten Opportunitätspolitik nach oder bilden die Leibgarde eines gewissenlosen Staatsmannes oder übergeschnappten Glücksjägers, als Streber, deren intellektuelle Impotenz wetteifert mit der Rohheit ihrer Gefühle. Nur wenige sind es, die sich bemühen den Sozialismus zu verstehen und dann, in Sorge um ihre bürgerliche Stellung, ihm halbe Zugeständnisse machen; einzelne nur, die voll und ganz den Sozialismus zu würdigen und zu vertreten lernen. Und wie sehen dann die Männer aus, die aus dieser studirenden Jugend hervorgehen als Vertreter der zünftigen Intelligenz? Sie verfallen in Philisterei, weil ihr Geist in Knechtschaft auferzogen die Bewegungsfreiheit verloren hat; sie vertiefen sich in gelehrte Haarspaltereien, weil sie nicht den Muth besitzen, durch Konsequenz in grossen Dingen mit dem herrschenden System in Widerspruch zu gerathen; sie werden Vorkämpfer eines wissenschaftlichen Gegnerthums des Sozialismus, das die Flachheit seiner Gründe durch das Sammelsurium eines pretentiösen Historismus zu verdecken sucht, und in praxi Handlanger für die Brutalitäten jedes beliebigen Machthabers, den die Konstellation der politischen Verhältnisse gerade ans Ruder der Regierung gebracht hat. [...]

Was war denn der Student vor fünfzig Jahren und was ist er heute? In jener Zeit rang die bürgerliche Gesellschaft, zu der auch er gehörte, nach einer Freiheit, die so unklar gedacht war, dass sie als Ideal aller Unterdrückten aufgestellt werden konnte. Da war es der Student, als der jugendstarke Träger der Intelligenz, der mit froher Zuversicht das Panier der Freiheit erheben konnte. Stützte er sich doch auf die stärkste Klasse der Opposition und durfte er, baar aller politischen Erfahrung, auf einen Erfolg hoffen, wie ihn seine erhitzte Phantasie ihm vorspiegelte.

Diese Factoren, die die Existenz des alten demokratischen Studenten ermöglichten, sie sind dahin.

Die Bourgeoisie hat den Nimbus verloren, der sie als Vertreter der gesammten, nach Freiheit ringenden Bevölkerung erscheinen liess. Nicht ist sie selbst die Schöpferin ihres Reichthums, wie sie einst vorgab, als sie sagte, dass sie für die Freiheit der ehrlichen Arbeit kämpfte. Nicht verlangt sie mehr nach politischer Freiheit, seit sie den Absolutismus nicht mehr fürchtet, den sie durch das allgemeine Stimmrecht zu besiegen hoffte. Die Bourgeoisie hat die Ausbeutung geändert, nicht gestürzt, sie hat sie erweitert, nicht verringert, sie hat sie verschärft, statt sie zu mildern.

Wer ist es nun, den die Geschichte dazu verurtheilt hat, der Sklave eines solchen Herrn zu sein? Im grossen Ganzen eine einheitliche Masse, die Menge der besitzlosen Arbeiter; jene Menschen, die soweit jeder Hoffnung auf ein besseres Loos beraubt sind, dass ihnen keine andere Wahl bleibt als der Kampf für die Freiheit oder allmähliches Verderben.

Gehört nun der Student zu dieser natürlichen Klasse der Opposition? Keineswegs. Er ist kein besitzloser Arbeiter, er besitzt in seiner Bildung selbst das moderne Werkzeug der Profitaneignung, das Kapital, er ist selbst zumeist aus den Kreisen der Unterdrücker hervorgegangen und ist in ihren Anschauungen emporgewachsen. Und seine Arbeit, sie verrichtet er nicht Schulter an Schulter mit seinen Arbeitsgenossen, mit empörtem Geist gegen die, welche ihn mit Mühsal überbürden, und selbst geniessen wollen – nein, – seine Arbeit ist eine andere, er muss seinen Geist, seine Ueberzeugung an seinen Brodherrn verkaufen, er muss seinen Nachbar beneiden um jede Geistesgabe, die ihm die Natur reichlicher verliehen hat. Mag er sich bethätigen, wo er will, es giebt fast überall einen Punkt, wo die Bourgeoisie eingreift und sagt: Sprich, wie es zu meinem Vortheil ist, oder du verlierst deine Stellung. Thut er dies, so wie es jene will, so winkt ihm allerdings ein entsprechender Gewinn; denn der Handel mit dem Geiste, das ist das Gebiet, wo die Prostitution noch ein gutes Geschäft ist. Und diese Prostitution erscheint in keinem schimpflichen Gewande; findet doch der Geist des Durchschnittsmenschen Gründe genug, um sein Gewissen einzulullen, wenn nur der Magen satt ist. Besonders leicht gelingt dies dem Gebildeten; seine Bildung als solche hält er als den Grund seiner besseren Lebensstellung, nicht das durch sie repräsentirte Kapital und die Verkäuflichkeit seines Charakters. Seine heutige soziale Stellung hält er für nothwendig zum gedeihlichen Fortschritt der Kultur, und aus demselben Grunde die dienende Lage des Handarbeiters für moralisch geboten. Er hält sich für etwas besseres als den gewöhnlichen Proletarier. [...]

Und dennoch giebt es zwei Stellen, wo die befreiende Kraft des demokratischen Sozialismus auch hier sich Eingang schaffen kann. Die Expropriation durch das Kapital, welche die Zahl der Kleinbürger und Bauern in vogelfreie Proletarier verwandelt hat und noch immer mehr verwandelt, macht auch die Kluft zwischen dem geistigen Arbeiter und dem gewerblichen Kapitalisten stetig grösser. Der Akademiker sinkt selber immer mehr zum Proletarier herab. Und auch die, welche diesen Prozess nicht am eigenen Leibe erfahren, können sich dem Bewusstsein eines immer erbitterteren Kampfes ums Dasein nicht mehr verschliessen. Und hier setzt der zweite Hebel ein, der sich bemüht, den Akademiker in das sozialistische Lager hinüberzuziehen. Das ist die Macht der Logik, die alle freiheitlichen Geister der Studentenschaft mit Nothwendigkeit zum Sozialismus führt. Diese Beschränkung muss allerdings gemacht werden: nur auf die darf der demokratische Sozialismus rechnen, die die Freiheit über alles schätzen und die für sich nicht mehr als die für andere. Mag der Student Proletarier sein oder nicht, wiefern er diesen Geist besitzt, kann er dem Sozialismus gewonnen werden, denn der Sozialismus ist das einzige politische System, das die Freiheit erstrebt und auf einer wissenschaftlichen Grundlage beruht.

Diese Aufgabe ist keine verlorene, wie so mancher glauben mag, der an die kleine Zahl von denen denkt, die überhaupt aus der Studentenschaft für uns gewonnen werden können. Mögen diese im Verhältnis zur Schaar der gewerblichen Arbeiter auch nur wenige sein, die Erfahrung hat bisher gezeigt, dass auch der Stamm der sozialistischen Akademiker eine tüchtige Truppe im Kampfe für die Befreiung des internationalen Proletariats ist. [...]

117. Miguel de Unamuno: Einleitung zu einigen Betrachtungen über die bürgerliche Erziehung[762]

Der sozialistische Akademiker 1895, Nr. 4, S. 74-77 (Auszüge)

Armselig und kränklich sind die Ideen, welche die gegenwärtige ökonomische Lage mit ihrem Gegensatz zwischen Kapital und Arbeit hervorruft. Eine der armseligsten aber ist die Vorstellung einer grossen Anzahl von Vätern, ihren Kindern ein Kapital hinterlassen zu müssen, das ihnen eine Rente sichert und sie von allen Sorgen befreit, da ihnen sonst der Reiz an der Arbeit und die Basis für die Familie fehlen würde.

Gewöhnlich ist der Vater, welcher in dem Strudel der täglichen Geschäfte aufgeht, gezwungen, die Erziehung seiner Kinder zu vernachlässigen, sie fremden Händen anzuvertrauen, die dann auch ihr Möglichstes thun, um Alles aus ihnen zu machen, nur nicht Arbeiter. Das Ideal eines guten bürgerlichen Vaters ist, seinem Kinde das Leben zu ermöglichen, ohne dass es zu arbeiten braucht.

Angestrengt kämpfend, bis sein Kind in den Besitz der nöthigen Werkzeuge gelangt ist, nicht bis es sie anzuwenden gelernt hat, bemüht er sich, aus ihm einen Kapitalisten zu machen, nicht einen Menschen. Was Einer hat und was Einer vorstellt, stellt für ihn die Zukunft seines Sprösslings dar, es kümmert ihn wenig, was Einer ist.

Das ist die Ursache der Auswüchse unseres Erziehungssystems, der richtigste Punkt der Erörterung pädagogischer Probleme. [...]

Wenn wir frei die pädagogischen Probleme studiren, so erkennen wir als eines der grössten Hindernisse für den Fortschritt des wissenschaftlich gerechten (tecnica) Unterrichts die Existenz monopolisirter akademischer Titel. Hier in Spanien wenigstens sorgt der Vater dafür, dass sein Sohn einen Titel erlange, wobei ihn die Wissenschaft auch nicht im Mindesten kümmert, und zwar das, weil in Wirklichkeit die Personen, welche eine monopolisirte Profession haben, eher von ihrem Titel als von der Wissenschaft leben. Der Titel Doktor ist zu einer Art Adelstitel

---

[762] Miguel de Unamuno (1864-1936), spanischer Philosoph, Essayist und Dichter, 1901-1914 Rektor der Universität Salamanca, als Regimegegner 1924 nach Fuerteventura verbannt, bis 1930 Exil in Frankreich, 1931-1934 wieder Professor für spanische Sprachgeschichte, bis 1936 Rektor in Salamanca.

geworden, einer Art chinesischen Zopfes, für den in glänzender Weise unsere europäischen Mandarinen sorgen. Der Titel deutet für gewöhnlich nicht die Kenntnisse, sondern den Besitz eines Monopolkapitals an, dessen Zinsen zum grossen Theil von dem bürgerlichen Staate garantirt werden, er deutet weiter darauf hin, dass einer ein Kapital in Geld hat verwenden können, um ihn zu erwerben.

Wer einen geistigen Beruf hat, kann als ein Arbeiter-Kapitalist betrachtet werden, der mit eigenen Werkzeugen arbeitet. Seine Wissenschaft ist ein Theil seiner Persönlichkeit, aber mehr ein Theil von dem, was er ist, als von dem, was er vorstellt. Leider aber befinden sich dicht neben denen, die mit ihrer Wissenschaft arbeiten, diejenigen, die ihre akademischen Titel ausbeuten. Zwischen Lohnarbeit und Kapitalismus hin- und herschwankend, werden sie den Verhältnissen gemäss sich bald in die geschichtlichen Vorurtheile ihrer Titel, bald in die reinen und jungfräulichen Tiefen ihrer Wissenschaft verschliessen.

Es ist gut, wenn man streng zwischen Wissenschaft und Titel unterscheidet. Die Wissenschaft ist ein persönliches Kapital, ähnlich demjenigen eines jeden Arbeiters, sie ist unserem eigenen Sein eingekörpert, unzertrennlich von uns selbst, unseren Geist bildend. Der Titel ist eines der vielen Monopol-Kapitalien. Zwischen diesem und jenem besteht ein Gegensatz. Die akademischen Titel und die Zustände, welche sie schaffen, welche seiner Zeit dem Schutze der Wissenschaft günstig waren, sind heute mit die grössten Hindernisse ihres Fortschritts. Sie sind eine Waffe des Kapitalismus, mittelst welcher er sich die intelligente Klasse devot und dienstbar erhält.

Diejenigen, welche den Titel Professor haben, wissen sehr gut, dass, wenn in dem Lohn für ihre Arbeit ein Theil als Gegenleistung für ihre wissenschaftliche Thätigkeit enthalten ist, doch auch ein ganz bedeutender Theil die Zinsen darstellt, welche der akademische, ähnlich wie jeder andere Staatsschuldentitel abwirft. Und Niemandem fällt es ein, zu überlegen, dass der, welcher für seine Leistungen den Lohn bekommt, sich einfach seine Freiheit garantirt, der dagegen, welcher für die Titel bezahlt wird, eigentlich den Lohn für seine Knechtschaft empfängt. [...]

Das bürgerliche kapitalistische Regime mit seinem Streit zwischen Kapital und Arbeit hat, indem es die akademischen Titel, welche ihre nützliche Rolle verloren hatten, beibehielt, die Wissenschaft degradirt und den Protektionismus in sie eingeführt. Sie hat die Erziehung degradirt, indem sie die studirende Jugend dahin brachte, ob des Titels die Wissenschaft zu vernachlässigen. Sie degradirt ihre Gefühle, indem sie ihnen einen blöden Abscheu den Philistern (natürlich im Sinne von Nichtakademikern) gegenüber einflösst und ihnen die Furcht einimpft, sie könnten sich in der Berührung mit dem Volke besudeln.

Die offizielle und akademische Wissenschaft steht im Gegensatz zum Leben wie das Kapital zur Arbeit, sie ist zum Sport einiger winziger Mandarinen herabgewürdigt worden. Man vergisst, dass die Wissenschaft für das Leben ist, was die Intelligenz der Erhaltungsnothwendigkeit für das Individuum ist, welches sich dem Milieu anpasst.

Ebenso wie die Aktionäre einer Fabrik diese weder zu kennen noch von ihrer Leitung etwas zu verstehen brauchen, so giebt es gewisse Leute, welche, die Kupons ihrer akademischen Titel schneidend, selbst die akademische Wissenschaft vergessen, die sie doch, wenn sie den Titel haben wollen, beweisen müssen. Giebt es doch sogar Rechtsanwälte, Mediziner, Techniker, die gesetzlich den offiziellen Werth einer Arbeit bestätigen dürfen, von der sie auch nicht die geringste Ahnung haben.

Diesen elenden Zuständen kann nur die wahre Wissenschaft, ein wahrhaft kollektivistisches System, das heilige Prinzip der Emanzipation der Arbeit, abhelfen. Die Wissenschaft schwächt sich nicht, indem sie sich vertheilt, sondern sie wächst und kräftigt sich, je mehr ihrer theilhaftig werden; die Wissenschaft wie die Liebe vergrössert und befestigt sich, indem sie sich vertheilt. Sie ist das wirklich heilige Abendmahlbrot, welche das Wort in seiner tiefsten Bedeutung offenbart. Die Wissenschaft spriesst aus dem Leben und erhebt uns zum Leben, sie lehrt uns unseren Verstand der Welt anpassen und folglich auch diese unseren Wünschen.

Woher kommt nun diese wunderbare Kraft der Wissenschaft? Weil in ihr wie in keiner anderen Kraft das Kapital und die Arbeit begründet sind, weil sie zugleich Werkzeug und Aktionsprinzip ist, weil in ihr das Streben, die Methode, die Doktrin arbeiten, und die Doktrin belebt das Bestreben, sie lehrt, dass man Antheil nehme an dem, was der Mensch ist, ohne sich damit zu begnügen, was er vorstellt.

Die Anstrengungen derer, die die Wissenschaft in eine Industrie verwandeln wollen, mit von dem Staat garantirten Besitztiteln, sind Anstrengungen, den menschlichen Fortschritt in seinem Gange aufzuhalten.

Mögen die Studirenden diese Punkte, die ich ohne jede weitere Prätention niederschrieb, bedenken. Mögen sie sich den Forschungen der Wissenschaft ergeben, ohne sich von dem Mandarinengeist beeinflussen zu lassen, den der bürgerliche Kapitalismus geschaffen hat.

118. Was wir wollen

Der sozialistische Student 1897, Nr.1, S. 1-3 (Auszüge)

Ein Zeitalter naht seinem Ende. Neue Aufgaben, neue Pflichten rufen die Völker zur Arbeit, zum Kampfe auf. Noch ist die Welt gespalten in die zwei Heerlager der Herrschenden und der Beherrschten, des ausbeutenden Besitzes und der ausgebeuteten Arbeit – aber der Kampf ist entbrannt, sein Ausgang gewiss. Jeder Tag führt uns seiner Entscheidung näher und dem Ziele, da es keine Herren mehr giebt noch Knechte, da in freier Arbeit Gleichberechtigte, in friedlicher Ordnung freie Bürger und Volksgenossen zu gemeinsamem Wirken vereint sein werden.

Nicht mehr ist es heute das Recht des Studenten, der einen akademischen Bürger sich nennt, thatlos zuzuschauen in diesem Kampfe, empfindungslos die Leiden der gequälten Millionen schauend nur leeren Genüssen nachzujagen, feige das Walten der Willkür ertragend, die eigene Freiheit, die Rechte der Wissenschaft den

Herreninteressen preiszugeben. Heute ist die Zeit gekommen, Stellung zu nehmen. Zwei Lager heute zerklüften die Welt – und ein Hüben, ein Drüben nur gilt. Wo ist hier euer Platz, Kommilitonen?

Kann er dort sein, wo aus dem Schweisse und Blute der Arbeiterklasse, dem stummen und oft verhüllten Elend der erdrückten und versinkenden Mittelschichten der Herrscher Kapitalismus sein prunkendes Haus sich ausbaut? Dort, wo der Hass gegen freies Denken und stolzen Wahrheitsmuth zur Knebelung selbständiger Meinungsäusserung, zur Entwürdigung der Wissenschaft als Magd der herrschenden Interessen, zur gedankenleeren Verehrung sinnlos gewordenen Formenwesens und leeren Prunkes geführt hat?

Oder bei denen, die in harter Arbeit den Herren von heute frohnen, und doch die Kraft zum Widerstand, die Zeit zum Lernen und Vorwärtsstreben sich errungen haben? Die in ihren Klasseninteressen zugleich die ewigen Interessen der Menschheit: Gerechtigkeit, Völkerfrieden, freies Vorwärtsstreben aller zu selbsterrungener, eigenpersönlicher Bildung vertreten? [...]

Seht Ihr nicht um Euch alle Zeichen und Bekundungen der Korruption, der geistigen Ohnmacht und Gedankenöde? Heute herrschen auf den Hochschulen die Söhne des Kapitalisten- und Junkerthums, die Herren von Amts- und Geldsacksgnaden, und ihr Vorbild gedankenleerer Anmassung, gemüthsarmer Genusssucht, armseligen Formendienstes beherrscht weite Kreise der Studirenden. Die wissenschaftliche Bildung ist ein Monopol der Besitzenden – oder sie muss auf Kosten darbender Angehöriger, durch entwürdigendes Stipendienwesen gewonnen werden. Die Laufbahn des wissenschaftlichen Lehramts ist eine Domäne reicher Herren von unbezweifelter Wohlgesinntheit, in die ein Unbemittelter, ein Mann von entschiedenem, unbequemem Freimuth kaum einzudringen vermag. Studirende Mitbürger, die Ihr es wirklich seid und sein wollt: Brecht mit dem Moderkram, der Eures Geistes Schwingen niederhält! Tretet ein in die Reihen derer, die für freies geistiges Streben kämpfen und für die Gleichheit alles dessen, was Menschengesicht trägt!

Der Sozialismus ist die Sonne der Zukunft. Und die Sozialdemokratie ist die Verkörperung der sozialistischen Bestrebungen. Was ist den Massen eine „Freiheit", die ihnen nicht den Lohn saurer Arbeit, nicht die tägliche Sicherung des Daseins bietet, die der Noth die Bahn öffnet, vor der jedes geistige Streben flieht? Und, was wäre eine soziale Reform, die nicht nach dem Willen des Volkes sich gestaltet, nicht das gleiche Recht und die Beseitigung aller Herrschaft sich zur Aufgabe setzt?

Der Sozialismus muss demokratisch, die Demokratie sozialistisch sein. Und das Ziel ist die freie, genossenschaftliche Arbeit: Wohlstand, Freiheit, Bildung für Alle. [...]

119. T. W. Teifen: Die Grundlagen der Erziehung im kapitalistischen Staat[763]

Der sozialistische Student 1897, Nr. 8, S. 115-119 (Auszüge)

Avenarius sagt: Gebildet ist, der klar denkt, warm empfindet, fein hört, scharf sieht, und dessen Phantasie gut entfaltet ist. Mit anderen Worten: Gebildet ist der, dessen Verstand, Wille, Geschmack und Phantasie ebenmässig entwickelt sind.

Wird diese Bildung im kapitalistischen Staat erreicht oder auch nur ernst angestrebt? Um diese Frage zu beantworten, müssen wir die Grundlage und das Wesen dieses Staates kennen. Nach dem Charakter des Staates richten sich die Charaktere der Einzelpersonen. Kennen wir den Staat, so wissen wir dann, welche Charaktereigenschaften in den einzelnen Individuen entwickelt werden müssen; denn würden die einzelnen Mitglieder des Staates in einer dem Staatswesen abgekehrten Richtung erzogen, so würden sie für diesen Staat nicht taugen, und er wäre in seinem Bestande gefährdet. Jeder Staat muss die Bürger heranziehen, die seinem Zwecke entsprechen.

Die Grundlage des kapitalistischen Staates ist die Institution des Privateigenthums. Jeder hat das Recht, Reichthümer in unbeschränktem Masse zu erwerben und über sie nach Gutdünken zu verfügen. [...]

Im kapitalistischen Staat organisiren sich also die wirthschaftlich Mächtigen, um über die Besitzlosen zu herrschen und sie in ihrem persönlichen Interesse auszunützen. Das sicherste Mittel, sich das Volk dienstbar zu machen, ist eine zweckentsprechende Erziehung. Der Staat, d. h. das Kartell der adeligen, geistlichen und bürgerlichen Kapitalisten, lässt durch die Exekutive den Erziehungsplan in seinem Sinne entwerfen und drängt mit Hilfe der Schule jedem Kinde eine fertige Religion und eine fertige Moral auf. Wie die herrschende Klasse will, so muss jedes Mitglied des Staates denken und fühlen.

Hier leistet die Kirche ihren Kartellbrüdern ausserordentlich wichtige Dienste, und diese erklären das Ansehen, dessen sich die Kirche unter den Machthabern erfreut. Die herrschende Klasse beglückt das Volk mit der sog. sittlich-religiösen Erziehung. Sie hat den Vorzug, dass sie das selbständige Denken nicht fördert. Es darf sich nämlich Niemand allzuleicht zu der Erkenntniss durchringen, dass die in frühester Jugend aufgedrungenen Ansichten ihm eigentlich fremd sind, dass sie sein eigenes Selbst verdunkeln, dass er durch sie seiner selbst entäussert wird. Der ruhigste und darum beste Staatsbürger ist der, an dem die Entäusserung seiner selbst am besten gelungen ist. Derjenige dagegen, an dem der durch Jahrhunderte ausgearbeitete und verbesserte Erziehungsplan zu Schanden wird, der sich gegen die geistige und sittliche Vergewaltigung verwahrt, wird von der Gesellschaft geächtet. Dass deren nicht zu viele werden, dafür hat die sittlich-religiöse Erziehung zu sorgen.

---

[763] T.W. Teifen ist ein Pseudonym für Theodor Wollschack (geb. 1855), österreichischer Historiker und Geograph, schrieb u.a. Die Besitzenden und die Besitzlosen in Österreich (1906), Warum ich aus der sozialdemokratischen Partei austrat (1926).

Die Grundlage dieser eigentlich sittlich-kirchlichen Erziehung ist der Glaube an ein höchstes Wesen. Damit macht man das Ende zum Anfang und hat einen glücklichen Anfang einer verkehrten Erziehung gefunden. Jeder Glaube müsste nämlich folgerichtig erst dort einsetzen, wo das menschliche Wissen zu Ende ist. Zu dem groben pädagogischen Fehler, den Unterricht mit der Metaphysik einzuleiten, kommt – man verzeihe das harte Wort – die Unwahrheit. Man reicht nämlich dem Kinde die Hypothese Gott nicht als solche, sondern als etwas Festes, Bewiesenes und gewinnt dadurch eine scheinbar feste Grundlage, auf der nun weiter Unwahres als wahr gelehrt wird.

Aber nicht genug damit, dass unser Erziehungssystem von falschen, jedenfalls aber nicht bewiesenen Lehrsätzen ausgeht, hält man in dem Lehrplan der Volks- und Mittelschule auch noch an dem pädagogisch und wissenschaftlich unrichtigen Grundsatz fest, es dürfe den Schülern nur Fertiges gebracht werden. Diesem Grundsatz kann man nur dadurch treu bleiben, dass man Unfertiges als Fertiges ausgiebt. Man bleibt sich also in diesem Punkte wenigstens konsequent.

Was steht denn fest? Nichts, ausgenommen der Satz: „Alles ist in Fluss". Wie oft mussten Ansichten über Dinge, über die man schon ein abschliessendes Urtheil gefällt zu haben glaubte, berichtigt und ergänzt werden! Unser ganzes Wissen ist in einer steten Entwickelung begriffen: jeder Urtheilende steht unter dem Einflusse seiner Zeit und seines Volkes. Wo haben wir z. B. in der Geschichtswissenschaft etwas Festes? So wird also abermals Unfertiges als Fertiges der Jugend geboten. Das ist aber nicht das einzige Uebel. Der junge Mensch, dem immer nur „Festes" gebracht wurde, hält schliesslich alles für fest, starr, unabänderlich, und mit einer ganz falschen Weltanschauung verlässt er die Schule.

Gerade das Gegentheil sollte der Menschheit gelehrt werden. Nichts ist, sondern alles wird. Nicht in der Kenntniss der Gewordenen, sondern in der Erkenntniss des Werdens liegt Vernunft. Von der Urmaterie, dem Mutterschooss, aus dem alles kommt, was ist, muss man ausgehen und den Werdeprozess durch die ganze Entwickelungskette bis zum höchst organisirten Wesen verfolgen. Von da an muss der Mensch im Mittelpunkt der Betrachtungen stehen im Gegensatz zur sittlich-religiösen Erziehung, deren Mittelpunkt Gott ist. Der Mensch ist ja doch nur das einzig Gewisse, und die Wissenschaft vom Menschen ist der Brennpunkt aller übrigen Wissenschaften. Das Studium des Wesens und Werdens des thierischen Körpers leitet uns auf das Gebiet der Physik, Chemie, Mechanik, der Geschichte der Erde und des Menschen, der Geologie und Geographie, wir dehnen unsere Betrachtungen von da folgerichtig auf andere Planeten und Sonnen aus. Bei solchem Vorgehen erscheint die Gegenwart ganz klar nur als ein Glied, als ein Entwickelungsstadium im grossen Weltprozess, es wird deutlich, dass alles dem Entwickelungsprozess unterworfen ist, also auch – und das ist von grossem Interesse in unserer Zeit – die Beziehungen des Menschen zum Menschen; es wird klar, dass wir Menschen in jeder Hinsicht ebensowenig fertig sind, wie unsere Erde, unsere Sonne, unser Weltall. Dieser Lehrstoff und diese Lehrmethode kann nicht scharf genug betont und gefordert werden. Die Entwickelungstheorie erhebt den Menschen, steigert sein Werthgefühl und befreit ihn von dem Drucke der Gegenwart durch den Blick in die Zukunft. Uebersieht man sie, so geräth man in grosse Irrthümer. [...]

Damit bin ich aber auch schon bei dem zweiten Theil, der sog. sittlichen Erziehung angekommen. Diese wird durch das Wesen der kapitalistischen Wirthschaftsordnung direkt bestimmt. Die Menschen müssen hier vor allem anderen zum Einzelerwerb erzogen werden, so lange die nothwendigen Lebensmittel in den Kreis des Privateigenthums fallen. Jeder Einzelne muss darauf bedacht sein, sich der wirthschaftlichen Uebermacht des Nächsten zu erwehren. Geldgier wird zum tiefst eingeprägten Zug im Charakter des Menschen. Niedrige Selbstsucht ist die Triebfeder aller menschlichen Handlungen. Ohne Scheu stürzt man sich – allerdings auf moderne Art – auf das fremde Eigenthum. Der Rücksichtsloseste, der mit weitem Gewissen, niedriger Intelligenz und steinernem Herzen am besten Ausgestattete, hat Chancen, reich zu werden. Die edleren Güter des Geistes und Gemüthes hindern im Erwerb und werden gering geschätzt. In solchen Menschen findet das altruistische Gefühl keinen Platz. Damit fehlt aber auch die Wurzel, aus welcher allein jene Sittlichkeit spriessen kann, die das Thier vom Menschen unterscheidet. Hat die religiöse Erziehung eine unwahre Grundlage, so entbehrt diese sittliche Erziehung jeder Unterlage. Durch Anreden in der Schule will man die Kinder sittlich erziehen. Die schönsten Lehren in der Schule verfliegen wie Seifenblasen in dem Einzelkampf um das Brot. Neid, Bosheit, Hass, Rachsucht, Lüge, Habgier, Verleumdung bringt dieser Kampf zu Tage. Ueberdies zerstört er gerade das, was kein Gemeinwesen entbehren kann, den Gemeinsinn. Wäre es der herrschenden Klasse mit der sittlichen Erziehung ernst, so müsste sie zunächst danach streben, dass die Existenz jedes Einzelnen durch die Gesammtheit gesichert sei. Die wirthschaftliche Befreiung des Volkes wäre von einer ungeahnten sittlichen Veredlung begleitet. Aber auch geistige Kräfte, die heute brach liegen oder nutzlos für die Menschheit im Einzelkampfe vergeudet werden, würden frei.

Daraus ersehen wir, dass es weder dem Wesen der kapitalistischen Wirthschaft, noch dem Zwecke der herrschenden Klasse entsprechen kann, volle, schöne, in sich abgeschlossene Persönlichkeiten zu schaffen, sondern dass das Resultat der sittlich-religiösen Erziehung höchstens eine merkantile Sittlichkeit und eine eigennützige Religiosität sein kann.

120. Ellen Key: Missbrauchte Frauenkraft[764] (Rezension von Wally Zepler)

SM 1898, Nr. 9, S. 417-422 (Auszüge)

Ellen Key erzählt im Vorwort [...], wie die erste Veröffentlichung der Vorträge, die ihrem Buch zu Grunde liegen, einen wahren Sturm des Unwillens von Seiten der skandinavischen Frauen gegen sie entfesselt habe. Man sah in ihren Ansichten die krasseste Reaktion, den Verrath im eigenen Lager, der ja am bittersten trifft. Aber dazu liegt gar kein Grund vor. E. Key fordert die gesetzliche und politische Gleichstellung der Frau ohne allen Vorbehalt; sie fordert sie überall da, wo sie noch nicht besteht, schon im Interesse einer schrankenlos freien Entfaltung aller Wesensmöglichkeiten des weiblichen Geschlechts; damit gewinnen ihre Ausführungen einerseits den Charakter rein philosophischer Deduktionen über die Geschlechts- und Geisteswesenheit des Weibes und andererseits persönlicher Meinungen über die Wirkung der Emanzipationsidee, die ganz ausserhalb der direkten Streitfragen des Tages liegen. Zudem ist es durchaus kein Zeichen der Reaktion, sondern höchstens ein Beweis für eine gewisse Vertiefung des Problems, wenn in Frauenkreisen selbst allmählich seine unsägliche Komplizirtheit begriffen wird. In dem Chor der Frauenrechtlerinnen mit ihren oft recht dürren Argumenten und der Gegner, die die ewig gleichen Redensarten bis zum Ueberdruss einander nachzuschwätzen pflegen, ertönt hier doch einmal eine lebenswarme Stimme, die wenigstens einen persönlichen Ton in die Debatte bringt.

Das Buch von Ellen Key, soweit es sich an rein psychologische Probleme hält, ist fraglos aus dem wahren Empfinden und den Lebenserfahrungen einer bedeutenden Frau geschöpft; deshalb besitzt es für die Psychologie der Frauenseele unbedingten Werth, so völlig verfehlt uns auch seine Schlussfolgerungen erscheinen.

Die Geschlechtspsychologie des Weibes, die die Verfasserin uns giebt, trägt viele feine und wahre Züge. Aus lebendiger Anschauung und aus dem Studium der weiblichen Dichter folgert sie gewisse Wesensverschiedenheiten der Geschlechter, die darin gipfeln, dass im Allgemeinen beim Manne die stärksten Glücksinstinkte auf der Seite der geistigen Bethätigung, beim Weibe auf der Seite der seelischen Befriedigung erscheinen; sie betont ferner stark die intuitive oder impulsive Natur der Frau gegenüber der mehr nüchtern logischen des Mannes, die den Künstler dem Weibe besonders seelenverwandt und deshalb zum berufenen Interpreten ihrer Empfindungen macht. Starke Differenzen findet sie auch im Liebesleben der Geschlechter. Sie charakterisirt die Geschlechtsliebe des Mannes als die oft leidenschaftsvollere, die der Frau als die dauerndere und zärtlichere, die rückhaltloser hingebende. Das sind Beobachtungs- und Erfahrungsresultate, die mit grösseren oder geringeren Einschränkungen wahrscheinlich die Mehrzahl der denkenden

[764] Erschienen im Verlag Langen, Paris 1898 (deutsch 1904). Vgl. auch Dok. 32, 33. – Wally Zepler (geb. 1865), Ehefrau des sozialdemokratischen Arztes und Lyrikers Georg Zepler, Vorstandsmitglied des Berliner Frauenvereins (gegründet 1899), von 1908 bis 1920 verantwortlich für die Rubrik Frauenbewegung in den *SM*, trat mit zahlreichen sozialkritischen und frauenpolitischen Schriften hervor, u.a. Welchen Wert hat die Bildung für die Arbeiterin? (1899).

Frauen heute unterschreiben würden. Ueber den Standpunkt der absoluten Gleichheit auf geistigem und seelischem Gebiet sind wir ja wohl Alle hinaus.

Ellen Key findet nun in diesen tiefsten Geschlechtsverschiedenheiten das innere Motiv der geringeren geistigen Produktivität der Frauen, wie diese Geschlechtsverschiedenheiten selbst ihrer Ansicht nach der Bestimmung des Weibes zur Mutterschaft entstammen. [...]

Der Anerkennung der geringern Produktivität der Frau auf allen höchsten Geistesgebieten und zwar nicht als einer Folge mangelnder Geisteskultur allein, sondern als einer immanenten Eigenschaft der weiblichen Intelligenz begegnen wir ebenfalls jetzt öfter gerade von Seiten der Frauen selbst. In schmerzlicher Resignation haben einige der bedeutendsten weiblichen Geister den Mangel der ureigenen, nur aus sich selber schöpfenden Originalität in ihrem Schaffen zugestanden. Aber selbst wenn man diesen Mangel an Schöpferkraft ohne jeden Vorbehalt einräumen wollte, bliebe es für den gegenwärtigen Stand der psychologischen Forschung doch ganz unmöglich, seinen Kernpunkt zu entdecken. Dazu müsste die Genesis des Genies vor Allem selbst erst in ihren Grundzügen geklärt sein. Vielleicht hat E. Key Recht, wenn sie meint: „Es ist nämlich die Zersplitterung der Frauennatur zwischen Familiengefühl und allgemein menschlichem Gefühl die Ursache gewesen, dass aus dem gemeinschaftlichen Streben eines ganzen Volkes, aus seiner Sehnsucht in einer bestimmten Richtung, niemals ein weibliches Genie höchster Art entstanden ist. Nur dadurch, dass das ganze weibliche Geschlecht nicht länger seine Kraft in erster Linie auf das sympathische Lebensgebiet richtet, sondern das männliche Geistesschaffen auch für sich als das Höchste betrachtet, kann jene Intensivirung der Schaffenskraft des Weibes stattfinden, welche der Menschheit schliesslich weibliche Genies geben würde, die in jeder Beziehung den männlichen gleich wären. Aber ehe dieses geschehen könnte, müsste die Frauenkraft Jahrhunderte lang sich in der nämlichen Richtung bewegen wie die Manneskraft, sowie ja auch jedes besondere männliche Genie aus den Mühen und Hoffnungen ganzer Jahrhunderte und aus den in einer bestimmten Richtung lebhaften und wirksamen Bestrebungen seiner eigenen Zeit entstanden ist".

Nach ihrer Ansicht aber wäre das Resultat, das damit für den Kulturfortschritt gewonnen sei, nichts gegenüber den unendlichen Nachtheilen, die der Menschheit durch die dann unausbleibliche Verkümmerung der spezifisch weiblichen Geisteseigenthümlichkeiten und der durch sie bedingten Kulturerrungenschaften erwachsen müssten. Denn – und damit kommen wir zu dem positiven Theil ihrer Deduktionen – Ellen Key hat sich eine eigene Theorie aufgebaut, derzufolge die Frauen für die Menschheitsgeschichte einen zwar völlig anders gearteten, aber doch gleich wichtigen Einsatz geliefert haben sollen wie die Männer, nämlich: die Verfeinerung und Humanisirung des Gefühlslebens. Was sie darunter versteht, sei hier mit ihren eigenen Worten gesagt: „Wir besässen jetzt nicht eine so hohe und seelenvolle Gattenliebe, eine so intensive, weibliche Keuschheit, solch' lebenslängliche und tiefe Zärtlichkeitsverhältnisse zwischen den Familienmitgliedern unter einander, wenn nicht gerade die geistige Perfektibilität des Weibes ebenso einleuchtend wäre, wie die des Mannes. Die äusseren Formen zwar für Ehe- und Familienleben werden durch eine Menge anderer Einflüsse bestimmt. Aber das Innerste, das Unvergängliche in der Entwickelung, der Gefühlsbesitz, der vor Allem ist von der Frau geschaffen worden. Dieser Besitz würde jetzt nicht so reich sein, wenn nicht das Gefühls- und Gedankenleben der Frau von Anfang an und weiter durch Jahrtausende auf die Liebe, die Mutterschaft und das Heim konzentrirt gewesen wäre".

Man kann sich des Gedankens kaum erwehren, beim Aufbau dieser Theorie müsse sehr stark der instinktive Wunsch der Verfasserin mitgewirkt haben, dem weiblichen Geist auf irgend eine Art einen ebenbürtigen Rang neben dem männlichen anweisen, d.h. auf welchem Wege immer wieder ausgleichen zu können, was sie an Minderwerthigkeit der Intelligenz bei den Frauen konstatiren zu müssen glaubte; denn diese Theorie kann doch höchstens den Werth einer rein persönlichen, dichterischen Spekulation, aber niemals den einer auch nur aufs Leiseste begründeten Geschichtsauffassung für sich in Anspruch nehmen. Wo liegt um alles in der Welt denn der Beweis, dass die Verfeinerung der Gefühle das ausschliessliche oder auch nur hauptsächliche Werk der Frau in der Geschichte war? Das im Gegensatz zum väterlichen tiefere und zärtlichere Verhältniss der Mutter zum Kinde ist zwar gewiss die Grundlage des zarteren Charakters der Frauenpsyche und damit in zweiter Linie ein die seelische Entwickelung des ganzen Menschengeschlechts stark beeinflussendes Moment; die Behauptung aber, dass sich aus dem Muttergefühl das Gefühl der Treue, das Keuschheits-, Heimaths- und Familiengefühl herausgebildet haben solle, spricht doch jeder historischen Auffassung Hohn. Wenn irgend etwas rein materialistisch begriffen sein will, so sind es diese Instinkte, die, wie besonders das Treue- und Keuschheitsgefühl, nicht etwa nur bei Naturvölkern, sondern innerhalb der Kulturepoche bekanntlich die allerstärksten Wandlungen erfahren haben. Und ist denn das Keuschheits- und Familiengefühl etwa heute nach E. Keys Ansicht als fester moralischer Besitz in die Geisteskultur der Menschheit aufgenommen? Die Verfasserin, die ja Anhängerin des Sozialismus ist, sie müsste sich doch der starken Umwerthung bewusst sein, der alle einschlägigen Empfindungen grade wieder in unserer Zeit unterworfen sind. Diese Umwerthung ist die Folge der fortschreitenden ökonomischen Auflösung der Familie, also rein sozialer Neubildungen, an denen sich, nach E. Keys eigenem Bekenntniss, die Frauen bisher nur in untergeordnetem Maasse betheiligt haben. Es ist also jedenfalls ausgeschlossen, derartige Gefühle so ohne Weiteres als höchste Kulturerrungenschaften zu bezeichnen. Aber wäre dem selbst so: sie könnten dennoch nur gewonnen sein durch die gemeinsame Geistesarbeit beider Geschlechter, die die Eheinstitution geschaffen und damit die verfeinerten Instinkte als Resultate dieser Institution.

Die Frauenfrage, wenn man darunter nicht nur die Frage der intellektuellen Entwickelung, sondern alles das begreift, was sich auf die künftige Gestaltung des Frauenlebens bezieht, ist augenblicklich in ein Stadium des Zauderns, der inneren Kritik getreten. Wie überall sind der ersten stürmischen Begeisterung, die ihren Weg klar vor Augen sah, Hemmungen und Zweifel gefolgt, und Jeder ist geneigt, dem Ungeklärten gegenüber den Standpunkt zur Geltung zu bringen, den persönliche Erfahrungen oder zufälliger Lebensinhalt ihm aufgedrängt haben. Das ist einer der Fehler des Keyschen Buches. Die Verfasserin hat das Schicksal einzelner genialer Frauen studirt, deren Leben der Widerspruch zwischen geistigem Bethätigungsdrang und dem Wunsch nach persönlicher Hingabe zerriss. Dieser Widerspruch dürfte seine Schatten und muss sie jetzt in fast alle Ehen geistig differenzirterer Frauen werfen. E. Key schliesst daraus, dass eine Umbildung der Frauennatur nach der Seite verstärkter Arbeitsinteressen für das Glück der Ehen überhaupt verhängnissvoll werden könnte. Aber alle ihre Argumente nach dieser Richtung fallen ja augenblicklich für den zusammen, der an eine radikale Umbildung der Familie in der Zukunft glaubt, eine Umbildung, die vor Allem auch die Kindererziehung in die Hand der Gesammtheit legt. Dass die Frauen nicht zween Herren dienen können, indem sie ideale Kindererzieherinnen, Hausverwalterinnen und gleichzeitig Berufsthätige sind, das ist doch am Ende eine selbstverständliche Wahrheit. Aber das hat jeder Vernünftige auch höchstens als unausbleiblich für die Uebergangszeit gefordert. Was heute besteht, ist nothwendig Uebergang. Auch die Konflikte des heutigen Frauenlebens sind zu einem Theil Uebergangskonflikte, und schwierig und verwickelt wird die Frage gerade dadurch, dass sich hier das Zufällige von dem Wesentlichen so schwer lösen lässt. E. Key, die eine Umgestaltung der Familie in diesem Sinne nicht anzunehmen scheint, macht aber garnicht den Versuch einer solchen Lösung. Sie übersieht auch hier wieder vollkommen den wesentlichen Einfluss der thatsächlichen Lebensbedingungen auf die Umwerthung der Gefühle.

Um hier nur eines der vielen einschlägigen Probleme zu berühren: Die höher entwickelte Frau steht in unserer Zeit nicht nur deshalb in einem Konflikt, weil sie sich selbst zwei einander in gewissem Grade ausschliessenden Lebensaufgaben gegenübersieht, sondern auch deshalb, weil das Frauenideal des Mannes, d.h. gerade sein Gefühlsideal heute noch fast völlig durch den bisherigen Lebensinhalt des Weibes bestimmt ist, von dem sich die geistig differenzirte Frau eben loszuringen strebt. Die Gefühle hinken den Ideen auch bei dem Einzelnen meist sehr erheblich nach. Selbst die Männer, die verstandesmässig völlig auf der Höhe aller Emanzipationsideen stehen, treibt noch sehr häufig ihr Gefühlsinstinkt in dieser Beziehung auf die Seite des Altüberkommenen. Aber dieses Empfinden würde sich in dem Augenblick ändern, wo etwa eine Art von Wandlung des Frauentypus im Allgemeinen, nicht blos einzelner Persönlichkeiten vor sich ginge. Damit erhielten vielleicht dann auch die Glücksinstinkte des Mannes in Bezug auf die Liebe eine andere Basis. Der Mann, dessen erotisches Gefühl jetzt ausschliesslich durch die Schönheit der Erscheinung, durch eine gewisse Zartheit oder selbst Kindlichkeit des Charakters ausgelöst wird, mag vielleicht später einmal sein Liebesideal nur in einer geistig persönlicher entwickelten Frau verwirklicht finden, einer Frau mit den modifizirten Zügen, die diese Entwickelung auch ihrer Psyche nothwendig leihen muss. Ja, selbst das Ideal der rein äusseren Frauenschönheit könnte sich ja einst völlig wandeln, so dass in einigen Jahrhunderten der durch Sport und Studium umgebildete Typus des Frauenkörpers, vor dem E. Key so sehr zurückschreckt, dem Manne vollendeter erschiene, als der heutige.

Das Alles sind Möglichkeiten und nichts als dies. Auszumalen, wie es einmal sein wird, das ist in diesem Fall noch hundert Mal schwieriger und unmöglicher als den sozialen Zukunftsstaat in seinen Einzelheiten zu entwickeln; denn hier müssten wir nicht allein die gröberen Faktoren kennen, die für die Zukunftsgestaltung maassgebend sind, sondern wir müssten auch mit den ganz ungreifbaren Werthen rechnen, die die verborgensten menschlichen Empfindungen für diese Gestaltung in die Waagschaale werfen. Aber eben darum ist es flach, Voraussagungen machen zu wollen, wie sie E. Key in ihrem Buche giebt. Sie hegt schwere Befürchtungen für eine Zeit, in der die geistigen Interessen im Frauenleben denselben Raum einnähmen wie heut im Leben des Mannes. [...]

Und wer würde dann nach E. Keys Ansicht eigentlich schuld an diesen unabsehbaren Konsequenzen sein? Wirklich nur die paar Hundert Frauenrechtlerinnen, die das Streben der Frauen heut in falsche Bahnen lenken? „Wehe dem, der sich einredet, dass die Nothwendigkeit seines Wesens Zufall sei", ruft die Verfasserin den Frauen zu; aber liegt denn nicht innere Nothwendigkeit schon in seiner solchen Bewegung? Ist nicht der gährende Trieb nach geistiger Entwickelung, der die besten Frauengeister in allen Kulturländern seit einem halben Jahrhundert revolutionirt, Beweis einer sich bereits vollziehenden Wandlung des Frauentypus, deren Resultat allerdings noch im Dunkeln liegt? Eine derartige Bewegung einen Irrthum nennen, oder aber sie auch nur vom Wege ablenken wollen dadurch, dass man ihr, wie Ellen Key dies thut, bestimmte Bahnen vorschreiben möchte: das eben heisst doch geschichtliche Nothwendigkeiten für Zufall erklären.

Aus ihrer Theorie heraus, dass alles geistige Leben bei den Frauen in Beziehung zum „Mütterlichen" in ihnen stehen müsse, baut die Verfasserin ein ganzes System in die Luft; d. h. sie entwickelt die Wirkungskreise, in denen die ihrer Ansicht nach durch verfehlte Arbeitswahl missbrauchte Frauenkraft zu eignem und der Menschheit Nutz und Frommen verwandt werden sollte.

Als solche „Aufgaben" für die geistig hochstehenden Frauen bezeichnet sie eine vernunftgemässe Jugenderziehung, die thatkräftige Mitarbeit an der Neugestaltung der sozialen Ordnung und - das Wirken für den Weltfrieden. In Bezug auf letztern legt sie – offenbar als Anhängerin der Friedensgesellschaften – sehr viel Gewicht auf die Ausmerzung der kriegerischen Gefühle, auf die sie die Frauen verweist. Aber dieses erste Thätigkeitsfeld fiele ja schon fort für den, der auch in dieser Beziehung an die hemmende Macht der Gefühle weniger als an die sozialer Tatsachen glaubt, und fast ebenso wenig ist es wirklich ernst zu nehmen, dass durchaus alle Frauen sich der Neugestaltung der Jugenderziehung und der sozialen Verhältnisse widmen sollten, gleichviel ob ihrer Natur vielleicht künstlerische oder wissenschaftliche Interessen bedeutend näher liegen. Denn mögen solche Interessen nun beim Weibe zu erstklassigen Leistungen führen oder nicht, schwerlich wird heute noch ein vernünftiger Mensch bestreiten, dass sie bei Tausenden vorhanden sind; und selbst wenn etwa mit mathematischer Schärfe erwiesen werden könnte, dass die Befriedigung solcher Neigungen für die Menschheit ewig nutzlos ist, die Einzelnen würden dennoch suchen sie zu befriedigen. Jeder, ob Mann, ob Frau, handelt einzig nach seinen persönlichen Impulsen und nicht nach Nützlichkeitserwägungen.

Darum wird Ellen Key, wie alle Anderen, den Dingen ihren Lauf lassen müssen. Wie ich schon anfangs erwähnte, ist sie ja einsichtsvoll genug, als positive Forderung die völliger Freiheit nach jeder Richtung zu stellen. Dieser Kampf für völlige Freiheit, der Kampf gegen jede Hemmung, die die Bewegung künstlich zurückdämmen will, ist, wenn denn von Aufgaben die Rede sein soll, die erste für die Frauen; die Konsequenzen wird die Zukunft ziehen.

121. Ignaz Zadek: Sozialdemokratie und Naturheilkunde[765]

SM 1898, Nr. 11, S. 514-525 (Auszüge)

Eine merkwürdige Zusammenstellung, denkt der Leser beim Anblick dieser Ueberschrift! Was hat das um seine politische und wirthschaftliche Befreiung kämpfende Proletariat mit diesem Zweig, dieser Abart der Heilkunde, mit dem Wasserheilverfahren und der „naturgemässen" Lebensweise zu schaffen?

[...] Wohl erinnere ich mich einer Zeit, wo in der Sozialdemokratie die Neigung bestand, sich für alle Anti-Bewegungen ins Zeug zu legen, für Anti-Vivisektion und Anti-Alkoholismus, für Anti-Impfzwang-Bewegung u. A. m., und die Partei auf die eine oder andere dieser Forderungen festzulegen. Aber diese aus der Zeit der Sektenbildung uns anhängenden Verirrungen haben wir längst abgestreift und überlassen jedem Parteiangehörigen als seine Privatsache seine Stellung zur Impffrage, zur Abstinenz und zum Vegetarismus, ebenso wie wir Jeden in punkto: Religion nach seiner Façon selig werden lassen. Wohl mag es noch heute Fanatiker der „naturgemässen Lebensweise" geben, Wasseranbeter und Barfussläufer, die sich und Anderen von der „Rückkehr zur Natur" die Lösung der sozialen Frage versprechen, aber solche Schwärmer nimmt doch Niemand ernst. Auch giebt es sicherlich heute noch unter unseren Parteigenossen unklare Köpfe genug, welche die Partei ebenso wie auf die Abschaffung des Herrgotts auf das „Evangelium des nassen Strumpfs" verpflichten möchten [...].

Gerade diesen Bestrebungen gegenüber, ganz heterogene Dinge miteinander zu verwirren, kann nicht energisch und unzweideutig genug betont werden, dass Sozialdemokratie und Naturheilkunde sachlich nichts, rein garnichts miteinander zu thun haben.

Eines nur haben die beiden, anscheinend leider in steigendem Maasse, mit einander gemein, das sind die Personen: eine grosse Zahl unserer Parteigenossen sind Anhänger der Naturheilmethode.

---

[765] Ignaz Zadek (1858-1931), Arzt in Berlin und sozialdemokratischer Stadtverordneter, gehörte zu den Mitarbeitern der *NZ* in ihrer Frühphase, bemühte sich vor allem um Sexualaufklärung, Herausgeber der Arbeiter-Gesundheits-Bibliothek (1903-1919).

Wunderbar genug ist diese Thatsache. Seit jeher sind wir gewohnt, gerade bei den sozialdemokratischen Arbeitern einen regen Wissensdurst, Verständniss und Respekt vor der Wissenschaft im Allgemeinen und den naturwissenschaftlichen Disziplinen im Besonderen zu finden. Und unsere moderne Medizin ist angewandte Naturwissenschaft, die seit und mit dem Aufschwung der exakten Wissenschaften in unserm Jahrhundert aus dem Bereiche naturphilosophischer Spekulationen getreten ist und auf dem festen Boden anatomischer, physiologischer und pathologisch-anatomischer Forschung, auf der nüchternen klinischen Beobachtung und dem naturwissenschaftlichen Experiment beruht. [...] Das sind ganz immense Fortschritte der wissenschaftlichen Medizin und Hygiene, welche den Leistungen der übrigen naturwissenschaftlichen Disziplinen im „naturwissenschaftlichen Zeitalter" nichts nachgeben. Schritt für Schritt wird durch mühsame Arbeit im Laboratorium wie am Krankenbett die Erkenntniss der Krankheitsursachen und der Krankheitsgesetze gefördert, nicht wie einst nach dem therapeutischen Stein der Weisen, nach Universal-Heilmitteln gesucht, sondern streng individualisirt, der Natur der Heilvorgang abgelauscht und nachzuahmen gesucht. [...]

Und demgegenüber die Lehren der Kneipp und Bilz, die Heilmethoden der Kuhne, Kanitz, Glünicke, Gerling und wie sie Alle heissen, die „praktischen Vertreter der Naturheilmethode" deren Jeder sein besonderes Heilsystem und seinen Verein, sein Glaubensdogma und seine Gläubiger hat – Lehren, die in ihrer Einfalt an medizinisch längst überwundene Zeiten erinnern [...]. Daneben diese zur Schau getragene Missachtung wissenschaftlicher Arbeit und Fortschritte, der Bakterienforschung und der darauf gegründeten Therapie, der operativen Erfolge u. s. w. – die naivste, roheste Empirie mit den unsinnigsten Theorieen zur Begründung der Heilmethoden. [...]

Nehmen wir die Stellungnahme so vieler Parteigenossen zur Impffrage, zum Impfzwang, eine Stellungnahme, die in Stuttgart zu einem Antrag auf Beseitigung des Impfzwangs an den Parteitag geführt hat, begründet – von einem ärztlichen Delegirten! Sicherlich ist es für ein naives Gemüth, für viele Mütter ein beängstigender Gedanke, ihr Kind impfen d. h. wissentlich mit einer Krankheit, den Kuhpocken, infiziren lassen zu müssen. Die mit Ablauf einer Woche eintretende lokale und allgemeine Reaktion, das Fieber, das Krankheitsgefühl machen viele Mütter zu beredten Impfgegnern und empfänglich für die gegen den Impfzwang systematisch inszenirte Hetze seitens der „Naturheilkundigen", die sich nicht entblöden, alle folgenden Erkrankungen des Kindes, auch diejenigen, welche schon vor der Impfung bestanden haben, auf dieselbe zurückzuführen. Und trotzdem bedeutet die Impfung einen der grössten Triumphe der Heilkunde – sie hat die Gefahren der verheerenden Pockenepidemien, der Hunderttausende erlagen, wie heut noch der Cholera und Pest, für Deutschland eliminirt –, einen Fortschritt, der durch die modernen Forschungen über Immunität und Schutzimpfung auch seine glänzende theoretische Rechtfertigung erhalten hat. [...]

Ja, ist denn das nicht ein eminent sozialistischer Gedanke? Jeder Einzelne muss Opfer bringen im Interesse des allgemeinen Wohles?! Und gerade Sozialdemokraten sind es, die dagegen auftreten und das Recht des Individuums gegenüber dem staatlichen Zwang betonen! Sozialdemokraten sind es, die ihre Reichstags-Kandidaten verpflichten, gegen den Impfzwang zu stimmen! Wen soll man da mehr bedauern, Jene, welche eine Frage, die keine Parteifrage ist, zu einer solchen machen, oder Diese, welche um das Mandat zu retten, ein solches Versprechen geben? [...] Will man durchaus Beziehungen zwischen Sozialdemokratie und Naturheilkunde gelten lassen, so keine anderen als den Gegensatz [...].

122. Ellen Key: Essays[766] (Rezension von Ida Häny-Lux)

SM 1899, Nr. 10, S. 543-544 (Auszüge)

[...] Eins vor Allem hat die Frauenbewegung unserer Zeit gebracht: die Erkenntniss der Frau, dass sie auf geistigem Gebiete eigene Wege zu gehen hat, wenn sie überhaupt etwas leisten will, da sie etwas Eigenstes rein als Frau zu sagen hat, wohin ihr der Mann rein als Mann nicht folgen kann.

Eine Frauenarbeit ist auch das Buch von Ellen Key. Es ist der vollkommene Spiegel einer weiblichen Individualität mit der ausschliesslich weiblichen Talent- und Interessensphäre, in der Art des Denkens und in der Form, in der dasselbe uns übermittelt wird, in hunderterlei kleinen und grossen Zügen. Dass es ein so gutes und im höchsten Sinne kluges Buch ist, zeigt nur, dass das, was die Verfasserin wünscht, sich schon heute zu erfüllen beginnt. Frauen wachsen sich zu vollen Persönlichkeiten aus, die dem Manne auch geistig ebenbürtig sind, ohne von ihrer spezifischen Weiblichkeit etwas zu verlieren, ja, die im Gegentheil gerade durch die Erweiterung des geistigen Horizontes, durch die ernste Gedankenarbeit, eine Art konzentrirter Weiblichkeit repräsentiren. Ein besonderes Merkmal aber hat das Buch, und es ist das Merkmal aller guten Frauenbücher unserer Tage, das ist der hinreissende Schwung, den die Geistesprodukte jeder stürmisch ringenden werdenden Zeit an sich tragen, und heute sind es die Frauen, die Barrikaden stürzen und mit der Begeisterung der Jugend für ihren Antheil am blauen Himmel und am Sonnenschein kämpfen. [...]

Alle Gebiete des menschlichen Seelenlebens spielen in diese Aufsätze mit hinein und naturgemäss auch alle diejenigen äusseren Lebensverhältnisse, die das Wesen des Einzelnen bestimmen, oder die von seiner Individualität beherrscht werden oder beherrscht werden sollten. Wie eine grosse Sehnsucht zieht sich durch das ganze Buch das Ideal der seelischen Entwickelung des Einzelnen, die Hoffnung auf die Allgewalt der hochstehenden Individualität, der Traum vom Uebermenschen. Dass die Frau überall auch besonders der Frauen gedenkt, dass ihr die Veredlung des Weibes und der Beziehungen zwischen Mann und Weib einen der

[766] S. Fischer, Berlin 1899. Vgl. auch Dok. 37. – Ida Lux, geb. Häny (geb. 1866), führte in München, vermutlich gemeinsam mit ihrer als Kindergärtnerin ausgebildeten Tochter Wera, eine private Kindereinrichtung nach reformpädagogischen Methoden, die offensichtlich eine solche Bekanntheit erreichte, dass ihr der Schutzverband Deutscher Schriftsteller e.V. 1915 eine Empfehlung aussprach.

Grundpfeiler der Zukunft, die sie uns ausmalt, bedeutet, ist nur begreiflich, und wer weiss, ob sie nicht recht hat.

Was soll man über die einzelnen Abschnitte sagen? Eine Fülle von Gedanken steckt in jedem, und wenn auch die Ideen nicht neu sind, so ist doch neu und eigenartig die Verknüpfung alles dessen, was sich wohl jede Zeit als Ideal geträumt, mit den ganz spezifischen Forderungen unserer Tage und die Versöhnung der heterogensten Momente unter dem Gedanken der Schönheit in allen Lebensformen. Der Tendenz der ungehemmten Entwickelung beugt sich nach ihr die Welt immer mehr, sogar „der Sozialismus wird eine Verschmelzung von Sozialismus und Individualismus, und an die Stelle der revolutionären Denkweise tritt nach und nach die evolutionäre". [...]

Sehr interessant und noch besonders hervorzuheben sind die Studien über die Einsamen, die die Natur gleichsam als Entwürfe hervorgebracht, bis sie den grossen Einzigen, Nietzsche, schuf. [...]

123. Ellen Key: Die Jugend und die sociale Frage

SM 1900, Nr. 5, S. 286-289

Die Lösung des grossen Gegenwartsproblems – die gegenseitige Durchdringung von Socialismus und Individualismus – ist in England am weitesten gediehen. In diesem Lande ist alle Entwickelung langsam, aber organisch. Dort haben einerseits die Folgen der Lehre der Manchesterschule, der Concentration des Capitals und der Arbeit, der Massenproduction und Maschinentechnik zugleich mit der Uebervölkerung die äusserst zugespitzten Verhältnisse hervorgerufen, die ihrerseits eine starke Arbeiterorganisation gegen das Capital zur Folge hatten. Sowohl diese Organisation, als die Not des Proletariats haben in England eine Gestalt angenommen, die die Gemüter zum Bewusstsein der Notwendigkeit einer socialen Umgestaltung erwecken musste. Und die Liberalen, die lange England als Beweis dafür anführten, dass der Socialismus sich in einem freien und individualistischen Lande nicht Eingang verschaffen könne, haben jetzt angefangen, vor der überwältigenden Beweisführung der thatsächlichen Verhältnisse zu verstummen; denn die englische Arbeiterorganisation wird Schritt für Schritt socialistischer.

Die sociale Strömung ergreift in England aber auch die sogenannte Oberclasse. Man gelangt zur Einsicht, dass nur in dem Masse, in dem der Arbeiter gebildet ist, der Staat ein Culturstaat ist. Angehörige der besitzenden Kreise eignen sich die reifenden Resultate der Gedankenarbeit und Agitation des Socialismus an und wirken nicht selten persönlich mit der Arbeiterorganisation zur Lösung der socialen Fragen zusammen.

Man sieht die Jugend in England – dem Lande, wo Reformfragen nicht nur die Parteipolitik sondern auch das Pflichtgefühl in Bewegung setzen – mit jenem Ernst, jener Ganzheit, die die englische Nation in Allem auszeichnet, was für sie Gewissensfrage geworden ist, zuweilen ganz und gar die Aussicht auf Erfolge auf anderen Gebieten im Stiche lassen, um in Londons East End oder in den Fabrikstädten das sociale Problem zu studieren und in der Arbeiterorganisation mitzuwirken. Andere schliessen sich zeitweise an sogenannte Settlements in den Stadtteilen der Armen an, um sich socialen Studien zu widmen und für das Volk zu arbeiten. Die Jugend giebt sich der Hoffnung hin, dass das Individuum, jedes nach Massgabe seiner Kräfte, den Fortschritt fördern muss. Die Jugend – und mit ihr viele der hervorragendsten Gelehrten, Dichter und Künstler des Landes – ist überzeugt, dass Fragen am sichersten gelöst werden, wenn jeder, so weit er es vermag, für sein eigen Teil versucht, den Gedanken der Persönlichkeit sowie den des Gemeinsinns zu verwirklichen. Ein grosser Teil dieser Jugend, sowie dieser Denker und Künstler sehen in einem sich organisch entwickelnden Socialismus den Weg zu dieser Verwirklichung und sprechen dies offen aus, während bei uns der blosse Verdacht, dass jemand socialistische Sympathieen hegt, ein ausgezeichnetes Agitationsmittel gegen eine in jeder Richtung tadellose Persönlichkeit ist. In England sucht man eine Rückkehr zu den einfachen Voraussetzungen für Gesundheit und Glück zu finden, die die Uebercivilisation ganz zerstört hat. Simplification of life, die Vereinfachung der Lebensweise, ist in England zur Losung geworden unter dem schwer lastenden Druck, den ein allzu luxuriöser Comfort ausgeübt hat. Mehr Schönheit im Dasein, dadurch, dass das Einfache, das Echte und das Gerechte mehr Platz bekommt, das ist es, was Englands auserlesenste geistige Aristokratie, die ältere sowohl wie die jüngere, von der socialen Umgestaltung hofft.

In England bemühen sich Angehörige der gebildeten Schichten, dem Proletariat Bildung zu bringen, aber nicht weil sie die Illusion hegen, dass vermehrte Bildung des Arbeiters der socialen Umwälzung entgegenwirken wird. Wenn sie all ihre Kraft dafür einsetzen, Aufklärung in das Volk zu tragen, so geschieht dies in erster Linie, weil sie ihm ein Recht auf Cultur zusprechen, aber vor allem auch, weil sie wissen, dass die Bildung der Arbeiter bei der kommenden Umgestaltung die Rettung der Cultur bedeutet.

So wirkt seit mehreren Jahren die wohlbekannte University Extension, durch die mehrere tausend Arbeiter alljährlich wissenschaftlichen, litterarischen und kunsthistorischen Cursen folgen und sich dann durch Selbststudien in die Gegenstände vertiefen. Man kann die jungen Leute eine Meile weit gehen sehen, um – nach mindestens zehnstündiger Arbeit in den Steinkohlengruben oder Fabriken – zusammen Shakespeare und Sophokles zu lesen. Ein solcher Anblick ruft uns den Zug der Zehntausend ins Gedächtnis, wo die von Gefahren umlauerten, von Anstrengungen ermatteten Hellenen einander beim Lagerfeuer ermuntern „durch Denkersprüche alter Philosophen und trostesreicher Stücke aus Homer ...“ Dies schöne Bild hat uns für immer das rechte Kennzeichen für Hellenen im Gegensatz zu Barbaren gegeben, für Herren im Gegensatz zu Sklavenseelen. In England naht das grosse Problem: das Zusammenwirken des Individualismus und des Socialismus zu einer neuen Gesellschaftsgestaltung, seiner Lösung.

Ausser England giebt es wohl kein europäisches Land mit grösseren Voraussetzungen, sowohl den Forderungen des Socialismus als des Individualismus gerecht zu werden, als Norwegen. Dieses Land, das durch seine Constitution der unmittelbarste Erbe der französischen Revolution ist, ist im Laufe des letzten Jahrhunderts tief demokratisiert worden. Und gleichzeitig wurde die Nation durch die Einwirkung ihrer grossen Geister und ihr entwickeltes Volksgefühl stark individualisiert. Die Intensität, mit der das Gemüt des norwegischen Volkes in der norwegischen Litteratur, der norwegischen Musik, der norwegischen Kunst ausgedrückt worden ist, hat Norwegen nicht nur zu einem immer cultivierteren Lande, sondern zu einem Culturlande gemacht, einem Lande, dessen geistige Werte anfangen, das europäische Bewusstsein zu durchdringen. Und inzwischen hat sich Norwegen wieder mit grosser Empfänglichkeit die Ideen angeeignet, die Europas Culturleben umgestaltet haben.

Aber in Norwegen sowie bei uns und andererorts ist die Jugend zum Teile vom Geist der Reaction ergriffen, ist nicht, wie in England, voll Zukunftshoffnungen und Thatkraft.

Vielleicht war die Entdeckung, dass das Land der Zukunft viel ferner ist, als man vor einigen Jahrzehnten glaubte, die Ursache, dass die Jugend des letzten Jahrzehnts gegen den optimistischen Glauben des früheren Decenniums an Entwickelung und Umgestaltung reagierte. Derselbe Verlust an Illusionen, der die Reaction gegen die französische Revolution begleitete, hat die moderne Jugend resigniert gemacht, doch nicht, wie am Anfang des Jahrhunderts, auf den Weg der historischen Erfahrung geführt. Die Lebensanschauung der Relativität hat die Energie des Handelns erschlafft, noch bevor die Zeit des Handelns angebrochen ist.

Die Jugend unserer Tage ist nicht in glücklicher Weise von dem einen Ideenkreise in den anderen gekommen. Die glückliche Weise besteht darin, sogleich neuen Aufgaben gegenüberzustehen, an die man glaubt und für die man leben will. Aber die Jugend heute weiss von keinen neuen Aufgaben, an die sie glauben kann. Daher stammt jene geistige Mattigkeit, die sich der jungen Generation bemächtigt hat. Ohne die Einflüsse der Umgebung zu unterschätzen, glaube ich doch nicht, dass die Jugend, die ihre Ideale verloren, ohne an deren Stelle neue zu erhalten, nur beklagenswert ist. Denn die Jugend, die nicht aus ihrem eigenen Innern Ideale schafft, würde auch zu keiner anderen Zeit das Ideale gefunden haben. Eine solche Jugend hätte Sokrates ins Lächerliche gezogen; sie würde mit einem Achzelzucken den Zimmermann aus Nazareth ans Kreuz haben schlagen sehen; sie wäre ohne Zweifel mit den Bourbonen ausgewandert.

Wenn die Jugend eines Landes ohne Ideale dasteht, dann erleben wir ein Jahrhundertende, gleichviel wie die Jahreszahl lauten möge. Aber wenn eine Jugend mit dem Gefühle dasteht, grosse Aufgaben zu haben, dann beginnt ein neues Jahrhundert.

Es ist überall das glückliche Recht der Jugend, vor allem den Individualismus zu fördern. Sie thut es jedes Mal, wenn ein junger Mensch in gesundem Egoismus voll und stark seine eigene Persönlichkeit entwickelt, sich kühn in den Kampf für das eigene Glück stürzt. Jedermann, der seine individuelle Entwickelung tief ernst nimmt, wird doch finden, dass er schwerlich dadurch eine freie, feine, vornehme Persönlichkeit wird, dass er die Persönlichkeiten anderer niedertritt. Und er wird weiter finden, dass es seine persönlichen Kräfte stärker in Anspruch nimmt, mit neuen Mitteln neue Werte zu schaffen zu versuchen, seine junge Energie neuen Aufgaben zu widmen, als auf schon verbrauchte Ideale zurückzublicken. Aber noch eines wird das junge Menschenkind bald erfahren: je rückhaltsloser ein Individuum sich in den Kampf des Lebens stürzt, desto wahrscheinlicher ist es, dass es dort verwundet wird; je reicher entwickelt ein Individuum ist, desto mehr verwundbare Puncte giebt es, an denen es verbluten kann. Der grosse Schmerz sowohl wie die grosse Seligkeit ist für den grossen Menschen ein Teil von des Lebens Fülle, und die Niederlagen einer Persönlichkeit sind oft bessere Bürgen dafür, dass sie über den Durchschnitt hinausragt, als ihre Siege. Aber diese Niederlagen, die uns oft nur Fetzen dessen übrig lassen, was unsere innerste Persönlichkeit war, können ertragen werden, wenn wir gelernt haben, dass es einen Verband giebt, der uns hindern kann, an unseren Wunden zu verbluten – den Verband, den wir auf die Wunden anderer legen.

Kein echter Mensch braucht jedoch zu warten, bis das Leben ihn zerrissen, um Mitgefühl empfinden zu können. Das edelmütige Alter der Jugend vermag dieses Gefühl gleichzeitig mit einer starken individuellen Kraftempfindung zu fühlen. Und manche bleiben in diesem Sinne immer jung, immer im stande, inspirierte Augenblicke zu durchleben, solche, wo eine grosse That, eine grosse Wahrheit, eine grosse Schönheit oder ein grosses Glück unser Wesen erfüllt, Augenblicke, wo die Thränen strömen, die Arme sich ausstrecken, das Weltall zu umfangen, die Gedanken es durcheilen. Solche Augenblicke schliessen die intensivste Empfindung unserer eigenen Persönlichkeit ein, zugleich mit ihrem vollsten Aufgehen im Gemeingefühl mit dem ganzen Dasein.

Ein grosses Leben – das ist, solchen inspirierten Augenblicken im Handeln Continuität geben.

Es giebt jedoch junge Menschen, die auf keine solchen Augenblicke zurückzublicken haben; die vornehm auf die Fragen der Zeit von der Höhe ihrer Uebermenschentheorieen oder ihrer gelehrten Bildung herabsehen. Solche hat es zu allen Zeiten gegeben.

Es giebt jedoch kein Gebiet, für das es verhängnissvoller wäre, wenn sich die Jugend in solcher Weise exclusiv davon zurückzöge, als jenes Gebiet, auf dem die Kämpfe des Individualismus und Socialismus ausgefochten werden. Die Forderung der Zeit, besonders an die Jugend, ist, dass sie diese entgegengesetzten Ideen von allen Gesichtspuncten prüfe, dass sie alle anderen Ideen im Verhältnis zu diesen beiden erforsche; und dass sie jeden Reformplan mit Rücksicht auf seine Einwirkung auf die Probleme des Individualismus und Socialismus untersuche. Von der Jugend hat man etwas für die Zukunft zu hoffen. Aber diese Hoffnung setzt voraus, dass die Jugend, wenn sie sich in Denken oder Handeln den vielen nähert, deren Los zu verbessern die nächste Aufgabe der Zukunft ist, die Worte des americanischen Dichters auf dem Schlachtfelde zu den ihren macht: „Ich frage nicht, ob mein verwundeter Bruder leidet. Ich werde selbst dieser Verwundete."

124. Ernst Gystrow: Literaturbericht zur modernen Psychologie[767]

SM 1901, Nr. 2, S. 150-152 (Auszüge)

[...] Es scheint im ganzen, als wolle die Psychologie im Stahlbade des praktischen Lebens Verjüngung suchen. Denn neben der Psychiatrie ist es die Pädagogik, die gegenwärtig das meiste Interesse der psychologisch gebildeten Kreise in Anspruch nimmt. Hier hatte die moderne Experimentalpsychologie ja eine Riesenaufgabe zu erfüllen: die Ueberwindung der Herbartschen Erziehungsspeculation durch eine moderne Erziehungswissenschaft, zu der erst die Bausteine einzeln zusammengetragen werden mussten. Allerdings scheint es mir, als seien die bisher gewonnenen Erkenntnisse vornehmlich dazu angethan, die Erziehung des reiferen Kindes zu reformieren, als kämen sie zu allermeist den höheren Schulen zu gute, während die Kreise der Volksschule ihnen noch recht verlegen oder gar ablehnend gegenüberstehen. Uebrigens sind es nicht zum geringsten Teile Irrenärzte, die der Pädagogik wertvolle Materialien geliefert haben – an der Erforschung der geistigen Ermüdung haben Schulmänner und Psychiater fast den gleichen Anteil. Ebbinghaus' Buch übers Lesen, Kraepelins temperamentvolle Broschüren über Hygiene der Arbeit, Ueberbürdung, geistige Arbeit, Oppenheims Publicationen über Nervenleiden und Erziehung, Nervenleiden und Lectüre, das Erscheinen einer Broschürenserie über pädagogische Fragen, die von Schiller und Ziehen, also einem Schulmann und einem Irrenarzt, geleitet wird – das alles sind Symptome dieses hocherfreulichen Zusammenarbeitens. Im vorigen Jahre hat sogar ein Schüler Wundts und entschiedener Voluntarist, Max Brahn, in den Pädagogisch-Psychologischen Studien ein Organ geschaffen, in dem die experimentalpsychologische Befruchtung der Erziehungslehre im besonderen gepflegt werden soll, und auch an praktischen Erfolgen in den Unterrichtsreformen hat es diesen Bestrebungen nicht gefehlt.

Bieten die Psychopathologie als Lehre von den Störungen, die Pädagogik als Wissenschaft der Entwickelung des geistigen Lebens schon weit schwierigere Probleme dar, als die reine Psychologie, so complicieren sich die Fragestellungen in dem Augenblick, wo wir vom Individuum zur Gemeinschaft übergehen. Man darf getrost sagen: eine abgeschlossene Disciplin Socialpsychologie existiert nicht. Was ihren Inhalt ausmachen könnte, verstreut sich über eine Reihe von Grenzwissenschaften: Anthropologie, Völkerkunde, Culturgeschichte, Wirtschaftslehre, Sociologie – und was Wundt unter dem Namen Völkerpsychologie der Experimentalpsychologie gegenüberstellt, ist nur sehr wenig eine innere Einheit, vielmehr eine willkürliche Auslese und Zusammenfassung der drei Gebiete: Sprache, Mythe und Sitte. In der Sprachpsychologie bewährt sich am stärksten die erleuchtende Kraft der modernen Apperceptionspsychologie, und der soeben erschienene erste

---

[767] Hier wird nur der Teil des Beitrages wiedergegeben, der sich mit der Verbindung von Psychologie und Pädagogik befasst. – Ernst Gystrow ist ein Pseudonym für Dr. med. Willy Hellpach (1877-1955), Nervenarzt und Essayist in Berlin-Charlottenburg, verfasste zahlreiche psychologische Schriften, u.a. Liebe und Liebesleben im 19. Jahrhundert (1901), Die Grenzwissenschaften der Psychologie (1902), Nervosität und Kultur (1902).

Band von Wundts Völkerpsychologie zählt zu dem Besten, was der Altmeister uns gegeben hat. Ich warne vor Illusionen: die weiteren Bände, soweit sie Mythos und Sitte behandeln, werden die Höhe des ersten sicher nicht erreichen. Die glänzendste socialpsychologische Veröffentlichung der letzten Jahre erblicke ich in Büchers Arbeit und Rhythmus.

Aber auch dieses Buch kann nur meine Meinung stützen, dass es keine eigentliche Socialpsychologie giebt, die moderne Psychologie vielmehr ihre Aufgabe nach dieser Richtung in einer eminenten Befruchtung der die socialen Probleme behandelnden Wissenschaften erfüllt.

Die Brücke vom Wirtschaftlichen zur Geistescultur ist heute das Schmerzenskind aller ernsthaften historischen und auch aller socialpsychologischen Forschung. Neben Bücher und Lamprecht ist wohl Simmel der berufenste Pionier an ihrem Bau. Zunehmende Verwickelung seiner Gedankengänge und eine oft übergeistreiche Form erschweren neuerdings mehr und mehr das Eindringen in die Ideenwelt dieses feinen, skeptischen Geistes und werden auch der Würdigung seiner Bedeutung im Wege stehen. [...]

125. Ellen Key: Die Wenigen und die Vielen. Neue Essays[768] (Rezension von Therese Schlesinger-Eckstein)

SM 1901, Nr. 7, S. 566-567 (Auszüge)

Wer den Band Essays kennt, den Ellen Key vor zwei Jahren veröffentlicht hat [...], und nun ihr neuestes Buch liest, der muss unbedingt den Eindruck gewinnen, dass die Stellung der Autorin zu den wichtigsten socialen Fragen, die noch vor zwei Jahren eine etwas schwankende war, sich mittlerweile geklärt hat und dass besonders ihr Verständnis für die socialistische Bewegung ein viel tieferes geworden ist.

In dem neuen Band, der nach der grössten und einer der hervorragendsten Arbeiten, die er enthält, Die Wenigen und die Vielen heisst, tritt Ellen Key als Verkünderin der socialistischen Lehre auf, und das Originelle ihres Auftretens besteht zum Teil auch darin, dass sie sich weder an sociologische Theoretiker noch an diejenigen, die an dieser Lehre in erster Linie interessiert sind, die Arbeiter, wendet, sondern einer ästhetisch verfeinerten und verwöhnten, litterarischen, individualistisch-ethischen Schicht der bürgerlichen Intelligenz zu beweisen sucht, dass auch sie mit ihren aristokratischen Bedürfnissen durch die socialistische Ordnung nicht zu kurz kommen würde. In scharfsinniger Weise begegnet sie allen Einwendungen, die der von dem herrschenden System Begünstigte und doch an seinen unentrinnbaren Qualen Leidende gegen eine Umwälzung im Sinne des Socialismus erheben mag, und mit inniger Beredsamkeit sucht sie seine Zweifel, ob er für sich selbst nicht das Mangelhafte gegen Schlimmeres vertauschen würde, zu beruhigen. Sie ist bemüht zu zeigen, dass ein vornehmer, von Engherzigkeit befreiter Egois-

---

[768] Übersetzt von Francis Maro, S. Fischer Verlag, Berlin 1901.

mus consequenterweise den Altruismus in sich schliessen muss und dass der Individualismus in seiner folgerichtigen Entwickelung zum Socialismus führt.

Wenn es einen Sinn hätte, die feine Arbeit nach dem unmittelbaren Nutzen einzuschätzen, den sie der socialistischen Bewegung bringen kann, so müsste man sagen: sie ist wohl geeignet, Gegner aus Intelligenzkreisen wankend zu machen und Gleichgiltigen Interesse für diese Bewegung einzuflössen; ob sie freilich der Sache des Socialismus auch Kämpfer gewinnen wird, das erscheint zweifelhaft. [...]

Aber Ellen Key ist nicht ausgezogen, um zu kämpfen oder zum Kampf anzufeuern, sondern um zu versöhnen, und nach dieser Richtung hin wird ihr geistvolles und liebenswürdiges Buch, das uns in sorgfältiger und feinfühliger Uebersetzung vorliegt, seinen Zweck nicht verfehlen. [...]

126. J. Liberty Tadd: Neue Wege zur künstlerischen Erziehung der Jugend[769]/Versuche und Ergebnisse der Lehrervereinigung für die Pflege der künstlerischen Bildung in Hamburg[770] (Rezension von Karsten H. Döscher)

SM 1901, Nr. 8, S. 636-640 (Auszüge)

[...] Wollen wir unser Volk kunstempfänglicher, kunstfähiger machen, als es heute ist, so werden wir mit der künstlerischen Erziehung der Jugend beginnen müssen. Dabei setzen wir von vornherein voraus, dass eine solche Erziehung überhaupt psychisch möglich ist. Mag die griechische Cultur, die feinste, die die Menschheit bisher gezeitigt hat, der eigentlichen Erziehung immerhin sehr wenig, den Rassenqualitäten, den ökonomischen Bedingungen, dem Milieu das meiste verdanken, wir brauchen eine solche Erziehung. Denn unsere ökonomischen Verhältnisse sind kunstfeindlich, unser Milieu ist kunstfremd, und selbst wenn wir gleiche Anlagen wie jene Griechen besässen, so müssten sie doch verkümmern. Und Anlagen, die nicht entwickelt werden, sei es künstlich oder durch die Gunst der Verhältnisse, verdorren. Künstlerische Anlagen aber schlummern genug in unserem Volke, das Schönheitsempfinden müsste nur geweckt und gepflegt werden, und zwar um so intensiver, je ungünstiger die Umstände des Lebens sind. [...]

Tadd, der Director einer Kunstgewerbeschule in Philadelphia ist, hat auf Grundlage langjähriger Experimente und Erfahrungen ein ganzes System der künstlerischen Erziehung in seinem Buche aufgestellt. Seine Methode ist ein Protest gegen den üblichen Buchunterricht, er wendet sich an Natur und Erfahrung, um das Ziel jeder Pädagogik, die Entwickelung aller Fähigkeiten im Menschen, zu erreichen.

---

[769] Erschienen bei R. Voigtländer, Leipzig 1900. Vgl. auch Dok. 45.

[770] Erschienen bei Alfred Janssen, Hamburg 1901. – Karsten Heinrich Döscher (geb. 1872) gehörte bis zum Ende der Weimarer Republik zum Kreis sozialdemokratischer Rezensenten, publizierte zuletzt häufig in der vom Reichsausschuß für Sozialistische Bildungsarbeit herausgegebenen Zeitschrift für sozialistische Buchkritik *Die Bücherwarte* (1926-1933).

Heute werden die Schüler zu Maschinen. Man muss vor allem Geist, Auge und Hand bilden. Deshalb sollte von den untersten Stufen der Schule an im Wechsel Zeichnen, Entwerfen, Modellieren und Holzschnitzen geübt werden. An Stelle des Gedächtnisses muss die Erfahrung treten. Zuerst sind die Vorstellungen den Kindern zu übermitteln und erst dann die Worte, und beide zusammen müssen mit den zugehörigen Handlungen verknüpft werden. Zeichnen muss zum Gedankenausdruck ebenso tauglich gemacht werden, wie Sprechen und Schreiben, und dabei die Lust am eigenen Thun gefördert werden. Die Hand muss durch langes Ueben dahin gebracht werden, dass sie dem Geiste automatisch gehorcht, damit er seine Vorstellungen mittels ihrer zum Ausdruck bringen kann. Und diese wichtigen Organe, die Hand und Auge sind, müssen gerade in der Periode des Wachstums gebildet und ihrer Kräfte bewusst gemacht werden. Zeichnen ist eine Weltsprache und zwar eine, die den Geist in hohem Masse bildet. Die Wissenschaft beruht auf dem Wissen, die Kunst aber auf dem Thun, darum heisst künstlerisch erziehen: zum Thun erziehen. Beide Hände sind dabei gleichmässig heranzubilden. Der Zeichenunterricht muss, um fruchtbar zu werden, mit den anderen Unterrichtsfächern in Verbindung gebracht und durch Naturbeobachtung und den Einfluss guter Bilder unterstützt werden. Das sind die Grundzüge des Taddschen Systems. [...]

Da dieser ganze Unterricht darauf ausgeht, nicht von vornherein zu bestimmten Berufen zu erziehen, sondern alle Kräfte zu entfalten, so wird erst spät das technische Zeichnen und Handfertigkeit (Tischlerei etc.) gelehrt. Und auch hier sollen nur die allgemeinen Grundzüge und nicht etwa technische Specifica übermittelt werden. Maschinenverwendung bleibt ausgeschlossen. Denn der Schüler muss alles mit der Hand zu machen lernen, wie der vormalige Handwerker, und gleich ihm seine ganze Seele und sein ganzes Empfinden in das Werk seiner Hand legen. So bildet die Kunst als Erziehungsmittel die Anlagen und den Trieb zur Arbeit und macht für das Schöne genussfähig. Da nun aber das Bild eine stärkere Anschauung von einer Sache giebt, als Worte und nur durch Thun die Dinge dem Geiste und der Hand zu eigen werden, so gilt es, Zeichnen und Handfertigkeit mit den übrigen Unterrichtsfächern zu vereinen. Der Nutzen solcher organischen Verbindung wird für den Sprachunterricht, Botanik, Zoologie etc. dargethan. Die Vorzüge der Taddschen Methode erweisen sich weiter fruchtbar beim Kunstunterricht in Abendschulen, in denen arme und verwahrloste Kinder Freude an der Arbeit lernen, desgleichen in Anstalten für Schwachsinnige. – Was aber mit dieser Methode geleistet werden kann, darüber belehren uns die vielen dem Buche beigegebenen Illustrationen.

Die Schüler, die einen solchen Unterricht genossen haben, werden die Welt der Sichtbarkeit mit ganz andern Augen anschauen, als andere Menschen; sie werden in viel höherem Masse das Schöne in Natur und Kunst zu geniessen wissen und ihren unveräusserlichen Fonds an Kunstempfinden auch im Leben irgendwie zu bethätigen wissen. Auch werden sie die Freude am eigenen Schaffen und Bilden stets rege erhalten. Wollen sie aber sich ganz der Kunst widmen, so haben sie eine

Vorschule genossen, die alle ihre Fähigkeiten schon geweckt und sie schaffensfähig und -freudig gemacht hat.

In Deutschland ist es zuerst in Hamburg versucht worden, die Schule systematisch für die künstlerische Erziehung nutzbar zu machen. Seit dem Jahre 1896 wirkt hier in diesem Sinne eine Lehrervereinigung für die Pflege der künstlerischen Bildung. Lichtwark, der Director der Kunsthalle, und Brinckmann, der Director des Museums für Kunst und Gewerbe, gaben den Anstoss, indem sie die Lehrer zur Betrachtung von Kunstwerken anleiteten. Man hat dann alle Gebiete und Seiten des Unterrichts für die Weckung und Bethätigung künstlerischen Sinnes herangezogen: das Zeichnen, die Litteraturgeschichte, das Turnen, das Singen. Man hat die Kinder in die Natur und in die Museen geführt und sie sehen gelehrt, man hat die Schulzimmer mit Reproductionen und Originalkunstwerken (Lithographieen aus der Heimat etc.) ausgestattet, um das Auge zu bilden, man ist daran gegangen, für die Jugend eine wertvolle künstlerische Lectüre, und zwar auch aus den modernen Schriftstellern, auszuwählen und die Jugendschriften einer Reform zu unterziehen. Theater und Concerte sind für die Schuljugend veranstaltet worden, und, um diese Bestrebungen auch in die Familie zu tragen und sie über die Schuljahre hinaus wach zu erhalten, sind Schulunterhaltungsabende mit Hinzuziehung der Eltern eingerichtet und Schulgemeinden gegründet worden. Endlich ist das Kind nach der Seite seiner künstlerischen Anlagen und deren Entwickelung hin studiert und die künstlerische Erziehung der Lehrer in den Seminarien begonnen worden. Ueber alle diese Bestrebungen und ihre Resultate berichtet das zweite oben genannte Buch. Die dabei beobachteten Grundsätze fasst Lichtwark in der Einleitung kurz zusammen. Das Ziel des Unterrichts soll nicht bloss in der Mitteilung des Stoffes bestehen, sondern vor allem in der Gewöhnung an eine zwingende Methode, zu beobachten und nachzudenken. Der Schüler muss lernen, der Welt unabhängig und selbständig gegenüberzutreten und in jedem Augenblick alles Wissen zur Verfügung zu haben. Das aber wird erreicht, wenn es einem Können dient. Auf allen Gebieten ist Ausdrucksfähigkeit anzustreben. Dabei ist auszugehen von dem Vorstellungskreise des Kindes und den ihm geläufigen Anschauungen aus seiner nächsten Umgebung. Paul Ernst beleuchtet die Ziele der künstlerischen Erziehung, die nichts anderes sind als die Ausbildung der ästhetischen Anlagen, die mit den intellectuellen und moralischen gleichwertig sind und ohne die kein Mensch einer harmonischen Entwickelung fähig ist. Auch der socialen und ökonomischen Seite der Frage wird Beachtung geschenkt. Die Forderung der Massen, zum Genuss der Culturschätze zugelassen zu werden, wird für erfüllbar erklärt, wenn die künstlerische Empfänglichkeit, das ästhetische Bedürfnis lebendig gemacht ist. Das wird Aufgabe der Lehrer sein. [...] Die Hamburger Lehrer sind gründliche und systematische Leute. Sie sagten sich mit Recht: wir müssen mit unseren Reformen auch über die Schule hinaus das Haus und über die Schuljahre hinaus das nicht schulreife Kind und die schulentlassenen Zöglinge in unsere Reihen ziehen. Und so befassten sie sich mit den Bilderbüchern für die Kleinen, wählten aus, was an guten alten Sachen vorhanden ist, wie Richter und Speckter, sie stellten die Grundsätze auf, denen ein ideales Bilderbuch entsprechen müsste. [...] Dann wandten sie sich den Jugendschriften zu, die als Vermittler ästhetischer Cultur nicht hoch genug eingeschätzt werden können. Und auf diesem Gebiete hatten sie genug zu thun. All das Unkünstlerische, Gemachte oder auch Veraltete musste verfemt und dafür das ewig Lebende aus der grossen Litteratur und das wertvolle Neue eingesetzt werden. Prüfungsausschüsse untersuchten, eine eigene Zeitschrift, die Jugendschriftenwarte, entstand. Als leitender Grundsatz wurde proclamiert: Die Jugendschrift in dichterischer Form muss ein Kunstwerk sein, das zum geadelten Genuss fürs ganze Leben vorbildet. Von Storm und Liliencron wurden eigene Ausgaben für eine Hausbibliothek veranstaltet; Verzeichnisse wertvoller billiger Bücher werden massenhaft verbreitet und damit dem Colportageroman das Wasser abgegraben. [...] Was aber wurde mit dem Stiefkinde des Schulunterrichts, der Dichtung? Wollte man mit den bisherigen Methoden fortfahren und das Kunstwerk weiter zu grammatischen Uebungen und zu moralischen, religiösen und patriotischen Nebenzwecken missbrauchen, so müsste ohne Einschränkung ihre Nutzlosigkeit, ja ihre Schädlichkeit für die ästhetische Erziehung betont werden. Glücklicherweise ist auch hier endlich der alte Missbrauch erkannt und seine Beseitigung erstrebt worden. Die Dichtung soll nichts mehr lehren, als Freude an der Schönheit und künstlerischen Genuss. Die echten Volkslieder treten an die Stelle der alten Lesebuchbeherrscher wie Gleim und Gellert, und die Neueren kommen auch zu ihrem Rechte. Und dann erinnerte man sich auch, dass es so etwas wie eine Kunst des Vortrags giebt und dass der Lehrer selbst empfinden muss, was er vortragen und ins Herz der Schüler verpflanzen will. Dramen werden mit charakteristisch verteilten Rollen gelesen, und an der Lectüre von Erzählungen und Novellen kann und wird ohne überflüssige Schulmeisterei der Geschmack gebildet werden. – Und nun endlich das Turnen. Ohne Leibespflege und -übung kein schöner Mensch, und ohne schöne Menschen keine Kunstcultur und Schönheit. Von allen Seiten bringt der Verfasser des Berichtes der Versuche und Ergebnisse die Argumente heran, um seine Forderung nach allseitiger Ausbildung des Körpers zu einer Fundamentalvoraussetzung jedes künstlerischen Verständnisses menschlicher Schönheit und ästhetischer Erziehung überhaupt zu erheben. Freilich hat er ein vernünftiges und zweckmässiges Turnen, das mit Freude, Selbstgefühl und Kraft erfüllt, und keinen mechanischen Drill vor Augen. Alle Arten Turnspiele, Schwimmen und Wandern und der ästhetisch wertvolle Tanz stehen auf seinem Programm, das zur Sicherheit, Freiheit und Schönheit aller menschlichen Bewegung, zur ästhetischen Freude am Menschen erziehen will. – Auf allen Wegen, die zur künstlerischen Erziehung der Jugend führen, ist ein frisches, gesundes Leben erwacht. Aufgabe der Schulpolitik wird es sein, ihm in Staat und Gemeinde zum Sieg zu verhelfen.

590

127. Wilhelm Bölsche: Gedanken über die Schule[771]

SM 1901, Nr. 11, S. 893-899 (Auszüge)

Wenn ich darüber nachdenke, wie unsere höheren Schulen beschaffen sein könnten, so befinde ich mich völlig ausserhalb dessen, was man heute dort officiell als „Reform" bezeichnet. Ausgangspunct ist für mich das vernichtende Urteil, das über alle diese Schulen mit eiserner Consequenz von den besten, ehrlichsten, tolerantesten reifen Männern unter unsern Gebildeten gefällt wird. Die Lehrjahre dort sind eine erdrückende, die eigene Entwickelung lähmende Last gewesen; und sie haben selber nichts gewirkt, uns nichts genützt fürs Leben. Dieses Urteil trifft die Methode, nicht den Lehrgegenstand. Was man in den letzten Jahrzehnten „Reform" nennt, knüpft an etwas an, was damit gar nicht in Zusammenhang steht. Eine Weile schien es ja so, als sei das humanistische Gymnasium alten Stils als solches der Prügelknabe. So und so viel Leute aus jener Stimmung heraus griffen sich an den Kopf und sagten sich: Ich bin nun so geplagt worden, – wenn ich als Kind meines Jahrhunderts doch wenigstens Englisch und Naturgeschichte dabei gelernt hätte statt irrealer Bedingungssätze und unregelmässiger griechischer Verba! Aber was haben alle Realschulen, was hat alles Hineinstopfen „realer" Fächer in das humanistische Gymnasium selbst für die Grundfrage genützt? Die Schäden sind mitgekommen, wie der Kobold im Fass, und sie sind eher grösser geworden. Es ist ja fast nicht zu glauben, was für naive Vorstellungen da mit unterlaufen. Der eine meint, die ganze Frage ist zerhauen mit einem Scriptum in einer alten Sprache weniger, einem Capitel im mathematischen Lehrbuch mehr, dieser will den Geschichtsunterricht umkehren, jener erwartet das Heil von einer Ueberstunde Physik. Lauter Mittelchen, wie wenn der Arzt einem Cholerakranken sagte, er solle sich die Zähne nachsehen lassen, das schütze gegen Verdauungsstörungen.

Der alte, edle Humanismus der Gymnasien, wenn man ihn aus dem Zerrbild, das durchweg in der Praxis nur noch von ihm übrig geblieben war, herausschält, hatte in seiner Methode doch noch einen gewissen Sinn. Sein Latein und Griechisch waren ihm nicht Gedächtnisbelastung um der reinen eingepaukten Wissensmasse willen. Sie waren ihm ein Werkzeug, dessen Handhabung nur gelernt wurde. Das Werkzeug zum Idealismus. Dieser Idealismus steckte – hier setzte ja ein Dogma ein – ausschliesslich in der Antike. [...] Immer hat ja eine Differenz bestanden und ist als solche empfunden worden zwischen dem ledern durch Auswendiglernen erworbenen Sprachmaterial der Antike und dem idealistischen Gewinn. Aber die älteren Generationen (bis in Goethes Jugend hinein, um ein Beispiel zu nennen)

---

[771] Wilhelm Bölsche (1861-1939), Schriftsteller, Naturphilosoph und Lebensreformer, Wegbereiter der naturalistischen Bewegung in Berlin, Mitglied des Friedrichshagener Dichterkreises (Bruno Wille, Richard Dehmel u.a.), Mitbegründer der „Freien Volksbühne" (1890), Redakteur verschiedener Zeitschriften (u.a. *Freie Bühne, Freie Rundschau*) sowie Herausgeber der Werke u.a. von Heinrich Heine und Alexander von Humboldt, unter dem Einfluss Ernst Haeckels Anhänger des Monismus, verfasste u.a. Die Mittagsgöttin (Roman, 1891), Das Liebesleben in der Natur (1898/02), Der Mensch der Zukunft (1915). Vgl. Cepl-Kaufmann/Kauffeldt 1998.

hatten für ihr Leben nachher durchweg doch die Rückschau, dass hier etwas sauer gewesen sei, aber dass es ihnen eine Pforte aufgethan, sie zu Mitgliedern einer idealen Gemeinschaft erhoben habe. Das ist himmelweit fern noch von dem sauren Geschmack, der uns heute zeit des Lebens auf der Zunge bleibt.

Erst mit dem Verfall dieses naiven Glaubens kam in die Methode des humanistischen Gymnasiums selbst der eigentlich falsche Zug. Die alten Sprachen erhielten einen Selbstzweck. Es hiess: der Gebildete muss das wissen, auch wenn er es nachher nicht mehr braucht. Früher trieb man lateinische Metrik, um für den ganzen Rest seines Lebens in Horaz einen Freund zu haben. Jetzt hiess es: man lernt horazische Oden auswendig, um auch das einmal ins Gedächtnis zu bekommen, nachher hat man keine Zeit mehr dazu und mag es wieder vergessen. Der ganze Schwerpunct geriet auf das Stück Mehrwissen in diesen Dingen, das Stück Gedächtnisinhalt mehr an Thatsächlichem, das aufgepackt wurde. Es war allerdings nur eine kurze, sehr selbstverständliche Consequenz, dass eines Tages, am Schlusse des XIX. Jahrhunderts, die Einsichtigeren sich sagten, dass eben als solches reines Wissensmaterial die alten Sprachen und Autoren nicht mehr wichtig genug seien und dass man sie füglich ersetzen möge durch mathematisches, physikalisches, neusprachliches und so weiter „Wissen". Was man aber ruhig von dem heruntergekommenen Pseudohumanismus dabei mit übernahm, das war die Auffassung selbst, dass eben aller höhere Unterricht einzig und nur noch den Zweck habe, möglichst viel Wissen in der alten pedantischen Form auswendig gelernter Formeln als Gedächtnisbelastung mitzugeben. Und diese Auffassung, ursprünglich dem echten Humanismus selber fast ganz fremd, ist das Kukuksei gewesen, mit dem der Pseudohumanismus im Sterben die gesamte Realrichtung noch bedacht und im Beginn schon gerichtet hat.

Die Grundfrage des ganzen zukünftigen Unterrichts liegt hier für mich: bei dem Wissen und bei dem Gedächtnis.

Der Strom äusserer Thatsachen, der auf uns einrinnt, wird von Stunde zu Stunde riesiger. Hier arbeitet mit wachsender Cultur etwas im Quadrat vor uns. Die Welt geht für uns nicht mehr bloss vorwärts, wie eine Pflanze wächst. Unsere Forschung bohrt gleichzeitig Löcher überall hin, nach den Seiten in den Raum, in das Nebeneinander der Dinge und zugleich rückwärts, als Geschichte, in das schon Abgethane der Vergangenheit. Erst dieses Wechselspiel im Bunde mit einer unerhörten Intensität auch des Wachtums selber giebt die unsagbare Fülle des Aufunslosrauschens von Wissenswerten heute. [...]

Vor dieses grandiose Spiel hin wird nun ein neues Kind geboren. Um sich zu behaupten in dieser Welt, und zumal in den höheren geistigen Schichten dieser Welt, muss es auf eine gewaltige Kraftleistung seines Gehirns gefasst sein. Immer höher wachsen die Anforderungen des Lebens an Gedächtnisfähigkeit, an Stärke der Aufnahmefähigkeit, an Beweglichkeit des Sichbehauptens in dem unausgesetzten Kreuzfeuer der „Thatsachen" in der modernen Welt. Was bedeutet ihm nun vor dieser Aufgabe das Ding, das wir Schule nennen?

Eine sinnlose Quälerei jedenfalls nicht, darüber sind wir wohl alle im Princip einig, so sehr sie auch manchem heute in der Erinnerung so aussieht. Die Schule muss irgend eine bestimmte Stellung einnehmen in jener fundamentalen Gehirnaufgabe. Aber welche? Zwei Antworten stehen sich aufs schroffste gegenüber. Ein Unbefangener betrete eine Classe eines modernen Gymnasiums oder einer modernen Realschule, er höre eine Stunde nur dem Unterricht zu, er verfolge ein paar Dutzend Fragen und Antworten, er werfe einen Blick auf die häuslichen Arbeiten, er blättere ein beliebiges Lehrbuch auf, – und er steht mitten in der vollen Praxis der einen Antwort. Die Schule ist die erste Masseninvasion von Menschheitswissen gegenüber dem neuen Individuum. [...] Aufgabe ist offenbar, in diese ersten Jahre einen solchen concentrierten Massenangriff zu legen, dass alles Spätere im Leben nur mehr mit einer gewissen Blasiertheit hingenommen werden kann. Vergangenheit und Gegenwart regnen zugleich herab. Ja, wenn man den Lehrplan einen Moment weiter überfliegt, so sieht man: es ist eine solche Schule der Idee nach gebaut schon wie eine Art von concentriertem Kosmos. Eigentlich eine ganze Welt stürzt hier auf das junge Gehirn nieder. Bloss mit einem einzigen starken Unterschied doch gegen die grosse Welt, die uns in den tausend Momenten des Lebens überschüttet. Das ganze menschliche Leben ist ja kurz genug. Diese Schule aber hat davon noch wieder nur ein paar Jahre. Um in diesen paar Jahren das ganze erste Sturzbad einer vollständigen Welt zu erzeugen, muss diese Welt bearbeitet, muss sie zugestutzt, zugeschnitten werden in einem abkürzenden Sinne. Und der Sinn hat sich gefunden. Er lebt in Geschichtstabellen mit Ziffernreihen, in Grammatiken mit ihren Formeln und Regeln, in all dem trockenen, ledernen, abgezehrten, abstracten Material, mit dem der Kopf des Schülers, der ins echte Leben hineingeboren worden ist, einen wahren Todeskampf kämpft. Alles Farbige des wirklichen Lebens ist hier mit unsäglicher Mühe abgezogen. Alle unendlichen Associationen des Lebens fehlen. Hart wie nackte Maschinenräder pflügt das auf das Gehirn ein und fordert gleich als Anfang der Titanenarbeit des Gedächtnisses vor dem Leben das Allerschwerste: Einprägen ungezählter abstracter Formelwerte, Ziffern und ziffernähnlicher Wortfolgen ohne jede leiseste Mithilfe sinnlicher Associationen. [...]

Gegen dieses Bild, das ich nicht auszumalen brauche, weil jeder es kennt, nun die andere Antwort. Ich verstehe unter Schule ein Schutzmittel für das menschliche Gehirn gegenüber der unaufhaltsam einstürzenden Masse der Eindrücke, Wissensstoffe, Gedächtnisbelastungen des wirklichen Lebens.

An den Anfang des eigentlichen höheren geistigen Kampfes des Individuums mit diesen Menschheitswerten und Weltwerten gestellt, erscheint die Schule mir als der unendlich bedeutsame Punct vor Kampfbeginn, wo der einzelne Anteil bekommt an den grossen Schutzmassregeln und Schutzmöglichkeiten, die sich diese Menschheit inmitten des immer wachsenden Wissensmaterials wachsend ausgesonnen und geschaffen hat zu gunsten der Leistungsfähigkeit ihrer Einzelgehirne, vor allem ihrer Einzelgedächtnisse. Ganz biologisch exact meine ich das mit diesen Schutzmitteln. Wie die Pflanze Borsten ausbildet gegen ihre Angreifer, die

Brennnessel Giftcapseln, so hat im Banne biologischer Gesetze auch der grosse Organismus Mensch sich seine Schutzregulierungen gebildet, Auge in Auge mit Angriffen, die aus dem Milieu seines eigenen Wachstums hervorgingen.

Tief in den Anfängen der menschlichen Culturentwickelung steht eine ungeheure That, – eine Schutzanpassung ersten Ranges für das Gedächtnis: die Erfindung der Schrift. [...] Die Schrift, das Buch war eine Entlastung für das Gedächtnis des Individuums. Alles, was im Buche stand, war aus dem Gehirn herausprojiciert, es konnte, solange das Buch zur Hand war, fehlen. Es war im Gedächtnis um so viel disponibler Raum geschaffen, als das Buch an Geistesgehalt umschloss. Der positive Fortschritt beruhte dann auch hier, wie zumeist bei den Werkzeugen, in der socialen Verwertbarkeit. Ein und dasselbe Buch konnten viele Menschen benutzen. Vor allem: es konnten es viele Generationen nacheinander benutzen; es überwand den Tod der Individuen im geistigen Gesamtorganismus der Menschheit. Je höher die Menschheit gestiegen ist, desto entscheidender ist die Rolle des Buches für sie geworden. Ohne sie wäre ihre kolossale einheitliche Wissensanhäufung gar nicht möglich gewesen; ohne sie ertrüge aber auch wieder unser gesamter disponibler Gehirnstoff dieses Wissen gar nicht. Alle unsere Bibliotheken sind Entlastungen dieser Hirne, – furchtbarer Gedanke, dass alles, was darin steht, heute von den paar Millionen lebender Culturmenschen körperlich getragen werden müsste! Ein wahres Prachtstück nach aussen projicierten Durchschnittsgedächtnisses (wie es ohne Buch für den Notbedarf jedes Gebildeten heute schon unerlässlich wäre) bildet das Conversationslexikon, das in diesem Sinne biologisch als eine der gelungensten, grossartigsten Gehirnentlastungen gelten kann, die dem Organismus Menschheit geglückt ist. [...]

Ich meine nun, es sei der Grundpfeiler alles höheren Schulunterrichts, dass er zum Lesen erzieht. Es ist wahrlich kein Zufall, dass die Ur- und Grundform, mit der noch heute die Schule einsetzt, „Lesen und Schreiben" ist. In diesen zwei Wörtchen steckt aber in nuce auch alles Weitere schon, was die Schule bis zu ihrem Gipfel beizubringen hat. Denn die kleine mechanische Sache der Buchstabenaneignung im Fibellesen und Tafelschreiben ist thatsächlich ja nur eine kleine erste Stufe. Erst Stufe um Stufe darüber kommt im geistigen Tiefensinne das eigentliche Schreiben- und Lesenlernen des Menschen, das, was ihn befähigt, nicht bloss mit der Hand und dem Auge, sondern mit dem Gehirn wirklich zu lesen und zu schreiben. Hier erst setzt die eigentliche Bildung ein, also das, was die höhere Schule vermitteln will. [...]

Hierzu tritt mir nun eine zweite Erfahrung. Eine ganze Masse junger Leute absolviert heute ein vollständiges Gymnasium, eine vollständige Realschule und hat doch in all den Jahren niemals Sinn und Fähigkeit dafür bekommen, wirklich Bücher allein zu lesen. Von vielen Lehrern wurde gewütet gegen jede Privatlectüre. Sie vergifte bis ins Mark, mache oberflächlich, entfremde der Schule. Zum Ueberdruss ist mir gesagt worden: Du gehst am Lesen zu Grunde. Glänzende Musterschüler, das ist wahr, erlebte ich vielfach, die nie lasen, nie ans Lesen gekommen sind, ihr Leben lang auch später nicht gewusst haben, was ein Buch ausserhalb der im Brotfach nötigen überhaupt soll; gebildete Menschen wurden sie trotz gehäufter Bildungstitel nicht. Immer, in unserem ganzen Bildungsleben, lässt sich ein deutlicher Schnitt unabhängig von aller Carrière, allen Examina, allen Titeln ziehen zwischen den Menschen, die lesen gelernt haben im höheren Sinne, für die das „Buch" als integrierender Existenzteil besteht, – und den Nichtlesenden. Thatsächlich enthalten aber unsere höheren Schulen, auch wo jene borniert Schulmeisterwut gegen Privatlectüre nicht besteht, schlechterdings keine Handhabe, hier einzugreifen. Denn zum Lesen erziehen heisst eben nach ihrer Methode überhaupt nicht: erziehen. Und doch bedarf es dieser Erziehung zum Buch. Von selbst kommt das nicht. Wenn eine Schule zum „Gebildeten" machen will, so ist hier gerade ihre erste Aufgabe. Man muss an unsere Familienerziehung denken, wie sie im Durchschnitt ist. Sie erzieht in neunundneunzig Fällen selber nicht zum Lesen. Also ist es Aufgabe der Schule. Es ist eine naive Frage: Was soll man denn da erziehen? Lesen ist eben dann lesen, wozu noch eine Schule? Jene Ungezählten, die nie lesen können, sind die Antwort. Die Schule soll auf den Geschmack am Lesen bringen, soll die Augen langsam dafür öffnen, soll die Bahn aufschliessen. Sie soll ernst lesen lehren. Sie soll eine Kenntnis des Materials geben. Statt den Schüler sein Gedächtnis zu Schanden ochsen zu lassen, soll sie ihm zeigen, wo das grosse, stets bereite Gedächtnis der Menschheit zu finden ist, wie es zu benutzen ist, wie man darin nachschlägt, wie man sein Gehirn langsam, durch Oefterlesen, auch auf diesem Wege zu gewissem Selbstaneignen bringt, wie aber die Hauptsache die Uebersicht ist, wo jeder Zeit etwas wieder zu finden sei. Mit ganz leichten Sachen mag die Interpretation von Büchern in den unteren Classen beginnen. Wer aber die Schule oben verlässt, der muss geschult sein, auch wissenschaftliche Werke grösseren Stils lesen zu können und das wird die Basis seines Bildungslebens fortan sein. Die gemeinsame Lectüre von Büchern giebt Gelegenheit zu tausend Aussprachen. Für einen absolut Ungebildeten, wie es jedes Kind zunächst ist, ist das erste Buch schon, das er liest, in einer Art Fachsprache geschrieben, in der tausenderlei erst erklärt, erst gelernt werden will. Auf höheren Stufen wiederholt sich das dann immer wieder. Jede höhere Dichtung, jedes ernstere wissenschaftliche Werk erfordert neues Einleben in eine höhere Ausdrucksstufe, gleichsam wieder eine neue Fachsprache. Jahre, lange Jahre sind nötig, um da stufenweise heraufzuleiten. Aber es sind in jedem Bezug unendlich viel angenehmere Jahre, als jetzt. Während sie – was jede gut gewählte Lectüre nach meinen Erfahrungen eben von selbst thut, wenn sie gründlich ist – eine Masse wirklichen Wissensmaterials spielend fast überliefern würden, erweckten sie dabei doch nicht den Eindruck eines Angriffs auf die Gedächtnisfähigkeit, sondern umgekehrt einer Hilfe, einer Orientierung über den Weg, wo das Gehirn nach dem Princip des kleinsten Kraftmasses am bequemsten durch den „zähen Sauerteig" der Welt mit ihren tausend Eindrücken und Forderungen durchkommen kann. Schon in unserem heutigen Geistesleben ist praktisch überall merkbar, dass nicht die Summe des eingetrichterten Materials, das mechanisch Auswendiggelernte, den Ausschlag für die Leistung eines Menschen giebt; sonst wären die Glanznummern der Examina allemal die brauchbarsten Kräfte im geistigen Leben, was zu behaupten ein wahrhaft himmelschreiender Unsinn ist. Mehr und mehr entscheidend, selbst bis ins engste Gewebe der Fachwissenschaften hinein, wird in unserer Sintflut an Wissenmaterial die associative Fähigkeit, die Gabe der raschen Verknüpfung, Uebersicht, Orientierung, Ausbreitung, – das Associationsgedächtnis, möchte ich geradezu sagen, im Gegensatz zum Gedächtnis für unverknüpfte Realien. Diese Associativkraft ist es eben, die mit jenem ungeheuren Entlastungsapparat des Realgedächtnisses, dem nach aussen projicierten Material, erst ordentlich zu wirtschaften, die es als Entlastung zu benutzen, die sozusagen darauf wie auf einem Clavier zu spielen weiss. Nur wer sie in vollem Masse besitzt, der ist ein echt moderner Mensch [...]. Solche modernen Menschen soll uns aber die Schule in immer wachsendem Masse erziehen.

Ein Unterricht dieser Art mit dem Lesenlernen als Centralpunct würde in sich selbst eine ganze Reihe wichtiger Consequenzen zeigen. Wer systematisch in der Jugend auf ernstes, aufmerksames Lesen und Viellesen guter Sachen geschult wird, schult sich von selbst dabei auf einen bestimmten Sprachgeist ein. Niemals kann dieser Sprachgeist durch Auswendiglernen grammatischer Regeln erworben werden, er dringt in den empfänglichen Jahren nur intuitiv ein durch Lectüre gut geschriebener Bücher. Dieser Sprachgeist einmal angelegt, ist aber wieder der Vater des Gutschreibens, – also jener anderen Seite, die auch in jenem Ur- und Wurzelwort der Schule schon genannt ist. Nichts ist lehrreicher, als die absolut hilflose Lage unserer heutigen höheren Schule der Fähigkeit im Stil der eigenen Muttersprache gegenüber. Alle Vernünftigen sind sich einig, dass die jungen Leute haufenweise von Gymnasium und Realschule kommen und trotz ihres Examens einen wahrhaft barbarischen Stil schreiben, ja sich schriftlich geradezu überhaupt nicht ausdrücken können. So schreit denn alles nach mehr Sorge um den deutschen Aufsatz auf der Schule. Die Pädagogen aber gestehen, wenn sie ehrlich Farbe bekennen, dass sie mit allen verstärktesten Mitteln keine Handhabe finden, gerade auf diese Fähigkeit einzuwirken. Und es ist richtig so. Die ganze Grammatik- und Auswendiglernmethode unserer Schulen versagt eben hier vollkommen, – muss versagen, da es sich um eine intuitive Uebertragung handelt. Der einzige existierende Nährstoff für Sprachgefühl ist Lesen, nur Lesen. [...] Baut die Schule auf Lesenlernen auf, und ihr erhaltet das Sprachgefühl, den Stil ohne andere Arbeit als Uebung einfach mit in den Schoss, während mit der heutigen Schulmethode jeder Versuch, zum deutschen Aufsatz zu „erziehen", dem Experiment des Schildbürgers gleichwertig ist, der das Licht mit einer Mausefalle für das fensterlose Rathaus einfangen wollte.

Dieses intuitiv erworbene Sprachgefühl öffnet aber selber wieder die klarste Perspective über etwas im Schulunterricht, das im humanistischen Gymnasium ganz und in der „modern reformierten" Schule gangbaren Schlages immer noch zu drei Vierteln den Vordergrund beherrscht: die Behandlung fremder Sprachen. [...][772]

128. Robert Seidel: Die Handarbeit, der Grund- und Eckstein der harmonischen Bildung und Erziehung[773] (Rezension von Ladislaus Gumplowicz)

SM 1902, Nr. 2, S. 162 (Auszüge)

Das Thema, welches Robert Seidel behandelt, kann keinem Socialisten gleichgiltig sein. Die Altmeister des Socialismus, ein Fourier, ein Owen, ein Marx, haben mit Prophetenblick vorhergesagt, dass in einer freieren Zukunft die Arbeit das vornehmste Mittel des Unterrichts werden müsse. [...]

Heute kommt nun ein Schweizer Socialdemokrat, der zugleich ein erfahrener Schulmann ist, und verkündet der Laienwelt, dass die Zeit reif sei zur Verwirklichung jener Vorhersagen. Dem „geisttötenden Wortunterricht" gegenüber, belehrt uns Seidel, sei auch schon der blosse Anschauungsunterricht ein gewaltiger Fortschritt; aber der Anschauungsunterricht genüge nicht, denn durch unthätiges Anschauen allein lerne man das Wesen der Dinge nicht kennen.

[...] [N]ur durch Arbeit dringen wir in das Wesen der Dinge ein, nur der Arbeit erschliesst sich das Wesen der Dinge. Die Anschauung ist die Mutter der widersinnigen Glaubenssysteme, die Arbeit ist die Mutter der vernünftigen Wissenschaften."

Diese in ihrer etwas schroffen Fassung nur um so eindrucksvolleren Sätze mögen als Stichprobe dafür dienen, auf welche Art Genosse Seidel seine Forderung begründet: der Arbeitsunterricht solle nicht nur ein einzelner Lehrgegenstand unter mehreren anderen, sondern geradezu die Grundlage des gesamten Unterrichts sein. Abgesehen von den hygienischen und psychologischen Vorzügen einer solchen Lehrmethode – Vorzügen, welche Seidel sehr einleuchtend darlegt, – kommt auch in Betracht, dass ein solches Erziehungssystem sich in hohem Grade dazu eignet, die unselige Kluft zwischen Handarbeitern und blossen Theoretikern ausfüllen zu helfen, welche eines der schwersten Hindernisse für die Verwirklichung des Socialismus bildet.

Selbstverständlich kann aber keine Rede davon sein, die Schule zu einer Werkstatt oder Fabrik im capitalistischen Sinne umzugestalten. Mit Recht betont Seidel, dass ein von richtigen pädagogischen Grundsätzen geleiteter Arbeitsunterricht unmöglich „kaufmännisch gewinnbringend" sein könne. [...]

---

[772] In einem weiteren Aufsatz behandelt Bölsche speziell den Sprachunterricht. Vgl. Wilhelm Bölsche: Die Schule und die Sprache. *SM* 1901 Nr. 12, S. 982-985.

[773] Erschienen im Verlag von Richard Lipinski, Leipzig 1901. – Ladislaus Gumplowicz (1869-1942), 1898-1902 Studium in Zürich, gehörte zu den Theoretikern des österreichischen und deutschen Anarchismus, übernahm nach der Verhaftung Gustav Landauers 1893 die Redaktion der anarchistischen Zeitschrift *Der Sozialist* (1891-1899, 1909-1915), mehrfach in Haft.

129. Adolf Mannheimer: Die Bildungsfrage als sociales Problem[774] (Rezension von Chajm Schitlowsky)

SM 1902, Nr. 6, S. 481-483 (Auszüge)

Die Socialpädagogik erfreut sich in Deutschland in der letzten Zeit einer vielversprechenden Belebung. Die theoretischen Arbeiten eines Natorp und Bergemann und die praktischen Bestrebungen auf dem Gebiete der Volkshochschulbildung erwecken das Interesse weiterer Kreise. Auch die Schrift des Professor Mannheimer [...] verdient von allen gelesen zu werden, die sich mit diesem Gegenstande befassen wollen. Auf einem verhältnismässig kurzen Raum hat der Verfasser eine Menge orientierenden und belehrenden Materials aus der Geschichte, der Theorie und der Praxis zusammengetragen, um auf Grund desselben seine praktischen Vorschläge zu erörtern und zu unterstützen. [...]

Die geschichtlichen Skizzen, theoretischen Aperçus und praktischen Winke, die den Hauptinhalt des Buches ausmachen, bilden aber nicht seinen Hauptzweck. Dieser besteht vielmehr in der Beantwortung zweier Fragen, die in dem Vordergrund des Interesses stehen: Welche nicht bloss wirtschaftlich-nationale, sondern socialethische Bedeutung kommt der Volksbildung für Erwachsene zu, und ist diese geeignet, die socialen Gegensätze zu überwinden? Die erste Frage wird dahin beantwortet, dass die Volkshochschulbildung, verbunden mit einer planmässigen, voraussetzungslosen Darbietung aller Kunstgenüsse durch Theater, Museen, Vorträge und Litteratur, eine eminente socialethische Bedeutung erlangen kann, wenn durch den dargebotenen Stoff eine Gemeinschaft der Bildung erzeugt wird, die ebenso normativ auf die Anschauungen und Bestrebungen des Volkes einwirkt, wie Sitte, Sittlichkeit und Recht. Dazu muss der dargebotene Inhalt nicht nur den Intellect ausbilden und ergötzen, nicht nur das Wissen bereichern, sondern durch eine wissenschaftliche Welt- und Lebensanschauung den Willen bestimmen. Die Volksbildung soll „willenerzeugend und willenbeschränkend" wirken. „Die allgemeine Bildung soll ... das Bewusstsein von dem eigenen Wert, dem Zusammenhang mit der Gesellschaft und der Gesellschaft mit der Welt herstellen ... Die Naturkunde soll die Verkettung der Naturcausalität, ihre strenge Gesetzmässigkeit zeigen, die Staatslehre den Blick auf die höhere Gemeinschaft lenken, die Geschichte die sittlichen und wirtschaftlichen Kräfte der Menschheit erkennen lassen, die Philosophie soll ein Streben nach selbständiger Welt- und Lebensanschauung herstellen. ... Die Bildung soll eine freudige Hingabe an die höheren humanen und socialen Normen erzielen ... eine Selbstbesinnung auf das, was dem einzelnen und dem Ganzen not thut. Sie muss den einzelnen dazu führen, dass er die Gesamtheit als die höhere Willensgemeinschaft erkennt, welcher er einen Teil seines Privatinteresses opfern muss." (pag. 155.)

---

[774] Erschienen im Verlag von Gustav Fischer, Jena 1901. – Chajm Schitlowsky publizierte in den *SM* auch zu philosophischen und allgemeintheoretischen Themen. Weitere Angaben konnten bislang nicht gefunden werden.

Ein socialistischer Leser müsste aus dieser schönen Stelle den Schluss ziehen, dass auf solchem Wege eher eine Verschärfung, als eine Milderung der socialen Gegensätze und Kämpfe erzielt werden müsse. Denn sobald der Arbeiter, wirklich von seinem eigenen Wert durchdrungen, die sittlichen und wirtschaftlichen Kräfte der Menschheit richtig kennen lernen wird, wird er schon herausfinden, „was dem einzelnen und dem Ganzen not thut": der Socialismus. Und da die „willenerzeugende" und „willenbeschränkende" Welt- und Lebensanschauung auch seine Opferfreudigkeit für die Gesamtheit hervorrufen wird, so müsste sein Kampf für den Socialismus ein viel energischeres Tempo anschlagen, als dies bis jetzt der Fall gewesen. Jedoch so hat das der Verfasser nicht gemeint. Er ist vielmehr der Ueberzeugung, dass die Einsicht in die Gesetzmässigkeit des socialen Lebens, den „Idealismus und Utopismus" der Massen und somit ihren Ungestüm dämpfen wird. „Idealismus und Utopismus setzen das Vollkommene als wirklich, während es doch nur in der Idee existiert und als nur im Laufe einer Entwickelung von unendlich (!) langer Zeit gedacht werden kann". (pag. 91) Er erblickt auch die sänftigende Wirkung der Volksbildung darin, dass sie die ökonomischen Motive, die bekanntermassen die Arbeiter zum Classenkampf anspornen, durch idealistischsittliche Momente beschwichtigt.

Mich will es bedünken, als ob dieser Calcül auf einem argen Missverständnis beruht. Gewiss ist das „Vollkommene" nur als Resultat unendlich langer Entwickelung denkbar. Und würde es sich beim Socialismus um den idealen Zustand der Menschheit, um den chiliastischen Traum der „Vollkommenheit" handeln, so könnte seine Aussichtslosigkeit gar leicht erwiesen werden. Beim Socialismus handelt es sich aber nur um die Abschaffung einer veralteten gesellschaftlichen Organisationsform und die Einführung einer neuen, die vielleicht als gesellschaftliche Organisationsform die bestmögliche ist. Dadurch wird der bescheidene Zweck erreicht, dass der Schmerz und der Irrtum, die aus einer unvernünftigen Gesellschaftsordnung herrühren, beseitigt werden. Weiter nichts. Bis zur „Vollkommenheit" ist noch ein langer Weg. Die Leiden, die dem Menschen auf Erden beschieden sind, die Unerreichbarkeit des „Vollkommenen", die Sterblichkeit, der ungestillte Drang nach der absoluten Wahrheit u.s.w., u.s.w., – diese menschlichen Leiden werden wohl niemals aufhören. Was aber aufhören soll und wird, das sind nicht die menschlichen Leiden, sondern die Qualen des Arbeiters, des Producenten, des Unterthanen, des Zurückgesetzten, der Hunger und das moralische Elend. Dazu braucht man wahrlich keine „Entwickelung von unendlich langer Zeit", sondern dies könnte schon morgen geschehen, wenn die Mehrheit des Volkes socialistisch gesinnt wäre und die nötige Opferfreudigkeit an den Tag legen würde.

130. Bruno Borchardt: Die Stellung der Socialdemokratie zu den höheren Schulen[775]

SM 1903, Nr. 3, S. 206-213 (Auszüge)

In Bezug auf die Stellung, welche wir zu den höheren Schulen einnehmen sollen, herrscht in unseren Reihen eine Unbestimmtheit, welche zwar aus der Geschichte und dem Wesen der Socialdemokratie zu begreifen, aber doch einer grossen politischen Partei, die einen massgebenden Einfluss auf alle Gebiete des öffentlichen Lebens auszuüben beansprucht, nicht würdig ist. Ich meine hier nicht den Umstand, dass gegenüber concreten Forderungen bezüglich der höheren Schulen, etwa einer Erhöhung des Schulgeldes oder der Lehrergehälter, unsere Genossen in den Gemeindevertretungen verschiedener Städte einen völlig entgegengesetzten Standpunct einnehmen, wie zum Beispiel unsere Genossen in der Berliner Stadtverordnetenversammlung der Erhöhung des Schulgeldes zugestimmt haben und sogar eine noch weiter gehende Erhöhung fordern, während in dem benachbarten Charlottenburg gleichwie in Frankfurt am Main die unserer Partei angehörigen Stadtverordneten sehr energisch gegen eine Erhöhung des Schulgeldes für die höheren Schulen aufgetreten sind. Ein derartig verschiedenes Verhalten kann sich sehr wohl aus verschieden gestalteten Verhältnissen der in Frage kommenden Communen erklären [...]. Wie ein solcher Vorgang bei einer durchaus klaren und gefestigten Grundanschauung möglich ist, so wird auch bei scheinbar gleichartigen Fällen in verschiedenen Communen ein verschiedenes Verhalten socialdemokratischer Vertreter bei durchaus gleicher Grundanschauung geboten sein. Das Bedenkliche bei dem Verhalten mancher unserer Parteigenossen dem höheren Schulwesen gegenüber liegt vielmehr in dem Umstande, dass sich darin der Mangel einer gemeinsamen Grundanschauung zeigt. Die socialistische Weltanschauung hat in ihren Anhängern wohl ein mehr oder minder unklares Bild einer zukünftigen idealen Gestaltung des höheren Bildungswesens erzeugt, aber feste Grundlinien für das Verhalten gegenüber den gegenwärtig bestehenden höheren Schulen und für die Mitarbeit an ihrer Ausgestaltung und Weiterentwicklung hat sie nicht geschaffen. Es geht das sehr deutlich daraus hervor, dass unsere Genossen zu ihrer oft erstaunlichen Haltung bei den einzelnen Fragen nicht durch die Besonderheit derselben durch die Rücksicht auf die gesamte Lage des Haushalts veranlasst werden, sondern dass sie sogenannte *principielle* Gründe anführen. Allerdings habe ich bei dieser gleichgiltigen, um nicht zu sagen feindseligen Stellung gegenüber den höheren Schulen noch niemals einen Grund gehört, der mit den socialistischen Grundanschauungen irgend etwas zu tun hätte. Man argumentiert vielmehr, dass wir als eine Arbeiterpartei lediglich die Interessen der Arbeiter zu vertreten hätten, für welche die höheren Schulen nicht in Betracht kämen, diese seien vielmehr nur

---

[775] Bruno Borchardt, Pseudonym Karl Wernher (geb. 1859), Physiker, Pädagoge, sozialdemokratischer Publizist, Mitarbeiter der *SM*, in mehreren Jahrgängen zuständig für naturwissenschaftliche Fragen im Rundschauteil der Zeitschrift.

Schulen für die besitzenden, privilegierten Classen, in gewissem Sinne Luxusschulen, und es sei daher geboten, dass die Reichen, welche sich den Luxus des Besuchs der höheren Schulen für ihre Kinder gestatten wollen, diesen Luxus bezahlen, die Schulen aus eigenen Mitteln erhalten. Keineswegs sei es richtig, durch Aufwendung öffentlicher Mittel den Besitzenden die Lasten für diesen Luxus abzunehmen oder gar die öffentlichen Aufwendungen für diese Schulen noch zu erhöhen. Sehr deutlich zeigte sich das zum Beispiel auf der socialdemokratischen Gemeindevertreterconferenz des Herzogtums Braunschweig, wo eine Resolution gefasst wurde, in welcher den Socialdemokraten die Verweigerung sämtlicher Mittel für die höheren Schulen zur Pflicht gemacht wurde. Auch in unserem Communalprogramm für Braunschweig hat dieser Gedanke Ausdruck gefunden.

Im allgemeinen sind unsere Communalprogramme in Bezug auf das höhere Schulwesen entsprechend der in unseren Reihen herrschenden Unklarheit ausserordentlich dürftig. Das für die gesamte Partei massgebende Erfurter Programm enthält unter den aus unseren Grundsätzen sich ergebenden nächsten Forderungen in Bezug auf die höheren Schulen nur einen Satz [...]: „Unentgeltlichkeit des Unterrichts, der Lehrmittel und der Verpflegung in den öffentlichen Volksschulen, sowie in den höheren Bildungsanstalten für diejenigen Schüler und Schülerinnen, die kraft ihrer Fähigkeiten zur weiteren Ausbildung geeignet erachtet werden." In dem vorher in der Partei geltenden Gothaer Einigungsprogramm hiess es allgemeiner: „Unentgeltlicher Unterricht in allen Bildungsanstalten.".[776]

In seinem bekannten *Programmbrief* vom Jahre 1875 sagt Karl Marx in Bezug hierauf: „Wenn in einigen Staaten der letzteren (der Vereingten Staaten) auch höhere Unterrichtsanstalten *unentgeltlich* sind, so heisst das factisch nur, den höheren Classen ihre Erziehungskosten aus dem allgemeinen Steuersäckel bestreiten."[*] Dieser Einwand von Marx scheint für die in Erfurt gewählte Fassung massgebend gewesen zu sein. Der Redner der mit der Vorberatung des Programmentwurfs beauftragten Commision, Liebknecht, führte hierüber aus: „Was nun das Schulwesen betrifft, so war es bei Feststellung unseres Programmentwurfs eine Streitfrage, die uns längere Zeit beschäftigte, ob wir nicht aussprechen sollten, dass der Unterricht und die Lehrmittel in allen Schulen, bis zu den höchsten, bis zur Universität, unentgeltlich sein sollen. Zum Teil mit Rücksicht auf die bezüglichen Ausführungen der Programmkritik von Karl Marx, der hervorhob, dass dadurch nur für die Bourgeoisie, für die Besitzenden, ein Vorteil geschaffen würde, weil der Arbeiter unter den heutigen Verhältnissen seine Kinder nicht in höhere Schulanstalten schicken kann, haben wir uns aber zu einer Einschränkung entschlossen und fordern nur die Unentgeltlichkeit des Unterrichts und der Lehrmittel in den öffentlichen Volksschulen.... Für sich selbst spricht unsere weitere Forderung, dass diejenigen Kinder, welche besondere Anlagen zeigen und bei der Prüfung sich als fähig für

---

[776] Siehe Einleitung, Kap. 2.2.1.

[*] Vergl. Karl Marx: *Zur Kritik des socialdemokratischen Parteiprogramms. Die Neue Zeit*, 1890-91, I. Bd., pag. 574.

den Besuch höherer Schulen – Fach- und anderer Schulen – erweisen, ähnlich, wie es in verschiedenen Staaten von America jetzt schon eingeführt ist, in den höheren Schulen unentgeltlich unterrichtet und verpflegt werden."**

Bekanntlich wurde der von der Programmcommission unterbreitete Entwurf ohne weitere Discussion einstimmig angenommen. Die dort für die höheren Schulen ausgesprochene Forderung ist dann später meist in derselben Fassung in einige Communalprogramme übergegangen, nämlich in diejenigen für Brandenburg, Braunschweig und Sachsen, während in denen für Schleswig-Holstein und Hamburg Unentgeltlichkeit des gesamten Unterrichts, also auch in den höheren Schulen, verlangt wird. In Braunschweig wird hieran, wie schon gesagt, noch die Forderung angeschlossen: „Abschaffung aller Aufwendungen für höhere Bildungsanstalten, die solche Ausbildung (nämlich unentgeltliche von fähigen Schülern und Schülerinnen der Volksschulen) nicht ermöglichen."

Liebknecht fügte seinen oben citierten Worten hinzu: „Mit diesem Zusatz ist unser Schulparagraph so formuliert, dass er auch den weitestgehenden Anforderungen Rechnung trägt, ohne in phantastische Ueberschwänglichkeiten zu verfallen und den Boden der realen Verhältnisse zu verlassen."

Es ist Liebknecht darin beizupflichten, dass die Forderung der Unentgeltlichkeit des gesamten Unterrichts auch in den höheren Schulen bis zu den Universitäten eine für die augenblicklichen Verhältnisse durchaus nicht passende *phantastische Ueberschwänglichkeit* wäre. Leider aber sind nun viele unserer Genossen in das entgegengesetzte Extrem verfallen, die höheren Schulen bis auf weiteres als einen zu bekämpfenden oder doch uns nicht interessierenden Luxus anzusehen.

Nun ist es zunächst nicht einmal wahr, dass die höheren Schulen lediglich Schulen für die Reichen sind. Der unausgesetzte Kampf der Arbeiterclasse hat zu einer Vorbedingung des schliesslichen Erfolges doch auch die Hebung der Arbeiterclasse selbst während des Kampfes und durch denselben. Wäre das nicht der Fall, so müsste man an grundlegenden und dauernden Erfolgen, an jeder Möglichkeit der socialistischen Umgestaltung der Gesellschaft geradezu verzweifeln. Die Tatsachen beweisen jedoch das Gegenteil. Die Arbeiterclasse steht heute in ihrer Gesamtheit physisch und geistig auf einer bedeutend höheren Stufe, als vor einem Menschenalter. Der besser gelohnte Teil der Arbeiter setzt ebenso wie der kleine Bürger einen Ehrgeiz darin, seinen Kindern eine möglichst gute Schulbildung zukommen zu lassen. Die Arbeiterclasse ist ja nicht eine undifferenzierte Masse, die unterschiedslos im Elend versunken ist und immer mehr darin versinkt, wir bemerken vielmehr ein kräftiges Arbeiten für die Bessergestaltung des Lebens, verbunden mit einer Würdigung der höheren Bildung, die sich vielfach auch in dem opfervollen Bemühen zeigt, sie den Kindern zugänglich zu machen.

Nun kann man freilich mit einem Schein von Recht sagen, der Besuch von höheren Schulen durch Angehörige der Arbeiterclasse sei ein so geringer, dass er für die Gesamtheit der Arbeiter nicht ins Gewicht fällt. [...] Aber selbst, wenn die

---

** Vergl. *Protokoll über die Verhandlungen des Parteitags zu Erfurt*, pag. 352.

Behauptung in vollstem Umfange richtig wäre, selbst wenn es nicht einen einzigen Arbeiter gäbe, der unter grossen Opfern seinen Kindern eine höhere Schulbildung verschaffte, so wäre darum eine unfreundliche Stellung gegenüber den höheren Schulen seitens unserer Partei durchaus noch nicht gerechtfertigt. Freilich sind wir eine Arbeiterpartei. [...] In Wirklichkeit ist ja die Bevölkerung nicht so schroff in zwei Classen, Arbeitende und Besitzende, geschieden, wie es in der schematischen Darstellung leicht erscheint. Tausend Fäden ziehen sich von den einen zu den anderen und verbinden ihre Interessen oft unlöslich mit einander. [...] Ueber die Lebensbedingungen so zahlreicher Volksschichten dürfte auch eine reine Arbeiterpartei nicht einfach hinweggehen, oder sie verurteilte sich bei allen Fragen allgemeineren Interesses von selbst zu völliger Einflusslosigkeit. Wenn die socialdemokratische Partei die Interessen der Arbeiter allen anderen voranstellt, so doch deswegen, weil sie in ihnen die allgemeinen erkennt, weil durch ihre Förderung die gesamte Culturentwickelung gefördert wird. Im allgemeinen Culturinteresse verdienen auch alle anderen Schichten der Bevölkerung, so weit sie eben nicht lediglich aus unnützen Drohnen bestehen, weitestgehende Berücksichtigung, und eine Arbeiterpartei hat nur dafür zu sorgen, dass diese Berücksichtigung nicht auf Kosten der für die allgemeine Weiterentwickelung wichtigeren Interessen der Arbeiter geschieht.

In Bezug auf die Schule könnte davon nur die Rede sein, wenn die Volksschule gegenüber den höheren vernachlässigt würde. Das ist allerdings vielfach der Fall. Wenn zum Beispiel in Charlottenburg auf die Ausbildung eines Gemeindeschülers durchschnittlich im Jahre 1901-1902 von der Gemeinde 93 Mark verwendet wurden, während jeder Schüler der Oberrealschule nach Abzug des Schulgeldes die Gemeinde noch 150 Mark kostete, jeder Schüler des Realgymnasiums sogar 162 Mark, so ist freilich klar, dass die Gemeindeschule recht stiefmütterlich bedacht wird. Die logische Forderung, die sich hieraus ergibt, scheint mir aber nicht zu sein: Erschwerung des Zugangs zu den höheren Schulen durch Erhöhung des Schulgeldes, Herabdrückung des Gemeindezuschusses – was nebenbei bemerkt nicht einmal erreicht wird, wenn die Frequenz sinkt –, sondern: Erhöhung des Aufwands für die Volksschule. Lässt man sich die dauernde Hebung dieser letzteren angelegen sein, so kann in der Förderung des höheren Schulwesens nichts gefunden werden, was den Interessen der Arbeiter zuwiderläuft.

Dazu kommt noch ein anderes. Die höhere Bildung macht einen integrierenden Bestandteil unserer gesamten Cultur aus, und deshalb hat auch die Arbeiterclasse ein sehr wesentliches Interesse daran, diese Bildung auf alle mögliche Weise zu fördern. Denken wir doch nur an die Consequenz des Standpunctes unserer Braunschweiger Genossen. Auch die technischen Hochschulen und die Universitäten werden nicht von Angehörigen der Arbeiterclasse besucht. Sollen auch hierfür die Mittel von unseren Vertretern in den Landtagen verweigert werden? Wenn es uns gelänge, erhebliche Abstriche an den Etats der Hochschulen durchzusetzen, so würde die gesamte geistige Cultur auf ein tieferes Niveau herabgedrückt werden. Gewiss ist es wahr, dass die höhere Geistescultur zunächst und unmittelbar denen zu gute kommt, die sie pflegen, also den Angehörigen der besser situierten Classen. Aber an den Früchten dieser Cultur nimmt das gesamte Volk teil. Ganz abgesehen von dem unmittelbaren Einfluss wissenschaftlicher und technischer Fortschritte auf unser aller Leben, wächst zweifellos mit einer gesunden Bildung auch das Verständnis für die Bedeutung socialer Reformen. Wo soll übrigens ein Verständnis für die Wichtigkeit der Verbreitung allgemeiner Bildung, also der Hebung der Volksschulen, herkommen, wenn die höhere Geistescultur vernachlässigt wird? Derartiges kann wohl einmal gelegentlich jemand in verblendetem Parteifanatismus verlangen, aber es ist ganz unmöglich, solche Grundsätze in der Praxis zu betätigen. Die schädigende Rückwirkung auf die Volksbildung würde sich alsbald mit Notwendigkeit zeigen. Bei aller Gegensätzlichkeit der verschiedenen Bevölkerungsclassen ist in Bezug auf die Förderung der Bildung das Interesse der gesamten Nation ein einheitliches. Daher dürfen wir uns den höheren Schulen gegenüber auch nicht auf den banausischen Standpunct stellen, dass sie uns nichts angehen, wir haben vielmehr aus allen Kräften an ihrem Ausbau mitzuarbeiten; namentlich in der Richtung müssen wir uns bemühen, die höheren Schulen weiteren Kreisen leichter zugänglich zu machen. [...]

Natürlich war auch Marx nicht der Meinung, dass wir eine allgemeine Gleichheit in der Unbildung oder mangelhaften Bildung zu erstreben haben. In dem Gothaer Einigungsprogramm stand vor der Forderung der allgemeinen Schulpflicht und des unentgeltlichen Unterrichts in allen Bildungsanstalten als eine der zu fordernden Grundlagen des Staates: „Allgemeine und gleiche Volkserziehung durch den Staat". Hierzu bemerkt Marx: „Gleiche Volkserziehung? Was bildet man sich unter diesen Worten ein? Glaubt man, dass in der heutigen Gesellschaft – und man hat nur mit der zu tun – die Erziehung für alle Classen gleich sein kann? Oder verlangt man, dass auch die höheren Classen zwangsweise auf das Modicum Erziehung – der Volksschule – reducirt werden sollen, das allein mit den ökonomischen Verhältnissen nicht nur der Lohnarbeiter, sondern auch der Bauern verträglich ist?"

Nach der citierten Stelle folgt seine Bemerkung über die allgemeine Schulpflicht und den unentgeltlichen Unterricht, und dann heisst es: „Der Paragraph über die Schulen hätte wenigstens technische Schulen – theoretische und praktische – in Verbindung mit der Volksschule verlangen sollen."

In der in diesem Satz angedeuteten Richtung sind lediglich die Hamburger Genossen vorgegangen; in ihrem Communalprogramm wird gefordert: „Schaffung eines einheitlichen Schulorganismus. Allgemeine Volksschule mit obligatorischem Besuch der Unterclassen für sämtliche Kinder. Organische Angliederung der höheren und Fachschulen an die Volksschule."

Dies scheint mir auch der richtige Weg, auf welchem wir vorgehen müssen und Erfolge erzielen werden. Ueber die Frage eines einheitlichen Unterbaus des gesamten Schulunterrichts herrscht in unseren Reihen völlige Uebereinstimmung. Wir begegnen uns da mit einer Reihe der hervorragendsten Pädagogen, welche den Unterbau unserer höheren Schulen, speciell der Gymnasien und Realgymnasien, für völlig verkehrt halten und ihm die Hauptschuld bei dem geringen Erfolg dieser Anstalten beimessen. [...][777]

Namhafte Pädagogen unterstützen unsere Forderung, dass der höhere Schulunterricht frühestens mit dem zwölften Jahre beginnen dürfe, bis dahin aber ein allgemein gleicher Unterricht zu erteilen sei.

Im Erfurter Programm heisst es als Forderung lediglich: „Obligatorischer Besuch der öffentlichen Volksschule". Wie lange dieser obligatorische Besuch dauern soll, ist nicht gesagt. In dieser Form ist die Forderung in mehrere Gemeindeprogramme übergegangen. Nur das Hamburger Programm gibt etwas Näheres, nämlich: „Allgemeine Volksschule mit obligatorischem Besuch der Unterclassen für sämtliche Kinder". Aber auch hier ist nicht gesagt, ob unter diesen Unterclassen drei oder sechs Classen zu verstehen sind. Da die Volksschule nur siebenclassig ist, ist wohl das erstere gemeint. Dann aber liegt in der Forderung nicht die einer Umgestaltung der höheren Schulen, sondern lediglich die nach der Beseitigung der sogenannten *Vorschule* zu denselben. Während diese in Süddeutschland schon ganz allgemein verschwunden ist, so dass dort die Forderung des Besuchs der Volksschule von allen Kindern wenigstens einige Jahre hindurch bereits fast vollständig durchgeführt ist, bestehen in Norddeutschland fast überall an den höheren Lehranstalten, wenigstens soweit Gymnasien und Realgymnasien in Betracht kommen, besondere Vorschulen, in denen die Kinder in einem dreijährigen Cursus vorbereitet werden. Selbst auf den besten Volksschulen in Preussen dauert diese Vorbereitung 3½ bis 4 Jahre. Zunächst zeigt dieser Umstand, wie sehr die Volksschulen in Preussen in ihren Leistungen hinter sehr mässigen Forderungen noch zurück sind. Aber vielfach wird an diesem Unterschied der Leistung der Volksschule und der Vorschule gerade aus dem Grunde festgehalten, um die Vorschule am Leben zu erhalten. Von den Verteidigern der Vorschule hört man – das ist nicht etwa ein Scherz – als Grund anführen, die Kinder der besser situierten Classen seien auch von vornherein die begabteren, sie bringen von Haus aus einen grösseren Fonds und grössere Bildungsfähigkeit mit, so dass es sich nicht empfehle, sie mit den Arbeiterkindern in dieselbe Schule zu schicken; sie seien eben dazu prädestiniert, in drei Jahren zu lernen, was jene erst in 3½ bis 4 Jahren zu lernen vermögen. Dass die den Schulleuten bekannten Tatsachen diese Behauptungen Lügen strafen, braucht hier wohl nicht erst näher ausgeführt zu werden. In Wirklichkeit stellen die Vorschulen reine Privilegienschulen der besser situierten Classen dar, deren Aufrechterhaltung um so schlimmer und verwerflicher ist, als sie die Hauptschuld an der Vernachlässigung der Volksschule trägt. Gelingt es, die Vorschule zu beseitigen, so werden die besitzenden Classen, die infolge des Dreiclassenwahlsystems in den Communen das Heft in Händen haben, der Volksschule, die erst dann eine allgemeine sein kann, eine grössere Aufmerksamkeit und reichlichere Mittel zuwenden.

---

[777] Diese These wird im nachfolgenden Text statistisch unterlegt.

Mit der Beseitigung der Vorschule kann aber unser Streben auf dem Gebiet des höheren Schulwesens nicht erschöpft sein, wir müssen auf einen organischen Zusammenhang der Volksschulen mit den höheren Schulen dringen. Zwischen der Volksschule und den Gymnasien resp. Realgymnasien steht heute die lateinlose sechsclassige Realschule, die der Volksschule gegenüber als höhere Schule gilt, den Gymnasien gegenüber als niedere, weil auf ihr keine alte Sprache gelehrt wird. Die untersten Classen dieser Realschule müssen mit den obersten Classen der Volksschule zusammenwachsen und alsdann die gemeinsame Grundlage abgeben, auf der sich die höheren Schulen der verschiedenen Art aufbauen.

Eine solche Entwickelung entspricht nicht etwa meinem Ideal der späteren Gestaltung unserer Schulen – ich hoffe vielmehr, dass der Handfertigkeitsunterricht, die Ausbildung von Auge und Hand, das damit verbundene Wecken der Beobachtung das Lesen und Schreiben aus dem Mittelpunct des Unterrichts in den ersten Jahren verdrängen wird. Aber an derartige umgestaltende Aenderungen kann erst gedacht werden, wenn sie im Kreise der Schulmänner sich zahlreiche Freunde und Fürsprecher erworben haben, was bis heute erst ganz vereinzelt der Fall ist. Ueber die Durchführbarkeit und Nützlichkeit einer einheitlichen Gestaltung des Unterrichts bis zum zwölften Jahre dagegen sind sich die Fachleute zwar nicht vollständig einig – das kommt bei einer geplanten Reform ja niemals vor, sondern immer erst nach ihrer Durchführung –, aber unüberwindliche technische Schwierigkeiten stehen ihr keinesfalls im Wege. Es wäre deshalb wünschenswert, wenn diese Forderung überall erhoben werden würde und auch ihren programmatischen Ausdruck fände.

Ueber ihre Durchführung in nächster Zeit wollen wir uns jedoch keiner Täuschung hingeben. Einerseits ist der Reformeifer unserer Gemeinden überhaupt nicht sehr gross, andererseits sind sie bei durchgreifenden Reformen im Schulwesen auch an die Zustimmung der Staatsbehörden gebunden. Wir werden damit rechnen müssen, dass, abgesehen vielleicht von der Abschaffung der Vorschulen und der damit verbundenen Hebung der Volksschulen, in der Organisation unserer höheren Schulen noch auf lange hinaus nichts Wesentliches geändert wird. Aber auch unter diesen Umständen können wir sie nicht einfach als Classenschulen ablehnen, unsere selbstverständliche Losung muss vielmehr sein: Möglichste Erleichterung der Bildung!

131. Ellen Key: Das Jahrhundert des Kindes[778] (Rezension von Wally Zepler)

SM 1903, Nr. 4, S. 281-284

Ellen Keys Persönlichkeit ist fraglos eine der interessantesten unter den hervorragenden weiblichen Individualitäten unserer Tage. Sie ist eine der immer noch seltenen Frauen mit wirklich weitem Blick und geistig scharf umrissenen Zügen und deshalb eine der wenigen, deren Stimme in dem modernen Geisteschor auch aus-

---

[778] Deutsche Erstausgabe, übersetzt von Francis Maro, S. Fischer, Berlin 1902. Vgl. auch Dok. 52.

serhalb der Frauenwelt vielseitigen und kräftigen Widerhall wecken konnte. Es gibt ein paar unter ihren früheren Essays, die das specifisch Moderne im Empfinden nicht nur des Weibes, sondern überhaupt des hochcultivierten Menschen von heute mit einer Feinheit und Tiefe des Ausdrucks geben, der sich nur wenig anderes aus unserer Literatur vergleichen liesse.

Ihre neueste Artikelserie – denn das und kein Buch ist *Das Jahrhundert des Kindes* – steht nicht auf der gleichen Höhe. Wie immer bei ihr, so findet sich wohl auch hier, zerstreut in den einzelnen Essays, eine Fülle geistreicher Anregungen und fein beobachteter Züge aus menschlichem Seelenleben – aber das Ganze schliesst sich zu keinem einheitlichen Bild zusammen. Mit Eigenem und Wertvollem ist viel Triviales gemischt; vor allem aber stösst man überall auf Widersprüche, so dass es schon eines leidlich mitdenkenden Lesers bedarf, Ellen Keys Worte auch nur immer scharf zu deuten und das Bild ihrer geistigen Persönlichkeit klar vor Augen zu behalten.

Was bedeutet der etwas seltsame Titel des Buches? „Ich hingegen bin überzeugt, dass alles nur in dem Masse anders wird, in dem die Menschennatur sich umwandelt, und dass diese Umwandlung sich vollziehen wird, nicht wenn die ganze Menschheit christlich wird, sondern wenn die ganze Menschheit zu dem Bewusstsein von der *Heiligkeit der Generation* erwacht. Dieses Bewusstsein wird das neue Geschlecht, seine Entstehung, seine Pflege, seine Erziehung zu der centralen Gesellschaftsaufgabe machen, um die alle Sitten und Gesetze, alle gesellschaftlichen Einrichtungen sich gruppieren werden, zu dem Gesichtspunct, aus dem man alle anderen Fragen beurteilen, alle anderen Entschlüsse fassen wird." Und weiter: „Diese neue Ethik wird kein anderes Zusammenleben zwischen Mann und Weib unsittlich nennen, als das, welches Anlass zu einer schlechten Nachkommenschaft gibt und schlechte Bedingungen für die Entwickelung dieser Nachkommenschaft hervorruft. Und die zehn Gebote über diesen Gegenstand werden nicht vom Religionsstifter, sondern vom Naturforscher geschrieben werden." – In diesen Worten, die wie ein Programm gleich im Beginn des Werkes stehen, liegt das Charakteristische in Ellen Keys Ehe- und Lebensauffassung und zugleich das gewollt oder ungewollt Uebertriebene. Ich glaube fast, gewollt Uebertriebene; denn auch, wer so fest wie sie auf die wirkende Macht geistig-ethischer Ueberzeugungen in der Zukunft baut, kann doch schwerlich im buchstäblichen Sinne meinen, dass jemals der Gedanke an eine möglichst glückliche Entwickelung ungeborener Geschlechter in die Liebesleidenschaft junger Menschen hineingreifen, sie dämpfen oder erblühen lassen werde! Ich nehme, wie gesagt, an, Ellen Key gibt hier nur absichtlich ihrem Gedankengang eine etwas crasse Form, um den eigentlichen Kern der Idee möglichst scharf herauszuheben. Und das ist wohl der Glaube oder, wenn man so will, die Hypothese, der Liebesinstinct künftiger Geschlechter werde sich mehr und mehr der Entwickelungsrichtung der Menschheit anpassen, sowohl in physischer, wie in geistiger und seelischer Hinsicht. Die Keime einer solchen Anpassung unseres erotischen Gefühls sind natürlich auch jetzt schon vorhanden. Auch heute schon tragen Kraft und Schönheit, ebenso wie Geistesstärke und Seelenadel, unter bestimmten Voraussetzungen dazu bei, Liebe auszulösen; in diesem Sinne dient also auch heute schon und diente wohl jederzeit der Liebesinstinct der Aufwärtsentwickelung der Menschheit. Ellen Key hat gewiss recht, wenn sie annimmt, dass mit dem Fortfall jedes äusseren Zwanges wie mit der Steigerung seelischer Sensitivität bei Mann und Weib weitere, in gleicher Linie wirkende Momente gegeben wären; aber sie übersieht auf der anderen Seite vollkommen die unendlich mannigfaltigen Triebkräfte und Hemmungen, die gerade mit der fortschreitenden Individualisierung, mit der Vertiefung der geistigen und seelischen Persönlichkeit, besonders des Weibes, auch dem entgegenwirken müssen. Sie übersieht die tausend Irrungen und Wirrungen der Seele, die Abwege und Wandlungen, ohne die kein hochdifferenzierter Mensch sich bis zur Höhe seines Lebens emporkämpft, die Macht der Sinnentriebe und all der dunkel treibenden Leidenschaften, vor deren elementarer Gewalt selbst die höchste sittliche Grösse so oft in nichts zusammensinkt. Kurz, was ich sagen will, ist dies: Der Menschheitszukunftstraum, den Ellen Key uns da entrollt, klingt ja recht gross und erhaben, er ist aus dem reichen und edlen Geiste einer Adelsnatur geboren; aber trotz seiner anscheinend naturwissenschaftlichen Basis bleibt er doch nichts, als ein idealer Traum, der mit Natur und wirklichem Leben nur äusserst wenig gemein hat.

Diesen ersten, an sich interessantesten Aufsätzen des Buches reihen sich einige Abhandlungen über Schule und Erziehung an. Was Ellen Key uns hier sagt, ist – mindestens teilweise – heute Allgemeingut in der Ueberzeugung vorgeschrittener Menschen. So ihre Anschauungen über die Unsinnigkeit der Schullehrpläne und vor allem über die Unfruchtbarkeit und Oede unserer Schulmethoden; so auch vieles von dem, was sie über häusliche Erziehung denkt, über die Verkennung kindlicher Ideen und Gefühle, die trotz aller Liebe so häufig zu jener inneren Fremdheit zwischen Eltern und Kindern führt, wie sie beinahe zum Kennzeichen moderner Zeit geworden ist, über die blinde Autoritätssucht vieler Eltern, die Verkehrtheit brutaler Strafmittel und manches andere mehr. In der Beobachtung und dem zarten Nachempfinden des kindlichen Gefühlslebens erweist sich auch hier wieder Ellen Key in hundert einzelnen Zügen als hervorragend feine Psychologin. Sie gehört, wenn der Eindruck ihrer Persönlichkeit auch nur annähernd ihrem tiefen Interesse und ihrem innigen Verstehen der Kindesseele entspricht, sicher zu den *geborenen Erzieherinnen*. Zu den *geborenen Erzieherinnen*, die – das möchte ich nun einmal auch ihr gegenüber behaupten - nicht immer durchaus die Mütter sind. Gerade der Name dieser nordischen Philosophin ist ja in letzter Zeit bei uns beinahe zum Wahlruf für alle die geworden, die da warnen vor der *missbrauchten Frauenkraft*. Für alle die zahlreichen hervorragenden Frauen, die, selbst an der Spitze der neuen Generation, aus den oft tragischen Lebenserfahrungen weiblicher Kämpferinnen den Schluss ziehen möchten, dass der ganze heisse Streit um innere Befreiung des Weibes sich nur um ein Phantom gedreht und das Weib zu wahrhafter seelischer Freiheit nur gelangen könne als Gefährtin des Mannes und vor allem als Mutter. Nun kann im Grunde gar nichts Müssigeres existieren, als ein Kampf um Anschauungen und Probleme, über die es schliesslich nur einen vorurteilslosen

Richter gibt – die Zukunft selbst. Aber wo so merkwürdige und crasse Widersprüche über diese Fragen sich geltend machen, wie – meinem Empfinden nach – auch wieder in dem neuesten Keyschen Werk, da liegt die Versuchung des Widerspruchs gegen jene Anschauungen doch gar zu nahe für den, der anders empfindet und urteilt.

Ellen Key – und das eben macht sie gerade zu der hervorragenden Verkünderin modernen Empfindens – wertet den Menschen nach der Grösse und Kraft seiner Persönlichkeit. Auch vom Weibe fordert sie vor allem dies: Höre auf, ein haltloses Kind zu sein, sieh mit denkendem Auge um dich, bilde deinen Geist, lerne Welt und Leben begreifen, kurz, werde zum Menschen, werde zu einer *Persönlichkeit*. Nur dann kannst du den Mann, den du liebst, auf freie Höhen tragen, statt mit ihm zugleich in der stumpfen Oede des Alltagsdaseins zu versinken, nur dann kann eurer Gemeinschaft ein seelen- und geistesstarkes Geschlecht entstammen – nur dann vor allem kannst du deinen Kindern wirklich Mutter sein. Auf der anderen Seite aber und neben dieser wiederholten Forderung scharf individueller Geistes- und Charakterprägung warnt Ellen Key die Frauen stets von neuem, ihre Lebensaufgaben draussen in der Welt, statt im Kreise des Hauses, zu suchen. Als Mutter sollen sie die Fülle ihres Wesens verströmen lassen, auf ihre Kinder sollen die reifen Früchte ihres geistigen Werdens fallen. Ich möchte gegenüber alledem nur eines fragen: Welch sonderbare Vorstellung hat eigentlich diese Denkerin von dem, was einen Menschen zu geistiger Beschäftigung drängt oder ihn gar zur Persönlichkeit stempelt? Wird man vielleicht schon zur Persönlichkeit, wenn man ein wenig in die Politik hineinguckt, von Kunst und socialen Fragen mitschwätzt und hin und wieder einen modernen Roman oder selbst ein gutes wissenschaftliches Werk zur Hand nimmt? Wenn das der Fall ist, dann gebe ich gern zu, die Mädchen könnten ruhig etwas mehr Zeit als früher auf ihre geistige Bildung verwenden, um schliesslich Idealfrauen und -mütter im Sinne dieses neuesten weiblichen Prophetentums zu werden. Denn Interessen, die nur Mittel zu bestimmten Zwecken, meinetwegen auch Vorbereitung für spätere Erziehungspflichten sind, die kann man allerdings genau in dem Rahmen halten, in dem sie am vollkommensten jenen Zwecken dienen; man kann sie beiseite legen und vorsichtig verwahren, solange die Kinder klein sind und ausschliesslich körperlicher Pflege bedürfen, und sie geschwind wieder aus der Tasche holen, wenn gerade Nachfrage danach herrscht. Mit solchen Interessen lässt sich alles machen, aus dem einfachen Grunde, weil sie gar keine Interessen sind. Wirkliche Interessen, solche, die aus dem tiefsten Innern quellen, die einen Menschen zu dem stempeln, was er persönlich ist, auf welchem Gebiete sie auch immer liegen mögen, die lassen sich nicht nach Belieben biegen oder brechen, die ordnen sich nicht dem Leben unter, sondern formen das Leben, die können niemals Mittel zu einem Zwecke, und sei es selbst dem höchsten, sein, sondern sie sind ewig Selbstzweck.

Entweder das eine oder das andere. Entweder glaubt man, es sollte auf der Welt am besten bleiben, wie es bisher war, die Frauen sollten im tiefsten Herzen Mütter bleiben, das heisst die Mutterschaft wie bisher zum Kern und Mass ihres Denkens werden lassen – dann spare man das tönende Geklingel der modernen Phrasen von eigener *Persönlichkeit* und *geistiger Selbständigkeit* des Weibes. Dann lasse man die paar hundert weiblichen Sonderlinge, die es dahin treibt, studieren, schreiben und malen, so viel sie irgend wollen, aber erziehe die anderen nach wie vor zum Glauben an das Wunder des Sichselbstvergessens in der Liebe und der Mutterschaft – ob dann die Mädchen in der Schule ein wenig Physiologie, Chemie und andere schöne Dinge anstatt der Handarbeiten lernen, das wird den Schwerpunct ihres Lebens gewiss nicht sonderlich verschieben. Oder aber, die Frauenbewegung ist in Wahrheit nur der Ausdruck tieferer wirtschaftlich-geistiger Strömungen, der Ausdruck einer beginnenden Erschütterung und Umwälzung des socialen Lebens, die bestimmt ist, auch auf die grundlegende sociale Einheit, die Familie, überzugreifen, dann fällt naturgemäss der ganze Ellen Keysche Idealbau in sich selbst zusammen. Dann wird zwar gewiss das allmächtige Gefühl der Mutterliebe noch immer in seiner Urkraft bestehen bleiben – genau wie der Instinct der Vaterliebe trotz aller Cultur- und Geistesarbeit des Mannes noch nicht erloschen oder nur gebrochen ist; aber Ehe und Mutterschaft wird dann vielleicht nicht mehr den einzigen Kern- und Angelpunct des Frauenlebens bilden können, wie er ihn durch Jahrtausende gebildet hat. Wir können sicherlich nicht wissen, ob innere Revolutionen solcher Art die zwingende Folge der gegenwärtigen mächtigen wirtschaftlichen Krisen sind; über eines aber muss man sich doch klar sein: dass eine Lösung der tausend Gebundenheiten des Lebens, wie sie das Weib bisher fesselten, sehr merkbare Wandlungen auch in Bezug auf den Ausdruck der Mutterschaftsempfindung mit sich bringen muss.

Alles, was man den Frauen als höchste Sittenlehre gab, gipfelte bisher in Selbstaufgabe; heute ist dieses Ideal in sein directes Gegenteil verkehrt; heute fordert man von ihnen Selbstbehauptung. Bisher verschloss man den sehnenden Blicken des Mädchens Wissen und Denken und alle lockenden Klänge des Lebens und der Leidenschaft; heute reisst man auch für die Frauen alle Dämme und Schranken des Erkennens nieder. Man lehrt sie, nach eigenen Werten und eigenem Mass zu messen, die Tiefe der Leidenschaft zu durchkosten und sich in freiem Kampfe den Stolz der Persönlichkeit und das Glück des Lebens zu erringen. Dabei soll keine wirtschaftliche Knechtung sie zur Unterdrückung ihres Innern, zur Unterwerfung in das Joch des Mannes treiben. Das alles fordert ja wohl Ellen Key und alle die, die ihren Glauben teilen; das alles müssen sie auch fordern, wenn sie *Persönlichkeiten* bilden wollen. Denn nicht ein paar armselige Wissensbrocken haben je einen Menschen zur Persönlichkeit gestempelt, sondern nur die durch eigenes Wagen und Wollen, durch eigenen Kampf und eigenes Leid mühsam errungene Lebenserkenntnis, die eigene Weltanschauung, die man selbst auf der allervollkommensten Schule nie wird erlernen können. Und ein so breiter und tiefer Strom soll sich dann bannen lassen in die engen Grenzen unseres Familienheims? Die zahllosen Wünsche und Fähigkeiten, Neigungen und Leidenschaften, die in der Tiefe jeder reichen Menschenseele ruhen und sich, sobald sie ungehemmt sind, nach tausend verschiedenen Richtungen entfalten, sie sollen schliesslich alle ihre Auslösung finden in dem Glück der Mutterschaft und der Seelenergründung des Kindes?

Es liegt ein unendlicher Widerspruch in diesem Verlangen nach Persönlichkeit und ausschliessender Mutterhingebung zugleich, ein Widerspruch, den ich mir nur erklären kann aus der Eigentümlichkeit dieser ethisierenden Betrachtungsweise, die im Grunde die wirkliche Welt nicht sieht und nicht erkennt, sondern nur Menschen und Dinge umformen möchte nach einem rein persönlich geltenden Ideal.

132. Simon Katzenstein: Arbeiterschaft und Bildungswesen[779]

SM 1903, Nr. 7, S. 510-518 (Auszüge)

„Die Proletarier haben nichts zu verlieren, als ihre Ketten. Sie haben eine Welt zu gewinnen." Mit diesem Ausblick ins Unendliche schliesst das *Communistische Manifest*. Eine Welt! Das ist mehr und anderes, als nur politische Machtgewinnung und Umgestaltung der wirtschaftlichen Verhältnisse in Production und Verteilung. Das ist die Schaffung einer neuen Menschheit, eine Erneuerung von innen heraus des ganzen individuellen und socialen Geistes- und Gemütslebens, die aus dem Schutt der Jahrtausende alten Not und Knechtschaft neue Persönlichkeiten, zum erstenmal Menschen schaffen soll. Das Ende der Vorgeschichte ist für Marx die socialistische Umgestaltung der Gesellschaft. Nicht aufhören soll damit das Streben und Aufwärtsringen der Menschheit. Es soll erst beginnen auf gesicherter Grundlage. Wie Luft und fliessendes Wasser wird die materielle Existenz den Menschen ein sicherer Besitz sein, eine Selbstverständlichkeit, um die keiner mehr kämpft. Und auf diesem Boden entfaltet sich erst das reiche innere Persönlichkeitsleben der Menschen und ihrer Verbände, geleitet von immer neuen Problemen, getrennt durch immer erneute Streitfragen, aber einig im Streben nach der in unendlicher Ferne liegenden Wahrheit, in der Achtung vor der Meinungsfreiheit und dem ehrlichen Streben des andern. Freilich ist die heutige socialistische Bewegung nicht die vollentwickelte socialistische Gesellschaft. Und ganz gewiss bedingen die Folgen uralter Notstände, die Bedürfnisse des Kampfes, die Mangelhaftigkeit der Erkenntnis eine Reihe von Unzulänglichkeiten, die mit dem Ideal nichts gemein haben. In stetem Ringen gilt es also, die Schönheit des Grundgedankens herausarbeiten zu helfen aus der Spröde widerstrebenden Stoffes [...].

Die Geschichte kennt nicht die schroffen Grenzscheiden des logischen Schematismus. Der Tag wird nie kommen, an dem der Uhrzeiger die Stunde anzeigt, in der

---

[779] Simon Katzenstein (1868–1945), Bruder von Henriette Fürth, Gymnasium in Gießen, Studium der Geschichte, Philosophie, Rechts- und Staatswissenschaft in Gießen, Leipzig und Zürich, 1889 SPD, 1893 aus dem hessischen Justizdienst entlassen, dann als Schriftsteller, Redakteur verschiedener Zeitungen und Lehrer an der Arbeiterbildungsschule Berlin tätig, 1906-1917 Herausgeber der Zeitschrift *Arbeiterrecht*, Gründungsmitglied des Konsums, 1909-1913 im Vorstand und 1928-1933 Herausgeber der Zeitschrift des Arbeiterabstinenzlerbundes, 1915-1918 Stadtverordneter in Berlin, 1918 Mitglied der Nationalversammlung, 1925-1933 Bezirksverordneter in Berlin-Charlottenburg, 1933 Emigration, zuerst Saarland, 1935 Schweden.

die socialistische Gesellschaft beginnt. Nirgends gilt das Wort vom *fliessenden* All mehr, als im socialen und im geistigen Leben der Menschen. So ist es auch nicht möglich, irgend eine Aufgabe, deren völlige Lösung der socialistischen Gesellschaft vorbehalten bleibt, in der heutigen Gesellschaft und unter ihren Kämpfen ganz beiseite zu setzen. Wir arbeiten nicht allein für die Zukunft und unsere Nachfahren, sondern auch für die Gegenwart und für uns selbst. Und wir dürfen nicht glauben, dass mit der Erkämpfung unserer politischen und socialen Ziele alles erreicht sein, die körperliche, geistige und sittliche Wiedergeburt der gesunkenen Menschheit sich ganz von selbst ergeben werde. Das Wort, dass wir vorwärts streben sollen, als stehe der Sieg vor der Tür, und mühselig arbeiten, als ob er noch in weitester Ferne stehe, das gilt auch von der Arbeit auf dem Gebiete des Bildungswesens.

Hat sie doch eine dreifache Aufgabe. Sie soll dem Bedrängten helfen, unter den gegebenen Verhältnissen sein Leben in socialer und gesundheitlicher Hinsicht etwas erträglicher einzurichten. Sie soll eine Kampfeswaffe und ein Arbeitswerkzeug werden für die Kämpfe und Mühen, die mit der socialen Umgestaltungsarbeit untrennbar verbunden sind. Und gleichzeitig soll sie, soweit das unter den schwierigen Bedingungen der Gegenwart und neben ihren übrigen Aufgaben noch möglich ist, ein Stück von der Bildung gewähren, die wir um ihrer selbst willen erstreben, die das schönste Ziel und, soweit wir sie besitzen, das wertvollste Besitztum unseres Lebens darstellt.

Es ist kein Zufall, dass an der Wiege der Arbeiterbewegung Bildungsbestrebungen stehen. [...]

Der Wert der Bildung für die Arbeiterclasse und ihre Bewegung darf danach als anerkannt gelten. Sie ist auch wohl niemals ernsthaft bestritten, manchmal wohl gar bis zur Uebertreibung betont worden. Aber welcher Bildung? Was ist Bildung? Was bedeutet sie für uns? Wie können wir sie fördern?

Dem alten liberalen Spruche *Bildung macht frei*, dem man neben seiner tiefen inneren Wahrheit noch eine philisterhaft verflachte, zur Unterschätzung des politischen und socialen Kampfes führende Nebenbedeutung beigelegt hatte, warf Liebknecht in trotzigem Kampfesmut den Satz *Wissen ist Macht* entgegen. Hatte die Bildungsbewegung der liberalen Epoche, für die etwa die Schillerfeier von 1859, gewissermassen das Frühlingsfest des wiedererwachenden Bürgertums, den Anstoss gegeben, einmal die Verbreitung praktischer Kenntnisse zur Ergänzung des mangelhaften Volksschulunterrichts, dann aber die *Erziehung* der Arbeiter bis zur politischen *Reife* auf ihre Fahne geschrieben und, bei aller achtenswerten Tüchtigkeit mancher Vertreter, doch im wesentlichen sich in einem flachen Gerinnsel verlaufen, das für die Dauer ernst strebenden und vor allem politisch interessierten Arbeitern nicht genügen konnte, so fasste Liebknecht das Wissen zunächst als das Mittel zur socialen und politischen Betätigung, als eine kräftige Stütze im harten Aufstieg zur politischen Macht, deren Eroberung man sich damals einfacher und näher dachte, als es uns später die Erfahrung gelehrt hat. Er, der eine allseitige und harmonische Bildung, nicht nur des Geistes, besass, wie wenige, beschränkte sich in weiser Erkenntnis zunächst auf das dringend notwendige Rüstzeug und dann auf das Gebiet, auf dem die entscheidenden Kämpfe zu führen waren: das wirtschaftliche und politische. Und solange die Arbeiterclasse um ihr Recht aufs Leben und die Erfüllung ihrer geschichtlichen Aufgabe zu kämpfen hat, so lange wird auch dieses Bildungsgebiet stets im Vordergrunde zu stehen haben. Bildungsbestrebungen, die geeignet sind oder gar bezwecken, sie davon abzuleiten, ihr ein verschwommenes Ideal allumfassender Harmonie vorzuspiegeln an Stelle ihrer klaren und nüchternen Organisations- und Kampfesarbeit, müssen wir nicht nur als unnütz verwerfen, sondern direct als verderblich bekämpfen.

Aber die rein auf die sociale Arbeit gerichtete Geistestätigkeit reicht nicht aus, um alles für die Entfaltung des Geisteslebens der Arbeiterschaft notwendige Material von Kräften zu gewinnen. Und gar eine eigensinnige Beschränkung auf das bloss Politische, etwa mit der fachlichen Ergänzung aus dem gewerkschaftlichen und genossenschaftlichen Arbeitsgebiete, würde hier brauchbare aber einseitige Praktiker, dort aber blosse Banausen mit engstem und flachstem Gesichtskreise liefern. Auch heute bereits gibt es Bildungsaufgaben wichtigster Art ausserhalb des politischen und socialen Gebiets.

Bildung, das bedeutet nicht allein Kenntnisse, noch weniger bloss äussere Lebensformen. Ich bezeichne als Bildung im höchsten Sinne diejenige Entfaltung der angeborenen körperlichen und geistigen Kräfte des Menschen, die sie unter der Leitung des Willens zur möglichst umfassenden Kraft, Gesundheit und Schönheit gestaltet. Und Bildungsarbeit ist alles, was diesem Ideale zustrebt: gleichermaassen gerichtet auf die Ausbildung der körperlichen und der geistigen, der ästhetischen und der gemütlichen Anlagen, auf die praktische Betätigung und die innere Abgeschlossenheit, auf eine selbständig und eigenartig gewachsene Persönlichkeit wie auf die freiwillige und sachgemässe Einordnung in die Gemeinschaft und deren Erfordernisse.

So betrachtet, kann der wichtigste und beste Teil der Bildungsarbeit nur von dem einzelnen selbst geleistet, nicht von aussen her von anderen besorgt werden. Wohl aber kann man diese Innenarbeit anregen und durch planvolle Wegeleitung fördern, und das stoffliche Material, dessen sie bedarf, der Inhalt des geistigen Anschauungskreises kann nur von aussen her, von der positiven Wissenschaft und Kunst geboten werden.

Ist die wichtigste Zeit für die Entwickelung des Menschen die Kindheit, in der er seine Kräfte rapid ausbreitet und in Jahren die Entwickelung ganzer Geschichtsperioden in der Kürze wieder durchlebt, so muss die Jugenderziehung in Haus und Schule immer der wichtigste und der entscheidende Teil der Bildungsarbeit bleiben, um so mehr, als nur in dieser Zeit der Mensch ganz der Entwickelung, der Aufnahme und Verarbeitung von Lebensinhalten gehört, da ja in der Zeit nach erfolgter Reife der wichtigste Teil des Lebens dessen äussere Betätigung ist, an Stelle des Lernens die Arbeit tritt. So muss die Förderung und Erleichterung dieser Erziehungsarbeit, der Schutz und die Vertiefung des Familienlebens, die materielle und innerliche Hebung der Volksschule in allen ihren Stufen, immer der Grund-

und Eckstein jeder ernsten und ehrlichen Bildungsarbeit sein und bleiben: wieder eine Sache der politischen und socialpolitischen Arbeit, die nun einmal, solange ein Staatswesen als höchste Verwaltungseinheit und Machtcentrum besteht, nirgends entbehrt werden kann.

Aber Familie und Schule unterstehen eben darum Einflüssen, deren wir noch allzuwenig Herr sind. Wir dürfen hier so wenig wie anderwärts warten, bis wir die Staatsgewalt errungen haben und mit ihrer Hilfe durchgreifende Reformen schaffen können. Und gerade, weil unser Schulwesen unzulänglich und zum Teil geradezu in seiner Wirkung verderblich ist, eben darum ist es um so dringender notwendig, Einrichtungen zu treffen, die diese mangelhaften Erziehungserfolge ergänzen und corrigieren. Zudem ist auch für die Zeit der vollendeten Reife, die Grundtvig, der grosse Bahnbrecher der Volkshochschulbewegung, sogar als die beste Zeit für die Aufnahme geistiger Nahrung ansieht, sicher die Darbietung der Mittel zur Fortbildung von grösster Wichtigkeit: die höchsten Erkenntnisse und viele praktische Bildungsstoffe sind überhaupt erst dem reiferen Alter zugänglich.

Nun ist aber das Gebiet dieser Bildungsarbeit ungeheuer weit, fast unübersehbar. Neben der körperlichen Ausbildung, die ihre eigenen Organisationen hat, und die hier, um der notwendigen Beschränkung des Stoffes willen beiseite gelassen werden soll, bleibt die praktische, die wissenschaftliche und die ästhetische. Bleibt auch bei der ersteren die rein manuelle Tätigkeit ausser Betracht, so ordnet sie sich als Zweig in die wissenschaftliche ein. So bleiben wissenschaftliche und künstlerische Bildung, welch letztere wieder mit einer veredelten Unterhaltung vielfach zusammenfällt.

Die Aufgabe wird sein, ohne Aufstellung eines Ideals abgeschlossener oder gar umfassender wissenschaftlicher Bildung, das doch von vornherein als unerreichbar angesehen werden müsste, aber auch unter Vermeidung oberflächlichen, nur zu leerer Schwatzhaftigkeit befähigenden Scheinwissens die Unterlage zur selbständigen Weiterarbeit zu bieten. Es wird nicht möglich sein, den Arbeitern, abgesehen von wenigen einzelnen, die schliesslich auch der Hilfsmittel besonderer Veranstaltungen entraten könnten, eine streng wissenschaftliche Ausbildung zu gewähren. Dazu fehlen die Vorbedingungen zu sehr, und es wäre für die Gesamtheit gar nicht einmal zu erstreben. Auf der anderen Seite ist die vielgenannte Gefahr der *Halbbildung* zu nennen. Sie ist das vornehmste Argument, das gegen höhere Volksbildungsbestrebungen ins Feld geführt zu werden pflegt, oft genug von solchen, die dazu wahrlich keine Veranlassung hätten. Sicher gibt es eine Gefahr der Halbbildung, die sich mit äusserlich überlieferten Wissensinhalten begnügt und in solcher Zeitungsleserweisheit sich stolz und fröhlich sonnt, ohne von dem Ernste des Forschens, von der Schwierigkeit der Probleme und der Begrenztheit unseres Wissens sich eine Vorstellung zu machen. Aber eine richtig gefasste und planmässig betriebene Bildungsarbeit wird gerade dieser Verflachung entgegenwirken. Sie wird zeigen, wie vielfach wir noch vor Rätseln stehen, wie viele scheinbar sichere Erkenntnisse nur bedingte oder einseitige Auffassungen sind, wie auf allen Gebieten eine fortwährende kritische Arbeit fortwährend von dem, was als fester Besitz gilt, abbricht. Sie wird zum Weiterstudium auf bestimmten Gebieten anregen, dazu die Methode und die Hilfsmittel liefern und so zu dem Eifer des Weiterstrebenden die Bescheidenheit des wirklichen geistigen Arbeiters gesellen.

Diese Art des Vorgehens bedarf natürlich bestimmter Formen und Normen. Das alte Bildungsvereinswesen begnügte sich in der Regel mit einzelnen Vorträgen über interessante Stoffe verschiedenster Art, die besserenfalls von Lehrern und anderen mit den Bedürfnissen ihres Publicums vertrauten Personen dargeboten, im ungünstigeren Falle von einzelnen betitelten Gelehrten und sonstigen Grössen durch ganz Deutschland hindurch von der Walze abgehaspelt wurden. Das mag unter Umständen gar nicht zu verachten sein. Für die Dauer aber, für tiefer angelegte Geister und für ein zu ernsten Aufgaben bestimmtes Volk reicht das nicht entfernt aus. Hier muss mit wirklicher pädagogischer Methode gearbeitet werden. [...][780]

Es sei nur noch kurz zusammengefasst die Erkenntnis: Die methodische Pflege der verschiedenen Bildungsbestrebungen steht, richtig betrieben, der Befreiungsarbeit der Arbeiterclasse nicht im Wege, sondern arbeitet ihr vor und ergänzt sie – sie ist ein wertvolles Mittel der geistigen und ethischen Volkserziehung – sie bietet ein Mittel gegenseitigen Verständnisses zwischen den social Gesinnten und Vorwärtsstrebenden aller Schichten. Und sie verbreitet bereits in unseren trüben Verhältnissen einen Schimmer des Lichts, in dessen Scheine dereinst die ganze Menschheit wachsen und fröhlich sein soll. Darum lohnt es sich auch für uns, sie zu pflegen.

133. Ellen Key: Menschen. Zwei Charakterstudien[781] (Rezension von Ida Häny-Lux)

SM 1903, Nr. 11, S. 804-806 (Auszug)

Wir legen das Buch aus der Hand mit dem fast beklemmenden Gefühl, dass wir etwas Schönes geschaut, eine Erfüllung erlebt und eine stolze Zukunftsforderung verwirklicht gesehen, und das in einer Vergangenheit, die uns so nahe liegt, dass wir sie noch zu controlieren vermögen. Zwar weiss man zuerst nicht so recht, wem diese Begeisterung gilt, dem Autor, der uns diese Gestalten aus seinen Zeilen erstehen lässt, oder den Persönlichkeiten, die vor uns auftauchen. Der Schilderer verliert sich so vollständig hinter den Geschilderten, dass man ihn nur zu empfinden vermag, indem man aus der Begeisterung, mit der er spricht, aus der Betonung der einzelnen Licht- und Schattenseiten erkennt, was seine eigene Auffassung von wirklichen Menschen ist. Die drei Menschen, die uns Ellen Key zeichnet – Almquist, Elisabeth Barrett-Browning, Robert Browning – sind bei uns wenig bekannt, und so muss man schon auf Treu und Glauben die Gestalten so nehmen, wie sie sie uns gibt, wo sie nicht, wie bei dem englischen Dichterpaar, ihre Ansichten mit

---

[780] Es folgt ein Exkurs zur Herausbildung der Volkshochschulbewegung bzw. der Erwachsenenbildung und ihrer Methodik in verschiedenen Ländern.

[781] Übersetzt von Francis Maro, Verlag S. Fischer, Berlin 1903.

Auszügen aus den Werken und mit Stellen aus den noch weit charakteristischeren Briefen begründet. Eine Besprechung des Buches wird dadurch naturgemäss zu einer Besprechung der geschilderten Charaktere, die – wenigstens gilt das für die beiden Männer, die durchaus keine Berührung mit einander hatten – in eigentümlicher Weise, lange bevor die Zeit erfüllt war, Eigenschaften, Ziele und Schicksale haben, wie wir sie sonst nur aus der Periode aus der Wende unseres Jahrhunderts kennen. [...]

134. Rudolf Lautenbach: Zwangserziehung[782]

SM 1904, Nr. 5, S. 393-399 (Auszüge)

Für die Entwickelung der Organismen sind die beiden wichtigsten Factoren die Anpassung und die Vererbung. Von diesen beiden, die gesamte organische Natur beherrschenden Principien ist das letztere das bekannteste. Jedermann kennt es in der einfachen Form, dass die Kinder den Eltern ähnlich sind, dass Hunde wieder Hunde, Vögel wieder Vögel erzeugen, dort aus dem Samen der Tannen wieder Tannen und aus demjenigen des Weizens wieder Weizen hervorgeht. Das Princip der Anpassung offenbart sich nicht so in die Augen springend, obwohl es in seinen Wirkungen auch allgemein beobachtet und anerkannt wird, so dass zum Beispiel alle Welt weiss, dass dieselbe Pflanzenart an dem einen Standorte sich anders entwickelt, als an einem anderen, in einem guten Boden und unter günstigen Bedingungen ein ganz anderes Aussehen annimmt, als an einem ungeeigneten Orte. Ebenso pflegen junge Tiere bei reichlicher Ernährung und freier Bewegung besser zu gedeihen, als bei ungenügender Kost und mangelnder Freiheit.

Dass auch für den Menschen, als dem höchsten Naturproducte, dieselben Gesetze Giltigkeit haben, ist selbstverständlich und wird theoretisch auch von allen zugegeben. Die Bedeutung, welche man der Anpassung zuschreibt, äussert sich am deutlichsten in der Sorge für die Erziehung, wobei man ja allein von dem Grundgedanken geleitet wird, dass sich ein Individuum je nach den auf dasselbe einwirkenden Einflüssen verschieden entwickeln kann. Bedauerlicherweise wird bei dem Menschen das Gesetz der Vererbung nicht hinreichend oder gar nicht gewürdigt. [...] Diese Nichtbeachtung der Vererbungsgesetze hinsichtlich seines eigenen Geschlechts ist wohl darauf zurückzuführen, dass der Mensch in Bezug auf sich selbst nur allzu leicht und gerne vergisst, dass er auch ein natürliches Wesen und gleichfalls den Naturgesetzen unterworfen ist, dass er vielmehr in eitler Selbstverblendung sich für ein göttliches, ausserhalb der Natur stehendes Geschöpf betrachtet. [...]

Auf der Verkennung des natürlichen Verhältnisses von Vererbung und Anpassung beruht denn nicht nur die gänzliche Vernachlässigung des Vererbungs-, son-

---

782 Rudolf Lautenbach, 1894 Promotion (Biologie) an der Universität Würzburg, trat vor allem als Übersetzer in Erscheinung, u.a. von Sir Arthur Conan Doyle (1908) und der taubblinden Helen Keller, die 1904 in den USA zum Doktor der Philosophie promovierte.

dern auch die Verkehrtheit des Erziehungsprincips selbst. Man wähnt, dem jungen Weltbürger durch die Erziehung willkürlich jede gewünschte Eigenschaft einimpfen, ihm jede beliebige Richtung geben zu können. Man sucht die natürliche Entwickelung des Geistes durch künstliche Eingriffe zu verhindern und setzt an die Stelle der freien Entfaltung der Kräfte die Zwangserziehung. Ich will an dieser Stelle nicht darauf eingehen, wie falsch es ist, der heranwachsenden Generation die Ergebnisse der wissenschaftlichen Forschung selbst vorzuenthalten und dieselbe zu unterrichten, als ob das vorige Jahrhundert mit seinen unsere gesamte Naturerkenntnis und Weltanschauung umformenden Entdeckungen gar nicht gewesen sei, sondern nur die Verkehrtheit des Wesens unserer Jugenderziehung, die auf einer Vernachlässigung der obersten Naturgesetze beruht, in Rücksicht auf die socialen Folgen kurz erörtern.

Anstatt das Wissen des Kindes an der Hand seiner eigenen Fragen in den Unterrichtsstunden zu vermehren, es activ am Unterricht teilnehmen zu lassen und ihm die unendlich vielen Fragen, die sein Inneres heftig bewegen, in einer seinem Begriffsvermögen angepassten Weise zu beantworten und daran anknüpfend weiter zu lehren, statt alledem besteht der erste Unterricht darin, diese lebensfrohen kleinen Geschöpfe davon zu überzeugen, dass Ruhe die erste Bürgerpflicht ist. Nachdem man so den Kleinen einen Teil ihrer Natürlichkeit genommen hat, muss der Lehrer sein Hauptaugenmerk darauf richten, den Kindern das Lesen beizubringen und ihnen die Sätze der Religion so fest einzuprägen, dass sie dieselben dem Wortlaut nach ihr Leben lang nicht aus dem Gedächtnis verlieren. Überhaupt darf der Schüler in keiner Weise bestimmen, was er wissen möchte, was sein Interesse gerade fesselt, sondern er hat nur den Ausführungen des Lehrers zu folgen, ohne irgend welche Zweifel äussern zu dürfen, und sich dieselben anzueignen, wenn sie ihm auch noch so unglaubhaft erscheinen. Wahrscheinlich soll diese Art des Unterrichts für die spätere Militairdienstzeit vorbereiten und den zukünftigen Untertan an Ordnung und Disciplin gewöhnen. Diese gewaltsame Ertötung des Individualismus, diese Erziehung nach staatlichen Plänen zu einem automatenartigen Geschöpf für die Zwecke unseres heutigen Staates wird denn auch mit bewundernswerter Consequenz in unseren Volksschulen bis zum Schluss der Schulzeit durchgeführt.

Freilich trifft unsere Lehrer keine Schuld an diesen Zuständen, sie sind Diener des Staates und der Kirche [...].

Diese nach Form und Inhalt gleich unrichtige Unterrichtsmethode hat denn auch zwischen Schüler und Lehrer ein Verhältnis gezeitigt, das einer wahrhaft guten Erziehung gewiss nicht förderlich ist. Der Lehrer ist in den Augen des Kindes nicht der Freund und Berater, dem man Liebe und Verehrung entgegenbringt, sondern der gefürchtete Mann, der die ihm vorgeschriebenen Ziele eventuell durch körperliche Züchtigungen zu erreichen sucht, bei dessen Erkrankung man sich freut, weil vielleicht eine Stunde ausfällt, und dem man ausserhalb der Schule aus dem Wege geht, weil er auch den kindlichen Übermut ausser der Unterrichtsstunde zu ahnden pflegt; kurzum, er ist für die schulpflichtige Jugend ungefähr dasselbe, wie für die

Erwachsenen – der Polizeimann. Die Schule selbst wird zu einer Zwangsanstalt, der zu entwachsen das höchste Streben der bei weitem grössten Anzahl aller Zöglinge ist. [...]

135. Ellen Key, über Liebe und Ehe/Hedwig Dohm: Die Mütter[783] (Rezension von Ida Häny-Lux)

SM 1904, Nr. 8, S. 682-684

Das neue Buch von Ellen Key [...] ist wieder eine Zusammenfassung verschiedener Essays, die sich auf das selbe Gebiet beziehen, und enthält gerade dadurch, dass jeweilen ein einzelnes Thema nur auf der Fährte verfolgt wurde, auf der es zu einer glücklichen Lösung geführt werden kann, ohne dass dann die Collisionen, die mit anderen, ebenso wichtigen Fragen entstehen, berührt werden, ein gut Teil Widersprüche, die zuweilen zwar scheinbar gelöst werden, aber eben nur scheinbar. Ähnlich, wie vor zwanzig Jahren Laura Marholm das Gären und Werden in der Frauenwelt unter klare Gesichtspuncte zu ordnen versuchte, will auch Ellen Key das Gesamtbild der inneren und äusseren Lage der Frau von heute geben, zu dem die Frauen selber in ihren Büchern, wie Mosaiksteine, persönliche Bekenntnisse, Erlebnisse und Errungenschaften zusammengetragen. Ellen Keys grosses Mutterherz umfasst uns alle mit ihrer Liebe, und der Wunsch, uns glücklich zu sehen und ein neues, froheres Geschlecht heraufzuführen, macht die Idealistin zur Utopistin, deren Vorschläge zur Besserung durch Decrete und Verordnungen aber nur als Ausfluss des guten Willens gewertet werden können. Doch tut uns Ellen Key heute schon Gutes und leitet auf den Weg zur Erlösung, indem sie sich auf eine hohe Warte stellt, von der aus sie die Bewegung übersieht und gütig, aber schonungslos, unser Frauengeschlecht kritisiert. – [...] Nur der tief Sittliche entdeckt den feinen Unterschied zwischen neuer Sittlichkeit und alter Unsittlichkeit. Es müsste die Freiheit der Liebe gewährleistet werden, die dem jungen Menschen gestattet, seinen Liebesdrang auszuleben, die dem Kinde junge Eltern gibt und die kommende Generation veredelt. Freilich setzt da der grosse Conflict ein, dass junge Eltern von der Heiligkeit des Kindes noch nicht durchdrungen sein werden und dass die Liebe der Jugend in den weitaus meisten Fällen nicht die Lebensliebe ist. Vor allem müssten da höhere Löhne, schönere Lebensbedingungen geschaffen werden, und es müsste nicht die Liebe, sondern die Freiheit der Kinderzeugung begrenzt werden; denn nur unter Bedingungen, die für die Gattung günstig sind, dürften Kinder gezeugt werden. Dagegen ist Ellen Key eine entschiedene Gegnerin des *ledigen Kindes*. Sie macht einer Mutter den Vorwurf grösster Selbstsucht, wenn sie von vornherein dem Kinde das Glück entziehen will, auch von einem Vater geliebt zu werden. Die Lösung ist nicht dadurch geschaffen, dass die Frau selbständig wird, denn die schönen Worte *Arbeitsfreiheit, Arbeitsfreude* „bedeuten in Wirklichkeit Arbeitssclaverei und Arbeitsleid, das einzige Leid, das unsere Zeit voll erlebt". Es

---

[783] Beide Bücher erschienen bei S. Fischer, Berlin (Key 1904, vgl. auch Dok. 57; Dohm 1903).

bleibt immer wahr, dass die übrige Sittlichkeit einer Frau in tieferem Zusammen-hange mit ihrer geschlechtlichen Sittlichkeit steht, als es bei dem Manne der Fall ist. Eine Frau kann sich in ihrer Liebe täuschen, aber sie darf nicht von vornherein ein Kind von einem Manne empfangen, von dem sie weiss, dass er nie dem Kinde Vater sein wird. Wenn einzelne Frauen aus tiefster Not heraus der Welt ein Kind *schenken*, so ist es doch wieder etwas anderes, als wenn eine andere ein Kind *kriegt*. Auf der ganzen Linie aber ist die Tendenz erstanden, sich von der Mutter-schaft zu befreien, als Ausdruck des grossen Kampfes zwischen Einzelleben und Geschlechtsleben, und die Frau steht am Scheidewege, ob die Familie aufrechter-halten bleiben soll in der alten Form, oder ob sie als Concurrent des Mannes auf das Feld der Arbeit ziehen soll. Heute lebt die grosse Mehrzahl der Frauen jahraus jahrein *über ihre Kraft*. Es soll aber nach Ellen Key nicht die Familie, sondern nur das Familienrecht umgestaltet werden, unter anderem auch dadurch, dass die Hausarbeit der Frau wie irgend eine andere Arbeit gewertet und bezahlt wird und die Heimlosigkeit aufhöre. Dass zur Schaffung wirklicher Ehen freie Scheidung die erste Bedingung ist, versteht sich von selbst. Je vielseitiger eine Persönlichkeit ist, desto weniger bleibt sie unverändert und desto weniger kann sie einen Bund fürs Leben schliessen; dennoch, meint Ellen Key, werde der Wille zur Treue spä-terhin stärker sein, da er gleichbedeutend ist mit dem Willen, den tiefsten Forde-rungen der eigenen Persönlichkeit treu zu sein. Und die Kinder? Die werden zu dem kommen, der sie mehr liebt oder besser erzieht oder den sie selber wählen, oder gleichmässig zwischen beiden Gatten verteilt. Dann kommen noch die Vor-schläge für ein neues Ehegesetz und die schon erwähnten Pläne für die Zukunft. – Wer wollte leugnen, dass das Buch ein Schatzkästlein ist und voll von grossen und schönen Gedanken? Aber dennoch hat der Mann – ich weiss im Augenblick nicht, wer es ist – nicht ganz unrecht, wenn er sagt, die englischen Schriftsteller, und mit ihnen Ellen Key, landen immer nach den mühseligsten Umwegen wieder in der Spiessbürgerlichkeit. Wenn Ellen Key doch wieder zu der Einzelehe als Glücks-form für die Menschheit gelangt, so hat sie sicherlich damit das schönste Ideal aufgestellt, das ausgedacht werden kann, aber sie ist eben wieder von dem Puncte ausgegangen: *Die Frau ist* ... Und gerade das ist ja die Errungenschaft unserer Zeit, dass man die feste Formel für Mann und Weib zu durchbrechen sucht, dass nur der Menschenwert gelten soll. [...] [E]s gibt Frauen, die Kinder gebären und keine Mütter sind, und Frauen, die ein Mutterherz haben für mehr, als sie je gebären könnten, es gibt Frauen, die auch, wo sie als Gattin und Mutter dastehen, männli-cher sind in ihrer Intelligenz und in ihrem Charakter, als mancher Mann, und wie-der solche, die draussen im Lebenskampf stehen und nichts weiter sind, als nach Liebe und Hingebung sich sehnende Geschöpfe. So bleibt uns als unanfechtbares Axiom des Buches der eine Gedanke, den Ellen Key, nicht nur als die höchste Quintessenz des Buches, sondern der Zukunftsentwickelung überhaupt, ausspricht: Für den, der mehr als einmal liebt, kann es keinen anderen sittlichen Massstab geben, als für den, der nur einmal liebt: den Massstab der Lebenssteigerung. ... Die Liebe darf nicht unfruchtbar bleiben. Sie muss Leben geben, wenn nicht neuen

Wesen, so doch neuen Werten, sie muss die Liebenden selbst bereichern und durch sie die Menschheit.

Ein ander Lied, ein weltlich Lied möchte man das Buch von Hedwig Dohm [...] nennen. [...] [K]ühler und verstandesmässiger, als Ellen Key, schildert sie die Verhältnisse, wie sie tatsächlich sind, und nicht, wie sie sein sollen, und rückt vor allem der Ansicht, dass die Mutter von Natur aus die beste Erzieherin des Kindes sei, scharf zu Leibe. In den Grundgedanken treffen sich ja die beiden Frauen immer wieder, nur würde Ellen Key wohl kaum dem weitgehenden Eingriff der Aussenwelt, wie ihn Hedwig Dohm für die Erziehung der Kinder durch Kindergarten und Schule wünscht, beistimmen, denn Hedwig Dohm sieht darin die Lösung der Frage, ob die Frau Mutter- und Berufspflichten gleichzeitig und gut erfüllen könne, besonders auch, wenn die Hauswirtschaft in der Weise eingerichtet sein wird, dass sie nicht mehr so viel von der Kraft der Frau absorbiert. Durch eine gewisse Emancipation von dem, was unter dem Namen *Mutterliebe* geht, und was so oft nur Familienegoismus, Pose, Tändelei ist, kommt die Frau wieder mehr zu ihrem Recht als Mensch, sie verliert nicht vor lauter Aufopferung für das Kind ihre schönsten Lebens- und Schaffensjahre, um dann, wenn das Kind ans Ziel gelangt ist, nur noch als so eine Art notwendiges Übel mitgeschleppt zu werden. Das echte Mutterempfinden, das, wie Hedwig Dohm annimmt, ins transcendentale Gebiet hinüberreicht, wird darum nicht geschmälert werden, und der Segen der Mütter, die auch Menschen sind, unendlich viel grösser sein. Eine Menge trefflicher Beispiele aus dem Kinderleben illustrieren ihre Ansichten, nur ist die Frage der Mutterschaft so ganz von derjenigen der Beziehungen der Frau zum Manne losgelöst, die doch unendlich vielfach mit hineinspielt, dass das Buch nicht so tief die Frage packt, wie sie zu packen wäre. Die feine, geistreiche Art, in der es geschrieben ist, macht aber, dass es gute Pionierdienste zu verrichten vermag.

136. Paul Göhre: Zum Kampf um die Schule[784]

SM 1904, Nr. 12, S. 945-954 (Auszüge)

Die Discussion über das Schulproblem ist in unserer Partei in vollem Gange. Sehen wir recht, so vollzieht sie sich in der Hauptsache in einer zweifachen Art und Rich-

[784] Paul Göhre (1864-1928), Besuch der Fürstenschule Meißen, Studium der Theologie, Pfarrgehilfe in einem Weberdorf in der Lausitz, wo er sich mit der Armut der Heimarbeiterfamilien konfrontiert sah, arbeitete inkognito monatelang in einer Chemnitzer Fabrik (Drei Monate Fabrikarbeit, 1891), 1891 Generalsekretär des Evangelisch-sozialen Kongresses zur Bekämpfung der sozialen Mißstände, 1894-1897 Pfarrer in einer Arbeitergemeinde in Frankfurt/O., gründete mit Friedrich Naumann den National-Sozialen Verein, dem er als zweiter Vorsitzender vorstand, 1900 SPD (Wie ein Pfarrer Sozialdemokrat wurde) und Ausscheiden aus der Kirche, Herausgeber der ersten Arbeiter-Autobiographien, 1903 Mitglied des Reichstages, gehörte dem revisionistischen Flügel der SPD an, 1915 Kriegsfreiwilliger, 1918 Unterstaatssekretär im Kriegsministerium und 1920-1923 Staatssekretär im preußischen Staatsministerium, schied wegen Erblindung aus dem Amt, Verfasser zahlreicher Schriften, u.a. Schule, Kirche, Arbeiter (1906), Der unbekannte Gott (1919). Vgl. Göhre 1978.

tung. Einerseits erstrebt man ein Schulprogramm grossen Stils, das die Schulverhältnisse der socialistischen Zukunftsgesellschaft in grossen Umrissen entwickelt
und festlegt. [...] Andererseits geht die Discussion und Arbeit deutlich dahin, Mittel
und Wege zu finden, wie die verhältnismässig wenigen, aber wuchtigen und für die
nächste Zukunft entscheidenden und ausreichenden Schulforderungen unserer
Partei, wie sie im Parteiprogramm und, etwas erweitert, im Aufruf der Partei zu
den preussischen Landtagswahlen 1903 zum Ausdruck gebracht sind, am schnellsten, besten und erfolgreichsten durchgesetzt werden können. [...]

Es erscheint in gleicher Weise wünschenswert und notwendig, dass wir sowohl
ein deutliches, sicher gezeichnetes Gesamtbild von der mutmasslichen Gestaltung
des Erziehungswesens in einer socialistischen Gesellschaft, als auch Klarheit und
Übereinstimmung darüber schaffen, an welchem Puncte und mit welcher Taktik
wir die heutigen unhaltbaren Schulzustände am erfolgreichsten bekämpfen können.
[...] Allerdings wird es nicht möglich sein, jenes Zukunftsbild in die festen und
kurzen Formeln eines geschlossenen Schulprogramms zu bringen. [...] Endziel und
Programm sind eben zwei sehr verschiedene Dinge. Das soll an zwei Beispielen zu
erläutern versucht werden.

Erstens: Der revolutionäre Grundgedanke unseres socialistischen Erziehungs-
ideals ist offenbar die Einführung des Princips der Arbeit in die Erziehungsweise
der Kinder, Arbeit dabei nicht im Sinne und Umfang des heutigen Handfertigkeitsunterrichts, sondern im Sinne von productiver Arbeit genommen. Damit würde die
gesamte Erziehungs- und erst recht Unterrichtsmethode auf einen neuen Boden
gestellt. Gleichwohl würde die Folge davon nicht die absolute Verdrängung aller
heutigen Methoden sein. Diese sind allerdings ein zum Teil sehr unglückliches und
häufig noch sehr subaltern gebrauchtes Gemisch von Frage und Antwort, Anschauung, Vortrag, Auswendiglernen, Beispiel. Die erstere, die entwickelnde Fra-
ge- und Antwortmethode, die man gemeiniglich die Herbarthsche nennt und an die
man in Pädagogenkreisen noch heute teilweise als an ein unfehlbares und alleinse-
ligmachendes Unterrichtsmittel glaubt, wirkt geradezu verheerend auf die Kräfte
eines Kindes überall da, wo es sich nicht um rein logische oder technische (wie
Rechnen oder Schreiben und Lesen), sondern allgemein geistige, ästhetische oder
literarische Disciplinen (wie Geschichte, Deutsch, Literatur u. s. w.) handelt. Eine
kürzlich erschienene sehr tapfere und selbständige, wenn auch im Effect schliesslich reactionäre Broschüre des früheren protestantischen Pfarrers Bonus[*] hat diese
verderblichen Wirkungen wieder einmal in geradezu erschütternder Weise aufge-
wiesen. Andererseits ist diese Methode für alle rein logischen Disciplinen unentbehrlich und erprobt. Sie wird deshalb wohl auch in einer socialistischen Zukunft
mit verwendet werden müssen. Inwieweit das aber geschehen wird, lässt sich heute
von ihr schlechterdings ebenso wenig sagen, wie von den anderen genannten und
auch von der neuen, der Methode der Arbeitserziehung, über die selbstverständlich
nur erst noch wenige und unvollkommene praktische Erfahrungen vorliegen. Es

---

[*] Arthur Bonus: Vom Culturwert der deutschen Schule /Leipzig 1904.

wird also einfach erst eine Sache zukünftiger Praxis sein, wie diese Arbeitserziehung am besten zu betätigen ist, auf welchen Disciplinen vor allem, wie weit und wo sie etwa in Verbindung mit anderen, heute geltenden Methoden anzuwenden und mit diesen zu verschmelzen ist. Über das alles also, das ein geradezu grundlegendes Gebiet der Erziehung betrifft, lassen sich ausser der Skizzierung des Princips der neuen Arbeitserziehungsmethode nur Vermutungen, Wahrscheinlichkeiten und Wünsche äussern. Daraus kann man aber unmöglich ein ernsthaftes Programm schaffen. Wohl aber ist es desto mehr möglich, anziehend und förderlich, sie in einer weiter ausgreifenden Darlegung als ein Zukunftsziel zusammenfassend zu schildern, das bei aller agitatorischen Bedeutung, die es haben würde, doch programmatisch unverbindlich wäre.

Das zweite Beispiel, das ich anziehen möchte, betrifft die Frage der Beteiligung der Eltern an der Erziehung ihrer Kinder in einer künftigen socialistischen Gesellschaft. Bekanntlich herrscht in weiten Kreisen der Genossen die Meinung vor, dass in einer solchen Zukunftsgesellschaft die Eltern nur sehr geringen, ja so gut wie gar keinen Anteil und Einfluss nicht bloss auf den Unterricht – das ist heute schon der Fall –, sondern auch auf die Erziehung ihrer Kinder haben würden. Diese Auffassung ist heutzutage nur zu verständlich. Sie erklärt sich aus der gegenwärtigen Unfähigkeit der Eltern, in dieser Beziehung irgend etwas zu leisten. Unsere heutigen Productions- und Lebensverhältnisse verhindern dies ebenso, wie der Mangel an Bildung und Erziehung, den die meisten Eltern an sich selbst zu beklagen haben. So ist es selbstverständlich, dass die Eltern, namentlich der Arbeiter- und kleinbürgerlichen Kreise, den Zustand aus der Gegenwart auch auf die Zukunft übertragen und hoffen, dass dann ausschliesslich ideale Erziehungsstätten unter fremden und berufsmässig ausgebildeten Erziehern und Lehrern das an ihren Kindern ohne ihre Mithilfe leisten werden, was unsere heutigen Schulen ebenfalls ohne ihre Mithilfe nicht oder nur erst in geringem Umfange leisten und leisten können. Es ist ja auch möglich, dass es so kommt. Aber – und darauf kommt es allein in diesem Zusammenhange an – es ist auch eine sehr andere Entwickelung möglich, die den Eltern in Zukunft wieder einen grösseren Anteil an der Erziehung sichert. Es ist nicht unwahrscheinlich, dass in dem Masse, wie für die Proletarier durch Verkürzung der Arbeitszeit und Steigerung der Löhne die Möglichkeit zu einem behaglicheren Leben, zu mehr Selbstbildung und vor allem auch die Verfügung über mehr freie Zeit wächst, damit auch wieder die Fähigkeit, Neigung und Gelegenheit wächst, selbst ein Stück Erziehungsarbeit an den eigenen Kindern zu tun. Der Lohn, das Beglückende für die Erzieher selbst liegt ihnen dabei sofort und deutlich noch als ein besonderes Lockmittel auf der Hand. Tatsächlich kann man die Tendenz zu dieser Entwickelung sogar in den gegenwärtigen Verhältnissen schon hundertfältig beobachten. Wo immer Arbeiter in bessere Arbeits- und Lebensverhältnisse einrücken, macht sich mit der besseren Gelegenheit zur Miterziehung der Kinder auch sofort die Tatsache derselben bemerkbar. Es wäre auch undenkbar, wenn es anders wäre. Lässt das dann aber nicht den Schluss zu, dass die Entwickelung erst recht in einer späteren Zukunft auch in dieser Richtung mitgehen kann? Dazu kommt, dass auch das künftige socialistische Erziehungsideal Ähnliches zu fordern scheint. Dies Erziehungsideal geht mit kurzen Worten doch darauf hinaus, alle, die geboren wurden, in gleicher Weise, mit den denkbar besten Kräften und Mitteln, gemäss ihren Fähigkeiten und Anlagen zu körperlich, geistig und sittlich möglichst vollkommenen Menschen, mit einem Wort: zu harmonischen Persönlichkeiten und geschlossenen Charakteren zu entwickeln. In der Gegenwart ist dagegen die Erziehung eine reine Schablonenerziehung, die möglichst intelligente *Hände* und Kräfte für den Industrieprocess, möglichst unintelligente für den Landbetrieb zu schaffen hat. Ihr wohnt also genau dieselbe alles nivellierende Tendenz inne, wie dem heutigen Industrieprocess selber, wie erst recht unseren militairischen und landwirtschaftlichen Betrieben. Der Wille des Menschen, seine Eigenart und sein innerstes Wesen, also sein Bestes, soll heute möglichst gebrochen, nicht entfaltet und gestärkt werden. Eben dies aber ist, neben der Bildung des Intellects und der Phantasie, das Ziel der socialistischen Zukunftserziehung. Dazu aber erscheint die freilich selbst erst vorzubildende Mithilfe der Eltern der Kinder, wenigstens in deren ersten zehn Lebensjahren, absolut nötig. Ich bin kein unbedingter Anhänger der neuen, nur erst in den Anfängen steckenden anthropologischen Wissenschaft. Aber so viel scheint doch bereits durch ihre Leistung festgestellt, dass das Moment der Vererbung, nicht zwar von fertigen Eigenschaften, aber von Trieben und Anlagen, sowohl auf dem Gebiete des rein Körperlichen, wie Geistigen und Seelischen, für den einzelnen Menschen ebenso, wie für ganze Völker und Classen, von mit entscheidender Bedeutung ist. Speciell was die Einzelpersönlichkeit anlangt, so gilt es heute als wissenschaftlich nachweisbar, dass diese zum guten Teil das Product ihrer Eltern und Grosseltern ist und dass gerade ihr Eigentümliche, das sie als einzelnen und Charakter im späteren Leben von anderen unterscheidet, als Trieb und Anlage von jenen her vererbt ist. Da nun aber gerade die Pflege des Individuellen, dessen, was den zukünftigen Charakter und die zukünftige Persönlichkeit ausmacht, ein Hauptstück und eine Hauptpflicht der socialistischen Zukunftserziehung bilden soll, so leuchtet auch sofort ein, dass wenigstens in den ersten Lebensjahren der Kinder die Eltern deren eigentümlichste und individuellste Triebe und Anlagen am besten mit zu entfalten vermögen, schon durch die ganze physische, geistige und psychische Atmosphäre, die sie ausstrahlen, die dann auf das Kind überstrahlt und deren Wirkung eine bewusste Miterziehung planmässig leiten und vertiefen könnte. Es ist also sehr wohl denkbar, dass in einer zukünftigen Gesellschaft nicht nur das Bedürfnis und die Neigung der Eltern, sondern auch das dann geltende Erziehungsprincip selbst, deren – ich wiederhole nochmals: vorgebildete – Mithilfe bei der Erziehung der Kinder wenigstens in deren ersten zehn Lebensjahren als wichtigen Erziehungsfactor einstellt, bis dann freilich diese elterliche Miterziehung einer immer stärker einsetzenden Gemeinschaftserziehung weicht, um in der zweiten Hälfte des zweiten Lebensjahrzehnts der Kinder schliesslich ganz zu verschwinden.

Jedenfalls geht aus dem Vorstehenden hervor, dass es bei dem ganzen socialistischen Erziehungsziel der Zukunft entscheidende Probleme gibt, die sich in verschiedener Weise lösen können und die sich sicher erst im Laufe der Entwickelung selbst so oder so lösen werden, über die und deren Ergebnis man also jetzt schon kaum etwas Definitives und also Programmatisches aussagen kann. Wohl aber ist es gerade auch von diesen Darlegungen aus möglich und gut, dies in grösserem Rahmen zu tun, etwa in Form einer wenn auch möglichst kurzen Schrift, und darin unser socialistisches Erziehungsideal auf dem Boden unserer socialistischen Weltanschauung zu entwickeln. Dabei wäre es von besonderer Bedeutung, wenn überall, wo das überhaupt ausführbar ist, die Ansätze zum Bessern aus der Gegenwart, die sich hier und da finden, als Beweismaterial und Demonstrationsobject verwendet werden und so aus der Gegenwart heraus die Anfänge der Linien gezogen würden, die consequent und natürlich auf das zukünftige Bessere hinführen. Mir schwebt bei alledem die Broschüre des Genossen Rühle[**], eines ehemaligen sächsischen Lehrers, vor. Diese brauchte eigentlich nur mit dem ausgiebigern Material, das die gegenwärtige Schuldebatte in Bezug auf unsere Weltanschauung und unser Erziehungsideal zeitigen wird, vervollständigt und ausgebaut zu werden, dann hätten wir vielleicht schnell und gut, was wir brauchen: ein lebendiges, fesselndes Bild von dem wahrscheinlichen Erziehungswesen der Zukunft.

Nun zum zweiten Discussionsgegenstand, der Frage, wie wir in die gegenwärtige Schulpolitik mit schliesslichem Erfolg für unser Ziel am besten eingreifen. [...] Auf der ganzen Linie scheint Übereinstimmung darüber zu herrschen, dass [...] die Forderung auf Schaffung der Einheitsschule, wenigstens für die vier untersten Schuljahrgänge, allgemein als die erste, wichtigste und verhältnismässig auch am leichtesten erreichbare [ist] [...], als der Hebel, mit dem wir am schnellsten das heutige Schulelend würden heben können. Im zweiten seiner in dieser Zeitschrift erschienenen Artikel erklärt dagegen Arons: „Unter den gegenwärtigen Verhältnissen gilt es, ... alle Kraft auf einen Punct zu concentrieren, und zwar auf den ersten [des preussischen Landtagswahlprogramms]: Trennung der Schule von der Kirche. Erst muss die confessionelle Frage gelöst sein; vorher gibt es, wie hundertjährige Erfahrung in Preussen gelehrt hat, keinen irgendwie befriedigenden Fortschritt...“[785] Und demgemäss verlangt er, dass wir zunächst folgendes erstreben sollen: in jedem einzelnen Bundesstaat Beseitigung der Religion als Lehrfach aus der Schule; ferner, um der Bewegung in den Einzelstaaten zu Hilfe zu kommen, von Reichs wegen Anerkennung des Rechts der Eltern, ihre Kinder ungehindert vom Religionsunterricht zurückzuhalten; schliesslich wünscht er eine Aufklärung der Parteigenossen über die reactionären Ansprüche der Kirche auf die Schule, denen gegenüber der Indifferentismus aufzugeben und von jedem einzelnen Genossen Protest zu erheben sei, entweder innerhalb der Kirchengemeinschaft durch Beteiligung an den Kirchenwahlen oder durch Austritt aus der Kirchengemeinschaft.

[**] Otto Rühle: Die Volksschule, wie sie sein soll. Berlin 1903.
[785] Siehe hierzu Leo Arons: Die preußische Volksschule, die bürgerlichen Parteien und die Sozialdemokratie. *SM* 1904, Nr. 10, S. 791-801.

Man könnte eine solche Protestbewegung gewiss gutheissen. Aus meiner doch ziemlich intimen Kenntnis zweier protestantischer deutscher Landeskirchen, der preussischen und der sächsischen, heraus möchte ich indessen davor warnen, die Schwierigkeiten, die sich hier bieten, zu gering einzuschätzen oder gar auf ein positives Ergebnis, auf die Durchsetzung der Trennung von Schule und Kirche durch dieses Mittel zu rechnen. [...]

Ziehen wir aber schliesslich das Facit aus all den vorgetragenen Erwägungen, so ergibt sich jedenfalls das eine mit aller Deutlichkeit: dass, so wichtig, ja geradezu von ausschlaggebender Bedeutung die Forderung der Trennung der Schule von der Kirche in der Tat ist, dies Ziel doch aller Wahrscheinlichkeit nach niemals durch die Inangriffnahme einer Action unserer kirchlich gesinnt gebliebenen Genossen innerhalb der Organisation ihrer Kirche erreicht werden, dass ihm aber durch den ständig in Gang gehaltenen Massenaustritt aller anderen Genossen, die mit der Kirche fertig geworden, zum Zweck der Ausübung eines ständigen Drucks auf den Staat sehr viel näher gekommen werden könnte.

Angesichts dieses Resultates aber ist es wohl eine selbstverständliche Pflicht, auch andere Wege, die uns in dieser Beziehung vorwärts bringen, nicht ausser Benutzung zu lassen. Und da präsentiert sich eben als gangbarster immer wieder der der Agitation für Schaffung einer Einheitsschule. [...]

137. Albert Ruben: Socialpädagogik[786]

SM 1904, Nr. 12, S. 978-984

Seit vor nunmehr fünf Jahren Paul Natorps grundlegendes socialpädagogisches Werk[*] erschien, ist die Discussion über seine Gedanken im Fluss geblieben. Die Idee einer Socialpädagogik hat sich, wie Albert Görland in einer vor kurzem erschienenen Schrift bemerkt, „in solchem Masse des Zeitbewusstseins bemächtigt, dass wir schon heute von einer socialpädagogischen Literatur und einer Geschichte der Socialpädagogik[*a] reden dürfen"[*b]. Bei der steigenden Bedeutung des Gegenstandes gerade auch für die socialistische Gedankenwelt[*c] verdient die citierte Schrift Görlands wegen ihres Ausgangspunctes, wie namentlich wegen der Methode des Aufbaues und ihres Ideenergebnisses die aufmerksamste Beachtung aller pädagogischen und socialistischen Kreise. Wohlverstanden: Es handelt sich hier

---

[786] Albert Ruben, 1901 Promotion an der juristischen Fakultät der Universität Marburg mit einem Thema zur Frankfurter Reichsverfassung von 1849, Neukantianer, publizierte in der *Hamburgischen Schulzeitung*, u.a. Zurück auf Kant! (1902).

[*] Paul Natorp: Socialpädagogik, Theorie der Willenserziehung auf der Grundlage der Gemeinschaft. Stuttgart 1899.

[*a] Vergl. John Edelheim: Beiträge zur Geschichte der Sozialpädagogik. Berlin 1902.

[*b] Vergl. A. Görland: Paul Natorp als Pädagoge. Leipzig 1904, pag. 4.

[*c] Die Fortschritte und Ergebnisse der socialpädagogischen Bewegung werden in der Rundschau der Socialistischen Monatshefte jetzt in grösserer Regelmässigkeit und Vollständigkeit, als dies bisher geschehen konnte, referierend und kritisch beleuchtet.

nicht um einen neuen Leitfaden für die Technik des Unterrichts, es sollen keine neuen Handgriffe für die Schulmeisterei empfohlen werden. Es handelt sich vielmehr um die Bestimmung und Wertung eines Begriffes, um den Nachweis, dass alle Pädagogik nichts anderes sein darf, als Socialpädagogik.

Wie ist heute der Stand des Problems? Erziehung ist mehr als Unterricht. Sie will nicht bloss das Gehirn des Zöglings anfüllen mit einem mehr oder weniger grossem Quantum Wissensstoffes. Sondern sie will von innen heraus den Willen des Zöglings bestimmen, seine geistigen Fähigkeiten einzustellen auf die freigewollte Mitarbeit an der Cultur der Menschheit. Sie geht aus von der Erkenntnis, dass alle Leistungen der Cultur Leistungen der Gemeinschaft sind, dass daher die Güter der Cultur Gemeinschaftsgüter darstellen, dass es der Zweck und die Bestimmung des einzelnen ist, in die Reihen der Arbeiter an der Entwickelung des Menschengeistes – das ist Cultur – einzutreten.

Eine kurze erkenntnistheoretische Besinnung. Was der Zweck des Menschen ist, das ist aus dem, was man gemeiniglich seine *Natur* nennt, nicht herauszulesen. Denn der Begriff des *Zweckes* erschöpft sich nicht mit dem Begriff der *Natur*. Das Reich der Natur wird zusammengehalten durch das Gesetz von Ursache und Wirkung. Der Zweck ist ein übergeordneter Begriff, durch den eine Anzahl von Naturvorgängen bezogen wird auf die Einheit einer Function. So wirken beispielsweise die Bestandteile des Auges: der Augapfel mit seinen Muskeln, die Retina mit den vielen Zäpfchen, das dazugehörige Nervengewebe zusammen, um gemeinsam das *Sehen* als ihren Zweck hervorzubringen. Zwecke erscheinen also nicht in concreter Sinnlichkeit innerhalb der Natur. Zwecke sind Einheitsbegriffe, blosse Blickpunkte des Geistes. In der Fähigkeit aber, Zwecke zu setzen, ersteht der Adel des Menschlichen. Darum ist dem Menschen die Aufgabe gestellt, unter der Mannigfaltigkeit seiner Zwecke ein Reich der Ordnung und Einheit zu stiften. Er soll lernen, seine niederen Zwecke den höheren systematisch unterzuordnen, dass er sich hinaufringe aus dem Zwange der *Natur* zu dem Endzwecke seiner Bestimmung, das ist, die reine Menschlichkeit, den *Menschen der Idee* in die Erscheinung treten zu lassen. Diese Aufgabe allein darf auf den Titel des *Sittlichen* Anspruch erheben. Sittlichkeit ist nicht Moral, kein blosses Regulativ, nach dem wir die Handlung des lieben Nächsten beurteilen. Sie ist im Gegenteil eine ewige Aufforderung an uns selbst, wenn wir ihre Erfüllung auch niemals erreichen. Etwas, das in keiner Erfahrung angetroffen wird und gefunden werden kann. Denn Erfahrung zeigt uns nur, was ist. Hier aber handelt es sich um etwas, das sein – soll, und dessen unendlicher Wert in der Idee der Aufgabe liegt, die als Aufgabe ewig lebendig bleibt.

In solcher Erkenntnis wird Erziehung zu einer sittlichen Pflicht. Es gibt keine andere Ableitung des Begriffes einer *Pflicht zur Erziehung*. Vor dem Gedanken dieser Pflicht verflattern die modernen Schlagworte der *Individualpädagogik* zu Schattengebilden. Der Individualpädagogik fehlt die Möglichkeit, eine lebendige Wechselbeziehung zu knüpfen zwischen Individuum und Staat. Sie weiss mit dem Begriff des *Staates* überhaupt nichts anzufangen. Er ist für sie nichts, als die Schranke des Individuums, nach einem Worte Maeterlincks: das Geländer für menschliche Unvollkommenheit, das der Gebildete fähig werden sollte, so früh, als möglich, loszulassen.

Aber auch der hergebrachten Pädagogik fehlt das Bewusstsein von der notwendigen Wechselbeziehung zwischen den Begriffen *Bildung* und *Gemeinschaft.* Sie betrachtet Socialpädagogik als einen speciellen Teil der Erziehungslehre, neben der Individualpädagogik. Sie hat noch nicht begriffen, dass Socialpädagogik die concrete Fassung der Erziehungsaufgabe überhaupt bedeutet. Das lehrt ein flüchtiger Überblick über die Geschichte der letzten Menschenalter, und hier ist der Punct, wo die grundlegende Arbeit Görlands einsetzt.

Gewiss ist das rein individualistische Ideal im Laufe des verflossenen Jahrhunderts durch den Eisengang der Industrie beiseite gedrängt worden zu gunsten eines socialen Interesses. Bildung sich anzueignen, konnte nicht mehr im Belieben des einzelnen bleiben. Die zunehmende Complication des Maschinenbetriebes forderte die allgemeine Ausbreitung wenigstens der elementaren Kenntnisse über die ganze Arbeiterschaft der Industrie. Verfolgt der Capitalist dieses Ziel im Interesse seiner Concurrenzfähigkeit auf dem Weltmarkte, so erfasst die Arbeiterclasse aus entgegengesetzten Gründen die gleiche Notwendigkeit. Wissen ist Macht. Bildung und Aufklärung wurden eines der wirksamsten Mittel des Classenkampfes. Nur, dass diese Tendenzen nicht zur Verwirklichung des Gedankens der Gemeinschaft führten, sondern vielmehr zu seinem Gegenpol. Das Interesse des Capitals drängt zu einer weiteren und weiteren Differenzierung und Specialisierung der Berufsbildung. Diese zieht eine immer differenzierter werdende Mannigfaltigkeit der Schulgattungen nach sich. Sagt man, dass die Berufstüchtigkeit des einzelnen von der Gesellschaft anerkannt und belohnt würde, so läuft dies in der Praxis darauf hinaus, dass das Individuum dem Egoismus anarchischer Wirtschaftscomplexe überantwortet wird, die sich heute als Herrscher der ökonomischen Machtfactoren aufspielen, um übermorgen vielleicht in den Strudeln einer Krisis zu verschwinden. Man könnte einwenden, dass diesem Auf- und Niederschwanken immerhin eine gewisse Fessel angelegt sei durch die Errungenschaften der modernen Gesetzgebung, durch Schutzzoll oder Handelsverträge, Arbeiterschutz und -versicherung, durch den Parlamentarismus vor allem. Gewiss ist der Idee nach der Parlamentarismus das Forum des fortschreitenden Menschheitgedankens und sollte also fähig sein, den Begriff *Gesellschaft* zu läutern und hinaufzuheben über den Wirrwarr der ökonomischen Betriebe. Nur dass er heute in der Hand der Mehrheitsparteien vielmehr ein Mittel geworden ist, um den Organismus der nationalen Arbeit ihren nichts weniger als socialen Interessen zu unterwerfen. Wie soll der Schulmeister in dem Tohuwabohu dieser Interessenkämpfe für seine Erziehungsarbeit eine Richtungslinie finden, die auf das *wahre* Interesse der Gesellschaft hinweist?

Auf der anderen Seite zerreisst der Classenkampf unbarmherzig alle Festrednerillusionen von der Einheit des Volkes, des deutschen Volkes. Was ist das *Deutschtum,* wenn nicht die Einheit und Eigenart unserer nationalen Cultur? Und was sind diese heiligsten Güter der Nation wert, solange sie nicht Volksgüter sind? Kann man aber im Ernste erwarten, dass auch nur ideell die Geistesgüter Gemeingut des

Volkes werden, solange die *allgemeine Volksschule* ein unerfüllbarer Traum ist? Es gibt keine andere Einheit eines Volkes, als auf dem Boden der allgemeinen Volksschule, das ist derjenigen Schule, die keine Standes-, Vermögens-, Classen- oder Confessionsvorrechte mehr kennt, die den Bildungsgang des einzelnen ausschliesslich abhängig macht von dem Grade seiner Begabung. Wie vermag diese Forderung vor den realen Mächten unserer Tage zu bestehen? Wie ist aus ihr heraus ein Princip herzuleiten für eine Pädagogik in socialer Hinsicht?

Es muss möglich sein, wenn nicht die Zukunft der Menschheit in uns in Frage gestellt werden soll. Denn worin anders besteht die Würde der Menschheit, als in dem Werte, den wir dem Besten beilegen, das der Mensch dem Menschen zu geben hat, dem Werte der Arbeit? Wie aber ist es damit heute bestellt? Es gibt gar keinen Wert der Arbeit, es gibt nur einen Preis des Arbeitsproductes: der Ware. Dieser Preis ist abhängig von Angebot und Nachfrage, das heisst den Äusserungen der Bedürfnisse der Gesellschaft. Bedürfnisse aber fliessen aus Quellen und Untergründen, die letzten Endes unerforschlich sind, wie die Wege der Vorsehung. Diese ganze Wertung spottet dem Grundgesetz des Sittlichen in uns, nämlich unserer eigenen, autonomen Wertung. Sie ist eine fremde, blinde, heteronome Wertung, eine blosse Taxe, unter der der einzelne steht, wie der Gläubige unter der Dictatur seines Gottes.

Zur Befriedigung der Bedürfnisse dient die ökonomische Arbeit. Das Motiv dieser Arbeit ist der persönliche Nutzen. Durch seine Arbeit unterwirft sich der Mensch die willenlose Natur. Der Geist macht sich zum Herrn über die Materie. Er lässt die Causalitäten der Natur wohl geleitet spielen zu dem Zwecke, sich frei zu machen vom Bedürfnis. Hier herrscht kein anderes Princip, als die Klugheit des Egoismus. Kein anderes Interesse bewegt die ganze ökonomische Gesellschaft. Für sie tritt die Person des arbeitenden Menschen zurück hinter den Wert des von ihm erzeugten Productes. Was die Ware wert ist, ist der Arbeiter wert. Was dem Producenten seine eigene Arbeit bedeutet, das kommt gar nicht in Frage. Der Producent sieht sich somit bedroht von einer blinden, fremden Gewalt, die chronisch im Wesen der ökonomischen Gesellschaft liegt, abgesehen noch von der sehr deutlichen, acuten *fremden Causalität*, die in die Erscheinung tritt, wenn sich die Mächte der Distribution zu Ringen, Cartellen und Trusts verbinden, um den Producenten, den Arbeiter einerseits, den Consumenten, das Publicum, andererseits zu vergewaltigen.

In der unübersehbaren Verquickung dieser Verhältnisse ist kein Princip zu finden für die Gemeinschaft eines Staates. Das Klugheitsprincip des Egoismus, des grössten eigenen Vorteils, kann niemals tauglich werden zu einem Gesetz für die Allgemeinheit. Wird dies dennoch versucht, so geschieht ein Verbrechen an dem sittlichen Begriff der *Menschheit*. Denn das Princip des Egoismus, das das Individuum zum Herrn über die Materie der Natur macht, darf nicht dahin ausgebildet werden, ihm auch das andere Individuum zu unterwerfen, es zum blossen Mittel und Werkzeug der Befriedigung seines Egoismus, seiner individuellen Zwecke herabzudrücken. Gegen diese Vergewaltigung erhebt sich die Idee des *Staates*. Sie verlangt die Homogenität, die Gleichwertigkeit seiner Glieder, repräsentiert durch die Homogenität ihrer Leistungen und Gegenleistungen. Der Staat beruht auf dem Kern, der allen Individuen gemeinsam ist, auf dem Kern eines Allgemeingiltigen in uns. Darum darf der Staat die Functionen der Individuen selbst in ihren engsten Beziehungen, denen der Familie, ablösen. Stirbt dem Kinde der Vater, so ernennt der Staat den Vormund, der an seine Stelle tritt. Das will sagen: jeder Vater erhebt sich vor dem Staate zum Vertreter einer homogenen Institution: der Vaterschaft, worin neben der Vorstellung des leiblichen Erzeugers die des Pflegers und Vormundes mit eingeschlossen ist. Im gleichen Sinne schafft der Staat die Institution der Beamtenschaft, in deren Fächern der einzelne Beamte den systematischen Ort seiner Tätigkeit erhält. Ebenfalls im gleichen Sinne übernimmt der Staat das Verkehrswesen, das Geldwesen, das Bildungswesen, um diese Institutionen aus der Sphäre der egoistischen Triebkräfte herauszuheben und sie unter homogenen Bedingungen der Allgemeinheit dienstbar zu machen. Überall ist der Staatsgedanke der Idee nach wirksam als der Gedanke eines Systems der gesellschaftlichen Arbeit, dem sich das Individuum mit Bewusstsein und freiwillig unterordnet.

Von den drei grossen Worten der Cultur, welche die französische Revolution in die Geschichte der Menschheit geworfen hat, wurde das erste, *Freiheit*, zur Devise der ökonomischen Gesellschaft. Bringen deren entfesselte Mächte das Individuum in Gefahr, zum blossen Mittel und Werkzeug entmenscht zu werden, so erhebt sich die Rechtsordnung des Staates mit der Verkündigung ihres legalen Princips, der *Gleichheit*. Damit wird der Staat mehr als eine Organisation der ökonomischen Arbeit. Er wird etwas anderes, geboren aus einem anderen Princip, einem Princip des Rechtes. Durch den Staat entsteht aus dem Individuum der Mensch.

So wäre der *Staat* ein sittlicher Begriff? Der bestehende ist es nicht und kann es niemals werden. Denn wir erkannten das Sittliche als etwas, das eben nicht ist, das immer nur werden soll, als eine unendliche Aufgabe. Aber die Idee des Staates ist geboren aus einer sittlichen Überlegung, und somit hat er eine Beziehung auf Sittlichkeit. Er ist die *conditio sine qua non* der Sittlichkeit.

Das Postulat der sittlichen Welt selber heisst *Brüderlichkeit*. Sie erhebt sich unendlich über die Legalität des Staatsgedankens. Der Staatsgedanke umschliesst die Anerkennung des Gesetzes. Brüderlichkeit aber ist Freiheit. Freiheit allerdings nicht vor dem Gesetz, und gewiss nicht über dem Gesetz, *dass man tun kann, was man will*. Brüderlichkeit ist die Freigabe des Vernunftgesetzes selbst in unserem Bewusstsein. Die Vernunft gibt sich selbst das Gesetz, ihrem Willen einen Inhalt. Der Wille wird nicht mehr gereizt von einer *fremden Causalität* durch das Gefühl des Bedürfnisses, das befriedigt werden muss. Der Gegenstand dieses Willens ist ein Zweck, der um seiner selbst willen gewollt wird, der letzte, unbedingte, nicht weiter ableitbare Zweck unseres reinen Menschentums. Das Wollen dieses Zweckes wird zum Willen der Menschheit: „Handle so, dass du die Menschheit in dir und in der Person eines jeden anderen, jederzeit zugleich als Zweck, niemals bloss als Mittel brauchst!" (Kant.) Den anderen niemals als blosses Mittel und Werkzeug meiner egoistischen Zwecke betrachten, sondern ihn erkennen als einen eigenen, und zwar den gleichen höchsten Selbstzweck, wie mich selbst, das ist Brüderlichkeit, darin ersteht das *Ich und du* einer Gemeinschaft. Solche Brüderlichkeit findet sich nicht in der Tatsachenwelt des Handelns und kann sich nicht darin finden. Sie lebt einzig im Willen der eigenen Brust und der Brust desjenigen, der gleichen Willens ist. Ich und du stiften diese Gemeinschaft, um im eigenen Wollen und im Wollenmachen des anderen uns selbst und einer den anderen hinaufzuheben zum Zukünftigen und Besseren, zum *Menschen der Idee*. Das allein, haben wir oben gesehen, ist Sittlichkeit. Sittlichkeit ist also Erziehung, und Erziehung ist Sittlichkeit. Alles andere, was in der praktischen Betätigung von Freiheit und Gleichheit gewonnen werden kann, hat für die Sittlichkeit nur negativen Wert, beseitigt Hindernisse und Schranken, ist im günstigsten Falle eine *conditio sine qua non*. Hier allein gibt es positiv-aufbauende, sittliche Arbeit: mich und dich herauslösen aus dem Zwange der Naturcausalität, um gemeinschaftlich durch die Erziehungsarbeit der Cultur den *Menschen der Idee* in uns ans Licht zu heben. Diese unsterbliche Aufgabe erhebt unsere Seelen, die vereinzelt nichts sind, als schwingende, schillernde Eintagsfliegen, zu unsterblichen Repräsentanten der Menschheit. Und das ist das letzte, heilige Ziel der Erziehung.

Wir sehen, wie das Individuum den drei socialen Kreisen der ökonomischen, der staatsbürgerlichen, der sittlichen Aufgabe angehört. Alle drei Kreise erheben ihre eigenen Ansprüche, von deren Erfüllung der Wert des Individuums abhängt. Die ökonomische Arbeit verlangt die Ausbildung des von der Natur verliehenen Talentes, um in den specifischen Aufgaben eines Berufes fruchtbar zu werden. Das Princip des Staates verlangt vom einzelnen bewusste Unterordnung seiner Interessen unter das System der Rechtsordnung. Diese Selbstzucht des Individuums: legal zu handeln, nennen wir *Charakter*. Im Charakter liegt der staatsbürgerliche Wert, die Ehre des Individuums. Wer die Ehre verloren hat, muss vom Staate ausgeschlossen werden von den Functionen des Staatsbürgers. Die dritte und höchste, die sittliche Aufgabe verlangt und erfasst das Ganze des Menschen. Wer diese Aufgabe erfüllt, ist ein *Genie*. Das Genie erhebt sich auf dem Fundament des Charakters, denn es macht den Willen frei von der Einwirkung fremder Causalität und gibt ihm einen eigenen Inhalt in der Aufgabe: die sittliche Einheit zu schaffen aus der Mannigfaltigkeit seiner Zwecke. Und es erhebt sich auf dem Fundament des Talentes. Die Tat des Genies erwächst aus dem Niveau der jeweilig erreichten Culturhöhe, das die vielen Talente bearbeiten. Aus der blinden Mannigfaltigkeit dieser Kärrnerarbeit erschaut es den Blickpunct neuer Aufgaben. Wo das Talent an die Schranke seiner Leistungsfähigkeit gelangt und ermattet bekennt: so geht's nicht weiter, da reisst das Genie diese Schranken nieder und eröffnet einen neuen Weg zu höheren Zielen. Darum erscheint das Genie dem Talente und dem vom Talente erzogenen und genährten Publicum revolutionär. Aber die Geschichte beweist, dass seine Leistung gerade die straffste Consequenz bedeutet aus dem Problem seiner Zeit. Das Genie ist der Erzieher der Menschheit im grossen. Aber auch im Alltagsleben der kleinsten Gemeinschaft gibt es Momente, auf denen das Auge des sittlichen Genius ruht.

Aus diesen Charakteristiken ergeben sich drei Forderungen an die Schule:

1. Sie bediene sich technisch der Psychologie, um die Aufnahmefähigkeit des Zöglings zu wecken und die Spuren seines Talentes ans Licht zu ziehen. Sachlich leiste sie die Ausbildung dieses Talentes für den Beruf des ökonomischen Lebens. Dieser Lehrgang endet in der Fachschule.

2. Das Interesse der staatsbürgerlichen Zukunft fordert technisch die durchgängige Einheit des Schulorganismus auf Grund allein der Gerechtigkeit. Aus den Examenskategorieen sind die Berechtigungen herzuleiten für die spätere Einreihung des Individuums in die Institutionen des Staates. Sachlich verlangt die Vorbereitung des Charakters die Tugend der Selbstzucht, in der der Zögling geübt werden muss, damit aus der Erkenntnis die Möglichkeit des sittlichen Arbeitens herauswachse. Die Staatsschule stehe von vornherein unter dem Princip des socialen Gedankens.

3. Das Genie der Menschheit verlangt, dass das Bewusstsein des einzelnen sich entfalte in der systematischen Arbeit der menschlichen Cultur, in Wissenschaft, Gemeinschaftsleben und Kunst. In dieser Systemarbeit wird immer aufs neue die Einheit geknüpft zwischen dem Bewusstsein des einzelnen und der Cultur der Menschheit. Hochschule und Universität erheben sich über den Charakter der blossen Staatsschule, denn sie sind schliesslich nicht verantwortlich vor der Legalität irgend eines Staates, sondern vor der Idee der Cultur, dem Gewissen der Menschheit.

Die Grundforderung, die sich aus Görlands Gedankengang ergibt, ist das unbedingte Recht des Kindes auf Bildung, gemäss der Idee des Menschen. Die allgemeine Volksschule ist die letzte Absicht der Socialpädagogik. Aber auch nur aus der Idee der Socialpädagogik ist die allgemeine Volksschule zu rechtfertigen.

Was ist davon heute erfüllt? Nahezu nichts. Gewiss sind wir über die in Marx' *Capital* geschilderten englischen Zustände hinaus, wo armen Eltern Unterstützung und Pfarreihilfe versagt wurde, wenn sie ihre Kinder zur Schule schickten. Aber unser ganzes Schul- und Bildungswesen mit seinem plutokratischen Grundzuge, dem Streit um die Simultanschule, dem Mangel an Bildungsfreiheit für das weibliche Geschlecht, den Chicanen gegen jede verdächtige Aufklärungsarbeit auf der Universität, ist eine Carricatur auf den Begriff einer *Culturpädagogik*. Und unsere Volksschule ist eine Armenschule. Hat man erst den tiefsten Sinn und die Bedeutung des Begriffes der *Erziehung* erkannt, so wird man die Forderung aus Punct 7 des Erfurter Programms als unsere grundlegende Forderung überhaupt begreifen.

138. Lisbeth Stern: Kritik der Monatsschrift „Kind und Kunst"[787]

SM 1905, Nr. 1, S. 109-110

Die Einleitung dieser neuen, bei Alexander Koch in Darmstadt erscheinenden Monatsschrift setzt die Absichten auseinander, die sie verfolgt: sie will ein Zentralorgan werden aller Bestrebungen für Neubelebung des Unterrichts und der Erziehung mit Hilfe der Kunst. Man hofft damit die kindlichen Sinne frisch zu halten und sie zu einem besseren Anschauen zu bringen. Da hierin bereits sehr viel gearbeitet und experimentiert ist, kommt das Blatt sehr erwünscht zur Vermittelung der bisherigen Erfahrungen, denn da die Methode wesentlich neu ist, kann man wohl eine ganze Reihe von Missgriffen erwarten, als notwendige Begleiterscheinung aller neuen Prinzipien.

Die Gründung eines Blattes, in dem alle wesentlichen Erfahrungen der Erzieher ausgetauscht werden, hat sicher grossen Wert – nur müssen eben diese Erfahrungen absolut ehrlich mitgeteilt werden ohne alle Konstruktion ohne Schema; hierin scheinen mir zum Teil die Aufsätze der drei ersten Hefte es fehlen zu lassen.

Die neue Einsicht in die Notwendigkeit einer besseren freieren Ernährung des Kunstsinns im Kinde führt im Schlepptau ein ganzes fertiges Schema über das Wesen des Kindes, das sich ein Teil der Propagandisten zurecht gezimmert hat, und das ganz deutlich nicht stimmt. Das Kind hat einen unechten, unfrischen Nimbus um sich bekommen, auf welchen hin alle Direktiven zugeschnitten sind. Es sind in dem Blatte eine Reihe von Amateurphotographieen von derart künstlerisch aufwachsenden Kindern; eine von ihnen, *Arkadien* betitelt, zeigt eine Laufschaukel mit Kindern; die Mädchen sind in frührenaissancelichen Engelkleidern, und ein nackter Junge, natürlich mit einer Schwimmhose, liegt dabei und bläst die Flöte! Dass das eine durchaus unkindliche Posierung ist, ist klar; es macht den Eindruck, als benutze man hier die Kinder zu seinem eigenen ästhetischen Genuss, der nur eine neue, stilisierte Süsslichkeit an Stelle der alten spiessbürgerlichen *Gartenlaben*süsse setzt.

Ganz vorzüglich sind in dem Blatte die wiedergegebenen kunstgewerblichen Sachen, die ganz simplen Spielzeuge, die Handarbeitsmuster, Baukästen und was dergleichen mehr ist. Wir können uns freuen, dass wir jetzt ein Kunstgewerbe haben, das mit einfachen und klaren Formen, so amüsante Sachen machen kann. Es werden jetzt Farben und Formen frisch gesehen; man arbeitet grellfarbig und sillhouettenhaft und macht damit auch wieder die einfache Technik mobil. Der ausserordentlich künstlerische Reiz, der in der simplen Bauernkunst liegt, sei es in ihren Holz- oder Töpferwaren, wird frisch empfunden, und man ahmt sie aus rein künstlerischem Interesse nach. Diesem kunstgewerblichem Umschwung werden nun aber pädagogische Motive angehängt; fast scheint's, als wenn ein gebildeter Mensch sich etwas kindisch vorkomme, wenn er ohne deutlichen Grund plötzlich

[787] Lisbeth Stern publizierte in den *SM* bis in die zwanziger Jahre auch zu kultursoziologischen Themen (z.B. über städtische Kultur, 1903), biographische Angaben konnten bislang nicht gefunden werden.

im Volksgewand einhergeht! Er sucht nach Gründen, und schnell hat er die ahnungslosen Kinder erwischt und erzählt ihnen nun des breiteren: seht nur, das mache ich alles, um euch Spass zu machen! Nun überfällt er ihre Kinderstuben, ihre Lieblingsplätzchen, und *stattet sie künstlerisch aus.* – In einem der Blätter ist eine solche *Spielecke*, Entwurf von Otto H. Engel. Hier sollen die Kinder nun sitzen und ihre Phantasie bauen lassen. Sie werden es gerade! Gott sei Dank ist in einer Kinderseele ein guter Posten Opposition, der sie von jener Ecke sicher fern hält. Das gibt solchen besonderen Fleckchen ja erst ihren Reiz, dass sie keiner kennt; auch wenn die Mutter schon längst weiss, wo das Kind steckt, sollte sie doch immer daran vorbeigehen und tun, als wenn sie nichts wüsste. Man glaubt jetzt immer, man müsste überall herein in ein solches Kinderseelchen und überall lenken und steuern, und verdirbt damit vielleicht so manches. Selbst wenn es für den Erzieher traurig sein mag, dass das Kind oft sein Feinstes für sich behält oder damit zu anderen Kindern geht – da muss er schon weise sein und seine Hand davon ablassen. Sieht man die Oberfläche von so einem Seelchen zittern und sich regen von all den heimlichen Bewegungen drinnen, und will eines der Fischchen herausholen, dann sieht das draussen ganz reizlos und fremd aus! Drum setz' es doch lieber wieder hinein zu den anderen; da sehe man dem allen nur zu und freue sich, wenn es etwas Schönes zu sehen gibt. Wie mir dieses in der allgemeinen Pädagogik fruchtbar für die Entwickelung der Kinder scheint, so halte ich es auch für die künstlerische Entwickelung günstiger und natürlicher, wenn man dem Kind keine eigens fabrizierte Extrakunst vor die Nase hält, sondern es selbst wählen lässt, selbst wenn die Wahl allem Anschein nach töricht ausfällt. Wie vorzüglich ist die Einführung in die Blätter mit den Robbiaschen Wickelkindern – an reiner Kunst allerdings neben Orlicks *Rübezahl* auch das einzige wirklich Gute; was sonst ist, das Dornröschen oder das Kind mit dem Reh, ist sehr minderwertig. So lass man doch die Kinder tapfer in der Kunstgeschichte herumgucken, sie werden sich schon überreichlich Nahrung dort suchen! Es ist doch oft genug betont, dass die Kunst einfacher Kulturstufen der kindlichen Sinnesart am meisten entspricht, und zu jenen Zeiten haben doch Künstler gelebt, neben die die Kinderkunstmaler sich gar nicht stellen können.

Zum Schluss möchte ich noch sagen, dass man gut täte, sich die Modellier- und Tuscharbeiten der Kinder anzusehen. Sie sind zum Teil, wie die von der kleinen Falke und einigen aus der Reitmannschen Modellierschule, ganz überraschend lebendig und gut. Wie das künstlerische Sehen bei den Kindern sich entwickelt, im Detail zu beobachten, ist sicherlich psychologisch und auch pädagogisch gleich fruchtbar. Mir erschiene es ein Gewinn, wenn das Blatt sich auf dieses Gebiet, einschliesslich der Beobachtungen der Erzieher, konzentrieren würde.

139. Anton Fendrich: Zur Frage der Jugendliteratur[788]

SM 1905, Nr. 4, S. 321-325 (Auszüge)

Handelt es sich überhaupt noch um eine Frage? Wohl kaum; wenigstens nicht in dem Sinne, ob wir mehr, als bisher, unser Interesse der Jugendbildung zuwenden sollen. Darüber herrschte auf den beiden Parteitagen, auf welchen dieses Thema zur Sprache kam, fast völlige Übereinstimmung. Auch in der Parteipresse ist eine gegenteilige Meinung nicht laut geworden. Im Gegenteil. Mit frischem Eifer hat sich unsere Parteipresse daran gemacht, auf diesem Gebiete praktisch zu arbeiten. Rubriken fürs junge Volk sind im redaktionellen Teil zahlreicher Parteiblätter schon eingerichtet worden, und speziell unsere Frauenzeitung, die *Gleichheit*, gibt seit Januar dieses Jahres alle Monate eine besondere Beilage *Für unsere Kinder* heraus. Auch an anregenden Aufsätzen über Jugendbildung, die für die Eltern geschrieben sind, fehlt es nicht. Alles dies ist noch nicht sehr viel, aber es sind gute Anfänge, und die Erfahrungen, welche die deutsche Sozialdemokratie seit vierzig Jahren mit allen ihren Anfängen gemacht hat, berechtigen zu der sicheren Hoffnung, dass es trotz einiger pessimistischer Stimmen, die ja überhaupt nirgends fehlen wenn es sich um Neues handelt, auch auf diesem Gebiete rüstig vorwärts gehen wird.

Also, all dies ist keine Frage. Fragen dagegen, welche auftauchen werden, je mehr wir in die praktische Arbeit auf dem Gebiete der Jugendbildung hineinkommen, sind die: An welches Alter sollen wir uns wenden? Und: Sollen wir Sozialisten auf unsere Kinder nur in dem Sinne erzieherisch einwirken, dass wir unser Augenmerk nur auf sogenannte *allgemeine Erziehungsziele*, also Wahrheitsliebe, Tapferkeit, Keuschheit u. s. w., richten, oder sollen wir sie im bewusstem Gegensatz zu vielem, was ihnen in der Staats- und Klassenschule beigebracht wird, auch neue Geistes- und Gemütswerte lehren, die dem sozialistischen Gedanken- und Gefühlskreise entnommen sind? [...]

Solange wir keine selbständige Jugendzeitschrift haben und die Parteipresse hier die erste Arbeit leisten muss, wird es natürlich immer sehr schwer sein, stets das Richtige zu treffen. Es ist auch an sich schon schwer, mit einer politischen Zeitung an das Kind heranzukommen. Das Kind hat gern seine eigene Welt für sich, und die Zeitung ist kein Bestandteil dieser Welt. Um so mehr wird es die Aufgabe der sozialistischen Tagespresse sein müssen, in den Eltern das Verständnis für eine richtige Behandlung der Kinder zu wecken und ihnen klar zu machen, dass bei aller Erziehung man nie bei den anderen, also auch nicht bei den Kindern, sondern bei sich selbst anfangen muss, dass Erziehung im wesentlichen in Selbsterziehung besteht. Ich weiss, welche grosse Kluft die meisten Menschen und die meisten

---

[788] Anton Fendrich (1868-1949), Gymnasium in Offenburg, Volkswirtschaftsstudium in Zürich, Redakteur verschiedener Zeitungen, u.a. der *Leipziger Volkszeitung*, ab 1901 schriftstellerisch tätig, u.a. für die Kinderbeilage der *Gleichheit*, verfasste auch pädagogische Texte (Die Freiheit deines Kindes, 1925, 9. Aufl.), 1899-1903 Landtagsabgeordneter in Baden, 1902-1912 Herausgeber der Feuilletonkorrespondenz *Schauinsland*, 1909 Rückzug aus der Sozialdemokratie.

Väter und Mütter unter den Parteigenossen noch von dieser Einsicht trennt, aber es muss zu allererst damit angefangen werden, diese Grundwahrheit der Erziehung für alle Jugendjahre den Eltern selbst beizubringen. Wir alle müssen uns klar darüber werden, dass die Kindheit eine Welt für sich ist, die wir nicht mehr recht verstehen, und dass die Hauptursache davon ist, dass uns die Kinder so oft nicht verstehen. Es ist nun immer so viel am Kinde ohne Erfolg geschulmeistert, gepredigt und geprügelt worden, dass wir endlich einsehen müssen, dass es nötig ist, die Kinder erst kennen zu lernen, bevor wir sie erziehen wollen. [...] Das Beste, was in dieser Beziehung bisher getan wurde, war der Abdruck eines Kapitels aus der trefflichen *Jugendlehre* Foersters – einem ausgezeichneten Buche –, das die Überschrift *Über die Bezähmung der Naturgewalten* trägt und in einer schönen Parallele zwischen Technik und seelischer Innenarbeit auf die Grundlage aller Kindererziehung, die Selbsterziehung der Eltern, hinweist. [...]

Alles Agitatorische soll meiner Ansicht nach aus unserer Jugendliteratur bleiben. Man missverstehe mich dabei nicht. Ich bin weit entfernt davon, zu glauben, wir sollten unseren Kindern den ungeheuern sozialen Kampf der Gegenwart zu verbergen suchen. Durchaus nicht. Ihnen im Leben die sozialen Gegensätze zu zeigen und eine lebendige Erklärung dafür zu geben, ist sogar nötig. Aber in der Form darf das unter keinen Umständen agitatorisch geschrieben sein. Dagegen haben Kinder und auch die sogenannte *reifere Jugend* eine ausgesprochene Abneigung. Die scharfe Beweisführung, der logische Schluss, die packende Antithese, das sind die grossen Mittel der Agitation. Sie liegen im Bereich des abstrakten Denkens. Das ist aber nicht das Reich der Jugend. Die Phantasie ist es. Die Notwendigkeit der Arbeit, die Verwerflichkeit des Nichtstuns, das heisst des Lebens von anderer Menschen Arbeit etc., all diese Dinge können und sollen auch in unserer Jugendliteratur besprochen werden [...]

In der Hauptsache aber muss die Arbeit in der Richtung allgemeiner Erziehung zu körperlicher und moralischer Tüchtigkeit liegen. Wie innig diese beiden Dinge zusammenhängen, ist trotz der oft gehörten Aussprüche *Mens sana in corpore sano* u.s.w. noch nicht genügend erkannt worden. Aber selten hat der Mensch unter diesem Zusammenhang mehr zu leiden, als solange er auf der Schulbank sitzt. Ich denke hier, um nur eines zu erwähnen, an die heikle Frage der Onanie. Dass mangelnde Körperübung, mangelhafte Luft, unzweckmässige Kost und Schulüberbürdung auf diesem Gebiete heillose Schäden anrichten und besonders geistig und sittlich hochstehende Schüler in eine wahre Verzweiflung treiben, weil sie widerstandslos den ihnen unbekannten Reizursachen gegenüber stehen, ist für Ärzte und mit diesen Dingen vertrauten Laien eine bekannte Tatsache. Alles Predigen hilft hier nichts. Die stille Arbeit, welche Gymnastik, Sinnespflege im Freien, entsprechend reizlose Ernährung und eine vernünftige Art des Unterrichts im Körper verrichten, stärkt tausendmal mehr die körperliche und infolgedessen die moralische Widerstandskraft der Jugend. Ich weiss recht wohl, wie viele Hemmnisse wirtschaftlicher Natur gerade hier einer vernünftigen Erziehung der Arbeiterkinder entgegenstehen; aber es kann auch so schon sehr viel getan werden.

Übrigens haben die Kinder in den Städten einen ganz instinktiven Drang nach den Mitteln, die den degenerativen Wirkungen des Lebens in schlechter Luft und ohne viel Körperbewegung entgegenarbeiten. Der Sucht nach Indianergeschichten liegt keineswegs allein eine krankhafte Vorliebe für Phantastisches und Abenteuerliches zu Grunde. Stark sein oder werden, das wollen die Jungen, die Indianergeschichten so gerne lesen. Die körperliche Tüchtigkeit der die Wälder durchziehenden Trapper, ihr scharfes Gesicht, ihr feines Gehör: das ist es in der Hauptsache, was unsere Stadtkinder so anzieht an den meist blödsinnigen Indianergeschichten. Es liegen hier psychologische Reflexwirkungen vor, die oft ganz falsch gedeutet werden. [...]

Ein Gebiet der Jugendliteratur scheint mir in der Parteipresse bisher völlig vernachlässigt worden zu sein, nämlich das der Technik. Dass unser Zeitalter ein technisches ist, blieb naturgemäss auch auf die Jugend nicht ohne Wirkung. Weit mehr, als früher, beschäftigen sich heute Schüler der Mittel-, aber auch der Volksschulen mit chemischen, elektrischen und mechanischen Experimenten. Es gibt eine bürgerliche Jugendzeitschrift, die von Chauvinismus und Flottenagitation trieft; aber sie hat es richtig erfasst, dass technische Mitteilungen besonders die Knaben in hohem Grade interessieren, und gibt dazu vorzügliche Illustrationen. All das wird bei uns erst getan werden können, wenn wir eine eigene Jugendzeitschrift für die Arbeiterkinder haben. [...]

140. Unterricht und Erziehung (Sammelrezension ohne Autorenangabe)

SM 1906, Nr. 4, S. 338-340

Die Schule unterrichtet, aber sie erzieht nicht. In Deutschland erzieht sie heute weniger, als in anderen Ländern. Diese Tatsache kommt wohl direkt nicht so sehr von dem politischen Missbrauch her, den die Reaktion mit der Schule, insbesondere mit der Volksschule, treibt, als vielmehr auf die Rechnung des bureaukratischen Geistes und ist hinlänglich in der rein pädagogisch rückständigen Methodik des Unterrichts auf Volks- und Mittelschulen begründet, bei der unsere Bureaukratie stehen bleibt. Gegen dieses Chinesentum wird von seiten der bürgerlichen Intelligenz zu jeder Zeit ein reichliches Quantum Tinte vergossen. Es fehlt dort nicht an kenntnisreichen und begeisterungsfähigen Gelehrten, Schulmännern und Schriftstellern, die lebhaft für eine zeitgemässe methodische Reform eintreten. Das Mühen dieser Männer um das Wohl der heranwachsenden Generation ist eine der sympathischsten Erscheinungsformen jenes guten Willens zum Fortschritt, der, von nichtsozialistischem Denken geleitet, notwendigerweise mit all seinen Fähigkeiten und Kenntnissen doch immer in eine Sackgasse gerät, um dort vor der Mauer zu stehen, die es zu durchbrechen gilt, wenn nicht der Gang umsonst gewesen sein soll.

In klassischer Weise kommt das in einer grösseren, pädagogisch sehr bemerkenswerten Abhandlung *Über Unterricht und Erziehung vom sozialhygienischen und sozialanthropologischen Standpunkt* zur Geltung, die der bekannte Hygieniker

Professor Ferdinand Hueppe in der *Zeitschrift für Sozialwissenschaft* [1905] veröffentlicht hat. Hueppe weist nachdrücklich und unter Zuhilfenahme seines allerdings im Monarchismus ruhenden Patriotismus auf die Schäden hin, welche das bestehende pädagogische System dem Geist und Körper der Jugend zufügt. Die falsche, abstrakte Unterrichtsmethode „drillt für Klassenziele und Abgangsprüfungen", „vermittelt nur Wortwissen" und nimmt „unter allen Sinnen fast einzig das Gehör" in Anspruch. Indem sie „gegen den Grundsatz jeder Erziehung *Nicht stören, sondern entwickeln!* vom ersten Tage an sündigt" und „den Spiritus der Kinder denaturiert", treibt sie das ganze Volk in „rassenfremde Anschauungen [!?]". Die Lern- und Sitzschule misshandelt ausserdem den Körper, wodurch allein schon frische und gesunde Geistesentwickelung, die nur im gesunden Körper vor sich gehen kann, unmöglich gemacht wird. Auf die überaus anregenden, durch die Beherrschung des anatomisch-anthropologischen Materials gestützten Ausführungen Hueppes über den Ausbau der Gymnastik können wir hier leider nicht eingehen; es sei nur erwähnt, dass er gelegentlich darlegt, wie sogar das Turnen in den deutschen Schulen zu einem Unterrichtsfach nach der Schablone, zu einer Gedächtnisübung ohne körperausbildenden Wert, wird. Seine Forderung einer konkreten Unterrichtsmethode, die nicht zu totem Wissen unterrichtet, sondern zu lebendigem Können erzieht, spricht sich präzise in dem Satz aus: „Was im Intellekt zur Entwickelung kommen soll, bedarf der Auslösung durch die Sinnesorgane", wobei Hueppe in Einklang mit der phylo- und ontogenetischen Gehirnausbildung die Reihenfolge *Hand, Auge, Ohr* formuliert. Sogar die Augen müssen „entwickelungsgeschichtlich sehen gelernt haben", ehe der abstrakte Unterricht einsetzt, der nach solch konkreter Vorbereitung allerdings unschädlich ist und fruchtbar sein kann. Sporadisch und mangelhaft haben sich diese Gedanken schon bis zur Praxis durchgekämpft. Hueppe freut sich der Entstehung der Reformschule, die den Unterricht dem Fassungsvermögen des Kindes entsprechend viel besser konkret aufbaut und dem Schüler die Möglichkeit gibt, auch vor Schulabschluss aus den mittleren Klassen mit einer bis dahin einheitlichen Bildung ins Leben überzutreten. Auch das wachsende Verständnis der Volksschullehrer weiss Hueppe zu schätzen; und obwohl er die politische Vergewaltigung und die pädagogische Rückständigkeit der Volksschule keineswegs übersieht, meint er, sie stehe, was die Methodik des Unterrichts anlangt, immerhin relativ sehr viel höher, als die Mittelschule alter Observanz. Dieses kann zugegeben werden. Aber, weil nun die Menschen mit den angeblich so *rassenfremden* Anschauungen zum grössten Teil gerade aus der Volksschule hervorgehen, so hat doch wohl nicht die abstrakte Methode des Schulunterrichts den Siegeszug dieser Anschauungen verschuldet. Sollte das nicht die Schule des Lebens getan haben, die sogar im bureaukratischen Preussen konkret ist?

Hueppes pädagogischer Gedankengang gelangt schliesslich ganz folgerichtig zum Arbeitsunterricht. „Jeder rationelle Unterricht muss mit der Ausbildung der Hand als Sinneswerkzeug einsetzen". „Dem Kinde liegt das Können näher, als das Wissen". „Die Bedeutung edler Vorbilder, die Bedeutung der Persönlichkeit des

Lehrers für die Charakterbildung ... stehen weit zurück gegen die Bildung des Charakters durch die Arbeit ... Die Schule muss deshalb zum Wissen durch die Arbeit gelangen, Arbeit und Wissen lehren." Aber da ist die Sackgasse! Was für ein Erziehungsmittel ist denn heutzutage die Arbeit? Hat der Mensch ihre Ehre, Schönheit und Nützlichkeit nicht längst erschlagen? Muss sich eine Erziehung durch Arbeit heute nicht sehr hüten, die mörderische Arbeitswirklichkeit den Schülern auch nur ahnungsweise aufgehen zu lassen? Wo deshalb die Arbeitserziehung nicht als ein Hinweis auf die kommende sozialistische Gesellschaft, die der Arbeit ihren natürlichen Wert wiedergibt, erfasst wird, da bleibt sie eine Potemkinsche Täuschung, deren pädagogischer Wert sehr fraglich ist. Erwartet doch selbst Hueppe von der Erziehung durch – und zur – Arbeit unter anderm, „dass sie dem minder Bemittelten das Gefühl zweckloser Arbeit für andre nimmt". Das mag gut gemeint sein, aber jedenfalls ist es doch sehr praktisch-bürgerlich. Mit solch schönen Reden schliesst Hueppe, bei der Arbeitserziehung angelangt, seine Betrachtungen, was aber nur in der Natur der Dinge liegt.

Ein sozialistischer Pädagoge wird hingegen – das liegt auch in der Natur der Dinge – gerade auf den für die Erziehung idealen Gedanken der Arbeitserziehung seine Betrachtungen ruhig und fest aufbauen, so wie es denn auch unser Parteigenosse Otto Rühle in seiner ausgezeichneten Studie *Arbeit und Erziehung* [1904] tut. Rühle weist ebenfalls auf das Empörende der bestehenden Unterrichtsmethode hin, auf den „Formalismus", das „Papageientum" und die „totale Unfruchtbarkeit der Schularbeit". Nur, dass es ihm in erster Linie um die Volksschule zu tun ist, die er ja aus eigner Erfahrung kennt. Auch er eifert gegen das Sitzen wegen seiner traurigen Folgen für die Gesundheit, wobei er aber nicht zu betonen versäumt, dass an den schlechtgenährten Kindern des Volkes, „deren ganzer Organismus nach Sonne, Luft, Bewegung, Kräftigung förmlich schreit", die Schule die doppelte Sünde begeht, Wirkungen schlechter gesundheitlicher Verhältnisse zu gravieren, welchen entgegenzuwirken gerade sie berufen ist. Ohne den Wert der Anschauung für den Unterricht zu verkennen, lässt uns Rühle keinen Augenblick im Zweifel, dass sie als Fundament des Wissens doch nur den halben Fortschritt bedeutet. Nicht Anschauung, sondern Bearbeitung gibt wahre und bleibende Kenntnis der Dinge, und den Arbeitsunterricht fordert die Natur des Kindes, welches, wie einst Fröbel sagte, von Anfang an als schöpferisches Wesen betrachtet werden muss. Unter diesen Umständen aber ist es ganz selbstverständlich, dass ein Pädagoge, dem es Ernst ist mit dem Arbeitsunterricht, die geschichtlichen Formen des Arbeitsprozesses auf ihren Erziehungswert untersucht, und das Resultat dieser Untersuchung kann nichts anderes sein, als die Hoffnung auf die noch kommende Form. Denn „der modernen Lohnarbeit fehlen alle ethischen und erzieherischen Momente", und erst „wenn die Arbeit das geworden ist, was sie sein soll ..., der Inbegriff der natürlichen Bestimmung des Menschen und der schönste Ausdruck menschlicher Würde, erst dann wird sie wirklich geeignet sein, ihre erzieherische Mission zu erfüllen". Die Arbeitsschule ist deshalb die Schule der sozialistischen Zukunft, und die Gegenwart kann nur dem Künftigen vorarbeiten.

Dieses ist die wertvolle zentrale Idee der Rühleschen Studie. Ihr Inhalt ist damit noch lange nicht erschöpft, denn sie gibt, und zwar in ihrem grössten Teil, eine sehr umfassende Übersicht eben dieser Vorarbeit auf dem Gebiete der Arbeitsschule, wie die Pfadfinder der Vergangenheit und Gegenwart sie leisteten und leisten. Hierbei verweilt Rühle des einzelnen bei den Kindergärten, dem Unterricht im Freien, dem Schulgarten, den Schülerwerkstätten, der Knabenhandarbeit und den Landerziehungsheimen. Die Resultate dieser Bestrebungen sind noch dürftig, höchstens die Landerziehungsheime (Abbotsholme, Haubinda) können als „beachtenswerte Vorstufe künftiger Entwickelung" gelten. Wir haben mit Genuss den theoretischen und den historischen Teil der Rühleschen Arbeit gelesen, denn es ist von grossem Interesse, zu sehen, wie aus dem Innern eines sich jetzt durchsetzenden Ideals der Pädagogik die Forderungen des Sozialismus hervorgehen.

Nach alledem ist es nur eine Art natürlichen Selbstschutzes, wenn die Bureaukratie des kapitalistischen Polizeistaates heute jedem noch so rein methodischen Fortschritt des Schulunterrichts kühl gegenübersteht. Um so wichtiger wird deshalb die Frage der häuslichen Erziehung, und auch da wird viel und schwer gesündigt. Auch auf diesem Gebiet fehlt es aber nicht an erfreulichen Äusserungen in Wort und Schrift von den verschiedensten Seiten, die zur Einkehr rufen. Für Arbeiterkreise bestimmt, aber für andere ebenso zutreffend ist die Broschüre des Genossen Julian Borchardt *Wie sollen wir unsere Kinder ohne Prügel erziehen?*[1905][...] Möchten recht viele Väter und Mütter sich diese sehr billige Veröffentlichung zu Gemüt führen! Sie wird in jedem Haushalt Gutes wirken. Auf wissenschaftlicher Grundlage stehend, verbreitet sie ein helles Licht über die sittlichen Gebote des Familienlebens und über das, wovon ja leider die meisten Eltern so wenig oder nichts wissen: über die Natur des Kindes, ohne deren Kenntnis jede Erziehung nichts als eine Kette von Fehlern und Missgriffen sein kann. Die Borchardtsche Schrift stellt Anforderungen an die Eltern und nennt Übel, die in der Arbeiterklasse, wie im Bürgertum zu finden sind, beim rechten Namen. Das erhöht ihren Wert und ist ein Grund mehr für jeden Arbeiter, dem es um den Aufstieg seiner Klasse zu tun ist, das kleine Heftchen zur Hand zu nehmen.

141. Franz Lindheimer: Persönlichkeit und Sozialismus[789]

SM 1906, Nr. 6, S. 492-498 (Auszug)

„Volk und Knecht und Überwinder, sie gestehen zu jeder Zeit: höchstes Glück der Erdenkinder sei nur die Persönlichkeit." Wollten wir unter *Persönlichkeit* nichts als die geistige Besonderheit verstehen, durch welche die Individuen sich von einander abheben und unterscheiden, so könnten wir mit dieser Definition nicht das Beglü-

---

[789] Dr. Franz Lindheimer (geb. 1870), Gymnasiallehrer (?), Schüler von Ludwig Stein (Der soziale Optimismus, 1905), Mitarbeiter der *SM*, betreute ab 1906 die Rubrik Erziehungsfragen in der Rundschau, publizierte vor allem zu philosophischen Themen, u.a. Beiträge zur Geschichte und Kritik der Neukantianischen Philosophie. Erste Reihe: Hermann Cohen. Bern 1900.

ckende und Erstrebenswerte erklären, welches die Persönlichkeit nach Goethe für die Erdenkinder ist. Erst wenn wir zugleich die geistige Höhe und Kraft der Individuen, die innere Freiheit der Personen in den Begriff einschliessen, verstehen wir Goethes Ausspruch. Nur so auch begreifen wir die Persönlichkeit als einen wirkenden kulturellen Faktor. Im übrigen kann es ruhig dahingestellt bleiben, was unsere Sprache mit den Worten *Persönlichkeit* und *Individualität* sagen will. Nehmen wir einmal an, direkt sei damit die geistige Besonderheit, Eigenart, Differenziertheit der Individuen gemeint, auch dann kann man – und darauf kommt es schliesslich an – die Frage der Persönlichkeit nicht erörtern, ohne in die Frage nach der geistigen Höhe der Individuen und nach ihrer Entwickelung in dieser Richtung einzutreten. Denn die Differenziertheit ist mit der Qualifiziertheit der Geister untrennbar verbunden. Sie ist ein formales Prinzip, welches die Qualifiziertheit und die Entwickelung zu ihr als ein solches des Inhaltes fordert, und umgekehrt würde geistige Höhe und Freiheit sich in der Form eines verschiedenartigen Zuschnittes der Individuen äussern wollen. Mit anderen Worten: Individuen, deren Geist unentwickelt ist und nicht weiter gebildet wird, können keine geistige Besonderheit bewahren und äussern, und solche, welchen Besonderheit verwehrt ist, können auf keiner geistigen Höhe stehen. Der Grad der Besonderheit der Individuen entspricht jederzeit dem Grade ihrer geistigen Entwickelung.

Dass Persönlichkeit allen Menschen eine Notwendigkeit ist, auch „Volk und Knecht", um mit Goethe zu sprechen, wird, im Gegensatz zu einer ungenierteren Vorzeit, heute von den „Überwindern" schon zugegeben. Natürlich ist es nur eine sehr theoretische Zugabe, und in der Praxis stehen die modernen innerpolitischen Überwinder von Lohnsklaven, die unter der Devise *Gleiches Recht für alle!* jede Rechtsungleichheit zu üben gelernt haben, durchaus auf historischem Boden. Wie alle früheren Überwinder, haben sie die Überzeugung, sie selber seien Persönlichkeiten, und das genügt ihnen. Obwohl sie sehr gerne von der Erhaltung der Persönlichkeit reden, widersetzen sie sich der Annäherung des Ideals und lassen durch philosophierende Sachwalter das Verhältnis von Persönlichkeit, Sozialismus und Kapitalismus in sein genaues Gegenteil umstülpen. Insbesondere von der geistigen Differenziertheit der Individuen wird von dieser Seite dreist gesagt, sie müsse durch den Sozialismus, weil sie alles *gleichmacht* und *nivelliert*, verloren gehen und könne nur durch die in dem System des Privateigentums begründeten Vermögens- und Machtabstufungen erhalten werden. Es ist kaum eine Behauptung zu denken, die, bei der grössten Sicherheit, auf ein gemeines Publikum zu wirken, so unwahr ist wie diese.

Sicherlich ist in jeder Ordnung Gleichmacherei zu finden. Es fragt sich nur was für eine. Die Gleichmacherei des Sozialismus, als eines ökonomischen Prinzips, beruht darin, allen Menschen gleichwertige wirtschaftliche Existenzmöglichkeiten zu geben. Daraus folgt noch nicht einmal die Gleichheit der wirtschaftlichen Existenzen, und man sollte annehmen, dass niemand sich selbst als Individuum so herabsetzen kann, die Gleichheit der Geister daraus zu folgern. In Wahrheit folgt das Gegenteil daraus, denn die Menschen können sich nach eigener, individueller

Besonderheit erst dann von einander unterscheiden und abheben, wenn die Existenz aller von gleichwertigen materiellen Bedingungen getragen wird. Gerade so, wie die Bäume nur auf ebenem Boden sich genau ihrer Höhe entsprechend überragen. Auf dem welligen Gelände der heutigen Wirtschaftsordnung, wo die Individuen in den Tiefen und auf den Höhen des Privatbesitzes wurzeln, ist dagegen alles, was nach persönlicher Besonderheit aussieht und als solche wirksam ist, eine grobe Täuschung verursacht durch die Besonderheit der materiellen Bedingungen, durch die besondere Höhenlage des Bodens, auf den der einzelne durch ungeordnete Vorgänge wirtschaftlicher Art gestellt ist. Wohl kann eine Eiche, die in der Tiefe wurzelt, das auf der Höhe spriessende zwerghafte Stämmchen doch noch überragen; aber um wieviel mehr würde sie das bei gleicher Wurzelbasis tun. Und immer wird sie unter der gleich starken und gleich schönen Eiche zurück bleiben, die auf der Höhe wächst. Der Wert einer ebenen materiellen Grundlage für das reine Hervortreten der Individualitäten ist etwas so Selbstverständliches und Anschauliches, dass diejenigen, die es unternehmen, im Namen der Individualität daran vorbeizureden, damit nur bekunden, wie sehr sie, trotz all der schönen Worte, in ihrem Herzen die menschliche Persönlichkeit missachten. Erst wenn die materielle Grundlage aller Existenzen eine ebene sein wird, wird man berechtigterweise von einem Ringen der Individualitäten, von dem Siege der Tüchtigsten im Kampf ums Dasein und von einer Auslese durch natürliche Zuchtwahl reden können. Und die Tüchtigsten werden – infolge der Gemeinsamkeit des Arbeitsnutzens – alsdann die sozial Nützlichsten sein. Dass unter dem Privateigentum der Wettbewerb der Individuen und die Auslese verfälscht sind, hat schon Darwin selbst ausgesprochen.

Wollte man nun einwenden, mit der Entfaltung solch eines reinen Individualismus beschwöre der Sozialismus einen allzu heftigen Wettkampf der Individuen herauf, weshalb man sich vor ihm hüten müsse, so wäre ein derartiges Wort im Munde unserer Gegner zwar ein erfreuliches Zeichen beginnenden Verständnisses und erwachender Ehrlichkeit, aber es wäre doch nicht zutreffend. Denn der Sozialismus, welcher die volle Entfaltung und gerechte Geltung der individuellen Kräfte bewirkt, tut es nicht, ohne zugleich dem Kampf ums Dasein innerhalb der menschlichen Gesellschaft eine menschenwürdige, vergeistigte Form zu geben, die wir heute nicht kennen. Durch eine weitgehende Egalisierung der *Futterplätze* und die Gemeinschaft des Arbeitsnutzens beseitigt der Sozialismus die Konkurrenz menschlicher Individuen um den materiellen rein und direkt persönlichen Nutzen[*],

---

[*] Diese Beseitigung des materiellen Konkurrenzkampfes innerhalb der menschlichen Art ist eigentlich nur eine Nachahmung der Natur, eine Würdigung und Krönung natürlicher, der zoologischen und ethnographischen Forschung wohlbekannter Lebensgesetze. Denn schon die Natur hat dem aristokratischen Gesetze des Kampfes und der Auslese das demokratische Gesetz der Gegenseitigkeit zur Seite gestellt und beide in der Schöpfung als Faktoren der Entwickelung geoffenbart. Darwin, der an dem imposanten Gebäude der wissenschaftlichen Entwickelungstheorie den *rechten* Flügel ausgebaut hat, hinterliess uns doch schon manchen Stein zum Ausbau des *linken*. Als der unvergleichliche Beobachter der Natur, der er war, wusste er das Gegengesetz des Kampfes ausserordentlich hoch zu schätzen und hat viele Seiten mit Beobachtung und Würdigung des sozialen Lebens innerhalb der

und indem er ihnen die geistige Entwickelung, um die sie bisher betrogen sind, ermöglicht, befähigt und spornt er sie zum besseren Wettbewerb, zu dem des Wissens, der Sittlichkeit und der Schönheit, für welchen sie sich heute mit Recht bedanken würden. Hier zeigt es sich von neuem, wie innig die Differenzierung und die Entwickelung der Geister mit einander verwebt sind.

Das Problem der geistigen Entwickelung ist kaum weniger anschaulich, als das der Differenzierung, aber es präsentiert sich methodischer, weil es ganz genau das Problem der Philosophie ist. Die Philosophie war und ist nichts anderes, als ein beständiges Tasten und Suchen der Menschen, sich geistig zu entwickeln, und das Ziel dieses Verlangens ist innere Freiheit, das heisst die Erhebung unserer psychischen Person über das äussere Geschick. Die innere Freiheit ist der adäquate Zustand der Persönlichkeit und in der Tat das erstrebenswerte höchste Glück der Erdenkinder. Aber dieses Streben zur Höhe, welches vielleicht so alt ist, wie das Denken überhaupt, ist in alter und neuer Zeit mit den Geboten der menschlichen Natur und mit den praktischen Notwendigkeiten des Lebens in Konflikt geraten und über diesen Konflikt niemals hinweggekommen. [...][790]

Der Mensch hat sich seit langem auf dem Felde seiner materiellen Existenz – dort also, wo jede Härte und jeder Fehler unmittelbar sein Fleisch treffen, sein Blut verbittern – derart eingerichtet, dass er ein Gerechter nur auf Kosten des persönlichen Vorteils und ein Egoist nur auf Kosten der Gerechtigkeit sein konnte. Das war wider sein Menschentum, und was er in dieser langen Periode des Irrtums und der Heuchelei zur Entwickelung seines Geistes versuchte, schlug fehl und war gleichfalls wider sein Menschentum. Jeder Versuch, wenn er sich tauglicher Mittel bediente, führte zur Leugnung der Gerechtigkeit oder des Egoismus. Und dennoch: ein Egoist sein und ein Gerechter, dieses, und nur dieses, braucht der Mensch. Er kann weder den Egoismus, noch die Gerechtigkeit und Nächstenliebe verleugnen, ohne sein Menschentum aufzugeben. Der Sozialismus hilft. Schon hat er den heute nur noch gewaltsam konservierten Irrtum des wirtschaftlichen Lebens erschüttert, um an seine Stelle die Solidarität der Arbeitsleistung und die Gemeinsamkeit des Arbeitsnutzens zu setzen. Dann wird der Gewinn und die Würde eines jeden Gewinn und Würde aller sein. Und dann, wenn der Mensch zu jeder Stunde und in jeder Lage seiner konkreten Existenz ein Gerechter und ein Egoist sein darf, wird er auch den Weg zur geistigen Höhe gewonnen haben.

Der Sozialismus bewirkt die Differenzierung und die Entwickelung der Geister und damit den Aufstieg der Menschen dem Glücke der Persönlichkeit entgegen. Eines Tages werden die Menschen in zahlreicheren Figuren, als heute, sich anziehen und abstossen, sich verbinden und bekämpfen, sich lieben und hassen, und sie

---

Art angefüllt. Entschieden ist schon nach dem von ihm gesammelten Material der Kampf ums Dasein innerhalb der Arten durchbrochen.

[790] Es folgt eine historisch-philosophische Betrachtung über das Verhältnis von Egoismus und Gerechtigkeit.

werden es fröhlicheren Mutes, ehrlicheren Sinnes, mit grösserer Sicherheit und Anmut und mit mehr Verstand tun, als heute.

142. Ellen Key: Der Lebensglaube, Betrachtungen über Gott, Welt und Seele[791] (Annotation von Franz Staudinger)

SM 1906, Nr. 7, S. 616

Weit mehr wirklich modern wissenschaftlichen Gedankenzusammenhängen geneigt ist die durch ihre Vorträge und Schriften berühmt gewordene Schülerin Nietzsches Ellen Key, die uns einen neuen Band [...] vorlegt, in dem sich Aufsätze, betitelt *„Das Verblühen des Christentums, Die Umwandlung des Gottesbegriffs, Der Lebensglaube, Das Glück als Pflicht, Die Evolution der Seele durch Lebenskunst* und *Ewigkeit oder Unsterblichkeit?"*, finden. Den Inhalt zeigen die Titel selber an, nur die letzte Überschrift könnte undeutlich sein. E. Key will hier gegen die Forderung persönlichen Unsterblichkeitsglaubens den Gedanken, dass wir „aus ganzer Seele im ganzen vergehen wollen", als massgebend lehren. Wenn auch manches sprunghaft, widersprechend und phantastisch erscheint, im wesentlichen ist Ellen Key auf die Erde zurückgekehrt, und selbst ihre Evolutionsreligion der *Seelenvollen* verliert, wenn man eingehender liest, etwas von dem barocken Anklang, den sie zuerst erweckt. Dabei ist die *Kulturidealistin* bei all dem Individualismus, den sie predigt, der sozialistischen Meinung, „erst wenn volle gesellschaftliche Interessenharmonie erreicht sei, könne die Seelenkultur ernstlich beginnen". Freilich, sie verfolgt weder, woher die sozialen Antriebe der Arbeiterklasse kommen, noch wodurch sie bewusst zielbestimmt werden, wohl aber sagt sie richtig, worin die Triebkraft besteht. „Die Triebkraft der Sozialisten ist das Gemeingefühl", nicht „allgemeine Gleichheit, sondern Gleichstellung in Bezug darauf, sich recht entwickeln zu können", ist ihr das wirtschaftliche, „nicht Glück gegen das Leid, sondern höhere Formen des Glücks und des Leids gegen niedere Formen" ist ihr das innere Ziel. Ellen Keys Predigt des neuen Menschen wendet sich nicht so sehr an die Arbeiterschaft, als an die vorgeschritteneren Kreise des Bürgertums, und von Nietzsche kommt ihr die Überzeugung, dass Herren- und Sklavensinn von Natur geschieden seien. Jedenfalls ist es ein Genuss, auch dies Buch der hochbegabten und universell gebildeten Frau zu lesen; insbesondere darf auf die treffliche Behandlung der beiden ersten Fragen hingewiesen werden, die mit aller sachlichen Schärfe der Zergliederung eine vorzügliche Gabe der Veranschaulichung und eine wohltuende Wärme der Empfindung verbinden.

---

[791] Erschienen bei S. Fischer, Berlin 1905. – Franz Staudinger (geb. 1849), Gymnasiallehrer in Darmstadt, Vertreter eines ethischen Sozialismus, Mitarbeiter der *SM,* in der Rundschau für die Rubrik Philosophie verantwortlich, zahlreiche Publikationen zu ethischen, religionskritischen und pädagogischen Fragen, u.a. Das Sittengesetz (1897), Die objektive Apperzeption und ihre pädagogische Bedeutung (1897), Zehn Gebote im Lichte moderner Ethik (1902), Wirtschaftliche Grundlagen der Moral (1907).

143. **Paul Natorp: Religionsunterricht oder nicht?** Bemerkungen zur Denkschrift der Bremer Lehrerschaft[792] (Annotation von Franz Staudinger)

SM 1906, Nr. 7, S. 616-617

[...] Natorp steht bekanntlich auf dem Standpunkte, dass nicht der Religionsunterricht als solcher, sondern nur der konfessionelle Religionsunterricht aus der Schule
zu verbannen und hier stets ein auf Religionsgeschichte gegründetes Verständnis
der religiösen Innentatsachen zu vermitteln sei. Damit berührt er sich mit einem
Gedanken, den auch Ellen Key in ihrer oben besprochenen Schrift, freilich die
Religionskunde umfassender in Kulturkunde erweiternd, ausdrückt. Wenn man nun
auch versteht, was Natorp im Grunde will, und das für vollberechtigt ansieht, so
möchte doch die Art, wie er es gegen die Bremer Lehrer empfiehlt, praktisch als
eklektische Mittelstellung erscheinen und wirken. Es handelt sich heute um den
Kampf zweier sich ausschliessenden Richtungen, derjenigen, welche die Religion
als Gängelungsmittel für das Volk erhalten will, und einer anderen, welche die
Erziehung zur Selbstbestimmungsfähigkeit als grundlegende Forderung einer Gemeinschaft aufstellt. Den heutigen, im Prinzip der Gängelung bestimmten Religionsunterricht gilt es gründlich aus der Schule auszuweisen, ein Ergebnis, zu dem ja
neuerdings auch Naumann gekommen ist. Dass dann, wenn dies gelungen ist,
diejenigen Werte gepflegt werden, an die Natorp denkt, das wird sich schon von
selbst aufdrängen. Jedenfalls sollte man die Diskussion hierüber, die vielleicht
vielen heute noch kaum verständlich ist, gesondert halten und sie nicht mit dem
notwendig durchaus radikalen Kampfe gegen die Gewissensbindung der Kirchen-
religion vermengen. Den führt die Bremer Lehrerschaft ganz folgerecht, und man
sollte dabei auch nicht einmal den Schein erwecken, als wolle man hier Halbheiten.
Sonst möchte man verwirren, statt zu klären, und in der Sorge, den Kern erhalten
zu wollen, der doch in sich unzerstörbar ist, gerade die Fessel erhalten helfen, die
zu zerstören eine der eifrigsten Sorgen sein muss.

144. **Max Quarck: Volksbildung und Sozialdemokratie**[793]

SM 1906, Nr. 9, S. 754-760 (Auszüge)

Wollen wir uns auf dem Mannheimer Parteitag nur kritisch darüber unterhalten,
was der heutigen Volksbildung fehlt oder vielmehr fehlen muss unter dem preus-

---

[792] *Die Deutsche Schule.* X. Jg. Julius Klinkhardt, Leipzig, Berlin 1906, S. 12-32. Vgl. auch Dok. 58.

[793] Dr. Max Quark (1860-1930), Gymnasium in Rudolstadt, Studium in Leipzig (Rechtswissenschaft,
Volkswirtschaft), 1883 Promotion, Referendar im Staatsdienst, 1886 aus politischen Gründen entlassen, danach als Redakteur tätig, u.a. bei der bürgerlichen *Frankfurter Zeitung*, 1895-1917 bei der
sozialdemokratischen *Volksstimme* in Frankfurt a.M., 1892/93 Mitbegründer der *Blätter für soziale
Praxis*, wegen Verstoßes gegen die Zensur neun Monate in Haft, 1901-1919 Stadtverordneter und
1908-1914 Vorsitzender des Arbeiterbildungsausschusses in Frankfurt a.M., 1912-1920 Reichstagsabgeordneter, 1919 stellvertretender Vorsitzender des Verfassungsausschusses, Verfasser zahlreicher arbeits-, verfassungs- und sozialrechtlicher Schriften.

sisch-deutschen Regiment, oder wollen wir endlich versuchen, die erste grössere und organisierte Aktion für die deutsche Volksbildung einzuleiten? Das ist die Frage. In der Kritik der bodenlosen Mängel haben wir meines Erachtens in der Partei und in den Gewerkschaften das unsrige geleistet. Und sie war selbstverständlich als Anfang so nötig, wie das tägliche Brot. Aber wir sind etwas lange bei der blossen Kritik und bestenfalls bei sehr vereinzelten Anläufen zu tätigem Schaffen für eine freie Volksbildungsorganisation stehen geblieben. [...]

Der Klassenstaat sucht mit seiner tendenziösen *Volksbildung* den Menschen von der Zeit an, wo er laufen gelernt hat, bis dahin, wo er im Mannesalter noch aufnahmefähig ist, zu ergreifen. Wir haben dasselbe noch viel gründlicher und systematischer zu tun, natürlich nach Massgabe unserer Mittel, die aber nicht wachsen, wenn wir die Aufgabe überhaupt nicht als Ganzes zu nehmen und ihrer allmählichen Lösung entgegenzuführen suchen. Wir können dabei, wie überall in unserem Wirken, an technisch bewährte Formen, Organisationen und Methoden der bürgerlichen Welt anknüpfen, sie benutzen, verbessern und für unsere Zwecke ummodeln, um sie mit neuem proletarisch-revolutionären Bildungsinhalt zu füllen. Allein mit dieser verbesserten Nachbildung der gegnerischen Bildungsorganisation werden wir Jahrzehnte zu tun haben.

Am Anfange unserer deutschen Parteibewegung ist die Frage sozialistischer Kinderhorte und Kindergärten nach Froebel, unter anderm einmal von Douai etc., in Angriff genommen worden. Seitdem schlief sie im Drange des hochgehenden politischen Kampfes wieder ein und lebt jetzt wieder auf, da wir Frauenorganisationen zu besitzen beginnen, die in diesen ersten Organisationsstufen einer umfassenden Volksbildung Aufgaben sehen, deren Lösung ihnen und der ersten Arbeiterjugend zugleich nützen würde. Bislang schicken unsere Genossen, die es erschwingen können, ihre Kleinsten in bürgerliche Kindergärten, und gerade diese haben sich vielleicht noch mehr, als die Volksschule, unter kapitalistischpfäffischem Einfluss von ihrer eigentlichen Erziehungs- und Bildungsaufgabe entfernt. [...] Hier liegt meines Erachtens schlechthin eine der Hauptaufgaben unserer Arbeiterinnenvereine; sie haben mit nachhaltiger Unterstützung der Gesamtpartei freie Kindergärten, mit proletarischem Geist erfüllt, zu schaffen. Die ausschliessliche Zuweisung dieser Aufgabe an unsere Frauen- und Mädchenvereine bewahrt uns davor, dass kurzlebige Kindergartengründungen ohne den notwendigen Rückhalt an brauchbaren und lernfreudigen Kräften und ohne die Sympathie und Teilnahme interessierter Arbeitermütter entstehen. Umgekehrt erhält die Tätigkeit unserer Frauen- und Mädchenorganisationen damit einen speziellen, kostbaren Inhalt, den ihnen niemand in der Partei streitig machen kann. [...]

Dann die Volksjugend im schulpflichtigen Alter! Die Volksschule des grössten deutschen Staates, die Preussens, ist vor kurzem durch ein neues Gesetz noch mehr verpfafft worden, als sie es ohnedies schon war. Nationalliberales Scharfmachertum, Zentrumspfaffen und konservative Junker hatten sich zu einer reaktionären Dreieinigkeit, zum bekannten *Schulkompromiss* zusammengetan, um die Schule noch mehr, als bisher, zur Verdummungs- und Zähmungsanstalt für die sonst sozialistisch geneigte Volksmasse zu machen. Partei und Gewerkschaften in Preussen haben diese Gefahr nicht zeitig erkannt – man denke an Bebels Äusserungen auf dem Bremer Parteitag! –, und als sie sie erkannt hatten, nicht entfernt geschlossen und organisiert bekämpft. Was ist da nachzuholen? Wir müssen der verbösterten Volksschule und ihren Wirkungen gegenüber den Kampf der Arbeiterfamilie wider die Verdummungsanstalt organisieren; denn, freie Schulen, wie in Österreich und anderswo, neben den Gemeindeschulen in Preussen zu errichten, erlauben uns Gesetzgebung und Verwaltung kaum. Allerdings können und müssen unter den Gemeindeangelegenheiten die Schulfragen die wichtigsten für unsere Kommunalvertreter werden, so wichtig, dass sich unsere Leute zu Spezialisten auf diesem Gebiete ausbilden und jede Lücke und jeden Spalt der Gesetzgebung ausnutzen, um die verdummende und erniedrigende Wirkung der neuen Schuleinrichtungen zu hemmen. Von selbst versteht es sich, dass wir an den Orten, wo die Eltern die Wahl zwischen ganz verpfafften Konfessionsschulen und etwas freieren Simultanschulen haben, also namentlich in den Städten des Westens und Ostens, alle Kraft daran setzen, diese Eltern dazu zu bewegen, dass sie ihre Kinder ausschliesslich in die letzteren schicken. Dafür müsste alljährlich eine eigene Agitation im Herbst einsetzen. Daneben her muss aber der organisierte Familienkampf gegen die volksfeindliche Volksschule gehen. Leiten wir die Arbeiterväter und Arbeitermütter an, sich besser um das Vorsintflutliche zu kümmern, was ihre Kinder in der Volksschule eingetrichtert erhalten! Weisen wir sie an, alle ihre elterliche Autorität einzusetzen, um nach der Schulstunde dem Kinde das Schlimmste zu nehmen, was ihm die verpfaffte Schule zu kapitalistischen Zwecken geben wollte! Welche besonderen Hilfsmittel geschaffen und gefördert werden müssen, um die Arbeitereltern besser hierzu in stand zu setzen, werden wir gleich hören. Ein allgemeines und durchgreifendes aber wird darin bestehen, dass wir einen Schritt über unser Parteiprogramm hinausgehen, nach dem wir bekanntlich *Erklärung der Religion zur Privatsache* fordern. Suchen wir dasjenige, was sich uns als praktische proletarische Sittlichkeitslehre aus unseren Kämpfen mit den bestehenden Gewalten herausgebildet hat, zu formulieren, volkstümlich herauszugeben und als freien Katechismus proletarischer Moral in alle Arbeiterfamilien einzuführen! Ergänzen wir unseren Kampf gegen volksfeindliches Kirchentum dadurch, dass wir zeigen, was wir auch Besseres zu geben haben! Damit bekämpfen wir zugleich aufs Wirkungsvollste die einschlägigen bürgerlichen Halbheiten der *Freireligiösen*, die in den breiten Massen unserer Leute mehr Verwirrung anrichten, als man an den Spitzen unserer Bewegung weiss. Gegen die Pfaffenschule die zielbewusste Familienerziehung zur Proletariermoral! Wir sind es jedenfalls nicht, welche die Erschütterung der Schuldisziplin provoziert haben. Und vielleicht kommen dann die deutschen Volksschullehrer in ihrer feigen Masse rascher dazu, um ihrer selbst willen die religionslose Schule mit den tapferen Bremensern zu fordern.

Für das fortbildungsschulpflichtige Alter sollen dann mit nachhaltiger Unterstützung der Gesamtorganisation unsere neuen Jugendvereine, über die hier nicht näher gehandelt werden kann, sowie eine Reihe Veranstaltungen einsetzen, die bei besserer und einheitlicherer Organisation für Jugendliche und Erwachsene gleichzeitig wirken. Die Errichtung von Lesezimmern haben wir bisher fast ganz dem Bürgertum, bestenfalls Korporationen überlassen, in denen halbwegs vorurteilslose bürgerliche Bildungsfreunde mit Arbeitern zusammensassen, die jene zugezogen hatten. Hier ist mehr eigene Initiative von unserer Seite dringend nötig. [...] Für all' dieses hat das Bürgertum Vorbilder geschaffen. Wir haben sie nur zu benutzen, um den Rahmen mit ausschliesslich proletarisch gerichtetem Inhalt zu füllen. [...]

145. Edmund Fischer: Jugenderziehung[794]

SM 1906, Nr. 9, S. 760-765 (Auszüge)

Hat die Sozialdemokratie sich auch mit der Erziehung der Jugend zu beschäftigen? In Mannheim wird man manches darüber hören. Eine lebhafte Diskussion ist bereits in der Parteipresse und in Zeitschriften gepflogen worden, und die verschiedenartigsten Meinungen sind zum Ausdruck gekommen. Während der eine Teil die Erziehung der Jugend den Eltern und Pädagogen völlig überlassen wissen will – auch über die Schulzeit hinaus – und es geradezu für schädlich erklärt, wenn eine parteipolitische Tendenz in der Erziehung der Jugend zur Geltung komme – eine Anschauung, der ich vollständig beipflichte –, hält es die andere Richtung für ein kulturelles Gebot, dass die Sozialdemokratie die Menschen von frühester Kindheit an im Geiste der sozialistischen Weltanschauung zu erziehen trachte und daher Massnahmen treffe, die Jugend auch unter den jetzigen Verhältnissen in diesem Sinne zu beeinflussen. Ganz selbstverständlich kann es nur die Aufgabe des Parteitages sein, zu entscheiden, ob die Partei nach dieser oder jener Richtung hin praktisch etwas tun soll, ob Jugendzeitschriften, Jugendorganisationen gegründet werden sollen u. s. w. Gleichwohl wird die ganze Erziehungsfrage im allgemeinen dabei aufgerollt und behandelt werden müssen.

Zunächst wird man sich darüber einig werden müssen, was man unter *Erziehung* verstanden wissen will. Körperpflege, Herzensbildung und Unterricht kann man als drei grundverschiedene Dinge und auch nur als drei zusammengehörige Teile der einen Erziehungfrage betrachten. Auf jeden Fall aber muss man stets zwischen Erziehung (Herzensbildung) und Unterricht unterscheiden, wenn man sich ein klares Bild verschaffen will. [...]

Die Erziehung der Kinder wird meiner Ansicht nach für alle absehbaren Zeiten in erster Linie den Eltern, besonders der Mutter, obliegen; mit der Befreiung der Mütter von anderen Arbeiten werden sie sich ihr mehr widmen können. Wenn Wally Zepler in ihrem Artikel *Das Mutterschaftsproblem* im Juliheft dieser Zeit-

[794] Edmund Fischer (1864-1925), Holzbildhauer, 1890-1892 Mitbegründer und Vorsitzender der Sozialdemokratischen Partei in Frankfurt a.M., Redakteur verschiedener Zeitungen, einer der Wortführer des revisionistischen Flügels, 1914-1922 Mitarbeiter der *SM*, verantwortlich für die Rubrik Staatssozialismus, 1898-1907 und 1912-1918 Reichstagsabgeordneter, 1919 Mitarbeiter, 1922 Direktor der Landesstelle für Gemeinwirtschaft Sachsen, vor allem sozial- und kommunalpolitisch tätig.

schrift die Frage aufwirft, ob das Zusammenleben der Kinder mit den Eltern für das Glück „unserer Kinder, wie für unser Weib- und Muttergefühl" durchaus notwendig sei, so muss man doch erst die Frage beantworten, zu welchem Zwecke die Ehegatten Kinder haben wollen. Mindestens die ersten der in der Ehe unter Schmerzen und Gefahren geborenen Kinder werden fast durchweg von den Eltern gewünscht, meistens mit grosser Sehnsucht erwartet – doch nicht etwa zu dem Zwecke, um sie dann wegzugeben, sie anderen zu überlassen? Junge Löwen werden auch zahmer, also *zivilisierter, gebildeter* und vielleicht *glücklicher*, wenn sie, statt in der Wildnis von den Löweneltern, in Dressuranstalten von Hündinnen und Wärtern unter Aufsicht von Gelehrten grossgezogen werden. Aber wenn Wally Zepler einmal versuchen wollte, den in Freiheit lebenden Löwinnen ihre Jungen wegzunehmen, dann würde sie erfahren, dass bei den niederen Tieren die Mutterliebe etwas Natürliches ist. Glaubt sie denn, dass diese Mutterliebe bei den höherstehenden Menschen nur Gewohnheit sei? Ich bin überzeugt, die Menschenmütter würden zu wilden Löwinnen werden, wenn Ideologen sie von den Kindern trennen wollten. Schwere wirtschaftliche Not vermochte wohl Arbeiterfrauen von ihren Kindern zu entfernen, aber nicht, ihnen die Mutterliebe abzugewöhnen; und sobald die Not gehoben ist, nimmt die Mutter ihre Kinder wieder zu sich, verlässt sie wieder die Berufsarbeit, die sie von den Kindern fernhält, und das um so lieber, als die Erziehung und Pflege der eigenen Kinder immer noch mehr Befriedigung und somit Lebensglück bietet, als geistlose Arbeit, was die Berufsarbeit in neun Zehnteln der Fälle nun einmal ist. Nervös und ungeduldig werden die Frauen auch bei der Berufsarbeit. [...] „Unmotivierte Heftigkeits-, wie ... unmotivierte Zärtlichkeitsausbrüche" – du lieber Gott, diese sind nun einmal bei allen Frauen zu finden, sie entspringen der weiblichen Natur, gehören zum Ewig-Weiblichen und machen sich bei Berufserzieherinnen den Kleinen gegenüber viel bedenklicher bemerkbar, als es bei den Müttern gegenüber den eigenen Kindern der Fall ist.

Im übrigen vollzieht sich die Erziehung nach dem allgemeinen geistigen Niveau des Volkes. Vorbedingung einer besseren Kindererziehung ist daher ein höheres geistiges und materielles Niveau der Gesamtheit. Wir sehen deshalb auch, wie mit der Hebung des geistigen Niveaus jede neue Generation ihre Kinder besser erzieht, als die vorhergehende. Für Kinder unter 6 Jahren kann man Kindergärten errichten, wo sie gemeinsam mit anderen Kindern spielen und sich gegenseitig geistig anregen. Aber die eigentliche Erziehung bleibt dann immer den Eltern überlassen. Eine andere Tendenz, als die rein menschliche, kann bei dieser Erziehung nicht in Frage kommen. Der Geist des Kindes muss gepflegt, die schlechten Triebe müssen unterdrückt, die guten geweckt, das Kind muss zur Wahrheitsliebe, zur Liebe zu Mensch und Tier, zur Reinlichkeit, mutigen Selbständigkeit u.s.w. angehalten werden. Die Erziehungsfrage kann daher eine politische Partei nur in der Weise beschäftigen, dass sie für die Errichtung guter Kindergärten, Spielplätze etc. durch die Gemeinden oder den Staat eintritt und für die materielle und geistige Hebung der Lage des Volkes kämpft.

Dasselbe gilt meiner Ansicht nach auch für die Kinder bis zum Alter von 14 Jahren. Indem wir für die Verbesserung des Schulwesens eintreten, tun wir das für die Erziehung der Jugend, was wir als politische Partei tun können. Nun wird aber von verschiedenen Seiten eine direkte Beeinflussung der die Schule besuchenden Jugend im Sinne der sozialistischen Weltanschauung verlangt, die Jugendzeitschriften sollen sich auch an die Kinder unter 14 Jahren wenden. Mit Recht haben bisher alle Pädagogen, die zu dieser Frage das Wort ergriffen, dringend davor gewarnt, irgend eine parteipolitische Tendenz in die Erziehung zu bringen. Weder die Herzensbildung, noch der Unterricht, noch die Körperpflege haben etwas mit dem Sozialismus zu tun. Jedenfalls sollte man die Unterrichtung der Kinder den Pädagogen überlassen und die Autorität der Lehrer bei den Kindern nicht untergraben. Und selbst Eltern müssen in dieser Beziehung die grösste Vorsicht üben. Aber wir müssen uns auch fragen: Was heisst es denn eigentlich, die Kinder *im sozialistischen Sinne erziehen*?

Der Sozialismus der Utopisten war eine eigene, einheitliche Weltanschauung. Das heisst, jeder der Utopisten stellte eine eigene Weltanschauung auf, nach der er das Leben der Menschen in allen ihren Beziehungen unter einander regelte. Das gesellschaftliche und private Leben, Arbeit und Genuss, Fortpflanzung und Erziehung, Wohnung und Speisung, Liebe und Eheleben: auf alles im Leben bezog sich diese Weltanschauung [...] Der Erziehungsfrage legten sie daher auch das grösste Gewicht bei, und die Bereicherung der Pädagogik gehört zu dem Bedeutendsten, was sie geschaffen haben.

Nun haben wir mittlerweile gelernt, dass der Sozialismus nur das Resultat der ökonomischen Entwickelung, der Zentralisierung der Industrie sein könne, die sich nach einem bestimmten, der kapitalistischen Produktionsweise innewohnenden Gesetze vollziehe. Die wissenschaftliche Basis des marxistischen Sozialismus ist also die ökonomische Entwickelung. Und nur auf die Produktionsweise und den Austausch der Waren bezieht sich der wissenschaftliche Sozialismus, der selbstverständlich ein demokratischer sein muss und das wirtschaftliche und politische Leben demokratisieren wird. Die Kinder unter 14 Jahren über die Gesetze der ökonomischen Entwickelung, über die Notwendigkeit der kollektivistischen Produktionsweise und die Demokratie belehren zu wollen, wird wohl niemand verlangen. Das wirtschaftliche und politische Leben macht aber auch nur einen kleinen, und zwar den rein äusserlichen, Teil des Lebens aus. Nach den Lehren des historischen Materialismus würde freilich die Überwindung des Individualismus in der Ökonomie auch das ganze menschliche Leben kollektivistisch gestalten. Wenn es also heute noch einen Sinn hat, von einer sozialistischen Weltanschauung zu reden, so kann damit nur gemeint sein: das Aufgehen des individuellen Menschen, seines materiellen, geistigen, politischen und privaten Lebens in der Gesamtheit, der Gesellschaft. Denn wenn man auch *Sozialismus* mit *Solidarität* übersetzt, kommt man doch zu keiner Weltanschauung, da sich die Solidarität auch nur auf das wirtschaftliche und politische, also rein materielle Leben bezieht.

Entwickelt sich aber in der Tat das geistige, individuelle Leben des Einzelmenschen konform dem ökonomischen der Gesamtheit? [...] Aber dem aufmerksamen Beobachter kann es nicht entgehen, dass die Entwickelung des seelischen Lebens des Einzelmenschen gerade die entgegengesetzte Richtung geht, wie die der ökonomischen Entwickelung der Gesamtheit: nämlich zum Individualismus. Der Mensch auf niederster Stufe ist Herdenmensch, je höher er geistig steigt, desto individualistischer wird er in seinem Denken, Streben und Handeln. Dieser menschliche Individualismus ist aber auch kein Gegensatz zum ökonomischen Sozialismus, der als eine wirtschaftliche Notwendigkeit ins Leben tritt, die soziale Unfreiheit und Unterdrückung beseitigt, die Menschen aus der Sklaverei der Arbeit befreit und ihnen so erst ermöglicht, ganz ihren individuellen Neigungen zu leben. Der marxistische wissenschaftliche Sozialismus an sich ist also noch keine Weltanschauung, sondern eine nationalökonomische Theorie. Oder gehört etwa der Atheismus zur sozialistischen Weltanschauung? Wir haben bisher jede antireligiöse Propaganda abgelehnt. Die freie Liebe? Wir haben sie nie vertreten.

Wie man über diese Frage denken mag: die Erziehung der Jugend kann überhaupt nur streng im individualistischen Sinne erfolgen. Soll das Kind zu einem guten, aber auch tüchtigen Menschen, zu einer starken Persönlichkeit erzogen werden – und das soll doch das höchste Ziel aller Erziehung sein –, so muss ihm auch das Bewusstsein beigebracht werden, dass alle die Tugenden und Kenntnisse, die es sich mit viel Mühe und Fleiss aneignen werde, nur es selber fördern, materiell oder ideell. Niemand, auch nicht der sozialistisch erzogene Sohn des bessersituierten Sozialisten, studiert zum Beispiel Jura oder Medizin der Gesellschaft wegen, sondern seiner selbst wegen. Der Gesellschaft könnte er womöglich mehr nützen, wenn er Krankenpfleger oder Bergarbeiter geworden wäre. Aber er weiss, dass sein Leben ein angenehmeres sein wird, und auch, dass er geistig wachsen wird, wenn er den Studien obliegt. So kann auch dem Arbeiterkind nur ein Streben nach höchster Vervollkommnung und grösster Tüchtigkeit beigebracht werden, wenn es glaubt, dass es auf seine eigenen Kräfte stets angewiesen ist, und sein Streben ihm im Leben Früchte bringen wird. Um das Kind zu einem tüchtigen Menschen, zu einer Persönlichkeit formen zu helfen, dazu bedarf es eben einer Erziehung im individualistischen Sinne. Das Bekanntwerden mit der sozialistischen Kritik, dass in der kapitalistischen Gesellschaft nicht nach Tüchtigkeit entlohnt wird, sondern nach Angebot und Nachfrage, dass Künstler und Gelehrte hungern, Dumme und Schlechte aber obenauf sind, nur weil sie Geld haben, nur der es zu etwas Grossem bringen kann, der Geld hat, u. s. w., könnte nur Verwirrung in dem unreifen Kinderhirn anrichten und das Kind von einem Streben nach Tüchtigkeit abhalten.

Kinder haben ihre eigene Gedankenwelt und ihre eigene Logik. Sie verallgemeinern auch stets einzelne Fälle, sie können niemals die Person von der Sache trennen, ihr Gesichtskreis ist im allgemeinen auch ein sehr beengter. Politik und Nationalökonomie gehören daher nicht zu den Dingen, mit denen sich Kinder beschäftigen sollen. Alles übrige aber, was bei der Erziehung in Betracht kommen kann, ist nicht spezifisch sozialistisch und kann nicht zur sozialistischen Jugender-ziehung gezählt werden. Was die sozialistische Partei für die Erziehung der Jugend zu tun vermag, erschöpft sich deshalb in ihrem Eintreten für bessere Schulen. Und im übrigen kann sie den Eltern den Rat geben: unter den bestehenden Verhältnis-sen ihren Kindern die besten Schulen besuchen zu lassen, soweit es ihre Mittel und die Verhältnisse erlauben. Schliesslich werden die Arbeiterkinder ganz von selbst für die Arbeiterbewegung *erzogen*, wenn sie in der Atmosphäre des Organisations-lebens, des politischen und wirtschaftlichen Kampfes aufwachsen. Ich begreife daher nicht, wie die Befürchtung auftauchen kann, die Kinder der Arbeiter könnten für uns verloren gehen, weil einzelne Lehrer einfältige Bemerkungen über die Sozialdemokratie machen oder in den Schulen die Religion und die hurrapatrioti-sche Geschichtsfälschung wieder mehr gepflegt wird, und wir dann nicht durch eine entgegengesetzte Belehrung der Kinder entgegenwirken. Der Verschlechte-rung und Verpfaffung der Schule müssen wir selbstverständlich mit der ganzen Macht unserer Partei entgegentreten. Und wer an unserem Erfolge nach dieser Richtung verzweifelt, der verzweifelt an der Partei überhaupt. Die direkte Bein-flussung der Kinder könnte aber mehr Schaden anrichten, als Nutzen, und wäre für den Sozialismus eben so erfolglos, wie auf der andern Seite das Vorgehen der Schulreaktionäre, das nicht im geringsten zu verhindern vermag, dass die Kinder, sobald sie auf sich selbst gestellt sind, infolge ihrer Klassenlage zur Sozialdemo-kratie kommen, wie die Millionen bisher zu ihr kamen, die alle *religiös* und *patrio-tisch* erzogen wurden.

Was ich hier für die Kinder bis zum 14. Jahre sage, gilt aber auch überhaupt für die Jugend, solange sie die Reife noch nicht erlangt hat und die berufliche Vorbil-dung in der Hauptsache noch nicht beendet ist. Wertvolles zu lernen, sich fürs Leben vorzubereiten, das ist es, was der Jugend beigebracht werden muss. In Fort-bildungsschulen, Gewerbeschulen, Bildungsvereine, daneben in Vereine, die die ästhetische und die Körperkultur fördern, dahin gehört die Jugend; dort sollen Körper und Geist fürs spätere Leben gestärkt werden. In dieser Zeit muss das junge Menschenkind lernen, sich auf sich selbst zu verlassen, auf seine Tüchtigkeit. Mit 17 oder 18, vielfach schon mit 16 Jahren, sobald er als Lohnarbeiter dem Unter-nehmer gegenübersteht, Kranken- und Invalidenkassenbeiträge und Steuern zahlen muss, kommt der junge Arbeiter in die gewerkschaftliche Organisation, er beschäf-tigt sich dann mit ökonomischen und politischen Fragen, er besucht Versammlun-gen, liest unsere Zeitungen und Broschüren – er gehört zu unserer Bewegung.

Ich fasse meine Anschauungen dahin zusammen: Die Erziehung der Jugend muss nach rein pädagogischen Grundsätzen erfolgen und den Eltern und Pädago-gen überlassen bleiben. Jede politische Tendenz ist vom Übel. Zweck der Erzie-hung darf nur sein, die körperliche und geistige Entwickelung in gesunde Bahnen zu lenken, einen festen Charakter, Mut und Entschlossenheit anzuerziehen, Liebe zu Mitmenschen und Tieren zu erwecken und zu pflegen und das grösstmöglichste Mass wissenschaftlicher Kenntnisse und beruflicher Fertigkeiten dem jungen Men-schenkinde beizubringen, um es zu einem guten Mitglied der Gesellschaft zu machen, es zum Leben auszurüsten. Für ein parteipolitisches Ideal kann man den Menschen erst gewinnen und erziehen, wenn er für politische Fragen reif ist; und das ist kaum vor dem 17. Lebensjahre der Fall.

Übrigens wäre es vielleicht angebracht, wenn mit der Erziehung der Eltern, nicht der Kinder, der Alten, nicht der Jungen, begonnen werden würde. Denn gerade die radikalsten Wortführer in unserer Partei, die so sehr der parteipolitischen Erziehung der Kinder das Wort reden, die da meinen, auf jeden Tropfen religiösen oder patriotischen Öls müssen drei Tropfen sozialistischen Öls geträufelt werden, lassen ihre eigenen Kinder noch taufen und konfirmieren, führen sie also der Kirche zu. Wer den Mut nicht hat, der Geistlichkeit wenigstens so weit zu trotzen, dass er seine eigenen Kinder nicht taufen lässt, der hat gewiss, wenn er kein gläubiger Christ ist, gar keine Weltanschauung oder eine – recht spiessbürgerliche. Beginnen wir also mit der Elternerziehung!

146. Wally Zepler: Jugendorganisationen

SM 1906, Nr. 9, S. 765-770 (Auszüge)

In der Diskussion über Bildungsbestrebungen, die das ganze letzte Jahr hindurch in Versammlungen und Zeitschriften so eifrig gepflogen wurde, liefen zwei Fragen vielfach durcheinander, die gesondert zu betrachten sind: die der Jugendorganisation und die der Arbeiterbildung. [...]

Es ist ein natürlicher Gedanke, den Hebel für eine vertiefte Aufklärung der Massen da einzusetzen, wo die geistige Kraft naturgemäss am stärksten wirkt: in der Jugend. Für den erwachsenen Arbeiter gehört in der Tat eine gewaltige Willens- und Geistesenergie dazu, um in den Jahren, in denen das Leben die härtesten Forderungen stellt, noch Zeit und Kraft für rein geistige Bestrebungen zu finden, für die zudem ja überall die notwendigste Grundlage mangelt [...]. In der Jugend dagegen liegen alle Bedingungen zum Lernen und geistigen Wachsen unvergleichlich günstiger. [...] Es besteht noch die lebendige Aufnahmefähigkeit, und Geist und Seele, denen in der Schule so wenig Nahrung geboten wurde, verlangen wenigstens bei den Begabteren, direkt nach Anregung und Betätigung, die ja nicht immer in schulmässig methodischem Lernen zu bestehen braucht. Deshalb ist auch die Zeit vom 14. bis 18. Lebensjahre so folgenschwer für die gesamte Richtung des Lebens; deshalb vermag gerade in diesem Alter jeder schlechte oder seichte und oberflächliche Einfluss auch manche Menschen in seine Bahn zu lenken, die ihrer Natur nach feineren geistigen Einwirkungen durchaus zugänglich wären. Aus solcher Erwägung heraus hat man immer wieder allgemeine sozialistische Jugendorganisationen gefordert, wie sie unter verschiedenen Formen in Belgien, Österreich, auch zum Teil in Deutschland bereits bestehen. Indessen findet die Idee einer Parteiaktion in der Jugendfrage auch eine starke Gegnerschaft, die sich hauptsächlich auf zwei Argumente gründet.

Die einen meinen: Es könne niemals unsere Aufgabe sein, durch notwendig umgrenzte, in engem Rahmen gehaltene Versuche wieder gut zu machen, was die staatlichen Schulen, Volks- und Fortbildungsschulen versäumten. Weder Mittel, noch Kräfte seien vorhanden, neben allen anderen Aufgaben noch Lehrorganisationen in grossem Massstabe zu schaffen. Ebenso wenig sei es empfehlenswert, den jungen Leuten die wenige freie Zeit, die ihnen neben ihrer Tätigkeit bleibt, noch zu verkürzen. Darum gebe es nur ein Mittel, die Jugend in der Zukunft besser zu bilden und aufzuklären: den öffentlichen und parlamentarischen Kampf für eine Verbesserung der Volksschule.

Nun ist es gewiss keines Menschen Absicht, den Kampf für eine verbesserte öffentliche Volksbildung auch nur im entferntesten zu schwächen oder gar ruhen zu lassen. Aber wollten wir darauf warten, bis überall in Fragen des geistigen Lebens die Ideale, die wir erstreben, für die Gesamtheit durchgesetzt sind, so würden wir uns des mächtigsten Kampfmittels für den Sozialismus selbst berauben: der Menschen, in deren Geist schon ein Funke von dem Feuer jenes höheren Lebens gezündet hat, das die heutige Welt ihnen versagt. [...]

Der andere Haupteinwand gegen die Forderung allgemeiner Jugendorganisationen, wie er zum Beispiel in der *Gleichheit* wiederholt erhoben wurde, lässt sich kurz etwa in die Worte fassen: Es ist Sache der Eltern, insbesondere der Mütter, planvollen Einfluss auf die Kinder zu üben, gegen den reaktionären Geist der Schule zu wirken, die Jugend aufzuklären und freie Gesinnung in ihr grosszuziehen. Darum wendet euch nicht an die Jugend, sondern an die Frauen! Klärt die proletarischen Frauen auf, bildet sie, weist sie hin auf ihre Erziehungspflichten, und ihr werdet auch die Jugend für euch haben!

Ist nun dieser zweite Einwand irgend stichhaltig? Meiner Anschauung nach durchaus nicht.

Jugenderziehung oder auch nur Jugendbeeinflussung ist an sich eine recht schwere Kunst. Nur die wenigsten haben Talent und Neigung, sie zu üben, selbst bei günstigen Vorbedingungen. Der Mangel an Zeit und Ruhe, an Musse im Zusammensein mit den Kindern wäre allein schon Grund genug, die Arbeiterfrau zu einer recht ungeeigneten Erzieherin zu machen. Aber – was die Hauptsache ist – ist überhaupt schon die sogenannte *politisch aufgeklärte* Proletarierin befähigt, den Kindern neue Ideen und Interessen nahe zu bringen, sie zu eigner geistigen Arbeit anzuregen, ihnen Führerin und Wegweiserin zu sein? Es ist wirklich nicht eine Anmassung der *Bildung* oder eine Überschätzung des Schulwissens, wenn ich behaupte, einer so schwierigen Aufgabe ist nur ein von früher Jugend an geistig geschulter, nach vielen Seiten gebildeter, auch im sprachlichen Ausdruck gewandter Mensch gewachsen, und selbst da nur derjenige, der hingebende Neigung gerade zur Beschäftigung mit jungen Leuten besitzt. [...]

Und schliesslich: Dieser ganze Einwand geht von der Voraussetzung aus, es gelte hauptsächlich, in der Jugend den Glauben an den Sozialismus zu erwecken. [...] Aber selbst abgesehen von den Vereinsgesetzen, die in Preussen und anderen Bundesstaaten eine sozialistische oder überhaupt politische Propaganda unter der Jugend von vornherein ausschliessen, sollte es sich meiner Anschauung nach für uns durchaus nicht um direkte politische Beeinflussung der jungen Leute handeln.

Politische Anschauungen, die, wo sie irgend tiefer begründet sind, nur die Frucht der gesamten Welt- und Lebensanschauung des Menschen bilden, können eben deshalb auf den unentwickelten Geist des Kindes oder des eben erst Heranwachsenden nur ganz oberflächlich aufgepfropft werden, ohne darin tiefere Wurzeln zu schlagen. Sie werden dann ein Glaubenssatz, wie jeder andere, nicht ernster oder stärker begründet, wie irgend ein erlerntes religiöses Dogma. Und sie halten darum auch durchaus nicht besser, als ein solches, dem Sturmwind einer feindlichen Erfahrung oder der Einwirkung einer anders gerichteten Überzeugung stand. Trotzdem bleibt allerdings die politische Gesinnung, oder besser: jene Welt- und Lebensanschauung des Lehrenden, aus der sein politisches Denken emporwächst, für die Geistesbildung des Schülers ganz und gar nicht gleichgültig. Gibt es schon im wissenschaftlichen Denken überhaupt fast nirgends absolute Objektivität, so ganz gewiss nicht dort, wo menschliche Betrachtungen, geschichtliche, literarische, künstlerische Anschauungen in Frage kommen, das heisst also, in den Fragen allgemeiner Bildung, um die es sich in Jugendlehrorganisationen vor allem handeln müsste. [...] Aber auf der anderen Seite besteht doch ein gewaltiger Unterschied zwischen diesem leisen und unwillkürlichen Einfluss, der aus den Dingen selbst zu strömen scheint und nur das eigene Denken und Schliessen im Hörer auslöst, und einer blossen Übertragung der politischen Gesinnung von den Erwachsenen auf das Kind. Ja gerade, weil nichts gefährlicher auf jugendliche Menschen wirkt, als jede allzu absichtsvoll betonte Überzeugung, weil nichts leichter Gleichgültigkeit oder sogar die natürliche Oppositionslust wachruft, darum soll man sich hüten, die Kinder zu Hause allzu scharf auf seine Seite ziehen zu wollen; darum müsste man sich in jeder Jugendorganisation allerdings auch ebenso sehr vor Dogmatismus und dogmatisch beschränkter Gesinnung zu hüten suchen.

Wie nun wären allgemeine Jugendvereine am besten und zweckmässigsten ins Leben zu rufen?

Je nach der Betonung der verschiedenen Aufgaben der Vereine könnte man sich ja sehr verschiedene Arten der Organisation denken. Die Mannigfaltigkeit der Formen, unter denen Jugendorganisationen im Süden Deutschlands, in Österreich, Holland, Belgien bestehen, beweist zur Genüge, dass die gleichen oder ähnlichen Ziele auf sehr ungleichen Wegen verfolgt werden könnten. Um den Hauptzügen nach zu skizzieren, worauf es uns vorwiegend anzukommen scheint, möchte ich nur das folgende betonen.

Es handelt sich für unsere Zwecke zunächst hauptsächlich um das etwas höhere Kindheits- und Jugendalter, um die Zeit vom 14. oder höchstens 12. bis zum 18. Jahre. Es muss in diesem Alter ein Vereinigungspunkt für die Proletarierjugend geschaffen werden, wo sie jederzeit Anregung und Unterhaltung für alle müssigen Stunden, Verkehr mit Altersgenossen und zugleich geistige Leitung und Förderung findet. Es müssten deshalb überall in solchen Gebäuden, die der Partei, den Gewerkschaften, proletarischen Kunstinstituten oder der gleichen angehören, einige Räume für die Abende, sowie die Sonn- und Feiertage den Jugendvereinen zur Verfügung stehen, die die Mitglieder als ihr ständiges Heim betrachten könnten, ohne dass ihnen die geringste materielle Verpflichtung, noch ein Zwang zu irgend einer Ausgabe für Getränke daraus erwüchse. In einem dieser Räume müsste eine gut zusammengestellte, reichhaltige Bibliothek den jungen Leuten zur Verfügung stehen, die besten Werke der Weltliteratur, sowie populär wissenschaftliche Bücher aus allen Wissensgebieten. Ein zweiter Saal muss als Versammlungslokal vorbehalten bleiben. Hier müssten gemeinsame Lektüre, Unterhaltungen, Spiele, Musikvorträge die Mitglieder vereinen; hier also müsste der Mittelpunkt sein, wohin jeder sich wenden, wo jeder Anregung und Belehrung suchen könnte.

Als Leiter dieser Abende würden mir Frauen am geeignetsten erscheinen. Die Frau weiss sich dem jungen Menschen besser anzuschmiegen, versteht – wo sie ein starkes Interesse an der Sache treibt – gewöhnlich besser, als der Mann, zu individualisieren, auf seelische Wünsche und Bedürfnisse einzugehen, den einzelnen persönlich an sich heranzuziehen. [...]

147. Paul Kampffmeyer: Über Prostitution und Volkserziehung[795]

SM 1906, Nr. 9, S. 770-776 (Auszüge)

Mit der so eminent wichtigen Volkserziehungsfrage wird sich der Mannheimer Parteitag beschäftigen. Diese Frage umfasst nun auch die Erziehung der jugendlichen Elemente, die mit einem Fusse schon im Gefängnis oder im Sumpfe der Prostitution stehen. [...]

In einer Zeit, in der sich der Staat in seinem dunklen Drange mehr und mehr in das Halbdunkel der Staatskirche flüchtet, darf man kaum hoffen, etwas aufklärendes Licht in die Fürsorge- und Zwangserziehungsanstalten zu leiten. Von Weltlust ist die Erde erfüllt, und doch streckt der Staat mit frommem Augenaufschlag seine Hände betend gen Himmel. Je mehr er nun die weltlichen Lehrstühle in kirchliche Altäre umbaut, je mehr Pfaffentalare er vor die Schulfenster hängt, um so mehr Tageshelligkeit muss die Sozialdemokratie als aufstrebende Kulturpartei auf die Probleme einer vorgeschrittenen Sozialpädagogik werfen und diese mitten hinein in das öffentliche Leben stellen. Je heller dann die Ideale einer solchen Sozialpädagogik leuchten, um so stärker heben sich vor allem Volk die Schatten der Finsternis ab, in der der Staat und seine Getreuen wandeln. Die Kluft zwischen der herrschenden staatlichen Erziehung des Volkes und den Forderungen einer vom sozialen Geiste erfüllten Pädagogik schliesst sich dann den grossen Volksmassen

---

[795] Paul Kampffmeyer (1864-1945), Sohn eines Buchhändlers in Berlin, studierte Nationalökonomie in Zürich, einer der führenden Theoretiker der Sozialdemokratie, zeitweilig Tendenzen zum Anarchismus, Anhänger des Kultursozialismus, gehörte um 1890 zur oppositionellen Gruppe der „Jungen" in der Sozialdemokratie, dann zum Kreis der revisionistischen Reformer, Redakteur der *Magdeburger Volksstimme*, 1899/1900 der *Deutschen Krankenkassenzeitung*, 1907-1921 Chefredakteur der *Münchner Post*, leitete 1921-1923 das Parteiarchiv der SPD, zugleich literarischer Leiter des Dietz-Verlages, zahlreiche historische, soziologische und kulturtheoretische Publikationen, verheiratet mit der Pädagogin Margarethe Kampffmeyer (1874-1958, geb. Streichhan), die in München am Versuchsschulprojekt von Adams Lehmann mitarbeitete.

auf. Bevor die Sozialdemokratie in die Ära einer fruchtbaren Reformarbeit eintreten kann, wird ihre Aufgabe zumeist darin bestehen, Klüfte zwischen den veralteten bestehenden und den sich im Keime regenden neuen Zuständen aufzureissen. Die Ideen einer neuen Weltanschauung will die Sozialdemokratie in die Schulen des Volks leiten. Was wird ihr nun für das nächste Dezennium an Arbeit anderes auferlegt werden, als immer und immer wieder auf den Abgrund zu deuten, der zwischen den Lehren der Wissenschaft und den Irrlehren des Volksunterrichts klafft! Aber wenn dann endlich in Millionen deutscher Arbeiterfamilien der Gedanke der Unhaltbarkeit der in den Schulbüchern und im Katechismus vorgetragenen Lehren lebendig ist, dann dürfte auch das ganze herrschende Lehrsystem der Volksschule in seinen Grundfesten schwanken. Eine brennende Scham wird jeden innerlich aufrichtigen deutschen Lehrer anwandeln, wenn er sich zum Verbreiter veralteter, vom Volke längst als unwahr erkannter Ideen aus der Welt- und Religionsgeschichte machen muss. Und wie leicht kann die Dreimillionenpartei einen gediegenen populären Leitfaden über die grossen Ereignisse der Welt- und Religionsgeschichte in alle Arbeiterfamilien tragen!

Wenn ich jetzt von Prostitution und Volkserziehung spreche, so will ich ebenfalls nur eine Kluft für das Volksauge aufreissen. Aber wer eine heftige Sehnsucht nach einer gründlichen Umformung unserer Volkserziehungsverhältnisse wecken will, der kann eben nicht um jene Arbeit des Aufreissens herumkommen. Das Kapitel der Prostitution ist in letzter Zeit oft behandelt und noch öfter misshandelt worden. Der Gedanke von dem bestimmenden Einflusse wirtschaftlicher Verhältnisse auf die Entstehung und Verbreitung der Prostitution hat oft eine zu einseitige und daher falsche Fassung erhalten. Das wirtschaftliche Elend erzeugt nicht überall und zu allen Zeiten die soziale Schmarotzerpflanze der Prostitution. Die besonderen wirtschaftlichen, sozialen und individuellen Bedingungen, die mit Notwendigkeit die Prostitution als Massenerscheinung zeitigen, müssen genau untersucht werden.

Schauen wir in die polizeilichen Verzeichnisse der reglementierten Frauen und in die Statistik der Verbreitung der venerischen Krankheiten hinein, so tritt uns sofort folgende charakteristische Tatsache entgegen: Die eigentlichen Dirnenmärkte liegen in den Gross- und Mittelstädten mit starker sozialer Klassenmischung. In ausgesprochenen Fabrikstädten tummeln sich mitunter nur einige Dirnen in entlegenen, dunklen Gassen herum. Nur wo die verschiedenen sozialen Klassen hart auf einander stossen, also in Städten mit scharf ausgeprägten Klassengegensätzen, gedeiht die Prostitution üppig. Der mit Fabrikstädten völlig durchsetzte Regierungsbezirk Arnsberg, der ungefähr die gleiche Einwohnerzahl hatte, wie die Stadt Berlin, wies kaum ein Zehntel der Prostituierten der Weltstadt auf. Graues Elend gibt es genug auch auf dem Lande, aber die Dorfhure ist eine Ausnahmeerscheinung. In den Nurfabrikstädten nimmst du mit allen deinen fünf Sinnen die soziale Not wahr, aber die sich feilbietende Fabrikdirne erblickst du nur selten. Aus den Ziffern über die wirtschaftliche Not eines Bezirks kannst du nicht rein mechanisch die Zahl der Prostituierten ablesen. [...]

In den Grossstädten mit stark ausgeprägten Klassengegensätzen entwickelt sich also vor allem die Prostitution als soziale Massenerscheinung. Aber nicht ausnahmslos fallen alle weibliche Wesen in dürftigen, armseligen Lebensverhältnissen der Prostitution anheim. Gerade den Gruppen erwachsener weiblicher Berufsangehörigen, die in allerengster Berührung mit den herrschenden sozialen Klassen stehen und gleichsam unter der selben Zimmerdecke mit ihnen leben, droht vor allem die Gefahr, in das Strassendirnentum herabzusinken. Das sind die Dienstmädchen. Diese entbehren fern von der Heimat des starken Rückgrats, den ihnen eine unaufgelöste Familie durchweg gewährt. Standen sie auf dem Lande in einem derb natürlichen geschlechtlichen Verkehr mit Klassengenossen, so erhält dieser Verkehr einen ganz anderen Charakter, wenn sie ihn mit den Angehörigen anderer Klassen, die bei ihnen ja nur einen schnellen, womöglich käuflichen Genuss suchen, pflegen. Berauschend wirkt ferner auf die Dienstmädchen die sie umgebende Welt des bürgerlichen Luxus ein. Sie leben sich in die Bedürfnisse dieser Welt ein. Sie können aber die in ihnen geweckten neuen Bedürfnisse nur befriedigen, wenn sie schmählichem Nebenverdienst nachgehen. Bei dem Hinabgleiten der Dienstmädchen in den schmutzigen Tümpel der Strassenprostitution spielt schon die Tatsache eine sehr wichtige Rolle, dass die Mädchen von ihren Familien getrennt leben, dass für sie eigentlich die Familie als ökonomische Einheit und als moralische Schutzwehr tot ist. Bei den jungen, halb erwachsenen Mädchen unserer Grossstädte wirkt die Auflösung der Familie geradezu verhängnisvoll. [...]

Eine kleine Gruppe grossstädtischer Dirnen ist entschieden stark psychopathologisch beanlagt. Diese Mädchen sind in ihrem ganzen Triebleben falsch gerichtete Geschöpfe. [...]

Bei der Diskussion der Frage *Prostitution und Volkserziehung* scheidet die von uns zuerst herausgegriffene Gruppe der erwachsenen Prostituierten, die der käuflichen Liebe verfallenen grossjährigen Dienstmädchen, ganz aus. Sie hat die Schule, die Fortbildungsschule, die Fürsorgeerziehungsanstalt schon hinter sich. Unser pädagogisches Interesse wendet sich vor allem der Gruppe der schulpflichtigen und schulentlassenen Mädchen, die völlig oder halb verwaist sind oder in zerrütteten Familien aufwachsen, und der Gruppe der moralisch und geistig defekten Mädchen zu.

Die alte Schule hat sich unter dem Einfluss unseres sozialpolitischen Zeitalters wohl oder übel bequemen müssen, ihren früheren Aufgabenkreis zu erweitern. Der Schularzt rückte in das alte Schulhaus ein, und dieses erfuhr selbst unter dem zwar langsamen, aber sicheren Fortschreiten der modernen Schulhygiene eine wesentliche Umgestaltung. Das Schulbad wurde geschaffen. Das körperliche Wohlbefinden des Schülers ward nach und nach als ein durchaus notwendiges Erfordernis für einen befriedigenden Erfolg des Schulunterrichts erkannt. Aber was half es, wenn man den Leib des Schülers wohl aussen aber nicht innen pflegte, wenn man den gereinigten Körper hungern liess. In das Gesichtsfeld des Sozialpädagogen trat die wichtige sozialpolitische Forderung der Ernährung der Schulkinder auf öffentliche Kosten. Das Kinderschutzgesetz kam, und mit ihm wurde dem deutschen Lehrer die wichtige sozialpolitische Funktion der Überwachung des Kinderschutzgesetzes übertragen. Ein Teil der Arbeits- und Lebensverhältnisse der Kinder ist der Inspektion des Lehrers unterstellt. In das sogenannte *Heiligtum des Hauses*, das bisher vom Staat und seinen Aufsichtsorganen streng gemieden wurde, ist der Lehrer getreten, und er wird sehr wenig Heiliges in diesem Hause entdecken. Nachdem nun einmal der Staat über die Schwelle des Hauses geschritten ist, mag er sich in diesem Hause auch nach allen Richtungen hin umschauen. Die Schule kann jedenfalls die einmal betretene sozialpolitische Bahn nicht mehr verlassen. Will sie ihre volkserzieherische Aufgabe in befriedigender Weise erfüllen, so hat sie aber die wirtschaftlichen und sozialen Verhältnisse der Schulkinder ganz anders, als bisher, zu erfassen.

Die grossen Umrisse der Existenz- und Familienverhältnisse der Schulkinder zeichnen sich schon in der Semesterstatistik der Schulklassen hinein. Ein Lehrer, der in persönlicher Fühlung mit seinen Zöglingen steht, dringt leicht in die häuslichen Lebensbedingungen dieser ein. Man kann wohl ohne Übertreibung sagen: Fast aus der Art der Lösung der Schulaufgaben kann oft der Lehrer tiefgehende Störungen in dem äusseren und inneren Leben seiner Schulkinder entdecken. Will die Volksschule nun den Kampf gegen die Prostitution der weiblichen Jugend aufnehmen, so hat sie ihr Auge vor allem auf die Familienverhältnisse der Schulkinder zu richten. Die grosstädtische weibliche Jugend, die unter brüchigen und zersetzten Familienverhältnissen aufwächst, verfällt vor allem leicht der Strasse. Der Lehrer hat daher zu ermitteln, in welchen Häuslichkeiten vor allem ein Eingreifen öffentlichrechtlicher Erziehungsorgane wegen beginnender Verwahrlosung der Kinder erforderlich ist. Dem gebildeten Lehrer werden ferner nicht die Fälle geistiger und moralischer Entartung, die sich unter seinen Zöglingen finden, entgehen. Gerade um die gefährdeten Elemente der weiblichen Jugend vor dem Straucheln in den Prostitutionssumpf zu bewahren, müssen moralisch defekte, krankhaft geschlechtlich erregte, schamlose Mädchen aus der Schule entfernt und in öffentlichen Erziehungsanstalten erzogen werden.

Im Interesse der Bekämpfung der Prostitution und der Kriminalität Jugendlicher können wir der Begründung einer sozialpädagogischen Vormundschaftsbehörde nicht ausweichen. Diese Behörde müsste von Sozialpädagogen, sozialen Medizinern und Männern der Selbstverwaltung zusammengesetzt sein. Wenn die Schule mit Hilfe ihrer Organe festgestellt hat, dass die häuslichen Verhältnisse eines Kindes ungesund sind und schwere sittliche Gefahren für dieses in sich bergen, so hat die Vormundschaftsbehörde dafür Sorge zu tragen, dass den Eltern, der Mutter oder dem Vater des Kindes das Erziehungsrecht ganz oder zeitweilig entzogen wird. Die sozialpädagogische Behörde übernimmt dann die Verpflichtung, für die Ernährung und Erziehung des Kindes zu sorgen. Die Einweisung der bevormundeten Kinder in besondere öffentliche Fürsorgeerziehungsanstalten wird sich in vielen Fällen als unumgängliche Notwendigkeit erweisen. Aber dann muss in der Tat die Axt an die bisherigen Fürsorgeerziehungsanstalten gelegt werden! Herr Plass, Direktor des *Erziehungsheims am Urban* in Zehlendorf, rief selbst den Leitern der heutigen Zwangs- und Fürsorgeerziehungsanstalt zu: Bringt Sonnenschein und Freude in die Anstalten hinein, habt Verständnis für die Bedürfnisse der jugendlichen Seele! Plass verwirft die bisherige grob schablonisierende Erziehung dieser Anstalten. Die Unterdrückung alles Persönlichen bewirkt nach seiner Ansicht das Gegenteil einer erfolgreichen Erziehung. Er vertritt das Prinzip einer individualisierenden Arbeitserziehung der Kinder gegenüber der heute in vielen Anstalten herrschenden wirtschaftlichen Kinderausbeutung.

Will man einen wirksamen Kampf gegen die Prostitution auf volkserzieherischem Gebiete eröffnen, so muss man sich bereits des schulpflichtigen sittlich gefährdeten Mädchens annehmen. Aber ohne ein tiefes Eindringen in die häuslichen Verhältnisse der Schulmädchen können keine zweckentsprechenden sozialpädagogischen Massnahmen im Interesse dieser getroffen werden. Und hier hat vor allem die Schule ihr Aufsichtsrecht über die Kinder zu erweitern. Die strauchelnden oder bereits verwahrlosten Mädchen müssen aus der Sphäre des Lasters und der Unsittlichkeit entfernt und in ganz neue gesunde Lebens- und Erziehungsverhältnisse gestellt werden. Das geht selbstverständlich nicht ohne einen herzhaften Eingriff in die elterliche Gewalt und das elterliche Erziehungsrecht ab, und nur sachverständige, auf Grundlage der Selbstverwaltung aufgebaute Organe dürfen einen derartigen Eingriff befürworten. Haben sie aber unwürdigen oder unfähigen Eltern das Erziehungsrecht über ihre Kinder absprechen lassen, so müssen sie auch im vollen Umfang für die Kosten der Erziehung dieser Kinder aufkommen. In modernen, in humanem, sozialpädagogischem Geiste geleiteten Erziehungsanstalten werden sie die innerlich brüchigen weiblichen Wesen aufrichten und zur Liebe zu einer geordneten Tätigkeit erziehen müssen.

148. Religionsunterricht (Notiz in der Rundschau)

SM 1906, Nr. 9, S. 816-817 (Auszüge)

Die Bremer Lehrerschaft ist im September vorigen Jahres mit einer Denkschrift an die Schulbehörde herangetreten, in welcher diese gebeten wurde, zu verfügen, „dass der Religionsunterricht in den öffentlichen Schulen abgeschafft werde". Die Lehrer haben dafür viel Beifall in der gesamten Presse der Linken und bei den zu ihr stehenden Kreisen gefunden. Aus diesem Beifall darf man aber keine eiligen Schlüsse auf eine allzu gefährliche Religionslosigkeit des deutschen Volkes ziehen. Zwar, die Bremer Lehrer selbst erweisen sich in der Begründung ihrer Forderung als klar denkende und klar Gedachtes mutig aussprechende Männer. [...] Wie nun aber der Beifall gemeint war, das dürfte ungefähr aus 80 Gutachten hervorgehen, welche die, aus den „verschiedensten Berufskreisen" zusammengesetzte *Vereinigung für Schulreform in Bremen* unter dem Titel *Religionsunterricht?*[796] [...] veröffentlichte. Diese Antworten auf ein Rundschreiben, in welchem Religion schon im Gegensatz zu der Denkschrift als ein „letztes Atmen und Ver-

---

[796] Vgl. Dok. 59, Fußnote 707, außerdem Kap. 4.3.4.

klingen an der Grenze [!] der Realitäten" begriffen wird, sind in ihrer Gesamtheit ein interessantes Dokument der Schwärmerei, die sich *geistige Freiheit* nennt. Von den „Vertretern einer praktischen, realen, nur auf das Diesseits gerichteten Weltanschauung", die laut Vorwort neben solchen Persönlichkeiten befragt wurden, „denen Religion innerlichster, persönlichster Herzenskultus ist", bemerkt man kaum etwas. Umso breiter tritt das Motiv *Fort mit dem Religionsunterricht aus Religion!* hervor. Die Schrift ist in der Hauptsache ein Aufmarsch der Mystik gegen das Kirchenregiment: man meint, ohne den zwangsweisen, monopolistischen Ausschank die Religion dem Volke doch noch besser erhalten zu können. Das ist, nebenbei bemerkt, im Zeitalter der fortschreitenden Technik und der Naturwissenschaften ein Irrtum. Die Orthodoxen sind hierfür sachverständiger.

Die Forderung der Bremer Lehrerschaft ist von der Schuldeputation bereits erledigt worden. Man gab eine ausweichende Antwort, nach der alles beim alten bleibt. Das ist manchem vielleicht eine kleinere Enttäuschung gewesen, als die 80 Gutachten. Diese sind aber keine Enttäuschung für uns. Die Bremer Lehrerschaft ist eine weisse Rabenschaft, die der von der Wirtschaftsordnung erlaubten geistigen Entwickelung weit voraus flog.

149. Friedrich Paulsen: Das deutsche Bildungswesen in seiner geschichtlichen Entwickelung[797] (Rezension von Franz Lindheimer)

SM 1906, Nr. 9, S. 818

[...] eine in ihren historischen Bestandteilen und in ihren Urteilsäusserungen meistens sehr interessante Studie, sie behandelt die Geschichte der deutschen Schule in allen ihren Graden seit dem frühen Mittelalter. [...] Das Volksschulideal Paulsens ist mit den allgemeinen Bestimmungen Falks vom Jahre 1872 befriedigt: „Man wird sagen dürfen, eine Schule, die diese Ziele erreicht, ist eine wirkliche Volksbildungsanstalt", ruft er aus. Aber „es sind Widerstände vorhanden; auch im liberalen Bürgertum ist der Enthusiasmus für Volksbildung nicht mehr so gross, ... von den Kreisen des ostelbischen Grossgrundbesitzes und der römischen Grosskirche nicht zu reden". „Die Frage, ob die Massen nicht leichter zu beherrschen seien, solange sie ungebildet sind, bewegt seit dem Aufkommen der Sozialdemokratie auch wohl solche Kreise, in denen früher auch schon die Fragestellung mit Entrüstung zurückgewiesen worden wäre." Dennoch glaubt Paulsen, „dass die Aufwärtsbewegung dauern wird", und er ist auch der Ansicht, der „äusseren Säkularisierung" entspräche eine „innere Laisierung" des Bildungswesens: „Die Lehrer haben, von der Universität bis zur Volksschule, aufgehört, Kirchendiener oder Kirchenverwandte zu sein." Was gerade momentan einigermassen *cum grano salis* zu nehmen ist. Weitere Grundzüge neben der fortschreitenden Verweltlichung der Schule seien die unablässig fortschreitende Ausbreitung der Schulbildung über immer weitere Bevölkerungskreise und die allgemeine Tendenz, „die im Sinne der

---

[797] Erschienen bei Teubner, Leipzig 1906.

inneren Angleichung der getrennten Bildungssphären wirkt". Von *oben* gehe ein realistischer Zug durch das ganze Erziehungswesen der Gegenwart, der von der alten rein ästhetisch-literarischen Bildung hinweg „der Wirklichkeit, der Arbeit, dem Handeln zuführt"; das Streben, Volk und Kunst wieder zusammenzuführen, dem die Kunst selbst entgegenkommt, wirke in der Richtung dieser Ausgleichung der Bildungsunterschiede; und von *unten* komme dieser Bewegung ein lebhaftes Aufstreben entgegen, der nie dagewesene Bildungshunger der Massen. „Man mag der mächtigen Arbeiterbewegung, die beherrschend durch unsere Zeit geht, manchen Vorwurf machen, ... trotz alledem bedeutet sie eine grosse Aufwärtsbewegung; die Massen sind aus dem trägen Dahinleben zwischen stumpfsinnig ertragener Arbeitslast und bloss sinnlichem Geniessen erwacht. ... Natur und Geschichte sprechen zu Menschen, die eine Frage an die Zukunft haben. ... Ob die Sache an sich gut und möglich ist, diese sittlichen Kräfte behalten ihren Wert und werden nicht verloren sein." Es fällt uns nicht ein, uns bei dieser sehr reservierten, partiellen Würdigung der Arbeiterbewegung erfreut und geehrt zu fühlen. Aber wir glaubten, sie und den ganzen Zusammenhang hier vermerken zu sollen als einen in sich wertvollen Pfadweiser des historischen Gedankens, dem auch ein sozialistischer Theoretiker für eine Strecke Weges folgen kann.

150. Kritik am Mannheimer Parteitag (Notiz in der Rundschau)

SM 1906, Nr. 10, S. 895 (Auszug)

Starken Widerspruch hätte sicher die von den Referenten Schulz und Zetkin vorgelegte Resolution gefunden. Gerade die beiden von ihnen erstatteten Referate haben wieder einmal gezeigt, wie eigentümliche Auffassungen über das Wesen und die Bedeutung der Parteitage, und nicht nur dieser, sondern auch der Partei, in deren weitesten Kreisen verbreitet sind. Es ist doch wirklich nicht die Aufgabe eines Parteitags, sich ausführliche Referate über Geschichte der Pädagogik, das zukünftige, sozialistische Erziehungsprogramm, wie es vielleicht in hundert Jahren einmal – und dann wohl auch nicht in der Weise, wie es sich Genosse Schulz vorstellt – zur Ausführung kommen wird, über die gegenwärtige und zukünftige Familie, über Kindertrockenlegen und Kinderwagenschieben Vorträge halten zu lassen. Und ebensowenig ist unseres Erachtens der Parteitag der Ort, um dogmatische Glaubenssätze über die Umwertung der bürgerlichen Geisteskultur durch das Proletariat gemäss seiner eigenen geschlossenen Weltanschauung, die auch wieder nur von den beiden Referenten vorausgesetzt wird, zu prüfen und festzulegen. Wenn Richard Fischer in der Diskussion über den Massenstreik äusserte, dass der Parteitag kein Konzil sei – und, fügen wir hinzu: ebensowenig ein wissenschaftlicher Kongress –, so ist damit der Nagel auf den Kopf getroffen. [...]

151. Julius Deutsch: Die Bekämpfung der Kinderarbeit

SM 1906, Nr. 12, S. 1034-1042 (Auszüge)

Wohl kaum etwas anderes wirkt so aufreizend, wie der Anblick der Kinderarbeit, wie der Gedanke an die vielen Tausende freudloser Geschöpfe, die die schönste Zeit ihres Lebens in monotoner Gleichförmigkeit dem Moloch Erwerbsarbeit geopfert werden. Noch bis vor sehr kurzer Zeit schenkte man der Kinderarbeit wenig Beachtung. Wohl sind die Vertreter der Arbeiterschaft oftmals energisch gegen die Ausnutzung der kindlichen Arbeitskräfte aufgetreten, aber sie erzielten keine Erfolge. Es ermangelte auch eines bestimmten Systems, nach dem man der Kinderarbeit auf den Leib zu rücken vermocht hätte. Mit dem blossen Verbot der Beschäftigung von Kindern unter 14 Jahren, wie es zum Beispiel das Erfurter Programm verlangt und von den parlamentarischen Vertretern der Arbeiterschaft mehrmals beantragt wurde, ist eben in allen Fällen auch nichts auszurichten. Das Elend der Kinderarbeit ist aber bereits derart angeschwollen, dass es wohl an der Zeit ist, die Frage, wie es besser gemacht werden könnte, eingehender zu behandeln. [...]

Diese Zustände sind in allen Ländern, in denen die Kinderarbeit grassiert, die gleichen. Im halbabsolutistischen Deutschland, wie in der freien Schweiz, überall die selbe Erscheinung. Die Nuancen wechseln, das Kolorit ist ein etwas anderes, der Gesamteindruck aber bleibt der nämliche. Dabei ist die Entlohnung eine derartig bagatellmässige, dass es, vom Standpunkte der Gesamtheit aus, als ein Verbrechen erscheint, um dieses Pappenstiels willen die Kinder in ihrer Entwickelungsmöglichkeit zu beeinträchtigen.

Über die Schäden der Kinderarbeit, der gewerblichen, wie der landwirtschaftlichen, sind sich denn auch alle Kenner der Verhältnisse klar. [...]

Mit dem Zustandebringen eines Kinderschutzgesetzes allein – und sei es ein noch so vernünftiges – ist aber noch nicht alles getan. Zu ihrem Vergnügen lassen ja die Eltern ihre Kinder nicht arbeiten; sie sind vielmehr auf deren Verdienst als Beitrag zu den Erziehungskosten angewiesen. Nimmt nun der Staat ihnen diesen Zuschuss zu ihrem Lohne weg, so werden sie geschädigt. Man wird mir hier einwerfen, die erwerbstätigen Kinder wirken nur als Lohndrücker, werde die Kinderarbeit unterdrückt, so steigen die Löhne, und die Eltern wären allein im stande, alle zu erhalten. Es ist auch gar nicht zu bezweifeln, dass für die Gesamtheit des Proletariats das Aufhören des Lohndruckes der erwerbstätigen Kinder eine Erhöhung des Lohnes bewirken müsste. Was aber für die Gesamtheit gilt und für sie segensvoll wirkte, muss für eine Reihe einzelner nicht immer die selbe Wirkung erzeugen. Man denke sich einen Familienvater, der mit 3 Kindern arbeitet – in der Praxis kein seltener Fall. Er verdiente, sagen wir, 3 Mark pro Tag, die 3 Kinder ebensoviel, alle zusammen also 6 Mark. Bei Unterdrückung der Kinderarbeit müsste also der Lohn dieses Arbeiters um 100% steigen, sollte er den Ausfall der Kinderarbeit wettmachen. Man wird zugeben, dass eine solche oder ähnliche Steigerung in der Wirklichkeit nicht eintritt. Dieser Familienvater und alle jene, bei denen die Kinderarbeit eine ähnliche Rolle spielt, würden also durch deren Unterdrückung absolut geschädigt werden. Da die Kinderarbeit gerade in den kinderreichsten Familien am meisten grassiert, würde die Zahl der so Geschädigten nicht gering sein. Was folgt nun aus dieser Tatsache? Dass der Staat, wenn er die Kinderarbeit unterdrückt, den Eltern ein Äquivalent für den Verdienstentgang der Kinder gewähren muss. Dieses Äquivalent kann nur darin bestehen, dass der Staat einen entsprechenden Teil der Kosten der Kindererziehung den Eltern abnimmt, das heisst, dass den Eltern ein Recht auf staatliche Kinderfürsorge zugebilligt werde. Nur dann, wenn der Staat die Sorge für die Kinder übernimmt, ist er auch befugt, den Eltern die Ausnutzung der Kinder, die ihnen einen Zuschuss zu deren Unterhalte gewährt, zu verwehren.

Bis jetzt hat man sich den Kinderschutz sehr leicht gemacht. Man sorgte für den Unterricht, indem man den Schulzwang einführte, Schulhäuser baute und die Lehrer besoldete. Damit wollte der Unterricht aber noch nicht recht vorwärts gehen. Was nützen die pflichterfüllten Lehrer, was die besten Unterrichtsmethoden – obwohl wir damit natürlich deren Wert nicht herabmindern wollen –, wenn die Kinder ausserhalb der Schule verwahrlosten, hungrig oder müde von der Arbeit in die Schule kamen? Man ging also daran, die Kinderarbeit, diese vornehmste Ursache der Kinderdegeneration, zu bekämpfen. Weil man aber allen Leuten recht und niemandem wehe tun wollte, kam nicht viel dabei heraus. Man versuchte, die Kinderarbeit in den Fabriken zu unterdrücken; die Folge war, dass man die erwerbstätigen Kinder aus den Fabriken hinaus und in die, unter noch viel schlechteren Bedingungen arbeitende, Hausindustrie hineindrängte. Wo aber auch die Kinder der Heimindustrie unter gesetzlichen Schutz gestellt wurden, schuf man keine genügenden Kontrollvorschriften, so dass das Gesetz ein toter Buchstabe blieb. Heute wird danach gestrebt, den Kinderschutz mit einer genügenden Kontrolle durchzuführen, aber man spricht nicht davon, dass es kaum möglich ist, ihn durchzuführen, wenn der Staat nicht auch die wichtigsten Teile der Fürsorge übernimmt. Was an Fürsorgetätigkeit bis jetzt geschah, waren zum überwiegenden Teile Werke der privaten Hilfstätigkeit. Diese private Hilfstätigkeit wird auch, solange der Staat nicht selbst die Fürsorge übernommen hat, ihre Existenzberechtigung haben. Ein Ideal ist aber ihr Ausbau nicht. Bei ihr handelt es sich um Schenken und Beschenken, wir aber wollen eine fortschreitende Pflichterfüllung der Gesamtheit. [...]

Worauf es ankommt, ist, dass die Gesamtheit zum Bewusstsein kommt, dass es ihre Pflicht ist, die Fürsorge zu übernehmen. Unterricht und Erziehung gehören zusammen. Übernähme der Staat das eine, dokumentierte er damit, dass er anerkenne, für das Wohl der Jugend sorgen zu müssen, so ist es nur logisch, wenn er jetzt auch den zweiten, nicht minder wichtigen Teil, die Erziehung übernimmt. Der idealste Zustand wäre der, dass der Staat für alle Kinder gleichmässig sorgte. Davon sind wir aber heute noch weit entfernt; es wäre im Kampfe gegen die Kinderarbeit auch genügend, wenn die Gesamtheit den armen Eltern ein Recht zuständе, die Fürsorge zu erlangen.

Diese Fürsorge müsste in folgendem bestehen:

Speisung und Kleidung der Schulkinder. Für die Schulkinderspeisung geschieht heute schon in einer Reihe von Städten (Mannheim, Breslau, Kiel, Charlottenburg,

Düsseldorf etc.) manches Nützliche. Die Kosten sind in der Regel verhältnismässig äusserst gering. Mit geringen Summen werden Hunderte von Kindern gespeist. Eine pädagogische Gefahr besteht allerdings darin, dass solchen Unternehmungen immer etwas Almosenhaftes anhaftet, wenn nur die unterstützungsbedürftigen Kinder diese Anstalten besuchen. Dadurch erscheint den Kindern die Fürsorge als etwas Minderwertiges, der Gegensatz zwischen armen und reicheren Kindern tritt störend hervor. Unter den Kindern brauchen aber noch keine Klassengegensätze zu bestehen. [...]

Weitere Zweige der Fürsorge sind:

Unentgeltliche Verabfolgung von Lehrmitteln und Schulmaterialien. Dafür geschieht, weil es zum Ausbau des Unterrichtes notwendig ist, auch heute schon viel.

Regelmässige schulärztliche Untersuchung. Ebenfalls eine Massregel, für deren Nützlichkeit heute keine Lanze mehr eingelegt zu werden braucht. Der Kinderarbeit wirkt die schulärztliche Untersuchung direkt entgegen, weil sie ihre Schäden rechtzeitig entdecken und bekämpfen hilft.

Unentgeltliche ärztliche Behandlung im Krankheitsfalle; Verabreichung von Medikamenten, Heilmitteln u. s. w. In vielen Fällen ist die schulärztliche Untersuchung wirkungslos, weil man nicht die Mittel hat, um die ärztlichen Anordnungen zu befolgen. Die unentgeltliche ärztliche Behandlung im Krankheitsfalle und die Verabreichung von Medikamenten, Heilmitteln etc. erscheint deshalb als eine notwendige Folge der schulärztlichen Untersuchung.

Errichtung einer genügenden Anzahl von Ferienkolonieen, Sool- und Seebädern, Waldschulen, Milchkuren. Ähnlich ist es mit diesem Zweig der Fürsorge. Was nützt es, durch die schulärztliche Untersuchung eine Schwächlichkeit oder Erholungsbedürftigkeit der Kinder zu konstatieren, wenn man nicht dafür sorgt, dass wirklich Abhilfe geschaffen wird? Besonders die Milchkuren dürften wohl für fast alle ärmeren Stadtkinder notwendig sein. In den Schweizer Kantonen, wo überhaupt für die Kinderfürsorge mehr geschieht, als sonstwo, hat man damit sehr gute Erfahrungen gemacht.

Ausreichende staatliche Fürsorge für Ziehkinder, Uneheliche und Verwaiste. Der Jammer der Stift- und Ziehkinder ist bekannt. Wo die Kinder einzelnen Familien anvertraut werden, ist man genötigt, sie solchen Familien zu geben, für die selbst auch das magere Kostgeld einen Gewinn bedeutet. Die *Erziehung* dieser Kinder sieht dann auch danach aus. In anderen Fällen werden die Kinder in Waisenhäuser eingereiht, doch ist auch dieses System der schablonenhaften Erziehung der Kinderentwickelung nicht so förderlich, wie man vielfach meint. Es ist hier nicht der Ort, auf die Art der rationellsten Fürsorge für Ziehkinder einzugehen; es sei nur darauf hingewiesen, dass das jetzige System Mängel über Mängel enthält, und dass eine durchgreifende Umgestaltung nötig ist. Am meisten leiden heute die unehelichen Kinder. Auf ihnen lastet der Fluch des Vorurteils, der sie wirtschaftlich und sittlich niederhält. [...]

Neben der Fürsorge sind zur Unterdrückung der Kinderarbeit noch andere Massnahmen nötig, die man als Verhütungsmassregeln bezeichnen könnte. Es handelt sich darum, Institutionen zu schaffen, die die Kinderarbeit illusorisch oder, indem man die Kinder mit etwas anderem beschäftigt, teilweise unmöglich machen. Zu den ersteren gehört der Handfertigkeitsunterricht, der als obligatorisches Lehrfach zu erstreben ist, zu den letzteren die obligatorische Einführung von Spiel-, Turn-, Schwimm- und Wanderstunden, die Förderung von Schülerausflügen und -reisen, sowie die Errichtung von Kinderhorten. Durch die Förderung des Handfertigkeitsunterrichtes fiele das so oft für die Kinderarbeit gebrauchte Argument fort, dass die Kinder durch die Erwerbsarbeit früh geübt werden müssen, um im späteren Berufsleben leichter bestehen zu können. Neben den Handfertigkeitsunterricht müsste aber auch ein Ausbau des Schulunterrichtes nach der praktischen Seite hin überhaupt treten.

Alle diese Reformvorschläge wird man nun hören: sind ja recht schön, aber wie sie durchführen, woher die nötigen Kräfte für den Kampf hierfür nehmen? Die letztere Frage ist einfach beantwortet. Es unterliegt gar keinem Zweifel, dass die Arbeiterschaft die Bannerträgerin für den Kinderschutz sein muss. Sie hat ja am meisten Interesse daran, ihre Kinder leiden, ihre Klasse wird degeneriert. Nicht nur der Schulkampf ist von eminentester Bedeutung für die Arbeiterschaft, der Kampf für den Schutz der Jugend überhaupt ist ein Lebensinteresse des Proletariats.

Aber auch die Durchführungsmöglichkeit der vorgeschlagenen Reformen liegt nicht in allzu weiter Ferne. Ein Teil ist ja heute schon von der privaten Hilfstätigkeit in Angriff genommen. Mit dem Eindringen der Arbeiterschaft in die Gemeindeverwaltungen muss man immer mehr darauf sehen, diese Ansätze der privaten Hilfstätigkeit in den Gemeindebetrieb zu übernehmen und weiter auszubauen. Die Kosten sind ja nicht so gross, wie man manchmal annimmt. Allerdings werden die heute herrschenden Parteien nicht so ohne weiteres für einschneidende Reformen zu haben sein, aber der Energie der Arbeiterpartei ist zuzutrauen, dass sie auch diese Widerstände, wie so viele andere, überwindet. [...][798]

152. Franz Staudinger: Praktisches und Philosophisches zum Bremer Schulstreit

SM 1907, Nr. 1, S. 39-45 (Auszüge)

Weit über die Grenzen des Bremer Stadtstaates hinaus hat der Bremer Schulstreit, bei dem es sich um eine Petition der Lehrer behufs Beseitigung des Religionsunterrichtes aus der öffentlichen Schule handelte, seine Wellen ins Land gezogen. Seine Wirkung kam bekanntlich in der allgemeinen deutschen Lehrerversammlung zu

---

[798] Der Autor verweist auf eine Reihe weiterführender Literatur, u.a. Käte Duncker: Die Kinderarbeit und ihre Bekämpfung. Stuttgart 1906; Othmar Spann: Untersuchungen über die uneheliche Bevölkerung in Frankfurt am Main. Frankfurt 1905; Konrad Agahd: Kinderarbeit und das Gesetz gegen die Ausnutzung kindlicher Arbeitskräfte in Deutschland. Jena 1902; Sigmund Kraus: Kinderarbeit und gesetzlicher Schutz in Österreich. Wien 1904; E. Schwyzer: Erhebungen über den Umfang der Erwerbsarbeit schulpflichtiger Kinder in der Schweiz. *Schweizer Zeitschrift für Gemeinnützigkeit.* Zürich 1906.

München zum Vorschein, wo die Bremer den Antrag stellten, jene Forderung zum allgemeinen Programm der deutschen Lehrerschaft zu machen. Er wurde freilich nach einer Rede des Professors Ziegler aus Strassburg mit grosser Mehrheit abgelehnt. Aber er steht nun auf der Tagesordnung und wird wiederkehren. In Bremen selbst hat die Schuldeputation, der sich der Senat anschloss, zwar die Forderung der Lehrer nicht erfüllt, aber doch den Standpunkt festgehalten, dass der Religionsunterricht in den Schulen „gemäss dem seit langer Zeit in Bremen bestehenden Herkommen von dogmatischer Belehrung frei sein und nur der Pflege echter Religiösität und sittlich religiösen Bildung dienen" solle; bei der beabsichtigten Revision der Lehrpläne werde selbstverständlich an diesem Grundsatze festgehalten werden.

Man weiss nicht, ob man diesen Bescheid als einen kleinen Erfolg der Bremer Lehrer bezeichnen soll, wie es zum Beispiel der *Freidenker* tut, da doch wenigstens ein bisheriger Usus nun offiziell anerkannt ist, oder ob man nur von einer erfolgreichen Abwehr gegen Bestrebungen, den Religionsunterricht dogmatisch zu gestalten, sprechen kann, so dass nunmehr in Bremen Massregelungen wegen Abweichung vom christlichen Glauben, wie sie – mutmasslich auf Veranlassung des dortigen Schulinspektors – stattgefunden haben, fernerhin unterbleiben, oder ob er gar das Gegenteil eines Erfolges darstellt. Denn die Fassung des Bescheids ist ganz unbestimmt und lässt alle möglichen Auslegungen zu. Allein, dass diesem Bescheide die nötige Bestimmtheit fehlt, darf man nicht einmal so scharf aufmutzen, wie es eigentlich geschehen müsste. Denn die Aktion auch der Kämpfer gegen den Konfessionalismus zeigt nicht diejenige scharfe Bestimmtheit, welche notwendig gewesen wäre, um sowohl in Bremen selbst, wie nachher auf dem Lehrertag die Unklaren und Halben zu einer eindeutigen Entscheidung zu zwingen. Das geht auf das deutlichste aus den Diskussionen hervor, welche die Führer der Bremer Lehrer Holzmeier und Gartelmann im Bremer *Roland* und in der *Neuen Pädagogischen Zeitung* und Gartelmann dann in einer Broschüre *Streitschriften vermischten Inhalts* gegen wirkliche und vermeintliche Gegner ihrer Sache, unter letzteren vor allem gegen Professor Natorp in Marburg, führen. Die praktische und die theoretische Unklarheit, welche da gezeigt wurde, sei im folgenden in einigen Hauptzügen beleuchtet.

Die praktische Grundfrage besteht in Kern und Wesen darin, ob der Staat die Aufgabe hat oder nicht hat, die Kinder des Volkes zu einem religiösen Bekenntnis zu erziehen. *Bekenntnis* aber heisst im religiösen Sinne Anerkennung der Verbindlichkeit, gewisse Geschichten und Lehren auf blosse Autorität hin für wahr zu halten. Derjenige Staat, dessen Gesetze von Herren gegeben werden und von Untertanen blind befolgt werden sollen, kann, ja muss sich solche Aufgabe zweifellos zumessen. Denn die Glaubensverpflichtung hängt in solchem Staate auf das engste mit der Gewissensbildung auch für die moralische Anerkennung der bestehenden

Herrengesetze zusammen. Derjenige Staat aber, welcher, wie schon der der Verkehrsgesellschaft, seine Gesetze durch das Volk respektive durch erwählte Vertreter dieses Volkes geben lässt, kann konsequenterweise solche Glaubensverpflichtung von Staats wegen nicht mehr begünstigen; denn eine Wahl ruht ja naturgemäss auf dem Prinzip, dass der einzelne selber zu entscheiden hat, was er als richtig anzusehen hat. Die Fähigkeit zu solch eigener Entscheidung wird offenbar in dem Masse beeinträchtigt, wie bestimmte religiös-sittliche Überzeugungen autoritativ im Gewissen festgelegt worden sind. Darum kann sie von Staats wegen folgerechterweise nicht begünstigt, sondern nur bekämpft werden. Dass heute noch ein Streit darüber möglich ist, ob der Staat eine Bekenntniserziehung zu teil werden lassen soll, dass sogar unsere Staaten noch tatsächlich solche fordern, zeigt klar, auf welch halber Entwickelungsstufe wir noch stehen. Darum muss von jedem ernsthaften Anhänger modernen Staatslebens klar und scharf die Forderung aufgestellt werden: Der Staat hat die Bekenntniserziehung nicht zu begünstigen; das heisst, er hat sie aus der Staatsschule restlos zu entfernen. Er hat es ganz dem freien Ermessen der einzelnen respektive derjenigen Religionsgesellschaft, der diese mit eigenem Willen angehören, zu überlassen, was sie bekennen wollen. Ganz, wie es eben in Frankreich geschehen ist. Hierüber kann für den, welcher auf dem Grundprinzip modernen Staatswesens steht, ob er nun Sozialist oder Anhänger der freien Verkehrsgesellschaft ist, kein Zweifel sein, sobald nur irgend die Grundfrage klar und scharf gestellt ist.

Ist diese Frage gelöst, dann erst kommt die zweite Forderung: einen den modernen Entwickelungen sich anpassenden Sittenunterricht und einen Unterricht in Erkenntnis- und Seelenlehre zu geben, der sich zunächst aus jenen praktischen Gründen an eine religionsgeschichtliche Unterweisung anschliessen wird. Wie die Dinge liegen, würden aber sehr viele Menschen heute selbst dann noch in der Dogmenschale stecken bleiben, wenn der Staat die Bekenntniserziehung beseitigt und dafür den Unterricht in Erkenntnis und Sittenlehre, soweit er dem jugendlichen Alter fassbar ist, an dessen Stelle gesetzt hätte. Die Bekenntniserziehung würde nur aus der Staatsschule gewiesen sein, ihre Anhänger würden aber einstweilen noch mit doppeltem Eifer darauf bedacht sein, die Seelen für die Bekenntnisverpflichtung zu gewinnen, um von da aus den alten Zustand wiederherzustellen. Deshalb bedarf es nicht nur aus theoretischem, sondern auch zunächst aus praktischem Interesse, wie Natorp richtig sieht, eines Unterrichts, welcher die verschiedenen dogmatischen Schalen der Hauptreligionen in ihrer Bedeutung darlegt und zugleich nach Möglichkeit erklärt. Ob man diesen Unterricht noch *Religionsunterricht* nennen oder ihm einen anderen Namen geben will, darauf kommt es gar nicht an, sobald man sich einmal genau dessen bewusst ist, worum es sich handelt. Besser freilich ist es, eine nicht der Missdeutung fähige Bezeichnung zu wählen.

Wir haben also zwei Aufgaben zu erledigen. Erstlich war die Grundfrage festzustellen, ob der Bekenntnisunterricht in irgend einer Form in die Staatsschule gehört, und nachdem das hier geschehen ist, wäre die pädagogische Frage, säuberlich

von den obigen getrennt, zu erörtern. Wir haben zu fragen, wie nun in der Staatsschule die notwendige Belehrung in Religion und Moral zu geschehen hat. Diese
Frage muss aber auch auf die philosophischen, sowohl die erkentnistheoretischen,
wie religionsphilosophischen, Grundlagen zurückgehen, von denen aus der Unterricht zu gestalten ist. Je schärfer alle diese Fragen gesondert werden, um so leichter
wird man zum Ziele kommen, ihre Vermengung kann nur Unheil bringen.

In der Denkschrift der Bremer Lehrer tritt diese Vermengung nicht sehr hervor.
Hier hebt sich das Hauptmoment, die Abschaffung des staatlichen Bekenntnisun-
terrichts, scharf hervor, wenn auch dafür das mehrdeutige Wort *Abschaffung des
Religionsunterrichts* Anlass zu Missdeutungen gegeben hat. Man merkt darin freilich, wie Natorp herausgefühlt hat, einen gewissen „naturalistischen Zug", aber er
tritt keineswegs aufdringlich und ausschliessend hervor. Im Gegenteil, die Denkschrift betont ganz ausdrücklich die Unabhängigkeit der philosophischen Überzeugung. An Stelle des abgeschafften Religionsunterrichts will die Denkschrift Sittenlehre und Unterricht in der Religionsgeschichte setzen. Da trat nun Natorp auf den
Plan mit einer Broschüre *Religionsunterricht oder nicht?*[799], der nach einer heftigen Gegenwehr der Bremer, besonders im *Roland*, das Gespräch *Jemand und ich*
folgte, worauf dann Gartelmann leider in seinen *Streitschriften* in einer so verlet-
zenden, die Ehrlichkeit seines Gegners anzweifelnden Weise geantwortet hat, dass
Natorp in der *Deutschen Schule* ganz mit Recht erklären konnte, jener dürfe sich
nicht wundern, wenn er keine Antwort erhielte. *Allerdings* konnten die Bremer
schon in dem Titel der erstgenannten Schrift, wie auch L. Dreifus im *Freien Wort*
fand, einen Angriff auf ihre Grundposition sehen, den freilich Natorp gewiss nicht
beabsichtigt hat. Das konnten sie umsomehr, als allerdings Natorp die praktische
Frage, welche heute die Hauptsache ist, gar zu nebensächlich behandelt hat.

In seiner Broschüre gegen die Bremer meint Natorp, es sei heute unmöglich,
auch die Bekenntnistrennung im Religionsunterricht der Simultanschule zu beseitigen; und in der *Deutschen Schule* bemerkt er gegen Paulsen, der in dem selben
Hefte für die Forderung der Bremer eintrat, die politische Frage sei gestellt gewesen *Simultanschule oder Konfessionsschule?*, und nur so, wie sie gestellt, habe man
sie zu beantworten. Das ist aber durchaus falsch. Man lässt sich doch vom Gegner
nicht auf den Kampfplatz nötigen, den dieser anweist, sondern wählt ihn selber,
wie er der Sache gemäss ist. Wenn man in der Mitte eines Schaukelbretts sitzen
bleibt, und der Gegner sich ans Ende begibt, so stemmt man sich vergebens, man
wird heruntergezogen. Sogar, wenn man nur die alte Mittelstellung zu behaupten
beabsichtigt, muss man schon am andern Ende drücken. Ein zweiter Hauptfehler
Natorps war, dass er ohne scharfe Scheidung von der Hauptfrage eine Streitfrage in
die Diskussion hineintrug, welche den Blick gänzlich von der brennenden Hauptfrage ablenkte und einen philosophisch-pädagogischen Streit entfachte, der nun, da

---

[799] Vgl. Dok. 143; zu den genannten Schriften auch die folgenden Seiten.

die Bremer unklug und mit Heftigkeit darauf anbissen, vorläufig den Karren gründlich verfahren hat. Er beginnt in seiner Schrift gegen die Bremer den Streit über die Grundsätze, nach denen der Unterricht in Religion und Sittenlehre gegeben werden soll, stellt da den „naturalistischen" Bremern seine auf Kant ruhende religionsphilosophische Auffassung entgegen und verficht sie, indem er den Namen *Religionsunterricht* beibehalten wissen will, in einer Weise, dass es dem Unkundigen so aussehen mag, als wolle er die Annahme seiner Auffassung zur Bedingung des praktischen Vorgehens machen. Das will er nun freilich nicht, wie schon aus der Bemerkung gegen Paulsen hervorgeht, dass hier „die Geschichte richten" werde. Aber beklagenswert war es doch, dass dieser methodisch-philosophische Streit derart angefacht wurde, wo vor allem die praktisch-politische Frage auf die Nägel brannte. Und noch bedauerlicher ist es, dass die Bremer, statt diese Vermengung zurückzuweisen, auf die philosophische Streitfrage sich einliessen und mit wenig Sachkenntnis auf diesem Gebiete und recht massiver Ausdrucksweise gegen Natorp losfuhren. Mit dadurch wohl wurde auch auf dem Lehrertage die erforderliche Klärung nicht erzielt, und die Blössen, welche sich die Bremer in ihrer philosophischen Polemik gaben, wirkte gewiss mit dahin, dass die Hauptfrage den meisten ganz verdunkelt ward. Gerade sie aber muss auf das schärfste herausgeschält werden.

Hat man die notwendige Trennung zwischen der praktischen Hauptfrage und den philosophischen und pädagogischen Fragen erst einmal unmissverständlich gemacht, so kann es nicht schaden, auch im voraus einmal über diese zu reden. Das mag vielleicht wie eine Diskussion über das Fell des noch unerlegten Bären aussehen, aber es ist doch zur Klärung nicht ganz unnütz. In diesen Fragen kann man nun freilich in keiner Weise auf die Seite der Bremer treten, weder in der zunächst zu behandelnden erkenntniskritischen, noch in der religionsphilosophischen. Die Bremer verstehen nämlich in beiden nicht, was Natorp eigentlich will. Das liegt nicht bloss an dessen zuweilen für den Nichtkantianer etwas schwerer Schreibweise, sondern auch daran, dass sie selbst den Grundgesichtspunkt Kants gar nicht kennen, obwohl Gartelmann ein dickes Buch *Sturz der Metaphysik als Wissenschaft, Kritik des transzendentalen Idealismus Kants* [1893] darüber geschrieben hat. Zwar konnte man schon aus Gartelmanns und Holzmeiers verschiedenen Aufsätzen im Bremer *Roland* sehen, dass sie allerdings nur vom naturalistischen, keineswegs aber vom *transzendentalen* oder, besser gesagt, *apperzeptiven* Gesichtspunkt zu schauen verstehen; sie verhalten sich der Lehre Kants gegenüber etwa so, wie jemand, der behaupten wollte, er sähe da oben den Wald an sich, und es für dummes Zeug erklärte, wenn ihn jemand darauf aufmerksam machte, dass er ihn doch nur unter den Gesetzen der Perspektive, nicht in seinem Grundplan sehen könne. Aber um Gartelmann ja nicht Unrecht zu tun, liess ich mir das Buch kommen, und las es – bis Seite 17; da hatte ich genug.

Gleich zu Beginn fand ich, dass Gartelmann das *a priori* Kants als eine Erkenntnis ansieht, die zeitlich den übrigen vorangehe, und dass er aus einem Satze Kants, worin die Fähigkeit (die Rezeptivität) als zeitlich vorangehend bezeichnet wird, jene groteske Behauptung sogar beweisen zu können meint. Vielleicht begreift er besser, als durch lange Erörterungen, was Kant will, wenn ihm eine, auch im übrigen Kants Grundanschauung einigermassen entsprechende, Analogie vor Augen tritt. Die Fähigkeit eines Wasserspiegels, auf Berührungen allerlei Art mit Wellenbewegung zu reagieren, geht jeder wirklichen Reaktion auf solche voran. Und so begreift sich, dass man Wellengesetze feststellen könnte, die für alle wirklichen durch Berührung hervorgebrachten Wellenbewegung *a priori* zu Grunde liegen, obschon die Wellen keineswegs früher, als die Berührung, zu Tage treten. So sind nach Kant Raum, Zeit und Kategorieen die gesetzmässige Art, wie das Bewusstsein auf Eindrücke allerlei Art reagieren muss. Das ist alles. Dass diese Gesetze des Erkennens dann von Kant *Bedingungen der Möglichkeit der Erfahrung* genannt werden, kann dem, welcher obiges verstanden hat, in keiner Weise mehr auffallen. Für Gartelmann geht diese Behauptung „bereits ins Amüsante", und wenn nun Kant fragt, „wo denn die Erfahrung ihre Gewissheit hernehmen wollte, wenn alle Regeln, nach denen sie fortgeht, empirisch, mithin zufällig wären", so ist das für Gartelmann ein „Wischiwaschi". Das ist freilich stark. [...]

Mit einer erkenntniskritischen Erörterung, die noch auf dem Standpunkt steht, dass das *a priori* nur in der Natur unseres Bewusstseins gründe, hat nun Natorp in *Jemand und ich* [1906] eine Beziehung zur Religion als notwendig erweisen wollen. Danach soll dem Gottesbewusstsein von jeher eine Idee zu Grunde liegen, welche dauernden Bestand behält, nämlich die Einheitsidee, welche praktisch die Zielidee des Guten ist. Dafür hat nun Gartelmann ebenfalls nur verständnislosen Spott übrig. Er meint, die Kinder müssten dann etwa zur Zielidee beten, statt sie zu verstehen. Aber Natorp ist hier nur ein wenig einseitig und hat vor allem darin unrecht, dass er diese Frage mit einer Wucht betont, als hinge die Lösung der praktischen Hauptfrage davon ab. Betrachten wir die Sache ganz losgelöst von letzterer, so dürften die religiösen Dogmen und Geschichten allerdings in umfassendem Masse Vergegenständlichungen von inneren Lebensbeziehungen sein, welche teils durch Natureindrücke, teils durch soziale Erlebnisse, teils aber durch psychische Reflexe hervorgerufen werden. Das sagt ja auch Marx von den religiösen Vergegenständlichungen: in ihnen „scheinen die Produkte des menschlichen Kopfes mit eignem Leben begabt, unter einander und mit den Menschen in Verhältnis stehende selbständige Gestalten". Wenn man diese Gestalten dann auf ihre Bedeutung zurückführt, so kann man sagen, sie seien die durch den jeweiligen Kulturzustand bedingten Sprachformen des religiösen Innenlebens. In ähnlichem Lichte sahen sie ja auch schon Lessing und Herder, und eine gar nicht mehr unbeträchtliche Reihe moderner Theologen sucht, die Religion, indem sie den äussern Inhalt der religiösen Geschichten und Lehren restlos der wissenschaftlichen Forschung anheimstellt, nur in diesen Innenbeziehungen aufzubauen.

Wie kommt wohl ein naiver Mensch dazu, zu erzählen, dass jemand über das Meer hingegangen sei, oder dass er die stürmischen Wogen beruhigt, oder dass er Brot und Fisch Tausenden gereicht und nachher mehr Brotsamen gesammelt habe, als zuvor Speise da war? Ohne den überwältigenden Eindruck einer hohen Persönlichkeit, welche Stürme in einer Menschenmasse oder einer einzelnen Menschenseele in wunderbarer Weise zu beruhigen versteht, würde sich die erste Geschichte schwerlich gebildet haben. Ohne das Staunen über eine Seelenstärke, welche allen Anfechtungen gegenüber die innere Ruhe nicht verliert, hätte man wohl ein Nachtgespenst, aber schwerlich einen Mann über das Meer wandeln lassen, und ohne die Wahrnehmung, dass jene Tausenden mitgeteilte geistige Speise sich nicht mindert, sondern durch eigenes Denken und Reden der nach ihr hungernden Hörer sich mehren kann, wäre die letztere Wundergeschichte gewiss nicht entstanden. Und schwerlich hätte man ein, äusserlich betrachtet, so sinnleeres Dogma geschaffen, wie das der Dreieinigkeit, wenn da nicht unterbewusst die Erfahrung mitgearbeitet hätte, dass der aus den Tiefen der Seele wundersam entspringende Gedanke sich zum Wort verdichtet und dann von Mund zu Mund in die Welt geht, dass also hier tatsächlich drei Gestalten des Gedankens nur eins sind. Da ja Gott Geist ist, liegt es da nicht nahe, ihm unter dem Einflusse dieses Bewusstseins drei Gestalten zu geben? In unseren höheren, den sozialen und daher zugleich von Moral durchtränkten Religionen wird sodann mit Gott in erster Linie auch der Gedanke der Vollkommenheit verknüpft; und in dem Spruch *Ihr sollt vollkommen sein, wie euer Vater im Himmel vollkommen ist*, wird dieser Gott beigelegte Begriff direkt zu einer Idee, und zwar einer praktischen Zielidee. Gartelmanns Spott ist wirklich übel angebracht.

Es ist gewiss nicht immer leicht, die den Religionsformen entsprechenden Gedanken herauszufinden, zumal auch die ursprünglichen lebensvollen Bedeutungen oft rasch verblassen und, wie bei den Worten der Sprache, oft nur die Hülse übrig bleibt, zumal auch die Bedeutungen und die Formen selber sich umbilden. Aber dass diese Bedeutungen so weit, wie möglich, dem Verständnis erschlossen und den Schülern nahe gebracht werden, ist doch wohl eine Forderung, der sich auch Gartelmann nicht verschliessen wird. Denn durch solches Verstehen wird jedenfalls das Spukhafte an den Religionsgeschichten und Lehren auf das einfachste und gründlichste beseitigt. Natorp dürfte sich also auch hier gegenüber Gartelmann entschieden im Vorteil befinden, wenngleich der Nachdruck, mit dem er gerade die Zielidee in den Vordergrund drängt, etwas einseitig erscheinen muss. Wenn Paulsen Freiheit fordert, Natorp aber in dieser Forderung den Individualismus wittert, während seine Zielidee sozialistisch sei und wohl die tieferen Wurzeln in unserm gegenwärtigen Leben habe, so dürfte er da über das Ziel schiessen. Die wirklich sozialistische Zielidee ruht auf realer Lebenspraxis. Doch darüber mag die Geschichte richten, ebenso wie über die Frage, wie all das pädagogisch nutzbar zu machen sei.

Das wären kurz die Gesichtspunkte, die in diesem Streite zusammengeworfen sind, und die auseinanderzuscheiden die Aufgabe war. Wie der erkenntniskritische, der religionsphilosophische und der pädagogische Gesichtspunkt auszugestalten sind, das kann diskutiert werden. Was aber nicht mehr diskutiert werden, sondern nur mit *Ja* oder *Nein* beantwortet werden kann, ist die Grundfrage: hat der moderne Staat Bekenntniserziehung in seinen Schulen zu geben? Wer sie, wie wir, mit *Nein* beantwortet, der muss aber auch die Konsequenz ziehen: Hinaus mit jeder Bekenntnistrennung aus der Schule, gleichviel ob diese Trennung in der Simultanschule bloss im Bekenntnisunterricht selbst, oder in der Konfessionsschule im Gesamtunterrichte stattfindet, hinaus mit allem Bekenntnisunterricht!

153. Hope Bridges Adams Lehmann: Sexuelle Pädagogik

SM 1907, Nr. 9, S. 749-760 (Auszüge)

Wir kommen nachgerade in ein Zeitalter, in dem wir von sexuellen Dingen nichts mehr hören mögen. Schon das blosse Prädikat erweckt ein Gefühl von Unbehagen, und jeder andere Gegenstand gibt uns eine willkommene Ablenkung aus einem Diskussionsgebiet, das in den letzten Jahren von berufenen und unberufenen Füssen glatt und kahl und staubig getreten worden ist. Nicht Puritanismus und noch weniger Temperamentlosigkeit sind die Gründe für diese Abneigung, sondern die Scheu, die jeder anständige Mensch empfindet, von dem zu reden, was ihn am tiefsten bewegt. Und hier ist so sehr viel geredet worden, und wenn es im Anfang nötig schien, den konventionellen Bann des Schweigens zu lösen und im Interesse einer reinlichen Sachlichkeit und einer befreienden Natürlichkeit das Kind beim wahren Namen zu nennen, so ist inzwischen von diesem neu erworbenen Recht so zügelloser Gebrauch gemacht worden, dass man vor den Geistern erschrickt, die man rief. Um eine kleine Gruppe von Nüchternen und Vernünftigen ist eine grosse Armee von solchen, die weder das eine, noch das andere sind, die ohne Reserve und vielfach ohne Sachkenntnis die Trommel rühren, wo der Verständige zögernd und mit gedämpfter Stimme spricht. *And fools rush in where angels fear to tread.* Dieses Rednerlager liesse sich der Übersicht halber in zwei Gruppen einteilen: in die hysterisch-pornographischen Elemente auf der einen und in die altjungferlichen auf der anderen Seite. Von beiden Enden ertönt ein Gewirr von Stimmen, aus dem keine zur Klarheit durchdringt, und ein Gemurmel, das das Wesen der Sache in Kauderwelsch zu ersticken droht.

Am wenigsten zu fürchten sind die Vorlauten, die Schamlosen und die Perversen. Das sind Erscheinungen, die den Keim der Vernichtung in sich tragen. Das sind die Aggressiven, die Maniakalischen, die am eigenen Übermass erlahmen. Mit solchen ist die Natur von jeher am leichtesten fertig geworden. Wenn sie auch gerade wegen ihrer Abnormität und Ungesundheit die Aufmerksamkeit stärker auf sich ziehen, so sind sie doch eine kleine Zahl im Verhältnis zu der überwältigenden Mehrheit, die normal fühlt und handelt. Weit schlimmer sind die depressiven Einflüsse der altjungferlichen Observanz. Zurückhalten ist stets leichter als anspornen.

Und das ist die Aufgabe der Farblosen beiderlei Geschlechts, die sich nur mit sexuellen Dingen befassen, um sie zu verdammen, und Sittlichkeit mit Zölibat identifizieren. Die Heerscharen dieser Fanatiker der Unnatur sind ausserordentlich zahlreich, wir fangen erst an, das einzusehen, seit sie sich in der Öffentlichkeit an Vereinen und Kongressen beteiligen. Aber weit grösser und gefährlicher ist die Macht der stillen Vertreter dieser Richtung, die unter dem historischen Schutz der Sitte ungestört und verderbenbringend schalten und walten, die die Familie, die Schule, das Kloster, das Krankenhaus, die öffentlichen Ämter, soweit sie Frauen beschäftigen, zu Herden der Askese ausbilden und das Volksgewissen gegen das zweitgrösste Gebot der Natur abstumpfen und korrumpieren.

Wohl wenige unter uns geben sich Rechenschaft darüber, mit welchem Gewicht diese Unterdrückung auf uns lastet, wie gross die Zahl der direkt und indirekt Betroffenen, wie tiefgreifend die Folgen für das Leben der einzelnen und der Gesamtheit sind. Daraus erklärt und entschuldigt sich das Aufbegehren der Unterdrückten, die jetzt aus einem langen Schlaf erwachen. In der Form oft nichts weniger als glücklich, sind sie sachlich in ihrem guten Recht. Im Unrecht sind nur die Unterdrücker, die in massloser Selbstüberhebung sich vermessen, die Natur umzumodeln und zu verstümmeln, aus Ignoranz, aus Kleinmut, aus Gewohnheit, aus Egoismus, aus Staatsräson.

Die Unterdrückten sind fast ausschliesslich Mädchen, bei denen das Geschlecht von der Wiege an als etwas Unreines, Unwürdiges, Lästiges, Überflüssiges, Bekämpfenswertes behandelt wird. Sie werden künstlich abgezogen von allem, was mit dem Geschlecht zusammenhängt; Auge, Herz und Sinn werden neutral oder geschlechtsfeindlich entwickelt. Sie werden systematisch vorbereitet für das Leben, das ihnen durch die soziale Lage auferlegt werden wird: ein Leben ohne den Mann. [...] Sie werden belehrt, dass für sie nur in geordneten äusseren Verhältnissen von Liebe die Rede sein darf, und dass diese geordneten äusseren Verhältnisse sehr viel wichtiger sind, als die Liebe. Eine Ehe ohne Liebe, sobald sie eine Versorgung bietet, ist anständig, Liebe ohne Ehe ist Schande. So werden sie ausgebildet für ihren zukünftigen Beruf als Stützen der Eltern, Dienstboten, Lehrerinnen, Klosterfrauen, Telephonistinnen, Postbeamtinnen und – Ehefrauen. Also, ein Leben ohne den Mann; auch für die Ehefrau erschreckend häufig ein Leben, in dem der Mann eine Nebenrolle oder auch gar keine Rolle spielt. Darum ist es auch unmöglich, die Zahl der Opfer, die dieses Unterdrückungssystem fordert, statistisch zu berechnen. [...]

Verweilen wir einen Augenblick bei dem Bild, das uns diese Frauen bieten. Für die Verheirateten: welche Öde, welche Last, welche Unverträglichkeit gegenüber den Charakterschwächen des Mannes, welche Untauglichkeit gegenüber den Schikanen und Schlägen des Schicksals! Und welche Unsumme von Leid aller Art für den Mann, der die Geliebte nicht findet, die er suchte, und darum auch nicht die Gefährtin, die er sich geträumt! Und die Ledigen? Das ist eine Frage, die wir alle lieber unerörtert lassen, weil wir sie nicht besprechen können, ohne weh zu tun, und kaum, ohne ungerecht zu sein. Wir kennen so viele unter diesen Unverheirateten, die wir lieben und bewundern, die uns an Klugheit, an Wissen, an Güte weit überragen, die heiter, mutig und selbstlos durch das Leben gehen, die zum Teil einen tiefen Liebesschmerz, eine unbefriedigte Sehnsucht vor der Welt verbergen, zum Teil nie gewünscht haben, etwas anderes zu sein, als sie sind, manche, die an Posten stehen, die andere schwer besetzen könnten: wer kennt sie nicht, diese prächtigen Frauen unter den Unverheirateten! Und doch muss es ausgesprochen werden, muss klar erkannt werden – im Interesse dieser Frauen und im Interesse aller, die ihnen anvertraut sind –: sie sind unfertig und unvollkommen, und ihre Arbeit ist es ebenso. Nur wer das ganze Leben kennt, kann andere ganz begreifen, und die beste Arbeit wird stets nur von denjenigen geleistet werden, die selbst im Gleichgewicht des Empfindens und des Geniessens stehen. *Integer vitae* gilt von den Geschlechtslosen nicht. Vor allem weise ich hin auf die Lehrerin und die Krankenpflegerin. Gewiss können Unverheiratete in beiden Fächern tätig sein. Aber die beste, die schwierigste, die vollkommenste Arbeit sowohl im Lehr-, wie im Pflegefach ist Sache eines ganzen Menschen. Es liegt eine schwere Unsittlichkeit und zugleich eine kindische Unbeholfenheit in dem Ausschluss der verheirateten Lehrerinnen von der Schule; die Übergabe der Krankenpflege an Frauen, die nicht nur unverheiratet sind, sondern durch Ordensregeln auch noch in ihrer Krankenfürsorge besondere Beschränkungen zu beobachten haben, ist eine schwere gesundheitliche Schädigung der Kranken. Diese Probleme wird der Sozialismus, und nur der Sozialismus, spielend lösen. Aber selbst die heutige Gesellschaft könnte zu ihrem eigenen Nutzen vieles anbahnen. Das öffentliche Gewissen regt sich bereits. Die Schwierigkeiten, die sich einer Neuregelung entgegenstellen, sind keineswegs unüberwindlich. Es sind lediglich Organisationsfragen, die nur Einsicht und guten Willen erfordern. Und wenn die Zeichen nicht sehr trügen, werden die Frauen selbst es an der nötigen Mithilfe nicht fehlen lassen.

Wer sich bisher mit Sittlichkeit und Erziehung zur Sittlichkeit befasste, hat meist nichts anderes darunter verstanden, als die Verhütung der Onanie und des unehelichen Geschlechtsverkehrs. Wie dem Knaben der nötige Grad von Enthaltsamkeit beizubringen sei, das ist der fast ausschliessliche Inhalt aller bisherigen sexuellen Pädagogik. Diese Frage wird zuerst und vor allem im Interesse der Moral und in zweiter Linie auch im Interesse der Gesundheit gestellt. Wenn auch diese Behandlung der zweitgrössten Lebensfrage etwas unendlich Plumpes und Beschränktes an sich hat, so soll durchaus nicht geleugnet werden, dass die Enthaltsamkeit zur rechten Zeit sehr wohl einen integrierenden Bestandteil der Geschlechtspflege bildet. Doch ist sie, im Vergleich zu dem ungeheuren Schaden der Geschlechtsunterdrückung, vor allem beim Weib, zum Teil aber auch beim Mann, von so geringer Bedeutung, dass sie füglich erst an zweiter Stelle besprochen zu werden verdient. Nicht die Enthaltsamkeit braucht heutzutage so sehr betont zu werden, als vielmehr die Entwickelung, die Pflege, die Kräftigung des Geschlechtes. Und besonders beim Weib. Denn darin liegt nicht nur die sexuelle Befreiung des Weibes, sondern zugleich auch die Eindämmung des männlichen Übermasses, sofern dieses wirklich vorhanden ist. Denn auch darüber herrschen sehr übertriebene Vorstellungen. Ich möchte behaupten, dass dieses viel besprochene Übermass die Ausnahme ist. Das, was *Übermass* genannt wird, ist meist nichts anderes, als der voreheliche Verkehr der jungen Männer, und das ist eine Begriffsverwechslung, die nicht zur Klärung der Gedanken beiträgt. Denn hier liegt meist durchaus kein Übermass im gesundheitlichen Sinn vor, sondern es wird dazu lediglich durch unsere Vorurteile gestempelt. Die gesundheitlichen Schäden, die sich daraus ergeben, sind durch äussere Umstände bedingt (Krankheit, Alkohol, durchwachte Nächte, Gemütsbewegungen) und gehören keineswegs zum Wesen der Sache. Viele dieser äusseren Umstände würden wegfallen, wenn die Prostituierte durch die Geliebte verdrängt wäre. Achtung vor dem Geschlecht bedeutet Auswahl in seiner Betätigung. Entwickelung bedeutet Differenzierung. Nichts könnte erzieherischer auf den Mann wirken, als das geschlechtliche Erwachen der Frau. Dieses Erwachen geht ohne unser Zutun von statten. Die Natur und die Zeiten arbeiten sich in die Hände. Eva greift nach dem Apfel, und die Schlange behält recht; sie stirbt nicht daran, sondern wird wie Gott, zu wissen Gutes und Böses. Aber gerade darum fragen alle, die das Leben ernst zu führen bemüht sind: Wie ist da zu helfen, dass möglichst viel Gutes und möglichst wenig Böses herauskommt? Wie können wir unsere Kinder und vor allem unsere Töchter ausrüsten für die neuen Bahnen, die sie zu wandeln haben? Welche Aufgabe fällt uns als Erziehern zu in der neuen Schule der Liebe?

Zunächst sehen wir uns an und schweigen, denn das Wissen macht bescheiden. Wer selbst gelebt und beobachtet hat, zögert, einem andern zu raten, und sei es auch nur einem Kinde. Denn das Gefühl ist ein kretisches Labyrinth, in dem niemand sich zurecht findet, dem nicht die eigene Geliebte den Fadenknäuel in die Hand gibt. Der Wege darin sind viele, aber jeder geht seinen eigenen, und es wird sich meist zeigen, dass der erfahrene Freund nicht führen, sondern höchstens beirren kann. Dennoch gibt es Gesetze, die im allgemeinen für uns alle gelten, *the sweet, common things*, die bei allen den selben Akkord auslösen, Regeln der Selbstachtung und Klugheit, die für alle da sind, und schliesslich auch Naturwissenschaften, die keinen Unterschied der Personen kennen. In diesem Sinn, ohne jede Schematisierung und Dogmatisierung und Selbstherrlichkeit, aber mit viel Zurückhaltung und Selbstmisstrauen, dürfen wir es wagen, an die Besprechung einer sexuellen Pädagogik heranzutreten. Für Eltern, welche denken und ihre Kinder lieben, werden auch hier sehr viele verschiedene Wege nach Rom führen. Der Weg des einzelnen ist nur so viel wert, als seine Erfahrungen und seine Erfolge wert sind. Er mag sie zur Gesamterfahrung beisteuern, und andere werden darüber befinden. Wenn ich auch meine Erfahrungen als Arzt hier mitteile, so tue ich es in aller Bescheidenheit, ohne voraussehen zu können, ob sie jemandem nützen werden. Das einzige, was ich zu ihren Gunsten sagen kann, ist, dass sie erlebt sind.

Die erste Grundlage einer sexuellen Pädagogik ist die Elternpflege. Die Eltern müssen selbst gesund sein und den Kindern – keine Ein-Kind-Ehe! – Gesundheit vererbt haben. Womöglich müssen die Eltern zu zweit sein, Kinder ohne Vater oder Mutter entbehren sehr viel an Pflege, Ordnung, Disziplin, Anregung, Heiterkeit. Die Eltern müssen auch von den Regeln der Hygiene das Nötige verstehen. Sie müssen die Kinder ernähren, sie genügend an die Luft und rechtzeitig ins Bett schicken. In diesen drei Punkten wird unendlich viel gesündigt. Man redet von reizloser Kost und versteht darunter wenig Fleisch, weil Fleisch angeblich nervös macht. Das Gegenteil ist wahr. Kinder brauchen relativ viel mehr Eiweiss, als Erwachsene, weil sie viel mehr Körpersubstanz aufzubauen haben. Unterernährung macht nervös, und die meisten Kinder, auch in reichen Familien, sind unterernährt. Sie brauchen reichlich Fleisch und Fleischwaren, nebst Eiern, Milch, Käse, Butter, Zucker, Brot und selbstverständlich Gemüse und Obst. Die Reizmittel, die ihnen schaden, sind Alkohol, Tee und Kaffee. Kinder brauchen ferner sehr viel Aufenthalt im Freien und so viel Bewegung, speziell Gehen, als ihrem Alter und Training entspricht. Niemals dürfen sie wegen Regen, Wind oder Kälte zu Haus bleiben. Ausgenommen ganz kleine Kinder bei strengem Frost. Und drittens brauchen Kinder sehr viel Schlaf und bekommen selten genug. Bis zum 6. Jahre gehören sie um 6 Uhr ins Bett; von da an alle 2 Jahre eine halbe Stunde später. Dabei ist vorausgesetzt, dass sie um 6 Uhr aufstehen und bis zum 4. Jahre auch nachmittags schlafen.

Um diese kräftige Ernährung und geregelte Lebensweise durchzuführen, müssen die Eltern Mittel und Zeit zur Verfügung haben; denn die Eltern müssen selbst für ihre Kinder sorgen und sie keinen Mietspersonen anvertrauen. Eine der grössten Unsittlichkeiten unserer Zeit ist die gedungene Kinderfrau. Wenn es auch hier und da eine zuverlässige gibt, so wird sie doch die Mutter nie ersetzen können, und im allgemeinen leidet die Entwickelung der Kinder schwer an dem Umgang mit ungebildeten, unbeherrschten und selten liebevollen Charakteren. In sehr vielen Fällen wird Nervosität durch die Kinderfrau grossgezogen, und wie oft sie sich direkt geschlechtlich an den Kindern vergreift, vermag niemand zu sagen. Unser Jahrhundert hat kein schlimmeres Degenerationszeichen aufzuweisen, als diese Vernachlässigung der ersten Mutterpflichten in den Gesellschaftskreisen, wo Zeitmangel kein Hindernis bildet, eine Vernachlässigung, die sogar zu einer Standespflicht erhoben worden ist. Die Frau eines Offiziers darf ihr Kind nicht austragen oder ausfahren. Und andere Damen, die keinen direkten Berufszwang haben, glauben ihrem Chik ebensoviel schuldig zu sein. Nirgends aber gilt das Sprichwort „*If you want a thing done, do it yourself*" mehr, als in der Kinderpflege.

In diesem Zusammenleben mit dem Kinde von klein auf sehe ich die Grundbedingung aller Pädagogik. Eltern, die das Zeug in sich haben, das Kind zu verstehen und es in der richtigen Weise und in den erlaubten Grenzen zu beeinflussen – denn auch ein Kind ist eine Individualität –, werden durch den intimen täglichen Umgang mit der Entwickelung des Kindes Schritt halten und in die Welt seines Wollens und seiner Vorstellungen eindringen, wie es bei dem meist äusserlichen Verkehr heutiger Eltern mit ihren Kindern nimmermehr möglich sein kann. Dazu ist es freilich nötig, Kindern mit der selben Achtung und Rücksicht zu begegnen, die man gegen Erwachsene beobachtet, und sich nicht einmal in den ersten Jahren ihnen gegenüber als Herrenmenschen aufzuspielen. Wahre Eltern sind immer so jung, wie ihre Kinder. In der Jugend muss man dem physiologischen Erstarken des

Selbstgefühls Rechnung zu tragen wissen und sich eine Stellung als Freund zu erwerben verstehen. Das heisst, man erwartet nicht nur Vertrauen, sondern schenkt es auch. Man tauscht Gedanken und Erfahrungen aus, erzählt sich Erlebnisse und Wünsche, hört auch das Urteil der Kinder und verschmäht es sogar nicht, sich unter Umständen von ihnen beraten zu lassen. Bei solcher geistiger Gemeinschaft und gegenseitiger Achtung wird es bald nichts geben, was nicht nach und nach an die Reihe der Besprechung gekommen wäre. Es wird auch kaum einen Gegenstand geben, der nicht offen besprochen werden könnte, wie *unter Männern*, und gar keinen, der nicht im vertraulichen Zwiegespräch zu seinem Rechte käme. Auf diese Weise führen die Eltern die Kinder in ihre eigne Gedanken- und Erfahrungs-welt ein und haben es gar nicht nötig, sie plötzlich mit Enthüllungen und Aufklä-rungen zu überfallen. Die Kinder haben sich und ihre Umgebung kennen gelernt, aber langsam. Ihr Wissen ist nicht nur Wissen, sondern auch Anschauung, es hat die richtige Gefühlsfärbung erhalten und ist organisch mit ihnen verwachsen. Sie denken sachlich und empfinden reinlich.

Es gibt zwei Methoden, ein Kind zu unterrichten, nicht nur in sexuellen, sondern in sämtlichen Wissenszweigen, und überall sind beide gleich gut bewährt. Die erste ist die Beantwortung jeder Frage, die das Kind aus eignem Wissenstrieb stellt. Die zweite ist die Beschaffung von Anregung durch Gesehenes, Erlebtes und durch Zuhören von Gesprächen zwischen Erwachsenen. In beiden Fällen hütet man sich ängstlich davor, dem Kind ungesuchtes Wissen aufzudrängen und es künstlich auf Gedanken zu lenken, für die es noch nicht die nötige Reife besitzt. So gibt das Kind in der Hauptsache selbst das Tempo an, in welchem es zur Aufnahme von Kenntnissen bereit ist. Im allgemeinen wird man die Erfahrung machen, dass Kin-der vor der Pubertät sich für nackte Tatsachen sehr wohl interessieren, aber rein intellektuell, ohne dadurch im geringsten beunruhigt zu werden. In diesen Jahren kann man meist die Grundlage zu ihrem Wissen in allen Naturreichen legen. Die individuelle Betonung gehört in die nächste Entwickelungsphase. Aber diese Be-handlung setzt wiederum Eltern voraus, die in den Naturwissenschaften zu Hause sind. Es ist eine Frage, die meist als sehr schwierig empfunden wird, wie man nach eingetretener Geschlechtsreife für Wissen sorgen soll, ohne Gefühle ins Spiel zu ziehen, deren normale Betätigung noch auf Jahre hinaus gesundheitlich unzulässig ist. Aber ich glaube, diese Schwierigkeit liegt viel mehr in unserem Kleinmut und in unserer Trägheit, als in der Wirklichkeit. Die Gefühle sind da, und wir können gegen sie den Schutzdamm von physiologischem Verständnis und einer bewussten Lebenshygiene errichten, oder wir können sie der Bearbeitung durch unsaubere Kameraden überlassen, wie es jetzt Mode ist. Richtiger ist es gewiss, nüchtern, ruhig und liebevoll, von Fall zu Fall, Gelegenheit zu einer Aussprache mit dem Kinde zu nehmen. Es ist gewiss nicht nötig, dabei das Zartgefühl zu verletzen. Und das Zartgefühl der Jugend ist ein ganz besonderes. Trotz aller äusseren Derbheit, Ungelenkigkeit und scheinbaren Unzulänglichkeit sind Mädchen, und noch mehr Knaben, von einer Weichheit und Verletzbarkeit, von der sich der Erwachsene, mit Gewohnheitsschwielen gepanzert, nur zu oft keine Vorstellung machen kann. Stets sei man beim Umgang nicht nur mit Kindern, sondern auch mit jungen Leuten, der Mahnung *Maxima reverentia pueris debetur* eingedenk. Dann aber kann man es auf sich nehmen, alles, was nötig ist, mit ihnen zu besprechen. Sie sind dankbar dafür. Je weniger man spricht, desto besser; aber gänzliches Schweigen heisst nur, das Feld anderen und Unberufeneren überlassen.

Wie soll man sich zur Lektüre verhalten? Pornographisches aus dem Weg räumen und sonst alles, aber auch alles, freigeben. Die Jugend liest nur, was sie versteht, und sie versteht nur das, wofür sie reif ist. Vieles bleibt als Samenkorn liegen und geht später auf. Unverdauliches bleibt unverdaut. Es ist noch keiner durch Lektüre unsittlich geworden. Selbst Pornographisches muss später zur Kenntnis genommen werden. Der gesund erzogene Sohn und ebenso die gesund erzogene Tochter gesunder Eltern werden daran keinen Gefallen haben. Sie prüfen alles und halten das Gute fest.

Und doch haben diese Jahre Schwierigkeiten, die nicht zu neutralisieren sind. Wollen und nicht dürfen ist ihre Signatur beim Knaben, manchmal, seltener, auch beim Mädchen. Was sollen wir von Unreifen erwarten, wo oft Gereifte nichts vermögen, gegen Triebe, die sie überwältigen? An dieser Stelle pflegen Menschen ohne Verstand einen unverantwortlichen Blödsinn von Willensstärke und sittlicher Kraft und Seelenreinheit zu reden. Seien wir ehrlicher und bleiben wir bei den Tatsachen! So kommen wir eher zum Ziel oder wenigstens dem Ziele näher, denn mehr können wir nicht erwarten. Gestehen wir es offen heraus: Die Natur geht ihre Wege, ohne sich um unsere Theorieen oder Bequemlichkeit zu kümmern. Sie lässt den Menschen nicht plötzlich über Nacht vom Kinde zum Mann oder zum Weib reifen, sondern das geschieht ganz allmählich; mit einem jahrelangen Zwischenstadium geht es von statten und unter der ebenfalls allmählichen Entwickelung aller Organe, die das völlig gereifte Individuum kennzeichnen. Die physiologischen Begleiterscheinungen gehen den selben langsamen Gang. Dass es dabei zu Überraschungen, Versuchen, Ausbrüchen kommt, ist doch ganz selbstverständlich. Sie sind natürlich und nicht krankhaft. Krankhaft ist nur das Übermass, das Aufgehen im Unfertigen, das Sichhineinleben in Handlungen und Vorstellungen, die den Zielen der Natur entgegen sind.

Ich glaube, wir dürfen die Selbsthilfe in drei Arten einteilen: die physiologische, die abstinente und die nervenkranke. Die erste, durch die Entwickelung bedingte, ist eine normale und vorübergehende Erscheinung der gesunden Jugend und hinterlässt keinerlei Konsequenzen. Die zweite ist eine durch Enthaltsamkeit verschuldete Verirrung in einem Alter, in dem die Natur schon anders bestimmt hat, die Folge von künstlichen, gesellschaftlichen Hindernissen. Die dritte ist eins unter vielen anderen Symptomen eines geschwächten oder degenerierten Nervensystems. Die erste Art kann leicht in die zweite übergehen, die dritte ist eine Sache für sich. Nicht die Verirrung ist schuld an der Nervenschwäche, sondern umgekehrt, obgleich die Nervenschwäche durch die Verirrung auch wiederum verschlimmert werden kann. Wohl gibt es aber Grenzfälle, die je nach den äusseren Verhältnissen geheilt werden oder hoffnungslos ausarten können. Nach dieser Einteilung werden wir die Fälle behandeln müssen. Unter allen Umständen werden wir zu verhindern suchen, dass eine physiologische Erfahrung zu einem nervenschädigenden Übermass oder zu einer dauernden Gewohnheit wird. Ebensowenig aber werden wir bei diesen vorläufig ganz unschuldigen Dingen mit dem schweren Geschütz der späteren Geisteskrankheit, Impotenz, Perversität und Kinderentartung oder gar mit dem Zorn Gottes anrücken, wodurch vielen gesunden Knaben das Leben so frevelhaft vergiftet worden ist. Wir werden vernünftig und ruhig mit ihnen über die wirkliche Bedeutung der Erscheinung sprechen und in sehr vielen Fällen für unsere Bemühung den Lohn ernten. Denn es steht wohl fest, dass, je weiter der Mensch der Stufe des Tieres und des Wilden entrückt ist, er desto weniger unter der unmittelbaren Herrschaft seiner Triebe steht. Das heisst, er hat mit mehr Faktoren, als denen der Gegenwart, rechnen gelernt, hat für mehr Interessen Raum im Geist und ist mehr Empfindungen fähig, als der primitiven des Hungers und der Liebe. Auch in diesen hat er mehr Nuancen, als der Wilde. Er differenziert, er kann wählen und warten, den augenblicklichen Genuss wegen des späteren verschieben. Und was von der Rasse gilt, gilt auch vom Individuum. Es ist also keine leere Phantasie, zu glauben, dass man mit geistigen Waffen die vorzeitigen Mahnungen des Geschlechts in Schranken halten kann. Die Behandlung der zweiten Art gehört zur sozialen Frage, die der dritten in die Heilkunde, Vererbungslehre, und zum grossen Teil ebenfalls in die Soziologie.

Ich glaube, nicht zu weit zu gehen mit der Behauptung, dass wir mit der Beschaffung eines gesunden und freudigen Lebensinhalts sehr viel gegen dieses Übel vermögen. Eine Beschäftigung, die den Geist in Anspruch nimmt, die zum Nachdenken und Handeln anreizt, die auf neue Wege leitet und neue Aussichten eröffnet, die im Augenblick erfreut und für die Zukunft Hoffnungen erweckt, das ist die wirksamste Gegenwehr. Der Tag ist voll, der Schlaf verdient, über den neuen Tag schon disponiert. Unter diesem Stern siegt mancher, der sonst nicht siegen würde. Aber wie viele erfahren je die Bedeutung eines freudigen Lebensinhaltes? Denken wir an den Sohn des Arbeiters, mit vierzehn Jahren ins Joch des Verdienens gezwungen; des Bauern, ohne geistige Anregung; des Gebildeten, in der unsäglich öden Tretmühle des Gymnasiums; an die Töchter sämtlicher Stände, teils mit der monotonsten Arbeit überlastet, teils mit Kleidern und wieder Kleidern und abermals Kleidern im Kopf! Wo ist da der Lebensinhalt, der auch nur eine freudige Stunde gibt? So werden wir immer wieder auf die soziale Frage zurückgeführt, sehen immer deutlicher, wie unmittelbar wir vom Gesellschaftsbau in jeder unserer Bestrebungen abhängen. Wo sind die Eltern mit Mitteln, Bildung und Musse, genügend, um sich der Erziehung, die so innig mit der sexuellen Pädagogik verwachsen ist, zu widmen? Die wenigen müssen der Masse die Bahn langsam eröffnen, welche erst der Sozialismus für alle gangbar machen kann. Aber selbst bei höchster Gunst der Umstände, nachdem alles geschehen ist, was geschehen konnte, sind wir immer noch Stümper neben der Natur und dürfen uns nicht einbilden, mit ihr nun ein für allemal fertig geworden zu sein.

Während dieser Entwickelungsjahre, in denen es Aufgabe der Erziehung ist, die verfrühte Betätigung des Geschlechts hintanzuhalten, und in denen es auch beim Mädchen notwendig ist, in diesem Sinne zu wachen, findet gleichzeitig bei den Töchtern eine so strenge und systematische Unterdrückung von allen gesunden tierischen Instinkten statt, dass sie nur allzu oft für das ganze Leben durch das Verkrüppelungsregime gestempelt sind und als geschlechtslose Wesen in die Welt entlassen werden. Schlecht genährt, geistig verhungert, auf die Gesellschaft von Mädchen angewiesen, die ebenso erzogen sind, wie sie, ohne positives Wissen, ohne Erlebnisse, ohne Erfahrung, ohne Urteil, ohne Kenntnis des männlichen Charakters, ohne Verständnis für männliche Interessen, kleinbürgerlich, altjungferlich, pedantisch, pharisäerhaft, ohne Freimut und Selbstachtung, ohne die Fähigkeit, zu lieben, ohne Begierde, ohne Selbstverleugnung, in allen Dingen kleinlich, zierlich, unbrauchbar und unerquicklich, so stehen sie am Ende der Erziehungsperiode: keusch, rein, unschuldig – und dumm. Nicht alle, gottlob, aber doch erschreckend viele. Ist es nicht Zeit, sie zu erwecken, sie zum Leben zu rufen, sie dem Mann ebenbürtig zu machen an Verstand und Liebesdrang? Hier gilt es mit der sexuellen Pädagogik einzusetzen, das Mädchen zum Weib zu erziehen; nicht zur Ehefrau mit Kochkursen und Nähkursen und Haushaltungsschulen. Das sind Nebenräder, notwendige selbstredend, aber dennoch nur Nebenräder, die sich von selbst in Bewegung setzen, wenn das Hauptrad erst richtig schwingt. Und das Hauptrad ist die Liebe, die Fähigkeit, zu lieben, die Begierde nach der Liebe, die Harmonie des vollendeten Liebens.

Gewiss, Theorie und Praxis ist zweierlei, und für das Weib ist heutzutage das Lieben mit Zentnergewichten beschwert. Auch hier darf Klugheit walten. Ich rede keinem hysterischen Mänadentum das Wort, das Zeit und Raum vergisst. Das würde schlecht passen in der Vorhalle der Gottheit. Aber so sollte die Frau empfinden lernen, dass sie das Leben in Wichtiges und Unwichtiges einteilt. Wichtig ist das Lieben, und unwichtig alles andere neben ihm. Um diese Lektion in sich aufzunehmen, muss die Frau erst frei werden. Glücklich die Eltern, die die Tochter selber befreien. Meist ist es anders. Wer die Freiheit kosten will, muss sie sich mit schweren Kämpfen aus geliebten, aber verständnislosen Händen winden. Das ist ein grausamer Verlust an Kraft und Freude und Zeit für beide Teile. Wie anders könnte es aussehen in der Familie, wenn die Eltern von klein auf die Tochter zur Selbständigkeit im Denken und Handeln, im Wissen und Urteilen, zur Leistungsfähigkeit des Körpers und Kraft des Geistes erzogen hätten! Sie würden sie dann ausziehen lassen mit ihrem Segen und mit der Zuversicht, dass sie fähig wäre, auf eigenen Füssen zu stehn, nicht als Blaustrumpf oder Virago, sondern als Mensch; sie würden selbst mit ihr weiter leben und geniessen; ihre Errungenschaften würden ihnen mitangehören; sie hätten der Gesellschaft einen Menschen geschenkt, bereit, sich zu ihren Kameraden in Reih und Glied zu stellen.

Und dann kommt das Allerschwerste. Bisher haben wir im Sinne der Natur gewaltet, ihre Intentionen unterstützt. Wir hatten also die Sicherheit, im Recht zu sein. Aber jetzt treten wir in das Alter ein, in dem wir ihr zuwider handeln, in dem wir kein Recht mehr haben, die Natur zurückzudrängen, in dem nicht mehr eine unfertige Entwickelung; nicht die Gesundheit Warten und Ablenken verlangen, in dem die Natur Jüngling und Jungfrau an die Hand nimmt und sie einander entgegenführt. Jetzt greift die Gesellschaftsordnung mit roher Gewalt ein und verbietet, was die Natur verlangt. Der Mann gehorcht nicht und erkrankt, die Frau gehorcht und vertrocknet. Wie sollen wir uns zu diesem Widerspruch verhalten? Sollen wir unsere Söhne und Töchter auf eine spätere Ehe vertrösten? Wir wissen ganz gut, dass darin keine Lösung liegt. Was sie brauchen, brauchen sie in der Gegenwart, und was ihnen jetzt entspricht, wird sie nach zehn Jahren nicht mehr befriedigen. Wer keine Erfahrungen vor der Ehe macht, macht sie nachher. Wer kann ohne Erfahrung wählen? Eine Ehe, die auf Jugendtrieb gegründet wird, ist wunderselten von Dauer. Und wer sich die natürliche Befriedigung versagt, verfällt der unnatürlichen. Sehen wir diesen Tatsachen klar ins Gesicht! Oder sind etwa die Ganzabstinenten ein erfreuliches Vorbild, sind das nicht trockene, verschrobene, schlecht äquilibrierte Menschen? Sollen wir also unseren Kindern – sagen wir etwa: vom 20. Jahre an – eine freie Geschlechtsbetätigung wünschen? Daraus entstehen Krankheiten, uneheliche Kinder, gesellschaftliche Verwickelungen und Schwierigkeiten aller Art, wenn nicht selbst Verbrechen und Tod, und die Folgen reichen ins spätere Leben hinein und sind oft gar nicht mehr zu überwinden.

Theoretisch ist dieser Konflikt in der heutigen Gesellschaft unlösbar. Es bleibt uns nichts, als eine Grundlage von reinlichem Denken, Rücksicht und Ehrgefühl zu legen und im übrigen Natur und Schicksal walten zu lassen. Hier ist eine unendliche Nachsicht, ein unbegrenztes Verständnis am Platz. Es ist unsere Aufgabe, zu helfen, wo Hilfe möglich, aber wenig zu kritisieren und niemals zu verdammen. Nur in einem Punkt tritt uns ein klares ethisches Gesetz entgegen, und das ist die Frage des Kindes. Das Kind hat Ansprüche, wie sie in keinem anderen menschlichen Verhältnis enthalten sind. Man überlege hundertmal, ehe man ein Kind ins Leben ruft, zu dem sich nicht beide Eltern bekennen können, man überlege tausendmal, wenn weder Mutter, noch Vater seine Kindheit beschützen werden. Das ist die tragische Komplikation der Liebe in jetzigen Zeitläuften. Erwachsene finden sich wieder zurecht, an den Kindern geht es aus; sie sind hilflos.

Wir können nur wiederholen: Man muss von Fall zu Fall wählen, handeln, urteilen. Eine theoretische Lösung, ein Moralgesetz kann es für die heutige Gesellschaft nicht geben. Und später? Soll ich es wagen, auszusprechen, wie sich mir das Bild eines späteren Liebeslebens aufrollt, wie ich glaube, dass eine sozialistische Gesellschaft diese Frage regeln wird? Ich glaube, die sozialistische Gesellschaft wird zunächst die erste Jugend so gesund, so glücklich, so anregend, so voll Interessen, die dem Alter entsprechen, zu gestalten wissen, dass Nervosität und Frühreife verschwinden und physiologische Anfechtungen auf ein Minimum reduziert werden. Ich glaube, sie wird Krankheiten durch die nötigen Massnahmen der Isolierung und rechtzeitiger und ausreichender Behandlung ausrotten. Ich glaube, sie wird ein gewisses Alter und auch gewisse Krankheiten bestimmen, in denen das Zeugen und Gebären von Kindern verboten ist, als Schutz für Minderjährige und im Interesse der Rasse. Nach Überschreitung dieser Altersgrenze wird sie das Eingehen und Auflösen von geschlechtlichen Beziehungen dem individuellen Ermessen überlassen, ohne davon in irgend einer Weise Kenntnis zu nehmen. Nur für den Fall, dass Kinder aus der Verbindung hervorgehen, wird sie das Paar für eine bestimmte Periode – etwa 3 bis 5 Jahre – als Eheleute betrachten und sie zur gemeinsamen Sorge für die Kinder anhalten. Nach Verlauf dieser Zeit wird es ihnen freistehen, auseinanderzugehen, mit dem Recht freier Vereinbarung über die weitere Kinderversorgung; im Fall der Uneinigkeit wird das Gericht entscheiden. Für Kinder, die ohne Eltern verbleiben, wird die Gesellschaft sorgen. Solche Kinder wird es wahrscheinlich sehr wenige geben, denn es wird der Frau gestattet sein, eine unerwünschte Schwangerschaft innerhalb einer bestimmten Zeit durch ärztliche Hilfe unterbrechen zu lassen.

Vergleichen wir diese imaginären Zukunftsbestimmungen der Reihe nach mit dem, was im Parallelfall heutzutage geschieht, so werden wir finden, dass sie durchaus nicht so revolutionär sind, wie es vielleicht auf den ersten Blick erscheint, sondern dass sämtliche Geschehnisse sich ausserordentlich gleichen. Auch heute haben wir den Schutz der Minderjährigen, das Eheverbot bis zu einem bestimmten Alter, das Geschlechtsverhältnis ohne Ehe, die spätere, aus Rücksicht auf Kinder eingegangene Ehe, die Ehescheidung, die Übernahme von Kindern durch einen der Eltern, eventuell Überweisung durch Gerichtsspruch, das Waisenhaus, die Zwangserziehung, den kriminellen Abort und die Engelmacherei. Der Unterschied liegt in der Form und in der öffentlichen Beurteilung. Was jetzt heimlich, schuldbewusst, entehrend, verbrecherisch, gefährlich, unzulänglich oder grausam vor sich geht, geschieht in einer sozialistischen Gesellschaft offen, schuldfrei, mit natürlichem Verstand unter Beihilfe der Wissenschaft, der öffentlichen Fürsorge und der Gerichtsbarkeit, zur Schlichtung von Schwierigkeiten und Wahrung des allseitigen Rechts. Die persönliche Freiheit, die persönliche Würde, das persönliche Glück und das Wohl der Kinder werden jedenfalls im zweiten Fall wesentlich besser gewahrt, als es der heutigen Gesellschaft gelungen ist. Es ist nicht wahrscheinlich, dass diese Freiheit in eine allzu grosse Promiskuität ausarten würde, vielleicht nicht weniger, als jetzt. Das würde, zunächst wenigstens, dem Gefühl der Frau wenig entsprechen, und das Gefühl der Frau wird dann massgebender sein, als jetzt. Auch der Mann, wenn er völlig frei von allem Nebensächlichen wählen könnte, wäre voraussichtlich bedeutend weniger unbeständig. Wir dürften eine oder mehrere jugendliche Beziehungen erwarten, die naturgemäss nicht von langer Dauer sein würden, und vielleicht in den meisten Fällen eine spätere, unzertrennliche Vereinigung zweier reifer Menschen, die endlich die Liebe erfahren haben, aus der es kein Entrinnen mehr gibt.

Aber wozu so weit in die Zukunft schauen? Wir können für unsere Enkelkinder nicht urteilen, kaum, dass wir den eigenen Kindern zu helfen im stande sind. Im Geist, im öffentlichen Volksbewusstsein wachsen wir schon in das Reich der freien Liebe hinein. Für den Mann ist das an sich nichts Neues. Neu ist das Bewusstsein der Verantwortlichkeit gegen das Kind. Und neu und von besonderer symptomatischer Bedeutung sind die Frauen, die dem Manne jetzt Gesellschaft leisten, nicht so sehr die, die theoretisch die Freiheit verlangen, als die fast grössere Zahl derer, die nicht reden, sondern handeln. Ich spreche von ruhigen, arbeitenden, feingebildeten Frauen, die aus Überzeugung den Weg der freien Liebe beschreiten, sobald ihnen aus irgend einem Grund die Ehe nicht offen steht, aber ohne Geschrei und Skandal, mit Klugheit, ohne die Welt zu brüskieren oder überhaupt zu befragen, wegen einer Haltung, die niemand was angeht, als sie selbst. Alle Ehre diesen mutigen Frauen, die ihren Schwestern die Bahn brechen, und dem Mann den Beweis liefern, dass es Frauen gibt, die ohne Prostitution, ohne Vorteil, ohne Berechnung, trotz Verwandten und Bekannten und Behörden, lieben können, um der Liebe willen!

154. Sexualerziehung (Sammelrezension von Franz Lindheimer)

SM 1907, Nr. 11, S. 972-974/ Nr. 12, S. 1050-1052 (Auszüge)

Das Problem der Sexualpädagogik hat heftiger, als andere Fragen der Sexuallehre und der Erziehung, die Gemüter beschäftigt und erregt. Hier waren die inneren und äusseren Widerstände besonders stark. Die geschlechtlichen Dinge, von denen vor nicht langer Zeit die Erwachsenen zu schweigen hatten, sollen zu dem zarten kindlichen Dasein und Bewusstsein in ein intellektuelles und Empfindungsverhältnis gebracht werden. Es ist begreiflich, dass gegen die Forderung nicht nur diejenigen sich auflehnen, die sich unbefangenem Denken in geschlechtlichen Dingen absolut unzugänglich erweisen, sondern dass auch die zu ihm befähigten sich bei diesem Punkte die Sache noch einmal überlegen. Der Widerstand beruht, wo er absolut ist, wesentlich auf dem altherkommenden Druck, den die religiöschristliche Ethik auf unser gesamtes Denken und Empfinden übt. Wo man aber schon freier geworden und nur speziell die Kinder *schonen* zu müssen vermeint, da handelt es sich um den weitverbreiteten, naheliegenden Irrtum, den, wie Forel in seiner *Sexuellen Frage* /München [1905], Reinhardt/ gut hervorhebt, die Erwachsenen immer wieder machen, dass sie nämlich ihre eigenen Gefühle in das Kind hinein verlegen, während doch in Wirklichkeit das, was den Erwachsenen sexuell reizt, das sexuell unreife Kind völlig indifferent lässt. Der Kampf um die sexuelle Aufklärung der Jugend ist nun, wie die Dinge liegen, im Prinzip erledigt, das Ziel ist gesteckt. Es besteht, um beispielsweise mit einem der Referenten des Mannheimer 3. Kongresses der *D.G.B.G.*[800], dem Lehrer Höller – Hamburg, zu sprechen, darin, „das Denken und Reden über sexuelle Verhältnisse aus dem Sumpfe der Lüsternheit und Gemeinheit, aus dem Nebel der Prüderie und der Heuchelei wieder emporzuheben in den Bereich des Natürlichen und Naturnotwendigen, des mit klarem, unbefangenem Blicke anzuschauenden Selbstverständlichen". Mag immerhin im Schosse der

---

[800] Deutsche Gesellschaft zur Bekämpfung der Geschlechtskrankheiten. Hier wird auf deren Kongress im Mai 1907 in Mannheim Bezug genommen, der sich speziell dem Thema Sexualerziehung gewidmet hatte.

Familien der bange Widerstand noch manche Stätte finden, in der öffentlichen Erörterung ist davon kaum die Spur mehr. Die Ansichten variieren über das Wie und das Wann, auch darüber, ob das Haus oder die Schule den überwiegenden Anteil der Aufgabe zu erfüllen habe, aber dass Aufklärung notwendig ist, darüber sind Pädagogen und Ärzte der verschiedensten politischen Richtungen einig.

Auf dem Mannheimer Kongress, dessen interessante Verhandlungen unter dem Titel *Sexualpädagogik* /Leipzig [1907], Barth/ im Druck vorliegen, hat das Thema eine vielseitige Beleuchtung gefunden, und sehr erschöpfend hat Siebert, ein zur philosophischen Betrachtung neigender Arzt, in seinem *Buch für Eltern* /München [1903], Seitz & Schauer/ die Frage der sexuellen Aufklärung und Erziehung behandelt. Er stellt dem Individuum eine auf nationalem Gefühl ruhende Moral entgegen und verlangt abgeklärte und natürliche Auffassung des Liebeslebens an Stelle der „vom asketisch-christlichen Geist eingegebenen". Siebert leidet auf Grund eines Missverständnisses über das Verhältnis zwischen Sozialismus und Volkstum an einer heftigen Sozialismophobie, und da ihm überhaupt soziale Kritik fehlt, bleibt sein Buch allgemein im ideologischen stecken. Es ist dennoch eine vortreffliche Arbeit. In ihm findet sich der schöne Satz, dass unser menschliches Staatswesen wesentlich eine grosse verwickelte Einrichtung zum Schutze der Nachkommen sei.

Was zunächst die Frage *Schule oder Haus?* anlangt, so ist es klar, dass man bei einigem Einblick in die Wirklichkeit der sozialen Zustände heute von der Familie nur wenig erwarten kann und deshalb um so mehr von der Schule verlangen muss. Auf diesem Standpunkt stehen Maria Lischnewska deren Arbeit *Die geschlechtliche Belehrung der Kinder* in den *Sozialistischen Monatsheften* (1906, 2.Bd., pag.1068) bereits gewürdigt ist, und Genosse Rühle, dessen Vortrag *Die Aufklärung der Kinder über geschlechtliche Dinge* /Bremen [1907], Buchhandlung der *Bremer Bürgerzeitung*/ sich als eine kurze und praktische Anregung zu weiterem Eindringen in die Frage darstellt. Unter den Ansichten über das der Schule aufzuerlegende Verhalten haben wir als sehr zutreffend diejenige zu bezeichnen, welche Höller auf dem Kongress vorbrachte, und die von Henriette Fürth unterstützt wurde, die Ansicht nämlich, dass in der Volksschule die Aufklärung zum Bestandteil [...] des naturgeschichtlichen Unterrichtsfaches gemacht werden und über die diesem zur Verfügung stehende Lehrzeit verteilt werden muss, dass hingegen die Erledigung durch gelegentliche Vorträge den Zweck verfehlt. Der feierliche Anstrich solcher Gelegenheiten ist ebenso sehr von Übel, wie die dabei gebotene Komprimierung des Stoffes. Die Mannheimer Resolution sagt zunächst gewissermassen prinzipiell, dass Haus und Schule sich an der Aufgabe der sexualpädagogischen Reform „in gleicher Weise" zu beteiligen haben. Im Prinzip, das heisst ausserhalb des realen Augenblicks, ist das auch wahr und richtig. Zu den Forderungen des Augenblicks übergehend, stellt die Resolution sodann fest, dass systematische Belehrung nicht möglich ist, solange Lehrer und Eltern noch nicht vorgebildet sind. Die Belehrung dieser sei daher die erste Forderung; nichtsdestoweniger sollte aber auch heute schon die Aufklärung der geschlechtsreifen Jugend „in den Oberklassen höherer Lehranstalten, in Fortbildungsfachschulen usw." im Rahmen eines allgemeinen Hygieneunterrichts stattfinden. Das realpolitische Abwägen der Forderungen auf ihre momentane Erfüllbarkeit ist gewiss gutzuheissen, doch gerade dieser Standpunkt hätte ein deutliches Betonen der heutigen Unfähigkeit des *Hauses* und der überwiegenden Verpflichtung der Schule, nicht zum wenigsten der Volksschule, erfordert. Von der Volksschule aber schweigt des Sängers Höflichkeit leider absolut. Die Zurückhaltung im Punkte der Volksschule ist natürlich keineswegs rein aus politischen Motiven zu verstehen. Aber wenn sie sich auf das jungendliche Alter der Volksschüler beruft, so ist das im besten Falle kaum etwas anderes, als ein Abdanken der sozialen Notwendigkeit auf Grund des eingangs nach Forel hervorgehobenen Generalirrtums der Erwachsenen. Die Kraft dieses Irrtums wird nur um so deutlicher, je schärfer schon die soziale Sehkraft ausgebildet ist. Alfred von Lindheim versteht es, in seiner sozialstatistischen Untersuchung *Saluti juventutis*[801] [...] die Wohnungsmisere der ärmeren Klassen mit ihrem Schlafgängertum scharf als das zu zeichnen, was sie ist: die erste Vorstufe für den Verderb der Kinder und die Erschwerung aller Aufsicht, und doch bringt er es zwei Seiten weiter nicht fertig, die systematische Schulaufklärung anders als für höhere und Mittelschulen zu fordern, meint vielmehr ausweichend, die Frage, wie man sich zu den Kindern bis zum elften Jahre verhalten solle, löse am leichtesten eine gute und verständige Mutter, „wie wir sie glücklicherweise ebenso im Palaste, wie in der Hütte finden".

Was das Alter anlangt, in dem zu belehren ist, meint mit Recht Iwan Bloch in seinem *Sexualleben unserer Zeit* /Berlin [1907], Marcus/, dass die Kinder der Grossstädte „nicht früh genug" aufgeklärt werden können. Sticker sagt in *Gesundheit und Erziehung* /Giessen [1900], Ricker/, dass Belehrung vor jeder Erfahrung eintreten solle, und Forel und andere fordern eindringlich, dass Lehrer und Eltern der Aufklärung von unlauterer Seite zuvorzukommen haben. Auf das Zuvorkommen kommt es an, und deshalb sind die allerfrühesten kindlichen Fragen aufrichtig und bereitwillig zu beantworten, was um so leichter ist, je besser man sich gegenwärtig hält, dass sie aus rein intellektuellem Interesse gestellt werden. Ist der Intellekt nie getäuscht worden, so wird das erwachende Gefühl unbefangen, freudig und ehrerbietig, für die eigentliche sittliche und soziale Aufklärung empfänglich sein. Es wird sich bereitwilliger in die rechte Bahn leiten lassen. Steht man auf diesem Standpunkte, so wird man das Ausgehen von dem poetisch verschleierten, inaggressiven Geschlechtsleben der Pflanzen, welches Höller allerdings eine Konzession an das uns anerzogene peinliche Gefühl in sexuellen Dingen nennt, als sehr zweckdienlich gutheissen. Gerade mittels dieser Analogien aus der Pflanzenwelt ist es möglich, sich dem frühesten kindlichen Bewusstsein anzupassen. Man soll auch nicht vergessen, auch nicht später der geschlechtsreifen Jugend gegenüber, dass die zu verabreichenden naturwissenschaftlichen Kenntnisse nicht von so weitgehender

---

[801] Der volle Titel lautet: Saluti juventutis: Der Zusammenhang körperlicher und geistiger Entwicklung in den ersten zwanzig Lebensjahren des Menschen. Deuticke, Leipzig & Wien 1908.

Exaktheit zu sein brauchen, wie wenn sie mehr wären, als Mittel zum Zwecke hygienischer, sittlicher und sozialer Erkenntnis. Man gehe nicht davon aus, dass jeder Vorbehalt Heuchelei und jedes Aufdecken sittlich fördernd ist. Man vergesse nicht den Wert des gesunden Schamgefühls. Wichtiger, als alle Genauigkeit der Belehrung, sind Reinheit und Unbefangenheit des Belehrenden. Sie messen dem aufklärenden Worte sein sittliches und soziales Gewicht zu. Übereinstimmend mit anderen Autoren hat unsere Genossin Dr. Adams Lehmann in ihrem Artikel *Sexuelle Pädagogik* in diesem Bande der *Sozialistischen Monatshefte*, pag. 749 ff., die „Elternpflege" mit Recht die erste Grundlage der Sexualpädagogik genannt. Schädliche und unnütze Aufklärung kommt heute nicht allein von schlechter Kameradschaft etc., häufig kommt sie jetzt schon von seiten eines mit der sexualpädagogischen Strömung rechnenden gewinnsüchtigen Buchhandels, der seinen wissenschaftlich wertlosen Erzeugnissen, die nur der Neugierde genugtun, einen zeitgemässen Mantel umzuhängen bestrebt ist. In diesem Zusammenhang müssen wir auch gewisser *Kunsterziehungs*produkte hier Erwähnung tun, die reklamehaft die Schönheit des nackten Körpers preisen, und die gerade in künstlerischem Sinne wenig mehr als Gemeinheiten zu bieten haben. Gewiss offenbart der menschliche Körper seine Schönheit dem Auge des Malers und Künstlers, damit er sie und ihre reine erziehende Kraft festhalte, allen zu Freude und Nutzen. Aber am allerwenigsten wird die gleiche Offenbarung der photographischen Kamera zu teil. Die jetzt in Schaufenstern und in zahlreichen Prospekten angebotenen *Anschauungsmittel* sind mit seltenen Ausnahmen trotz aller Phrasen von Kunst und Pädagogik im Grunde nur Spekulationen auf die Lüsternheit. Allerdings, es gibt auch einen ernst zu nehmenden Kultus der Schönheit und Nacktheit. Ihn vermögen wir in Richard Ungewitters begeisterter Schrift *Die Nacktheit in entwicklungsgeschichtlicher, gesundheitlicher, moralischer und künstlerischer Beleuchtung* /Stuttgart [1905], Ungewitter/ zu erkennen. Abgesehen von einigen unschönen photographischen Aktbildern und etwas naturmenschiger Sonderlichkeit, enthält das Buch nur Gutes. Es vertritt in ernster und wirksamer Weise die Forderungen der Sexualreform und Sexualerziehung.

Die Aufklärung der Jugend kann immer nur einen Teil der Sexualerziehung ausmachen. Bloch nennt als den andern, ohne den alle Aufklärung nichts nütze, die Erziehung des Willens, des Charakters. In unserer nächsten Rundschau werden wir auf diesen, für unsere ganze Stellungnahme zur sexualpädagogischen Bewegung entscheidenden Punkt der Willenserziehung des näheren zurückkommen.

***

[...] Unzweifelhaft ist das richtig, aber der Erziehung des sittlichen Willens sind die heute herrschenden sozialen und politischen Bedingungen feindlich. Wie wenig sie, und im besonderen unser von ihnen abhängiges Schul- und Erziehungswesen, angetan sind, Charakterfestigkeit und Willensstärke zu fördern, ist bekannt. Es wird auch von Forel betont und ist unlängst in den temperamentvollen Betrachtungen, die Ludwig Gurlitt unter dem Titel *Erziehung zur Mannhaftigkeit* /Berlin [1906, 2. Aufl.], Concordia/ erscheinen lies eindringlich dargetan worden. Dieser zweite Teil der Sexualerziehung, die Erziehung des Willens, ist heute der schwierigere, sorgenvollere Teil des Problems. Sport, auch wenn er allen ohne Unterschied zugänglich wäre, würde hier doch nicht das ausreichende Mittel sein. Eine Erziehung des Willens in einem sittlichen Sinne ist vielmehr nur möglich, wenn sie als Erziehung zur Arbeit auftreten kann. Deshalb wird das Problem der Willens- und Charaktererziehung nur beantwortet, wo zuvor das Problem der Arbeit, die Frage nach ihrer vollkommensten Organisation beantwortet ist, und hierin beruht die Gebundenheit der Sexualpädagogik an den Sozialismus. Es bedarf eines freudigen Lebensinhaltes, und den vermag die heutige Gesellschafts- und Wirtschaftsordnung nicht zu geben. Auf dem Mannheimer Kongress hat Foerster-Zürich über die Notwendigkeit der Charaktererziehung viel Gutes gesagt, aber diese nachdrücklichste Vertretung der Willenstheorie und Foersters ganze pädagogische Technik der Willensgymnastik stützen sich ausschliesslich auf die Religion und das Christentum, auf die Überwindung des Leibes durch die Seele, der „Dämonen" durch Gott, und sind verankert in der „Lebensanschauung [!] ..., dass diese Sinnenwelt und dieses irdische Leben nicht die ganze Wirklichkeit, sondern nur die Vorstufe und Vorbereitung zu einer höheren geistigen Welt sei". Das ist ein perfekter *circulus vitiosus*, die Rückkehr zum Ursprung, zu eben jenem verderblichen mystischen Dualismus, der um der Gesundung willen aus unserem Sexualleben eliminiert werden muss. Dieser Zirkel ist kein vereinzelt dastehendes Kuriosum, er spukt an vielen Orten umher, so auch bei dem oben erwähnten Sticker, und er ist recht, eigentlich das Wahrzeichen des auch hier versagenden aussersozialistischen Denkens. Die Naturwissenschaft wird nichts fruchten, solange das ökonomische und politische Leben allen Wissenschaften Hohn spricht. Diese theoretische Unlösbarkeit von heute bedeutet, dass praktische Erfolge von Dauer vorerst nur unter Ausnahmebedingungen zu erhoffen sind. Es versteht sich von selbst, dass wir die sexualpädagogische Forderung, eine der ersten aller Volkserziehung, deshalb nicht weniger nachdrücklich zu erheben haben, dass wir aber auch jeden noch so naiven, ohne Kenntnis der Gebundenheit an das sozialistische Wirtschaftsprinzip unternommenen Förderungsversuch begrüssen und anerkennen müssen, insofern er nur ehrlich gemeint ist.

Im gesamten Erziehungswesen ist die Stellungnahme der Behörden, von der die Praxis der öffentlichen Schulen abhängt, von erster Bedeutung. Man scheint dort anzufangen, der Sexualpädagogik wenigstens ein gewisses Interesse zuzuwenden. Die grossherzoglich hessische Regierung hat die Direktionen der höheren Lehranstalten aufgefordert, sich mit den Kreisärzten wegen der vor Abiturienten zu haltenden Vorträge über die sittlichen und gesundheitlichen Gefahren geschlechtlicher Ausschweifungen und übermässigen Alkoholgenusses ins Vernehmen zu setzen. Die Teilnahme an diesen Vorträgen soll von der Einwilligung der Eltern respektive Vormünder abhängig sein, die ebenfalls einzuladen sind. Die Charlottenburger und Berliner Schulbehörden sollen die Absicht hegen, die im vorigen Jahre versuchsweise abgehaltene sexualpädagogische Belehrung der Abiturienten allgemein einzuführen. Aus unserer vorigen Rundschau geht hervor, dass wir von dieser Art

Belehrung bei Schulschluss nicht viel Gutes erwarten. Die Einladung der Eltern aber erscheint uns dabei als ein ganz besonderer Missgriff. Und wie nun stellen sich die Behörden zu den sexualpädagogischen Forderungen an die Volksschule? Wie zu erwarten war: sie schweigen oder lehnen ab, darauf irgendwie einzugehen, obwohl doch bekanntlich 95% der Bevölkerung in der Volksschule ihre *Bildung* erhalten. Die Potsdamer Regierung, die sich immer mehr zu einer Spezialistin in Erziehungs- und Volksbildungsfragen auswächst, hat dem Sanitätsrat Dr. Heidenheim-Steglitz die Abhaltung eines aufklärenden Vortrags vor den zur Entlassung gelangenden Volksschülerinnen verboten und ihm unterm 13. Juni erklärt, dass sie „auch in Zukunft" ihre Zustimmung zu derartigen Vorträgen nicht erteilen werde; die Volksschule habe sich von solchen Fragen fern zu halten. Das war noch unter Studt, der aber nach den Ausführungen des Geheimrats Matthias auf dem Mannheimer Kongress das Potsdamer Verhalten nicht verschuldet hat; jene Behörde habe vielmehr eine ministerielle Aufforderung zum Bericht „als einen Anlass zum Verbot genommen". Von dem neuen preussischen Minister Holle wird gesagt, er hege für die Frage der sexuellen Aufklärung viel Interesse. Er hat eine Umfrage an die Behörden in den Provinzen erlassen, die schon ein ausserordentlich umfangreiches Material ergeben haben soll. Es ist zu wünschen, dass aus diesem Material die Erkenntnis hervorgehe, wie sehr dem gesamten Volke Hilfe not tut.

155. Moralunterricht (Sammelrezension von Franz Lindheimer)

SM 1908, Nr. 4, S. 257-258 (Auszüge)

Das Programm der deutschen Sozialdemokratie führt in seinen nächsten Forderungen unter 6 die „Erklärung der Religion zur Privatsache" und unter 7 die „Verweltlichung der Schule".[802] Letztere Forderung schliesst die der Beseitigung des Religionsunterrichts in sich. Damit ist nicht gesagt, dass an Stelle der Religion nun die Moral Staats- oder Gesellschaftssache werden soll, und die Forderung eines Moralunterrichts ist nichts weniger als eine sozialdemokratische. Wir suchen die Ursachen der gesellschaftsbildenden und -entwickelnden Vorgänge nicht in der Philosophie, sondern in der Ökonomie. Konsequenterweise lassen wir die Moral Privatsache sein, unsere Gesellschaftssache ist und bleibt die Arbeit, und wir ersetzen den fortfallenden Religionsunterricht durch den Arbeitsunterricht, das ist: die Erziehung zur Arbeit durch die Arbeit. In einer zur Arbeit erziehenden und erzogenen Gesellschaft muss der Satz F. Th. Vischers „Das Moralische versteht sich immer von selbst" breite historische Geltung erlangen. „Körperliche Arbeit als Grundlage der Erziehung, auch der geistigen und sittlichen" ergibt sich, wie unser Genosse Heinrich Schulz in *Sozialdemokratie und Schule* /Berlin [1907], Buchhandlung *Vorwärts*/ sagt, als das „eigentliche charakteristische Kennzeichen der sozialistischen Erziehung. Dieses Kennzeichen unterscheidet die sozialistische Erziehung grundsätzlich von der bürgerlichen, die den Begriff der *Arbeit* nicht kennt und

---

[802] Gemeint ist das Erfurter Programm 1891.

darum auch nicht aus der Arbeit sondern aus der Spekulation ihre Moralbegriffe herleitet." Wie sehr Idee und Praxis des Arbeitsunterrichtes mit der sozialistischen Anschauung und Wirtschaft verwachsen sind, haben wir [...] mehrmals betont. Dagegen ist die Idee des Moralunterrichts ein Produkt bürgerlich-liberalen Geistes. Die Forderung durch Moralunterricht den Religionsunterricht zu ersetzen wird von gewissen Kreisen der bürgerlichen Intelligenz eifrig vertreten, sie ist in einem Blatte wie die *Ethische Kultur* heimisch, in deren zweitem Januarheft [1908] die Frage *Religions- oder Moralunterricht?* von Dr. Machetes behandelt wird. Dass diese Forderung den Unwillen der kirchenfreundlichen Machthaber erregt, kann uns nicht hindern sie jenen bürgerlich-liberalen Gedanken zuzuzählen, die die Fühlung mit der materiellen Entwickelung in solchem Masse verloren haben, dass sie keine Stufe der geistigen sein können.

Sehen wir aber ab von der Richtung des geschichtlichens Werdens, so finden wir, dass heute, wo die Form der Gesellschaft der Zusammensetzung ihres Stoffes so schlecht entspricht, die moralpädagogische Bewegung sehr wohl etwas bedeuten kann. Sie ist in dieser Epoche gewaltsamen Stillstands gewissermassen bodenständig und kann in ihr das Geistige, wenn auch nicht vorwärtsentwickeln, so doch erweitern. Sie kann! In Deutschland scheint sie es allerdings nicht tun zu wollen. Gewiss gibt es in der deutschen Bewegung Köpfe, die begreifen und es klar aussprechen, dass der geforderte Moralunterricht nicht ein anderer Religionsunterricht sein oder werden darf. In den *Mitteilungen des Deutschen Bundes für weltliche Schule und Moralunterricht*[803] sagt Dr. I[mmanuel] Lewy, es dürfte den Anhängern der Bewegung bekannt sein, dass die Moral „von allen mythischen und mythologischen, konfessionellen und religiösen Voraussetzungen unabhängig sein soll", und er verlangt für die anzuerziehende Moral eine Basis von Wissenschaft und Solidarität an Stelle einer solchen von Mythos und Autorität. Indes, im allgemeinen wird der Religionsunterricht gerade aus religiöser Gesinnung verworfen, die sich gegen seine verflachend wirkende Äusserlichkeit empört, und das Bild der auf Ersetzung des Religionsunterrichts durch den Moralunterricht abzielenden Bewegung ist das einer religiösen Strömung. Der Redakteur der *Ethischen Kultur* und der genannten *Mitteilungen*, Rudolf Penzig, sagt in seinem Buche *Ohne Kirche* /Jena [1907], Diederichs/, die Forderung der „Ersetzung des Religionsunterrichts durch unabhängige sittliche Bildung" zeige den „unaufhaltsamen Drang der neuen Menschheit nach einem Heimischwerden auf dieser Erde und in der *gegebenen Welt*". Aber sogleich hinterher heisst es: „Dass der echt Religiöse auch der wahrhaft Sittliche und die im höchsten Sinne schöne Persönlichkeit ist, bestreitet niemand."

Anders, scheint es, läuft die moralpädagogische Bewegung in England. Man lernt die Verhältnisse jenseits des Ärmelkanals aus dem Buch *Zum Moralunterricht, ausgewählte Kapitel aus englischen Lehrbüchern*, von Emily Altschul /Wien [1908], Hartleben/ etwas näher kennen. Diese englischen Moralerzieher haben

---

[803] Erschienen von 1907 bis 1920.

recht eigentlich ein Kolumbusei entdeckt: sie lassen den Religionsunterricht Religionsunterricht sein und betreiben ihre Sache als eine mit ihm sich nicht berührende. Die sozialen Momente der Menschenliebe und Gerechtigkeit und das wissenschaftliche der Naturerkenntnis, die auch in der deutschen Bewegung vorhanden sind, gelangen in der englischen Praxis, wo alle religiösen Untertöne fehlen, zu gesteigerter Wirkung. Es weht aus diesen Lesestücken eine grosse Einfachheit. Sie ist nicht allein aus der Schlichtheit des sprachlichen Ausdrucks zu erklären, sondern stammt von der Strenge der dahinter stehenden Gesinnung her. Die englische Bewegung ist erfolgreich. Sie nahm allerdings ihren Ausgang von einer 1878 an die Schuldirektoren erlassenen Anregung der obersten Behörde, aber, wenn heute der Moralunterricht obligatorisch für alle Volksschulen von England und Wales ist, so ist dieses Resultat der agitatorischen Tätigkeit der 1897 gegründeten *Liga für Moralunterricht* zu danken. Interessant ist auch die Mitteilung der Übersetzerin, dass durch die freudige Zustimmung der Jugend, die den neuen Unterrichtszweig mit Begeisterung aufnimmt, sich das Eindringen der Moralunterweisung in den Schulen zu einem wahren Triumphzuge gestaltet. Ähnliche Kunde ist noch aus keinem Lande über den Religionsunterricht gekommen.

In Frankreich zeigt die moralpädagogische Bewegung wieder ein anderes Gesicht. Dort hat der Moralunterricht den Religionsunterricht längst aus den Staatsschulen verdrängt, wobei er ihn anfangs in sich aufnahm. Seit einer Reihe von Jahren unterbleiben aber die religiösen Unterweisungen. Die französische Bewegung ist trotzdem im Religiösen gleichgültiger als die deutsche, sie hat immer einen deutlichen politischen Anstrich gehabt und auch den Religionsunterricht mit den Augen der Politik betrachtet. Es gab Zeiten, wo sie patriotisch-chauvinistisch auftrat, heute ist sie der Friedensidee gewonnen und antiklerikal.

156. Adele Schreiber (Hrsg.): Das Buch vom Kinde[804] (Annotation von Franz Lindheimer)

SM 1908, Nr. 4, S. 258-259

Eine höchst ansehnliche Summe von Erfahrungen und Gedanken ist in dem von Adele Schreiber unter Mitarbeit zahlreicher Fachleute herausgegebenen Sammelwerke [...] niedergelegt. Es ist wohl kaum eine der wichtigen das Kind und seine Erziehung angehenden Fragen unbehandelt geblieben. Der umfangreiche Band ist mit zeichnerischem Schmuck von Fidus und Vietor versehen, der sich nebst vielen Abbildungen und Tafeln in verständnisvollster und ansprechendster Weise dem Texte einfügt, so dass das Ganze sich als ein prächtiges und gediegenes Werk darstellt. Die beinahe 100 Abhandlungen erstrecken sich auf die Gebiete der Körper- und Seelenkunde, der häuslichen und öffentlichen Erziehung, die gesellschaftliche und rechtliche Lage der Jugend, die Berufswahl und anderes mehr. Die einzelnen Abhandlungen enthalten vielfach Literaturnachweise und haben durchgängig den

---

[804] Erschienen bei Teubner, Leipzig 1906/07.

Wert einer fachgemässen sorgfältigen Einführung. Das öffentliche Schulwesen wird von Theobald Ziegler, Tews, Dunker, Ziehen, Bäumer und anderen behandelt, wobei es an kultureller und sozialer Kritik nicht fehlt. Tews insbesondere hält in seiner Abhandlung über das Volksschulwesen mit der Ansicht nicht zurück, dass die Besitzenden und die Kirche sich durch erhöhte Volksschulleistungen bedroht sehen, dass deswegen in den einflussreichen Kreisen die Beurteilung der Volksschule „zumeist tatsächlich noch weit unfreundlicher ist, als es nach den offiziellen politischen Programmen und Proklamationen den Anschein hat". Gegenüber den Bildungsanstalten für die mittleren und höheren Volkskreise erscheine die Volksschule „nimmer mehr oder weniger als ein erweiterter Kinderhort, der mehr erziehliche als unterrichtliche Aufgaben zu lösen hat, mehr passive Tugenden als aktive Kräfte hervorzubringen berufen ist".

157. Ludwig Gurlitt: Der Verkehr mit meinen Kindern[805] (Rezension von Lisbeth Stern)

SM 1908, Nr. 5, S. 328 (Auszüge)

Ludwig Gurlitt erzählt in seinem Buch [...] viel von der Art, wie er mit seinen Jungen umgeht, und es ist eine frohe Sache einen Erzieher mit solch ungeheucheltem Vergnügen und Lustigkeit von seinem Amt sprechen zu hören. Seine Jungen haben es gut, und er nicht minder: das klingt durch das ganze Buch und erfreut. Im Anfang entwickelt er seine theoretischen Ansichten in erster Reihe über den Kleinkinderunterricht und betont unter anderem wieder, dass die Arbeit des Schreibenlernens den Kindern unendlich erleichtert werden würde, wenn vorher das Zeichnen ihnen ganz in Fleisch und Blut übergegangen wäre. Gurlitt hat seine Kinder erst mit dem 8. oder 9. Jahre schreiben lernen lassen, sie bis dahin aber zeichnerisch unausgesetzt angeregt, sowohl sie selbst zeichnen lassen als auch alle Dinge, von denen sie hörten, ihnen vorgezeichnet, so dass den Begriffen, soweit es ging, stets ein anschauliches Bild mitgegeben war. Dass den Kindern dabei ein viel lebendigeres Umgehen mit ihnen ermöglicht ist, liegt auf der Hand. Gurlitt verspricht sich aber von dieser Methode auch ein Hineinwachsen in die Kunst, und das scheint grundfalsch. Wenn seine Jungen künstlerisch empfinden, so tun sie es wohl losgelöst davon, denn diese Bilderchen scheinen mir nicht viel mehr zu bedeuten als eine Art Bilderschrift für die Kinder, die zwar immer Vorzüge vor der Buchstabenschrift hat, die aber künstlerisch vollständig indifferent ist. Im Gegenteil finde ich in den dort abgedruckten Zeichnungen eine nicht angenehme Routine, die die Jungen, wenn sie einmal Maler werden sollten, erst gründlich verlernen müssten. Immer in der selben geschickten Weise ist da ein Haus oder Baum wie hingeschrieben ohne jede künstlerische Färbung.

Den grössten Teil des Büchleins nimmt die Erzählung von Gurlitts Leben in Tölz ein, und wie er an die dortigen Gänge seinen Natur- und Geschichtsunterricht

---

[805] Erschienen im Verlag Concordia, Berlin 1907.

geknüpft hat, an dem die Kinder durch eigne Fragen und Kopfzerbrechen produktiv mitgearbeitet haben. Das ist riesig lebendig gemacht und wirkt selbst im Bericht überaus anregend. Und doch, auch dagegen habe ich Bedenken, die allerdings sehr vager Art sind und sich nur auf einige abgerissene Eindrücke stützen. Kinder scheinen mir auf bestimmte Vorstellungen, an die sich für sie stark subjektives Empfinden knüpft und die sie einmal in ihrer ganzen lebendigen Kraft mit der Phantasie aufgenommen haben, durchaus eifersüchtig; sie wollen sie mit keinem teilen, auch nicht dem besten Freunde, geschweige dem Lehrer. Nachts in aller Heimlichkeit holen sie sie wohl vor und halten ihre Zwiesprache mit diesen Bildern. Ich fürchte, dass Gurlitt für diesen heimlichen Kult zu wenig übrig lässt und manches vorholt, was zum gemeinsamen Gespräch den Kindern zu nahe ist. Es wird da erzählt, wie die von der Pest heimgesuchten Tölzer Bauern zum wundertätigen Muttergottesbilde des nächsten Dorfes wallfahrten; von den Nachbarn werden sie aus Angst vor Ansteckung mit Gewalt zurückgetrieben. Die Verzweiflung und Wut der ihrer letzten Hoffnung beraubten Tölzer durfte nun nicht in so breiter Ausmalung den Kindern gegeben werden wie Gurlitt es tut; hier hätten Andeutungen genügt, und die Ausmalungen, mit denen die eigene Phantasie der Kinder den Vorgang begleitet hätte, wären, wenn sie auch dürftiger ausgefallen wären, für die Kinder selbst lebendiger und um vieles wertvoller gewesen.

158. Henriette Fürth: Sexualpädagogik und Sexualethik[806]

SM 1908, Nr. 9, S. 564-568 (Auszüge)

Nicht nur eine naturkundliche, auch eine ethische Seite hat die erziehliche Aufklärung über die Dinge des Geschlechtslebens, und diese will mit grosser Behutsamkeit und Sorglichkeit behandelt sein. Denn hier wird die Entscheidungsschlacht darüber geschlagen, ob künftige Geschlechter in den Geschlechtsvorgängen eine blosse Befriedigung tierischer Sinnenlust oder aber ein feines Instrument zur fortpflanzenden Höherentwickelung der Art erblicken werden. Hier wird das Verantwortlichkeitsgefühl für kommende Geschlechter geboren oder unterdrückt, hier der Grund gelegt zu persönlicher Veredelung oder Herabwürdigung. Wer sich der ganzen Schwere der hier erwachsenden Verantwortlichkeit bewusst ist, der wird, bevor er sich zum Erklärer und Aufklärer im Gebiete der Moral berufen fühlt, zuerst Klarheit darüber zu erlangen und sich selbst Rechenschaft darüber zu geben suchen, was es denn im moralischen Sinne mit dieser Frage der Geschlechtlichkeit eigentlich für eine Bewandtnis habe.

Ist Geschlechtlichkeit oder, wie man so geschmackvoll sagt, ist Fleischlichkeit, ist Fortpflanzung und alles, was damit zusammenhängt, in der Tat ein Werk des Teufels, ein Sieg des Tierischen in uns, ist, wie Foerster auf dem mehrerwähnten Kongress ausführte, die Natur ein Untermenschliches, ein Dämon, den nur ein Gott

---

[806] Henriette Fürth hat sich mit weiteren Wortmeldungen am Diskurs über Sexualerziehung beteiligt, u.a.: Der Aufklärungsunterricht. Ein Beitrag zur Sexualpädagogik. *SM* 1908, S. 243-246.

besiegen kann? Die so denken, müssten folgerichtig auf Fortpflanzung und alles, was irgendwie mit Sexualität zusammenhängt, verzichten. Wir aber sagen: „Allen geschlechtlichen Dingen haftet der Erdgeruch der Körperlichkeit an. Sie sind die starken Bande, die uns an die tierische Welt ketten. Während aber beim Tiere alle diese Funktionen Selbst-, das heisst also alleiniger Daseinszweck sind, hat sich der Mensch im Laufe der Jahrtausende über das bloss tierische Dasein hinausentwickelt. Es sind ihm geistige und seelische Kräfte erwachsen, die in ständiger Steigerung dahin streben die Herrschaft über das Körperliche, das ist Tierische, anzutreten und zu behaupten. Und es ist ihnen dies heute schon bis zu einem solchen Grade gelungen, dass wir alle Beziehungen des menschlichen Lebens auf ihre Stellung zu den geistig-seelischen Regungen und Potenzen prüfen. Wir essen nicht nur, um zu essen. Wir haben angefangen unsere Nahrung darauf zu prüfen, ob sie der Leistungsfähigkeit des einzelnen und der Entwickelung der Rasse förderlich sei oder nicht (Antialkoholismus, Vegetarismus usw.). Und so ist oder sollte es uns auch nicht um die Arterhaltung an sich, noch um die Befriedigung eines unkontrollierten Triebes zu tun sein sondern um die Verwirklichung des Wortes von Nietzsche: ‚Nicht fort sollst du dich pflanzen sondern hinauf!'"[*]

Die Fortpflanzung kann und soll so zum immanenten Ausdruck des höherstrebenden Lebens selbst werden. Darum müssen wir alles tun sie, die natürlich und darum sittlich ist, als sittlich auch in unser Denken und Empfinden einzuführen und erst recht die von schiefen und falschen Vorstellungen noch undurchpflügte Seele unserer Kinder mit dieser Auffassung zu erfüllen. Unsere Aufgabe ist es die nach der seelischen Seite hier vorliegenden Entwickelungsmöglichkeiten zu erkennen, zu fördern und zu steigern. Der Weg dazu ist nicht so leicht auffindbar und gangbar wie der der rein anatomischen Belehrung. Denn hier verlassen wir den Boden des tierischen Lebens und begeben uns ins Reich der Psyche. Seelenkunde und Seelenpflege werden von uns verlangt. Und wenn wir auch allezeit eingedenk bleiben, dass auch unser seelisches Sein nur eine über sich selbst hinaus gesteigerte Leiblichkeit ist, so müssen doch neben der körperlichen Einwirkung auch alle die unwägbaren Einflüsse wirksam werden, die neben das Säugetier *Mensch* den geistig-sittlichen Menschen, den Herrn seiner selbst und der Welt stellen. Doch gilt es, das sei immer wieder betont, die Geschlechtsvorgänge nicht als ein von allen anderen Geistes- und Seelenfunktionen Verschiedenes hinzustellen, sondern sie zu fassen als ein organisches Glied in der Reihe der übrigen körperlich bedingten Vorgänge des Seelenlebens. Das bedeutet aber, dass wir mit ihnen nicht anders verfahren, als mit den sonstigen Aufgaben, die uns die Schulung des Geistes und Willens stellt.

Geistes- und Willenskultur in ihren allgemeinen Zusammenhängen und Erfordernissen, Erziehung des Kindes zur Herrschaft und Verantwortlichkeit auf allen Gebieten des Trieblebens. Vermitteln und üben wir sie, so haben wir damit zugleich den Boden für all das bereitet, was uns in Ansehung der Sonderaufgabe

---

[*] Vergl. meine Schrift *Die geschlechtliche Aufklärung in Schule und Haus* /Leipzig 1903/, pag. 11 ff.

der geschlechtlichen Aufklärung zu tun und zu sagen obliegt. Ein näheres Eingehen auf die in diesem Zusammenhang sich ergebenden Forderungen erübrigt sich.
So viel treffliche Werke über Willenskultur liegen vor, dass man das hier Wesentliche als bekannt, zumindest aber als leicht erreichbar voraussetzen kann. Nur auf
das im allgemeinen und erst recht in unserem Falle wichtigste Hilfsmittel aller
Erziehung sei hier nochmals nachdrücklich hingewiesen: auf das feste und uner-
schütterliche Vertrauensverhältnis zwischen Eltern und Kind. Wo das vorhanden
ist, wird alles andere kinderleicht. Wem es vergönnt ist sein Kind fest in der Hand
zu halten, wem zugleich das Leben so viel Musse liess, dass er eine feste Brücke
zu der Seele seines Kindes schlagen konnte, dass er nicht nur der Erzieher, sondern
auch der beste Freund und Vertraute seines Kindes ward, der bedarf auch zur Erfüllung der Erzieherpflicht auf sexualethischem Gebiet keiner weitläufigen und
feierlichen Veranstaltungen. Die Frage und der Zweifel des Sohnes und der Tochter werden sich stets zuerst an die Eltern wenden und andererseits wird sorgliche
Beobachtung den Eltern den Augenblick anzeigen, der zur Aussprache ruft. So
mannigfach könnte ich das aus eigener und fremder Erfahrung belegen.

Es wäre indes müssig hier den etwaigen Gang eines solchen Gespräches oder
dauernder Einwirkung wiedergeben zu wollen. Es gibt eben gar nichts, was nicht in
diesem Zusammenhang gefragt oder gesagt werden könnte, denn, wie Salzmann
mit so viel Recht sagt, Vorurteil und weiter nichts ist hier zu überwinden. Man
kann von der Rekapitulierung der physiologischen Vorgänge zur Würdigung der
geistigen und seelischen Triebkräfte und Unwägbarkeiten kommen und, wenn der
Frager reif genug dafür ist, mag man ihm von hier aus einen Ausblick eröffnen auf
die Verantwortlichkeit des einzelnen als eines Gliedes der Gesamtheit, auf die
reichen Entwickelungsmöglichkeiten, die der Menschheit hier mehr als sonstwo
gegeben sind. Aber auch auf die Gefahren geschlechtlicher Zügellosigkeit und
Erkrankung. Und es ist solcher Belehrung Tiefe und Farbe zu geben durch die
Erläuterung der Geschlechtlichkeit als jener überragenden Macht, die den einzelnen und das von ihm ausgehende Geschlecht ebensowohl zu den Höhen des Menschentums als in die Niederungen hoffnungsloser Vertiertheit zu führen vermag. Es
ist hier aufzuzeigen und am Beispiel zu erweisen, dass der Mensch an diesem
Punkte mehr als an jedem anderen Herr seines Geschickes ist, dass nicht nur seine
körperliche, sondern auch seine geistige Gesundheit und Leistungsfähigkeit, seine
Lebensaussicht und seine Zukunft in hohem Grade von dem beeinflusst wird und
abhängt, was er aus seinem geschlechtlichen Leben macht. Jede Höhe aber auch
jede Tiefe menschlichen Geschehens ist hier beschlossen.

Die Erotik ist die zentrale Lebensmacht, in deren Dienst Kunst und Wissenschaft, Lebensschönheit und Lebensfreude stehen. Und über die Sphäre des Ein-
zelpersönlichen hinaus erheben sich da volkliche und allgemein menschliche Notwendigkeiten und Verantwortungen. Das ist die Art wie man über das Geschlechtliche frei und offen mit seinen Kindern reden soll.

Es gibt Eltern, die das nicht können. Solche, denen es an Geistes- oder Herzensbildung fehlt. Andere, denen des Lebens Hast und Kampf nicht Musse und Mög-

lichkeit liess zu ihren Kindern hinzugelangen. Und wieder andere, die entweder der seichten Oberflächlichkeit des Gehenlassens huldigen, sich auf die Erfahrungen ihrer eigenen Kindheit und Jugend berufend, die sie trotzdem zu, wie sie meinen, leidlich ordentlichen Menschen werden liessen, oder endlich solche, die über diesen Punkt in den Vorstellungsreihen eines Foerster und anderer befangen sind. Für sie muss wiederum die Schule eintreten. Das ist freilich auf einem so persönlichen und nach eingehender Individualisierung, wie sie der Massenbetrieb der heutigen Schule kaum je geben kann, geradezu rufenden Gebiete nur ein Surrogat, aber immerhin besser als nichts. Auch hat die Schule tausend Anknüpfungsmöglichkeiten zur ethisierenden Behandlung des erotischen Problems. Vorauszuschicken ist, dass eine solche Behandlung den Oberklassen der höheren Schulen beziehungsweise den Fortbildungsschulen vorzubehalten ist. Das gesunde, das normale Kind wird erotische Regungen erst mit eintretender, beziehungsweise sich vorbereitender Geschlechtsreife verspüren. Dann ist es Zeit einzugreifen, und es gibt kaum eine Disziplin, an die der rechte Lehrer nicht anzuknüpfen vermöchte. Daneben sollten sich dem naturwissenschaftlichen Unterricht eine Reihe von hygienischen Vorträgen eingliedern oder anschliessen, in deren Verlauf auch die Ausartungen des Geschlechtstriebes zu streifen, die gesundheitlichen Gefahren und Schädigungen geschlechtlicher Unordnung und Ausschweifung zu erläutern wären. Aber auch hier kein gesonderter sogenannter *Aufklärungsunterricht*. Kein grosser Apparat, keine klingenden Veranstaltungen, bei denen jeder sagt: Passt auf, da kommt was Besonderes!

Grosse Aktionen tunlichst zu vermeiden sollte das Bestreben jeder guten Erziehung sein. Ganz auszuschliessen sind sie ja wohl niemals. Aber nur als schwere Wetter sollen sie am Himmel der Erziehung aufziehen, als Geschehnisse, die die Seele bis in die tiefste Tiefe aufwühlen, und die niemals vergessen werden. Die Sexualität aber, die wollen und sollen wir doch als ein Organisches, als eine natürliche Gerechtsame dem Sein des Menschen einverleiben. Darum muss sie, wie alles Organische, langsam werden und wachsen und sich in der Richtung entwickeln, die wir ihr zum Besten unseres Kindes weisen. Aus dem fruchtbringenden Erdreich des gegenseitigen Vertrauens und der Liebe soll der Eros empor wachsen zum Gnadenbringer des Menschen und zum glückvollen Träger alles dessen, was wahr, gut und schön ist in uns, was uns erhebt und was uns spornt.

Noch ist ein Wort zu einer Befürchtung zu sagen, die sich für viele im Zusammenhang unserer Schulbehandlung des sexuellen Problems auftut. Sie beschuldigen uns der Schamlosigkeit, der planmässigen Ertötung des Schamgefühls.

„Nichts ist falscher und unzutreffender. Freilich ist uns das Schamgefühl nicht gleichbedeutend mit der Scheu von etwas zu reden, uns mit etwas zu beschäftigen, das man uns als niedrig und herabwürdigend dargestellt hat, sondern unser Schamgefühl, das Schamgefühl, das wir unseren Kindern anerziehen wollen, ist die Scheu des feiner empfindenden Menschen einerseits über die selbstverständlichen Natürlichkeiten des Lebens andererseits über die persönlichsten, feinsten und zartesten Impulse und Empfindungen am offenen Markte zu reden. Weder körperlich noch seelisch mögen wir uns den Vielzuvielen offenbaren und der feiner organisierte Mensch empfindet nie mehr Scham, als wenn er sich hinreissen liess, ein Stück seines Seelenlebens solchen zu enthüllen, von denen ihm kein Widerklang kommt. In diesem Sinne, aber in keinem anderen wollen wir Scham üben und Schamhaftigkeit erziehen."[**]

Eine Auseinandersetzung über die Gestaltung und Behandlung der Frage der sexuellen Aufklärung und Erziehung wäre unvollständig, wollten wir nicht auch eine bestimmte Stellungnahme zu dem gewinnen, was unter sexueller Freiheit zu verstehen ist. Alles, was hier von Schule und Elternhaus geschieht und geschehen kann, ist nur Vorbereitungsdienst. Das schwerste Stück der hier zu leistenden Erziehungsarbeit hat der herangewachsene Zögling selbst zu vollbringen. Ein Fundament wird ihm gegeben. Seinen Lebensbau hat er selbst zu errichten. Wird die Grundmauer der voraussichtlich zu erwartenden Belastungsprobe standhalten und welcher Art wird die Belastung sein?

Von der Tatsache ausgehend, dass die Sexualität ein Recht auf der einen, eine Verpflichtung auf der anderen Seite umschliesst, kommen wir zu der Frage, wie beide, in dem für uns für richtig gehaltenen Sinne ausgebildet, sich zu der derzeitigen Umwelt verhalten werden. Wir treffen da sofort auf eine einschneidende Unstimmigkeit. Wir erklärten, dass die auf ihre natürliche Funktion eingestellte, in der Zeit der körperlichen, geistigen und sittlichen Vollreife sich geltend machende Geschlechtlichkeit ein volles Anrecht auf Befriedigung habe. Unsere heutige Gesellschaftsordnung stellt sich dem entgegen. Ihr ist die lebenslängliche Einehe die einzig legitime Form der Befriedigung geschlechtlicher Bedürfnisse. Die Gestaltung der wirtschaftlichen Verhältnisse verhindert aber Millionen von Personen beiderlei Geschlechts daran, sich dieser legitimen Form des Geschlechtsverkehrs zu bedienen. Dazu kommt die wachsende Abneigung eines Teiles der durch die Prostitution sich schadlos haltenden Männer die Sorgen und Lasten einer Familiengründung auf sich zu nehmen. So werden Millionen von Frauen dazu verdammt zeitlebens auf die Ehe, das heisst also nach der geltenden Anschauung auf die Betätigung des doch als legitim geltenden Geschlechtstriebes zu verzichten.

Dieser Zustand tritt uns als eine Tatsache entgegen, die sonderbarerweise aller unbefangenen Gerechtigkeit zum Trotz von allen massgebenden Seiten gebilligt, verteidigt und verstärkt wird. Vom Manne aus sehr begreiflichen Gründen. Ihm gesteht man das Recht auf geschlechtliche Unregelmässigkeit zu. Von den Frauen aus unbegreiflicher Verblendung. Man sollte es kaum für möglich halten, dass Mütter, also lebende Beispiele betätigten Geschlechtstriebes, es widerspruchslos hinnehmen, dass man ihre Töchter um ihr Geschlechtsrecht betrügt und das zwar für sehr bedauerlich aber unausweichlich in all den Fällen halten, in denen aus irgendwelchen Gründen der Eintritt in den Verband der lebenslänglichen Monogamie versagt ist: Und anderes noch. Nicht nur das Sexualrecht des vollreifen Menschen steht hier zur Diskussion. Auch die entscheidungsschwere Zeit, in der

---

[**] Vergl. meine oben erwähnte Schrift, pag. 254.

mit der beginnenden Pubertät und ihren tiefgreifenden Einflüssen auf die körperliche, geistige und seelische Entwickelung auch der guterzogene, in der körperlichen und psychischen Anlage gute und unverdorbene Mensch schwere Konflikte auf dem Neuland unbekannter Empfindungen zu gewärtigen und auszutragen hat.

[...] Das Ideal der sexuellen Freiheit, das dort entwickelt und auf seine Durchführbarkeit hin erwogen wird, ist tief verankert in jener Sittlichkeit, die nicht ein Produkt der Furcht und des Zwanges, sondern das freigewachsene Geschöpf des auf der Erkenntnis beruhenden, in sich selbst gefestigten Wollens ist. Der Natur zu Hilfe kommen, sie zur Selbstbesinnung, zur Selbstzucht und Verantwortlichkeit als zu selbstverständlichen Endpunkten hinführen: das ist der Erziehungsweisheit letzter Schluss auch auf dem Gebiete des Geschlechtslebens.

159. Pädagogik (Sammelrezension von Otto Lipmann)[807]

SM 1908, Nr. 15, S. 961-962

Die Pädagogik verfolgt 2 Ziele: das Kind zu einem sittlichen Menschen zu machen und ihm eine gewisse Menge an Wissensstoff auf seinen Lebensweg mitzugeben. Welche sittlichen Ideale dem Kinde einzupflanzen sind, darüber hat die Ethik zu entscheiden; über die Menge und die Art des zu lehrenden Wissensmaterials streiten sich die Geistes- und Naturwissenschaften, zurzeit über die Frage der höheren Schulbildung, insbesondere die klassische Philologie einer-, Mathematik und Naturwissenschaften andrerseits. Das Wie aber sowohl der sittlichen Erziehung als auch des eigentlichen Unterrichts gehört im wesentlichen in das Gebiet der Psychologie.

Insofern nun auch Ethik und Psychologie wiederum allgemein philosophisch begründet werden können, ist auch die gesamte Philosophie oder Weltanschauungslehre als Grundlage der Pädagogik zu betrachten. So etwa ist, wie Ernst Linde im Vorwort angibt, sein Werk *Natur und Geist als Grundschema der Welterklärung* /Leipzig [1907], Brandstetter/ entstanden zu denken. Ohne mit den Ausführungen dieses Buches im einzelnen rechten zu wollen, ohne insbesondere auch jenes Grundschema hier anzugreifen, muss ich doch betonen, dass mir bei der Lektüre dieses Buches der Nutzen einer „pädagogischen Philosophie", soweit sie mehr als Ethik und Psychologie sein will, nicht eingeleuchtet hat. An allzuvielen Stellen fragt man sich vergeblich, weshalb denn dies oder jenes noch zum „Unterbau einer Pädagogik" gehören soll. Die Beziehung der Pädagogik zur Philosophie

---

[807] Otto Lipmann (1880-1933), Psychologe, verwaltete zusammen mit William Stern das 1906 von der Gesellschaft für experimentelle Psychologie gegründete Institut für angewandte Psychologie und psychologische Sammelforschung in Kleinglienicke bei Potsdam, 1908 Mitbegründer der *Zeitschrift für angewandte Psychologie*, Mitarbeiter der *SM*, zuständig für Psychologie im Rundschauteil, zahlreiche Publikationen zur experimentellen Psychologie, u.a. Statistische und experimentelle Resultate über psychische Geschlechtsunterschiede (1913), Psychologische Berufsberatung (1917), Die psychologische Analyse der höheren Berufe (1920), Die psychologischen Probleme der Industriearbeit (1922).

bleibt eine indirekte: direkt hat sie es mit Ethik und Psychologie zu tun, von denen freilich speziell die erstere irgendwie philosophisch begründet sein soll.

Es ist nicht meine Aufgabe auf die Beziehung der Ethik zur Pädagogik hier näher einzugehen, nur kurz will ich auf ein Buch hinweisen, das über Ziele und Technik der sittlichen Erziehung Treffliches enthält, Fr. W. Foersters *Jugendlehre* /Berlin [1904], Reimer/.

Etwas ausführlicher sei noch auf die Beziehungen der Psychologie zur Pädagogik hingewiesen. Die Kindespsychologie lehrt den Pädagogen zunächst das Material kennen, mit dem er zu arbeiten, auf das er einzuwirken hat. Sie zeigt ihm, was für Interessen das Kind in einem bestimmten Lebensalter hat, welche Klassen von Begriffen es zu konzipieren im stande ist usw. Eine zweite Aufgabe, insbesondere der experimentellen Psychologie, ist es sodann zu zeigen, welche Anforderungen der Pädagoge an das Kind hinsichtlich seiner Leistungsfähigkeit stellen kann, unter welchen Bedingungen das Gedächtnis am besten funktioniert und dergleichen. Endlich untersucht die (im wesentlichen experimentalpsychologisch fundierte) Didaktik die einzelnen Unterrichtsmethoden der verschiedenen Fächer auf ihren Wert und ihre Brauchbarkeit. All diese Beziehungen der Psychologie zur Pädagogik sucht ein im vorigen Jahre erschienenes Buch E. Meumanns *Vorlesungen zur Einführung in die experimentelle Pädagogik und ihre psychologischen Grundlagen* /Leipzig [1907], Engelmann/ zusammenzufassen, und, wie ich hier gleich betonen möchte, in einer zurzeit unerreichten Güte, allerdings unter einer oft nicht genügend kritischen Benutzung der vorliegenden Literatur. Das Buch umfasst, wie schon der Titel sagt, nicht die gesamte Pädagogik, sondern es soll nur eine Einführung in die empirisch-pädagogische Forschung sein, und diese lehnt sich naturgemäss durchaus an die experimentalpsychologische Methodik an. Die experimentelle Pädagogik setzt sich das Ziel den einzelnen Erzieher zu befähigen sich jederzeit über die Begründung seiner pädagogischen Massnahmen klar zu sein. Es sind 3 Gebiete, die erst wissenschaftlich erforscht werden müssen, bevor man an die Ableitung von Erziehungsnormen denken kann: das Kind, die Tätigkeit des Lehrers und ihre Wirkungen auf das Schulkind, die Angemessenheit der Unterrichtsmittel, der Schulorganisation usw. Aber auch die Probleme der beiden letzten Kategorieen sucht die experimentelle Pädagogik vom Kinde aus zu entscheiden. Es sind also nach Meumann die folgenden 7 Problemgruppen, die die experimentelle Pädagogik behandelt: 1. die Erforschung der geistigen und körperlichen Entwickelung des Kindes während der Schulzeit, 2. die Erforschung der Entwickelung besonderer geistiger Fähigkeiten der Kinder, 3. das Studium der kindlichen Individualitäten, 4. die Untersuchung der individuellen Begabungsunterschiede der Kinder, 5. die Untersuchung des Verhaltens des Kindes bei seiner Schularbeit, 6. die Untersuchung der Arbeit des Kindes in den einzelnen Schulfächern, 7. die Untersuchung der Tätigkeit des Lehrers. Von dem ausserordentlich reichhaltigen Inhalt des Meumannschen Buches kann hier natürlich nur einiges Wenige kurz wiedergegeben werden; ich greife einige Punkte heraus, die mir besonders interessant und wichtig erscheinen: Durch anthropometrische Untersuchungen wurde nachgewiesen, dass die soziale Stellung der Eltern, das heisst ihre Wohlhabenheit, ihr Stand, ihre Möglichkeit die Kinder zu ernähren und zu pflegen, von grösstem Einfluss auf die körperliche und damit auch auf die intellektuelle Entwickelung des Kindes sei. Die gegebenen Lernstoffe müssen im Schulunterricht mehr als bisher zu formaler Übung des Gedächnisses ausgenützt werden. Es ist höchst unzweckmässig, dass der Volksschulunterricht vor Vollendung des für die geistige Entwickelung ganz besonders wichtigen 15. Lebensjahres abbricht. Die Möglichkeit und auch der Wert eines ethischen oder Moralunterrichts werden in Deutschland – im Gegensatz zu Amerika, England und Frankreich – noch zu wenig beachtet. Der Religionsunterricht ist viel zu sehr mit reinem Gedächnisstoff überlastet, als dass er diese Aufgabe erfüllen könnte. Die Idealgestalten des Kindes sind ausserordentlich viel öfter der Geschichte entnommen als biblischen Erzählungen. Meumann verspricht sich grossen Erfolg von formaler Übung des Gedächnisses und der Aufmerksamkeit. Dabei wären die einzelnen Schüler insofern individuell zu behandeln als man danach trachten müsste typische Mängel, das heisst solche, die durch den Gedächtnis- und Aufmerksamkeitstypus, dem der betreffende Schüler angehört, bedingt sind, durch besondere Übungsmassnahmen zu beseitigen. Die experimentelle Pädagogik ist auf dem Wege es zu ermöglichen, dass kein Kind, das überhaupt noch zu den normal Begabten und nicht zu den Geistesschwachen gehört, hinter den Schulzielen zurückbleibt und durch die Schularbeit auch nur vorübergehend überanstrengt oder geschädigt wird. Das Ziel ist also nicht durch Drill sondern durch Eingehen auf die jeweilige individuelle Eigenart und Begabung, deren Kenntnis eben die experimentelle Pädagogik erstrebt, zu erreichen.

Die letzten 6 Vorlesungen sind der experimentellen Didaktik gewidmet. Ihre Probleme sind die Methodik des Unterrichtens und der Lehrpläne. Es werden also, im Anschluss an eine historische Darstellung der seither über das betreffende Unterrichtsfach geäusserten Meinungen und der versuchten Methoden, Experimente und deren Resultate dargestellt bezüglich des Anschauungsunterrichts, des Lesens, Schreibens, Rechnens, Zeichnens. Die letzte Vorlesung gewährt Ausblicke auf die Möglichkeit einer experimentellen Begründung des Unterrichts in Sprachen und Realien.

160. Wolfgang Heine: Vereinsrecht und Jugendbewegung[808]

SM 1908, Nr. 18/19, S. 1155-1161 (Auszüge)

[...] In dem Ruf nach sozialistischer Beeinflussung der Jugend steckt eine weitgetriebene Überschätzung dessen, was Erziehung leisten kann. Es wäre gut gegenüber dieser Zeitmode sich einmal des Goetheschen Wortes zu erinnern, „es bildet nur das Leben den Mann und wenig bedeuten die Worte". Und von allen Worten sind die wirkungslosesten die, womit man Gesinnungen erzeugen will; höchstens dass sie das Gegenteil des Gewollten bewirken. Der natürliche Oppositionsgeist einer gesunden Jugend lehnt gerade das ab, was man ihm aufdrängen will, und begehrt, wovor man ihn abzuschrecken sucht. Glücklicherweise. Deshalb brauchen wir auch die sich *patriotisch* und *religiös* nennenden Einflüsse durchaus nicht zu fürchten sondern können darauf rechnen, dass sie die Jugend vielmehr uns zutreiben, wenigstens den Teil der Jugend, an dem uns gelegen sein muss. Wohl aber sollen wir uns hüten die selben Fehler zu machen. Ohnehin pflegt der jüngeren Generation manches in der Auffassung und Ausdrucksweise der älteren nicht mehr ganz verständlich zu sein, und es gehört schon eine gewisse Reife dazu gegenüber diesen natürlichen Verschiebungen die Kontinuität einer politischen Bewegung zu erkennen und festzuhalten. Aufdringliche dogmatische Predigten, die der Jugend unsre Überzeugungen verekelten, würden diese natürliche Schwierigkeit noch steigern. Eine solche politische Gesinnungsunterweisung so junger Menschen verbürgt auch bei denen, die dadurch der Partei gewonnen werden, keineswegs eine Entwickelung, wie wir sie wünschen müssen. Es kann der Partei nichts daran gelegen sein Mitglieder zu besitzen, die der Partei angehören, weil man ihnen als Kindern gesagt hat, es wäre so richtig. Noch weniger kann die Partei die selbstgefällige flache Phrasenhaftigkeit brauchen, die sich sehr leicht einstellt, wenn unreife junge Leute statt sich gründliche Kenntnisse anzueignen, statt sich der ihnen am nächsten liegenden Arbeit ihrer Berufsorganisationen einzuordnen sich auf eigne Hand an die grössten sozialen und politischen Probleme heranmachen. [...] Vor nichts sollten wir die Jugend mehr warnen als vor der neudeutschen Zeitkrankheit überall dilettantenhaft mitreden zu wollen, vor dem Bramarbasieren

---

[808] Der Beitrag bezieht sich auf die Auseinandersetzungen des Nürnberger Parteitages 1908 um die Frage, welche Selbständigkeit den Arbeiterjugendvereinen zugestanden werden soll und ob eine eigenständige Jugendorganisation erforderlich sei. Zu den Gegnern einer selbständigen Jugendorganisation zählten die Gewerkschaften, die Jugendarbeit in die Gewerkschaften integriert sehen wollten, die Befürworter kamen aus den Reihen der Parteilinken. Die „Parteijugend" selbst wollte eine eigene Organisation. Der Parteitag kam schließlich zu dem Kompromiss, „daß der Betätigung von lokalen Jugendorganisationen unpolitischen Charakters, die unter Mitbestimmung Erwachsener ihre Verwaltung selbst führen, nichts im Wege steht." Anfang September 1908 wurde dann als „unpolitische Organisation" der Verband der Arbeiterjugend Deutschlands gegründet. (Vgl. Sieger 1958, S. 147ff.) – Wolfgang Heine (1861-1944), Sohn eines Gymnasialdirektors, Privatschule, Gymnasium, Studium der Rechtswissenschaft in Tübingen und Berlin, Referendar im preußischen Justizministerium, Rechtsanwalt in Berlin, für die Sozialdemokratie von 1898 bis 1920 im Reichstag, 1918 preußischer Justizminister, 1920 Innenminister, nach 1933 Emigration in die Schweiz.

von *Idealen* und *grossen Zielen*, worüber eine gewissenhafte Arbeit und Selbstbe-schränkung im Urteil verachtet werden. Wir haben wahrlich an unseren sogenann-ten *Nationalen* und ihrer Politik abschreckende Beispiele, wohin das führt.

Deshalb scheint mir eine parteipolitische Beeinflussung der jungen Leute unter 18 Jahren nicht nur entbehrlich, sondern geradezu gefahrvoll, noch mehr ihr eignes Politisieren in besonderen Organisationen. Was wir einzig zu tun haben, ist, dass wir der schulentlassenen Jugend behilflich sind den sittlichen Gefahren zu entge-hen, die ihr drohen, die Lücken ihrer Ausbildung auszufüllen und sich fortzubilden, so dass ihr Charakter gefestigt, und ihr Geist fähig wird selbst eine politische Ent-scheidung zu treffen. Sollte sich dann nicht die Mehrzahl einer so ausgebildeten Jugend zur Sozialdemokratie schlagen, so wäre das ein Beweis, dass die Partei überlebt wäre. Da wir aber keinen Grund haben an unsrer Sache zu verzweifeln, so brauchen wir das nicht im geringsten zu fürchten.

Körperliche und geistige Gesundheit sind die Ziele, unter denen wir diese Fort-bildung zu betreiben haben. Körperliche Tüchtigkeit, erworben durch Turnen, Spiel und Sport, ist für dies Alter die nächste und angemessenste Aufgabe. Beo-bachten und Denken müssen geübt, so weit als möglich müssen auch positive Kenntnisse gewährt werden, und zwar so unparteiisch wie möglich. [...] Fünfzehn-jährige Knaben in der rauchigen Kneipe, aufgeblasen über Dinge disputierend, von denen sie nichts verstehen können, bedeuten gar nichts für die höchsten Ideen; frische Burschen, sich beim Ballspiel tummelnd, auch wenn sie nicht über die Verbesserung der Welt grübeln, leisten eine weit bessere Vorarbeit für die Ver-wirklichung der sozialdemokratischen Gesellschaft. [...]

Nur Selbsttätigkeit der Lernenden ohne das Gefühl fortwährender Bevormun-dung kann ausdauernde Lust an der Arbeit erzeugen. [...] Deshalb mögen die Ju-gendvereine ihre Arbeit als unpolitische Bildungsvereine selbständig fortsetzen, was sie nicht hindert sich zugleich der Einrichtungen zu bedienen, die die einzuset-zenden Bildungskommissionen schaffen werden, ihre Bibliotheken zu benutzen, an Vortragskursen teilzunehmen usw. Das Vereinsgesetz gestattet die Beteiligung von Jugendlichen an reinen Bildungsvereinen. Freilich lässt die Vieldeutigkeit des Begriffs des *Politischen* auch hier Raum für manche behördliche Schikane. Die Jugendvereine werden deshalb sehr auf der Hut sein müssen. [...]

Für die Partei fürchte ich von dem Fortbestehen selbständiger Bildungsvereine für die Jugend nichts. Mag sein, dass sich von dort aus einmal oppositionelle Strö-mungen gegen die offizielle Leitung der Partei entwickeln; es wäre schlimm, wenn die Partei das nicht riskieren könnte. Sehr wahrscheinlich, dass in solchen Verei-nen ab und zu sehr törichte Dinge geredet werden; das ist das Vorrecht der Jugend, das sich nicht unterdrücken lässt, und das auch nicht unterdrückt werden soll. [...] Alles Streben nach Bildung muss unabhängig sein, „frei, bis zum Missbrauch frei", wie Lassalle von der Wissenschaft sagt, und der einzige Massstab, woran es ge-messen werden darf, ist die positive Leistung, die es erzielt.

161. Friedrich Paulsen: Moderne Erziehung und geschlechtliche Sittlich-keit[809] (Rezension von Wilhelm Hausenstein)

SM 1908, Nr. 18/19, S. 1218

Wenig sympathisch ist mir die Serie von Aufsätzen, die der jetzt verstorbene Friedrich Paulsen [...] veröffentlicht hat. Gegenüber so hochdenkenden und feinen Persönlichkeiten wie Ellen Key und Ludwig Gurlitt darf niemand die Forderungen des menschlichen Taktes vergessen. Was soll man gar dazu sagen, dass einer unserer bedeutendsten Universitätslehrer unsere zeitgenössische Literatur so charakterisiert hat: „Wofür kämpft die gegenwärtige Literatur? Unsere Romane? Unser Theater? Ich weiss es wahrlich nicht zu sagen, es sei denn für die Freiheit des Trieblebens und etwa für eine kümmerliche Vorstellung von Wahrhaftigkeit, nämlich das Gemeine und Schlechte als das Wesentliche und Wirkliche zu sehen und zu zeigen." Es fehlt in erschreckendem Mass das tiefere Verständnis für das gewaltige, unerhört grosse Stück Kulturgeschichte, das sich auch in der Literatur unserer Zeit vollzieht. Selbstverständlich, dass ein Mann wie Paulsen auch Gutes zu geben hatte. Gut sind seine Angriffe auf die „Berechtigungsjägerei" an Schulen und Universitäten, gut ist seine Anregung zur Begründung einer medizinischen, einer juristischen Ethik, die den jetzt rein technischen Charakter dieser Disziplinen adeln soll, gut ist die Forderung eines exegetisch-historischen statt des stumpf-dogmatischen Religionsunterrichts, gut ist der Stil und das Temperament. Aber ganz schlimm ist's, dass ein denkender Mensch eine pädagogische Serie in den Wunsch nach mehr Autorität, nach Rückkehr zur *educatio strenua* ausklingen liess. Was an diesen Worten richtig ist, wird doch missverstanden und kommt nach Ablauf der Entwickelung überhaupt von selbst.

162. Ludwig Gurlitt: Die Schule[810]/Achim von Winterfeld: Was will die Schulreform?[811] (Rezension von Wilhelm Hausenstein)

SM 1908, Nr. 25, S. 1561 (Ausüge)

[...] Unter die bedeutendsten Arbeiten [zur Schulreform, ChU] zähle ich das temperamentvolle Buch des Berliner Pädagogen Ludwig Gurlitt *Die Schule*. [...] Es wird im ganzen zu einer leidenschaftlichen Anklage gegen das humanistische Gymnasi-

[809] Erschienen bei Reuther Reichard, Berlin 1908. – Wilhelm Hausenstein, Pseudonym Johann Armbruster (1882-1957), Philologe, Schriftsteller, Kunsthistoriker, Kunstsoziologe, zahlreiche kunsthistorische Veröffentlichungen, 1907 SPD, Mitarbeiter der *SM*, dadurch keine Habilitation möglich, 1919 Austritt aus der SPD wegen ihrer Kompromissbereitschaft nach rechts, Redakteur verschiedener Zeitschriften, 1933 Entlassung aus der Redaktion der *Münchener Neuesten Nachrichten*, 1934 Mitarbeiter der *Frankfurter Zeitung*, 1943 auch hier Entlassung wegen seiner jüdischen Ehefrau, 1945 Mitbegründer der *Süddeutschen Zeitung*, Mitglied mehrerer Akademien, zahlreiche Literaturpreise, 1953 Botschafter der BRD in Paris.

[810] Band 16 der Sammlung *Die Gesellschaft*. Hrsg. von Martin Buber, Rütten & Loening, Frankfurt a.M. 1907. Vgl. auch Dok. 78.

[811] Erschienen bei Dietrich, Leipzig 1907. Vgl. auch Dok. 76.

um. Ich mache diese Einwände mit, soweit sie sich gegen die jetzt üblichen Lehr-methoden auf dem humanistischen Gymnasium richten, gegen die Art, wie man gegenwärtig unsere Jugend zur Antike in Beziehung setzt. Aber sie treffen nicht den pädagogischen Wert der Antike selbst. Gurlitt bestreitet den allgemeinen oder vorherrschenden Erziehungswert der Antike, will das humanistische Bildungsideal aus unseren Schulen exstirpieren und versucht eine Bildung zu begründen, die von den autochthonen Elementen unserer eigenen, der deutschen Kultur ausgeht. Ich persönlich halte dies Unternehmen nicht bloss der Idee und Absicht nach für ver-fehlt sondern zugleich für ganz unhistorisch und darum unmöglich. Mir persönlich ist die Bildung des attischen Vollfreien immer noch eine Erscheinung von norma-tivem erzieherischem Wert, der die gesamte Kultur- und Bildungsgeschichte nichts Gleichwertiges an die Seite zu stellen hat. Der humanistische Unterricht muss meines Erachtens mit den modernen Realien – zu denen ich auch den wissenschaft-lichen Unterricht in politischen Dingen, wie Rechts- und Wirtschaftskunde, zählen würde – dauernd konkurrieren und soll nicht zu einer Spezialität herabsinken. Die gebildetsten Deutschen, die wir hatten, Goethe, Wilhelm von Humboldt und Nietz-sche, waren Hellenen.

Ein Schüler Gurlitts, Achim von Winterfeld, äussert sich [...] in verwandtem Sinn über den Humanismus. Ausserdem werden in dieser Schrift gute Dinge ge-sagt. Freilich Dinge, die längst zu bekannten Forderungen geworden sind, wie die Bevorzugung des auf unmittelbare Sinneseindrücke abzielenden Anschauungsun-terrichts in den unteren Erziehungsstadien, die Ersetzung des unterrichtenden Schulmeisters durch den bildenden, erziehenden Pädagogen, die Promiskuität der Geschlechter im Unterricht, die stärkere Betonung des deutschen Unterrichts, Umwandlung des dogmatischen Religionsunterrichts in einen historisch-kritischen, Modernisierung des Geschichtsunterrichts, Einschränkung der Stundenzahl, der häuslichen Vorbereitung und Beseitigung der Prüfungswirtschaft.

163. Friedrich Wilhem Foerster: Christentum und Klassenkampf[812] (Rezen-sion von Conrad Schmidt)

SM 1909, Nr. 5, S. 325-327 (Auszüge)

[...] Foerster, der von allgemein humanitären Anschauungen ausging, näherte sich dann mehr und mehr dem Christentum, ja glaubte in ihm die Grundkraft zu erken-nen, aus der das individuelle Leben allein einen befriedigenden Gehalt, das Gesell-

---

[812] Erschienen bei Schulthess, Zürich 1908. – Conrad Schmidt (1863-1932), Mitbegründer der Freien Volksbühne (1890), nach ihrer durch die Zensur erzwungenen Auflösung Initiator einer Neugrün-dung (1896), wurde 1890 wegen des Themas seiner Habilitationsschrift (Die Durchschnittsprofitrate auf Grund des Marx'schen Wertgesetzes) von der Leipziger Universität als Privatdozent abgewiesen (vgl. August Bebel im sächsischen Landtag am 15. März 1890, in Lesanovsky 2003, S. 389), Lehrer an der Arbeiterbildungsschule Berlin, forderte ästhetisch-kulturelle und moralische Erziehung der Arbeiter durch die Sozialdemokratie, maßgeblich an der Schiller-Debatte 1905 beteiligt, Mitarbeiter der *SM*, von 1909 bis 1930 zuständig für die Rubrik Sozialwissenschaft in der Rundschau.

schaftsleben allein Bürgschaften wirklichen Fortschritts schöpfen könnte. Man
spürt in den Erörterungen überall den warmherzigen, feinsinnigen Erzieher, der
sich liebevollste Geduld zur Richtschnur seines Verhaltens anderen Individualitäten gegenüber gesetzt hat und aus einem Schatz reicher Erfahrungen generalisiert,
die er in dieser Weise, immer auf die Erweckung eigener Einsicht und sympatheti-
scher Empfindungen hinwirkend, machte. Das führt ihn vielfach, so beispielsweise
in den Aufsätzen über den Umgang mit Dienstboten und den häuslichen Beruf zu
sehr beherzigenswerten Einblicken, Mahnungen und Ratschlägen, oft aber auch,
wenn es sich um die Abschätzung und Beurteilung geschichtlicher Verhältnisse
handelt, zu verfänglich schönfärberischer Ideologie. An Stelle des Machtkampfes,
des allgemeinen Hebels der historischen Bewegung, und der leidenschaftlich konzentrierten Energie, die dieser verlangt, möchte er eine Taktik ethisch-christlichen
Rücksichtnehmens setzen, die *pädagogisch* auf den Gegner wirkt, ihn, wie einen
widerspenstigen Schüler, durch nachgiebige Freundlichkeit gewinnt. Seine Begeisterung für das Ethische schlägt in einen Aberglauben um, der die Wirkungsmöglichkeiten abstrakt sittlicher Grundsätze im Rahmen der gesellschaftlich gegebenen
Zusammenhänge wunderlich kritiklos überschätzt und die eigentlich bestimmende
Naturgrundlage: den unmittelbaren und kollektivistisch durch die Interessenge-
meinschaft von Gruppen erweiterten Egoismus in seiner historisch vorwärts treibenden Rolle fast gänzlich unbeachtet lässt. Er bedenkt nicht, dass der geschichtliche Fortschritt, wenn er wesentlich durch rein ethische Gesinnung und selbständige
Entwickelung dieser bedingt wäre, sich überhaupt nicht hätte vollziehen können,
dass es dazu, wie selbst Kant, der rigoroseste aller philosophischen Ethiker, mit
stärkstem Nachdruck hervorhebt, des egoistischen „Antagonismus" zwischen den
einzelnen und zwischen den Gruppen, „der Ehrsucht, Herrschsucht oder Hab-
sucht", der „Ungeselligkeit" und des „durchgängigen Widerstandes" bedurfte.
„Ohne jene an sich gewiss nicht liebenswürdigen Eigenschaften der Ungeselligkeit,
woraus der Widerstand entspringt, den jeder bei seinen selbstsüchtigen Anmassun-
gen notwendig antreffen muss, würden in einem arkadischen Schäferleben, bei
vollkommener Eintracht, Genügsamkeit und Wechselliebe, alle Talente auf ewig in
ihrem Keim verborgen bleiben: die Menschen, gutartig wie die Schafe, die sie
weiden, würden ihrem Dasein kaum einen höheren Wert verschaffen als dieses, ihr
Hausvieh, hat." Und wie alle menschlichen Anlagen erst in dem geschichtlichen,
durch jene „unliebenswürdigen Eigenschaften" vorangetriebenen Prozess, kann
auch erst in ihm „durch fortgesetzte Aufklärung die grobe Naturanlage zur sittlichen Unterscheidung" (also zum Ethischen) mit der Zeit in bestimmte praktische
Prinzipien, und so eine pathologisch (durch die Not) abgedrungene Zusammen-
stimmung zu einer Gesellschaft endlich in ein *moralisches* Ganze verwandelt werden.

Kant ist in Foersters Augen doch gewiss ein unverdächtiger Zeuge. Gegen ihn
wird er schwerlich die wider die Marxsche Geschichtsauffassung erhobenen Ein-
würfe, dass sie den Wert des Ethischen negiere und eine mechanisch leere Veräus-
serlichung des ganzen Denkens dokumentiere, ins Feld zu führen wagen. Stimmt

aber die Kantische Auffassung von der überragenden Macht der partikularen Interessen in der geschichtlichen Entwickelung, von der Bedingtheit höherer ethischer Bewusstseinsentwickelung durch diesen primär, was die kausal treibenden Hauptkräfte anlangt, unethischen Prozess, dem Grundgedanken nach, nicht durchaus mit jener *materialistischen* Geschichtsauffassung überein? Nur dass diese, speziell den ökonomischen Charakter der Gesellschaftsstruktur ins Zentrum rückend, die wirtschaftlich begründeten Interessengegensätze als das wesentlichste, Ziel und Richtung gebende Moment jenes *Antagonismus* erklärt, den Kant ganz allgemein als Charakteristikum hervorhebt.

Mit dieser, durch jeden Blick auf die Geschichte bestätigten Naturgebundenheit menschlich gesellschaftlicher Aktion, die nur sekundär innerhalb gewisser Schranken durch ethische Erwägungen modifiziert werden kann, hätte sich Foerster als Grundproblem auseinandersetzten müssen, wenn er hinsichtlich des Verhältnisses von Klassenkampf und Ethik zu einer prinzipiell begründeten Stellungnahme gelangen wollte. Ohne eine solche fehlt seinem ethischen Idealismus und seiner Art des Postulierens auf dem Gebiet des geschichtlichen Lebens das sichere Augenmass, muss seine moralisierende Reflexion, die sich so viel darauf zu gute tut stets das lebendige Individuum, die konkrete Persönlichkeit im Auge zu behalten, sich in leere Abstraktionen und Illusionen verlieren. Gewiss ist es etwas Grosses und Bedeutsames um das, was er den *inwendigen Menschen* nennt, und ebenso liegt es auf der Hand, dass Besserungen der äusseren Verhältnisse unmittelbar, an und für sich noch nicht notwendig eine Besserung in den Gesinnungen erzeugen müssen. Aber sind darum äussere Verbesserungen etwa weniger erstrebenswert oder erreichbar, hängen sie darum etwa von einer Hebung des *inwendigen Menschen* als Vorbedingung ab? Für Foerster scheint die Ethik in der Tat das A und O des sozialen Lebens zu sein, die Kraft, von der und für die alles andere ist oder doch sein sollte. „Auswendige Sozialarbeit ist gewiss auch nötig", erklärt er in diesem Sinn, „aber nur als Konsequenz und Ausdruck einer durchgreifenden inneren Bekehrung zur Gemeinschaft, zum Geist der Einordnung statt des Geistes der Überordnung, zum Zusammenwirken an Stelle trotziger Selbstbehauptung und eigensüchtiger Leidenschaft." Dass im vorigen Jahrhundert das Wachstum der Volksfreiheit mit steigender Demokratisierung der öffentlichen Meinung Hand in Hand ging, gilt ihm von seinem Standpunkt aus als ein Beweis dafür, dass die tiefste Ursache den erwachsenden Volksfreiheiten in letzter Linie das – Christentum gewesen sei.

Das schliesst nicht aus, dass die Kritik, die er von ethischen Gesichtspunkten an gewisse Erscheinungen innerhalb der Arbeiterbewegung und der Sozialdemokratie legt, nicht auch mancherlei sehr wohl Beherzigenswertes enthält. Aber seine Polemik übersieht vollständig, wie innerhalb der durch die Zustände gezogenen Grenzen und in Anpassung an sie jene gewaltige Bewegung durch Hineintragen umfassender und grosser Richtziele in das Bewusstsein der Massen und durch die Erziehung zu solidarischer Aktion schon gegenwärtig in wesentlichen Beziehungen ein mächtig ethisierender Faktor geworden ist und werden musste. Was die *Überhebung* dem Gegner gegenüber wie auch jene im Schlagwort von der *Diktatur des*

Proletariats zu tage tretende Gewaltvergötterung anlangt, die dem Verfasser besonders anstössig und ein Widerspruch zu wirklich demokratischer Gesinnung erscheint, so sind das Züge, die allein schon unter dem Druck gehäufter Kampferfahrung mehr und mehr verschwinden werden, wie sie zum Teil schon verschwunden sind. Nur dürfte Foersters Einschätzung der Gegner gründlich fehl gehen, wenn er als Folge einer solchen Änderung in der Tonart von ihnen irgend ein Entgegenkommen erwartet.

164. G. W. Zimmerli: Wer ist gebildet?[813]/Friedrich Jodl: Was heisst Bildung?[814] (Rezension von Wilhelm Hausenstein)

SM 1909, Nr. 8, S. 525-527 (Auszüge)

Nichts ist fataler als von Büchern zu sprechen, von denen man nichts sagen kann als dass sie entsetzlich richtig sind. Wenn diese Worte einen Vorwurf enthalten, dann richtet er sich zum Beispiel gegen G. W. Zimmerlis Buch [...]. Was da gesagt wird, ist alles so ennuyierend einwandfrei, dass man ordentlich nach einer Ungezogenheit lechzt. Das ist verzweifelt wenig, wenn man über das Wesen der Bildung schreiben will. Soll ich nun seriös werden und konstatieren, dass ein Mann, der so solide Urteile wie die seinigen über das Rokoko, die französische Revolution, die sozialistische Bewegung usw. nicht verschmäht, *au fond* wenig Beruf habe derzeit ein Buch über Bildung anzubieten? Man hätte Lust gegenüber so viel *Gediegenheit* den seligen Heine zu beschwören und mit ihm zu beschliessen, dass der Himmel nun endgültig den Engeln und den Spatzen gehören solle. Aber wie sehr tat da Heine den Spatzen unrecht. Man soll die holde Unbildung nicht zu niedrig einschätzen. Die Spatzen sind philosophisch und bildungspolitisch zweifellos Indifferentisten. Aber in der Lebenskunst sind sie positiv. Also. Und wenn schon ein System oder etwas Ähnliches über das Wesen der Bildung geschrieben werden muss, dann sei es ein System der Skepsis. Es gab ein paar Leute im Lauf der Jahrtausende, die über das Wesen der Bildung schreiben konnten. Zu ihnen gehörten Leonardo, Goethe, Wilhelm von Humboldt und Nietzsche. Sie haben es nicht getan; nicht direkt, nicht im Zweckbuch *ad usum Delphini* sondern gelegentlich, nach jenen ganz tiefen Tiefblicken ins Dasein hinab, die man nur zufällig tut, die man nicht ordnen und berechnen kann, und die man kaum verantwortet. Wahrscheinlich ist das das Richtige. Sie trauten sich die Delikatesse nicht zu, die man braucht, wenn man über ein so feines Ding schreiben will wie über das Wesen der Bildung. Wer da nur halbwegs didaktisch vorgeht, wäre es auch in schöngeistigen Korrespondenzen, der löst das Problem nicht, aber er: defloriert es. Ich glaube, wenn Nietzsche noch lebte, würde er ein paar grimmige Notizen losgelassen haben, wie seinerzeit gegen den armen Strauss, der sich auch so sehr viel Mühe gegeben hatte. Indes, das Buch ist geschrieben, und so wie es daliegt, bedeutet es schliesslich

---

[813] Erschienen bei Engelhorn, Stuttgart 1907.
[814] Erschienen bei Heller, Wien 1909.

doch etwas. Es ist der Ausfluss des Zeitstrebens nach Synthese, nach einer Sammlung der Werte, mit denen wir leben. Aber damit ist dies besondere Buch nicht
gerechtfertigt, das bei all seiner Redlichkeit und all seinem Ernst seinen Zweck
verfehlt, so dass ich magistral erklären muss: Es ist unleidlich und von Fidus illustriert. Auch in dem Vortrag des Wiener Professors Friedrich Jodl [...] begegnet man
keinem Gedanken, dem man widersprechen kann. Alles stimmt. Alles ist so tüchtig
wie nur möglich. Aber die Sprache, die Gedankenrichtung, die man für dieses
Thema wünscht, ist es nicht. Goethe würde über Bildung einige klassische Sentenzen sagen. Aber nicht jeder kann klassisch sprechen. Die Feierlichkeit und Einfachheit der antiken Formel hat in unserer sehr barocken Kultur das Recht verloren. Indes, auch unsere Zeit könnte dem Problem von Fall zu Fall doch eine neue
Wendung geben. Auch dann, wenn zu Arbeitern gesprochen wird. Jodl sagt Selbstverständliches und sagt es mit Ordnung. Aber das Besondere, das Neue, das Uner-
hörte sucht man umsonst. Eine Einzelheit als Beispiel. Die ganze Frage ist ja von
prinzipieller Bedeutung, und man mag sie billig an kleinen Exempeln erkennen.
„Bildung ist ein Gegenmittel gegen die so unendlich häufige verständnislose Geringschätzung, mit welcher die einzelnen Stände ... auf einander hinblicken, jeder
sich in den Mittelpunkt des ganzen Lebens rückend und sich gebärdend, als wären
alle übrigen nur ihretwegen da oder lästige Auswüchse der Gesellschaft, die vollkommen wäre, wenn es nur Gelehrte und Offiziere, oder Kaufleute, oder – Arbeiter
gäbe ..." Das ist sehr jovial gesagt. Aber das ist auch alles. Gewiss ist nichts so
übel wie jene Demagogie, die bewusst oder unbewusst dem Proletariat ein verdreh-
tes Selbstbewusstsein beibringt. Das ist unverantwortlich. Aber es gibt auch wenig,
das so dürftig ist wie jene farblose Neutralität eines Bildungsbewusstseins, das
über den Klassen steht. Das muss Jodl gegenüber ausgesprochen werden; denn
seine Gedanken sind typisch für eine akademische Betrachtung der Arbeiterbil-
dungsbestrebungen. Weshalb nicht frei an dieser interessanten Stelle einsetzen?
Weshalb nicht über die sozialen Bedingungen der Bildung sprechen? Noch nirgends sind sie ausgiebig und geschmackvoll erörtert. Mit einer gelegentlichen
Anwendung einer marxistischen Formel ist es natürlich nicht getan. Ebenso wenig
freilich mit jener lächelnden Redensart, die behauptet, es gebe nur eine einzige
Wissenschaft: die, die aus dem Geist der Wahrheit geboren wird. Das ist natürlich
richtig, wenn der Geist der Wahrheit auch über den Dunkeln des Unterbewusst-
seins waltet. Das ist nicht immer der Fall. Noch immer sind Logik und Psychologie
zwei verschiedene Tafeln. Noch immer haben die Klassen ihr besonderes Seelenleben. Das alles wurde nur gesagt, damit eine Richtung angedeutet werde, in der
sich das Nachdenken über das Problem der Bildung auch bewegen kann. Da ist
noch Neuland. An Konvenienzbroschüren und Konvenienzbüchern über das Wesen der Bildung ist es aber nachgerade genug, und seien sie auch noch so achtbar
durch die persönliche Ehrlichkeit, die subjektive Wahrheit, die in ihnen wohnt.

707

165. Friedrich Wilhelm Foerster: Lebensführung[815] (Rezension von Wilhelm Hausenstein)

SM 1909, Nr. 14, S. 928-929 (Auszüge)

[...] Es ist vielleicht kein Schaden, wenn ein pädagogisches Werk mit rigorosen Forderungen arbeitet; es ist ganz recht, wenn man den Werdenden Absolutes, Bestimmtes hinhält und ihnen den energischen Glauben an positive Charakterwerte gibt. Der Relativismus ist die Sache der Reiferen; er stellt sich von selber ein. Aber mancherlei ist im besonderen noch von dem Buch zu sagen. Zunächst will diese Besprechung nicht den Verdacht erwecken, dass Foerster auf altfränkisch herbe Art eine erdrückende Moral predige; davon kann nicht die Rede sein. Für ein pädagogisches Buch ist Foersters *Lebensführung* sehr geschmackvoll geschrieben; wer Geschmack hat, hat auch ethischen Takt, und ethischer Takt entbehrt gern alles rauhen ethischen Systematisierens. In diesem Buch finden sich Formulierungen, die man als sprachkünstlerische Leistungen bezeichnen darf. So weit möchte man von dem Buch also nur Freundliches sagen. Aber ist auch Foerster ein Mann von grösster Noblesse der Gesinnung und von einem ehrwürdigen Erlebnisreichtum, die ihm ein Recht geben viel zu fordern, und ist es auch eine hohe Angelegenheit einen jungen Charakter zu *organisieren*, so hätte das Buch doch erheblich differenzierter sein können. Sicher ist nichts schwerer als in einem pädagogischen Buch eine delikate Kasuistik zu pflegen, ohne den Leser – zumal den jungen – zu verwirren und unsicher zu machen. Und besser wohl die Lücke als ein Missgriff. Aber schliesslich steht den runden Imperativen eines pädagogischen Vademekums und seinen blanken Abstraktionen beispielsweise das Leben des jungen Goethe gegenüber; und nichts verhängnisvoller als ihn den jungen Menschen auf der Wolke einer fingierten Künstlermoral zu entführen. Nein, jeder Werdende hat ein Recht sich an der Moral Goethes zu erbauen; und es wäre vornehmste Pflicht der Älteren diese Moral vor Missverständnissen zu beschützen. Der konkrete Weg, die Methode, die mit dem Exemplarischen operiert, ist auch ein Mittel der Pädagogik, und nicht das schlechteste. Alles Allgemeine in der Pädagogik wirkt am Ende verhärtend und abstumpfend; es gibt keine konkretere, keine individuellere Angelegenheit als das Charakterwerden. Diesen generellen Einwand kann ich auch gegenüber einem so tüchtigen Buch wie Foersters *Lebensführung* nicht zurückhalten. Um so weniger als dies Buch tatsächlich über den Rahmen einer Anweisung zur Selbsterziehung für junge Menschen hinausgreift. Das soll kein Vorwurf sein, im Gegenteil. Wir haben es hier eben zuletzt mit dem ernsten Bekenntnis eines Mannes zu tun, der mehr zu geben hat als den Entwurf einer Erziehungstechnik. Er gibt eine persönlich empfundene Weltanschauung. Besser, er hätte uns eine Selbstbiographie geschrieben; ich glaube, sie würde sich lohnen. Weil es sich hier um ein Weltanschauungsbekenntnis handelt, nicht nur um ein Kompendium formaler Methoden, müssen wir den stofflichen Gehalt dieser Pädagogik selber, nicht etwa bloss ihren

---

[815] Erschienen bei Reimer, Berlin 1909.

gymnastischen Wert untersuchen. Hier müssen wir jene Einschränkung fallen lassen, die das Buch der Jugend widmet. Und wir werden manches sehr entschieden zu bezweifeln haben, wenn wir das Material diskutieren, an dem Foerster seine Zöglinge bewähren will. Einige Beispiele statt vieler. Foerster behandelt unter anderem die Frauenfrage. Foersters Innenleben ist in gutem Sinn konservativ. Er ist zwar weit davon entfernt die Rechtsungleichheit zwischen Mann und Frau zu verteidigen. „Ein wahrhafter Mann sollte ... einen heiligen Krieg gegen alle offenen und geheimen Männerprivilegien führen: seine Männlichkeit wird sich darin zeigen, dass er Privilegien gewährt statt sie anzunehmen." Im Hintergrund dieser anständigen Liberalität steht jedoch die Hoffnung, dass die Frau im wesentlichen das bleibe, was sie ist. Foerster warnt davor, dass man sich durch „Geschwätz" oder „Zeitmoden" abhalten lasse „die demütige, dienende Liebe als höchste Frauenkraft und Frauenwürde zu feiern und jeder Art von weiblichem Selbstkultus unbarmherzig die Achtung zu versagen". Das klingt fatal; und ist irgend etwas daran, das mehr bedeutet als einen subjektiven Wunsch, dann ist es deplaciert es heute zu sagen, es so zu sagen. Das gleiche gilt von dem Kultus der Form, dem Foerster die Eheschliessung unterwerfen will. „Innerhalb der Beziehungen der Geschlechter ... besteht die ... Keuschheit darin, dass man einem gehört und sonst keinem, und auch diesem nur in einem geweihten Lebensbunde, also nicht in freier Sitte und würdeloser Hingabe sondern im Einklang mit der ehrwürdigen Form, die ein Symbol und ein Hilfsmittel bedeutet für alles, was Charakter, Treue und Sammlung im Leben ist." Und Foerster lässt keinen Zweifel darüber, dass er an den zivilen und den kirchlichen Trauungsakt denkt. Es ist etwas Schönes um festliche Formen. Einstweilen aber ist es doch wichtiger den Widerstand gegen die Form zu organisieren. Mehr als bedenklich wird vollends die Unerbittlichkeit, die eine illegitime Mutterschaft mit dem Stigma sittlicher Minderwertigkeit versieht. Wäre die Sache nicht an sich selber ungeheuerlich, so musste Foerster durch den Takt, den man den Verhältnissen der Zeit schuldet, davor bewahrt bleiben derartige Dinge zu sagen. Diese Verhältnisse fordern zunächst eine strenge Disziplin im Kampf gegen das Alte, gegen eine Vernunft, die im allgemeinen Unsinn geworden ist und noch eine Weile brauchen wird, bis sie wieder zum Sinn wird. Und mehr dergleichen. Der *sozialistische Student* gilt Foerster als Widerspruch in sich selbst. Gewiss, der Begriff des Studiums umschliesst den Begriff einer holden Unfertigkeit. Und wir wissen ja, dass man als Politiker die Unfertigkeit des Studenten ganz und gar ablegt. Aber, selbst wenn uns der Begriff etwas anginge, hätte er seine Rechte verloren, wo alle Tatsachen des Lebens nach einer sozialistisch orientierten Studentenschaft verlangen. Unerträglich endlich und allen Aktphotographieen zum Trotz nicht zeitgemäss ist die subtile Unterscheidung zwischen sinnlichem Wohlgefallen und ästhetischem Vergnügen am Nackten, die Foerster einem seltsamen Kultus des Verhüllten zutreibt. So kann ich mir eine grosse Erziehung der Jugend und des Volks nicht vorstellen. Man kann das Schamgefühl sehr ehren, man kann es heilig halten und doch jene Methoden der Ängstlichkeit wegweisen. Die elementare Voraussetzung dieser Freiheit wäre es freilich, dass man die verdammte

Unterscheidung zwischen Ästhetik und Sinnlichkeit endlich aufgäbe, gegen die Kleist vor hundert Jahren seinen wundervollen *Brief eines Malers an seinen Sohn* geschrieben hat.

Genug. Was man an dem Werk auszusetzen haben mag, es bleibt jedenfalls ein Verdienst, dass uns und der jungen Generation die Idee der Selbstdisziplinierung zugeworfen wurde. Disziplinierte Charaktere tun uns not. Sie entstehen zwar, wie ich glaube, auch nach anderen Methoden; Foersters Weg aber ist jedenfalls ein Weg, wenn auch nicht der Weg. Ihn nachzuahmen oder zu bezweifeln ist die Sache des einzelnen.

166. Max Maurenbrecher: Über die Methode der Bildung[816]

SM 1909, Nr. 24, S. 1537-1543 (Auszüge)

Anschauungen ohne Begriffe sind blind; Begriffe ohne Anschauungen sind leer: So hat vor nun mehr als 4 Menschenaltern Immanuel Kant das Grundgesetz alles Denkens formuliert, und diese Formulierung ist zur Grundlage der gesamten modernen Wissenschaft und aller wissenschaftlichen Methode geworden. Wissenschaftliches Denken ist Denken in Begriffen. Es erhebt sich über die einzelne Auffassung eines einzelnen Ereignisses oder einer einzelnen Erfahrung. Es sucht in dem unübersehbaren Meer von Einzelheiten, das die Erfahrung uns bietet, den Zusammenhang, das Regelmässige, Allgemeingültige; es verkettet nach den Kategorien von Ursache und Wirkung. Diese begriffliche, theoretische Arbeit ist unerlässlich für jedes ernsthafte Verstehen der Wirklichkeit; sie ist die Vorbedingung für jedes planmässige praktische Handeln, das auf eine weitere Zukunft berechnet ist. Aber sie darf sich nicht von der praktischen Grundlage entfernen, die die Anschauung bietet. Begriffe, die nicht aus der Abstraktion von tatsächlich gegebenen Erfahrungen gewonnen sind, sind blind, sind keine richtigen Gedanken, sind wertloses Klirren mit Worten.

Man kann den Kantischen Grundsatz nach zwei Seiten hin als Parole brauchen. Er richtet sich einerseits gegen die *Praktiker*, die jede Theorie verachten und verspotten, andrerseits gegen die, deren *Theorie* nicht aus der Anschauung stammt und daher der Praxis in Wirklichkeit keine Wege zu weisen vermag. Über jenes hat Paul Kampffmeyer gerade jetzt in den *Sozialistischen Monatsheften* zur Genüge

---

[816] Max Maurenbrecher (1874-1930), Theologe, Mitarbeiter der 1895 von Friedrich Naumann begründeten nationalsozialen Zeitschrift *Die Hilfe*, 1903-1916 Mitglied der SPD, Lehrer an der Arbeiterbildungsschule Berlin, Mitarbeiter der *SM* auf philosophischem, literarischem und künstlerischem Gebiet, Beteiligung an der Schiller-Debatte 1905, forderte eine Revision des Geschichts- und Religionsunterrichts, publizierte zum Zusammenhang von Wirtschaft und Volksbildung sowie zu anderen Themen auch in der *Zeitschrift für Philosophie und Pädagogik* (1900), der *Weltlichen Schule* (1912), der *Vierteljahrszeitschrift für philosophische Pädagogik* (1917/18), im *Pädagogischen Magazin* (1925).

710

gesprochen;* es ist nicht nötig darauf noch einmal zurückzukommen. Aber über die Kunst richtige und auch für den Praktiker brauchbare Begriffe zu bilden muss noch einiges ausgeführt werden. Begriffe ohne Anschauungen sind leer: Langsam, nur ganz allmählich ist der in diesem Satz formulierte Gedanke auch in die Pädagogik, das heisst in die Lehre von der Erziehung und der Heranbildung der kommenden Generation, eingedrungen. Wir wissen heute, dass es ganz verkehrt ist einem Kind oder einem Heranwachsenden Begriffe zu bieten, ohne ihm die Anschauungen vorher zugänglich gemacht zu haben, aus denen diese Begriffe abstrahiert sind. Wir betrachten es heute als die veralteten Reste einer vorwissenschaftlichen Zeit der Pädagogik, wenn den Kindern fertige Urteile zum Auswendiglernen und Nachsprechen überliefert werden. Jeder, der über Pädagogik mitspricht, ereifert sich darüber, dass 10jährige Kinder Katechismussätze über die allgemeine Sündhaftigkeit, über die Erlösung und den Sühnetod Christi auswendig lernen müssen, Kinder, die in ihrem eigenen Gemütsleben noch kaum eine Ahnung davon haben, auf welchen Gemütszustand die Begriffe *Sünde, Schuld* und *Erlösung* sich überhaupt beziehen. Wir erfahren mit Grauen davon, wenn in der sogenannten *höhern Töchterschule* auswendig gelernt wird: Raffael war der grösste Maler der Welt, Goethe ist der bedeutendste Dichter der Deutschen. Wir wissen, dass aus einer solchen Methode nur unselbständiges oder anmassendes Nachplappern, nicht aber selbstgedachte Gedanken und selbsterlebte Gefühle erstehen können. Denn die Begriffe und Urteile, die wirklich zu Eigentum und Erlebnis des Menschen werden sollen, kann man ihm nicht als fertige Lehre vortragen, man muss sie ihn von neuem selbst finden lassen, indem man ihm das Tatsachenmaterial vorlegt, aus dem diese Begriffe und Urteile geschöpft sind. Anschauung heisst im Sinn der modernen Psychologie das, was man schaut, was man leibhaftig und in seiner tatsächlichen Wirklichkeit vor sich sieht, was man selbst betastet, geprüft, herumgewälzt, *begriffen* hat. Wir verwischen im gewöhnlichen Leben diesen prachtvollen, tatsächlichen und anschaulichen Sinn, wenn wir das Wort *Anschauung* in dem Sinn von Gedanken, Meinungen und Urteilen nehmen. Wir sagen von jemandem, dass er die oder die Anschauung hat, und meinen damit, dass seine Begriffe und Urteile von der oder der Art sind. Für die Klarheit unserer Ausdrucksweise wäre es gut, wenn wir alle uns daran gewöhnen wollten dem Wort *Anschauung* seinen körperlichen, tatsächlichen Sinn zu lassen und ihm seine übertragene Bedeutung wieder zu nehmen. Wir sollten uns dazu erziehen in jedem einzelnen Fall, wo wir anderen Menschen einen neuen Gedanken beibringen wollen, diesen Menschen zunächst die Anschauungen darzulegen, aus deren Betrachtung der neue Gedanke von selbst hervorgehen soll.

Diese etwas weit ausholende Einleitung war nötig, um diejenigen Schäden deutlich zu bezeichnen, die sich in unserm Bildungswesen in der Methode unserer Vorträge und Unterrichtskurse am stärksten bemerkbar machen. Tatsächlich leidet

---

* Siehe Kampffmeyer Die sozialistische Theorie und die Praktiker der Arbeiterbewegung in diesem Band der *Sozialistischen Monatshefte*, pag. 1481 ff.

die ganze politische Diskussion in der Arbeiterbewegung unter dem Übelstand, dass wir Jahrzehnte hindurch durch Wort und Schrift Urteile und Begriffe gelehrt haben, ohne die Wirklichkeit der Dinge aufzuzeigen, die durch diese Begriffe gedeckt werden sollen. Es ist das eine traurige Wirkung der geisttötenden und verblödenden Methode, unter der bis in die letzten Jahre hinein der Volksschulunterricht in Deutschland gestanden hat. Für die deutsche Volksschule haben die Pestalozzi und Herbart, was den Betrieb des Unterrichts im einzelnen angeht, bisher fast vergeblich gelebt. Die Übermittlung von Erkenntnissen, Gedanken und Urteilen ist in den Volksschulen wohl das ganze vorige Jahrhundert hindurch in der Form vor sich gegangen, dass den Kindern ein fester Lehrsatz zum Auswendiglernen und Nachsprechen eingeprägt oder gar eingeprügelt wurde. Die jugendlichen Gehirne haben daher von vornherein die Richtung auf Nachsprechen, auf Autoritätsglauben und auf begriffliches Schematisieren bekommen. Schematisieren heisst die unendlich vielen Feinheiten, Unterschiede und Verästelungen der Dinge in der Wirklichkeit nicht erkennen sondern sie alle unter ein ziemlich rohes und oberflächlich gewähltes Schlagwort zusammenpressen. Wenn wir in der politischen Diskussion in allen Parteien heute noch so furchtbar unter der Wirkung leerer Schlagworte leiden, das heisst unter der Wirkung von Begriffen, die aus einer oberflächlichen und unvollständigen Anschauung der Wirklichkeit früherer Zeiten entstanden sind, so ist die Methode der Volksschulen und Lehrerseminare in erster Linie daran schuld. Die grosse Masse des Volks in allen Parteien ist nur durch die Volksschule hindurchgegangen und hat damit von vornherein das selbständige Denken fast verlernt. Und diejenigen Kreise der Führer, die der Volksmasse noch am nächsten stehen, sind die Lehrer oder früheren Lehrer, die in den 5 oder 6 Jahren ihrer Seminarzeit die ganze Bildung ihres Jahrhunderts in fertigen Urteilen vorgekaut erhalten und auch geduldig hinuntergeschluckt haben, und die nun meinen, Wissenschaft sei eine Summe fertiger Lehren, die man sich durch ein einmaliges Lernen ein für allemal aneignen könne. In Wahrheit aber heisst Wissenschaft ein ununterbrochenes Suchen und Beobachten der Wirklichkeit und ein ununterbrochen andauerndes Prüfen, ob die überlieferten Begriffe noch mit der veränderten Wirklichkeit übereinstimmen. Dem unwissenschaftlichen Denken wird diese Aufgabe immer unangenehm sein, denn sie zwingt zum fortwährenden Revidieren überlieferter Begriffe und zum Fallenlassen bisher gebrauchter Schlagworte. [...]

167. Reinhard Strecker: Erziehung zur Gemeinschaft[817]/Robert Seidel: Soziale Frage und Lehrerschaft[818] (Rezension von Wilhelm Hausenstein)

SM 1909, Nr. 26, S. 1721-1722

Eine bemerkenswerte Arbeit R. Streckers [...] gibt dem Standpunkt der fortgeschrittenen bürgerlichen Sozialpädagogen kultivierten Ausdruck. Diese Arbeit ist

---

[817] Erschienen bei Roether, Darmstadt 1909.
[818] Erschienen bei Füssli, Zürich 1909. Vgl. auch Dok. 81.

sozialgeschichtlicher Typus. Er charakterisiert sich durch verbindliche Kritik an den Behörden, indignierten Protest gegen konservative Schulreaktion, starke Betonung der vernunftrechtlichen und vernunftethischen Anschauungen der klassischen Philosophie und den hartnäckigen Willen den Marxismus von dieser Seite her zu revidieren. Ein Kapitel präsentiert in der Form einer Polemik gegen den Genossen Max Adler die Lehre vom willenlähmenden Einfluss des Marxismus. Was besagt uns der ökonomische Materialismus Marx'? Die letzten, elementarsten Antriebe geschichtlicher Entwickelung sind in der automatischen Bewegungsmechanik des Wirtschaftlichen zu suchen, diese drängt den Geist zur Selbstentwickelung und gibt dem Willen Beweglichkeit der Glieder, Inhalt und Strategie. Derartiger Reduktion der Willensfreiheit auf etwas historisch Relatives widerspricht Strecker mit einem schlechten Gleichnis: „Es wird doch niemand sich für den Lenker zum Beispiel seines Unteroffiziers halten, wenn er sich dessen Befehlen bewusst fügt, ja selbst in dem Fall noch nicht, wenn er es gern und unter Anerkennung des Militarismus täte." Das ist eigentlich unterhalb jeder Diskussion, und man ist höchstens versucht boshaft anzumerken, es sei klassisch, dass ein liberaler deutscher Oberlehrer die Weltgeschichte unter dem Bild eines Unteroffiziers begreift. Jener Satz sei hier dennoch zur Debatte gestellt, weil er eine vielerorten beliebte Gedankenrichtung bezeichnet. Aber was beweist er? Die Unfreiheit des deutschen Rekruten, aber nicht die sogenannte *Willensfreiheit* des politischen Menschen oder politischer Gruppen. [...] Der Marxismus ist weit davon entfernt den Willen zu leugnen. Der Marxismus, der nichts als die theoretische Formel für eine der grössten Willensanstrengungen der Weltgeschichte, für die sozialdemokratische Arbeiterbewegung, ist, würde sich selber ins Gesicht schlagen. Das spezifische Merkmal des Marxismus ist gerade – nach der *Kritik der politischen Ökonomie* und nach der F. Engels' in der Schrift über die *Entwickelung des Sozialismus* – die Ausrichtung der Arbeiterbewegung und ihrer Doktrin auf eine willensmässige Zurüstung des ökonomischen Apparats, auf die Freisetzung des denkbaren Maximums bewusster Energien in Wirtschaft und Politik wie in der gesamten Kultur. Keine Lehre ist in ihren letzten Konsequenzen geistiger als der Marxismus des Karl Marx; freilich nicht der heutigen *Marxisten*. Heute ist bei uns, früher war im alten Rom die Emanzipation zahlreicher bewusster Energieen gewonnen. Der relativ grosse Spielraum der geistigen Faktoren, der allen differenzierten Zivilisationen eignet und zuletzt emanzipativen wirtschaftlichen Faktoren verdankt wird, verführt die Philosophen der *Vorgeschichte der Menschheit* dazu einen beinahe metaphysischen Begriff der *Willensfreiheit* zu hypostasieren, einen Willen, der zwar da und dort geschichtlich gebunden, aber eigentlich frei sei. Hier werden ganz heterogene Dinge gegeneinandergestellt. Der Marxismus behauptet keineswegs, dass der Wille als philosophische Abstraktion ein Werk der ökonomischen Mechanik sei. Als Abstraktion ist der Wille überhaupt jeder historischen Betrachtung entzogen. Der Marxismus aber ist eine historische Methode. Er kann nur dies behaupten, dass die sozialpsychologische Disposition zum Abstrahieren ein Produkt der ökonomischen Mechanik sei. Mit der Transzendenz des Willens hat er es absolut nicht zu tun. Es ist dumm zu sagen, ein Tisch sei nicht aus Holz sondern grün oder vom lieben Gott. Eben so töricht ist es zu behaupten, die Geschichte werde nicht von ökonomischen sondern von geistigen Faktoren bestimmt, oder aber zum Teil von jenen zum Teil von diesen. Soweit die geistigen Faktoren in der Geschichte eine Rolle spielen, sind sie Erzeugnisse des Ökonomischen; denn hier sind sie eine sozialhistorische und sozialpsychologische Kategorie. Als transzendente Gegebenheit ist der Wille historisch ebensowenig zu begreifen wie die Tatsache der Welt selber. Das Transzendente steht jenseits der Geschichte. Nicht so die menschliche Beschäftigung damit. Denn das Geheimnis des sozialfortschrittlichen Standpunkts eines Strecker und anderer Neukantianer ist zuletzt selber ein sozialgeschichtliches Problem.

Als Techniker der Pädagogik sagt Strecker die besten Dinge über Selbstverwaltung der Schüler, Fachwahl in höheren Klassen, Einheitsschule: Dinge, die den Geist Natorps atmen. Strecker sagt auch Feines über die unvermeidliche Unbestimmtheit alles modernen religiösen Bedürfnisses. Aber er schweigt von den sozialökonomischen Voraussetzungen der Zukunftsschule. Hier setzt eine tüchtige Arbeit des Genossen Robert Seidel [...] ein. Pädagogisch wäre Seidel mit Strecker wohl einig. Aber Seidel gibt Hintergrund dazu. Der grösste Teil der Arbeit ist eine mit Zahlen dokumentierte, äusserst eindringliche Darstellung der fürchterlichen sozialen Tatsachen der Gegenwart und der jüngsten Vergangenheit. Diese Tatsachen wegzuräumen ist nach Seidel Pflicht und pädagogisches Interesse der Lehrer. Er will die Parteipolitik nicht in die Schule tragen lassen; mit Recht, da er sich nicht gegen politische Gesinnung des Lehrers und ihr Einströmen in den Geist des Unterrichts sondern gegen politische Taktlosigkeit in der Schule wendet. Mit grösster Energie weist Seidel den Lehrer in ein enges Verhältnis zur staatsbürgerlichen Arbeit; er fordert zugleich, dass der Lehrer absolute Freiheit zu parteipolitischer Wirksamkeit habe. Diese Auffassung hat Profil, und ihr ist mehr zuzutrauen als einer Pädagogik, die sich – wie es in Streckers vorliegender kleiner Pädagogik geschieht – auf die soziale Vernunft und die soziale Ethik beruft, ohne uns einen positiven Inhalt dieser Formen anzubieten.

168. Ellen Key: Die Frauenbewegung[819] (Rezension von Wally Zepler)

SM 1910, Nr. 1, S. 71 (Auszüge)

[...] Wie alles, was Ellen Key geschrieben hat, liest man das Buch mit warmer Anteilnahme. Man fühlt hier eben, was im Grunde das einzig Wertvolle an jeder geistig-künstlerischen Produktion bleibt: den geist- und seelenvollen Menschen, der dahinter steht. Ein Buch in diesem Sinn hochschätzen heißt natürlich durchaus nicht alles unterschreiben, was es an einzelnen Anschauungen gibt, und gerade von Ellen Keys Meinungen über Frauentum und Frauenleben weiche ich in wichtigen Punkten sehr stark ab. Es gilt zwar in dieser Form nur von sehr wenigen Sozialis-

[819] Band 28/29 der Sammlung sozialpsychologischer Monographien *Die Gesellschaft*. Hrsg. von Martin Buber. Rütten & Loening, Frankfurt a.M. 1909.

ten, oder es ist doch viel zu dogmatisch ausgedrückt, wenn sie einmal sagt: Nach der einen im Sozialismus herrschenden Richtung „sollen beide Geschlechter die selbe Arbeitspflicht und den selben Arbeitsschutz haben, während die Kinder in Staatsanstalten erzogen werden". Aber, ist das zu dogmatisch, so kann ich andrerseits Ellen Keys stets hervortretende Neigung absolut nicht teilen die überragende Bedeutung des Heimlebens und der mütterlichen Erziehung für die Geisteskultur des Weibes und der Menschheit zu betonen. Wenn Ellen Key meint, daß der Konflikt „permanent und unlösbar" bleiben muß, und von einer Zeitmeinung spricht, die „ihre einseitige Stärke aus der einzigen Tatsache schöpft, daß die Meinungsmacher allen Tatsachen entschlossen den Rücken kehren", so muß man ihr gegenüber den seichten Dogmatismen mancher Frauenrechtlerinnen gewiß beipflichten. Ebenso ist es natürlich richtig, daß die Frauen noch nicht darum Persönlichkeiten werden, weil sie irgend ein Buch schreiben oder ein Bild malen. Man findet sicher unter den ganz unproduktiven Frauen früherer und jetziger Tage oft die allerfeinsten Naturen. Nur ist meiner Ansicht nach so die Problemstellung ganz falsch. Die Frage lautet nicht: Was bildet den Frauengeist tiefer, berufliches Schaffen oder Ehe und Mütterlichkeit? Auch nicht: Was ist für die Menschheit wertvoller, die Ausbildung des weiblichen Geistes oder die Aufzucht der kommenden Generationen? Sondern sie lautet: Wie wird Ehe und Mutterschaft, und wie wird die Frauenpsyche sich gestalten, da durch wirtschaftliche und geistige Ursachen das Weib zu beruflichem Schaffen getrieben worden ist? Trotz der hervorgehobenen Differenzpunkte gegen gewisse frauenrechtlerische Richtungen bringt übrigens Ellen Keys Buch sehr fein die psychischen Entwickelungstendenzen der Frauenbewegung zum Ausdruck.

169. Ludwig Radlof: Alte und neue Jugendideale[820]

SM 1910, Nr. 6, S. 374-378 (Auszüge)

Spät erst hat die Sozialdemokratie die Jugenderziehung in Angriff nehmen können. Überall erwuchsen ihr im Lauf der Jahrzehnte andere dringliche Aufgaben, die alle Kräfte in Anspruch nahmen. Mag man in unseren Kreisen auch schon in den siebziger Jahren die Bedeutung der bewußt sozialistischen Jugenderziehung für den Nachwuchs in unserer Partei erkannt haben, die eigentliche Tätigkeit begann doch erst vor einigen Jahren. Man war sich eben der Schwierigkeiten wohl bewußt und wollte jedes Draufgängertum vermeiden, weil es der Jugendbewegung zum Schaden gereichen konnte. Um so bedauerlicher ist es, daß in einem erheblichen Teil unserer Partei und der Parteipresse die Propaganda für unsere Jugendbewegung auf ein falsches Gleis geschoben wird. Schrieb doch vor dem Leipziger Parteitag ein Parteiblatt:

---

[820] Ludwig Radlof gehörte zu den finanziellen Unterstützern der *SM* und war in der Arbeiterjugendbewegung aktiv, publizierte zu jugendpolitischen Themen vor allem in der 1908/09 gegründeten Zeitschrift *Arbeiter-Jugend*.

„Der diesjährige Parteitag wird dazu beitragen, daß es weiter vorwärts geht. Die proletarische Jugend muß durchglüht werden vom Klassenbewußtsein und Haß gegen ihre Unterdrücker; die proletarische Jugend der Sozialdemokratie zuzuführen muß das erste Bestreben jedes Genossen, jeder Genossin sein."[*]
Dieser Satz steht meines Erachtens in striktem Gegensatz zu unserer Weltanschauung. Wenn Marx den berühmten Ausspruch tat, es sei nicht das Bewußtsein der Menschen, das ihr Sein, sondern umgekehrt das gesellschaftliche Sein, das ihr Bewußtsein bestimme, so wollte er damit sagen, daß wir Menschen durch unsere gesellschaftlichen Verhältnisse zu bestimmten Anschauungen über Welt und Leben kommen. Alle Handlungen unserer Gegner sollen nach unseren Denkern aus ihrer natürlichen Umgebung heraus erklärt werden. Wir verurteilen ja die Lehrpläne der heutigen Schulen gerade deswegen, weil sie unseren Kindern vielfach ein falsches Bild von der Entstehung der Welt, von der geschichtlichen Entwickelung der menschlichen Verhältnisse vermitteln. Lehren unsere Gegner, daß diese Verhältnisse durch wenige Menschen geschaffen werden, so verfällt ein Teil unserer Genossen in das entgegengesetzte Extrem und macht die Verhältnisse zu Göttern, die uns unfehlbar in den Sumpf oder in die Höhe führen. Es ist sehr richtig, was Fr. W. Foerster sagt:

„Niemand wird die weittragende Bedeutung bestreiten, welche eine Gesundung der sozialen Umgebung für die sittliche Kultur des einzelnen hat. Aber wer soll die Verhältnisse umgestalten? Sind nicht letzten Endes die Institutionen doch wieder der getreue Ausdruck der Menschen, welche sie geschaffen haben? Ist die Schöpfung vollkommenerer Institutionen nicht ein so schwieriges Werk der Verständigung, daß dazu eine groß angelegte Vorarbeit und Mitarbeit der Erziehung unumgänglich ist ... So wichtig und wertvoll es ist, daß man aufmerksam macht auf die Bedingtheit des einzelnen durch sein soziales Milieu, weil eben aus der Erkenntnis solcher Ausflüsse auch ihre immer größere Beherrschung erwächst, so gefährlich ist es auch diese Bedingtheit in den Vordergrund zu rücken, statt den Blick des Menschen auf seine persönlichen Widerstandskräfte gegenüber dem Milieu zu konzentrieren. Es wird durch solche einseitige Betonung der Gebundenheit des Menschen eine passive Lebensstimmung erzeugt, die schließlich doch auch jede Energie in Gefahr bringenden Verhältnissen lähmt und entmutigt. So wie die naturalistische Literatur den Menschen als den ohnmächtigen Knecht seiner Naturbedingungen und Naturtriebe schildert, so gibt es auch eine Art sozialer Literatur, die den Druck der Zustände auf den Charakter übertreibt und dadurch trotz aller großen Worte von Menschenwürde und Menschenrecht den Menschen doch entmannt und seines höchsten Menschenrechts beraubt, nämlich des Rechts stärker zu sein als sein Milieu."[**]

---

[*] Siehe den Artikel *Jugendaufklärung* in der *Brandenburger Zeitung* vom 22. September 1909.
[**] Siehe F o e r s t e r *Jugendlehre* /Berlin 1906/, pag. 691 ff.

Wer diesem bürgerlichen Pädagogen aber keinen Glauben schenken will, der mag noch die Worte des englischen Arbeiterführers William Sanders hören, der unserer Partei nahe steht:

„Die Predigt des Klassenkampfs mag ein ausgezeichnetes Mittel sein, um hungernde Massen in schlechten Zeiten zusammenzuballen. Aber diese Art Propaganda hat keine Macht den hingebenden, begeisterten Arbeiter im Dienst des Gemeinwesens zu schaffen, der da begreift, wie untrennbar seine Stellung mit einer großen Sache verknüpft ist. Vielmehr wird diese Propaganda bei ihrem Eindringen in die Verwaltung und Kontrolle eines Bezirks oder einer Stadt die kurzsichtige Auffassung erzeugen, daß der Arbeiter mit seinem Bestreben so viel als möglich aus der öffentlichen Kasse herauszuschlagen und dafür so wenig als möglich zu leisten sozusagen Rache übt an den Klassen, die ihm bisher sein Recht auf Muße, Freude und Wohlstand verkürzt haben. Die praktische Erfahrung der letzten Jahre hat die Notwendigkeit einer Revision der Grundlagen demokratischer Propaganda erwiesen. Der bloße Appell an das Klasseninteresse hat sich nur dort wirksam erwiesen, wo er rein selbstische individuelle Interessen berührt hat. Wenn aber das höchste Ideal der Arbeiterbewegung in den Herzen des arbeitenden Volks wirklich Wurzel fassen soll, dann brauchen wir eine Propaganda, die nicht bloß von Rechten sondern auch von Pflichten spricht. Wir brauchen die unbeugsamste Hingebung aller Arbeiterführer und Vertreter an die ethische Seite ihrer Mission, sonst wird die neue soziale Demokratie nur ein Beweis mehr für die Unfähigkeit der Massen auch nur in kleineren Bezirken eine solide arbeitende Verwaltung durchzuführen ..."[***]

Diese trefflichen Worte Sanders' lassen sich auch auf unsere Jugendbewegung anwenden. Eine der Hauptaufgaben der Sozialdemokratie muß die sein in der Arbeiterjugend den Sinn und das Verständnis für das geschichtliche Werden und Wachsen zu wecken und zu fördern. Sie soll hier nachholen und ausfüllen, was die Schule versäumt hat. Nicht nur die sozialen, sondern alle Triebkräfte in der geschichtlichen Entwickelung sollen erklärt werden. Nach unseren Grundanschauungen hat der Kapitalismus genau so gut seine geschichtliche Mission zu erfüllen wie der Sozialismus, handelt der Kapitalist genau so ethisch oder unethisch wie der Sozialdemokrat. Jeder der beiden läßt sich von den ihn umgebenden Verhältnissen mehr oder weniger stark beeinflussen. Wer so die Geschichte zu begreifen versucht, der wird weder die Massen noch auch unsere Jugend zum „Haß" gegen die andere Klasse – wie es der erwähnte Zeitungsartikel will – erziehen wollen. Die geschichtlichen Zusammenhänge begreifen lernen: das ist die Hauptaufgabe der proletarischen Jugenderziehung. Ein neues Ideal kann und muß der Jugend vorschweben, ihm soll sie nacheifern, aber es besteht nicht im „Haß" gegen die Träger und Produkte des Bestehenden sondern in der Sehnsucht dieses Bestehende selber zum Zukünftigen umzugestalten. Wir stehen mit unserer ganzen Kultur auf den Schultern der Vergangenheit. Die Haß in die Jugend impfen wollen, verkennen den

---

[***] Siehe S a n d e r s *Die englische Arbeiterbewegung* /Frankfurt 1908/, pag. 12.

Zweck und das Wesen der Jugenderziehung in gleicher Weise wie sie die sozialistischen Grundanschauungen mißverstehen. [...]

Bildung und allseitige Pflege des Geistes und des Körpers muß unser Ziel sein. Aber wir wollen von der Jugend auch alles fern halten, was nur darauf hinausläuft ihre Seele mit Verbitterung zu erfüllen und eine Geistesrichtung großzuziehen, an der weder wir noch künftige Geschlechter Freude erleben werden. Insbesondere sollten auch alle die, die sich zur Erziehung der schulentlassenen Jugend für befähigt halten, unaufhörlich an sich selbst arbeiten. Haß, Grimm und Verachtung mögen der geistigen Entwickelung im Leben der Menschheit in manchen ihrer Stadien förderlich sein. In höherm Maß aber soll unsere Jugend von Arbeitsfreude, Willenskraft und Begeisterung für ein großes Ziel durchglüht werden. Ich glaube, daß auch der Sozialismus dabei besser fährt.

170. Arbeitsschule (Rezension von Wilhelm Hausenstein)

SM 1910, Nr. 6, S. 391-392 (Auszüge)

Die Arbeitsschule ist seit etwa 10 Jahren das Lieblingskapitel aller Reformpädagogen. Der Gedanke, den bei uns zuerst Fröbel, in Amerika in der Zeit der Negeremanzipation der General Armstrong, in Deutschland nach den mißlichen Zensuren, die unsere Erzeugnisse von der Ausstellung zu Philadelphia heimgebracht hatten, Schenckendorff und neuerdings namentlich Kerschensteiner verwirklicht hat, ist vielleicht geeignet unserer ganzen Kultur eine glücklichere Physiognomie zu geben. Unsere Pädagogik war völlig entsinnlicht. Das war ein Elend. Das Prinzip der Arbeitsschule bedeutet einen Schritt auf dem Weg zu der Pflege des Sinnlichen, deren höchste Potenz in der Kunst gegeben ist. Aber freilich: Unsere Schulmeister sind unsere Schulmeister. In einer sehr interessanten Aufsatzserie der Zeitschrift *Die Arbeitsschule* berichtet Karl Behrens über den gegenwärtigen Stand der Frage und die praktischen Versuche zur Lösung. Die Mitteilungen sind grauenerregend. Ein Schulmeister verordnet den Schülern des 1. Jahrgangs für die *Handbetätigung im Anschauungsunterricht* folgende Lektion: „Unser Friedhof. 1. Wo er liegt. Wie er ist. Wer auf ihm ruht. Wie ein Begräbnis vor sich geht usw. 2. Rätsel: Sarg. Stäbchenlegen: Kreuz, Grabhügel, Grabstein. Formen: Kreuz. Malen: Brunnen, Gießkanne, Sarg, Grabhügel." Unser Pädagoge ahnt sicher nicht, was er tut. Ganz naiv malträtiert er die unglückseligen Kinder mit diesen geradezu empörenden pädagogischen Scheußlichkeiten. Ein anderer Magister, Herr Hertel aus Zwickau, behandelt das Thema *Kugel* nach folgender Disposition: „A. Auffassung der Kugel. a. Auffassung der Kugel an sich. 1. Auffassung durch das Gehör (fallen, rollen). 2. Auffassung durch Gefühl und Tastsinn. 3. Auffassung durch das Gesicht. b. Auffassung der Kugel durch Vergleich. 1. Der dazu herangezogene Körper mit der Kugel an sich. 2. Vergleich der Kugel mit den genannten Körpern nach ihrem Verhalten zur Unterlage. c. Auffassung der Kugel nach ihren Ausdehnungen. d. Auffassung der Kugel nach ihrer Schwere. B. Verkörperung der Kugelvorstellung. C. Begründung der Form. D. Darstellung der Kugelvorstellung auf der

Fläche. E. Darstellung der Kugelvorstellung durch die Sprache. F. Betätigung der Phantasie." Es ist ein Thema für den *Simplicissimus*. Man wird einwenden, der Schüler bekomme ja diese treffliche Disposition nicht direkt zu sehen oder zu hören. Das verschlüge jedoch gar nichts: Er spürt sie an der Methode, die ihn herumzerrt. Behrens eigene Vorschläge sind sehr viel erfreulicher. Wiewohl nicht von heute. Behrens will die Arbeitsschule nicht zur Handfertigkeitsschule werden lassen; die manuelle Arbeit soll der Entwickelung des Geistes dienen. So genügen ihm improvisatorisch-andeutende Handarbeiten, während andere Pädagogen vollkommen gebrauchsreife Gegenstände herstellen lassen. Behrens läßt beispielsweise eine Eisenbahnschranke aus Hölzchen und Plastilin anfertigen. Er glaubt damit zu Kerschensteiner in einem gewissen Gegensatz zu stehen, ihn überholt zu haben. Kerschensteiner läßt allerdings gebrauchsreife Nutzgegenstände arbeiten und legt allerdings Wert auf die handwerklich-technische Qualität der Schülerarbeiten. Allein seine Methode schließt in der Tat die Betonung des geistigen Moments durchaus nicht aus. Auf der Münchener Ausstellung von 1908 waren von Schülern modellierte Häuser (aus Streichholzschachteln) und Baugerüste mit allem Beiwerk zu sehen, die an die Materialphantasie und die technische Intelligenz der Kinder ganz gewaltige Anforderungen stellen. Andrerseits ist nicht zu vergessen, daß auch in der Förderung rein manuell-technischer Geschicklichkeit der kleinen Papparbeiter und Schreiner, die richtige Gebrauchsobjekte schaffen, ein sehr guter Gedanke liegt: der Gedanke der Erziehung zur Wertschätzung der Hand, ein sozialer und zugleich ein künstlerischer Gedanke. Gerade daß Auge und Hand bei Kerschensteiners Schülern so viel zu sagen haben wie die Reflexion, gerade das ist ein Glück. In dem, was Behrens empfiehlt, liegt also weder Neues noch Absolutes.

171. Staatsbürgerliche Erziehung (Sammelrezension von Wilhelm Hausenstein)

SM 1910, Nr.11, S. 719-721

In einem starken Band untersucht Georg Kerschensteiner die *Grundfragen der Schulorganisation* /Leipzig [1907], Teubner/. Das vorliegende Buch, eine der konzentriertesten Arbeiten, die Kerschensteiner je geschrieben hat, gibt eine – wenn auch nur abstrakte, der Illustration entbehrende – Möglichkeit die Praxis dieses Pädagogen zu beobachten. Die pädagogisch-organisatorischen Leistungen dieses Mannes, die sich grundsätzlich in der Richtung der Arbeitsschule bewegen, sind in einem erquicklichen Gegensatz zu den Leistungen der leider zahlreichen unfreiwilligen Karikaturisten der Arbeitsschule voll des allerfeinsten psychologischen Erziehertakts. Hier verdient Kerschensteiner nur herzliche Dankbarkeit. Die Diskussion beginnt erst da, wo Kerschensteiner das Feld der unmittelbaren pädagogischen Empirie verläßt und sich bemüht die Prinzipien seiner Praxis aus sozialphilosophischen Erwägungen allgemeiner Natur herzuleiten. Sein Buch ist von Anfang bis zu Ende theoretisch auf die Idee der staatsbürgerlichen Erziehung eingestimmt; diese Idee hat Kerschensteiner neuerdings noch in einer besondern, auf ein Referat vor der *Zentrale für Jugendfürsorge* zurückgehenden Arbeit über den Begriff der *staatsbürgerlichen Erziehung* mit besonderer Strenge herausgeholt /Leipzig [1910], Teubner/. Gar nicht zu bestreiten, daß Kerschensteiner das Problem sehr viel tiefer faßt als die landläufigen Apostel der Bürgerkunde mit ihrem ziemlich platten pädagogischen Rationalismus. Mit der Einführung einer einfach unterrichtlichen Bürgerkunde ist es in der Tat nicht getan. Fraglich bleibt mir zwar, ob Kerschensteiner als Idealist der Arbeitsschule die Rechte des Unterrichtlichen trotz seiner Versicherung nicht doch ein wenig unterschätzt, und ob er klug daran tut die theoretische Bürgerkunde der Volksschule zu versagen und sie für die höheren Schulen dem Geschichtsunterricht aufzuerlegen. Aber seine Argumente sind entschieden sehr beachtlich. Die Bürgerkunde ist Kerschensteiner problematisch, weil für sie in der Interessenwelt des Schülers der Anknüpfungspunkt vollkommen fehle. Nun, dies ist eben ein Problem, das verschiedene Antworten zuzulassen scheint. Aber die Frage wäre – darin stimme ich mit Kerschensteiner vollkommen überein – mit der eindeutigsten Beantwortung dieser Vorfrage noch lange nicht gelöst. Die Bürgerkunde ist für Kerschensteiner weiter problematisch, weil sie notwendig mit parteipolitischen oder gouvernementalen Denkmotiven durchsetzt ist. Kerschensteiner sucht darum nach einem für Parteizwecke wie für Regierungszwecke gleichmäßig neutralisierten Begriff der *staatsbürgerlichen Erziehung* durch die Schule. Und er sucht zu gleicher Zeit mit bestem Recht nach einer Methode, die den erzieherischen, den sozialethischen Zweck energischer betont als den unterrichtlichen. Natürlich liegt für Kerschensteiner die Methode auch der staatsbürgerlichen Erziehung auf dem Feld der Arbeitsschule. Mit dem amerikanischen Sozialpädagogen John Dewey ruft er aus: „Die Schule kann keine Vorbereitung für das soziale Leben sein, ausgenommen sie bringt in ihren eigenen Organisationen die typischen Bedingungen des sozialen Lebens. Der einzige Weg für das Leben im Staat vorzubereiten ist sich im sozialen Leben zu bewegen. Gewohnheiten, die in diesem Leben wertvoll und dienlich sind, außerhalb irgendwelcher unmittelbaren sozialen Bedürfnisse und Veranlassungen, außerhalb irgendwelcher wirklich vorhandenen sozialen Verhältnisse ausbilden zu wollen ist buchstäblich das gleiche wie die Kinder schwimmen lehren – durch Bewegungen außerhalb des Wassers." Und Kerschensteiner selber fügt hinzu: „Technische wie wissenschaftliche Ausbildung allein liefert im allgemeinen keine Staatsbürger, wenn sie nicht unter dem Gesichtspunkt der gemeinsamen Arbeit und der aus ihr sofort entspringenden Mannigfaltigkeit der moralischen Verhältnisse bewußt organisiert und für die höchsten Zwecke der Erziehung ausgenutzt wird." Kerschensteiners Prinzipienlehre der staatsbürgerlichen Erziehung geht darauf aus die Probleme, die sich im sozialen Dasein der Erwachsenen ergeben, im Rahmen der Schule zu rekonstruieren und die Zöglinge im Rahmen der jugendlichen Arbeitsgemeinde den Pflichtenkomplex erleben zu lassen, dem der Mensch im öffentlichen Leben gegenübersteht. Kerschensteiner will damit keine utopische Forderung aufstellen; er verweist auf das von ihm geleitete Münchener Volksschulwesen, in dem die Zöglinge manuellexperimentelle und geistig-kritische Kooperation unter sozialorganisatorischen, von ihnen selber begriffenen, ja geschaffenen Gesichtspunkten vollziehen. Aber ist mit diesem Programm das geleistet, was Kerschensteiner sozialphilosophisch und sozialpädagogisch zu leisten meint? Ist damit die Paradoxie des politisch neutralen Begriffs der *staatsbürgerlichen Erziehung* restlos aufgelöst? Sie ist einigermaßen, relativ gelöst; und diese Lösung macht dem Praktiker Kerschensteiner Ehre. Aber schließlich bleiben im Begriff noch Schwierigkeiten; und nicht bloß im Begriff. Wie kann von staatsbürgerlicher Erziehung die Rede, wie kann die Arbeitsschule eine Reproduktion des sozialen Organismus sein, sobald das eigentlich Problematische des gesellschaftlichen Lebens, die ganze Masse der Konflikte dem sozialen Körper der Schule fremd bleibt? Was Kerschensteiner bietet, ist nur eine sehr allgemeine sozialethische Propädeutik. Sie ist wertvoll, aber keine förmliche Problemlösung. Vielleicht ist diese Lösung für lange Zeit überhaupt unauffindbar. Aber eins wäre meines Erachtens auch der Prinzipienlehre Kerschensteiners möglich: ein freieres Verhältnis zu den sozialen Zeitfragen. Kerschensteiner ist ein Mann von sozialem Gefühl. Allein das besagt nicht, daß er auch scharfe soziale Kritik besitzen muß. Sein sozialphilosophisches Denken zeigt verdächtige Spuren eines redlichen liberalen Dogmatismus, der sogar schon stark ins Konservative hinübersticht. Mit dieser Auffassung der Dinge verbindet sich ein höchst unintelligenter Haß gegen die Sozialdemokratie. Obwohl Kerschensteiner seine soziale Grundstimmung im Hintergrund hält, drückt sie sich in seiner Pädagogik doch einigermaßen aus: Der Begriff der *staatsbürgerlichen Erziehung* erhält eine gewisse innere Schwäche, und zwar dies um so mehr als Kerschensteiners sozialerzieherische Praxis sich tatsächlich, wenn auch unbewußt oder wider Willen, sozialistischer Formen bedient, während die theoretische Zielrichtung dieser Pädagogik stark liberalisierenden Charakter trägt. Der Widerspruch ist fein, vielen fast unmerklich, aber doch da und der empfindliche Punkt des Systems.

An dieser Stelle setzt eine Arbeit des Genossen Robert Seidel ein (*Die Schule der Zukunft eine Arbeitsschule* /Zürich [1908], Füßli/), die sich direkt als eine Polemik gegen Kerschensteiner gibt. Ich bedaure es aufs lebhafteste, daß der sachliche Wert dieser Arbeit durch ihre Form beeinträchtigt wird. Genosse Seidel ist – das bleibt geschichtliches Faktum – der Urheber der modernen Arbeitsschulidee. Aber in dieser Schrift wahrt er die Prioritätsrechte heftiger als die Sache selber verlangt. Wenn Seidel weiter auch vielerorten offene Türen einrennt und Kerschensteiners pädagogischer Lehre Meinungen imputiert, die ihr fremd sind, so hat er doch damit unbedingt recht, daß er Kerschensteiners sozialen Scharfblick lebhaft anzweifelt. Seidel weist die historische Relativität jeder Schulform mit interessanter wissenschaftlicher Genauigkeit nach und stellt zwischen der sozialerzieherischen Arbeitsschule und dem keimenden Sozialismus die tieforganische Verbindung her. Das ist nicht bloß eine begrifflich wertvolle Leistung; derartiger Tiefblick kann sich in freie pädagogische Energie umsetzen, und dann ist auch praktisch etwas gewonnen: nämlich eine neue pädagogische Sicherheit. Die Debatte zwischen Kerschensteiner und Seidel stellt in der sozialpädagogischen Bewegung der Gegenwart wohl das interessanteste Kapitel vor. Ich möchte mit allem Nachdruck auf diese Debatte hinweisen, in der ein strenger sozialer Denker wie Seidel, mehr Theoretiker vielleicht als Praktiker, mit Kerschensteiner zusammenstößt, einem Pädagogen, der bei aller fortschrittlichen Gesinnung theoretisch rückwärts schaut, aber als Praktiker doch, obzwar mit einer feinen Unsicherheit, in die Zukunft hinein handelt.

172. Schulgemeinde Wickersdorf[821] (Rezension von Wilhelm Hausenstein)

SM 1910, Nr. 15, S. 980-981

Von der Wickersdorfer freien Schulgemeinde liegen bis jetzt zwei Jahresberichte und zwei Jahrbücher vor [...]. Diese Publikationen geben ein helles Bild von der pädagogischen Sonderart dieser Anstalt. In zwei Abhandlungen der Jahrbücher gibt der Urheber der Schule, Wyneken, eine Prinzipienlehre der Wickersdorfer Pädagogik. Der Ausgangspunkt dieser Pädagogik ist der Gegensatz zur individualistischen Erziehungsdoktrin. Wyneken leugnet, daß die berühmte Ausbildung des Zöglings zur Persönlichkeit die letzte, höchste Aufgabe der Pädagogik sei; ihm ist dieser egozentrische Standpunkt ein Ideal von vorgestern. „Der Individualismus, der Subjektivismus, der Kultus der Persönlichkeit ist eine Übergangserscheinung, das Symptom einer allgemeinen Auflösung aller geltenden Begriffe. Was bleibt einer Zeit, die keine Weltanschauung, kein alle beherrschendes sittliches Ideal, keinen Stil, keine Kultur mehr hat, anderes übrig als in diesem allgemeinen Zusammenbruch wenigstens das nackte Leben zu retten? ... Die Persönlichkeitskultur macht aus der Not eine Tugend ... Unvermögend die Töne des Daseins zu ordnen und zu verstehen heißt sie uns auf das dumpfe Rauschen in unserem Innern horchen." Diese Ideen geben der Wickersdorfer Pädagogik eine wahrhaft zeitgenössische Seele, vom Standpunkt der lebendigsten Tendenz der Gegenwart, der Sozialisierungstendenz, zu sprechen. Durch diese Ideen scheidet sich Wickersdorf grundsätzlich von den Lietzschen Landerziehungsheimen, die ja wesentlich von einem individualistischen Erziehungsideal geleitet werden, soweit allgemeinste Ideen überhaupt praktische pädagogische Wirkung haben können. Ob eine pädagogische Idee von sehr allgemeinem Charakter der pädagogischen Einzelhandlung überhaupt sonderlich spezifische Gestalt geben kann, das eben ist wohl problematisch. Wyneken ist der entgegengesetzten Meinung. Er glaubt die pädagogische Praxis zu einer allgemeinsten Idee in fühlbare Beziehung setzen zu können. Die pädagogische Praxis seiner Schule dient mit positivster Bekenntnisenergie dem *objektiven Geist*. „Die Überzeugung, jede gewonnene Wahrheit, jede künstlerische Schöpfung bedeute ein metaphysisches Ereignis, einen Fortschritt nicht der Menschheit sondern, wenn man will, einer Gottheit, diese Überzeugung, die ja unbewußt jeder Schätzung von Kunst und Wissenschaft als heiligen Gütern zu Grunde liegt, sie kann wirklich als letzte Reserve jedem Zweifel am Wert des ganzen Lehrens und

---

[821] Die Rezension bezieht sich auf die Jahresberichte bzw. Jahrbücher der Schulgemeinde Wickersdorf 1909 und 1910. Die Jahrbücher erschienen von 1909 bis 1914 bei Diederichs, Jena.

Lernens begegnen." Mit solchen Grundanschauungen verbindet Wyneken den naiven Hochmut des hegelischen Geschichtsphilosophen, der wohl von systematischer Philosophie, aber nicht von der unmittelbaren Wirklichkeit des Geschichtlichen zu reden weiß. Mit dem Meister glaubt Wyneken an das unhistorische Dogma von dem Geist, der sich erst im 19. Jahrhundert gefunden hat. Dieser Radikalismus in der Beseitigung des Historischen ist fatal. Wyneken will auch durchaus bloß das objektive Kunstwerk kennen, dem alle Spuren subjektiver Bedürftigkeit abgetilgt sind. Das Kunstwerk interessiert ihn wesentlich nur als Erscheinungsform des objektiven Geistes. Das mag gehen. Aber nun sehe man, zu welchen ethischen Konsequenzen der Glaube an den objektiven Geist diesen pädagogischen Denker hinaustreibt: „Wir dürfen uns nicht durch die Phrase beschwichtigen lassen, daß wahre und reine Kultur auch wieder mit den Forderungen reiner Natur übereinstimme; es ist nicht so; die Natur ist ein Land, das wirklich verlassen werden muß, wenn man sich ernstlich unter die Gesetze des Geistes stellen will." Indes, das bleibt doch bedeutsam, daß ein geistvoller Pädagoge aufgestanden ist, um in der Zeit des beginnenden Sozialismus für das Gebiet der geistigen Erziehung schon ein sozialisierendes Motiv zu suchen. „Unser ganzes Schulleben bezweckt am Ende die Eroberung eines einzigen Gedankens, jener praktischen Weltanschauung nämlich, die im Weltprozeß den Kampf und Fortschritt des Geistes erkennt und als den Sinn des individuellen Lebens sich in diesen Prozeß einzuordnen, um mitzuarbeiten, mitzukämpfen." Ganz töricht ist der geläufigste Einwand jener Kritiker Wynekens, die die Aufzucht eines Geschlechtes *kalter Intellektualisten* befürchten. Diesem Mißverständnis begegnet Wyneken sehr energisch durch den Hinweis auf den starken Anteil des Ästhetischen an seiner Pädagogik. Die Schwierigkeit der Wickersdorfer Pädagogik liegt für mich in der systematischen Ausbeutung eines metaphysischen Begriffs zu pädagogischen Zwecken. Doch auch dies beweist noch nichts gegen die Wickersdorfer Praxis. Wyneken selber bekennt einmal, daß es ihm weniger darauf ankommt die konkrete pädagogische Handlung mit den Zeichen des objektiven Geistes zu stigmatisieren, als darauf überhaupt eine „geistige Atmosphäre" zu schaffen und im Glauben an den immanenten Fortschritt des objektiven Geistes zu unterrichten und zu erziehen, also stimmungsmäßig in diesem Sinn zu arbeiten.

Was wir von der unmittelbaren pädagogischen Praxis erfahren, ist sehr erfreulich. Da begegnet uns zunächst die Tatsache, daß Schüler an der Begründung der Schule begeistert einen aktiven Anteil genommen haben. Schüler und Lehrer bilden nun eine stimmfähige Kommune mit einander und entscheiden als Gesamtheit über die großen und kleinen Lebensfragen der Schule. Nicht um ein Parlament handelt es sich sondern um eine ohne Vertretungssystem sich selber führende Schulgemeinde. Das Verhältnis zwischen Lehrer und Schüler ist Freundschaft, die sich zum Schrecken der Zunft mitunter gar in einem Duverhältnis aussprechen mag und in den Unterricht dergestalt weiterwirkt, daß das Arbeiten des Schülers an persönlichem Gehalt gewinnt. Alkoholabstinenz ist durch freiwilliges Einverständnis der Gemeinde garantiert. Die gemeinsame Erziehung der Geschlechter setzt an die Stelle der geschlechtlichen Spannungen, die beim Fehlen der Koedukation die Regel sind, ein wesentlich kameradschaftliches Verhältnis der Geschlechter. Der Unterricht bewältigt ein reichliches Oberrealschulpensum, doch derart, daß zwischen den Sonderfächern nach Möglichkeit eine Verbindung hergestellt wird, die einem synthetischen Unterrichtsideal, einem Ideal der allgemeinen Bildung ernsthaft zu entsprechen trachtet. Die tägliche Arbeitszeit beträgt wenig über 6 Stunden. Der Rest gehört dem Körper, der in allen möglichen Betätigungen geübt wird. Der Religionsunterricht ist historisch, nicht dogmatisch. Das positive religiöse Bedürfnis konzentriert sich in der Schulgemeinde auf ein Verantwortlichkeitsgefühl, durch das jeder Zögling und Lehrer sich seiner Pflichten gegen den objektiven Geist bewußt wird. Aus der Pflicht des Zöglings, des Menschen zur Arbeit an der Fortentwickelung des objektiven Geistes begründet die Wickersdorfer Pädagogik die absolute Notwendigkeit der Internatserziehung; nur in einer derart selbstbewußten Erziehungsgemeinschaft, nicht in der engen Sphäre des Familienegoismus können die Forderungen des objektiven Geistes befriedigt, kann zumal kultivierter Gemeinwille der neuen Generation geschaffen werden. Dieser Gedanke ist, abgesehen etwa von der besondern Wickersdorfer Formulierung, zukunftsreich. Auf der andern Seite hat die mächtige Betonung des Geistigen, soweit ich sehe, die Folge, daß die manuelle Arbeit nicht zu ihren vollen pädagogischen Möglichkeiten entwickelt wird. Gleichwohl erscheint Wickersdorf als eine Erziehungsschule ersten Ranges, und man kann dieser Anstalt nur den glücklichsten Fortgang wünschen. Eine Schwierigkeit liegt in dem *plutokratischen Charakter* der Schule, den die Leiter selber peinlich empfinden. Dieser neue Mittelschultypus kommt nur den Kindern wohlhabender Leute zugute, wiewohl ökonomische Uneigennützigkeit die Anstalt verwaltet.

173. Paul Natorp: Die logischen Grundlagen der exakten Wissenschaften[822] (Rezension von Franz Staudinger)

SM 1910, Nr. 15, S. 985-986 (Auszug)

[...] Nicht daß ich mit Natorp durch dick und dünn gehen könnte. Das Zusammengehen hört gerade da auf, wo Natorp die Prinzipien nicht nur im Denken sondern ausschließlich durch das Denken erzeugen lassen will. Aber deshalb geht es doch ein sehr weites Stück zusammen, fast in allem, was Natorp sonst positiv aufstellt. Namentlich stimme ich darin Natorp zu, daß die Erkenntnis als Prozeß aufzufassen ist, wenn Natorp auch zuweilen von der Psychologie, die doch bei den Urteilen der Möglichkeit etc. zweifellos nicht auszuschließen ist, ja in dem Wort *Prozeß* trotz allem mitenthalten ist, eine Art unbegründeter Scheu hat und den Prozeß zwar als genetisch, aber nicht als zeitlich genetisch erfaßt. Der Unterschied zwischen psychologischer und erkenntniskritischer Betrachtung scheint mir nicht im Gedanken selbst sondern nur in dem Objekt zu liegen, darauf er bezogen wird; also darin, daß

---

[822] Erschienen bei Teubner, Leipzig 1910.

724

eine Bewußtseinshandlung einmal als Tätigkeit des Ich, ein andermal als Bestimmungsmittel zur gegenständlichen Erkenntnis betrachtet wird. Von diesem Standpunkt aus gehören auch die Erinnerung, die Zeit etc., sobald sie als Zusammenfassung in Bezug auf den Gegenstand gefaßt werden, als erkenntniskritisch, nicht als psychologisch hierher. Vortrefflich ist, wie Natorp das Unendliche als Grundlage, von dem sich das Konkrete abhebt, ergreift, wie er betont, man könne anfangen, wo man nur wolle, wie er das Flüssige, das Unvollendbare, die unendliche Aufgabe der Erkenntnis darlegt, wie er sich gegen das Vorurteil wendet, das Urteil sei nur eine Verknüpfung schon *gegebener* Elemente, und wie er erklärt, die Beschreibung eines Hervorgehens des primitiven Denkinhalts aus etwas, das dem Denken schlechthin vorausläge, führe zu nichts. Er hat auch vollkommen recht, wenn er sogar der Wahrnehmung gegenüber sagt, daß auch sie die Denkbestimmungen bereits in sich enthalte. Daten, die dem Denken vorauslägen, es nicht in sich enthielten, gebe es tatsächlich nicht. Aber damit ist durchaus nicht gesagt, daß eine gewissermaßen leer in der Luft stehende „synthetische Einheit" die Grundlage sei, von der das Denken ohne weiteres ausgehen könnte. Mit Recht hat Natorp ein leises Bedenken gegen Cohens Aufstellung vom Urteil des Ursprungs, die doch allzusehr auf dem Nichts fußt und in der Konsequenz tatsächlich auf die Bahn Fichtes und Hegels führen muß. Ob es aber bei seiner eigenen Aufstellung wesentlich anders ist, dürfte sehr zu bezweifeln sein. Charakteristisch ist, daß der Ausdruck *Empfindung* bei ihm gar nicht vorkommt, obwohl er doch von Qualitäten spricht. Gerade in der Empfindung als dem zugleich aktiven und passiven Bewußtsein, einem bewußten Affiziertsein, darin Objekt und Subjekt gleichsam eins sind, müßte man einmal forschen. Sofort, wenn wir etwa unversehens in dunkler Nacht eine Licht- oder Tonempfindung haben, hebt sie sich raumhaft vom unbestimmt Unendlichen und zugleich zeitlich vom Vorzustand ab, hat sie ihre Qualität und Quantität in sich, sofort tritt die Frage nach Woher und Wozugehörig auf. Da könnte wohl das Element verborgen oder gar offenbar sein, das alle die Bestandteile einschließt, die wir nachher a priori verwenden, um schon die Wahrnehmung zustandezubringen. Und wenn ich meinerseits Wahrnehmung als grundlegendern Ausgangspunkt der Analyse empfehlen möchte, so nicht deshalb, weil sie den letzten Grund ergäbe, sondern deshalb, weil man in ihr der Empfindung nicht ausweichen kann sondern sie direkt im Mittelpunkt hat.

Das *idealistische* Vorurteil hat auch Natorps weitere Deduktionen von Quantität, Qualität und Modalität ungünstig beeinflußt, wobei charakteristischerweise auch die Negation, eine in gleichem Maß psychologische wie erkenntniskritische Merkwürdigkeit, die auf diesem Boden gänzlich unverständlich bleiben muß, ebenfalls nicht behandelt wird. Darauf aber hier weiter einzugehen würde viel zu weit führen. Jedenfalls hat Natorp, abgesehen vom Gesagten, den Kern vortrefflich entwickelt. Nur gerade da, wo er die Grundlagen synthetischer Einheit einfach als gegeben setzt, fangen die wesentlichen Probleme dieser Einheit, vor allem das Gegenstandsproblem, erst an. Schwerlich aber wird jemand, dem es um Erkenntnisfragen ernstlich zu tun ist, an diesem Buch vorbeigehen können, auch wenn er nicht überall mitgehen oder, besser, nicht da stillhalten kann, wo Natorp bereits im reinen Denken der Einheit die Lösung gefunden zu haben glaubt.

174. Wilhelm Hausenstein: Versuchsschulen

SM 1910, Nr. 16, S. 1128-1129

Es mehren sich die Schulanstalten, in denen eine experimentelle Pädagogik die Erkenntnisse und Vorschläge der modernen Erziehungslehre praktisch zu überprüfen und zu legitimieren trachtet. Die Züricher Schulbehörde hat seit 1908 schon 14 Versuchsklassen organisiert, in denen die Anregungen der neuesten Pädagogik in erzieherische Praxis umgesetzt werden. Die Mannheimer Stadtverwaltung läßt in 109 Sonderklassen der Volksschule neue pädagogische Ideen praktisch erproben. Dortmund hat ein vollständiges Versuchsschulsystem ins Leben gerufen. Diese Institutionen bilden mehr oder minder auch einen Experimentierboden für die Vertreter des Prinzips der Arbeitsschule. Leipzig und Hamburg sind eben im Begriff entsprechende Institutionen zu schaffen. Auch München hat sich mit dem Problem der Versuchsschule schon auseinandergesetzt. Die Typik des Problems mag einen ausführlichen Bericht rechtfertigen. Zu Beginn des Jahres 1910 fand eine Gründungsversammlung statt, in der der *Verein Versuchsschule, eingetragene Vereinigung* vor der Öffentlichkeit erschien. Der Verein rekrutiert seine Mitgliederschaft nicht ausschließlich aus Einwohnern Münchens. Die Mitgliedschaft wird von Einzelpersonen durch einen Jahresbeitrag von 3 Mark erworben, von korporativen Mitgliedern durch einen Jahresbeitrag, den Selbsteinschätzung bestimmt. Der Zweck des Vereins ist die ideelle Förderung der Versuchsschulpraxis und die Bereitstellung materieller Mittel, mit denen die natürlich erheblichen Mehrkosten der Versuchsschule bestritten werden sollen. Im Mai dieses Jahres wandte sich der Verein mit einer Eingabe an die königliche Lokalschulkommission in München. In dieser Eingabe war das Versuchsschulprojekt folgendermaßen dargestellt und motiviert:

„a) Die Versuchsschule sollte eine Vereinigung von Kindergarten, Volksschule und Fortbildungsschule werden, um eine rationelle, organische Verschmelzung dieser Erziehungsabschnitte zu ermöglichen und Konflikte, die jetzt hauptsächlich zwischen den beiden ersten bestehen, aus dem Weg zu räumen. Als nächstes Ziel dürfte die Errichtung einer 1. Volksschulklasse als Anfang der Versuchsschule in Frage kommen; aber wir sind der Meinung, daß die Arbeit im Kindergarten und in der eigentlichen Schulzeit als ein zusammenhängendes Ganzes behandelt werden sollte.

b) Die Versuchsschule müßte vom Magistrat gegründet und ihm unterstellt sein und einen integrierenden Teil der Volksschule bilden.

c) Der Schulbesuch müßte unentgeltlich sein.

d) Die Aufnahme der Kinder müßte durch freiwillige Meldung erfolgen, wobei jedoch eine gewisse Garantie für die Seßhaftigkeit der Eltern verlangt werden soll.

e) In Bezug auf innere Organisation wären den zuständigen Behörden alle näheren Bestimmungen zu überlassen. Der Verein spricht die Hoffnung aus, daß zunächst die Grundsätze der Arbeitsschule gebührende Beachtung und entsprechende Berücksichtigung finden mögen. ... Im übrigen gibt sich der Verein der Hoffnung hin, daß die Versuchsschule auch den Aufgaben des pädagogisch-psychologischen Instituts sich förderlich erweisen wird.

f) Bei rückhaltloser Anerkennung der ausschließlich behördlichen Oberleitung der Versuchsschule wünscht der Verein einen Boden zu bilden, auf dem sich Eltern, Lehrer und Behörden über Schulfragen verständigen können."

Auf Grund dieser Einzelausführungen ersuchte der Verein die Lokalschulkommission die Errichtung einer mit Volksschulcharakter ausgestatteten Versuchsschule für Erziehungs- und Unterrichtsfragen, die unter ihrer Oberleitung stünde, im Prinzip zu genehmigen; der Verein erbot sich nach Vereinbarung Mittel zur Deckung der Mehrkosten zur Verfügung zu stellen. Die Lehrerschaft Münchens, die an der Vorbereitung des Projekts Anteil genommen hatte, beteiligte sich an der Eingabe durch korporative Unterschriften des Bezirkslehrervereins, des katholischen Bezirkslehrervereins, des Bezirkslehrerinnenvereins; auch die Elternvereinigung unterzeichnete körperschaftlich. Die Eingabe rief in der Lokalschulkommission eine lebhafte Diskussion hervor; als vorläufiges Resultat ergab sich, daß für die Dauer eines Jahres eine städtische Versuchsklasse genehmigt wurde. Diese Versuchsklasse, die im kommenden Herbst ins Leben treten soll, wird es mit etwa 6jährigen Zöglingen zu tun haben. Die Klasse, die einer 1. Volksschulklasse entsprechen wird, ist auf etwa 40 Schüler berechnet, von denen 10 aus dem Kindergarten des Vereins kommen werden. Der Kindergarten, der auf 3 Klassen von je 30 Zöglingen normiert ist, arbeitet als reine Vereinsunternehmung neben der Versuchsklasse, die von der Stadt übernommen wird. Bisher lag die Oberleitung in den Händen der trefflichen Kinderpädagogin Johanna Huber, die, von der Behörde eigens zur Organisation des Kindergartens beurlaubt, das Arbeitsschulprinzip mit seltenem Geschick vertritt und nun, wiewohl sie die Oberleitung des Kindergartens in den Händen behalten wird, voraussichtlich mit den ältesten (ausscheidenden) Zöglingen in die Versuchsklasse hinübergeht. Der Kindergarten ist dem Versuchsschulverein von höchster Wichtigkeit, weil der Verein die möglichste innere Kontinuität der Arbeitsschulerziehung anstrebt und aus physiologischen wie aus sozialen Gründen die allgemeine Kindergartenerziehung verteidigt. Von höchstem pädagogischen Interesse ist an der Kindergartenpraxis des Vereins noch dies, daß sie die Kleinen sofort bei ihrem Eintritt, das heißt vom Beginn des 4. Lebensjahrs an, an den Gebrauch einer Fremdsprache gewöhnt. Die Tragweite dieser pädagogischen Neuerung ist augenblicklich noch gar nicht abzuschätzen. Die Erfahrungen, die in dem Kindergarten des Vereins bei erschwerenden Umständen mit der englischen Sprache gemacht wurden, sind durchaus ermutigend. Da der Verein die Sympathie der städtischen Schulbehörden, insbesondere Kerschensteiners und auch der Schulinspektoren genießt und in seinem Vorstand 70 Persönlichkeiten aus allen Kreisen der Bevölkerung (Lehrer der Volksschulen, Mittelschulen, der Universität

und der technischen Hochschule, Juristen, Ärzte, Volksvertreter, von sozialdemokratischer Seite Timm und Eduard Schmid) vereinigt, mag man der Zukunft seiner
Sache mit Zuversicht entgegensehen.

175. Sammelrezension zum Thema „Genie" (von Otto Lipmann)

SM 1910, Nr. 16, S. 1139-1141

Das Problem der sogenannten *übernormalen Begabung* ist bisher von exaktpsycho-
logischer Seite her nicht in Angriff genommen worden. Mag man dies zunächst als
erstaunlich oder bedauerlich betrachten, so ist es andrerseits unter einem gewissen
Gesichtspunkt auch erfreulich: erfreulich als ein Zeichen dafür, daß die Psychologie ihre Grenzen erkennt, daß sie die schwer und spät errungene Exaktheit nicht
um ein noch so verlockendes Resultat aufzugeben gewillt ist. Charakteristisch
dafür, welche Voraussetzungen erfüllt sein müssen, bevor wir auf psychologischem Weg dem Problem der Übernormalität näher treten können, ist die Geschichte eines der Unternehmungen des *Instituts für angewandte Psychologie und
psychologische Sammelforschung*. Als dieses Institut im Jahr 1906 von der *Gesellschaft für experimentelle Psychologie* ins Leben gerufen wurde, stand auf seinem
ersten Arbeitsplan unter anderen auch das Problem der übernormalen Begabung.
Bald aber erkannte man, daß der gegenwärtige Stand der Psychologie eine erfolgreiche Inangriffnahme dieser Arbeit nicht gestatte, daß vielmehr zunächst die Voraussetzungen geschaffen und dazu eine große Reihe von Vorarbeiten geliefert
werden müßten, ja daß im Grunde ein neuer Zweig der Psychologie ins Leben zu
rufen sei. Die experimentelle Psychologie hat sich seit ihrem Bestehen bisher so
gut wie ausschließlich damit beschäftigt allgemeine Gesetze zu finden, das heißt zu
konstatieren, welche psychischen Tatsachen für alle Menschen in der gleichen
Weise gelten. Um ein solches Gesetz zu nennen, so wurde zum Beispiel auf dem
Gebiet des Gedächtnisses nachgewiesen, daß es vorteilhafter für das Erlernen eines
Gedichts ist es immer von Anfang bis zum Ende im ganzen durchzulesen als etwa
eine Strophe nach der andern, also in Teilen, zu lernen. Abgesehen von der meist
nebenbei gewonnenen Konstatierung verschiedener, sich in ihrem psychischen
Verhalten in gewissen Beziehungen von einander unterscheidender Typen beschränkte man sich, wie gesagt, bis vor kurzem durchaus auf die Feststellung allgemeiner Gesetzmäßigkeiten und vernachlässigte so gut wie vollkommen das
Problem der Individualität. Hier handelt es sich zunächst nicht um die Entdeckung
irgendwelcher allgemeingültigen Gesetze sondern darum ein Individuum nach
allen Richtungen seines psychischen Lebens (hinsichtlich seines Gedächtnisses,
seiner Aufmerksamkeit, seiner Intelligenz, seines Charakters etc.) möglichst genau
zu beschreiben, es zu *psychographieren*. Die Psychographie ist eben der neue
Zweig der Psychologie, der in Angriff genommen werden muß, bevor an eine psychologische Behandlung des Problems der Übernormalität überhaupt auch nur
gedacht werden kann (siehe auch diese Rundschau, 1909, 2. Band, pag. 1173 ff).
Bevor die Eigenschaften und Verhaltungsweisen zunächst einmal des normalen

Menschen nach einer einwandfreien psychographischen Methodik festgelegt worden sind, besteht auch keine Aussicht, daß man die Übernormalität eines Individuums mit Sicherheit diagnostizieren könne. So kommen auch psychologische Bedenken zu den zahlreichen pädagogischen, die gegen die Idee eine *Sonderschule für hervorragend Befähigte* ins Leben zu rufen geäußert wurden.

Wir haben heute nur einen Maßstab für eine relativ sichere Beurteilung der Fähigkeiten eines Menschen: seine historischen Leistungen, sein Ansehen unter den Zeitgenossen und noch mehr sein Nachruhm, seine Stellung in der Geschichte. Diesen Weg nun verfolgt eine zweite Methode, vermittelst derer man wenigstens einigen Problemen der Übernormalität näherzukommen versucht hat: die Methode der Statistik. Es ist das Verdienst des bekannten englischen Gelehrten Francis Galton diese Methode zum erstenmal auf das Problem der übernormalen Begabung angewandt zu haben. Im Jahr 1869 erschien sein Werk *Hereditary Genius*, und heute liegt uns eine von O. Neurath und A. Schapire-Neurath unternommene Übersetzung *Genie und Vererbung* vor, die als 19. Band der *Philosophisch-Soziologischen Bücherei* /Leipzig [1910], Klinkhardt/ erschienen ist. Wie der Titel besagt, beschäftigt sich Galton insbesondere mit der Frage, ob und in welchem Grad die Begabung erblich sei. Er zeigt, daß die Genialität durchaus nicht als ein *Wunder*, als ein unerklärliches Naturphänomen aufzufassen sei. Wie jede normale Eigenschaft eines Menschen sei auch die Genialität durchaus das Produkt vererbter und durch das Milieu erworbener Eigenschaften, und insbesondere spiele hier die Vererbung eine ganz hervorragende Rolle. Zum Nachweis dieser Behauptung untersuchte Galton die Familien von 655 hervorragenden Staatsmännern, Feldherren, Schriftstellern, Naturwissenschaftern, Mathematikern, Dichtern, Musikern, Theologen und Philologen und fand, daß 296 dieser Männer wenigstens noch einen hervorragenden Blutsverwandten besitzen. Das Hauptresultat der Statistik läßt sich folgendermaßen formulieren: Wenn von einem Mann weiter nichts bekannt ist als daß er einen hervorragenden Sohn oder eine hervorragende Tochter besaß, so ist die Wahrscheinlichkeit dafür, daß er selbst hervorragend war, 24%; das heißt von 100 Vätern hervorragender Kinder sind 24 gleichfalls hervorragend. Für die übrigen Verwandtschaftsgrade stellen die Zahlen sich wie folgt: Väter und Mütter 15%, Brüder und Schwestern 14%. Großväter und Großmütter 4%, Enkel und Enkelinnen 3%, Onkel, Tanten, Neffen und Nichten 2%, Vettern und Cousinen 1%.

Galton macht ferner darauf aufmerksam, daß der Nachweis der Erblichkeit hervorragender geistiger ebenso wie hervorragender körperlicher Begabung günstige Perspektiven auf die Möglichkeit einer Verbesserung unserer Rasse eröffne. Der gegenwärtige Zustand sei der, daß der geistig Höherstehende, der Gelehrte, erst in einem höhern Alter dazu komme Nachkommen zu erzeugen und durchschnittlich weniger Kinder hinterlasse als der geistig primitivere Arbeiter, Beamte und Handwerker. Dieses Verhältnis müsse radikal umgekehrt werden, und die Lehren Malthus' dürften nur auf das geistige Proletariat Anwendung finden. Freilich erkannte Galton sehr wohl, daß die Lehren, die auf eine *Eugenik* gerichtet sind, vorerst noch eine tiefere Begründung erfahren müßten, bevor man an ihre Umsetzung in die Praxis denken könne. Zum Studium dieser Probleme hat er deswegen im Jahr 1905 in London das *Eugenics Laboratory* ins Leben gerufen, an dessen Leitung neben dem Mathematiker Pearson auch der heute 88jährige Galton noch selbst beteiligt ist. Eine Reihe vorzüglicher Publikationen über die Vererbung geistiger und körperlicher Eigenschaften sind aus ihm hervorgegangen.

Eine Frage aus der Gruppe der Übernormalitätsprobleme steht heute, wohl seit Lombrosos Buch über *Genie und Irrsinn* /1864/, ganz besonders im Vordergrund des Interesses nicht nur der Laien. Bekanntlich ist der hier vermutete Zusammenhang zwischen Über- und Unternormalität besonders von Möbius im Detail weiter studiert worden, dessen *Pathographieen* Goethes, Nietzsches, Rousseaus, Schopenhauers, Schumanns, Scheffels /Leipzig, Barth/ gewissermaßen einen Vorläufer der psychographischen Methodik bilden. Was mich an diesen Pathographieen und anderen neueren derartigen Unternehmungen unsympathisch berührt, ist, daß sie die Meinung erwecken, die Genialität ihrer Objekte sei erschöpfend dadurch nachgewiesen, daß man krankhaften Zügen bei ihnen auf die Spur gekommen sei. Damit ist aber das Problem der Übernormalität denn doch nicht erledigt, ja nicht einmal in seinem Kernpunkt getroffen. In jüngster Zeit haben sich die Pathographen besonders einer ganz hervorragenden geschichtlichen Persönlichkeit bemächtigt: Jesus wurde bald als *überreizt*, bald als *Ekstatiker*, bald als *Epileptiker*, bald als *Paranoiker* dargestellt. Dagegen wendet sich H. Schaefer (*Jesus in psychiatrischer Beleuchtung* /Berlin, Ernst Hofmann [1910]). Er weist nach, daß aus den Quellen weder eine erbliche Belastung noch pathologische Züge in Jesus' Kindheit noch das Auftreten von Halluzinationen oder krankhaften Stimmungen noch ein Mangel an natürlich-menschlichen Zügen (Familiensinn) zu ersehen sei, noch auch, daß seine Zeitgenossen ihn für pathologisch gehalten hätten. In psychiatrischer Beziehung scheint mir Schaefers Studie, die durchaus gemeinverständlich ist, ganz ausgezeichnet zu sein. Von seinen rein psychologischen Ausführungen ist jedoch manches mangelhaft; auch manche antisemitisch schillernde Bemerkungen sind recht unangebracht.

Auch Francis Galton äußert einmal gelegentlich seine Meinung über den Zusammenhang zwischen Über- und Unternormalität. Danach besteht ein solcher Zusammenhang nur insofern als beide Abweichungen von der Norm, vom Durchschnitt darstellen, und daß solche Abweichungen gleichen Grades, aber verschiedener Richtung, auch in gleicher Häufigkeit sich finden: Auf jede Million entfallen etwa 280 hervorragend Befähigte und 280 Idioten. Auch in der Beziehung gibt Galton den Pathographen und insbesondere Lombroso recht, daß Genie und Irrsinn sich auffallend häufig bei Mitgliedern der selben Familie findet.

176. Erziehung (Sammelrezension von Otto Lipmann)

SM 1910, Nr. 25, S. 1657-1659 (Auszüge)

[...] Heute liegt mir ein Buch vor, *Die Erziehung* von Rudolf Pannwitz (in der Sammlung *Die Gesellschaft* [Bd. 32] /Frankfurt [1909], Rütten & Loening) [vgl. auch Dok. 88], das als eine Philosophie der Erziehung bezeichnet werden könnte. Es handelt sich nicht so sehr um eine philosophische Grundlegung der Pädagogik – und die hiergegen zu erhebenden Einwände treffen also auf dieses Buch nicht zu – als vielmehr um philosophische Erörterungen über den Begriff der *Erziehung*. So spricht Pannwitz zum Beispiel sehr ausführlich darüber, daß die Erziehung als eine besondere Art der Vererbung aufzufassen sei, und er legt überhaupt großes Gewicht auf eine Analogie zwischen dem Prozeß der Erziehung und dem der Zeugung respektive des Geschlechtsverkehrs. Einen großen Nutzen kann ich mir von einer solchen *Philosophie der Erziehung* gleichfalls nicht versprechen: Von praktischer Bedeutung für den Pädagogen ist allein – abgesehen von der Beschäftigung mit den Spezialwissenschaften – ein gründliches Studium der Psychologie und Ethik. Freilich wird Pannwitz an einen solchen praktischen Zweck beim Schreiben seines Buches kaum gedacht haben; umsoweniger sind mir seine Ausfälle gegen die Psychologie verständlich. Der beste Teil des Buches scheint mir der letzte Abschnitt zu sein: der einzige, bei dem der Verfasser sich auf ein konkretes Gebiet begibt. Pannwitz behandelt da unter dem Obertitel *Überblick über eine Reihe weltgeschichtlicher Erziehungen* insbesondere die „weltgeschichtlichen priesterlichen Gesetzgebungen". Das Buch klingt in einem etwas dithyrambischen Hymnus auf Nietzsche aus.

Was die ethischen Grundlagen der Pädagogik betrifft, so können wir unter denen, die sich mit diesen Problemen beschäftigen, zwei Gruppen unterscheiden: Für die einen gibt es eine Moral überhaupt nur auf religiösen Grundlagen. Sofern unter *Religion* nichts anderes als Konfession verstanden wird, wie es ja dem heutigen Sprachgebrauch entspricht, teile ich diesen Standpunkt natürlich nicht [...] – und gehöre somit zu der zweiten Gruppe. Als führend unter den so Gesinnten möchte ich hier zwei Vereine nennen, die englische *Moral Education League* mit dem Sitz in London und den *Deutschen Bund für weltliche Schule und Moralunterricht* (Vorsitzender Dr. R. Penzig [...]). Abgesehen von manchen Unterschieden in Spezialfragen stimmen die beiden genannten Vereine doch in der Tendenz überein, daß sie einen nichtkonfessionellen Moralunterricht neben dem konfessionellen Religionsunterricht oder an dessen Stelle für möglich oder sogar für wünschenswert halten. Aber hier gehen die Meinungen wieder auseinander, ob die Moral ein besonderes Unterrichtsfach bilden soll, oder ob nur der gesamte Unterricht, besonders der in Geschichte und Literatur, ethisch gefärbt sein soll. Persönlich neige ich mich mehr der letztern Ansicht zu, meine aber doch, daß sehr wohl auch besondere Unterrichtsstunden für eine dem Zweck der ethischen Belehrung dienende Aussprache der Kinder mit dem Lehrer – etwa im Anschluß an aktuelle Ereignisse aus dem Schul- oder öffentlichen Leben – bestimmt werden könnten. Gegen einen systematischen Moralunterricht wird sich wohl das Gefühl vieler sträuben. Zu den pädagogischen Erwägungen, die dagegen sprechen, kommen noch Gründe des Geschmacks: Moral, lehrhaft vorgetragen, wirkt banal und abgeschmackt.

Dieses, vielleicht etwas scharfe, Urteil führt mich auf die Erwähnung eines Buches, dem ich dennoch jeden Wert nicht ganz absprechen kann. Ich meine die *Charakterbildung* von Booker T. Washington (aus dem Englischen übersetzt von E. du Bois-Reymond, mit einem Vorwort von Dr. Wichern /Berlin [1910], Dietrich Reimer). Interessant ist dieses Buch schon durch die Persönlichkeit seines Verfassers, der, als Sklave geboren, jetzt schon seit vielen Jahren eine außerordentlich segensreiche Wirksamkeit als Leiter der Normal- und Gewerbeschule für Neger in Tuskeggee entfaltet und jedenfalls als einer der hervorragendsten Vertreter seiner Rasse angesehen werden muß. Nicht nur durch sein persönliches Ansehen sondern mindestens ebenso durch die von ihm in Tuskeggee erzielten Erfolge beweist Washington, daß diejenigen im Unrecht sind, die behaupten, der Neger sei erziehlichen und kulturellen Einflüssen unzugänglich. Das Buch, von dem ich hier spreche, ist aus *Sonntagsansprachen* hervorgegangen, die Washington an die Zöglinge der genannten Anstalt hielt. Über deren Wert will ich nicht streiten, da mir das Schülermaterial allzu unbekannt ist. Auf uns aber wirken seine Ausführungen außerordentlich banal, und man muß sich fragen, für welchen Leserkreis wohl die deutsche Übersetzung bestimmt sein soll. Wenn Washington wirklich diesen Ansprachen einen Teil seiner Erfolge verdanken sollte, so könnte man nur dies zugeben, daß vielleicht Lehrer an Missionsschulen das Buch mit Vorteil ihrem Unterricht zugrunde legen könnten. Mit der bekannten *Jugendlehre* Fr. W. Foersters /Berlin [1904], Georg Reimer/ ist es gar nicht zu vergleichen. Über die Beziehungen der Psychologie zur Pädagogik habe ich mich schon einmal an dieser Stelle ausführlicher ausgesprochen, ich will deshalb nicht noch einmal darauf eingehen. Nur dies sei erwähnt, daß hier augenblicklich die Frage der *Intelligenzprüfung* mit im Vordergrund des Interesses steht. Es scheint, daß Binet und Simon uns durch ihre Arbeit *Le développement de l'intelligence*, die im 14. Band der *Année Psychologique* [Paris 1908] erschienen ist, den Weg gewiesen haben, auf dem wir wenigstens dies erreichen werden: durch psychologische Methoden diejenigen Schulkinder auszusondern, die den Anforderungen der Volksschule nicht gewachsen sind und einer Sonderschule überwiesen werden müssen, ebenso auch diejenigen, die als Angeklagte vor dem Jugendgericht wegen mangelhaft entwickelter Intelligenz straflos bleiben müssen.

177. Wilhelm Hausenstein: Zum Tod von Tolstoj

SM 1911, Nr.1, S.68-70 (Auszug)

[...] 1860 bereiste Tolstoj ein zweites Mal das Ausland, diesmal zu pädagogischen Studien. Schon 1849 hatte er es auf seinem Landgut mit einer Schulgründung versucht. Er kam aus dem Westen zurück, ohne irgend eine brauchbare Methode gefunden zu haben. Und er bekannte nun: die beste Methode bestehe darin „überhaupt keiner Methode zu folgen, aber alle zu kennen ... und bei etwa auftretenden

Schwierigkeiten neue zu erfinden". Im übrigen dachte Tolstoj vom Begriff *Erziehung* überhaupt gering. „Es gibt keine Erziehungsrechte. Ich erkenne keine an. Sie werden auch nie anerkannt werden und sind niemals anerkannt worden von der jungen Generation, die gerade erzogen wird, und die immer und überall gegen den Zwang des Erzieherischen ist. ... Mit welchem Recht erzieht die privilegierte Gesellschaft nach eigenem Maßstab Menschen, die ihr fremd sind? ... Hören wir doch auf im Widerstand des Volkes gegen Erziehung ein feindliches Element zu erblicken ..., akzeptieren wir doch endlich die Überzeugung, daß, wenn die erziehende Klasse wissen soll, was gut ist und was schlecht, die zu erziehenden Klassen die volle Macht besitzen müssen ihrer Unzufriedenheit Ausdruck zu geben. ..." Hier mischt sich prinzipielle Ablehnung des Erziehungsgedankens mit spezieller Ablehnung spezieller Mißformen. Die positive Pädagogik, wie Tolstoj sie in seiner Zeitschrift gelehrt und praktisch geübt hat, ist ganz anarchistisch: kein Schulzwang, eventuell nur Unterricht durch die Mutter oder die Großmutter, innerhalb der Schule selbst kein autoritärer Lehrer, sondern ein Lehrer-Kamerad, der es nicht bestrafen darf, wenn Schüler wegbleiben, aus dem Unterricht fortlaufen oder zu spät erscheinen; weiter keinerlei Aufgaben, keinerlei Verpflichtung zu strapaziöser Aufmerksamkeit, spielende Kooperation zwischen Lehrer und Schülern. [...]

Die politische Philosophie Tolstojs, die bei so vielen Anlässen zum Ausdruck kam, aber nie als abgerundetes System auftrat, läßt sich auf folgende Gedanken reduzieren: Verwerfung jeder staatlichen Form, da alle staatliche Organisation mit Gewalt imprägniert ist; gewaltlos-liebevolles Gruppenleben der Menschen; Ablehnung der anarchistischen Aktion, die auf Gewalt ausgeht und mit Gewalt arbeitet; Ablehnung des sozialistischen Klassenkampfs; Ablehnung des Parlamentarismus als einer Finte des Gewaltstaats; Ablehnung ökonomistischer Politik; Zurückführung aller Opposition auf die Verweigerung des Heeresdienstes als die einzige Resistenz, die dem Christen geziemt; gänzlicher Verzicht auf alle persönlichen Leidenschaften, Gründung der Zukunft auf den reinen Geist anspruchslosen Urchristentums. Das ist der Mann, den seine Kirche 1901 exkommunizierte, und dem sie die Totenmessen weigerte. [...]

178. Joseph Petzoldt: Einwände gegen Sonderschulen für hervorragend Befähigte[823] (Rezension von Wilhelm Hausenstein)

SM 1911, Nr. 15, S. 985-987 (Auszüge)

[...] Petzoldt fordert für diejenigen Schüler, „die im gewöhnlichen Schulalter in Klassen von etwa 20 Schülern unter tüchtigen Lehrern bei täglich 4 wissenschaftlichen Stunden und nicht mehr als 2- bis 3stündiger häuslicher Arbeit ohne jede Überanstrengung, also mit geringerer Mühe als der schlechtere Durchschnitt der großen Mehrzahl der Schüler unserer heutigen höheren Schulen, 2 der in den Lehrplänen dieser Schulen vorgeschriebenen Jahrespensen in 1 Jahr erledigen können",

---

[823] Neue Jahrbücher für Pädagogik, 14. Jg. Teubner, Leipzig, Berlin 1911, S. 1-24. Vgl. auch Dok. 95.

einen abgesonderten Unterricht und schätzt, „daß etwa 10% aller Schüler dieser Bedingung entsprechen würden". Er begründet die Forderung mit der unbezweifelbaren Tatsache, daß „die hervorragend Befähigten in unseren Schulen dauernd weit unter der normalen Grenze ihrer Leistungsfähigkeit beschäftigt sind", und daß heute „der Hauptfehler bestehen bleibt die Begabten täglich 5 Stunden lang zu dem langsamen Schritt der gerade noch Mitzunehmenden des schwachen Durchschnitts zu zwingen". Es ist geradezu grotesk, daß es Pädagogen gibt, die diesen Tatbestand forteskamotieren wollen und behaupten, daß den Befähigten in den bestehenden Schulen „ihr volles Recht" werde. Ein Argument der Widersacher der Sonderschulen für Begabte weissagt einen intellektuellen und moralischen Dünkel der Ausgewählten. Sehr gut weist Petzoldt darauf hin, daß unsere Pädagogik bisher nicht darauf verzichtete Volksschulen und gelehrte Schulen einzurichten, und daß diese Differenzierung der Erziehung viel stärker trennend wirkt als je die Differenzierung nach Begabten und Unbegabteren auf dem nämlichen Boden – etwa dem des Gymnasiums – wirken könnte. Petzoldt hat allerdings das grundlegende Argument nicht formuliert: daß nämlich pädagogische Differenzierung nur da schädigend wirken kann, wo sie aus sozialökonomischen Klassenunterschieden hervorgeht (wie bei dem Gegensatz zwischen Volksschule und gelehrter Schule), und daß es Unsinn ist da Spannungen zu befürchten, wo die pädagogische Differenzierung rein auf geistige Faktoren, auf Unterschiede der intellektuellen oder ästhetischen Veranlagung, gegründet wird. Bei der Gelegenheit: Der Sozialismus muß Wert darauf legen zu betonen, daß dies so ist; es handelt sich für ihn nicht um die Abschleifung der Differenziertheit des idealen Reichtums der Menschheit sondern um sozialökonomische Ausgleichungen. Petzoldt weist dann sehr richtig darauf hin, daß eine wirklich durchgebildete Veranlagung am allerwenigsten zu Hochmut neigt. [...] Als Ort der Sonderschule scheint ihm zunächst – aus äußeren Gründen – nur die große Stadt möglich; das sachlich Wünschenswerte ist ihm das Internat im Sinn der Wickersdorfer Schulgemeinde oder der Landerziehungsheime.

Ein leicht verblüffendes Argument der Gegner ist dies, daß durch Ausscheidung der Begabtesten den Schulen das fortreißende Element entzogen würde. Sehr richtig erwidert Petzoldt, daß von einem Fortreißen in den jetzigen Schulen nur sehr wenig die Rede ist, daß vielmehr, wenn der Lehrer sich mit den Fortgeschrittenen beschäftigt, das Gros einfach unbeteiligt bleibt. Begabte und Unbegabte sind eben bis zu einem gewissen Grad inkommensurable Kategoreen. Gleich und gleich gesellt sich gern; auch innerhalb der Reihen der Zurückbleibenden würden sich relative Vorzugsnaturen finden. Und es handelt sich just darum die Schuleinheiten jeweils durch die spezifischen, ihnen gerade adäquaten Vorzugsnaturen zu beleben. Auch davon kann nach Petzoldt nicht die Rede sein, daß sich die tüchtigen Lehrer den Klassen der Schwächeren nach Möglichkeit entziehen würden: Je tüchtiger der Pädagoge ist, desto mehr wird er die Pädagogik als eine formale Funktion, als eine bildende Kunst auffassen, und so wird ihm auch das Problem der schwächeren Klassen fesselnd sein. Wie ist es im übrigen heute? Petzoldt schreibt treffend, „daß sich der Lehrer am meisten mit denjenigen Schülern beschäftigen muß, die er gerade noch zur Versetzung zu bringen hoffen kann, also mit den untersten der mittlern Schicht, in zweiter Linie wird er seine Aufmerksamkeit den übrigen dieser Schicht zuwenden, danach der so gut wie aussichtslosen Unterschicht, und erst zuletzt wird er hier und da ein paar Minuten für die Gutbegabten erübrigen".

Ein wichtiges Problem scheint mir in dieser gediegenen Abhandlung vernachlässigt. Petzoldt ist – und wohl mit Grund – der Meinung, daß die Frage der ausnehmend spezifischen (auffallend einseitigen) Begabungen nicht genügend diskutiert sei. Aber fehlt es hier an Untersuchungen, dann ist es höchste Zeit, daß gerade sie nachgeholt werden, sofern man das Feld der Sonderschule überhaupt betritt. Wenn der Gedanke der Sonderschule überhaupt noch etwas Odiöses hat, so ist die Gruppierung der Schüler nach Fachbegabungen – nicht nach universeller Höherbegabung – das sicherste Mittel dagegen. Die Frage der Gabelung ist von der Frage der Sonderschule kaum zu trennen; es wird notwendig sein, daß man diese Fragen mit einander kompliziert. Um so mehr, als die Scheidung nach spezifischen Sonderbegabungen – eine Scheidung, auf die auch Petzoldt konsequenterweise hinausmüssen wird – den sachlichsten Einteilungsgrund bietet, den man sich denken kann. Übrigens ist die ganze Frage so gut wie fürs Gymnasium auch für die Volksschule diskutabel.

179. Kurt Grelling: Zum Tod von Wilhelm Dilthey[824]

SM 1911, Nr. 22, S. 1429

Im Alter von 77 Jahren ist Wilhelm Dilthey gestorben. Mit ihm verliert die Berliner Universität einen ihrer liebenswürdigsten Lehrer, die deutsche Philosophie einen ihrer geistvollsten Vertreter. Seine Lebensarbeit ist durch Schlagworte nicht zu charakterisieren: Er gehörte keiner Schule an, und wenn er auch Schüler hatte, so kann man doch von ihm nicht sagen, daß er eine Schule hinterlassen hätte. Das große Problem, das ihn beschäftigte, war die Methode der Geisteswissenschaften, speziell der Geschichte. Die Tendenz alle Wissenschaft in Naturwissenschaft, das heißt in Wissenschaft von der äußeren Natur aufzulösen, die in der 2. Hälfte des vorigen Jahrhunderts immer mehr an Boden gewann, bekämpfte er energisch und verfocht ihr gegenüber die Selbständigkeit der Geisteswissenschaften. Seine *Einleitung in die Geisteswissenschaften* [1883] ist dieser Aufgabe gewidmet. Es ist die Gleichberechtigung der politischen gegenüber der physikalischen Weltansicht – um einen Fiesschen Ausdruck zu gebrauchen –, die er verteidigt. Später bekämpfte er den immer mehr sich breit machenden Subjektivismus und Relativismus und betonte die Bedeutung des Objektiven und Allgemeingültigen nicht nur in den Geisteswissenschaften sondern auch in der Kunst, speziell in der Poesie. Seine Analysen des dichterischen Schaffens in dem Buch *Das Erlebnis und die Dichtung* [1906] erfreuen sich sogar einer gewissen Popularität.

---

[824] Kurt Grelling (1886-1942), Philospoph, 1911 Mitarbeiter der *SM*, in der Rundschau zuständig für die Rubrik Philosophie.

180. Otto Bobertag: Schule und Psychologie[825]

SM 1911, Nr. 23, S. 1502-1504 (Auszüge)

Zu den hervorstechendsten Zügen des Geisteslebens der Gegenwart gehört ohne Zweifel auch die stetig wachsende Bedeutung, die die Psychologie in allen Kulturgebieten gewinnt, wo ihre praktische Anwendung überhaupt möglich ist. Zwei Gründe für diese wichtige Erscheinung lassen sich in der Hauptsache unterscheiden. Einmal ist es das ganz allgemeine, bereits in den weitesten Kreise gefühlte Streben der tiefinnersten, wahren Eigenart des menschlichen Geistes, seinen Fähigkeiten und Bedürfnissen, überall wo sie sich – Arbeit leistend oder Befriedigung suchend – betätigen, in höherm Maß gerecht zu werden als es in der Vergangenheit möglich oder doch üblich gewesen ist. Andererseits aber ist es die Tendenz der modernen wissenschaftlichen Psychologie selbst, die Anerkennung und Verwertung der von ihr theoretisch erarbeiteten Erkenntnisse, ihre Umsetzung in die Praxis – und eine solche ist ja fast unbegrenzt möglich – zu fordern und durchzusetzen. [...]

Eine solche Gelegenheit nun gab der 1. Kongreß für die Jugendbildung und Jugendkunde (vom 6. bis zum 8. Oktober in Dresden vom *Bund für Schulreform* veranstaltet) in Rücksicht auf den gegenwärtigen Stand und die allgemeine Entwickelungstendenz des Problems *Psychologie und Schule*. Denn daß es sich hier, bei der Diskussion der einzelnen Fragen, im wesentlichen doch noch um ein Problem und nicht sozusagen um eine abgemachte Sache handelte, war für den aufmerksamen Teilnehmer von Anfang an ersichtlich. Die Verhandlungen waren am ersten Tag der Arbeitsschule, am zweiten dem Thema *Intelligenzproblem und Schule* gewidmet.

Über die Arbeitsschule ist ja in den letzten Jahren ungemein viel geschrieben worden, für und wider [...], wobei nicht zu verkennen ist, daß der Vorteil in steigendem Maß auf Seiten des Für war. [...] Die Kongressverhandlungen des ersten Tages ließen aber doch erkennen, daß man bereits eine Menge wertvoller Arbeit geleistet [...] hat, um die Grundzüge der werkunterrichtlich organisierten Zukunftsschule erkennen zu lassen. Der Erörterung der didaktischen Detailfragen, auf deren befriedigende, durch die Praxis gesicherte Beantwortung es ja naturgemäß im letzten Grund ankommt, gingen zwei allgemein zusammenfassende Referate von Kerschensteiner-München und Gaudig-Leipzig über den Begriff der *Arbeitsschule* voraus. Beide suchten den Begriff und damit das Prinzip der Arbeitsschule einerseits sozialethisch als berechtigt und notwendig darzutun, andererseits psychologisch zu erklären und die allgemeineren Züge seiner konkreten Ausgestaltung zu

---

[825] Otto Bobertag (1879-1934), Psychologe, Mitarbeiter des 1915 gegründeten Zentralinstituts für Erziehung und Unterricht in Berlin, zuständig für Psychologie innerhalb der Pädagogischen Abteilung, gemeinsam mit Erich Hylla maßgebend an der Entwicklung der experimentellen Schulpsychologie und pädagogischen Diagnostik beteiligt, zahlreiche Publikationen zur experimentellen Psychologie, insbesondere zu Fragen der Intelligenzmessung und Begabtenauslese, 1911 Mitarbeit an der Rubrik Psychologie in der Rundschau der *SM*. Vgl. auch Ingenkamp/Laux 1990.

entwickeln. Kerschensteiner leitete die Aufgaben der Schule davon ab, daß sie brauchbare Staatsbürger zu erziehen habe, das heißt Menschen, die einen dem Bau des gegebenen Staates sich einfügenden Beruf ausüben, mit dem Bestreben gleichzeitig zur Erreichung des sittlichen Idealstaats beizutragen. Die Notwendigkeit eines Berufs, der für die Mehrzahl der Menschen hauptsächlich in körperlicher Arbeit besteht, ergibt die Einführung des Arbeitsunterrichts in der Schule, die auch psychologisch gerechtfertigt ist durch das Vorherrschen der körperlichen vor der geistigen Betätigung im Kindesalter; die Erziehung zur Versittlichung dieser werkschaffenden Tätigkeit erfolgt dadurch, daß die Schule im Geist der Arbeitsgemeinschaft organisiert ist. Die Charakterbildung, die durch die Schule vermittelt werden soll, hat es mit der Ausbildung der passiven und aktiven Formen der Willensstärke sowie mit derjenigen der wissenschaftlichen Denkfähigkeit zu tun. Gaudig ging von dem Begriff der *Arbeit* aus und bestimmte die Arbeitsschule als solche, bei der der Schüler nicht als Objekt einer fremden Tätigkeit sondern als selbstwirkendes Subjekt in Frage kommt. Der Lebensbegriff dieser Schule ist der Arbeitsvorgang, und zwar soweit er vom einzelnen innerhalb der Klassengemeinschaft freitätig realisiert wird. Nach diesen beiden Vorträgen entwickelten die übrigen Redner des ersten Tages das Prinzip der Arbeitsschule mehr in seine didaktischen Einzelheiten hinein. Jeder zeigte, wie er sich in dem Fach, das er speziell vertrat, die Organisation des Werkunterrichts dachte, immer mit dem Bestreben dem Unterricht eine ideale Zielsetzung und eine psychologische Grundlegung zu geben. Es war interessant zu beobachten, wie durch die mannigfachen persönlichen Differenzen, die mancherlei Unklarheiten und Missverständnisse hindurch doch immer zu erkennen war, daß der gesamte bessere Teil der Pädagogen von einem starken Streben erfüllt ist nach Erreichung eines neuen und bedeutenden Zieles: den ganzen Schulbetrieb so zu gestalten, daß er den jungen Menschen zur freien, selbsttätigen Erarbeitung seiner Gedankenwelt, zur Selbstentfaltung seines Charakters von innen heraus führt. Und es ist, besonders auch für den Psychologen, erfreulich, daß dabei – trotz mancher Überschwenglichkeiten, die die Begeisterung des Augenblicks eingibt – eine erste Besinnung auf die Notwendigkeit einer psychologischen Grundlage für die pädagogischen Reformen waltet. [...]

181. Wilhelm Hausenstein: Bericht über die Kinderhortkonferenz 1911

SM 1911, Nr. 26, S. 1676-1677 (Auszüge)

Das Problem der Jugendpflege differenziert sich immer mehr. Am 28. und 29. Juni 1911 tagte zu Dresden eine allgemeine deutsche Kinderhortkonferenz, auf der die Aufsichtslosigkeit der Schulkinder in der unterrichtsfreien Zeit zur Debatte stand. Die auf dieser Konferenz vorgetragenen Referate sind nun in Form einer größern, zum Teil anregenden Broschüre erschienen [...][826]. Der bemerkenswerteste Beitrag ist wohl das Referat von Anna von Gierke-Charlottenburg. Es zeugt von lebendiger

---

[826] Aufsichtslose Schulkinder. Deutsche Zentrale für Jugendfürsorge, Berlin 1911.

und nobler Empfindung für das Problem. Sachlich ist freilich manches einzuwenden: So teilt auch diese Referentin eine für uns Sozialisten unmögliche Hochbewertung des erzieherischen Wertes des Familienlebens, eine Bewertung, die privatwirtschaftlicher Kultur und nur ihr entspricht. Hier eine kurze Übersicht über die Hauptgedanken.

Fürsorgeeinrichtungen für Kinder – von der bekannten Zwangsfürsorgeerziehung ist hier nicht die Rede – sollen künftig nicht, wie es bisher der Fall war, ohne gegenseitige Fühlung bleiben und nicht mehr ohne Beziehung zu einem Gesamtplan begründet werden. „Solange Schule, Horte, Speisung, Arbeitsstunden, Ausflugsvereine, Kinderlesehallen neben- und durcheinander wirken, jede der Einrichtungen den selben Kindern geöffnet, die selben Kinder einladend, so lange kann von einem wirksamen Fürsorgesystem nicht die Rede sein."

Um einen Anschluß an das gesamte Volkserziehungswesen zu erzielen, sollen die Fürsorgeinstitute, in denen die Kinder während schulfreier Stunden versammelt werden, der Volksschule angegliedert sein. „An jeder Gemeindeschule Konzentrierung der Fürsorge für die Kinder der Schule. Die Schule gibt die Räume: einige nur für die speziellen Forderungen der Fürsorge eingerichtet und bestimmt, als Speisungsraum, als Hortzimmer, als Hausarbeitsraum, als Lesehalle usw., andere mitbenutzbar, sobald sie nicht Schulzwecken dienen, so Klassenzimmer für Schularbeitenanfertigung, Turnhalle für Spiel und Ausruhen, Aula für Gesang und Feste." Die Schule (der Klassenlehrer) ist zudem die gegebene Auskunftsstelle, die über die Pflegebedürftigkeit der Zöglinge am besten unterrichtet ist.

Diese räumliche Konzentration aller örtlichen Fürsorgeformen in der Schule soll nicht eine Auslieferung der Fürsorge an die schulamtlichen Instanzen bedeuten: „Weder Horte, noch Lesehallen, noch Schulspeisung sind unter die Schulleitung, unter die Lehrer zu stellen."

Die Leitung des Fürsorgewesens ist Sache beruflicher Jugendpflegerinnen. Diese Tätigkeit eröffnet insbesondere zahlreichen Frauen die Möglichkeit einer neuen Berufsarbeit. Neben der Berufsschulpflegerin, die eine pädagogische und eine sozialpolitische Fachbildung haben muß, sollen fakultative Hilfspflegerinnen arbeiten.

Die Speisung ist eine Hauptangelegenheit der Fürsorge. Die Speisung soll, wo es irgend möglich ist, nur gegen Entgelt der Eltern gewährt werden; doch darf das Kind nicht unter der Zahlungsweigerung oder -unfähigkeit der Eltern leiden. Eine Norm für die Zahlungspflicht läßt sich schwer aufstellen.

Es ist die Einbeziehung der Kindergärten in das Fürsorgesystem anzustreben.

Die Fürsorge ist im Lauf der Zeit zu einer gleich der Schule selber obligatorischen Einrichtung zu machen.

So weit etwa dies Referat. Es behandelt zwei wichtigen Fragen nicht: die Frage der Beteiligung ausgesprochen kirchlicher und ausgesprochen politischer (etwa nationaler) Vereine und weiter die Frage der Verstaatlichung oder Kommunalisierung der Pflegeinstitute. Mit der zweiten Frage befassen sich die Referate Professor Reinhardts-Frankfurt am Main und des Lehrers Knauthe-Dresden. Diese Referenten gelangen zu dem Resultat, daß sich eine Übernahme der Pflege durch Staat oder Gemeinde nicht empfehle. Diese Körperschaften sollen Subventionen geben und sich durch Delegationen an der Leitung der Dinge beteiligen; aber dabei soll es sein Bewenden haben. [...] Hier ist zu erwidern, daß auch bei der Übernahme der Pflege etwa durch die Gemeinde (die wünschenswerte Form) eine weitgehende Selbstverwaltung der Pflegeinstitute angestrebt werden und moderner pädagogischer Initiative Raum gegeben werden kann; daß weiter der fatale caritative Standpunkt, den Professor Reinhardt einnimmt, das sicherste Mittel ist der Pflege das Mißtrauen aller fortgeschrittenen Arbeitereltern zu garantieren. Einem Kinderpflegesystem von großer Art – die auch in einem äußerlich begrenzten Rahmen möglich ist – muß auch der leiseste Geruch der Armenpflege genommen sein. Die Religionsfrage ist in 2 Referaten berührt, in dem von Hanna Mecke-Kassel und in dem technisch immerhin instruktiven Referat von Lili Dröscher-Berlin. Das 1. Referat bekundet im ganzen den fatalen Ton des Vereinshauschristentums, das 2. erwähnt gelegentlich mit einer bedeutsamen Naivität, daß „die großen kirchlichen Feste ... ihren Widerhall natürlich auch im Hort finden" und weiterhin finden sollen. Wenn die Hortbewegung auf die Sympathieen der emanzipierten Arbeitermassen Wert legt, dann wird sie streng den Charakter einer Laienbewegung tragen müssen und darüber hinaus auch politische Neutralität anzustreben haben. Das träfe vor allem bei einem obligatorischen Hortbesuch zu. Der obligatorische Hortbesuch wäre übrigens schwerlich anders als durch ein öffentliches Institut zu erreichen. Es wäre andrerseits nicht wünschenswert, daß der Hort alle Formen der Kinderpflege resorbiert. Den Kirchengemeinschaften wäre beispielsweise die Begründung fakultativer Pflegeinstitute nicht zu verwehren und ebenso wenig weltlichen Vereinigungen irgendwelcher Art.

Zum Schluß sei hier noch aus dem Referat Knauthes die interessante Feststellung mitgeteilt, daß die heute bestehenden privaten Horte bereits eine nennenswerte Präventivbeschränkung der fürchterlichen Fürsorgeerziehung bedeuten. Auch finanziell ist das Hortwesen günstig: Ein preußischer Fürsorgezögling kostet jährlich 450 Mark, ein Berliner Hortkind etwa 330 Mark. Es handelt sich hier also um eine billigere Bekämpfung der jugendlichen Kriminalität.

182. Wilhelm Hausenstein: Bericht über eine Versammlung des Goethebundes zur Schulreform

SM 1912, Nr. 12, S. 760-762 (Auszüge)

Auf der Versammlung des *Goethebundes* in Berlin am 3. Dezember 1911 wurden 8 Referate gehalten, die nun im Verlag der *Hilfe* erschienen sind. [vgl. Dok. 97] Von den Referaten der Redner (Fulda, Hellmers, Ostwald, Bölsche, Petzoldt, Wyneken, Tews und Klaar) hebt sich nur die Rede Bölsches als ein Dokument von Bedeutung heraus. Die übrigen Reden sagen sachlich längst Bekanntes in einer keineswegs beunruhigenden Form; manches Referat hat selbst da, wo es Neues, Persönliches und Originelles zu geben sucht, ein Gesicht von fatalster Reformbanalität. Man brauchte das nun kaum festzustellen; allein es handelt sich bei den Äußerungen unserer berühmten Schulreformer leider allzu oft um gewisse Trivialitäten, die sich mit der Farbe eines mehr oder minder ausgesprochenen *Monismus* ungeheuer revolutionär und zeitgenössisch und kulturzeugend fühlen und in der Tat objektiv nichts fördern als eine enthusiasmierte pädagogische Aufklärerei mit peinlich banausischen Perspektiven. Formal Ähnliches hatte man am Ende des 18. Jahrhunderts, als man beschloß vom humanistischen Gymnasium zu einer realistischen Schule überzugehen, in der die Jugend zum Geist der *Handlung* erzogen werden sollte: nur daß Basedow und sein Illustrator Chodowiecki das hübscher machten. Ich habe kürzlich in dieser Rundschau (1912, 1. Band, pag. 573 ff.) zustimmend über Ostwald und seine Pläne zu einer Organisation der geistigen Arbeit geschrieben. Ebenso sachlich habe ich heute festzustellen, daß seine pädagogischen Reformgedanken mir verblüffend belanglos erscheinen. Hier etwa Ostwalds Gedankengang: Das humanistische Gymnasium ist die „rückständigste aller Schulformen". Die Schule soll Ideale vermitteln; das können Gymnasien nicht leisten, denn sie orientieren sich an vergangener Kultur, von der wir uns „immer mehr entfernen"; es „gibt kein Vergangenheitsideal"; „wir haben uns nach dem Kulturinhalt der [eigenen] Zeit umzusehen"; wir haben uns auf die Zukunft auszurichten, denn es ist „das Spätere in der Entwickelung auch immer das Höhere". Ostwald strebt eine Pädagogik an, die mit rationalistischen Methoden eine möglichst rationale Daseinsentwickelung befördert und in allen Fragen des Schulwesens „nicht gefühlsmäßig sondern verstandesmäßig-wissenschaftlich" verfährt.

Nun sind der Rationalismus als Weltanschauungsprinzip und die Idee des rationellsten Lebensbetriebs an sich eine sehr problematische Sache: vollends aber sind sie es als Grundlagen der Pädagogik. Darum ist es ein Glück, daß Bölsche der (zweifellos im gewissen Sinn bestechenden) Mechanik der Ostwaldschen Pädagogik eine Pädagogik gegenübersetzt, die genau genommen im Irrationalen wurzelt. Bölsches Grundgedanke ist die pädagogische Entwickelung einer durch und durch irrationalen Tatsache: des Talents. Er gibt dem rationellen energetischen Imperativ Ostwalds („vergeude keine Energie!") einen Inhalt, der das Rationelle der Pflege irrationaler Lebenselemente beweist. Für Bölsche ist der „Talentfleiß" das einzig mögliche Material der Pädagogik. Die Hauptanstrengungen der Erziehung sollen sich auf die systematische Begünstigung des produktiven Talentfleißes konzentrieren. Neben der Durchbildung des Talents, der eigentlich obligatorischen Erziehungs- und Lernarbeit, soll eine Pädagogik der Allgemeinbildung einhergehen, die sich jeweils auf die „Nichttalentfächer" (das Wort vom jeweiligen Standpunkt der individuellen Begabungen) bezieht und mehr fakultativen Charakter trägt. Schon damit ist gesagt, daß eine Überwindung des humanistischen Gymnasiums durch die rationalistische Pädagogik im Sinne Ostwalds nichts wäre als ein *circulus vitiosus*. Es kommt nicht auf die Schaffung einer rationalen pädagogischen Normalmaterie an sondern auf die Schaffung einer differenzierenden pädagogischen Form, deren einziges Grundgesetz die Einstellung auf das Talent ist. Ist Pädagogik eine formale Leistung, deren Material in den Begabungen der Zöglinge bereits gegeben ist, dann ist die Antike in einem Fall so gut Bildungsmittel wie die Naturwissenschaft im andern. Aber mehr. Es ist eine krasse Ungeheuerlichkeit, wenn Ostwald behauptet, das Spätere sei das Vollkommenere. Er zeige mir heute den Monumentalplastiker, der mit den alten Ägyptern oder Assyrern stilistisch konkurrieren kann. Es gibt Größen der Vergangenheit, deren Macht auf uns durch ihren abgeschlossenen und zugleich lebendigen Gleichniswert produktiven Einfluß ausübt. Und dies ist das Zentrum des Problems: Die Erziehung hat es nicht notwendig mit der Vermittlung rationeller Nützlichkeitswerte zu tun; sie soll im Gegenteil sogar eher mit Stoffen arbeiten, die ein abgeschlossenes und zugleich mächtig aufregendes Gleichnis unseres Daseins bedeuten. Dies tut die Antike (weit gefaßt) in einem Fall so gut wie im andern die Physik, die mitsamt der Biologie und allen anderen Dingen pädagogisch genau so qualvoll verhunzt werden kann wie der Homer; und vielleicht im Ganzen noch besser, weil sie, wo sie lauter und leidenschaftlich geboten wird und nicht in linguistischen Formalismus degeneriert, immer noch einzigartig zum rein Menschlichen in uns spricht: herrlich wie kaum ein Glied im ganzen lebendigen Zusammenhang menschlicher Geschichte.

183. Eduard Spranger: Wandlungen im Wesen der Universität seit 100 Jahren[827] (Rezension von Wilhelm Hausenstein)

SM 1913, Nr. 3, S. 181-182

Der Leipziger Universitätsprofessor Eduard Spranger [...] versucht eine synthetische Betrachtung der neuesten Entwickelung der Universitäten und ist nicht ohne bemerkenswerte Gesichtspunkte, wenn auch die Hauptfrage ungelöst bleibt. Spranger charakterisiert zunächst den Geist, in dem die jüngsten preußischen Universitäten, Berlin, Breslau und Bonn, gegründet wurden. Sie sind im Geist des Liberalismus der preußischen Reformperiode begründet (was übrigens für die 1818 gegründete Bonner Universität schon einigermaßen zweifelhaft erscheinen könnte).

Spranger faßt diese Erscheinung gut in folgende Worte: „Wenn man für das Wirtschaftsleben Freihandel, freie Konkurrenz, Gewerbefreiheit forderte, wie viel mehr mußte dann das Leben der Wissenschaft von allen Eingriffen des Staates frei gehalten werden. Man konstruierte sich (in halb naturrechtlichem Sinne) die Idee einer Gemeinschaft, deren Organisationsform einzig und allein aus dem freien Trieb nach Erkenntnis heraus bestimmt wäre, und man setzte dieses Ideal der Universität dem Staat, als einem aus ganz anderen Motiven erwachsenen Zwangsverband, diametral gegenüber. Staat und Wissenschaft sind sich ihren eigentlichen Interessen nach naturgemäß feindlich. Sie verhalten sich wie Machtorganisation und gelehrter Verein. Man muß den Staat von der Wissenschaft noch weiter fernhalten als von der Wirtschaft. Aus diesen liberalen Grundanschauungen erklären sich die liberalen Formen der neuen Universität: die freie (man möchte sagen: ungeregelte) Wissensproduktion, die Prinzipien der Lehrfreiheit und Lernfreiheit,

---

[827] Erschienen bei Wiegandt, Leipzig 1913.

die Forderung der akademischen Freizügigkeit, die Durchführung der Selbstver-
waltungsformen, die Idee der Selbsterziehung, der Koalitionsfreiheit der Studierenden usw. Und es ist kein Zufall, daß nur bei Fichte, der die merkantilistische
Wirtschaftstheorie auf die Spitze trieb, der zunftmäßige Charakter der höheren
Lehranstalt betont wurde. Aber auch er wollte doch in diesen Formen nur die produktive Freiheit des wissenschaftlichen Verstandesgebrauchs zur Wirkung bringen."

Dieser ältern Entwickelung steht nun die neueste diametral gegenüber. Die neueste Entwickelung charakterisiert sich durch den Untergang des alten Universitäts-
liberalismus, durch einen Neubeginn der „straffsten Staatsomnipotenz", durch
einen Neubeginn „staatlicher Hochspannung". Spranger bedauert diese Entwickelung nicht: „Wir werden vielmehr diese Spannung als etwas Heilsames ansehen.
Freilich, so gewiß die Kirche eine andere Gestalt hätte, wenn sie (unberührt von
staatlich-kulturellen Interessen) rein aus dem religiösen Leben hervorwüchse, so
gewiß wäre die Wissenschaft beweglicher, wenn die Besucher der Universität alle
aus reinem Wissensdurst und ohne Absichten auf künftige Staatsexamina kämen.
Aber im kulturellen Leben sind Isolierungen nicht nur unmöglich, sondern sie
wären auch schädlich. Und so heißt es denn aus der gegebenen Sachlage das Beste
zu entwickeln, dessen sie fähig ist."

Es ist zuzugeben, daß eine synthetische Gesellschaftsauffassung weder die alt-
liberale Geringschätzung des Staatlichen noch die liberalisierende Isolierung öffentlicher Kulturinstitute wie der Universitäten prinzipiell vertreten kann. Auch wir
Sozialisten müssen grundsätzlich wünschen, daß die Universitäten organische und
aktuelle Glieder der gesellschaftlichen Kultur sein sollen. Die Frage ist nur, wie
sich die Angelegenheit heute im einzelnen gestaltet. Vergeblich erwarten wir von
Spranger Auskunft darüber, wie innerhalb der „staatlichen Hochspannung" ein
zugleich freier und gesellschaftlich aktueller Betrieb der Wissenschaft möglich
werde. Vergeblich warten wir auf die Antwort, daß die Rechte der aus älteren Zeiten überlieferten akademischen Selbstverwaltung es noch immer wert sind so sehr
als möglich mobilisiert zu werden, damit in dieser Zeit einer noch freien Konkurrenz neben den Vertretern einer unverkennbar konservativen oder liberalen oder
klerikalen Wissenschaftskultur auch Vertreter einer sozialistischen Wissenschaftskultur zu Wort kommen können. Spranger weicht solchen Debatten aus. Er proklamiert befriedigt: „Im allgemeinen dürfen wir sagen, daß die Lehrfreiheit ein
anerkannter Besitztitel ist, und daß selbst die Inhaber jener genannten [zum Beispiel nationalökonomischen] Professuren schon reichlich ungeschickte Formen
wählen müssen, wenn sie in der freien Äußerung ihrer Überzeugungen beschränkt
werden sollen. An diesem Punkte also liegt das Problem heute gar nicht mehr."

Und von diesem befriedigten Standpunkt aus eröffnet er Debatten über technische Neuorganisation der akademischen Lehre, die gewiß sehr interessant und
wertvoll, aber auch höchst sekundär sind, und Debatten über die Einheit aller Wissenschaft in der Philosophie, die eine alte Sache sehr gut neu sagen, aber das kon-

krete Problem der Entfaltung einer erneuerten wissenschaftlichen Kultur durch Emanzipation neuer und inoffizieller Energieen sehr wenig berühren. Das Ganze ist an sich selber nicht weniger Zeitdokument als durch seinen spezialisierten Inhalt.

184. Staatsbürgerliche Erziehung (Sammelrezension von Wilhelm Hausenstein)

SM 1913, Nr. 25, S. 1643-1644 (Auszug)

Die Vereinigung für staatsbürgerliche Bildung und Erziehung gibt eine fortlaufende Reihe von Broschüren heraus, durch die der Stand des Problems der staatsbürgerlichen Erziehung in Deutschland und im Ausland geklärt werden soll. Einige Titel: *Staatsbürgerliche Erziehung auf den höheren Schulen* von dem Gymnasiallehrer Heinrich Wolf; *Die staatsbürgerliche Erziehung mit besonderer Berücksichtigung der Lehrerseminare* von Arthur Fickert; *Der Weg zum Staatsbürger durch die Volksschule in Fühlung mit der Mittel- und Fortbildungsschule* von Paul Thieme (der bei seiner besonderen Fühlung mit der deutschen Sprache hoffentlich nicht Lehrer des Deutschen ist); *Der staatsbürgerliche Unterricht in Frankreich* von Paul Rühlmann; *Die Idee der staatsbürgerlichen Erziehung in der Schweiz* von demselben; *Die staatsbürgerliche Erziehung in den Niederlanden* von Paul Oswald usw.[828] Über die Serie lässt sich bei einer zusammenfassenden Beurteilung kurz nur so viel sagen, daß sie eine Menge ganz interessanter sachlicher Informationen gibt. Man kann sich nach diesen Darstellungen ein vorläufiges Bild von der Technik und wohl auch vom Geist der staatsbürgerlichen Erziehung in den einzelnen Ländern machen. Einige der Broschüren, zum Beispiel Rühlmanns Broschüre über Frankreich, veröffentlichen im Anhang förmliche kleine Grundrisse wie sie dem staatsbürgerlichen Unterricht im Ausland zugrunde liegen.

Bei allen subjektiven Versuchen zu rein darstellerischer Objektivität kommt freilich in allen den Heften mit einer ergötzlichen Gleichmäßigkeit zuletzt eine mehr oder minder liberale Grundtendenz zum Vorschein: vor allen Dingen da, wo es sich für die Verfasser um den pragmatischen Wert der Auslandsinstitute für Deutschland handelt. Die Herren haben für die Tatsache, daß in fremden Ländern, wie in der Schweiz, in Frankreich, in den Niederlanden, der staatsbürgerliche Unterricht zum großen Teil in den Händen einer sozialistischen Lehrerschaft ruht, nicht selten eine gewisse Anerkennung, fast sagt man: Bewunderung. Aber sie bemühen sich in verdächtigem Rhythmus nachzuweisen, daß die Sozialdemokraten des Auslands, zum Beispiel die der Schweiz, die der Niederlande, viel vernüftigere Leute sind als die deutschen Sozialdemokraten. Den niederländischen, den schweizerischen sozialistischen Lehrern wird eine mustergültige Staatsgesinnung nachgerühmt. Paul Oswald kann sich in der Bewunderung der staatskundlichen Objektivi-

[828] Die Titel sind in den „Schriften der Vereinigung für staatsbürgerliche Bildung und Erziehung" bei Teubner, Leipzig & Berlin 1912 erschienen.

tät der sozialistischen Lehrer in Holland, die ihm in eigener Anschauung klar wurde, gar nicht genug tun. Rühlmann schildert die schweizerischen sozialistischen Pfarrer und Lehrer von der Höhe seiner Realpolitik als sozialistische Ideologen, die ihren Staat gar nicht ernsthaft beunruhigen. Beunruhigend ist für ihn und seine Kollegen der Gedanke, daß die wirklich staatsgefährliche deutsche Sozialdemokratie auf die offizielle staatsbürgerliche Erziehung Einfluß gewinnen könnte. Das muß unter allen Umständen verhindert werden; und siehe da, der schön geschlängelte *circulus vitiosus* beißt sich mit Konsequenz in den Schwanz. Es fällt den Herren nicht ein zu bedenken oder eine Nutzanwendung daraus zu ziehen, daß auch bei Sozialisten die Staatsgesinnung nur in dem Maße wachsen kann, in dem das primäre Element, die staatliche Gesamtkultur, die demokratische Tradition eines Landes vorwärts geht. [...]

185. Jugendbewegung (Sammelrezension von Leo Kullmann)[829]

SM 1914, Nr. 2, S. 129-130

Man kann in der Entwickelung der Demokratie drei Stufen beobachten. Auf der untersten Stufe handelt es sich um die staatsbürgerliche Gleichberechtigung der erwachsenen Männer, auf der zweiten um die Gleichberechtigung der Geschlechter, die Emanzipation der Frauen. Erst der neuesten Zeit ist die schüchtern aufkeimende Erkenntnis vorbehalten, daß es auch eine Art Demokratie der Altersklassen gibt, daß auch die Jugend das Recht hat ihr eigenes Leben zu leben, daß sie Beachtung und Anerkennung ihrer natürlichen physischen und geistigen Bedürfnisse beanspruchen darf: allerdings gezügelt durch das sittliche Gebot der Selbstbeherrschung und durch die Erfordernisse einer Aufwärtserziehung zur Erfüllung späterer Aufgaben. Dieser neue Geist weht durch das Buch Dr. Gustav Wynekens Schule und Jugendkultur /Jena [1913], Diederichs/. Wyneken ist der Gründer der Freien Schulgemeinde Wickersdorf, die zu verlassen vor annähernd 4 Jahren ihn „der Machtspruch einer blinden Bureaukratie" zwang. Das Wesentliche dieser Schöpfung ist ihre Verfassung. In Anlehnung an englische und amerikanische Vorbilder ist hier der Schuljugend das Recht eingeräumt mit den Lehrern zusammenwirkend in parlamentarischen Formen Angelegenheiten der Schule und gemeinschaftlichen Erziehung selbstbestimmend zu regeln. Diesen freien Verfassungsformen entspricht auch der lebensbejahende Geist, der aus Wynekens gesammelten Aufsätzen, insbesondere gerade auch dem Abschnitt Koedukation und Sexualerziehung, spricht. Den Atem der Auflehnung gegen die Hemmungen unserer Jugendkultur spürt man auch in der, ebenfalls von Diederichs verlegten Jubiläumsfestschrift

---

[829] Dr. Leo Kullmann (1877-1941), Studium der Rechtswissenschaft in München, Berlin und Heidelberg, 1900 Promotion in Heidelberg, 1903-1922 Rechtsanwalt, 1914 als Mitarbeiter der *SM* zuständig für den Bereich Geistige Bewegung in der Rundschau, 1922-1933 Landgerichtsrat, 1930 Oberlandgerichtsrat in Karlsruhe, 1933 inhaftiert, 1921-1925 Landtagsabgeordneter in Baden, verstorben im Internierungslager Gurs.

Freideutsche Jugend: Zur Jahrhundertfeier auf dem Hohen Meißner 1913. Die Freideutsche Jugend bedeutet eine Zusammenfassung gleichgestimmter Jugendorganisationen, deren Programme in gefälliger Artikelform an uns vorüberziehen: erst die verschiedenen Wandervögel, dann Germania, Abstinentenbund an deutschen Schulen, die deutschen Landerziehungsheime, die Freie Schulgemeinde Wickersdorf, Dürerbund, Deutscher Vortragsbund und eine Reihe akademischer Vereinigungen. Die Art, wie in all diesen Aufrufen und den sich anschließenden Freundesworten das Deutsche betont wird, hält sich frei von allem herausfordernden Nationalismus und Chauvinismus. Die gemeinsame Grundstimmung wird wohl am treffendsten durch den Festgruß Herbert Eulenbergs wiedergegeben: „Ich grüße die Jugend, die nicht mehr säuft./ Die Deutschland durchdenkt und Deutschland durchläuft,/ Die frei heranwächst, nicht schwarz und nicht schief./ Weg mit den Schlägern, seid wirklich *aktiv,*/ Das Mittelalter schlagt endlich tot!/ Ein neuer Glaube tut allen not,/Bringt Humpen und Säbel zur Rumpelkammer./ Verjagt den Suff samt dem Katzenjammer/ Und alles, was euch verfault und verplundert!/ Auf, werdet Menschen von unserm Jahrhundert!"

In einem Artikel Die deutsche Jugendbewegung, in der Frankfurter Zeitung vom 28. Dezember 1913, nennt Wyneken „Jugendkultur" eine neue Lebensauffassung, einen neuen Lebensstil der Jugend, der ihr lebendigen Zusammenhang mit der Kultur ihrer Zeit gibt, die Möglichkeit natürlicher, der Jugend angemessener Lebensführung und Geselligkeit und endlich eine Tätigkeit, die ihr selber wichtig, ja heilig ist. Diese Jugendbewegung hat auch ihre eigene Zeitschrift; sie betitelt sich Der Anfang und ist von Schülern und Studenten geschrieben.

Wie kann die Sozialdemokratie dieser Bewegung gegenüberstehen? Ich meine, im Prinzip wohlwollend. Handelt es sich auch hier vorwiegend um Organisationsformen, die aus sozialen und finanziellen Gründen vorerst noch den unbemittelten Klassen verschlossen sind, so haben wir doch auch Anlaß den hier zum Ausdruck kommenden gesunden Protest gegen einen falschen, parteipolitisch orientierten Chauvinismus nach Kräften zu unterstützen. Es darf allerdings nicht verschwiegen werden, daß man namentlich in die Wandervogelbewegung auch eine Rassenfeindschaft hineinzutragen versucht hat, deren Betonung das jugendliche Gemüt dauernd in häßlicher Weise zu beeinflussen geeignet ist. Die Leitung des Bundes hat sich zwar dagegen zur Wehr gesetzt, daß diese Tendenzen mit der Organisation selber zu tun hätten; es bleibt aber abzuwarten, ob sie nicht faktisch doch die Bewegung infizieren werden. Ferner ist auch auf die Gefahr aufmerksam zu machen, daß diese Jugendbewegung zu einem neuen Konventionalismus und zu einem Dünkel führt, der die Selbsterziehung zu wahrer innerer Freiheit beeinträchtigt und Scheinpersönlichkeiten züchtet. Symptome einer falschen Selbsteinschätzung sind jedenfalls zu konstatieren.

Wie bei jeder pädagogischen Bewegung wird auch bei dieser ihr Wert erst aus ihren Ergebnissen beurteilt werden können. Man darf vor allem den Wunsch und die Hoffnung aussprechen, daß die Jugend, die an dieser Bewegung teilnimmt, durch ein Streben nach Hingabe an eine Sache, die die persönliche Kräftebetätigung erst adelt, und durch innere Bescheidenheit sich das Maß der Freiheit, das sie sich äußerlich nimmt, auch wirklich innerlich zu erwerben wissen wird.

Die sozialistische Jugendliteratur erscheint mit zwei bedeutenden Schriften auf dem Plan: Das heilige Feuer von Jürgen Brand /Stuttgart [1913], Dietz/ und Seht, wie die Zukunft euch grüßt!, herausgegeben von dem Arbeiterverein Kinderfreunde Niederösterreichs /Wien [1913], Brand/. Die erstgenannte Schrift ist eine Sammlung novellistischer Skizzen aus dem täglichen Leben mit eindringlicher, nicht aufdringlicher sozialistischer Tendenz, zeugend von starker dichterischer Begabung des Verfassers und in hohem Maß geeignet in dem jungen Proletarierherzen das „heilige Feuer" des fruchtbaren Kampfes gegen die Ungerechtigkeit unserer Wirtschaftsordnung zu entfachen. Die zweite Schrift enthält Ansprachen an die schulentlassene Proletarierjugend von Max Winter, Emmy Freundlich, Adelheid Popp, Angelo Cawaro, Anton Afritsch, Engelbert Pernerstorfer, die dem jungen Arbeiter gleichzeitig die Richtung weisen und ihm nach Möglichkeit die Lebensfreude innerhalb bewußter und zielenergischer Arbeit erhalten wollen.

186. Pädagogische Neuerscheinungen (Sammelrezension von Leo Kullmann)

SM 1914, Nr. 2, S. 130-131 (Auszug)

Von pädagogischen Neuerscheinungen ist zu nennen: Georg Kerschensteiner Begriff der Arbeitsschule, 2. verbesserte und vermehrte Auflage /Leipzig [1913], Teubner/. Noch immer begegnet der Begriff der Arbeitsschule Mißverständnissen. Der Hauptnachdruck liegt nicht auf der manuellen Ausbildung sondern darauf, daß dem Schüler, statt der in der Buchschule vorherrschend empfangenden Tätigkeit, eine mehr selbständig schaffende Betätigung zugewiesen wird, durch die er sich Geistes- und Charakterbildung erarbeiten kann. Die Schrift ist zu empfehlen.

Ferner Die Poesie in Not, ein neuer Weg zur literarischen Genesung unseres Volkes, von Adolf Jensen und Wilhelm Lamszus /Hamburg [1913]/ Senger/. Warum läuft das junge Volk mehr denn je in die Kinos, statt sich auf die guten und billigen Erzeugnisse der modernen Jugendbüchereien mit Gier zu stürzen? Die Verfasser antworten: Wir, die deutschen Schulmeister, sind schuld; wir haben die Poesie erschlagen. Und dann kommen Beispiele so fürchterlich vivisektorischer Mißhandlung unserer Klassiker, daß unser Literaturunterricht als konsequenter Dichtermord bezeichnet werden müßte, wenn diese Beispiele typisch wären, was ich allerdings nach meinen persönlichen Gymnasialerfahrungen nicht ohne weiteres annehmen kann.

Das Buch Fr. W. Foersters Staatsbürgerliche Erziehung, Prinzipienfragen politischer Ethik und politischer Pädagogik /Leipzig [1910, 2. Aufl. 1914]/ Teubner/ scheint in christlichsozialem Sinn die Lösung der sozialen Frage durch erzieherische Einwirkung auf die Erwachsenen anbahnen zu wollen. Es muß anerkannt werden, daß der Verfasser einen scharfen Blick für die aufreizenden politischen und sozialen Unsitten unserer Bourgeoisie hat. Wen es angeht, wird das Buch kaum lesen, ohne an seine Brust zu greifen. Es ist in der Tat geeignet politische und soziale Kultur, die uns Deutschen besonders nottut, zu fördern. [...]

187. W. Wiemann: Jugendpflege[830] (Rezension von Leo Kullmann)

SM 1914, Nr. 6, S. 379-381 (Auszüge)

[...] Die sozialdemokratische Reichstagsfraktion verlangte auch in diesem Jahr, wie schon seit 1912, die Einbringung eines Gesetzentwurfs, durch den „die Reichsschulkommission zu einem selbständigen Reichsamt für das Schul- und Bildungswesen des Deutschen Reiches umgewandelt" wird. Nach Ablehnung der entsprechenden Resolution durch die Reichstagsmehrheit hat unsere Fraktion ihre Befähigung zu positiver Kulturarbeit dadurch dokumentiert, daß sie der allerdings recht lauen fortschrittlichen Resolution zur Annahme verhalf, die den „Ausbau der Reichsschulkommission zu einem Reichslehramt, das, ohne legislatorische, administrative und disziplinare Befugnisse zu haben, dem Studium des ausländischen Schulwesens und der Beratung und Anregung des deutschen Schulwesens dienen soll", verlangt. Immerhin ein Schritt vorwärts. Neben dieser Resolution hat unsere Fraktion beim Zusammentritt des neuen Reichstags den (allerdings noch ganz aussichtslosen) Initiativantrag eingebracht, der die Vorlegung eines Gesetzentwurfs verlangt, der „das gesamte Schulwesen des Deutschen Reiches auf der Grundlage der Einheitlichkeit, der Unentgeltlichkeit, der Weltlichkeit und nach den Richtlinien einer zeitgemäßen wissenschaftlichen Pädagogik regelt". Freilich scheinen auf keinem Gebiet die Hindernisse einer allgemeinen Verständigung größer zu sein als auf dem Gebiet des Bildungswesens. Zuerst der Streit der Fachleute: Eudämonismus oder strenge Schulzucht, Religions- oder nur Moralunterricht, Individualisierung oder Uniformierung des Unterrichts, Koedukation oder Geschlechtertrennung, humanistische oder naturwissenschaftlich-reale Bildung, Buchschule oder Arbeitsschule, und welches die wissenschaftlichen Streitfragen der modernen Pädagogik sein mögen. Dann die unberufene Einmischung mehr oder minder verständiger Laien. Wie kann zum Beispiel jemand des Wahns leben, die jugendlichen Seelen könnten durch eine so vorzügliche Sammlung wie es der [...] Zupfgeigenhansl ist, verdorben werden? Wie man solcher Verkennung gegenüber die besonderen Ansprüche des jugendlichen Seelenlebens verteidigt, das zeigten uns am 9. Februar in München die Reden, die Professor Dr. Alfred Weber, Dr. Wyneken, Professor Dr. Gurlitt, Professor Dr. Quidde und Rechtsanwalt Wolfgang Heine auf der vom freideutschen Jugendausschuß einberufenen Versammlung hielten, mag man immerhin an Erscheinungen wie der Schülerzeitschrift *Der Anfang* auch vieles Unsympathische finden. Der schlimmste Feind einer einheitlichen neudeutschen Pädagogik und Jugendpflege ist aber der politische Fanatismus. Was sich als offizielle Jugendpflege gibt, krankt an einseitiger Anlehnung an die geltenden Autoritäten und an Verständnislosigkeit gegenüber den besonderen Lebensbedingungen der Arbei-

---

[830] Sammlung „Aus Natur und Geisteswelt", Bd. 434. Teubner, Leipzig 1914.

terpsyche. Hier kann Deutschland manches vom Ausland lernen. Gegnerschaft der Klassen kennt die ganze Erde. Aber diese Gegnerschaft darf nicht das öffentliche Urteil dermaßen trüben, daß sich das Feindliche gleich als geringwertig und unsittlich darstellt; das ist es, was Engelbert Pernerstorfer im Januarheft der Zeitschrift *Die Tat*, das der Auseinandersetzung mit dem Sozialismus gewidmet war, „Geistige Unfreiheit" nannte. Da lesen wir in dem sonst recht brauchbaren Büchlein [...] des Fortbildungsschullehrers W. Wiemann [...] die erstaunlich unwahre Behauptung: „Von der Erziehung eines festgefügten Charakters kann bei sozialdemokratischer Jugendpflege keine Rede sein; alles, was dem jungen Menschen Halt bieten kann, wird ihm ja systematisch entzogen." Über die sozialdemokratische Zeitschrift Arbeiterjugend schreibt der Verfasser dann noch den folgenden Satz: „Der Jugend die Begeisterungsfähigkeit rauben, indem man ihr alle Ideale [!] nimmt, das heißt, sie frühzeitig greisenhaft machen, ihr alle Kraft zu festem Wollen und Handeln nehmen." Freilich wird man sich mit dem Verfasser schwer über den Begriff des Ideals verständigen können, wenn er kurz darauf keine anderen heiligen Güter aufzuzählen weiß als Vaterlandsliebe, Fürstentreue, Gottesfurcht und Elternliebe. Es bedeutet doch (wie man sich auch im einzelnen zu diesen Dingen stellen mag) eine Verengung des geistigen Horizonts und eine Einschränkung des sittlichen Wollens, wenn man das andere Hohe, das im Menschen lebt: Freiheitsliebe, Humanität, Solidarität, Erkenntnisdrang, nicht zu den Gütern rechnet, die dem Menschen als Ideale gelten können und sollen.

188. Walter Oehme: Strömungen der modernen Pädagogik[831]

SM 1914, Nr. 10, S.622-630

Jede Erziehung wurzelt in der Kultur; das Erziehungswesen besitzt keine Eigenbewegung, die Bewegung der Kultur ist die seine. Hier soll nun jener innige Zusammenhang von Kulturideen und pädagogischen Strebungen an den neuesten Formen der pädagogischen Probleme erkannt werden. Die Stoffgliederung ist im Hinblick auf dieses Ziel der Philosophie entlehnt; denn die Philosophie ist die Psychologie der Kultur. Doch nicht das Chaos einzelner philosophischer Systeme soll richtunggebend sein, sondern das Problem der Kultur und der Philosophie überhaupt, das in der Gegenwart mehr neue Lösungsversuche als je gezeitigt hat: Individuum und Organisation. Es soll versucht werden in den modernen pädagogischen Strömun-

[831] Walter Oehme (geb. 1894?), Journalist „im Kreise der Zeitschriften des Revisionismus" (Selbstaussage in 1963, S. 16), Mitarbeiter der *SM*, 1918/19 Sekretär des Unterstaatssekretärs Kurt Baake (SPD), in dieser Funktion Teilnehmer der Nationalversammlung in Weimar, 1925 einer der Chefredakteure der 1922 gegründeten Zeitung *Die Welt am Abend* (bis 1923 unter der Schriftleitung von Carl von Ossietzky, ab 1926 Eigentum der Internationalen Arbeiterhilfe, geleitet von Willy Münzenberg), nach 1945 mehrere autobiographische Publikationen, in denen er sich kritisch mit der Weimarer Republik und mit dem Nationalsozialismus auseinandersetzt, u.a. Erinnerungen an die Weimarer Nationalversammlung (1963, gemeinsam mit Arthur Pons), Ehrlos für immer (1962), Verschwörung der Geschlagenen (1962).

gen einmal die Einflüsse des Individualismus und das anderemal die des Sozialismus im weitesten Sinn nachzuweisen.

Das Chaos pädagogischer Systeme und Lehrgebäude, das die Theorie und in kleinem Umfang auch die Praxis unseres heutigen Erziehungswesens charakterisiert, ist die Reaktion gegen das pädagogische Dogma des 17. und 18. Jahrhunderts, das ein allgemein und ewig gültiges System, wie auf allen anderen Gebieten, so auch auf dem der Pädagogik lehrte. Die moderne Pädagogik lehrt fast allgemein, daß es ein solches Erziehungssystem, das für jedes Subjekt und Objekt der Erziehung und für alle Zeiten gilt, nicht gibt. Jede Erziehung, im engsten Sinn gefaßt: als die planmäßige Einwirkung der herrschenden Generation auf die wachsende, ist geschichtlich bedingt; denn sowohl die Subjekte wie die Objekte der Erziehung, beide Generationen, sind der geschichtlichen Entwickelung und Veränderung unterworfen. Jedes Subjekt wie jedes Objekt der Erziehung ist nicht nur ein Glied einer der beiden Generationen, vielmehr ein durch Anlagen und Fähigkeiten fest umgrenztes Individuum, die Erziehung mithin nach beiden Seiten individuell bedingt. Das Ziel der Erziehung, die Orientierung für die planmäßige Einwirkung, ist bestimmt durch die moralischen Anschauungen der herrschenden Generation, unterliegt also ebenfalls der geschichtlichen Entwickelung. Da es aber selbst für die jeweilig herrschende Generation kein unbedingt allgemeingültiges System der Moral gibt, ist auch das Ziel der Erziehung in gewissen Grenzen individuell bedingt. Die Erziehung kann mithin kein allgemein (und ewig) gültiges System sein, weil sie einmal für ihr Subjekt und Objekt, dann aber auch für ihr Ziel individuell und geschichtlich bedingt ist. Diese Thesen etwa kennzeichnen die prinzipielle Stellung der Pädagogik des 20., zum Teil auch des 19. Jahrhunderts, gegenüber der des 17. und 18. Es ist unverkennbar, daß sie zunächst rein negativer Natur sind, so daß prinzipiell eigentlich jede der positiven Lösungen berechtigt ist, solange sie nicht den Anspruch erhebt die alleinseligmachende zu sein. Das bedeutet letzten Endes nicht eine fruchtbare Vielgestaltigkeit sondern die Planlosigkeit in Permanenz, das heißt die Negierung einer planmäßigen Einwirkung. Es werden eben stets Grenzen einen Plan umreißen müssen. Diese Grenzen zu finden ist die bisher noch ungelöste Aufgabe der modernen Pädagogik.

Stoß und Gegenstoß bedingen den Kreislauf der Erscheinungen. Das Dogma des *Normalmenschen* des 17. und 18. Jahrhunderts stürzten die Fanfaren des Individualismus eines Schopenhauer, Feuerbach und Nietzsche. Mochte er sich nun im Stoß gegen die alles mechanisierende, nivellierende Technik mit ihren Massengesetzen als Subjektivismus äußern oder in der edlern Form der Persönlichkeitssehnsucht oder gegen den (oft heuchlerischen) Altruismus als mehr oder weniger betonter Egoismus, auf der Individualität lag stets der Hauptton. Auch das Kind war nicht mehr der zum Normalmenschen strebende unvollkommene Mensch, es errang sich das Recht der Individualität. Das Kind als geschlossenes, vollberechtigtes Individuum wird der Ausgangspunkt all der vielen Kapitel im Evangelium von seiner Majestät dem Kind.

Durch die Herbartschen Ideen eines möglichst „vielseitigen gleichschwebenden Interesses" war in der Schule das Ideal der „Lückenlosigkeit des Bildungsstoffs" herrschend geworden. Ein möglichst umfangreiches ausgeglichenes Wissen sollte dazu dienen die Gleichförmigkeit der Schüler so weit wie möglich zu fördern. Das Ideal der Gleichförmigkeit wurde auf Grund des Individualitätsdogmas verworfen und der Kampf gegen die Lernschule eröffnet, der man vorwarf, daß sie aus einer Erziehungsanstalt zum Unterrichtsinstitut geworden sei, während sie gerade in der Einspannung der Schüler in ein bestimmtes Unterrichtsziel das beste Erziehungsmittel sah. Phrasentum, Verbalismus, Memoriermaterialismus: so und weniger höflich waren die Titulaturen, mit denen man das alte System überhäufte. Die Kinder würden durch die einseitige Ausbildung des Verstandes oder, noch schlimmer, des Gedächtnisses zu passiven Gedächtnismenschen erzogen. Der Stoffdrill unterbinde jede Selbsttätigkeit. Das war der Einfluß des aus dem Individualismus resultierenden Voluntarismus. Das Recht der Aktivität ward proklamiert. Produktive Arbeit sollte von den Schülern geleistet werden. So setzte man der Lernschule die Arbeitsschule entgegen. Keiner der beiden Termini traf das Prinzip, das er kennzeichnen wollte; so haben sie viel Unheil und Verwirrung angerichtet. Kurzsichtige Fanatiker identifizierten die Arbeit mit manueller Betätigung. Die Arbeitsschule hat damit nichts zu tun. Rißmann sagte abwehrend: „Es muß von vornherein betont werden, daß die Arbeit, die das charakteristische Merkmal der sogenannten Arbeitsschule bildet, keineswegs an eine bestimmte Arbeitsform gebunden ist." Der voluntaristische Einfluß äußerte sich in der Reaktion gegen die Passivität des Nurstoffaufnehmens als Forderung der Aktivität des Kindes zum Zweck der Willensbildung. Ein anderer Weg noch mündet in die Arbeitsschule. Die Ausbildung eines allseitig durchgebildeten Normalmenschen, der von der Warte des Idealismus herab die Welt sah, durfte nicht mehr Aufgabe der Schule sein. Dafür schob der durch den Individualismus bedingte Realismus der Schule die Aufgabe zu dem Kind vor allem das zu übermitteln, was es im Berufsleben, im Kampf ums Dasein notwendig brauchte, während die Idealisten gerade das für das Wertvolle an der Schule hielten, daß sie den Kindern das gab, was das Leben ihnen später nicht oder nur selten bot. So gebar der Realismus die Feindschaft gegen den Humanismus, die Forderung lateinloser Schulen einmal als krasser Realismus der Zweckmäßigkeit, ein andermal mit dem patriotischen Anstrich *deutscher* Erziehung. Aktivität und Lebenspraxis bestimmen den Inhalt der Arbeitsschule. Der Stoff, der beim gleichschwebenden vielseitigen Interesse Herbarts eine große Rolle spielte, hat seinen Wert als solcher verloren, er kommt nur noch in Betracht, soweit er eine elementare Waffe im Kampf ums Dasein darstellt. Nicht der erarbeitete Stoff, sondern die dabei aufgewendete Kraft wird die Basis der Verstandes-, Gemüts- und Willensbildung der Arbeitsschule. Das führt zur Stoffplanbeseitigung, zur Beschränkung des Stoffs und zur Abänderung der Stoffgebiete in der Richtung der durch das praktische Leben gestellten Aufgaben. Das führt zur Betonung der Erfinder- und Entdeckertätigkeit des Kindes. Aus dem Lernen wird Suchen und Finden, aus dem Sehen Beobachten, aus dem Wissen Denken. Daneben tritt die Ausdehnung der körperlichen Betätigung, die Ausbildung des Tastsinns, der manuellen Tätigkeit, die Hand-, Experimentier- und Werkstättenarbeit.

Der gewaltige Aufschwung der Naturwissenschaften brachte mitten hinein in das individualistische Streben den Entwickelungsgedanken und die Lehre vom Parallelismus der onto- und phylogenetischen Entwickelung. Aus dem Recht des Kindes ward das Recht des Kindes auf Entwickelung. Nicht das spätere Leben mit seinen Ansprüchen wird maßgebend (im Gegensatz zum Realismus), allein die jeweilige Entwickelung des Kindes bestimmt den Weg der Erziehung. Nicht nur hat der Lehrer die Entwickelung des Kindes auf das genaueste zu beachten, woraus experimentelle Pädagogik und Kinderpsychologie resultieren, er hat auch allen Zwang zu vermeiden und dem Kind völlige Freiheit in seiner Entwickelung zu lassen. So entstehen die Forderungen der sogenannten freiheitlichen Erziehung. Da nur das Kind imstande ist den jeweiligen Stand seiner Entwickelung, wenn auch unbewußt, zu erkennen, so muß ihm selbst die Bestimmung über die nächsten Schritte bleiben. Es muß sagen, was zu wissen ihm nottut. Das Kind fragt, der Lehrer antwortet. Nach der Proklamation der *Kinderfrage* fordert das Naturrecht der Selbstentwickelung Lehr- und Lernfreiheit. Einen Zwang zum Unterrichtsbesuch gibt es nicht. Jedem Kind steht nicht nur die Wahl des Faches sondern der Besuch des Unterrichts überhaupt frei. Bei einer derartig individuellen Entwickelung ist eine Vergleichung der Leistungen, das Erreichen eines engumgrenzten Ziels unmöglich und auch nicht beabsichtigt, so daß die Prüfungen und alle normierenden Ordnungen abgelehnt werden. Es kann nicht geleugnet werden, daß es im Wesen des organisierten Zwangs der Schulerziehung liegt, daß die Gefahr der Unterdrückung oder gar Erstickung des Selbstwachstums sehr groß ist. Dennoch sieht die sehr große Zahl der Gegner dieser extremsten *freiheitlichen* Erziehung darin das kleinere Übel und lehnt es ab die Schule der Planlosigkeit auszuliefern. Und so haben sich die Kompromisse gebildet, die dem Lehrer die Aufgabe zudiktieren mittels seines überlegenen Geistes, aber ohne jeden äußern Zwang, die Entwickelung des Kindes in gewisse feste Bahnen zu lenken, bei sorgsamer Beachtung der Entwickelungstendenz des Kindes. Nicht der Zwang zur willkürlichen Aufmerksamkeit, verwirklicht durch straffe Schulzucht, ist Ziel des Unterrichts sondern die Erziehung der passiven Aufmerksamkeit durch Belebung des Stoffes, durch anschauliche Objekte. (Hier mündet das Prinzip in die Arbeitsschule.) Fleiß ist in der freiheitlichen Erziehung nicht die Überwindung der Unlust zur Arbeit, sondern die Freude am Wirken, die Schaffensfreude; diese zu erhalten die Kunst der Erziehung. Hier zeigt sich in aller Deutlichkeit die Verwandtschaft mit Rousseau. Das Recht der Selbstentwickelung findet seine ethische Begründung in der These, daß von Natur aus alles gut sei und daher ein Recht habe sich fortzuentwickeln. Das Kind kennt die Begriffe gut und böse nicht, es vermag also auch nichts Böses zu tun. Der in ihm ruhende Forschungs- und Bewegungstrieb muß die Basis der Erziehung bilden. Die Ausbildung des Willens und der Selbstbeherrschung muß den durch die Natur gegebenen Widerständen überlassen bleiben. Die Gegner tadeln an der Bewegung, daß sie die Erziehung des Kindes vernachlässige und

Zügellosigkeit und Willkür zum Resultat habe. Zur Verteidigung wird gesagt, daß diese prinzipielle Ablehnung die Verneinung einer Erziehung des Menschengeschlechts bedeute. Die *freiheitliche* Erziehung glaubt vielmehr gerade in der Selbstverwaltung der Schule durch die Kinder das Beste für die Lösung des Problems der Einordnung des Individuums in den Organismus getan zu haben. Hier ist der Berührungspunkt der beiden Antipoden Individuum und Organisation, hier geht der Individualismus in den Sozialismus über. Denn es ist letzten Endes eine soziale Hypothese, die lehrt, daß das Problem Mensch zu Mensch in der Kindheit gelöst werde, indem man es dort nicht umgeht sondern das Kind mitten hineinstellt. Es mögen deshalb die wenigen Worte über die Selbstverwaltung bei der Erörterung der Einflüsse des Sozialismus gesagt werden. Da nach der oben skizzierten Anschauung jede Entwickelungsstufe des Kindes volle Wertigkeit besitzt, so ist alles in ihr berechtigt, also auch die Sprache des Kindes, sie ist für das Kind die einzig richtige Mundart. Aber nicht nur das Kind hat ein Recht auf *Altersmundart*. Da sich der Lehrer aufs sorgfältigste der Entwickelung des Kindes anzupassen hat, da es die schwerste pädagogische Sünde ist von eigenen psychologischen Anschauungen auf die Psychologie des Kindes zu schließen, da es Pflicht des Lehrers ist sich in engsten Kontakt mit dem jeweiligen Entwickelungsstadium des Kindes zu bringen, sich auf die selbe Stufe mit ihm zu stellen, um sich ihm verständlich zu machen, so muß auch er die Mundart des Kindes sprechen.

Diese subjektivistischen Extreme des Individualismus fanden eine Vertiefung in der Persönlichkeitsbewegung. Der Protest gegen die Schablonisierung und Gleichmacherei allein, die Negierung eines Normalmenschen waren wenig inhaltsreich. Positives konnte der subjektivistische Individualismus zu dem ewigen Problem nicht beitragen. Denn damit, daß das Individuum nun Subjekt der gesamten Welt- und Gesellschaftsordnung wurde, war ihm noch kein Inhalt gegeben. Es umfaßte alles. Nützliches und Schädliches, Gesundes und Krankes, Gutes und Schlechtes in heillosem Wirrwarr. Es galt Harmonie zu schaffen. Jenen Begriff der Harmonie, der mit Gleichförmigkeit identisch ist, konnte der Persönlichkeitsindividualismus nicht annehmen. Er sieht die Harmonie nicht in der gleichmäßigen Ausbildung aller Kräfte, sondern in der vernunftgemäßen Unterordnung aller Kräfte unter eine besonders hervorragende Kraft oder Fähigkeit. Diesen Begriff der Harmonie versuchte man auch auf die Außenwelt zu übertragen. Jede Persönlichkeit ward je nach ihrer Ausbildung und ihrem Charakter eingefügt in den Organismus als arbeitende Kraft an der Stelle, an der sie gebraucht wurde, und alle Kräfte waren orientiert an der einen leitenden Idee: Fortentwickelung der Menschheit. Die Ausbildung solcher Persönlichkeiten wird die Aufgabe der Persönlichkeitspädagogik. Der Lehrer muß den Schüler in sich selbst die Tendenz suchen und finden lassen, die bestimmt ist Grundton der harmonischen Ausbildung zu werden. Auf diese unbewußte Zielstrebigkeit hat der Lehrer zu achten, die in der Anlage vorhandenen Fähigkeiten zu entwickeln, Eigenarten zu schonen und auszubilden, nicht aber gleichmäßige Anforderungen an alle zu stellen. Daß bei derartig hohen Anforderungen auch dem Lehrer das Recht auf Persönlichkeit zustehen muß, ist klar. Wie bei allen modernen pädagogischen Systemen, so kommt auch hier letzten Endes alles auf die Persönlichkeit des Erziehers an, an den die allerhöchsten Anforderungen gestellt werden. Die Arbeit des Erziehers wird aus dem reglementierten Handwerk zur freien Kunst. Die Methode wird fast wertlos, sie legt dem Erzieher nur Fesseln an, unterbindet die Bewegungsfreiheit. Methodenfreiheit ist daher die Konsequenz der Persönlichkeitspädagogik. Wenn die individuellen Anlagen des Zöglings auch nur einigermaßen Beachtung finden sollen, so muß der heutige Klassenumfang stark herabgemindert werden. Wenn man der Persönlichkeitspädagogik methodische Zügellosigkeit und Halbheit, Flachheit und Schlendrian vorgeworfen hat, so heißt das doch wohl die Ausbildung und Durchbildung einer Persönlichkeit verkennen, die selbstverständlich nicht aus Methodenunkenntnis und -verachtung erwächst. Die größten Schwierigkeiten ergeben sich aber bei der Umsetzung der Theoreen in die Praxis, und diese Schwierigkeiten wird nur die Zeit überwinden lehren; denn Persönlichkeiten wachsen, man *macht* sie nicht. Die harmonische Bildung der Persönlichkeitspädagogik sah in der möglichst vielseitigen Ausbildung nach Herbartschem Muster krasseste Einseitigkeit, insofern als diese nur der Geistesbildung gedachte, die körperliche für nebensächlich oder gar überflüssig hielt, da das Seelische im Menschen ihr für ungleich wertvoller galt als der Körper. Die harmonische Bildung hat die körperliche Ertüchtigung wieder in unsere Jugendbildung hineingetragen und in dieser Richtung ihr Ideal in den Landerziehungsheimen mit ihrer Tagesarbeit verwirklicht.

Wir sahen, wie der subjektivistische Individualismus in seinen letzten pädagogischen Konsequenzen vor das Problem der Organisation gestellt ward, wie auch die Persönlichkeitspädagogik in dieses Problem mündete und mit der harmonischen Ausbildung die Lösung versuchte. So stand auch in der Philosophie der Individualismus vor dem Problem der Organisation, das wahrlich nicht dadurch gelöst war, daß man das Recht auf Individualität proklamierte. Die Konzentrierung von Kräften in großen Fabrikbetrieben und in den riesenhaften Wirtschaftsgebilden der Städte, die allumspannende Organisation von Handel und Industrie, die die widerstrebenden Individuen unerbittlich zusammenpreßten, forderten kategorisch die Einordnung der Individualitäten in die Organisation. So entstanden zur Lösung des Problems die Bewegungen, die, mögen sie nun wirtschaftlich Kommunismus, philosophisch Kollektivismus, ethisch Sozialismus oder politisch Demokratie heißen, doch alle den selben Weg gehen und die Lösung darin suchen, daß sie die Gleichberechtigung aller Individualitäten proklamieren, Vorrechte einzelner nicht anerkennen, sondern das Wohl der Gesamtheit über das des Individuums stellen, den blutigen Kampf zwischen Mensch und Mensch hineinverweisen in das Innere des Individuums. Die pädagogischen Konsequenzen sind klar. Die Gleichberechtigung aller Individualitäten führt zur Differenzierung der Ausbildung nach Fähigkeiten und Gaben des einzelnen, nicht aber nach seiner sozialen Stellung; führt zur Einheitsschule. Aus politischem Kampf entsprungen, ist sie heute noch pädagogisch durch fast die selben Argumente begründet, auf Grund deren der Politiker sie fordert. Denn wenn der Politiker in der künstlichen Züchtung der Klassenunterschiede in Volks- und höheren Schulen eine Gefahr für das Wohl des Organismus sieht, der Pädagoge für den Charakter seines Zöglings fürchtet, so basieren eben letzten Endes doch beide in der Verneinung sozialer Unterschiede und der Anerkennung der durch individuelle Anlagen bedingten Unterschiede. Über der Organisation der Einheitsschule liegt noch tiefes Dunkel. Man weiß nur, daß auf eine grundlegende Ausbildung eine sehr differenzierte Gliederung in Fähigkeitsklassen folgen muß. Bei welchem Alter sie erfolgen soll, wie weit die Selbstbestimmung des Zöglings gehen soll: das sind Fragen, die erst praktische Erfahrungen lösen werden. Die Gegner der Einheitsschule wissen außer dem Vorwurf der Gleichmacherei nur noch den Hinweis auf die Unklarheit der Durchführungsideen und die finanzielle Frage vorzubringen. Es wäre aber kaum verständlich, wenn ein Volk nicht die Kraft aufbringen könnte das zweckmäßigste Erziehungssystem durchzuführen. Die Frage darf eben keine finanzielle sondern muß eine nationale sein. Da die Einheitsschule aber gleichbedeutend ist mit der Beseitigung wenigstens eines Teils der Vorrechte der besitzenden Klassen, so ist sie zurzeit weniger eine pädagogische als eine politische Frage.

In engem Zusammenhang mit der Einheitsschule wird meist die Gesamtschule, die Koedukation genannt. Das ist keine rein zufällige Erscheinung. Die soziale Eingliederung des Menschen in den Organismus des Staates vermag nicht vor dem Problem der Geschlechter haltzumachen. Auch die Organisation der Schule muß sich mit diesem Problem abfinden. Als der Einfluß des Sozialismus die Stellung der Frau zu heben begann, als die Lehre von der geistigen Minderwertigkeit der Frau in das Reich der Fabel verwiesen wurde, da entstand für die Schule von neuem die Aufgabe Mädchen und Knaben zu Frauen und Männern zu bilden, die ihren gemeinsamen Menschenwert erkannten. Die Anhänger der Koedukation glauben dieses Ziel dadurch zu erreichen, daß sie es vermeiden durch Trennung die Unterschiede zwischen den Geschlechtern künstlich zu vergrößern. Auch rein pädagogische Beweggründe führen zur Koedukation. Der Wetteifer der Geschlechter soll die Arbeitslust und Leistungsfähigkeit erhöhen. Der Ehrgeiz und die Energie, die man bei den Mädchen besonders ausgeprägt gefunden haben will, sollen den Knaben anspornen, der mit seiner regulierenden Vernunft mildernd auf den weiblichen Willensüberschwang einwirkt. Die Koedukation ist viel weiter verbreitet als man gemeinhin anzunehmen geneigt ist. In den skandinavischen Ländern nebst Finnland, in der Schweiz, den Vereinigten Staaten und in ganz Südamerika ist sie herrschend. Aber auch in Deutschland ist sie die überwiegende Erziehungsmethode. Die Koedukation hat auch in den Ländern, in denen sie herrschend ist, heftige Gegner. Allgemein wird aber doch anerkannt, daß sie den Verkehr der Geschlechter mit einander weit harmloser gestaltet als das Trennungssystem. Die Gegnerschaft basiert auf psychologischen Erwägungen. Die vom 12. Jahr einsetzende verschiedenartige Entwickelung der Knaben und Mädchen könne beim gemeinsamen Unterricht nicht genügend berücksichtigt werden. Die verschiedene Stellung der Geschlechter im spätern Leben bedinge für jedes eine besondere Erziehung. Die beiden Seiten der Koedukation, die sexuelle und die reinpädagogische, stellen zurzeit noch ein Problem dar, das durch einfache Aufhebung der Koedukation, durch Trennung der Geschlechter wie in unseren städtischen Volksschulen ohne jede Berücksichtigung der Verschiedenheit der Entwickelung nicht gelöst ist. Lebhafte Unterstützung fand die Koedukation in der Forderung der sexuellen Aufklärung. Da über der Sexualpädagogik jetzt wieder tiefes Schweigen liegt, sie vor allem zum größten Teil eine sexuelle und nur zum geringsten eine pädagogische Frage ist, so sei sie hier übergangen. Nur das sei gesagt: Die Erkenntnis ist allgemein, daß die sexuelle Aufklärung eine so schwierige Aufgabe ist, daß jeder Erzieher, der sich ihr nicht völlig gewachsen fühlt, die Hände unbedingt davon lassen sollte; er richtet nur Unheil an.

Wie die Forderung der wirtschaftlichen Gleichberechtigung zur Einheitsschule führte, so brachte das demokratische Prinzip des politischen Befreiungskampfs der Schule die Selbstverwaltung. Ihre Verfechter argumentieren: Die stets vom Lehrer gegängelten Kinder können, von diesem Zwang plötzlich befreit, nicht ohne Katastrophen sich in die Organisation einfügen. In der Kindheit schon muß der Mensch lernen sich als Glied der Gesellschaft zu fühlen, muß er erfahren, daß seine Macht an der der Allgemeinheit scheitert, daß seinen Rechten die der Organisation vorgehen. Ihm selbst wird deshalb die Verantwortung für die Ordnung in der Schule, für Ruhe im Unterricht auferlegt. Er muß seine Kräfte in den Dienst aller stellen und mitarbeiten an der Leitung der Schule. Ein *Schülergericht* ersteht und soll Rechts- und Ordnungsgefühl sowie Verständnis für die Formen der Verwaltung einer Organisation pflegen. Der Lehrer straft nicht, er ist gleichberechtigtes Glied der Organisation und *klagt*. Richter, Geschworene und Zuhörer sollen erkennen, daß die Bestrafung des Beklagten, der sich gegen die Organisation auflehnte, notwendig ist, nicht weil der Lehrer es will, sondern weil das Gedeihen des Organismus es fordert. Die Erkenntnis, daß je verschiedener die Altersstufen, je größer die Gegensätze und je umfangreicher der Organismus ist, desto schwieriger, aber auch nachhaltiger die Einordnung ist, hat neben anderen Motiven zum Gesamtunterricht geführt, der mit parlamentarischer Ordnung alle Altersstufen vereinigt, in dem jeder fragen darf, was er will, soweit die Gesamtheit ihm das gestattet. Es ist ohne weiteres klar, daß auch hier wieder hohe und höchste Anforderungen an den Leiter derartiger Erziehungsinstitute gestellt werden.

Der wirtschaftliche Befreiungskampf hatte zum Ringen um die politische Freiheit führen müssen; beide Kämpfe fanden ihre Bahn nur durch die Kämpfe um die Geistesfreiheit hindurch. Und dieser Schlachtruf ward leider auch in die Schule getragen. Die Hitze des Kampfes war so groß, daß niemals mit solch rücksichtsloser Mißachtung aller und jeder pädagogischen Grundsätze die alten Systeme gestürzt und neue aufgestellt worden sind und werden, die von pädagogischer Berechtigung so weit entfernt sind wie irgendeiner der Fanatiker des Religionskampfs von der Objektivität. Leider ist bis heute der Kampf um den Religionsunterricht ein Religionsstreit und keine pädagogische Erörterung. Die Stimmen, die zu pädagogischer und psychologischer Besinnung rufen, verhallen ungehört. Des religiösen Charakters wegen, und weil es vor allen Dingen notwendig ist in eingehenderen

Ausführungen nachzuweisen, daß in gesunder Weise diese Frage nur vom Kind aus gelöst werden kann und nicht vom Standpunkt irgendeines Fanatikers oder *Freidenkers*, sei sie einer gesonderten Behandlung vorbehalten und hier nur kurz der folgende Überblick gegeben. Der Kampf um den Religionsunterricht entbrannte durch die Schrift der Bremer Lehrer Religionsunterricht oder nicht? Die „weltliche Schule" ward proklamiert, und als Surrogate wurden „wissenschaftlicher Monismus", „persönliche Religion", „ästhetische Erziehung", „philosophische Propädeutik", „ethischer" und „Moralunterricht", „objektiver Religionsunterricht" usw. angeboten. Keiner der Propagierenden dachte an das Kind. Erst seit 1908 tönt zaghaft und seit 1913 lauter der Ruf nach pädagogischer Betrachtung der Streitfrage.

Je dringender die soziale Frage nach Lösung strebte, je intensiver die Probleme des Sozialismus, der Einordnung des einzelnen in den Organismus, die Gemüter beschäftigten, umso lauter pochte der Kollektivismus auch an die Pforten der Schule. Es entstand der Erziehung die neue schwere Aufgabe: das Kind in die sozialen Verhältnisse hineinzuentwickeln. Wollten auch Selbstverwaltung und Gesamtunterricht zur Lösung beitragen, so war doch damit noch nicht die soziale Aufgabe der Erziehung erschöpft. Der Sozialismus des Herzens soll gepflegt werden. Sittlich tüchtige Persönlichkeiten mit sozialem Verständnis und sozialer Gesinnung zu bilden ist die Aufgabe der Sozialpädagogik. Die Interessen der Organisation der Gesellschaft müssen die Erziehung des einzelnen bestimmen, der seine egoistischen Triebe dem Wohl der Allgemeinheit opfern lernen muß. Die vorgeschlagenen Wege sind mannigfach. Der eine verlegt den Schwerpunkt der Erziehung in die Familie, der andere verspricht sich gerade vom Internatsleben Erfolge und rühmt die abschleifenden Wirkungen der Heimstättenerziehung. Vor allem aber ist aus der Sozialpädagogik die Forderung der staatsbürgerlichen Erziehung als Unterrichtsprinzip und der Staatsbürgerkunde als Unterrichtsdisziplin entsprungen. Kerschensteiner definiert die staatsbürgerliche Erziehung als „Einsicht in den Zusammenhang der Interessen aller und des Vaterlands im besondern, sowie in die Lehre der körperlichen Gesundheit, Betätigung dieser Einsicht in der Ausübung der Selbstbeherrschung, der Gerechtigkeit, Hingabe und einer vernünftigen Lebensführung unter einem starken Gefühl der Selbstverantwortlichkeit neben der intellektuellen Erziehung, die besteht in Ausbildung der beruflichen Tüchtigkeit und Arbeitsfreudigkeit". Sie ist also nicht zu verwechseln mit der Staatsbürgerkunde, die in das politische Leben direkt einführen will, orientiert vielmehr die ganze Erziehung unter das alte Platosche Ziel der Bildung von Staatsbürgern.

Zeigt die moderne Pädagogik in ihrem chaotischen Charakter deutlich die Reaktion auf das alleinseligmachende System, so läßt sie andrerseits die Verkettungen von Individualismus und Sozialismus deutlich erkennen. Mag nun aber dieser Zustand der Vielseitigkeit auch in unserm praktischen Erziehungswesen zum Ausdruck kommen, oder das so oft zitierte Jahrhundert des Kindes uns noch den großen Pädagogen bringen, der die mannigfachen Fäden zu entwirren weiß: der wahre Erfolg muß die Erkenntnis bleiben, daß Volkserziehung und kulturelle Entwickelung in engstem Zusammenhang stehen, und daß man das ewige Problem: Individuum und Organisation, nicht löst, ohne der Pädagogik weitestgehende Beachtung zu schenken.

189. Walter Oehme: Einheitsschule

SM 1914, Nr. 17, S. 1092-1093

Der deutsche Lehrertag, der in den ersten Tagen des Juli in Kiel tagte, hatte in den Mittelpunkt seiner Verhandlungen die Frage der Einheitsschule gestellt. Durch diese beachtenswerte Kundgebung erfuhr endlich einmal die Öffentlichkeit in aller Klarheit, daß die gesamte deutsche Lehrerschaft, mit Ausnahme eines Teils der konfessionell gebundenen Elemente, geschlossen für das Prinzip der Einheitsschule eintritt. Kerschensteiner hatte das Referat über die „nationale Einheitsschule" übernommen. Das neue Adjektivum ist äußerst glücklich gewählt; es bringt prägnant zum Ausdruck, daß die Einheitsschule eine nationale Frage ist. Von den Kerschensteinerschen Leitsätzen, die die Versammlung annahm, seien nur die 3 wichtigsten herausgestellt: „Jede Differenzierung der öffentlichen Schule nach ökonomischen oder sozialen Rücksichten ist eine Verletzung des Rechts- und Kulturstaats. (Man kann getrost sagen: eine große Gefahr für den Kulturstaat.) Die allgemeine öffentliche Schule bedarf aber der Differenzierung aus psychologischen und pädagogischen Gründen. Die Fundamentalforderung aller Differenzierung ist, daß jeder Schüler jene Bildungswerte vorfindet, die seiner Veranlagung gemäß sind." Der pädagogisch wichtigste Einwand wurde gegen die Differenzierung erhoben: man solle die Durchführung der Einheitsschule nicht durch die Differenzierung nach Begabungsqualitäten erschweren. Der Gegner übersah aber, daß ohne Differenzierung die Einheitsschule eine pädagogische Mißgeburt, wenn nicht überhaupt unmöglich wäre. Aber die Art und Intensität der Differenzierung ist das einzige pädagogische Problem der Einheitsschule. Im übrigen ist sie ein politisches und ein religiöses Problem. Die Ausführungen Tews seien deshalb unterstrichen: „Wenn die Einheitsschule schon eine politische Frage ist, so wollen wir sie nach Möglichkeit davor bewahren, daß sie eine parteipolitische werde." Daß die Frage der Einheitsschule auch ein religiöses Problem ist, mag manchem überraschend sein. Die Einheitsschule mit konfessionellem Religionsunterricht ist eben eine pädagogische Unmöglichkeit.

Auf der Pfingstwoche des Katholischen Lehrervereins in Essen erklärte Lehrer Runge: „Eher lassen wir unsere Kirche niederreißen, als daß wir unsere konfessionellen Schulen uns nehmen lassen." Deshalb sprach Herr Spahn sich für die Einheitsschule mit konfessioneller Trennung aus. Es ist zu hoffen, daß, wenn unsere religiös durchwehte Zeit uns erst dem Wesen der Religion ein wenig näher gebracht hat, dann auch die Erkenntnis kommen wird, daß wahrhaft religiöse Erziehung durchaus nicht einen Konfessionalismus bedingt und deshalb in der Einheitsschule sehr wohl ihren Platz finden kann. Sehr viel geringer ist die Hoffnung auf Beseitigung der politischen Widerstände. Erklärte doch der Kultusminister bei der Beratung des Kultusetats im preußischen Abgeordnetenhaus: „Es ist wenigstens zweifelhaft, ob diese Schule jemals wird bei uns eingeführt werden können, noch zweifelhafter ist, ob sie zum Segen unseres Volkes gereichen würde. Unzweifelhaft aber ist, daß ihre Einführung bei den gegenwärtigen Verhältnissen und in der übersehbaren Zukunft einfach eine Unmöglichkeit ist." Es sei nicht verfehlt bei dieser Gelegenheit auf Aloys Fischers Schrift Der Einheitsgedanke in der Schulorganisation /Jena [1914], Diederichs/ hinzuweisen. Wenn sie gleich (wie auch die Diskussion auf dem Lehrertag in Kiel) zeigt, daß wir dem pädagogischen Problem der Einheitsschule in seinen letzten Konsequenzen noch nicht gewachsen sind, so ist doch die Literatur über diese Frage zu dürftig, als daß nicht jede neue Arbeit mit Freude begrüßt werden muß.

190. Der Schulaufsatz (Sammelrezension von Walter Oehme)

SM 1914, Nr. 17, S. 1093

Zum Problem des Schulaufsatzes legt Professor A. Schmieder eine Sammlung von Aufsätzen über dasselbe Thema aus allen Altersstufen der Leipziger Volksschuljugend vor (Der Schulaufsatz, Tatsachen und Möglichkeiten /Leipzig [1914], Teubner). Das Thema lautete: „Erlebtes vom 18. Oktober". Es wurde an einem Tag in allen Leipziger Schulen von allen Schülern gleichzeitig ohne jede Anleitung behandelt, und ergab so ein Material von 5220 Aufsätzen aus allen Klassen der Bezirks-, Bürger- und höheren Bürgerschulen, einer Realschule, einer höheren Mädchenschule nebst Lehrerinnenseminar mit Übungsschule, einer Oberrealschule, eines Realgymnasiums und eines humanistischen Gymnasiums. Das Resultat ist schmachvoll für unsere Unterrichtsarbeit und bedeutet die Bankrotterklärung nicht nur unseres Deutschunterrichts sondern unserer ganzen Lehrmethode. Die Befürchtungen, die man nach den Arbeiten von Jensen und Lamszus über den Schulaufsatz haben mußte, sind hier durch unabweisliches Tatsachenmaterial weit übertroffen. Das Buch muß selbst die Selbstherrlichsten zur Einsicht bringen. Man halte gegen diese Arbeiten einmal die Aufsätze der Berthold Otto-Schule, die kleinen Geschichten der Kinder im Hauslehrer (herausgegeben von Berthold Otto im Verlag des Hauslehrers in Berlin-Lichterfelde) oder die in der neuen Zeitschrift Die Zukunftsschule (herausgegeben von Georg Kerner im selben Verlag). Die beiden Zeitschriften, von denen die erste seit Jahren, die andere seit 1913 sich bemühen das Kind ohne unsere Bevormundung und Korrigiersucht zu Wort kommen zu lassen, die versuchen in das Kindesgemüt einzudringen, haben uns gelehrt, welch scharfsinniges Erkenntnisvermögen, welch unermüdlichen Erkenntnistrieb und welche überraschende Ausdrucksfähigkeit unsere Kinder besitzen. Die von den Zeitschriften geleistete Arbeit kann nicht hoch genug eingeschätzt werden, namentlich angesichts der oben genannten Aufsatzsammlung, die auf das klarste beweist, wie alle diese Fähigkeiten des Kindes in unserm Schulbetrieb systematisch zugrunde gerichtet werden.

191. Erziehungsprinzipien (Sammelrezension von Herman Kranold)[832]

SM 1915, Nr. 17/18, S. 916-919

Der Burgfrieden hat die in den letzten Jahren so zahlreichen und lebhaften Kämpfe um die Schule nicht zum Stillstand gebracht. Im Gegenteil. Die Tatsache des Krieges selbst und sein bisher für uns und unsere Verbündeten im ganzen zufriedenstellender Verlauf haben zu einer Verstärkung, zum Teil auch zu einer Vertiefung der Erörterungen über Wert und Mängel der deutschen Schule geradezu gedrängt. Im Krieg selbst ist Anlaß genug gegeben einmal wieder unsere Kultur, die sich in ihm zu bewähren hat, auf die Festigkeit ihrer Grundlagen und die Richtigkeit der Proportionen in der Akzentverteilung zu prüfen. Da kann es gar nicht ausbleiben, daß auch die Fragen der Erziehung dieser Prüfung mit unterworfen werden, weil diese das wichtigste soziologische Instrument des Kulturfortschritts im Ablauf der Generationen bildet. Dabei werden die Urteile über den Wert der in Deutschland durchgängig geübten Erziehungsmethoden je nach dem Nachdruck, den man auf einzelnes legt, verschieden ausfallen.

Die einen sind der Meinung, daß auch dieser Krieg durch den deutschen Schulmeister gewonnen wird. Diese Ansicht tritt zum Beispiel bei Emil Schott (Der Krieg und die deutsche Jugenderziehung /Langensalza [1915], Beyer) hervor. Schott zählt die technischen und volkswirtschaftlichen Leistungen Deutschlands im Krieg auf und meint: „Hat all dies zusammen nicht eine Unsumme von Kenntnissen, eine Schulung der Denkkraft zur Voraussetzung, die jener verlästerten intellektualistischen Ausbildung von ehedem ein glänzendes Zeugnis ausstellt?" Alle die moralischen Eigenschaften, die das Volk im Dienst am Kriegszweck direkt und indirekt aufbringt, „erweisen sich ... als Früchte einer bestimmten Charakter- und Willensbildung, welche die Männer und Frauen in ihrer Jugend genossen haben, so daß jene als einseitig verstandesbildend verschriene Schulung von dort auch ihre voluntaristische Leistungsfähigkeit zur Genüge bewiesen hat". Von solcher Grundstimmung aus kann dann die Kritik an anderen Dingen den Verfasser zu dem frevelhaften Spiel mit dem Gedanken verlocken, „ob dies nicht anders wäre, wenn wir die Greuel der Zerstörung mehr in greifbarer Nähe hätten? Ob der Krieg nicht dann auch diese Keime unserer Jugenderziehung zu reicherer Entfaltung zu bringen vermöchte?" Also eine Übertragung der Abschreckungspädagogik ins Riesengroße. Und das Gebot, das aus der Tatsache, daß Disziplin uns diesen Krieg gewinnen ließ, folgt, ist für den Verfasser: „Mehr Disziplin!" Ebenso folgert Graf Moy in seiner Schrift Militärische Jugenderziehung /München [1915], Carl Schnell/ aus der Tatsache, daß wir durch unsere ausgezeichnet organisierte Wehrkraft diesen

---

[832] Hermann Kranold (1886[88]-1941[42]), Studium der Nationalökonomie in Lausanne, München und Tübingen, Mitglied des Hannoveraner Arbeitskreises der Jungsozialisten, zahlreiche hochschulpolitische und -reformerische Schriften, Autor und ab 1915 Mitarbeiter des Rundschauteils der *SM*, zuständig für den Bereich Geistige Bewegung, 1925-1932 Kommunalpolitiker in Schlesien (Landrat in Sprottau, Bürgermeister in Heinau), 1934 in Haft, dann Emigration nach England, 1936 USA, dort am College Talladega Ass. Professor für Volkswirtschaft.

Krieg zu gewinnen hoffen dürfen, daß wir nun erst recht auch die Jugend militari-
sieren müssen, offenbar weil ihm unsere Krieger noch nicht genug leisten, und er
entwirft einen vollständigen Plan zu einer staatlich kontrollierten und subventio-
nierten Organisation der militärischen Jugenderziehung, die zwar politisch neutral
sein will, aber als möglichen Träger der Organisation wohl die verschiedensten
politisch sehr differierenden Organisationen nennt, die sozialdemokratischen dagegen mit Schweigen übergeht.

Andere Stimmen, und gerade solche, die aus Kreisen älterer Pädagogen erschol-
len sind, betonen die Gegenseite. Zunächst nenne ich R. Umbsens Schrift Das neue
Deutschland und die Schule /Langensalza [1915], Beyer/. Auch seine Meinung hat
sich durch die Ereignisse des Kriegs gebildet. Aber die Leistungen verbürgen ihm
nicht, daß das bisherige System ausreichend war, sondern seine Hoffnung, daß der
richtige Ausbau der Schule von uns ernstlich in Angriff genommen werden wird,
schöpft er aus dem guten Geist, den das deutsche Volk jetzt bewiesen hat. Er wiederholt dann eine Reihe von wichtigen Einzelforderungen aus der Schulbewegung,
verfällt aber schließlich selbst wieder in allerlei platte Einzelheiten. Daß er aber auf
das Prinzip eingestellt ist, ein nach dem Krieg neu zu schaffendes Deutschland
verlange auch eine neue Schule, bringt ihn in Gegensatz zu Schott und Ähnlichge-
richteten. Noch mehr kommt dieser Forderung der im Greisenalter stehende Hans
Trunk entgegen, der ohne besondere Exemplifizierung auf den Krieg, doch mit
deutlichem Hinblick auf ihn eine Schrift Geistige Wehrhaftmachung hat erscheinen
lassen /Wien [1915], Deuticke/. Er legt immer wieder dar, wie man bei allen Einzelheiten der Ausgestaltung der Schule im Auge haben müsse, daß Schulung des
Intellekts und Umbiegung des Willens zur Unterordnung unter den Intellekt das
Ziel der Bildung sein müssen, nicht aber der Ausbau des jugendlichen Hirns zu
einer Schatzkammer von Kenntnissen. Denken lehren, das richtig Gedachte mit
energischem Willen durchführen lehren: das sind nach ihm die Aufgaben der Schule, und der Satz „Selbständigkeit muß das Endziel des Unterrichts sein", den er auf
das Titelblatt gesetzt hat, ist ihm nicht nur Motto sondern auch Glaubensbekenntnis. Hier sind wir bei dem Gebiet geistiger Arbeit angelangt, wo das gelegentliche
durch das grundsätzliche Denken abgelöst wird, wo sich die Einrichtung der Erziehung nach dem letzten soziologischen Ziel orientiert, wo die Grundbedingungen
erzieherischen Wirkens aufgesucht werden. Solchen grundsätzlichen Möglichkeiten widmete sich seit längerer Zeit Karl Lamprecht, dessen letzte Schrift Neue
Schule. Neue Erziehung /Leipzig [1915], K. F. Koehler/ sich damit befaßt aus dem
geschichtlichen Gesamtverlauf die spezifischen Aufgaben der Gegenwart auf dem
Gebiet der Erziehung abzuleiten und danach die vorhandenen neuen Strebungen
und alten Bestände auf ihren Zukunftswert zu sichten. Sein Schüler Ernst Hierl hat
über die geschichtlichen Grundlagen der Pädagogik der Gegenwart ein umfangreiches Buch geschrieben (Die Entstehung der neuen Schule /Leipzig [1914], Teub-
ner/). Hierl hat zu dem, was Lamprecht ein für allemal in wenigen Sätzen sagt, ein
reiches Material an Randbemerkungen zusammengetragen. Aber er bleibt, wenigstens zum großen Teil, in dem schon Bestehenden stecken, und hat für alles das,

was beispielsweise in Wynekens Bestrebungen an entscheidend Zukünftigem keimt, keinen Blick. Er hat nur die Einstellung des Pädagogen, der von oben her dem Entwickelungsgang der Erziehung zuschaut, nicht auch einmal den Blick dessen, der von unten her mit den Augen der Jugendbewegung nach oben ins Fachgetriebe blickt. So kann es nicht wundernehmen, daß er zum Beispiel der völlig umstürzenden Bedeutung der Erkenntnisse der Psychoanalytiker für die Pädagogik des Pubertätsalters, aber auch der Psychologie jugendlichen Wollens überhaupt ziemlich ahnungslos gegenübersteht. „Auch lösen die Leibesübungen für die Jugend die sexuelle Frage am besten", sagt er, da er noch an die Wirksamkeit dieser „ausgiebigen, ablenkenden Beschäftigung des Körpers, die ihn mit einer glücklichen Müdigkeit erfüllt und für zufällige und verfrühte Reizungen unempfänglich macht", glaubt. Es ist für seinen Standpunkt, der, im Gegensatz zu Lamprechts Prophetie, schließlich in Historie steckenbleibt, charakteristisch, daß er sich nicht ein einziges Mal die Frage vorlegt, ob diese Regungen wirklich „zufällig und verfrüht" sind, und ob sich mit ihnen nicht vielleicht etwas Besseres anfangen ließe als daß man von ihnen „ablenkt" und sie dadurch ertötet. Denn dem, der in der Historie bleibt, kann sich nichts gerechtfertigt zeigen, was prinzipiell neu ist, da es ihm stets *unhistorisch* ist. Dem wahren Historiker aber zeigt sich in der Geschichte der Katalog der in einem Augenblick gegebenen Möglichkeiten. Seine Sätze über das, was werden soll, nimmt er anderswoher, irgendwoher aus dem Absoluten.

Über das, was werden soll, kann uns deshalb Hierl auch nichts Verbindendes sagen. Vor der großen Entscheidung zwischen Individualismus und Sozialismus, die jeder große Erzieher einmal fällen mußte, schweigt eben das geschichtliche Erkennen. Wenn wir Antwort auf diese Frage erhalten wollen, müssen wir zu anderen modernen Autoren greifen, falls wir es nicht vorziehen etwa den alten Fröbel zu Rate zu ziehen (von dem eine ansprechende Biographie aus der Feder und dem Herzen J. Prüfers [...] erschien[833]).

Für das Gebiet fachlicher Erörterungen bespricht diese Frage des Richtpunkts Fritz Friedrichs Buch Stoffe und Probleme des Geschichtsunterrichts /Leipzig [1915], Teubner/. Friedrich will den Geschichtsunterricht, der aus dem Wesen der Geschichte und aus den allgemeinen Aufgaben der Erziehung sein Gesetz empfangen muß, so gestalten, daß er „den freudigen Willen weckt und kräftigt zur eigenen Mitarbeit an den Kulturaufgaben der Menschheit innerhalb der naturgegebenen Lebenskreise", das heißt er hat sich für eine soziale Erziehung grundsätzlich entschieden, fordert deswegen historischen Sinn, historisches Denken, historisches Urteilen, kritisiert den herrschenden Betrieb ausschließlich politischer, und zwar in erster Linie Heldenhistorie an den deutschen Schulen und kommt so als Nachfolger Lamprechts zu einem Geschichtsunterricht, der immerhin soziologisch gerichtet ist, über Chronik und Anekdoten hinausgeht und der historischen Rolle der Massen als Träger der Entwickelung die gebührende Aufmerksamkeit widmet. In großem Anlauf schildert er gleichzeitig einen ganzen Lehrgang des Geschichtsunterrichts,

---

[833] Johannes Prüfer: Friedrich Fröbel. Teubner, Leipzig 1914.

der diesem Ziel dienen soll. Es ist wundervoll, wie hier aus Ziel und Weg das Bild konsequenter Einheit sich ergibt.

Ähnlichen Tendenzen dient der hübsche Leitfaden Die heimische Altertumskunde in der Schule von Albert Kiekebusch /Berlin [1915], K. Sigismund/ (der im übrigen die Einführung dessen, was er heimische Altertumskunde nennt, in den Stoffplan der Volksschulen mit der Hoffnung begründet, daß die Spaziergänge, die im Anschluß an dieses Fach auszuführen wären, die Ausgleichung der Gegensätze zwischen Stadt und Land, die schon der Krieg mit sich gebracht hätte, auch nach dem Friedensschluß erhalten würden), sowie das Lernbuch der Staatsbürgerkunde von F. Ehringhaus /Halle [1915], Buchhandlung des Waisenhauses/, wenn beide auch der Gefahr der Stoffhuberei recht nahekommen und Kenntnisse über Denken setzen.

Als Führer des Lehrers auf diesem Gebiet ist der Lehrgang zu nennen, den Rudolf Marquardt unter dem Titel Heimatkunde und Arbeitsschule herausgegeben hat /Leipzig [1914], Teubner/. Zwar ist der kurze theoretische Teil gänzlich richtungslos, aber dafür ist der Hauptteil des Buches, in dem am Beispiel des Wirkungskreises des Verfassers ein die Methoden der Arbeitsschule geschickt nutzbar machender Lehrgang der Heimatkunde in allen Einzelheiten geschildert wird, ein glänzendes Beispiel, wie auch in der Volksschule, erst recht aber in den höheren Schulen ein soziologischer Kulturunterricht sich schon im Rahmen der jetzigen Lehrpläne durchführen läßt. Hier ist auch der Stoff dem pädagogischen Geist restlos untergeordnet. Marquardt legt, im Anschluß an Kerschensteiner und seine Schule, deren Erfassung und Darstellung schon den besten Teil des Hierlschen Buches ausmacht, auf die Arbeitsschulmethoden des Unterrichts großen Wert, von der Anschauung ausgehend, daß ein solcher Unterricht der Beugung des Willens unter den Intellekt und der Stärkung des Willens in der Ausführung der vom Intellekt empfangenen Befehle am besten zu dienen vermag. Den Pädagogen, die in dieser Richtung ihr Können bessern wollen, empfehle ich Der deutschen Jugend Handwerksbuch von Ludwig Pallat /Leipzig [1915], Teubner/, das mir für die Jugend selbst weniger geeignet erscheint als für den Erzieher, dem es viele Hinweise und Anregungen geben kann. Durch allzu große Breite und Ausführlichkeit leicht abschreckend, gleichwohl beim Durcharbeiten sehr lohnend ist das Buch Die Schule des Willens als Grundlage der gesamten Erziehung von Ernst von Sallwürk /Langensalza [1915], Beyer/. Der in schriftstellerischer Fruchtbarkeit altgewordene Pädagoge redet freilich von allen und noch einigen Dingen; aber er redet auch von ihnen immer nur im Hinblick auf seinen Gegenstand. Diesen selbst hat er in seiner Bedeutung klar erkannt. Er äußert sich ausführlich, inwiefern Erziehung als soziologische Funktion eine Leistung am Fortschritt der Menschheit über sich selber hinaus ist, er schildert die Bedeutung der Willensbildung für die Erziehung zum denkenden und sittlichen und so wahrhaft weltgewandten Menschen, und er zeigt mit wundersam hellem Instinkt, welche pädagogischen Bestrebungen für die Gegenwart nicht nur möglich sondern auch für die Gestaltung der Pädagogik der Zukunft zu fordern sind.

So ist nach mancher Richtung hin die heutige Zeit doch reich an führerischen Instinkten und führerischen Erkenntnissen der Pädagogik. Uns bleibt die Aufgabe das prinzipiell zu Erstrebende von den bloßen Modeforderungen zu sondern und diejenigen Reformen vorzubereiten, die eine wirkliche Verbesserung, nicht nur eine Neugestaltung, unseres Erziehungswesens bedeuten. Wir kämpfen jetzt als Marxisten, ohne zu klagen, den schwersten Kampf für die wirtschaftliche Unabhängigkeit und Kraft des Deutschen Reichs. Aber gerade als Marxisten wiederum hüten wir uns in unseren wirtschaftlichen Zielen den rechtfertigenden letzten Zweck dieses Kampfes zu sehen. Der liegt für uns auch mit darin, daß auf dieser Grundlage allein Erziehung zu wahrem Menschentum, das heißt zu sozialem Menschentum möglich wird. Dafür zu sorgen, daß diese Hoffnung nicht trügt, ist Kriegspflicht der Daheimgebliebenen.

192. Maria Montessori: Selbsttätige Erziehung im frühen Kindesalter[834] (Rezension von Wally Zepler)

SM 1915, Nr. 19/20, S. 1020-1021

Je höher die Zahl derjenigen Frauen ansteigt, die dauernd berufstätig sind, desto mehr wird auch die Unterbringung und Erziehung der vorschulpflichtigen Kinder zu einer Frauenfrage par excellence. Und zwar nicht nur in dem äußerlichen Sinn, daß die Frauen dadurch entlastet würden; erst, wenn sie ihre Kinder körperlich und geistig wirklich gut versorgt wüßten, erwüchse ihnen vielmehr die innere Ruhe, die jeder Mensch zu einer tüchtigen Arbeitsleistung, gleichviel auf welchem Gebiet, braucht. Es versteht sich, daß dies nicht der einzige Gesichtspunkt ist, unter dem wir eine Reform, geschweige denn eine Art Neuschöpfung auf dem Feld der Kleinkindererziehung begrüßen müssen. Die Menschenformung selbst hängt sicher in hohem Grad von den ersten Bildungseinflüssen ab, die gerade in dieser Zeit der stürmischen Entwickelung auf das werdende Geschöpf einwirken.

Die italienische Ärztin Dr. Maria Montessori hat sich das Verdienst erworben ein neues oder umgebildetes System einer solchen Kleinkindererziehung zu entwickeln und in jahrelanger praktischer Tätigkeit selbst zu erproben. In einem über 300 Seiten starken Buch Selbsttätige Erziehung im frühen Kindesalter [...] stellt sie Wesen, Entstehung und Sinn ihres Systems sehr anziehend dar. Schon aus der Einleitung spricht der Geist einer bei Frauen noch recht seltenen Fähigkeit sich in eine sachliche Aufgabe zu versenken. Die Verfasserin erzählt hier auch, wie sie zur Entwickelung ihrer Anschauungen gelangte. Im Anschluß an theoretische Studien über geistige Anomalieen kam sie zu Versuchen schlechtbegabte oder minderwertige Kinder nach neuen psychologisch begründeten Methoden vorwärtszubringen. Sie führte diese Experimente, die zu relativ sehr günstigen Resultaten führten, lange Zeit hindurch fort. Ihr Interesse, das sich durch diese Studien den Aufgaben der ersten Sinnes- und Geistesentfaltung überhaupt zuwandte und die Anregung

---

[834] Erschienen bei J. Hoffmann, Stuttgart 1913.

durch die pädagogischen Schriften des Mediziners Pizzoli und des Anthropologen Sergi ließen langsam die Gedanken in ihr reifen, auf denen ihre Erziehungsmethode beruht. Eine besonders günstige Gelegenheit zur praktischen Erprobung des Systems an geistig normalen, keiner erheblichen sonstigen Beeinflussung unterliegenden Kindern gewährte ihr das Anerbieten eines Ingenieurs, Talamo, der in einem der armseligsten Viertel von Rom aus alten Häuserblocks durch vernünftige bauliche Veränderungen gesunde und luftige Arbeiterwohnungen schuf. Für jedes Haus baute Talamo einen großen Saal, in dem die noch nicht schulpflichtigen Kinder der Bewohner spielen und arbeiten sollten. Die Leitung einer solchen Spiel- oder Arbeitsschule bot der Baumeister Maria Montessori an, die sich bereits auf diesem Gebiet einen Namen erworben hatte.

Ein Urteil über die neue Methode zu fällen ist natürlich dem medizinischen und pädagogischen Laien unmöglich. Mit Maria Montessoris eigenen Worten sei zunächst dargestellt, worin der Kern der Sache für sie selber liegt.

„Die auf Beobachtung sich gründende pädagogische Methode muß die Freiheit des Kindes zur Voraussetzung haben, und Freiheit ist Tätigkeit. Die Zucht muß aus der Freiheit hervorgehen. Wir sehen ein Kind nicht für gezogen an, wenn ihm eine solch künstliche Ruhe beigebracht worden ist, als wäre es ein Stummer, oder eine Unbeweglichkeit, als wäre es ein Lahmer. Dies ist nicht ein gezogenes, sondern ein vernichtetes Kind." Ohne Anwendung irgendwelcher Belohnungen oder Strafen, nur durch Erweckung des natürlichen Tätigkeitstriebs und Anleitung dieses Triebs zur richtigen Entfaltung werden nun in den Montessorischen Kinderschulen allmählich die mannigfaltigsten und erstaunlichsten Resultate gewonnen. Der Bewegungsmechanismus des Kindes wird zunächst durch spielerische Übungen, die dem Kind selbst Vergnügen bereiten, zur Beherrschung durch den Willen geführt. Dadurch wird die Geschicklichkeit gebildet und das Kind von vornherein zur Unabhängigkeit geleitet. Sprache, Beobachtung, Formen-, Farben-, Gehörs-, Tast-, Geschmackssinn werden in gleicher Art durch eine Art produktiven Spiels entfaltet. Schließlich kommen Zeichnen-, Gedächtnis-, Schreib- und Leseübungen hinzu. Die ganze Methode, die das Buch in allen Einzelheiten genau beschreibt, beruht in jedem Punkt auf Benutzung des natürlichen Entwickelungs- und Vervollkommnungstriebes, niemals auf Wissen. „Das Ziel der Erziehung bei den Kleinen muß darin gesehen werden die selbsttätige Entwickelung der Persönlichkeit nach der Seite des Geistes, des Gemüts und der physischen Kräfte zu befördern, nicht etwa aus dem Kind ein gebildetes Wesen ... zu machen. Haben wir also dem Kind solche Lehrmittel in die Hand gegeben, die geeignet sind die Entwickelung der Sinne anzuregen, so müssen wir abwarten, bis jene Tätigkeit, die wir Beobachtung nennen, sich von selbst entwickelt."

Die Resultate, die uns das Buch mitteilt, sind zum Teil ganz erstaunlich. Kinder von 3 Jahren erlangen eine vollkommene Herrschaft über Körper und Sinne, 4- bis 5jährige lernen wirklich spielend Lesen, Schreiben, Rechnen, geometrische Begriffe usw. Die Hauptsache ist aber die Einwirkung auf die ganze Bildung der kleinen Menschenpersönlichkeit, die man sich bei den Schilderungen des Buchs freilich sehr gut vorstellen kann. Die kleinen Geschöpfe verbringen ihre Tage nicht wie sonst gewöhnlich in einem städtischen Proletarierhaushalt, herumgestoßen und gelangweilt, in einem ewigen Kampf mit der scheltenden Mutter sondern in einem glücklich tätigen Zustand.

Für uns ist aber, wie gesagt, von diesen rein pädagogischen Resultaten abgesehen, an dem System Montessori noch eines besonders wichtig: seine soziale Seite. Maria Montessori selbst hebt gleich anfangs hervor, welche Freude auch die Eltern an dem Aufblühen und dem Wesen der Kinder in diesen Schulheimen haben, wie sie zur Sauberkeit und Ordnung erzogen werden, da dies zur Bedingung der Aufnahme der Kinder gestellt wird. Von der Schule und der Lehrerin, die regelmäßige Unterhaltungen mit jeder Mutter führt, weht ein menschlich bildender sozialer Einfluß durch das ganze Haus. Die außerordentlichen Vorzüge der Gemeinschaftserziehung treten bei den Schilderungen der Verfasserin wieder lebhaft hervor. Wie wäre es selbst bei den vorzüglichsten Eigenschaften und Fähigkeiten der Mutter möglich im Haus der Eltern dem Kinde zu bieten, was ihm hier geboten wird? Wie wäre es möglich ohne fachgemäße Ausbildung auch nur zu wissen, wo der Hebel anzusetzen ist? Wenn es gelingen sollte etwas Ähnliches allgemein zu schaffen, dann könnten die Mütter ruhig Berufsarbeit leisten; für die Gesellschaft erwüchse aus der Ablösung der häuslichen Erziehung auch für die Vorschulpflichtigen wirklich nur Gutes.

193. Krieg und Erziehung (Sammelrezension von Herman Kranold)[835]

SM 1916, Nr.16, S. 864-869 (Auszüge)

Je länger der Krieg dauert, desto stärkern Einfluß übt er auf die Probleme der Erziehung und besonders der künftigen Gestaltung des deutschen Schulwesens. Zahlreiche Publikationen legen Zeugnis davon ab. Aber die Stimmen, die uns aus diesem literarischen Orchester entgegentönen, sind durchaus nicht von einheitlichem Klang. Die einen sehen im großen und ganzen in dem bisherigen Verlauf der Kriegsereignisse eine neue Bestätigung der unübertroffenen Güte unserer öffentlichen und privaten Erziehung, besonders unserer Schulen. So schreibt der katholische Würzburger Professor Remigius Stölzle (Neudeutschland und die vaterländische Erziehung der Zukunft/ Paderborn [1915], Schöningh/): „Haltet fest an der alten Erziehung. Sie hat nächst anderen Faktoren auch zu den Siegen von Königgrätz, zu den Siegen von Sedan geführt, sie hat sich auch im großen Weltkrieg bewährt und die Probe im Kampf gegen eine Welt von Feinden bestanden." [...] Wie sehr auf der andern Seite die pädagogische Linke Neuorientierung der Erziehung jetzt gerade erst recht fordert, kann man zum Beispiel an der von Gustav

---

[835] Hier werden zwei Sammelrezensionen zusammengefasst, die sich beide mit dem Thema beschäftigen, die eine unter dem Titel „Krieg und Erziehung", die andere unter dem Titel „Schulzweck und Schulerziehung".

Wyneken redigierten, zum größern Teil auch geschriebenen Zeitschrift Die Freie Schulgemeinde/ Jena, Diederichs/ sehen.

Jedenfalls gibt der Krieg Gelegenheit gründlicher als bisher über Wert und Unwert unserer bisherigen Erziehung nachzudenken [...]. Dabei kommt man freilich zu ganz verschiedenen Ergebnissen, je nach dem Standpunkt, von dem man ursprünglich ausgeht. [...] Dagegen fehlt es auch auf der Seite der Zufriedenen nicht an sympathischen und würdigen Schriften. Ich nenne H. Gaudig A. D. 1915: Ausblicke in die Zukunft der deutschen Schule/Leipzig, Teubner/. „Wer aber meint, da sei doch im Bilde der Gegenwart dies und das bedenklich, dies und das nicht schön, der haftet an Kleinigkeiten und fühlt nicht die mächtigen Grundströmungen, die unser Volk durchfluten." Geistreich und vornehm, wie alles, was von diesem rührigen Autor kommt. [...] Unter der Flagge der Erziehung geht im übrigen so manches, was in ganz andere Gebiete gehört. So nennt Richard Seyfert, ein um das Schulwesen seiner Heimat nicht wenig verdienter Parlamentarier, seine nationalliberalen Feuilletons über das, was deutsch sein sollte, Von deutschem Wesen nach dem Kriege/Leipzig [1915], Wunderlich/ sehr zu unrecht ebenfalls ein „Erziehungsbuch".

So verschieden die Betrachtung nach den bisher angeführten Gesichtspunkten, so verschieden ist auch die Stellung zu der Frage der Personal- oder Sozialpädagogik. Im allgemeinen ist ein Rückschlag nach der Seite des Individualismus zu konstatieren. So sagt Professor Dr. G. Budde in einer Schrift Krieg und höhere Schule/Langensalza [1915], Beyer/ die wohl das Extrem in den Bestrebungen zu einer stofflichen Verdeutschung der Schule darstellt: „Auch die deutsche Erziehung wird beherrscht von der deutschen Innerlichkeit ... Sie will den jungen Menschen an erster Stelle nicht für draußen befindliche Ziele, auch nicht für die menschliche Gesellschaft bilden, sie vertritt also nicht eine Sozialpädagogik, sondern sie will ihn in erster Linie für sich selbst bilden, damit er zu einer selbständigen Persönlichkeit und einer geistigen Individualität erhoben werde, das heißt sie vertritt eine Persönlichkeitspädagogik." [...]

Das Heftchen Krieg und Schule von Anna Blos /Berlin [1915], Internationale Korrespondenz/ bleibt zum Teil in Äußerlichkeiten haften. Zum Beispiel wird dem „rückschrittlichen Geist, der vielfach noch [an den Volksschulen] im Geschichtsunterricht gelehrt wird", die in Preußen angeordnete Reform des Geschichtsunterrichts an den höheren Schulen, die doch voller Fragezeichen steckt [...], gegenübergestellt, und unbesehen wird ihre Übertragung auf die Volksschule gefordert. Aber auch diese Schrift spricht sich in höchst bemerkenswerter Weise für eine Erneuerung des deutschen Schulwesens nach dem Krieg nach sozialpädagogischen Grundsätzen aus: „Was wir von dieser Neuregelung erhoffen, das wird vor allem die Beseitigung der verhängnisvollen Kluft zwischen Volks- und höheren Schulen sein, die Schaffung einer gemeinsamen Bildungsgrundlage für die gesamte Volksjugend, eine Schulorganisation, für die als oberster Grundsatz die Einheitlichkeit des gesamten Schulwesens gilt." Die zweite parteigenössische Schrift, Robert Seidels Arbeit Das Ziel der Erziehung vom Standpunkt der Sozialpädagogik /Zürich

[1915], Orell Füßli/ ist nicht im Hinblick auf den Krieg entstanden. Sie ist sehr zu loben. Denn sie spricht mit vollkommener Klarheit die Überzeugung von der sozialen Bedingtheit des Wertes aller Erziehung aus: „Alles Wissen und Können, alle Fähigkeiten und Tugenden des Menschen haben nicht Wert an sich sondern nur Wert, insofern sie der Gesellschaft und dem Staate dienen." Das Erziehungsideal definiert Seidel so: „Die harmonische Bildung ist das Erziehungsziel der echten Sozialpädagogik." Eine Definition, die allerdings nicht tragfähig genug ist.

Jedenfalls sind durch den Krieg die sozialpädagogischen Probleme dem öffentlichen Bewußtsein nähergebracht worden, so daß sie nun ihrer Lösung entgegendrängen. [...]

Da, wie wir sahen, die Absichten und Wünsche auch unter den pädagogisch wesentlich gleichgerichteten, mehr auf der reformerischen oder mehr auf der konservativen Seite Stehenden, in weitestem Maß auseinandergehen, macht sich immer häufiger das Bedürfnis geltend sich erst einmal über die elementarsten Grundsätze der Pädagogik klar zu werden und zu einigen. Da ist vor allem hervorzuheben, daß den Vertretern der verschiedenen Richtungen der Sozialpädagogik gewisse Überzeugungen gemeinsam sind, die in den neueren Publikationen häufiger wiederkehren. Ferdinand Jakob Schmidt, der Berliner Universitätslehrer für Pädagogik und Nachfolger Ludwig Kellers im Vorsitz der Comeniusgesellschaft, schließt aus der Tatsache, daß in neuerer Zeit im Gegensatz zu früher der Staat der eigentliche Träger der Erziehung geworden ist, daß soziale Zweckmäßigkeitserwägungen dieser die Richtung geben sollten; darin wird er, der ebenso wie Wyneken sehr stark von Hegel beeinflußt ist, bei extremen Positivisten, wie dem Münchner Soziologen Müller-Lyer, bei Kantianern, wie Natorp, und Anhängern des historischen Materialismus, wie Seidel, Zustimmung finden. Auch der Schulpraktiker J. Tews, der schon so manches Jahr als mutiger und temperamentvoller Vorkämpfer der Hebung des Volksbildungswesens und der Besserstellung der Lehrer hervorgetreten ist, bekennt sich in seiner ausgezeichneten Arbeit Ein Jahrhundert preußischer Schulgeschichte /Leipzig [1914], Quelle & Meyer/ zu dem gleichen Grundsatz. Und wenn er immer wieder, in wirkungsvoller und keineswegs fanatischer Weise, die Bedeutung der gesellschaftlichen Stellung der Volksschullehrer und ihrer materiellen Versorgung hervorhebt, so geschieht dies ebenfalls stets im Hinblick auf die Erreichung der Schulzwecke.

Größer sind schon die Differenzen, wenn es sich darum handelt die Folgerungen aus dieser allgemeinen Überzeugung abzuleiten. Die beiden Autoren zum Beispiel, die prinzipiell den Standpunkt der Einheitsschule vertreten: Wilhelm Rein (Die nationale Einheitsschule /Osterwieck, Zickfeldt [1913]) und Aloys Fischer (in dem oben erwähnten Leitaufsatz)[836], statuieren humane Bildung als Aufgabe der höheren Schulen und wollen die fachliche Vorbildung der Studenten den Hochschulen

---

[836] Gemeint ist ein Aufsatz in J. Norrenberg: Die deutsche höhere Schule nach dem Weltkriege. Teubner, Leipzig [1916]: Gedanken über die Form der deutschen höhern Schule; vgl. auch Aloys Fischer: Der Einheitsgedanke in der Schulorganisation. Jena 1914.

selber zuweisen; dagegen vertreten insbesondere die Altphilologen, auch soweit sie Anhänger der Einheitsschule sind, die Ansicht, daß das Gymnasium die Fachvorbildung für das Studium der alten Philologie geben müsse [...].

In diesem Abschnitt können Wesen und Materie der humanistischen Erziehung nicht behandelt werden. Dazu bedarf es einer besondern Untersuchung, die auch, ihrer Bedeutung entsprechend, ein andermal gesondert vorgenommen werden muß. Es hat, das sei nur noch erwähnt, den Anschein, als ob sich auch in dieser Frage zwischen radikalen Reformern, Konservativen und Vermittlern, etwa zwischen Kerschensteiner, Cauer und Fischer, allmählich gemeinsame Richtlinien herausbilden.

Und wie hier so auch auf den anderen Gebieten, auf denen der Kampf der Richtungen geführt wird. Für das umstrittene Problem der werdenden Einheitsschule ist es von Interesse, daß von ganz verschiedenen Gesichtspunkten aus verschiedene Autoren in irgendeiner Form die Zulassung der Volksschullehrer zum Hochschulstudium verlangen. [...]

Eine allmähliche Annäherung der Meinungen ist besonders auch auf gewissen Gebieten der Problematik der Charakterbildung zu verfolgen. Noch vor nicht langer Zeit war die Parole der staatsbürgerlichen Bildung nur der Schlachtruf von Männern, die den Wissensstoff mehren wollten. Davon ist man heute weit entfernt. So allgemein der Ruf nach Vertiefung der geschichtlichen Bildung und zwar zum kulturgeschichtlichen wie zum staatsbürgerlichen Unterricht hin ist, so sind sich doch alle darin einig, daß sie damit nicht neuen Bildungsstoff sondern erweiterte und dadurch vertiefte Bildung erstreben. Sehr klar wird dies, wenn man etwa die kurze Schrift des leider allzu früh gefallenen Albert Klein Der staatsbürgerliche Unterricht /Langensalza [1915], Beyer/ mit Max Reinigers Welche Verpflichtungen erwachsen der heutigen Schule aus dem Weltkriege? /Langensalza [1915], Beltz/ vergleicht. Klein sagt: „Am schwierigsten ist es nun für die Schule bei ihrer heutigen Organisation als Wissens- und Lernschule etwas für die Gestaltung des Willens und der Gesinnung, für die staatsbürgerliche Gewöhnung ..., für die Erziehung zum Staatsbürger im eigentlichen Sinne zu tun." [...] Reiniger gibt hochinteressante, geistvoll durchgearbeitete Beispiele, wie er während des Krieges in der Volksschule unterrichtet und versucht hat die Gegenwart dem Kind lebendig zu machen. Aber er ist doch im Stofflichen steckengeblieben.

Alle hier berührten Probleme sind der Aufmerksamkeit der Parteigenossen dringend zu empfehlen. Denn wir sind in Erziehungsfragen noch immer nicht über ein gewisses Aufklärertum, ein gewisses Notstandsreformatorentum hinaus. Wie gering muß überhaupt in sozialistischen Kreisen Deutschlands das Interesse an tiefgreifenden pädagogischen Fragen sein, wenn wir es während des Krieges, also in einer Zeit, die die Pädagogik, wie ich in dieser Rundschau zu zeigen versuchte, bis in die tiefsten Tiefen aufgerührt hat, zu einer einzigen selbständigen Publikation von 22 Seiten, eben jener Broschüre von Anna Blos, gebracht haben. Mir scheint darin der Beweis dafür zu liegen, wie sehr wir unsere agitatorische Aufgabe bisher verkannten; wir wollten nicht bilden sondern nur werben. Das jedoch muß uns schließlich zu noch viel gefährlicheren Kämpfen führen als der gegenwärtigen Parteikrisis, die letzen Endes auch nur möglich wurde, weil bei uns zu wenig Gewicht auf Denkerziehung, zu viel auf Gesinnungsaufklärung gelegt wurde. [...] Darin liegt zugleich die Erklärung, weshalb wir anscheinend jetzt in der Jugendbewegung einer so schweren Krisis entgegengehen. Auch unsere proletarische Jugend hat in der Schule nur Wissen aufgenommen, nicht aber denken gelernt. Darf es uns wundernehmen, wenn unsere Parteijugend jetzt plötzlich, stolz auf ihre *wissenschaftliche* Bildung, unter Führung einiger suggestiver Persönlichkeiten auf eigene Faust Ausflüge ins Gebiet der Politik unternimmt? Um hier Wandel zu schaffen, ist es nötig, daß die Parteigenossen, die die eigentlichen Träger dieser Umkehr werden müssen, sich eingehender mit der Materie beschäftigen, und zu diesem Zweck müssten sie sich vor allem mit den wichtigsten Ergebnissen der Jugendkunde vertraut machen. Ohne sich von polemischen Augenblicksbedürfnissen beirren zu lassen, müssen sie vor allem sowohl die Entwickelung der Schulerziehung wie die der bürgerlichen Jugendbewegung gründlich studieren. In dieser Rundschau wird daher fortlaufend über die wichtigsten Neuerscheinungen auf diesen Gebieten berichtet werden, soweit sie geeignet sind die Parteigenossen tiefer in deren Verständnis einzuführen.

In dem Komplex der Bestrebungen, die wir zusammenfassend Jugendbewegung nennen, sind in erster Linie diejenigen zu beachten, die auf eine aktive Teilnahme der Jugend an der Arbeit der Schule hindrängen. Schon in der Arbeitsschule, einer alten sozialistischen Lieblingsidee, ist ja einer der bestimmenden Gedanken der, daß der Schüler im Unterricht nicht die Rolle des bloß Aufnehmenden, vielmehr die des selbst Schöpferischen spielen soll. In den Kreis dieser pädagogischen Ideen gehört in erster Linie auch die Beteiligung der Schüler an der Verwaltung der Schule und des Unterrichts. Diese Bestrebungen haben im Lauf der Zeit die verschiedenste Ausgestaltung erfahren, von der Junior Republic des Herrn George im Staat New York, die gefährdete Jugendliche retten soll, bis zu Wynekens Freier Schulgemeinde, die die sittliche Autonomie der Jugend zum Träger der Erziehung machen will. Eine interessante und ermutigende Veröffentlichung zu diesen Ideen ist das Büchlein des Pfarrers Eduard Metzenthin Die Selbstbetätigung der Schüler auf dem Gebiet der Schulerziehung in früherer Zeit /Langensalza [1915], Beyer/ eins der Hefte der ausgezeichneten Sammlung Friedrich Manns Pädagogisches Magazin. Es zeigt neben manchem andern, wie große Pädagogen in der Vergangenheit aus der Not eine Tugend zu machen wußten, wie sie zunächst aus Lehrermangel ältere Schüler zum Unterrichten der jüngeren heranzogen, dann aber allmählich den Eigenwert dieser Erziehung durch das Zusammenarbeiten in der Gemeinschaft ungefähr Gleichaltriger einsahen und diese Methode systematisch ausbauten. Gleich ausgezeichnet ist F. W. Foersters Autorität und Selbstregierung in der Leitung der Jugendlichen /Langensalza [1915], Beyer/ und besonders verdienstlich in einer Zeit, die, in leichtsinniger Analogie zu der Notwendigkeit der Disziplin zur Erreichung militärischer Zwecke, nun auch in der Erziehung das bißchen Selbständigkeit, das die Schüler errungen hatten, wieder verschwinden lassen möchte. Es kann uns von bestem Nutzen sein, wenn gerade von dieser Seite und in dieser Zeit Worte ausgesprochen werden, wie das vom „Autoritätskrampf" in der Erziehung oder die folgenden: „Es wäre gegenüber dieser Neigung [beständig in die Selbsttätigkeit des Schülers einzugreifen] oft gerade der besten und gewissenhaftesten Erzieher von großer Bedeutung, wenn man einmal die wahre pädagogische Funktion der Autorität, das Problem der erzieherischen Führung, das heißt also die Bedingungen, unter denen die erzieherische Autorität allein pädagogisch wirken kann, gründlich durchdenken wollte. Da würde man sehen, daß gerade die Autorität, die wirklich führen und befruchten ... will, um ihrer selbst willen, im Interesse ihrer führenden Funktion, ein sehr großes Maß von Selbstbetätigung und freier Initiative auf Seiten der Geleiteten bewilligen muß."

194. Die Zeitschrift „Der Jude" (Annotation von Herman Kranold)

SM 1916, Nr, 16, S. 869 (Auszug)

[...] Eine Zeitschrift, die für die geistige Bewegung unserer Zeit, aus der sie erwuchs, von Bedeutung werden kann, ist Der Jude betitelt und hat im April im Verlag Löwit zu erscheinen begonnen. Sie wird von Martin Buber herausgegeben und will der „Erkenntnis und Förderung des lebendigen Judentums" dienen. Jedenfalls gibt es auch für den Nichtjuden kein besseres Mittel sich eine Anschauung von dem geistigen Reichtum, der im modernen Judentum lebt, anzueignen als die Lektüre dieser Monatsschrift. Besondere Erwähnung verdient in dieser Rundschau Siegfried Bernfelds Abhandlung Zum Problem der jüdischen Erziehung, die zum jetzt so aktuellen Thema der nationalen Erziehung, auch über den Kreis des Sonderfalls des Judentums hinaus, prinzipiell Wichtiges sagt. [...]

195. Wally Zepler: Avenarius

SM 1917, Nr. 1, S. 39-40

Ferdinand Avenarius ist am 20. Dezember 1916 60 Jahre alt geworden. Das ist erstaunlich. Denn wer die Entfaltung seines Werks längere Zeit aufmerksam verfolgt hat, hat so gar nicht die Empfindung, als habe sein Wirken etwas Altväterisches. Es ist nicht möglich die Einzelleistungen seines Lebens hier aufzuzählen. Aber die allgemeine Bedeutung des Mannes mag hier doch mit einigen Strichen umrissen werden, schon damit die Parteigenossen auf die Arbeit dieses bürgerlichen Kulturpolitikers hingewiesen werden.

Der Ausdruck Kulturpolitik stammt von Lamprecht, der Avenarius' Werk zeitlebens nahe gestanden hat. Und für Avenarius wurde die Erkenntnis, daß es nicht genüge planlos Kulturwerte im freien Spiel der Kräfte zu produzieren und sich im übrigen vertrauensvoll auf die Wirkung der Konkurrenz zu verlassen, frühzeitig zum Grundgedanken seines öffentlichen Wirkens. Dieser Gedanke selbst ist in der Geistesgeschichte der Menschheit nicht neu. So hat ja Schiller bereits von der Schaubühne als einer moralischen Anstalt gehandelt. Aber im Sturm des Wettrennens nach immer neuen geistigen Sensationen gingen diese aufblitzenden Ideen immer wieder unter. Avenarius hat diese Ideen zu verwirklichen gesucht: den sozialen Gedanken, daß wir eine Massenpädagogik brauchen, und den philosophischen, daß auch die Kunst sittlicher Wirkung fähig sei und für solche Wirkung nutzbar gemacht werden müsse. Zu diesem Zweck hat er im Lauf der Zeit ein ungeheuer umfangreiches System von Bildungsmitteln und -organisationen geschaffen oder angeregt. Als Hinweise auf seine Schöpfungen seien nur folgende Namen aufgezählt: Kunstwart (jetzt Deutscher Wille); Dürerbund; Bund für Heimatschutz; Dürerbund - Werkbund - Genossenschaft; Meisterbilder fürs deutsche Haus; die Kunstwartmappen, die billig, also auch dem Arbeiter zugänglich, große Kunst in vorzüglichen Reproduktionen bieten; die Flugschriften des Dürerbundes, von denen schon so manche hier rühmend angezeigt werden konnte; der populären Kalender Gesundbrunnen: alles Werke, die nicht nur als fertige Stücke ungezählten Tausenden Schutz vor Schund geboten haben, sondern die auch auf den Geschmack der Genießer wie der Verleger im besten Sinn erzieherisch wirkten. Vor allem aber sind hier die beiden großen, einander ergänzenden Werke zu nennen, die den Lese- und Wissenshungrigen zu guten Büchern hinführen und ihn vor einer zwecklosen Irrfahrt durch die anarchistische Produktion des Büchermarkts schützen wollen: der Literarische Jahresbericht und der umfangreiche Literarische Ratgeber des Dürerbundes. Dies alles deckt Avenarius nicht nur mit seinem Namen, sondern er hat es auch selbst organisiert; und man weiß nicht, was man mehr anerkennen soll: den Propagandisten, der gezeigt hat, daß es auch ohne Schund geht, den Schriftsteller, der das erste Beispiel einer guten Familienzeitschrift geschaffen hat, oder den Volkspädagogen, der uns vor Augen stellte, wo eine Erziehung der Massen anzusetzen habe. Damit soll freilich nicht der konkrete Inhalt dieser Erziehung in Bausch und Bogen hingenommen werden. Bei allem besten und ernstesten Willen war Avenarius in seiner Gefühlsweise auch durch mancherlei Vorurteil eingeengt. Manche Bestrebungen des Kunstwarts rückten diesen in unsympathische Nachbarschaft oder zeigten gar selber eine Befangenheit des Geistes, die nicht nur (was recht und billig war) einem pseudomodernen Ästhetizismus sondern auch dem Verständnis einer wahrhaft umwälzenden, über die traditionellen Grenzen hinausgehenden Moderne im Weg stand. Aber immer wieder konnte man feststellen, daß hier ein Mann rastlos an sich selbst arbeitete und sachlicher Erkenntnis ohne Rechthaberei Raum gab. Und daher soll hier ohne jede Einschränkung hervorgehoben werden, daß in Ferdinand Avenarius seit 30 Jahren ein Kämpfer für künstlerische Volkserziehung steht, der rein der Sache hingegeben ist und darum ein wertvoller Mitstreiter der sozialistischen Bewegung in ihren Volksbildungsbestrebungen sein könnte, wenn die Partei diese wirklich ohne Parteigeist nur in Hinblick auf das geistige Ziel führen würde. [...]

196. Oskar Pfister: Was bietet die Psychoanalyse dem Erzieher?[837] **(Rezension von Georg Chaym)**

SM 1918, o. Nr., S. 213-216

Da die Psychologie der Pädagogik das Handwerkszeug liefert oder doch wenigstens liefern soll, so finden alle Wandlungen und Neuerungen jener Wissenschaft in dieser ihren Widerhall. Und tritt nun gar eine psychologische Methode mit dem Anspruch auf den Ariadnefaden für das Labirynth des seelischen Geschehens, in dem der Erzieher so oft verzweifelt herumirrt, zu besitzen, welcher wahre Erzieher, sofern er nicht von dem gar zu sehr verbreiteten Erzieherdünkel besessen ist, würde nicht mit Freuden jene Zauberkunst sich zu eigen machen? Und doch haben einst nicht unbedeutende Erzieher und Psychologen in scharfer Erklärung gegen die Anwendung der Psychoanalyse in der Erziehung Stellung genommen. Nun hat wieder einmal einer ihrer Anhänger das Wort zur Verteidigung ergriffen. [...] In der Hauptsache allerdings bietet diese Schrift nichts wesentlich Neues im Vergleich zu Pfisters früherer Schrift Die psychoanalytische Methode [1913], die im selben Verlag herauskam; sie gibt aber Gelegenheit wieder einmal zu dem ganzen großen Bündel der damit zusammenhängenden Fragen Stellung zu nehmen.

Das Tätigkeitsgebiet der Psychoanalyse ist (man darf jetzt vielleicht schon sagen: bekanntlich) das unbewußte Seelenleben. Sie behauptet, daß Verlauf und Inhalt des bewußten seelischen Geschehens in seinen Hauptzügen durch im Unbewußten wirkende und ins Bewußte hinübergreifende Kräfte bestimmt werden. Diese versucht sie, soweit sie schädlich sind, durch besondere Methoden und auf Grund gewisser Annahmen, unschädlich zu machen.

Die Grundannahme ist, daß es „jenseits des Bewußtseins, worunter wir ein Bezogensein auf ein erfahrendes und erfahrenes Ich verstehen, Vorgänge, die denjenigen des bewußten Seelenlebens in jeder Hinsicht, abgesehen von der Bewußtheit, gleichen", gibt. Pfister irrt sicherlich, wenn er meint, daß die „Tatsachen" dies zeigen. In diesem Gebiet des Unbewußt-Seelischen befinden sich, so lehrt die Theorie, Inhalte, die einst bewußt waren, aber, vom Schauplatz des Bewußtseins verdrängt, nun von ihm ferngehalten werden. Der Grund der Verdrängung ist die Unverdränglichkeit oder Schwerverträglichkeit zweier seelischen Inhalte, „sie ist immer ein Kampfprodukt". Welcher Inhalt weichen muß, und wie „tief" die Verdrängung ist, hängt von den verschiedensten Umständen ab. Die Theoretiker sind nicht einig, ob Inhalte aller Gattungen oder nur gewisser oder gar nur einer der Verdrängung anheimfallen (Freuds vielerörtete Sexualtheorie). Der Veranlassungen zur Verdrängung unterscheidet Pfister zwei: Eine plötzlich eintretende seelische Entwickelung kann den Anlaß geben, daß gewisse seelische Inhalte dem Be-

---

[837] Klinkhardt, Leipzig 1917. – Georg Chaym (geb. 1880), Gymnasium, studierte in Berlin Propädeutik, Mathematik und Physik, 1916 fac.doc., 1918 Mitarbeiter der *SM,* im Rundschauteil zuständig für Psychologie, 1927-1932 Studienrat an der Königstädtischen Oberrealschule in Berlin, gehörte in den zwanziger Jahren zum Bund Entschiedener Schulreformer (1919-1933) und publizierte in der Zeitschrift *Die Neue Erziehung* zu jugend- und bildungspolitischen Themen.

wußtsein entschwinden. Mit dem Verschwinden aus dem Bewußtein verlieren die seelischen Gebilde nicht etwa ihr Dasein, nimmt die Theorie weiter an, sondern sie bleiben vielmehr in ihrem wesentlichen Charakter, nur eben unbewußt. Handelt es sich um „Vorstellungen", so können sie ganz unverändert mit dem einst sie umkleidenden Gefühlston im Unbewußten „fixiert" werden; handelt es sich aber um „Triebe", so sucht die in ihnen gebundene psychische Energie sich irgendwie einen Ausweg ins Bewußte. Dabei werden in der (unbewussten) Erinnerung Erlebnisse, Inhalte aus frühester Zeit, aus der Kindheit herangeholt und an sie jene aus dem Bewußtsein verdrängte Triebregung geknüpft. Aber alles zurückgedrängte Psychische hat das Bestreben sich irgendwie im Bewußtsein bemerkbar zu machen; es treten „Manifestationen" auf. Dies kann geschehen, indem entweder Inhalte aus dem Bewußtsein verschwinden (Lücken in der Wahrnehmung, im Gedächtnis, Versagen des Intellekts oder des Gefühls, bei Inhalten, die in irgendeiner Beziehung zum Verdrängten stehen), oder indem das Gefühl der verdrängten Vorstellung einer ganz andern Vorstellung im Bewußtsein angeheftet wird (Affektverpflanzung; dazu gehört die bekannte Erscheinung des *déjà vu*, das heißt des Bekanntheitsgefühls bei Erlebnissen, die man in Wahrheit zum erstenmal erlebt) oder ganz besonders häufig durch Auftreten sogenannter Symbolvorstellungen (besser wäre der Ausdruck Vertretervorstellungen). Der verdrängte Trieb kann sich aber auch in körperlichen Symptomen manifestieren; dahin gehören alle sogenannten neurotischen Körperschäden, Stottern, nervöse Zuckungen usw. Besonders schwierig wird der Fall, wenn die verdrängte Trieberregung ihre „psychische Energie" ins psychisch Pathologische wendet und Angst- oder Zwangserscheinungen, Halluzinationen hervorruft. Von den Inhalten der Manifestationen, das heißt also der Art, wie der verdrängte Inhalt sich einen Ausweg ins Bewußtsein verschafft, werden besonders zwei hervorgehoben: der Traum und die Fehlhandlung. Es kann hier nicht auf die ganze, im Grunde Freudsche Traumtheorie eingegangen werden. Es genüge der Hinweis, daß nach ihr der Trauminhalt in sehr verschleierter und durchaus symbolisierter Form die Erfüllung eines verdrängten Wunsches darstelle.

So weit die Theorie. Die Fülle der Tatsachen, denen sie zur Erklärung dient, kann hier nicht einmal angedeutet werden, man findet sie bei Pfister, besonders in der ältern Schrift. Auch die Menge der Einzeltheorieen, die den soeben nur in ganz allgemeinen Zügen umrissenen Rahmen ausfüllen, kann hier natürlich nicht näher beleuchtet werden, ebenso wie auf eine Stellungnahme zu den einzelnen Fragen verzichtet werden muß. Die Kritik hat es den Anhängern der Psychoanalyse (nicht dieser selbst) gegenüber schwer: Wer nicht unbedingt zustimmt, ist *akademischer Schulpsychologe* und hat weder Respekt vor noch Verständnis für Tatsachen. Dieser Meinung ist auch Pfister. Aber sie ist falsch. Was an Tatsachen wirklich erweislich ist, wird nie bestritten noch verdunkelt; aber die Zahl dieser Tatsachen ist vorläufig leider nicht sehr groß, denn, was als solche ausgegeben wird, ist zumeist bereits stark aus- und umgedeutet. Und schließlich ist das Verhältnis der *Schulpsychologen* zur Psychoanalyse allen denen verständlich, die etwas von der Psychologie der Wissenschaft oder besser der Wissenschaftler verstehen.

Auch nach meiner Meinung erfährt die Psychologie durch die psychoanalytische Methode und Anschauung starke Förderung und bedeutende Vertiefung, und sie wird deren, wie ich hoffe, noch mehr erfahren. Ich sehe ihre theoretische Bedeutung für die allgemeine Psychologie darin, daß sie deren Methode immer mehr ins rein Psychologische wendet und sie von der Denkweise befreien hilft, die ich das physiologische Vorurteil nennen möchte. Dieses glaubt psychische und psychologische Tatsachen durch den Rückgang auf Physiologie (und neuerdings auf Neurologie) erklären zu können. Die Psychoanalyse aber kann der Psychologie zu einer rein psychologischen Methode verhelfen. Die Schwierigkeiten einer solchen sind nicht zu verkennen, und sie werden bei der Beachtung der Terminologie der Psychoanalyse überdeutlich: Verdrängung, Fernhaltung, Abdrängung der Triebe, Abstoßung von Vorstellungen usw.; die Beispiele ließen sich noch beliebig vermehren. Alle diese Begriffe sind der räumlichen Anschauung entnommen. Ich kenne und *begreife* wohl den psychologischen Ursprung unserer Begriffswörter; hier aber liegt die Gefahr nahe (und sie hat auch schon ihre Opfer verlangt), daß das dem Begriff zugrunde liegende Bild die Denkrichtung bestimmt. Der Leser wird den Ausführungen, glaube ich, allmählich mit Unmut folgen, da sie ihm nichts von dem sagen, was die Überschrift ausspricht, nämlich nichts von der psychoanalytischen Erziehung. Aber er erlebt damit nichts anderes als was der Leser der Pfisterschen Schrift selbst erlebt. Schon Pfisters erste größere Schrift Die psychoanalytische Methode (die als 1. Band einer pädagogischen Sammlung veröffentlicht wurde) legte in einem, leider nur kurzen Kapitel den Zusammenhang zwischen Psychoanalyse und Pädagogik dar. Es sind auch anderweitig Aufsätze über dieses Thema erschienen. Aber eine Schrift Pfisters, der auf diesem Gebiet zweifellos reichste Erfahrung besitzt, über diesen Punkt ergriff ich mit besonderer Spannung und Erwartung. Und wurde wieder enttäuscht: Noch nicht ein Viertel der Schrift ist diesem Punkt gewidmet. Es geht auch nicht an die psychoanalytische Behandlung Erwachsener als Erziehung zu bezeichnen; denn wenn man immerhin sagt, des Menschen Erziehung höre durch das ganze Leben nicht auf, und wenn man auch von den Erziehern des Menschengeschlechts redet, so wird doch mit dem Begriff Erzieher schlechthin ein ganz bestimmter Sinn verbunden, nämlich der einer von gewissen Zielen getragenen Beeinflussung Jugendlicher. Eine weite, aber doch streng durchgeführte, nicht nur in Andeutungen gezeichnete Systematik des theoretischen und praktischen Materials, soweit es die Stellung der Psychoanalyse im System der Pädagogik, ihr Verhältnis zu den anderen Methoden betrifft, und neben der Systematik eine reich ausgebaute Methodik, das ist dasjenige, zu dessen Darstellung Pfister sicher der rechte Mann ist und das er der von ihm stets so eifrig vertretenen Sache schuldig ist. Denn noch hat die große Öffentlichkeit ein Recht den Psychoanalytikern etwas mißtrauisch gegenüber zu stehen. Was nützt es, wenn Freud und Pfister und so viele ernste Anhänger vor den *wilden* Analytikern warnen? Woher soll der nicht im Kreis der Dinge Stehende wissen, wer *wild* und wer *anerkannt* ist? Eine *Heilmethode* psychischer Krankheiten, die zum großen Teil auf der individuell verschiedenen Deutung der Symptome beruht, eine Methode, die, wie Pfister selbst sagt, im wesentlichen noch „Kunst" ist, ist dem Eingefangenwerden von *wilden* Anhängern stets sehr ausgeliefert. Hier können nur Fortschritte in der streng wissenschaftlichen Systematik und Methodik helfen. Es kommt hinzu, daß über die Heilerfolge der sogenannten Psychotherapeuten ein durchaus zuverlässiges Material nicht vorhanden ist. Damit soll nun nicht etwa irgendwie die bona fides aller Beteiligten in Frage gezogen werden; aber einerseits haben wir doch kein genaues Bild der Dauer der Wirkung, und andererseits ist es doch auffällig, daß gar so oft der eine Therapeut Fälle behandelt, die zu heilen einem andern nicht geglückt ist oder sein soll oder die als Rückfälle erscheinen.

Aber es sei gern zugegeben, daß dies nur Fragen der Oberfläche sind und deren so oder so ausfallende Beantwortung auf die Feststellung keinen Einfluß haben sollte, daß der Erzieher zu den durch die Psychoanalyse angeregten Problemen Stellung nehmen, daß heißt, daß er sich mit ihr beschäftigen, sie studieren muß.

197. Friedrich Wilhelm Foerster: Erziehung und Selbsterziehung[838] (Rezension von Wally Zepler)

SM 1918, o. Nr., S. 615-616

Es ist von neuem modern geworden in der Erziehung des heranwachsenden Geschlechts die naturgegebene Aufgabe der Frauen zu sehen. Die Schule ist ja bei und im wesentlichen nur Lehranstalt, die sittliche Erziehung soll die Mutter leiten, der man kraft ihrer mütterlichen Liebe den rechten Instinkt dafür zuschreibt. Doch wie viele Mütter sind sich denn darüber klar, daß es sich hier überhaupt um Probleme handelt, daß man vor allem nicht erziehen kann, ohne eine eigene bewußte, nur schwer zu erringende Grundeinstellung zum Leben und zur menschlichen Gesellschaft? Ganz richtig sagt F. W. Foerster, zunächst müsse man wissen, wohin eigentlich erzogen werden soll. Das scheint sehr selbstverständlich, ist es aber durchaus nicht. Die großen Umwälzungsepochen der pädagogischen Wissenschaft wuchsen freilich immer aus allgemeingeistigen Umwälzungen heraus. Rousseaus Emile übertrug den Gedanken der Selbstbefreiung des Individuums im 18. Jahrhundert auf die Jugendbildung: das Kind sollte nur den Erfahrungen seiner eigenen Vernunft gehorchen. In unserer Zeit hat die aus der wachsenden Sozialisierung der Gesellschaft fließende Wertung der Arbeitsleistung als der ersten Forderung vollen Menschentums das Ideal der Arbeitserziehung erstehen lassen. Aber die Ansätze zu solcher neuen Erziehungslehre sind vorläufig noch von sehr geringem Einfluß in der Öffentlichkeit. Auch die Sozialisten sind sich über deren Ziele und Forderungen meist noch völlig unklar. Zur deutlichen Erkenntnis solcher Ziele mangelt es ihnen zurzeit an einer einheitlichen philosophisch-sittlichen Lebensrichtung. An einem Buch wie dem Foersterschen lassen sich diese Grundprobleme aller Erziehungsweisheit vorzüglich studieren. Es bedarf freilich des Glaubens an eine, supranaturalistischen Triebfedern entstammende Sittlichkeit, um innerlich mit Foerster

---

[838] Erschienen bei Schultheß, Zürich 1917.

gehen zu können, wenn er sagt: „Es ist der Sinn der Wahrheit vom Kreuze: Wer andere erlösen will, der muß zuvor sterben. ... Hier wird uns auch eine philosophische und pädagogische Wahrheit gegeben ..., daß vor allem das Sein erzieht, das erhöhte Sein, und dann erst das Tun und Reden." Um sittliche Charaktere zu bilden, muß der Erzieher einer von denen sein, die sich selbst zum Opfer bringen können. Was der Verfasser dabei über die Willensbildung sagt, ist ohne Einschränkung zu billigen. „Das moderne Alles Entschuldigen löst die Persönlichkeit auf und macht den Menschen zur Marionette seiner Nerven, seiner Erbschaften und seines Milieus." Aus dem gleichen Grunde, weil sie alles zu sehr ins Unbeherrschbar-Unbewußte umbiegt, wendet er sich gegen die übertriebene Anwendung der psychoanalytischen Methoden. Den Kern der Frage berührt er aber erst in dem Hinweis, daß die höchsten Willensemanationen kaum je allein aus der Selbstsucht stammen; der Wille sei eine „Funktion der Gesamtpsyche". Nur wo eine erhabene Idee „dem Vergänglichen die Macht nimmt", werden alle Widerstände überwunden. Interessant ist die Bemerkung, daß auch bei Napoléon hinter der ungeheuren Kraftleistung seines Lebens, vor allem die alles beherrschende Idee gestanden habe, er also (wie auch die Graphologen nach seiner Handschrift behauptet hätten) neben und über dem Willensmenschen vor allem Phantasiemensch gewesen sei. Nur wo ein (im weitesten Sinne) religiöser Gedanke den ganzen Menschen trägt, ist der Wille zur höchsten Leistung fähig; die Grundbedingung jeder richtunggebenden Erziehung ist demnach ein die Gesellschaft und damit den Erzieher durchpulsender überpersönlicher Glaube. Schon aus dieser Erkenntnis allein geht die Unzulänglichkeit der häuslichen Erziehung hervor; der junge Mensch muß und will auch fast stets einer von einer gemeinsamen Idee erfüllten Gemeinschaft unterstehen. Darauf basiert zum Beispiel die Anziehungskraft der freien Jugendvereinigungen, über die unter anderm Foerster vieles Treffende sagt.

Zwischen den beiden Gegenpolen: der alten Methode strenger Autoritätsforderung des Erziehers, die vor keiner Strafe zurückscheut, und der neuen kameradschaftlichen Gleichstellung des Kindes mit dem Erwachsenen, nimmt Foerster eine Mittelstellung ein. Der Gehorsam müsse aufrechterhalten werden; doch solle man den jungen Menschen von der Notwendigkeit des Gebots überzeugen.

In der Frauenfrage denkt der Verfasser sehr konservativ. Die Entwickelung zum Berufsleben scheint ihm ein Unglück für die Frau, wenn er ihr auch keine Hindernisse in den Weg legen will. „Für die Frau bedeutet diese Entwickelung unter dem Scheine der Befreiung die vollkommenste Hörigkeit, der sie je unterworfen wurde. ... Es wird ihr die Menschwerdung versprochen, und sie endet als Arbeitsmaschine." Eine nur aus dem Herkömmlichen zu erklärende Inkonsequenz, die das Entscheidende der Berufsarbeit als Quelle produktiver Pflichterfüllung verkennt. Freilich hat in unserer Gesellschaftsordnung auch eine solche Verkennung ihre Berechtigung. Daher mindern diese Ausführungen nur wenig den Eindruck des reichen und edlen Geistes, von dem das ganze Buch sonst getragen ist.

198. Georg Chaym: Begabtenschule

SM 1918, o. Nr., S. 1216-1218

Die Stadt Berlin hat bekanntlich 3 Schulen eingerichtet, die hervorragend tüchtigen Schülern und Schülerinnen der Volksschule die höhere Schulbildung und gegebenenfalls das Studium ermöglichen sollen. Die Auswahl geschieht auf Vorschlag der Rektoren, die weitere Auslese auf Grund einer psychologischen Begabungsuntersuchung, die von den Psychologen Moede und Piorkowski geleitet wird. Zur Verfügung stehen für die Knaben ein verkürztes Gymnasium, von dem sich mit der Untersekunda ein Realgymnasium abzweigt, und eine verkürzte Realschule, von der ein Übergang in eine Oberrealschule stattfinden kann; für die Mädchen eine Mittelschule mit Übergangsmöglichkeiten zum Lyzeum und Oberlyzeum.

Über die Methodik der psychologischen Untersuchung berichten Moede und Piorkowski in der Arbeit Die Berliner Begabtenschulen, ihren Organisation und die experimentellen Methoden der Schülerauswahl /Langensalza [1918], Beyer/. Im 1. Teil gibt Wolff eine Übersicht über die Organisation und die Lehrpläne. Für diese Methodik lag in den zahlreichen Untersuchungen zur Intelligenzfrage ein reiches Material vor, das geschickt benutzt und passend weiter gebildet zu haben den beiden Psychologen als nicht geringes Verdienst angerechnet werden muß. Die Untersuchung bezieht sich auf analytische und synthetische, einfache und zusammengesetzte Funktionen, Anschauung und Beobachtungsfähigkeit, Aufmerksamkeit und Konzentrationsfähigkeit, Gedächtnis und Kombination, Begriffs- und Urteilsfähigkeit. Im ganzen muß man anerkennen, daß durch die gewählten Methoden die zu untersuchende Funktion nach ihren verschiedenen Seiten gut erfaßt werden kann. Die Schwierigkeiten beginnen erst bei der Bewertung der Ergebnisse. Die Leistungen müssen in ein zahlenmäßig abgestuftes Wertsystem gebracht werden, dessen Grundlegung aller Willkürlichkeit möglichst entrückt werden muß. Da die Verfasser über die Aufstellung der betreffenden Wertsysteme leider nur summarische Angaben machen, läßt sich über die Sicherheit der Bewertungsziffern kein Urteil gewinnen. Die Leistungen in jedem Funktionsgebiet wurden in eine Rangordnung gebracht und dann für jeden Prüfling aus seinen sämtlichen Rangplätzen ein mittlerer Rangplatz bestimmt. Aus dieser Rangreihe wurde vom ersten Platz eine bestimmte Anzahl Prüflinge abgezählt und zur Aufnahme empfohlen. Die Leistungen der verschiedenen Funktionsgebiete werden hierbei sämtlich als gleichwertig angesehen: eine durchaus willkürliche Wertung. Es mag sein, daß man vorläufig noch kein objektiveres Wertungssystem besitzt. Aber es ist eben vielleicht von vornherein verfehlt eine Rangordnung der Begabung an sich aufstellen zu wollen. Es ist eben vermessen über die geistige Eigenart 13- bis 15jähriger ein abschließendes Urteil fällen zu wollen. Und wenn es sich bereits gezeigt hat, daß einige der überwiesenen Schüler den Anforderungen der Schule nicht genügen können, so darf man den Grund des fehlerhaften Urteils wohl eben darin suchen, daß die Eignung für bestimmte Schulanforderungen nicht hinreichend im Gesichtskreis der Untersuchung liegt. Würde diese Rücksicht mit hineingezogen werden, so ließen sich auch Abstufungen in dem Gewicht der einzelnen Leistungen finden. Doch führt die

Verfolgung dieser Gedanken zu grundsätzlichen Erörterungen, zu denen ich einige Berechtigung zu haben glaube, da ich selbst an einer solchen Begabtenschule unterrichte.

Zuerst einen technischen Einwand. Lehrweise und Lehrstoff in der Volksschule und in der sogenannten höhern Schule sind so verschieden, daß die Bewährung eines Schülers in der ersten Schulgattung noch gar keine Gewähr für sein Mitkommen in der zweiten gibt. Vielleicht ließe sich die Anlage für die Anforderungen der höhern Schule in einer psychologischen Prüfung erweisen? Von solchen Untersuchungen ist aber leider im Verfahren von Moede und Piorkowski kaum etwas zu finden. Alle untersuchten Funktionen sind, wiewohl natürlich an einem bestimmten Stoff vorgenommen, doch als allgemeine, formale aufgefaßt, es soll eben die Aufmerksamkeit, das Gedächtnis, die Begriffsbildung usw. festgestellt werden. Aber gemeine Erfahrungen zeigen, daß die Güte einer Funktion sehr oft mit dem Stoff wechselt, an dem sie sich betätigt. Das völlige Versagen einiger Schüler in einigen, manchmal in fast allen Fächern, muß wohl auf diese einseitige, formale Einstellung der Prüfung zurückgeführt werden, die den sogenannten Interessenkreis und seine Verflechtung mit den intellektuellen Funktionen außer acht läßt. Die Prüfung müßte durchaus mit Rücksicht auf die späteren Schulanforderungen eingerichtet werden.

Aber auch dann gäbe sie nur eine Art Querschnitt durch die augenblickliche Geistesanlage. Sie gibt keine Gewähr, daß nicht später Anlagen auftreten, von denen jetzt noch nichts zu spüren ist, und daß jetzt beträchtliche Fähigkeiten nicht später in ihren Leistungen nachlassen. Interesse und Wille sind zwei Bestimmungen, die, oft erst spät im Leben auftretend, die geistige Gestaltung ungeahnt beeinflussen können. Daher ist die geistige Abstempelung eines 12- bis 14jährigen höchst gefährlich. (Deshalb bin ich auch durchaus gegen jede zu früh beginnende Entscheidung über die für ein Kind zu wählende Schulform, und ich muß die Ansicht W. Sterns, die „Wahl zwischen einer humanistischen, realistischen, fachlichen Schule" müsse von einer Begabtenuntersuchung abhängen, vollkommen zurückweisen.)

Gesetzt nun, die Eignungsprüfung holte wirklich alle diejenigen heraus, auf die sie es abgesehen hat, so blieben alle Nichterwählten mit dem bittern Gefühl tiefster Zurücksetzung übrig; zu den sozialen Klassengegensätzen käme nun gar noch ein geistiger hinzu. Und jenes Gefühl muß um so drückender sein, als der Betroffene entweder die Richtigkeit des Urteils nicht einzusehen vermag und es als ein Unrecht fühlt oder, indem er sich das Urteil zu eigen macht, nun einmal als Minderbegabter gebrandmarkt, Lebenslust und Selbstvertrauen zu verlieren droht. Ich wage nicht auszudenken, wie viel Schmerzen und zerstörte Hoffnungen schon die bisherigen Prüfungen hervorgerufen haben mögen. Die Wahnvorstellung von der besten Ausnutzung der im Menschen vorhandenen Anlagen ist eine Quelle dieser Ausleseprüfungen. Sie steht der menschlichen Würde ganz entgegen. Nicht Menschenbewirtschaftung sondern menschliche Selbstbestimmung, menschliche Lebens- und damit Schaffensfreude sollte das Ziel aller Schulerweiterung sein.

Nun treffen aber die vorhin gemachten Voraussetzungen gar nicht zu; so mancher Befähigte mag bei der Prüfung versagen, weil die Grundbedingungen zum Bestehen einer öffentlichen Prüfung seinem Wesen fremd sind, nämlich Sicherheit des Auftretens, Schlagfertigkeit, Anpassung. Dies mögen Fähigkeiten sein, die für das sogenannte praktische Leben von Bedeutung sind; aber die Durchsetzung des Ichs im Daseinskampf ist nicht jedermanns Ziel und Glück. Wie mancher stille, feine Kopf mußte wohl als Unbegabter die Prüfung verlassen. Das Grundübel schaut schon aus dem vielumjubelten, liberalen Losungswort der sogenannten Begabtenförderung heraus: „Freie Bahn jedem Tüchtigen!" Der wirkliche Sozialist, dessen Gesinnung nicht Erfolgsanbetung sondern Brüderlichkeit ist, wird statt dessen sagen „Freie Bahn allen!" und dieses Wort ist nur durch eine allgemeine Schule zu erfüllen, die man auch Einheitsschule nennen mag. Ich wage, unter Fortlassung pädagogischer Redensarten und alles die Grundform nur Ausfüllenden, kurz anzudeuten, was mir für diese Schule wesentlich erscheint: allgemeiner, möglichst viele Jahre umfassender Unterbau, mit Sonderungen für die, die ein Mehr an geistiger Nahrung verlangen, Ausschaltung alles Sonderfachlichen, aber mit reiferm Alter freie Wahl des Lehrstoffs und schließlich die Möglichkeit für jeden in jedem Alter den unterbrochenen Lehrgang wieder aufzunehmen. Wenn die Berliner Begabtenschulen (welchen Namen sie allerdings dienstlich nicht mehr führen dürfen) die Notwendigkeit jener Zukunftsschulen aufs neue mit Deutlichkeit zeigen, so haben sie neben den guten Absichten ihrer Gründer noch ein wirkliches Verdienst. Wer an einer dieser Schulen unterrichtet und auch das Fachliche stets vom Menschlichen überleuchtet sein läßt, der sieht mit einer Art schmerzlicher Freude die auffallende geistige Frische und Aufnahmelust der meisten Kinder, und er wünscht den Kreis solcher, die er vor sich hat, so weit wie möglich gezogen, bis er alle Wollenden umfaßt. Mit jener Zukunftsschule werden aber auch Würde und Bedeutung des Lehrers wachsen, und er wird wieder – Humanist werden.

Personenverzeichnis

Das Personenverzeichnis bezieht sich auf die Einleitung und die Quellentexte. Abweichende Schreibweisen der Namen in den Quellen sind, sofern ihre Auffindbarkeit gewährt ist, nicht gesondert ausgewiesen. Vornamen wurden, soweit möglich, ergänzt und in nicht zweifelsfrei zu klärenden Fällen durch eckige Klammern markiert. Kursiv gesetzte Namen verweisen auf biographische Angaben im Text. Namen von Verlegern, Übersetzern und Herausgebern sowie Namen aus der Sekundärliteratur wurden in der Regel nicht aufgenommen.

Sachwortverzeichnis

Das Sachwortverzeichnis bezieht sich ausschließlich auf den Quellenteil. Es orientiert exemplarisch auf Sachzusammenhänge. Vollständigkeit konnte aufgrund der Heterogenität und Dichte des Materials weder beansprucht noch realisiert werden. Begriffsvariationen sind, soweit dies möglich war, unter den jeweiligen Stichwörtern zusammengefasst.

Feſt-Schrift

zum

Parteitag der Deutſchen Sozialdemokratie

14.—20. September 1902

Festschrift zum Sozialdemokratischen Parteitag, München 1902

Quelle: SAPMO-BArch, RY 22/V S.u.F., 55, o. P.

Titelblatt des Sozialdemokratischen Parteitages, Dresden 1903

Quelle: SAPMO-BArch, RY 22/V S.u.F., 55, o. P.

STUDIEN ZUR BILDUNGSREFORM

Herausgeber: Wolfgang Keim

Band 1 Rudolf Hars: Die Bildungsreformpolitik der Christlich-Demokratischen Union in den Jahren 1945-1954. Ein Beitrag zum Problem des Konservatismus in der deutschen Bildungspolitik. 1981.

Band 2 Martin Fromm: Soziales Lernen in der Gesamtschule. Aspekte einer handlungsorientierten Konzeption. 1980.

Band 3 Wilfried Datler (Hrsg.): Verhaltensauffälligkeit und Schule. Konsequenzen von Schulversuchen für die Pädagogik der "Verhaltensgestörten". 1987.

Band 4 Gernot Alterhoff: Soziale Integration bei Gesamtschülern in Nordrhein-Westfalen. Längsschnittuntersuchung zu Veränderungen verschiedener Aspekte im Sozialverhalten. 1980.

Band 5 Dietrich Lemke: Lernzielorientierter Unterricht – revidiert. 1981.

Band 6 Wolf D. Bukow/ Peter Palla: Subjektivität und freie Wissenschaft. Gegen die Resignation in der Lehrerausbildung. 1981.

Band 7 Caspar Kuhlmann: Frieden – kein Thema europäischer Schulgeschichtsbücher? 1982.

Band 8 Caspar Kuhlmann: Peace – A Topic in European History Text-Books? 1985.

Band 9 Karl-Heinz Füssl/ Christian Kubina: Berliner Schule zwischen Restauration und Innovation. 1983.

Band 10 Herwart Kemper: Schultheorie als Schul- und Reformkritik. 1983.

Band 11 Alfred Ehrentreich: 50 Jahre erlebte Schulreform – Erfahrungen eines Berliner Pädagogen. Herausgegeben und mit einer Einführung von Wolfgang Keim. 1985.

Band 12 Barbara Gaebe: Lehrplan im Wandel. Veränderungen in den Auffassungen und Begründungen von Schulwissen. 1985.

Band 13 Klaus Himmelstein: Kreuz statt Führerbild. Zur Volksschulentwicklung in Nordrhein-Westfalen 1945-1950. 1986.

Band 14 Jörg Schlömerkemper/ Klaus Winkel: Lernen im Team-Kleingruppen-Modell (TKM). Biographische und empirische Untersuchungen zum Sozialen Lernen in der Integrierten Gesamtschule Göttingen-Geismar. 1987.

Band 15 Luzius Gessler: Bildungserfolg im Spiegel von Bildungsbiographien. Begegnungen mit Schülerinnen und Schülern der Hiberniaschule (Wanne-Eickel). 1988.

Band 16 Wolfgang Keim (Hrsg.): Pädagogen und Pädagogik im Nationalsozialismus – Ein unerledigtes Problem der Erziehungswissenschaft. 1988. 3. Auflage 1991.

Band 17 Klaus Himmelstein (Hrsg.): Otto Koch – Wider das deutsche Erziehungselend. 1992.

Band 18 Martha Friedenthal-Haase: Erwachsenenbildung im Prozeß der Akademisierung. Der staats- und sozialwissenschaftliche Beitrag zur Entstehung eines Fachgebiets an den Universitäten der Weimarer Republik – unter besonderer Berücksichtigung Kölns. 1991.

Band 19 Bruno Schonig: Krisenerfahrung und pädagogisches Engagement. Lebens- und berufsgeschichtliche Erfahrungen Berliner Lehrerinnen und Lehrer 1914-1961. 1994.

Band 20 Burkhard Poste: Schulreform in Sachsen 1918-1923. Eine vergessene Tradition deutscher Schulgeschichte. 1993.

Band 22 Inge Hansen-Schaberg: Minna Specht – Eine Sozialistin in der Landerziehungsheimbewegung (1918-1951). Untersuchung zur pädagogischen Biographie einer Reformpädagogin. 1992.

Band 23 Ulrich Schwerdt: Martin Luserke (1880-1968). Reformpädagogik im Spannungsfeld von pädagogischer Innovation und kulturkritischer Ideologie. 1993.

Band 43 Burkhard Dietz (Hrsg.): Fritz Helling, Aufklärer und "politischer Pädagoge" im 20. Jahrhundert. Interdisziplinäre Beiträge zur intellektuellen Biographie, Wissenschaftsgeschichte und Pädagogik. 2003.

Band 44 Fritz Helling: Mein Leben als politischer Pädagoge. Herausgegeben von Buckhard Dietz und Jost Biermann. 2005.

Band 45 Edwin Hübner: Anthropologische Medienerziehung. Grundlagen und Gesichtspunke. 2005.

Band 46 Christa Uhlig: Reformpädagogik: Rezeption und Kritik in der Arbeiterbewegung. Quellenauswahl aus den Zeitschriften *Die Neue Zeit* (1883–1918) und *Sozialistische Monatshefte* (1895/97–1918). 2006.

www.peterlang.de

Peter Lang · Europäischer Verlag der Wissenschaften

Werner Lesanovsky

Lernen, lernen und abermals lernen

August Bebel über Volksbildung, Erziehung und Pädagogik

Frankfurt am Main, Berlin, Bern, Bruxelles, New York, Oxford, Wien, 2005.
338 S., 2 Abb.
ISBN 3-631-37706-1 · br. € 56.50*

Diese Monographie thematisiert erstmalig die bildungs- und erziehungstheoretischen Auffassungen des langjährigen führenden Repräsentanten der deutschen Sozialdemokratie im Kaiserreich. Es werden seine bildungs- und schulpolitischen sowie pädagogischen Positionen im sozialgeschichtlichen Kontext seiner Zeit und als immanenter Bestandteil des Strebens der deutschen Arbeiterbewegung um eine gerechte, freiheitliche Staats- und Gesellschaftsordnung dargestellt. Seine bildungspolitischen Aktivitäten und seine pädagogischen Bestrebungen nahmen in den etwa fünf Jahrzehnten seiner politischen Tätigkeit beachtlich sowohl an Quantität wie an Qualität zu, was bisher meist unterbewertet wurde. Inhaltlich wurden seine theoretischen Vorstellungen zur Bildung, Erziehung und Sozialisation der Heranwachsenden und zur Pädagogik durch die Aneignung des Gedankenguts von Marx und Engels sowie durch die Umsetzung ihrer Positionen in den bildungspolitischen Disputen der Sozialdemokratie und mit den konservativen Vertretern des Kaiserreiches bestimmt. Seine Reformvorschläge unterstützten die Modernisierungstendenzen in der Pädagogik, Bildungspolitik sowie im Schulwesen und waren Teil einer sich langsam entwickelnden Demokratiebewegung. Die bildungspolitischen und pädagogischen Bemühungen lassen deutlich werden, mit welcher Intensität, Vielfalt, Breite und Konsequenz er die Auseinandersetzungen zur Volksbildung, Erziehung und Pädagogik führte.

Frankfurt am Main · Berlin · Bern · Bruxelles · New York · Oxford · Wien
Auslieferung: Verlag Peter Lang AG
Moosstr. 1, CH-2542 Pieterlen
Telefax 00 41 (0) 32 / 376 17 27

*inklusive der in Deutschland gültigen Mehrwertsteuer
Preisänderungen vorbehalten

Homepage http://www.peterlang.de